D0802260

le Robert
& Collins

espagnol

français-espagnol
espagnol-français

leRobert Collins

HarperCollins Publishers
Westerhill Road
Bishopbriggs
Glasgow
G64 2QT
Great Britain

Quinta edición/
Cinquième édition 2009

© William Collins Sons & Co. Ltd. 1980
© HarperCollins Publishers 1999,
2003, 2006, 2009

Collins Gem® is a registered
trademark of HarperCollins
Publishers Limited

www.collinslanguage.com

Dictionnaires Le Robert
25, avenue Pierre de Coubertin
75211 Paris cedex 13
France

www.lerobert.com

ISBN 978-2-84902-613-7

Dépôt légal décembre 2009
Achevé d'imprimer en décembre 2009

Grupo Editorial
Random House Mondadori, S.L.
Travessera de Gràcia 47-49
08021 Barcelona

www.diccionarioscollins.com

ISBN 978-84-253-4314-8

Pour télécharger gratuitement les 150
phrases-clés du guide de conversation,
rendez-vous sur www.lerobert.com
et suivez les instructions.

Le contenu téléchargeable sur votre
iPod® (modèle Classic ou Nano) depuis
le site www.lerobert.com vous est
offert pour l'achat de ce dictionnaire.
Cependant, le téléchargement de ce
contenu peut être payant. Il dépend de
votre connexion Internet, variable
selon votre fournisseur d'accès, votre
opérateur et votre type d'abonnement.
Les Dictionnaires Le Robert ne peuvent
être tenus responsables de la qualité
ni du coût de la connexion au réseau,
au serveur ou au site. Ils ne garantissent
pas l'absence de virus, de bogues ou de
défauts dans les contenus proposés en
téléchargement depuis le site
www.lerobert.com. Ils ne peuvent être
tenus responsables d'éventuelles
difficultés de téléchargement de ces
contenus sur l'iPod® de l'utilisateur.
Le contenu téléchargeable est destiné
à votre usage personnel. Il est propriété
des Dictionnaires Le Robert.

Fotocomposición/Photocomposition
Wordcraft, Glasgow

Impreso en Italia por
Imprimé en Italie par
La Tipografica Varese

DIRECCIÓN EDITORIAL/
DIRECTION ÉDITORIALE
Catherine Love

DIRIGIDO POR/CHEF DE PROJET
Gaëlle Amiot-Cadey

COORDINACIÓN/COORDINATION
Sabine Citron

REDACTORES/RÉDACTION
Teresa Alvarez García
Jean-Benoît Ormal-Grenon
Christine Penman
Christian Salzedo
Genevieve Gerrard

INFORMÁTICA/INFORMATIQUE ÉDITORIALE
Thomas Callan

COLECCIÓN DIRIGIDA POR/
COLLECTION DIRIGÉE PAR
Rob Scriven

Índice

Table des matières

Abreviaturas

Abréviations

abreviatura	*abr*	abréviation
adjetivo	*adj*	adjectif
administración	*Admin*	administration
adverbio	*adv*	adverbe
agricultura	*Agr*	agriculture
alguien	*algn*	quelqu'un
América Latina	*Am*	Amérique Latine
anatomía	*Anat*	anatomie
Andes	*And*	Andes
Antillas	*Ant*	Antilles
Argentina	*Arg*	Argentine
arquitectura	*Arq, Archit*	architecture
artículo	*art*	article
astrología	*Astrol*	astrologie
astronomía	*Astron*	astronomie
el automóvil	*Auto*	automobile
auxiliar	*aux*	auxiliaire
aviación	*Aviat*	aviation
biología	*Bio(l)*	biologie
botánica	*Bot*	botanique
Caribe	*Carib*	Caraïbes
Chile	*Chi*	Chili
química	*Chim*	chimie
cine	*Cine, Ciné*	cinéma
Colombia	*Col*	Colombie
comercio	*Com(m)*	commerce
conjunción	*conj*	conjonction
construcción	*Constr*	construction
Cono Sur	*CSur*	Argentine, Paraguay Chili et Uruguay
Cuba	*Cu*	Cuba
cocina	*Culin*	cuisine
definido	*def, déf*	défini
demostrativo	*demos*	démonstratif
determinante	*det, dét*	déterminant
eletricidad, economía	*Econ, Écon*	économie
electrónica	*Elec, Élec*	électricité, électronique

iv

escolar	*Escol*	enseignement
España	*Esp*	Espagne
especialmente	*esp*	surtout
etcétera	*etc*	et cetera
exclamación	*excl*	exclamation
femenino	*f*	féminin
lengua familiar	*fam*	familier
vulgar	*fam!*	vulgaire
ferrocarril	*Ferro*	chemins de fer
figurado	*fig*	figuré
finanzas	*Fin*	finance
filosofía	*Filos*	philosophie
física	*Fís*	physique
fisiología	*Fisiol*	physiologie
fotografía	*Foto*	photographie
generalmente	*gen, gén*	en général, généralement
geografía	*Geo, Géo*	géographie
geometría	*Geom, Géom*	géométrie
Guatemala	*Guat*	Guatemala
storia	*Hist*	histoire
humorístico	*hum*	humoristique
industria	*Ind*	industrie
indefinado	*indef, indéf*	indéfini
informática	*Inform*	informatique
interrogativo	*interrog*	interrogatif
invariable	*inv*	invariable
irónico	*iron*	ironique
jurídico	*Jur*	juridique
lingüística	*Ling*	linguistique
literatura	*Lit(t)*	littérature
literario	*litt*	littéraire
masculino	*m*	masculin
matemáticas	*Mat(h)*	mathématiques
masculino/femenino	*m/f*	masculin/féminin
medicina	*Med, Méd*	médecine
meterología	*Météo*	météorologie
México	*Méx, Mex*	Mexique
militar	*Mil*	militaire

música	*Mús, Mus*	musique
nombre	*n*	nom
náutica	*Náut, Naut*	nautisme
Nicaragua	*Nic*	Nicaragua
número	*num*	nombre
Panamá	*Pan*	Panama
Perú	*Pe*	Pérou
peyorativo	*pey, péj*	péjoratif
filosofía	*Philos*	philosophie
fotografía	*Photo*	photographie
física	*Phys*	physique
fisiología	*Physiol*	physiologie
plural	*pl*	pluriel
política	*Pol*	politique
participio de pasado	*pp*	participe passé
prefijo	*pref, préf*	préfixe
preposición	*prep, prép*	préposition
pronombre	*pron*	pronom
psicología	*Psico, Psych*	psychologie
algo	*qch*	quelque chose
alguien	*qn*	quelqu'un
química	*Quím*	chimie
ferrocarril	*Rail*	chemins de fer
religión	*Rel*	religion
relativo	*rel*	relatif
escolar	*Scol*	enseignement
singular	*sg*	singulier
subjuntivo	*subj(un)*	subjonctif
sufijo	*suf*	suffixe
sujeto	*suj*	sujet
también	*tb*	aussi
técnica, tecnología	*Tec(h)*	technique
telecomunicaciones	*Telec, Tél*	télécommunications
tipografía	*Tip, Typo*	typographie
televisión	*TV*	télévision
universidad	*Univ*	université
ver	*v*	voir
verbo	*vb*	verbe
Venezuela	*Ven*	Venezuela

verbo intransitivo	*vi*	verbe intransitif
verbo pronominal	*vpr*	verbe pronominal
verbo transitivo	*vt*	verbe transitif
zoología	*Zool*	zoologie
marca registrada	®	marque déposée
indica un equivalente cultural	≈	indique une équivalence culturelle

Transcripción fonética

Consonantes | | ## Consonnes
papel	p	*poupée*
boda	b	*bombe*
labor uva	β	
tinto	t	*tente thermal*
dama	d	*dinde*
casa que kilo	k	*coq qui képi*
goma	g	*gag bague*
pagar	ɣ	
quizás	s	*sale ce nation*
	z	*zéro rose*
	ʃ	*tache chat*
	ʒ	*gilet juge*
chiste	tʃ	*tchao*
fin	f	*fer phare*
	v	*valve*
tenaz cena¹	θ	
cuidad	ð	
lejos	l	*lent salle*
talle²	ʎ	*million*
	ʀ	*rare rentrer*
caro quitar	r	
garra	rr	
madre	m	*maman femme*
naranja	n	*non nonne*
niño	ɲ	*agneau vigne*
	ŋ	*parking*
haber	h	*hop!*
bien yunta	j	*yeux paille pied*
huevo	w	*nouer oui*
	ɥ	*huile lui*
jugar	x	

¹ se pronuncia parfois [s]   ² se pronuncia parfois [ʒ]

Semiconsonantes | | ## Semi-consonnes
viaje	ja
viene	je
radio	jo
viuda	ju
cuanto	wa
sueño	we
ruido	wi
cuota	wo

Transcription phonétique

Vocales		Voyelles
pino	i	ici vie lyrique
me	e	jouer été
	ɛ	lait jouet merci
pata	a	plat amour
	ɑ	bas pâte
	ə	le premier
	œ	beurre peur
	ø	peu deux
	ɔ	or homme
loco	o	mot eau gauche
lunes	u	genou roue
	y	rue urne

Diptongos		Diphtongues
baile	ai	
auto	au	
veinte	ei	
deuda	eu	
hoy	oi	

Nasales		Nasal vowels
	ɛ̃	matin plein
	œ̃	brun
	ɑ̃	gens jambe dans
	ɔ̃	non pont pompe

Diversos		Divers
para el francés: indica que la h impide el enlace entre dos palabras sucesivas	'	pour l'espagnol: précède la syllabe accentuée

Verbes espagnols

1 gerundio **2** imperativo **3** presente **4** pretérito **5** futuro **6** presente de subjuntivo **7** imperfecto de subjuntivo **8** participio pasado **9** imperfecto **10** condicional

acertar **2** acierta **3** acierto, aciertas, acierta, aciertan **6** acierte, aciertes, acierte, acierten

acordar **2** acuerda **3** acuerdo, acuerdas, acuerda, acuerdan **6** acuerde, acuerdes, acuerde, acuerden

advertir **1** advirtiendo **2** advierte, advierto, adviertes, advierte, advierten **4** advirtió, advirtieron **6** advierta, adviertas, advierta, advirtamos, advirtáis, adviertan **7** advirtiera *etc*

agradecer **3** agradezco **6** agradezca *etc*

andar **4** anduve, anduviste, anduvo, anduvimos, anduvisteis, anduvieron **7** anduviera *ou* anduviese *etc*

aparecer **3** aparezco **6** aparezca *etc*

aprobar **2** aprueba **3** apruebo, apruebas, aprueba, aprueban **6** apruebe, apruebes, apruebe, aprueben

atravesar **2** atraviesa **3** atravieso, atraviesas, atraviesa, atraviesan **6** atraviese, atravieses, atraviese, atraviesen

caber **3** quepo **4** cupe, cupiste, cupo, cupimos, cupisteis, cupieron **5** cabré *etc* **6** quepa *etc* **7** cupiera *etc*

caer **1** cayendo **3** caigo **4** cayó, cayeron **6** caiga *etc* **7** cayera *etc*

calentar **2** calienta **3** caliento, calientas, calienta, calientan **6** caliente, calientes, caliente, calienten

cerrar **2** cierra **3** cierro, cierras, cierra, cierran **6** cierre, cierres, cierre, cierren

COMER **1** comiendo **2** come, comed **3** como, comes, come, comemos, coméis, comen **4** comí, comiste, comió, comimos, comisteis, comieron **5** comeré, comerás, comerá, comeremos, comeréis, comerán **6** coma, comas, coma, comamos, comáis, coman **7** comiera, comieras, comiera, comiéramos, comierais, comieran **8** comido **9** comía, comías, comía, comíamos, comíais, comían

conocer **3** conozco **6** conozca *etc*

contar **2** cuenta **3** cuento, cuentas, cuenta, cuentan **6** cuente, cuentes, cuente, cuenten

costar **2** cuesta **3** cuesto, cuestas, cuesta, cuestan **6** cueste, cuestes, cueste, cuesten

dar **3** doy **4** di, diste, dio, dimos, disteis, dieron **7** diera *etc*

decir **2** di **3** digo **4** dije, dijiste, dijo, dijimos, dijisteis, dijeron **5** diré *etc* **6** diga *etc* **7** dijera *etc* **8** dicho

despertar **2** despierta **3** despierto, despiertas, despierta, despiertan **6** despierte, despiertes, despierte, despierten

divertir 1 divirtiendo **2** divierte **3** divierto, diviertes, divierte, divierten **4** divirtió, divirtieron **6** divierta, diviertas, divierta, divirtamos, divirtáis, diviertan **7** divirtiera *etc*

dormir 1 durmiendo **2** duerme **3** duermo, duermes, duerme, duermen **4** durmió, durmieron **6** duerma, duermas, duerma, durmamos, durmáis, duerman **7** durmiera *etc*

empezar 2 empieza, empiece, empecemos, empiecen **3** empiezo, empiezas, empieza, empiezan **4** empecé **6** empiece, empieces, empiece, empecemos, empecéis, empiecen

entender 2 entiende **3** entiendo, entiendes, entiende, entienden **6** entienda, entiendas, entienda, entiendan

ESTAR 2 está **3** estoy, estás, está, están **4** estuve, estuviste, estuvo, estuvimos, estuvisteis, estuvieron **6** esté, estés, estén **7** estuviera *etc*.

HABER 3 he, has, ha, hemos, habéis, han **4** hube, hubiste, hubo, hubimos, hubisteis, hubieron **5** habré *etc* **6** haya *etc* **7** hubiera *etc*

HABLAR 1 hablando **2** habla, hable, hablemos, hablad, hablen **3** hablo, hablas, habla, hablamos, habláis, hablan **4** hablé, hablaste, habló, hablamos, hablasteis, hablaron **5** hablaré, ha-blarás, hablará, hablaremos, hablaréis, hablarán **6** hable, hables, hable,

hablemos, habléis, hablen **7** hablara *ou* hablase, hablaras *ou* hablases, habláramos *ou* hablásemos, hablarais *ou* hablaseis, hablaran *ou* hablasen **8** hablado **9** hablaba, hablabas, hablaba, hablábamos, hablabais, hablaban **10** hablaría, hablarías, hablaría, hablaríamos, hablaríais, hablarían

hacer 2 haz **3** hago **4** hice, hiciste, hizo, hicimos, hicisteis, hicieron **5** haré *etc* **6** haga *etc* **7** hiciera *etc* **8** hecho

instruir 1 instruyendo **2** instruye **3** instruyo, instruyes, instruye, instruyen **4** instruyó, instruyeron **6** instruya *etc* **7** instruyera *etc*

ir 1 yendo **2** ve **3** voy, vas, va, vamos, vais, van **4** fui, fuiste, fue, fuimos, fuisteis, fueron **6** vaya, vayas, vaya, vayamos, vayáis, vayan **7** fuera *etc* **9** iba, ibas, iba, íbamos, ibais, iban

jugar 2 juega **3** juego, juegas, juega, juegan **4** jugué **6** juegue *etc*

leer 1 leyendo **4** leyó, leyeron **7** leyera *etc*

morir 1 muriendo **2** muere **3** muero, mueres, muere, mueren **4** murió, murieron **6** muera, mueras, muera, muramos, muráis, mueran **7** muriera *etc* **8** muerto

mostrar 2 muestra, muestro, muestras, muestra, muestran **6** muestre, muestres, muestre, muestren

mover 2 mueve **3** muevo, mueves, mueve, mueven **6** mueva, muevas, mueva, muevan

negar 2 niega 3 niego, niegas, niega, niegan 4 negué 6 niegue, niegues, niegue, neguemos, neguéis, nieguen

ofrecer 3 ofrezco 6 ofrezca *etc*

oír 1 oyendo 2 oye 3 oigo, oyes, oye, oyen 4 oyó, oyeron 6 oiga *etc* 7 oyera *etc*

oler 2 huele 3 huelo, hueles, huele, huelen 6 huela, huelas, huela, huelan

parecer 3 parezco 6 parezca *etc*

pedir 1 pidiendo 2 pide 3 pido, pides, pide, piden 4 pidió, pidieron 6 pida *etc* 7 pidiera *etc*

pensar 2 piensa 3 pienso, piensas, piensa, piensan 6 piense, pienses, piense, piensen

perder 2 pierde 3 pierdo, pierdes, pierde, pierden 6 pierda, pierdas, pierda, pierdan

poder 1 pudiendo 2 puede 3 puedo, puedes, puede, pueden 4 pude, pudiste, pudo, pudimos, pudisteis, pudieron 5 podré *etc* 6 pueda, puedas, pueda, puedan 7 pudiera *etc*

poner 2 pon 3 pongo 4 puse, pusiste, puso, pusimos, pusisteis, pusieron 5 pondré *etc* 6 ponga *etc* 7 pusiera *etc* 8 puesto

preferir 1 prefiriendo 2 prefiere 3 prefiero, prefieres, prefiere, prefieren 4 prefirió, prefirieron 6 prefiera, prefieras, prefiera, prefiramos, prefiráis, prefieran 7 prefiriera *etc*

querer 2 quiere 3 quiero, quieres, quiere, quieren 4 quise, quisiste, quiso, quisimos, quisisteis, quisieron 5 querré *etc* 6 quiera, quieras, quiera, quieran 7 quisiera *etc*

reír 2 ríe 3 río, ríes, ríe, ríen 4 reí, rieron 6 ría, rías, ría, riamos, riáis, rían 7 riera *etc*

repetir 1 repitiendo 2 repite 3 repito, repites, repite, repiten 4 repitió, repitieron 6 repita *etc* 7 repitiera *etc*

rogar 2 ruega 3 ruego, ruegas, ruega, ruegan 4 rogué 6 ruegue, ruegues, ruegue, roguemos, roguéis, rueguen

saber 3 sé 4 supe, supiste, supo, supimos, supisteis, supieron 5 sabré *etc* 6 sepa *etc* 7 supiera *etc*

salir 2 sal 3 salgo 5 saldré *etc* 6 salga *etc*

seguir 1 siguiendo 2 sigue 3 sigo, sigues, sigue, siguen 4 siguió, siguieron 6 siga *etc* 7 siguiera *etc*

sentar 2 sienta 3 siento, sientas, sienta, sientan 6 siente, sientes, siente, sienten

sentir 1 sintiendo 2 siente 3 siento, sientes, siente, sienten 4 sintió, sintieron 6 sienta, sientas, sienta, sintamos, sintáis, sientan 7 sintiera *etc*

SER 2 sé 3 soy, eres, es, somos, sois, son 4 fui, fuiste, fue, fuimos, fuisteis, fueron 6 sea *etc* 7 fuera *etc* 9 era, eras, era, éramos, erais, eran

servir 1 sirviendo 2 sirve 3 sirvo, sirves, sirve, sirven 4 sirvió, sirvieron 6 sirva *etc* 7 sirviera *etc*

soñar 2 sueña 3 sueño, sueñas, sueña, sueñan 6 sueñe, sueñes, sueñe, sueñen

tener 2 ten 3 tengo, tienes, tiene, tienen 4 tuve, tuviste, tuvo, tuvimos, tuvisteis, tuvieron 5 tendré *etc* 6 tenga *etc* 7 tuviera *etc*

traer 1 trayendo 3 traigo 4 traje, trajiste, trajo, trajimos, trajisteis, trajeron 6 traiga *etc*. 7 trajera *etc*

valer 2 vale 3 valgo 5 valdré *etc* 6 valga *etc*

venir 2 ven 3 vengo, vienes, viene, vienen 4 vine, viniste, vino, vinimos, vinisteis, vinieron 5 vendré *etc* 6 venga *etc* 7 viniera *etc*

ver 3 veo 6 vea *etc* 8 visto 9 veía *etc*

vestir 1 vistiendo 2 viste 3 visto, vistes, viste, visten 4 vistió, vistieron 6 vista *etc* 7 vistiera *etc*

VIVIR 1 viviendo 2 vive, viva, vivamos, vivid, vivan 3 vivo, vives, vive, vivimos, vivís, viven 4 viví, viviste, vivió, vivimos, vivisteis, vivieron 5 viviré, vivirás, vivirá, viviremos, viviréis, vivirán 6 viva, vivas, viva, vivamos, viváis, vivan 7 viviera *ou* viviese, vivieras *ou* vivieses, viviera *ou* viviese, viviéramos *ou* viviésemos, vivierais *ou* vivieseis, vivieran *ou* viviesen 8 vivido 9 vivía, vivías, vivía, vivíamos, vivíais, vivían 10 viviría, vivirías, viviría, viviríamos, viviríais, vivirían

volcar 2 vuelca, vuelque, volquemos, vuelquen 3 vuelco, vuelcas, vuelca, vuelcan 4 volqué 6 vuelque, vuelques, vuelque, volquemos, volquéis, vuelquen

volver 2 vuelve 3 vuelvo, vuelves, vuelve, vuelven 6 vuelva, vuelvas, vuelva, vuelvan 8 vuelto

Los verbos franceses

1 Participe présent **2** Participe passé **3** Présent **4** Imparfait **5** Futur
6 Conditionnel **7** Subjonctif présent

acquérir **1** acquérant **2** acquis
3 acquiers, acquérons, acquièrent
4 acquérais **5** acquerrai **7** acquière

ALLER **1** allant **2** allé **3** vais, vas, va,
allons, allez, vont **4** allais **5** irai
6 irais **7** aille

asseoir **1** asseyant **2** assis **3** assieds,
asseyons, asseyez, asseyent
4 asseyais **5** assiérai **7** asseye

atteindre **1** atteignant **2** atteint
3 atteins, atteignons **4** atteignais
7 atteigne

AVOIR **1** ayant **2** eu **3** ai, as, a,
avons, avez, ont **4** avais **5** aurai
6 aurais **7** aie, aies, ait, ayons,
ayez, aient

battre **1** battant **2** battu **3** bats, bat,
battons **4** battais **7** batte

boire **1** buvant **2** bu **3** bois, buvons,
boivent **4** buvais **7** boive

bouillir **1** bouillant **2** bouilli **3** bous,
bouillons **4** bouillais **7** bouille

conclure **1** concluant **2** conclu
3 conclus, concluons **4** concluais
7 conclue

conduire **1** conduisant **2** conduit
3 conduis, conduisons
4 conduisais **7** conduise

connaître **1** connaissant **2** connu
3 connais, connaît, connaissons
4 connaissais **7** connaisse

coudre **1** cousant **2** cousu **3** couds,
cousons, cousez, cousent
4 cousais **7** couse

courir **1** courant **2** couru **3** cours,
courons **4** courais **5** courrai
7 coure

couvrir **1** couvrant **2** couvert
3 couvre, couvrons **4** couvrais
7 couvre

craindre **1** craignant **2** craint
3 crains, craignons **4** craignais
7 craigne

croire **1** croyant **2** cru **3** crois,
croyons, croient **4** croyais **7** croie

croître **1** croissant **2** crû, crue, crus,
crues **3** croîs, croissons **4** croissais
7 croisse

cueillir **1** cueillant **2** cueilli
3 cueille, cueillons **4** cueillais
5 cueillerai **7** cueille

devoir **1** devant **2** dû , due, dus,
dues **3** dois, devons, doivent
4 devais **5** devrai **7** doive

dire **1** disant **2** dit **3** dis, disons,
dites, disent **4** disais **7** dise

dormir **1** dormant **2** dormi **3** dors,
dormons **4** dormais **7** dorme

écrire **1** écrivant **2** écrit **3** écris,
écrivons **4** écrivais **7** écrive

ÊTRE **1** étant **2** été **3** suis, es, est,
sommes, êtes, sont **4** étais **5** serai
6 serais **7** sois, sois, soit, soyons,
soyez, soient

FAIRE **1** faisant **2** fait **3** fais, fais,
fait, faisons, faites, font **4** faisais
5 ferai **6** ferais **7** fasse

falloir **2** fallu **3** faut **4** fallait

5 faudra **7** faille

FINIR 1 finissant **2** fini **3** finis, finis, finit, finissons, finissez, finissent **4** finissais **5** finirai **6** finirais **7** finisse

fuir 1 fuyant **2** fui **3** fuis, fuyons, fuient **4** fuyais **7** fuie

joindre 1 joignant **2** joint **3** joins, joignons **4** joignais **7** joigne

lire 1 lisant **2** lu **3** lis, lisons **4** lisais **7** lise

luire 1 luisant **2** lui **3** luis, luisons **4** luisais **7** luise

maudire 1 maudissant **2** maudit **3** maudis, maudissons **4** maudissait **7** maudisse

mentir 1 mentant **2** menti **3** mens, mentons **4** mentais **7** mente

mettre 1 mettant **2** mis **3** mets, mettons **4** mettais **7** mette

mourir 1 mourant **2** mort **3** meurs, mourons, meurent **4** mourais **5** mourrai **7** meure

naître 1 naissant **2** né **3** nais, naît, naissons **4** naissais **7** naisse

offrir 1 offrant **2** offert **3** offre, offrons **4** offrais **7** offre

PARLER 1 parlant **2** parlé **3** parle, parles, parle, parlons, parlez, parlent **4** parlais, parlais, parlait, parlions, parliez, parlaient **5** parlerai, parleras, parlera, parlerons, parlerez, parleront **6** parlerais, parlerais, parlerait, parlerions, parleriez, parleraient **7** parle, parles, parle, parlions, parliez, parlent *imperativo* parle!, parlez!

partir 1 partant **2** parti **3** pars, partons **4** partais **7** parte

plaire 1 plaisant **2** plus **3** plais, plaît, plaisons **4** plaisais **7** plaise

pleuvoir 1 pleuvant **2** plu **3** pleut, pleuvent **4** pleuvait **5** pleuvra **7** pleuve

pourvoir 1 pourvoyant **2** pourvu **3** pourvois, pourvoyons, pourvoient **4** pourvoyais **7** pourvoie

pouvoir 1 pouvant **2** pu **3** peux, peut, pouvons, peuvent **4** pouvais **5** pourrai **7** puisse

prendre 1 prenant **2** pris **3** prends, prenons, prennent **4** prenais **7** prenne

prévoir *como* **voir 5** prévoirai

RECEVOIR 1 recevant **2** reçu **3** reçois, reçois, reçoit, recevons, recevez, reçoivent **4** recevais **5** recevrai **6** recevrais **7** reçoive

RENDRE 1 rendant **2** rendu **3** rends, rends, rend, rendons, rendez, rendent **4** rendais **5** rendrai **6** rendrais **7** rende

résoudre 1 résolvant **2** résolu **3** résous, résout, résolvons **4** résolvais **7** résolve

rire 1 riant **2** ri **3** ris, rions **4** riais **7** rie

savoir 1 sachant **2** su **3** sais, savons, savent **4** savais **5** saurai **7** sache *imperativo* sache, sachons, sachez

servir 1 servant **2** servi **3** sers, servons **4** servais **7** serve

sortir 1 sortant **2** sorti **3** sors, sortons **4** sortais **7** sorte

souffrir 1 souffrant **2** souffert **3** souffre, souffrons **4** souffrais **7** souffre

suffire 1 suffisant **2** suffi **3** suffis, suffisons **4** suffisais **7** suffise

suivre 1 suivant **2** suivi **3** suis, suivons **4** suivais **7** suive

taire 1 taisant **2** tu **3** tais, taisons **4** taisais **7** taise

tenir 1 tenant **2** tenu **3** tiens, tenons, tiennent **4** tenais **5** tiendrai **7** tienne

vaincre 1 vainquant **2** vaincu **3** vaincs, vainc, vainquons **4** vainquais **7** vainque

valoir 1 valant **2** valu **3** vaux, vaut, valons **4** valais **5** vaudrai **7** vaille

venir 1 venant **2** venu **3** viens, venons, viennent **4** venais **5** viendrai **7** vienne

vivre 1 vivant **2** vécu **3** vis, vivons **4** vivais **7** vive

voir 1 voyant **2** vu **3** vois, voyons, voient **4** voyais **5** verrai **7** voie

vouloir 1 voulant **2** voulu **3** veux, veut, voulons, veulent **4** voulais **5** voudrai **7** veuille *imperativo* veuillez

Los números		Les nombres
un(o)(-a)	1	un(e)
dos	2	deux
tres	3	trois
cuatro	4	quatre
cinco	5	cinq
seis	6	six
siete	7	sept
ocho	8	huit
nueve	9	neuf
diez	10	dix
once	11	onze
doce	12	douze
trece	13	treize
catorce	14	quatorze
quince	15	quinze
dieciséis	16	seize
diecisiete	17	dix-sept
dieciocho	18	dix-huit
diecinueve	19	dix-neuf
veinte	20	vingt
veintiun(o)(-a)	21	vingt et un(e)
veintidós	22	vingt-deux
treinta	30	trente
treinta y uno(-a)	31	trente et un(e)
treinta y dos	32	trente-deux
cuarenta	40	quarante
cincuenta	50	cinquante
sesenta	60	soixante
setenta	70	soixante-dix
setenta y uno(-a)	71	soixante et onze
setenta y dos	72	soixante-douze
ochenta	80	quatre-vingts
ochenta y uno(-a)	81	quatre-vingt-un(e)
noventa	90	quatre-vingt-dix
noventa y uno(-a)	91	quatre-vingt-onze
cien(to)	100	cent
ciento un(o)(-a)	101	cent un(e)
ciento cincuenta y seis	156	cent cinquante-six

doscientos(-as)	**200**	deux cents
trescientos(-as) uno(-a)	**301**	trois cent un(e)
quinientos(-as)	**500**	cinq cents
mil	**1 000**	mille
cinco mil	**5 000**	cinq mille
un millón	**1 000 000**	un million

primer(o)(-a), 1º(1ª)	premier (première), 1ᵉʳ (1ᵉʳᵉ)
segundo(-a), 2º(2ª)	deuxième, 2ᵉ, 2ᵉᵐᵉ
tercer(o)(-a), 3º(3ª)	troisième, 3ᵉ, 3ᵉᵐᵉ
cuarto(-a)	quatrième
quinto(-a)	cinquième
sexto(-a)	sixième
séptimo(-a)	septième
octavo(-a)	huitième
noveno(-a)	neuvième
décimo(-a)	dixième
undécimo(-a)	onzième
duodécimo(-a)	douzième
decimotercero(-a)	treizième
decimocuarto(-a)	quatorzième
decimoquinto(-a)	quinzième
decimosexto(-a)	seizième
decimoséptimo(-a)	dix-septième
decimoctavo(-a)	dix-huitième
decimonoveno(-a)	dix-neuvième
vigésimo(-a)	vingtième
vigésimo primero(-a)	vingt et unième
vigésimo segundo(-a)	vingt-deuxième
trigésimo(-a)	trentième
centésimo(-a)	centième
centésimo primero(-a)	cent-unième
milésimo(-a)	millième

La hora

¿qué hora es?
es/son ...
es la una
son las cuatro

es la medianoche/son las doce
    de la noche
la una (de la madrugada)
la una y cinco
la una y diez
la una y cuarto
la una y veinticinco
la una y media o treinta

las dos menos veinticinco
las dos menos veinte

las dos menos cuarto

dos menos diez
mediodía, las doce (de la mañana)
las dos (de la tarde)
las siete (de la tarde)

¿a qué hora?

a medianoche
a las siete
a la una
en veinte minutes
hace diez minutos

L'heure

quelle heure est-il ?
il est ...
il est une heure
il est quatre heures

il est minuit

une heure (du matin)
une heure cinq
une heure dix
une heure et quart
une heure vingt-cinq
une heure et demie,
    une heure trente

deux heures moins vingt-cinq
deux heures moins vingt,
    une heure quarante
deux heures moins le quart,
    une heure quarante-cinq
deux heures moins dix
midi
deux heures (de l'après-midi)
sept heures (du soir)

à quelle heure ?

à minuit
à sept heures
à une heure
dans vingt minutes
il y a dix minutes

La fecha | ## La date

hoy	aujourd'hui
mañana	demain
pasado mañana	après-demain
ayer	hier
antes de ayer, anteayer	avant-hier
la víspera	la veille
el día siguiente	le lendemain
por la mañana	le matin
por la tarde	le soir
esta mañana	ce matin
esta tarde	cet après-midi
esta tarde	ce soir
ayer por la mañana	hier matin
ayer por la tarde	hier soir
mañana por la mañana	demain matin
mañana por la tarde	demain soir
en la noche del sábado al domingo	dans la nuit de samedi à dimanche
vendrá el sábado	il viendra samedi
los sábados	le samedi
todos los sábados	tous les samedis
el sábado pasado	samedi dernier
el sábado que viene, el próximo sábado	samedi prochain
del sábado en ocho días	samedi en huit
del sábado en quince días	samedi en quinze
de lunes a sábado	du lundi au samedi
todos los días	tous les jours
una vez a la semana	une fois par semaine
una vez al mes	une fois par mois
dos veces a la semana	deux fois par semaine
hace una semana o ocho días	il y a une semaine ou huit jours
hace quince días	il y a quinze jours
el año pasado	l'année passée ou dernière
dentro de dos días	dans deux jours
dentro de ocho días o una semana	dans huit jours ou une semaine
dentro de quince días	dans quinze jours
el mes que viene, el próximo mes	le mois prochain
el año que viene, el próximo año	l'année prochaine

¿a qué o a cuántos estamos?	quel jour sommes-nous ?
el 1/24 octubre de 2006	le 1er/24 octobre 2006
nací el 22 octubre de 1967	je suis né le 22 octobre 1967
Barcelona, a 24 octubre de 2006	Barcelona, le 24 octobre
	2006 (*lettre*)
en 2006	en 2006
mil novecientos noventa y seis	mille neuf cent quatre-vingt-seize
dos mil y tres	deux mille six
44 a. de J.C.	44 av. J.–C.
14 d. de J.C.	14 apr. J.–C.
en el (siglo) XIX	au XIXe (siècle)
en los años treinta	dans les années trente
érase una vez ...	il était une fois ...

FRANÇAIS - ESPAGNOL | FRANCÉS - ESPAÑOL

a [a] *vb voir* **avoir**

○ MOT-CLÉ

à [a] (*à + le* = **au**, *à + les* = **aux**) *prép*
1 (*endroit, situation*) en; **être à Paris/
au Portugal** estar en París/en
Portugal; **être à la maison/à l'école/
au bureau** estar en casa/en el
colegio/en la oficina; **être à la
campagne** estar en el campo; **c'est à
10 km/à 20 minutes (d'ici)** está a 10
km/a 20 minutos (de aquí); **à la
radio/télévision** en la radio/
televisión
2 (*direction*) a; **aller à Paris/au
Portugal** ir a París/a Portugal; **aller à
la maison/à l'école/au bureau** ir a
casa/al colegio/a la oficina; **aller à la
campagne** ir al campo
3 (*temps*) a; **à 3 heures/à minuit** a las
tres/a medianoche; **à demain/

lundi/la semaine prochaine!** ¡hasta
mañana/el lunes/la semana que
viene!; **au printemps/au mois de
juin** en primavera/el mes de junio; **à
cette époque-là** en aquella época;
nous nous verrons à Noël nos
veremos por Navidad; **visites de 5 h à
6 h** visitas de 5 a 6
4 (*attribution, appartenance*) de; **le livre
est à lui/à nous/à Paul** el libro es
suyo/nuestro/de Paul; **un ami à moi**
un amigo mío; **donner qch à qn** dar
algo a algn
5 (*moyen*): **se chauffer au gaz/à
l'électricité** calentarse con gas/con
electricidad; **à bicyclette** en
bicicleta; **à pied** a pie; **à la main/
machine** a mano/máquina; **pêcher à
la ligne** pescar con caña
6 (*provenance*) de; **boire à la bouteille**
beber de la botella
7 (*caractérisation, manière*): **l'homme
aux yeux bleus/à la veste rouge** el
hombre de ojos azules/de la chaqueta
roja; **café au lait** café con leche; **à sa
grande surprise** para su gran
sorpresa; **à ce qu'il prétend** según
pretende (él); **à l'européenne/la
russe** a la europea/la rusa; **à nous
trois nous n'avons pas su le faire** no
hemos sabido hacerlo entre los tres
8 (*but, destination: de choses ou
personnes*): **tasse à café** taza de café;
"à vendre" "se vende"; **à bien
réfléchir** pensándolo bien;
problèmes à régler problemas por
solucionar
9 (*rapport, évaluation, distribution*): **100
km/unités à l'heure** 100 km/
unidades por hora; **payé au mois/por
l'heure** pagado por mes/por hora;
cinq à six cinco a seis; **ils sont
arrivés à quatre** llegaron cuatro

abaisser [abese] *vt* bajar; (*fig*) rebajar
abandon [abɑ̃dɔ̃] *nm* abandono;

être à l'~ estar abandonado(-a);
laisser à l'~ abandonar

abandonner [abɑ̃dɔne] *vt*
abandonar ⊳ *vi* (*Sport*) abandonar;
(*Inform*) salir; **~ qch à qn** entregar
algo a algn

abat-jour [abaʒur] *nm inv* pantalla

abats [aba] *vb voir* **abattre** ⊳ *nmpl*
(*Culin*) menudos *mpl*

abattement [abatmɑ̃] *nm*
(*déduction*) deducción *f*; **abattement
fiscal** deducción fiscal

abattoir [abatwar] *nm* matadero

abattre [abatr] *vt* (*arbre*) talar; (*mur,
maison, avion*) derribar; (*tuer*) matar;
(*déprimer*) desanimar; **s'abattre** *vpr*
(*mât, malheur*) caerse; **s'~ sur** caer
sobre; **~ du travail** *ou* **de la besogne**
trabajar duro

abbaye [abei] *nf* abadía

abbé [abe] *nm* (*d'une abbaye*) abad *m*

abcès [apsɛ] *nm* absceso

abdiquer [abdike] *vi* abdicar ⊳ *vt*
(*pouvoir, dignité*) renunciar a

abdominal, e, -aux [abdɔminal,
o] *adj* abdominal; **abdominaux**
nmpl abdominales *mpl*; **faire des
abdominaux** hacer abdominales

abeille [abɛj] *nf* abeja

aberrant, e [aberɑ̃, ɑ̃t] *adj*
aberrante

aberration [aberasjɔ̃] *nf* aberración
f

abîme [abim] *nm* abismo

abîmer [abime] *vt* estropear;
s'abîmer *vpr* estropearse; (*fig*)
abismarse

aboiement [abwamɑ̃] *nm* ladrido

abolir [abɔlir] *vt* abolir

abominable [abɔminabl] *adj*
abominable

abondance [abɔ̃dɑ̃s] *nf* abundancia

abondant, e [abɔ̃dɑ̃, ɑ̃t] *adj*
abundante; **abonder** *vi* abundar

abonné, e [abɔne] *adj* (*à un
journal*) suscrito(-a); (*au téléphone*)

abonado(-a) ⊳ *nm/f* (*au téléphone,
à l'opéra*) abonado(-a); (*à un journal*)
suscriptor(a)

abonnement [abɔnmɑ̃] *nm* (*à un
journal*) suscripción *f*; (*transports en
commun, théâtre*) abono

abonner [abɔne] *vt*: **~ qn à** (*revue*)
suscribir a algn a; **s'abonner** *vpr*: **s'~
à** (*revue*) suscribirse a; (*téléphone*)
abonarse a

abord [abɔr] *nm*: **être d'un ~ facile/
difficile** ser de fácil/difícil acceso;
abords *nmpl* (*d'un lieu*) alrededores
mpl; **d'~** primero, en primer lugar; **de
prime ~, au premier ~** a primera vista

abordable [abɔrdabl] *adj* (*personne*)
accesible; (*prix, marchandise*) asequible

aborder [abɔrde] *vi* abordar ⊳ *vt*
abordar

aboutir [abutir] *vi* tener éxito; **~ à/
dans/sur** (*lieu*) dar a

aboyer [abwaje] *vi* ladrar

abréger [abreʒe] *vt* acortar

abreuver [abrœve] *vt* abrevar;
(*fig*): **~ qn de** (*injures*) colmar a algn
de; **s'abreuver** *vpr* (*fam*) beber hasta
reventar; **abreuvoir** *nm* abrevadero

abréviation [abrevjasjɔ̃] *nf*
abreviatura

abri [abri] *nm* refugio; **à l'~** (*des
intempéries, financièrement*) a cubierto;
(*de l'ennemi*) a salvo; **à l'~ de** (*fig: erreur*)
protegido(-a) contra

abricot [abriko] *nm* albaricoque *m*,
damasco (*Am*)

abriter [abrite] *vt* (*lieu*) resguardar;
s'abriter *vpr* resguardarse

abrupt, e [abrypt] *adj* abrupto(-a);
(*personne, ton*) rudo(-a)

abruti, e [abryti] (*fam*) *nm/f*
tonto(-a)

absence [apsɑ̃s] *nf* ausencia

absent, e [apsɑ̃, ɑ̃t] *adj, nm/f*
ausente *m/f*; **absenter: s'absenter**
vpr ausentarse

absolu, e [apsɔly] *adj* absoluto(-a);

absolument *adv* (*oui*) sí, por supuesto

absorbant, e [apsɔʀbɑ̃, ɑ̃t] *adj* absorbente

absorber [apsɔʀbe] *vt* absorber; (*manger, boire*) tomar

abstenir [apstəniʀ]: **s'~** *vpr* abstenerse; **s'~ de qch/de faire** privarse de algo/de hacer

abstrait, e [apstʀɛ, ɛt] *adj* abstracto(-a)

absurde [apsyʀd] *adj* absurdo(-a)

abus [aby] *nm* abuso; **abuser** *vi* abusar; **abuser de** abusar de; **abusif, -ive** *adj* abusivo(-a)

académie [akademi] *nf* academia; (*Univ*) ≈ distrito universitario

- **ACADÉMIE FRANÇAISE**
-
- La **Académie française** fue
- fundada por el cardenal Richelieu
- en 1635 durante el reinado de Luis
- XIII. Consta de cuarenta eruditos y
- escritores electos a los que se
- conoce como "les Quarante" o "les
- Immortels". Una de las funciones
- de la Academia es regular el
- desarrollo de la lengua francesa y
- sus recomendaciones son con
- frecuencia objeto de encendido
- debate. Ha publicado varias
- ediciones de su conocido
- diccionario o concede diversos
- premios literarios.

acajou [akaʒu] *nm* caoba

acariâtre [akaʀjɑtʀ] *adj* desabrido(-a)

accablant, e [akɑblɑ̃, ɑ̃t] *adj* (*témoignage, preuve*) abrumador(a); (*chaleur, poids*) agobiante

accabler [akɑble] *vt* (*physiquement*) agobiar; (*moralement*) abatir; (*suj: preuves, témoignage*) inculpar; **~ qn d'injures/de travail** colmar a algn de injurias/de trabajo

accalmie [akalmi] *nf* calma, tregua

accaparer [akapaʀe] *vt* acaparar

accéder [aksede]: **~ à** *vt ind* (*lieu*) tener acceso a; (*fig*) acceder a

accélérateur [akseleʀatœʀ] *nm* acelerador *m*

accélérer [akseleʀe] *vt, vi* acelerar

accent [aksɑ̃] *nm* acento; **mettre l'~ sur** (*fig*) hacer hincapié en; **accent aigu/circonflexe/grave** acento agudo/circunflejo/grave; **accentuer** *vt* acentuar; **s'accentuer** *vpr* acentuarse

acceptation [akseptasjɔ̃] *nf* aceptación *f*, admisión *f*

accepter [aksepte] *vt* aceptar; **~ de faire** aceptar hacer

accès [aksɛ] *nm* acceso ▷ *nmpl* (*routes, entrées*) accesos *mpl*; **accès de colère** arrebato; **accessible** *adj* accesible; (*prix, objet*) asequible; (*livre, sujet*): **accessible (à qn)** accesible (a algn)

accessoire [akseswaʀ] *adj* secundario(-a) ▷ *nm* accesorio

accident [aksidɑ̃] *nm* accidente *m*; (*événement fortuit*) incidente *m*; **par ~** por accidente; **accidenté, e** *adj* accidentado(-a); (*voiture*) estropeado(-a), dañado(-a); **accidentel, le** *adj* accidental; (*fortuit*) casual

acclamer [aklame] *vt* aclamar

acclimater [aklimate] *vt* aclimatar; **s'acclimater** *vpr* aclimatarse

accolade [akɔlad] *nf* abrazo

accommoder [akɔmɔde] *vt* (*Culin*) aliñar; **s'accommoder** *vpr*: **s'~ de** contentarse con

accompagnateur, -trice [akɔ̃paɲatœʀ, tʀis] *nm/f* acompañante *m/f*

accompagner [akɔ̃paɲe] *vt* acompañar

accompli, e [akɔ̃pli] *adj*

consumado(-a)

accomplir [akɔ̃pliʀ] *vt* cumplir

accord [akɔʀ] *nm* (*entente*) acuerdo; (*consentement, autorisation*) consentimiento; (*Mus*) acorde *m*; **se mettre d'~** ponerse de acuerdo; **être d'~ (pour faire/que)** estar de acuerdo (en hacer/en que); **d'~!** ¡de acuerdo!

accordéon [akɔʀdeɔ̃] *nm* acordeón *m*

accorder [akɔʀde] *vt* (*faveur, délai*) conceder; (*Mus*) afinar; **~ de l'importance/de la valeur à qch** dar importancia/valor a algo

accoster [akɔste] *vt* (*Naut*) acostar ▷ *vi* acostar

accouchement [akuʃmɑ̃] *nm* parto

accoucher [akuʃe] *vi, vt* dar a luz

accouder [akude] *vb*: **s'~ à/sur** acodarse en/sobre; **accoudoir** *nm* apoyabrazos *m*

accoupler [akuple] *vb*: **s'~** *vpr* aparearse

accourir [akuʀiʀ] *vi* precipitarse

accoutumance [akutymɑ̃s] *nf* (*au climat*) adaptación *f*

accoutumé, e [akutyme] *adj* acostumbrado(-a)

accoutumer [akutyme] *vb*: **s'~ à** *vpr* acostumbrarse a algo/a hacer

accroc [akʀo] *nm* (*déchirure*) desgarrón *m*; **sans ~s** (*fig*) sin contratiempos

accrochage [akʀɔʃaʒ] *nm* (*accident*) choque *m*

accrocher [akʀɔʃe] *vb*: **~ à** *vt ind* (*vêtement, tableau*) colgar en; (*véhicule*) chocar con; (*déchirer: robe, pull*) rasgar; (*fig: regard, client*) atraer; **s'accrocher** *vpr* (*Mil, se disputer*) pelearse; **s'~ à** (*agripper*) agarrarse a; (*personne*) pegarse a

accroissement [akʀwasmɑ̃] *nm* aumento

accroître [akʀwatʀ] *vb*: **s'~** *vpr*

acrecentarse

accroupir [akʀupiʀ]: **s'~** *vpr* ponerse en cuclillas

accru, e [akʀy] *adj* acrecentado(-a)

accueil [akœj] *nm* acogida; **centre/comité d'~** centro/comité *m* de recepción; **accueillir** *vt* (*recevoir, saluer*) acoger; (*loger*) alojar

accumuler [akymyle] *vt* acumular; **s'accumuler** *vpr* acumularse

accusation [akyzasjɔ̃] *nf* acusación *f*; **l'~** (*Jur*) la acusación; **mettre qn en ~** iniciar causa en contra de algn

accusé, e [akyze] *adj, nm/f* acusado(-a); **accusé de réception** *nm* acuse *m* de recibo

accuser [akyze] *vt* acusar; (*fig: souligner*) acentuar; **~ qn de qch** acusar a algn de algo; **~ réception de qch/à faire** acostumbrarse a algo/a hacer recibo de

acéré, e [aseʀe] *adj* acerado(-a)

acharné, e [aʃaʀne] *adj* encarnizado(-a)

acharner [aʃaʀne] *vb*: **s'~ contre/sur** ensañarse con

achat [aʃa] *nm* compra; **faire des ~s** ir de compras

acheter [aʃ(ə)te] *vt* comprar; **~ qch à qn** comprar algo a algn; **acheteur, -euse** *nm/f* comprador(a)

achever [aʃ(ə)ve] *vt* acabar, finalizar; **s'achever** *vpr* acabarse

acide [asid] *adj* ácido(-a) ▷ *nm* ácido; **acidulé** *adj* ácido(-a); **bonbons acidulés** caramelos *mpl* ácidos

acier [asje] *nm* acero; **acier inoxydable** acero inoxidable; **aciérie** *nf* acería

acné [akne] *nf* acné *f*

acompte [akɔ̃t] *nm* (*arrhes*) señal *f*; (*sur somme due*) adelanto

à-côté [akote] *nm* (*point accessoire*) cuestión *f* secundaria; (*argent: aussi pl*) dinero extra *inv*

à-coup [aku] *nm*: **sans ~s** sin interrupción; **par ~s** a tirones

acoustique [akustik] nf acústica
acquéreur [akerœr] nm comprador(a)
acquérir [akerir] vt comprar
acquis, e [aki, iz] pp de **acquérir** ⊳ nm (savoir, expérience) conocimientos mpl; **acquis** nmpl: **les ~ sociaux** los logros sociales
acquitter [akite] vt (accusé) absolver
âcre [akr] adj acre
acrobate [akrɔbat] nm/f acróbata m/f
acrobatie [akrɔbasi] nf acrobacia
acte [akt] nm (Théâtre, action) acto; (document) acta; **actes** nmpl (compte-rendu) actas fpl; **faire ~ de candidature** presentar una candidatura
acteur, -trice [aktœr, tris] nm/f actor/actriz
actif, -ive [aktif, iv] adj activo(-a) ⊳ nm activo; **l'~ et le passif** el activo y el pasivo
action [aksjɔ̃] nf acción f; (déploiement d'énergie) actividad f; **une bonne/ mauvaise ~** una buena/mala acción; **actionnaire** nm/f accionista m/f; **actionner** vt accionar
activer [aktive] vt: **s'~** vpr (se presser) apresurarse; (s'affairer) trajinar
activité [aktivite] nf actividad f
actrice [aktris] nf voir **acteur**
actualité [aktɥalite] nf actualidad f; **actualités** nfpl: **les ~s** las noticias; **l'~ politique/sportive** la actualidad política/deportiva
actuel, le [aktɥɛl] adj actual; **actuellement** adv actualmente
acupuncture [akypɔ̃ktyr] nf acupuntura
adaptateur [adaptatœr] nm (Élec) adaptador m
adapter [adapte] vt: **~ à** adaptar a; **s'adapter** vpr (personne): **s'~ (à)** adaptarse (a)
addition [adisjɔ̃] nf (Math) adición f;

(au restaurant) cuenta; **additionner** vt sumar
adepte [adɛpt] nm/f (d'une religion) adepto(-a); (d'un sport) partidario(-a)
adéquat, e [adekwa(t), at] adj adecuado(-a)
adhérent, e [aderã, ãt] adj adherente m ⊳ nm/f miembro m/f
adhérer [adere] vi adherirse: **~ à** vt ind (coller) adherir a; (devenir membre de) afiliarse a; **adhésif, -ive** adj adhesivo(-a) ⊳ nm adhesivo
adieu [adjø] excl ¡adiós! ⊳ nm adiós msg; **dire ~ à qn** decir adiós a algn
adjectif [adʒɛktif] nm adjetivo
adjoint, e [adʒwɛ̃, wɛ̃t] nm/f adjunto(-a); **directeur ~** director m adjunto; **~ au maire** teniente m alcalde
admettre [admɛtr] vt admitir; (candidat) admitir, aprobar; **admettons que ...** admitamos que ...
administrateur, -trice [administratœr, tris] nm/f administrador(a)
administration [administrasjɔ̃] nf administración f
administrer [administre] vt administrar
admirable [admirabl] adj admirable
admirateur, -trice [admiratœr, tris] nm/f admirador(a)
admiration [admirasjɔ̃] nf admiración f
admirer [admire] vt admirar
admis, e [admi, iz] pp de **admettre**
admissible [admisibl] adj (candidat) admitido(-a); (comportement: gén nég) admisible
ADN [adeen] sigle m (= acide désoxyribonucléique) ADN m
adolescence [adɔlesɑ̃s] nf adolescencia
adolescent, e [adɔlesɑ̃, ɑ̃t] nm/f adolescente m/f

adopter [adɔpte] vt (projet de loi)
aprobar; (politique, enfant) adoptar;
adoptif, -ive adj adoptivo(-a)
adorable [adɔʀabl] adj adorable
adorer [adɔʀe] vt adorar
adosser [adose] vt: **s'~ à/contre**
respaldarse en/contra
adoucir [adusiʀ] vt suavizar; (peine,
douleur) aliviar
adresse [adʀɛs] nf (habileté)
habilidad f; (domicile) dirección f
adresser [adʀese] vt (expédier)
enviar; (écrire l'adresse sur) poner la
dirección en; (injure, compliments)
dirigir; **s'adresser** vpr: **s'~ à** dirigirse
a; (suj: livre, conseil) estar dirigido(-a)
a; **~ la parole à qn** dirigir la palabra
a algn
adroit, e [adʀwa, wat] adj hábil
adulte [adylt] nm/f adulto(-a)
adverbe [advɛʀb] nm adverbio
adversaire [advɛʀsɛʀ] nm/f
adversario(-a)
aération [aeʀasjɔ̃] nf (circulation de
l'air) ventilación f
aérer [aeʀe] vt (pièce, literie) ventilar
aérien, ne [aeʀjɛ̃, jɛn] adj aéreo(-a);
ligne ~e línea aérea
aéro... [aeʀo] préfixe: **aérogare**
nf terminal f; (en ville) estación
f terminal; **aéroglisseur** nm
aerodeslizador m; **aéronaval, e, -aux**
adj aeronaval ⊳ nf: **l'Aéronavale** las
Fuerzas aeronavales; **aérophagie** nf
aerofagia; **aéroport** nm aeropuerto;
aérosol nm aerosol m
affaiblir [afeblir] vt debilitar;
s'affaiblir vpr debilitarse
affaire [afɛʀ] nf (problème, question)
asunto; (scandale) escándalo;
(criminelle, judiciaire) caso; (entreprise,
magasin) negocio, empresa; (marché,
transaction) negocio; (occasion
intéressante) ganga; **affaires** nfpl
negocios mpl; (objets, effets personnels)
cosas fpl; **ce sont mes/tes ~s** (cela

me/te concerne) es asunto mío/tuyo;
ceci fera l'~ esto bastará; **avoir ~
à qn/qch** (comme contact) estar en
relación con algn/algo; **c'est une ~
de goût/d'argent** es una cuestión
de gusto/dinero; **les A~s étrangères**
Asuntos Exteriores; **affairer:
s'affairer** vpr afanarse
affamé, e [afame] adj
hambriento(-a)
affecter [afɛkte] vt (toucher,
émouvoir) conmover, afectar; (feindre)
fingir
affectif, -ive [afɛktif, iv] adj
afectivo(-a)
affection [afɛksjɔ̃] nf afecto,
cariño; **affectionner** vt querer;
affectueux, -euse adj afectuoso(-a)
affichage [afiʃaʒ] nm anuncio;
(électronique) marcador m; **"~ interdit"**
"se prohíbe fijar carteles"
affiche [afiʃ] nf cartel m, afiche m
(Am); (officielle) anuncio
afficher [afiʃe] vt anunciar;
(électroniquement) marcar; (fig, péj)
ostentar
affilée [afile]: **d'~** adv de un tirón
affirmatif, -ive [afirmatif, iv] adj
(réponse) afirmativo(-a)
affirmer [afirme] vt afirmar
affligé, e [afliʒe] adj afligido(-a); **~
d'une maladie/tare** aquejado(-a)
por una enfermedad/tara
affliger [afliʒe] vt afligir
affluence [aflyɑ̃s] nf afluencia;
heure/jour d'~ hora/día m de
afluencia
affluent [aflyɑ̃] nm afluente m
affolant, e [afɔlɑ̃, ɑ̃t] adj
enloquecedor(a)
affolement [afɔlmɑ̃] nm pánico
affoler [afɔle] vt asustar; **s'affoler**
vpr asustarse
affranchir [afʀɑ̃ʃiʀ] vt (lettre,
paquet) franquear; (esclave) libertar;
affranchissement nm (Postes)

franqueo

affreux, -euse [afʁø, øz] *adj*
horrible

affront [afʁɔ̃] *nm* afrenta;
affrontement *nm* enfrentamiento

affronter [afʁɔ̃te] *vt* (*adversaire*)
afrontar, hacer frente a; (*tempête,
critiques*) afrontar

affût [afy] *nm*: **à l'~ (de)** al acecho (de)

afin [afɛ̃]: **~ que** *conj* a fin de que; **~ de
faire** a fin de hacer, con el fin de hacer

africain, e [afʁikɛ̃, ɛn] *adj*
africano(-a) ▷ *nm/f*: **A~, e**
africano(-a)

Afrique [afʁik] *nf* África; **Afrique
australe/du Nord/du Sud** África
austral/del Norte/del Sur

agacer [agase] *vt* molestar

âge [ɑʒ] *nm* edad *f*; **quel ~ as-tu?**
¿qué edad tienes?; **troisième ~**
tercera edad; **âgé, e** *adj* de edad;
âgé de 10 ans de 10 años de edad; **les
personnes âgées** los ancianos

agence [aʒɑ̃s] *nf* agencia; (*succursale*)
sucursal *f*; **agence immobilière/
matrimoniale** agencia inmobiliaria/
matrimonial

agenda [aʒɛ̃da] *nm* agenda

agenouiller [aʒ(ə)nuje]: **s'~** *vpr*
arrodillarse

agent [aʒɑ̃] *nm* (*Admin*)
funcionario(-a); (*élément, facteur*)
agente *m*, factor *m*; **agent (de
police)** policía *m*, agente (*Am*); **agent
immobilier** agente inmobiliario

agglomération [aglɔmeʁasjɔ̃] *nf*
aglomeración *f*; **l'~ parisienne** el área
metropolitana de París

aggraver [agʁave] *vt* agravar,
empeorar; **s'aggraver** *vpr* agravarse

agile [aʒil] *adj* ágil

agir [aʒiʁ] *vi* actuar; (*avoir de l'effet*)
hacer efecto; **s'agir** *vpr*: **il s'agit de
faire** se trata de hacer; **il s'agit de** se
trata de; **de quoi s'agit-il?** ¿de qué
se trata?

agitation [aʒitasjɔ̃] *nf* agitación *f*

agité, e [aʒite] *adj* (*gén enfant*)
revoltoso(-a); (*vie, personne*)
agitado(-a); **une mer ~e** un mar
agitado *ou* revuelto

agiter [aʒite] *vt* agitar; (*personne*)
inquietar

agneau [aɲo] *nm* cordero

agonie [agɔni] *nf* agonía

agrafe [agʁaf] *nf* (*Méd, de bureau*)
grapa, **agrafer** *vt* (*des feuilles
de papier*) grapar; **agrafeuse** *nf*
grapadora

agrandir [agʁɑ̃diʁ] *vt* agrandar,
ampliar; **s'agrandir** *vpr* agrandarse;
agrandissement *nm* (*Photo*)
ampliación *f*

agréable [agʁeabl] *adj* agradable

agréé, e [agʁee] *adj*: **magasin/
concessionnaire ~** establecimiento/
concesionario autorizado

agréer [agʁee] *vt*: **veuillez ~ ...** le
saluda ...

agrégation [agʁegasjɔ̃] *nf*
oposición *f*; **agrégé, e** *nm/f*
catedrático(-a)

agrément [agʁemɑ̃] *nm* (*accord*)
consentimiento

agresser [agʁese] *vt* agredir;
agresseur *nm* agresor(a);
agressif, -ive *adj* agresivo(-a);
(*couleur, toilette*) provocador(a)

agricole [agʁikɔl] *adj* agrícola;
agriculteur, -trice [agʁikyltœʁ,
tʁis] *nm/f* agricultor(a); **agriculture**
nf agricultura

agripper [agʁipe] *vt* agarrar;
s'agripper *vpr*: **s'~ à** agarrarse a,
aferrarse a

agro-alimentaire [agʁoalimɑ̃tɛʁ]
(*pl* **~s**) *adj* agroalimenticio(-a)

agrumes [agʁym] *nmpl* agrios *mpl*

aguets [agɛ] *nmpl*: **être aux ~** estar
al acecho

ai [ɛ] *vb voir* **avoir**

aide [ɛd] *nf* ayuda ▷ *nm/f* ayudante

m/f; **à l'~ de** con (la) ayuda de;
appeler (qn) à l'~ pedir ayuda (a
algn); **aide-éducateur, -trice**
(pl **aides-éducateurs, -trices**)
nm/f ayudante m/f de clase; **aide
judiciaire** nf ayuda judicial; **aide-
mémoire** nm inv memorándum m

aider [ede] vt ayudar; **s'aider de** vpr
ayudarse de, servirse de; **~ à** (faciliter,
favoriser) ayudar a; **aide-soignant, e**
(pl **aides-soignants, es**) nm/f
auxiliar m/f de enfermería

aie etc [ɛ] vb voir **avoir**

aïe [aj] excl ¡ay!

aigle [ɛgl] nm águila

aigre [ɛgʀ] adj agrio(-a); **aigre-doux,
-douce** (pl **aigres-doux, -douces**) adj
agridulce; **aigreur** nf acidez f; (d'un
propos) acritud f; **aigreurs d'estomac**
acidez de estómago

aigu, ë [egy] adj (objet, arête)
afilado(-a); (voix, note, douleur)
agudo(-a)

aiguille [eguij] nf aguja; **aiguille à
tricoter** aguja de tejer

aiguiser [egize] vt afilar; (fig) aguzar

ail [aj] nm ajo

aile [ɛl] nf ala; (de voiture) aleta; **ailier**
nm extremo

aille etc [aj] vb voir **aller**

ailleurs [ajœʀ] adv en otra parte;
partout/nulle part ~ en cualquier/
en ninguna otra parte; **d'~** además;
par ~ por otra parte

aimable [ɛmabl] adj amable

aimant, e [ɛmɑ̃, ɑ̃t] adj
afectuoso(-a) ▷ nm imán m

aimer [eme] vt (d'amour) querer,
amar; (d'amitié, affection) querer;
(chose, activité) gustar; **bien ~ qn/qch**
querer mucho a algn/algo; **je t'aime**
te quiero; **j'aimerais autant ou mieux
y aller maintenant** preferiría ir ahora

aine [ɛn] nf ingle f

aîné, e [ene] adj mayor ▷ nm/f
primogénito(-a)

ainsi [ɛ̃si] adv (de cette façon) de
este modo; (ce faisant) así ▷ conj
entonces; **~ que** (comme) así como; (et
aussi) y también; **et ~ de suite** y así
sucesivamente

air [ɛʀ] nm aire m; (expression, attitude)
aspecto; **prendre l'~** tomar el aire;
avoir l'~ parecer, verse (Am); **il a l'~
de manger/dormir/faire** parece
que está comiendo/durmiendo/
haciendo; **avoir l'~ d'un homme/
clown** parecer un hombre/payaso

airbag [ɛʀbag] nm airbag m

aisance [ɛzɑ̃s] nf (facilité) facilidad f;
(financière) desahogo; **aises**
nfpl: **prendre ses ~** instalarse a
sus anchas; **être à l'~ ou à son ~**
estar a gusto; (pas embarrassé) estar
a sus anchas; (financièrement) estar
desahogado(-a); **se mettre à l'~**
ponerse a gusto; **être mal à l'~
ou mal à son ~** estar a disgusto;

aisé, e adj (facile) fácil; (assez riche)
acomodado(-a)

aisselle [ɛsɛl] nf axila

ait [ɛ] vb voir **avoir**

ajonc [aʒɔ̃] nm aulaga

ajourner [aʒuʀne] vt (débat, décision)
aplazar, postergar (Am)

ajouter [aʒute] vt añadir, agregar
(esp Am)

alarme [alaʀm] nf (signal) alarma;
donner l'~ dar la alarma; **alarmer** vt
alarmar; **s'alarmer** vpr alarmarse;
alarmiste adj alarmista

album [albɔm] nm álbum m; **album
à colorier/de timbres** álbum para
colorear/de sellos

albumine [albymin] nf albúmina;
avoir ou faire de l'~ tener albúmina

alcool [alkɔl] nm: **l'~** el alcohol; **un ~**
un licor; **alcool à 90°** alcohol de 90°;
alcool à brûler alcohol de quemar;
alcoolique adj, nm/f alcohólico(-a);
alcoolisé, e adj alcoholizado(-a);

alcoolisme nm alcoholismo; **alco(o) test®** nm (objet) alcohómetro; (épreuve) prueba del alcohol; **faire subir l'alcootest à qn** hacer la prueba del alcohol a algn

aléatoire [aleatwar] adj aleatorio(-a)

alentour [alɑ̃tur] adv alrededor; **alentours** nmpl alrededores mpl; **aux ~s de** en los alrededores de

alerte [alɛʀt] adj vivo(-a) ▷ nf (menace) alerta; **alerter** vt alertar

algèbre [alʒɛbʀ] nf álgebra

Alger [alʒe] n Argel m

Algérie [alʒeʀi] nf Argelia; **algérien, ne** adj argelino(-a)

algue [alg] nf alga

alibi [alibi] nm coartada

aligner [aliɲe] vt alinear; (idées) ordenar; **s'aligner** vpr alinearse; **s'~ (sur)** (Pol) estar alineado(-a)(con)

aliment [alimɑ̃] nm alimento; **alimentation** nf alimentación f; (en eau, en électricité) provisión f; **alimenter** vt alimentar; (en eau, électricité): **alimenter (en)** alimentar (con), abastecer (con)

allaiter [alete] vt (femme) dar el pecho a

alléchant, e [aleʃɑ̃, ɑ̃t] adj (odeur) atrayente; (proposition etc) tentador(a)

allécher [aleʃe] vt (odeur) atraer: **~ qn** engatusar a algn

allée [ale] nf (de jardin, parc) paseo, sendero; (en ville) avenida

allégé, e [aleʒe] adj (yaourt etc) bajo(-a) (en contenido graso)

Allemagne [almaɲ] nf Alemania; **allemand, e** adj alemán(-ana) ▷ nm (Ling) alemán m ▷ nm/f: **Allemand, e** alemán(-ana)

MOT-CLÉ

aller [ale] nm ida; **aller (simple)** ida ▷ vi 1 ir; **aller à la chasse/pêche** ir a cazar/pescar, ir de caza/pesca; **aller au théâtre/au concert/au cinéma** ir al teatro/a conciertos/al cine; **aller à l'école** ir al colegio

2 (situation, moteur, personne etc) andar, estar; **comment allez-vous?** ¿qué tal está usted?; **comment ça va?** ¿qué tal?; **ça va?** - **oui, ça va/non, ça ne va pas** ¿qué tal? – bien/mal; **ça ne va pas très bien (au bureau)** las cosas no van muy bien (en la oficina); **ça va bien/mal** anda bien/mal; **ça va** (approbation) bien; **tout va bien** todo va bien; **il va bien/mal** está bien/mal; **il n'y est pas allé par quatre chemins** (fig) no se anduvo con rodeos; **tu y vas un peu (trop) fort** exageras un poco; **aller à** (suj: forme, pointure etc) adaptarse a; **cette robe te va très bien** este vestido te sienta muy bien; **cela me va** (couleur, vêtement) esto me sienta o va muy bien; **aller avec** (couleurs, style etc) pegar con; **ça ira** (comme ça) está bien así; **se laisser aller** (se négliger) abandonarse; **aller jusqu'à Paris/100 euros** (limite) llegar hasta París/100 euros; **ça va de soi** se cae por su propio peso; **ça va bien sans dire** ni qué decir tiene; **il va sans dire que ...** ni qué decir tiene que ...

3 (fonction d'auxiliaire): **je vais me fâcher/le faire** voy a enfadarme/hacerlo; **aller chercher/voir qn** ir a buscar/a ver a algn; **je vais m'en occuper demain** voy a ocuparme de ello mañana

4: **allons-y!** ¡vamos!; **allez!** ¡venga!; **allons donc!** ¡anda ya!; **aller mieux** ir mejor; **aller en empirant** ir empeorando; **allez, fais un effort** vamos, haz un esfuerzo; **allez, je m'en vais** bueno, me voy; **s'en aller** irse

allergique [alɛʀʒik] adj alérgico(-a); **~ à** alérgico(-a) a

alliance [aljɑ̃s] *nf* alianza
allier [alje] *vt* aliar; (*fig*) unir; **s'allier**
vpr aliarse
allô [alo] *excl* dígame, aló (*Am*)
allocation [alɔkasjɔ̃] *nf* asignación *f*;
allocation (de) chômage subsidio de
desempleo; **allocations familiales**
ayuda *fsg* familiar
allonger [alɔ̃ʒe] *vt* (*objet, durée*)
alargar; (*bras*) estirar; **s'allonger** *vpr*
(*personne*) tumbarse
allumage [alymaʒ] *nm* encendido
allume-cigare [alymsigaʀ] *nm inv*
encendedor *m*
allumer [alyme] *vt* encender,
prender (*Am*); (*pièce*) alumbrar;
s'allumer *vpr* encenderse
allumette [alymɛt] *nf* cerilla
allure [alyʀ] *nf* (*d'un véhicule*)
velocidad *f*; (*d'un piéton*) paso;
(*démarche, maintien*) presencia; (*aspect,
air*) aspecto; **avoir de l'~** tener buena
presencia; **à toute ~** a toda velocidad
allusion [a(l)lyzjɔ̃] *nf* (*référence*)
referencia; (*sous-entendu*) alusión *f*;
faire ~ à hacer referencia a; (*avec sous-
entendu*) hacer alusión a

MOT-CLÉ

alors [alɔʀ] *adv* (*à ce moment-là*)
entonces; **il habitait alors à Paris**
vivía entonces en París
▷ *conj* (*par conséquent*) entonces; **tu as
fini? alors je m'en vais** ¿has acabado?
entonces, me voy; **et alors?** (*pour en
savoir plus*) ¿entonces?; (*indifférence*) ¿y
qué?
alors que *conj* 1 (*au moment où*)
cuando; **il est arrivé alors que je
partais** llegó cuando me iba
2 (*pendant que*) cuando, mientras;
alors qu'il était à Paris, il a visité ...
mientras estaba en París, visitó ...
3 (*tandis que, opposition*) mientras que;
alors que son frère travaillait dur,

lui se reposait mientras que su
hermano trabajaba duro, él
descansaba

alourdir [aluʀdiʀ] *vt* hacer
pesado(-a)
Alpes [alp] *nfpl*: **les ~** los Alpes
alphabet [alfabɛ] *nm* alfabeto;
alphabétique *adj* alfabético(-a);
par ordre alphabétique por orden
alfabético
alpinisme [alpinism] *nm* alpinismo,
andinismo (*Am*); **alpiniste** *nm/f*
alpinista *m/f*, andinista *m/f* (*Am*)
Alsace [alzas] *nf* Alsacia;
alsacien, ne *adj* alsaciano(-a)
▷ *nm/f*: **Alsacien, ne** alsaciano(-a)
altermondialiste [altɛʀmɔ̃djalist]
adj, nm/f antiglobalizador(a)
alternateur [altɛʀnatœʀ] *nm*
alternador *m*
alternatif, -ive [altɛʀnatif, iv]
adj alternativo(-a); **alternative** *nf*
alternativa; alternar *vt* (*choses*)
alternar ▷ *vi* alternar; **alterner avec
qch** alternar con algo
altitude [altityd] *nf* (*par rapport à la
mer*) altitud *f*
alto [alto] *nm* (*instrument*) viola ▷ *nf*
(*chanteuse*) contralto *f*
aluminium [alyminjɔm] *nm*
aluminio
amabilité [amabilite] *nf* amabilidad
f
amaigrissant, e [amegʀisɑ̃,
ɑ̃t] *adj*: **régime ~** régimen *m* de
adelgazamiento
amande [amɑ̃d] *nf* almendra;
amandier *nm* almendro
amant [amɑ̃] *nm* amante *m*
amas [amɑ] *nm* montón *m*; **amasser**
vt amontonar
amateur [amatœʀ] *nm*
aficionado(-a); **en ~** (*péj*) como
aficionado(-a)
ambassade [ɑ̃basad] *nf* embajada;

ambassadeur, -drice nm/f (Pol, fig) embajador(a)

ambiance [ɑ̃bjɑ̃s] nf ambiente m

ambigu, -uë [ɑ̃bigy] adj ambiguo(-a)

ambitieux, -euse [ɑ̃bisjø, jøz] adj, nm/f ambicioso(-a)

ambition [ɑ̃bisjɔ̃] nf ambición f

ambulance [ɑ̃bylɑ̃s] nf ambulancia; **ambulancier, -ière** nm/f conductor(a) de una ambulancia

âme [ɑm] nf (spirituelle) alma

amélioration [ameljɔʀasjɔ̃] nf mejoría

améliorer [ameljɔʀe] vt mejorar; **s'améliorer** vpr mejorarse

aménager [amenaʒe] vt acondicionar; (installer) habilitar

amende [amɑ̃d] nf multa

amener [am(ə)ne] vt llevar; (occasionner) provocar; **s'amener** (fam) vpr venirse; **~ qn à qch/à faire** incitar a algn a algo/a hacer

amer, amère [amɛʀ] adj amargo(-a)

américain, e [ameʀikɛ̃, ɛn] adj americano(-a) ▷ nm/f: **A-, e** americano(-a)

Amérique [ameʀik] nf América; **Amérique centrale/du Nord/du Sud/latine** América central/del Norte/del Sur/latina

amertume [amɛʀtym] nf amargura

ameublement [amœblamɑ̃] nm mobiliario

ami, e [ami] nm/f amigo(-a); (amant/maîtresse) amante m/f; **pays/groupe ~** país m/grupo aliado

amiable [amjabl] adj (gén) amistoso(-a); **à l'~** amistosamente

amiante [amjɑ̃t] nm amianto

amical, e, -aux [amikal, o] adj amistoso(-a); **amicalement** adv amistosamente; (formule épistolaire) cordialmente

amincir [amɛ̃siʀ] vt (suj: vêtement)

hacer más delgado(-a); **s'amincir** vpr (personne) adelgazar

amincissant, e [amɛ̃sisɑ̃, ɑ̃t] adj adelgazante

amiral, -aux [amiʀal, o] nm almirante m

amitié [amitje] nf amistad f; **prendre en ~** tomar afecto a; **faire** ou **présenter ses ~s à qn** dar ou enviar recuerdos a algn; **~s** (formule épistolaire) cordialmente

amonceler [amɔ̃s(ə)le] vt (objets) amontonar; **s'amonceler** vpr amontonarse; (fig) acumularse

amont [amɔ̃] nm: **en ~** (d'un cours d'eau) río arriba

amorce [amɔʀs] nf (sur un hameçon) cebo; **amorcer** vt (hameçon, munition) cebar; (fig: négociations) emprender

amortir [amɔʀtiʀ] vt (choc, bruit) amortiguar; (Comm) amortizar; **~ un abonnement** amortizar un abono; **amortisseur** nm amortiguador m

amour [amuʀ] nm (sentiment, goût) amor m; **faire l'~** hacer el amor; **amoureux, -euse** adj amoroso(-a) ▷ nmpl (amants) amantes mpl; **amour-propre** (pl **amours-propres**) nm amor m propio

ampère [ɑ̃pɛʀ] nm amperio

amphithéâtre [ɑ̃fiteatʀ] nm anfiteatro

ample [ɑ̃pl] adj amplio(-a); **amplement** adv ampliamente; **amplement suffisant** más que suficiente; **ampleur** nf amplitud f; (de vêtement) anchura

amplificateur [ɑ̃plifikatœʀ] nm amplificador m

amplifier [ɑ̃plifje] vt (son, oscillation) amplificar; (importance, quantité) acrecentar

ampoule [ɑ̃pul] nf (Élec) bombilla, foco (Am), bombillo (Am); (de médicament, aux mains) ampolla

amusant, e [amyzɑ̃, ɑ̃t] adj

divertido(-a)

amuse-gueule [amyzgœl] *nm inv* tapas *fpl*

amusement [amyzmɑ̃] *nm* diversión *f*

amuser [amyze] *vt* divertir; **s'amuser** *vpr* divertirse; (péj: *manquer de sérieux*) estar de juerga

amygdale [amidal] *nf* amígdala

an [ɑ̃] *nm* año; **le jour de l'~, le premier de l'~, le nouvel** ~ el día de año nuevo, el año nuevo

analphabète [analfabɛt] *adj, nm/f* analfabeto(-a)

analyse [analiz] *nf* análisis *m inv*; **analyser** *vt* analizar

ananas [anana(s)] *nm* piña, ananá(s) *m* (Am)

anatomie [anatɔmi] *nf* anatomía

ancêtre [ɑ̃sɛtʀ] *nm/f* (parent) antepasado(-a)

anchois [ɑ̃ʃwa] *nm* anchoa

ancien, ne [ɑ̃sjɛ̃, jɛn] *adj* antiguo(-a), viejo(-a); (de jadis, de l'antiquité) antiguo(-a); (précédent, ex-) antiguo(-a), ex- ⊳ *nm/f* anciano(-a); **un ~ ministre** un ex-ministro; **mon ~ne voiture** mi antiguo coche; **ancienneté** *nf* antigüedad *f*

ancre [ɑ̃kʀ] *nf* ancla; **jeter/lever l'~** echar/levar anclas; **ancrer** *vt* (câble) fijar

Andorre [ɑ̃dɔʀ] *nf* Andorra

andouille [ɑ̃duj] *nf* especie de embutido

âne [ɑn] *nm* burro

anéantir [aneɑ̃tiʀ] *vt* (pays, récolte, espoirs) aniquilar

anémie [anemi] *nf* anemia

anémique [anemik] *adj* anémico(-a)

anesthésie [anɛstezi] *nf* anestesia; **anesthésie générale/locale** anestesia general/local

ange [ɑ̃ʒ] *nm* ángel *m*

angine [ɑ̃ʒin] *nf* angina; **angine de poitrine** angina de pecho

anglais, e [ɑ̃glɛ, ɛz] *adj* inglés(-esa) ⊳ *nm* (Ling) inglés *m* ⊳ *nm/f*: **A~, e** inglés(-esa); **les A~** los ingleses

angle [ɑ̃gl] *nm* (coin) esquina; (Géom, fig) ángulo; **angle droit** ángulo recto

Angleterre [ɑ̃glətɛʀ] *nf* Inglaterra

anglophone [ɑ̃glɔfɔn] *adj, nm/f* anglófono(-a)

angoisse [ɑ̃gwas] *nf* angustia; **avoir des ~s** estar angustiado(-a); **angoissé, e** *adj* angustiado(-a)

anguille [ɑ̃gij] *nf* anguila

animal, e, -aux [animal, o] *adj* animal ⊳ *nm* animal *m*; **animal domestique/sauvage** animal doméstico/salvaje

animateur, -trice [animatœʀ, tʀis] *nm/f* animador(a); (de spectacle) presentador(a)

animation [animasjɔ̃] *nf* animación *f*

animé, e [anime] *adj* (rue, lieu) animado(-a)

animer [anime] *vt* animar; **s'animer** *vpr* animarse

anis [ani(s)] *nm* anís *m*

ankyloser [ɑ̃kiloze]: **s'~** *vpr* anquilosarse

anneau, x [ano] *nm* (de rideau) argolla; (de chaîne) anilla

année [ane] *nf* año

annexe [anɛks] *adj* (problème) anexo(-a); (document) adjunto(-a); (salle) contiguo(-a) ⊳ *nf* anexo

anniversaire [anivɛʀsɛʀ] *nm* (d'une personne) cumpleaños *m inv*; (d'un événement, bâtiment) aniversario

annonce [anɔ̃s] *nf* anuncio; **les petites ~s** anuncios *mpl* por palabras

annoncer [anɔ̃se] *vt* anunciar; **s'annoncer** *vpr*: **s'~ bien/difficile** presentarse bien/difícil

annuaire [anɥɛʀ] *nm* anuario; **annuaire téléphonique** guía telefónica

annuel, le [anɥɛl] *adj* anual

annulation [anylasjɔ̃] nf anulación f
annuler [anyle] vt anular
anonymat [anɔnima] nm
anonimato; **garder l'~** mantener el
anonimato
anonyme [anɔnim] adj anónimo(-a)
anorak [anɔʀak] nm anorak m
anormal, e, -aux [anɔʀmal, o]
adj (exceptionnel, inhabituel) anormal;
(injuste) injusto(-a), (personne)
subnormal
ANPE [aɛnpe] sigle f (= Agence
nationale pour l'emploi) ≈ INEM m
(= Instituto Nacional de Empleo)
antarctique [ɑ̃taʀktik] adj
antártico(-a) ▷ nm: **l'A~** la Antártida;
le cercle/l'océan ~ el círculo polar
antártico/el océano Antártico
antenne [ɑ̃tɛn] nf antena; (poste
avancé, succursale, agence) unidad f;
avoir l'~ estar en conexión; **prendre
l'~** conectar, sintonizar
antérieur, e [ɑ̃teʀjœʀ] adj anterior
anti... [ɑ̃ti] préf anti...;
antialcoolique adj
antialcohólico(-a); **antibiotique**
nm antibiótico; **antibrouillard**
adj: **phare antibrouillard** faro
antiniebla
anticipation [ɑ̃tisipasjɔ̃] nf
anticipación f, previsión f; **livre/film
d'~** libro/película de ciencia ficción
anticipé, e [ɑ̃tisipe] adj (règlement,
paiement) por adelantado
anticiper [ɑ̃tisipe] vt (événement,
coup) anticipar; (en imaginant) prever
▷ vi: **~ sur** anticiparse a
anti...: anticorps nm anticuerpo;
antidote nm antídoto; **antigel** nm
anticongelante m; **antihistaminique**
nm antihistamínico
antillais, e [ɑ̃tijɛ, ɛz] adj
antillano(-a) ▷ nm/f: **A~, e**
antillano(-a)
Antilles [ɑ̃tij] nfpl: **les ~** las Antillas;
les grandes/petites ~ las grandes/

pequeñas Antillas
antilope [ɑ̃tilɔp] nf antílope m
anti...: antimite(s) adj,
nm: **(produit) antimite(s)** antipolilla
m; **antipathique** adj antipático(-a);
antipelliculaire adj anticaspa
antiquaire [ɑ̃tikɛʀ] nm/f
anticuario(-a)
antique [ɑ̃tik] adj (gréco-romain,
très vieux) antiguo(-a); (démodé)
anticuado(-a); **antiquité** nf (objet
ancien) antigüedad f; **l'Antiquité** la
Antigüedad; **magasin d'antiquités**
tienda de antigüedades
anti...: antirabique adj
antirrábico(-a); **antirouille** adj
inv: **peinture/produit antirouille**
pintura/producto antioxidante;
antisémite adj, nm/f antisemita;
antiseptique adj antiséptico(-a);
antivirus nm (Inform) antivirus m inv;
antivol nm antirrobo
anxiété [ɑ̃ksjete] nf ansiedad f
anxieux, -euse [ɑ̃ksjø, jøz] adj
ansioso(-a)
AOC sigle f (= appellation d'origine
contrôlée) denominación f de origen

○ **AOC**

○ **AOC** es la categoría más alta de los
○ vinos franceses. Indica que cumple
○ con los criterios más estrictos en lo
○ referente a cepa de origen, tipo de
○ uva cultivada, método de
○ producción y volumen alcohólico.

août [u(t)] nm agosto; voir aussi
juillet
apaiser [apeze] vt tranquilizar;
s'apaiser vpr tranquilizarse
apercevoir [apɛʀsəvwaʀ] vt (voir)
distinguir; (constater, percevoir)
percibir; **s'~ de/que** darse cuenta
de/de que
aperçu, e [apɛʀsy] pp de **apercevoir**

▷ *nm* visión *f* de conjunto; (*gén pl: intuition*) idea

apéritif, -ive [aperitif, iv] *adj* aperitivo(-a) ▷ *nm* aperitivo

à-peu-près [apøprɛ] (*péj*) *nm inv* aproximación *f*

apeuré, e [apøre] *adj* atemorizado(-a)

aphte [aft] *nm* afta

apitoyer [apitwaje] *vt* apiadar; **s'~ (sur qn/qch)** apiadarse (de algn/ algo)

aplatir [aplatiʀ] *vt* aplastar; **s'aplatir** *vpr* aplastarse; (*fig*) tumbarse

aplomb [aplɔ̃] *nm* (*équilibre*) equilibrio; (*sang-froid*) aplomo; **d'~ (en équilibre*) verticalmente; (*Constr*) aplomo

apostrophe [apostʀɔf] *nf* (*signe*) apóstrofe *m*

apparaître [apaʀɛtʀ] *vi* aparecer; (*avec attribut*) parecer

appareil [apaʀɛj] *nm* aparato; **~ digestif** aparato digestivo; **qui est à l'~?** ¿quién está al aparato?; **appareil photographique, appareil photo** cámara de fotos; **appareiller** *vi* zarpar ▷ *vt* emparejar

apparemment [apaʀamɑ̃] *adv* aparentemente, dizque (*Am*)

apparence [apaʀɑ̃s] *nf* apariencia

apparent, e [apaʀɑ̃, ɑ̃t] *adj* (*visible*) aparente; (*évident*) evidente; (*illusoire, superficiel*) ilusorio(-a)

apparenté, e [apaʀɑ̃te] *adj*: **~ à** emparentado(-a) con

apparition [apaʀisjɔ̃] *nf* aparición *f*

appartement [apaʀtəmɑ̃] *nm* piso, departamento (*Am*)

appartenir [apaʀtəniʀ] **~ à** *vt ind* pertenecer a

apparu, e [apaʀy] *pp de* **apparaître**

appât [apɑ] *nm* cebo

appel [apɛl] *nm* llamada, llamado (*Am*); (*nominal*) lista; (*Mil*)

alistamiento a filas; **faire ~ à** (*invoquer*) apelar a; (*avoir recours à*) recurrir a; (*nécessiter*) necesitar; **faire ~** (*Jur*) apelar; **faire l'~** pasar lista; **appel d'offres** llamada a licitación; **appel (téléphonique)** llamada (telefónica)

appelé [ap(ə)le] *nm* (*Mil*) recluta *m*

appeler [ap(ə)le] *vt* llamar; (*nécessiter*) requerir; **s'appeler** *vpr* llamarse; **être appelé à** (*fig*) ser llamado a; **comment ça s'appelle?** ¿cómo se llama esto?

appendicite [apɛ̃disit] *nf* apendicitis *f*

appesantir [apəzɑ̃tiʀ] **s'~ sur** *vpr* (*fig*) insistir en

appétissant, e [apetisɑ̃, ɑ̃t] *adj* apetitoso(-a)

appétit [apeti] *nm* apetito; **bon ~!** ¡buen provecho!

applaudir [aplodiʀ] *vt, vi* aplaudir; **applaudissements** *nmpl* aplausos *mpl*

application [aplikasjɔ̃] *nf* aplicación *f*

appliquer [aplike] *vt* aplicar; **s'appliquer** *vpr* aplicarse

appoint [apwɛ̃] *nm* (*fig*) ayuda; **chauffage/lampe d'~** calefacción *f*/ lámpara suplementaria

apporter [apɔʀte] *vt* (*amener*) traer; (*soutien, preuve*) aportar; (*soulagement*) procurar

appréciable [apʀesjabl] *adj* apreciable

apprécier [apʀesje] *vt* apreciar

appréhender [apʀeɑ̃de] *vt* (*craindre*) temer; (*Jur, aborder*) aprehender; **appréhension** *nf* aprehensión *f*

apprendre [apʀɑ̃dʀ] *vt* aprender; (*nouvelle, résultat*) conocer; **~ qch à qn** (*informer*) informar de algo a algn; (*enseigner*) enseñar algo a algn; **~ à faire qch** aprender a hacer algo; **~ à qn à faire qch** enseñar a algn a hacer

algo; **apprenti, e** nm/f aprendiz(a);
apprentissage nm aprendizaje m

apprêter [apʀete] vt: **s'~ à faire
qch** disponerse a hacer algo

appris, e [apʀi, iz] pp de **apprendre**

apprivoiser [apʀivwaze] vt
domesticar

approbation [apʀɔbasjɔ̃]
nf (autorisation) aprobación f,
conformidad f

approcher [apʀɔʃe] vi acercarse,
aproximarse ⊳ vt (vedette, artiste)
relacionarse con; (rapprocher): **~
qch (de qch)** acercar algo (a algo);
s'approcher de vpr acercarse a; **~ de**
(but, moment) acercarse a, estar más
cerca de; (nombre, quantité) rozar

approfondir [apʀɔfɔ̃diʀ] vt (sujet,
question) profundizar (en)

approprié, e [apʀɔpʀije] adj
apropiado(-a), adecuado(-a)

approprier [apʀɔpʀije] **s'~** vpr
apropiarse de, adueñarse de

approuver [apʀuve] vt (autoriser)
aprobar; (être d'accord avec) estar de
acuerdo con

approvisionner [apʀɔvizjɔne]
vt (magasin, personne) abastecer,
proveer; (compte bancaire) cubrir; **s'~
en** proveerse de

approximatif, -ive [apʀɔksimatif,
iv] adj aproximativo(-a)

appt abr = **appartement**

appui [apɥi] nm apoyo; (soutien, aide)
apoyo, sostén m

appuyer [apɥije] vt (personne,
demande) apoyar, respaldar; **~ qch sur/
contre/à** apoyar algo en/contra/en

après [apʀe] prép después de
⊳ adv después; **2 heures ~** 2 horas
después; **~ qu'il est** ou **soit parti/
avoir fait** después de que marchó/
de haber hecho; **d'~** según; **~ coup**
posteriormente; **~ tout** después
de todo; **et (puis) ~!** ¿y qué?;
après-demain adv pasado mañana;

après-midi nm ou nf inv tarde f;
après-rasage (pl **après-rasages**)
adj: **lotion après-rasage** loción f
para después del afeitado; **après-
shampooing** nm inv acondicionador
m; **après-ski** (pl **après-skis**) nm botas
fpl "après-ski"

apte [apt] adj: **~ à qch/à faire qch**
apto(-a) para algo/para hacer algo

aquarelle [akwaʀɛl] nf acuarela

aquarium [akwaʀjɔm] nm acuario

arabe [aʀab] adj árabe ⊳ nm (Ling)
árabe m ⊳ nm/f: **A~** árabe m/f

Arabie [aʀabi] nf Arabia; **l'~
saoudite** Arabia Saudita

arachide [aʀaʃid] nf (plante)
cacahuete m; (graine) cacahuete,
maní m

araignée [aʀeɲe] nf araña;
araignée de mer araña de mar

arbitraire [aʀbitʀɛʀ] adj
arbitrario(-a)

arbitre [aʀbitʀ] nm (Sport) árbitro;
(Jur, Tennis, Cricket) juez m, **arbitrer** vt
(Sport) arbitrar

arbre [aʀbʀ] nm árbol m

arbuste [aʀbyst] nm arbusto

arc [aʀk] nm arco

arcade [aʀkad] nf (Archit) arcada;
arcades nfpl (d'une rue) soportales
mpl

arc-en-ciel [aʀkɑ̃sjɛl] (pl **arcs-en-
ciel**) nm arco iris m

arche [aʀʃ] nf arco; **arche de Noé**
arca de Noé

archéologie [aʀkeɔlɔʒi] nf
arqueología; **archéologue** nm/f
arqueólogo(-a)

archet [aʀʃe] nm arco

archi- [aʀʃi] préf archi-

archipel [aʀʃipɛl] nm archipiélago

architecte [aʀʃitɛkt] nm
arquitecto(-a)

architecture [aʀʃitɛktyʀ] nf
arquitectura

archives [aʀʃiv] nfpl (documents)

archivos *mpl*; (*local*) archivo *msg*

arctique [aʀktik] *adj* ártico(-a);
▷ *nm*: **l'A~** el Ártico

ardent, e [aʀdɑ̃, ɑ̃t] *adj* ardiente;
(*feu, soleil*) ardiente, abrasador(a);
(*prière*) fervoroso(-a)

ardoise [aʀdwaz] *nf* pizarra

ardu, e [aʀdy] *adj* arduo(-a)

arène [aʀɛn] *nf* arena

arête [aʀɛt] *nf* (*de poisson*) espina;
(*d'une montagne*) cresta

argent [aʀʒɑ̃] *nm* (*métal, couleur*)
plata; (*monnaie*) dinero; **argent de
poche** dinero para gastos menudos;
argent liquide dinero líquido;
argenterie *nf* plata

argentin, e [aʀʒɑ̃tɛ̃, in] *adj*
argentino(-a)

Argentine [aʀʒɑ̃tin] *nf* Argentina

argile [aʀʒil] *nf* arcilla

argot [aʀgo] *nm* argot *m*, jerga;
argotique *adj* argótico(-a)

argument [aʀgymɑ̃] *nm* argumento

argumenter [aʀgymɑ̃te] *vi*
argumentar

aride [aʀid] *adj* (*sol, pays*) árido(-a);
(*texte, sujet*) árido(-a), aburrido(-a)

aristocratie [aʀistɔkʀasi] *nf*
aristocracia; **aristocratique** *adj*
aristocrático(-a)

arithmétique [aʀitmetik] *adj*
aritmético(-a) ▷ *nf* aritmética

arme [aʀm] *nf* arma; **arme à feu/
blanche** arma de fuego/blanca

armée [aʀme] *nf* ejército; (*fig*) horde
f, ejército; **armée de l'air/de terre**
ejército del aire/de tierra

armer [aʀme] *vt* armar; (*arme à feu,
appareil photo*) montar

armistice [aʀmistis] *nm* armisticio;
l'A~ el armisticio

armoire [aʀmwaʀ] *nf* armario,
closet *ou* clóset (*Am*); (*penderie*) ropero

armure [aʀmyʀ] *nf* armadura;
armurier *nm* armero

arnaquer [aʀnake] *vt* (*fam*) timar

arobase [aʀobaz] *nf* arroba

aromates [aʀɔmat] *nmpl* hierbas *fpl*
aromáticas

aromatisé, e [aʀɔmatize] *adj*
aromatizado(-a)

arôme [aʀom] *nm* aroma *m*

arracher [aʀaʃe] *vt* arrancar; (*clou,
dent*) sacar, extraer; (*par explosion,
accident*) desgarrar; **s'arracher**
vpr (*personne, article très recherché*)
disputarse

arrangement [aʀɑ̃ʒmɑ̃] *nm*
(*compromis*) acuerdo

arranger [aʀɑ̃ʒe] *vt* (*appartement*)
arreglar, disponer; (*voyage*) organizar;
(*rendez-vous*) concertar; (*problème,
difficulté*) arreglar, solucionar;
s'arranger *vpr* (*se mettre d'accord*)
ponerse de acuerdo; (*querelle,
situation*) arreglarse; **je vais m'~** voy
a arreglarme; **cela m'arrange** eso
me conviene

arrestation [aʀɛstasjɔ̃] *nf*
detención *f*

arrêt [aʀɛ] *nm* detención *f*,
interrupción *f*; (*Jur*) fallo; **sans ~**
(*sans interruption*) sin parar; (*très
fréquemment*) continuamente; **arrêt
de travail** permiso de trabajo

arrêter [aʀete] *vt* (*projet, maladie*)
parar, interrumpir; (*voiture, personne*)
detener, parar; (*chauffage*) parar; (*date,
choix*) fijar, decidir; (*suspect, criminel*)
detener; **s'arrêter** *vpr* pararse; **~ de
faire (qch)** dejar de hacer (algo)

arrhes [aʀ] *nfpl* arras *fpl*, señal *f*

arrière [aʀjɛʀ] *adj inv* (*Auto*)
trasero(-a); (*d'une voiture, maison*)
parte *f* trasera; (*Sport*) defensa; **siège
~ asiento trasero; **à l'~** detrás; **en ~**
hacia atrás; **arrière-goût** (*pl* **arrière-
goûts**) *nm* regusto; **arrière-pays** *nm
inv* interior *m*, tierra adentro; **arrière-
pensée** (*pl* **arrière-pensées**) *nf*
(*raison intéressée*) segunda intención
f; **arrière-plan** (*pl* **arrière-plans**) *nm*

segundo plano; **à l'arrière-plan** en segundo plano; **arrière-saison** (pl **arrière-saisons**) nf final m del otoño

arrimer [aʀime] vt estibar

arrivage [aʀivaʒ] nm arribada

arrivée [aʀive] nf (de bateau) arribada; (concurrent, visites) llegada, arribo (esp Am); (ligne d'arrivée) línea de llegada; **arrivée d'air/de gaz** entrada de aire/de gas

arriver [aʀive] vi (événement, fait) ocurrir, suceder; **~ à qch/faire qch** lograr algo/hacer algo; **il arrive à Paris à 8 h** llega a París a las 8; **il arrive que** ocurre que; **il lui arrive de faire** suele hacer

arrogance [aʀɔgɑ̃s] nf arrogancia, prepotencia (esp Am)

arrogant, e [aʀɔgɑ̃, ɑ̃t] adj arrogante, prepotente (esp Am)

arrondissement [aʀɔ̃dismɑ̃] nm distrito

arroser [aʀoze] vt regar; (fig) mojar; **arrosoir** nm regadera

art [aʀ] nm arte m; (expression artistique): **l'~** el arte

artère [aʀtɛʀ] nf arteria

arthrite [aʀtʀit] nf artritis f

artichaut [aʀtiʃo] nm alcachofa

article [aʀtikl] nm artículo

articulation [aʀtikylasjɔ̃] nf articulación f

articuler [aʀtikyle] vt articular

artificiel, le [aʀtifisjɛl] adj artificial; (jambe) ortopédico(-a); (péj) artificial, fingido(-a)

artisan [aʀtizɑ̃] nm artesano(-a)

artisanal, e, -aux [aʀtizanal, o] adj artesanal; **artisanat** nm artesanía

artiste [aʀtist] nmf artista
▷ nm/f artista m/f; **artistique** adj artístico(-a)

as [ɑs] vb voir **avoir** ▷ nm as m

ascenseur [asɑ̃sœʀ] nm ascensor m,

elevador (Am)

ascension [asɑ̃sjɔ̃] nf ascensión f; **l'A~** (Rel) la Ascensión

● **ASCENSION**
●
● La **fête de l'Ascension** es una
● festividad francesa, que suele caer
● en Mayo. Como se celebra en
● jueves, muchos se toman el viernes
● libre para hacer puente y disfrutar
● de un largo fin de semana.

asiatique [azjatik] adj asiático(-a)
▷ nm/f: **A~** asiático(-a)

Asie [azi] nf Asia

asile [azil] nm asilo

aspect [aspɛ] nm aspecto, apariencia; (fig) aspecto; **à l'~ de...** a la vista de...

asperge [aspɛʀʒ] nf espárrago

asperger [aspɛʀʒe] vt rociar

asphalte [asfalt] nm asfalto

asphyxier [asfiksje] vt asfixiar

aspirateur [aspiʀatœʀ] nm aspiradora

aspirer [aspiʀe] vt aspirar; (liquide) absorber; **~ à qch** aspirar a algo

aspirine [aspiʀin] nf aspirina

assagir [asaʒiʀ]: **s'~** vpr sosegarse, aplacarse

assaisonnement [asɛzɔnmɑ̃] nm aliño; (ingrédient) condimento

assaisonner [asɛzɔne] vt aliñar, condimentar

assassin [asasɛ̃] nm asesino(-a); **assassiner** vt asesinar

assaut [aso] nm asalto; **prendre d'~** tomar por asalto

assécher [aseʃe] vt desecar

assemblage [asɑ̃blaʒ] nm ensamblaje

assemblée [asɑ̃ble] nf asamblea

assembler [asɑ̃ble] vt (Tech, gén) ensamblar, juntar; **s'assembler** vpr reunirse

asseoir [aswaʀ]: **s'~** vpr sentarse

assez [ase] adv (suffisamment) bastante; (passablement) suficientemente, bastante; **~ de pain** bastante pan; **~ de livres** bastantes libros; **vous en avez ~** tiene bastante

assidu, e [asidy] adj asiduo(-a)

assied etc [asje] vb voir **asseoir**

assiérai etc [asjeʀe] vb voir **asseoir**

assiette [asjɛt] nf plato; **assiette à dessert** plato de postre; **assiette anglaise** plato de fiambres variados; **assiette creuse** plato hondo; **assiette plate** plato llano

assimiler [asimile] vt (connaissances, idée) asimilar; (immigrants) integrar; (identifier): **~ qch/qn à** equiparar algo/a algn con; **s'assimiler** vpr integrarse

assis, e [asi, iz] pp de **asseoir** ▷ adj sentado(-a)

assistance [asistãs] nf (public) asistencia, público; (aide) asistencia

assistant, e [asistã, ãt] nm/f (Scol) lector(a); (d'un professeur, cinéaste) ayudante m/f; **assistante sociale** asistenta social

assisté, e [asiste] adj (Auto) asistido(-a) ▷ nm/f beneficiario(-a) (de la ayuda del estado)

assister [asiste] vt ayudar; **~** vt ind asistir a

association [asɔsjasjɔ̃] nf asociación f

associé, e [asɔsje] adj asociado(-a)

associer [asɔsje] vt asociar; **s'associer** vpr asociarse; (un collaborateur) asociarse con; **~ qch à** unir algo a

assoiffé, e [aswafe] adj sediento(-a)

assommer [asɔme] vt (étourdir: personne) dejar inconsciente de un golpe; (étourdir, abrutir: médicament) aturdir, atontar

Assomption [asɔ̃psjɔ̃] nf: **l'~** la Asunción

○ ASSOMPTION
○
○ La **fête de l'Assomption** del 15 de
○ agosto es una fiesta nacional
○ francesa. Es costumbre que
○ grandes cantidades de turistas
○ realicen salidas en esta fecha y
○ provoquen con frecuencia el caos
○ circulatorio en las carreteras.

assorti, e [asɔʀti] adj (en harmonie) combinado(-a); **fromages ~s** quesos mpl surtidos; **~ à** juego con; **assortiment** nm (aussi Comm) surtido

assortir [asɔʀtiʀ] vt combinar; **~ qch à** combinar algo con

assouplir [asupliʀ] vt (membres, corps, aussi fig) flexibilizar

assumer [asyme] vt asumir; (poste, rôle) desempeñar

assurance [asyʀãs] nf (certitude) certeza; (confiance en soi) seguridad f; (contrat, secteur commercial) seguro; **assurance au tiers** seguro contra terceros; **assurance tous risques** seguro a todo riesgo; **assurances sociales** seguros mpl sociales; **assurance-vie** (pl **assurances-vie**) nf seguro de vida

assuré, e [asyʀe] adj: **~ de** seguro(-a) de ▷ nm/f asegurado(-a); **assurément** adv seguramente

assurer [asyʀe] vt asegurar; (succès, victoire) asegurar, garantizar; **~ (à qn) que** asegurar (a algn) que; **s'assurer** vpr: **s'~ (contre)** asegurarse (contra); **~ qn de son amitié** asegurar a algn su amistad; **~ qch à qn** (emploi, revenu) garantizar algo a algn; (fait etc) asegurar algo a algn; **s'~ de/que** asegurarse de/de que; **assureur** nm asegurador(a)

asthme [asm] nm asma

asticot [astiko] nm cresa

astre [astʀ] nm astro

astrologie [astrɔlɔʒi] nf astrología

astronaute [astronot] nm/f astronauta m/f

astronomie [astronɔmi] nf astronomía

astuce [astys] nf astucia; (plaisanterie) picardía, broma; **astucieux, -euse** adj astucioso(-a)

atelier [atəlje] nm taller m; (de peintre) estudio; **~ de musique/poterie** taller de música/cerámica

athée [ate] adj, nm/f ateo(-a)

Athènes [atɛn] n Atenas

athlète [atlɛt] nm/f atleta m/f; **athlétisme** nm atletismo

atlantique [atlɑ̃tik] adj atlántico(-a) ▷ nm: **l'(océan) A~** el (océano) Atlántico

atlas [atlas] nm atlas m

atmosphère [atmɔsfɛʀ] nf atmósfera

atome [atom] nm átomo; **atomique** adj atómico(-a)

atomiseur [atɔmizœʀ] nm atomizador m

atout [atu] nm triunfo; (fig) triunfo, ventaja

atroce [atʀɔs] adj atroz; (très désagréable, pénible) atroz, terrible

attachant, e [ataʃɑ̃, ɑ̃t] adj (personne) atrayente; (animal) encantador(a)

attache [ataʃ] nf grapa; (fig) lazo

attacher [ataʃe] vt atar; (bateau) amarrar; (étiquette à qch) pegar, fijar ▷ vi (poêle) pegar; **s'~ à** encariñarse con; **~ qch à** atar algo a

attarder [atarde]: **s'~** vpr (sur qch, en chemin) demorarse; (chez qn) entretenerse

atteindre [atɛ̃dʀ] vt alcanzar; (cible, fig) conseguir; (blesser) alcanzar, herir;

atteint, e pp de **atteindre** ▷ adj: **être atteint de** estar aquejado(-a) de; **atteinte** nf (à l'honneur, au prestige) ofensa; (gén pl: d'un mal) ataque m; **hors d'atteinte** fuera de mi etc alcance; **porter atteinte à** atentar contra

attendant [atɑ̃dɑ̃] adv: **en ~** (dans l'intervalle) entretanto, mientras tanto; (quoi qu'il en soit) de todos modos

attendre [atɑ̃dʀ] vt esperar ▷ vi esperar; **s'attendre** vpr: **s'~ à (ce que)** esperarse (que); **~ un enfant** esperar un niño; **~ de faire/d'être** esperar hacer/ser; **~ qch de qn** ou **qch** esperar algo de algn ou algo; **~ que** esperar que; **en attendant** adv voir **attendant**

attendrir [atɑ̃dʀiʀ] vt enternecer; **attendrissant, e** adj enternecedor(a)

attendu, e [atɑ̃dy] pp de **attendre** ▷ adj esperado(-a)

attentat [atɑ̃ta] nm atentado; **attentat à la bombe/à la pudeur** atentado con bomba/contra el pudor

attente [atɑ̃t] nf espera; (espérance) espera, expectativa

attenter [atɑ̃te]: **~ à** vt ind atentar contra; **~ à la vie de qn** atentar contra la vida de algn

attentif, -ive [atɑ̃tif, iv] adj (auditeur, élève) atento(-a)

attention [atɑ̃sjɔ̃] nf atención f; (prévenance: gén pl) atenciones fpl; **à l'~ de** (pour) a la atención de; **attirer l'~ de qn sur qch** llamar la atención de algn sobre algo; **faire ~ à** (remarquer, noter) prestar atención a; (prendre garde à) tener cuidado con; **faire ~ que/à ce que** tener cuidado que; **~!** ¡cuidado!; **attentionné, e** adj atento(-a), solícito(-a)

atténuer [atenɥe] vt atenuar; (douleur) aliviar

atterrir [ateʀiʀ] vi aterrizar;
atterrissage nm aterrizaje m

attestation [atɛstasjɔ̃] nf
certificado; **attestation de
paiement** comprobante m de pago

attirant, e [atiʀɑ̃, ɑ̃t] adj
atractivo(-a)

attirer [atiʀe] vt atraer; **~ qn dans
un coin/vers soi** llevar a algn a un
rincón/hacia sí; **~ l'attention de qn
sur qch** llamar la atención de algn
sobre algo; **s'~ des ennuis** acarrearse
problemas

attitude [atityd] nf (comportement)
actitud f, conducta; (position du
corps) postura; (état d'esprit) actitud,
disposición f

attraction [atʀaksjɔ̃] nf atracción f;
(de cabaret, cirque) atracción, número

attrait [atʀɛ] nm (de l'argent, de la
gloire) atractivo, incentivo

attraper [atʀape] vt (saisir) atrapar,
coger, agarrar (Am); (voleur, animal)
atrapar, agarrar; (train, maladie,
amende) pillar; (: duper) engañar

attrayant, e [atʀejɑ̃, ɑ̃t] adj
atrayente

attribuer [atʀibɥe] vt (prix) otorgar;
(rôle, tâche) asignar

attrister [atʀiste] vt entristecer

attroupement [atʀupmɑ̃] nm
aglomeración f

attrouper [atʀupe] s'~ vpr
aglomerarse, agolparse

au [o] prép + dét voir **à**

aubaine [obɛn] nf (avantage
inattendu) suerte f; (Comm) ganga,
chollo (fam)

aube [ob] nf alba, madrugada,
amanecer m; **à l'~** al alba, de
madrugada, al amanecer

aubépine [obepin] nf espino

auberge [obɛʀʒ] nf posada, mesón
m; **auberge de jeunesse** albergue m
de juventud

aubergine [obɛʀʒin] nf berenjena

aucun, e [okœ̃, yn] dét ningún(-una)
▷ pron ninguno(-a), nadie; **il n'a ~
sens** no tiene ningún sentido, no
tiene sentido alguno

audace [odas] nf audacia; (péj)
descaro; **audacieux, -euse** adj audaz

au-delà [od(ə)la] adv más allá ▷ nm
inv: **l'~** el más allá; **~ de** más allá de

au-dessous [odsu] prép abajo,
debajo; **~ de** (dans l'espace) debajo
de; (dignité, condition, somme) por
debajo de

au-dessus [odsy] adv arriba,
encima; **~ de** (dans l'espace) arriba
de, encima de; (limite, somme, loi) por
encima de

au-devant [od(ə)vɑ̃]: **~ de** prép al
encuentro de; **aller ~ de** (personne) ir
al encuentro de; (danger) hacer frente
a; (désirs de qn) adelantarse a

audience [odjɑ̃s] nf (auditeurs,
lecteurs) auditorio, público; (entrevue,
séance) audiencia

audiovisuel, le [odjovizɥɛl]
adj audiovisual ▷ nm (techniques)
técnicas fpl audiovisuales; (méthodes)
métodos mpl audiovisuales; **l'~** los
medios audiovisuales

audition [odisjɔ̃] nf audición f; (Jur)
audiencia; (Mus, Théâtre) prueba,
audición

auditoire [oditwaʀ] nm auditorio

augmentation [ɔgmɑ̃tasjɔ̃] nf
(action, résultat) aumento; (prix)
subida; **augmentation (de salaire)**
aumento del salario

augmenter [ɔgmɑ̃te] vt aumentar;
(prix) subir; (employé, salarié) subir el
sueldo a ▷ vi aumentar

augure [ogyʀ] nm: **de bon/mauvais
~** de buen/mal augurio

aujourd'hui [oʒuʀdɥi] adv hoy; (de
nos jours) hoy en día

aumônier [omonje] nm capellán m

auparavant [opaʀavɑ̃] adv antes

auprès [opʀɛ] ~ **de** prép al lado de, cerca de; (en comparaison de) comparado(-a) con

auquel [okɛl] prép + pron voir **lequel**

aurai etc [oʀe] vb voir **avoir**

aurons etc [oʀɔ̃] vb voir **avoir**

aurore [ɔʀɔʀ] nf aurora

ausculter [ɔskylte] vt auscultar

aussi [osi] adv también; (de comparaison: avec adj, adv) tan; (si, tellement) tan ▷ conj (par conséquent) por lo tanto; ~ **fort/rapidement que** tan fuerte/rápidamente como

aussitôt [osito] adv enseguida, inmediatamente; ~ **que** tan pronto como

austère [ostɛʀ] adj austero(-a)

austral, e [ostʀal] adj austral

Australie [ostʀali] nf Australia; **australien, ne** adj australiano(-a) ▷ nm/f: **Australien, ne** australiano(-a)

autant [otɑ̃] adv (tant, tellement) tanto; (comparatif): ~ **(que)** tanto (como), tan (como); ~ **(de)** tanto(-a), tantos(-as); ~ **partir/ne rien dire** mejor marchar/no decir nada; ~ **dire que …** eso es tanto como decir que …; **d'~ plus/moins/mieux (que)** tanto más/menos/mejor (cuanto que)

autel [otɛl] nm altar m

auteur [otœʀ] nm autor(a)

authenticité [otɑ̃tisite] nf autenticidad f

authentique [otɑ̃tik] adj auténtico(-a); (récit, histoire) auténtico(-a), cierto(-a)

auto [oto] nf coche m, carro m, auto (esp Am)

auto...: autobiographie nf autobiografía; **autobus** nm autobús m, camión m (Mex); **autocar** nm autocar m

autochtone [otɔktɔn] adj, nm/f autóctono(-a)

auto...: autocollant, e adj

autoadhesivo(-a) ▷ nm autoadhesivo; **autocuiseur** nm olla a presión; **autodéfense** nf autodefensa; **groupe d'autodéfense** grupo de autodefensa; **autodidacte** nm/f autodidacta m/f; **auto-école** (pl **auto-écoles**) nf autoescuela; **autographe** nm autógrafo

automate [otɔmat] nm autómata m

automatique [otɔmatik] adj automático(-a); (réflexe, geste) automático(-a), mecánico(-a); **automatiquement** adv automáticamente

automne [otɔn] nm otoño

automobile [otɔmɔbil] nf coche m, automóvil m; **l'~** la industria automovilística; **automobiliste** nm/f automovilista m/f

autonome [otɔnɔm] adj autónomo(-a); **autonomie** nf autonomía

autopsie [otɔpsi] nf autopsia

autoradio [otoʀadjo] nm autorradio

autorisation [otɔʀizasjɔ̃] nf (permission) autorización f, permiso; (papiers) licencia, permiso

autorisé, e [otɔʀize] adj autorizado(-a)

autoriser [otɔʀize] vt autorizar, permitir; (justifier, permettre) autorizar

autoritaire [otɔʀitɛʀ] adj autoritario(-a)

autorité [otɔʀite] nf autoridad f; **les ~s** las autoridades

autoroute [otoʀut] nf autopista

auto-stop [otostop] nm inv: **l'~** el autostop; **faire de l'~** hacer autostop; **auto-stoppeur, -euse** (pl **auto-stoppeurs, -euses**) nm/f autostopista m/f

autour [otuʀ] adv alrededor, en torno; ~ **de** (en cercle) alrededor de, en torno de *ou* a

○ MOT-CLÉ

autre [otʀ] *adj* **1** (*différent*) otro(-a): **je préférerais un autre verre** preferiría otro vaso

2 (*supplémentaire*): **je voudrais un autre verre d'eau** querría otro vaso de agua

3 (*d'une paire, dans une dualité*) otro(-a); **autre chose** otra cosa; **penser à autre chose** pensar en otra cosa; **autre part** (*aller*) a otra parte; (*se trouver*) en otra parte; **d'autre part** (*en outre*) además; **d'une part ..., d'autre part ...** por una parte ..., por otra parte ...

▷ *pron*: **un autre** otro; **nous autres** nosotros(-as); **vous autres** vosotros(-as); (*politesse*) ustedes; **d'autres** otros(-as); **les autres** los/las otros(-as); (*autrui*) los demás; **l'un et l'autre** uno y otro; **se détester l'un l'autre/les uns les autres** detestarse uno a otro/unos a otros; **d'une minute à l'autre** de un momento a otro; **entre autres** entre otros(-as); **j'en ai vu d'autres** (*indifférence*) estoy curado de espanto; **à d'autres!** ¡cuéntaselo a otro!; **ni l'un ni l'autre** ni uno ni otro; **donnez-m'en un autre** deme otro; **de temps à autre** de vez en cuando; *voir aussi* **part, temps, un**

autrefois [otʀəfwa] *adv* antaño, en otro tiempo

autrement [otʀəmɑ̃] *adv* (*d'une manière différente*) de otro modo; (*sinon*) si no, de lo contrario; **je n'ai pas pu faire ~** no he podido hacer otra cosa; **~ dit** en otras palabras

Autriche [otʀiʃ] *nf* Austria; **autrichien, ne** *adj* austríaco(-a)

autruche [otʀyʃ] *nf* avestruz *m*

aux [o] *prép* + *dét voir* **à**

auxiliaire [ɔksiljɛʀ] *adj* auxiliar ▷ *nm/f* auxiliar *m/f*

auxquelles [okɛl] *prép* + *pron voir* **lequel**

auxquels [okɛl] *prép* + *pron voir* **lequel**

avalanche [avalɑ̃ʃ] *nf* avalancha

avaler [avale] *vt* tragar; (*fig*) devorar; (*croire*) tragarse

avance [avɑ̃s] *nf* avance *m*; (*d'argent*) adelanto, anticipo; (*opposé à retard*) adelanto; **(être) en ~** (*sur l'heure fixée*) (estar) adelantado(-a); **à l'~, par ~** de antemano; **d'~** por anticipado; **payer d'~** pagar por adelantado

avancé, e [avɑ̃se] *adj* avanzado(-a); (*travail*) adelantado(-a)

avancement [avɑ̃smɑ̃] *nm* (*professionnel*) ascenso; (*de travaux*) progreso

avancer [avɑ̃se] *vi* avanzar; (*travail, montre, réveil*) adelantar ▷ *vt* adelantar; (*hypothèse, idée*) proponer, sugerir; **s'avancer** *vpr* (*s'approcher*) adelantarse, acercarse; (*se hasarder*) aventurarse

avant [avɑ̃] *prép* antes de ▷ *adj inv*: **siège ~** asiento delantero ▷ *nm* (*d'un véhicule, bâtiment*) delantera, frente *m*; (*Sport*) delantero; **~ qu'il (ne) parte/de faire** antes de que marche/de hacer; **~ tout** ante todo; **à l'~** (*dans un véhicule*) en la delantera; **en ~** (*marcher, regarder*) hacia adelante; **en ~ de** (*en tête de, devant*) delante de

avantage [avɑ̃taʒ] *nm* (*supériorité*) ventaja; (*intérêt, bénéfice*) ventaja, beneficio; **avantages sociaux** beneficios *mpl* sociales; **avantager** *vt* favorecer; **avantageux, -euse** *adj* ventajoso(-a); (*portrait, coiffure*) favorecedor(a)

avant...: avant-bras *nm inv* antebrazo; **avant-coureur** (*pl* **~s**) *adj*: **signe ~** signo anunciador;

avant-dernier, -ière (pl **~s, -ières**) adj, nm/f penúltimo(-a); **avant-goût** (pl **~s**) nm anticipo; **avant-hier** adv anteayer; **avant-première** (pl **avant-premières**) nf preestreno; **avant-veille** (pl **avant-veilles**) nf: **l'avant-veille** la antevíspera

avare [avaʀ] adj, nm/f avaro(-a)

avec [avɛk] prép con; (contre: se battre) con, contra; (en plus de, en sus de) además de

avenir [avniʀ] nm: **l'~** el porvenir, el futuro; **à l'~** en el futuro; **métier/politicien d'~** trabajo/político con futuro

aventure [avɑ̃tyʀ] nf aventura; **aventurer** vt aventurar, arriesgar; **s'aventurer à faire qch** arriesgarse a hacer algo; **aventureux, -euse** adj (personne) aventurado(-a), arriesgado(-a)

avenue [avny] nf avenida

avérer [aveʀe]: **s'~** vpr (avec attribut): **s'~ faux/coûteux** revelarse falso/costoso

averse [avɛʀs] nf aguacero, chaparrón m

averti, e [avɛʀti] adj entendido(-a)

avertir [avɛʀtiʀ] vt: **~ qn de qch/que** prevenir a algn de algo/de que; (renseigner) advertir; **avertissement** nm advertencia; (blâme) amonestación f; **avertisseur** nm bocina

aveu [avø] nm confesión f, declaración f

aveugle [avœgl] adj, nm/f ciego(-a)

aviation [avjasjɔ̃] nf aviación f

avide [avid] adj ávido(-a); (péj) codicioso(-a)

avion [avjɔ̃] nm avión m; **par ~** por avión; **aller (quelque part) en ~** ir (a algún sitio) en avión; **avion à réaction** avión de reacción

aviron [aviʀɔ̃] nm remo; (sport): **l'~** el remo

avis [avi] nm (point de vue) opinión f; (conseil) opinión, consejo; (notification) aviso; **changer d'~** cambiar de opinión

aviser [avize] vt (informer): **~ qn de qch/que** avisar a algn de algo/de que ▷ vi (réfléchir) reflexionar

avocat, e [avɔka, at] nm/f abogado(-a) ▷ nm (Bot, Culin) aguacate m, palta (Am); **avocat général** fiscal m

avoine [avwan] nf avena

 MOT-CLÉ

avoir [avwaʀ] vt 1 (posséder) tener; **elle a 2 enfants/une belle maison** tiene dos niños/una casa bonita; **il a les yeux gris** tiene los ojos grises; **vous avez du sel?** ¿tiene sal?; **avoir du courage/de la patience** tener valor/paciencia; **avoir du goût** tener gusto; **avoir horreur de** tener horror a; **avoir rendez-vous** tener una cita

2 (âge, dimensions) tener; **il a 3 ans** tiene 3 años; **le mur a 3 mètres de haut** la pared tiene 3 metros de alto; voir aussi **faim**, **peur** etc

3 (fam: duper) pegársela a algn; **on vous a eu!** ¡le han engañado!

4: **en avoir après** ou **contre qn** estar enojado(-a) con algn; **en avoir assez** estar harto; **j'en ai pour une demi-heure** tengo para media hora

5 (obtenir: train, tickets) coger, agarrar (Am)

▷ vb aux 1 haber; **avoir mangé/dormi** haber comido/dormido; **hier, je n'ai pas mangé** (verbe au passé simple quand la période dans laquelle se situe l'action est révolue) ayer no comí

2 (avoir à + infinitif): **avoir à faire qch** tener que hacer algo; **vous n'avez qu'à lui demander** no tiene más que preguntarle; (en colère) pregúntele a

él; **tu n'as pas à le savoir** no tienes
porqué saberlo
▷ *vb impers* **1** : **il y a** (+ *sing, pl*) hay; **qu'y
a-t-il?** ¿qué ocurre?; **qu'est-ce qu'il y
a?** ¿qué pasa?; **il n'y a rien** no pasa
nada; **qu'as-tu?** ¿qué tienes?;
qu'est-ce que tu as? ¿qué te pasa?; **il
doit y avoir une explication** tiene
que haber una explicación; **il n'y a
qu'à recommencer ...** no hay más
que volver a empezar ...; **il ne peut y
en avoir qu'un** no puede haber más
que uno; **il n'y a pas de quoi** no hay
de qué
2 (*temporel*): **il y a 8 ans** hace 8 años; **il
y a 10 ans/longtemps que je le sais**
hace 10 años/mucho tiempo que lo
sé; **il y a 10 ans qu'il est arrivé** hace
10 años que llegó
▷ *nm* haber *m*

avortement [avɔʀtəmã] *nm* aborto
avouer [avwe] *vt* confesar, declarar
▷ *vi* (*se confesser*) confesar; (*admettre*)
confesar, reconocer; **~ avoir fait/
être/que** confesar haber hecho/
ser/que
avril [avʀil] *nm* abril *m*; *voir aussi*
juillet

axe [aks] *nm* eje *m*; (*fig*) orientación *f*;
axe routier carretera general
ayons etc [ejɔ̃] *vb voir* **avoir**
azote [azɔt] *nm* nitrógeno

bâbord [babɔʀ] *nm*: **à** *ou* **par ~** a
babor
baby-foot [babifut] *nm inv*
futbolín *m*
bac¹ [bak] *nm* (*bateau*) transbordador
m; (*récipient*) cubeta
bac² [bak] *nm* = **baccalauréat**
baccalauréat [bakalɔʀea] *nm* título
que se obtiene al finalizar BUP y COU

bâcler [bɑkle] vt hacer de prisa y corriendo

baffe [baf] (fam) nf bofetada, torta

bafouiller [bafuje] vi, vt farfullar

bagage [bagaʒ] nm (gén pl) equipaje m; **bagages à main** equipaje de mano

bagarre [bagaʀ] nf pelea; **se bagarrer** vpr pelearse

bagnole [baɲɔl] (fam) nf coche m; (vieille) cacharro

bague [bag] nf anillo, sortija; **bague de fiançailles** sortija de pedida; **bague de serrage** casquillo

baguette [bagɛt] nf (bâton) varilla; (chinoise) palillo; (de chef d'orchestre) batuta; (pain) barra; **baguette magique** varita mágica

baie [bɛ] nf bahía; (fruit) baya; **baie (vitrée)** ventanal m

baignade [bɛɲad] nf baño

baigner [beɲe] vt bañar; **se baigner** vpr bañarse; **baignoire** nf bañera, tina (Am)

bail [baj] (pl **baux**) nm (contrato de) arrendamiento

bâillement [bɑjmɑ̃] nm bostezo

bâiller [bɑje] vi bostezar

bain [bɛ̃] nm baño; **se mettre dans le ~** (fig) meterse en el asunto; **prendre un ~** tomar un baño; **bain de soleil** baño de sol; **bain moussant** baño de espuma; **bain-marie** (pl **bains-marie**) nm baño (de) María; **faire chauffer au bain-marie** calentar al baño (de) María

baiser [beze] (fam!) nm beso ▷ vt besar; (fam!) tirarse a (fam!), coger (fam!) (Am)

baisse [bɛs] nf (de température, des prix) descenso, baja

baisser [bese] vt bajar ▷ vi (niveau, température) bajar, descender; **se baisser** vpr inclinarse, agacharse

bal [bal] nm baile m; **bal costumé** baile de disfraces

balade [balad] nf (à pied) paseo,

vuelta; **balader** vt pasear; **se balader** vpr pasearse; **baladeur** nm walkman® m

balai [balɛ] nm escoba

balance [balɑ̃s] nf balanza; (Astrol): **la B~** Libra; **être (de la) B~** ser Libra; **balance commerciale** balanza comercial

balancer [balɑ̃se] vt balancear; (lancer) arrojar; (renvoyer, jeter) despedir; vpr: **se balancer** balancearse, mecerse; **je m'en balance** (fam) me importa un pito; **balançoire** nf (suspendue) columpio; (sur pivot) balancín m, subibaja m

balayer [baleje] vt barrer; (suj: radar, phares) explorar; **balayeur, -euse** nm/f barrendero(-a)

balbutier [balbysje] vi, vt balbucear

balcon [balkɔ̃] nm balcón m; (Théâtre) principal m

baleine [balɛn] nf ballena

balise [baliz] nf baliza; **baliser** vt balizar; (fam) tener miedo

balle [bal] nf (de fusil) bala; (de tennis, golf) pelota

ballerine [bal(ə)ʀin] nf bailarina

ballet [balɛ] nm ballet m

ballon [balɔ̃] nm (de sport) balón m; (Aviat, jouet) globo; **ballon de football** balón de fútbol

balnéaire [balneɛʀ] adj termal, balneario(-a) (Am)

balustrade [balystʀad] nf balaustrada

bambin [bɑ̃bɛ̃] nm niño(-a), chiquillo(-a)

bambou [bɑ̃bu] nm bambú m

banal, e [banal] adj trivial; **banalité** nf trivialidad f

banane [banan] nf plátano, banana (esp Am)

banc [bɑ̃] nm banco; **banc d'essai** (fig) banco de prueba; **banc de sable** banco de arena

bancaire [bɑ̃kɛʀ] adj bancario(-a)

bancal, e [bãkal] *adj* cojo(-a)
bandage [bãdaʒ] *nm* vendaje *m*
bande [bãd] *nf* banda; *(de tissu)* faja; *(pour panser)* venda; *(motif, dessin)* banda, franja; **une ~ de ...** *(copains, voyous)* una pandilla de ...; **faire ~ à part** hacer rancho aparte; **bande dessinée** *(dans un journal)* tira cómica, historieta; *(livre)* cómic *m*; **bande sonore** banda sonora

○ **BANDE DESSINÉE**
○
○ La **bande dessinée** o **BD** goza de
○ gran cantidad de seguidores entre
○ los niños y los adultos en Francia.
○ Todos los años en enero se celebra
○ en Angulema el Salón Internacional
○ del Cómic. Astérix, Tintín, Lucky
○ Luke y Gaston Lagaffe son algunos
○ de los personajes de tebeo más
○ famosos.

bandeau [bãdo] *nm* venda; *(autour du front)* cinta, venda, vincha (And, CSur)
bander [bãde] *vt (blessure)* vendar
bandit [bãdi] *nm* bandido
bandoulière [bãduljɛʀ] *nf*: **en ~** en bandolera
banlieue [bãljø] *nf* suburbio; **quartier de ~** barrio suburbano; **lignes/trains de ~** líneas *fpl*/trenes *fpl* de cercanías
banlieusard, e [bãljøzaʀ, aʀd] *nm/f* habitante *m/f* de los suburbios
bannir [baniʀ] *vt* desterrar
banque [bãk] *nf* banco; *(activités)* banca; **banque d'affaires** banco de negocios
banquet [bãkɛ] *nm* banquete *m*
banquette [bãkɛt] *nf* banqueta
banquier [bãkje] *nm* banquero
banquise [bãkiz] *nf* banco de hielo, banquisa
baptême [batɛm] *nm (sacrement)* bautismo; **baptême de l'air**

bautismo del aire
baptiser [batize] *vt* bautizar
bar [baʀ] *nm* bar *m*, cantina *(esp Am)*
baraque [baʀak] *nf* barraca; *(fam)* casucha; **baraque foraine** barraca de feria; **baraqué, e** *(fam) adj* plantado(-a)
barbare [baʀbaʀ] *adj*, *nm/f* bárbaro(-a)
barbe [baʀb] *nf* barba; **au nez et à la ~ de qn** en las barbas de algn; **quelle ~!** *(fam)* ¡qué lata!; **barbe à papa** algodón *m* de azúcar
barbelé [baʀbəle] *nm* alambrada
barbiturique [baʀbityʀik] *nm* barbitúrico
barbouiller [baʀbuje] *vt (couvrir, salir)* embadurnar; **avoir l'estomac barbouillé** tener el estómago revuelto
barbu, e [baʀby] *adj* barbudo(-a)
barder [baʀde] *vi (fam)*: **ça va ~** se va a armar la gorda ▷ *vt* enalbardar
barème [baʀɛm] *nm (des prix, des tarifs)* baremo, tabla
baril [baʀi(l)] *nm* barril *m*
bariolé, e [baʀjɔle] *adj* abigarrado(-a)
baromètre [baʀɔmɛtʀ] *nm* barómetro
baron [baʀɔ̃] *nm* barón *m*
baroque [baʀɔk] *adj (Art)* barroco(-a); *(fig)* estrambótico(-a)
barque [baʀk] *nf* barca
barquette [baʀkɛt] *nf (en aluminium)* envase *m*
barrage [baʀaʒ] *nm* pantano, embalse *m*
barre [baʀ] *nf* barra; *(Naut)* timón *m*; *(écrite)* raya
barreau, x [baʀo] *nm* barrote *m*; *(Jur)*: **le ~** el foro, la abogacía
barrer [baʀe] *vt (route)* obstruir; *(mot)* tachar; *(chèque)* cruzar; *(Naut)* timonear; **se barrer** *(fam) vpr* largarse, pirarse

barrette [baʀɛt] *nf* (*pour les cheveux*) prendedor *m*

barricader [baʀikade] *vt* (*rue*) levantar barricadas en; (*porte, fenêtre*) atrancar

barrière [baʀjɛʀ] *nf* barrera

barrique [baʀik] *nf* barrica, tonel *m*

bas, basse [bɑ, bɑs] *adj* bajo(-a); (*viiie*) corto(-a); (*action*) bajo(-a), vil ⊳ *nm* (*de femme*) media; (*partie inférieure*): **le ~ de...** la parte de abajo de... ⊳ *adv* bajo; **au ~ mot** por lo menos, por lo bajo; **en ~** abajo; **en ~ de** debajo de, en la parte baja de; **"à ~ la dictature/l'école!"** "¡abajo la dictadura/la escuela!

bas-côté [bakote] (*pl* **~s**) *nm* (*de route*) arcén *m*

basculer [baskyle] *vi* (*tomber*) volcar; (*benne*) bascular ⊳ *vt* (*gén: faire basculer*) volcar

base [bɑz] *nf* base *f*; **jeter les ~s de** sentar las bases de; **à la ~ de** (*fig*) en el origen de; **sur la ~ de** (*fig*) tomando como base; **principe/produit de ~** principio/producto de base; **à ~ de café** a base de café; **base de données** (*Inform*) base de datos; **base** *vt*: **baser qch sur** basar algo en; **se baser sur** basarse en

bas-fonds [bafɔ̃] *nmpl* (*fig*) bajos fondos *mpl*, hampa *fsg*

basilic [bazilik] *nm* albahaca

basket [baskɛt] *nm* = **basket-ball**

basket-ball [baskɛtbol] (*pl* **~s**) *nm* baloncesto

basque [bask] *adj, nm/f* vasco(-a)

basse [bɑs] *adj f voir* **bas** ⊳ *nf* bajo; **basse-cour** (*pl* **basses-cours**) *nf* (*cour*) corral *m*

bassin [basɛ̃] *nm* (*pièce d'eau*) estanque *m*; (*de fontaine*) pila; (*Géo*) cuenca; (*Anat*) pelvis *f*

bassine [basin] *nf* balde *m*

basson [basɔ̃] *nm* (*instrument*) fagot *m*

bat [ba] *vb voir* **battre**

bataille [bataj] *nf* batalla

bateau, x [bato] *nm* barco ⊳ *adj* (*banal, rebattu*) típico(-a); **bateau-mouche** (*pl* **bateaux-mouches**) *nm* golondrina

bâti, e [bati] *adj* (*terrain*) edificado(-a); **bien ~** (*personne*) bien hecho(-a), fornido(-a)

bâtiment [batimã] *nm* edificio; (*Naut*) navío

bâtir [batiʀ] *vt* edificar, construir

bâtisse [batis] *nf* construcción *f*

bâton [batɔ̃] *nm* palo, vara

bats [ba] *vb voir* **battre**

battement [batmã] *nm* (*de cœur*) latido, palpitación *f*; (*intervalle*) intervalo; **10 minutes de ~** 10 minutos de intervalo; **battement de paupières** parpadeo

batterie [batʀi] *nf* batería; **batterie de cuisine** batería de cocina

batteur [batœʀ] *nm* (*Mus*) batería *m/f*; (*appareil*) batidora

battre [batʀ] *vt* golpear; (*suj: pluie, vagues*) golpear, azotar; (*vaincre*) vencer, derrotar; (*tapis*) sacudir ⊳ *vi* (*cœur*) latir; (*volets etc*) golpear; **se battre** *vpr* pelearse, luchar; **~ de: ~ des mains** aplaudir; **~ la mesure** llevar el compás; **~ son plein** estar en su apogeo

baume [bom] *nm* bálsamo

bavard, e [bavaʀ, aʀd] *adj* parlanchín(-ina); **bavarder** *vi* charlar, platicar (*Mex*); (*indiscrètement*) charlatanear, irse de la lengua

baver [bave] *vi* babear; **en ~** (*fam*) pasar las de Caín, pasarlas negras

bavoir [bavwaʀ] *nm* babero

bavure [bavyʀ] *nf* rebaba, mancha; (*fig*) error *m*

bazar [bazaʀ] *nm* bazar *m*; (*fam*) leonera; **bazarder** (*fam*) *vt* liquidar

BCBG [besebeʒe] *sigle adj* (= *bon chic bon genre*): **une fille BCBG** ≈ una chica bien vestida

BD sigle f (= bande dessinée) voir **bande**;
(= base de données) base f de datos

bd abr (= boulevard) Blvr. (= bulevar)

béant, e [beã, ãt] adj abierto(-a)

beau, bel, belle, beaux [bo, bɛl]
adj (gén) bonito(-a); (plus formel)
hermoso(-a), bello(-a), lindo(-a)
(esp Am) (fam); (personne) guapo(-a)
▷ nm: **avoir le sens du ~** tener
sentido estético ▷ adv: **il fait ~** hace
buen tiempo; **le temps est au ~**
el tiempo se anuncia bueno; **un ~
geste** un gesto noble; **un ~ salaire**
un buen salario; **un ~ gâchis/rhume**
(iro) un buen despilfarro/resfriado;
en faire/dire de belles hacerlas/
decirlas buenas; **le ~ monde** la buena
sociedad; **un ~ jour ...** un buen día ...;
de plus belle más y mejor; **bel et bien**
de verdad; **le plus ~ c'est que ...** lo
mejor es que ...; **"c'est du ~!"** ¡qué
bonito!"; **on a ~ essayer ...** por más
que se intente ...; **faire le ~** (chien)
ponerse en dos patas; **beau parleur**
hombre m de labia

beaucoup [boku] adv mucho; **il boit
~** bebe mucho; **il ne rit pas ~** no ríe
mucho; **il est ~ plus grand** es mucho
más grande; **il en a ~** tiene mucho(s)
(-a(s)); **~ trop de** demasiado(s)/(-a(s))
(pas) ~ de (no) mucho(s)/(-a(s)); **~
d'étudiants/de touristes** muchos
estudiantes/turistas; **~ de courage**
mucho valor; **il n'a pas ~ d'argent** no
tiene mucho dinero; **de ~** con mucho;
~ le savent (emploi nominal) muchos
lo saben

beau...: beau-fils (pl **beaux-fils**)
nm yerno; **beau-frère** (pl **beaux-
frères**) nm cuñado; **beau-père** (pl
beaux-pères) nm suegro; (remariage)
padrastro

beauté [bote] nf belleza; **en ~: finir
en ~** terminar brillantemente

beaux-arts [bozaʁ] nmpl bellas

artes fpl

beaux-parents [boparã] nmpl
suegros mpl

bébé [bebe] nm bebé m

bec [bɛk] nm pico; (d'une clarinette etc)
boquilla; **bec de gaz** farola

bêche [bɛʃ] nf pala; **bêcher** vt (terre)
cavar

bedaine [badɛn] nf barriga

bedonnant, e [bədɔnã, ãt] adj
barrigudo(-a)

bée [be] adj: **bouche ~**
boquiabierto(-a)

bégayer [begeje] vi, vt tartamudear

beige [bɛʒ] adj beige

beignet [bɛɲɛ] nm buñuelo

bel [bɛl] adj m voir **beau**

bêler [bele] vi balar

belette [bəlɛt] nf comadreja

belge [bɛlʒ] adj belga ▷ nm/f: **B-**
belga m/f

Belgique [bɛlʒik] nf Bélgica

bélier [belje] nm (Zool) carnero;
(Astrol): **B-** Aries m

belle [bɛl] adj f voir **beau** ▷ nf
(Sport): **la ~** el desempate; **belle-
fille** (pl **belles-filles**) nf nuera;
(remariage) hijastra; **belle-mère** (pl
belles-mères) nf suegra; (remariage)
madrastra; **belle-sœur** (pl **belles-
sœurs**) nf cuñada

belvédère [belvedɛʁ] nm mirador m

bémol [bemɔl] nm bemol m

bénédiction [benediksjɔ̃] nf
bendición f

bénéfice [benefis] nm (Comm)
beneficio; (avantage) beneficio,
provecho; **bénéficier de** (jouir de,
avoir, obtenir) disfrutar de; (tirer profit
de) beneficiarse de, aprovecharse de;
bénéfique adj benéfico(-a)

bénévole [benevɔl] adj (personne)
benévolo(-a); (aide etc) voluntario(-a)

bénin, -igne [benɛ̃, iɲ] adj
benigno(-a)

bénir [benir] *vt* bendecir; **bénit, e** *adj* bendito(-a); **eau bénite** agua bendita

benne [bɛn] *nf* (*de camion*) volquete *m*; (*de téléphérique*) cabina

béquille [bekij] *nf* muleta; (*de bicyclette*) soporte *m*

berceau, x [bɛrso] *nm* cuna

bercer [bɛrse] *vt* acunar, mecer; (*suj: musique*) mecer; **~ qn de** ilusionar a algn con; **berceuse** *nf* (*chanson*) canción *f* de cuna, nana

béret (basque) [bere (bask)] *nm* boina

berge [bɛrʒ] *nf* (*d'un cours d'eau*) ribera

berger, -ère [bɛrʒe, ʒɛr] *nm/f* pastor(a)

berner [bɛrne] *vt* estafar

besogne [bəzɔɲ] *nf* tarea, faena

besoin [bəzwɛ̃] *nm* necesidad *f*; (*pauvreté*): **le ~** la necesidad, la estrechez ▷ *adv*: **au ~** si es menester; **faire ses ~s** hacer sus necesidades; **avoir ~ de qch/de faire qch** tener necesidad de algo/de hacer algo

bestiole [bɛstjɔl] *nf* bicho

bétail [betaj] *nm* ganado

bête [bɛt] *nf* (*gén*) animal *m*; (*insecte, bestiole*) bicho ▷ *adj* (*stupide*) tonto(-a), bobo(-a); **chercher la petite ~** ser un chinche; **bête noire** pesadilla, bestia negra; **bêtes sauvages** fieras *fpl*, animales *mpl* salvajes

bêtement [bɛtmɑ̃] *adv* tontamente; **tout ~** simplemente, sin rodeos

bêtise [betiz] *nf* (*défaut d'intelligence*) estupidez *f*, tontería; (*action, remarque*) tontería

béton [betɔ̃] *nm* hormigón *m*; **en ~** (*alibi, argument*) sólido(-a); **béton armé** hormigón armado

betterave [bɛtrav] *nf* remolacha, betarraga (*Chi*)

Beur [bœr] *nm/f* joven árabe nacido en Francia de padres emigrantes

beurre [bœr] *nm* mantequilla,

manteca (*Am*); **beurre noir** mantequilla requemada; **beurrer** *vt* untar con mantequilla; **beurrier** *nm* mantequera

bi- [bi] *préf* bi-

biais [bjɛ] *nm* (*d'un tissu*) sesgo; (*moyen*) rodeo, vuelta; **en ~, de ~** (*obliquement*) al sesgo; (*fig*) con rodeos

bibelot [biblo] *nm* chuchería

biberon [bibrɔ̃] *nm* biberón *m*

bible [bibl] *nf* biblia

biblio... [bibl] *préfixe:* **bibliobus** *nm* biblioteca ambulante, bibliobús *m*; **bibliothécaire** *nm/f* bibliotecario(-a); **bibliothèque** *nf* biblioteca; **bibliothèque municipale** biblioteca municipal

bicarbonate [bikarbɔnat] *nm:* **~ (de soude)** bicarbonato (sódico)

biceps [bisɛps] *nm* biceps *m inv*

biche [biʃ] *nf* cierva

bicolore [bikɔlɔr] *adj* bicolor

bicoque [bikɔk] (*péj*) *nf* casucha

bicyclette [bisiklɛt] *nf* bicicleta

bidet [bidɛ] *nm* bidé *m*

bidon [bidɔ̃] *nm* (*récipient*) bidón *m* ▷ *adj inv* (*fam*) amañado(-a)

bidonville [bidɔ̃vil] *nm* chabolas *fpl*

bidule [bidyl] *nm* trasto, chisme *m*

 MOT-CLÉ

bien [bjɛ̃] *nm* **1** (*avantage, profit, moral*) bien *m*; **faire du bien à qn** hacer bien a algn; **faire le bien** hacer el bien; **dire du bien de qn/qch** hablar bien de algn/algo; **c'est pour son bien** es por su bien; **mener à bien** llevar a buen término; **je te veux du bien** te quiero bien

2 (*possession, patrimoine*) bien; **son bien le plus précieux** su bien más preciado; **avoir du bien** tener fortuna; **biens de consommation** bienes *mpl* de consumo

▷ *adv* **1** (*de façon satisfaisante*) bien;

elle travaille/mange bien trabaja/come bien; **vite fait** (*tu le mérites*) ¡te está bien empleado!; **j'espère bien y aller** sí espero poder ir; **je veux bien le faire** (*concession*) me parece bien hacerlo; **il faut bien le faire** hay que hacerlo; **il faut bien l'admettre** hay que admitirlo; **il y a bien 2 ans** hace 2 años largos; **Paul est bien venu, n'est-ce pas?** Paul sí ha venido, ¿verdad?; **tu as eu bien raison de dire cela** hiciste muy bien en decir eso; **j'ai bien téléphoné** sí llamé por teléfono; **se donner bien du mal** molestarse mucho; **où peut-il bien être passé?** ¿dónde se habrá metido?; **on verra bien** ya veremos
3 (*beaucoup*) **des gens bien** mucha gente
▷ *excl*: **eh bien?** bueno, ¿qué?
▷ *adj inv* **1** (*en bonne forme, à l'aise*): **être/se sentir bien** estar/sentirse bien; **je ne me sens pas bien** no me siento bien; **on est bien dans ce fauteuil** se está bien en este sillón
2 (*joli, beau*) bien; **tu es bien dans cette robe** estás bien con ese vestido
3 (*satisfaisant, adéquat*) bien; **elle est bien, cette maison** está bien esta casa; **elle est bien, cette secrétaire** es buena esta secretaria; **c'est bien?** ¿está bien?; **mais non, c'est très bien** que no, está muy bien; **c'est très bien (comme ça)** está muy bien (así)
4 (*juste, moral, respectable*) *adj inv*: **ce n'est pas bien de ...** no está bien ...; **des gens bien** gente bien
5 (*en bons termes*): **être bien avec qn** estar a bien con algn; **si bien que**

(*résultat*) de tal manera que; **tant bien que mal** así, así
6: **bien que** *conj* aunque
7: **bien sûr** *adv* desde luego

bien-aimé, e [bjɛ̃neme] *adj, nm/f* bienamado(-a)
bien-être [bjɛ̃nɛtʀ] *nm* bienestar *m*
bienfaisance [bjɛ̃fəzɑ̃s] *nf* beneficencia
bienfait [bjɛ̃fɛ] *nm* favor *m*; (*de la science*) beneficio
bienfaiteur, -trice [bjɛ̃fɛtœʀ, tʀis] *nm/f* bienhechor(a)
bien-fondé [bjɛ̃fɔ̃de] *nm* legitimidad *f*
bientôt [bjɛ̃to] *adv* pronto, luego; **à ~** hasta luego
bienveillant, e [bjɛ̃vɛjɑ̃, ɑ̃t] *adj* benévolo(-a)
bienvenu, e [bjɛ̃vny] *adj* bienvenido(-a); **bienvenue** *nf*: **souhaiter la bienvenue à** desear la bienvenida a; **bienvenue à** bienvenida a
bière [bjɛʀ] *nf* cerveza; (*cercueil*) ataúd *m*; **bière blonde/brune** cerveza dorada/negra; **bière (à la) pression** cerveza de barril
bifteck [biftɛk] *nm* bistec *m*, bisté *m*, bife *m* (Arg)
bigorneau, x [bigɔʀno] *nm* bígaro
bigoudi [bigudi] *nm* bigudí *m*
bijou, x [biʒu] *nm* joya, alhaja; **bijouterie** *nf* (*bijoux*) joyas *fpl*; (*magasin*) joyería; **bijoutier, -ière** *nm/f* joyero(-a)
bikini [bikini] *nm* biquini *m*
bilan [bilɑ̃] *nm* balance *m*; **faire le ~ de** hacer el balance de; **déposer son ~** declararse en quiebra
bile [bil] *nf* bilis *f*; **se faire de la ~** (*fam*) hacerse mala sangre
bilieux, -euse [biljø, jøz] *adj* bilioso(-a); (*fig*) bilioso(-a), colérico(-a)

bilingue [bilɛ̃g] adj bilingüe

billard [bijar] nm billar m

bille [bij] nf bola; (du jeu de billes) canica

billet [bijɛ] nm billete m; (de cinéma) entrada; **billet aller retour** billete de ida y vuelta; **billetterie** nf emisión f y venta de billetes; (distributeur) taquilla; (Banque) cajero (automático)

billion [biljɔ̃] nm billón m

bimensuel, le [bimɑ̃sɥɛl] adj bimensual, quincenal

bio [bjo] adj (fam) orgánico(a)

bio... [bjo] préf bio...; **biochimie** nf bioquímica; **biodiversité** nf biodiversidad f; **biographie** nf biografía; **biologie** nf biología; **biologique** adj biológico(-a); (produits, aliments) orgánico(-a); **biologiste** nm/f biólogo(-a)

Birmanie [birmani] nf Birmania

bis¹, e [bi, biz] adj pardo(-a)

bis² [bis] adv: **12 ~** 12 bis ▷ excl ¡otra! ▷ nm bis m

biscotte [biskɔt] nf biscote m

biscuit [biskɥi] nm (gâteau sec) galleta; (gâteau, porcelaine) bizcocho

bise [biz] adj f voir **bis¹** ▷ nf (baiser) beso; (vent) cierzo

bisou [bizu] (fam) nm beso

bissextile [bisɛkstil] adj: **année ~** año bisiesto

bistro(t) [bistro] nm bar m, café m, cantina (espAm)

bitume [bitym] nm asfalto

bizarre [bizar] adj raro(-a)

blague [blag] nf (propos) chiste m; (farce) broma; **"sans ~!"** (fam) "¡no me digas!"; **blaguer** vi bromear

blaireau, x [blɛro] nm (Zool) tejón m; (brosse) brocha de afeitar

blâme [blam] nm (jugement) reprobación f; (sanction) sanción f; **blâmer** vt (réprouver) reprobar

blanc, blanche [blɑ̃, blɑ̃ʃ] adj blanco(-a) ▷ nm/f blanco(-a) ▷ nm

blanco; (linge): **le ~** la ropa blanca; (aussi: **~ d'œuf**) clara; (aussi: **~ de poulet**) pechuga; **à ~** (chauffer) al rojo vivo; (tirer, charger) con munición de fogueo; **chèque en ~** cheque m en blanco; **~ cassé** color m hueso; **blanche** nf (Mus) blanca; **blancheur** nf blancura

blanchir [blɑ̃ʃir] vt (gén, argent) blanquear; (linge) lavar; (Culin) escaldar; (disculper) rehabilitar ▷ vi blanquear; (cheveux) blanquear, encanecer; **blanchisserie** nf lavandería

blason [blazɔ̃] nm blasón m

blasphème [blasfɛm] nm blasfemia

blazer [blazɛr] nm blázer m

blé [ble] nm trigo; **blé noir** trigo sarraceno

bled [blɛd] nm (péj) poblacho

blême [blɛm] adj pálido(-a)

blessant, e [blɛsɑ̃, ɑ̃t] adj hiriente

blessé, e [blese] adj herido(-a); (offensé) ofendido(-a) ▷ nm/f herido(-a)

blesser [blese] vt herir; (suj: souliers) hacer daño a; (offenser) ofender; **se blesser** vpr herirse; **se ~ au pied** etc lastimarse el pie etc; **blessure** nf herida; (fig) herida, ofensa

bleu, e [blø] adj azul; (bifteck) poco hecho ▷ nm azul m; (contusion) cardenal m; (vêtement: aussi: **~s**) mono, overol m (Am); **bleu marine** azul marino; **bleuet** nm aciano

bloc [blɔk] nm bloque m; (de papier à lettres) bloc m; (ensemble) montón m; **serré à ~** apretado a fondo; **en ~** en bloque; **bloc opératoire** quirófano; **bloc-notes** (pl **blocs-notes**) nm bloc m de notas

blog, blogue [blɔg] nm blog m

bloquer [blɔke] vt bloquear

blond, e [blɔ̃, blɔ̃d] adj rubio(-a); (sable, blés) dorado(-a) ▷ nm/f rubio(-a); **~ cendré** rubio ceniciento

bloquer [blɔke] vt bloquear

blottir [blɔtiʀ]: **se ~** vpr acurrucarse

blouse [bluz] nf bata

blouson [bluzɔ̃] nm cazadora; **blouson noir** (fig) gamberro

bluff [blœf] nm exageración f, farol m; **bluffer** vi exagerar, farolear ▷ vt engañar

bobine [bɔbin] nf (de fil) carrete m; (de film) carrete, rollo; (Élec) bobina

bocal, -aux [bɔkal, o] nm tarro (de vidrio)

bock [bɔk] nm jarra (de cerveza)

body [bɔdi] nm body m; (Sport) malla

bœuf [bœf] nm buey m; (Culin) carne f de vaca

bof! [bɔf] (fam) excl ¡bah!

bohémien, ne [bɔemjɛ̃, jɛn] nm/f bohemio(-a)

boire [bwaʀ] vt beber, tomar (Am); **~ un coup** echar un trago

bois¹ [bwa] vb voir **boire**

bois² [bwa] nm (substance) madera f; (forêt) bosque m; **de ~, en ~** de madera; **boisé, e** adj arbolado(-a)

boisson [bwasɔ̃] nf bebida

boîte [bwat] nf caja; (de fer) lata; **il a quitté sa ~** (fam: entreprise) ha dejado el curro (fam); **aliments en ~** alimentos mpl en lata; **boîte à gants** guantera; **boîte aux lettres** buzón m; **boîte d'allumettes** caja de cerillas; **boîte de conserves** lata de conservas; **boîte (de nuit)** discoteca; **boîte de vitesses** caja de cambios; **boîte postale** apartado de correos

boiter [bwate] vi cojear, renguear (Am)

boîtier [bwatje] nm (d'appareil-photo) cuerpo

boive etc [bwav] vb voir **boire**

bol [bɔl] nm tazón m; **un ~ d'air** una bocanada de aire; **en avoir ras le ~** (fam) estar hasta la coronilla

bombarder [bɔ̃baʀde] vt (Mil) bombardear; **~ qn de** bombardear a algn con, acosar a algn con

bombe [bɔ̃b] nf bomba; (atomiseur) atomizador m

⊙ **MOT-CLÉ**

bon, bonne [bɔ̃, bɔn] adj **1** (agréable, satisfaisant) bueno(-a); (avant un nom masculin) buen; **un bon repas/restaurant** una buena comida/un buen restaurante; **vous êtes trop bon** es usted demasiado bueno; **avoir bon goût** tener buen gusto; **elle est bonne en maths** se le dan bien las matemáticas

2 (bienveillant, charitable): **être bon (envers)** ser bueno (con)

3 (correct) correcto(-a); **le bon numéro** el número correcto; **le bon moment** el momento oportuno

4 (souhaits): **bon anniversaire!** ¡feliz cumpleaños!; **bon voyage!** ¡buen viaje!; **bonne chance!** ¡(buena) suerte!; **bonne année!** ¡feliz año nuevo!; **bonne nuit!** ¡buenas noches!

5 (approprié, apte): **bon à/pour** bueno(-a) para; **ces chaussures sont bonnes à jeter** estos zapatos están para tirarlos; **c'est bon à savoir** está bien saberlo

6 de bonne heure temprano; **bon marché** barato(-a); **bon sens** sentido común; **c'est un bon vivant** le gusta la buena vida

7 (valeur intensive) largo(-a); **ça m'a pris deux bonnes heures** me llevó dos horas largas

▷ nm **1** (billet) bono, vale m; **bon cadeau** vale regalo; **bon à rien** inútil m/f; **bon mot** ocurrencia

2: **avoir du bon** tener ventajas; **pour de bon** de verdad, en serio; **il y a du bon dans ce qu'il dit** lo que dice tiene sentido ▷ adv: **il fait bon** hace bueno; **sentir bon** oler bien; **tenir bon**

resistir; **à quoi bon?** ¿para qué?; **juger bon de faire ...** juzgar oportuno hacer ...; **le bus/ton frère a bon dos** (fig) siempre es el autobús/tu hermano
▷ excl: **bon! ¡**bueno!; **ah bon?** ¿ah, sí?; **bon, je reste** bueno, me quedo; voir aussi **bonne**

bonbon [bɔ̃bɔ̃] nm caramelo

bond [bɔ̃] nm (saut) salto; (d'une balle) bote m; (fig) salto, avance m; **faire un ~** dar un salto

bondé, e [bɔ̃de] adj abarrotado(-a)

bondir [bɔ̃diʀ] vi saltar, brincar

bonheur [bɔnœʀ] nm felicidad f; **porter ~ (à qn)** dar buena suerte (a algn); **par ~** por fortuna

bonhomme [bɔnɔm] (pl **bonshommes**) nm hombre m; **bonhomme de neige** muñeco de nieve

bonjour [bɔ̃ʒuʀ] excl, nm buenos días mpl

bonne [bɔn] adj f voir **bon** ▷ nf criada, mucama (CSur), recamarera (Mex)

bonnet [bɔne] nm gorro; (de soutien-gorge) copa; **bonnet de bain** gorro de baño

bonshommes [bɔ̃zɔm] nmpl de **bonhomme**

bonsoir [bɔ̃swaʀ] excl, nm buenas tardes; (plus tard) buenas noches

bonté [bɔ̃te] nf bondad f

bonus [bɔnys] nm inv (Assurance) descuento en la prima por poca siniestralidad

bord [bɔʀ] nm (de table, verre, falaise) borde m; (de lac, route) orilla, borde; (Naut): **à ~** a bordo; **monter à ~** subir a bordo; **jeter par-dessus ~** arrojar por la borda; **le commandant/les hommes du ~** el comandante/los hombres a bordo; **au ~ de la mer/de la route** a orillas del mar/de la carretera; **être au ~ des larmes** (fig)

estar a punto de llorar

bordeaux [bɔʀdo] nm inv (vin) burdeos m inv ▷ adj inv (couleur) burdeos inv, rojo violáceo inv

bordel [bɔʀdɛl] (fam) nm burdel m; (fig) follón m ▷ excl: **¡joder! (**fam!)

bordelais, e [bɔʀdəlɛ, ɛz] adj bordelés(-esa) ▷ nm/f: **B~, e** bordelés(-esa)

border [bɔʀde] vt (être le long de) orillar, bordear; (personne, lit) arropar; **~ qch de** (garnir) ribetear algo de

bordure [bɔʀdyʀ] nf borde m; **en ~ de** a orillas de

borne [bɔʀn] nf mojón m; **bornes** nfpl (fig) límites mpl; **dépasser les ~s** pasarse de la raya

borné, e [bɔʀne] adj limitado(-a)

borner [bɔʀne] vt: **se ~ à faire** limitarse a hacer

bosquet [bɔskɛ] nm bosquecillo

bosse [bɔs] nf (de terrain) montículo; (sur un objet) protuberancia; (enflure) bulto; (du bossu, du chameau) joroba; **avoir la ~ des maths** ser ducho(-a) en matemáticas

bosser [bɔse] (fam) vt empollar

bossu, e [bɔsy] adj, nm/f jorobado(-a)

botanique [bɔtanik] nf: **la ~** la botánica ▷ adj botánico(-a)

botte [bɔt] nf bota; **botte d'asperges** manojo de espárragos; **botte de radis** manojo de rábanos; **bottes de caoutchouc** botas fpl de goma

bottin [bɔtɛ̃] nm anuario del comercio

bottine [bɔtin] nf botina

bouc [buk] nm (animal) macho cabrío; (barbe) perilla

boucan [bukɑ̃] nm jaleo

bouche [buʃ] nf boca; **faire du ~-à-~ à qn** hacer el boca a boca a algn; **bouche de métro/d'incendie** boca de metro/de incendios

bouché, e [buʃe] *adj (flacon)* tapado(-a); *(temps, ciel)* encapotado(-a); *(personne, carrière)* cerrado(-a)

bouchée [buʃe] *nf* bocado; **bouchée à la reine** pastel de hojalde de pollo

boucher [buʃe] *nm* carnicero; *(colmater)* rellenar; *(passage)* cerrar; *(porte)* obstruir; **se boucher** *vpr (tuyau)* taponarse; **se ~ le nez** taparse la nariz; **boucherie** *nf* carnicería *f*

bouchon [buʃɔ̃] *nm (en liège)* corcho; *(autre matière)* tapón *m*; *(embouteillage)* atasco; *(Pêche)* flotador *m*

boucle [bukl] *nf* curva; *(objet)* argolla; *(de ceinture)* hebilla; **boucle (de cheveux)** bucle *m*; **boucles d'oreilles** pendientes *mpl*, aretes *mpl (esp Am)*

bouclé, e [bukle] *adj (cheveux, personne)* ensortijado(-a)

boucler [bukle] *vt (ceinture etc)* cerrar; ajustar; *(affaire)* concluir; *(budget)* equilibrar; *(enfermer)* encerrar

bouder [bude] *vi* enojarse

boudin [budɛ̃] *nm (Culin)* morcilla

boue [bu] *nf* barro, fango

bouée [bwe] *nf (de baigneur)* flotador *m*; **bouée (de sauvetage)** salvavidas *m inv*

boueux, -euse [bwø, øz] *adj* fangoso(-a)

bouffe [buf] *nf (fam)* comilona

bouffée [bufe] *nf* bocanada

bouffer [bufe] *vi (fam)* jalar

bouffi, e [bufi] *adj* hinchado(-a)

bouger [buʒe] *vi* moverse; *(changer)* alterarse; *(agir)* agitarse ▷ *vt* mover

bougie [buʒi] *nf* vela; *(Auto)* bujía

bouillabaisse [bujabɛs] *nf* sopa de pescado

bouillant, e [bujɑ̃, ɑ̃t] *adj* hirviendo

bouillie [buji] *nf* gachas *fpl*; *(de bébé)* papilla; **en ~** *(fig)* hecho puré

bouillir [bujir] *vi* hervir ▷ *vt (gén: faire bouillir)* hervir

bouilloire [bujwar] *nf* hervidor *m*

bouillon [bujɔ̃] *nm (Culin)* caldo; **bouillonner** *vi* borbotear

bouillotte [bujɔt] *nf* calentador *m*, bolsa de agua caliente

boulanger, -ère [bulɑ̃ʒe, ʒɛr] *nm/f* panadero(-a); **boulangerie** *nf* panadería

boule [bul] *nf* bola; *(pour jouer)* bolo; **boule de neige** bola de nieve

boulette [bulɛt] *nf (petite boule)* bolita

boulevard [bulvar] *nm* bulevar *m*

bouleversant, e [bulvɛrsɑ̃, ɑ̃t] *adj (émouvant)* conmovedor(a)

bouleversement [bulvɛrsəmɑ̃] *nm* trastorno

bouleverser [bulvɛrse] *vt (changer)* trastornar; *(émouvoir)* conmover; *(causer du chagrin à)* afectar

boulon [bulɔ̃] *nm* perno

boulot, te [bulo, ɔt] *(fam) nm* trabajo, curro

boum [bum] *nm* bum *m* ▷ *nf* fiesta

bouquet [bukɛ] *nm (de fleurs)* ramo, ramillete *m*

bouquin [bukɛ̃] *(fam) nm* libro; **bouquiner** *(fam) vi* leer; **bouquiniste** *nm/f* librero de viejo

bourdon [burdɔ̃] *nm* abejorro

bourg [bur] *nm* burgo

bourgeois, e [burʒwa, waz] *adj (souvent péj)* burgués(-esa); **bourgeoisie** *nf* burguesía

bourgeon [burʒɔ̃] *nm* brote *m*, yema

Bourgogne [burgɔɲ] *nf* Borgoña ▷ *nm*: **b~** *(vin)* vino de borgoña

bourguignon, ne [burgiɲɔ̃, ɔn] *adj* borgoñón(-ona) ▷*nm/f*: **B~, ne** borgoñón(-ona); **(bœuf) ~** encebollado de vaca

bourrasque [burask] *nf* borrasca

bourratif, -ive [buratif, iv] *adj* pesado(-a)

bourré, e [bure] *adj (fam)* trompa *inv*; **~ de** *(rempli)* cargado(-a) de

bourrer [bure] *vt (valise, poêle)*

rellenar

bourru, e [buʀy] adj rudo(-a)

bourse [buʀs] nf (subvention) beca; (porte-monnaie) bolsa; **la B~** la Bolsa

boursier, -ière [buʀsje, jɛʀ] adj (élève) becario(-a); (Comm) bursátil ▷ nm/f becario(-a)

bous [bu] vb voir **bouillir**

bousculade [buskylad] nf (précipitation) atropello; **bousculer** vt empujar; (presser) meter prisa a

boussole [busɔl] nf brújula

bout¹ [bu] vb voir **bouillir**

bout² [bu] nm (morceau) trozo; (extrémité) punta; (de table) extremo; (fin, rue) final m; **au ~ de** (après) al cabo de, al final de; **pousser qn à ~** poner a algn al límite; **venir à ~ de qch** terminar algo; **venir à ~ de qn** poder con algn

bouteille [butɛj] nf botella; (de gaz) bombona

boutique [butik] nf tienda

bouton [butɔ̃] nm botón m; (sur la peau) grano; **boutonner** vt abotonar; **boutonnière** nf ojal m

bovin, e [bɔvɛ̃, in] adj bovino(-a); **bovins** nmpl ganado msg bovino

bowling [bulin] nm juego de bolos; (salle) bolera

boxe [bɔks] nf boxeo, box m (Am); **boxeur, -euse** [bɔksœr, øz] nm/f boxeador(a)

BP [bepe] sigle f (= boîte postale) Apdo. (= Apartado de correos), C.P. f (Am) (= Casilla Postal)

bracelet [bʀaslɛ] nm pulsera

braconnier [bʀakɔnje] nm cazador m/pescador m furtivo

brader [bʀade] vt vender a precio de saldo; **braderie** nf (marché) mercadillo

braguette [bʀagɛt] nf bragueta

braise [bʀɛz] nf brasas fpl

brancard [bʀɑ̃kaʀ] nm (civière) camilla; **brancardier** nm camillero

branche [bʀɑ̃ʃ] nf rama

branché, e [bʀɑ̃ʃe] (fam) adj (personne) a la última; (boîte de nuit) de moda

brancher [bʀɑ̃ʃe] vt enchufar

brandir [bʀɑ̃diʀ] vt (arme) blandir

braquer [bʀake] vi (Auto) girar ▷ vt (regard) clavar; **~ qch sur qn** (revolver) apuntar a algn con algo

bras [bʀɑ] nm brazo; **bras droit** (fig) brazo derecho

brassard [bʀasaʀ] nm brazalete m

brasse [bʀɑs] nf braza; **brasse papillon** braza mariposa

brassée [bʀɑse] nf brazada

brasser [bʀɑse] vt (bière) fabricar; (remuer) mezclar

brasserie [bʀɑsʀi] nf (restaurant) cervecería; (usine) fábrica de cerveza

brave [bʀɑv] adj (courageux, aussi péj) valiente; (bon, gentil) bueno(-a)

braver [bʀɑve] vt (ordre) desafiar; (danger) afrontar

bravo [bʀɑvo] excl, nm bravo

bravoure [bʀɑvuʀ] nf bravura

break [bʀɛk] nm (Auto) ranchera

brebis [bʀɑbi] nf oveja

bredouiller [bʀɑduje] vi, vt farfullar

bref, brève [bʀɛf, ɛv] adj breve ▷ adv total

Brésil [bʀezil] nm Brasil m; **brésilien, ne** adj brasileño(-a) ▷ nm/f: **Brésilien, ne** brasileño(-a)

Bretagne [bʀətaɲ] nf Bretaña

bretelle [bʀətɛl] nf (de vêtement) tirante m; (d'autoroute) enlace m; **bretelles** nfpl (pour pantalons) tirantes mpl, suspensores mpl (Am)

breton, ne [bʀətɔ̃, ɔn] adj bretón(-ona)

brève [bʀɛv] adj f voir **bref**

brevet [bʀəvɛ] nm certificado; **brevet (d'invention)** patente f; **breveté, e** adj (invention) patentado(-a)

bricolage [bʀikɔlaʒ] nm bricolaje m

bricoler [bʀikɔle] vi hacer chapuzas; (passe-temps) hacer bricolaje; **bricoleur, -euse** nm/f mañoso(-a), manitas m/f inv

bridge [bʀidʒ] nm (jeu) bridge m

brièvement [bʀijɛvmɑ̃] adv brevemente

brigade [bʀigad] nf (gén) cuadrilla; (Police, Mil) brigada; **brigadier** nm (Mil) cabo; (Police) jefe m

brillamment [bʀijamɑ̃] adv estupendamente

brillant, e [bʀijɑ̃, ɑ̃t] adj brillante; (luisant) reluciente ▷ nm brillante m

briller [bʀije] vi brillar

brin [bʀɛ̃] nm hebra; **un ~ de** (fig) una pizca de; **brin d'herbe** brizna de hierba

brindille [bʀɛ̃dij] nf ramita

brioche [bʀijɔʃ] nf bollo, queque m (Am); (fam: ventre) buche m

brique [bʀik] nf ladrillo ▷ adj inv (couleur) de color teja

briquet [bʀikɛ] nm mechero, encendedor m

brise [bʀiz] nf brisa

briser [bʀize] vt (casser) romper; (fig) arruinar, destrozar; (grève) romper; **se briser** vpr romperse

britannique [bʀitanik] adj británico(-a)

brocante [bʀɔkɑ̃t] nf (objets) baratillo; **brocanteur, -euse** nm/f chamarilero(-a)

broche [bʀɔʃ] nf (bijou) broche m; (Méd) alambre m; **à la ~** (Culin) al asador

broché, e [bʀɔʃe] adj (livre) en rústica

brochet [bʀɔʃɛ] nm lucio

brochette [bʀɔʃɛt] nf pincho, brocheta

brochure [bʀɔʃyʀ] nf folleto

broder [bʀɔde] vt bordar; **broderie** nf bordado

bronches [bʀɔ̃ʃ] nfpl bronquios mpl; **bronchite** nf bronquitis f inv

bronze [bʀɔ̃z] nm bronce m

bronzer [bʀɔ̃ze] vi broncearse; **se bronzer** vpr broncearse

brosse [bʀɔs] nf cepillo, escobilla (Am); **coiffé en ~** = peinado al cepillo; **brosse à cheveux** cepillo para el pelo; **brosse à dents/à habits** cepillo de dientes/de (la) ropa; **brosser** vt (nettoyer) cepillar; (fig) bosquejar; **se brosser les dents** cepillarse los dientes

brouette [bʀuɛt] nf carretilla

brouillard [bʀujaʀ] nm niebla

brouiller [bʀuje] vt mezclar; (embrouiller) embarullar, enredar; (rendre trouble, confus) enturbiar; (amis) enemistar; **se brouiller** vpr (vue) nublarse; **se ~ (avec)** enfadarse (con)

brouillon, ne [bʀujɔ̃, ɔn] adj desordenado(-a) ▷ nm (écrit) borrador m, copia en sucio

broussailles [bʀusaj] nfpl maleza fsg; **broussailleux, -euse** adj cubierto(-a) de maleza

brousse [bʀus] nf monte m bajo

brouter [bʀute] vt pacer

brugnon [bʀyɲɔ̃] nm nectarina

bruiner [bʀɥine] vi: **il bruine** llovizna

bruit [bʀɥi] nm ruido; (rumeur) rumor m; **sans ~** sin ruido; **bruit de fond** ruido de fondo

brûlant, e [bʀylɑ̃, ɑ̃t] adj ardiente; (liquide) hirviendo

brûlé, e [bʀyle] adj (démasqué) descubierto(-a) ▷ nm: **odeur de ~** olor m a quemado

brûler [bʀyle] vt quemar; (suj: eau bouillante) escaldar; (feu rouge, signal) saltarse ▷ vi (se consumer) consumirse; (jeu): **tu brûles** caliente-caliente; **se brûler** vpr (accidentellement) quemarse

brûlure [bʀylyʀ] nf quemadura; **brûlures d'estomac** ardores mpl de estómago

brume [bʀym] nf bruma

brun, e [bʀœ̃, bʀyn] adj moreno(-a)

brushing [bʀœʃiŋ] nm marcado; **faire un ~** lavar y marcar

brusque [bʀysk] adj (soudain) repentino(-a); (rude) brusco(-a)

brut, e [bʀyt] adj bruto(-a); **(pétrole)** ~ crudo

brutal, e, -aux [bʀytal, o] adj brutal; (franchise) rudo(-a)

Bruxelles [bʀysɛl] n Bruselas

bruyamment [bʀɥijamɑ̃] adv ruidosamente

bruyant, e [bʀɥijɑ̃, ɑ̃t] adj ruidoso(-a)

bruyère [bʀɥijɛʀ] nf brezo

BTS [beteɛs] sigle m (= brevet de technicien supérieur) diploma de enseñanza técnica

bu, e [by] pp de **boire**

buccal, e, -aux [bykal, o] adj: **par voie ~e** por vía oral

bûche [byʃ] nf leño; **bûche de Noël** bizcocho de navidad

bûcher [byʃe] vi, vt (fam) empollar

budget [bydʒɛ] nm presupuesto

buée [bɥe] nf vaho

buffet [byfɛ] nm (meuble) aparador m; (de réception) buffet m; **buffet (de gare)** cantina (de estación)

buis [bɥi] nm boj m

buisson [bɥisɔ̃] nm matorral m

bulbe [bylb] nm bulbo

Bulgarie [bylgaʀi] nf Bulgaria

bulle [byl] nf burbuja

bulletin [byltɛ̃] nm boletín m; (papier) folleto; **bulletin d'informations** boletín informativo; **bulletin (de vote)** papeleta

bureau, x [byʀo] nm (meuble) escritorio; (pièce) despacho; **bureau de change/de poste** oficina de cambio/de correos; **bureau de tabac** estanco

bureaucratie [byʀokʀasi] nf burocracia

bus¹ [by] vb voir **boire**

bus² [bys] nm autobús m, bus m (esp Am), camión m (Mex)

buste [byst] nm busto

but¹ [by] vb voir **boire**

but² [byt] nm (cible) meta; (d'un voyage) destino; (d'une entreprise, d'une action) objetivo; (Football: limites) portería, arco (Am); **avoir pour ~ de faire** tener como objetivo hacer; **dans le ~ de** con el propósito de

butane [bytan] nm butano

butiner [bytine] vt, vi libar

buvais etc [byvɛ] vb voir **boire**

buvard [byvaʀ] nm secante m

buvette [byvɛt] nf puesto de bebidas

C

c' [s] *dét voir* **ce**

CA *sigle m* (= *chiffre d'affaires*) *voir* **chiffre**; (= *conseil d'administration*) *voir* **conseil**

ça [sa] *pron* (*proche*) esto; (*pour désigner*) eso; (*plus loin*) aquello; **~ va?** ¿qué tal?; (*d'accord?*) ¿vale?; **~ alors!** (*désapprobation*) ¡pero bueno!; (*étonnement*) ¡y entonces!

çà [sa] *adv*: **~ et là** aquí y allá

cabane [kaban] *nf* cabaña

cabaret [kabaʀɛ] *nm* cabaret *m*

cabillaud [kabijo] *nm* bacalao fresco

cabine [kabin] *nf* cabina; (*de bateau*) camarote *m*; (*de plage*) caseta; **cabine d'essayage** probador *m*; **cabine (téléphonique)** cabina (telefónica), locutorio

cabinet [kabinɛ] *nm* (*aussi Pol*) gabinete *m*; (*de médecin*) gabinete, consulta; (*d'avocat, de notaire*) gabinete, despacho; **cabinets** *nmpl* servicios *mpl*; **cabinet de toilette** cuarto de aseo

câble [kabl] *nm* cable *m*

cacahuète [kakaɥɛt] *nf* cacahuete *m*, maní *m* (*Am*), cacahuate *m* (*Am*)

cacao [kakao] *nm* cacao

cache [kaʃ] *nf* (*cachette*) escondite *m*

cache-cache [kaʃkaʃ] *nm inv*: **jouer à ~** jugar al escondite

cachemire [kaʃmiʀ] *nm* cachemira, cachemir *m*

cacher [kaʃe] *vt* ocultar, esconder; **se cacher** *vpr* esconderse, ocultarse; **~ qch à qn** ocultar algo a algn

cachet [kaʃɛ] *nm* (*Méd*) pastilla

cachette [kaʃɛt] *nf* escondite *m*; **en ~** a escondidas

cactus [kaktys] *nm inv* cactus *m inv*

cadavre [kadavʀ] *nm* cadáver *m*

caddie [kadi] *nm* (*au supermarché*) carrito

cadeau, x [kado] *nm* regalo; **faire un ~ à qn** hacer un regalo a algn

cadenas [kadna] *nm* candado

cadet, te [kadɛ, ɛt] *adj* (*plus jeune*) menor; (*le plus jeune*) menor, más pequeño(-a) ▷ *nm/f* (*de la famille*) benjamín(-ina)

cadran [kadʀɑ̃] *nm* (*de pendule, montre*) esfera; **cadran solaire** reloj *m* de sol

cadre [kadʀ] *nm* marco ▷ *nm/f* (*Admin*) ejecutivo(-a), cuadro; **dans le ~ de** (*fig*) en el marco de

cafard [kafaʀ] *nm* cucaracha; **avoir le ~** (*fam*) estar melancólico(-a)

café [kafe] *nm* café *m*; **café noir** café solo; **café tabac** café-estanco; **cafetière** *nf* cafetera

cage [kaʒ] *nf* jaula

cageot [kaʒo] *nm* caja

cagoule [kagul] *nf* (*ski etc*) gorro

cahier [kaje] *nm* (*de classe*) cuaderno, libreta; **cahier d'exercices** cuaderno de ejercicios; **cahier de brouillon** cuaderno de sucio

caille [kaj] *nf* codorniz *f*

caillou, x [kaju] nm guijarro, piedra; **caillouteux, -euse** adj pedregoso(-a)

caisse [kɛs] nf caja; (recettes) caja, recaudación f; **caisse d'épargne/ de retraite** caja de ahorros/de jubilaciones; **caissier, -ière** nm/f cajero(-a)

cake [kɛk] nm plum-cake m

calandre [kalɑ̃dʀ] nf (Auto) rejilla del radiador, calandra

calcaire [kalkɛʀ] nm caliza ▷ adj calcáreo(-a); (Géo) calcáreo(-a), calizo(-a)

calcul [kalkyl] nm (aussi fig) cálculo; **calcul (biliaire)** cálculo (biliar); **calculatrice** nf calculadora; **calculer** vt calcular; **calculette** nf calculadora de bolsillo

cale [kal] nf (de bateau) bodega; (en bois) cuña

calé, e [kale] adj (fam: personne) empollado(-a)

caleçon [kalsɔ̃] nm calzoncillos mpl

calendrier [kalɑ̃dʀije] nm calendario; (programme) calendario, programa m

calepin [kalpɛ̃] nm agenda

caler [kale] vt (fixer) calzar, fijar ▷ vi (fig: ne plus pouvoir continuer) rendirse; **~ (son moteur/véhicule)** calar (el motor/vehículo)

calibre [kalibʀ] nm (d'une arme) calibre m; (fig) calibre, envergadura

câlin, e [kalɛ̃, in] adj mimoso(-a)

calmant, e [kalmɑ̃, ɑ̃t] adj, nm calmante m

calme [kalm] adj tranquilo(-a); (ville, mer, endroit) tranquilo(-a), apacible ▷ adj (d'un lieu) tranquilidad f; **calme plat** (Naut) calma chicha; **calmer** vt tranquilizar, calmar; (douleur, colère) calmar, sosegar; **se calmer** vpr calmarse; (personne) calmarse, tranquilizarse

calorie [kalɔʀi] nf caloría

camarade [kamaʀad] nm/f

compañero(-a), amigo(-a); (Pol, Syndicats) camarada m/f

cambriolage [kɑ̃bʀijɔlaʒ] nm robo (con efracción); **cambrioler** vt robar (con efracción); **cambrioleur, -euse** nm/f atracador(a), ladrón(-ona)

camelote [kamlɔt] nf (fam) baratija

caméra [kameʀa] nf cámara

caméscope [kameskɔp] nm cámara de vídeo

camion [kamjɔ̃] nm camión m; **camionnette** nf camioneta; **camionneur** nm (chauffeur) camionero(-a)

camomille [kamɔmij] nf manzanilla

camp [kɑ̃] nm (militaire, d'expédition) campo, campamento; (réfugiés, prisonniers) campamento; (fig) campo

campagnard, e [kɑ̃paɲaʀ, aʀd] adj, nm/f campesino(-a)

campagne [kɑ̃paɲ] nf campo; (Mil, Pol, Comm) campaña; **à la ~** en el campo; **campagne électorale** campaña electoral

camper [kɑ̃pe] vi acampar; **campeur, -euse** nm/f campista m/f

camping [kɑ̃piŋ] nm camping m; **(terrain de) ~** (terreno de) camping; **faire du ~** hacer camping; **camping-car** (pl **camping-cars**) nm coche caravana m

Canada [kanada] nm Canadá m; **canadien, ne** adj canadiense ▷ nm/f: **canadien, ne** canadiense m/f; **canadienne** nf (veste) cazadora

canal, -aux [kanal, o] nm (rivière) canal m; (d'un cours d'eau) canalización f; (tuyau) canalización, cañería

canapé [kanape] nm (fauteuil) canapé m, sofá m; (Culin) canapé

canard [kanaʀ] nm pato

cancer [kɑ̃sɛʀ] nm (aussi fig) cáncer m; (Astrol): **le C-** Cáncer m

candidat, e [kɑ̃dida, at] nm/f (examen, Pol) candidato(-a); (à un *poste*) candidato(-a), aspirante *m/f*; **candidature** *nf* candidatura; **poser sa candidature** presentar su candidatura

cane [kan] *nf* pata

canette [kanɛt] *nf* (*de bière*) botellín *m*

canevas [kanva] *nm* (*Couture*) cañamazo

caniche [kaniʃ] *nm* caniche *m*

canicule [kanikyl] *nf* canícula

canif [kanif] *nm* navaja

canne [kan] *nf* bastón *m*; **canne à pêche** caña de pescar; **canne à sucre** caña de azúcar

cannelle [kanɛl] *nf* canela

canoë [kanɔe] *nm* canoa; **canoë (kayak)** (*Sport*) piragüismo

canot [kano] *nm* (*bateau*) bote *m*, lancha; **canot de sauvetage** bote salvavidas; **canot pneumatique** bote neumático

cantatrice [kɑ̃tatʁis] *nf* cantante *f*

cantine [kɑ̃tin] *nf* (*réfectoire*) cantina

canton [kɑ̃tɔ̃] *nm* (*en France*) distrito; (*en Suisse*) cantón *m*

caoutchouc [kautʃu] *nm* caucho; (*bande élastique*) goma

CAP [seape] *sigle m* (= *certificat d'aptitude professionnelle*) ≈ título de FP1

cap [kap] *nm* (*Géo*) cabo

capable [kapabl] *adj* (*compétent*) competente; **~ de faire** capaz de hacer; **il est ~ d'oublier** es capaz de olvidar

capacité [kapasite] *nf* capacidad *f*

cape [kap] *nf* capa

CAPES [kapɛs] *sigle m* (= *certificat d'aptitude pour le professorat de l'enseignement du second degré*) título de profesor de enseñanza secundaria

capitaine [kapitɛn] *nm* capitán *m*

capital, e, -aux [kapital, o] *adj*, *nm* capital *m*; **capitaux** *nmpl* (*fonds*) capitales *mpl*; **capitale** *nf* (*ville*) capital *f*; (*lettre*) mayúscula;

capitalisme *nm* capitalismo; **capitaliste** *adj*, *nm/f* capitalista *m/f*

caporal, -aux [kapɔʁal, o] *nm* cabo

capot [kapo] *nm* capó

câpre [kɑpʁ] *nf* alcaparra

caprice [kapʁis] *nm* capricho, antojo; **capricieux, -euse** *adj* caprichoso(-a)

Capricorne [kapʁikɔʁn] *nm* (*Astrol*) Capricornio

capsule [kapsyl] *nf* cápsula; (*de bouteille*) cápsula, chapa

capter [kapte] *vt* captar

captivant, e [kaptivɑ̃, ɑ̃t] *adj* cautivador(-a)

capturer [kaptyʁe] *vt* capturar, apresar

capuche [kapyʃ] *nf* capucha

capuchon [kapyʃɔ̃] *nm* capuchón *m*

car [kaʁ] *nm* autocar *m* ▷ *conj* pues, porque

carabine [kaʁabin] *nf* carabina

caractère [kaʁaktɛʁ] *nm* (*humeur, tempérament*) carácter *m*; (*de choses*) naturaleza; (*cachet*) carácter, personalidad *f*; **avoir bon/mauvais ~** tener buen/mal carácter; **en ~s gras** en negrita; **en ~s d'imprimerie** en letras mayúsculas

caractériser [kaʁakteʁize] *vt* caracterizar; **se caractériser par** *vpr* caracterizarse por

caractéristique [kaʁakteʁistik] *adj* característico(-a) ▷ *nf* característica

carafe [kaʁaf] *nf* (*d'eau, de vin*) jarra

caraïbe [kaʁaib] *adj* caribeño(-a); **les Caraïbes** *nfpl* el Caribe

caramel [kaʁamɛl] *nm* caramelo; (*bonbon*) caramelo blando

caravane [kaʁavan] *nf* caravana; **caravaning** *nm* (*camping*) camping *m* en caravana

carbone [kaʁbɔn] *nm* carbono; (*aussi*: **papier ~**) papel *m* carbón; **carbonique** *adj* carbónico(-a); **carbonisé, e** *adj* carbonizado(-a)

carburant [karbyrɑ̃] nm carburante m

carburateur [karbyratœr] nm carburador m

cardiaque [kardjak] adj, nm/f cardíaco(-a)

cardigan [kardigɑ̃] nm rebeca f

cardiologue [kardjɔlɔg] nm/f cardiólogo(-a)

carême [karɛm] nm: **le C-** Cuaresma f

carence [karɑ̃s] nf (manque) carencia f

caresse [karɛs] nf caricia f

caresser [karese] vt acariciar

cargaison [kargɛzɔ̃] nf carga, cargamento

cargo [kargo] nm carguero, buque m de carga

caricature [karikatyr] nf caricatura f

carie [kari] nf caries f inv; **la ~ (dentaire)** la caries (dental)

carnaval [karnaval] nm carnaval m

carnet [karnɛ] nm: libreta f (de loterie etc) taco; (de timbres) cuadernillo; **carnet de chèques** talonario de cheques

carotte [karɔt] nf zanahoria f

carré, e [kare] adj cuadrado(-a); **mètre/kilomètre ~** metro/kilómetro cuadrado

carreau, x [karo] nm (par terre) baldosa; (de fenêtre) cristal m; (Cartes: couleur) diamante m; (carte) diamante m; **papier/tissu à ~x** papel m/tela de cuadros

carrefour [karfur] nm encrucijada f

carrelage [karlaʒ] nm (sol) embaldosado

carrelet [karlɛ] nm (poisson) platija, acedía

carrément [karemɑ̃] adv (franchement) francamente; (sans détours, sans hésiter) directamente; (nettement) verdaderamente

carrière [karjɛr] nf (de craie, sable) cantera; (métier) carrera; **militaire de ~** militar m de carrera

carrosserie [karɔsri] nf carrocería f

carrure [karyr] nf (d'une personne) anchura de espalda; (fig) clase f

cartable [kartabl] nm cartera f

carte [kart] nf mapa m; (Géo, au restaurant) carta; (Cartes) carta, naipe m; (d'abonnement etc) abono; (aussi: ~ postale) postal f; (aussi: ~ de visite) tarjeta; **à la ~** a la carta; **carte bancaire/de crédit** tarjeta bancaria/de crédito; **carte de séjour** permiso de residencia; **carte d'identité** carnet de identidad, documento nacional de identidad, cédula (de identidad) (Am); **carte grise** documentación f de un automóvil; **carte routière** mapa de carreteras; **carte SIM** tarjeta SIM

carter [kartɛr] nm cárter m

carton [kartɔ̃] nm (matériau, Art) cartón m; (boîte) caja (de cartón)

cartouche [kartuʃ] nf (de fusil) cartucho; (de stylo) cartucho, recambio; (de cigarettes) cartón m

cas [kɑ] nm caso; **faire peu de ~/grand ~ de** hacer poco/mucho caso a; **le ~ échéant** llegado el caso; **en aucun ~** en ningún caso, bajo ningún concepto; **au ~ où** en caso de que, por si acaso; **en ~ de** en caso de; **en ~ de besoin** en caso de necesidad; **en tout ~** de todas maneras

case [kaz] nf casilla; (hutte) choza; (pour le courrier) casillero

caser [kaze] vt colocar

caserne [kazɛrn] nf cuartel m

casier [kazje] nm casillero; **casier judiciaire** antecedentes mpl penales

casino [kazino] nm casino

casque [kask] nm casco; (chez le coiffeur) secador m; (pour audition) casco, auricular m

casquette [kaskɛt] nf gorra

casse-croûte [kaskrut] nm inv tentempié m

casse-noix [kasnwa] nm inv

cascanueces *m inv*

casse-pieds [kɑspje] *(fam) adj, nm/f inv* pesado(-a)

casser [kɑse] *vt (verre etc)* romper; **se casser** *vpr* romperse; ~ **les prix** romper los precios

casserole [kɑsʁɔl] *nf* cacerola, cazuela

casse-tête [kɑstɛt] *nm inv (fig)* quebradero de cabeza

cassette [kɑsɛt] *nf (bande magnétique)* cassette *f*, casete *f*

cassis [kɑsis] *nm* grosellero negro, casis *m*

cassoulet [kɑsulɛ] *nm* guiso de alubias

catalogue [katalɔg] *nm* catálogo

catalytique [katalitik] *adj:* **pot ~** catalizador *m*

catastrophe [katastʁɔf] *nf* catástrofe *f*

catéchisme [kateʃism] *nm* catecismo

catégorie [kategɔʁi] *nf* categoría; **catégorique** *adj* categórico(-a), tajante

cathédrale [katedʁal] *nf* catedral *f*

catholique [katɔlik] *adj, nm/f* católico(-a); **pas très ~** *(fig)* no muy católico(-a)

cauchemar [koʃmaʁ] *nm* pesadilla

cause [koz] *nf* causa; **à ~ de** *(gén)* debido a; **pour ~ de** por causa de, por; **(et) pour ~** claro está; **être en ~** *(personne)* tener parte de culpa; *(qualité, intérêts etc)* estar en juego; **mettre en ~** culpar; **remettre en ~** poner en tela de juicio; **causer** *vt* causar ▷ *vi* charlar

caution [kosjɔ̃] *nf (argent, Jur)* fianza; *(fig)* garantía, aval *m*; **libéré sous ~** libre bajo fianza

cavalier, -ière [kavalje, jɛʁ] *nm/f (à cheval)* jinete *m/f*; *(au bal)* pareja

cave [kav] *nf* sótano; *(réserve de vins)* bodega

CD [sede] *sigle m* (= compact disc) CD *m*

CD-Rom [sedeʁɔm] *sigle m* CD-Rom

 MOT-CLÉ

ce, c', cette [sə, sɛt] *(devant nm commençant par voyelle ou h aspiré* **cet**) *(pl* **ces**) *dét (proche)* este/esta; *(intermédiaire)* ese/esa; *(éloigné: plus loin)* aquel(la); **cette maison(-ci/là)** esta casa/esa ou aquella casa; **cette nuit** esta noche
▷ *pron* 1: **c'est** es; **c'est un peintre/ce sont des peintres** *(métier)* es un pintor/son pintores; *(en désignant)* es un pintor/son unos pintores; **c'est le facteur** *(à la porte)* es el cartero; **qui est-ce?** ¿quién es?; **c'est toi qui le dis** lo dices tú; **c'est toi qui lui as parlé** eres tú quien le hablaste; **c'est petit/grand** es pequeño/grande
2: **ce qui, ce que** lo que; *(chose qui)*: **il est bête, ce qui me chagrine** es tonto, lo cual me apena; **tout ce qui bouge** todo lo que se mueve; **tout ce que je sais** todo lo que sé; **ce dont j'ai parlé** eso de lo que hablé; *voir aussi* **-ci, est-ce que, n'est-ce pas, c'est-à-dire**

ceci [səsi] *pron* esto

céder [sede] *vi* ceder; **~ à** *(tentation etc)* ceder a

CEDEX [sedɛks] *sigle m* (= *courrier d'entreprise à distribution exceptionnelle*) correo especial para empresas

CEI [sei] *sigle f* (= *Communauté des États indépendants*) CEI *f* (= Comunidad de los Estados Independientes)

ceinture [sɛ̃tyʁ] *nf* cinturón *m*; *(d'un pantalon, d'une jupe)* cintura, cinturilla; **ceinture de sécurité** cinturón de seguridad

cela [s(ə)la] *pron* eso; *(plus loin)* aquello; **quand ~?** ¿cuándo?

célèbre [selɛbʁ] *adj* famoso(-a),

célebre; **célébrer** vt celebrar; (louer) celebrar, encomiar

céleri [selʀi] nm: **~(-rave)** apio (nabo); **céleri en branche** apio

célibataire [selibatɛʀ] adj soltero(-a)

celle, celles [sɛl] pron voir **celui**

cellulite [selylit] nf celulitis f inv

celui, celle [səlɥi, sɛl] (pl **ceux,** f **celles**) pron: **~-ci** éste/ésa; **celle-ci** ésta/ésa; **~-là/celle-là** aquél/ aquélla; **ceux-ci/celles-ci** éstos/ éstas; **ceux-là/celles-là** ésos ou aquéllos/ésas ou aquéllas; **~ de mon frère** el de mi hermano; **~ du salon/ du dessous** el del salón/de abajo; **~ qui bouge** (pour désigner) el que se mueve; **~ que je vois** el que veo; **~ dont je parle** (personne) ése del que hablo; (chose) eso de lo que hablo; **~ qui veut** (valeur indéfinie) el que quiera

cendre [sɑ̃dʀ] nf ceniza; **cendres** nfpl cenizas fpl; **sous la ~** (Culin) en las cenizas; **cendrier** nm cenicero

censé, e [sɑ̃se] adj: **je suis ~ faire 7 h par jour** se supone que hago 7 horas diarias

censeur [sɑ̃sœʀ] nm (du lycée) subdirector m; (Pol, Presse, Ciné) censor m

censure [sɑ̃syʀ] nf censura; **censurer** vt censurar

cent [sɑ̃] adj (avant un nombre) ciento; (avant un substantif) cien ▷ nm ciento; (Math) cien m inv; **~ cinquante** ciento cincuenta; **~ euros** cien euros; **pour ~** por ciento; **centaine** nf centena; **une centaine (de)** un centenar (de); **plusieurs centaines (de)** varios centenares (de); **des centaines (de)** centenares (de); **centenaire** adj, nm/f centenario(-a) ▷ nm (anniversaire) centenario; **centième** adj, nm/f centésimo(-a); **un centième de seconde** una centésima de segundo; voir aussi **cinquantième**; **centigrade** nm centígrado; **centilitre** nm

centilitro; **centime** nm céntimo; **centimètre** nm centímetro; (ruban) cinta métrica

central, e, -aux [sɑ̃tʀal, o] adj central; **centrale** nf (prison) central f; **centrale électrique/nucléaire** central eléctrica/nuclear

centre [sɑ̃tʀ] nm centro; **le ~** (Pol) el centro; **centre commercial/culturel** centro comercial/cultural; **centre-ville** (pl **centres-villes**) nm centro de la ciudad

cèpe [sɛp] nm seta

cependant [s(ə)pɑ̃dɑ̃] conj sin embargo, no obstante

céramique [seʀamik] nf cerámica

cercle [sɛʀkl] nm círculo

cercueil [sɛʀkœj] nm ataúd m, féretro

céréale [seʀeal] nf cereal m

cérémonie [seʀemɔni] nf ceremonia

cerf [sɛʀ] nm ciervo

cerf-volant [sɛʀvɔlɑ̃] (pl **cerfs-volants**) nm cometa

cerise [s(ə)ʀiz] nf cereza; **cerisier** nm cerezo

cerner [sɛʀne] vt (armée, ville) cercar; (problème) delimitar

certain, e [sɛʀtɛ̃, ɛn] adj (indéniable) cierto(-a), seguro(-a); (personne): **~ (de/que)** seguro(-a) (de/de que), convencido(-a) (de/de que) ▷ dét: **un ~ Georges** un tal Georges; **d'un ~ âge** de cierta edad; **un ~ temps** cierto tiempo; **certainement** adv (probablement) probablemente; (bien sûr) sin duda, por supuesto

certes [sɛʀt] adv (bien sûr) por supuesto

certificat [sɛʀtifika] nm certificado

certifier [sɛʀtifje] vt asegurar

certitude [sɛʀtityd] nf certeza

cerveau, x [sɛʀvo] nm cerebro

cervelas [sɛʀvəla] nm salchicha corta y gruesa de carne y sesos

cervelle [sɛʀvɛl] nf (Culin) sesos mpl

CES [seøɛs] sigle m (= collège d'enseignement secondaire) ≈ Instituto de Enseñanza Media

ces [se] dét voir **ce**

cesse [sɛs] : **sans ~** adv sin parar; **n'avoir de ~ que** no descansar hasta que; **cesser** vt detener ▷ vi parar, cesar; **cesser de faire** dejar de hacer; **cessez-le-feu** nm inv alto el fuego

c'est-à-dire [sɛtadiʀ] adv es decir; (manière d'excuse) es decir que

cet, cette [sɛt] dét voir **ce**

ceux [sø] pron voir **celui**

chacun, e [ʃakœ̃, yn] pron cada uno(-a)

chagrin [ʃagʀɛ̃] nm pena; **avoir du ~** sentir pena

chahut [ʃay] nm jaleo; **chahuter** vt incordiar ▷ vi alborotar

chaîne [ʃɛn] nf cadena; (TV) cadena, canal m; **travail à la ~** trabajo en cadena; **chaîne (de fabrication/de montage)** cadena de fabricación/de montaje); **chaîne (de montagnes)** cadena (de montañas), cordillera; **chaîne (hi-fi)** cadena (hi-fi) o equipo de música; **chaîne stéréo** cadena o equipo estéreo

chair [ʃɛʀ] nf carne f; **avoir la ~ de poule** tener la carne o piel de gallina

chaise [ʃɛz] nf silla; **chaise longue** tumbona, hamaca

châle [ʃɑl] nm chal m

chaleur [ʃalœʀ] nf calor m; **chaleureux, -euse** adj (accueil, été) caluroso(-a)

chamailler [ʃamaje]: **se ~** (fam) vpr reñir

chambre [ʃɑ̃bʀ] nf (d'un logement) habitación f, cuarto; (Tech, Pol, Comm) cámara; **chambre à air** cámara de aire; **chambre à coucher** dormitorio; **chambre à un lit/deux lits** (à l'hôtel) habitación individual/doble; **chambre d'amis** cuarto de invitados;

chambre d'hôte habitación de huéspedes; **chambre meublée** habitación amueblada

chameau, x [ʃamo] nm camello

chamois [ʃamwa] nm gamuza

champ [ʃɑ̃] nm campo; **laisser le ~ libre à qn** dejar el campo libre a algn; **champ de courses** hipódromo

champagne [ʃɑ̃paɲ] nm champán m

champignon [ʃɑ̃piɲɔ̃] nm seta; (Bot) hongo; **champignon de couche** ou **de Paris** champiñón

champion, ne [ʃɑ̃pjɔ̃, jɔn] nm/f (Sport) campeón(-ona); (d'une cause) adalid m/f; **championnat** nm campeonato

chance [ʃɑ̃s] nf suerte f; (occasion) oportunidad f; **chances** nfpl (probabilités) posibilidades fpl; **bonne ~!** ¡buena suerte!; **je n'ai pas de ~** no tengo suerte

Chandeleur [ʃɑ̃dlœʀ] nf: **la ~** la Candelaria

change [ʃɑ̃ʒ] nm cambio

changement [ʃɑ̃ʒmɑ̃] nm cambio; **changement climatique** cambio climático; **changement de vitesse** cambio de velocidades ou marchas

changer [ʃɑ̃ʒe] vt cambiar ▷ vi cambiar; **se changer** vpr cambiarse; **~ de** cambiar de; **~ de vitesse** (Auto) cambiar de velocidad ou de marcha; **il faut ~ à Lyon** hay que cambiar en Lyon

chanson [ʃɑ̃sɔ̃] nf canción f

chant [ʃɑ̃] nm canto

chantage [ʃɑ̃taʒ] nm chantaje m; **faire du ~** chantajear ou hacer chantaje

chanter [ʃɑ̃te] vt cantar; (louer) alabar; **~ juste** cantar sin desafinar; **~ faux** desafinar; **si cela lui chante** (fam) si le apetece; **chanteur, -euse** nm/f cantante m/f

chantier [ʃɑ̃tje] nm obra; **chantier naval** astillero

chantilly [ʃɑ̃tiji] *nf voir* **crème**

chantonner [ʃɑ̃tɔne] *vi, vt* canturrear

chapeau, x [ʃapo] *nm* sombrero; *(Presse)* entradilla; **~!** *(fam)* ¡bravo!

chapelle [ʃapɛl] *nf* capilla

chapitre [ʃapitʀ] *nm* capítulo; *(sujet)* tema

chaque [ʃak] *dét* cada; **c'est cinq euros** ~ son cinco euros cada uno(-a)

char [ʃaʀ] *nm* carro

charbon [ʃaʀbɔ̃] *nm* carbón m; **charbon de bois** carbón de leña

charcuterie [ʃaʀkytʀi] *nf (magasin)* charcutería; *(produits)* embutidos mpl; **charcutier, -ière** *nm/f* chacinero(-a)

chardon [ʃaʀdɔ̃] *nm* cardo

charge [ʃaʀʒ] *nf* carga; *(rôle, mission)* misión f; **charges** *nfpl (du loyer)* facturas fpl; **à la ~ de** a cargo de; **prendre en** ~ hacerse cargo de; **charges sociales** cargas sociales

chargement [ʃaʀʒəmɑ̃] *nm (marchandises)* cargamento

charger [ʃaʀʒe] *vt* cargar ▷ *vi* cargar; **se ~ de** encargarse de

chariot [ʃaʀjo] *nm* carretilla; *(charrette)* carreta

charité [ʃaʀite] *nf* caridad f

charmant, e [ʃaʀmɑ̃, ɑ̃t] *adj* encantador(a)

charme [ʃaʀm] *nm* encanto; **charmer** *vt (plaire)* fascinar

charpente [ʃaʀpɑ̃t] *nf (d'un bâtiment)* esqueleto; **charpentier** *nm* albañil m

charrette [ʃaʀɛt] *nf* carreta

charter [ʃaʀtɛʀ] *nm* chárter m

chasse [ʃas] *nf* caza; **prendre en** ~ perseguir, dar caza a; **tirer la ~ (d'eau)** tirar de la cadena; **chasse à courre** caza a caballo; **chasse gardée** *(aussi fig)* coto vedado; **chasse-neige** *nm inv* quitanieves m inv; **chasser** *vt (expulser)* echar; **chasseur, -euse** *nm/f (de gibier)* cazador(a)

chat¹ [ʃa] *nm* gato

chat² [tʃat] *nm (Internet)* chat m

châtaigne [ʃɑtɛɲ] *nf* castaña; **châtaignier** *nm* castaño

châtain [ʃatɛ̃] *adj inv* castaño(-a)

château, x [ʃato] *nm* castillo; **château fort** fortaleza, alcázar m

châtiment [ʃatimɑ̃] *nm* castigo

chaton [ʃatɔ̃] *nm (Zool)* gatito

chatouiller [ʃatuje] *vt* hacer cosquillas

chatte [ʃat] *nf* gata

chaud, e [ʃo, ʃod] *adj* caliente; *(très chaud)* ardiente; *(vêtement)* *(couleur)* cálido(-a); *(félicitations)* ardiente, cálido(-a) ▷ *nm* calor m; **il fait** ~ hace calor; **avoir** ~ tener calor; **ça me tient** ~ eso me abriga; **rester au** ~ permanecer abrigado(-a)

chaudière [ʃodjɛʀ] *nf* caldera

chauffage [ʃofaʒ] *nm* calentamiento, calefacción f; *(appareils)* calefacción; **chauffage central** calefacción central

chauffe-eau [ʃofo] *nm inv* calentador m de agua

chauffer [ʃofe] *vt* calentar ▷ *vi* calentar; *(trop chauffer)* recalentar; **se chauffer** *vpr (aussi fig)* calentarse

chauffeur, -euse [ʃofœʀ, øz] *nm/f* chófer m, chofer m *(Am)*

chaumière [ʃomjɛʀ] *nf* choza

chaussée [ʃose] *nf* calzada

chausser [ʃose] *vt* calzar; **~ du 38/42** calzar el 38/42

chaussette [ʃosɛt] *nf* calcetín m, media *(Am)*

chausson [ʃosɔ̃] *nm* zapatilla; *(de bébé)* patuco; **chausson (aux pommes)** pastel m de manzana

chaussure [ʃosyʀ] *nf* zapato; **chaussures basses** zapatos mpl bajos; **chaussures de ski** botas fpl de esquí

chauve [ʃov] *adj* calvo(-a); **chauve-**

souris (pl **chauves-souris**) nf
murciélago

chauvin, e [ʃovɛ̃, in] adj, nm/f
patriotero(-a)

chaux [ʃo] nf cal f; **blanchi à la ~**
encalado

chef [ʃɛf] nm jefe m; **chef
d'entreprise** empresario; **chef
d'équipe** jefe de equipo; **chef d'État**
jefe de estado; **chef d'orchestre**
director m de orquesta; **chef de
famille** cabeza de familia; **chef
de gare** jefe de estación; **chef de
rayon/de service** jefe de sección/
de servicio; **chef d'œuvre** (pl
chefs-d'œuvre) nm obra maestra;
chef-lieu (pl **chefs-lieux**) nm cabeza
de distrito

chemin [ʃ(ə)mɛ̃] nm camino,
sendero; (itinéraire) camino; (trajet)
trayecto, camino; **en ~** por el camino;
les ~s de fer (organisation) los
ferrocarriles mpl

cheminée [ʃ(ə)mine] nf chimenea

chemise [ʃ(ə)miz] nf (vêtement)
camisa; (dossier) carpeta

chemisier [ʃ(ə)mizje] nm blusa

chêne [ʃɛn] nm castaño

chenil [ʃ(ə)nil] nm perrera

chenille [ʃ(ə)nij] nf oruga

chèque [ʃɛk] nm cheque m, talón
m; **chèque de voyage** cheque de
viaje; **chèque sans provision** cheque
sin fondos

chéquier [ʃekje] nm talonario de
cheques

cher, chère [ʃɛʀ] adj (aimé)
querido(-a); (coûteux) caro(-a)
▷ adv: **coûter ~** costar caro; **payer ~**
pagar mucho dinero; **cela coûte ~**
esto cuesta caro

chercher [ʃɛʀʃe] vt buscar; **~ des
ennuis** buscarse problemas; **~
la bagarre** buscar pelea; **aller
~** ir a buscar; **~ à faire** tratar de
hacer; **chercheur, -euse** nm/f

investigador(a)

chéri, e [ʃeʀi] adj querido(-a); **(mon)
~** querido (mío)

cheval, -aux [ʃ(ə)val, o] nm caballo;
faire du ~ practicar equitación; **à ~** a
caballo; **à ~ sur** (mur etc) a horcajadas
en ou sobre; **cheval de course** caballo
de carreras

chevalier [ʃ(ə)valje] nm caballero

chevalière [ʃ(ə)valjɛʀ] nf (sortija
de) sello

chevaux [ʃ(ə)vo] nmpl voir **cheval**

chevet [ʃ(ə)vɛ] nm presbiterio; **au
~ de qn** al lecho de algn; **lampe de ~**
lámpara de noche

cheveu, x [ʃ(ə)vø] nm cabello, pelo;
cheveux nmpl pelo msg; **avoir les ~x
courts/en brosse** tener el pelo corto/
de punta; **tiré par les ~x** (histoire)
inverosímil

cheville [ʃ(ə)vij] nf (Anat) tobillo

chèvre [ʃɛvʀ] nf cabra ▷ nm queso
de cabra

chèvrefeuille [ʃɛvʀəfœj] nm
madreselva

chevreuil [ʃəvʀœj] nm corzo

chez [ʃe] prép (à la demeure de) en casa
de; (: direction) a casa de; (auprès de,
parmi) entre ▷ nm inv: **~-moi/~-soi/~-
toi** casa; **~ qn** en casa de algn; **~ moi**
(à la maison) en mi casa; (: direction) a
mi casa; **~ ce poète** en este poeta;
~ les Français/les renards entre
los franceses/los zorros; **~ lui c'est
un devoir** es un deber en él; **aller
~ le boulanger/le dentiste** ir a la
panadería/al dentista; **il travaille ~
Renault** trabaja en la Renault

chic [ʃik] adj inv (élégant) elegante;
(généreux) amable ▷ nm (élégance)
elegancia; **avoir le ~ pour** tener
el don de

chicorée [ʃikɔʀe] nf achicoria

chien [ʃjɛ̃] nm perro

chienne [ʃjɛn] nf perra

chiffon [ʃifɔ̃] nm trapo; **chiffonner**

vt arrugar

chiffre [ʃifʀ] nm cifra, número; (montant, total) importe m; **chiffre d'affaires** volumen m de negocios; **chiffrer** vt (dépense) calcular; **se chiffrer à** vpr ascender a

chignon [ʃiɲɔ̃] nm moño

Chili [ʃili] nm Chile m; **chilien, ne** adj chileno(-a) ▷ nm/f: **Chilien, ne** chileno(-a)

chimie [ʃimi] nf química; **chimique** adj químico(-a); **produits chimiques** productos mpl químicos

chimpanzé [ʃɛ̃pɑ̃ze] nm chimpancé m

Chine [ʃin] nf China; **la république de ~** la república de China

chinois, e [ʃinwa, waz] adj chino(-a); nm (LING) chino; **Chinois, e** nm/f chino(-a)

chiot [ʃjo] nm cachorro (de perro)

chips [ʃips] nfpl (aussi: **pommes ~**) patatas fpl fritas

chirurgie [ʃiʀyʀʒi] nf cirugía; **chirurgie esthétique** cirugía estética; **chirurgien, ne** nm/f cirujano(-a)

chlore [klɔʀ] nm cloro

choc [ʃɔk] nm choque m; (moral) impacto; (affrontement) enfrentamiento

chocolat [ʃɔkɔla] nm chocolate m; (bonbon) bombón m; **chocolat à croquer** chocolate para crudo; **chocolat au lait** chocolate con leche

chœur [kœʀ] nm coro; **en ~** a coro

choisir [ʃwaziʀ] vt escoger, elegir; (candidat) elegir

choix [ʃwa] nm elección f; (assortiment) selección f, surtido; **avoir le ~ de/entre** tener la opción de/entre; **de premier ~** (Comm) de primera calidad; **au ~** a escoger

chômage [ʃomaʒ] nm paro, cesantía (Am); **mettre au ~** dejar en el paro; **être au ~** estar en paro; **chômeur, -euse** nm/f parado(-a)

choquer [ʃɔke] vt chocar

chorale [kɔʀal] nf coral f

chose [ʃoz] nf cosa; **c'est peu de ~** es poca cosa

chou, x [ʃu] nm col f, berza; **~ à la crème** pastelillo (de crema); **choucroute** nf chucrut m

chou-fleur [ʃuflœʀ] (pl **choux-fleurs**) nm coliflor f

chrétien, ne [kʀetjɛ̃, jɛn] adj, nm/f cristiano(-a)

Christ [kʀist] nm: **le ~** el Cristo; **christianisme** nm cristianismo

chronique [kʀɔnik] adj crónico(-a) ▷ nf crónica

chronologique [kʀɔnɔlɔʒik] adj cronológico(-a)

chrono(mètre) [kʀɔnɔ(mɛtʀ)] nm cronómetro; **chronométrer** vt cronometrar

chrysanthème [kʀizɑ̃tɛm] nm crisantemo

chuchotement [ʃyʃɔtmɑ̃] nm cuchicheo

chuchoter [ʃyʃɔte] vt, vi cuchichear

chut [ʃyt] excl ¡chitón!

chute [ʃyt] nf caída; (déchet) recorte m; **faire une ~ (de 10 m)** caerse (10 metros); **chute (d'eau)** salto de agua; **chute libre** caída libre; **chutes de neige** nevadas fpl

Chypre [ʃipʀ] nf Chipre f

ci-, -ci [si] adv voir par; **comme; ci-contre** etc ▷ dét: **ce garçon/cet homme-ci** ese chico/este hombre; **ces hommes/femmes-ci** estos hombres/estas mujeres

cible [sibl] nf blanco; (fig) blanco, objetivo

ciboulette [sibulɛt] nf cebolleta

cicatrice [sikatʀis] nf cicatriz f; **cicatriser** vt cicatrizar

ci-contre [sikɔ̃tʀ] adv al lado

ci-dessous [sidǝsu] adv más abajo

ci-dessus [sidǝsy] adv arriba

cidre [sidʀ] nm sidra

Cie abr (= compagnie) Cía (= compañía)

ciel [sjɛl] (pl **~s** ou (litt) **cieux**) nm cielo; **cieux** nmpl cielos mpl; **à ~ ouvert** a cielo abierto

cieux [sjø] nmpl voir **ciel**

cigale [sigal] nf cigarra

cigare [sigaR] nm cigarro, puro

cigarette [sigaRɛt] nf cigarrillo, pitillo

ci-inclus, e [siɛ̃kly, yz] adj incluso(-a)

ci-joint, e [siʒwɛ̃, ɛ̃t] adj adjunto(-a)

cil [sil] nm pestaña

cime [sim] nf cima

ciment [simɑ̃] nm cemento

cimetière [simtjɛR] nm cementerio, camposanto

cinéaste [sineast] nm/f cineasta m/f

cinéma [sinema] nm cine m

cinq [sɛ̃k] adj inv, nm inv cinco inv; **avoir ~ ans** tener cinco años; **le ~ décembre** el cinco de diciembre; **à ~ heures** a las cinco; **nous sommes ~** somos cinco; **Henri ~** Enrique quinto; **cinquantaine** nf: **une cinquantaine (de)** una cincuentena (de); **cinquante** adj inv, nm inv cincuenta inv; **cinq; cinquantenaire** adj (institution) cincuentenario(-a); (personne) cincuentón(-ona)

cinquantième [sɛ̃kɑ̃tjɛm] adj, nm/f quincuagésimo(-a)

cinquième [sɛ̃kjɛm] adj, nm/f quinto(-a); **son ~ anniversaire** su quinto cumpleaños; **vous êtes le ~** Usted es el (número) cincuenta; **cinquième** adj, nm/f quinto(-a); **un cinquième de la population** un quinto de la población; **trois cinquièmes** tres quintos

cintre [sɛ̃tR] nm percha

cintré, e [sɛ̃tre] adj (chemise) entallado(-a)

cirage [siRaʒ] nm betún m

circonstance [siRkɔ̃stɑ̃s] nf circunstancia; **circonstances atténuantes** circunstancias fpl atenuantes

circuit [siRkɥi] nm circuito

circulaire [siRkylɛR] adj, nf circular f

circulation [siRkylasjɔ̃] nf circulación f; **bonne/mauvaise ~** (du sang) buena/mala circulación; **la ~** (Auto) la circulación, el tráfico

circuler [siRkyle] vi (aussi fig) circular; **faire ~** hacer circular

cire [siR] nf cera; **ciré, e** [siRe] adj encerado(-a); **cirer** vt encerar

cirque [siRk] nm circo

ciseaux [sizo] nmpl tijeras fpl

citadin, e [sitadɛ̃, in] nm/f, adj ciudadano(-a)

citation [sitasjɔ̃] nf (d'auteur) cita

cité [site] nf ciudad f; **cité universitaire** ciudad universitaria

citer [site] vt citar

citoyen, ne [sitwajɛ̃, jɛn] nm/f ciudadano(-a)

citron [sitRɔ̃] nm limón m; **citron pressé** (boisson) zumo natural de limón; **citron vert** limón verde; **citronnade** nf limonada

citrouille [sitRuj] nf calabaza

civet [sivɛ] nm encebollado

civière [sivjɛR] nf camilla

civil, e [sivil] adj civil; **dans le ~** en la vida civil; **mariage/enterrement ~** matrimonio/entierro civil

civilisation [sivilizasjɔ̃] nf civilización f

clair, e [klɛR] adj claro(-a) ▷ nm: **~ de lune** claro de luna; **y voir ~** (comprendre) verlo claro; **tirer qch au ~** sacar algo en claro; **mettre au ~** (notes etc) poner en limpio, pasar a limpio; **le plus ~ de son temps/argent** la mayor parte de su tiempo/dinero; **clairement** adv claramente

clairière [klɛRjɛR] nf claro, calvero

clandestin, e [klɑ̃dɛstɛ̃, in] adj clandestino(-a); **passager ~** polizón m; **immigration ~e** inmigración f clandestina

claque [klak] nf bofetada; **claquer**

vi (*coup de feu*) sonar; (*porte*) golpear ▷ vt (*doigts*) castañetear; **se claquer un muscle** distenderse un músculo; **claquettes** *nfpl* claquetas *fpl*

clarinette [klarinɛt] *nf* clarinete *m*

classe [klɑs] *nf* (*aussi fig*) clase *f*; (*local*) clase, aula; **aller en ~** ir a clase; **classement** *nm* clasificación *f*

classer [klɑse] *vt* clasificar; (*Jur*) archivar, cerrar; **se ~ premier/dernier** clasificarse el primero/el último; **classeur** *nm* (*cahier*) clasificador *m*; (*meuble*) archivador *m*

classique [klasik] *adj* clásico(-a); (*habituel*) típico(-a)

clavecin [klav(ə)sɛ̃] *nm* clavicordio, clavecín *m*

clavicule [klavikyl] *nf* clavícula

clé [kle] *nf* = **clef**

clef [kle] *nf* llave *f*; (*fig*) clave *f*; **clef de contact** llave de contacto; **clef USB** memoria USB, llave USB

clergé [klɛrʒe] *nm* clero

cliché [kliʃe] *nm* cliché *m*

client, e [klijɑ̃, klijɑ̃t] *nm/f* cliente(-a); **clientèle** *nf* clientela

cligner [kliɲe] *vi*: **~ des yeux** (*rapidement*) parpadear; **~ de l'œil** guiñar (el ojo); **clignotant, e** [kliɲɔtɑ̃, ɑ̃t] *adj* intermitente ▷ *nm* (*Auto*) intermitente *m*, direccional *m* (*Am*); **clignoter** *vi* parpadear

climat [klima] *nm* clima *m*

climatisation [klimatizasjɔ̃] *nf* climatización *f*; **climatisé, e** *adj* climatizado(-a)

clin d'œil [klɛ̃dœj] *nm* guiño *m*; **en un ~** en un abrir y cerrar de ojos

clinique [klinik] *adj* clínico(-a) ▷ *nf* clínica

clip [klip] *nm* clip *m*

cliquer [klike] *vi* (*Inform*): **~ sur** hacer clic en, clicar en

clochard, e [klɔʃar, ard] *nm/f* mendigo(-a)

cloche [klɔʃ] *nf* (*d'église*) campana;

clocher *nm* campanario *m* ▷ *vi* (*fam*) fallar, no andar bien

cloison [klwazɔ̃] *nf* tabique *m*

cloque [klɔk] *nf* ampolla

clôture [klotyr] *nf* (*des inscriptions*) cierre del plazo; (*barrière*) cercado, valla

clou [klu] *nm* clavo; **clous** *nmpl* (*passage clouté*) paso de peatones; **clou de girofle** clavo de especia

clown [klun] *nm* payaso, clown *m*

club [klœb] *nm* club *m*

CNRS [seenɛres] *sigle m* (= *Centre national de la recherche scientifique*) ≈ CSIC *m* (= *Consejo Superior de Investigaciones Científicas*)

coaguler [kɔagyle] *vi* (*aussi*: **se ~**) coagularse

cobaye [kɔbaj] *nm* cobaya *m* ou *f*, conejillo de Indias; (*fig*) cobaya

coca [kɔka] *nm* coca

cocaïne [kɔkain] *nf* cocaína

coccinelle [kɔksinɛl] *nf* mariquita

cocher [kɔʃe] *vt* marcar (*con una cruz*)

cochon [kɔʃɔ̃] *nm* cerdo, cancho (*Am*) ▷ *nm/f* (*péj*) cerdo(-a) ▷ *adj* (*fam*: *livre, histoire, propos*) verde; **cochonnerie** (*fam*) *nf* porquería

cocktail [kɔktɛl] *nm* cóctel *m*, highball ou jaibol *m* (*Am*), daiquiri ou daiquirí *m* (*Am*)

cocorico [kɔkɔriko] *excl* ¡quiquiriquí!

cocotte [kɔkɔt] *nf* olla, cacerola; **cocotte (minute)®** olla a presión

code [kɔd] *nm* código; (*conventions*) reglas *fpl*; **se mettre en ~(s)** (*Auto*) poner las luces de cruce; **éclairage** ou **phares ~(s)** luz *f* de cruce; **code à barres** código de barras; **code civil** código civil; **code de la route** código de la circulación; **code pénal** código penal; **code postal** código postal

cœur [kœr] *nm* corazón *m*; (*Cartes*: *couleur*) corazones *mpl*; (*: carte*) corazón *m*; **avoir bon/du ~**

tener buen corazón; **avoir mal au ~** tener náuseas; **opérer qn à ~ ouvert** operar a algn a corazón abierto; **parler à ~ ouvert** hablar con el corazón en la mano; **de tout son ~** de todo corazón; **avoir le ~ gros** ou **serré** estar acongojado; **en avoir le ~ net** saber a qué atenerse; **avoir le ~ sur la main** ser muy generoso; **par ~** de memoria; **de bon/grand ~** con toda el alma; **cela lui tient à ~** esto le apasiona; **prendre les choses à ~** tomar las cosas a pecho; **s'en donner à ~ joie** gozar; **être de (tout) ~ avec qn** apoyar a algn (moralmente) con algn; **cœur d'artichaut** corazón de alcachofa; **cœur de l'été** pleno verano

coffre [kɔfʀ] *nm* (*meuble*) arca; (*coffre-fort*) cofre *m*; (*d'auto*) maletero, baúl *m* (*Am*), maletera (*And, CSur*); **coffret** *nm* cofrecito

cognac [kɔɲak] *nm* coñac *m*

cogner [kɔɲe] *vt, vi* golpear

cohérent, e [kɔeʀɑ̃, ɑ̃t] *adj* coherente

coiffé, e [kwafe] *adj:* **bien/mal ~** bien/mal peinado(-a); **~ en brosse** peinado(-a) con el cepillo

coiffer [kwafe] *vt* peinar; **se coiffer** *vpr* peinarse; **coiffeur, -euse** *nm/f* peluquero(-a); **coiffeuse** *nf* (*table*) tocador *m*, coqueta; **coiffure** *nf* (*cheveux*) peinado *m*; **la coiffure** la peluquería

coin [kwɛ̃] *nm* (*gén*) esquina; **l'épicerie du ~** el ultramarinos de la esquina; **dans le ~** por aquí

coincé, e [kwɛ̃se] *adj* (*tiroir, pièce mobile*) atascado(-a); (*fig*) corto(-a)

coincer [kwɛ̃se] *vt* calzar; (*fam: par une question, une manœuvre*) pillar; **se coincer** *vpr* atascarse

coïncidence [kɔɛ̃sidɑ̃s] *nf* coincidencia

coing [kwɛ̃] *nm* membrillo

col [kɔl] *nm* cuello; (*de montagne*) puerto; **col de l'utérus** cuello del útero; **col roulé** cuello vuelto

colère [kɔlɛʀ] *nf* ira, cólera, enojo (*esp Am*); **être en ~ (contre qn)** estar enfadado(-a) ou enojado(-a) (*esp Am*) (con algn); **se mettre en ~** enfadarse, enojarse (*esp Am*); **coléreux, -euse** *adj* colérico(-a)

colin [kɔlɛ̃] *nm* merluza

colique [kɔlik] *nf* cólico

colis [kɔli] *nm* paquete *m*

collaborer [kɔ(l)labɔʀe] *vi* (*aussi Pol*) colaborar; **~ à** colaborar en

collant, e [kɔlɑ̃, ɑ̃t] *adj* adherente; (*robe*) ajustado(-a); (*péj: personne*) pegajoso(-a) ▷ *nm* (*bas*) pantis *mpl*

colle [kɔl] *nf* (*à papier*) pegamento; (*à papiers peints*) cola; (*devinette*) pega

collecte [kɔlɛkt] *nf* colecta; **collectif, -ive** *adj* colectivo(-a) ▷ *nm* colectivo

collection [kɔlɛksjɔ̃] *nf* colección *f*; **collectionner** *vt* coleccionar; **collectionneur, -euse** *nm/f* coleccionista *m/f*

collectivité [kɔlɛktivite] *nf* colectivo; **collectivités locales** administraciones *fpl* locales

collège [kɔlɛʒ] *nm* colegio; **collégien, ne** [kɔleʒjɛ̃, jɛn] *nm/f* colegial *m/f*

◦ COLLÈGE

◦ El **collège** es un colegio público de
◦ educación secundaria para niños
◦ de entre once y quince años. Los
◦ alumnos siguen un currículum que
◦ consta de una serie de asignaturas
◦ comunes y varias optativas. Los
◦ colegios tienen libertad para
◦ elaborar sus propios horarios y
◦ escoger su propia metodología.
◦ Antes de que abandonen el **collège**,
◦ se evalúa el trabajo de los alumnos

durante la etapa y se les examina para la obtención del **brevet des collèges**.

collègue [kɔ(l)lɛg] nm/f colega m/f

coller [kɔle] vt pegar; (papier peint) encolar; (Scol: fam) catear ▷ vi (être collant) pegarse; (adhérer) pegar

collier [kɔlje] nm collar m

colline [kɔlin] nf colina

collision [kɔlizjɔ̃] nf colisión f; **entrer en ~ (avec)** chocar (con)

collyre [kɔlir] nm colirio

colombe [kɔlɔ̃b] nf paloma

Colombie [kɔlɔ̃bi] nf Colombia

colonie [kɔlɔni] nf colonia; **colonie (de vacances)** colonia (de vacaciones)

colonne [kɔlɔn] nf columna; **colonne (vertébrale)** columna vertebral

colorant, e [kɔlɔrɑ̃, ɑ̃t] adj colorante

colorer [kɔlɔre] vt colorear

colorier [kɔlɔrje] vt colorear, pintar

coloris [kɔlɔri] nm colorido

colza [kɔlza] nm colza

coma [kɔma] nm coma m; **être dans le ~** estar en coma

combat [kɔ̃ba] vb voir **combattre** ▷ nm (Mil) combate m; (fig) lucha; **combat de boxe** combate de boxeo; **combattant** vb voir **combattre** ▷ adj combatiente ▷ nm combatiente m; (d'une rixe) contendiente m; **ancien combattant** antiguo combatiente; **combattre** vt, vi combatir

combien [kɔ̃bjɛ̃] adv (interrogatif) cuánto(-a); (nombre) cuántos(-as); (exclamatif: comme, que) cómo, qué; **~ de** cuántos(-as); **~ de temps** cuánto tiempo; **~ coûte/pèse ceci?** ¿cuánto cuesta/pesa esto?; **ça fait ~?** ¿cuánto es?

combinaison [kɔ̃binεzɔ̃] nf combinación f; (astuce) plan m;

(vestido, Sport) traje m; (bleu de travail) mono, overol m (Am)

combiné [kɔ̃bine] nm (aussi: **~ téléphonique**) auricular m

comble [kɔ̃bl] adj abarrotado(-a) ▷ nm (du bonheur, plaisir) colmo; **c'est le ~!** ¡es el colmo!

combler [kɔ̃ble] vt (trou) llenar; (fig) llenar, cubrir; (satisfaire) colmar

comédie [kɔmedi] nf comedia; **comédie musicale** comedia musical; **comédien, ne** nm/f (Théâtre, fig) comediante(-a)

COMÉDIE FRANÇAISE

La **Comédie française**, fundada en 1680 por Luis XIV, es el teatro nacional de Francia. Financiada con fondos públicos, la compañía actúa principalmente en el Palais Royal de París y pone en escena fundamentalmente teatro clásico francés.

comestible [kɔmεstibl] adj comestible

comique [kɔmik] adj cómico(-a) ▷ nm cómico(-a)

commandant [kɔmɑ̃dɑ̃] nm comandante m

commande [kɔmɑ̃d] nf (Comm) pedido; (Inform) mando; **commandes** nfpl mandos mpl; **passer une ~ (de)** cursar un pedido (de); **commander** vt (Comm) encargar, pedir; (diriger, ordonner) mandar; **commander à qn de faire qch** ordenar a algn que haga algo

 MOT-CLÉ

comme [kɔm] prép 1 (comparaison) como; **tout comme son père** igual que su padre; **fort comme un bœuf** fuerte como un toro; **il est petit**

comme tout es muy pequeño;
comme c'est pas permis *(fam)* como
él/ella solo(-a)
2 *(manière):* **comme ça** así; **comme ci,
comme ça** así, así; **faites comme
cela** hágalo así; **on ne parle pas
comme ça à ...** no se habla así a ...
3 *(en tant que):* **donner comme prix/
heure** dar como precio/hora;
travailler comme secrétaire
trabajar de secretaria
▷ *conj* 1 *(ainsi que)* como; **elle écrit
comme elle parle** escribe como
habla; **comme on dit** como se dice;
comme si como si; **comme quoi ...**
(disant que) en el/la/los/las que dice
etc que ...; *(d'où il s'ensuit que)* lo que
demuestra que; **comme il faut** como
es debido
2 *(au moment où, alors que)* cuando; **il
est parti comme j'arrivais** se
marchó cuando yo llegaba
3 *(parce que, puisque)* como; **comme il
était en retard, ...** como se
retrasaba, ...
▷ *adv (exclamation):* **comme c'est
bon/il est fort!** ¡qué bueno está!/¡qué
fuerte es!

commencement [kɔmɑ̃smɑ̃] *nm*
comienzo
commencer [kɔmɑ̃se] *vt, vi*
comenzar, empezar; **~ à ou de faire**
comenzar ou empezar a hacer
comment [kɔmɑ̃] *adv (interrogatif)*
cómo; **~?** ¿cómo?, ¿mande (usted)?; **et
~!** ¡pero cómo!
commentaire [kɔmɑ̃tɛr] *nm (gén
pl)* comentario
commerçant, e [kɔmɛrsɑ̃, ɑ̃t]
adj (rue, ville) comercial ▷ *nm/f*
comerciante *m/f*
commerce [kɔmɛrs] *nm (activité)*
comercio, negocio; *(boutique)*
comercio, tienda; **commerce en
ou de gros** comercio al por mayor;

commerce équitable comercio
justo; **commerce extérieur**
comercio exterior
commercial, e, -aux [kɔmɛrsjal,
jo] *adj (aussi péj)* comercial;
commercialiser *vt* comercializar
commissaire [kɔmisɛr] *nm*
comisario; **commissariat** *nm*
comisaría
commission [kɔmisjɔ̃] *nf (course)*
encargo, recado; **commissions** *nfpl*
compras *fpl*
commode [kɔmɔd] *adj* cómodo(-a);
(personne): **pas ~** difícil ▷ *nf* cómoda
commun, e [kɔmœ̃, yn] *adj* común,
colectivo(-a); **en ~** en común; **d'un ~
accord** de común acuerdo
communauté [kɔmynote] *nf*
comunidad *f*
commune [kɔmyn] *adj f voir*
commun ▷ *nf* municipio
communication [kɔmynikasjɔ̃] *nf*
comunicación *f*; **communications**
nfpl comunicaciones *fpl*; **vous avez
la ~** ya tiene la llamada; **mettre qn
en ~ avec qn** *(en contact)* poner a algn
en contacto con algn; *(au téléphone)*
poner a algn en comunicación con algn
communier [kɔmynje] *vi* comulgar
communion [kɔmynjɔ̃] *nf*
comunión *f*
communiquer [kɔmynike] *vt*
comunicar; *(demande, dossier)*
presentar; *(maladie, chaleur)*
transmitir ▷ *vi* comunicarse; **se
communiquer à** *vpr* tra(n)smitirse a
communisme [kɔmynism] *nm*
comunismo; **communiste** *adj, nm/f*
comunista *m/f*
commutateur [kɔmytatœr] *nm*
conmutador *m*
compact, e [kɔ̃pakt] *adj*
compacto(-a)
compagne [kɔ̃paɲ] *nf* compañera
compagnie [kɔ̃paɲi] *nf* compañía;
tenir ~ à qn hacer compañía a algn;

en ~ de en compañía de; **compagnie aérienne** compañía aérea

compagnon [kɔ̃paɲɔ̃] nm compañero

comparable [kɔ̃paʀabl] adj: **~ (à)** comparable (con)

comparaison [kɔ̃paʀɛzɔ̃] nf comparación f

comparer [kɔ̃paʀe] vt comparar; **~ qch/qn à** ou **et** comparar algo/algn a ou con

compartiment [kɔ̃paʀtimɑ̃] nm (de train) compartim(i)ento

compas [kɔ̃pɑ] nm compás m

compatible [kɔ̃patibl] adj: **~ (avec)** compatible (con)

compatriote [kɔ̃patʀijɔt] nm/f compatriota m/f

compensation [kɔ̃pɑ̃sasjɔ̃] nf (dédommagement) compensación f

compenser [kɔ̃pɑ̃se] vt compensar

compétence [kɔ̃petɑ̃s] nf (aussi Jur) competencia

compétent, e [kɔ̃petɑ̃, ɑ̃t] adj competente

compétition [kɔ̃petisjɔ̃] nf competencia; (Sport) competición f

complément [kɔ̃plemɑ̃] nm (gén, aussi Ling) complemento; (reste) resto; **complément d'information** (Admin) suplemento (informativo); **complémentaire** adj complementario(-a)

complet, -ète [kɔ̃plɛ, ɛt] adj completo(-a) ▷ nm (aussi: **~-veston**) traje m; **complètement** adv completamente; **compléter** vt completar

complexe [kɔ̃plɛks] adj complejo(-a) ▷ nm complejo; **~ industriel/ portuaire/hospitalier** complejo industrial/portuario/hospitalario; **complexé, e** adj acomplejado(-a)

complication [kɔ̃plikasjɔ̃] nf complicación f; **complications** nfpl (Méd) complicaciones fpl

complice [kɔ̃plis] nm/f cómplice m/f

compliment [kɔ̃plimɑ̃] nm cumplido; **compliments** nmpl (félicitations) enhorabuena fsg

compliqué, e [kɔ̃plike] adj complicado(-a)

comportement [kɔ̃pɔʀtəmɑ̃] nm comportamiento

comporter [kɔ̃pɔʀte] vt constar de; (impliquer) conllevar; **se comporter** vpr comportarse

composer [kɔ̃poze] vt componer; **se ~ de** componerse de; **~ un numéro** marcar ou discar (Am) un número; **compositeur, -trice** nm/f (Mus) compositor(a); **composition** nf composición f; (Scol: d'histoire, de math) prueba

composter [kɔ̃pɔste] vt (dater) fechar; (poinçonner) picar, perforar

compote [kɔ̃pɔt] nf compota; **~ de pommes** compota de manzana

compréhensible [kɔ̃pʀeɑ̃sibl] adj (aussi fig) comprensible

compréhensif, -ive [kɔ̃pʀeɑ̃sif, iv] adj comprensivo(-a)

comprendre [kɔ̃pʀɑ̃dʀ] vt (se composer de, être muni de) comprender, constar de; (sens, problème) comprender, entender; (point de vue) entender

compresse [kɔ̃pʀɛs] nf compresa

comprimé, e [kɔ̃pʀime] nm comprimido, pastilla

compris, e [kɔ̃pʀi, iz] pp de **comprendre** ▷ adj (inclus) incluido(-a); **~ entre** (situé) situado(-a) entre ...; **y/non ~ la maison** inclusive la casa/sin incluir la casa; **100 euros tout ~** = 100 euros con todo incluido

comptabilité [kɔ̃tabilite] nf contabilidad f

comptable [kɔ̃tabl] nm/f, adj contable m/f, contador m (Am)

comptant [kɔ̃tɑ̃] adv: **payer/**

acheter ~ pagar/comprar al contado
compte [kɔ̃t] nm cuenta; **comptes**
nmpl (comptabilité) cuentas fpl; **rendre**
des ~s à qn (fig) dar cuentas a algn; **en**
fin de ~ (fig) a fin de cuentas; **à bon** ~
a buen precio; **avoir son** ~ (fig: fam)
tener su merecido; **pour le ~ de qn**
por cuenta de algn; **travailler à son**
~ trabajar por su cuenta; **rendre** ~
(à qn) de qch dar cuenta de algo (a
algn); **tenir** ~ **de qch/que** tener en
cuenta algo/que; **compte courant**
cuenta corriente; **compte rendu**
informe m; **compte-gouttes** nm inv
cuentagotas m inv

compter [kɔ̃te] vt contar; (facturer)
cobrar; (comporter) constar de ▷ vi
contar; (être économe) ser ahorrativo ▷ **~ parmi** figurar entre; **~**
réussir/revenir esperar aprobar/
volver; **~ sur** (se fier à) contar con

compteur [kɔ̃tœʀ] nm contador m;
(d'auto)
cuentakilómetros m inv; (à gaz,
électrique) contador m; **compteur de**
vitesse velocímetro

comptoir [kɔ̃twaʀ] nm (de magasin)
mostrador m; (de café) barra m

con, ne [kɔ̃, kɔn] (fam!) adj, nm/f
gilipollas m/f inv (fam!)

concentré, e [kɔ̃sɑ̃tʀe] adj
concentrado(-a) ▷ nm concentrado

concentrer [kɔ̃sɑ̃tʀe]: **se**
concentrer vpr concentrarse

concerner [kɔ̃sɛʀne] vt concernir
a; **en ce qui me concerne** en lo que a
mí respecta

concert [kɔ̃sɛʀ] nm (Mus) concierto;
(fig) coro; **se concerter** vpr ponerse
de acuerdo, concertarse

concessionnaire [kɔ̃sesjɔneʀ] nm/f
concesionario(-a)

concevoir [kɔ̃s(ə)vwaʀ] vt concebir;
(décoration etc) imaginar; (machine)
diseñar; **appartement bien/mal**
conçu piso bien/mal diseñado

concierge [kɔ̃sjɛʀʒ] nm/f
portero(-a); (d'hôtel) conserje m

concis, e [kɔ̃si, iz] adj conciso(-a)

conclure [kɔ̃klyʀ] vt (terminer)
concluir, terminar; **conclusion** nf
conclusión f

conçois etc [kɔ̃swa] vb voir **concevoir**

concombre [kɔ̃kɔ̃bʀ] nm pepino

concours [kɔ̃kuʀ] nm concurso;
(Scol) examen m eliminatorio;
concours de circonstances cúmulo
de circunstancias; **concours**
hippique concurso hípico

concret, -ète [kɔ̃kʀɛ, ɛt] adj
concreto(-a)

conçu, e [kɔ̃sy] pp de **concevoir**

concubinage [kɔ̃kybinaʒ] nm
concubinato

concurrence [kɔ̃kyʀɑ̃s] nf
competencia; **jusqu'à ~ de** hasta
un total de

concurrent, e [kɔ̃kyʀɑ̃, ɑ̃t] adj
(société) competidor(a) ▷ nm/f
(Sport, Écon) competidor(a); (Scol)
candidato(-a)

condamner [kɔ̃dane] vt condenar; **~**
qn à 2 ans de prison condenar a algn
a 2 años de prisión

condensation [kɔ̃dɑ̃sasjɔ̃] nf
condensación f

condition [kɔ̃disjɔ̃] nf condición
f; **conditions** nfpl (tarif, prix,
circonstances) condiciones fpl; **sans ~**
adj sin condición

conditionnement [kɔ̃disjɔnmɑ̃]
nm (emballage) embalaje m, envasado

condoléances [kɔ̃dɔleɑ̃s] nfpl
pésame m

conducteur, -trice [kɔ̃dyktœʀ,
tʀis] adj conductor(a) ▷ nm (Élec)
conductor m ▷ nm/f conductor(a)

conduire [kɔ̃dɥiʀ] vt conducir;
(passager) llevar; (diriger) dirigir; **se**
conduire vpr comportarse, portarse;
~ vers/à (suj: route) conducir a, llevar
hacia/a; **~ à** (suj: attitude, erreur) llevar
a; **~ qn quelque part** llevar a algn a
algún sitio

conduite [kɔ̃dɥit] nf (comportement) conducta; (d'eau, gaz) conducto

confection [kɔ̃fɛksjɔ̃] nf confección f; **la ~** (Couture) la confección; **vêtement de ~** ropa de confección

conférence [kɔ̃feʀɑ̃s] nf conferencia; **conférence de presse** conferencia de prensa

confesser [kɔ̃fese] vt confesar; **confession** nf confesión f

confiance [kɔ̃fjɑ̃s] nf confianza; **avoir ~ en** confiar en; **confiance en soi** confianza en sí mismo

confiant, e [kɔ̃fjɑ̃, jɑ̃t] adj confiado(-a)

confidence [kɔ̃fidɑ̃s] nf confidencia; **confidentiel, le** adj confidencial

confier [kɔ̃fje] vt confiar; **~ à qn** (en dépôt, garde) confiar a algn; **se ~ à qn** confiarse a algn

confirmation [kɔ̃fiʀmasjɔ̃] nf confirmación f

confirmer [kɔ̃fiʀme] vt confirmar

confiserie [kɔ̃fizʀi] nf confitería; **confiseries** nfpl golosinas fpl

confisquer [kɔ̃fiske] vt (Jur) confiscar; (à un enfant) quitar

confit, e [kɔ̃fi, it] adj: **fruits ~s** frutas fpl confitadas; **confit d'oie** nm conserva de oca en su grasa

confiture [kɔ̃fityʀ] nf confitura, mermelada

conflit [kɔ̃fli] nm conflicto; (fig) choque m, conflicto

confondre [kɔ̃fɔ̃dʀ] vt confundir

conforme [kɔ̃fɔʀm] adj: **~ à** conforme a; **copie certifiée ~ (à l'original)** copia compulsada; **conformément** adv: **conformément à** según; **conformer** vb: **se conformer à** adecuarse a, adaptarse a

confort [kɔ̃fɔʀ] nm confort m; **tout ~** con todas las comodidades; **confortable** adj confortable,

cómodo(-a)

confronter [kɔ̃fʀɔ̃te] vt confrontar

confus, e [kɔ̃fy, yz] adj confuso(-a); **confusion** nf confusión f

congé [kɔ̃ʒe] nm (vacances) vacaciones fpl; (arrêt de travail) descanso; **en ~** de vacaciones; **semaine/jour de ~** semana/día m de vacaciones; **prendre ~ de qn** despedirse de algn; **donner son ~ à** despedir a; **congé de maladie** baja por enfermedad; **congé de maternité** baja maternal; **congés payés** vacaciones pagadas

congédier [kɔ̃ʒedje] vt despedir

congélateur [kɔ̃ʒelatœʀ] nm congelador m

congeler [kɔ̃ʒ(ə)le] vt congelar

congestion [kɔ̃ʒɛstjɔ̃] nf (routière, postale) congestión f; **congestion cérébrale** derrame m cerebral

congrès [kɔ̃gʀɛ] nm congreso

conifère [kɔnifɛʀ] nm conífera

conjoint, e [kɔ̃ʒwɛ̃, wɛt] adj conjunto(-a) ▷ nm/f (époux) cónyuge m/f

conjonctivite [kɔ̃ʒɔ̃ktivit] nf conjuntivitis f inv

conjoncture [kɔ̃ʒɔ̃ktyʀ] nf coyuntura

conjugaison [kɔ̃ʒygɛzɔ̃] nf conjugación f

conjuguer [kɔ̃ʒyge] vt (Ling) conjugar

connaissance [kɔnɛsɑ̃s] nf (savoir) conocimiento; (personne connue) conocido(-a); **être sans ~** (Méd) estar sin conocimiento; **perdre/reprendre ~** perder/recobrar el conocimiento; **à ma/sa ~** por lo que sé/sabe

connaisseur, -euse [kɔnɛsœʀ, øz] nm/f conocedor(a), entendido(-a)

connaître [kɔnɛtʀ] vt conocer; (adresse) conocer, saber; **se connaître** vpr conocerse; (se rencontrer) conocerse, encontrarse; **~ qn**

nom/vue conocer a algn de nombre/vista

connecter [kɔnɛkte] vt conectar

connerie [kɔnʀi] (fam!) nf gilipollez f

connu, e [kɔny] pp de **connaître**
▷ adj conocido(-a)

conquête [kɔ̃kɛt] nf conquista

consacrer [kɔ̃sakʀe] vt (fig) consagrar; **~ qch à** (employer) dedicar algo a

conscience [kɔ̃sjɑ̃s] nf conciencia; **avoir ~ de** ser consciente de, tomar conciencia de; **prendre ~ de** (présence, situation) darse cuenta de; (responsabilité) tomar conciencia de; **avoir qch sur la ~** tener el peso de algo en la conciencia; **perdre/reprendre ~** perder/recuperar el conocimiento; **avoir bonne/mauvaise ~** tener buena/mala conciencia; **consciencieux, -euse** adj concienzudo(-a); **conscient, e** adj consciente

consécutif, -ive [kɔ̃sekytif, iv] adj consecutivo(-a); **~ à** debido(-a) a

conseil [kɔ̃sɛj] nm consejo; **donner ~ (auprès de qn)** consultar (a algn)

conseiller[1] [kɔ̃seje] vt aconsejar a; **~ à qn de faire qch** aconsejar a algn hacer algo

conseiller[2], **-ère** [kɔ̃seje, ɛʀ] nm/f consejero(-a); **conseiller d'orientation** (Scol) asesor(a) m/f de orientación profesional

consentement [kɔ̃sɑ̃tmɑ̃] nm consentimiento

consentir [kɔ̃sɑ̃tiʀ] vt: **~ (à qch/à faire)** consentir (en algo/en hacer)

conséquence [kɔ̃sekɑ̃s] nf consecuencia; **conséquences** nfpl (effet, répercussion) consecuencias fpl; **en ~** (donc) en consecuencia, por consiguiente; (de façon appropriée) en consecuencia; **conséquent, e** adj: **par conséquent** por consiguiente

conservateur, -trice [kɔ̃sɛʀvatœʀ, tʀis] adj, nm/f conservador(a)

conservatoire [kɔ̃sɛʀvatwaʀ] nm (de musique) conservatorio

conserve [kɔ̃sɛʀv] nf (gén pl: aliments) conserva; **en ~** en conserva

conserver [kɔ̃sɛʀve] vt conservar; (habitude) mantener, conservar

considérable [kɔ̃sideʀabl] adj considerable

considération [kɔ̃sideʀasjɔ̃] nf consideración f

considérer [kɔ̃sideʀe] vt considerar; **~ qch comme** considerar algo como

consigne [kɔ̃siɲ] nf (de bouteilles) importe m (del envase); (ordre, instruction, de gare) consigna; **consigne automatique** consigna automática

consister [kɔ̃siste] vi: **~ en** ou **dans** consistir en; **~ à faire** consistir en hacer

consoler [kɔ̃sɔle] vt consolar

consommateur, -trice [kɔ̃sɔmatœʀ, tʀis] nm/f (Écon) consumidor(a); (dans un café) cliente m/f

consommation [kɔ̃sɔmasjɔ̃] nf consumición f; **la ~** (Écon) el consumo; **de ~** (biens) de consumo; **~ aux 100 km** (Auto) consumo cada 100 km

consommer [kɔ̃sɔme] vt consumir
▷ vi (dans un café) consumir, tomar

consonne [kɔ̃sɔn] nf consonante f

constamment [kɔ̃stamɑ̃] adv constantemente

constant, e [kɔ̃stɑ̃, ɑ̃t] adj constante

constat [kɔ̃sta] nm (d'huissier) acta; (après un accident) atestado

constatation [kɔ̃statasjɔ̃] nf (d'un fait) constatación f

constater [kɔ̃state] vt (remarquer) advertir, observar; (Admin, Jur) testificar; (dégâts) constatar

consterner [kɔ̃stɛʀne] vt

consternar
constipé, e [kɔ̃stipe] *adj*
estreñido(-a)
constitué, e [kɔ̃stitɥe] *adj*: **~ de**
constituido(-a) por, integrado(-a) por
constituer [kɔ̃stitɥe] *vt* constituir;
(*équipe*) crear; (*dossier*) elaborar;
(*collection*) reunir
constructeur [kɔ̃stryktœr] *nm*
constructor *m*
constructif, -ive [kɔ̃stryktif, iv]
adj constructivo(-a)
construction [kɔ̃stryksjɔ̃] *nf*
construcción *f*
construire [kɔ̃stryir] *vt* construir
consul [kɔ̃syl] *nm* cónsul *m*; **consulat**
nm consulado
consultant, e [kɔ̃syltɑ̃, ɑ̃t] *adj*
consultor(a)
consultation [kɔ̃syltasjɔ̃] *nf*
consulta; **heures de ~** (*Méd*) horas *fpl*
de consulta
consulter [kɔ̃sylte] *vt* consultar ▷ *vi*
(*médecin*) examinar
contact [kɔ̃takt] *nm* contacto; **au ~**
de al contacto con; **mettre/couper**
le ~ (*Auto*) encender *ou* poner/apagar
ou quitar el contacto; **prendre ~ avec**
ponerse en contacto con; **contacter**
vt contactar con
contagieux, -euse [kɔ̃taʒjø, jøz]
adj contagioso(-a)
contaminer [kɔ̃tamine] *vt*
contaminar
conte [kɔ̃t] *nm* cuento; **conte de**
fées cuento de hadas
contempler [kɔ̃tɑ̃ple] *vt* contemplar
contemporain, e [kɔ̃tɑ̃pɔrɛ̃, ɛn]
adj, nm/f contemporáneo(-a)
contenir [kɔ̃t(ə)nir] *vt* (*aussi fig*)
contener; (*local*) tener una capacidad
de *ou* para
content, e [kɔ̃tɑ̃, ɑ̃t] *adj*
contento(-a); **~ de** (*qn/qch*)
contento(-a) con algn/algo;
contenter: **se contenter de** *vpr*

contentarse con
contenu, e [kɔ̃t(ə)ny] *pp de*
contenir ▷ *nm* contenido
conter [kɔ̃te] *vt* contar, relatar
contestable [kɔ̃tɛstabl] *adj*
discutible
conteste [kɔ̃tɛst]: **sans ~** *adv* sin
discusión; **contester** *vt* discutir,
cuestionar ▷ *vi* discutir
contexte [kɔ̃tɛkst] *nm* contexto
continent [kɔ̃tinɑ̃] *nm* continente *m*
continu, e [kɔ̃tiny] *adj* continuo(-a)
▷ *nm*: **(courant) ~** (corriente *f*)
continua
continuel, e [kɔ̃tinɥɛl] *adj* (*qui se*
répète) constante; (*continu: pluie etc*)
continuo(-a)
continuer [kɔ̃tinɥe] *vt* continuar;
(*voyage, études etc*) continuar,
proseguir ▷ *vi* continuar; (*voyageur*)
continuar, seguir; **~ à** *ou* **de faire**
seguir haciendo
contourner [kɔ̃turne] *vt* rodear,
evitar
contraceptif, -ive [kɔ̃trasɛptif,
iv] *adj* anticonceptivo(-a) ▷ *nm*
anticonceptivo; **contraception** *nf*
contracepción *f*
contracté, e [kɔ̃trakte] *adj*
(*personne*) tenso(-a)
contracter [kɔ̃trakte] *vt* contraer;
(*assurance*) contratar; **se contracter**
vpr (*métal, muscles*) contraerse
contractuel, le [kɔ̃traktɥɛl]
nm/f (*agent*) controlador(a) del
estacionamiento
contradiction [kɔ̃tradiksjɔ̃]
nf contradicción *f*; **en ~ avec** en
contradicción con; **contradictoire**
adj contradictorio(-a)
contraignant, e [kɔ̃trɛɲɑ̃, ɑ̃t] *vb*
voir **contraindre** ▷ *adj* apremiante
contraindre [kɔ̃trɛ̃dr] *vt*: **~ qn à**
qch/à faire qch forzar a algn a algo/a
hacer algo; **contrainte** *nf* coacción *f*
contraire [kɔ̃trɛr] *adj* contrario(-a),

opuesto(-a); **au ~** al contrario

contrarier [kɔ̃tʀaʀje] vt (irriter) contrariar; **contrariété** nf contrariedad f

contraste [kɔ̃tʀast] nm contraste m

contrat [kɔ̃tʀa] nm contrato

contravention [kɔ̃tʀavɑ̃sjɔ̃] nf (amende) multa

contre [kɔ̃tʀ] prép contra; (en échange) por; **par ~** en cambio

contrebande [kɔ̃tʀəbɑ̃d] nf contrabando

contrebas [kɔ̃tʀəba]: **en ~** adv más abajo

contrebasse [kɔ̃tʀəbas] nf contrabajo

contre...: contrecœur: à contrecœur adv de mala gana, a regañadientes; **contrecoup** nm rebote m; **contredire** vt contradecir

contrefaçon [kɔ̃tʀəfasɔ̃] nf falsificación f

contre...: contre-indication (pl **contre-indications**) nf contraindicación f; **contre-indiqué, e** (pl **contre-indiqués, es**) adj contraindicado(-a)

contremaître [kɔ̃tʀəmɛtʀ] nm contramaestre m, capataz m

contre-plaqué [kɔ̃tʀəplake] (pl **-s**) nm contrachapado

contresens [kɔ̃tʀəsɑ̃s] nm contrasentido; **à ~** en sentido contrario

contretemps [kɔ̃tʀətɑ̃] nm contratiempo

contribuer [kɔ̃tʀibɥe]: **~ à** vt ind contribuir a

contribution [kɔ̃tʀibɥsjɔ̃] nf contribución f; **mettre à ~** utilizar los servicios de

contrôle [kɔ̃tʀol] nm control m; **contrôle continu** (Scol) evaluación f continua; **contrôle d'identité** control de identidad

contrôler [kɔ̃tʀole] vt

controlar; (vérifier) comprobar; **contrôleur, -euse** nm/f revisor(a), inspector(a) de boletos (Am)

controversé, e [kɔ̃tʀɔvɛʀse] adj controvertido(-a)

contusion [kɔ̃tyzjɔ̃] nf contusión f

convaincre [kɔ̃vɛ̃kʀ] vt: **~ qn (de qch/de faire)** convencer a algn de algo/para que haga); **~ qn de** (Jur) inculpar a algn de

convalescence [kɔ̃valesɑ̃s] nf convalecencia

convenable [kɔ̃vnabl] adj (personne, manières) decoroso(-a), correcto(-a); (salaire, travail) aceptable

convenir [kɔ̃vniʀ] vi convenir; **~ à** (être approprié à) ser apropiado(-a) para; **~ de** (admettre) admitir, reconocer; (fixer) convenir, acordar; **~ que** (admettre) admitir que; **comme convenu** como estaba acordado

convention [kɔ̃vɑ̃sjɔ̃] nf (accord) convenio; (Art, Théâtre) reglas fpl; **conventions** nfpl (règles, convenances) convenciones fpl; **conventionné, e** adj (clinique) concertado(-a); (médecin, pharmacie) que tiene un acuerdo con la Seguridad Social

convenu, e [kɔ̃vny] pp, adj (heure) acordado(-a)

conversation [kɔ̃vɛʀsasjɔ̃] nf conversación f

convertir [kɔ̃vɛʀtiʀ] vt: **~ qch en** transformar algo en, convertir algo en

conviction [kɔ̃viksjɔ̃] nf convicción f

convienne etc [kɔ̃vjɛn] vb voir **convenir**

convivial, e [kɔ̃vivjal, jo] adj sociable; (Inform) fácil de usar

convocation [kɔ̃vɔkasjɔ̃] nf convocatoria

convoquer [kɔ̃vɔke] vt convocar

coopération [kɔɔpeʀasjɔ̃] nf cooperación f

coopérer [kɔɔpeʀe] vi: **~ (à)** cooperar (en)

coordonné, e [kɔɔrdɔne] *adj*
coordinado(-a); **coordonnés** *nmpl*
(*vêtements*) coordinados *mpl*
coordonner [kɔɔrdɔne] *vt*
coordinar

copain, copine [kɔpɛ̃, kɔpin] *nm/f*
(*ami*) amigo(-a); (*de classe, de régiment*)
compañero(-a)
copie [kɔpi] *nf* copia; (*feuille d'examen*)
hoja de examen; **copier** *vt* copiar;
copier sur copiar a; **copieur** *nm*
copiadora
copieux, -euse [kɔpjø, jøz] *adj*
(*repas*) copioso(-a), abundante;
(*portion, notes, exemples*) abundante
copine [kɔpin] *nf voir* **copain**
coq [kɔk] *nm* gallo
coque [kɔk] *nf* (*de noix*) cáscara; (*de
bateau, d'avion*) casco; (*mollusque*)
berberecho; **à la ~** (*Culin*) pasado
por agua
coquelicot [kɔkliko] *nm* amapola
coqueluche [kɔklyʃ] *nf* (*Méd*) tos
f ferina
coquet, te [kɔkɛ, ɛt] *adj* (*qui veut
plaire*) coqueto(-a); (*robe, appartement*)
coquetón(-ona); (*somme*) bonito(-a)
coquetier [kɔk(ə)tje] *nm* huevera
coquillage [kɔkijaʒ] *nm* (*mollusque*)
marisco; (*coquille*) concha
coquille [kɔkij] *nf* (*de mollusque*)
concha; (*de noix, d'œuf*) cáscara; (*Typo*)
errata; **coquille St Jacques** vieira
coquin, e [kɔkɛ̃, in] *adj* (*enfant,
sourire, regard*) pícaro(-a)
cor [kɔr] *nm* (*Mus*) trompa; (*au
pied*) callo
corail, -aux [kɔraj, o] *nm* coral *m*
Coran [kɔrɑ̃] *nm*: **le ~** el Corán
corbeau, x [kɔrbo] *nm* cuervo
corbeille [kɔrbɛj] *nf* cesta; **corbeille
à papiers** cesto de los papeles
corde [kɔrd] *nf* (*gén*) cuerda; (*de
violon, raquette*) cuerda; (*Athlétisme,
Auto*) la cuerda; **corde à linge**
tendedero; **corde à sauter** comba;

cordes vocales cuerdas *fpl* vocales
cordée [kɔrde] *nf* cordada
cordialement [kɔrdjalmɑ̃] *adv*
cordialmente
cordon [kɔrdɔ̃] *nm* cordón *m*
cordonnerie [kɔrdɔnri] *nf*
zapatería; **cordonnier** *nm* zapatero
Corée [kɔre] *nf* Corea; **la ~ du Sud/
du Nord** Corea del Sur/del Norte
coriace [kɔrjas] *adj* correoso(-a)
corne [kɔrn] *nf* cuerno
cornée [kɔrne] *nf* córnea
corneille [kɔrnɛj] *nf* corneja
cornemuse [kɔrnəmyz] *nf*
cornamusa, gaita
cornet [kɔrnɛ] *nm* cucurucho
corniche [kɔrniʃ] *nf* (*route*) carretera
de cornisa
cornichon [kɔrniʃɔ̃] *nm* pepinillo
corporel, le [kɔrpɔrɛl] *adj* corporal
corps [kɔr] *nm* cuerpo
correct, e [kɔrɛkt] *adj*
(*exact, bienséant*) correcto(-a);
(*passable*) correcto(-a), pasable;
correcteur, -trice *nm/f* (*d'examen*)
examinador(a); (*Typo*) corrector(a);
correction *nf* corrección *f*; (*coups*)
paliza, golpiza (*Am*)
correspondance [kɔrɛspɔ̃dɑ̃s] *nf*
correspondencia; (*de train, d'avion*)
empalme *m*; **cours par ~** curso por
correspondencia; **vente par ~** venta
por correo
correspondant, e [kɔrɛspɔ̃dɑ̃, ɑ̃t]
adj correspondiente; (*au téléphone*)
interlocutor(a)
correspondre [kɔrɛspɔ̃dr] *vi*
corresponder; **~ à** corresponder a; **~
avec qn** cartearse con algn
corrida [kɔrida] *nf* corrida
corridor [kɔridɔr] *nm* pasillo
corrigé [kɔriʒe] *nm* (*Scol*) solución *f*
corriger [kɔriʒe] *vt* (*aussi Méd*)
corregir; (*punir*) castigar; **~ qn de qch**
(*défaut*) corregir (algo) a algn
corrompre [kɔrɔ̃pr] *vt* corromper

corruption [kɔrypsjɔ̃] nf corrupción f

corse [kɔrs] adj corso(-a) ▷ nf: **C-** Córcega ▷ nm/f: **C-** corso(-a)

corsé, e [kɔrse] adj (café etc) fuerte; (problème) arduo(-a)

cortège [kɔrtɛʒ] nm (funèbre) comitiva; (de manifestants) desfile m

cortisone [kɔrtizɔn] nf cortisona

corvée [kɔrve] nf faena

cosmétique [kɔsmetik] nm (produit de beauté) cosmético

cosmopolite [kɔsmɔpɔlit] adj cosmopolita

costaud [kɔstod] adj robusto(-a)

costume [kɔstym] nm traje m; (de théâtre) vestuario; **costumé, e** adj disfrazado(-a)

cote [kɔt] nf (d'une valeur boursière) cotización f; (d'un candidat etc) popularidad f

côte [kot] nf (rivage) costa; (pente) cuesta; (Anat, Boucherie) costilla; **~ à ~** uno al lado de otro; **la côte (d'Azur)** la costa Azul

côté [kote] nm (gén, Géom) lado m; (du corps) costado; (feuille) cara; (de la rivière) orilla; **de tous les ~s** por todos lados, por todas partes; **de quel ~ est-il parti?** ¿en qué dirección salió?; **de ce/de l'autre ~** de este/del otro lado; **d'un ~ ... de l'autre ~** por una parte ... por otra; **du ~ de** (provenance) por el lado de; (direction) en dirección a; **du ~ de Lyon** (proximité) por Lyon; **de ~** (marcher, regarder) de lado; **laisser de ~** dejar de lado; **mettre de ~** poner a un lado; **de chaque ~ (de)** a cada lado (de), a ambos lados (de); **de mon ~** por mi parte; **à ~** al lado; **à ~ de** al lado de

côtelette [kotlɛt] nf chuleta

côtier, -ière [kotje, jɛr] adj costero(-a)

cotisation [kɔtizasjɔ̃] nf (à un club, syndicat) cuota; (pour une pension,

sécurité sociale) cotización f

cotiser [kɔtize] vi (à une assurance etc): **~ (à)** cotizar; **se cotiser** vpr pagar a escote

coton [kɔtɔ̃] nm algodón m; **coton hydrophile** algodón hidrófilo

Coton-tige® [kɔtɔ̃tiʒ] (pl **Cotons-tiges**) nm bastoncillo

cou [ku] nm cuello

couchant [kuʃɑ̃] adj: **soleil ~** sol m poniente

couche [kuʃ] nf (de bébé) pañal m; (gén, Géologie) capa; **couches sociales** capas fpl sociales

couché, e [kuʃe] adj tumbado(-a), tendido(-a); (au lit) acostado(-a)

coucher [kuʃe] nm (du soleil) puesta (de sol) ▷ vt (mettre au lit) acostar; (étendre) tumbar, tender; (loger) alojar; **se coucher** vpr (pour dormir) acostarse; (pour se reposer) tumbarse, acostarse; (soleil) ponerse

couchette [kuʃɛt] nf litera

coucou [kuku] nm cuclillo ▷ excl ¡hola!

coude [kud] nm codo

coudre [kudr] vt, vi coser

couette [kwɛt] nf (édredon) edredón m

couffin [kufɛ̃] nm (de bébé) moisés m

couler [kule] vi (fleuve) fluir; (liquide, sang) correr; (stylo) perder tinta; (récipient) gotear; (nez) moquear; (bateau) hundirse ▷ vt colar; (bateau) hundir; (entreprise) hundir, arruinar

couleur [kulœr] nf color m; (Cartes) palo; **couleurs** nfpl (du teint, dans un tableau) colores mpl, colorido; **film/télévision en ~s** película/televisión f en color; **de ~** de color

couleuvre [kulœvr] nf culebra

coulisses [kulis] nfpl (Théâtre) bastidores mpl; (fig): **dans les ~** entre bastidores

coup [ku] nm golpe m; (avec arme à feu) disparo; (frappé par une horloge) campanada; (fam: fois) vez f; (Sport: geste) jugada; **en ~ de vent** como un rayo; **donner** ou **passer un ~ de balai (dans)** dar un barrido (a), pasar la escoba (por); **boire un ~** echar un trago; **être dans le/hors du ~** estar/no estar en el ajo; **du ~** así que; **d'un seul ~** (subitement) de repente; (à la fois) de un solo golpe; **du premier ~** al primer intento; **du même ~** al mismo tiempo; **à ~ sûr ...** seguro que ...; **après ~** después; **sur ~** uno(-a) tras otro(-a); **sous le ~ de** (surprise etc) afectado(-a) por; **coup d'envoi** saque m de centro; **coup d'œil** vistazo, ojeada; **coup de chance** golpe de suerte; **coup de coude** codazo; **coup de couteau** cuchillada; **coup de feu** disparo; **coup de frein** (Auto) frenazo; **coup de main: donner un coup de main à qn** echar una mano a algn; **coup de pied** patada; **coup de poing** puñetazo; **coup de soleil** insolación f; **coup de sonnette** timbrazo; **coup de téléphone** telefonazo, llamado (Am); **coup de tête** (fig) cabezonada; **coup de tonnerre** trueno

coupable [kupabl] adj, nm/f culpable m/f

coupe [kup] nf corte f; (verre, Sport) copa; (à fruits) frutero

couper [kupe] vt cortar; (retrancher) suprimir; (eau, courant) cortar, quitar; (appétit, fièvre) quitar; (vin, liquide) aguar ▷ vi cortar; (prendre un raccourci) atajar; **se couper** vpr cortarse; **~ la parole à qn** quitar la palabra a algn, interrumpir a algn

couple [kupl] nm pareja

couplet [kuplɛ] nm (Mus) copla, estrofa

coupole [kupɔl] nf cúpula

coupon [kupɔ̃] nm (ticket) cupón m, bono

coupure [kupyʀ] nf corte m; (billet de banque) billete m de banco; **coupure de courant/d'eau** corte de corriente/de agua

cour [kuʀ] nf (de ferme) corral m; (jardin, immeuble) patio; (Jur) tribunal m; (royale) corte f; **faire la ~ à qn** hacer la corte a algn; **cour de récréation** patio

courage [kuʀaʒ] nm valor m; (ardeur, énergie) coraje m; **courageux, -euse** adj valiente, valeroso(-a)

couramment [kuʀamɑ̃] adv (souvent) frecuentemente; (parler) con soltura

courant, e [kuʀɑ̃, ɑ̃t] adj (fréquent) corriente, común; (gén, Comm) corriente; (en cours) en curso ▷ nm corriente f; **être au ~ (de)** estar al corriente (de); **mettre qn au ~ (de)** poner a algn al corriente (de); **se tenir au ~ (de)** mantenerse al corriente (de); **dans le ~ de** durante; **courant d'air** corriente de aire; **courant électrique** corriente eléctrica

courbature [kuʀbatyʀ] nf agotamiento; (Sport) agujetas fpl

courbe [kuʀb] adj curvo(-a) ▷ nf curva

coureur, -euse [kuʀœʀ, øz] nm/f corredor(a)

courge [kuʀʒ] nf calabaza; **courgette** nf calabacín m

courir [kuʀiʀ] vi correr ▷ vt (Sport) disputar; (danger, risque) correr; **~ les magasins** ir de compras, ir de tiendas

couronne [kuʀɔn] nf (aussi fig) corona

courons etc [kuʀɔ̃] vb voir **courir**

courriel [kuʀjɛl] nm e-mail m

courrier [kuʀje] nm correo; (rubrique) prensa; **courrier électronique** correo electrónico

courroie [kuʀwa] nf correa

courrons etc [kuʀɔ̃] vb voir **courir**

cours [kuʀ] vb voir **courir** ▷ nm

clase f; (série de leçons) clases fpl,
curso; (établissement) academia;
(des événements, d'une rivière) curso;
(avenue) avenida, paseo; (Comm) valor
m, precio; **donner libre ~ à** dar rienda
suelta a; **avoir ~** (monnaie) estar en
circulación; (fig) estilarse; (Scol) tener
clase; **en ~** (année) en curso; (travaux)
en curso, pendiente; **en ~ de route**
en el camino; **au ~ de** durante, en
el transcurso de; **le ~ du change** el
cambio; **cours d'eau** río; **cours du
soir** (Scol) clase nocturna

course [kuʀs] nf (gén, d'un taxi, du
soleil) carrera; **courses** nfpl compras
fpl; **faire les** ou **ses ~s** ir de compras

court, e [kuʀ, kuʀt] adj (temps)
corto(-a), breve; (en longueur, distance)
corto(-a); (en hauteur) bajo(-a) ▷ adv
corto ▷ nm (de tennis) pista, cancha;
à ~ de escaso de; **court-circuit** (pl
courts-circuits) nm cortocircuito

courtoisie [kuʀtwazi] nf cortesía

couru [kuʀy] pp de **courir**

cousais etc [kuze] vb voir **coudre**

couscous [kuskus] nm cuscús m,
alcuzcuz m

cousin, e [kuzɛ̃, in] nm/f primo(-a);
cousin germain primo carnal

coussin [kusɛ̃] nm cojín m

cousu, e [kuzy] pp de **coudre**

coût [ku] nm (d'un travail, objet) coste
m, precio; **le ~ de la vie** el coste de
la vida

couteau, x [kuto] nm cuchillo

coûter [kute] vt costar ▷ vi: **~ à
qn** costarle a algn; **combien ça
coûte?** ¿cuánto cuesta? ¿cuánto
vale?; **coûte que coûte** a toda costa;
coûteux, -euse adj costoso(-a)

coutume [kutym] nf costumbre f

couture [kutyʀ] nf costura;
couturier nm modisto; **couturière**
nf modista

couvent [kuvã] nm convento

couver [kuve] vt (œufs, maladie)

incubar

couvercle [kuvɛʀkl] nm tapa

couvert, e [kuvɛʀ, ɛʀt] pp de
couvrir ▷ adj cubierto(-a) ▷ nm
cubierto; **couverts** nmpl cubiertos
mpl; **mettre le ~** poner la mesa

couverture [kuvɛʀtyʀ] nf (de lit)
manta, frazada (Am), cobija (Am)

couvre-lit [kuvʀəli] (pl **~s**) nm
colcha

couvrir [kuvʀiʀ] vt cubrir;
(d'ornements, d'éloges): **~ qch/qn**
cubrir a algo/algn de; (erreur) ocultar;
(distance) recorrer; **se couvrir** vpr
cubrirse; **se ~ de** (fleurs, boutons)
llenarse de

cow-boy [koboj] (pl **~s**) nm vaquero

crabe [kʀab] nm cangrejo (de mar)

cracher [kʀaʃe] vi, vt escupir

crachin [kʀaʃɛ̃] nm llovizna, garúa
(Am)

craie [kʀɛ] nf (substance) greda;
(morceau) tiza, gis m (Mex)

craindre [kʀɛ̃dʀ] vt temer; (être
sensible à) no tolerar

crainte [kʀɛ̃t] nf temor m; **(de) ~ de/
que** por temor a/a que; **craintif, -ive**
adj temeroso(-a)

crampe [kʀɑ̃p] nf calambre m

crampon [kʀɑ̃pɔ̃] nm (de semelle)
taco; (Alpinisme) crampón m;
cramponner vb: **se cramponner (à)**
agarrarse (a)

cran [kʀɑ̃] nm (de courroie) ojete m;
(courage) agallas fpl

crapaud [kʀapo] nm sapo

craquement [kʀakmã] nm crujido

craquer [kʀake] vi (bois, plancher)
crujir; (fil, branche) romperse; (couture)
estallar; (s'effondrer) derrumbarse
▷ vt: **je craque** (enthousiasme) me
vuelvo loco(-a)

crasse [kʀas] nf mugre f;
crasseux, -euse adj mugriento(-a),
mugroso(-a) (Am)

cravache [kʀavaʃ] nf fusta

cravate [kʀavat] nf corbata

crawl [kʀol] nm crol m

crayon [kʀɛjɔ̃] nm lápiz m; **crayon à bille** bolígrafo; **crayon de couleur** lápiz de color; **crayon-feutre** (pl **crayons-feutres**) nm rotulador m

création [kʀeasjɔ̃] nf creación f; (nouvelle robe, voiture etc) creación, diseño

crèche [kʀɛʃ] nf (de Noël) nacimiento, belén m; (garderie) guardería

crédit [kʀedi] nm (confiance, autorité, Écon) crédito; **crédits** nmpl fondos mpl; **créditer** vt: **créditer un compte (de)** abonar en cuenta

créer [kʀee] vt crear; (spectacle) montar

crémaillère [kʀemajɛʀ] nf: **pendre la ~** festejar el estreno de una casa

crème [kʀɛm] nf crema; (du lait) nata, crema ▷ adj inv crema; **un (café) ~** un café con leche; **crème à raser** crema de afeitar; **crème chantilly** nata Chantilly; **crémeux, -euse** adj cremoso(-a)

créneau, x [kʀeno] nm (de fortification) almena; (fig) hueco; (Comm) segmento de mercado; **faire un ~** (Auto) aparcar hacia atrás

crêpe [kʀɛp] nf crêpe f, panqueque m (Am) ▷ nm (tissu) crespón m; **crêperie** nf crepería

crépuscule [kʀepyskyl] nm crepúsculo

cresson [kʀesɔ̃] nm berro

creuser [kʀøze] vt cavar; (bois) vaciar; (problème, idée) cavilar; **ça creuse** (l'estomac) eso abre el apetito; **se ~ la cervelle** ou **la tête** romperse la cabeza

creux, -euse [kʀø, kʀøz] adj hueco(-a) ▷ nm hueco; (fig) vacío; **heures creuses** (transports) horas fpl de menos tráfico; (travail) horas muertas

crevaison [kʀəvɛzɔ̃] nf pinchazo

crevé, e [kʀəve] adj (pneu) pinchado(-a); (fam) = estoy reventado(-a)

crever [kʀəve] vt estallar, explotar ▷ vi (pneu, automobiliste) pinchar; (abcès, outre) reventar; (fam: mourir) palmarla

crevette [kʀəvɛt] nf: **~ rose** gamba; **crevette grise** quisquilla, camarón m

cri [kʀi] nm grito

criard, e [kʀijaʀ, kʀijaʀd] adj (couleur) chillón(-ona)

cric [kʀik] nm (Auto) gato

crier [kʀije] vi gritar ▷ vt (ordre) dar a gritos; (injure) lanzar

crime [kʀim] nm crimen m; **criminel, le** adj, nm/f criminal m/f

crin [kʀɛ̃] nm crin f

crinière [kʀinjɛʀ] nf (de cheval) crines fpl; (lion) melena

crique [kʀik] nf cala

criquet [kʀikɛ] nm langosta

crise [kʀiz] nf crisis f inv; **crise cardiaque** ataque m cardíaco; **crise de foie** cólico biliar; **crise de nerfs** ataque de nervios, crisis nerviosa

cristal, -aux [kʀistal, o] nm cristal m; (neige) cristal, copo

critère [kʀitɛʀ] nm criterio

critiquable [kʀitikabl] adj discutible

critique [kʀitik] adj crítico(-a) ▷ nf crítica ▷ nm crítico

critiquer [kʀitike] vt criticar

Croatie [kʀɔasi] nf Croacia

crochet [kʀɔʃɛ] nm gancho; (détour) desvío, rodeo; (Tricot) ganchillo

crocodile [kʀɔkɔdil] nm cocodrilo

croire [kʀwaʀ] vt creer; **se ~ fort** considerarse fuerte; **~ que** creer que; **~ à** ou **en** creer en

croîs [kʀwa] vb voir **croître**

croisade [kʀwazad] nf cruzada

croisement [kʀwazmã] nm (carrefour, Biol) cruce m

croiser [kʀwaze] vt cruzar; (personne,

voiture) cruzarse con, encontrar; **se croiser** *vpr* cruzarse; **~ les jambes/ les bras** cruzar las piernas/los brazos
croisière [kʀwazjɛʀ] *nf* crucero
croissance [kʀwasɑ̃s] *nf* desarrollo, crecimiento
croissant, e [kʀwasɑ̃, ɑ̃t] *vb voir* **croître** ▷ *adj* creciente ▷ *nm* (*gâteau*) croissant *m*
croître [kʀwatʀ] *vi* crecer
croix [kʀwa] *nf* cruz f; **en ~** *adj* en cruz; **la Croix Rouge** la Cruz Roja
croque-monsieur [kʀɔkməsjø] *nm inv* sandwich de jamón y queso (tostado)
croquer [kʀɔke] *vt* (*manger, fruit*) comer ▷ *vi* crujir; **chocolat à ~** chocolate *m* para comer
croquis [kʀɔki] *nm* croquis *m inv*, boceto
crotte [kʀɔt] *nf* caca; **crottin** *nm* (*petit fromage de chèvre*) quesito redondo de cabra
croustillant, e [kʀustijɑ̃, ɑ̃t] *adj* crujiente
croûte [kʀut] *nf* (*du fromage, pain*) corteza; (*Méd*) costra, postilla; **en ~** (*Culin*) en pastel
croûton [kʀutɔ̃] *nm* (*Culin*) picatoste *m*; (*extrémité: du pain*) cuscurro
croyant, e [kʀwajɑ̃, ɑ̃t] *vb voir* **croire** ▷ *adj* (*Rel*): **être/ne pas être ~** ser/no ser creyente
CRS [seɛʀɛs] *sigle fpl* = Compagnies républicaines de sécurité
cru, e [kʀy] *pp de* **croire** ▷ *adj* (*non cuit*) crudo(-a); (*lumière, couleur*) fuerte, vivo(-a); (*description, langage*) crudo(-a); (*grossier*) grosero(-a) ▷ *nm* (*vignoble*) viñedo; (*vin*) caldo
crû [kʀy] *pp de* **croître**
cruauté [kʀyote] *nf* crueldad f
cruche [kʀyʃ] *nf* cántaro
crucifix [kʀysifi] *nm* crucifijo
crudités [kʀydite] *nfpl* (*Culin*) verduras *fpl* y hortalizas crudas
crue [kʀy] *adj f voir* **cru** ▷ *nf* crecida

cruel, le [kʀyɛl] *adj* (*personne, sort*) cruel; (*froid*) despiadado(-a)
crus *etc* [kʀy] *vb voir* **croire**
crûs *etc* [kʀy] *vb voir* **croître**
crustacés [kʀystase] *nmpl* crustáceos *mpl*
Cuba [kyba] *nm* Cuba; **cubain, e** *adj* cubano(-a) ▷ *nm/f*: **Cubain, e** cubano(-a)
cube [kyb] *nm* cubo; (*Math*): **2 au ~ = 8** 2 al cubo = 8; **mètre ~** metro cúbico
cueillette [kœjɛt] *nf* recolección f, cosecha
cueillir [kœjiʀ] *vt* recoger; (*attraper*) pillar
cuiller, cuillère [kɥijɛʀ] *nf* cuchara; **cuillère à café** cucharilla; **cuillère à soupe** cuchara sopera; **cuillerée** *nf* cucharada
cuir [kɥiʀ] *nm* cuero
cuire [kɥiʀ] *vt* (*aliments, poterie*) cocer; (*au four*) asar ▷ *vi* cocerse
cuisine [kɥizin] *nf* cocina; (*nourriture*) comida; **faire la ~** preparar la comida; **cuisiné, e** *adj*: **plat cuisiné** plato cocinado; **cuisiner** *vt* cocinar; (*fam*) acribillar a preguntas a ▷ *vi* cocinar; **cuisinier, -ière** *nm/f* cocinero(-a); **cuisinière** *nf* (*poêle*) cocina
cuisse [kɥis] *nf* (*Anat*) muslo; (*de poulet*) muslo; (*de mouton*) pierna
cuisson [kɥisɔ̃] *nf* cocción f
cuit, e [kɥi, kɥit] *pp de* **cuire** ▷ *adj* cocido(-a); **bien cuit** (*viande*) bien hecho ou pasado; **trop cuit** demasiado hecho ou pasado; **cuit à point** hecho en su punto
cuivre [kɥivʀ] *nm* cobre *m*; **les ~s** (*Mus*) los cobres
cul [ky] (*fam!*) *nm* culo (*fam!*)
culminant [kylminɑ̃] *adj*: **point ~** punto culminante
culot [kylo] *nm* (*effronterie*) desfachatez f, descaro
culotte [kylɔt] *nf* (*pantalon*) pantalón

m corto; *(de femme)*: **(petite) ~** bragas *fpl*, calzones *mpl* (Am)
culte [kylt] *nm* culto
cultivateur, -trice [kyltivatœʀ, tʀis] *nm/f* cultivador(a)
cultivé, e [kyltive] *adj (terre)* cultivado(-a); *(personne)* culto(-a)
cultiver [kyltive] *vt* cultivar
culture [kyltyʀ] *nf* cultivo; *(connaissances)* cultura; **culture physique** culturismo; **culturel, le** *adj* cultural
cumin [kymɛ̃] *nm* comino
cure [kyʀ] *nf (Méd)* cura
curé [kyʀe] *nm* cura *m*, párroco
cure-dent [kyʀdɑ̃] *(pl* **-s)** *nm* palillo, mondadientes *m inv*
curieusement [kyʀjøzmɑ̃] *adv* curiosamente
curieux, -euse [kyʀjø, jøz] *adj* curioso(-a) ▷ *nmpl* curiosos *mpl*, mirones *mpl*; **curiosité** *nf* curiosidad *f*; *(objet, site)* singularidad *f*
curriculum vitae [kyʀikylɔmvite] *nm inv* curriculum vitae *m*
cutané, e [kytane] *adj* cutáneo(-a)
cuve [kyv] *nf* cuba; *(à mazout etc)* depósito, tanque *m*
cuvette [kyvɛt] *nf (récipient)* palangana; *(des w-c)* taza; *(Géo)* hondonada
CV [seve] *sigle m* (= *cheval vapeur*) C.V. (= *caballos de vapor*); = **curriculum vitae**
cybercafé [siberkafe] *nm* cibercafé *m*
cyclable [siklabl] *adj*: **piste ~** pista para ciclistas
cycle [sikl] *nm (vélo)* velocípedo; *(naturel, biologique)* ciclo; **1er ~** *(Scol)* ≈ segunda etapa de educación primaria; **2ème ~ ~** educación secundaria; **cyclisme** *nm* ciclismo; **cycliste** *nm/f* ciclista *m/f* ▷ *adj*: **coureur cycliste** corredor *m* ciclista

cyclomoteur [siklomɔtœʀ] *nm* ciclomotor *m*
cyclone [siklon] *nm* ciclón *m*
cygne [siɲ] *nm* cisne *m*
cylindre [silɛ̃dʀ] *nm* cilindro; **cylindrée** *nf* cilindrada
cymbale [sɛ̃bal] *nf* platillo
cynique [sinik] *adj* cínico(-a)
cystite [sistit] *nf* cistitis *f*

d

marcher dans la ville andar por la ciudad; **je l'ai lu dans un journal** lo leí en un periódico; **monter dans une voiture/le bus** subir en un coche/el autobús; **dans la rue** en la calle; **être dans les premiers** ser de los primeros 2 *(direction)* a; **elle a couru dans le salon** corrió al salón 3 *(provenance)* de; **je l'ai pris dans le tiroir/salon** lo saqué del cajón/salón; **boire dans un verre** beber en un vaso 4 *(temps)* dentro de; **dans 2 mois** dentro de dos meses; **dans quelques instants/jours** dentro de unos momentos/días; **il part dans quinze jours** se marcha dentro de quince días; **je serai là dans la matinée** estaré allí por la mañana 5 *(approximation)* alrededor de; **dans les 20 euros/4 mois** alrededor de 20 euros/4 meses 6 *(intention)* con; **dans le but de faire qch** con objeto de hacer algo

d' [d] *prép voir* **de**

dactylo [daktilo] *nf (aussi:* **dactylographe***)* mecanógrafa

dada [dada] *nm* tema *m* de siempre

daim [dɛ̃] *nm (Zool)* gamo; *(peau)* ante *m*; *(imitation)* piel *f* vuelta

dame [dam] *nf* señora; *(Cartes; échecs)* reina; **dames** *nfpl (jeu)* damas *nfpl*

Danemark [danmark] *nm* Dinamarca

danger [dɑ̃ʒe] *nm*: **le ~** el peligro; **un ~** un peligro; **être/mettre en ~** estar/poner en peligro; **dangereux, -euse** *adj* peligroso(-a)

danois, e [danwa, waz] *adj* danés(-esa) *msg ▷ nm/f*: **D~, e** danés(-esa)

danse [dɑ̃s] *nf* danza; **une ~** un baile; **danser** *vt, vi* bailar, danzar; **danseur, -euse** *nm/f (de ballet)* bailarín(-ina); *(cavalier)* pareja

date [dat] *nf (jour)* fecha; **de longue** ou **vieille ~** *(amitié)* viejo(-a); **date limite** fecha límite; *(d'un aliment: aussi:* **date limite de vente***)* fecha de caducidad; **date de naissance** fecha de nacimiento; **dater** *vt* fechar ▷ *vi* estar anticuado(-a); **dater de** *(remonter à)* datar de; **à dater de** a partir de

datte [dat] *nf* dátil *m*

dauphin [dofɛ̃] *nm* delfín *m*

davantage [davɑ̃taʒ] *adv* más; *(plus longtemps)* más tiempo; **~ de** más

MOT-CLÉ

dans [dɑ̃] *prép* 1 *(position)* en; **dans le tiroir/le salon** en el cajón/el salón;

MOT-CLÉ

de, d' [də, d] *(de + le* = **du**, *de + les* = **des***) prép* 1 *(appartenance)* de; **le toit de la**

maison el tejado de la casa; **la voiture d'Élisabeth/de mes parents** el coche de Elisabeth/de mis padres 2 (*moyen*) con; **suivre des yeux** seguir con la mirada; **estimé de ses collègues** estimado por sus colegas 3 (*provenance*) de; **il vient de Londres** viene de Londres; **elle est sortie du cinéma** salió del cine 4 (*caractérisation, mesure*): **un mur de brique** un muro de ladrillo; **un verre d'eau** un vaso de agua; **un billet de 50 euros** un billete de 50 euros; **une pièce de 2 m de large** ou **un billet de 50 euros** una habitación de 2m de ancho; **un bébé de 10 mois** un bebé de 10 meses; **12 mois de crédit/travail** 12 meses de crédito/trabajo; **augmenter** etc **de 10 euros** aumentar etc 10 euros; **3 jours de libres** 3 días libres; **de nos jours** en nuestros días; **être payé 15 euros de l'heure** cobrar 15 euros por hora 5 (*rapport*): **de 14 à 18** de 14 a 18; **de Madrid à Paris** de Madrid a París; **voyager de pays en pays** viajar de país en país 6 (*cause*): **mourir de faim** morir(se) de hambre; **rouge de colère** rojo(-a) de ira 7 (*vb + inf*) : **je vous prie de venir** le ruego que venga; **il m'a dit de rester** me dijo que me quedara 8 : **cet imbécile de Pierre** el tonto de Pierre ▷ *dét* (*partitif*): **du vin/de l'eau/des pommes** vino/agua/manzanas; **des enfants sont venus** vinieron unos niños; **pendant des mois** durante meses; **il mange de tout** come de todo; **y a-t-il du vin?** ¿hay vino?; **il n'a pas de chance/d'enfants** no tiene suerte/niños

dé [de] *nm* (*aussi*: **~ à coudre**) dedal *m*; (*à jouer*) dado

déballer [debale] *vt* desembalar
débarcadère [debaʀkadɛʀ] *nm* desembarcadero
débardeur [debaʀdœʀ] *nm* (*maillot*) camiseta corta sin mangas
débarquer [debaʀke] *vt* desembarcar ▷ *vi* desembarcar; (*fam*) plantarse
débarras [debaʀa] *nm* trastero; (*placard*) armario trastero; **"bon ~!"** "¡anda y que te zurzan!"; **débarrasser** *vt* desalojar ▷ *vi* quitar la mesa; **se débarrasser** *vpr*: **se débarrasser de** desembarazarse de; (*habitude*) librarse de; **débarrasser la table** quitar la mesa; **débarrasser qn de qch** (*vêtements*) recogerle algo a algn; (*paquets*) ayudar a algn con algo
débat [deba] *nm* debate *m*; **débats** *nmpl* (*Pol*) debate *mpl*; **débattre** *vt* (*question, prix*) debatir, discutir; **se débattre** *vpr* debatirse
débit [debi] *nm* (*fleuve*) caudal *m*; (*élocution*) cadencia; (*d'un magasin*) ventas *fpl*; (*bancaire*) débito; **débit de tabac** estanco
déblayer [debleje] *vt* despejar
débloquer [debloke] *vt* desbloquear
déboîter [debwate] *vi* (*Auto*) salirse de la fila ▷ *vt*: **se ~** dislocarse
débordé, e [debɔʀde] *adj*: **être ~** estar desbordado(-a)
déborder [debɔʀde] *vi* (*rivière*) desbordarse; (*eau, lait*) derramarse; (*dépasser*): **(de) qch** rebosar de algo
débouché [debuʃe] *nm* (*gén pl: pour vendre un produit*) mercado; (*perspectives d'emploi*) posibilidades *fpl*
déboucher [debuʃe] *vt* (*évier, tuyau* etc) destapar; (*bouteille*) descorchar; **~ sur** desembocar en; **~ de** salir de
debout [d(ə)bu] *adj* (*personne, chose*) de pie; (*levé, éveillé*) levantado(-a); **être encore ~** (*fig*) estar todavía en pie; **se mettre ~** ponerse de pie; **se tenir ~** mantenerse en pie; **"~!"** "¡pie!";

(du lit) "¡arribal"; **cette histoire/ça ne tient pas –** esta historia/eso no se tiene en pie

déboutonner [debutɔne] vt desabrochar, desabotonar

débraillé, e [debʀɑje] adj *(tenue)* desaliñado(-a)

débrancher [debʀɑ̃ʃe] vt *(appareil électrique)* desenchufar; *(téléphone)* desconectar

débrayage [debʀejaʒ] nm *(Auto)* desembrague m; **débrayer** vi *(Auto)* desembragar

débris [debʀi] nm trozo ▷ nmpl restos mpl

débrouillard, e [debʀujaʀ, aʀd] adj avispado(-a)

débrouiller [debʀuje] vt *(affaire, cas)* desembrollar; **se débrouiller** vpr arreglárselas

début [deby] nm comienzo, principio; **débutant, e** nm/f, adj principiante m/f; **débuter** vi comenzar; *(personne)* debutar

décaféiné, e [dekafeine] adj descafeinado(-a)

décalage [dekalaʒ] nm desfase m; *(écart)* separación f; **décalage horaire** diferencia de horario

décaler [dekale] vt *(changer de position)* desplazar; *(dans le temps: avancer)* adelantar; *(: retarder)* aplazar

décapotable [dekapɔtabl] adj descapotable

décapsuleur [dekapsylœʀ] nm abrebotellas m inv

décédé, e [desede] adj fallecido(-a)

décéder [desede] vi fallecer

décembre [desɑ̃bʀ] nm diciembre m; *voir aussi* **juillet**

décennie [deseni] nf decenio

décent, e [desɑ̃, ɑ̃t] adj decente

déception [desɛpsjɔ̃] nf decepción f

décès [desɛ] nm fallecimiento

décevant, e [des(ə)vɑ̃, ɑ̃t] adj decepcionante

décevoir [des(ə)vwaʀ] vt decepcionar; *(espérances, confiance)* defraudar

décharge [deʃaʀʒ] nf *(dépôt d'ordures)* vertedero; **décharger** vt descargar

déchausser [deʃose] **se –** vpr *(personne)* descalzarse; *(dent)* descarnarse

déchets [deʃɛ] nmpl *(ordures)* restos mpl, residuos mpl

déchiffrer [deʃifʀe] vt *(nouvelle)* leer; *(musique, partition)* ejecutar por primera vez; *(texte illisible)* descifrar

déchirant, e [deʃiʀɑ̃, ɑ̃t] adj

déchirement [deʃiʀmɑ̃] nm desgarrón m; *(chagrin)* desgarramiento

déchirer [deʃiʀe] vt *(vêtement, livre)* desgarrar; *(mettre en morceaux)* rasgar; *(pour ouvrir)* rasgar; *(arracher)* arrancar; *(fig)* destrozar; **se déchirer** vpr desgarrarse; *(fig)* destrozarse; **se – un muscle/tendon** desgarrarse un músculo/tendón

déchirure [deʃiʀyʀ] nf desgarrón m; **déchirure musculaire** desgarrón muscular

décidé, e [deside] adj decidido(-a); **c'est –** está decidido; **décidément** adv decididamente

décider [deside] vt: **– qch** decidir algo; **se décider** vpr *(personne)* decidirse; *(problème, affaire)* resolverse; **– que** decidir que; **– qn (à faire qch)** animar a algn (a hacer algo); **– de faire** decidir hacer; **– de qch** decidir algo; **se – à faire qch** decidirse a hacer algo; **se – pour qch** decidirse por algo

décimal, e, -aux [desimal, o] adj decimal

décimètre [desimɛtʀ] nm decímetro; **double –** doble decímetro

décisif, -ive [desizif, iv] adj decisivo(-a)

décision [desizjɔ̃] nf decisión f

déclaration [deklarasjɔ̃] nf declaración f; **déclaration (d'amour)** declaración (de amor); **déclaration (de perte)** denuncia (de pérdida); **déclaration (de sinistre)** declaración (de siniestro); **déclaration (de vol)** denuncia (de robo)

déclarer [deklare] vt declarar; (vol etc: à la police) denunciar; (décès, naissance) certificar; **se déclarer** vpr declararse

déclencher [deklɑ̃ʃe] vt activar; (attaque) lanzar; (fig) provocar; **se déclencher** vpr desencadenarse

décliner [dekline] vi (jour, santé) declinar

décoiffer [dekwafe] vt (déranger la coiffure) despeinar; **se décoiffer** vpr despeinarse

déçois etc [deswa] vb voir **décevoir**

décollage [dekɔlaʒ] nm despegue m, decolaje m (Am)

décoller [dekɔle] vt, vi despegar, decolar (Am); **se décoller** vpr despegarse

décolleté, e [dekɔlte] adj escotado(-a) ▷ nm escote m

décolorer [dekɔlɔre] vt decolorar; (suj: âge, lumière) descolorir; **se décolorer** vpr descolorirse

décommander [dekɔmɑ̃de] vt (marchandise) anular; **se décommander** vpr (invité etc) excusarse

déconcerter [dekɔ̃sɛrte] vt desconcertar

décongeler [dekɔ̃ʒ(ə)le] vt descongelar

déconner [dekɔne] (fam) vi (en parlant) decir pijadas

déconseiller [dekɔ̃seje] vt: **~ qch (à qn)** desaconsejar algo (a algn)

décontracté, e [dekɔ̃trakte] adj (personne) relajado(-a); (ambiance) distendido(-a)

décontracter [dekɔ̃trakte] vt descontraer; (muscle) relajar; **se décontracter** vpr (personne) relajarse

décor [dekɔr] nm (d'un palais etc) decoración f; (paysage) panorama m; (gén pl: Théâtre, Ciné) decorado m; **décorateur, -trice** [dekɔratœr, tris] nm/f (ouvrier) decorador(a); (Ciné) escenógrafo(-a); **décoration** nf decoración f; (médaille) condecoración f; **décorer** vt decorar; (médailler) condecorar

décortiquer [dekɔrtike] vt (riz) descascarillar; (amandes, crevettes) pelar; (fig) desmenuzar

découdre [dekudr]: **se ~** vpr descoserse

découper [dekupe] vt recortar; (volaille, viande) trinchar; (fig) fragmentar; **se ~ sur** (le ciel, fond) perfilarse en

décourager [dekuraʒe] vt desanimar, desalentar; **se décourager** vpr desanimarse

décousu, e [dekuzy] pp de **découdre** ▷ adj descosido(-a); (fig) deshilvanado(-a)

découvert, e [dekuvɛr, ɛrt] pp de **découvrir** ▷ adj (tête) descubierto(-a) ▷ nm (bancaire) descubierto; **découverte** nf descubrimiento

découvrir [dekuvrir] vt descubrir; (casserole) destapar; (apercevoir) divisar

décrire [dekrir] vt describir

décrocher [dekrɔʃe] vt descolgar; (contrat etc) conseguir; (abandonner) retirarse; (perdre sa concentration) desconectar

déçu, e [desy] pp de **décevoir** ▷ adj (personne) decepcionado(-a)

dédaigner [dedeɲe] vt desdeñar; **dédaigneux, -euse** adj desdeñoso(-a); **dédain** nm desdén

dedans [dədɑ̃] adv dentro, adentro (esp Am) ▷ nm interior m; **là~** ahí dentro; **au ~** (por) dentro; **en ~** por dentro

dédicacer [dedikase] *vt* dedicar

dédier [dedje] *vt*: **~ qn (livre)** dedicar a; **(efforts)** consagrar a

dédommagement [dedɔmaʒmɑ̃] *nm (indemnité)* indemnización *f*

dédommager [dedɔmaʒe] *vt*: **~ qn (de)** indemnizar a algn (por)

dédouaner [dedwane] *vt* aduanar

déduire [dedɥiʀ] *vt*: **~ qch (de)** deducir algo (de)

défaillance [defajɑ̃s] *nf* desfallecimiento; *(technique)* fallo; **défaillance cardiaque** fallo cardíaco

défaire [defɛʀ] *vt (installation, échafaudage)* desmontar; *(paquet etc)* abrir; *(nœud)* desatar; *(vêtement)* descoser; *(déranger)* deshacer; *(cheveux)* despeinar; **se défaire** *vpr (cheveux, nœud)* deshacerse

défait, e [defɛ, ɛt] *pp de* **défaire** ▷ *adj* deshecho(-a); *(nœud)* desatado(-a); *(visage)* descompuesto(-a); **défaite** *nf (Mil)* derrota; *(gén: échec)* fracaso

défaut [defo] *nm (moral)* defecto; *(d'étoffe, métal)* falla; **~ de (manque, carence)* falto de; **en ~** en falta; **faire ~** faltar; **à ~** al menos; **à ~ de** a falta de

défavorable [defavɔʀabl] *adj* desfavorable

défavoriser [defavɔʀize] *vt* desfavorecer

défectueux, -euse [defɛktɥø, øz] *adj* defectuoso(-a)

défendre [defɑ̃dʀ] *vt* defender; *(interdire)* prohibir; **se défendre** *vpr* defenderse; **~ à qn qch/de faire** prohibir a algn algo/hacer; **il se défend** *(fig)* va defendiéndose; **ça se défend** *(fig)* esto se sostiene; **se ~ de/contre** *(se protéger)* protegerse de/contra; **se ~ de** *(se garder de)* evitar

défense [defɑ̃s] *nf* defensa; **"~ de fumer/cracher"** "prohibido fumar/escupir"

défi [defi] *nm* desafío, reto

déficit [defisit] *nm (Comm)* déficit *m*

défier [defje] *vt* desafiar

défigurer [defigyʀe] *vt* desfigurar

défilé [defile] *nm (Géo)* desfiladero; *(soldats, manifestants)* desfile *m*

défiler [defile] *vi* desfilar

définir [definiʀ] *vt* definir

définitif, -ive [definitif, iv] *adj* definitivo(-a); *(décision, refus)* irrevocable; **définitive** *nf*: **en définitive** en definitiva

définitivement *adv* definitivamente

déformer [defɔʀme] *vt* deformar; **se déformer** *vpr* deformarse

défouler [defule]: **se ~** *vpr (gén)* desahogarse

défunt, e [defœ̃, œ̃t] *nm/f* difunto(-a)

dégagé, e [degaʒe] *adj (ciel, vue)* despejado(-a); *(ton, air)* desenvuelto(-a)

dégager [degaʒe] *vt* liberar; *(exhaler)* desprender; *(désencombrer)* despejar; *(idée, aspect etc)* extraer; **se dégager** *vpr (odeur)* desprenderse; *(passage bloqué, ciel)* despejarse

dégâts [degɑ] *nmpl*: **faire des ~** causar daños

dégel [deʒɛl] *nm* deshielo; **dégeler** *vi* deshelarse

dégivrer [deʒivʀe] *vt (frigo)* descongelar; *(vitres)* deshelar

dégonflé, e [degɔ̃fle] *adj (pneu)* desinflado(-a), deshinchado(-a)

dégonfler [degɔ̃fle] *vt* desinflar, deshinchar

dégouliner [deguline] *vi* chorrear

dégourdi, e [deguʀdi] *adj* espabilado(-a)

dégourdir [deguʀdiʀ] *vpr*: **se ~ (les jambes)** desentumecerse (las piernas)

dégoût [degu] *nm* asco; **dégoûtant, e** *adj* asqueroso(-a); **c'est dégoûtant!** *(injuste)* ¡no

hay derecho!; **dégoûté, e** adj
asqueado(-a); **dégoûté de**
asqueado(-a) de; **dégoûter** vt
asquear; **dégoûter qn de faire qch**
quitarle a algn las ganas de hacer algo

dégrader [degʀade]: **se ~** vpr
deteriorarse

degré [dagʀe] nm grado; (niveau, taux)
punto; **alcool à 90 ~s** alcohol m de
90 grados

dégressif, -ive [degʀesif, iv] adj
decreciente

dégringoler [degʀɛ̃gɔle] vi caer
rodando; (prix, Bourse etc) hundirse

déguisement [degizmɑ̃] nm
disfraz m

déguiser [degize]: **se ~** vpr
disfrazarse

dégustation [degystasjɔ̃] nf
degustación f; (vin) cata

déguster [degyste] vt degustar; (vin)
catar; (fig) saborear

dehors [dəɔʀ] adv fuera, afuera
(esp Am) ▷ nm exterior m ▷ nmpl
(apparences) apariencias fpl; **mettre** ou
jeter ~ echar fuera; **au ~** (por) fuera;
(en apparence) por fuera; **au ~ de** fuera
de; **en ~** (vers l'extérieur) hacia afuera;
en ~ de (hormis) fuera de

déjà [deʒa] adv ya

déjeuner [deʒœne] vi (matin)
desayunar; (à midi) almorzar, comer
▷ nm (petit déjeuner) desayuno; (à midi)
almuerzo, comida

delà [dəla]: prép, adv (de l'autre côté de)
al otro lado de; **en ~ (de)/au-~ (de)**
más allá (de)

délacer [delase] vt desatar

délai [delɛ] nm plazo; (sursis)
prórroga; **sans ~** sin demora; **à bref
~** en breve plazo; **dans les ~s** dentro
de los plazos

délaisser [delese] vt abandonar

délasser [delase]: **se ~** vpr recrearse

délavé, e [delave] adj

descolorido(-a)

délayer [deleje] vt diluir

delco® [dɛlko] nm (Aut) delco

délégué, e [delege] adj delegado(-a)
▷ nm/f delegado(-a)

déléguer [delege] vt delegar

délibéré, e [delibeʀe] adj
deliberado(-a); (déterminé)
resuelto(-a)

délicat, e [delika, at] adj
delicado(-a); (attentionné) atento(-a);
délicatement adv delicadamente;
(subtilement) con delicadeza

délice [delis] nm delicia

délicieux, -euse [delisjø, jøz] adj
(goût, femme) delicioso(-a); (sensation)
placentero(-a)

délimiter [delimite] vt delimitar

délinquant, e [delɛ̃kɑ̃, ɑ̃t] adj,
nm/f delincuente m/f

délirer [deliʀe] vi delirar

délit [deli] nm (Jur, gén) delito

délivrer [delivʀe] vt (prisonnier)
liberar; (passeport, certificat) expedir

deltaplane [dɛltaplan] nm ala
delta

déluge [delyʒ] nm diluvio

demain [d(ə)mɛ̃] adv mañana; **~
matin/soir** mañana por la mañana/
tarde; **~ midi** mañana a mediodía

demande [d(ə)mɑ̃d] nf petición f;
(Admin, formulaire) instancia, solicitud
f; **la ~** (Écon) la demanda; **demande
d'emploi** solicitud de empleo;
"demandes d'emploi" "demandas
fpl de empleo"

demandé, e [d(ə)mɑ̃de] adj: **très ~**
muy solicitado(-a)

demander [d(ə)mɑ̃de] vt pedir;
(autorisation) solicitar; (médecin,
plombier, téléphone) necesitar; (de
l'habileté, du courage) requerir; **~ qch à
qn** preguntar algo a algn; **~ l'heure/
son chemin** preguntar la hora/
el camino; **~ à qn de faire** pedira
algn que haga; **se ~ si/pourquoi** etc

preguntarse si/por qué *etc*; **on vous demande au téléphone** le llaman por teléfono; **il ne demande que ça/qu'à faire ...** (*iro*) justo lo que quería/lo que quería hacer ...; **je ne demande pas mieux que ...** no deseo otra cosa más que ...; **demandeur, -euse** *nm/f*: **demandeur d'emploi** demandante *m/f* de empleo

démangeaison [demãʒɛzɔ̃] *nf* picor *m*

démanger [demãʒe] *vi* picar

démaquillant, e [demakijã, ãt] *adj* desmaquillador(a)

démaquiller [demakije]: **se ~** *vpr* desmaquillarse

démarche [demaʁʃ] *nf* (*allure*) paso; (*intervention*) trámite *m*; (*intellectuelle etc*) proceso; **faire** *ou* **entreprendre des ~s (auprès de qn)** hacer *ou* iniciar gestiones (ante algn)

démarrage [demaʁaʒ] *nm* (*d'une voiture, Sport*) salida

démarrer [demaʁe] *vi* arrancar; (*travaux, affaire*) ponerse en marcha; **démarreur** *nm* (*Auto*) botón *m* de arranque

démêlant, e [demelã, ãt] *adj*: **crème ~e** *ou* **baume ~** crema suavizante

démêler [demele] *vt* (*fil, cheveux*) desenredar; **démêlés** *nmpl* diferencias *fpl*

déménagement [demenaʒmã] *nm* mudanza; **entreprise/camion de ~** empresa/camión *m* de mudanzas

déménager [demenaʒe] *vt* mudar ▷ *vi* mudarse; **déménageur** *nm* encargado de mudanzas; (*entrepreneur*) empresario de mudanzas

démerder [demɛʁde] (*fam!*) *vi*: **se ~** arreglárselas

démettre [demɛtʁ]: **se ~** *vpr* (*épaule etc*) dislocarse

demeurer *vi* (*habiter*) residir, vivir;

(*séjourner*) permanecer; (*rester*) quedar, permanecer

demi, e [dəmi] *adj*: **~-rempli** medio lleno(-a) ▷ *nm* (*bière*) caña; (*Football*) medio; **trois bouteilles et ~e** tres botellas y media; **il est deux heures et ~e** son las dos y media; **à ~** a medias; **à la ~** (*heure*) a la media; **demi-douzaine** (*pl* **demi-douzaines**) *nf* media docena; **demi-finale** (*pl* **demi-finales**) *nf* semifinal *f*; **demi-frère** (*pl* **demi-frères**) *nm* medio hermano, hermanastro; **demi-heure** (*pl* **demi-heures**) *nf* media hora; **demi-journée** (*pl* **demi-journées**) *nf* media jornada; **demi-litre** (*pl* **demi-litres**) *nm* medio litro; **demi-livre** (*pl* **demi-livres**) *nf* media libra; **demi-pension** (*pl* **demi-pensions**) *nf* media pensión *f*

démis, e [demi, iz] *pp de* **démettre** ▷ *adj* (*épaule etc*) dislocado(-a)

demi-sœur [dəmisœʁ] (*pl* **~s**) *nf* media hermana, hermanastra

démission [demisjɔ̃] *nf* dimisión *f*; **donner sa ~** presentar la dimisión; **démissionner** *vi* dimitir

demi-tarif [dəmitaʁif] (*pl* **~s**) *nm* media tarifa

demi-tour [dəmituʁ] (*pl* **~s**) *nm* media vuelta; **faire ~** dar la vuelta

démocratie [demokʁasi] *nf* democracia; **démocratique** *adj* democrático(-a)

démodé, e [demode] *adj* pasado(-a) de moda

demoiselle [d(ə)mwazɛl] *nf* señorita; **demoiselle d'honneur** dama de honor

démolir [demoliʁ] *vt* (*bâtiment*) demoler

démon [demɔ̃] *nm* demonio; **le D~** el demonio

démonstration [demɔ̃stʁasjɔ̃] *nf* demostración *f*

démonter [demɔ̃te] *vt* desmontar

démontrer [demɔ̃tʀe] vt demostrar
démouler [demule] vt (*gâteau*) extraer del molde
démuni, e [demyni] adj pelado(-a)
dénicher [deniʃe] vt dar con
dénier [denje] vt negar
dénivellation [denivelasjɔ̃] nf desnivel m
dénombrer [denɔ̃bʀe] vt (*compter*) contar; (*énumérer*) enumerar
dénomination [denɔminasjɔ̃] nf (*nom*) denominación f
dénoncer [denɔ̃se] vt denunciar
dénouement [denumɑ̃] nm desenlace m
dénouer [denwe] vt desatar
denrée [dɑ̃ʀe] nf producto; **denrées alimentaires** productos mpl alimenticios
dense [dɑ̃s] adj denso(-a); **densité** nf densidad f
dent [dɑ̃] nf diente m; **avoir une ~ contre qn** tener manía a algn; **en ~s de scie** dentado(-a); **dent de lait** diente de leche; **dent de sagesse** muela del juicio; **dentaire** adj dental
dentelle [dɑ̃tɛl] nf encaje m
dentier [dɑ̃tje] nm dentadura
dentifrice [dɑ̃tifʀis] nm dentífrico
dentiste [dɑ̃tist] nm/f dentista m/f
dentition [dɑ̃tisjɔ̃] nf (*dents*) dentadura; (*formation*) dentición f
dénué, e [denɥe] adj: **~ de** desprovisto(-a) de
déodorant [deɔdɔʀɑ̃] nm desodorante m
déontologie [deɔ̃tɔlɔʒi] nf deontología
dépannage [depanaʒ] nm reparación f; **service de ~** (*Auto*) servicio de reparaciones
dépanner [depane] vt reparar; (*fig*) sacar de apuros; **dépanneuse** nf grúa
dépareillé, e [depaʀeje] adj (*collection, service*) descabalado(-a); (*gant, volume, objet*) desparejado(-a)

départ [depaʀ] nm partida, marcha; (*d'un employé*) despido; (*Sport, sur un horaire*) salida; **à son ~** a su marcha; **au ~** al principio
département [depaʀtəmɑ̃] nm ≈ provincia; (*d'université*) departamento; (*de magasin*) sección f

- **DÉPARTEMENT**

- Francia se halla dividida en 96 unidades administrativas denominadas **départements**. Al frente de estas divisiones de la administración local se encuentra el **préfet**, nombrado por el gobierno, y su administración corre a cargo de un **Conseil général** electo. **Los départements** suelen tomar su nombre de algún hito geográfico importante, como un río o una cordillera; véase también **DOM-ROM**.

dépassé, e [depase] adj pasado(-a) de moda; (*fig*) desbordado(-a)
dépasser [depase] vt (*véhicule, concurrent*) adelantar; (*endroit*) dejar atrás; (*somme, limite fixée, prévisions*) rebasar; (*fig*) superar; (*être en saillie sur*) sobresalir ▷ vi (*Auto*) adelantarse; (*ourlet, jupon*) sobresalir; **se dépasser** vpr (*se surpasser*) superarse; **être dépassé** estar desbordado
dépaysé, e [depeize] adj extrañado(-a)
dépaysement [depeizmɑ̃] nm extrañamiento
dépêcher [depeʃe]: **se ~** vpr darse prisa, apresurarse, apurarse (*Am*)
dépendance [depɑ̃dɑ̃s] nf dependencia; (*Méd*) adicción f
dépendre [depɑ̃dʀ] vt descolgar; **~ de** depender de
dépens [depɑ̃] nmpl: **aux ~ de** a expensas de

dépense [depɑ̃s] nf gasto; (fig) consumo; **dépenser** vt gastar; (fig) consumir; **se dépenser** vpr fatigarse

dépeupler [depœple]: **se ~** vpr despoblarse

dépilatoire [depilatwar] adj depilatorio(-a)

dépister [depiste] vt (Méd) identificar

dépit [depi] nm despecho; **en ~ de** a pesar de; **en ~ du bon sens** sin sentido común; **dépité, e** adj contrariado(-a)

déplacé, e [deplase] adj fuera de lugar inv

déplacement [deplasmɑ̃] nm traslado; (voyage) viaje m; **en ~** de viaje

déplacer [deplase] vt mover

déplaire [depleʀ] vi desagradar; **ceci me déplaît** esto me desagrada; **déplaisant, e** vb voir **déplaire** ▷ adj desagradable

dépliant [deplijɑ̃] nm folleto

déplier [deplije] vt desplegar

déposer [depoze] vt poner, dejar; (à la banque) ingresar; (Admin, Jur) presentar; (Jur): **~ (contre)** declarar (contra); **se déposer** vpr depositarse; **dépositaire** nm/f (Comm) concesionario(-a); **déposition** nf (Jur) deposición f

dépôt [depo] nm (d'argent) ingreso; (entrepôt) depósito

dépourvu, e [depuʀvy] adj: **~ de** desprovisto(-a) de; **au ~: prendre qn au ~** coger a algn desprevenido(-a)

dépression [depʀesjɔ̃] nf depresión f; **dépression (nerveuse)** depresión (nerviosa)

déprimant, e [depʀimɑ̃, ɑ̃t] adj deprimente

déprimer [depʀime] vt deprimir

depuis [dəpɥi] prép desde ▷ adv (temps) desde entonces; **~ que** desde que; **~ qu'il m'a dit ça** desde que me dijo eso; **~ combien de temps?**

¿cuánto tiempo hace?; **il habite Paris ~ 5 ans** vive en París desde hace 5 años, lleva 5 años viviendo en París; **~ quand le connaissez-vous?** ¿desde cuándo lo conoce usted?; **je le connais ~ 5 ans** lo conozco desde hace 9 años; **~ quand?** (excl) ¿desde cuándo?; **il a plu ~ Metz** ha estado lloviendo desde Metz; **elle a téléphoné ~ Valence** llamó por teléfono desde Valencia; **~ les plus petits jusqu'aux plus grands** desde los más pequeños hasta los más grandes; **je ne lui ai pas parlé ~** no he vuelto a hablar con él ou ella; **~ lors** desde entonces

député [depyte] nm (Pol) diputado(-a)

dérangement [deʀɑ̃ʒmɑ̃] nm molestia; **en ~** averiado(-a)

déranger [deʀɑ̃ʒe] vt desordenar; (personne) molestar; (projet) desarreglar; **se déranger** vpr molestarse

déraper [deʀape] vi (voiture) derrapar, patinar; (personne, couteau) resbalar

dérégler [deʀegle] vt (mécanisme) estropear; (estomac) indisponer

dérisoire [deʀizwaʀ] adj irrisorio(-a)

dérive [deʀiv] nf (Naut) orza de quilla; **aller à la ~** (Naut, fig) ir a la deriva

dérivé, e [deʀive] nm derivado

dermatologue [dɛʀmatɔlɔg] nm/f dermatólogo(-a)

dernier, -ière [dɛʀnje, jɛʀ] adj último(-a) ▷ nm/f último(-a) ▷ nm (étage) último piso; **lundi/le mois ~** el lunes/el mes pasado; **en ~** al final, por último; **ce ~/cette dernière** este último/esta última; **dernièrement** adv últimamente

dérogation [deʀɔgasjɔ̃] nf contravención f

dérouiller [deʀuje] vt: **se ~ les jambes** estirar las piernas

déroulement [deʀulmɑ̃] nm
desenrollamiento

dérouler [deʀule] vt (ficelle, papier)
desenrollar; **se dérouler** vpr (avoir
lieu) desarrollarse

dérouter [deʀute] vt (avion, train)
desviar; (fig) despistar

derrière [deʀjɛʀ] prép detrás de; (fig)
tras, más allá de ▷ nm (d'une maison)
trasera; (postérieur) trasero; **les
pattes/roues de ~** las patas/ruedas
traseras; **par ~** por detrás

des [de] dét voir **de** ▷ prép + dét = **de**

dès [dɛ] prép desde; **~ que** tan pronto
como; **~ son retour** en cuanto vuelva;
~ lors desde entonces

désaccord [dezakɔʀ] nm desacuerdo

désagréable [dezagʀeabl] adj
desagradable

désagrément [dezagʀemɑ̃] nm
desagrado

désaltérer [dezalteʀe] **se ~** vpr
beber

désapprobateur, -trice
[dezapʀɔbatœʀ, tʀis] adj
desaprobatorio(-a)

désapprouver [dezapʀuve] vt
desaprobar

désarmant, e [dezaʀmɑ̃, ɑ̃t] adj
conmovedor(a)

désastre [dezastʀ] nm desastre m;
désastreux, -euse adj desastroso(-a)

désavantage [dezavɑ̃taʒ] nm
(handicap) inferioridad f; (inconvénient)
desventaja; **désavantager** vt
desfavorecer

descendre [desɑ̃dʀ] vt bajar;
(abattre) cargarse; (boire) pimplar,
soplar ▷ vi bajar, descender;
(passager) bajar(se); **~ à pied/en
voiture** bajar a pie/en coche; **~ de
(famille)** descender de; **~ du train/
d'un arbre/de cheval** bajar(se) del
tren/de un árbol/del caballo; **~ à
l'hôtel** quedarse en un hotel

descente [desɑ̃t] nf bajada,

descenso; (route) pendiente f; (Ski)
descenso; **au milieu de la ~** en medio
de la bajada

description [dɛskʀipsjɔ̃] nf
descripción f

déséquilibre [dezekilibʀ] nm
desequilibrio; **en ~** desequilibrado(-a)

désert, e [dezɛʀ, ɛʀt] adj
desierto(-a) ▷ nm desierto;
désertique adj desértico(-a)

désespéré, e [dezɛspeʀe] adj, nm/f
desesperado(-a); **état ~** (Méd) estado
desesperado

désespérer [dezɛspeʀe] vi
desesperar; **~ de qn/qch** perder la
esperanza en algn/algo; **désespoir**
nm desesperación f, desesperanza

déshabiller [dezabije] vt desvestir;
se déshabiller vpr desnudarse,
desvestirse (esp Am)

déshydraté, e [dezidʀate] adj
deshidratado(-a)

desiderata [dezideʀata] nmpl
desiderata fsg

désigner [dezine] vt (montrer)
enseñar; (dénommer) designar

désinfectant, e [dezɛ̃fɛktɑ̃, ɑ̃t] adj
desinfectante ▷ nm desinfectante m

désinfecter [dezɛ̃fɛkte] vt
desinfectar

désintéressé, e [dezɛ̃teʀese] adj
desinteresado(-a)

désintéresser [dezɛ̃teʀese] vt: **se
~ (de qn/qch)** desinteresarse (por
algn/algo), perder el interés (por
algn/algo)

désintoxication [dezɛ̃tɔksikasjɔ̃]
nf (Méd) desintoxicación f; **faire
une cure de ~** hacer una cura de
desintoxicación

désinvolte [dezɛ̃vɔlt] adj
impertinente

désir [deziʀ] nm deseo; **désirer**
vt desear; **je désire ...** (formule de
politesse) desearía ...

désister [deziste] **se ~** vpr desistir

désobéir [dezɔbeiʀ] vi: **~ (à qn/qch)** desobedecer (a algn/algo); **désobéissant, e** adj desobediente

désodorisant, e [dezɔdɔʀizɑ̃, ɑ̃t] adj desodorante

désolé, e [dezɔle] adj desolado(-a); **je suis ~, il n'y en a plus** lo siento, ya no hay más

désordonné, e [dezɔʀdɔne] adj desordenado(-a)

désordre [dezɔʀdʀ] nm desorden m; **en ~** en desorden

désormais [dezɔʀmɛ] adv (de ahora) en adelante

desquelles [dekɛl] prép + pron voir **lequel**

desquels [dekɛl] prép + pron voir **lequel**

dessécher [desefe] se ~ vpr secarse

desserrer [deseʀe] vt aflojar; (poings, dents) abrir

dessert [deseʀ] vb voir **desservir** ▷ nm (moment du repas) postres mpl; (mets) postre m

desservir [deseʀviʀ] vt (suj: moyen de transport) cubrir el servicio de; (: voie de communication) comunicar

dessin [desɛ̃] nm dibujo; **dessin animé** dibujos mpl animados; **dessin humoristique** dibujo humorístico, viñeta; **dessinateur, -trice** nm/f dibujante m/f; **dessinateur industriel** delineante m/f; **dessiner** vt dibujar; (concevoir) diseñar

dessous [d(ə)su] adv debajo, abajo ▷ nm parte f inferior; (de voiture) bajos mpl; **dessous** nmpl (fig) secretos mpl; (sous-vêtements) ropa interior fsg; **en ~ (sous)** debajo; (plus bas) por debajo; **par-~** adv por debajo; **par ~** prép por debajo de; **au-~** abajo; **au-~ de tout** incalificable; **avoir le ~** tener ou llevar la peor parte; **dessous-de-plat** nm salvamanteles m inv

dessus [d(ə)sy] adv encima, arriba ▷ nm parte f superior; **c'est écrit ~** está ahí; **par-~** adv por encima, por arriba ▷ prép por encima de, por arriba de; **au-~** encima, arriba; **avoir/prendre le ~** ir ganando; **reprendre le ~** recobrarse; **sens ~ dessous** patas arriba; **dessus-de-lit** nm inv colcha

destin [dɛstɛ̃] nm destino

destinataire [dɛstinatɛʀ] nm/f destinatario(-a)

destination [dɛstinasjɔ̃] nf destino; (usage) función f; **à ~ de** con destino a

destiner [dɛstine] vt: **~ qch à qn** destinar a algn para algo; **se ~ à l'enseignement** pensar dedicarse a la enseñanza; **être destiné à** estar destinado(-a) a; (usage) ser para

détachant [detaʃɑ̃] nm quitamanchas m inv

détacher [detaʃe] vt (ôter) desprender; (délier) desatar, soltar; **se détacher** vpr (tomber, se défaire) desprenderse; **se ~ sur** (se dessiner) destacarse en

détail [detaj] nm detalle m; **au ~** (Comm) al por menor; **en ~** en detalle; **détaillant, e** [detajɑ̃, ɑ̃t] nm/f minorista m/f; **détaillé, e** adj detallado(-a); **détailler** vt detallar

détecter [detɛkte] vt detectar; **détective** [detɛktiv] nm: **détective (privé/privée)** detective m/f

déteindre [detɛ̃dʀ] vi desteñir

détendre [detɑ̃dʀ] vt aflojar; (atmosphère etc) relajar; **se détendre** vpr (ressort) aflojarse; (se reposer) descansar

détenir [det(ə)niʀ] vt poseer; (otage) retener; (prisonnier) tener preso a; (record) ostentar; **~ le pouvoir** (Pol) ostentar el poder

détente [detɑ̃t] nf distensión f, relajación f (politique, sociale) distensión; (loisirs) esparcimiento, descanso

détention [detɑ̃sjɔ̃] nf posesión f; (d'un otage) retención f; (d'un prisonnier) encarcelamiento

détenu, e [det(ə)ny] *pp de* **détenir**
▷ *nm/f* (*prisonnier*) preso(-a)

détergent [deterʒɑ̃] *nm* detergente
m

détériorer [deterjɔre]: **se ~** *vpr*
deteriorarse

déterminé, e [determine] *adj*
(*personne, air*) decidido(-a); (*but,
intentions*) claro(-a)

déterminer [determine] *vt* (*date
etc*) determinar; **~ qn à faire qch**
decidir a algn a hacer algo

détester [deteste] *vt* (*haïr*) detestar,
odiar; (*sens affaibli*) detestar

détour [detur] *nm* rodeo; (*tournant,
courbe*) curva, recodo; **sans ~** (*fig*)
sin rodeos

détourné, e [deturne] *adj* (*sentier,
chemin*) indirecto(-a); (*moyen*)
dudoso(-a)

détourner [deturne] *vt* desviar;
(*avion: par la force*) secuestrar; (*yeux*)
apartar; (*tête*) volver; (*de l'argent*)
malversar; **se détourner** *vpr* (*tourner
la tête*) apartar la cara

détraquer [detrake] *vt* fastidiar,
cargarse; (*santé, estomac*) estropear;
se détraquer *vpr*: **ma montre s'est
détraquée** se me ha fastidiado
el reloj

détriment [detrimɑ̃] *nm*: **au ~ de** en
detrimento de

détroit [detrwa] *nm* estrecho; **le
détroit de Be(h)ring/de Gibraltar/
de Magellan** el estrecho de Bering/
de Gibraltar/de Magallanes

détruire [detruir] *vt* destruir

dette [det] *nf* deuda

DEUG [dœg] *sigle m* (= *diplôme d'études
universitaires générales*) diplomatura

deuil [dœj] *nm* luto

deux [dø] *adj inv, nm inv* dos *m inv*;
les ~ los/las dos, ambos(-as); **ses ~
mains** las dos manos; **deux points**
(*ponctuation*) dos puntos *mpl*; *voir*

aussi **cinq**; **deuxième** *adj, nm/f*
segundo(-a); *voir aussi* **cinquième**;
deuxièmement *adv* en segundo
lugar; **deux-pièces** *nm inv* dos piezas
m inv; (*appartement*) apartamento de
dos habitaciones; **deux-roues** *nm inv*
vehículo de dos ruedas

devais [dəvɛ] *vb voir* **devoir**

dévaluation [devaluasjɔ̃] *nf*
devaluación *f*

devancer [d(ə)vɑ̃se] *vt* adelantar;
(*arriver avant, aussi fig*) adelantarse a

devant [d(ə)vɑ̃] *vb voir* **devoir** ▷ *adv*
delante, adelante ▷ *prép* (*en face
de*) delante de, frente a; (*passer, être*)
delante de; (*en présence de*) ante; (*face
à*) ante, delante de ▷ *nm* (*de maison*)
fachada; (*vêtement, voiture*) delantera;
prendre les ~s adelantarse; **de ~**
delantero(-a); **par ~** por delante;
aller au-~ de qn ir al encuentro
de algn; **aller au-~ de** (*désirs de qn*)
anticiparse a

devanture [d(ə)vɑ̃tyr] *nf* (*étalage,
vitrine*) escaparate *m*, vidriera (*Am*)

développement [dev(ə)lɔpmɑ̃] *nm*
desarrollo; (*photo*) revelado; (*exposé*)
exposición *f*; (*gén pl*) evolución *f*

développer [dev(ə)lɔpe] *vt*
desarrollar; (*Photo*) revelar; **se
développer** *vpr* desarrollarse;
(*affaire*) evolucionar

devenir [dəv(ə)nir] *vt* volverse; **que
sont-ils devenus?** ¿qué ha sido de
ellos?; **~ médecin** hacerse médico

devez [dəve] *vb voir* **devoir**

déviation [devjasjɔ̃] *nf* desviación *f*;
(*Auto*) desvío

devienne *etc* [dəvjɛn] *vb voir*
devenir

deviner [d(ə)vine] *vt* adivinar;
(*apercevoir*) atisbar; **devinette** *nf*
adivinanza

devins *etc* [dəvɛ̃] *vb voir* **devenir**

devis [d(ə)vi] *nm* presupuesto

devise [dəviz] *nf* (*formule*) lema *m*,

divisa; (Écon) divisa; **devises** nfpl
dinero msg extranjero

dévisser [devise] vt desatornillar

devoir [d(ə)vwaʀ] nm deber m ▷ vt
deber; **il doit le faire** (obligation)
debe hacerlo, tiene que hacerlo; **cela
devait arriver** (fatalité) tenía que
ocurrir (un día); **il doit partir demain**
(intention) se va mañana; **il doit être
tard** (probabilité) debe (de) ser tarde

dévorer [devɔʀe] vt devorar

dévoué, e [devwe] adj dedicado(-a)

dévouer [devwe] vb: **se ~ (pour)**
sacrificarse (por); **se ~ à** dedicarse a

devrai [dəvʀe] vb voir **devoir**

diabète [djabɛt] nm (Méd)
diabetes f inv; **diabétique** adj, nm/f
diabético(-a)

diable [djabl] nm diablo

diabolo [djabolo] nm (boisson) mezcla
de gaseosa y almíbar

diagnostic [djagnɔstik] nm
diagnóstico; **diagnostiquer** vt
diagnosticar

diagonal, e, -aux [djagɔnal, o] adj
diagonal; **diagonale** nf diagonal f

diagramme [djagʀam] nm
diagrama m

dialecte [djalɛkt] nm dialecto

dialogue [djalɔg] nm diálogo

diamant [djamɑ̃] nm diamante m

diamètre [djamɛtʀ] nm diámetro

diapositive [djapozitiv] nf
diapositiva

diarrhée [djaʀe] nf diarrea

dictateur [diktatœʀ] nm dictador m;
dictature nf dictadura

dictée [dikte] nf dictado

dicter [dikte] vt (aussi fig) dictar

dictionnaire [diksjɔnɛʀ] nm
diccionario

dièse [djɛz] nm sostenido

diesel [djezɛl] nm diesel m

diète [djɛt] nf dieta; **diététique** adj
dietético(-a) ▷ nf dietética; **magasin
diététique** tienda de dietética

dieu, x [djø] nm dios msg; **D~** Dios;
mon D~! ¡Dios mío!

différemment [difeʀamɑ̃] adv de
forma diferente

différence [difeʀɑ̃s] nf diferencia;
à la ~ de a diferencia de; **différencier**
vt diferenciar; **se différencier (de)**
diferenciarse (de)

différent, e [difeʀɑ̃, ɑ̃t] adj: **~ (de)**
distinto(-a) de), diferente (de); **~s
objets/personnages** varios objetos/
personajes

différer [difeʀe] vt diferir, postergar
(Am) ▷ vi: **~ (de)** diferenciarse (de)

difficile [difisil] adj difícil;
difficilement adv difícilmente

difficulté [difikylte] nf dificultad f;
en ~ en apuros

diffuser [difyze] vt emitir; (nouvelle,
idée) difundir; (Comm) distribuir

digérer [diʒeʀe] vt digerir;
digestif, -ive [diʒɛstif, iv] adj
digestivo(-a) ▷ nm licor m; **digestion**
nf digestión f

digne [diɲ] adj (respectable) digno(-a);
~ d'intérêt/d'admiration digno de
interés/de admiración; **~ de foi** digno
de fe; **~ de qn/qch** digno de algn/
algo; **dignité** nf dignidad f

digue [dig] nf dique m

dilemme [dilɛm] nm dilema m

diligence [diliʒɑ̃s] nf diligencia

diluer [dilɥe] vt diluir

dimanche [dimɑ̃ʃ] nm domingo; voir
aussi **lundi**

dimension [dimɑ̃sjɔ̃] nf dimensión
f; (gén pl: cotes, coordonnées)
dimensiones fpl

diminuer [diminɥe] vt disminuir;
(dénigrer) desacreditar ▷ vi disminuir;
diminutif nm (surnom) diminutivo
cariñoso

dinde [dɛ̃d] nf pava

dindon [dɛ̃dɔ̃] nm pavo

dîner [dine] nm cena, comida (Am)
▷ vi cenar

dingue [dɛ̃g] *(fam) adj* chalado(-a)
dinosaure [dinɔzɔʀ] *nm* dinosaurio
diplomate [diplɔmat] *nm/f* diplomático(-a); **diplomatie** *nf* diplomacia
diplôme [diplom] *nm* diploma *m*, título; *(examen)* examen *m* de diplomatura; **diplômé, e** *adj, nm/f* titulado(-a), diplomado(-a)
dire [diʀ] *vt* decir; *(suj: horloge)* decir, marcar; *(ordre, invitation)*: **~ à qn qu'il fasse** *ou* **de faire qch** decir a algn que haga algo; *(objecter)*: **n'avoir rien à ~ (à)** no tener nada que decir (a); *(penser)*: **que dites-vous de …?** ¿qué opina usted de …?; *(se prétendre)*: **se ~ malade** *etc* pretenderse enfermo(-a) *etc*; **ça se dit … en anglais** se dice … en inglés; **~ quelque chose/ce qu'on pense** decir algo/lo que uno piensa; **~ la vérité/l'heure** decir la verdad/la hora; **on dirait que** parece que; **ça me dit rien** no me apetece; **pour ainsi ~** por decirlo así; **cela va sans ~** ni qué decir tiene; **dis donc!/dites donc!** *(pour attirer attention)* ¡oye!/¡oiga!; *(agressif)* ¡oye!/¡oiga Vd!; **et ~ que …** y pensar que …; **ceci** *ou* **cela dit** a pesar de todo; *(à ces mots)* dicho esto; **il n'y a pas à ~** realmente
direct, e [diʀɛkt] *adj* directo(-a); *(personne)* franco(-a); **en ~** en directo; **directement** *adv* directamente
directeur, -trice [diʀɛktœʀ, tʀis] *nm/f* director(a)
direction [diʀɛksjɔ̃] *nf* dirección *f*; **"toutes ~s"** *(Auto)* "todas las direcciones"
dirent [diʀ] *vb voir* **dire**
dirigeant, e [diʀiʒɑ̃, ɑ̃t] *adj, nm/f* dirigente *m/f*
diriger [diʀiʒe] *vt* dirigir; **se diriger** *vpr* orientarse; **~ sur** *(regard)* dirigir hacia; **se ~ vers** *ou* **sur** dirigirse hacia
dis [di] *vb voir* **dire**

discerner [disɛʀne] *vt (apercevoir)* divisar
discipline [disiplin] *nf* disciplina; **discipliner** *vt* disciplinar
discontinu, e [diskɔ̃tiny] *adj* discontinuo(-a)
discontinuer [diskɔ̃tinɥe] *vi*: **sans ~** sin interrupción
discothèque [diskɔtɛk] *nf* discoteca
discours [diskuʀ] *nm* discurso
discret, -ète [diskʀɛ, ɛt] *adj* discreto(-a); **discrétion** *f* discreción *f*
discrimination [diskʀiminasjɔ̃] *nf* discriminación *f*; **sans ~** sin discriminación
discussion [diskysjɔ̃] *nf* discusión *f*
discutable [diskytabl] *adj* discutible
discuter [diskyte] *vt, vi* discutir
dise [diz] *vb voir* **dire**
disjoncteur [disʒɔ̃ktœʀ] *nm (Élec)* interruptor *m*
disloquer [dislɔke] *vt*: **se ~ l'épaule** dislocarse el hombro
disons [dizɔ̃] *vb voir* **dire**
disparaître [dispaʀɛtʀ] *vi* desaparecer; **faire ~ qch/qn** hacer desaparecer algo/a algn
disparition [dispaʀisjɔ̃] *nf* desaparición *f*
disparu, e [dispaʀy] *pp de* **disparaître** ▸ *nm/f (dont on a perdu la trace)* desaparecido(-a)
dispensaire [dispɑ̃sɛʀ] *nm* dispensario
dispenser [dispɑ̃se] *vt (soins etc)* prestar; *(exempter)*: **~ qn de qch/faire qch** dispensar a algn de algo/hacer algo
disperser [dispɛʀse] *vt* dispersar
disponible [dispɔnibl] *adj* disponible
disposé, e [dispoze] *adj* dispuesto(-a); **bien/mal ~** de buen/mal humor; **être bien/mal**

~ pour ou **envers qn** estar bien/
mal dispuesto(-a) hacia algn; **~ à**
dispuesto(-a) a
disposer [dispoze] vt disponer
▷ vi: **~ de** disponer de; **se ~ à faire qch**
disponerse a hacer algo
dispositif [dispozitif] nm
dispositivo
disposition [dispozisjɔ̃] nf
disposición f; (arrangement)
distribución f; (gén pl: mesures)
medidas fpl; (: préparatifs)
preparativos mpl; **à la ~ de qn** a
disposición de algn
disproportionné, e
[dispʁɔpɔʁsjɔne] adj
desproporcionado(-a)
dispute [dispyt] nf riña, disputa;
disputer: se disputer vpr reñir
disqualifier [diskalifje] vt
descalificar
disque [disk] nm disco; **disque
compact** disco compacto; **disque
d'embrayage** (Auto) disco de
embrague; **disque laser** disco láser;
disquette nf (Inform) diskette m
dissertation [disɛʁtasjɔ̃] nf (Scol)
redacción f
dissimuler [disimyle] vt disimular,
ocultar
dissipé, e [disipe] adj (indiscipliné)
distraído(-a)
dissolvant [disɔlvɑ̃] nm (Chim)
disolvente m
dissuader [disɥade] vt: **~ qn de faire
qch/qch** disuadir a algn de hacer
algo/de algo
distance [distɑ̃s] nf distancia;
une ~ de 10 km una distancia de
10 km; **distancer** vt (concurrent)
distanciarse
distant, e [distɑ̃, ɑ̃t] adj distante; **~
de 5 km** distante 5km
distillerie [distilʁi] nf destilería
distinct, e [distɛ̃(kt), ɛ̃kt] adj
distinto(-a); **distinctement** adv (voir)

con nitidez; (parler) con claridad;
distinctif, -ive adj distintivo(-a)
distingué, e [distɛ̃ge] adj
distinguido(-a)
distinguer [distɛ̃ge] vt distinguir
distraction [distʁaksjɔ̃] nf
distracción f
distraire [distʁɛʁ] vt distraer;
(amuser) distraer, entretener; **se
distraire** vpr distraerse; **distrait, e**
pp de **distraire** ▷ adj distraído(-a)
distrayant, e [distʁɛjɑ̃, ɑ̃t] vb
voir **distraire** ▷ adj distraído(-a),
entretenido(-a)
distribuer [distʁibɥe] vt
repartir; (Cartes) dar; **distributeur**
nm: **distributeur (automatique)**
máquina (expendedora)
dit, e [di] pp de **dire**
dites [dit] vb voir **dire**
divan [divɑ̃] nm sofá m
divers, es [divɛʁ, ɛʁs] adj (varié)
diverso(-a), vario(-a); (différent)
variado(-a) ▷ dét (plusieurs)
varios(-as), diversos(-as); **(frais) ~**
gastos mpl varios
diversité [divɛʁsite] nf diversidad f
divertir [divɛʁtiʁ]: **se ~** vpr
divertirse; **divertissement** nm
diversión f
diviser [divize] vt dividir; **division**
nf división f
divorce [divɔʁs] nm divorcio;
divorcé, e adj, nm/f divorciado(-a);
divorcer vi divorciarse; **divorcer de**
ou **d'avec qn** divorciarse de algn
divulguer [divylge] vt divulgar
dix [dis] adj inv, nm inv diez m inv; voir
aussi **cinq**
dix-huit [dizɥit] adj inv, nm inv
dieciocho m inv; voir aussi **cinq**
dix-huitième [dizɥitjɛm] adj,
nm/f decimoctavo(-a) ▷ nm
(partitif) dieciochoavo; voir aussi
cinquantième
dixième [dizjɛm] adj, nm/f

décimo(-a) ▷ nm décimo; *voir aussi* **cinquième**

dix-neuf [diznœf] *adj inv, nm inv* diecinueve *m inv; voir aussi* **cinq**

dix-neuvième [diznœvjɛm] *adj, nm/f* decimonoveno(-a) ▷ nm (*partitif*) diecinueveavo; *voir aussi* **cinquantième**

dix-sept [disɛt] *adj inv, nm inv* diecisiete *m inv; voir aussi* **cinq**

dix-septième [disɛtjɛm] *adj, nm/f* decimoséptimo(-a) ▷ nm (*partitif*) diecisieteavo; *voir aussi* **cinquantième**

dizaine [dizɛn] *nf* (*unité*) decena; **une ~ de ...** unos(-as) diez ...

do [do] *nm inv* (*Mus*) do

docile [dɔsil] *adj* dócil

dock [dɔk] *nm* dique m; **docker** *nm* estibador m

docteur [dɔktœʀ] *nm* (*médecin*) médico, doctor(a); **doctorat** *nm* (*aussi*: **doctorat d'État**) doctorado

doctrine [dɔktʀin] *nf* doctrina

document [dɔkymɑ̃] *nm* documento; **documentaire** *nm*: (*film*) documentaire *nm*; documental m; **documentaliste** *nm/f* documentalista m/f; **documentation** *nf* documentación f; **documenter** vt: **se documenter (sur)** documentarse (sobre)

dodo [dodo] *nm*: **aller faire ~** ir a la cama

dogue [dɔg] *nm* (*perro*) dogo

doigt [dwa] *nm* dedo; **être à deux ~s de** estar a dos dedos de

doit *etc* [dwa] *vb voir* **devoir**

dollar [dɔlaʀ] *nm* dólar m

domaine [dɔmɛn] *nm* dominio

domestique [dɔmɛstik] *adj* doméstico(-a) ▷ nm/f doméstico(-a), sirviente(-a), criado(-a)

domicile [dɔmisil] *nm* domicilio; **à ~** a domicilio; **domicilié, e** *adj*: **être domicilié à** estar domiciliado(-a) en

dominant, e [dɔminɑ̃, ɑ̃t] *adj* dominante

dominer [dɔmine] *vt* dominar; (*passions etc*) dominar, controlar; (*surpasser*) sobrepasar a ▷ *vi* dominar

domino [dɔmino] *nm* dominó m

dommage [dɔmaʒ] *nm* daño, perjuicio; (*gén pl: dégâts, pertes*) daños *mpl*, pérdidas *fpl*; **c'est ~ de faire/que ...** es una lástima hacer/que ...; **dommages matériels** daños materiales

dompter [dɔ̃(p)te] *vt* domar; **dompteur, -euse** *nm/f* domador(a)

DOM-ROM [dɔmʀɔm] *sigle m ou mpl* (= *département(s) d'outre-mer/région(s) d'outre-mer*) departamentos y regiones franceses de ultramar

don [dɔ̃] *nm* (*cadeau*) regalo; (*charité*) donativo; (*aptitude*) don m; **avoir des ~s pour** tener un don o tener gracia para

donc [dɔ̃k] *conj* (*en conséquence*) por tanto; (*après une digression*) así pues

donné, e [dɔne] *adj* (*convenu*): **prix/jour ~** precio/día m determinado; **c'est ~** es tirado, está regalado; **étant ~ que ...** puesto ou dado que ...; **donnée** *nf* dato

donner [dɔne] *vt* dar; (*offrir*) regalar; (*maladie*) pegar; (*film, spectacle*) echar, poner ▷ *vi* (*fenêtre, chambre*): **~ sur** dar a; **se donner** *vpr*: **se ~ à fond (à son travail)** entregarse a fondo (a su trabajo); **se ~ qch à qn** dar algo a algn

O MOT-CLÉ

dont [dɔ̃] *pron rel* 1 (*complément d'un nom sujet*) cuyo(-a), cuyos(-as); **une méthode dont je ne connais pas les résultats** un método cuyos resultados desconozco; **c'est le chien dont le maître habite en face** es el perro cuyo dueño vive enfrente 2 (*complément de verbe ou adjectif*): **le voyage dont je t'ai parlé** el viaje del

que te hablé; **le pays dont il est
originaire** el país del que es
originario; **la façon dont il l'a fait** la
forma en que lo hizo
3 (*parmi lesquel(le)s*): **2 livres, dont
l'un est gros** 2 libros, uno de los
cuales es gordo; **il y avait plusieurs
personnes, dont Gabrielle** había
varias personas, entre ellas Gabriela;
10 blessés, dont 2 grièvement 10
heridos, 2 de ellos de gravedad

doré, e [dɔʀe] *adj* dorado(-a)
dorénavant [dɔʀenavɑ̃] *adv* en
adelante, en lo sucesivo
dorer [dɔʀe] *vt* dorar ▷ *vi*
(*Culin: poulet*): **(faire)~** dorar
dorloter [dɔʀlɔte] *vt* mimar
dormir [dɔʀmiʀ] *vi* dormir; (*être
endormi*) dormir, estar dormido(-a)
dortoir [dɔʀtwaʀ] *nm* dormitorio
dos [do] *nm* espalda; (*d'un
livre*) lomo; (*d'un chèque etc*) dorso; **voir
au ~** véase al dorso; **de ~** de espaldas;
~ à ~ de espaldas uno a otro
dosage [dozaʒ] *nm* dosificación *f*
dose [doz] *nf* dosis *f inv*; **doser** *vt*
(*aussi fig*) dosificar
dossier [dosje] *nm* expediente *m*;
(*chemise, enveloppe*) carpeta; (*de chaise*)
respaldo; (*Presse*) dossier *m*
douane [dwan] *nf* aduana; (*taxes*)
arancel *m*; **douanier, -ière** *adj, nm/f*
aduanero(-a)
double [dubl] *adj* doble ▷ *adv*: **voir
~** ver doble ▷ *nm* (*autre exemplaire*)
copia; (*sosie*) doble; **le ~ (de)** el
doble (de); **~ messieurs/mixte** (*Tennis*)
dobles *mpl* masculinos/mixtos; **en ~**
por duplicado
doubler [duble] *vt* duplicar;
(*vêtement, chaussures*) forrar; (*voiture
etc*) adelantar; (*film*) doblar; (*acteur*)
doblar a ▷ *vi* duplicarse
doublure [dublyʀ] *nf* (*de vêtement*)
forro; (*acteur*) doble *m*

douce [dus] *adj voir* **doux**; **douceâtre**
adj dulzón(-ona); **doucement** *adv*
(*délicatement*) con cuidado; (*à voix
basse*) bajo; (*lentement*) despacio;
douceur *nf* suavidad *f*; (*d'une
personne, saveur etc*) dulzura; (*de gestes*)
delicadeza
douche [duʃ] *nf* ducha; **douches**
nfpl (*salle*) duchas *fpl*; **prendre une ~**
ducharse; **doucher: se doucher** *vpr*
ducharse
doué, e [dwe] *adj* dotado(-a); **~ de**
(*possédant*) dotado(-a) de
douille [duj] *nf* (*Élec*) casquillo
douillet, te [duje, ɛt] *adj* (*péj*)
delicado(-a)
douleur [dulœʀ] *nf* dolor *m*;
douloureux, -euse *adj* doloroso(-a)
doute [dut] *nm* duda; **sans ~**
seguramente; **mettre en ~** poner
en duda; **douter** *vt* dudar; **douter
de** dudar de; **se douter de qch/que**
sospechar algo/que; **je m'en doutais**
me lo figuraba; **douteux, -euse** *adj*
dudoso(-a); (*discutable*) discutible;
(*péj*) de aspecto dudoso
doux, douce [du, dus] *adj* suave;
(*personne, saveur*) dulce; (*climat, région*)
templado(-a); (*eau*) blando(-a)
douzaine [duzɛn] *nf* docena; **une ~
(de)** unos(-as) doce
douze [duz] *adj inv, nm inv* doce *m inv*;
voir aussi **cinq**; **douzième** *adj, nm/f*
duodécimo(-a) ▷ *nm* duodécimo; *voir
aussi* **cinquième**
dragée [dʀaʒe] *nf* peladilla
draguer [dʀage] *vt* (*rivière*) dragar;
(*fam: filles*) ligar con ▷ *vi* ligar
dramatique [dʀamatik] *adj*
dramático(-a) ▷ *nf* (*TV*) teledrama *m*
drame [dʀam] *nm* drama *m*
drap [dʀa] *nm* sábana; (*tissu*) paño
drapeau, x [dʀapo] *nm* bandera
drap-housse [dʀaus] (*pl* **draps-
housses**) *nm* sábana ajustable
dresser [dʀese] *vt* levantar; (*liste*)

redactar; (*animal domestique*) entrenar; (*animal de cirque*) amaestrar; **se dresser** *vpr* (*église, falaise*) erguirse; (*obstacle*) presentarse

drogue [dʀɔg] *nf* droga; **drogué** *nm/f* drogadicto(-a); **droguer** *vt* drogar; **se droguer** *vpr* drogarse; **droguerie** *nf* droguería; **droguiste** *nm/f* droguero(-a)

droit, e [dʀwa, dʀwat] *adj* derecho(-a), recto(-a); (*opposé à gauche*) derecho(-a); (*fig*) recto(-a) ▷ *adv* derecho ▷ *nm* derecho; **avoir le ~ de** tener el derecho de; **avoir ~ à** tener derecho a; **être dans son ~** estar en su derecho; **de quel ~?** ¿con qué derecho?; **droits d'auteur** derechos de autor; **droits d'inscription** matrícula; **droite** *nf* (*direction*) derecha; (*Math*) recta; (*Pol*): **la droite** la derecha; **à droite (de)** a la derecha (de); **de droite** (*Pol*) de derechas; **droitier, -ière** *adj, nm/f* diestro(-a)

drôle [dʀol] *adj* gracioso(-a); (*bizarre*) raro(-a)

dromadaire [dʀɔmadɛʀ] *nm* dromedario

du [dy] *prép* + *dét* voir **de**

dû, due [dy] *pp de* **devoir** ▷ *adj* (*somme*) debido(-a); **~ à** debido a

dune [dyn] *nf* duna

duplex [dyplɛks] *nm* (*appartement*) dúplex *m*

duquel [dykɛl] *prép* + *pron* voir **lequel**

dur, e [dyʀ] *adj* duro(-a); (*problème*) difícil; (*fam*) almidonado(-a) ▷ *adv* (*travailler, taper etc*) duramente, mucho

durant [dyʀɑ̃] *prép* durante; **~ des mois, des mois ~** durante meses enteros

durcir [dyʀsiʀ] *vt, vi* endurecer; **se durcir** *vpr* endurecerse

durée [dyʀe] *nf* duración *f*

durement [dyʀmɑ̃] *adv* (*très*) fuertemente; (*traiter*) severamente, duramente

durer [dyʀe] *vi* durar

dureté [dyʀte] *nf* dureza

durit® [dyʀit] *nm* durita

dus *etc* [dy] *vb* voir **devoir**

duvet [dyvɛ] *nm* plumón *m*; **(sac de couchage)** ~ saco de dormir (de plumón)

dynamique [dinamik] *adj* dinámico(-a); **dynamisme** *nm* dinamismo

dynamo [dinamo] *nf* dinamo *f* (*m en Am*)

dysenterie [disɑ̃tʀi] *nf* disentería

dyslexie [dislɛksi] *nf* dislexia

e

eau, x [o] nf agua; **prendre l'~**
(chaussure etc) dejar pasar el agua;
tomber à l'~ (fig) fracasar; **eau
courante/douce/salée** agua
corriente/dulce/salada; **eau de
Cologne/de toilette** agua de
Colonia/de olor; **eau de Javel** lejía;
eau oxygénée agua oxigenada; **eau
plate/minérale/gazeuse** agua
natural (del grifo)/mineral/con
gas; **eau-de-vie** (pl **eaux-de-vie**) nf
aguardiente m

ébène [eben] nf ébano; **ébéniste** nf
ebanista m/f

éblouir [ebluiʀ] vt deslumbrar

éboueur [ebwœʀ] nm basurero

ébouillanter [ebujɑ̃te] vt escaldar

éboulement [ebulmɑ̃] nm
derrumbamiento

ébranler [ebʀɑ̃le] vt (vitres, immeuble)
estremecer; (résolution, personne)
hacer vacilar

ébullition [ebylisjɔ̃] nf ebullición f;
en ~ en ebullición

écaille [ekɑj] nf (de poisson) escama;
(de coquillage) concha; (matière)
concha, carey m; (de peinture)
desconchón m; **écailler** vt (poisson)
escamar; **s'écailler** vpr (peinture)
desconcharse

écart [ekaʀ] nm (de temps) lapso;
(dans l'espace) separación f; (de prix
etc) diferencia; (embardée, mouvement)
desvío brusco; **à l'~** (éloigné)
alejado(-a), apartado(-a)

écarté, e [ekaʀte] adj (isolé)
apartado(-a); (ouvert) abierto(-a); **les
jambes ~es** las piernas abiertas; **les
bras ~s** los brazos abiertos

écarter [ekaʀte] vt (éloigner) alejar;
(personnes) separar; (ouvrir) abrir;
(Cartes, candidat, possibilité) descartar;
s'écarter vpr (parois, jambes) abrirse;
s'~ de alejarse de

échafaudage [eʃafodaʒ] nm (Constr)
andamiaje m

échalote [eʃalɔt] nf chalote m,
chalota

échange [eʃɑ̃ʒ] nm intercambio;
échanger vt intercambiar;
échanger qch (contre) (troquer)
canjear algo (por)

échantillon [eʃɑ̃tijɔ̃] nm muestra

échapper [eʃape]: **~ à** vt ind escapar
de; (punition, péril) librarse de;
s'échapper vpr escapar; **~ à qn**
escapársele a algn; **l'~ belle** escapar
por los pelos

écharpe [eʃaʀp] nf (cache-nez)
bufanda; **avoir un bras en ~** tener un
brazo en cabestrillo

échauffer [eʃofe]: **s'~** vpr (Sport)
calentarse

échéance [eʃeɑ̃s] nf (date)
vencimiento; **à brève/longue ~** adj,
adv a corto/largo plazo

échéant [eʃeɑ̃]: **le cas ~** adv llegado
el caso

échec [eʃɛk] nm fracaso; **échecs** nmpl (jeu) ajedrez msg; **~ et mat/au roi** jaque mate/al rey

échelle [eʃɛl] nf (de bois) escalera de mano; (fig) escala

échelon [eʃ(ə)lɔ̃] nm (d'échelle) escalón m; (Admin) escalafón m; (Sport) categoría; **échelonner** vt escalonar

échiquier [eʃikje] nm tablero

écho [eko] nm eco; (potins) cotilleo; **échographie** [ekɔgʀafi] nf ecografía

échouer [eʃwe] vi (tentative) fracasar; (candidat) suspender; (bateau) embarrancar; **s'échouer** vpr embarrancarse

éclabousser [eklabuse] vt salpicar

éclair [eklɛʀ] nm (d'orage) relámpago; (de génie, d'intelligence) chispa

éclairage [eklɛʀaʒ] nm iluminación f

éclaircie [eklɛʀsi] nf escampada

éclaircir [eklɛʀsiʀ] vt aclarar; **s'éclaircir** vpr (ciel) despejarse; **éclaircissement** nm (gén pl: explication) aclaración f

éclairer [eklɛʀe] vt (suj: lampe, lumière) iluminar; (avec une lampe de poche) alumbrar ▷ vi: **~ bien/mal** iluminar bien/mal

éclat [ekla] nm (de bombe, verre) fragmento; (du soleil, d'une couleur) brillo; **éclat de rire** carcajada; **éclats de voix** subidas fpl de tono

éclatant, e [eklatɑ̃, ɑ̃t] adj (couleur) brillante; (lumière) resplandeciente; (succès) clamoroso(-a)

éclater [eklate] vi estallar; **~ de rire/en sanglots** reventar de risa/en llanto

écluse [eklyz] nf esclusa

écœurant, e [ekœʀɑ̃] adj asqueroso(-a)

écœurer [ekœʀe] vt (suj: gâteau, goût) dar asco; (personne, attitude) desagradar; (démoraliser) destrozar

école [ekɔl] nf escuela; **aller à l'~** ir a la escuela; **école maternelle** escuela de párvulos; **école élémentaire**, **école primaire** escuela primaria; **école privée/publique/secondaire** escuela privada/pública/secundaria; **écolier, -ière** nm/f escolar m/f

● **ÉCOLE MATERNELLE**

● En Francia la escuela infantil
  (**l'école maternelle**) está
  financiada por el estado y, pese a no
  ser obligatoria, la mayoría de los
  niños de entre dos y seis años
  acuden a ella. La educación
  obligatoria comienza con la
  educación primaria (**l'école
  primaire**) que abarca desde los seis
  hasta los diez u once años.

écologie [ekɔlɔʒi] nf ecología; **écologique** adj ecológico(-a); **écologiste** nm/f ecologista m/f

économe [ekɔnɔm] adj ahorrador(a)

économie [ekɔnɔmi] nf economía; (vertu) ahorro; **économies** nfpl ahorros mpl; **économique** adj económico(-a); **économiser** vt ahorrar, economizar

écorce [ekɔʀs] nf corteza; (de fruit) piel f

écorcher [ekɔʀʃe] vt (animal) desollar; (égratigner) arañar; **écorchure** nf arañazo

écossais, e [ekɔse, ez] adj escocés(-esa) ▷ nm/f: **É~, e** escocés(-esa)

Écosse [ekɔs] nf Escocia

écouter [ekute] vt escuchar; (fig) hacer caso de ou a, escuchar a; **s'écouter** vpr (s'apitoyer) hacerse caso; **si je m'écoutais** (suivre son impulsion) si por mí fuera; **écouteur** nm (téléphone) auricular m

écran [ekʀɑ̃] nm pantalla; **le petit ~** la pequeña pantalla

écrasant, e [ekʀazɑ̃, ɑ̃t] adj

(responsabilité, travail) agobiante

écraser [ekʁaze] vt *(broyer)* aplastar; *(suj: voiture, train etc)* atropellar; *(ennemi, équipe adverse)* aplastar; **s'~ (au sol)** *(avion)* estrellarse (contra el suelo)

écrevisse [ekʁəvis] nf cangrejo de río

écrire [ekʁiʁ] vt, vi escribir; **s'écrire** vpr *(réciproque)* escribirse; *(mot)*: **ça s'écrit comment?** ¿cómo se escribe eso?; **écrit, e** [ekʁi, it] pp de **écrire** ▷ adj: **bien/mal ~** bien/mal escrito(-a) ▷ nm escrito; **par ~** por escrito

écriteau, x [ekʁito] nm letrero; **écriture** [ekʁityʁ] nf escritura; **l'Écriture (sainte)** la (sagrada) Escritura

écrivain [ekʁivɛ̃] nm escritor(a)

écrou [ekʁu] nm tuerca

écrouler [ekʁule]: **s'~** vpr *(mur)* derrumbarse; *(personne, animal)* desplomarse; *(projet etc)* venirse abajo

écru [ekʁy] adj crudo(-a)

écume [ekym] nf espuma

écureuil [ekyʁœj] nm ardilla

écurie [ekyʁi] nf cuadra

eczéma [ɛgzema] nm eczema m

EDF [ədeɛf] sigle f = **Électricité de France**

éditer [edite] vt editar; **éditeur, -trice** nm/f editor(a); **édition** nf edición f; **l'édition** *(industrie du livre)* la edición

édredon [edʁədɔ̃] nm edredón m

éducateur, -trice [edykatœʁ, tʁis] nm/f educador(a)

éducatif, -ive [edykatif, iv] adj educativo(-a)

éducation [edykasjɔ̃] nf educación f; **bonne/mauvaise ~** buena/mala educación; **éducation physique** educación física

éduquer [edyke] vt educar

effacer [efase] vt borrar

effarant, e [efaʁɑ̃, ɑ̃t] adj espantoso(-a)

effectif, ive [efɛktif] adj efectivo(-a) ▷ nm *(Mil, Comm)* efectivos mpl; **effectivement** adv efectivamente; *(réellement)* realmente

effectuer [efɛktɥe] vt efectuar; *(mouvement)* realizar

effervescent, e [efɛʁvesɑ̃, ɑ̃t] adj efervescente

effet [efɛ] nm efecto; **faire de l'~** *(médicament, menace)* hacer efecto; **en ~** en efecto

efficace [efikas] adj eficaz; **efficacité** nf eficacia

effondrer [efɔ̃dʁe]: **s'~** vpr *(mur, bâtiment)* desmoronarse; *(prix, marché)* hundirse

efforcer [efɔʁse]: **s'~ de** vpr esforzarse por; **s'~ de faire** esforzarse por hacer

effort [efɔʁ] nm esfuerzo; **faire un ~** hacer un esfuerzo

effrayant, e [efʁejɑ̃, ɑ̃t] adj horroroso(-a), espantoso(-a)

effrayer [efʁeje] vt asustar; **s'effrayer (de)** vpr asustarse (de)

effréné, e [efʁene] adj desenfrenado(-a)

effronté, e [efʁɔ̃te] adj descarado(-a)

effroyable [efʁwajabl] adj espantoso(-a)

égal, e, -aux [egal, o] adj *(gén)* igual; *(vitesse, rythme)* regular ▷ nm/f igual m/f; **être ~ à** ser igual a; **ça lui/nous est ~** le/nos da igual; **sans ~** sin igual; **d'~ à ~** de igual a igual; **également** adv *(partager etc)* en partes iguales; *(en outre, aussi)* igualmente; **égaler** vt igualar; **égaliser** vt igualar ▷ vi *(Sport)* empatar; **égalité** nf igualdad f; **être à égalité (de points)** estar empatados(-as) (en tantos)

égard [egaʁ] nm consideración f; **égards** nmpl *(marques de respect)*

atenciones *fpl*; **à cet ~/certains ~s/
tous ~s** a este respecto/ en ciertos
aspectos/ por todos los conceptos;
en ~ à en consideración a; **par/sans ~
pour** por/ sin consideración a; **à l'~
de** con respecto a

égarer [egaʀe] *vt* (*perdre*) perder;
(*personne*) échar a perder; **s'égarer** *vpr*
perderse; (*objet*) extraviarse

églefin [egləfɛ̃] *nm* abadejo

église [egliz] *nf* iglesia; **aller à l'~**
(*être pratiquant*) ir a la iglesia

égoïsme [egɔism] *nm* egoísmo;
égoïste *adj, nm/f* egoísta *m/f*

égout [egu] *nm* alcantarilla

égoutter [egute] *vt* escurrir ▷ *vi*
gotear; **s'égoutter** *vpr* escurrirse;
égouttoir *nm* escurridero

égratignure [egʀatiɲyʀ] *nf* rasguño

Égypte [eʒipt] *nf* Egipto;
égyptien, ne *adj* egipcio(-a)
▷ *nm/f*: **Égyptien, ne** egipcio(-a)

eh [e] *excl* ¡eh!; **~ bien!** (*surprise*)
¡pero bueno!; **~ bien?** (*attente, doute*)
¿y bien?

élaborer [elabɔʀe] *vt* elaborar

élan [elɑ̃] *nm* (*Zool*) alce m;
(*mouvement, lancée*) impulso; (*fig*)
arrebato; **prendre de l'~** tomar
carrerilla; **prendre son ~** tomar
impulso

élancer [elɑ̃se] **s'~** *vpr* lanzarse

élargir [elaʀʒiʀ] *vt* (*porte, route*)
ensanchar; (*vêtement*) sacar a;
s'élargir *vpr* ensancharse

élastique [elastik] *adj* elástico(-a)
▷ *nm* (*de bureau*) elástico, goma; (*pour
la couture*) goma

élection [eleksjɔ̃] *nf* elección f;
élections *nfpl* (*Pol*) elecciones fpl

électricien, ne [elektʀisjɛ̃, jɛn]
nm/f electricista m/f

électricité [elektʀisite] *nf*
electricidad f; **allumer/éteindre l'~**
encender/ apagar la luz

électrique [elektʀik] *adj*

eléctrico(-a); (*fig*) tenso(-a)

électrocuter [elektʀɔkyte] *vt*
electrocutar

électroménager [elektʀomenaʒe]
adj: **appareils ~s** aparatos mpl
electrodomésticos; **l'~** (*secteur
commercial*) el sector de
electrodomésticos

électronique [elektʀɔnik] *adj*
electrónico(-a) ▷ *nf* electrónica

élégance [elegɑ̃s] *nf* elegancia

élégant, e [elegɑ̃, ɑ̃t] *adj* elegante

élément [elemɑ̃] *nm* elemento;
élémentaire *adj* elemental

éléphant [elefɑ̃] *nm* elefante m

élevage [el(ə)vaʒ] *nm* (*de bétail,
de volaille etc*) cría; (*activité, secteur
économique*) ganadería

élevé, e [el(ə)ve] *adj* elevado(-a);
bien/mal ~ bien/ mal educado(-a)

élève [elɛv] *nm/f* alumno(-a)

élever [el(ə)ve] *vt* (*enfant, animaux,
vin*) educar, criar; (*hausser*) subir;
(*monument, niveau etc*) elevar;
s'élever *vpr* (*avion, alpiniste*)
ascender; (*clocher, montagne*) alzarse;
(*protestations*) levantar; (*cri*) oírse;
(*niveau*) subir; (*température*) ascender;
s'~ contre qch rebelarse contra
algo; **s'~ à** (*frais, dégâts*) elevarse
a; **éleveur, -euse** *nm/f* (*de bétail*)
ganadero(-a)

éliminatoire [eliminatwaʀ] *adj*
eliminatorio(-a) ▷ *nf* eliminatoria

éliminer [elimine] *vt* eliminar

élire [eliʀ] *vt* (*Pol etc*) elegir

elle [ɛl] *pron* ella; (*après préposition*) sí
misma; **Marie est-~ grande?** ¿María
es grande?; **c'est à ~** es suyo(-a), es de
ella; **ce livre est à ~** = ese libro es suyo;
avec ~ (*réfléchi*) consigo; **~-même**
ella misma

éloigné, e [elwaɲe] *adj* (*gén*)
alejado(-a); (*date, échéance, parent*)
lejano(-a)

éloigner [elwaɲe] *vt* (*échéance, but*)

retrasar; (soupçons, danger) ahuyentar; **s'éloigner** vpr alejarse; (fig) distanciarse; **~ qch (de)** alejar algo (de); **~ qn (de)** distanciar a algn (de)

élu, e [ely] pp de **élire** ▷ nm/f (Pol) elegido(-a), electo(-a)

Élysée [elize] nm: **l'~, le palais de l'~** el Elíseo, el palacio del Eliseo

émail, -aux [emaj, o] nm esmalte m

e-mail [imel] nm email m, correo m electrónico

émanciper [emɑ̃sipe] vt (Jur) emancipar; (gén: aussi moralement) liberar; **s'émanciper** vpr (fig) liberarse

emballage [ɑ̃balaʒ] nm embalaje m; (d'un cadeau) envoltura

emballer [ɑ̃bale] vt (gén, moteur) embalar; (cadeau) envolver; (fig: fam) apetecer; **s'emballer** vpr (moteur, personne) embalarse; (cheval) desbocarse; (fig) propasarse

embarcadère [ɑ̃baʁkadɛʁ] nm embarcadero m

embarquement [ɑ̃baʁkəmɑ̃] nm embarque m

embarquer [ɑ̃baʁke] vt, vi embarcar; **s'embarquer** vpr embarcarse; **~ dans** (affaire, aventure) embarcarse en

embarras [ɑ̃baʁa] nm (gén pl: obstacle) inconveniente m; (confusion) turbación f

embarrassant, e [ɑ̃baʁasɑ̃, ɑ̃t] adj molesto(-a)

embarrasser [ɑ̃baʁase] vt (encombrer) estorbar; (gêner) molestar; (troubler) turbar

embaucher [ɑ̃boʃe] vt contratar

embêtement [ɑ̃bɛtmɑ̃] nm (gén pl) contratiempo

embêter [ɑ̃bete] vt (importuner) molestar, embromar (Am); (ennuyer) aburrir; (contrarier) fastidiar; **s'embêter** vpr aburrirse

emblée [ɑ̃ble]: **d'~** adv de golpe

embouchure [ɑ̃buʃyʁ] nf (Géo) desembocadura

embourber [ɑ̃buʁbe]: **s'~** vpr atascarse

embouteillage [ɑ̃butɛjaʒ] nm embotellamiento

embranchement [ɑ̃bʁɑ̃ʃmɑ̃] nm (routier) bifurcación f; (Science) tipo

embrasser [ɑ̃bʁase] vt (étreindre) abrazar; (donner un baiser) besar

embrayage [ɑ̃bʁɛjaʒ] nm embrague m

embrouiller [ɑ̃bʁuje] vt enredar; **s'embrouiller** vpr enredarse

embruns [ɑ̃bʁœ̃] nmpl salpicaduras fpl

embué, e [ɑ̃bɥe] adj empañado(-a)

émeraude [em(ə)ʁod] nf, adj inv esmeralda

émerger [emɛʁʒe] vi emerger; (fig) surgir

émeri [em(ə)ʁi] nm: **papier ~** papel m de esmeril

émerveiller [emɛʁveje] vt maravillar; **s'émerveiller** vpr: **s'~ (de qch)** maravillarse (de algo)

émettre [emɛtʁ] vt, vi emitir

émeus etc [emø] vb voir **émouvoir**

émeute [emøt] nf motín m

émigrer [emigʁe] vi emigrar

émincer [emɛ̃se] vt (viande) trinchar; (oignons etc) cortar en rodajas finas

émission [emisjɔ̃] nf emisión f

emmêler [ɑ̃mele] vt enmarañar; **s'emmêler** vpr enmarañarse

emménager [ɑ̃menaʒe] vi mudarse; **~ dans** instalarse en

emmener [ɑ̃m(ə)ne] vt llevar; (comme otage, capture, avec soi) llevarse; **~ qn au cinéma/restaurant** llevar a algn al cine/restaurante

emmerder [ɑ̃mɛʁde] (fam!) vt dar el coñazo (fam!), fregar (Am) (fam!); **s'emmerder** vpr aburrirse la hostia (fam!)

émotif, -ive [emotif, iv] adj (troubles

etc) emocional; (*personne*) emotivo(-a)
émotion [emosjɔ̃] *nf* emoción *f*
émouvoir [emuvwaʀ] *vt* (*troubler*)
turbar; (*attendrir*) conmover;
s'émouvoir *vpr* (*se troubler*) turbarse;
(*s'attendrir*) conmoverse
empaqueter [ɑ̃pakte] *vt*
empaquetar
emparer [ɑ̃paʀe]: **s'~ de** *vpr*
apoderarse de; (*Mil*) adueñarse de
empêchement [ɑ̃pɛʃmɑ̃] *nm*
impedimento
empêcher [ɑ̃peʃe] *vt* impedir; **~ qn
de faire qch** impedir a algn que haga
algo; **il n'empêche que** lo que no
quiere decir que; **il n'a pas pu s'~ de
rire** no pudo evitar reírse
empereur [ɑ̃pʀœʀ] *nm* emperador *m*
empiffrer [ɑ̃pifʀe]: **s'~** *vpr* (*péj*)
atracarse
empiler [ɑ̃pile] *vt* apilar
empire [ɑ̃piʀ] *nm* imperio; (*fig*)
dominio
empirer [ɑ̃piʀe] *vi* empeorar
emplacement [ɑ̃plasmɑ̃] *nm*
emplazamiento
emplettes [ɑ̃plɛt] *nfpl*: **faire des ~**
ir de tiendas
emploi [ɑ̃plwa] *nm* empleo; **l'~**
(*Comm, Écon*) el empleo; **offre/
demande d'~** oferta/demanda de
empleo; **emploi du temps** horario
employé, e [ɑ̃plwaje] *nm/f*
empleado(-a); **employé de bureau**
oficinista *m/f*
employer [ɑ̃plwaje] *vt* emplear;
employeur, -euse *nm/f*
patrón(-ona), empresario(-a)
empoigner [ɑ̃pwaɲe] *vt* empuñar
empoisonner [ɑ̃pwazɔne]
vt (*volontairement*) envenenar;
(*accidentellement, empester*) intoxicar;
(*fam: embêter*) **~ qn** fastidiar a algn
emporter [ɑ̃pɔʀte] *vt* llevar;
(*en dérobant, enlevant*) arrebatar;
(*suj: courant, vent, avalanche, choc*)

arrastrar; (*gagner, Mil*) lograr;
s'emporter *vpr* enfurecerse;
boissons/plats chauds à ~ bebidas
fpl/comidas *fpl* calientes para llevar
empreinte [ɑ̃pʀɛ̃t] *nf* huella;
empreintes (digitales) huellas *fpl*
(dactilares); **empreinte écologique**
impacto ecológico
empressé, e [ɑ̃pʀese] *adj* solícito(-a)
empresser [ɑ̃pʀese]: **s'~** *vpr*
apresurarse; **s'~ de faire** apresurarse
a hacer
emprisonner [ɑ̃pʀizɔne] *vt*
encarcelar
emprunt [ɑ̃pʀœ̃] *nm* (*gén, Fin*)
préstamo
emprunter [ɑ̃pʀœ̃te] *vt* (*gén, Fin*)
pedir o tomar prestado; (*route,
itinéraire*) seguir
ému, e [emy] *pp de* **émouvoir** ▷ *adj*
(*de joie, gratitude*) emocionado(-a)

O **MOT-CLÉ**

en [ɑ̃] *prép* **1** (*endroit, pays*) en;
(*direction*) a; **habiter en France/en
ville** vivir en Francia/en la ciudad;
aller en France/en ville ir a
Francia/a la ciudad
2 (*temps*) en; **en 3 jours/20 ans** en 3
días/20 años; **en été/juin** en verano/
junio
3 (*moyen*) en; **en avion/taxi** en avión/
taxi
4 (*composition*) de; **c'est en verre/
bois** es de cristal/madera; **un collier
en argent** un collar de plata
5 (*description, état*): **une femme en
rouge** una mujer de rojo; **peindre
qch en rouge** pintar algo de rojo; **en
T/étoile** en forma de T/en estrella; **en
chemise/chaussettes** en camisa/
calcetines; **en soldat** de soldado; **en
deuil** de luto; **cassé en plusieurs
morceaux** roto en varios pedazos; **en
réparation** en reparación; **partir en**

vacances marcharse de vacaciones; **le même** en plus grand el mismo en tamaño más grande; **expert/licencié en ...** experto/licenciado en ...; **fort en maths** fuerte en matemáticas; **être en bonne santé** estar bien de salud; **en deux volumes/une pièce** en dos volúmenes/una pieza; *(pour locutions avec 'en')* voir **tant; croire** *etc*
6 *(en tant que)*: **en bon chrétien** como buen cristiano; **en ami** te hablo como amigo
7 *(avec gérondif)*: **en travaillant/dormant** al trabajar/dormir, trabajando/durmiendo; **en apprenant la nouvelle/sortant, ...** al saber la noticia/al salir, ...; **sortir en courant** salir corriendo
▷ *pron* 1 *(indéfini)*: **j'en ai ...** tengo ...; **en as-tu?** ¿tienes?; **en veux-tu?** ¿quieres?; **je n'en veux pas** no quiero; **j'en ai à** tengo dos; **j'en ai assez** *(fig)* tengo bastante; *(j'en ai marre)* estoy harto de eso; **combien y en a-t-il?** ¿cuántos hay?; **où en étais-je?** ¿dónde estaba?
2 *(provenance)* de allí; **j'en viens/sors** vengo/salgo de allí
3 *(cause)*: **il en est malade/perd le sommeil** está enfermo/pierde el sueño *(por ello)*
4 *(complément de nom, d'adjectif, de verbe)*: **j'en connais les dangers/défauts** conozco los peligros/defectos de ello; **j'en suis fier** estoy orgulloso de ello; **j'en ai besoin** lo necesito

encadrer [ɑ̃kɑdʀe] *vt (tableau, image)* enmarcar; *(fig: entourer)* rodear; *(personnel)* formar
encaisser [ɑ̃kese] *vt (chèque, argent)* cobrar; *(coup, défaite)* encajar
en-cas [ɑ̃ka] *nm inv* tentempié *m*
enceinte [ɑ̃sɛ̃t] *adj f*: ~ **(de 6 mois)** encinta *ou* embarazada (de 6 meses)

▷ *nf (mur)* muralla; *(espace)* recinto; **enceinte (acoustique)** bafle *m*
encens [ɑ̃sɑ̃] *nm* incienso
enchaîner [ɑ̃ʃene] *vt* encadenar ▷ *vi* proseguir
enchanté, e [ɑ̃ʃɑ̃te] *adj* encantado(-a); ~ **de faire votre connaissance** encantado(-a) de conocerle
enchère [ɑ̃ʃɛʀ] *nf* oferta; **mettre/vendre aux** ~**s** sacar/vender en subasta
enclencher [ɑ̃klɑ̃ʃe] *vt (mécanisme)* enganchar; **s'enclencher** *vpr* ponerse en marcha
encombrant, e [ɑ̃kɔ̃bʀɑ̃, ɑ̃t] *adj* voluminoso(-a); **encombrement** *nm (de circulation)* embotellamiento; *(des lignes téléphoniques)* saturación *f*
encombrer [ɑ̃kɔ̃bʀe] *vt (couloir, rue)* obstruir; *(personne)* estorbar; **s'encombrer de** *vpr (bagages etc)* cargarse de *ou* con

MOT-CLÉ

encore [ɑ̃kɔʀ] *adv* 1 *(continuation)* todavía; **il travaille encore** trabaja todavía; **pas encore** todavía no
2 *(de nouveau)*: **elle m'a encore demandé de l'argent** me ha vuelto a pedir dinero; **encore!** *(insatisfaction)* ¡otra vez!; **encore un effort** un esfuerzo más; **j'irai encore demain** iré todavía mañana; **encore une fois** una vez más; **encore deux jours** dos días más
3 *(intensif)*: **encore plus fort/mieux** aún más fuerte/mejor; **hier encore** todavía ayer; **non seulement ..., mais encore** no sólo ... sino también
4 *(restriction)* al menos; **encore pourrais-je le faire, si j'avais de l'argent** al menos tuviera dinero, podría hacerlo; **si encore** si por lo

menos; **(et puis) quoi encore?** ¿y qué más?: **encore que** conj aunque

encourager [ãkuraʒe] vt (personne) animar

encourir [ãkuRiR] vt exponerse a

encre [ãkR] nf tinta

encyclopédie [ãsiklɔpedi] nf enciclopedia

endetter [ãdete]: **s'~** vpr endeudarse

endive [ãdiv] nf endibia

endormi, e [ãdɔRmi] pp de **endormir** ▷ adj dormido(-a)

endormir [ãdɔRmiR] vt adormecer, dormir; (Méd) anestesiar; **s'endormir** vpr dormirse

endroit [ãdRwa] nm lugar m, sitio; (opposé à l'envers) derecho; **à l'~** (vêtement) al derecho

endurance [ãdyRãs] nf resistencia

endurant, e [ãdyRã, ãt] adj resistente

endurcir [ãdyRsiR]: **s'~** vpr endurecerse

endurer [ãdyRe] vt aguantar

énergétique [enɛRʒetik] adj energético(-a)

énergie [enɛRʒi] nf energía; **énergique** adj enérgico(-a)

énervant, e [enɛRvã, ãt] adj irritante

énerver [enɛRve] vt poner nervioso, enervar; **s'énerver** vpr ponerse nervioso, enervarse

enfance [ãfãs] nf (âge) niñez f

enfant [ãfã] nm/f (garçon, fillette) niño(-a); (fils, fille) hijo(-a); **enfantin, e** adj infantil

enfer [ãfɛR] nm infierno

enfermer [ãfɛRme] vt (à clef etc) encerrar

enfiler [ãfile] vt (perles) ensartar; (aiguille) enhebrar; **~ qch** (vêtement) ponerse algo

enfin [ãfɛ̃] adv (pour finir) finalmente; (en dernier lieu, pour conclure) por

último; (de restriction, résignation) en fin

enflammer [ãflame] vt inflamar

enflé, e [ãfle] adj hinchado(-a)

enfler [ãfle] vi (Méd) inflamar, hincharse

enfoncer [ãfɔ̃se] vt (clou) clavar; (forcer, défoncer, faire pénétrer) hundir ▷ vi (dans la vase etc) hundirse; **s'enfoncer** vpr hundirse; **s'~ dans** hundirse en

enfouir [ãfwiR] vt (dans le sol) enterrar; (dans un tiroir, une poche) meter en el fondo

enfuir [ãfɥiR]: **s'~** vpr huir

engagement [ãgaʒmã] nm compromiso

engager [ãgaʒe] vt (embaucher) contratar; (débat) iniciar; (: négociations) entablar; (lier) comprometer; (impliquer, entraîner) implicar; **s'engager** vpr (s'embaucher) incorporarse; (Mil) alistarse; (politiquement, promettre) comprometerse; (négociations) entablarse; **~ qch dans** (faire pénétrer) meter algo en; **s'~ à faire qch** comprometerse a hacer algo; **s'~ dans** (rue, passage) enfilar; (voie, carrière, discussion) meterse en

engelures [ãʒlyR] nfpl sabañones mpl

engin [ãʒɛ̃] nm máquina; (péj) artefacto

engloutir [ãglutiR] vt tragar

engouement [ãgumã] nm apasionamiento

engouffrer [ãgufRe] vt engullir; **s'engouffrer dans** vpr (suj: vent, eau) penetrar en

engourdir [ãguRdiR] vt (membres) entumecer; (esprit) entorpecer; **s'engourdir** vpr entumecerse, entorpecerse

engrais [ãgRɛ] nm abono

engraisser [ãgRese] vt (animal) cebar

▷ vi (péj: personne) forrarse
engrenage [ɑ̃ɡʀənaʒ] nm engranaje m

engueuler [ɑ̃ɡœle] (fam) vt: **~ qn** cabrearse con algn

enhardir [ɑ̃aʀdiʀ]: **s'~** vpr envalentonarse

énigme [enigm] nf enigma m

enivrer [ɑ̃nivʀe] vt embriagar, emborrachar

enjamber [ɑ̃ʒɑ̃be] vt franquear

enjeu, x [ɑ̃ʒø] nm apuesta; (d'une élection, d'un match) lo que está en juego

enjoué, e [ɑ̃ʒwe] adj alegre

enlaidir [ɑ̃lediʀ] vt afear ▷ vi afearse

enlèvement [ɑ̃lɛvmɑ̃] nm (rapt) rapto

enlever [ɑ̃l(ə)ve] vt quitar; (ordures, meubles à déménager) recoger; (kidnapper) raptar; (prix, victoire) conseguir; **~ qch à qn** (possessions, espoir) quitar algo a algn

enliser [ɑ̃lize]: **s'~** vpr hundirse

enneigé, e [ɑ̃neʒe] adj (pente, col) nevado(-a)

ennemi, e [ɛnmi] adj, nm/f enemigo(-a)

ennui [ɑ̃nɥi] nm (lassitude) aburrimiento; (difficulté) problema m; **avoir/s'attirer des ~s** tener/buscarse problemas; **ennuyer** vt (importuner, gêner) molestar; (contrarier) fastidiar; (lasser) aburrir; **s'ennuyer** vpr (se lasser) aburrirse; **s'ennuyer de qch/qn** (regretter) echar de menos algo a algn; **ennuyeux, -euse** adj (lassant) aburrido(-a); (contrariant) molesto(-a)

énorme [enɔʀm] adj enorme; **énormément** adv (avec vb) muchísimo; **énormément de neige/gens** muchísima nieve/gente

enquête [ɑ̃kɛt] nf (judiciaire, administrative, de police) investigación f; (de journaliste, sondage) encuesta; **enquêter** vi (gén, police) investigar;

(journaliste, sondage) hacer una encuesta

enragé, e [ɑ̃ʀaʒe] adj (Méd) rabioso(-a); (passionné) apasionado(-a)

enrageant, e [ɑ̃ʀaʒɑ̃] adj irritante

enrager [ɑ̃ʀaʒe] vi dar rabia

enregistrement [ɑ̃ʀ(ə)ʒistʀəmɑ̃] nm (d'un disque) grabación f; (d'un fichier, d'une plainte) registro; **~ des bagages** facturación f

enregistrer [ɑ̃ʀ(ə)ʒistʀe] vt (Mus, Inform) grabar; (Admin, Comm, fig) registrar; (aussi: **faire ~**: bagages) facturar

enrhumer [ɑ̃ʀyme]: **s'~** vpr acatarrarse, constiparse, resfriarse

enrichir [ɑ̃ʀiʃiʀ] vt enriquecer; **s'enrichir** vpr enriquecerse

enrouer [ɑ̃ʀwe]: **s'~** vpr enronquecer

enrouler [ɑ̃ʀule] vt enrollar; **s'enrouler** vpr enrollarse; **~ qch autour de qch** enrollar algo alrededor de algo

enseignant, e [ɑ̃sɛɲɑ̃, ɑ̃t] adj, nm/f docente m/f

enseignement [ɑ̃sɛɲ(ə)mɑ̃] nm enseñanza

enseigner [ɑ̃sɛɲe] vt (suj: professeur) enseñar, dar clase de; **~ qch à qn** enseñar algo a algn

ensemble [ɑ̃sɑ̃bl] adv (l'un avec l'autre) juntos(-as); (en même temps) juntos(-as) ▷ nm conjunto; **l'~ du/de la** la totalidad del/de la; **aller ~** (être assorti) combinarse; **dans l'~** (en gros) en conjunto

ensoleillé, e [ɑ̃sɔleje] adj soleado(-a)

ensuite [ɑ̃sɥit] adv (dans une succession: après) a continuación; (plus tard) después; **~ de quoi** después de lo cual

entamer [ɑ̃tame] vt (pain, bouteille) empezar; (hostilités, pourparlers) iniciar

entasser [ɑ̃tase] vt (empiler)

amontonar; (prisonniers etc) hacinar; **s'entasser** vpr amontonarse; hacinarse

entendre [ātādʀ] vt oír; (comprendre) entender; (vouloir dire) querer decir; **s'entendre** vpr (sympathiser) entenderse; (se mettre d'accord) ponerse de acuerdo; **j'ai entendu dire que** he oído que; **~ dire de** hablar de; **je m'entends** sé lo que (me) digo; **laisser ~ que, donner à ~ que** dar a entender que

entendu, e [ātādy] pp de **entendre** ▷ adj (affaire) concluido(-a); (air) entendido(-a); **(c'est)** ~! ¡de acuerdo!, ¡entendido!; **c'est** ~ (concession) entendido; **bien** ~! ¡por supuesto!

entente [ātāt] nf (entre amis, pays) entendimiento; (accord, traité) acuerdo

enterrement [ātɛʀmā] nm entierro
enterrer [ātɛʀe] vt enterrar
entêtant, e [ātɛtā, āt] adj (odeur, atmosphère) mareante
entêté, e [ātete] adj obstinado(-a), cabezota

en-tête [ātɛt] (pl ~s) nm membrete m; **enveloppe/papier à ~** sobre m/ papel m con membrete
entêter [ātete]: **s'~** vpr obstinarse, empeñarse; **s'~ (à faire)** empeñarse (en hacer)

enthousiasme [ātuzjasm] nm entusiasmo; **enthousiasmer** vt entusiasmar; **s'enthousiasmer** vpr: **s'enthousiasmer (pour qch)** entusiasmarse (con algo); **enthousiaste** adj, nm/f entusiasta

entier, -ère [ātje, jɛʀ] adj entero(-a); (en totalité) entero(-a), completo(-a); **en ~** por completo; **lait ~** leche f entera; **entièrement** adv enteramente

entonnoir [ātɔnwaʀ] nm (ustensile) embudo

entorse [ātɔʀs] nf esguince m
entourage [ātuʀaʒ] nm (personnes proches) allegados mpl; (ce qui enclôt) cerco
entourer [ātuʀe] vt (par une clôture etc) cercar; (faire cercle autour de) rodear; (apporter son soutien à) atender; **s'entourer de** vpr (collaborateurs) rodearse de; **~ qch de** rodear algo con
entracte [ātʀakt] nm entreacto
entraide [ātʀɛd] nf ayuda mutua
entrain [ātʀɛ̃] nm ánimo; **avec ~** con entusiasmo
entraînement [ātʀɛnmā] nm entrenamiento
entraîner [ātʀene] vt (tirer) arrastrar; (charrier) acarrear; (moteur, poulie) accionar; (emmener) llevarse; (joueurs, soldats) guiar; (Sport) entrenar; (influencer) influenciar; (impliquer, causer) ocasionar; **s'entraîner** vpr (Sport) entrenarse; **~ qn à/à faire qch** (inciter) arrastrar a algn a/a hacer algo; **s'~ à qch/à faire qch** (s'exercer) ejercitarse en algo/en hacer algo; **entraîneur, -euse** nm/f (Sport) entrenador(a); (Hippisme) picador(a)
entre [ātʀ] prép entre; **l'un d'~ eux/ nous** uno de ellos/nosotros; **~ autres (choses)** entre otras (cosas); **~ nous, ... entre nosotros, ...; ils se battent ~ eux** se pelean entre sí; **entrecôte** nf entrecot(e)m
entrée [ātʀe] nf entrada; **entrée en vigueur** entrada en vigor
entre...: ~**filet** nm noticia breve; **entremets** nm postre m
entrepôt [ātʀapo] nm almacén m, galpón m (CSur)
entreprendre [ātʀapʀādʀ] vt emprender
entrepreneur [ātʀapʀənœʀ] nm empresario; **entrepreneur (en bâtiment)** contratista m/f (de obras)

entreprise [ɑ̃trəpriz] nf empresa

entrer [ɑ̃tre] vi entrar ▷ vt (Inform) meter; **(faire) ~ qch dans** (objet) meter algo en; **~ dans** entrar en; (entrer en collision avec) chocar con; **au couvent/à l'hôpital** ingresar en el convento/en el hospital; **faire ~** hacer pasar

entre-temps [ɑ̃trətɑ̃] adv entretanto

entretenir [ɑ̃trət(ə)nir] vt mantener

entretien [ɑ̃trətjɛ̃] nm (d'une maison, d'une famille, service) mantenimiento; (discussion) conversación f; (audience) entrevista

entrevoir [ɑ̃trəvwar] vt entrever; (solution, problème) vislumbrar

entrevue [ɑ̃trəvy] nf entrevista

entrouvert, e [ɑ̃truver, ɛrt] adj entreabierto(-a)

énumérer [enymere] vt enumerar

envahir [ɑ̃vair] vt invadir; **envahissant, e** adj (péj: personne) avasallador(a)

enveloppe [ɑ̃v(ə)lɔp] nf sobre m; **envelopper** vt envolver

enverrai etc [ɑ̃vere] vb voir **envoyer**

envers [ɑ̃ver] prép hacia ▷ nm: **l'~** (d'une feuille) el dorso; (d'un vêtement) el revés; **à l'~** al revés

envie [ɑ̃vi] nf envidia; **avoir ~ de qch/de faire qch** tener ganas de algo/de hacer algo; **avoir ~ que** tener ganas de que; **ça lui fait ~** le da envidia; **envier** vt envidiar; **envieux, -euse** adj, nm/f envidioso(-a)

environ [ɑ̃virɔ̃] adv aproximadamente; **3 h/2 km ~** 3 h/2 km aproximadamente

environnant, e [ɑ̃virɔnɑ̃, ɑ̃t] adj cercano(-a)

environnement [ɑ̃virɔnmɑ̃] nm medioambiente

environs [ɑ̃virɔ̃] nmpl alrededores

mpl; (fig: temps, somme) alrededor de

envisager [ɑ̃vizaʒe] vt considerar; (avoir en vue) prever

envoler [ɑ̃vɔle]: **s'~** vpr (oiseau) echarse a volar; (papier, feuille) volarse; (espoir, illusion) esfumarse

envoyé, e [ɑ̃vwaje] nm/f (Pol) enviado(-a)

envoyer [ɑ̃vwaje] vt enviar; (projectile, ballon) lanzar; **~ chercher qch/qn** mandar a buscar algo/a algn

éolien, ne [eɔljɛ̃, jɛn] adj eólico(-a); **éolienne** nf turbina eólica

épagneul, e [epaɲœl] nm/f podenco(-a)

épais, se [epɛ, ɛs] adj espeso(-a); **épaisseur** nf espesor m, grosor m

épanouir [epanwir]: **s'~** vpr (fleur) abrirse; (visage) iluminarse; (fig) florecer

épargne [eparɲ] nf ahorro

épargner [eparɲe] vt ahorrar; (ennemi, récolte, région) perdonar ▷ vi ahorrar; **~ qch à qn** evitarle algo a algn

éparpiller [eparpije] vt esparcir; (pour répartir) diseminar; **s'éparpiller** vpr esparcirse; (fig: étudiant, chercheur etc) dispersarse sus esfuerzos

épatant, e [epatɑ̃, ɑ̃t] (fam) adj estupendo(-a)

épater [epate] (fam) vt impresionar

épaule [epol] nf (Anat) hombro; (Culin) espaldilla

épave [epav] nf restos mpl

épée [epe] nf espada

épeler [ep(ə)le] vt deletrear

éperon [eprɔ̃] nm (de botte) espuela

épervier [epervje] nm (Zool) gavilán m; (Pêche) esparavel m

épi [epi] nm (de blé) espiga

épice [epis] nf especia

épicé, e [epise] adj picante

épicer [epise] vt condimentar

épicerie [episri] nf (magasin) tienda de ultramarinos, boliche m (Am);

épicerie fine ultramarinos mpl finos; **épicier, -ière** nm/f tendero(-a)
épidémie [epidemi] nf epidemia
épiderme [epidɛʀm] nm epidermis f inv
épier [epje] vt (personne) espiar; (arrivée, occasion) estar pendiente de
épilepsie [epilɛpsi] nf epilepsia
épiler [epile] vt depilar
épinards [epinaʀ] nmpl espinacas fpl
épine [epin] nf espina
épingle [epɛ̃gl] nf alfiler m; **épingle de nourrice** ou **de sûreté** imperdible m
épisode [epizɔd] nm episodio; **film en trois ~s** película en tres episodios; **épisodique** adj episódico(-a)
épluche-légumes [eplyʃlegym] nm inv pelador m, mondador m
éplucher [eplyʃe] vt (fruit, légumes) pelar; (fig: texte) examinar minuciosamente; **épluchures** nfpl mondas fpl
éponge [epɔ̃ʒ] nf esponja ⊳ adj: **tissu ~** tela de felpa; **éponger** vt (liquide, fig) enjugar; (surface) pasar una esponja por; **s'éponger le front** enjugarse la frente
époque [epɔk] nf época; **d'~** (meuble etc) de época
épouse [epuz] nf esposa; **épouser** vt casarse con
épousseter [epuste] vt limpiar el polvo de
épouvantable [epuvɑ̃tabl] adj horroroso(-a); (bruit, vent etc) espantoso(-a)
épouvantail [epuvɑ̃taj] nm espantapájaros m inv
épouvante [epuvɑ̃t] nf espanto; **film/livre d'~** película/novela de terror; **épouvanter** vt (terrifier) horrorizar; (sens affaibli) espantar
époux, épouse [epu, uz] nm esposo(-a) ⊳ nmpl: **les ~** los esposos
épreuve [eprœv] nf prueba; (Scol)

examen m; **mettre à l'~** poner a prueba
éprouvant, e [epruvɑ̃, ɑ̃t] adj duro(-a)
éprouver [epruve] vt (fatigue, douleur) sufrir, padecer; (sentiment) sentir; (difficultés etc) encontrar
épuisé, e [epɥize] adj agotado(-a); **épuisement** nm agotamiento
épuiser [epɥize] vt agotar; **s'épuiser** vpr agotarse
épuisette [epɥizɛt] nf (Pêche) salabre m
équateur [ekwatœʀ] nm ecuador m; **É~** Ecuador m
équation [ekwasjɔ̃] nf ecuación f
équerre [ekɛʀ] nf (pour dessiner, mesurer) escuadra
équilibre [ekilibʀ] nm equilibrio; **être/mettre en ~** estar/poner en equilibrio; **garder/perdre l'~** guardar/perder el equilibrio; **équilibré, e** adj equilibrado(-a); **équilibrer** vt equilibrar
équipage [ekipaʒ] nm (de bateau, d'avion) tripulación f
équipe [ekip] nf (de joueurs) equipo; (de travailleurs) cuadrilla
équipé, e [ekipe] adj equipado(-a)
équipement [ekipmɑ̃] nm equipo; (d'une cuisine) instalación f
équiper [ekipe] vt equipar
équipier, -ière [ekipje, jɛʀ] nm/f compañero(-a) de equipo
équitation [ekitasjɔ̃] nf equitación f
équivalent, e [ekivalɑ̃, ɑ̃t] adj equivalente
équivaloir [ekivalwaʀ]: **~ à** vt ind equivaler a
érable [eʀabl] nm arce m
érafler [eʀafle] vt arañar; **éraflure** nf rasguño, arañazo
ère [ɛʀ] nf era; **en l'an 1050 de notre ~** en el año 1050 de nuestra era
érection [eʀɛksjɔ̃] nf erección f
éroder [eʀɔde] vt erosionar;

(suj: *acide*) corroer

érotique [eʀɔtik] *adj* erótico(-a)

errer [eʀe] *vi* vagar

erreur [eʀœʀ] *nf* error *m*; **par ~** por error; **faire ~** equivocarse

éruption [eʀypsjɔ̃] *nf* erupción *f*; (*de joie, colère*) arrebato

es [ɛ] *vb voir* **être**

ès [ɛs] *prép*: **licencié ~ lettres/sciences** licenciado en letras/ciencias

escabeau, x [ɛskabo] *nm* (*tabouret*) escabel *m*; (*échelle*) escalera de tijera

escalade [ɛskalad] *nf* escalada; **escalader** *vt* escalar

escale [ɛskal] *nf* escala; **faire ~ (à)** hacer escala (en)

escalier [ɛskalje] *nm* escalera; **dans l'~ ou les ~s** en la escalera *ou* las escaleras; **escalier roulant** *ou* **mécanique** escalera mecánica

escapade [ɛskapad] *nf* escapada

escargot [ɛskaʀgo] *nm* caracol *m*

escarpé, e [ɛskaʀpe] *adj* escarpado(-a)

esclavage [ɛsklavaʒ] *nm* esclavitud *f*

esclave [ɛsklav] *nm/f* esclavo(-a)

escompte [ɛskɔ̃t] *nm* descuento

escrime [ɛskʀim] *nf* esgrima

escroc [ɛskʀo] *nm* estafador(a)

escroquer [ɛskʀɔke] *vt*: **~ qn (de qch)** timar a algn (con algo); **~ qch (à qn)** estafar algo (a algn); **escroquerie** *nf* estafa

espace [ɛspas] *nm* espacio

espacer [ɛspase] *vt* espaciar; **s'espacer** *vpr* espaciarse

espadon [ɛspadɔ̃] *nm* pez *m* espada *inv*, emperador *m*

espadrille [ɛspadʀij] *nf* alpargata

Espagne [ɛspaɲ] *nf* España; **espagnol, e** *adj* español(a) ▷ (*Ling*) español *m*, castellano (*esp Am*) ▷ *nm/f*: **Espagnol, e** español(a)

espèce [ɛspɛs] *nf* especie *f*; **espèces** *nfpl* (*Comm*) metálico; (*sorte, genre*)

clases *fpl*; **une ~** una especie de; **~ de maladroit/de brute!** ¡pedazo de *ou* so inútil/bruto!; **payer en ~s** pagar en metálico

espérance [ɛspeʀɑ̃s] *nf* esperanza; **espérance de vie** esperanza de vida

espérer [ɛspeʀe] *vt* esperar; **j'espère (bien)** eso espero; **~ que/faire** esperar que/hacer; **~ en qn/qch** confiar en algn/algo

espiègle [ɛspjɛgl] *adj* travieso(-a)

espion, ne [ɛspjɔ̃, jɔn] *nm/f* espía *m/f*; **espionnage** *nm* espionaje *m*; **espionner** *vt* espiar

espoir [ɛspwaʀ] *nm* esperanza; **dans l'~ de/que** con la esperanza de/de que; **reprendre ~** recuperar la esperanza

esprit [ɛspʀi] *nm* espíritu *m*; **faire de l'~** hacerse el gracioso; **reprendre ses ~s** recuperar el sentido; **avoir bon/mauvais ~** tener buenas/malas intenciones

esquimau, de, x [ɛskimo, od] *adj* esquimal; (*glace*) pingüino ▷ *nm/f*: **E-, de** esquimal *m/f*

essai [ɛse] *nm* (*d'une voiture, d'un vêtement*) prueba; (*tentative, aussi Sport*) intento; (*Rugby, Litt*) ensayo; **à l'~** a prueba; **~ gratuit** prueba gratuita

essaim [ɛsɛ̃] *nm* enjambre *m*

essayer [ɛseje] *vt* probar ▷ *vi* intentar, tratar de; **~ de faire qch** intentar hacer algo, tratar de hacer algo

essence [ɛsɑ̃s] *nf* (*carburant*) gasolina, nafta (*Arg*), bencina (*Chi*); (*d'une plante, fig*) esencia; (*espèce: d'arbre*) especie *f*

essentiel, le [ɛsɑ̃sjɛl] *adj* esencial; **c'est l'~** es lo esencial; **l'~ de** la mayor parte de

essieu, x [ɛsjø] *nm* eje *m*

essor [ɛsɔʀ] *nm* (*de l'économie etc*) auge *m*

essorer [esɔʀe] vt escurrir; (à la machine) centrifugar; **essoreuse** f (à rouleaux) escurridor m; (à tambour) secadora

essouffler [esufle] vt sofocar; **s'essouffler** vpr sofocarse

essuie-glace [esɥiglas] nm inv limpiaparabrisas m inv

essuyer [esɥije] vt secar; (épousseter) limpiar; **s'essuyer** vpr secarse; **~ la vaisselle** secar los platos

est¹ [e] vb voir **être**

est² [ɛst] nm este m ▷ adj inv este inv; **à l'~** (situation) al este; (direction) hacia el este; **à l'~ de** al este de; **les pays de l'E~** los países del Este

est-ce que [ɛskə] adv: **~ c'est cher/c'était bon?** ¿es caro?/¿estaba bueno?; **quand est-ce qu'il part?** ¿cuándo se marcha?

esthéticienne [ɛstetisjɛn] nf (d'institut de beauté) esteticista

esthétique [ɛstetik] adj estético(-a)

estimation [ɛstimasjɔ̃] nf valoración f

estime [ɛstim] nf estima; **estimer** vt (personne, qualité) estimar, apreciar; (expertise: bijou etc) valorar; (évaluer: prix, distance) calcular; **estimer que/ être …** (penser) considerar que/ser …, considerar que/ser …

estival, e, -aux [ɛstival, o] adj estival

estivant, e [ɛstivã, ãt] nm/f veraneante m/f

estomac [ɛstɔma] nm estómago

estragon [ɛstʀagɔ̃] nm estragón m

estuaire [ɛstɥɛʀ] nm estuario m

et [e] conj y; **~ aussi/lui** y también/él; **~ alors** ou **(puis) après?** (qu'importe!) ¿y qué?; (ensuite) ¿y entonces?

étable [etabl] nf establo m

établi, e [etabli] adj (en place, solide) establecido(-a) ▷ nm banco

établir [etabliʀ] vt establecer; (facture) hacer, realizar; (liste,

programme) establecer, fijar; (installer: entreprise, camp) establecer, instalar; (relations, liens d'amitié) entablar, establecer; **s'établir** vpr establecerse; (colonie) asentarse; **~ (à son compte)** establecerse (por su cuenta)

établissement [etablismã] nm establecimiento; **établissement scolaire** establecimiento escolar

étage [etaʒ] nm (d'immeuble) piso, planta; **habiter à l'~/au deuxième ~** vivir en el primer/segundo piso

étagère [etaʒɛʀ] nf estante m

étai [etɛ] nm puntal m

étain [etɛ̃] nm estaño

étais etc [etɛ] vb voir **être**

étaler [etale] vt (carte, nappe) extender, desplegar; (beurre, liquide) extender; (paiements, dates) escalonar; (richesses, connaissances) ostentar; **s'étaler** vpr: **s'~ sur** (suj: travaux, paiements) repartirse en

étalon [etalɔ̃] nm (cheval) semental m

étanche [etɑ̃ʃ] adj impermeable

étang [etɑ̃] nm estanque m

étant [etɑ̃] vb voir **être**; **donné**

étape [etap] nf etapa

état [eta] nm estado: **en bon/ mauvais ~** en buen/mal estado; **être en ~ (de marche)** funcionar; **remettre en ~** volver a poner en condiciones, arreglar; **être en ~/ hors d'~ de faire qch** estar/no estar en condiciones de hacer algo; **être dans tous ses ~** estar fuera de sí; **être en ~ d'arrestation** (Jur) quedar arrestado(-a), estar detenido(-a); **état civil** (Admin) estado civil; **état des lieux** estado del inmueble; **États-Unis** nmpl: **les États-Unis** los Estados Unidos

etc. [ɛtsetera] abr (= et c(a)etera) etc.

et c(a)etera [ɛtsetera] adv etcétera

été [ete] pp de **être** ▷ nm verano

éteindre [etɛ̃dʀ] vt apagar; (incendie)

extinguir, apagar; **s'éteindre** vpr apagarse; **éteint, e** pp de **éteindre** ▷ adj apagado(-a)

étendre [etɑ̃dʀ] vt extender; (carte, tapis) extender, desplegar; (lessive, linge) tender, colgar; (blessé, malade) tender; **s'étendre** vpr extenderse; **s'~ (sur)** (personne) tenderse (sobre ou en); (fig: sujet, problème) extenderse (en); **s'~ jusqu'à/d'un endroit à un autre** extenderse hasta/de un sitio a otro

étendu, e [etɑ̃dy] adj (terrain) extenso(-a); (connaissances, pouvoirs etc) amplio(-a)

éternel, le [etɛʀnɛl] adj eterno(-a); (habituel) inseparable

éternité [etɛʀnite] nf eternidad f

éternuement [etɛʀnymɑ̃] nm estornudo

éternuer [etɛʀnɥe] vi estornudar

êtes [ɛt(z)] vb voir **être**

étiez [etje] vb voir **être**

étinceler [etɛ̃s(ə)le] vi resplandecer

étincelle [etɛ̃sɛl] nf chispa, fulgor m

étiquette [etikɛt] nf etiqueta; **l'~** (protocole) la etiqueta; **sans ~** (Pol) sin etiqueta

étirer [etiʀe] vt estirar; **s'étirer** vpr estirarse; (convoi, route): **s'~ sur plusieurs kilomètres** extenderse por varios kilómetros

étoile [etwal] nf estrella; (signe) asterisco; **à la belle ~** al sereno, al aire libre; **étoile de mer** estrella de mar; **étoile filante** estrella fugaz; **étoilé, e** adj estrellado(-a)

étonnant, e [etɔnɑ̃, ɑ̃t] adj (surprenant) asombroso(-a), sorprendente; (valeur intensive) sorprendente

étonnement [etɔnmɑ̃] nm asombro, estupefacción f; **à mon grand ~ ...** con gran asombro mío ...

étonner [etɔne] vt asombrar, sorprender; **s'~ que/de** asombrarse de que/de; **cela m'étonnerait (que)**

me sorprendería (que)

étouffer [etufe] vt (personne) ahogar; (bruit) acallar; (nouvelle, scandale) ocultar, tapar ▷ vi ahogarse; (avoir trop chaud) sofocarse, ahogarse; **s'étouffer** vpr (en mangeant) atragantarse

étourderie [etuʀdəʀi] nf descuido

étourdi, e [etuʀdi] adj aturdido(-a), distraído(-a)

étourdir [etuʀdiʀ] vt (assommer) aturdir, atontar; (griser) aturdir; **étourdissement** nm aturdimiento

étrange [etʀɑ̃ʒ] adj extraño(-a), raro(-a)

étranger, -ère [etʀɑ̃ʒe, ɛʀ] adj (d'un autre pays) extranjero(-a), gringo(-a) (Am); (pas de la famille) extraño(-a) ▷ nm/f (d'un autre pays) extranjero(-a); (inconnu) extraño(-a); **de l'~** del extranjero

étrangler [etʀɑ̃gle] vt (intentionnellement) estrangular; (accidentellement) ahogar; **s'étrangler** vpr (en mangeant etc) atragantarse

MOT-CLÉ

être [ɛtʀ] vb + attribut, vi **1** (qualité essentielle, permanente, profession) ser; **il est fort/intelligent** es fuerte/ inteligente; **être journaliste** ser periodista

2 (état temporaire, position, + adj/pp) estar; **comme tu es belle!** ¡qué guapa estás!; **être marié** estar casado; **il est à Paris/au salon** está en París/en el salón; **je ne serai pas ici demain** no estaré aquí mañana; **ça y est!** ¡ya está!

3: **être à** (appartenir) ser de; **le livre est à Paul** el libro es de Pablo; **c'est à moi/eux** es mío(-a)/suyo(-a) ou de ellos

4 (+ de: provenance, origine): **il est de Paris** es de París; (; appartenance): **il**

est des nôtres es de los nuestros; **être de Genève/de la même famille** ser de Ginebra/de la misma familia **5** (date): **nous sommes le 5 juin** estamos a 5 de junio
▷ vb aux **1** haber; **être arrivé/allé** haber llegado/ido; **il est parti** (él) se ha marchado; **il est parti hier** (verbe au passé simple quand la période dans laquelle se situe l'action est révolue) se marchó ayer
2 (forme passive) ser; **être fait par** hecho por; **il a été promu** ha sido ascendido
3 (+ à: obligation): **c'est à faire/ réparer** está por hacer/reparar; **c'est à essayer** está por ensayar; **il est à espérer/souhaiter que** es de esperar/desear que
▷ vb impers **1**: **il est +** adjectif es; **il est impossible de le faire** es imposible hacerlo; **il serait facile de/ souhaitable que** sería fácil/deseable que
2 (heure, date): **il est 10 heures** son las 10
3 (emphatique): **c'est moi** soy yo; **c'est à lui de le faire/de décider** tiene que hacerlo/decidirlo él
▷ nm ser m; **être humain** ser humano

étrennes [etʀɛn] nfpl (cadeaux) regalos mpl

étrier [etʀije] nm estribo

étroit, e [etʀwa, wat] adj (gén, fig) estrecho(-a); **à l'~** con estrechez

étude [etyd] nf estudio; (Scol: salle de travail) sala de estudio; **études** nfpl (Scol) estudios mpl; **faire des ~s de droit/médecine** cursar estudios de ou estudiar derecho/medicina

étudiant, e [etydjã, jãt] nm/f (Univ) estudiante m/f, universitario(-a)

étudier [etydje] vt, vi estudiar

étui [etɥi] nm (à lunettes) funda, estuche m

eu, eue [y] pp de **avoir**

euh [ø] excl ¡ee!

euro [øʀo] nm (monnaie) euro m

Europe [øʀɔp] nf Europa; **européen, ne** adj europeo(-a)

eus etc [y] vb voir **avoir**

eux [ø] pron ellos

évacuer [evakɥe] vt evacuar

évader [evade]: **s'~** vpr evadirse

évaluer [evalɥe] vt evaluar, calcular

évangile [evãʒil] nm evangelio; (texte de la Bible): **Évangile** Evangelio

évanouir [evanwiʀ]: **s'~** vpr desmayarse, desvanecerse; (fig) desvanecerse, desaparecer;
évanouissement nm (Méd) desmayo, desvanecimiento

évaporer [evapɔʀe]: **s'~** vpr evaporarse

évasion [evazjɔ̃] nf evasión f

éveillé, e [eveje] adj despierto(-a)

éveiller [eveje] vt despertar; **s'éveiller** vpr despertarse

événement [evɛnmã] nm acontecimiento; **événements** nmpl (Pol etc: situation générale) acontecimientos mpl

éventail [evãtaj] nm abanico

éventualité [evãtɥalite] nf eventualidad f; **dans l'~ de** en la eventualidad de

éventuel, le [evãtɥɛl] adj eventual; **éventuellement** adv eventualmente

évêque [evɛk] nm obispo

évidemment [evidamã] adv evidentemente; **~!** ¡claro!

évidence [evidãs] nf evidencia; **de toute ~** a todas luces; **en ~** en evidencia; **mettre en ~** (problème, détail) poner de manifiesto; **évident, e** adj evidente

évier [evje] nm fregadero

éviter [evite] vt evitar; (fig: problème, question) evitar, eludir; (importun, raseur: fuir) rehuir, evitar; (coup, projectile, obstacle) esquivar; **~ de**

faire/que qch ne se passe evitar
hacer/que algo suceda; **~ qch à qn**
evitar algo a algn
évoluer [evɔlɥe] vi evolucionar;
évolution nf evolución f
évoquer [evɔke] vt evocar
ex- [ɛks] préf: **~ministre/président**
ex-ministro/-presidente; **son ~mari/
femme** su ex-marido/-mujer
ex. abr (= exemple) ej (=ejemplo)
exact, e [ɛgza(kt), ɛgzakt] adj
(précis) exacto(-a); (personne: ponctuel)
puntual; **l'heure ~e** la hora exacta;
exactement adv exactamente
ex aequo [ɛgzeko] adv iguales
exagéré, e [ɛgzaʒeʀe] adj
exagerado(-a)
exagérer [ɛgzaʒeʀe] vt exagerar ▷ vi
(abuser) abusar; (déformer les faits, la
vérité) exagerar
examen [ɛgzamɛ̃] nm examen m; ~
médical examen ou reconocimiento
médico
examinateur, -trice
[ɛgzaminatœʀ, tʀis] nm/f
examinador(a)
examiner [ɛgzamine] vt examinar
exaspérant, e [ɛgzaspeʀɑ̃, ɑ̃t] adj
exasperante
exaspérer [ɛgzaspeʀe] vt exasperar
exaucer [ɛgzose] vt (vœu) otorgar
excéder [ɛksede] vt (dépasser)
exceder, sobrepasar; (agacer) crispar
excellent, e [ɛkselɑ̃, ɑ̃t] adj
excelente
excentrique [ɛksɑ̃tʀik] adj
excéntrico(-a)
excepté, e [ɛksɛpte] adj: **les élèves
~s/dictionnaires ~s** excepto los
alumnos/los diccionarios ▷ prép: **~
les élèves** salvo los alumnos; **~ si/
quand ...** salvo si/cuando ...
exception [ɛksɛpsjɔ̃] nf excepción
f; **à l'~ de** con excepción de;
exceptionnel, le adj excepcional;
exceptionnellement adv

excepcionalmente
excès [ɛksɛ] nm exceso ▷ nmpl (abus)
excesos mpl; **excès de vitesse** exceso
de velocidad; **excessif, -ive** adj
excesivo(-a)
excitant [ɛksitɑ̃] adj, nm excitante
m; **excitation** nf excitación f
exciter [ɛksite] vt excitar; **s'exciter**
vpr excitarse
exclamer [ɛksklame]: **s'~** vpr
exclamar
exclure [ɛksklyʀ] vt excluir; (d'une
salle, d'un parti) expulsar, excluir;
exclusif, -ive adj exclusivo(-a);
exclusion nf expulsión f, exclusión
f; **à l'exclusion de** con exclusión de;
exclusivité nf exclusividad f; **en
exclusivité** en exclusiva
excursion [ɛkskyʀsjɔ̃] nf excursión f
excuse [ɛkskyz] nf excusa; **excuses**
nfpl (expression de regret) disculpas
fpl; **excuser** vt excusar, disculpar;
s'excuser vpr (par politesse)
disculparse, excusarse; **s'excuser
(de)** disculparse (de), excusarse (por);
"excusez-moi" (en passant devant qn)
"disculpeme"; (pour attirer l'attention)
"perdón"
exécuter [ɛgzekyte] vt (Inform,
Mus, prisonnier) ejecutar; (opération,
mouvement) efectuar, realizar
exemplaire [ɛgzɑ̃plɛʀ] adj ejemplar
▷ nm ejemplar m
exemple [ɛgzɑ̃pl] nm ejemplo; **par
~** por ejemplo; (valeur intensive) ¡no
es posible!; **donner l'~** dar ejemplo;
prendre ~ sur qn tomar ejemplo
de algn
exercer [ɛgzɛʀse] vt ejercer;
(former: personne) acostumbrar;
(animal) adiestrar; (faculté, partie du
corps) ejercer ▷ vi (médecin) ejercer;
s'exercer vpr (sportif) entrenarse;
(musicien) practicar; **s'~ (sur/contre)**
(pression, poussée) ejercerse (sobre/
contra)

exercice [ɛgzɛʀsis] nm ejercicio
exhiber [ɛgzibe] vt exhibir;
s'exhiber vpr exhibirse
exhibitionniste [ɛgzibisjɔnist]
nm/f exhibicionista m/f
exigeant, e [ɛgziʒɑ̃, ɑ̃t] adj exigente
exiger [ɛgziʒe] vt exigir
exil [ɛgzil] nm exilio, **exiler: s'~** vpr
exiliarse
existence [ɛgzistɑ̃s] nf existencia
exister [ɛgziste] vi existir; **il existe
une solution/des solutions** existe
una solución/existen soluciones
exorbitant, e [ɛgzɔʀbitɑ̃, ɑ̃t] adj
exorbitante
exotique [ɛgzɔtik] adj exótico(-a)
expédier [ɛkspedje] vt (lettre)
expedir; (troupes, renfort) enviar;
(péj: faire rapidement) despachar;
expéditeur, -trice nm/f remitente
m/f; **expédition** nf (d'une lettre) envío;
(Mil, scientifique) expedición f
expérience [ɛksperjɑ̃s] nf
experiencia; **une ~** (scientifique) un
experimento
expérimenté, e [ɛksperimɑ̃te] adj
experimentado(-a)
expérimenter [ɛksperimɑ̃te] vt
experimentar
expert, e [ɛkspɛʀ, ɛʀt] adj: **~ en**
experto(-a) en ⊳ nm experto(-a),
perito(-a); **expert-comptable** (pl
experts-comptables) nm perito
contable
expirer [ɛkspire] vi (passeport, bail)
vencer, expirar; (respirer) expirar
explication [ɛksplikasjɔ̃] nf
explicación f; (discussion) discusión f
explicite [ɛksplisit] adj explícito(-a)
expliquer [ɛksplike] vt explicar;
s'expliquer vpr explicarse
exploit [ɛksplwa] nm hazaña;
exploitant nm (Agr) agricultor(a),
labrador(a); **exploitation** nf
explotación f; **exploitation agricole**
explotación agrícola; **exploiter** vt

explotar; (tirer parti de: faiblesse de qn)
aprovecharse de
explorer [ɛksplɔʀe] vt (pays, grotte)
explorar
exploser [ɛksploze] vi (bombe)
explotar, estallar; (joie, colère) estallar;
explosif adj explosivo(-a); **explosion**
nf explosión f
exportateur, -trice [ɛkspɔʀtatœʀ,
tʀis] adj, nm/f exportador(a)
exportation [ɛkspɔʀtasjɔ̃] nf
exportación f
exporter [ɛkspɔʀte] vt exportar
exposant [ɛkspozɑ̃] nm (personne)
expositor m
exposé, e [ɛkspoze] adj (orienté)
orientado(-a) ⊳ nm (écrit) informe m;
(oral) charla; (Scol) exposición f; **à
l'est/au sud** orientado(-a) al este/al
sur; **bien ~** bien orientado(-a)
exposer [ɛkspoze] vt exponer;
(orienter: maison) orientar; **exposition**
nf exposición f
exprès[1], expresse [ɛkspʀɛs] adj
expreso(-a) ⊳ adj inv: **lettre/colis ~**
carta/paquete m urgente
exprès[2] [ɛkspʀɛ] adv (délibérément)
a propósito, adrede; (spécialement)
expresamente
express [ɛkspʀɛs] adj, nm: **(café)
~** (café) exprés m; **(train) ~** (tren)
expreso
expressif, -ive [ɛkspʀesif, iv] adj
expresivo(-a)
expression [ɛkspʀesjɔ̃] nf
expresión f
exprimer [ɛkspʀime] vt (sentiment,
idée) expresar; **s'exprimer** vpr
expresarse
expulser [ɛkspylse] vt expulsar;
(locataire) echar
exquis, e [ɛkski, iz] adj (personne,
élégance, parfum) exquisito(-a)
extasier vpr: **s'~ sur** extasiarse ante
exténuer [ɛkstenɥe] vt extenuar
extérieur, e [ɛksteʀjœʀ] adj

exterior; (pressions, calme) externo(-a)
▷ nm exterior m; **à l'~** (dehors) fuera,
afuera (Am); (à l'étranger) en el exterior
externat [ɛkstɛʀna] nm externado
externe [ɛkstɛʀn] adj externo(-a)
▷ nm/f externo(-a); (étudiant en
médecine) alumno(-a) en prácticas
extincteur [ɛkstɛ̃ktœʀ] nm
extintor m
extinction [ɛkstɛ̃ksjɔ̃] nf extinción f;
extinction de voix afonía f
extra [ɛkstʀa] adj inv, préf extra ▷ nm
extra m
extraire [ɛkstʀɛʀ] vt extraer; **~
qch de** extraer algo de; **extrait** pp
de **extraire** ▷ nm extracto; (de film,
livre) pasaje m; **extrait de naissance**
partida de nacimiento
extraordinaire [ɛkstʀaɔʀdinɛʀ] adj
extraordinario(-a)
extravagant, e [ɛkstʀavagɑ̃, ɑ̃t]
adj extravagante
extraverti, e [ɛkstʀavɛʀti] adj
extravertido(-a), extrovertido(-a)
extrême [ɛkstʀɛm] adj extremo(-a);
extrêmement adv extremadamente;
Extrême-Orient nm Extremo
Oriente m
extrémité [ɛkstʀemite] nf extremo;
(d'un doigt, couteau) punta
exubérant, e [ɛgzybeʀɑ̃, ɑ̃t] adj
exuberante

f

F [ɛf] abr = **franc**; (appartement): **un
~2/~3** un piso de 2/3 habitaciones
fa [fa] nm inv fa m
fabricant [fabʀikɑ̃] nm fabricante m/f
fabrication [fabʀikasjɔ̃] nf
fabricación f
fabrique [fabʀik] nf fábrica;
fabriquer vt (produire) producir;
(construire) fabricar; **qu'est-ce qu'il
fabrique?** (fam) ¿qué está tramando?
fac [fak] (fam) abr f = **faculté**
façade [fasad] nf fachada
face [fas] nf (visage) cara, rostro; (côté)
cara; (d'un problème, sujet) aspecto
▷ adj: **le côté ~** cara; **en ~ de** enfrente
de; (fig) frente a; **de ~** de frente; **~ à**
frente a, ante; **faire ~ à qn/qch** hacer
frente ou cara a algn/algo; **~ à ~** adv
frente a frente ▷ nm inv debate m
fâché, e [fɑʃe] adj enfadado(-a)
fâcher [fɑʃe] vt enfadar; **se fâcher**
vpr: **se ~ (contre** ou **avec qn)**
enfadarse (con algn)

facile [fasil] *adj (aussi péj)* fácil;
(*accommodant*) sencillo(-a);
facilement *adv* con facilidad,
fácilmente, (*au moins*) por lo menos;
facilité *nf* facilidad *f*; **faciliter** *vt*
facilitar

façon [fasɔ̃] *nf* modo, manera;
façons *nfpl (péj)* modales *mpl*; **de
quelle ~ l'a-t-il fait/construit?**
¿cómo lo ha hecho/construido?; **sans
~** *adv* simplemente; **de ~ à faire/à ce
que** de modo que haga/de modo que;
de (telle) ~ que de tal forma que; **de
toute ~** de todos modos

facteur, -trice [faktœʀ] *nm/f*
cartero(-a) ▷ *nm (Math, fig)* factor *m*

facture [faktyʀ] *nf* factura

facultatif, -ive [fakyltatif, iv] *adj*
facultativo(-a)

faculté [fakylte] *nf* facultad *f*;
facultés *nfpl (moyens intellectuels)*
facultades *fpl*

fade [fad] *adj* soso(-a), insípido(-a)

faible [fɛbl] *adj* débil; (*sans volonté*)
apático(-a); (*rendement, revenu*)
bajo(-a) ▷ *nm*: **le ~ de qn/qch** el
punto flaco de algn/algo; **faiblesse**
nf debilidad *f*; (*défaillance*) desmayo;
faiblir *vi* debilitarse; (*vent*) amainar

faïence [fajɑ̃s] *nf* loza

faignant, e [fɛɲɑ̃, ɑ̃t] *nm/f, adj* =
fainéant

faillir [fajiʀ] *vi*: **j'ai failli tomber/lui
dire** estuve a punto de caer/decirle

faillite [fajit] *nf (échec)* fracaso; **être
en/faire ~** (*Comm*) estar en/hacer
quiebra

faim [fɛ̃] *nf* hambre *f*; **avoir ~** tener
hambre

fainéant, e [fɛneɑ̃, ɑ̃t] *adj, nm/f*
holgazán(-ana), flojo(-a) (*Am*)

MOT-CLÉ

faire [fɛʀ] *vt* **1** (*fabriquer, être l'auteur
de*) hacer; (*blé, soie*) producir; **faire du**

vin/une offre/un film hacer vino/
una oferta/una película; **faire du
bruit** hacer ruido; **fait à la main/la
machine** hecho a mano/máquina
2 (*effectuer: travail, opération*) hacer;
que faites-vous? ¿qué hace?; **(quel
métier etc)** ¿a qué se dedica (usted)?; **(quel
métier etc)** ¿a qué se dedica (usted)?; **faire la lessive** hacer la colada; **faire
la cuisine/le ménage/les courses**
hacer la cocina/la limpieza/las
compras; **faire les
magasins/l'Europe** ir de tiendas/por
Europa
3 (*étudier, pratiquer*): **faire du droit/du
français** hacer derecho/francés; **faire
du sport/rugby** hacer deporte/
rugby; **faire du cheval** montar a
caballo; **faire du ski/du vélo** ir a
esquiar/en bicicleta; **faire du violon/
piano** tocar el violín/piano
4 (*simuler*): **faire le
malade/l'ignorant** hacerse el
enfermo/el ignorante
5 (*transformer, avoir un effet sur*): **faire
de qn un frustré/avocat** hacer de
algn un frustrado/abogado; **ça ne me
fait rien** *ou* **ni chaud ni froid** no me
importa nada; **ça ne fait rien** no
importa
6 (*calculs, prix, mesures*): **2 et 2 font 4** 2
y 2 son 4; **9 divisé par 3 fait 3** 9 entre 3
es 3; **ça fait 10 m/15 euros** son 10
m/15 euros; **je vous le fais 10 euros**
(*j'en demande 10 euros*) se lo dejo en 10
euros; **voir mal; entrer; sortir**
7: **qu'a-t-il fait de sa valise/de sa
sœur?** ¿qué ha hecho con su maleta/
con su hermana?; **que faire?** ¿qué voy
etc a hacer?; **tu fais bien de me le dire**
haces bien en decírmelo
8: **ne faire que: il ne fait que
critiquer** no hace más que criticar
9 (*dire*) decir; **"vraiment" fit-il** ¿de
verdad? dijo
10 (*maladie*) tener; **faire du diabète/
de la tension/de la fièvre** tener

diabetes/tensión/fiebre
▷ vi 1 (agir, s'y prendre) hacer; (faire ses besoins) hacer sus necesidades; **il faut faire vite** hay que darse prisa; **comment a-t-il fait?** ¿cómo ha hecho?; **faites comme chez vous** está en su casa
2 (paraître): **tu fais jeune dans ce costume** este traje te hace joven; **ça fait bien** queda bien
▷ vb substitut hacer; **je viens de le faire** acabo de hacerlo; **ne le casse pas comme je l'ai fait** no lo rompas como he hecho yo; **je peux le voir? – faites!** ¿puedo verlo? – desde luego
▷ vb impers 1: **il fait beau** hace bueno; (voir aussi) **jour, froid** etc
2 (temps écoulé, durée): **ça fait 5 ans/heures qu'il est parti** hace 5 años/horas que se fue; **ça fait 2 ans/heures qu'il y est** hace 2 años/horas que está allí
▷ vb semi-aux: **faire** + infinitif hacer + infinitivo; **faire tomber/bouger qch** hacer caer/mover algo; **cela fait dormir** esto hace dormir; **faire réparer qch** llevar algo a arreglar; **que veux-tu me faire croire/comprendre?** ¿qué quieres hacerme creer/comprender?; **il m'a fait ouvrir la porte** me hizo abrir la puerta; **il m'a fait traverser la rue** me ayudó a cruzar la calle
se faire vi 1 (vin, fromage) hacerse
2: **cela se fait beaucoup** eso se hace mucho; **cela ne se fait pas** eso no se hace
3: **se faire** + nom ou pron: **se faire une jupe** hacerse una falda; **se faire des amis** hacer amigos; **se faire du souci** inquietarse; **il ne s'en fait pas** no se preocupa; **se faire des illusions** hacerse ilusiones; **se faire beaucoup d'argent** hacer mucho dinero
4: **se faire** + adj (devenir): **se faire vieux** hacerse viejo; (délibérément): **se faire beau** ponerse guapo
5: **se faire à** (s'habituer) acostumbrarse a; **je n'arrive pas à me faire à la nourriture/au climat** no acabo de acostumbrarme a la comida/al clima
6: **se faire** +infinitif: **se faire opérer/examiner la vue** operarse/examinarse la vista; **se faire couper les cheveux** cortarse el pelo; **il va se faire tuer/punir** le van a matar/castigar; **il s'est fait aider par qn** le ha ayudado algn; **se faire faire un vêtement** hacerse un vestido; **se faire ouvrir (la porte)** hacerse abrir (la puerta); **je me suis fait expliquer le texte par Anne** Anne me explicó el texto
7 (impersonnel): **comment se fait-il que ...?** ¿cómo es que ...?; **il peut se faire que ...** puede ocurrir que ...

faire-part [fɛʀpaʀ] nm inv: ~ **de mariage** participación f de boda; ~ **de décès** esquela de defunción
faisan, e [fəzɑ̃] nm/f faisán(-ana)
faisons [fəzɔ̃] vb voir **faire**
fait1 [fɛ] vb voir **faire** ▷ nm hecho; **le ~ que ...** el hecho de que ...; **le ~ de manger/travailler** el hecho de comer/trabajar; **être au ~ de** estar al corriente de; **au ~** a propósito; **aller droit au ~** ir al grano; **en venir au ~** pasar a los hechos; **de ~** adj (opposé à: de droit) de hecho; ▷ adv (en fait) en realidad; **du ~ que** el hecho de que; **du ~ de** a causa de; **de ce ~** por esto; **en ~** de hecho; **en ~ de repas/vacances** a guisa de comida/vacaciones; **c'est un ~** es un hecho, es verdad; **prendre qn sur le ~** coger a algn con las manos en la masa; **les ~s et gestes de qn** todos los movimientos de algn; **fait divers** suceso

fait²,e [fɛt] pp de **faire** ▷ adj (fromage) curado(-a); (melon) maduro(-a); **c'en est ~ de lui** es su fin; **c'en est ~ de notre tranquillité** se acabó la tranquilidad; **tout(e) ~(e)** (préparé à l'avance) ya listo(-a), ya preparado(-a); **c'est bien ~ pour lui!** ¡le está bien empleado!

faites [fɛt] vb voir **faire**

falaise [falɛz] nf acantilado

falloir [falwaʀ] vb impers (besoin): **il va ~ 100 euros** se necesitarán 100 euros; **il doit ~ du temps pour ...** se necesitará tiempo para ...; **il faut faire les lits** (obligation) hay que hacer las camas; **il me faut/faudrait 100 euros/de l'aide** necesito/necesitaría 100 euros/ayuda; **nous avons ce qu'il (nous) faut** tenemos lo necesario; **il faut que je fasse les lits** tengo que hacer las camas; **il a fallu que je parte** tuve que irme; **comme il faut** adj, adv (bien, convenable) como Dios manda; **s'en ~: il s'en faut/s'en est fallu de 5 minutes/100 euros (pour que ...)** faltan/faltaron 5 minutos/100 euros para que ...); **il ne fallait pas** (pour remercier) no era necesario; **il faudrait que ...** convendría que ...; **il s'en est fallu de peu que ...** faltó poco para que ...

famé,e [fame] adj: **mal ~** de mala fama

fameux,-euse [famø, øz] adj (illustre) famoso(-a), ilustre; (bon) excelente

familial,e,-aux [familjal, jo] adj familiar

familiarité [familjaʀite] nf familiaridad f; **familiarités** nfpl familiaridades fpl, confianzas fpl

familier,-ière [familje, jɛʀ] adj (connu) familiar; (rapports) de confianza; (Ling) familiar, coloquial ▷ nm asiduo(-a); **tu es un peu trop ~ avec lui** (cavalier, impertinent) te tomas demasiadas confianzas con él

famille [famij] nf familia; **il a de la ~ à Paris** tiene familia en París

famine [famin] nf hambruna

fanatique [fanatik] adj, nm/f fanático(-a); **~ de rugby/de voile** (sens affaibli) entusiasta m/f del rugby/de la vela

faner [fane]: **se ~** vpr (fleur) marchitarse

fanfare [fɑ̃faʀ] nf fanfarria, charanga; (musique) fanfarria

fantaisie [fɑ̃tezi] nf fantasía; (caprice) capricho ▷ adj: **bijou/pain ~** joya/pan m de fantasía

fantasme [fɑ̃tasm] nm fantasma m

fantastique [fɑ̃tastik] adj fantástico(-a)

fantôme [fɑ̃tom] nm fantasma m

faon [fɑ̃] nm cervatillo

farce [faʀs] nf (viande) relleno; (Théâtre) farsa; **faire une ~ à qn** gastar una broma a algn; **farcir** vt (viande) rellenar

farder [faʀde] vt maquillar

farine [faʀin] nf harina

farouche [faʀuʃ] adj (animal) arisco(-a); (personne) esquivo(-a)

fart [faʀt] nm (Ski) cera

fascination [fasinasjɔ̃] nf (fig) fascinación f

fasciner [fasine] vt fascinar

fascisme [faʃism] nm fascismo

fasse etc [fas] vb voir **faire**

fastidieux,-euse [fastidjø, jøz] adj fastidioso(-a)

fatal,e [fatal] adj mortal; (inévitable) fatal; **fatalité** nf fatalidad f

fatidique [fatidik] adj fatídico(-a)

fatigant,e [fatigɑ̃, ɑ̃t] adj fatigante; (agaçant) pesado(-a)

fatigue [fatig] nf fatiga, cansancio; **fatigué,e** adj fatigado(-a); **fatiguer** vt (personne, membres) fatigar, cansar; (moteur etc) forzar; (importuner) cansar ▷ vi (moteur) forzarse; **se fatiguer** vpr fatigarse, cansarse

fauché, e [foʃe] (fam) adj pelado(-a)

faucher [foʃe] vt (aussi fig) segar; (herbe) segar, cortar; (fam: voler) birlar

faucon [fokɔ̃] nm halcón m

faudra [fodʀa] vb voir **falloir**

faufiler [fofile] vt hilvanar; **se faufiler** vpr: **se ~ dans/parmi/entre** deslizarse en/entre

faune [fon] nf (fig, péj) fauna

fausse [fos] adj voir **faux²**

faussement adv (accuser) en falso

fausser [fose] vt (serrure, objet) torcer; (résultat, données) falsear

faut [fo] vb voir **falloir**

faute [fot] nf (de calcul) error m; (Sport, d'orthographe) falta; (Rel) pecado, culpa; **c'est de sa/ma ~** es culpa suya/mía; **être en ~** hacer mal; (être responsable) tener la culpa; **~ de** por falta de; **~ de mieux ...** a falta de algo mejor ...; **sans ~** (à coup sûr) sin falta; **faute de frappe** error de máquina; **faute professionnelle** error profesional

fauteuil [fotœj] nm sillón m; **fauteuil d'orchestre** (Théâtre) butaca de patio; **fauteuil roulant** sillón de ruedas

fautif, -ive [fotif, iv] adj (incorrect) erróneo(-a); (responsable) culpable

fauve [fov] nm fiera

faux¹ [fo] nf (Agr) guadaña

faux², fausse [fo, fos] adj falso(-a); (inexact) erróneo(-a); (rire, personne) falso(-a), hipócrita; (barbe, dent) postizo(-a); (Mus) desafinado(-a); (opposé à bon, correct: numéro, clé) confundido(-a) ▷ adv: **jouer/chanter ~** tocar/cantar desafinadamente ▷ nm (peinture, billet) falsificación f; **le ~** (opposé au vrai) lo falso; **faire fausse route** ir por mal camino; **faire ~ bond à qn** fallarle a algn; **fausse alerte** falsa alarma; **fausse couche** aborto; **fausse note** (Mus, fig) nota

discordante; **faux frais** nmpl gastos mpl menudos; **faux mouvement** movimiento en falso; **faux pas** (aussi fig) paso en falso; **faux témoignage** (délit) falso testimonio; **faux-filet** (pl **faux-filets**) nm solomillo bajo

faveur [favœʀ] nf favor m; **à la ~ de** (la nuit, une erreur) aprovechando; **en ~ de qn/qch** en favor de algn/algo

favorable [favoʀabl] adj favorable

favori, te [favoʀi, it] adj favorito(-a) ▷ nm/f (Sport) favorito(-a)

favoriser [favoʀize] vt favorecer

fécond, e [fekɔ̃, ɔ̃d] adj fértil, fecundo(-a); **féconder** vt fecundar

féculents [fekylɑ̃] nmpl féculas fpl

fédéral, e, -aux [federal, o] adj federal

fée [fe] nf hada

feignant, e [fɛɲɑ̃, ɑ̃t] adj, nm/f = **fainéant**

feindre [fɛ̃dʀ] vt, vi fingir

fêler [fele] vt (verre, assiette) resquebrajar

félicitations [felisitasjɔ̃] nfpl felicidades fpl

féliciter [felisite] vt felicitar; **~ qn (de qch/d'avoir fait qch)** felicitar a algn (por algo/por haber hecho algo)

félin [felɛ̃] nm felino

femelle [fəmɛl] nf hembra

féminin, e [feminɛ̃, in] adj femenino(-a); (vêtements etc) de mujer ▷ nm (Ling) femenino

féministe [feminist] adj, nm/f feminista m/f

femme [fam] nf mujer f; **femme au foyer** ama de casa; **femme de chambre** doncella; **femme de ménage** asistenta

fémur [femyʀ] nm fémur m

fendre [fɑ̃dʀ] vt hender; **se fendre** vpr henderse

fenêtre [fənɛtʀ] nf ventana

fenouil [fənuj] nm hinojo

fente [fɑ̃t] nf (fissure) grieta,

hendidura; (de boîte à lettres) ranura

fer [fɛʀ] nm hierro; (de cheval) herradura; **santé/main de ~** salud f/mano de hierro; **fer à cheval** herradura; **fer (à repasser)** plancha; **fer forgé** hierro forjado

ferai etc [fəʀe] vb voir **faire**

fer-blanc [fɛʀblɑ̃] (pl **fers-blancs**) nm hojalata

férié, e [feʀje] adj: **jour ~** día m festivo

ferions etc [fəʀjɔ̃] vb voir **faire**

ferme [fɛʀm] adj firme; (chair) prieto(-a) ▷ adv: **travailler ~** trabajar mucho ▷ nf granja; **ferme éolienne** parque m eólico

fermé, e [fɛʀme] adj (aussi fig) cerrado(-a); (gaz, eau) cortado(-a)

fermenter [fɛʀmɑ̃te] vi fermentar

fermer [fɛʀme] vt cerrar; (rideaux) correr; (eau, électricité, route) cortar ▷ vi cerrar; **se fermer** vpr cerrarse; **~ à clef** cerrar con llave

fermeté [fɛʀməte] nf firmeza; (des muscles) dureza

fermeture [fɛʀmətyʀ] nf cierre m, cerradura; (dispositif) cerradura; **fermeture éclair®** cierre relámpago

fermier, -ière [fɛʀmje, jɛʀ] adj: **beurre/cidre ~** mantequilla/ sidra de granja ▷ nf (locataire) granjero(-a), colono; **fermière** nf (femme de fermier) granjera

féroce [feʀɔs] adj feroz

ferons [fəʀɔ̃] vb voir **faire**

ferrer [fɛʀe] vt (cheval) herrar; (poisson) enganchar con el anzuelo

ferroviaire [fɛʀɔvjɛʀ] adj ferroviario(-a)

ferry (-boat) [fɛʀe(bɔt)] (pl **ferry-boats** ou **ferries**) nm ferry m, transbordador m

fertile [fɛʀtil] adj fértil

fervent, e [fɛʀvɑ̃, ɑ̃t] adj ferviente

fesse [fɛs] nf nalga; **fessée** nf nalgada

festin [fɛstɛ̃] nm festín m

festival [fɛstival] nm festival m

festivités [fɛstivite] nfpl fiestas fpl

fêtard, e [fɛtaʀ, aʀd] (péj) nm/f juerguista m/f

fête [fɛt] nf fiesta; (kermesse) romería; (d'une personne) santo; **faire la ~** irse de juerga ou de farra (Am); **faire ~ à qn** festejar a algn; **les ~s (de fin d'année)** las fiestas (de fin de año); **salle/comité des ~s** sala/comité m de fiestas; **la ~ des Mères/des Pères** el día de la madre/del padre; **la F~ Nationale** aniversario de la revolución francesa; **fête foraine** feria; **fêter** vt (personne) festejar; (événement, anniversaire) festejar, celebrar

feu, x [fø] nm fuego; (signal lumineux) luz f; (fig) fuego, ardor m; **feux** nmpl (éclat, lumière) destello msg; (Auto: de circulation) semáforo msg; **au ~!** ¡fuego!; **à ~ doux/vif** a poco fuego/ fuego vivo; **à petit ~** a fuego lento; (fig) lentamente; **ne pas faire long ~** (fig) no durar mucho; **prendre ~** (maison) incendiarse; (vêtements, rideaux) prender fuego; **mettre le ~ à** meterle fuego a; **faire du ~** hacer fuego; **avez-vous du ~?** ¿tiene fuego?; **feu arrière** (Auto) luz f trasera, piloto trasero; **feu d'artifice** fuegos mpl de artificio; **feu de joie** fogata; **feu orange/rouge/vert** (Auto) disco ámbar/rojo/verde; **feux de brouillard/de croisement/ de position/de stationnement** (Auto) luces fpl de niebla/de cruce/ de posición/intermitentes; **feux de route** (Auto) luces largas ou de carretera

feuillage [fœjaʒ] nm follaje m

feuille [fœj] nf hoja; **feuille de maladie** informe m médico; **feuille (de papier)** hoja (de papel); **feuille de paye** aviso de pago; **feuille volante** hoja suelta

feuillet [fœjɛ] nm pliego, página

feuilleté, e [fœjte] adj (Culin) hojaldrado(-a)

feuilleter [fœjte] vt (livre) hojear

feuilleton [fœjtɔ̃] nm (aussi TV, Radio) serial m

feutre [føtʀ] nm fieltro; (chapeau) sombrero de fieltro; (stylo) rotulador m; **feutré, e** adj (tissu) afelpado(-a); (pas, voix, atmosphère) amortiguado(-a)

fève [fɛv] nf haba; (dans la galette des Rois) sorpresa

février [fevʀije] nm febrero; voir aussi **juillet**

fiable [fjabl] adj fiable

fiançailles [fjɑ̃saj] nfpl noviazgo m

fiancé, e [fjɑ̃se] nm/f novio(-a)

fiancer [fjɑ̃se] vpr: **se ~ (avec)** prometerse (con)

fibre [fibʀ] nf fibra; (de bois) veta

ficeler [fis(ə)le] vt atar

ficelle [fisɛl] nf cordón; (pain) violín m; **ficelles** nfpl (procédés cachés) artificios mpl

fiche [fiʃ] nf ficha; (formulaire) ficha, impreso; (Élec) enchufe m

ficher [fiʃe] vt (pour un fichier) anotar en fichas; (suj: police, personne) fichar; **il ne fiche rien** (fam) no da golpe; **fiche(-moi) le camp** (fam) lárgate; **fiche-moi la paix** (fam) déjame en paz; **se ~ de** vpr (fam) tomar el pelo a

fichier [fiʃje] nm fichero

fichu, e [fiʃy] pp de **ficher** ▷ adj (fam: fini, inutilisable) estropeado(-a) ▷ nm (foulard) pañoleta; être mal **~ (fam: santé)** estar fastidiado(-a); **bien/mal ~ (fam: habillé)** bien/mal arreglado(-a); **~ temps/caractère** tiempo/carácter m pajolero

fictif, -ive [fiktif, iv] adj ficticio(-a); (promesse, nom) falso(-a)

fiction [fiksjɔ̃] nf ficción f

fidèle [fidɛl] adj fiel; (loyal) fiel, leal ▷ nm/f (Rel, fig) devoto(-a); **les ~s** (Rel) los fieles; **fidélité** nf fidelidad f

fier¹ [fje] vb: **se ~ à** fiarse de

fier², fière [fjɛʀ] adj orgulloso(-a); (hautain, méprisant) arrogante, altivo(-a); **~ de qch/qn** orgulloso(-a) de algo/algn; **fierté** nf orgullo; (arrogance) arrogancia

fièvre [fjɛvʀ] nf (aussi fig) fiebre f; **avoir de la ~/39 de** tener fiebre/39 de fiebre; **fiévreux, -euse** adj febril

figer [fiʒe] **se ~** vpr (sang) coagularse; (personne, sourire) petrificarse

fignoler [fiɲɔle] vt dar el último toque a

figue [fig] nf higo; **figuier** nm higuera

figurant, e [figyʀɑ̃, ɑ̃t] nm/f figurante m/f

figure [figyʀ] nf (visage) cara; (illustration, dessin) figura, ilustración f

figuré, e [figyʀe] adj figurado(-a)

figurer [figyʀe] vi figurar ▷ vt representar, figurar; **se ~ qch/que** imaginarse algo/que

fil [fil] nm hilo; (du téléphone) cable m; (tranchant) filo; **au ~ des heures/des années** a lo largo ou con el correr de las horas/de los años; **le ~ d'une histoire/de ses pensées** el hilo de una historia/de sus pensamientos; **au ~ de l'eau** a favor de la corriente; **donner/recevoir un coup de ~** dar/recibir un telefonazo; **fil à coudre** hilo de coser; **fil à pêche** sedal m; **fil de fer** alambre m; **fil de fer barbelé** alambre de espino; **fil électrique** cable eléctrico

file [fil] nf (de voitures) fila; (de clients) cola; **prendre la ~ de droite** (Auto) coger el carril de la derecha; **à la ~** (d'affilée) seguidos(-as); (l'un derrière l'autre) en fila; **à la** ou **en ~ indienne** en fila india; **file** (d'attente) cola

filer [file] vt hilar; (prendre en filature) seguir los pasos a ▷ vi (bas, maille) correrse, hacerse una carrera; (aller vite) pasar volando; (fam: partir) largarse; **~ qch à qn** (fam: donner) dar algo a algn

filet [filɛ] nm red f; (de poisson) filete m; (viande) solomillo; (d'eau, sang) hilo; **filet (à provisions)** bolsa (de la compra)

filiale [filjal] nf filial f; sucursal f

filière [filjɛʀ] nf escalafón m

fille [fij] nf chica; (opposé à fils) hija; **vieille ~** solterana; **fillette** nf chiquilla

filleul, e [fijœl] nm/f ahijado(-a)

film [film] nm película f; (couche) capa f

fils [fis] nm hijo; **fils à papa** (péj) niño de papá

filtre [filtʀ] nm filtro; **filtrer** vt filtrar; (candidats, nouvelles) hacer una criba de ▷ vi filtrarse

fin¹ [fɛ̃] nf final m; (d'un projet, d'un rêve: aussi mort) final, fin m; **fins** nfpl (desseins) fines mpl; **prendre ~** terminar, acabar; **mettre ~ à qch** poner fin a algo; **à la ~** finalmente; **sans ~** sin fin, interminable; (sans cesse) sin cesar

fin², e [fɛ̃, ɛ] adj fino(-a); (taille) delgado(-a); (effilé) afilado(-a); (subtil) agudo(-a) ▷ adv fino; **avoir la vue ~e/l'ouïe ~e** tener vista aguda/buen oído; **vin ~** vino selecto; **fines herbes** fpl aromáticas

final, e [final, o] adj último(-a) ▷ nm (Mus) final m; **quart/8èmes/16èmes de ~e** cuarto/octavos/dieciseisavos de final; **finale** nf (Sport) final f; **finalement** adv finalmente; (après tout) al final, después de todo

finance [finɑ̃s] nf: **la ~** las finanzas; **finances** nfpl (d'un club, pays) fondos mpl; (activités et problèmes financiers) finanzas fpl; **financer** vt financiar; **financier, -ière** adj financiero(-a)

finesse [fines] nf finura; delgadez f; afilamiento m; agudeza; **finesses** nfpl (subtilités) sutilezas fpl

fini, e [fini] adj terminado(-a),

acabado(-a); (Math, Philosophie) finito(-a) ▷ nm (d'un objet manufacturé) perfección f; **bien/mal ~** (travail, vêtement) bien/mal terminado(-a), bien/mal rematado(-a)

finir [finiʀ] vt acabar, terminar; (être placé en fin de: période, livre) finalizar ▷ vi terminarse, acabarse; **~ de faire qch** (terminer) dejar de hacer algo; **~ par qch/par faire qch** (gén) acabar con algo/haciendo ou por hacer algo; **il finit par m'agacer** acaba molestándome; **~ en tragédie** acabar en tragedia; **en ~ (avec qn/qch)** acabar (con algn/algo); **cela/il va mal ~** eso/él acabará mal

finition [finisjɔ̃] nf acabado, último toque m

finlandais, e [fɛ̃lɑ̃dɛ, ɛz] adj finlandés(-esa) ▷ nm (Ling) finlandés m ▷ nm/f: **F~, e** finlandés(-esa)

Finlande [fɛ̃lɑ̃d] nf Finlandia

firme [firm] nf firma

fisc [fisk] nm: **le ~** el fisco

fiscal, e, -aux [fiskal, o] adj fiscal; **fiscalité** f (système) régimen m tributario; (charges) cargas fpl fiscales

fissure [fisyʀ] nf fisura; **fissurer: se ~** vpr agrietarse

fit [fi] vb voir **faire**

fixation [fiksasjɔ̃] nf fijación f; **~ (de sécurité)** (de ski) fijación (de seguridad)

fixe [fiks] adj fijo(-a) ▷ nm (salaire de base) sueldo base; **à date/heure ~** en fecha/hora fijada; **menu à prix ~** menú de precio fijo

fixé, e [fikse] adj: **être ~ (sur)** saber a qué atenerse (respecto a)

fixer [fikse] vt fijar; (poser son regard sur) fijar la mirada en; **se ~ quelque part** establecerse en algún sitio; **se ~ sur** (suj: regard, attention) fijarse en

flacon [flakɔ̃] nm frasco

flageolet [flaʒɔlɛ] nm (Mus) chirimía; (Culin) frijol m

flagrant, e [flagʀɑ̃, ɑ̃t] adj flagrante; **prendre qn en ~ délit** coger a algn en flagrante delito

flair [flɛʀ] nm olfato; **flairer** vt olfatear

flamand, e [flamɑ̃, ɑ̃d] adj flamenco(-a) ▷ nm (Ling) flamenco ▷ nm/f: **F~, e** flamenco(-a); **les F~s** los flamencos

flamant [flamɑ̃] nm (Zool) flamenco

flambant, e [flɑ̃bɑ̃] adv: **~ neuf** nuevo flamante

flambé, e [flɑ̃be] adj: **banane/crêpe ~e** plátano/crêpe m flameado

flambée [flɑ̃be] nf llamarada

flamber [flɑ̃be] vi llamear

flamboyer [flɑ̃bwaje] vi (aussi fig) resplandecer

flamme [flɑm] nf llama; (fig) pasión f; **en ~s** en llamas

flan [flɑ̃] nm flan m

flanc [flɑ̃] nm (Anat) costado; (montagne) ladera

flancher [flɑ̃ʃe] vi flaquear

flanelle [flanɛl] nf franela

flâner [flɑne] vi callejear, deambular

flanquer [flɑ̃ke] vt flanquear; **~ qch sur/dans** (fam: mettre) tirar algo a/en; **~ par terre** (fam) arrojar al suelo; **~ à la porte** (fam) echar a la calle

flaque [flak] nf charco

flash [flaʃ] (pl **~es**) nm (Photo: dispositif) flash m; **flash d'information** flash informativo

flatter [flate] vt (personne) halagar, adular; **flatteur, -euse** adj (photo, profil) halagüeño(-a); (éloges) halagador(a) ▷ nm/f (personne) adulador(a)

flèche [flɛʃ] nf flecha; (de clocher) aguja; (de grue) aguilón m; **monter en ~** (fig) subir como una flecha; **fléchettes** nfpl (jeu) dardos mpl

flétrir [fletʀiʀ]: **se ~** vpr (fleur)

marchitarse; (peau, visage) ajarse en flor

fleur [flœʀ] nf flor f; **être en ~** estar en flor

fleuri, e [flœʀi] adj florido(-a)

fleurir [flœʀiʀ] vi florecer ▷ vt poner flores en

fleuriste [flœʀist] nm/f florista m/f

fleuve [flœv] nm río

flexible [flɛksibl] adj flexible

flic [flik] (fam: péj) nm poli m

flipper¹ [flipœʀ] nm flíper m

flipper² [flipe] vi (fam) amargarse

flirter [flœʀte] vi flirtear

flocon [flɔkɔ̃] nm copo

flore [flɔʀ] nf flora

florissant, e [flɔʀisɑ̃, ɑ̃t] vb voir **fleurir** ▷ adj (entreprise, commerce) floreciente, próspero(-a)

flot [flo] nm (fig) oleada; (de paroles, etc) río; (mer) nmpl (de la mer) olas fpl, mar fsg; **à ~s** a raudales

flottant, e [flɔtɑ̃, ɑ̃t] adj (vêtement) de vuelo, ancho(-a); (non fixe) fluctuante

flotte [flɔt] nf flota; (fam: eau) agua; (: pluie) lluvia

flotter [flɔte] vi flotar; (drapeau, cheveux) ondear; (vêtements) volar; (Écon) fluctuar ▷ vb impers (fam): **il flotte** llueve; **flotteur** nm (d'hydravion etc) flotador m; (de canne à pêche) boya

flou, e [flu] adj borroso(-a); (idée) vago(-a)

fluide [flɥid] adj fluido(-a)

fluor [flyɔʀ] nm flúor m

fluorescent, e [flyɔʀesɑ̃, ɑ̃t] adj fluorescente

flûte [flyt] nf flauta; (verre) copa; (pain) barra pequeña de pan; **~!** ¡caramba!; **flûte à bec/traversière** flauta dulce/travesera

flux [fly] nm flujo; **le ~ et le reflux** el flujo y el reflujo

FM [ɛfɛm] sigle f (= fréquence modulée) FM f (= frecuencia modulada)

foc [fɔk] nm foque m

foi [fwa] *nf* fe f; **avoir ~ en** tener fe en; **digne de ~** fidedigno(-a); **être de bonne/mauvaise ~** actuar con buena/mala fe; **ma ~!** ¡lo juro!

foie [fwa] *nm* hígado

foin [fwɛ̃] *nm* heno

foire [fwaʀ] *nf* mercado; *(fête foraine)* feria, romería; **faire la ~** *(fig: fam)* irse de juerga ou de farra *(Am)*; **foire (exposition)** feria de muestras

fois [fwa] *nf* vez; **une vez/deux ~** una vez/dos veces; **2 ~ 2** 2 por 2; **deux/quatre ~ plus grand (que)** dos/cuatro veces mayor (que); **une (bonne) ~ pour toutes** de una vez por todas; **une ~ que c'est fait** una vez que esté hecho; **à la ~** *(ensemble)* a la vez; **des ~** a veces; **chaque ~ que** cada vez que

fol [fɔl] *adj voir* **fou**

folie [fɔli] *nf* locura; **faire des ~s** hacer locuras, gastar a lo loco

folklorique [fɔlklɔʀik] *adj* folklórico(-a); *(péj)* estrambótico(-a)

folle [fɔl] *adj f*, *nf voir* **fou**; **follement** *adv* *(amoureux)* locamente; *(drôle, intéressant)* tremendamente; **avoir follement envie de** tener unos celos tremendos de

foncé, e [fɔ̃se] *adj* oscuro(-a)

foncer [fɔ̃se] *vt* oscurecer; *(fam: aller vite)* ir volando; **~ sur** *(fam)* arremeter contra

fonction [fɔ̃ksjɔ̃] *nf* función f; *(profession)* profesión f; *(poste)* cargo; **fonctions** *nfpl* *(activité, pouvoirs)* competencias *fpl*; **entrer en reprendre ses ~** tomar posesión de/reincorporarse a su cargo; **voiture/maison de ~** coche m/casa de lujo; **être ~ de** depender de; **en ~ de** dependiendo de; **faire ~ de** *(suj: personne)* hacer las veces de; *(: chose)* servir para; **la ~ publique** la función pública; **fonctionnaire** *nm/f* funcionario(-a); **fonctionner** *vi* funcionar

fond [fɔ̃] *nm* fondo; **un ~ de verre/bouteille** el resto del vaso/de la botella; **le ~** *(Sport)* el fondo; **au ~ de** *(récipient)* en el fondo de; *(salle)* al fondo de; **sans ~** *(très profond)* sin fondo; **toucher le ~** *(aussi fig)* tocar fondo; **à ~** a fondo; *(soutenir)* a capa y espada; **à ~ (de train)** *(fam)* a todo correr, a toda marcha; **dans le ~, au ~** en resumidas cuentas; **de ~ en comble** de arriba a abajo; **fond de teint** maquillaje m de fondo; **fond sonore** fondo sonoro

fondamental, e, -aux [fɔ̃damɑ̃tal, o] *adj* fundamental

fondant, e [fɔ̃dɑ̃, ɑ̃t] *adj*: **la neige/glace ~e** la nieve/el hielo que se derrite

fondation [fɔ̃dasjɔ̃] *nf* fundación f; **fondations** *nfpl* *(d'une maison)* cimientos *mpl*

fondé, e [fɔ̃de] *adj* fundado(-a)

fondement [fɔ̃dmɑ̃] *nm*: **sans ~** sin fundamento

fonder [fɔ̃de] *vt* fundar; **~ qch sur** *(fig)* basar algo en; **se ~ sur qch** *(personne)* basarse en algo

fonderie [fɔ̃dʀi] *nf* fundición f

fondre [fɔ̃dʀ] *vt* *(neige, glace)* fundir, derretir; *(métal)* fundir; *(dans l'eau: sucre)* disolver; *(mélanger)* mezclar ▷ *vi* fundirse, derretirse; *(métal)* fundirse; *(argent, courage)* esfumarse; **~ sur** *(se précipiter)* abatirse sobre; **faire ~** derretir; *(sucre)* disolver; **~ en larmes** deshacerse en lágrimas

fonds [fɔ̃] *nm* fondo ▷ *nmpl* *(argent)* fondos *mpl*; **~ (de commerce)** fondo de comercio

fondu, e [fɔ̃dy] *adj* *(beurre)* derretido(-a); *(neige)* fundido(-a), derretido(-a); *(métal)* fundido(-a); **fondue** *nf*: **fondue (savoyarde)/bourguignonne** fondue f (saboyana)/burguiñona

font [fɔ̃] *vb voir* **faire**

fontaine [fɔ̃tɛn] *nf* fuente *f*

fonte [fɔ̃t] *nf (de la neige)* deshielo

foot(ball) [fut(bol)] *nm* fútbol *m*;
footballeur, -euse [futbolœʀ, øz]
nm/f futbolista *m/f*

footing [futiŋ] *nm:* **faire du ~** hacer
footing

forain, e [fɔʀɛ̃, ɛn] *adj* ferial ▷ *nm/f
(marchand)* feriante *m/f*

forçat [fɔʀsa] *nm* forzado

force [fɔʀs] *nf* fuerza; *(d'une armée)*
potencia; *(intellectuelle, morale)*
fortaleza; **forces** *nfpl (Mil, physiques)*
fuerzas *fpl*; **ménager ses/reprendre
des ~s** ahorrar/recuperar fuerzas;
être à bout de ~ estar agotado(-a);
**à ~ de critiques/de le critiquer/
de faire** a fuerza de críticas/de
criticarlo/de hacer; **être de ~ à faire
qch** ser capaz de hacer algo; **les ~s
de l'ordre** las fuerzas del orden; **c'est
une ~ de la nature** *(personne)* es un
sansón

forcé, e [fɔʀse] *adj (rire, attitude)*
forzado(-a); *(bain, atterrissage)*
forzoso(-a); **forcément** *adv
(obligatoirement)* forzosamente; *(bien
sûr)* como es lógico

forcer [fɔʀse] *vt* forzar; *(Agr)* impulsar
el crecimiento de ▷ *vi* esforzarse; **~
qn à qch/à faire qch** obligar a algn
a algo/a hacer algo; **se ~ à qch/à
faire qch** obligarse a algo/a hacer
algo; **~ la main à qn** apretarle los
tornillos a algn

forestier, -ière [fɔʀestje, jɛʀ] *adj*
forestal

forêt [fɔʀɛ] *nf* bosque *m*

forfait [fɔʀfɛ] *nm (Comm)* ajuste
m; *(crime)* crimen *m*; **déclarer ~**
(Sport) retirarse; **travailler à ~**
trabajar a destajo; **forfaitaire** *adj*
concertado(-a)

forge [fɔʀʒ] *nf* forja; **forgeron** *nm*
herrero

formaliser [fɔʀmalize]: **se ~** *vpr*
molestarse; **se ~ de qch** molestarse
por algo

formalité [fɔʀmalite] *nf* requisito,
trámite *m*; **simple ~** mera formalidad *f*

format [fɔʀma] *nm* formato;
formater *vt* formatear

formation [fɔʀmasjɔ̃] *nf* formación
f; *(apprentissage)* educación *f*; **la ~
permanente/continue** la formación
permanente/continua; **la ~
professionnelle/des adultes** la
formación profesional/de adultos

forme [fɔʀm] *nf* forma; *(type)* tipo;
formes *nfpl (manières)* formas *fpl*;
en ~ de poire con forma de pera;
être en (bonne/pleine) ~ estar en
(buena/plena) forma; **avoir la ~** estar
en forma

formel, le [fɔʀmɛl] *adj (preuve,
décision)* categórico(-a); *(logique)*
formal; **formellement** *adv*
absolutamente

former [fɔʀme] *vt* formar; **se former**
vpr formarse

formidable [fɔʀmidabl] *adj
(important, excellent)* estupendo(-a)

formulaire [fɔʀmylɛʀ] *nm* impreso

formule [fɔʀmyl] *nf* fórmula; *(de
vacances, crédit)* sistema *m*; **formule
de politesse** fórmula de cortesía

fort, e [fɔʀ, fɔʀt] *adj (aussi fig)*
fuerte; *(gros)* grueso(-a); *(quantité)*
importante; *(soleil)* intenso(-a) ▷ *adv
(frapper, serrer, sonner)* con fuerza;
(parler) alto; *(beaucoup)* mucho; *(très)*
muy ▷ *nm (édifice, fig)* fuerte *m*; **être ~
(en)** *(doué)* ser bueno(-a) (en); **au plus
~ de** lo más álgido de; **forteresse**
nf fortaleza

fortifiant [fɔʀtifjɑ̃] *adj* fortificante

fortune [fɔʀtyn] *nf* fortuna; **faire ~**
hacer fortuna; **de ~** improvisado(-a);
fortuné, e *adj* afortunado(-a)

fosse [fos] *nf* fosa

fossé [fose] nm zanja

fossette [fosɛt] nf hoyuelo

fossile [fosil] nm fósil m

fou, fol, folle [fu, fɔl] adj loco(-a); (fam: extrême) inmenso(-a) ▷ nm/f loco(-a) ▷ nm (d'un roi) bufón m; **être ~ de** estar loco(-a) por; **faire le ~** hacer el tonto ou el indio; **avoir le ~ rire** tener un ataque de risa; **ça prend un temps ~** (fam) esto lleva mucho tiempo; **il a eu un succès ~** (fam) tuvo un éxito loco

foudre [fudʀ] nf rayo

foudroyant, e [fudʀwajɑ̃, ɑ̃t] adj fulminante

fouet [fwɛ] nm látigo, fuete (Am), rebenque (Am); (Culin) batidor m; **de plein ~** (heurter) de frente; **fouetter** vt dar latigazos a

fougère [fuʒɛʀ] nf helecho

fougue [fug] nf fogosidad f;

fougueux, -euse adj fogoso(-a)

fouille [fuj] nf (v t v t) cacheo, registro; **fouilles** nfpl (archéologiques) excavaciones fpl; **fouiller** vt (suspect) cachear; (local, quartier) registrar; (creuser) excavar; (approfondir) ahondar en; **fouillis** nm revoltijo

foulard [fular] nm pañuelo

foule [ful] nf: **la ~** la muchedumbre, el gentío; **une ~ de** una multitud de

foulée [fule] nf (Sport) zancada

fouler [fule] vt (écraser) prensar; **se fouler** vpr (fam) matarse trabajando; **se ~ la cheville/le bras** torcerse el tobillo/el brazo; **foulure** nf esguince m

four [fur] nm horno; (échec) fracaso

fourche [furʃ] nf horca

fourchette [furʃɛt] nf tenedor m; (Statistique) gama

fourgon [furgɔ̃] nm furgón m;

fourgonnette nf furgoneta

fourmi [furmi] nf hormiga; **avoir des ~s dans les jambes/mains** (fig) tener un hormigueo en las piernas/

manos; **fourmilière** nf hormiguero; **fourmiller** vi (gens) hormiguear

fourneau, x [furno] nm horno

fourni, e [furni] adj (barbe, cheveux) tupido(-a), poblado(-a); **bien/mal ~ (en)** bien/mal equipado(-a) (en)

fournir [furniʀ] vt proporcionar; (effort) realizar; (chose) dar, proporcionar; **fournisseur, -euse** nm/f proveedor(a); **fournisseur d'accès à Internet** proveedor m de servicios de Internet; **fournitures** nfpl material msg

fourrage [furaʒ] nm forraje m

fourré, e [fure] adj (bonbon) relleno(-a); (manteau, botte) forrado(-a) ▷ nm maleza

fourrer [fure] vt: **~ qch dans** meter algo en; **se fourrer** vpr: **se ~ dans/sous** meterse en/bajo

fourrière [furjɛʀ] nf (pour chiens) perrera; (voitures) depósito de coches

fourrure [furyr] nf piel f; **manteau/col de ~** abrigo/cuello de piel

foutre [futr] (fam!) vt = **ficher**;

foutu, e (fam!) adj = **fichu**

foyer [fwaje] nm hogar m; (fig) foco

fracassant, e [fʀakasɑ̃, ɑ̃t] adj (fig) estrepitoso(-a)

fraction [fʀaksjɔ̃] nf fracción f; (Math) fracción, quebrado

fracture [fʀaktyʀ] nf (Méd) fractura; **fracturer** vt (coffre, serrure) forzar; **se fracturer la jambe/le crâne** fracturarse la pierna/el cráneo

fragile [fʀaʒil] adj (aussi fig) frágil; (santé, personne) delicado(-a); **fragilité** nf fragilidad f

fragment [fʀagmɑ̃] nm (d'un objet) fragmento, trozo; (d'un discours) fragmento

fraîche [fʀɛʃ] adj voir **frais**; **fraîcheur** nf (vie) frescura; (d'un lieu) frescor m, frescura; lozanía; frialdad f; **fraîchir** vi refrescar; (vent) levantarse

frais, fraîche [fʀɛ, fʀɛʃ] adj

fresco(-a); (teint) lozano(-a); (accueil) frío(-a) ▷ adv: **il fait ~** hace ou está fresco ▷ nm: **mettre au ~** poner en el frigorífico ▷ nmpl (Comm, dépenses) gastos mpl; **à boire/servir ~** beber/ servir frío; **légumes/fruits ~** verduras fpl/frutas fpl frescas; **prendre le ~** tomar el fresco; **faire des ~** hacer gasto; **frais de scolarité** gastos de matrícula; **frais généraux** gastos generales

fraise [fʀɛz] nf (Bot, Tech) fresa, frutilla (Am); **fraise des bois** fresa silvestre

framboise [fʀɑ̃bwaz] nf frambuesa

franc, franche [fʀɑ̃, fʀɑ̃ʃ] adj franco(-a); (refus, couleur) claro(-a); (coupure) limpio(-a); (intensif) auténtico(-a) ▷ adv: **à parler ~** francamente ▷ nm (monnaie) franco; **~ de port** porte pagado

français, e [fʀɑ̃sɛ, ɛz] adj francés(-esa) ▷ nm (Ling) francés msg ▷ nm/f: **F~, e** francés(-esa); **les F~** los franceses

France [fʀɑ̃s] nf Francia

franche [fʀɑ̃ʃ] adj f voir **franc**; **franchement** adv francamente; (tout à fait) realmente

franchir [fʀɑ̃ʃiʀ] vt (aussi fig) salvar; (seuil) franquear

franchise [fʀɑ̃ʃiz] nf franqueza; (douanière, Assurance) franquicia; (Comm) licencia

franc-maçon [fʀɑ̃masɔ̃] (pl **~s**) nm francmasón(-ona)

franco [fʀɑ̃ko] adv (Comm): **~ (de port)** porte pagado

francophone [fʀɑ̃kɔfɔn] adj, nm/f francófono(-a)

franc-parler [fʀɑ̃paʀle] nm inv franqueza

frange [fʀɑ̃ʒ] nf fleco, franja; (de cheveux) flequillo; (fig) franja

frangipane [fʀɑ̃ʒipan] nf crema almendrada

frappant, e [fʀapɑ̃, ɑ̃t] adj sorprendente

frappé, e [fʀape] adj (vin, café) helado(-a); **~ de** ou **par qch** impresionado(-a) por algo

frapper [fʀape] vt golpear; (fig) impresionar; (malheur, impôt) afectar; (monnaie) acuñar; **~ dans les mains** golpear con las manos; **~ du poing sur** dar un puñetazo en

fraternel, le [fʀatɛʀnɛl] adj fraterno(-a); **fraternité** nf fraternidad f

fraude [fʀod] nf fraude m; **passer qch en ~** pasar algo fraudulentamente

frayeur [fʀejœʀ] nf pavor m

fredonner [fʀədɔne] vt tararear

freezer [fʀizœʀ] nm congelador m

frein [fʀɛ̃] nm freno; **sans ~** sin freno; **freins à disques** frenos mpl de disco; **frein à main** freno de mano; **freins à tambours** frenos de tambor; **freiner** vi frenar ▷ vt frenar, parar

frêle [fʀɛl] adj frágil

frelon [fʀəlɔ̃] nm abejón m

frémir [fʀemiʀ] vi estremecerse; (eau) empezar a hervir

frêne [fʀɛn] nm fresno

fréquemment [fʀekamɑ̃] adv frecuentemente, seguido (Am)

fréquent, e [fʀekɑ̃, ɑ̃t] adj corriente; (opposé à rare) corriente

fréquentation [fʀekɑ̃tasjɔ̃] nf frecuentación f, trato; **fréquentations** nfpl (relations): **de bonnes ~s** buenas relaciones

fréquenté, e [fʀekɑ̃te] adj: **très ~** muy concurrido(-a); **mal ~** por gente indeseable

fréquenter [fʀekɑ̃te] vt frecuentar; (personne) tratar, frecuentar; (courtiser) salir con; **se fréquenter** vpr tratarse, frecuentarse

frère [fʀɛʀ] nm hermano

fresque [fʀɛsk] nf fresco, (Litt)

retrato

fret [fʀɛ(t)] nm flete m

friand, e [fʀijɑ̃, fʀijɑ̃d] adj: **~ de** entusiasta de

friandise [fʀijɑ̃diz] nf golosina

fric [fʀik] (fam) nm pasta

friche [fʀiʃ]: **en ~** adj, adv inculto(-a)

friction [fʀiksjɔ̃] nf fricción f

frigidaire® [fʀiʒidɛʀ] nm nevera, frigorífico

frigo [fʀigo] nm = **frigidaire**

frigorifier [fʀigoʀifje] vt congelar

frigorifique [fʀigoʀifik] adj frigorífico(-a)

frileux, -euse [fʀilø, øz] adj friolero(-a), (fig) encogido(-a)

frimer [fʀime] (fam) vi chulear

fringale [fʀɛ̃gal] nf: **avoir la ~** tener un hambre canina

fringues [fʀɛ̃g] (fam) nfpl trapos mpl

fripé, e [fʀipe] adj arrugado(-a)

fripe [fʀip] nf escalofrío, estremecimiento; **frissonner** vi tiritar, estremecerse; (fig) temblar

frit, e [fʀi, fʀit] pp de **frire** ▷ adj frito(-a); **(pommes) ~es** patatas fpl ou papas fpl (Am) fritas; **frite** nf patata frita; **friteuse** nf freidora; **friture** nf (huile) aceite m; (Radio) ruido de fondo; **friture (de poissons)** fritura (de pescado)

froid, e [fʀwa, fʀwad] adj frío(-a); **il fait ~** hace frío; **avoir/prendre ~** tener/coger frío; **à ~** en frío; **jeter un ~** (fig) provocar el asombro; **être en ~ avec qn** estar enfadado(-a) con algn; **froidement** adv con frialdad

froisser [fʀwase] vt arrugar; (fig) ofender; **se froisser** vpr arrugarse; **se ~ un muscle** distendérsele a algn un músculo

frôler [fʀole] vt rozar

fromage [fʀɔmaʒ] nm queso; **fromage blanc** queso fresco, requesón m

froment [fʀɔmɑ̃] nm trigo

froncer [fʀɔ̃se] vt fruncir; **~ les sourcils** fruncir el ceño

front [fʀɔ̃] nm frente f; **de ~** de frente; (rouler) a la vez; (simultanément) al mismo tiempo; **faire ~ à** hacer frente a; **front de mer** paseo marítimo

frontalier, -ière [fʀɔ̃talje, jɛʀ] adj fronterizo(-a) ▷ nm/f: **(travailleurs) ~s** (trabajadores mpl) fronterizos mpl

frontière [fʀɔ̃tjɛʀ] nf frontera

frotter [fʀɔte] vi frotar ▷ vt frotar; (pour nettoyer) frotar, estregar; **~ une allumette** encender una cerilla

fruit [fʀɥi] nm fruta; **fruits de mer** mariscos mpl; **fruits secs** frutos secos; **fruité, e** adj afrutado(-a); **fruitier, -ière** adj: **arbre fruitier** árbol m frutal

frustrer [fʀystʀe] vt frustrar

fuel(-oil) [fjul(ojl)] (pl **fuels(-oils)**) nm fuel(-oil) m

fugace [fygas] adj fugaz

fugitif, -ive [fyʒitif, iv] adj (lueur, amour) efímero(-a); (prisonnier etc) fugitivo(-a) ▷ nm/f fugitivo(-a)

fugue [fyg] nf: **faire une ~** fugarse

fuir [fɥiʀ] vt huir ▷ vi huir; (gaz, eau) escapar; (robinet) perder agua

fuite [fɥit] nf huida; (des capitaux etc) fuga; (d'eau) escape m; (divulgation) filtración f; **être en ~** ser un(a) prófugo(-a); **mettre en ~** ahuyentar

fulgurant, e [fylgyʀɑ̃, ɑ̃t] adj fulgurante

fumé, e [fyme] adj ahumado(-a); **fumée** nf humo

fumer [fyme] vi echar humo; (personne) fumar ▷ vt (cigarette, pipe) fumar

fûmes [fym] vb voir **être**

fumeur, -euse [fymœʀ, øz] nm/f fumador(a)

fumier [fymje] nm estiércol m

funérailles [fyneʀaj] nfpl funeral msg

fur [fyʀ]: **au ~ et à mesure** adv poco a poco; **au ~ et à mesure que** a medida que, conforme

furet [fyʀɛ] nm (Zool) hurón m

fureter [fyʀ(ə)te] (péj) vi husmear, fisgonear

fureur [fyʀœʀ] nf furia, cólera; **faire ~** estar en boga, hacer furor

furie [fyʀi] nf furia; **en ~** desencadenado(-a); **furieux, -euse** adj furioso(-a)

furoncle [fyʀɔ̃kl] nm forúnculo

furtif, -ive [fyʀtif, iv] adj furtivo(-a)

fus [fy] vb voir **être**

fusain [fyzɛ̃] nm (Bot) bonetero; (Art) carboncillo

fuseau, x [fyzo] nm (pantalon) fuso; (pour filer) huso; **fuseau horaire** huso horario

fusée [fyze] nf cohete m

fusible [fyzibl] nm fusible m

fusil [fyzi] nm (de guerre, à canon rayé) fusil m; (de chasse, à canon lisse) escopeta; **fusillade** nf (bruit) tiroteo; **fusiller** vt fusilar

fusionner [fyzjɔne] vi fusionarse

fût¹ [fy] vb voir **être**

fût² [fy] nm (tonneau) tonel m, barril m; (de canon) caña

futé, e [fyte] adj ladino(-a)

futile [fytil] adj fútil

futur, e [fytyʀ] adj futuro(-a) ▷ nm: **le ~** (Ling) el futuro; (avenir) el futuro, el porvenir

fuyard, e [fɥijaʀ, aʀd] nm/f fugitivo(-a)

g

gâcher [ɡɑʃe] vt arruinar, estropear; (vie) arruinar; (argent) malgastar; **gâchis** nm (gaspillage) despilfarro

gaffe [ɡaf] nf (instrument) bichero; (fam: erreur) metedura de pata; **faire ~** (fam) tener cuidado

gage [ɡaʒ] nm (dans un jeu, comme garantie) prenda; (fig: de fidélité) prueba; **mettre en ~** empeñar

gagnant, e [ɡaɲɑ̃, ɑ̃t] adj: **billet/ numéro ~** billete m/número premiado

gagne-pain [ɡaɲpɛ̃] nm inv medio de vida

gagner [ɡaɲe] vt ganar; (suj: maladie, feu) extenderse a; (envahir) invadir ▷ vi (être vainqueur) ganar; **~ du temps/de la place** ganar tiempo/espacio; **~ sa vie** ganarse la vida; **~ du terrain** (aussi fig) ganar terreno

gai, e [ɡe] adj alegre; **gaiement** adv alegremente; (de bon cœur) con entusiasmo; **gaieté** nf alegría; **de gaieté de cœur** de buena gana

gain [gɛ̃] nm (revenu) ingreso; (bénéfice: gén pl) ganancias fpl; **avoir ~ de cause** (fig) ganar, tener razón

gala [gala] nm gala

galant, e [galɑ̃, ɑ̃t] adj galante; (entreprenant) galanteador(a)

galerie [galʀi] nf galería; (Théâtre) palco; (de voiture) baca; (fig: spectateurs) público, galería; **galerie de peinture** galería de arte; **galerie marchande** centro comercial, galería comercial

galet [galɛ] nm guijarro; (Tech) arandela

galette [galɛt] nf (gâteau) roscón m; (crêpe) crepe f, panqueque m (Am)

galipette [galipɛt] nf: **faire des ~s** hacer piruetas

Galles [gal] nfpl: **le pays de ~** el país de Gales; **gallois, e** adj galés(-esa) ▷ nm (Ling) galés m ▷ nm/f: **Gallois, e** galés(-esa)

galon [galɔ̃] nm galón m

galop [galo] nm galope m; **galoper** vi galopar

gambader [gɑ̃bade] vi brincar

gamin, e [gamɛ̃, in] nm/f chiquillo(-a), chamaco(-a) (CAm, Mex), pibe(-a) (Arg), cabro(-a) (And, Chi)

gamme [gam] nf (Mus) escala; (fig) gama

gang [gɑ̃g] nm banda

gant [gɑ̃] nm guante m; **gant de toilette** manopla de baño

garage [gaʀaʒ] nm garaje m; **garagiste** nm/f (propriétaire) dueño(-a) de un garaje; (mécanicien) mecánico(-a)

garantie [gaʀɑ̃ti] nf garantía; **(bon de) ~** (bono de) garantía

garantir [gaʀɑ̃tiʀ] vt garantizar; **~ de qch** proteger contra algo

garçon [gaʀsɔ̃] nm niño m; **mon/son ~** (fils) mi/su hijo; (célibataire) soltero;

garçon de café camarero; **garçon manqué** medio chico

garde [gaʀd(ə)] nm guardia m; (de domaine etc) guarda m ▷ nf guardia f; **de ~** adj, adv de guardia; **mettre en ~** poner en guardia; **prendre ~ (à)** tener cuidado (con); **être sur ses ~s** estar en guardia; **monter la ~** montar guardia; **garde à vue** nf (Jur) detención f provisional; **garde champêtre** nm guarda rural; **garde d'enfants** nf niñera; **garde des Sceaux** nm ≈ ministro de Justicia; **garde du corps** nm guardaespaldas m inv, guarura m (Mex) (fam); **garde-boue** nm inv guardabarros m inv; **garde-chasse** (pl **gardes-chasse(s)**) nm guarda m de caza

garder [gaʀde] vt (conserver: personne) mantener; (: sur soi: vêtement, chapeau) quedarse con; (surveiller: enfants) cuidar; (: prisonnier, lieu) vigilar; **se garder** vpr (aliment) conservarse; **~ le lit** guardar cama; **~ la chambre** permanecer en la habitación; **se ~ de faire qch** abstenerse de hacer algo; **pêche/chasse gardée** coto de pesca/caza

garderie [gaʀdəʀi] nf guardería

garde-robe [gaʀdəʀɔb] (pl **~s**) nf (meuble) ropero; (vêtements) guardarropa m

gardien, ne [gaʀdjɛ̃, jɛn] nm/f (garde) vigilante m/f; (de prison) oficial m/f; (de domaine, réserve, cimetière) guarda m/f; (de musée etc) guarda, vigilante; (de plage) farero; (fig: garant) garante m/f; (d'immeuble) portero(-a); **gardien de but** portero, arquero (esp Am); **gardien de la paix** guardia m del orden público; **gardien de nuit** vigilante de noche

gare [gaʀ] nf estación f ▷ excl: **~ à ...** cuidado con ...; **~ à toi** cuidado con lo que haces; **gare routière** estación de autobuses

garer [gaʀe] *vt* aparcar; **se garer** *vpr* (*véhicule, personne*) aparcar; (*pour laisser passer*) apartarse

garni, e [gaʀni] *adj* (*plat*) con guarnición ▷ *nm* (*appartement*) piso amueblado

garniture [gaʀnityʀ] *nf* (*Culin: légumes*) guarnición f; (*décoration*) adorno; (*protection*) revestimiento; **garniture de frein** (*Auto*) forro de freno

gars [gɑ] (*fam*) *nm* (*garçon*) chico; (*homme*) tío

Gascogne [gaskɔɲ] *nf* Gasconia

gas-oil [gazwal] *nm* gas-oil m

gaspiller [gaspije] *vt* derrochar, malgastar

gastronome [gastʀɔnɔm] *nm/f* gastrónomo(-a); **gastronomie** *nf* gastronomía; **gastronomique** *adj*: **menu gastronomique** menú m gastronómico

gâteau, x [gɑto] *nm* pastel m; **gâteau sec** galleta

gâter [gɑte] *vt* (*personne*) mimar; (*plaisir, vacances*) estropear; **se gâter** *vpr* (*dent, fruit*) picarse; (*temps, situation*) empeorar

gauche [goʃ] *adj* izquierda; (*personne, style*) torpe ▷ *nf* izquierda; **à ~** a la izquierda; **gaucher, -ère** *adj, nm/f* zurdo(-a); **gauchiste** *nm/f* izquierdista m/f

gaufre [gofʀ] *nf* (*pâtisserie*) gofre m

gaufrette [gofʀɛt] *nf* barquillo

gaulois, e [golwa, waz] *adj* galo(-a) ▷ *nm/f*: **G~, e** galo(-a)

gaz [gɑz] *nm inv* gas m; **avoir des ~** tener gases

gaze [gɑz] *nf* gasa

gazette [gazɛt] *nf* gaceta

gazeux, -euse [gazø, øz] *adj* gaseoso(-a); **eau/boisson gazeuse** agua/bebida con gas

gazoduc [gazodyk] *nm* gaseoducto

gazon [gazɔ̃] *nm* césped m

geai [ʒɛ] *nm* arrendajo

géant, e [ʒeɑ̃, ɑ̃t] *adj* gigante ▷ *nm/f* gigante(-a)

geindre [ʒɛ̃dʀ] *vi* gemir

gel [ʒɛl] *nm* (*temps*) helada; (*de l'eau*) hielo; (*fig*) congelación f; (*produit de beauté*) gel m; **gel douche** gel de ducha

gélatine [ʒelatin] *nf* gelatina

gelée [ʒ(ə)le] *nf* (*Culin*) gelatina; (*Météo*) helada

geler [ʒ(ə)le] *vt* (*sol, liquide*) helar ▷ *vi* (*sol, personne*) helarse; **il gèle** hiela

gélule [ʒelyl] *nf* gragea

Gémeaux [ʒemo] *nmpl* (*Astrol*): **les ~** Géminis mpl

gémir [ʒemiʀ] *vi* gemir

gênant, e [ʒenɑ̃, ɑ̃t] *adj* (*aussi fig*) molesto(-a)

gencive [ʒɑ̃siv] *nf* encía

gendarme [ʒɑ̃daʀm] *nm* gendarme m, ≈ guardia m civil; **gendarmerie** *nf* ≈ Guardia Civil; (*caserne, bureaux*) ≈ cuartel m de la Guardia Civil

gendre [ʒɑ̃dʀ] *nm* yerno

gêné, e [ʒene] *adj* embarazoso(-a)

gêner [ʒene] *vt* (*incommoder*) molestar; (*encombrer*) estorbar; **~ qn** (*embarrasser*) violentar a algn; **se gêner** *vpr* molestarse

général, e, -aux [ʒeneʀal, o] *adj, nm* general; **en ~** en general; **généralement** *adv* (*communément*) al nivel general; (*habituellement*) generalmente; **généraliser** *vt, vi* generalizar; **se généraliser** *vpr* generalizarse; **généraliste** *nm* médico general

génération [ʒeneʀasjɔ̃] *nf* generación f

généreux, -euse [ʒeneʀø, øz] *adj* generoso(-a)

générique [ʒeneʀik] *adj* genérico(-a) ▷ *nm* (*Ciné, TV*) ficha técnica

générosité [ʒenerozite] *nf*
generosité *f*

genêt [ʒ(ə)nɛ] *nm* retama

génétique [ʒenetik] *adj* genético(-a)

Genève [ʒ(ə)nɛv] *n* Ginebra

génial, e, -aux [ʒenjal, jo] *adj (aussi fam)* genial

génie [ʒeni] *nm* genio

genièvre [ʒənjɛvʀ] *nm (Bot, Culin)* enebro

génisse [ʒenis] *nf* ternera

génital, e, -aux [ʒenital, o] *adj* genital

génoise [ʒenwaz] *nf* bizcocho

genou, x [ʒ(ə)nu] *nm* rodilla; **à ~x** de rodillas

genre [ʒãʀ] *nm* género; *(allure)* estilo; **avoir bon/mauvais ~** *(allure)* tener buena/mala presencia

gens [ʒã] *nmpl, parfois nfpl* gente *f*

gentil, le [ʒãti, ij] *adj (aimable)* amable; *(enfant)* bueno(-a); *(endroit etc)* agradable; **gentillesse** *nf (v adj)* amabilidad *f*; bondad *f*; lo agradable; **gentiment** *adv* con amabilidad

géographie [ʒeɔgʀafi] *nf* geografía

géologie [ʒeɔlɔʒi] *nf* geología

géomètre [ʒeɔmɛtʀ] *nm/f*: **(arpenteur-)~** agrimensor(a)

géométrie [ʒeɔmetʀi] *nf* geometría; **géométrique** *adj* geométrico(-a)

géranium [ʒeʀanjɔm] *nm* geranio

gérant, e [ʒeʀã] *nm/f* gerente *m/f*

gerbe [ʒɛʀb] *nf (de fleurs)* ramo

gercé, e [ʒɛʀse] *adj* agrietado(-a)

gerçure [ʒɛʀsyʀ] *nf* grieta

gérer [ʒeʀe] *vt* administrar

germain, e [ʒɛʀmɛ̃, ɛn] *adj voir* **cousin**

germe [ʒɛʀm] *nm* germen *m*; *(pousse)* brote *m*; **germer** *vi* germinar

geste [ʒɛst] *nm* gesto

gestion [ʒɛstjɔ̃] *nf* gestión *f*

gibier [ʒibje] *nm* caza

gicler [ʒikle] *vi* brotar

gifle [ʒifl] *nf* bofetada; **gifler** *vt* abofetear

gigantesque [ʒigãtɛsk] *adj* gigantesco(-a)

gigot [ʒigo] *nm* pierna

gigoter [ʒigote] *vi* patalear

gilet [ʒile] *nm (de costume)* chaleco; *(tricot)* chaqueta (de punto); *(sous-vêtement)* camiseta; **gilet de sauvetage** chaleco salvavidas

gin [dʒin] *nm* ginebra

gingembre [ʒɛ̃ʒãbʀ] *nm* jenjibre *m*

girafe [ʒiʀaf] *nf* jirafa

giratoire [ʒiʀatwaʀ] *adj*: **sens ~** sentido giratorio

girofle [ʒiʀɔfl] *nf*: **clou de ~** clavo

girouette [ʒiʀwɛt] *nf* veleta

gitan, e [ʒitã, an] *nm/f* gitano(-a)

gîte [ʒit] *nm (maison)* morada; **~ rural** casa de turismo rural

givre [ʒivʀ] *nm* escarcha; **givré, e** *adj*: **citron/orange givré(e)** limón *m* escarchado/naranja escarchada

glace [glas] *nf (de) hielo; (crème glacée)* helado; *(verre)* cristal *m*; *(miroir)* espejo; *(de voiture)* ventanilla

glacé, e [glase] *adj* helado(-a); *(fig)* frío(-a)

glacer [glase] *vt (lac, eau)* helar; *(Culin, papier, tissu)* glasear

glacial, e [glasjal] *adj* glacial

glacier [glasje] *nm (Géo)* glaciar *m*; *(marchand)* heladero

glacière [glasjɛʀ] *nf* nevera

glaçon [glasɔ̃] *nm* témpano; *(pour boisson)* cubito de hielo

glaïeul [glajœl] *nm* gladiolo

glaise [glɛz] *nf* greda

gland [glã] *nm (de chêne)* bellota; *(décoration)* borla

glande [glãd] *nf* glándula

glissade [glisad] *nf (par jeu)* deslizamiento; *(chute)* resbalón *m*; **faire des ~s** deslizarse

glissant, e [glisã, ãt] *adj* resbaladizo(-a)

glissement [glismã] *nm (aussi*

fig) deslizamiento; **glissement de terrain** corrimiento de tierra

glisser [glise] *vi* resbalar; *(patineur, fig)* deslizarse ▷ *vt (introduire: erreur, citation)* deslizar; *(mot, conseil)* decir discretamente; **se ~ dans/entre** *(personne)* deslizarse *ou* escurrirse en/entre

global, e, -aux [glɔbal, o] *adj* global

globe [glɔb] *nm* globo

globule [glɔbyl] *nm* glóbulo

gloire [glwar] *nf* gloria; *(mérite)* mérito; *(personne)* celebridad *f*

glousser [gluse] *vi (rire)* reír ahogadamente

glouton, ne [glutɔ̃, ɔn] *adj* glotón(-ona)

gluant, e [glyɑ̃, ɑ̃t] *adj* pegajoso(-a)

glucose [glykoz] *nm* glucosa

glycine [glisin] *nf* glicina

GO [ʒeo] *sigle fpl (= grandes ondes)* OL

goal [gol] *nm* portero, guardameta *m*

gobelet [gɔblɛ] *nm* cubilete *m*

goéland [gɔelɑ̃] *nm* gaviota

goélette [gɔelɛt] *nf* goleta

goinfre [gwɛ̃fʀ] *adj, nm/f* tragón(-ona)

golf [gɔlf] *nm* golf *m*

golfe [gɔlf] *nm* golfo

gomme [gɔm] *nf (à effacer)* goma *(de borrar)*; **gommer** *vt* borrar

gonflé, e [gɔ̃fle] *adj* hinchado(-a); **être ~** *(fam)* tener jeta

gonfler [gɔ̃fle] *vt* hinchar ▷ *vi* hincharse; *(Culin, pâte)* inflarse

gonzesse [gɔ̃zɛs] *(fam) nf* tía *(fam)*

gorge [gɔʀʒ] *nf* garganta; *(poitrine)* pecho; *(Géo)* garganta, desfiladero

gorgée [gɔʀʒe] *nf* trago

gorille [gɔʀij] *nm* gorila

gosse [gɔs] *nm/f* chiquillo(-a), chamaco(-a) *(CAm, Mex)*, pibe(-a) *(Arg)*, cabro(-a) *(And, Chi)*

goudron [gudʀɔ̃] *nm* alquitrán *m*; **goudronner** *vt* alquitranar

gouffre [gufʀ] *nm* sima, precipicio;

(fig) abismo

goulot [gulo] *nm* cuello; **boire au ~** beber a morro

goulu, e [guly] *adj* glotón(-ona)

gourde [guʀd] *nf (récipient)* cantimplora; *(fam)* zoquete *m/f*

gourdin [guʀdɛ̃] *nm* porra

gourmand, e [guʀmɑ̃, ɑ̃d] *adj* goloso(-a)

gourmandise [guʀmɑ̃diz] *nf* gula

gourmet [guʀmɛ] *nm* gastrónomo(-a)

gousse [gus] *nf* vaina; **gousse d'ail** diente *m* de ajo

goût [gu] *nm* gusto, sabor *m*; *(fig)* gusto; **de bon/mauvais ~** de buen/mal gusto; **prendre ~ à** aficionarse a

goûter [gute] *vt (aussi: ~ à: essayer)* probar; *(apprécier)* apreciar ▷ *vi* merendar ▷ *nm* merienda

goutte [gut] *nf* gota; **goutte-à-goutte** *nm inv* bomba de perfusión

gouttière [gutjɛʀ] *nf* canalón *m*

gouvernail [guvɛʀnaj] *nm* timón *m*

gouvernement [guvɛʀnəmɑ̃] *nm* gobierno

gouverner [guvɛʀne] *vt* gobernar

grâce [gʀas] *nf* gracia; *(Jur)* indulto; **de bonne/mauvaise ~** de buena/mala gana; **faire ~ à qn de qch** perdonar algo a algn; **demander ~** pedir perdón; **~ à** gracias a; **gracieux, -euse** *adj* elegante

grade [gʀad] *nm* grado; **monter en ~** ascender de grado

gradin [gʀadɛ̃] *nm* grada; **gradins** *nmpl (de stade)* gradas *fpl*

gradué, e [gʀadɥe] *adj* graduado(-a); *(exercices)* progresivo(-a)

graduel, le [gʀadɥɛl] *adj* gradual

graduer [gʀadɥe] *vt* graduar; *(effort)* dosificar

graffiti [gʀafiti] *nmpl* grafiti *mpl*

grain [gʀɛ̃] *nm* grano; *(averse)* aguacero; **grain de beauté** lunar _m_; **grain de café/de poivre** grano de café/de pimienta; **grain de poussière** mota de polvo; **grain de raisin** uva

graine [gʀɛn] _nf_ semilla

graissage [gʀɛsaʒ] _nm_ engrase _m_

graisse [gʀɛs] _nf_ grasa; **graisser** _vt_ engrasar; (tacher) manchar de grasa; **graisseux, -euse** _adj_ grasiento(-a); (Anat) adiposo(-a)

grammaire [gʀa(m)mɛʀ] _nf_ gramática

gramme [gʀam] _nm_ gramo

grand, e [gʀɑ̃, gʀɑ̃d] _adj_ grande; (avant le nom) gran; (haut) alto(-a); (fil, voyage, période) largo(-a) ▷ _adv_: **~ ouvert** abierto de par en par; **un ~ homme/artiste** un gran hombre/artista; **au ~ air** al aire libre; **grand blessé/brûlé** herido/quemado grave; **grand ensemble** gran barriada; **grande personne** persona mayor; **grandes écoles** universidades de élite francesas; **grandes lignes** líneas _fpl_ principales; **grande surface** hipermercado; **grandes vacances** vacaciones _fpl_ de verano; **grand magasin** grandes almacenes _mpl_; **grand-chose** [gʀɑ̃ʃoz] _nm/f inv_: **pas grand-chose** poca cosa; **Grande-Bretagne** _nf_ Gran Bretaña; **grandeur** _nf_ tamaño; (mesure, quantité, aussi fig) magnitud _f_; (gloire, puissance) grandeza; **grandeur nature** _adj_ tamaño natural; **grandiose** _adj_ grandioso(-a); **grandir** _vi_ (enfant, arbre) crecer; **grand-mère** (pl **grand(s)-mères**) _nf_ abuela; **grand-peine**: **à grand-peine** _adv_ a duras penas; **grand-père** (pl **grands-pères**) _nm_ abuelo; **grands-parents** _nmpl_ abuelos _mpl_

grange [gʀɑ̃ʒ] _nf_ granero

granit [gʀanit] _nm_ granito

graphique [gʀafik] _adj_ gráfico(-a) ▷ _nm_ gráfico

grappe [gʀap] _nf_ (Bot) racimo; **grappe de raisin** racimo de uvas

gras, se [gʀa, gʀas] _adj_ (viande, soupe) graso(-a); (personne) gordo(-a); (surface, cheveux) grasiento(-a); (toux) flemático(-a); (rire) ordinario(-a); (crayon) grueso(-a); (Typo) en negrita ▷ _nm_ (Culin) gordo; **faire la ~se matinée** levantarse tarde; **grassement** _adv_: **grassement payé** largamente pagado

gratifiant, e [gʀatifjɑ̃, jɑ̃t] _adj_ gratificante

gratin [gʀatɛ̃] _nm_ gratín _m_; **gratiné, e** _adj_ gratinado(-a); (fam) espantoso(-a)

gratis [gʀatis] _adv, adj_ gratis

gratitude [gʀatityd] _nf_ gratitud _f_

gratte-ciel [gʀatsjɛl] _nm inv_ rascacielos _m_

gratter [gʀate] _vt_ (frotter) raspar; (enlever) quitar, borrar; (bras, bouton) rascar; **se gratter** _vpr_ rascarse

gratuit, e [gʀatɥi, ɥit] _adj_ gratuito(-a)

gravable [gʀavabl] _adj_ (CD, DVD) escribible

grave [gʀav] _adj_ grave; (sujet, problème) grave, serio(-a); **gravement** _adv_ gravemente

graver [gʀave] _vt_ grabar; **~ qch dans son esprit/sa mémoire** (fig) grabar algo en su alma/su memoria; **graveur** _nm_: **graveur de CD/DVD** grabadora de CD/DVD

gravier [gʀavje] _nm_ grava; **gravillons** _nmpl_ gravilla

gravir [gʀaviʀ] _vt_ subir

gravité [gʀavite] _nf_ (aussi Phys) gravedad _f_

graviter [gʀavite] _vi_ (aussi fig): **~ autour de** gravitar alrededor de

gravure [gʀavyʀ] _nf_ grabado _m_

gré [gʀe] _nm_: **à son ~** a su gusto; **contre le ~ de qn** contra la voluntad de algn; **de son (plein) ~** por su propia voluntad; **de ~ ou de force** por las buenas o por las malas; **il faut le faire bon ~ mal ~** hay que hacerlo, queramos o no

grec, grecque [gʀɛk] adj griego(-a) ▷ nm (Ling) griego ▷ nm/f: **G~, Grecque** griego(-a)

Grèce [gʀɛs] nf Grecia

greffe [gʀɛf] nf (Agr) injerto; (Méd) tra(n)splante m ▷ nm (Jur) archivo; **greffe du rein** transplante de riñón; **greffer** vt (tissu) injertar; (organe) transplantar

grêle [gʀɛl] adj flaco(-a) ▷ nf granizo; **grêler** vb impers: **il grêle** graniza; **grêlon** nm granizo

grelot [gʀǝlo] nm cascabel m

grelotter [gʀǝlɔte] vi tiritar

grenade [gʀǝnad] nf granada; **grenadine** nf granadina

grenier [gʀǝnje] nm (de maison) desván m, altillo (Am), entretecho (Am)

grenouille [gʀǝnuj] nf rana

grès [gʀɛ] nm (roche) arenisca; (poterie) gres msg

grève [gʀɛv] nf huelga; (plage) playa; **se mettre en/faire ~** declararse en/hacer huelga; **grève de la faim** huelga de hambre; **grève sur le tas** huelga de brazos caídos

gréviste [gʀevist] nm/f huelguista m/f

grièvement [gʀijɛvmɑ̃] adv gravemente

griffe [gʀif] nf garra; (fig: d'un couturier, parfumeur) marca; **griffer** vt arañar

grignoter [gʀiɲɔte] vt roer; (argent, temps) consumir

gril [gʀil] nm parrilla; **grillade** nf carne f a la parrilla, asado (Am)

grillage [gʀijaʒ] nm (treillis) reja; (clôture) alambrada

grille [gʀij] nf reja; (fig) red f

grille-pain [gʀijpɛ̃] nm inv tostador

m de pan

griller [gʀije] vt (aussi: **faire ~**: pain, café) tostar; (: viande) asar; (ampoule, résistance) fundir; (feu rouge) saltar

grillon [gʀijɔ̃] nm grillo

grimace [gʀimas] nf mueca; **faire des ~s** hacer muecas

grimper [gʀɛ̃pe] vt trepar a ou por ▷ vi empinarse; (prix, nombre) subir; (Sport) escalar

grincer [gʀɛ̃se] vi (porte, roue) chirriar; (plancher) crujir; **~ des dents** rechinar los dientes

grincheux, -euse [gʀɛ̃ʃø, øz] adj cascarrabias

grippe [gʀip] nf gripe f; **grippe aviaire** gripe aviar; **grippé, e** adj: **être grippé** estar griposo(-a); (moteur) estar gripado(-a)

gris, e [gʀi, gʀiz] adj gris inv; (ivre) alegre

grisaille [gʀizaj] nf gris msg

griser [gʀize] vt (fig) embriagar

grive [gʀiv] nf tordo

Groenland [gʀɔɛnlɑ̃d] nm Groenlandia

grogner [gʀɔɲe] vi gruñir; (personne) gruñir, refunfuñar; **grognon, ne** adj gruñón(-ona)

grommeler [gʀɔm(ǝ)le] vi mascullar

gronder [gʀɔ̃de] vi (canon, tonnerre) retumbar; (fig) amenazar con estallar ▷ vt regañar

gros, se [gʀo, gʀos] adj (personne) gordo(-a); (paquet, problème, fortune) gran, grande; (travaux, dégâts) importante; (commerçant) acaudalado(-a); (orage, bruit) fuerte; (trait, fil) grueso(-a) ▷ adv: **risquer/gagner ~** arriesgar/ganar mucho ▷ nm (Comm): **le ~** el por mayor; **en ~** en líneas generales; **prix de/vente en ~** precio/venta al por mayor; **par ~ temps** con temporal; **par ~ se mer** con mar gruesa; **le ~ de** (troupe, fortune) el grueso de; **gros lot** premio gordo; **gros mot** palabrota; **gros œuvre** (Constr) obra bruta; **gros plan** (Photo) primer plano; **grosse caisse** (Mus) bombo; **gros sel** sal f gorda; **gros titre** (Presse) titular m

groseille [gʀozɛj] nf grosella; **groseille à maquereau** grosella espinosa

grosse [gʀos] adj voir **gros**, **grossesse** nf embarazo; **grosseur** nf (d'une personne) gordura; (d'un paquet) tamaño; (d'un trait) grosor m; (tumeur) bulto

grossier, -ière [gʀosje, jɛʀ] adj (vulgaire) grosero(-a); (travail, finition) tosco(-a); (erreur) burdo(-a), craso(-a); **grossièrement** adv groseramente; toscamente; (en gros, à peu près) aproximadamente; **il s'est grossièrement trompé** ha cometido un craso error

grossièreté [gʀosjɛʀte] nf grosería

grossir [gʀosiʀ] vi engordar; (fig) aumentar; (rivière, eaux) crecer ▷ vt (suj: vêtement): **~ qn** hacer gordo a algn; (nombre, importance) aumentar; (histoire, erreur) exagerar

grossiste [gʀosist] nm/f (Comm) mayorista m/f

grotesque [gʀɔtɛsk] adj grotesco(-a)

grotte [gʀɔt] nf gruta

groupe [gʀup] nm grupo; **groupe électrogène** grupo electrógeno; **groupe sanguin/scolaire** grupo sanguíneo/escolar; **grouper** vt agrupar; **se grouper** vpr agruparse

grue [gʀy] nf grúa; (Zool) grulla

guépard [gepaʀ] nm guepardo

guêpe [gɛp] nf avispa

guère [gɛʀ] adv (avec adjectif, adverbe): **ne ... ~** poco; (avec verbe) poco, apenas; **tu n'es ~ raisonnable** eres poco razonable; **il ne la connaît ~** apenas la conoce; **il n'y a ~ de** apenas hay; **il n'y a ~ que toi qui puisse**

le faire apenas hay otro que puede hacerlo más que tú

guérilla [geʀija] nf guerrilla

guérillero [geʀijeʀo] nm guerrillero

guérir [geʀiʀ] vt curar ▷ vi (personne, chagrin) curarse; **guérison** nf curación f; **guérisseur, -euse** nm/f curandero(-a)

guerre [gɛʀ] nf guerra; **~ atomique/ de tranchées/d'usure** guerra atómica/de trincheras/de desgaste; **en ~** en guerra; **faire la ~ à** hacer la guerra a; **guerrier, -ière** adj, nm/f guerrero(-a)

guet [gɛ] nm **faire le ~** estar al acecho

guet-apens [gɛtapɑ̃] nm inv emboscada; **guetter** vt (pour épier, surprendre) acechar; (attendre) aguardar

gueule [gœl] nf (d'animal) hocico; (fam: visage) jeta; **ta ~!** (fam) ¡cierra el pico!; **gueule de bois** (fam) resaca; **gueuler** (fam) vi chillar

gui [gi] nm muérdago

guichet [giʃɛ] nm (d'un bureau, d'une banque) ventanilla

guide [gid] nm guía m; (livre) guía f; **guider** vt guiar

guidon [gidɔ̃] nm manillar m

guillemets [gijmɛ] nmpl: **entre ~** entre comillas

guindé, e [gɛ̃de] adj estirado(-a)

guirlande [giʀlɑ̃d] nf guirnalda

guise [giz] nf: **à votre ~** como guste; **en ~ de** (en manière de, comme) a guisa de; (à la place de) en lugar de

guitare [gitaʀ] nf guitarra

gymnase [ʒimnaz] nm gimnasio; **gymnaste** nm/f gimnasta m/f; **gymnastique** nf gimnasia

gynécologie [ʒinekɔlɔʒi] nf ginecología; **gynécologique** adj ginecológico(-a); **gynécologue** nm/f ginecólogo(-a)

g

h

habile [abil] *adj* hábil
habileté [abilte] *nf* habilidad *f*
habillé, e [abije] *adj* vestido(-a); *(robe, costume)* elegante
habiller [abije] *vt* vestir; **s'habiller** *vpr* vestirse; *(mettre des vêtements chic)* vestir bien, ir bien vestido(-a)
habit [abi] *nm* traje *m*; **habits** *nmpl* *(vêtements)* ropa; **habit (de soirée)** traje de etiqueta
habitant, e [abitã, ãt] *nm/f* habitante *m/f*; *(d'une maison)* ocupante *m/f*; *(d'un immeuble)* vecino(-a)
habitation [abitasjɔ̃] *nf* *(fait de résider)* habitación *f*; **habitations à loyer modéré** viviendas oficiales de bajo alquiler
habiter [abite] *vt* vivir en; *(suj: sentiment, envie)* anidar ▷ *vi*: **~ à** ou **dans** vivir en
habitude [abityd] *nf* costumbre

f; **avoir l'~ de faire/qch** tener la costumbre de hacer/algo; **d'~** normalmente; **comme d'~** como de costumbre
habitué, e [abitɥe] *adj*: **être ~ à** estar acostumbrado(-a) a ▷ *nm/f* *(d'une maison)* amigo(-a); *(client: d'un café etc)* parroquiano(-a)
habituel, le [abitɥɛl] *adj* habitual
habituer [abitɥe] *vt*: **~ qn à qch/faire** acostumbrar a algn a algo/hacer; **s'~ à** acostumbrarse a
hache ['aʃ] *nf* hacha
hacher ['aʃe] *vt* *(viande, persil)* picar; *(entrecouper)* cortar; **'hachis** *nm* picadillo
haie ['ɛ] *nf* seto; *(Sport)* valla
haillons ['ajɔ̃] *nmpl* harapos *mpl*, andrajos *mpl*
haine ['ɛn] *nf* odio
haïr ['aiʀ] *vt* odiar
hâlé, e ['ɑle] *adj* bronceado(-a)
haleine [alɛn] *nf* aliento; **hors d'~** sin aliento; **tenir en ~** tener en vilo
haleter ['alte] *vi* jadear
hall ['ol] *nm* vestíbulo
halle ['al] *nf* mercado; **'halles** *nfpl* *(marché principal)* mercado central
hallucination [alysinasjɔ̃] *nf* alucinación *f*
halte ['alt] *nf* alto; *(excl)* ¡alto!; **faire ~** hacer un alto, pararse
haltère [altɛʀ] *nm* pesa; **haltères** *nmpl* *(activité)*: **faire des ~s** hacer pesas; **haltérophilie** *nf* halterofilia
hamac ['amak] *nm* hamaca
hameau, x ['amo] *nm* aldea
hameçon [amsɔ̃] *nm* anzuelo
hanche ['ɑ̃ʃ] *nf* cadera
handball ['ɑ̃dbal] *(pl -s)* *nm* balonmano
handicapé, e ['ɑ̃dikape] *adj, nm/f* disminuido(-a); **'handicapé mental** disminuido(-a) psíquico; **'handicapé moteur** paralítico(-a); **'handicapé physique** minusválido(-a) ou

disminuido(-a) físico(-a)

hangar ['ãgaʀ] nm cobertizo, galpón m (CSur); (Aviat) hangar m

hanneton ['antõ] nm abejorro

hanter ['ãte] vt (suj: fantôme) aparecer en

hantise ['ãtiz] nf obsesión f

haras ['aʀɑ] nm acaballadero

harceler [aʀsəle] vt (Mil) hostigar; (Chasse, fig) acosar

hardi, e ['aʀdi] adj audaz

hareng ['aʀɑ̃] nm arenque m

hargne ['aʀɲ] nf saña; **hargneux, -euse** adj arisco(-a), hosco(-a); (critiques) acerbo(-a)

haricot ['aʀiko] nm (Bot) judía; **haricot blanc/rouge** alubia blanca/pinta; **haricot vert** judía verde

harmonica [aʀmɔnika] nm armónica

harmonie [aʀmɔni] nf armonía; **harmonieux, -euse** adj armonioso(-a)

harpe ['aʀp] nf arpa

hasard ['azaʀ] nm azar m; **un ~** una casualidad; **au ~** al azar; (à l'aveuglette) a ciegas; **par ~** por casualidad; **à tout ~** por si acaso

hâte ['ɑt] nf prisa; **à la ~** de prisa; **en ~** rápidamente; **avoir ~ de** tener prisa por; **hâter** vt apresurar; **se hâter** vpr apresurarse; **hâtif, -ive** adj precipitado(-a); (fruit, légume) temprano(-a)

hausse ['os] nf alza; (température) en aumento; **hausser** vt subir; **hausser les épaules** encogerse de hombros

haut, e ['o, 'ot] adj alto(-a); (température, pression) elevado(-a), alto(-a) ▷ adv: **être/monter/lever ~** estar/subir/levantar en alto ▷ nm alto; **de 3 m de ~** de 3 m de alto ou altura; **des ~s et des bas** altibajos mpl; **en ~ lieu** en las altas esferas; **à ~ voix, tout ~** en voz alta; **du ~ de**

desde lo alto de; **de ~ en bas** (regarder) de arriba abajo; **plus ~** más alto; (dans un texte) más arriba; **en ~** arriba; **en ~ de** (être situé) por encima de; **"~ les mains!"** "¡arriba las manos!"; **haut débit** (Inform) banda ancha; **haute fidélité** (Élec) alta fidelidad f

hautain, e ['otɛ̃, ɛn] adj altanero(-a)

hautbois ['obwa] nm oboe m

hauteur ['otœʀ] nf altura; (noblesse) grandeza; **à la ~ de** al nivel de; **à la ~** (fig) a la altura

haut-parleur ['oparlœʀ] (pl **haut-parleurs**) nm altavoz m

hebdomadaire [ɛbdɔmadɛʀ] adj semanal

hébergement [ebɛʀʒəmɑ̃] nm alojamiento, hospedaje m

héberger [ebɛʀʒe] vt alojar, hospedar; (réfugiés) alojar; **hébergeur** nm (Inform) servidor m

hébreu, x [ebʀø] adj hebreo(-a)

hectare [ɛktaʀ] nm hectárea

hélas ['elɑs] excl ¡ay! ▷ adv desgraciadamente

héler [ele] vt llamar

hélice [elis] nf hélice f

hélicoptère [elikɔptɛʀ] nm helicóptero

helvétique [ɛlvetik] adj helvético(-a)

hématome [ematom] nm hematoma m

hémisphère [emisfɛʀ] nm: **~ nord/sud** hemisferio norte/sur

hémorragie [emɔʀaʒi] nf hemorragia

hémorroïdes [emɔʀɔid] nfpl almorranas fpl, hemorroides fpl

hennir ['eniʀ] vi relinchar

hépatite [epatit] nf hepatitis f

herbe [ɛʀb] nf hierba; **en ~** en cierne; **herbicide** nm herbicida m;

herboriste nm/f herbolario(-a)
héréditaire [ereditɛʀ] adj hereditario(-a)
'hérisson [eʀisɔ̃] nm erizo
héritage [eʀitaʒ] nm herencia
hériter [eʀite] vi: **~ qch (de qn)** heredar algo (de algn) ▷ vt: **il a hérité 2 millions de son oncle** heredó 2 millones de su tío
héritier, -ière [eʀitje, jɛʀ] nm/f heredero(-a)
hermétique [ɛʀmetik] adj hermético(-a); (étanche) impermeable
hermine [ɛʀmin] nf armiño
hernie ['ɛʀni] nf hernia
héroïne [eʀɔin] nf heroína
héroïque [eʀɔik] adj heroico(-a)
'héron ['eʀɔ̃] nm garza
'héros ['eʀo] nm héroe m
hésitant, e [ezitã, ãt] adj vacilante, indeciso(-a)
hésitation [ezitasjɔ̃] nf indecisión f, vacilación f
hésiter [ezite] vi: **~ (à faire)** vacilar ou dudar (en hacer)
hétérosexuel, le [eteʀɔsɛkɥɛl] adj heterosexual
'hêtre ['ɛtʀ] nm haya
heure [œʀ] nf hora; (Scol) clase f; **c'est l'~** es la hora; **quelle ~ est-il?** ¿qué hora es?; **2 ~s (du matin)** las 2 (de la mañana); **être à l'~** ser puntual; (montre) estar en hora; **mettre à l'~** poner en hora; **à toute ~** a todas horas; **24 ~s sur 24** 24 horas al día; **à l'~ qu'il est** a esta hora; **sur l'~** inmediatamente; **d'~ en ~** cada hora; **de bonne ~** de madrugada; **heure de pointe** hora punta; **heures supplémentaires/de bureau** horas fpl extraordinarias/de oficina
heureusement [œʀøzmã] adv afortunadamente
heureux, -euse [œʀø, øz] adj feliz; (caractère) optimista
'heurt ['œʀ] nm choque m; **'heurts**

nmpl (fig: bagarre) choques mpl
'heurter ['œʀte] vt (mur, porte) chocar con ou contra; (personne) tropezar con; (fig: personne, sentiment) chocar (con); **se ~ à** (fig) enfrentarse a
hexagone [ɛgzagɔn] nm hexágono; (la France) Francia
hiberner [ibɛʀne] vi hibernar
'hibou, x ['ibu] nm búho
'hideux, -euse ['idø, øz] adj horrendo(-a)
hier [jɛʀ] adv ayer; **~ matin/soir/midi** ayer por la mañana/por la tarde/al mediodía; **toute la journée/la matinée d'~** todo el día/toda la mañana de ayer
'hiérarchie [jeʀaʀʃi] nf jerarquía
hindou, e [ɛ̃du] adj hindú ▷ nm/f: **H~, e** hindú m/f
hippique [ipik] adj hípico(-a); **hippisme** nm hipismo
hippodrome [ipɔdʀom] nm hipódromo
hippopotame [ipɔpɔtam] nm hipopótamo
hirondelle [iʀɔ̃dɛl] nf golondrina
'hisser ['ise] vt izar
histoire [istwaʀ] nf historia; (chichis: gén pl) lío; **histoires** nfpl (ennuis) problemas mpl; **historique** adj histórico(-a)
hiver [ivɛʀ] nm invierno
hivernal, e, -aux [ivɛʀnal, o] adj invernal; **hiverner** vi invernar
HLM ['aʃelɛm] sigle m ou f (= habitations à loyer modéré) viviendas oficiales de bajo alquiler
'hobby ['ɔbi] nm hobby m
'hocher ['ɔʃe] vt: **~ la tête** cabecear; (signe négatif ou dubitatif) menear la cabeza
'hockey ['ɔkɛ] nm: **~ (sur glace/gazon)** hockey m (sobre hielo/hierba)
'hold-up ['ɔldœp] nm inv atraco a mano armada
'hollandais, e ['ɔlãdɛ, ɛz] adj

holandés(-esa) ⊳ nm (Ling)
holandés msg ⊳ nm/f: **Hollandais, e**
holandés(-esa); **les Hollandais** los
holandeses
'Hollande ['ɔlɑ̃d] nf Holanda
'homard ['ɔmaʀ] nm bogavante m
homéopathique [ɔmeɔpatik] adj
homeopático(-a)
homicide [ɔmisid] nm homicidio;
homicide involuntaire homicidio
involuntario
hommage [ɔmaʒ] nm homenaje m;
rendre ~ à rendir homenaje a
homme [ɔm] nm hombre m; (individu
de sexe masculin) hombre, varón m;
l'~ de la rue el hombre de la calle;
homme d'affaires hombre de
negocios; **homme d'État** estadista
m; **homme gai** adj homogéneo(-a)
homo...: homologue nm/f
homólogo(a); **homologué, e** adj
homologado(-a); **homonyme** nm
(Ling) homónimo; (d'une personne)
tocayo(-a); **homosexuel, le** adj
homosexual
'Hongrie ['ɔ̃gʀi] nf Hungría;
'hongrois, e adj húngaro(-a) ⊳ nm
(Ling) húngaro ⊳ nm/f: **Hongrois, e**
húngaro(-a)
honnête [ɔnɛt] adj (intègre)
honrado(-a), honesto(-a); (juste,
satisfaisant) justo(-a), razonable;
honnêteté adv honestamente;
(équitablement) justamente;
honnêteté nf honestidad f
honneur [ɔnœʀ] nm honor m;
(mérite): **"j'ai l'~ de ..."** "tengo el
honor de ..."; **en l'~ de** (personne) en
honor de; (événement) en celebración
de; **faire ~ à** (engagements) cumplir
con; (famille, professeur) hacer honor a;
(repas) hacer los honores a
honorable [ɔnɔʀabl] adj honorable;
(suffisant) satisfactorio(-a)
honoraire [ɔnɔʀɛʀ] adj
honorario(-a); **honoraires** nmpl

honorarios mpl
honorer [ɔnɔʀe] vt honrar; (estimer)
respetar; (Comm: chèque, dette) pagar
'honte ['ɔ̃t] nf vergüenza; **avoir ~
de** tener vergüenza de; **faire ~ à qn**
avergonzar a algn; **'honteux, -euse**
adj avergonzado(-a); (conduite, acte)
vergonzoso(-a)
hôpital, -aux [ɔpital, o] nm
hospital m
'hoquet ['ɔkɛ] nm hipo; **avoir le ~**
tener hipo
horaire [ɔʀɛʀ] adj por hora ⊳ nm
horario; **horaires** nmpl (conditions,
heures de travail) horario msg; **horaire
souple** ou **flexible** horario flexible
horizon [ɔʀizɔ̃] nm horizonte m;
(paysage) panorama m
horizontal, e, -aux [ɔʀizɔ̃tal, o]
adj horizontal
horloge [ɔʀlɔʒ] nf reloj m;
horloger, -ère nm/f relojero(-a)
'hormis ['ɔʀmi] prép excepto
horoscope [ɔʀɔskɔp] nm horóscopo
horreur [ɔʀœʀ] nf horror m; **avoir
~ de qch** sentir horror por algo;
horrible adj horrible, horrendo(-a);
(laid) horroroso(-a); **horrifier** vt
horrorizar
'hors ['ɔʀ] prép salvo; **~ de** fuera de; **~
de propos** fuera de lugar; **être ~ de
soi** estar fuera de sí; **'hors pair** fuera
de serie; **'hors service** ou **d'usage** fuera
de servicio ou de uso; **'hors-bord** nm
inv fuera borda m inv; **'hors-d'œuvre**
nm inv entremés m; **'hors-la-loi** nm
inv forajido; **'hors-taxe** adj libre de
impuestos
hortensia [ɔʀtɑ̃sja] nm hortensia
hospice [ɔspis] nm (de vieillards) asilo
hospitalier, -ière [ɔspitalje, jɛʀ]
adj hospitalario(-a)
hospitaliser [ɔspitalize] vt
hospitalizar
hospitalité [ɔspitalite] nf
hospitalidad f

hostie [ɔsti] nf (Rel) hostia

hostile [ɔstil] adj hostil; **~ à** contrario(-a) a; **hostilité** nf hostilidad f; **hostilités** nfpl (Mil) hostilidades fpl

hôte [ot] nm (maître de maison) anfitrión m ▷ nm/f (invité) huésped m/f; **hôte payant** huésped de pago

hôtel [otɛl] nm hotel m; **aller à l'~** ir a un hotel; **hôtel de ville** ayuntamiento m; **hôtel (particulier)** palacete m; **hôtellerie** nf (profession) hostelería

hôtesse [otɛs] nf (maîtresse de maison) anfitriona; (dans une agence, une foire) azafata, recepcionista; **hôtesse (de l'air)** azafata (de aviación), aeromoza (Am); **hôtesse (d'accueil)** azafata (de recepción)

'**houblon** [ublõ] nm lúpulo

'**houille** ['uj] nf hulla; '**houille blanche** hulla blanca

'**houle** ['ul] nf marejada; '**houleux, -euse** adj (mer) encrespado(-a); (discussion) agitado(-a)

'**hourra** ['uʀa] nm hurra m ▷ excl ¡hurra!

'**housse** ['us] nf funda

'**houx** ['u] nm acebo

'**hublot** ['yblo] nm portilla

'**huche** ['yʃ] nf: **~ à pain** artesa

'**huer** ['ɥe] vt abuchear

huile [ɥil] nf aceite m; (Art) óleo; (fam) pez m gordo

huissier [ɥisje] nm ordenanza m; (Jur) ujier m

'**huit** ['ɥi(t)] adj inv, nm inv ocho m inv; **samedi en ~** el sábado en ocho días; voir aussi **cinq**; '**huitaine** nf: **une 'huitaine de** unos ocho; '**huitième** adj, nm/f octavo(-a) ▷ nm (partitif) octavo; voir aussi **cinquième**

huître [ɥitʀ] nf ostra

humain, e [ymɛ̃, ɛn] adj humano(-a) ▷ nm humano; **humanitaire** adj humanitario(-a); **humanité** nf

humanidad f

humble [œ̃bl] adj humilde

'**humer** ['yme] vt aspirar, oler

humeur [ymœʀ] nf (momentanée) humor m; (tempérament) carácter m; (irritation) mal humor m; **de bonne/mauvaise ~** de buen/mal humor

humide [ymid] adj húmedo(-a)

humilier [ymilje] vt humillar

humilité [ymilite] nf humildad f

humoristique [ymɔʀistik] adj humorístico(-a)

humour [ymuʀ] nm humor m; **avoir de l'~** tener sentido del humor; **humour noir** humor negro

'**huppé, e** ['ype] (fam) adj encopetado(-a)

'**hurlement** ['yʀləmɑ̃] nm aullido, alarido

'**hurler** ['yʀle] vi (animal) aullar; (personne) dar alaridos

'**hutte** ['yt] nf choza

hydratant, e [idʀatɑ̃, ɑ̃t] adj hidratante

hydraulique [idʀolik] adj hidráulico(-a)

hydravion [idʀavjõ] nm hidroavión m

hydrogène [idʀɔʒɛn] nm hidrógeno

hydroglisseur [idʀɔglisœʀ] nm hidroplano

hyène [jɛn] nf hiena

hygiénique [iʒenik] adj higiénico(-a)

hymne [imn] nm himno

hyperlien [ipɛʀljɛ̃] nm hipervínculo m

hypermarché [ipɛʀmaʀʃe] nm hipermercado m

hypermétrope [ipɛʀmetʀɔp] adj hipermétrope

hypertension [ipɛʀtɑ̃sjõ] nf hipertensión f

hypnose [ipnoz] nf hipnosis fsg; **hypnotiser** vt hipnotizar

hypocrisie [ipokʀizi] nf hipocresía; **hypocrite** adj, nm/f hipócrita m/f

hypothèque [ipotɛk] *nf* hipoteca
hypothèse [ipotɛz] *nf* hipótesis *f inv*
hystérique [isteʀik] *adj*
histérico(-a)

iceberg [ajsbɛʀg] *nm* iceberg *m*
ici [isi] *adv* aquí; **jusqu'~** hasta aquí;
(*temporel*) hasta ahora; **d'~ là** para
entonces; (*en attendant*) mientras
tanto; **d'~ peu** dentro de poco
idéal, e, -aux [ideal, o] *adj* ideal
▷ *nm* (*modèle, type parfait*) ideal *m*;
idéaliste *adj*, *nm/f* idealista *m/f*
idée [ide] *nf* idea; **idées noires**
pensamientos *mpl* negros; **idées
reçues** ideas preconcebidas
identifiant [idãtifjã] *nm* (*Inform*)
nombre *m* de usuario
identifier [idãtifje] *vt* identificar;
s'~ avec *ou* **à qch/qn** identificarse
con algo/algn
identique [idãtik] *adj* idéntico(-a);
~ à idéntico a
identité [idãtite] *nf* (*d'une personne*)
identidad *f*
idiot, e [idjo, idjɔt] *adj* (*péj: personne*)
idiota, estúpido(-a); (*film, réflexion*)

estúpido(-a) ▷ nm/f idiota m/f

idole [idɔl] nf (aussi fig) ídolo

if [if] nm (Bot) tejo

ignoble [iɲɔbl] adj (individu, procédé) ruin, innoble

ignorant, e [iɲɔʀɑ̃, ɑ̃t] adj, nm/f ignorante m/f

ignorer [iɲɔʀe] vt (loi, faits) ignorar; (personne, demande) no hacer caso a, ignorar a; (être sans expérience de: plaisir, guerre) desconocer

il [il] pron él; **~s** ellos; **~ fait froid** hace frío; **~ est midi** es mediodía; **Pierre est-~ arrivé?** ¿ha llegado Pedro?; voir aussi **avoir**

île [il] nf isla

illégal, e, -aux [i(l)legal, o] adj ilegal

illimité, e [i(l)limite] adj ilimitado(-a); (confiance) infinito(-a)

illisible [i(l)lizibl] adj (indéchiffrable) ilegible

illogique [i(l)lɔʒik] adj ilógico(-a)

illuminer [i(l)lymine] vt iluminar

illusion [i(l)lyzjɔ̃] nf ilusión f; **se faire des ~s** hacerse ilusiones; **faire ~** dar el pego

illustration [i(l)lystʀasjɔ̃] nf ilustración f

illustré, e [i(l)lystʀe] adj ilustrado(-a) ▷ nm (périodique) revista ilustrada; (pour enfants) tebeo

illustrer [i(l)lystʀe] vt ilustrar

ils [il] pron voir **il**

image [imaʒ] nf imagen f; **image de marque** (d'un produit) imagen de marca; (d'une personne, d'une entreprise) reputación f; **imagé, e** adj rico(-a) en imágenes

imaginaire [imaʒinɛʀ] adj imaginario(-a)

imagination [imaʒinasjɔ̃] nf imaginación f

imaginer [imaʒine] vt imaginar; (inventer) idear; **s'imaginer** vpr (scène) imaginarse; **~ que** suponer

que; **j'imagine qu'il a voulu plaisanter** me figuro que habrá querido bromear; **s'~ que** imaginarse que; **s'~ à los 60 ans/en vacances** imaginarse a los 60 años/en vacaciones; **il s'imagine pouvoir faire ...** se imagina que va a poder hacer ...; **ne t'imagine pas que** no te imagines que

imbécile [ɛ̃besil] adj, nm/f imbécil m/f

imbu, e [ɛ̃by] adj: **~ de** imbuido(-a) de

imitateur, -trice [imitatœʀ, tʀis] nm/f imitador(a)

imitation [imitasjɔ̃] nf imitación f

imiter [imite] vt imitar; (ressembler à) imitar a

immangeable [ɛ̃mɑ̃ʒabl] adj incomible

immatriculation [imatʀikylasjɔ̃] nf (Auto) matrícula f; (à l'université) inscripción f

immatriculer [imatʀikyle] vt matricular; **se faire ~** matricularse, inscribirse

immédiat, e [imedja, jat] adj inmediato(-a) ▷ nm: **dans l'~** por ahora; **immédiatement** adv inmediatamente

immense [i(m)mɑ̃s] adj inmenso(-a); (succès, influence, avantage) enorme

immerger [imɛʀʒe] vt sumergir; **s'immerger** vpr (sous-marin) sumergirse

immeuble [imœbl] nm (bâtiment) edificio; **immeuble locatif** edificio de alquiler

immigration [imigʀasjɔ̃] nf inmigración f

immigré, e [imigʀe] nm/f inmigrado(-a)

imminent, e [iminɑ̃, ɑ̃t] adj inminente

immobile [i(m)mɔbil] adj inmóvil

immobilier, -ière [imɔbilje, jɛʀ] adj

inmobiliario(-a) ▷ *nm*: **l'~** (*Comm*) el sector inmobiliario

immobiliser [imɔbilize] *vt* inmovilizar; (*file, circulation*) detener; **s'immobiliser** *vpr* (*personne*) inmovilizarse; (*machine, véhicule*) pararse

immoral, e, -aux [i(m)mɔral, o] *adj* inmoral

immortel, -elle [imɔrtɛl] *adj* inmortal

immunisé, e [im(m)ynize] *adj*: **~ contre** inmunizado(-a) contra

immunité [imynite] *nf* inmunidad *f*

impact [ɛ̃pakt] *nm* impacto

impair, e [ɛ̃pɛr] *adj* impar ▷ *nm* (*gaffe*) torpeza

impardonnable [ɛ̃pardɔnabl] *adj* imperdonable

imparfait, e [ɛ̃parfɛ, ɛt] *adj* (*guérison, connaissance*) incompleto(-a); (*imitation*) deficiente ▷ *nm* (*Ling*) (pretérito) imperfecto

impartial, e, -aux [ɛ̃parsjal, jo] *adj* imparcial

impasse [ɛ̃pas] *nf* callejón *m* sin salida

impassible [ɛ̃pasibl] *adj* impasible

impatience [ɛ̃pasjɑ̃s] *nf* impaciencia

impatient, e [ɛ̃pasjɑ̃, jɑ̃t] *adj* impaciente; **~ de faire qch** impaciente por hacer algo; **impatienter: s'~** *vpr* impacientarse

impeccable [ɛ̃pekabl] *adj* impecable; (*employé*) impecable, intachable; (*fam: formidable*) fenomenal

impensable [ɛ̃pɑ̃sabl] *adj* (*inconcevable*) impensable

imper [ɛ̃pɛr] *nm* = **imperméable**

impératif, -ive [ɛ̃peratif, iv] *adj* imperioso(-a) ▷ *nm* (*Ling*) **l'~** el imperativo

impératrice [ɛ̃peratris] *nf* emperatriz *f*

imperceptible [ɛ̃pɛrsɛptibl] *adj* imperceptible

impérial, e, -iaux [ɛ̃perjal, jo] *adj* imperial

impérieux, -ieuse [ɛ̃perjø, jøz] *adj* (*air, ton*) imperioso(-a); (*pressant*) imperioso(-a), urgente

impérissable [ɛ̃perisabl] *adj* imperecedero(-a)

imperméable [ɛ̃pɛrmeabl] *adj* impermeable ▷ *nm* impermeable *m*

impertinent, e [ɛ̃pɛrtinɑ̃, ɑ̃t] *adj* impertinente

impitoyable [ɛ̃pitwajabl] *adj* despiadado(-a)

implanter [ɛ̃plɑ̃te] *vt* (*usine*) instalar; (*Méd, usage, mode*) implantar; (*idée*) inculcar

impliquer [ɛ̃plike] *vt*: **~ qn (dans)** implicar a algn (en); (*supposer, entraîner*) implicar, suponer

impoli, e [ɛ̃pɔli] *adj* descortés

impopulaire [ɛ̃pɔpylɛr] *adj* impopular

importance [ɛ̃pɔrtɑ̃s] *nf* importancia; **sans ~** sin importancia; **quelle ~?** ¿qué más da?; **d'~** de importancia

important, e [ɛ̃pɔrtɑ̃, ɑ̃t] *adj* importante; (*péj: airs, ton*) de importancia ▷ *nm*: **l'~ (est de/est que)** lo importante (es/es que)

importateur, -trice [ɛ̃pɔrtatœr, tris] *adj, nm/f* importador(a)

importation [ɛ̃pɔrtasjɔ̃] *nf* (*de marchandises, fig*) importación *f*

importer [ɛ̃pɔrte] *vt* (*Comm*) importar; (*maladies, plantes*) importar, introducir ▷ *vi* (*être important*) importar; **peu m'importe** (*je n'ai pas de préférence*) ¡me da igual!; (*je m'en moque*) ¡a mí qué me importa!; **peu importe!** ¡qué importa!

importun, e [ɛ̃pɔrtœ̃, yn] *adj* (*curiosité, présence*) importuno(-a); (*visite, personne*) inoportuno(-a)

▷ *nm/f* inoportuno(-a); **importuner** *vt* importunar; (*suj: insecte, bruit*) molestar

imposant, e [ɛ̃pozɑ̃, ɑ̃t] *adj* imponente

imposer [ɛ̃poze] *vt* (*taxer*) gravar; (*faire accepter par force*) imponer; **s'imposer** *vpr* imponerse; (*montrer sa prééminence*) destacar; (*être importun*) molestar; **~ qch à qn** imponer algo a algn; **en ~ à qn** impresionar a algn

impossible [ɛ̃pɔsibl] *adj* (*irréalisable, improbable*) imposible; (*enfant*) insoportable, inaguantable; (*absurde, extravagant*) increíble; **il m'est ~ de le faire** me resulta imposible hacerlo; **faire l'~** hacer lo imposible

imposteur [ɛ̃pɔstœʀ] *nm* impostor(a)

impôt [ɛ̃po] *nm* (*taxe*) impuesto; **impôts** *nmpl* (*contributions*) impuestos *mpl*; **impôt direct/ foncier/indirect** impuesto directo/ sobre la propiedad/indirecto; **impôts locaux** impuestos municipales; **impôt sur le revenu** impuesto sobre la renta

impotent, e [ɛ̃potɑ̃, ɑ̃t] *adj* (*personne*) impedido(-a), inválido(-a)

impraticable [ɛ̃pʀatikabl] *adj* (*projet, idée*) impracticable; (*piste, chemin, sentier*) intransitable, impracticable

imprécis, e [ɛ̃pʀesi, iz] *adj* (*contours, renseignement*) impreciso(-a); (*souvenir*) impreciso(-a), borroso(-a)

imprégner [ɛ̃pʀeɲe] **s'~ de** *vpr* impregnarse de

imprenable [ɛ̃pʀənabl] *adj* (*forteresse, citadelle*) inexpugnable; **vue ~** vista panorámica asegurada

impression [ɛ̃pʀesjɔ̃] *nf* (*sentiment, sensation: d'étouffement etc*) sensación *f*; (*Photo, d'un ouvrage*) impresión *f*; (*d'un tissu, papier peint*) imprimación *f*; **faire bonne/mauvaise ~** causar

buena/mala impresión; **faire/ produire une vive ~** (*émotion*) causar/producir una viva impresión; **donner l'~ d'être ...** dar la impresión de ser ...; **impressionnant, e** *adj* impresionante; **impressionner** *vt* impresionar

imprévisible [ɛ̃pʀevizibl] *adj* imprevisible

imprévu, e [ɛ̃pʀevy] *adj* (*événement, succès*) imprevisto(-a); (*dépense, réaction, geste*) inesperado(-a) ▷ *nm*: **l'~** lo imprevisto; **en cas d'~** en caso de imprevisto

imprimante [ɛ̃pʀimɑ̃t] *nf* (*Inform*) impresora

imprimé, e [ɛ̃pʀime] *adj* (*motif, tissu*) estampado(-a); (*livre, ouvrage*) impreso(-a) ▷ *nm* impreso; (*tissu*) estampado

imprimer [ɛ̃pʀime] *vt* imprimir; (*tissu*) estampar; **imprimerie** *nf* imprenta; (*technique*) tipografía; **imprimeur** *nm* impresor *m*

impropre [ɛ̃pʀɔpʀ] *adj* (*incorrect*) incorrecto(-a), impropio(-a); **~ à** (*suj: personne*) inepto(-a) para

improviser [ɛ̃pʀovize] *vt, vi* improvisar; **s'improviser** *vpr* improvisarse; **s'~ cuisinier** improvisarse como ou de cocinero

improviste [ɛ̃pʀovist]: **à l'~** *adv* de improviso

imprudence [ɛ̃pʀydɑ̃s] *nf* imprudencia

imprudent, e [ɛ̃pʀydɑ̃, ɑ̃t] *adj, nm/f* imprudente *m/f*

impuissant, e [ɛ̃pɥisɑ̃, ɑ̃t] *adj* impotente; (*effort*) inútil, vano(-a); **~ à faire qch** incapaz de hacer algo

impulsif, -ive [ɛ̃pɥlsif, iv] *adj* impulsivo(-a)

impulsion [ɛ̃pɥlsjɔ̃] *nf* impulso

inabordable [inabɔʀdabl] *adj* (*cher, exorbitant*) exorbitante

inacceptable [inaksɛptabl] *adj*

inaceptable

inaccessible [inaksesibl] *adj*
(endroit) inaccessible *(obscur)*
incomprensible; *(personne)*
inaccesible, inabordable

inachevé, e [inaʃ(ə)ve] *adj*
inacabado(-a)

inactif, -ive [inaktif, iv] *adj*
inactivo(-a)

inadapté, e [inadapte] *adj, nm/f*
inadaptado(-a)

inadéquat, e [inadekwa(t), kwat]
adj inadecuado(-a)

inadmissible [inadmisibl] *adj*
inadmisible

inadvertance [inadvɛʀtɑ̃s]: **par ~**
adv por inadvertencia, por descuido

inanimé, e [inanime] *adj*
inanimado(-a)

inanition [inanisjɔ̃] *nf*: **tomber/
mourir d'~** caer/morir de inanición

inaperçu, e [inapɛʀsy] *adj*: **passer ~**
pasar desapercibido(-a)

inapte [inapt] *adj*: **~ à qch/faire qch**
incapaz para ou de algo/hacer algo

inattendu, e [inatɑ̃dy] *adj*
inesperado(-a)

inattentif, -ive [inatɑ̃tif, iv] *adj*
(lecteur, élève) desatento(-a); **~ à**
(dangers, détails matériels)
despreocupado(-a) de; **inattention**
nf: **faute** *ou* **erreur d'inattention**
despiste *m*; **une minute
d'inattention** un momento de
despiste

inauguration [inogyʀasjɔ̃] *nf*
inauguración *f*, descubrimiento;
discours/cérémonie d'~ discurso/
ceremonia de inauguración

inaugurer [inogyʀe] *vt* inaugurar;
(statue) descubrir; *(politique)*
inaugurar, estrenar

inavouable [inavwabl] *adj*
inconfesable

incalculable [ɛ̃kalkylabl] *adj*
incalculable

incapable [ɛ̃kapabl] *adj* incapaz; **~
de faire qch** incapaz de hacer algo

incapacité [ɛ̃kapasite] *nf*
(incompétence) incapacidad *f*; **je suis
dans l'~ de vous aider** *(impossibilité)*
me resulta imposible ayudarle

incarcérer [ɛ̃kaʀseʀe] *vt* encarcelar

incassable [ɛ̃kasabl] *adj* irrompible

incendie [ɛ̃sɑ̃di] *nm* incendio;
incendie criminel/de forêt incendio
doloso/forestal; **incendier** *vt*
incendiar

incertain, e [ɛ̃sɛʀtɛ̃, ɛn] *adj*
incierto(-a); *(éventuel, douteux)*
inseguro(-a), incierto(-a); *(temps)*
inestable; *(indécis, imprécis)*
indefinido(-a); **incertitude** *nf* *(d'un
résultat, d'un fait)* incertidumbre *f*;
(d'une personne) indecisión *f*

incessamment [ɛ̃sesamɑ̃] *adv*
inmediatamente

incident, e [ɛ̃sidɑ̃, ɑ̃t] *adj*
(Jur: accessoire) incidental ▷ *nm*
incidente *m*; **incident de parcours**
(fig) pequeño contratiempo; **incident
technique** dificultad técnica

incinérer [ɛ̃sineʀe] *vt* incinerar

incisive [ɛ̃siziv] *nf* incisivo

inciter [ɛ̃site] *vt*: **~ qn à (faire) qch**
incitar a algn a (hacer) algo

inclinable [ɛ̃klinabl] *adj* reclinable

inclination [ɛ̃klinasjɔ̃] *nf*
inclinación *f*; **~ de (la) tête**
inclinación de (la) cabeza

incliner [ɛ̃kline] *vt* inclinar ▷ *vi*: **~
à qch/à faire** tender a algo/a
hacer; **s'incliner** *vpr* *(personne, toit)*
inclinarse; *(chemin, pente)* bajar,
descender; **~ la tête** *ou* **le front** *(pour
saluer)* inclinar la cabeza; **s'~ devant
qn/qch** *(rendre hommage à)* inclinarse
ante algn/algo; **s'~ (devant qch)**
(céder) ceder (ante algo)

inclure [ɛ̃klyʀ] *vt* incluir; *(joindre à un
envoi)* adjuntar

incognito [ɛ̃kɔɲito] *adv* de

incógnito ▷ *nm*: **garder l'~** mantener el incógnito

incohérent, e [ɛ̃kɔeʀɑ̃, ɑ̃t] *adj* incoherente

incollable [ɛ̃kɔlabl] *adj* (riz) que no se pega

incolore [ɛ̃kɔlɔʀ] *adj* incoloro(-a); (*style*) insulso(-a)

incommoder [ɛ̃kɔmɔde] *vt* incomodar

incomparable [ɛ̃kɔ̃paʀabl] *adj* (*inégalable*) incomparable

incompatible [ɛ̃kɔ̃patibl] *adj* incompatible

incompétent, e [ɛ̃kɔ̃petɑ̃, ɑ̃t] *adj* (*ignorant*): **~ (en)** incompetente (en); (*incapable*) incapaz

incomplet, -ète [ɛ̃kɔ̃plɛ, ɛt] *adj* incompleto(-a)

incompréhensible [ɛ̃kɔ̃pʀeɑ̃sibl] *adj* incomprensible

incompris, e [ɛ̃kɔ̃pʀi, iz] *adj* incomprendido(-a)

inconcevable [ɛ̃kɔ̃s(ə)vabl] *adj* inconcebible

inconfortable [ɛ̃kɔ̃fɔʀtabl] *adj* (*aussi fig*) incómodo(-a)

incongru, e [ɛ̃kɔ̃gʀy] *adj* (*attitude, remarque*) improcedente; (*visite*) intempestivo(-a), inoportuno(-a)

inconnu, e [ɛ̃kɔny] *adj* desconocido(-a); (*joie, sensation*) desconocido(-a), extraño(-a) ▷ *nm/f* desconocido(-a); (*étranger, tiers*) extraño(-a) ▷ *nm*: **l'~** lo desconocido; **inconnue** *nf* (Math, fig) incógnita

inconsciemment [ɛ̃kɔ̃sjamɑ̃] *adv* inconscientemente

inconscient, e [ɛ̃kɔ̃sjɑ̃, jɑ̃t] *adj* inconsciente ▷ *nm* (Psych): **l'~** el inconsciente ▷ *nm/f* inconsciente *m/f*; **il est ~ de ...** (*conséquences*) no es consciente de ...

inconsidéré, e [ɛ̃kɔ̃sideʀe] *adj* desconsiderado(-a)

inconsistant, e [ɛ̃kɔ̃sistɑ̃, ɑ̃t] *adj*

inconsistente; (*caractère, personne*) débil

inconsolable [ɛ̃kɔ̃sɔlabl] *adj* inconsolable

incontestable [ɛ̃kɔ̃testabl] *adj* indiscutible

incontinent, e [ɛ̃kɔ̃tinɑ̃, ɑ̃t] *adj* (Méd) incontinente

incontournable [ɛ̃kɔ̃tuʀnabl] *adj* inevitable

incontrôlable [ɛ̃kɔ̃tʀolabl] *adj* (*invérifiable*) no comprobable

inconvénient [ɛ̃kɔ̃venjɑ̃] *nm* inconveniente *m*, desventaja; (*d'un remède, changement*) inconveniente; **~s** inconvenientes *mpl*

incorporer [ɛ̃kɔʀpɔʀe] *vt* incorporar; **~ (à)** (*mélanger*) incorporar (a); **~ (dans)** (*insérer*) insertar (en)

incorrect, e [ɛ̃kɔʀɛkt] *adj* incorrecto(-a)

incorrigible [ɛ̃kɔʀiʒibl] *adj* incorregible

incrédule [ɛ̃kʀedyl] *adj* (*personne, moue*) incrédulo(-a), escéptico(-a)

incroyable [ɛ̃kʀwajabl] *adj* increíble

incruster [ɛ̃kʀyste] *vt*: **~ qch dans** (Art) incrustar algo en; **s'incruster** *vpr*: **s'~ dans** incrustarse en; (*invité*) instalarse en, aposentarse en

inculpé, e [ɛ̃kylpe] *nm/f* inculpado(-a), acusado(-a)

inculper [ɛ̃kylpe] *vt*: **~ (de)** inculpar (de), acusar (de)

inculquer [ɛ̃kylke] *vt*: **~ qch à qn** inculcar algo a *ou* en algn

Inde [ɛ̃d] *nf* India

indécent, e [ɛ̃desɑ̃, ɑ̃t] *adj* indecente, indecoroso(-a); (*inconvenant, déplacé*) desconsiderado(-a)

indéchiffrable [ɛ̃deʃifʀabl] *adj* (*aussi fig*) indescifrable; (*pensée, personnage*) inescrutable

indécis, e [ɛ̃desi, iz] *adj* (*paix, victoire*) dudoso(-a); (*temps*) dudoso(-a), inestable; (*personne*) indeciso(-a)

indéfendable [ɛ̃defɑ̃dabl] *adj* (*aussi fig*) indefendible

indéfini, e [ɛ̃defini] *adj* indefinido(-a); (*nombre*) ilimitado(-a); (*Ling: article*) indeterminado(-a); **passé** ~ perfecto; **indéfiniment** *adv* indefinidamente; **indéfinissable** *adj* indefinible

indélébile [ɛ̃delebil] *adj* indeleble

indélicat, e [ɛ̃delika, at] *adj* (*grossier*) falto(-a) de delicadeza; (*malhonnête*) deshonesto(-a)

indemne [ɛ̃dɛmn] *adj* indemne; **indemniser** *vt* indemnizar; **indemniser qn de qch** indemnizar a algn por algo

indemnité [ɛ̃dɛmnite] *nf* (*dédommagement*) indemnización *f*; (*allocation*) subsidio; **indemnité de licenciement** indemnización por despido

indépendamment [ɛ̃depɑ̃damɑ̃] *adv* independientemente; ~ **de** (*en faisant abstraction de*) independientemente de; (*par surcroît, en plus*) además de

indépendance [ɛ̃depɑ̃dɑ̃s] *nf* independencia

indépendant, e [ɛ̃depɑ̃dɑ̃, ɑ̃t] *adj* independiente; **travailleur** ~ trabajador autónomo

indescriptible [ɛ̃dɛskriptibl] *adj* indescriptible

indésirable [ɛ̃dezirabl] *adj* indeseable

indestructible [ɛ̃dɛstryktibl] *adj* indestructible

indéterminé, e [ɛ̃detɛrmine] *adj* indeterminado(-a)

index [ɛ̃dɛks] *nm* índice *m*

indicateur, -trice [ɛ̃dikatœr, tris] *nm/f* (*de police*) confidente *m/f* ▷ *adj*: **poteau ~** indicador, señal *f* de orientación; **panneau ~** panel *m*

informativo

indicatif [ɛ̃dikatif] *nm* (*Ling*) indicativo; (*Radio*) sintonía; (*téléphonique*) prefijo ▷ *adj*: **à titre ~** a título informativo

indication [ɛ̃dikasjɔ̃] *nf* indicación *f*; **indications** *nfpl* (*directives*) indicaciones *fpl*, instrucciones *fpl*

indice [ɛ̃dis] *nm* indicio; (*Police*) Indicio, pista; (*Écon, Science, Tech, Admin*) índice *m*

indicible [ɛ̃disibl] *adj* (*joie, charme*) inefable; (*peine*) indecible

indien, ne [ɛ̃djɛ̃, jɛn] *adj* indio(-a), hindú ▷ *nm/f*: **I~, ne** (*d'Amérique*) indio(-a)

indifféremment [ɛ̃diferamɑ̃] *adv* indiferentemente, indistintamente

indifférence [ɛ̃diferɑ̃s] *nf* indiferencia

indifférent, e [ɛ̃diferɑ̃, ɑ̃t] *adj* indiferente; ~ **à qn/qch** indiferente a algn/algo

indigène [ɛ̃diʒɛn] *adj, nm/f* indígena, criollo(-a) (*Am*)

indigeste [ɛ̃diʒɛst] *adj* indigesto(-a)

indigestion [ɛ̃diʒɛstjɔ̃] *nf* indigestión *f*

indigne [ɛ̃diɲ] *adj* indigno(-a); ~ **de** indigno(-a) de

indigner [ɛ̃diɲe] *vt* indignar; **s'indigner** *vpr*: **s'~ (de qch/contre qn)** indignarse (por o con algo/contra o con algn)

indiqué, e [ɛ̃dike] *adj* (*date, lieu*) indicado(-a), acordado(-a); (*adéquat*) indicado(-a), adecuado(-a); **ce n'est pas très ~** no es muy adecuado

indiquer [ɛ̃dike] *vt* indicar; (*heure, solution*) indicar, informar; (*déterminer*) señalar, fijar; ~ **qch/qn du doigt/du regard** (*désigner*) indicar o señalar algo/a algn con el dedo/con la mirada; **à l'heure indiquée** a la hora acordada; **pourriez-vous m'~ les toilettes/l'heure?** ¿puede indicarme

dónde están los servicios/decirme
la hora?
indiscipliné, e [ɛ̃disipline] adj
(écolier, troupes) indisciplinado(-a)
indiscret, -ète [ɛ̃diskʀɛ, ɛt] adj
indiscreto(-a)
indiscutable [ɛ̃diskytabl] adj
indiscutible
indispensable [ɛ̃dispɑ̃sabl] adj
(garanties, précautions, condition)
indispensable; (objet, connaissances,
personne) imprescindible
indisposé, e [ɛ̃dispoze] adj
indispuesto(-a)
indistinct, e [ɛ̃distɛ̃(kt),
ɛ̃kt] adj (objet) indistinto(-a);
indistinctement adv
indistintamente; **tous les Français
indistinctement** todos los franceses
sin distinción
individu [ɛ̃dividy] nm individuo;
individuel, le adj individual; (opinion)
personal; (cas) particular; **chambre/
maison individuelle** habitación f/
casa individual
indolore [ɛ̃dɔlɔʀ] adj indoloro(-a)
Indonésie [ɛ̃dɔnezi] nf Indonesia
indu, e [ɛ̃dy] adj: **à des heures ~es**
(travailler) tarde
indulgent, e [ɛ̃dylʒɑ̃, ɑ̃t] adj
indulgente
industrialiser [ɛ̃dystʀijalize] vt
industrializar; **s'industrialiser** vpr
industrializarse
industrie [ɛ̃dystʀi] nf industria;
industriel, le adj, nm/f industrial m/f
inébranlable [inebʀɑ̃labl] adj
inquebrantable; (personne, certitude)
firme
inédit, e [inedi, it] adj inédito(-a)
inefficace [inefikas] adj ineficaz;
(machine, employé) ineficiente
inégal, e, -aux [inegal, o] adj
desigual; (partage, part)
desproporcionado(-a); (humeur)
variable; **inégalable** adj inigualable;

inégalé, e adj inigualado(-a)
inégalité nf desigualdad f
inépuisable [inepɥizabl] adj
inagotable; **il est ~ sur** es inagotable
en
inerte [inɛʀt] adj inerte
inespéré, e [inɛspeʀe] adj
inesperado(-a)
inestimable [inɛstimabl] adj
inestimable
inévitable [inevitabl] adj inevitable;
(hum: rituel) consabido(-a)
inexact, e [inɛgza(kt), akt] adj
inexacto(-a); (non ponctuel) impuntual
inexcusable [inɛkskyzabl] adj
inexcusable
inexplicable [inɛksplikabl] adj
inexplicable
in extremis [inɛkstʀemis] adv de
milagro ▷ adj (préparatifs, sauvetage)
en el último momento
infaillible [ɛ̃fajibl] adj infalible
infarctus [ɛ̃faʀktys] nm: **~ (du
myocarde)** infarto (de miocardio)
infatigable [ɛ̃fatigabl] adj
infatigable, incansable
infect, e [ɛ̃fɛkt] adj pestilente; (goût)
asqueroso(-a); (personne) odioso(-a)
infecter [ɛ̃fɛkte] vt (atmosphère, eau)
contaminar; (personne) contagiar;
s'infecter vpr infectarse; **infection**
nf (Méd) infección f
inférieur, e [ɛ̃feʀjœʀ] adj inferior;
~ à inferior a
infernal, e, -aux [ɛ̃fɛʀnal, o] adj
infernal; (satanique) diabólico(-a); **tu
es ~!** (fam: enfant) ¡eres un diablo!
infidèle [ɛ̃fidɛl] adj infiel
infiltrer [ɛ̃filtʀe] vb: **s'~ dans**
infiltrarse en
infime [ɛ̃fim] adj ínfimo(-a)
infini, e [ɛ̃fini] adj infinito(-a);
(précautions) extremo(-a) ▷ nm: **l'~**
(Math, Photo) el infinito; **à l'~**
(Math) al infinito; (discourir)
interminablemente; (agrandir,

varier ampliamente; **infiniment**
adv infinitamente; **infinité** *nf*: **une**
infinité de una infinidad de
infinitif, -ive [ɛ̃finitif, iv] *nm* (*Ling*)
infinitivo
infirme [ɛ̃fiʀm] *adj, nm/f* inválido(-a)
infirmerie [ɛ̃fiʀməʀi] *nf* enfermería
infirmier, -ière [ɛ̃fiʀmje, jɛʀ] *nm/f*
enfermero(-a), A.T.S. *m/f* ⊳ *adj*: **élève**
~ alumno(-a) de enfermería;
infirmière chef enfermera jefe;
infirmière visiteuse enfermera
domiciliaria
infirmité [ɛ̃fiʀmite] *nf* invalidez *f*
inflammable [ɛ̃flamabl] *adj*
inflamable
inflation [ɛ̃flasjɔ̃] *nf* inflación *f*
influençable [ɛ̃flyɑ̃sabl] *adj*
influenciable
influence [ɛ̃flyɑ̃s] *nf* influencia;
(*d'une drogue*) efecto; (*Pol*) predominio;
influencer *vt* influir, influent, e *adj*
influyente
informaticien, ne [ɛ̃fɔʀmatisjɛ̃,
jɛn] *nm/f* informático(-a)
information [ɛ̃fɔʀmasjɔ̃] *nf*
información *f*; **informations** *nfpl*
(*Radio*) noticias *fpl*
informatique [ɛ̃fɔʀmatik] *nf*
informática; **informatiser** *vt*
informatizar
informer [ɛ̃fɔʀme] *vt*: ~ **qn (de)**
informar a algn (de); **s'informer**
vpr: **s'~ (sur)** informarse (sobre)
infos [ɛ̃fo] *nfpl voir* **information**
infraction [ɛ̃fʀaksjɔ̃] *nf* infracción
f; **être en ~** haber cometido una
infracción
infranchissable [ɛ̃fʀɑ̃ʃisabl] *adj*
infranqueable; (*fig*) insalvable
infrarouge [ɛ̃fʀaʀuʒ] *adj*
infrarrojo(-a) ⊳ *nm* infrarrojo
infrastructure [ɛ̃fʀastʀyktyʀ] *nf*
infraestructura; **infrastructures**
nfpl (*d'un pays etc*) infraestructuras *fpl*;
~ touristique/hôtelière/routière

infraestructura turística/hotelera/
viaria
infuser [ɛ̃fyze] *vt* (*aussi*: **faire ~**) dejar
reposar; **infusion** *nf* infusión *f*
ingénier [ɛ̃ʒenje]: **s'~** *vpr*: **s'~ à faire**
qch ingeniárselas para hacer algo
ingénierie [ɛ̃ʒeniʀi] *nf* ingeniería
ingénieur [ɛ̃ʒenjœʀ] *nm* ingeniero;
ingénieur agronome/du son
ingeniero agrónomo/de sonido
ingénieux, -ieuse [ɛ̃ʒenjø, jøz] *adj*
ingenioso(-a)
ingrat, e [ɛ̃gʀa, at] *adj* (*personne,
travail*) ingrato(-a); (*sol*) estéril;
(*visage*) poco agraciado(-a) ⊳ *nm/f*
ingrato(-a); **~ envers** ingrato con
ingrédient [ɛ̃gʀedjɑ̃] *nm*
ingrediente *m*
inhabité, e [inabite] *adj*
(*régions*) despoblado(-a); (*maison*)
deshabitado(-a)
inhabituel, le [inabitɥel] *adj*
inhabitual
inhibition [inibisjɔ̃] *nf* inhibición *f*
inhumain, e [inymɛ̃, ɛn] *adj*
(*barbare*) inhumano(-a)
inimaginable [inimaʒinabl] *adj*
inimaginable
ininterrompu, e [inɛ̃teʀɔ̃py] *adj*
ininterrumpido(-a); (*flot, vacarme*)
continuo(-a)
initial, e, -aux [inisjal, jo] *adj, nf*
inicial; **initiales** *nfpl* iniciales *fpl*
initiation [inisjasjɔ̃] *nf* iniciación *f*
initiative [inisjativ] *nf* (*aussi Pol*)
iniciativa; **de sa propre ~** por propia
iniciativa
initier [inisje] *vt* iniciar; **s'initier**
vpr: **s'~ à** iniciarse en; **~ qn à** iniciar
a algn en
injecter [ɛ̃ʒɛkte] *vt* inyectar;
injection *nf* inyección *f*; **injection**
intraveineuse/sous-cutanée
inyección intravenosa/subcutánea;
à injection (*moteur, système*) de
inyección

injure [ɛ̃ʒyʀ] *nf* insulto; **injurier** *vt* insultar; **injurieux, -ieuse** *adj* injurioso(-a)

injuste [ɛ̃ʒyst] *adj* injusto(-a); **~ (avec** ou **envers qn)** injusto(-a) (con algn); **injustice** *nf* injusticia

inlassable [ɛ̃lasabl] *adj* incansable, infatigable

inné, e [i(n)ne] *adj* innato(-a)

innocent, e [inɔsɑ̃, ɑ̃t] *adj* inocente; *(jeu, plaisir)* inofensivo(-a); **innocenter** *vt* disculpar

innombrable [i(n)nɔ̃bʀabl] *adj* incontable

innover [inɔve] *vt* innovar ▷ *vi*: **~ en art/en matière d'art** innovar en arte/en temas de arte

inoccupé, e [inɔkype] *adj* desocupado(-a)

inodore [inɔdɔʀ] *adj* inodoro(-a)

inoffensif, -ive [inɔfɑ̃sif, iv] *adj* inofensivo(-a); *(plaisanterie)* inocente

inondation [inɔ̃dasjɔ̃] *nf* inundación *f*

inonder [inɔ̃de] *vt* inundar; *(envahir)* invadir; **~ de** inundar de

inopportun, e [inɔpɔʀtœ̃, yn] *adj* inoportuno(-a)

inoubliable [inublijabl] *adj* inolvidable

inouï, e [inwi] *adj* inaudito(-a)

inox [inɔks] *adj, nm abr* acero inoxidable

inquiet, -ète [ɛ̃kjɛ, ɛ̃kjɛt] *adj* inquieto(-a); **inquiétant, e** *adj* inquietante, preocupante; **inquiéter** *vt* inquietar, preocupar; **s'inquiéter** *vpr* inquietarse, preocuparse; **s'inquiéter de** preocuparse por; **inquiétude** *nf* inquietud *f*, preocupación *f*

insaisissable [ɛ̃sezisabl] *adj* *(nuance)* imperceptible

insalubre [ɛ̃salybʀ] *adj* insalubre

insatisfait, e [ɛ̃satisfɛ, ɛt] *adj* insatisfecho(-a)

inscription [ɛ̃skʀipsjɔ̃] *nf* inscripción *f*; *(à une institution)* inscripción, matrícula

inscrire [ɛ̃skʀiʀ] *vt* escribir, inscribir; *(renseignement)* anotar; *(nom: sur une liste etc)* anotar, apuntar; **s'inscrire** *vpr* *(pour une excursion etc)* apuntarse, inscribirse; **~ qn à** matricular ou apuntar a algn a; **s'~ (à)** *(un club, parti)* apuntarse (a), matricularse (en); *(l'université, un examen)* matricularse (en)

insecte [ɛ̃sɛkt] *nm* insecto; **insecticide** *adj* insecticida ▷ *nm* insecticida *m*

insensé, e [ɛ̃sɑ̃se] *adj* insensato(-a)

insensible [ɛ̃sɑ̃sibl] *adj* insensible; *(pouls, mouvement)* imperceptible; **~ aux compliments/à la chaleur** insensible a los halagos/al calor

inséparable [ɛ̃sepaʀabl] *adj* inseparable

insigne [ɛ̃siɲ] *nm* emblema *m*

insignifiant, e [ɛ̃siɲifjɑ̃, jɑ̃t] *adj* insignificante

insinuer [ɛ̃sinɥe] *vt* insinuar; **s'insinuer** *vpr*: **s'~ dans** *(odeur, humidité)* filtrarse en

insipide [ɛ̃sipid] *adj* insípido(-a), insulso(-a)

insister [ɛ̃siste] *vi* insistir; **~ sur** insistir en

insolation [ɛ̃sɔlasjɔ̃] *nf* insolación *f*

insolent, e [ɛ̃sɔlɑ̃, ɑ̃t] *adj* insolente, descarado(-a)

insolite [ɛ̃sɔlit] *adj* extraño(-a)

insomnie [ɛ̃sɔmni] *nf* insomnio

insouciant, e [ɛ̃susjɑ̃, jɑ̃t] *adj* despreocupado(-a); *(imprévoyant)* dejado(-a)

insoupçonnable [ɛ̃supsɔnabl] *adj* insospechable

insoupçonné, e [ɛ̃supsɔne] *adj* insospechado(-a)

insoutenable [ɛ̃sut(ə)nabl] *adj* *(argument, opinion)* insostenible;

(*lumière, chaleur, spectacle*)
insoportable; (*effort*) insufrible
inspecter [ɛ̃spɛkte] *vt* inspeccionar;
(*personne*) dar un repaso a; (*maison*)
revisar; **inspecteur, -trice** *nm/f*
inspector(a); **inspecteur (de police)**
inspector (de policía); **inspecteur
des Finances** *ou* **des impôts**
inspector de hacienda; **inspection** *nf*
inspección *f*
inspirer [ɛ̃spiʀe] *vt* inspirar ▷ *vi*
inspirar; **s'inspirer** *vpr*: **s'~ de qch**
inspirarse en algo; **~ qch à qn** sugerir
algo a algn; (*crainte, horreur*) inspirar
algo a algn; **ça ne m'inspire pas
beaucoup/vraiment pas** eso no me
dice mucho/nada
instable [ɛ̃stabl] *adj* inestable
installation [ɛ̃stalasjɔ̃] *nf*
instalación *f*; **installations** *nfpl*
(*équipement*): **~s portuaires**
instalaciones *fpl* portuarias;
une ~ provisoire *ou* **de fortune**
un alojamiento provisional; **l'~
électrique** la instalación eléctrica
installer [ɛ̃stale] *vt* instalar;
s'installer *vpr* instalarse; (*à un
emplacement*) acomodarse; (*maladie,
grève*) arraigarse; **s'~ à l'hôtel/chez
qn** alojarse en el hotel/en casa de algn
instance [ɛ̃stɑ̃s] *nf*: **être en ~ de
divorce** estar en trámites de divorcio
instant, e [ɛ̃stɑ̃, ɑ̃t] *adj, nm* instante
m; **en** *ou* **dans un ~** en un instante;
à l'~: **je l'ai vu à l'~** lo he visto hace
nada; **à chaque** *ou* **tout ~** a cada
instante; **pour l'~** por el momento;
par ~s por momentos; **de tous les
~s** constante
instantané, e [ɛ̃stɑ̃tane] *adj*
instantáneo(-a) ▷ *nm* (*Photo*)
instantánea
instar [ɛ̃staʀ]: **à l'~ de** *prép* a
semejanza de
instaurer [ɛ̃stɔʀe] *vt* implantar;
s'instaurer *vpr* establecerse

instinct [ɛ̃stɛ̃] *nm* instinto;
instinctivement *adv*
instintivamente
instituer [ɛ̃stitɥe] *vt* establecer; (*un
organisme*) fundar
institut [ɛ̃stity] *nm* instituto;
institut de beauté instituto de
belleza; **Institut universitaire
de technologie (IUT)** ≈ Escuela
Politécnica
instituteur, -trice [ɛ̃stitytœʀ, tʀis]
nm/f maestro(-a)
institution [ɛ̃stitysjɔ̃] *nf* institución
f; (*collège*) colegio privado
instructif, -ive [ɛ̃stʀyktif, iv] *adj*
instructivo(-a)
instruction [ɛ̃stʀyksjɔ̃] *nf*
(*enseignement*) enseñanza; (*savoir*)
cultura; (*Jur, Inform*) instrucción *f*;
instructions *nfpl* (*directives, mode
d'emploi*) instrucciones *fpl*
instruire [ɛ̃stʀɥiʀ] *vt* (*élèves*)
enseñar; (*Mil, Jur*) instruir; **s'instruire**
vpr instruirse; **instruit, e** *pp de*
instruire ▷ *adj* instruido(-a),
culto(-a)
instrument [ɛ̃stʀymɑ̃] *nm*
herramienta; **instrument à
cordes/à percussion/à vent/de
musique** instrumento de cuerda/de
percusión/de viento/musical
insu [ɛ̃sy] *nm*: **à l'~ de qn** a espaldas
de algn; **à son ~** a sus espaldas
insuffisant, e [ɛ̃syfizɑ̃, ɑ̃t] *adj*
insuficiente
insulaire [ɛ̃sylɛʀ] *adj* insular;
(*attitude*) cerrado(-a)
insuline [ɛ̃sylin] *nf* insulina
insulte [ɛ̃sylt] *nf* insulto; **insulter**
vt insultar
insupportable [ɛ̃sypɔʀtabl]
insoportable
insurmontable [ɛ̃syʀmɔ̃tabl]
adj insuperable; (*angoisse, aversion*)
invencible
intact, e [ɛ̃takt] *adj* intacto(-a)

intarissable [ɛ̃taʀisabl] *adj*
inagotable; **il est ~ sur ...** es
incansable cuando habla de ...
intégral, e, -aux [ɛ̃tegʀal, o]
adj total; (*édition*) completo(-a);
intégralement *adv* totalmente,
completamente; **intégralité** *nf*
totalidad *f*; **dans son intégralité** en
su totalidad; **intégrant, e** *adj*: **faire
partie intégrante de qch** formar
parte integrante de algo
intègre [ɛ̃tegʀ] *adj* íntegro(-a)
intégrer [ɛ̃tegʀe] *vt* (*personnes*)
integrar; (*théories, paragraphe*)
incorporar; **s'intégrer** *vpr*: **s'~ à** *ou*
dans qch integrarse en algo
intégrisme [ɛ̃tegʀism] *nm*
integrismo
intellectuel, le [ɛ̃telɛktɥel] *adj*,
nm/f intelectual *m/f*
intelligence [ɛ̃teliʒɑ̃s] *nf*
inteligencia; (*compréhension*)
comprensión *f*
intelligent, e [ɛ̃teliʒɑ̃, ɑ̃t] *adj*
inteligente
intelligible [ɛ̃teliʒibl] *adj*: **parler
de façon peu ~** hablar de forma
poco clara
intempéries [ɛ̃tɑ̃peʀi] *nfpl* tiempo
inclemente
intenable [ɛ̃t(ə)nabl] *adj*
inaguantable, insoportable
intendant, e [ɛ̃tɑ̃dɑ̃, ɑ̃t] *nm/f*
(*Mil*) intendente *m*; (*Scol, régisseur*)
administrador(a)
intense [ɛ̃tɑ̃s] *adj* intenso(-a);
intensif, -ive *adj* intensivo(-a)
intenter [ɛ̃tɑ̃te] *vt*: **~ un procès/
une action contre** *ou* **à qn** entablar
proceso/una acción contra algn
intention [ɛ̃tɑ̃sjɔ̃] *nf* intención *f*;
(*but, objectif*) intención *f*, propósito;
avoir l'~ de faire qch tener la
intención de hacer algo; **à l'~ de qn**
para algn; (*film, ouvrage*) dedicado(-a)
a algn; **intentionné, e** *adj*: **être bien/**

mal intentionné tener buena/mala
intención
interactif, -ive [ɛ̃teʀaktif, iv] *adj*
(*aussi Inform*) interactivo(-a)
intercepter [ɛ̃teʀsepte] *vt*
interceptar; (*lumière etc*) impedir el
paso de
interchangeable [ɛ̃teʀʃɑ̃ʒabl] *adj*
intercambiable
interdiction [ɛ̃teʀdiksjɔ̃] *nf*
interdicción *f*, prohibición *f*
interdire [ɛ̃teʀdiʀ] *vt* prohibir;
(*Admin, Rel: personne*) inhabilitar; **~ à
qn de faire qch** prohibir a algn hacer
algo; (*suj: chose*) impedir que algn
haga algo
interdit, e [ɛ̃teʀdi, it] *pp de*
interdire ▷ *nm* pauta; ▷ *adj*: **film
~ aux moins de 18/13 ans** película
prohibida a los menores de 18/13
años; **sens ~** dirección prohibida;
stationnement ~ estacionamiento
prohibido; **interdit de séjour**
expulsado(-a)
intéressant, e [ɛ̃teʀesɑ̃, ɑ̃t] *adj*
interesante
intéressé, e [ɛ̃teʀese] *adj*
interesado(-a)
intéresser [ɛ̃teʀese] *vt* (*élèves
etc*) interesar; (*Admin: mesure, loi*)
concernir; **ce film m'a beaucoup
intéressé** he encontrado muy
interesante esta película; **ça
n'intéresse personne** eso no
interesa a nadie; **s'~ à qn/à ce que
fait qn/qch** interesarse por algn/por
lo que hace algn/algo
intérêt [ɛ̃teʀe] *nm* interés *msg*; **il a ~
à acheter cette voiture** le interesa
comprar ese coche; **tu aurais ~ à te
taire!** ¡más te vale callarte!
intérieur, e [ɛ̃teʀjœʀ] *adj* interior
▷ *nm* interior *m*; **ministère de l'I~**
ministerio del Interior; **un ~
bourgeois/confortable** una
decoración burguesa/confortable;

à l'~ (de) en el interior ou dentro ou adentro (esp Am) (de); (fig) dentro (de); **intérieurement** adv por dentro
intérim [ɛ̃teʀim] nm interinidad f; **faire de l'~** hacer sustituciones
intérimaire [ɛ̃teʀimɛʀ] adj, nm/f interino(-a)
interlocuteur, -trice [ɛ̃tɛʀlɔkytœʀ, tʀis] nm/f interlocutor(-a)
intermédiaire [ɛ̃tɛʀmedjɛʀ] adj intermedio(-a) ▷ nm/f intermediario(-a); **par l'~ de** por mediación de
interminable [ɛ̃tɛʀminabl] adj interminable
intermittence [ɛ̃tɛʀmitɑ̃s] nf: **par ~** (travailler) con intermitencias
internat [ɛ̃tɛʀna] nm internado
international, e, -aux [ɛ̃tɛʀnasjɔnal, o] adj internacional ▷ nm/f (Sport) jugador(a) internacional
internaute [ɛ̃tɛʀnot] nmf internauta mf
interne [ɛ̃tɛʀn] adj interno(-a) ▷ nm/f (élève) interno(-a); (Méd) médico(-a) interno(-a)
Internet [ɛ̃tɛʀnɛt] nm Internet m
interpeller [ɛ̃tɛʀpəle] vt interpelar; (police) detener
interphone [ɛ̃tɛʀfɔn] nm interfono; (d'un appartement) portero automático
interposer [ɛ̃tɛʀpoze] vt interponer; **s'interposer** vpr interponerse
interprète [ɛ̃tɛʀpʀɛt] nm/f intérprete m/f
interpréter [ɛ̃tɛʀpʀete] vt interpretar
interrogatif, -ive [ɛ̃teʀɔgatif, iv] adj interrogativo(-a)
interrogation [ɛ̃teʀɔgasjɔ̃] nf interrogación f; **~ écrite/orale** (Scol) control m escrito/oral
interrogatoire [ɛ̃teʀɔgatwaʀ] nm interrogatorio

interroger [ɛ̃teʀɔʒe] vt interrogar; (données) consultar; (candidat) examinar
interrompre [ɛ̃teʀɔ̃pʀ] vt interrumpir; (circuit électrique, communications) cortar; **s'interrompre** vpr interrumpirse; **interrupteur** nm interruptor m; **interruption** nf interrupción f; **sans interruption** sin interrupción; **interruption (volontaire) de grossesse** interrupción (voluntaria) del embarazo
intersection [ɛ̃tɛʀsɛksjɔ̃] nf intersección f
intervalle [ɛ̃tɛʀval] nm intervalo; **dans l'~** mientras tanto
intervenir [ɛ̃tɛʀvəniʀ] vi (survenir) ocurrir, tener lugar; **~ dans** intervenir en; **~ (pour faire qch)** intervenir (para hacer algo); **~ auprès de qn/ en faveur de qn** interceder ante algn/en favor de algn; **intervention** nf intervención f; **intervention (chirurgicale)** intervención (quirúrgica)
interview [ɛ̃tɛʀvju] nf interviú f, entrevista
intestin [ɛ̃tɛstɛ̃] nm intestino
intime [ɛ̃tim] adj íntimo(-a); (convictions) profundo(-a) ▷ nm/f íntimo(-a)
intimider [ɛ̃timide] vt intimidar
intimité [ɛ̃timite] nf intimidad f; **dans l'~** en la intimidad; (sans formalités) informalmente
intolérable [ɛ̃tɔleʀabl] adj (chaleur) insoportable; (inadmissible) intolerable
intoxication [ɛ̃tɔksikasjɔ̃] nf intoxicación f; **intoxication alimentaire** intoxicación alimenticia
intoxiquer [ɛ̃tɔksike] vt intoxicar; (fig aussi) contaminar
intraitable [ɛ̃tʀetabl] adj despiadado(-a); **~ (sur)** intransigente

(en)

intransigeant, e [ɛ̃tʀɑ̃ziʒɑ̃, ɑ̃t] *adj*
intransigente; (*morale, passion*) firme

intrépide [ɛ̃tʀepid] *adj* intrépido(-a)

intrigue [ɛ̃tʀig] *nf* intriga; **intriguer**
vi, vt intrigar

introduction [ɛ̃tʀɔdyksjɔ̃] *nf*
introducción f, incorporación f

introduire [ɛ̃tʀɔdɥiʀ] *vt* introducir;
~ qn auprès de qn conducir a
algn ante algn; **~ qn dans un club**
introducir a algn en un club; **s'~ dans**
introducirse en

introuvable [ɛ̃tʀuvabl]
adj (*personne*) ilocalizable;
(*Comm: rare: édition, livre*) imposible
de encontrar

intrus, e [ɛ̃tʀy, yz] *nm/f* intruso(-a)

intuition [ɛ̃tɥisjɔ̃] *nf* intuición f

inusable [inyzabl] *adj* duradero(-a)

inutile [inytil] *adj* inútil; (*superflu*)
innecesario(-a); **inutilement**
adv inútilmente; **inutilisable** *adj*
inutilizable

invalide [ɛ̃valid] *adj, nm/f*
inválido(-a); **invalide de guerre**
inválido de guerra

invariable [ɛ̃vaʀjabl] *adj* invariable

invasion [ɛ̃vazjɔ̃] *nf* (*aussi fig*)
invasión f; (*de sauterelles, rats*) plaga,
invasión

inventaire [ɛ̃vɑ̃tɛʀ] *nm* inventario

inventer [ɛ̃vɑ̃te] *vt* inventar; (*moyen*)
idear; **inventeur, -trice** [ɛ̃vɑ̃tœʀ,
tʀis] *nm/f* inventor(a); **inventif, -ive**
adj inventivo(-a); **invention** *nf*
invención f

inverse [ɛ̃vɛʀs] *adj* (*ordre*) inverso(-a)
▷ *nm:* **l'~** lo contrario; **dans l'ordre ~**
en orden inverso; **dans le sens ~ des
aiguilles d'une montre** en sentido
contrario a las agujas del reloj; **en ~
dans le sens ~** en sentido inverso;
à l'~ al contrario; **inversement** *adv*
inversamente; **inverser** *vt* invertir

investir [ɛ̃vɛstiʀ] *vt* (*argent, capital*)

invertir; **investissement** *nm*
inversión f

invisible [ɛ̃vizibl] *adj* invisible

invitation [ɛ̃vitasjɔ̃] *nf* invitación f

invité, e [ɛ̃vite] *nm/f* invitado(-a)

inviter [ɛ̃vite] *vt* invitar; **~ qn à faire
qch** (*engager, exhorter*) invitar a algn
a hacer algo

invivable [ɛ̃vivabl] *adj* insoportable

involontaire [ɛ̃vɔlɔ̃tɛʀ] *adj*
involuntario(-a)

invoquer [ɛ̃vɔke] *vt* invocar; (*excuse,
argument*) invocar, alegar

invraisemblable [ɛ̃vʀɛsɑ̃blabl] *adj*
(*histoire*) inverosímil

iode [jɔd] *nm* yodo

iPod® [ipɔd] *nm* iPod®

irai *etc* [iʀe] *vb voir* **aller**

Irak [iʀak] *nm* Irak *m*; **irakien, ne** *adj*
iraquí *p nm/f:* **Irakien, ne** iraquí *m/f*

Iran [iʀɑ̃] *nm* Irán *m*; **iranien, ne**
adj iraní ▷ *m* (*Ling*) iraní *m*
▷ *nm/f:* **Iranien, ne** iraní *m/f*

irions *etc* [iʀjɔ̃] *vb voir* **aller**

iris [iʀis] *nm* (*Bot*) lirio; (*Anat*) iris *m inv*

irlandais, e [iʀlɑ̃dɛ, ɛz] *adj*
irlandés(-esa) ▷ *nm* (*Ling*) irlandés
m ▷ *nm/f:* **I~, e** irlandés(-esa); **les I~**
los irlandeses

Irlande [iʀlɑ̃d] *nf* Irlanda; **la mer d'~**
el mar de Irlanda; **Irlande du Nord/
Sud** Irlanda del Norte/Sur

ironie [iʀɔni] *nf* ironía; **ironique** *adj*
irónico(-a); **ironiser** *vi* ironizar

irons *etc* [iʀɔ̃] *vb voir* **aller**

irradier [iʀadje] *vi* irradiar ▷ *vt*
irradiar, difundir

irraisonné, e [iʀezɔne] *adj*
irrazonable

irrationnel, le [iʀasjɔnɛl] *adj*
irracional

irréalisable [iʀealizabl] *adj*
irrealizable

irrécupérable [iʀekypeʀabl] *adj*
irrecuperable

irréel, le [iʀeɛl] *adj* irreal

irréfléchi, e [iʀefleʃi] *adj* irreflexivo(-a)

irrégularité [iʀegylaʀite] *nf* irregularidad *f*; **irrégularités** *nfpl* irregularidades *fpl*

irrégulier, -ière [iʀegylje, jɛʀ] *adj* irregular; *(développement, accélération)* irregular, desigual

irrémédiable [iʀemedjabl] *adj* irremediable

irremplaçable [iʀɑ̃plasabl] *adj* irremplazable; *(personne)* irremplazable, insustituible

irréparable [iʀepaʀabl] *adj (aussi fig)* irreparable

irréprochable [iʀepʀɔʃabl] *adj (personne, vie)* irreprochable, intachable; *(tenue, toilette)* intachable

irrésistible [iʀezistibl] *adj* irresistible; *(concluant: logique)* contundente; *(qui fait rire)* graciosísimo(-a)

irrésolu, e [iʀezɔly] *adj* irresoluto(-a)

irrespectueux, -euse [iʀɛspɛktyø, øz] *adj* irrespetuoso(-a)

irresponsable [iʀɛspɔ̃sabl] *adj*, *nm/f* irresponsable *m/f*

irriguer [iʀige] *vt* irrigar

irritable [iʀitabl] *adj* irritable

irriter [iʀite] *vt* irritar

irruption [iʀypsjɔ̃] *nf* irrupción *f*; **faire ~ dans un endroit/chez qn** irrumpir en un lugar/en casa de algn

Islam [islam] *nm*: **l'~** el Islam; **islamique** *adj* islámico(-a)

Islande [islɑ̃d] *nf* Islandia

isolant, e [izɔlɑ̃, ɑ̃t] *adj*, *nm* aislante *m*

isolation [izɔlasjɔ̃] *nf*: **~ acoustique/thermique** aislamiento acústico/térmico

isolé, e [izɔle] *adj* aislado(-a); *(éloigné)* apartado(-a)

isoler [izɔle] *vt* aislar; **s'isoler** *vpr (pour travailler)* aislarse

Israël [isʀaɛl] *nm* Israel *m*; **israélien, ne** *adj* israelí *m/f*; **Israélien, ne** israelí *m/f*; **israélite** *adj (Rel)* israelita ▷ *nm/f*: **Israélite** israelita *m/f*

issu, e [isy] *adj*: **~ de** descendiente de; *(fig)* resultante de; **issue** *nf* salida; *(solution)* salida, solución *f*; **à l'issue de** al concluir; **chemin/rue sans issue** camino/calle *f* sin salida

Italie [itali] *nf* Italia; **italien, ne** *adj* italiano(-a) ▷ *nm (Ling)* italiano ▷ *nm/f*: **Italien, ne** italiano(-a)

italique [italik] *nm*: **(mettre un mot) en ~(s)** (poner una palabra) en cursiva

itinéraire [itineʀɛʀ] *nm* itinerario

IUT *sigle m* (= *Institut universitaire de technologie*) *voir* **institut**

IVG [iveʒe] *sigle f* (= *interruption volontaire de grossesse*) interrupción *f* voluntaria del embarazo

ivoire [ivwaʀ] *nm* marfil *m*

ivre [ivʀ] *adj (saoul)* ebrio(-a), beodo(-a); **~ de colère/de bonheur** ebrio(-a) de ira/de felicidad; **ivrogne** *nm/f* borracho(-a)

j

j' [ʒ] pron voir **je**
jacinthe [ʒasɛ̃t] nf jacinto
jadis [ʒadis] adv antaño
jaillir [ʒajiʀ] vi (liquide) brotar; (fig) surgir
jais [ʒɛ] nm azabache m
jalousie [ʒaluzi] nf celos mpl; (store) celosía
jaloux, -se [ʒalu, uz] adj (envieux) envidioso(-a)
jamais [ʒamɛ] adv nunca, jamás; (sans négation) alguna vez; **ne ... ~** no ... nunca; **si ~ ...** si alguna vez ...; **à (tout) ~, pour ~** para siempre
jambe [ʒɑ̃b] nf (Anat) pierna; (d'un pantalon) pernil m
jambon [ʒɑ̃bɔ̃] nm jamón m
jante [ʒɑ̃t] nf llanta
janvier [ʒɑ̃vje] nm enero; voir aussi **juillet**
Japon [ʒapɔ̃] nm Japón m; **japonais, e** adj japonés(-esa) ▷ nm (Ling) japonés

m ▷ nm/f: **Japonais, e** japonés(-esa)
jardin [ʒaʀdɛ̃] nm jardín m; **jardinage** nm jardinería; **jardiner** vi cuidar el jardín; **jardinier, -ière** nm/f jardinero(-a); **jardinière** nf (de fenêtre) jardinera; **jardinière (de légumes)** (Culin) menestra
jargon [ʒaʀgɔ̃] nm jerga
jarret [ʒaʀɛ] nm (Anat) corva; (Culin) morcillo
jauge [ʒoʒ] nf (instrument) aspilla, varilla graduada
jaune [ʒon] adj amarillo(-a) ▷ nm amarillo; (aussi: **~ d'œuf**) yema ▷ nm/f (péj): **J~** (de race jaune) amarillo(-a); **jaunir** vt amarillear; **jaunisse** nf ictericia
Javel [ʒavɛl] nf voir **eau**
javelot [ʒavlo] nm jabalina
je [ʒə] pron yo
jean [dʒin] nm (Textile) tela vaquera
Jésus-Christ [ʒezykʀi(st)] n Jesucristo
jet¹ [dʒɛt] nm (avion) jet m, avión m a reacción
jet² [ʒɛ] nm (lancer) lanzamiento; (jaillissement, tuyau) chorro; **du premier ~** a la primera; **jet d'eau** chorro de agua
jetable [ʒ(ə)tabl] adj desechable
jetée [ʒ(ə)te] nf (digue) escollera
jeter [ʒ(ə)te] vt (lancer) lanzar, botar (Am); (se défaire de) tirar; (passerelle, pont) construir, tender; (bases, fondations) establecer, sentar; (lumière, son) dar; **~ un coup d'œil (à)** echar un vistazo (a); **~ qch à qn** lanzar algo a algn; **~ un sort à qn** echar una maldición a algn; **se ~ dans** (suj: fleuve) desembocar en; **se ~ à l'eau** (fig) lanzarse a hacer algo
jeton [ʒ(ə)tɔ̃] nm ficha
jette etc [ʒɛt] vb voir **jeter**
jeu, x [ʒø] nm juego; (interprétation)

actuación f, interpretación f; (Mus) interpretación; (Tech) juego, holgura; (défaut de serrage) holgura; **être/ remettre en ~** (Football) estar/poner en juego; **entrer/mettre en ~** (fig) entrar/poner en juego; **se piquer** ou **se prendre au ~** cegarse por el juego; **jeu de cartes** juego de naipes; **jeu de clés/d'aiguilles** (série) juego de llaves/de agujas; **jeu d'échecs** ajedrez m; **jeu de hasard/de mots** juego de azar/de palabras

jeudi [ʒødi] nm jueves m inv; **jeudi saint** jueves santo; voir aussi **lundi**

jeun [ʒœ̃]: **à ~** adv en ayunas

jeune [ʒœn] adj joven; (récent) joven, reciente; **jeune fille** muchacha, chica; **jeune homme** muchacho, chico; **jeunes gens** jóvenes mpl

jeûne [ʒøn] nm ayuno

jeunesse [ʒœnɛs] nf juventud f

joaillier, -ière [ʒɔaje, jɛr] nm/f joyero(-a)

joie [ʒwa] nf (bonheur intense) alegría, gozo; (vif plaisir) alegría

joindre [ʒwɛ̃dr] vt juntar, unir; ~ **qch à** (ajouter) adjuntar algo a; ~ **qn** (réussir à contacter) dar con algn, localizar a algn; ~ **les deux bouts** llegar a final de mes; **se ~ à** (s'unir) unirse a

joint, e [ʒwɛ̃, ɛt] pp de **joindre** ▷ adj junto(-a) ▷ nm (articulation, assemblage) junta, empalme m

joli, e [ʒɔli] adj bonito(-a), lindo(-a); (Am) (fam) **une ~ e somme/situation** una buena suma/un buen puesto; **c'est du ~!** (iron) ¡muy bonito!; **c'est bien ~ mais ...** está muy bien pero ...

jonc [ʒɔ̃] nm (Bot) junco

jonction [ʒɔ̃ksjɔ̃] nf (action) unión f; **(point de) ~** (de routes) empalme m, enlace m

jongleur, -euse [ʒɔ̃glœr, øz] nm/f malabarista m/f

jonquille [ʒɔ̃kij] nf junquillo

Jordanie [ʒɔrdani] nf Jordania

joue [ʒu] nf mejilla

jouer [ʒwe] vt (pièce de théâtre) representar; (film, rôle) interpretar; (simuler) fingir; (morceau de musique) ejecutar, tocar ▷ vi jugar; (Ciné, Théâtre) actuar; (bois, porte) combarse; ~ **au héros** dárselas de héroe; ~ **sur** (miser) jugar con; ~ **de** (instrument) tocar; ~ **à** (jeu, sport) jugar a; ~ **avec** (sa santé etc) jugar con; **se ~ de** (difficultés) pasar por alto; ~ **un tour à qn** jugar una mala pasada a algn; **à toi/ nous de ~** (fig) te toca a ti/nos toca a nosotros

jouet [ʒwe] nm juguete m

joueur, -euse [ʒwœr, øz] nm/f jugador(a); **être beau/mauvais ~** (fig) ser un buen/mal perdedor

jouir [ʒwir]: ~ **de** vt ind (avoir) gozar de; (savourer) disfrutar de

jour [ʒur] nm día m; (clarté) luz f; (ouverture) hueco, vano; **de nos ~s** hoy en día; **sous un ~ favorable/ nouveau** (fig) bajo el aspecto más favorable/nuevo; **de ~** de día; **au ~ le ~** de ~ en ~ día a día; **il fait ~** es de día; **au grand ~** (fig) a todas luces, de forma evidente; **mettre au ~** (découvrir) sacar a la luz; **être/mettre à ~** estar/poner al día; **donner le ~ à** dar a luz a; **se faire ~** salir a la luz; **jour férié** día festivo

journal, -aux [ʒurnal, o] nm periódico; (personnel) diario; **journal télévisé** diario televisado, telediario

journalier, -ière [ʒurnalje, jɛr] adj diario(-a)

journalisme [ʒurnalism] nm periodismo; **journaliste** nm/f periodista m/f

journée [ʒurne] nf día m; (travail

d'une journée) jornada; **la ~ continue** la jornada continua

joyau, x [ʒwajo] *nm* joya

joyeux, -euse [ʒwajø, øz] *adj* feliz, alegre; **~ Noël!** ¡feliz Navidad!; **~ anniversaire!** ¡feliz cumpleaños!

jubiler [ʒybile] *vi* regocijarse

judas [ʒyda] *nm* mirilla

judiciaire [ʒydisjɛr] *adj* judicial

judicieux, -euse [ʒydisjø, jøz] *adj* juicioso(-a), sensato(-a)

judo [ʒydo] *nm* judo

juge [ʒyʒ] *nm* juez *m/f*; **juge d'instruction/de paix** juez de instrucción/de paz

jugé [ʒyʒe] : **au ~** *adv* a bulto

jugement [ʒyʒmã] *nm (Jur)* sentencia; *(gén)* juicio

juger [ʒyʒe] *vt* juzgar; *(Jur)* juzgar, sentenciar; **~ bon de faire ...** juzgar oportuno hacer ...; **~ de qch** juzgar algo

juif, -ive [ʒɥif, ʒɥiv] *adj* judío(-a)
▷ *nm/f* : **J~, Juive** judío(-a)

juillet [ʒɥijɛ] *nm* julio; **le premier ~** el uno de julio; **le deux/onze ~** el dos/once de julio; **début/fin ~** a primeros/finales de julio; **le 14 ~** el 14 de julio *(la fiesta nacional francesa)*

⊙ **14 JUILLET**

◦

◦ En Francia, **le 14 juillet** es una fiesta
◦ nacional en conmemoración del
◦ asalto a la Bastilla durante la
◦ Revolución Francesa, celebrada
◦ con desfiles, música, baile y fuegos
◦ artificiales. En París tiene lugar un
◦ desfile militar por los
◦ Champs-Élysées en presencia del
◦ Presidente.

juin [ʒɥɛ̃] *nm* junio; *voir aussi* **juillet**

jumeau, -elle, x [ʒymo, ɛl] *adj, nm/f* gemelo(-a)

jumeler [ʒym(ə)le] *vt (Tech)* acoplar;

(villes) hermanar

jumelle [ʒymɛl] *vb voir* **jumeler**
▷ *adj, nf voir* **jumeau**; **jumelles** *nfpl* *(instrument)* gemelos *mpl*

jument [ʒymã] *nf* yegua

jungle [ʒœ̃gl] *nf* jungla, selva

jupe [ʒyp] *nf* falda, pollera *(Am)*

jupon [ʒypɔ̃] *nm* enaguas *fpl*

juré [ʒyre] *nm* jurado

jurer [ʒyre] *vt* jurar ▷ *vi* jurar; **~ (avec)** *(couleurs etc)* chocar (con), desentonar (con); **~ de faire/que** jurar hacer/que; **~ de qch** jurar algo, responder de algo

juridique [ʒyridik] *adj* jurídico(-a)

juron [ʒyrɔ̃] *nm* juramento

jury [ʒyri] *nm (Jur)* jurado

jus [ʒy] *nm* jugo, zumo *(Esp)*; *(de viande)* jugo; **jus de fruits** jugo *ou* zumo *(Esp)* de frutas

jusque [ʒysk] : **jusqu'à** *prép* hasta; **jusqu'au matin/soir** hasta la mañana/la tarde; **jusqu'à ce que** hasta que; **jusqu'à présent** *ou* **maintenant** hasta ahora; **~ sur/ dans** hasta arriba de/en; *(y compris)* hasta, incluso

justaucorps [ʒystokor] *nm* malla

juste [ʒyst] *adj* justo(-a); *(légitime)* justo(-a), legítimo(-a); *(étroit)* ajustado(-a); *(insuffisant)* escaso(-a) ▷ *adv (avec exactitude, précision)* con precisión; *(étroitement)* apretado(-a); *(chanter)* afinado; **~ assez/au-dessus** bastante/hasta por encima de; **au ~** exactamente; **le ~ milieu** el término medio; **à ~ titre** con razón; **justement** *adv* justamente; **c'est justement ce qu'il fallait faire** es precisamente lo que había que hacer; **justesse** *nf (exactitude, précision)* precisión f, exactitud f; *(d'une remarque)* propiedad f; *(d'une opinion)* rectitud f; **de justesse** por poco

justice [ʒystis] *nf* justicia

justificatif, -ive [ʒystifikatif, iv]
adj justificativo(-a)
justifier [ʒystifje] *vt* justificar; **~ de**
probar; **justifié à droite/gauche**
justificado a la derecha/izquierda
juteux, -euse [ʒytø, øz] *adj*
jugoso(-a); (*fam*) jugoso(-a),
sustancioso(-a)
juvénile [ʒyvenil] *adj* juvenil

K [kɑ] *abr* (= *kilooctet*) K
kaki [kaki] *adj inv* caqui
kangourou [kɑ̃guʀu] *nm* canguro
karaté [kaʀate] *nm* kárate *m*
kascher [kaʃɛʀ] *adj inv* de acuerdo con
las normas dietéticas de la ley hebraica
kayak [kajak] *nm* kayak *m*
képi [kepi] *nm* quepis *m*
kermesse [kɛʀmɛs] *nf* romería
kidnapper [kidnape] *vt* secuestrar
kilo [kilo] *nm* kilo
kilo...: kilogramme *nm* kilogramo;
kilométrage *nm* kilometraje *m*;
kilomètre *nm* kilómetro;
kilométrique *adj* kilométrico(-a)
kinésithérapeute [kineziteʀapøt]
nm/f kinesiólogo(-a)
kiosque [kjɔsk] *nm* (*de jardín, à
journaux*) kiosco ou quiosco
kir [kiʀ] *nm* kir *m* (*vino blanco con licor
de grosella negra*)
kiwi [kiwi] *nm* kiwi *m*

klaxon [klaksɔn] *nm* bocina, claxon *m*; **klaxonner** *vi* tocar la bocina *ou* el claxon

km *abr* (= *kilomètre(s)*) km. (= kilómetro(s))

km/h *abr* (= *kilomètres/heure*) km/h.

K.-O. [kao] *adj inv* K.O.

kyste [kist] *nm* quiste *m*

l' [l] *dét voir* **le**

la [la] *nm* (*Mus*) la *m inv* ▷ *dét, pron voir* **le**

là [la] *adv* (*plus loin*) ahí, allí; (*ici*) aquí; (*dans le temps*) entonces; **elle n'est pas ~** no está; **c'est ~ que** ahí *ou* allí es donde; (*ici*) aquí es donde; **~ où** allí donde; **par ~** (*fig*) con eso; **tout est ~** todo está ahí; **là-bas** *adv* allí

laboratoire [labɔRatwaR] *nm* laboratorio

laborieux, -ieuse [labɔRjø, jøz] *adj* laborioso(-a)

labourer [labuRe] *vt* labrar

labyrinthe [labiRɛ̃t] *nm* laberinto

lac [lak] *nm* lago

lacet [lasɛ] *nm* (*de chaussure*) cordón *m*

lâche [lɑʃ] *adj* (*poltron*) cobarde; (*desserré, pas tendu*) flojo(-a) ▷ *nm/f* cobarde *m/f*

lâcher [lɑʃe] *vt* soltar;

(Sport: distancer) despegarse de ▷ vi soltar; **~ les chiens** (contre) soltar los perros

lacrymogène [lakʀimɔʒɛn] adj lacrimógeno(-a)

lacune [lakyn] nf laguna

là-dedans [ladədɑ̃] adv ahí dentro

là-dessous [ladsu] adv ahí debajo; (fig) detrás de eso

là-dessus [ladsy] adv ahí encima; (fig) luego; (à ce sujet) al respecto

lagune [lagyn] nf laguna

là-haut [lao] adv allí arriba

laid, e [lɛ, lɛd] adj feo(-a); **laideur** nf fealdad f

lainage [lenaʒ] nm (vêtement) jersey m ou chaqueta de lana

laine [lɛn] nf lana; **pure ~** pura lana

laïque [laik] adj, nm/f laico(-a)

laisse [lɛs] nf (de chien) correa; **tenir en ~** tener atado(-a); (fig) manejar a su antojo

laisser [lese] vt dejar; **~ qch quelque part** dejar algo en algún sitio; **se ~ aller** abandonarse; **laisse-toi faire** déjate hacer; **rien ne laisse penser que ...** nada permite pensar que ...; **laisser-aller** nm inv (péj) desaliño; **laissez-passer** nm inv salvoconducto

lait [lɛ] nm leche f; **frère/sœur de ~** hermano/hermana de leche; **lait concentré/condensé** leche concentrada/condensada; **lait de beauté** leche de belleza; **laitage** nm producto lácteo; **laiterie** nf lechería; **laitier, -ière** adj (produit, industrie) lácteo(-a); **vache laitière** vaca lechera

laiton [lɛtɔ̃] nm latón m

laitue [lety] nf lechuga

lambeau, x [lɑ̃bo] nm jirón m; **en ~x** hecho(-a) jirones

lame [lam] nf (de couteau etc) hoja; (de parquet etc) lámina; (vague) ola; **lame de fond** mar m de fondo; **lame de rasoir** cuchilla de afeitar; **lamelle**

nf laminilla

lamentable [lamɑ̃tabl] adj lamentable

lamenter [lamɑ̃te] vb: **se ~ (sur)** quejarse (de)

lampadaire [lɑ̃padɛʀ] nm lámpara de pie

lampe [lɑ̃p] nf lámpara; **lampe de chevet/halogène** lámpara de mesa/halógena; **lampe à pétrole** lámpara de petróleo, quinqué m; **lampe à souder** soplete m; **lampe de poche** linterna

lance [lɑ̃s] nf lanza; **lance d'incendie/d'arrosage** manguera de incendios/de riego

lancée [lɑ̃se] nf: **être/continuer sur sa ~** aprovechar el impulso inicial

lancement [lɑ̃smɑ̃] nm lanzamiento

lance-pierres [lɑ̃spjɛʀ] nm inv tirachinas m inv

lancer [lɑ̃se] nm lanzamiento ▷ vt lanzar; (emprunt) emitir; **~ qch à qn** lanzar algo a algn; (de façon agressive) arrojar algo a algn; **~ un appel** lanzar un llamamiento; **se lancer** vpr lanzarse; **se ~ sur** ou **contre** lanzarse sobre ou contra; **se ~ dans** lanzarse en; **lancer du poids** lanzamiento de peso

landau [lɑ̃do] nm coche m ou carro de niño

lande [lɑ̃d] nf landa

langage [lɑ̃gaʒ] nm lenguaje m

langouste [lɑ̃gust] nf langosta; **langoustine** nf cigala

langue [lɑ̃g] nf lengua; **~ de terre** franja de tierra; **tirer la ~ (à)** sacar la lengua (a); **de ~ française** de lengua francesa; **langue maternelle** lengua materna; **langue vivante** lengua viva

langueur [lɑ̃gœʀ] nf languidez f

languir [lɑ̃giʀ] vi languidecer; **faire ~ qn** hacer esperar a algn

lanière [lanjɛʀ] nf tralla

lanterne [lɑ̃tɛrn] *nf* linterna; *(de voiture)* luz *f* de población; **lanterne rouge** *(fig)* farolillo rojo

laper [lape] *vt* beber a lengüetadas

lapidaire [lapidɛr] *adj* lapidario(-a)

lapin [lapɛ̃] *nm* conejo

Laponie [laponi] *nf* Laponia

laps [laps] *nm*: **~ de temps** lapso

laque [lak] *nm ou f* laca

laquelle [lakɛl] *pron voir* **lequel**

larcin [larsɛ̃] *nm* ratería

lard [lar] *nm* tocino

lardon [lardɔ̃] *nm*: *(Culin)* torrezno

large [larʒ] *adj* ancho(-a); **~ d'esprit** de mentalidad abierta ▷ *adv*: **calculer ~** calcular por lo alto; **voir ~** ver con amplitud ▷ *nm*: **5 m de ~** 5m de ancho; **le ~** alta mar; **au ~ de** a la altura de; **largement** *adv* ampliamente; *(au minimum)* al menos; *(sans compter)* generosamente; **largesse** *nf* esplendidez *f*, largueza; **largesses** *nfpl (dons)* regalos *mpl* espléndidos; **largeur** *nf* anchura; *(impression visuelle, fig)* amplitud *f*

larguer [large] *vt (fam)* pasar de; **~ les amarres** soltar amarras

larme [larm] *nf* lágrima; **une ~ de** *(fig)* una gota de; **en ~s** llorando; **larmoyer** *vi (yeux)* lagrimear

larvé, e [larve] *adj* larvado(-a)

laryngite [larɛ̃ʒit] *nf* laringitis *f inv*

las, lasse [lɑ, lɑs] *adj* fatigado(-a)

laser [lazɛr] *nm*: **(rayon) ~** (rayo) láser *m*; **disque ~** disco láser

lasse [lɑs] *adj f voir* **las**

lasser [lɑse] *vt (ennuyer)* cansar; **se lasser de** *vpr* cansarse de

latéral, e, -aux [lateral, o] *adj* lateral

latin, e [latɛ̃, in] *adj* latino(-a)

latitude [latityd] *nf* latitud *f*

lauréat, e [lɔrea, at] *nm/f* galardonado(-a)

laurier [lɔrje] *nm* laurel *m*

lavable [lavabl] *adj* lavable

lavabo [lavabo] *nm* lavabo

lavage [lavaʒ] *nm* lavado; **lavage de cerveau** lavado de cerebro

lavande [lavɑ̃d] *nf* lavanda

lave [lav] *nf* lava

lave-linge [lavlɛ̃ʒ] *nm inv* lavadora

laver [lave] *vt* lavar; **se laver** *vpr* lavarse; **se ~ les dents/les mains** lavarse los dientes/las manos; **s'en ~ les mains** *(fig)* lavarse las manos con respecto a algo; **laverie** *nf*: **laverie (automatique)** lavandería; **lavette** *nf* estropajo; *(fig: péj)* calzonazos *m inv*; **laveur, -euse** *nm/f (de carreaux)* lavacristales *m inv*; *(de voitures)* lavacoches *m/f inv*; **lave-vaisselle** *nm inv* lavaplatos *m inv*; **lavoir** *nm* lavadero

laxatif, -ive [laksatif, iv] *adj, nm* laxante *m*

layette [lɛjɛt] *nf* canastilla

MOT-CLÉ

le, l', la [lə, l, la] *(pl* **les)** *art déf*
1 *(masculin)* el; *(féminin)* la; *(pluriel)* los/las; **la pomme/l'arbre** la manzana/el árbol; **les étudiants/femmes** los estudiantes/las mujeres
2 *(indiquant la possession)*: **avoir les yeux gris** tener los ojos grises
3 *(temps)*: **travailler le matin/le soir** trabajar por la mañana/la tarde; **le jeudi** *(d'habitude)* los jueves; *(ce jeudi-là)* el jueves; **le lundi je vais toujours au cinéma** los lunes voy siempre al cine
4 *(distribution, évaluation)* el/la; **10 euros le mètre/la douzaine** 10 euros el metro/la docena; **le tiers/quart de** el tercio/cuarto de
▷ *pron* **1** *(masculin)* lo; *(féminin)* la; *(pluriel)* los/las; **je le/la/les vois** lo/la/los/las veo
2 *(remplaçant une phrase)*: **je ne le savais pas** no lo sabía; **il était riche**

et ne l'est plus era rico y ya no lo es

lécher [leʃe] vt lamer; **~ les vitrines** mirar los escaparates; **lèche-vitrines** nm inv: **faire du lèche-vitrines** mirar escaparates

leçon [l(ə)sɔ̃] nf clase f; (fig) lección f; **faire la ~** dar la lección; **leçons de conduite** clases de conducir

lecteur, -trice [lɛktœr, tris] nm/f lector(a) ⊳ nm (Tech): **~ de cassettes** cassette m; **~ de CD/DVD/MP3** lector m ou reproductor m de CD/DVD/MP3; (Inform): **~ de disquette(s) ou de disque** lector m de disquete(s) ou de disco

lecture [lɛktyr] nf lectura

légal, e, -aux [legal, o] adj legal; **légaliser** vt legalizar; **légalité** nf legalidad f

légendaire [leʒɑ̃dɛr] adj legendario(-a)

légende [leʒɑ̃d] nf leyenda; (d'une photo) pie m

léger, -ère [leʒe, ɛr] adj ligero(-a); (erreur, retard) leve; (peu sérieux, personne) superficial; (volage) frívolo(-a); **à la légère** a la ligera; **légèrement** adv ligeramente, suavemente; **légèreté** nf ligereza; (d'une personne) superficialidad f

⊛ **LÉGION D'HONNEUR**

⊛
⊛ Creada por Napoleón en 1802 para
⊛ premiar los servicios prestados al
⊛ estado, la **Légion d'honneur** es
⊛ una prestigiosa orden encabezada
⊛ por el Presidente de la República, el
⊛ "Grand Maître". Sus miembros
⊛ reciben una paga anual libre de
⊛ impuestos.

législatif, -ive [leʒislatif, iv] adj legislativo(-a); **législatives** nfpl elecciones fpl legislativas

légitime [leʒitim] adj legítimo(-a); **en (état de) ~ défense** (Jur) en (estado de) legítima defensa

legs [leg] nm (Jur, fig) legado

léguer [lege] vt: **~ qch à qn** legar algo a algn

légume [legym] nm verdura

lendemain [lɑ̃dmɛ̃] nm: **le ~** el día siguiente; **le ~ matin/soir** el día siguiente por la mañana/por la noche; **le ~ de** el día después de; **sans ~** sin futuro, sin porvenir

lent, e [lɑ̃, lɑ̃t] adj lento(-a); **lentement** adv lentamente; **lenteur** nf lentitud f

lentille [lɑ̃tij] nf (Optique) lente f; **lentilles de contact** lentillas fpl

léopard [leɔpar] nm leopardo

lèpre [lɛpr] nf lepra

lequel, laquelle [ləkɛl, lakɛl] (pl **lesquels, f lesquelles**) (à + lequel = **auquel**, de + lequel = **duquel** etc) pron (interrogatif) cuál; (relatif: personne) el/la cual, que; (: après préposition) el/la cual; **laquelle des chambres est la sienne?** ¿cuál de las habitaciones es la suya?; **un homme sur la compétence duquel on ne peut compter** un hombre con cuya competencia no se puede contar ⊳ adj: **il prit un livre, ~ livre ...** cogió un libro, el cual ...

les [le] dét voir **le**

lesbienne [lɛsbjɛn] nf lesbiana

lesdits, lesdites [ledi, ledit] dét voir **ledit**

léser [leze] vt perjudicar

lésiner [lezine] vi: **~ (sur)** escatimar (en)

lésion [lezjɔ̃] nf lesión f

lesquels, lesquelles [lekɛl] pron voir **lequel**

lessive [lesiv] nf detergente m; (linge) colada; (opération) lavado; **lessiver** vt lavar

lest [lɛst] nm lastre m

leste [lɛst] *adj* ágil, ligero(-a); *(osé)* atrevido(-a)

lettre [lɛtʀ] *nf* carta; *(Typo)* letra; **lettres** *nfpl (Art, Scol)* letras *fpl*; **à la ~** *(fig)* al pie de la letra; **en toutes ~s** por extenso, sin abreviar; **lettre morte**: **rester ~** quedarse en papel mojado; **lettre ouverte** *(Pol, of journal)* carta abierta

leucémie [løsemi] *nf* leucemia

leur [lœʀ] *adj possessif* su ▷ *pron (objet indirect)* les; *(: après un autre prénom à la troisième personne)* se; **~ maison** su casa; **~s amis** sus amigos; **à ~ avis** en su opinión; **à ~ approche** al acercarse ellos; **à ~ vue** al verles; **je ~ ai dit la vérité** les dije la verdad; **je le ~ ai donné** se lo di; **le/la ~, les ~s** *(possessif)* el/la suyo(-a), los/las suyos(-as)

leurs [lœʀ] *adj voir* **leur**

levain [ləvɛ̃] *nm* levadura

levé, e [ləve] *adj*: **être ~** estar levantado(-a); **au pied ~** de forma improvisada; **levée** *nf (Postes)* recogida; *(Cartes)* baza; **levée de boucliers** *(fig)* levantamiento de protestas

lever [l(ə)ve] *vt* levantar; *(vitre)* subir; *(impôts)* recaudar; *(armée)* reclutar; **se lever** *vpr* levantarse; *(soleil)* salir ▷ *vi (Culin)* levantarse; *(semis, graine)* brotar ▷ *nm*: **au ~** al amanecer; **lever de soleil/du jour** amanecer *m*; **lever du rideau** subida del telón

levier [ləvje] *nm* palanca

lèvre [lɛvʀ] *nf* labio; **du bout des ~s** *(manger)* con desgana

lévrier [levʀije] *nm* galgo

levure [l(ə)vyʀ] *nf* levadura

lexique [lɛksik] *nm* glosario

lézard [lezaʀ] *nm* lagarto

lézarde [lezaʀd] *nf* grieta

liaison [ljɛzɔ̃] *nf (rapport)* relación *f*; *(Rail, Aviat, Phonétique)* enlace *m*; *(relation amoureuse)* relaciones *fpl*; *(hum)* lío; **entrer/être en ~ avec** entrar/estar en comunicación con

liane [ljan] *nf* liana

liasse [ljas] *nf* fajo

Liban [libɑ̃] *nm* Líbano; **libanais, e** *adj* libanés(-esa) ▷ *nm/f*: **Libanais, e** libanés(-esa)

libeller [libele] *vt*: **~ (au nom de)** extender (a la orden de)

libellule [libelyl] *nf* libélula

libéral, e, -aux [libeʀal, o] *adj, nm/f* liberal *m/f*; **les professions ~es** las profesiones liberales

libérer [libeʀe] *vt* liberar; *(de prison)* poner en libertad; **se libérer** *vpr (de rendez-vous)* escaparse

liberté [libɛʀte] *nf* libertad *f*; **mettre/être en ~** poner/estar en libertad; **en ~ provisoire/surveillée/conditionnelle** en libertad provisional/vigilada/condicional; **liberté d'association/de la presse/syndicale** libertad de asociación/de prensa/sindical; **libertés individuelles** libertades individuales

libraire [libʀɛʀ] *nm/f* librero(-a)

librairie [libʀɛʀi] *nf* librería

libre [libʀ] *adj* libre; *(propos, manières)* atrevido(-a); *(ligne téléphonique)* desocupado(-a); *(Scol)* privado(-a); **~ de qch/de faire** libre de algo/de hacer; **en vente ~** de venta libre; **libre arbitre** libre albedrío; **libre-échange** *nm* librecambio; **libre-service** *(pl* **libres-services)** *nm* autoservicio

Libye [libi] *nf* Libia

licence [lisɑ̃s] *nf* licencia; *(diplôme)* ≈ licenciatura

licencié, e [lisɑ̃sje] *nm/f*: **~ ès lettres/en droit** ≈ licenciado en letras/derecho(-a); *(Sport)* poseedor(a) de licencia

licenciement [lisɑ̃simɑ̃] *nm* despido

licencier [lisɑ̃sje] *vt* despedir

licite [lisit] *adj* lícito(-a)

lie [li] *nf* heces *fpl*

lié, e [lje] *adj*: **être très ~ avec qn** (*fig*) tener mucha confianza con algn; **être ~ par** (*serment, promesse*) estar comprometido(-a) por

liège [ljɛʒ] *nm* corcho

lien [ljɛ̃] *nm* ligadura; (*rapport affectif, culturel*) vínculo; **lien de parenté** lazo de parentesco

lier [lje] *vt* (*attacher*) atar; (*joindre*) unir, ligar; (*fig*) unir; (*moralement*) vincular; (*sauce*) espesar; **se ~ (avec qn)** relacionarse (con algn); **~ qch à** (*attacher*) atar algo a; **~ amitié (avec)** trabar amistad (con); **~ conversation (avec)** entablar conversación (con); **~ connaissance (avec)** entablar relación (con), trabar conocimiento (con)

lierre [ljɛʀ] *nm* hiedra

lieu, x [ljø] *nm* (*position*) lugar *m*, sitio; (*endroit*) lugar; **lieux** *nmpl* (*habitation, salle*): **vider** ou **quitter les ~x** desalojar el lugar; (*d'un accident, manifestation*): **arriver/être sur les ~x** llegar al/estar en el lugar; **en ~ sûr** en lugar seguro; **en haut ~** en altas esferas; **en premier/dernier ~** en primer/último lugar; **avoir ~** tener lugar, suceder; **donner ~ à** dar lugar a; **au ~ de** en lugar de, en vez de; **lieu commun** lugar común; **lieu public** lugar público; **lieu-dit** (*pl* **lieux-dits**) *nm* aldea

lieutenant [ljøt(ə)nɑ̃] *nm* teniente *m*

lièvre [ljɛvʀ] *nm* liebre *f*

ligament [ligamɑ̃] *nm* ligamento

ligne [liɲ] *nf* línea; **entrer en ~ de compte** entrar en cuenta; **ligne de conduite** línea de conducta

lignée [liɲe] *nf* linaje *m*

ligoter [ligɔte] *vt* (*bras, personne*) amarrar

ligue [lig] *nf* (*association*) liga, asociación *f*

lilas [lila] *nm* lila

limace [limas] *nf* babosa

limande [limɑ̃d] *nf* gallo

lime [lim] *nf* lima; **lime à ongles** lima de uñas; **limer** *vt* limar

limitation [limitasjɔ̃] *nf* limitación *f*; **limitation de vitesse** limitación de velocidad

limite [limit] *nf* límite *m*; **à la ~** (*au pire*) como mucho; **vitesse/ charge ~** velocidad *f*/carga límite; **cas ~** caso límite; **date ~ de vente/ consommation** fecha límite de venta/consumo; **limiter** *vt* (*délimiter*) delimitar; **limitrophe** *adj* limítrofe

limoger [limɔʒe] *vt* destituir

limon [limɔ̃] *nm* limo

limonade [limɔnad] *nf* gaseosa

lin [lɛ̃] *nm* lino

linceul [lɛ̃sœl] *nm* mortaja

linge [lɛ̃ʒ] *nm* (*serviettes etc*) ropa blanca; (*pièce de tissu*) lienzo; (*aussi*: **~ de corps**) ropa interior; (*lessive*) colada; **lingerie** *nf* lencería

lingot [lɛ̃go] *nm* lingote *m*

linguistique [lɛ̃gɥistik] *adj* lingüístico(-a) ▷ *nf* lingüística

lion, ne [ljɔ̃, ɔn] *nm/f* león/leona; **lionceau, x** *nm* cachorro de león

liqueur [likœʀ] *nf* licor *m*

liquidation [likidasjɔ̃] *nf* liquidación *f*

liquide [likid] *adj* líquido(-a) ▷ *nm* líquido; **en ~** (*Comm*) en líquido; **liquider** *vt* liquidar

lire [liʀ] *nf* (*monnaie italienne*) lira ▷ *vt, vi* leer

lis [lis] *vb voir* **lire** ▷ *nm* = **lys**

lisible [lizibl] *adj* legible

lisière [lizjɛʀ] *nf* (*d'une forêt*) lindero, linde *m* ou *f*

lisons [lizɔ̃] *vb voir* **lire**

lisse [lis] *adj* liso(-a)

liste [list] *nf* lista; **faire la ~ de** hacer la lista de; **liste de mariage** lista de boda; **liste électorale/noire** lista electoral/negra; **listing** *nm* (*Inform*) listado

lit [li] *nm* cama; (*de rivière*) lecho; **faire son ~** hacerse la cama; **aller/se mettre au ~** ir a/meterse en la cama; **lit d'enfant** cuna; **lit de camp** cama de campaña; **lit simple/double** cama sencilla/de matrimonio

literie [litʀi] *nf* ropa de cama

litige [litiʒ] *nm* litigio

litre [litʀ] *nm* litro

littéraire [liteʀɛʀ] *adj* literario(-a)

littéral, e, -aux [liteʀal, o] *adj* literal

littérature [liteʀatyʀ] *nf* literatura

littoral, e, -aux [litɔʀal, o] *adj*, *nm* litoral m

livide [livid] *adj* lívido(-a)

livraison [livʀɛzɔ̃] *nf* entrega, reparto

livre [livʀ] *nm* libro ▷ *nf* (*poids, monnaie*) libra; **livre d'or** libro de oro; **livre de bord** diario de navegación; **livre de poche** libro de bolsillo

livré, e [livʀe] *adj*: **~ à** (*soumis à*) sometido(-a) a; **~ à soi-même** abandonado a sí mismo

livrer [livʀe] *vt* (*marchandises, otage, complice*) entregar; (*plusieurs colis etc*) repartir; (*secret, information*) revelar; **se livrer à** *vpr* entregarse a

livret [livʀɛ] *nm* (*petit livre*) librito; (*d'opéra*) libreto; **livret de caisse d'épargne** libreta de ahorros; **livret de famille** libro de familia; **livret scolaire** libro escolar

livreur, -euse [livʀœʀ, øz] *nm/f* repartidor(a)

local, e, -aux [lɔkal, o] *adj* local ▷ *nm* local m; **locaux** *nmpl* (*d'une compagnie*) locales mpl; **localité** *nf* localidad f

locataire [lɔkatɛʀ] *nm/f* inquilino-(a).

location [lɔkasjɔ̃] *nf* alquiler m; (*par le propriétaire*) arriendo, alquiler; **"~ de**

voitures" "alquiler de coches"

locomotive [lɔkɔmɔtiv] *nf* locomotora

locution [lɔkysjɔ̃] *nf* (*Ling*) locución f

loge [lɔʒ] *nf* (*d'artiste*) camerino; (*de spectateurs*) palco; (*de concierge*) portería, conserjería; (*de franc-maçon*) logia

logement [lɔʒmɑ̃] *nm* alojamiento; (*maison, appartement*) vivienda; **chercher un ~** buscar una vivienda; **logement de fonction** alojamiento de servicio

loger [lɔʒe] *vt* alojar ▷ *vi* vivir; **se loger** *vpr*: **trouver à se ~** encontrar dónde alojarse ou vivir; **logeur, -euse** *nm/f* casero(-a).

logiciel [lɔʒisjɛl] *nm* (*Inform*) software m

logique [lɔʒik] *adj* lógico(-a) ▷ *nf* lógica

logo [lɔgo] *nm* (*Comm*) logotipo

loi [lwa] *nf* ley f; **faire la ~** dictar la ley

loin [lwɛ̃] *adv* lejos; **au ~** a lo lejos; **de ~** de lejos; (*de beaucoup*) con mucho; **il revient de ~** (*fig*) ha vuelto a nacer; **~ de là** ni mucho menos

lointain, e [lwɛ̃tɛ̃, ɛn] *adj* lejano(-a)

loir [lwaʀ] *nm* lirón m

loisir [lwaziʀ] *nm*: **heures de ~** horas fpl de ocio; **loisirs** *nmpl* tiempo libre msg; (*activités*) diversiones fpl

londonien, ne [lɔ̃dɔnjɛ̃, jɛn] *adj* londinense ▷ *nm/f*: **L~, ne** londinense m/f

Londres [lɔ̃dʀ] *n* Londres

long, longue [lɔ̃, lɔ̃g] *adj* largo(-a) ▷ *adv*: **en dire/savoir** decir/saber mucho ▷ *nm*: **de 5 mètres de ~** de 5 metros de largo; **au ~ cours** (*Naut*) de altura; **de longue date** de antiguo; **longue durée** larga duración; **(tout) le ~ de** (*rue, bord*) a lo largo de; **tout au ~ de** (*année, vie*) a lo largo de; **de ~ en large** de un lado a otro

longer [lɔ̃ʒe] *vt* bordear, costear

longiligne [lɔ̃ʒiliɲ] *adj* longilíneo(-a)

longitude [lɔ̃ʒityd] *nf* longitud *f*

longtemps [lɔ̃tɑ̃] *adv* mucho tiempo; **avant ~** dentro de poco; **pour/pendant ~** para/durante mucho tiempo; **mettre ~ à faire qch** costarle mucho tiempo a algo *ou* algo hacer algo; **elle/il en a pour ~ (à le faire)** le va a llevar un buen rato (hacerlo); **il y a ~ que je n'ai pas travaillé** llevo mucho tiempo sin trabajar

longue [lɔ̃g] *adj f voir* **long** ▷ *nf*: **à la ~ a** la larga; **longuement** *adv* mucho tiempo, largamente

longueur [lɔ̃gœʀ] *nf* longitud *f*; **en ~** a lo largo; **tirer en ~** alargarse demasiado; **à ~ de journée** durante todo el día

loquet [lɔkɛ] *nm* picaporte *m*

lorgner [lɔʀɲe] *vt* mirar de reojo

lors [lɔʀ]: **~ de** *prép* durante

lorsque [lɔʀskə] *conj* cuando

losange [lɔzɑ̃ʒ] *nm* rombo *m*

lot [lo] *nm* lote *m*; (*de loterie*) premio; **lot de consolation** premio de consolación

loterie [lɔtʀi] *nf* (*tombola*) lotería, rifa

lotion [losjɔ̃] *nf* loción *f*

lotissement [lɔtismɑ̃] *nm* (*de maisons, d'immeubles*) urbanización *f*

loto [lɔto] *nm* lotería; (*jeu de hasard*) loto

◆ LOTO
• La **Loto** es un sorteo nacional de
◦ lotería que distribuye grandes
◦ sumas de dinero. Los apostantes
◦ escogen 7 números de entre 49.
◦ Cuantos más números acertados,
◦ mayor es el premio. El sorteo se
◦ televisa dos veces a la semana.

lotte [lɔt] *nf* (*de mer*) rape *m*

louanges [lwɑ̃ʒ] *nfpl* (*compliments*) elogios *mpl*, alabanzas *fpl*

loubard [lubaʀ] *nm* macarra *m*

louche [luʃ] *adj* sospechoso(-a) ▷ *nf* cucharón *m*; **loucher** *vi* bizquear

louer [lwe] *vt* alquilar; (*réserver*) reservar; **"à ~"** "se alquila"

loup [lu] *nm* lobo; (*poisson*) róbalo, lubina

loupe [lup] *nf* (*Optique*) lupa; **~ de noyer** (*Menuiserie*) nudo de nogal; **à la ~** (*fig*) con lupa

louper [lupe] (*fam*) *vt* (*train etc*) perder; (*examen*) catear

lourd, e [luʀ, luʀd] *adj* pesado(-a); (*chaleur, temps*) bochornoso(-a); (*responsabilité*) importante; **~ de** (*conséquences, menaces*) lleno(-a) de; **lourdaud, e** (*péj*) *adj* torpe, tosco(-a); **lourdement** *adv*: **marcher/tomber lourdement** andar con paso pesado/caer como un plomo; **se tromper lourdement** equivocarse burdamente

loutre [lutʀ] *nf* nutria

louveteau, x [luv(ə)to] *nm* (*Zool*) lobezno; (*scout*) joven scout *m*

louvoyer [luvwaje] *vi* (*Naut*) bordear; (*fig*) andar con rodeos

loyal, e, -aux [lwajal, o] *adj* leal; (*fair-play*) legal; **loyauté** *nf* lealtad *f*

loyer [lwaje] *nm* alquiler *m*

lu [ly] *pp de* **lire**

lubie [lybi] *nf* capricho, antojo

lubrifiant [lybʀifjɑ̃] *nm* lubricante *m*

lubrifier [lybʀifje] *vt* lubrificar

lubrique [lybʀik] *adj* lúbrico(-a)

lucarne [lykaʀn] *nf* tragaluz *m*

lucide [lysid] *adj* lúcido(-a)

lucratif, -ive [lykʀatif, iv] *adj* lucrativo(-a); **à but non ~** sin ánimo de lucro

lueur [lɥœʀ] *nf* resplandor *m*; (*fig: de désir, colère*) señal *f*; (*d'espoir*) rayo, chispa

luge [lyʒ] *nf* trineo (*pequeño*)

lugubre [lygybʀ] *adj* lúgubre; (*lumière, temps*) lóbrego(-a)

lui [lɥi] *pron* (*objet indirect*) le; (: *après un autre pronom à la troisième personne*) se; (*sujet, objet direct: aussi forme emphatique*) él; **je ~ ai donné de l'argent** le di dinero; **je le ~ donne** se lo doy; **elle est riche, ~ est pauvre** ella es rica, él es pobre; **~, il est à Paris** él está en París; **c'est ~ qui l'a fait** lo hizo él; **à ~** (*possessif*) suyo(-a), suyos(-as), de él; **cette voiture est à ~** ese coche es suyo; **je la connais mieux que ~** lo conozco mejor que él; **~-même** él mismo; **il a agi de ~-même** obró por sí mismo

luire [lɥiʀ] *vi* brillar, relucir

lumière [lymjɛʀ] *nf* luz f; (*personne*) lumbrera; **lumières** *nfpl* (*d'une personne*) luces *fpl*; **mettre qch en ~** (*fig*) poner algo en claro, sacar algo a la luz; **lumière du jour/du soleil** luz del día/del sol

luminaire [lyminɛʀ] *nm* luminaria

lumineux, -euse [lyminø, øz] *adj* luminoso(-a)

lunatique [lynatik] *adj* lunático(-a)

lundi [lœdi] *nm* lunes *m inv*; **on est ~** estamos a lunes; **le(s) ~(s)** (*chaque lundi*) el (los) lunes; **"à ~"** "hasta el lunes"; **lundi de Pâques** lunes de Pascua

lune [lyn] *nf* luna; **être dans la ~** estar en la luna; **lune de miel** luna de miel

lunette [lynɛt] *nf*: **~s** *nfpl* gafas *fpl*, anteojos *mpl* (*Am*); **lunette arrière** (*Auto*) ventanilla trasera; **lunettes noires/de soleil** gafas negras/de sol

lustre [lystʀ] *nm* araña; (*éclat*) brillo; **lustrer** *vt* lustrar

luth [lyt] *nm* laúd *m*

lutin [lytɛ̃] *nm* duende *m*

lutte [lyt] *nf* lucha; **lutter** *vi* luchar

luxe [lyks] *nm* lujo; **de ~** de lujo

Luxembourg [lyksɑ̃buʀ] *nm* Luxemburgo

luxer [lykse] *vt*: **se ~ l'épaule/le genou** luxarse el hombro/la rodilla

luxueux, -euse [lyksɥø, øz] *adj* lujoso(-a)

lycée [lise] *nm* instituto, liceo (*Am*); **lycéen, ne** *nm/f* alumno(-a) de instituto

lyophilisé, e [ljɔfilize] *adj* liofilizado(-a)

lyrique [liʀik] *adj* lírico(-a)

lys [lis] *nm* (*Bot*) lirio; (*emblème*) lis *m*

M *abr* (= Monsieur) Sr. (= Señor)

m' [m] *pron voir* **me**

ma [ma] *dét voir* **mon**

macaron [makaʀɔ̃] *nm* mostachón *m*

macaroni [makaʀɔni] *nm* macarrones *mpl*

macédoine [masedwan] *nf*: **~ de fruits** macedonia de frutas

macérer [maseʀe] *vi, vt* macerar

mâcher [mɑʃe] *vt* masticar; **ne pas ~ ses mots** no tener pelos en la lengua

machin [maʃɛ̃] *(fam) nm* chisme *m*

machinal, e, -aux [maʃinal, o] *adj* maquinal; **machinalement** *adv* mecánicamente

machination [maʃinasjɔ̃] *nf* maquinación *f*

machine [maʃin] *nf* máquina; **machine à coudre/à écrire/à tricoter** máquina de coser/de escribir/de tricotar; **machine à laver** lavadora; **machine à sous** máquina

tragaperras *inv*

mâchoire [mɑʃwaʀ] *nf* mandíbula

mâchonner [mɑʃɔne] *vt* mordisquear

maçon [masɔ̃] *nm* albañil *m*; **maçonnerie** *nf* albañilería; *(murs)* muros *mpl*

Madame [madam] *(pl* **Mesdames)** *nf*: **~ X** la señora X; **occupez-vous de ~/de Monsieur/de Mademoiselle** atienda a la señora/al señor/a la señorita; **bonjour ~/Monsieur/ Mademoiselle** *(ton déférent)* buenos días señora/señor/señorita; **~/ monsieur** *(pour appeler)* ¡(oiga) señora/señor!; **~/Monsieur/ Mademoiselle** *(sur lettre)* Señora/ Señor/Señorita; **chère ~/cher Monsieur/chère Mademoiselle** estimado/-a(-a) Señora/Señor/Señorita; **Mesdames** Señoras

madeleine [madlɛn] *nf (gâteau)* magdalena

Mademoiselle [madmwazɛl] *(pl* **Mesdemoiselles)** *nf* Señorita; *voir aussi* **Madame**

madère [madɛʀ] *nm* madeira *m*

magasin [magazɛ̃] *nm* tienda; *(entrepôt)* almacén *m*

magazine [magazin] *nm* revista; *(radiodiffusé, télévisé)* magazine *m*

Maghreb [magʀɛb] *nm* Magreb *m*

magicien, ne [maʒisjɛ̃, jɛn] *nm/f* mago(-a)

magie [maʒi] *nf* magia; **magique** *adj* mágico(-a)

magistral, -aux [maʒistʀal, o] *adj* magistral; **cours ~** *(ex cathedra)* clase *f* teórica

magistrat [maʒistʀa] *nm* magistrado

magnétique [maɲetik] *adj* magnético(-a)

magnétophone [maɲetɔfɔn] *nm* magnetófono; **magnétophone (à cassettes)** cassette *m*

magnétoscope [maɲetɔskɔp] *nm*
magnetoscopio

magnifique [maɲifik] *adj*
magnífico(-a)

magret [magʀɛ] *nm*: **~ de canard**
filete *m* de pechuga de pato

mai [mɛ] *nm* mayo; *voir aussi* **juillet**

○ **MAI**
○
○ **Le premier mai** es una fiesta oficial
○ en Francia que marca las
○ movilizaciones sindicales de 1886
○ en Estados Unidos para conseguir
○ la jornada laboral de ocho horas. Es
○ costumbre intercambiar y llevar
○ puestas ramitas de lirio de los
○ valles. **Le 8 mai** es una fiesta oficial
○ en Francia para conmemorar la
○ rendición del ejército alemán ante
○ Eisenhower el 7 de mayo de 1945. En
○ la mayoría de las poblaciones se
○ hacen desfiles de veteranos de
○ guerra. La agitación social que tuvo
○ lugar en mayo y junio de 1968, con
○ manifestaciones estudiantiles,
○ huelgas y disturbios, se conoce
○ genéricamente como "les
○ événements de **mai 68**". El
○ gobierno de De Gaulle resistió,
○ aunque se vio abocado a realizar
○ reformas educativas y a avanzar
○ hacia la descentralización.

maigre [mɛgʀ] *adj* (*après nom:
personne, animal*) delgado(-a),
flaco(-a); (: *viande, fromage*) magro(-a);
(*fig: avant nom: repas, salaire, profit*)
escaso(-a); **maigreur** *nf* delgadez *f*,
flaqueza; **maigrir** *vi* adelgazar

mail [mɛl] *nm* e-mail *m*, correo

maille [maj] *nf* (*boucle*) eslabón *m*;
(*ouverture: dans un filet etc*) punto;
avoir ~ à partir avec qn tener un
dimes y diretes con algn; **maille
à l'endroit/à l'envers** punto del
derecho/del revés

maillet [majɛ] *nm* (*outil*) mazo

maillon [majɔ̃] *nm* (*d'une chaîne*)
eslabón *m*

maillot [majo] *nm* malla; (*de sportif*)
camiseta; **maillot (de corps)**
camiseta; **maillot de bain** traje *m* de
baño, bañador *m*

main [mɛ̃] *nf* mano *f*; **à la ~** a mano;
se donner la ~ darse la mano;
donner *ou* **tendre la ~ à qn** dar *ou*
tender la mano a algn; **serrer la ~ à
qn** estrechar la mano a algn; **sous
la ~** a mano; **haut les ~s** arriba las
manos; **attaque à ~ armée** ataque
m a mano armada; **à remettre en ~s
propres** a entregar en mano; **mettre
la dernière ~ à qch** dar el último
toque a algo; **mettre la ~ à la pâte**
poner manos a la obra; **forcer la ~
à qn** obligar a algn; **s'en laver les
~s** (*fig*) lavarse las manos; **se faire
la ~** entrenarse; **perdre la ~** estar
desentrenado(-a); **en un tour de ~**
(*fig*) en un periquete; **main courante**
pasamanos *m inv*; **main-d'œuvre**
(*pl* **mains-d'œuvre**) *nf* mano *f* de
obra; **mainmise** *nf* (*fig*): **avoir la
mainmise sur** tener control sobre;
mains-libres *adj inv*: **kit mains-libres**
(kit *m*) manos libros *m*

maint, e [mɛ̃, mɛ̃t] *adj* varios(-as); **à
~es reprises** en repetidas ocasiones

maintenant [mɛ̃t(ə)nɑ̃] *adv* ahora;
(*ceci dit*) ahora bien

maintenir [mɛ̃t(ə)niʀ] *vt* mantener;
se maintenir *vpr* mantenerse

maintien [mɛ̃tjɛ̃] *nm*
mantenimiento; (*attitude, allure,
contenance*) compostura

maire [mɛʀ] *nm* alcalde *m*,
intendente *m* (CSur), regente *m* (Mex);
mairie *nf* ayuntamiento

mais [mɛ] *conj* pero; **~ non!** ¡que
no!; **~ enfin!** ¡pero bueno!; **~ encore**
sino que

maïs [mais] nm maíz m

maison [mɛzɔ̃] nf casa ▷ adj inv (Culin) casero(-a); **maison de repos** casa de reposo; **maison de santé** centro de salud; **maison des jeunes** casa de la juventud

○ **MAISONS DES JEUNES ET DE LA**
○ **CULTURE**
○
○ **Maisons des jeunes et de la**
○ **culture** son centros juveniles que
○ organizan una amplia gama de
○ actividades deportivas y culturales
○ y, asimismo, realizan trabajo
○ social. Están parcialmente
○ financiados por el estado.

maître, maîtresse [mɛtʀ, mɛtʀɛs] nm/f (chef) jefe(-a); (Scol) maestro(-a) ▷ nm (peintre etc) maestro; (Jur) **M~** título que se da en Francia a abogados, procuradores y notarios ▷ adj maestro(-a); **être ~ de** dominar; une **~se femme** toda una mujer; **maître chanteur** chantajista m; **maître d'hôtel** (d'hôtel) jefe de comedor, maître m; **maître nageur** monitor(a) de natación; **maîtresse** nf (amante) amante f; (Scol) maestra; **maîtresse de maison** (hôtesse) señora ou dueña de la casa

maîtrise [mɛtʀiz] nf (aussi: **~ de soi**) dominio de sí mismo; (habileté, virtuosité) maestría; (suprématie) dominio; (diplôme) ≈ licenciatura; **maîtriser** vt dominar; **se maîtriser** vpr dominarse

majestueux, -euse [maʒɛstɥø, øz] adj majestuoso(-a)

majeur, e [maʒœʀ] adj mayor; (Jur: personne) mayor de edad; (préoccupation) principal ▷ nm/f (Jur) mayor m/f de edad ▷ nm (doigt) corazón m; **en ~e partie** en su mayor parte

majorer [maʒɔʀe] vt recargar

majoritaire [maʒɔʀitɛʀ] adj mayoritario(-a)

majorité [maʒɔʀite] nf mayoría; (Jur) mayoría de edad; **en ~** en su mayoría; **avoir la ~** tener la mayoría

majuscule [maʒyskyl] adj, nf: **(lettre) ~** (letra) mayúscula

mal, maux [mal, mo] nm (tort, épreuve, malheur) desgracia; (douleur physique) dolor m; (maladie) mal m; (difficulté) dificultad f ▷ adv mal ▷ adj m: **c'est ~ (de)** está mal (hacer); **être ~** (mal installé) estar incómodo(-a); **se sentir/se trouver ~** sentirse/encontrarse mal; **il a ~ compris** ha entendido mal; **~ tourner** ir mal; **dire du ~ de qn** hablar mal de algn; **penser du ~ de qn** pensar mal de algn; **ne voir aucun ~ à** no ver ningún mal en; **faire du ~ à qn** hacer daño a algn; **se donner du ~ pour faire qch** tomarse trabajo para hacer algo; **se faire ~** hacerse daño; **ça fait ~** duele; **j'ai ~ (ici)** me duele (aquí); **j'ai ~ au dos** me duele la espalda; **avoir ~ à la tête/aux dents** tener dolor de cabeza/de muelas; **avoir ~ au cœur** tener náuseas; **j'ai du ~ à faire...** me cuesta hacer...; **avoir le ~ du pays** tener morriña; **mal en point** adj inv bastante mal

malade [malad] adj enfermo(-a); (poitrine, jambe) malo(-a) ▷ nm/f enfermo(-a); **tomber ~** caer enfermo(-a); **être ~ du cœur** estar enfermo(-a) del corazón; **~ mental** enfermo mental; **maladie** nf enfermedad f; **maladif, -ive** adj enfermizo(-a)

maladresse [maladʀɛs] nf torpeza

maladroit, e [maladʀwa, wat] adj torpe

malaise [malɛz] nm malestar m

malaria [malaʀja] nf malaria

malaxer [malakse] vt amasar

malchance [malʃɑ̃s] nf mala suerte; **par ~** por desgracia; **malchanceux, -euse** adj desafortunado(-a)

mâle [mal] nm macho ▷ adj macho; (enfant) varón; (fam) varonil, viril; **prise f ~** (Élec) clavija

malédiction [malediksjɔ̃] nf maldición f

mal... : **malentendant, e** nm/f: **les malentendants** las personas con defectos de audición; **malentendu** nm malentendido; **malfaçon** nf defecto; **malfaisant, e** (bête) dañino(-a); (être) malo(-a); (idées, influence) nocivo(-a); **malfaiteur** nm malhechor m; (voleur) ladrón m; **malfamé, e** adj de mala fama

malgache [malgaʃ] adj malgache ▷ nm (Ling) malgache m ▷ nm/f: **M~** malgache m/f

malgré [malgre] prép (contre le gré de) contra la voluntad de; (en dépit de) a pesar de; **~ tout** a pesar de todo

malheur [malœʀ] nm desgracia; **faire un ~** (fam) explotar; **malheureusement** adv desgraciadamente; **malheureux, -euse** adj (triste: personne) infeliz, desdichado(-a); (existence, accident) desgraciado(-a), desdichado(-a); (malchanceux: candidat) derrotado(-a); (insignifiant) miserable ▷ nm desgraciado(-a); **la malheureuse femme/victime** la desdichada mujer/víctima; **les malheureux** los desamparados

malhonnête [malɔnɛt] adj deshonesto(-a); **malhonnêteté** nf falta de honradez

malice [malis] nf malicia; **malicieux, -ieuse** adj malicioso(-a)

malin, -igne [malɛ̃, malin] adj (f gén **maline**) astuto(-a); (Méd) maligno(-a)

malingre [malɛ̃gʀ] adj enteco(-a)

malle [mal] nf baúl m; **mallette** nf

maletín m

malmener [malməne] vt maltratar; (fig: adversaire) dejar maltrecho(-a)

malodorant, e [malɔdɔʀɑ̃, ɑ̃t] adj maloliente

malpoli, e [malpɔli] nm/f maleducado(-a)

malsain, e [malsɛ̃, ɛn] adj malsano(-a); (esprit, curiosité) morboso(-a)

malt [malt] nm malta

Malte [malt] nf Malta

maltraiter [maltʀete] vt maltratar

malveillance [malvejɑ̃s] nf mala intención f; (Jur) malevolencia

malversation [malvɛʀsasjɔ̃] nf malversación f

maman [mamɑ̃] nf mamá

mamelle [mamɛl] nf teta

mamelon [mam(ə)lɔ̃] nm pezón m

mamie [mami] (fam) nf abuelita, nana

mammifère [mamifɛʀ] nm mamífero m

mammouth [mamut] nm mamut m

manche [mɑ̃ʃ] nf manga; (d'un jeu, tournoi) partida; (Géo): **la M~** Canal m de la Mancha; **faire la ~** tocar en la calle ▷ nm mango; **manche à balai** nm palo de escoba

manchette [mɑ̃ʃɛt] nf (de chemise) puño; (coup) golpe dado con el antebrazo; (Presse) cabecera, titular m

manchot, e [mɑ̃ʃo, ɔt] adj manco(-a) ▷ nm (Zool) pingüino

mandarine [mɑ̃daʀin] nf mandarina

mandat [mɑ̃da] nm (postal) giro; (d'un député, président) mandato; (Police) orden f; **mandat d'arrêt** orden de arresto; **mandataire** nm/f mandatario(-a)

manège [manɛʒ] nm (école d'équitation) picadero; (à la foire) tiovivo; (fig: manœuvre) maniobra

manette [manɛt] nf palanca

mangeable [mãʒabl] *adj* comible

mangeoire [mãʒwaʀ] *nf* pesebre *m*

manger [mãʒe] *vt* comer; (*ronger: suj: rouille etc*) carcomer ▷ *vi* comer

mangue [mãg] *nf* mango

maniable [manjabl] *adj* manejable

maniaque [manjak] *adj* maniático(-a) ▷ *nm/f* (*obsédé, fou*) maníaco(-a)

manie [mani] *nf* manía

manier [manje] *vt* manejar

maniéré, e [manjeʀe] *adj* amanerado(-a)

manière [manjɛʀ] *nf* manera; **manières** *nfpl* (*attitude*) modales *mpl*; (*chichis*) melindres *mpl*; **de ~ à** con objeto de; **de telle ~ que** de tal manera que; **de cette ~** de esta manera; **d'une ~ générale** en general; **de toute ~** de todas maneras; **d'une certaine ~** en cierto sentido

manifestant, e [manifestã, ãt] *nm/f* manifestante *m/f*

manifestation [manifestasjɔ̃] *nf* manifestación *f*; (*fête, réunion etc*) acto *m*

manifeste [manifest] *adj* manifiesto(-a) ▷ *nm* manifiesto; **manifester** *vt* manifestar ▷ *vi* (*Pol*) manifestarse; **se manifester** *vpr* manifestarse; (*témoin*) presentarse

manigancer [manigãse] *vt* tramar

manipulation [manipylasjɔ̃] *nf* manipulación *f*; **manipulation génétique** manipulación genética

manipuler [manipyle] *vt* manipular

manivelle [manivɛl] *nf* manivela

mannequin [mankɛ̃] *nm* (*Couture*) maniquí *m*; (*Mode*) modelo

manœuvre [manœvʀ] *nf* maniobra ▷ *nm* obrero; **fausse ~** maniobra falsa; **manœuvrer** *vt* maniobrar; (*levier, personne*) manejar ▷ *vi* maniobrar

manoir [manwaʀ] *nm* casa solariega

manque [mãk] *nm* falta; **manques**

nmpl (*lacunes*) lagunas *fpl*

manqué, e [mãke] *adj* fracasado(-a), fallido(-a)

manquer [mãke] *vi* faltar; (*échouer*) fallar, fracasar ▷ *vt* (*coup, objectif*) fallar; (*cours, réunion*) faltar a ▷ *vb impers*: **il (nous) manque encore 100 euros** nos faltan todavía 100 euros; **il manque des pages** faltan páginas; **~ à qn**: **il/cela me manque** le/lo echo de menos; **~ à** (*ses responsabilités etc*) faltar a; **~ de** carecer de; **~ (de) faire**: **il a manqué (de) se tuer** por poco se mata

mansarde [mãsaʀd] *nf* buhardilla; **mansardé, e** *adj* abuhardillado(-a)

manteau, x [mãto] *nm* abrigo

manucure [manykyʀ] *nf* manicura

manuel, le [manɥɛl] *adj* manual ▷ *nm* (*livre*) manual *m*

manufacture [manyfaktyʀ] *nf* manufactura; **manufacturé, e** *adj* manufacturado(-a)

manuscrit, e [manyskʀi, it] *adj* manuscrito(-a) ▷ *nm* manuscrito

manutention [manytãsjɔ̃] *nf* manipulación *f*

mappemonde [mapmɔ̃d] *nf* mapamundi *m*

maquereau, x [makʀo] *nm* (*Zool*) caballa; (*fam: proxénète*) chulo

maquette [makɛt] *nf* maqueta

maquillage [makijaʒ] *nm* maquillaje *m*

maquiller [makije] *vt* maquillar; **se maquiller** *vpr* maquillarse

maquis [maki] *nm* (*Géo*) monte *m* bajo; (*Mil*) maquis *m inv*

maraîcher, -ère [maʀeʃe, ɛʀ] *adj*: **cultures maraîchères** *mpl* de huerta ▷ *nm/f* hortelano(-a)

marais [maʀe] *nm* pantano

marasme [maʀasm] *nm* marasmo

marathon [maʀatɔ̃] *nm* maratón *m*

marbre [maʀbʀ] *nm* mármol *m*

marc [maʀ] *nm* (*de raisin, pommes*)

m

orujo

marchand, e [maʁʃɑ̃, ɑ̃d] *nm/f*
comerciante *m/f*; *(au marché)*
vendedor(a) ▷ *adj*: **valeur ~e**
valor *m* comercial; **marchand de
fruits** frutero(-a); **marchand de
journaux** vendedor de periódicos;
marchand de légumes verdulero(-a);
marchand de poisson pescadero(-a);
marchander *vt, vi* regatear;
marchandise *nf* mercancía

marche [maʁʃ] *nf* marcha; *(d'escalier)*
escalón *m*; **ouvrir/fermer la ~** abrir/
cerrar la marcha; **dans le sens de la
~** (Rail) en el sentido de la marcha;
monter/prendre en ~ subir/coger
en marcha; **mettre en ~** poner en
marcha; **se mettre en ~** ponerse en
marcha; **marche à suivre** pasos *mpl*
a seguir; *(sur notice)* método; **marche
arrière** (Auto) marcha atrás; **faire
marche arrière** (Auto) dar marcha
atrás

marché [maʁʃe] *nm* mercado;
(accord, affaire) trato; **par dessus le ~**
por añadidura; **marché aux puces**
rastro, mercadillo; **marché noir**
mercado negro

marcher [maʁʃe] *vi* andar; *(se
promener)* caminar; *(fonctionner)*
funcionar; **d'accord, je marche**
(fam) bueno, me parece bien; **~ sur**
(mettre le pied sur) pisar; **~ dans** *(herbe
etc)* caminar por; **faire ~ qn** *(pour rire)*
tomar el pelo a algn; **marcheur, -euse**
nm/f andarín(-ina)

mardi [maʁdi] *nm* martes *m inv*;
Mardi gras martes de Carnaval; *voir
aussi* **lundi**

mare [maʁ] *nf* charco

marécage [maʁekaʒ] *nm* ciénaga;
marécageux, -euse *adj* cenagoso(-a)

maréchal, -aux [maʁeʃal, o] *nm*
mariscal *m*

marée [maʁe] *nf* marea; **marée
basse/haute** marea baja/alta;

marée montante/descendante
flujo/reflujo; **marée noire** marea
negra

marelle [maʁɛl] *nf* rayuela

margarine [maʁgaʁin] *nf*
margarina

marge [maʁʒ] *nf* margen *m*; **en ~ (de)**
al margen (de); **marge bénéficiaire**
(Comm) margen de beneficios

marginal, e, -aux [maʁʒinal, o]
adj marginal

marguerite [maʁgəʁit] *nf*
margarita

mari [maʁi] *nm* marido

mariage [maʁjaʒ] *nm* matrimonio;
(noce) boda; *(fig: de mots, couleurs)*
combinación *f*; **mariage blanc**
matrimonio no consumado;
mariage civil/religieux matrimonio
civil/religioso

marié, e [maʁje] *adj* casado(-a)
▷ *nm/f* novio(-a); **les ~s** los novios

marier [maʁje] *vt* casar; *(fig: couleur)*
combinar; **se ~ (avec)** casarse (con)

marin, e [maʁɛ̃, in] *adj* marino(-a)
▷ *nm* marino; *(matelot)* marinero;
marine *nf* marina; **marine
marchande/de guerre** marina
mercante/de guerra

mariner [maʁine] *vt, vi* escabechar

marionnette [maʁjɔnɛt] *nf*
marioneta

maritalement [maʁitalmɑ̃] *adv*
maritalmente

maritime [maʁitim] *adj*
marítimo(-a)

mark [maʁk] *nm* marco

marmelade [maʁməlad] *nf*
mermelada

marmite [maʁmit] *nf (récipient)*
marmita

marmonner [maʁmɔne] *vt*
mascullar

marmotter [maʁmɔte] *vt* mascullar

Maroc [maʁɔk] *nm* Marruecos *msg*

marocain, e [maʁɔkɛ̃, ɛn] *adj*

marroquí ▷ *nm/f:* **M~, e** marroquí *m/f*
maroquinerie [maʀɔkinʀi] *nf*
marroquinería

marquant, e [maʀkɑ̃, ɑ̃t] *adj*
destacado(-a); (*personnalité*) especial

marque [maʀk] *nf* marca; **de
marque adj** (Comm: *produit*) de
marca; (*fig*) destacado(-a); **marque
déposée** marca registrada

marquer [maʀke] *vt* marcar;
(*inscrire*) anotar; (*suj: chose: laisser
une trace sur*) dejar una marca en;
(*fig: impressionner*) impresionar;
(*assentiment, refus*) manifestar ▷ *vi*
(*Sport*) marcar; **~ le pas** (*fig*) marcar
el paso

marqueterie [maʀkɛtʀi] *nf*
marquetería

marquis, e [maʀki, iz] *nm/f*
marqués(-esa)

marraine [maʀɛn] *nf* madrina

marrant, e [maʀɑ̃, ɑ̃t] (*fam*) *adj*
divertido(-a); **ce n'est pas ~** no
tiene gracia

marre [maʀ] (*fam*) *adv:* **en avoir ~ de**
estar harto(-a) de

marrer [maʀe]: **se ~** (*fam*) *vpr*
desternillarse de risa

marron, ne [maʀɔ̃, ɔn] *nm* castaña
▷ *adj inv* (*couleur*) marrón *inv;*
marronnier *nm* castaño

mars [maʀs] *nm* marzo; *voir aussi*
juillet

Marseille [maʀsɛj] *n* Marsella

○ conociéndose como la Marsellesa.

marsouin [maʀswɛ̃] *nm* marsopa

marteau [maʀto] *nm* martillo;
marteau-piqueur (*pl* **marteaux-
piqueurs**) *nm* martillo neumático

marteler [maʀtəle] *vt* martillear

martien, ne [maʀsjɛ̃, jɛn] *adj*
marciano(-a)

martyr, e [maʀtiʀ] *nm/f* mártir *m/f;*
martyre *nm* martirio; **martyriser**
vt martirizar

marxiste [maʀksist] *adj, nm/f*
marxista *m/f*

mascara [maskaʀa] *nm* rímel *m*

masculin, e [maskylɛ̃, in] *adj*
masculino(-a) ▷ *nm* masculino

masochiste [mazoʃist] *adj, nm/f*
masoquista *m/f*

masque [mask] *nm* máscara;
masque de plongée gafas *fpl* de
bucear; **masquer** *vt* ocultar

massacre [masakʀ] *nm* matanza;
massacrer *vt* matar, exterminar

massage [masaʒ] *nm* masaje *m*

masse [mas] *nf* masa; (*maillet*) maza;
la ~ (*péj: peuple*) la masa; **les ~s
laborieuses** las masas trabajadoras;
en ~ juntos(-as); (*plus nombreux*)
en masa

masser [mase] *vt* (*personne,
jambe*) dar masaje a; **se masser**
vpr (*se regrouper*) concentrarse;
masseur, -euse [masœʀ] *nm/f* masajista *m/f*

massif, -ive [masif, iv] *adj* (*porte,
silhouette, or*) macizo(-a); (*dose,
déportations*) masivo(-a) ▷ *nm* macizo

massue [masy] *nf* maza

mastic [mastik] *nm* masilla

mastiquer [mastike] *vt* masticar

mat, e [mat] *adj* mate *inv;* (*son
sordo*(-a); **être ~** (*échecs*) ser mate

mât [mɑ] *nm* (*Naut*) mástil *m;* (*poteau*)
poste *m*

match [matʃ] *nm* partido; **match
aller/retour** partido de ida/de

vuelta; **faire match nul** empatar
matelas [matˈla] nm colchón m; **matelas pneumatique** colchón de aire
matelot [matˈlo] nm marinero
mater [mate] vt (personne) someter; (révolte) dominar
matérialiser [materjalize]: **se ~** vpr materializarse
matérialiste [materjalist] adj, nm/f materialista m/f
matériau [materjo] nm material m
matériel, le [materjɛl] adj material ▷ nm material m; (de camping) equipo; (de pêche) aparejos mpl; (Inform) soporte m físico
maternel, le [matɛrnɛl] adj (amour) maternal; (par filiation: grand-père etc) materno(-a); **maternelle** nf (aussi: **école maternelle**) escuela de párvulos
maternité [matɛrnite] nf maternidad f
mathématiques [matematik] nfpl matemáticas fpl
maths [mat] (fam) nfpl matemáticas fpl, mates fpl (fam)
matière [matjɛr] nf (Phys) materia; (Comm, Tech) material m; (d'un livre etc) tema m; (Scol) asignatura; **en ~ de** en materia de; (en ce qui concerne) en cuanto a; **matière grise** materia gris; **matières grasses** grasas fpl; **matières premières** materias primas

○ **HÔTEL MATIGNON**
●
● **L'hôtel Matignon** es el despacho y
● residencia del primer ministro
● francés en París. Por extensión, el
● término "Matignon" se emplea
● frecuentemente para designar al
● primer ministro o a su equipo.

matin [matɛ̃] nm mañana; **le ~** por la mañana; **dimanche ~** el domingo

por la mañana; **le lendemain ~** a la mañana siguiente; **hier/demain ~** ayer/mañana por la mañana; **du ~ au soir** de la mañana a la noche; **une heure du ~** la una de la mañana; **à demain ~!** ¡hasta mañana por la mañana!; **de grand** ou **bon ~** de madrugada
matinal, e, -aux [matinal, o] adj (toilette, gymnastique) matutino(-a), matinal; (de bonne heure) tempranero(-a); **être ~** (personne) ser madrugador(a); **matinée** nf mañana; (spectacle) función f de tarde, vermú m (Am)
matou [matu] (fam) nm gato
matraque [matrak] nf (de malfaiteur) cachiporra; (de policier) porra
matricule [matrikyl] nf matrícula ▷ nm (Mil) número de registro
matrimonial, e, -aux [matrimɔnjal, jo] adj matrimonial
maudit, e [modi] adj maldito(-a)
maugréer [mogree] vi refunfuñar
maussade [mosad] adj (personne) malhumorado(-a); (ciel, temps) desapacible
mauvais, e [mɔvɛ, ɛz] adj malo(-a); (placé avant le nom) mal; (rire) perverso(-a) ▷ adv: **il fait ~** hace malo; **sentir ~** oler mal; **la mer est ~e** el mar está agitado; **mauvais joueur** mal jugador m; **mauvais pas** mal paso; **mauvaise herbe** mala hierba; **mauvaise langue** lengua viperina; **mauvaise tête** terco(-a)
mauve [mov] nm malva ▷ adj malva inv
maux [mo] nmpl voir **mal**
maximum [maksimɔm] adj máximo(-a) ▷ nm máximo; **au maximum** adv (le plus possible) al máximo; (tout au plus) como máximo
mayonnaise [majɔnɛz] nf mayonesa

mazout [mazut] *nm* fuel-oil *m*
me [mə] *pron* me; **il m'a donné un livre** me ha dado un libro
mec [mɛk] *(fam) nm* tío
mécanicien, ne [mekanisjɛ̃, jɛn] *nm/f* mecánico/-a
mécanique [mekanik] *adj* mecánico(-a) ▷ *nf* mecánica; **s'y connaître en** ~ saber de mecánica; **ennui** ~ problema *m* mecánico
mécanisme [mekanism] *nm* mecanismo
méchamment [meʃamɑ̃] *adv* cruelmente
méchanceté [meʃɑ̃ste] *nf* maldad *f*, malicia
méchant, e [meʃɑ̃, ɑ̃t] *adj* (personne) malvado(-a); (sourire) malicioso(-a); (animal) malo(-a); (avant le nom: affaire, humeur) mal; (: intensif) malísimo(-a)
mèche [mɛʃ] *nf* mecha; (de cheveux: coupés) mechón *m*; (de la ~ irse de la lengua; **être de** ~ **avec qn** estar conchabado(-a) con algn
méchoui [meʃwi] *nm* cordero asado
méconnaissable [mekɔnɛsabl] *adj* irreconocible
méconnaître [mekɔnɛtʀ] *vt* (ignorer) desconocer; (méjuger) infravalorar
mécontent, e [mekɔ̃tɑ̃, ɑ̃t] *adj*: ~ **(de)** descontento(-a) (con); **mécontentement** *nm* descontento
médaille [medaj] *nf* medalla
médaillon [medajɔ̃] *nm* medallón *m*
médecin [med(ə)sɛ̃] *nm* médico(-a); **médecin généraliste/légiste/ traitant** médico general/forense/ de cabecera
médecine [med(ə)sin] *nf* medicina; **médecine légale/préventive** medicina legal/preventiva
médiatique [medjatik] *adj* mediático
médical, e, -aux [medikal, o] *adj* médico(-a)
médicament [medikamɑ̃] *nm* medicamento
médiéval, e, -aux [medjeval, o] *adj* medieval
médiocre [medjɔkʀ] *adj* mediocre
méditer [medite] *vt* meditar; (préparer) planear
Méditerranée [mediteʀane] *nf*: **la (mer)** ~ el (mar) Mediterráneo; **méditerranéen, ne** *adj* mediterráneo(-a) ▷ *nm/f*: **Méditerranéen, ne** mediterráneo(-a)
méduse [medyz] *nf* medusa
méfait [mefɛ] *nm* (faute) fechoría; **méfaits** *nmpl* (ravages) daños *mpl*
méfiance [mefjɑ̃s] *nf* desconfianza, recelo
méfiant, e [mefjɑ̃, jɑ̃t] *adj* desconfiado(-a), receloso(-a)
méfier [mefje]: **se** ~ *vpr* desconfiar; **se** ~ **de** desconfiar de; (faire attention) tener cuidado con
mégarde [megaʀd] *nf*: **par** ~ por descuido; (par erreur) por equivocación
mégère [meʒɛʀ] *(péj) nf* arpía, bruja
mégot [mego] *nm* colilla
meilleur, e [mɛjœʀ] *adj* mejor; (superlatif): **le** ~ **(de)** (personne) el mejor (de); (chose) lo mejor (de) ▷ *nm*: **le** ~ (personne) el mejor; (chose) lo mejor ▷ *nf*: **la** ~**e** la mejor; **le** ~ **des deux** el mejor de los dos; **c'est la** ~**e!** ¡es el colmo!; **meilleur marché** más barato
mél [mɛl] *nm* email *m*, correo electrónico
mélancolie [melɑ̃kɔli] *nf* melancolía; **mélancolique** *adj* melancólico(-a)
mélange [melɑ̃ʒ] *nm* mezcla; **mélanger** *vt* mezclar; **vous mélangez tout!** ¡usted lo mezcla todo!
mêlée [mele] *nf* (bataille) pelea, contienda; (Rugby) melé *f*

mêler [mele] vt mezclar; **se mêler**
vpr mezclarse; **se ~ à** mezclarse con;
se ~ de entrometerse en; **~ qn à une**
affaire implicar a algn en un asunto

mélodie [melɔdi] nf melodía;
mélodieux, -euse adj melodioso(-a)

melon [m(ə)lɔ̃] nm melón m

membre [mɑ̃bʀ] nm miembro ▷ adj
miembro inv

mémé [meme] (fam) nf abuelita

 MOT-CLÉ

même [mɛm] adj 1 (avant le nom)
mismo(-a); **en même temps** al
mismo tiempo; **ils ont les mêmes**
goûts tienen los mismos gustos; **la**
même chose lo mismo
2 (après le nom: renforcement): **il est la**
loyauté même es la lealtad misma;
ce sont ses paroles mêmes son sus
mismas palabras
▷ pron: **le(la) même** el/la mismo(-a)
▷ adv 1 (renforcement): **il n'a même**
pas pleuré ni siquiera lloró; **même**
lui l'a dit incluso él lo dijo; **ici même**
aquí mismo
2: **à même: à même la bouteille** de
la botella misma; **à même la peau**
junto a la piel; **être à même de faire**
estar en condiciones de hacer
3: **de même: faire de même** hacer lo
mismo; **lui de même** también él; **de**
même que lo mismo que; **de**
lui-même por sí mismo; **il en va de**
même pour lo mismo va para
4: **même si** conj aunque (+subjonctif)

mémoire [memwaʀ] nf memoria;
à la ~ de en memoria de, en
recuerdo de ▷ nm (Admin, Jur, Scol)
memoria; **mémoires** nmpl (souvenirs)
memorias fpl; **pour ~** adv a título de
información; **de ~** adv de memoria;
mettre en ~ (Inform) guardar en
memoria; **mémoire morte/vive**

memoria ROM/RAM

mémorable [memɔʀabl] adj
memorable

menace [mənas] nf amenaza;
menacer vt amenazar

ménage [menaʒ] nm quehaceres
mpl domésticos, limpieza; (couple)
matrimonio; **faire le ~** hacer
la limpieza; **ménagement** nm
deferencia

ménager¹ [menaʒe] vt (personne)
tratar con deferencia; (monture)
no fatigar; (ouverture) instalar; **se**
ménager vpr cuidarse

ménager², -ère [menaʒe, ɛʀ] adj
doméstico(-a); **ménagère** nf ama
de casa

mendiant, e [mɑ̃djɑ̃, jɑ̃t] nm/f
mendigo(-a), pordiosero(-a)

mendier [mɑ̃dje] vt, vi mendigar

mener [m(ə)ne] vt dirigir; (enquête,
vie, affaire) llevar ▷ vi (Sport) estar a la
cabeza, ir en cabeza; (emmener) llevar a en/a casa de; **~ qch**
à bonne fin/à terme/à bien llevar
algo a buen fin (a buen término,
término; **~ à rien/à tout** llevar ou
conducir a nada/a todas partes

meneur, -euse [mənœʀ, øz]
nm/f dirigente m/f; (péj: agitateur)
cabecilla m/f

méningite [menɛ̃ʒit] nf meningitis f

ménopause [menopoz] nf
menopausia

menottes [mənɔt] nfpl esposas fpl

mensonge [mɑ̃sɔ̃ʒ] nm mentira;
mensonger, -ère adj falso(-a)

mensualité [mɑ̃syalite] nf
mensualidad f

mensuel, le [mɑ̃syɛl] adj mensual

mensurations [mɑ̃syʀasjɔ̃] nfpl
medidas fpl

mental, e, -aux [mɑ̃tal, o] adj
mental; **mentalité** nf mentalidad f

menteur, -euse [mɑ̃tœʀ, øz] nm/f
mentiroso(-a), embustero(-a)

menthe [mãt] nf menta
mention [mãsjõ] nf mención f; (Scol, Univ): **~ passable/assez bien/bien/ très bien** aprobado/bien/notable/ sobresaliente; **"rayer la ~ inutile"** (Admin) "tache lo que no proceda"; **mentionner** vt mencionar
mentir [mãtir] vi mentir
menton [mãtõ] nm (Anat) mentón m, barbilla
menu, e [məny] adj menudo(-a); (voix) débil; (frais) módico(-a) ▷ adv: **couper/hacher ~** cortar/picar en trocitos ▷ nm menú m
menuiserie [mənyizri] nf carpintería; **menuisier** nm carpintero
méprendre [meprãdr]: **se ~** vpr equivocarse, confundirse; **se ~ sur** confundirse en, equivocarse en
mépris [mepri] pp de **méprendre** ▷ nm desprecio, menosprecio; **au ~ de** a despecho de; **méprisable** adj despreciable; **méprisant, e** adj despreciativo(-a); **méprise** nf equivocación f; **mépriser** vt despreciar, menospreciar
mer [mer] nf mar m, en; **en ~** en el mar; **prendre la ~** hacerse a la mar; **en haute/pleine ~** en alta mar
mercenaire [mersəner] nm mercenario
mercerie [mersəri] nf mercería
merci [mersi] excl gracias ▷ nf merced f; **à la ~ de qn/qch** a merced de algn/algo; **~ de/pour** gracias por
mercredi [merkrədi] nm miércoles m inv; **~ des cendres** miércoles de Ceniza; voir aussi **lundi**
mercure [merkyr] nm mercurio
merde [merd] (fam!) nf mierda (fam!) ▷ excl ¡mierda! (fam!); (surprise, impatience) ¡joder! (fam!), ¡coño! (fam!)
mère [mer] nf madre f; (fam) tía; **mère célibataire/de famille** madre soltera/de familia

merguez [mergez] nf salchicha muy condimentada
méridional, e, -aux [meridjɔnal, o] adj meridional; (du midi de la France) del Sur de Francia ▷ nm/f nativo(-a) ou habitante m/f del Sur de Francia
meringue [mərɛ̃g] nf merengue m
mérite [merit] nm mérito; (valeur) mérito, valor m; **mériter** vt merecer, ameritar (Am)
merle [merl] nm mirlo
merveille [mervej] nf maravilla; **faire ~/des ~s** hacer maravillas; **à ~** a las mil maravillas; **merveilleux, -euse** adj maravilloso(-a)
mes [me] dét voir **mon**
mésange [mezãʒ] nf herrerillo
mésaventure [mezavãtyr] nf infortunio
Mesdames [medam] nfpl voir **Madame**
Mesdemoiselles [medmwazel] nfpl voir **Mademoiselle**
mesquin, e [meskɛ̃, in] adj: **esprit ~/personne ~e** espíritu ruin/ persona mezquina; **mesquinerie** nf mezquindad f
message [mesaʒ] nm mensaje m; **message SMS** SMS m, mensaje de texto; **messager, -ère** nm/f mensajero(-a); **messagerie** nf: **messagerie électronique** e-mail m; **messagerie vocale** mensaje m de voz
messe [mes] nf misa; **aller à la ~** ir a misa; **messe de minuit** misa del gallo
Messieurs [mesjø] nmpl voir **Monsieur**
mesure [məzyr] nf (dimension, étalon) medida; (évaluation) medición f; (Mus) compás m sg; (modération, retenue) mesura, comedimiento; **sur ~** a la medida; **dans la ~ de/où** en la medida de/en que; **à ~ que** a medida

que; **en ~** (*Mus*) al compás; **être en ~ de** estar en condiciones de

mesurer [məzyʀe] *vt* medir; **se ~ avec/à qn** medirse con algn; **il mesure 1 m 80** mide 1 m 80

métal, -aux [metal, o] *nm* metal *m*; **métallique** (*adj*) metálico(-a)

météo [meteo] *nf* (*bulletin*) tiempo; (*service*) servicio meteorológico

météorologie [meteɔʀɔlɔʒi] *nf* meteorología

méthode [metɔd] *nf* método

méticuleux, -euse [metikylø, øz] *adj* meticuloso(-a)

métier [metje] *nm* oficio; (*technique, expérience*) práctica; (*aussi*: **~ à tisser**) telar *m*

métis, se [metis] *adj, nm/f* mestizo(-a), cholo(-a) (*And*)

métrage [metʀaʒ] *nm*: **long/ moyen/court ~** (*Ciné*) largometraje/ mediometraje/cortometraje *m*

mètre [mɛtʀ] *nm* metro; **métrique** *adj*: **système métrique** sistema métrico

métro [metʀo] *nm* metro, subterráneo (*Am*)

métropole [metʀɔpɔl] *nf* metrópoli *f*, metrópolis *f inv*

mets [mɛ] *vb voir* **mettre** ▷ *nm* plato

metteur [metœʀ] *nm*: **~ en scène** (*Théâtre*) director *m* escénico; (*Ciné*) director

O MOT-CLÉ

mettre [mɛtʀ] *vt* 1 poner; **mettre en bouteille** embotellar; **mettre en sac** poner en sacos; **mettre en pages** compaginar; **mettre en examen** detener (*para ser interrogado*); **mettre à la poste** echar al correo

2 (*vêtements*): *revêtir* poner; (*: soi-même*) ponerse; (*installer*) poner; **mets ton gilet** ponte el chaleco

3 (*faire fonctionner: chauffage, réveil*)

poner; (*: lumière*) dar; (*installer: gaz, eau*) poner; **faire mettre le gaz/ l'électricité** poner gas/electricidad; **mettre en marche** poner en marcha

4 (*consacrer*): **mettre du temps/2 heures à faire qch** tardar tiempo/ dos horas en hacer algo

5 (*noter, écrire*) poner; **qu'est-ce que tu as mis sur la carte?** ¿qué has puesto en la postal?; **mettre au pluriel** poner en plural

6 (*supposer*): **mettons que ...** pongamos que ...

7: **y mettre du sien** (*dans une affaire*) poner de su parte

se mettre *vpr*: **vous pouvez vous mettre là** puede ponerse allí; **où ça se met?** ¿dónde se pone eso?; **se mettre au lit** meterse en la cama; **se mettre de l'encre sur les doigts** mancharse los dedos de tinta; **se mettre en maillot de bain** ponerse en bañador; **n'avoir rien à se mettre** no tener nada que ponerse; **se mettre à faire qch** ponerse a hacer algo; **se mettre au travail** ponerse a trabajar; **se mettre au régime** ponerse a régimen; **allons, il faut s'y mettre!** ¡venga, vamos a ponernos a trabajar!

meuble [mœbl] *nm* mueble *m*; (*ameublement, mobilier*) mobiliario; **meublé, e** [mœble] *adj*: **chambre ~e** habitación f amueblada; **meubler** *vt* amueblar

meugler [møgle] *vi* mugir

meule [møl] *nf* muela; (*Agr*) almiar *m*; (*de fromage*) rueda grande de queso

meunier, -ière [mønje, jɛʀ] *nm/f* molinero(-a)

meurs *etc* [mœʀ] *vb voir* **mourir**

meurtre [mœʀtʀ] *nm* asesinato; **meurtrier, -ière** *nm/f* asesino(-a) ▷ *adj* mortal; (*arme, instinct*) asesino(-a)

meurtrir [mœʀtʀiʀ] *vt* magullar;

(fig) herir

meus etc [mœ] vb voir **mouvoir**

meute [møt] nf jauría

mexicain, e [mɛksikɛ̃, ɛn]
adj mexicano(-a), mejicano(-a)
▷ nm/f: **M~, e** mexicano(-a),
mejicano(-a)

Mexico [mɛksiko] n México,
Méjico

Mexique [mɛksik] nm México,
Méjico

Mgr abr (= Monseigneur) Mons.
(= Monseñor)

mi [mi] nm inv (Mus) mi m ▷ préf
medio; **à la ~-janvier** a mediados
de enero; **à ~-jambes** a media pierna; **à
~-hauteur/-pente** a media altura/
pendiente

miauler [mjole] vi maullar

miche [miʃ] nf hogaza

mi-chemin [miʃmɛ̃]: **à ~** adv a medio
camino

mi-clos, e [miklo, kloz] (pl ~, **es**) adj
entornado(-a)

micro [mikro] nm micrófono;
(Inform) micro

microbe [mikrɔb] nm microbio

micro...: **micro-onde** (pl **micro-
ondes**) nf: **four à micro-ondes** horno
microondas; **micro-ordinateur**
(pl **micro-ordinateurs**) nm
microordenador m; **microscope** nm
microscopio; **microscopique** adj
microscópico(-a); (opération) con
microscopio

midi [midi] nm mediodía m; **le M~
(de la France)** el sur de Francia; **à ~**
a mediodía

mie [mi] nf miga

miel [mjɛl] nm miel f; **mielleux, -euse**
(péj) adj meloso(-a)

mien, ne [mjɛ̃, mjɛn] adj mío(-a)
▷ pron: **le ~, la ~ne, les ~s** el mío, la
mía, los míos

miette [mjɛt] nf migaja m; **en ~s**
hecho añicos

MOT-CLÉ

mieux [mjø] adv 1 (d'une meilleure
façon): **mieux (que)** mejor (que); **elle
travaille/mange mieux** trabaja/
come mejor; **elle va mieux** va mejor;
j'aime mieux le cinéma me gusta
más el cine; **j'attendais mieux de
vous** esperaba algo más de usted; **de
mieux en mieux** cada vez mejor
2 (de la meilleure façon): **ce que
je sais le mieux** lo que mejor sé; **les
livres les mieux faits** los libros mejor
hechos
▷ adj 1 (plus à l'aise, en meilleure forme)
mejor; **se sentir mieux** encontrarse
mejor
2 (plus satisfaisant, plus joli) mejor;
c'est mieux ainsi es mejor así; **c'est
le mieux des deux** es el mejor de los
dos; **le(la) mieux, les mieux** el/la
mejor, los/las mejores;
demandez-lui, c'est le mieux
pregúntele, es lo mejor; **il est mieux
sans moustache** está mejor sin
bigote; **il est mieux que son frère** es
mejor que su hermano
3: **au mieux** en el mejor de los casos;
être au mieux avec llevarse muy
bien con; **tout est pour le mieux**
todo va de maravilla
▷ nm 1 (amélioration, progrès) mejoría;
faute de mieux a falta de algo mejor
2: **faire de son mieux** hacer cuanto
se pueda; **du mieux qu'il peut** lo
mejor que pueda

mignon, ne [miɲɔ̃, ɔn] adj
mono(-a)

migraine [migrɛn] nf jaqueca

mijoter [miʒɔte] vt (plat) cocer a
fuego lento; (affaire) tramar ▷ vi cocer
a fuego lento

milieu, x [miljø] nm medio; (social,
familial) medio, entorno; **au ~ de** en
medio de; **au beau** ou **en plein ~ (de)**

justo en medio *ou* mitad (de); **le ~ (pègre)** el hampa
militaire [militɛʀ] *adj, nm* militar *m*
militant, e [militɑ̃, ɑ̃t] *adj, nm/f* militante *m/f*
militer [milite] *vi* militar; **~ pour/ contre** militar a favor de *ou* en contra de
mille [mil] *adj inv, nm inv* mil ▷ *nm:* **~ marin** milla marina; **mettre dans le ~** dar en el blanco; **millefeuille** *nm* milhojas *m inv;* **millénaire** *nm* milenio ▷ *adj* milenario(-a); **mille- pattes** *nm inv* ciempiés *m inv*
millet [mijɛ] *nm* mijo
milliard [miljaʀ] *nm* mil millones *mpl;* **milliardaire** *adj, nm/f* multimillonario(-a)
millier [milje] *nm* millar *m;* **un ~ (de)** un millar (de); **par ~s** por miles, a millares
milligramme [miligʀam] *nm* miligramo
millimètre [milimɛtʀ] *nm* milímetro
million [miljɔ̃] *nm* millón *m;* **deux ~s de** dos millones de; **millionnaire** *adj, nm/f* millonario(-a)
mime [mim] *nm/f* mimo; **mimer** *vt* mimar; *(singer)* imitar
minable [minabl] *adj* penoso(-a)
mince [mɛ̃s] *adj* delgado(-a); *(étoffe, filet d'eau)* fino(-a); *(fig)* escaso(-a) ▷ *excl:* **~ alors!** ¡caramba!; **minceur** *nf* delgadez *f;* **mincir** *vi* adelgazar
mine [min] *nf* mina; *(physionomie)* cara, aspecto; **avoir bonne/ mauvaise ~** tener buena/mala cara; **tu as bonne ~!** *(ironique: aspect)* ¡vaya pinta que tienes!; **faire grise ~** poner mala cara; **faire ~ de faire qch** simular hacer algo; **ne pas payer de ~** tener mala pinta; **de rien** como quien no quiere la cosa, como si nada
miner [mine] *vt* minar
minerai [minʀɛ] *nm* mineral *m*
minéral, e, -aux [mineʀal, o] *adj,*

nm mineral *m*
minéralogique [mineʀalɔʒik] *adj:* **numéro ~** número de matrícula
minet, te [minɛ, ɛt] *nm/f* gatito(-a), minino(-a); *(péj)* chuleta *m/f*
mineur, e [minœʀ] *adj (souci)* secundario(-a) ▷ *nm/f (Jur)* menor *m/f* ▷ *nm (travailleur)* minero
miniature [minjatyʀ] *adj, nf* miniatura
minibus [minibys] *nm* microbús *msg*
minier, -ière [minje, jɛʀ] *adj* minero(-a)
mini-jupe [miniʒyp] *(pl* **~s)** *nf* minifalda
minime [minim] *adj* mínimo(-a)
minimiser [minimize] *vt* minimizar
minimum [minimɔm] *adj* mínimo(-a) ▷ *nm* mínimo; **au ~** como mínimo
ministère [ministɛʀ] *nm* ministerio; **ministère public** *(Jur)* ministerio público
ministre [ministʀ] *nm* ministro
Minitel® [minitɛl] *nm* Minitel® *m*

minoritaire [minɔʀitɛʀ] *adj* minoritario(-a)
minorité [minɔʀite] *nf* minoría; **être en ~** estar en minoría
minuit [minɥi] *nm* medianoche *f*

minuscule [minyskyl] *adj*
minúsculo(-a) ⊳ *nf:* **(lettre) ~** (letra)
minúscula

minute [minyt] *nf* minuto; **d'une
~ à l'autre** de un momento a otro;
minuter *vt* cronometrar; **minuterie**
nf interruptor m (de la luz)

minutieux, -ieuse [minysjø, jøz]
adj minucioso(-a)

mirabelle [miʀabɛl] *nf* ciruela
mirabel

miracle [miʀakl] *nm* milagro

mirage [miʀaʒ] *nm* espejismo

mire [miʀ] *nf:* **point/ligne de ~**
punto/línea de mira

miroir [miʀwaʀ] *nm* espejo

miroiter [miʀwate] *vi:* **faire ~ qch à
qn** seducir a algn con algo

mis, e [mi, miz] *pp de* **mettre** ⊳ *adj*
puesto(-a)

mise [miz] *nf* **(argent)** apuesta;
(tenue) porte m; **mise à jour** puesta
al día; **(Inform)** actualización f; **mise
au point** **(Photo)** enfoque m; **(fig)**
aclaración f; **mise en plis** marcado;
mise en scène **(Théâtre, Ciné)**
dirección f; **mise en service** puesta
en servicio

miser [mize] *vt* apostar; **~ sur**
apostar a; **(fig)** contar con

misérable [mizeʀabl] *adj* miserable
⊳ *nm/f* miserable m/f

misère [mizɛʀ] *nf* miseria; **misères**
nfpl **(malheurs, peines)** desgracias fpl;
salaire de ~ salario de miseria

missile [misil] *nm* misil m

mission [misjɔ̃] *nf* misión f; **(fonction,
vocation)** función f; **missionnaire**
nm/f misionero(-a)

mité, e [mite] *adj* apolillado(-a)

mi-temps [mitɑ̃] *nf inv*
(Sport: période) tiempo; **(: pause)**
descanso; **à ~** *adv* media jornada

miteux, -euse [mitø, øz] *adj*
mísero(-a)

mitigé, e [mitiʒe] *adj* moderado(-a)

mitoyen, ne [mitwajɛ̃, jɛn] *adj*
medianero(-a)

mitrailler [mitʀaje] *vt* ametrallar;
mitraillette *nf* metralleta;
mitrailleuse *nf* ametralladora

mi-voix [mivwa]: **à ~** *adv* a media voz

mixage [miksaʒ] *nm* **(Ciné)** mezcla
f de sonido

mixer, mixeur [miksœʀ] *nm* **(Culin)**
batidora

mixte [mikst] *adj* mixto(-a)

mixture [mikstyʀ] *nf* mixtura; **(péj)**
mejunje m

Mlle (*pl* **~s**) *abr* (= *Mademoiselle*) Srta.
(= *Señorita*)

MM *abr* (= *Messieurs*) ≈ Srs. (= *Señores*);
voir aussi **Monsieur**

Mme (*pl* **~s**) *abr* (= *Madame*) ≈ Sra.
(= *Señora*)

mobile [mɔbil] *adj* móvil, movible
⊳ *nm* móvil m

mobilier, -ière [mɔbilje, jɛʀ] *adj*
mobiliario(-a) ⊳ *nm* mobiliario

mobiliser [mɔbilize] *vt* movilizar

mocassin [mɔkasɛ̃] *nm* mocasín m

moche [mɔʃ] **(fam)** *adj* feo(-a)

modalité [mɔdalite] *nf* modalidad f

mode [mɔd] *nf* moda; **à la ~** de
moda ⊳ *nm* modo; **mode d'emploi**
instrucciones fpl; **mode de
paiement** forma de pago; **mode de
vie** modo de vida

modèle [mɔdɛl] *nm* modelo;
(qualités): **un ~ de fidélité/
générosité** un modelo de fidelidad/
generosidad ⊳ *adj* modelo; **modèle
déposé** **(Comm)** modelo patentado *ou*
registrado; **modèle réduit** modelo
reducido; **modeler** *vt* modelar

modem [mɔdɛm] *nm* **(Inform)**
modem m, módem m

modéré, e [mɔdeʀe] *adj, nm/f*
moderado(-a)

modérer [mɔdeʀe] *vt* moderar; **se
modérer** *vpr* moderarse

moderne [mɔdɛʀn] *adj* moderno(-a)

▷ nm (Art) arte m moderno;
moderniser vt modernizar
modeste [mɔdɛst] adj modesto(-a);
modestie nf modestia
modifier [mɔdifje] vt modificar; **se
modifier** vpr modificarse
modique [mɔdik] adj módico(-a)
module [mɔdyl] nm módulo
moelle [mwal] nf médula
moelleux, -euse [mwalø, øz] adj
esponjoso(-a)
mœurs [mœʀ(s)] nfpl costumbres
fpl; **~ simples/bohèmes** costumbres
sencillas/bohemias; **passer dans les
~** entrar en las costumbres; **contraire
aux bonnes ~** contrario a las buenas
costumbres
moi [mwa] pron (sujet) yo; (objet direct/
indirect) me ▷ nm (Psych) yo m; **c'est
~ soy yo; c'est ~ qui l'ai fait** lo hice
yo; **c'est ~ que vous avez appelé?**
¿me ha llamado a mí?; **apporte-le-~**
tráemelo; **donnez m'en un peu** deme
un poco; **à ~** (possessif) mío/mía,
míos/mías; **le livre est à ~** este es
mío; **avec ~** conmigo; **sans ~** sin mí;
~, je ... (emphatique) yo, ...; **plus grand
que ~** más grande que yo; **moi-même**
pron yo mismo
moindre [mwɛ̃dʀ] adj menor; **le/la
~, les ~s** el/la menor, los/las menores;
c'est la ~ des choses es lo mínimo
moine [mwan] nm monje m, fraile m
moineau, x [mwano] nm gorrión m

MOT-CLÉ

moins [mwɛ̃] adv
1 (comparatif): **moins (que)** menos
(que); **il a 3 ans de moins que moi**
tiene 3 años menos que yo; **moins
intelligent que** menos inteligente
que; **moins je travaille, mieux je me
porte** cuanto menos trabajo, mejor
me encuentro
2 (superlatif): **le moins** el/lo menos;

c'est ce que j'aime le moins es lo que
menos me gusta; **le moins doué** el
menos dotado; **pas le moins du
monde** en lo más mínimo; **au moins,
du moins** por lo menos, al menos
3: **moins de** (quantité, nombre) menos;
moins de sable/d'eau menos arena/
agua; **moins de livres/de gens** menos
libros/gente; **moins de 2
ans/100 euros** menos de 2 años/100
euros
4: **de/en moins: 100 euros/3 jours
de moins** 100 euros/3 días menos; **3
livres en moins** 3 libros menos; **de
l'argent en moins** menos dinero; **de
soleil en moins** sin el sol; **de moins
en moins** cada vez menos; **en moins
de deux** en un santiamén
5: **à moins de/que** conj a menos que,
a no ser que; **à moins de faire** a no ser
que se haga etc; **à moins que tu ne
fasses** a menos que hagas; **à moins
d'un accident** a no ser por un
accidente
▷ prép: **4 moins 2** 4 menos 2; **il est
moins 5** son menos 5; **il fait moins 5**
hay cinco grados bajo cero

mois [mwa] nm mes msg
moisi, e [mwazi] nm moho; **odeur/
goût de ~** olor m/gusto a moho;
moisir vi enmohecerse; **moisissure**
nf moho
moisson [mwasɔ̃] nf siega, cosecha;
moissonner vt segar, cosechar;
moissonneuse nf segadora
moite [mwat] adj (peau)
sudoroso(-a); (atmosphère)
húmedo(-a)
moitié [mwatje] nf mitad f; **la ~**
la mitad; **~ du temps/des gens**
la mitad del tiempo/de la gente; **~
moins grand** mitad de grande; **à ~**
a medias; **de ~** en la mitad
molaire [mɔlɛʀ] nf molar m
molester [mɔlɛste] vt maltratar

molle [mɔl] *adj f voir* **mou;
mollement** *adv* débilmente; *(péj)*
desganadamente

mollet [mɔlɛ] *nm* pantorrilla

molletonné, e [mɔltɔne] *adj*
forrado(-a) de muletón

mollir [mɔliʀ] *vi* flaquear

mollusque [mɔlysk] *nm* (Zool)
molusco

môme [mom] *(fam) nm/f*
chiquillo(-a); *(fille)* chavala

moment [mɔmɑ̃] *nm* momento;
ce n'est pas le ~ no es el mejor
momento; **à un certain ~** en cierto
momento; **à un ~ donné** en un
momento dado; **au même ~** en el
mismo momento; **pour un bon ~**
un buen rato; **en avoir pour un bon
~** tener para rato; **pour le ~** por el
momento; **au ~ de** en el momento de;
au ~ où en el momento en que; **à tout
~** a cada momento o rato; **en ce ~** en
este momento; **sur le ~** al principio;
par ~s por momentos; **d'un ~ à
l'autre** de un momento a otro; **du ~
que** siempre que; **momentané, e** *adj*
momentáneo(-a); **momentanément**
adv momentáneamente

momie [mɔmi] *nf* momia

mon, ma [mɔ̃, ma] *(pl* **mes)** *dét* mi;
(pl) mis

Monaco [mɔnako] *nm:* **(la
principauté de) ~** (el principado de)
Mónaco

monarchie [mɔnaʀʃi] *nf* monarquía

monastère [mɔnastɛʀ] *nm*
monasterio

mondain, e [mɔ̃dɛ̃, ɛn] *adj*
mundano(-a)

monde [mɔ̃d] *nm* mundo;
beaucoup/peu de ~ mucha/poca
gente; **mettre au ~** dar a luz; **tout le
~** todo el mundo; **pas le moins du ~**
de ninguna manera; **homme/femme
du ~** hombre *m*/mujer *f* de mundo

mondial, e, -aux [mɔ̃djal, jo]

adj mundial; **mondialement** *adv*
mundialmente; **mondialisation** *nf*
globalización *f*

monégasque [mɔnegask]
adj monegasco(-a) ▷ *nm/f:* **M~**
monegasco(-a)

monétaire [mɔnetɛʀ] *adj*
monetario(-a)

moniteur, -trice [mɔnitœʀ, tʀis]
nm/f monitor(a)

monnaie [mɔnɛ] *nf* moneda; **avoir
de la ~** *(petites pièces)* tener cambio;
avoir/faire la ~ de 20 euros tener
cambio de/cambiar 20 euros; **rendre
à qn la ~ (sur 20 euros)** darle la
vuelta a algn (de 20 euros)

monologue [mɔnɔlɔg] *nm*
monólogo; **monologuer** *vi*
monologar

monopole [mɔnɔpɔl] *nm*
monopolio

monospace [mɔnɔspas] *nm*
monovolumen *m*

monotone [mɔnɔtɔn] *adj*
monótono(-a)

Monsieur [məsjø] *(pl* **Messieurs)**
nm (titre) señor, don; **un/le m~** un/el
señor; *voir aussi* **Madame**

monstre [mɔstʀ] *nm* monstruo
▷ *adj (fam)* monstruo *inv;* **un
travail ~** un trabajo monstruo;
monstrueux, -euse *adj*
monstruoso(-a)

mont [mɔ̃] *nm:* **par ~s et par vaux**
por todas partes

montage [mɔ̃taʒ] *nm* montaje *m*

montagnard, e [mɔ̃taɲaʀ, aʀd]
adj, nm/f montañés(-esa)

montagne [mɔ̃taɲ] *nf* montaña;
montagnes russes montaña *fsg*
rusa; **montagneux, -euse** *adj*
montañoso(-a)

montant, e [mɔ̃tɑ̃, ɑ̃t] *adj*
ascendente ▷ *nm* importe *m*

monte-charge [mɔ̃tʃaʀʒ] *nm inv*
montacargas *m inv*

montée [mɔte] *nf* subida; (*côte*) cuesta; **au milieu de la ~** en medio de la cuesta *ou* de la subida

monter [mɔte] *vi* subir; (*à cheval*): **~ bien/mal** montar bien/mal ▷ *vt* montar; (*escalier, valise etc*) subir; (*tente, échafaudage, machine*) armar; **~ dans un train/avion/taxi** subir en un tren/avión/taxi; **~ sur/à un arbre/une échelle** subir a un árbol/una escalera; **~ à cheval/bicyclette** montar a caballo/en bicicleta; **~ à pied/en voiture** subir a pie/en coche; **~ à bord** subir a bordo; **~ à la tête de qn** subírsele a la cabeza de algn

montre [mɔtʀ] *nf* reloj *m*; **~ en main** reloj en mano; **contre la ~** contra reloj

montrer [mɔtʀe] *vt* mostrar, enseñar; **~ qch à qn** mostrar algo a algn; **~ à qn qu'il a tort** demostrar a algn que está equivocado; **~ à qn son affection/amitié** demostrar su afecto/amistad a algn

monture [mɔtyʀ] *nf* (*bête*) montura

monument [mɔnymɑ̃] *nm* monumento; **monument aux morts** monumento a los caídos

moquer [mɔke] : **se ~ de** *vt* burlarse de; (*mépriser*) importarle a algn muy poco; **se ~ de qn** burlarse de algn

moquette [mɔkɛt] *nf* moqueta

moqueur, -euse [mɔkœʀ, øz] *adj* burlón(-ona)

moral, e, -aux [mɔʀal, o] *adj, nm* moral *f*; **avoir le ~ à zéro** tener la moral por los suelos; **morale** *nf* moral *f*; (*d'une fable etc*) moraleja; **faire la morale à qn** echarle un sermón a algn; **moralité** *nf* moralidad *f*; (*conclusion*) moraleja

morceau, x [mɔʀso] *nm* trozo, pedazo; (*Mus, œuvre littéraire*) fragmento; (*Culin: de viande*) tajada; **couper en/déchirer en ~x** cortar en/rasgar en trozos; **mettre en ~x**

hacer pedazos

morceler [mɔʀsəle] *vt* parcelar

mordant, e [mɔʀdɑ̃, ɑ̃t] *adj* (*ironie*) mordaz; (*froid*) cortante

mordiller [mɔʀdije] *vt* mordisquear

mordre [mɔʀdʀ] *vt* morder ▷ *vi* (*poisson*) picar; **~ sur** (*fig*) sobrepasar; **~ à l'hameçon** morder el anzuelo

mordu, e [mɔʀdy] *pp de* **mordre** ▷ *nm/f*: **un ~ de voile/de jazz** un loco de la vela/del jazz

morfondre [mɔʀfɔdʀ] : **se ~** *vpr* aburrirse esperando

morgue [mɔʀg] *nf* depósito de cadáveres

morne [mɔʀn] *adj* (*personne, regard*) apagado(-a); (*temps*) desapacible

morose [mɔʀoz] *adj* taciturno(-a)

mors [mɔʀ] *nm* bocado

morse [mɔʀs] *nm* (*Zool*) morsa; (*Tél*) morse *m*

morsure [mɔʀsyʀ] *nf* picadura

mort, e [mɔʀ, mɔʀt] *pp de* **mourir** ▷ *adj, nm/f* muerto(-a) ▷ *nf* muerte *f*; (*fig*) fin *m* ▷ *nm*: **il y a eu plusieurs ~s** hubo varios muertos; **~ ou vif** vivo o muerto; **~ de peur/fatigue** muerto(-a) de miedo/cansancio

mortalité [mɔʀtalite] *nf* mortalidad *f*

mortel, le [mɔʀtɛl] *adj, nm/f* mortal *m/f*

mort-né, e [mɔʀne] (*pl* **~s, es**) *adj* nacido(-a) muerto(-a)

mortuaire [mɔʀtɥeʀ] *adj*: **cérémonie ~** ceremonia fúnebre; **couronne ~** corona mortuoria

morue [mɔʀy] *nf* bacalao

mosaïque [mɔzaik] *nf* mosaico

Moscou [mɔsku] *n* Moscú

mosquée [mɔske] *nf* mezquita

mot [mo] *nm* palabra; **mettre/ écrire/recevoir un ~** (*message*) poner/ escribir/recibir unas líneas; **~ à ~** *adj, adv* palabra por palabra; **sur/à ces ~s** después de/con estas palabras

en un ~ en una palabra; **~ pour ~** palabra por palabra; **mot de passe** contraseña, santo y seña; **mots croisés** crucigrama *msg*

motard [mɔtaʀ] *nm* motociclista *m*; *(de la police)* motorista *m*

motel [mɔtɛl] *nm* motel *m*

moteur, -trice [mɔtœʀ, tʀis] *adj* (Anat) motor(a); (Tech) motriz/z, (Auto): **à 4 roues motrices** con 4 ruedas motrices ▷ *nm* motor *m*; **à ~ motor**; **moteur de recherche** buscador *m*

motif [mɔtif] *nm* motivo; **motifs** *nmpl* (Jur) alegato; **sans ~** sin motivo

motivation [mɔtivasjɔ̃] *nf* motivación *f*

motiver [mɔtive] *vt* motivar

moto [mɔto] *nf* moto *f*; **motocycliste** *nm/f* motociclista *m/f*

motorisé, e [mɔtɔʀize] *adj* motorizado(-a)

motrice [mɔtʀis] *adj f voir* **moteur**

motte [mɔt] *nf*: **~ de terre** terrón *m*; **motte de beurre** pella de mantequilla

mou, mol, molle [mu, mɔl] *adj* blando(-a); (péj: visage) insulso(-a); (: résistance) débil ▷ *nm* bofe *m*; **avoir du ~** estar flojo(-a)

mouche [muʃ] *nf* mosca

moucher [muʃe]: **se ~** *vpr* sonarse

moucheron [muʃʀɔ̃] *nm* mosca pequeña

mouchoir [muʃwaʀ] *nm* pañuelo; **mouchoir en papier** pañuelo de papel

moudre [mudʀ] *vt* moler

moue [mu] *nf* mueca; **faire la ~** poner cara de asco

mouette [mwɛt] *nf* gaviota

moufle [mufl] *nf* manopla

mouillé, e [muje] *adj* mojado(-a)

mouiller [muje] *vt* mojar; (Naut) fondear ▷ *vi* (Naut) fondear; **se mouiller** *vpr* mojarse

moulant, e [mulɑ̃, ɑ̃t] *adj* ceñido(-a)

moule [mul] *nf* mejillón *m* ▷ *nm* molde *m*; (modèle plein) modelo; **moule à gâteaux** molde para pasteles

mouler [mule] *vt* moldear, vaciar; (suj: vêtement, bas) ceñir, ajustar

moulin [mulɛ̃] *nm* molino; **moulin à café/à poivre** molinillo de café/ de pimienta; **moulin à légumes** pasapurés *m inv*; **moulin à paroles** cotorra

moulinet [mulinɛ] *nm* carrete *m*; **faire des ~s avec un bâton/les bras** hacer molinetes con un palo/ los brazos

moulinette® [mulinɛt] *nf* pequeño pasapurés *m*

moulu, e [muly] *pp de* **moudre** ▷ *adj* molido(-a)

mourant, e [muʀɑ̃, ɑ̃t] *vb voir* **mourir** ▷ *adj* moribundo(-a)

mourir [muʀiʀ] *vi* morir(se); **~ de faim/de froid/d'ennui** morir(se) de hambre/de frío/de aburrimiento; **~ d'envie de faire** morirse de ganas de hacer; **à ~: s'ennuyer à ~** morirse de aburrimiento

mousse [mus] *nf* (Bot) musgo; (écume) espuma; (Culin) mousse *f*; (en caoutchouc etc) gomaespuma ▷ *nm* grumete *m*; **mousse à raser** espuma de afeitar; **mousse carbonique** espuma de gas carbónico

mousseline [muslin] *nf* (Textile) muselina; **pommes ~** (Culin) puré de patatas

mousser [muse] *vi* espumar, hacer espuma; **mousseux, -euse** *adj* (chocolat) cremoso(-a) ▷ *nm*: **(vin) mousseux** (vino) espumoso

mousson [musɔ̃] *nf* monzón *m*

moustache [mustaʃ] *nf* bigote *m*; **moustaches** *nfpl* (d'animal) bigotes *mpl*; **moustachu, e** *adj* bigotudo(-a)

moustiquaire [mustikɛʀ] nf mosquitero

moustique [mustik] nm mosquito

moutarde [mutaʀd] nf, adj inv mostaza

mouton [mutɔ̃] nm (Zool) carnero; (peau) piel f de carnero; (Culin) cordero

mouvement [muvmɑ̃] nm movimiento; (geste) gesto; **en ~** en movimiento; **mouvement révolutionnaire/syndical** movimiento revolucionario/ sindical; **mouvementé, e** adj accidentado(-a); (agité) agitado(-a)

mouvoir [muvwaʀ] mover; **se mouvoir** vpr moverse

moyen, ne [mwajɛ̃, jɛn] adj medio(-a); (élève, résultat) regular ▷ nm medio; **moyens** nmpl (capacités) medios mpl; **au ~ de** por medio de; **par tous les ~s** por todos los medios; **par ses propres ~s** por sus propios medios; **Moyen Âge** Edad f Media; **moyen d'expression** forma de expresión

moyennant [mwajenɑ̃] prép al precio de; **~ quoi** mediante lo cual

moyenne [mwajɛn] nf media, promedio; (Math, Statistique) media; (Scol) nota media; **en ~** por término medio; **moyenne d'âge** edad f media

Moyen-Orient [mwajenɔʀjɑ̃] nm Medio Oriente m

moyeu, x [mwajø] nm cubo

MST [ɛmɛste] sigle f = **maladie sexuellement transmissible**

mû, mue [my] pp de **mouvoir**

muer [mɥe] vi mudar; (jeune garçon): **il mue** está mudando la voz; **se muer** vpr: **se ~ en** convertirse en

muet, te [mɥɛ, mɥɛt] adj, nm/f mudo(-a); (fig): **~ d'admiration/ d'étonnement** mudo(-a) de admiración/de extrañeza

mufle [myfl] nm hocico; (goujat) patán m

mugir [myʒiʀ] vi mugir; (sirène) sonar

muguet [mygɛ] nm muguete m, lirio del valle

mule [myl] nf mula; **mules** nfpl (pantoufles) chinelas fpl

mulet [mylɛ] nm mulo

multinationale [myltinasjɔnal] nf multinacional f

multiple [myltipl] adj múltiple ▷ nm múltiplo; **multiplication** nf multiplicación f; **multiplier** vt multiplicar; **se multiplier** vpr multiplicarse

municipal, e, -aux [mynisipal, o] adj municipal; **municipalité** nf municipalidad f, ayuntamiento

munir [myniʀ] vt: **~ qn de** proveer a algn de; **~ qch de** dotar algo de

munitions [mynisjɔ̃] nfpl municiones fpl

mur [myʀ] nm muro; (cloison) pared f; **~ d'incompréhension/de haine** (obstacle) muro de incomprensión/de odio; **mur du son** barrera del sonido

mûr, e [myʀ] adj maduro(-a)

muraille [myʀɑj] nf muralla

mural, e, -aux [myʀal, o] adj mural

mûre [myʀ] nf (de la ronce) zarzamora

muret [myʀɛ] nm muro bajo

mûrir [myʀiʀ] vt, vi madurar

murmure [myʀmyʀ] nm murmullo; **~ d'approbation/d'admiration/ de protestation** murmullo de aprobación/de admiración/de protesta; **murmurer** vi murmurar

muscade [myskad] nf: **noix de ~** nuez f moscada

muscat [myska] nm uva moscatel

muscle [myskl] nm músculo; **musclé, e** adj musculoso(-a); (fig: politique, régime) duro(-a)

museau, x [myzo] nm hocico

musée [myze] nm museo

museler [myz(ə)le] vt poner un bozal a; **muselière** nf bozal m

musette [myzɛt] adj inv: **orchestre/**

valse ~orquesta/vals *msg* popular

musical, e, -aux [myzikal, o] *adj* musical

music-hall [myzikol] (*pl* ~**s**) *nm* music-hall *m*

musicien, ne [myzisjɛ̃, jɛn] *adj* músico(-a)

musique [myzik] *nf* música; **musique de chambre/de fond** música de cámara/de fondo

musulman, e [myzylmɑ̃, an] *adj*, *nm/f* musulmán(-ana)

mutation [mytasjɔ̃] *nf* (*Admin*) traslado; (*Biol*) mutación *f*

muter [myte] *vt* (*Admin*) trasladar

mutilé, e [mytile] *nm/f* mutilado(-a)

mutiler [mytile] *vt* mutilar

mutin, e [mytɛ̃, in] *adj* (*enfant*) travieso(-a); (*air, ton*) pícaro(-a) ▷ *nm/f* (*Mil*) amotinado(-a); **mutinerie** *nf* motín *m*

mutisme [mytism] *nm* mutismo

mutuel, le [mytɥɛl] *adj* mutuo(-a); **mutuelle** *nf* mutualidad *f*, mutua

myope [mjɔp] *adj*, *nm/f* miope *m/f*

myosotis [mjɔzɔtis] *nm* nomeolvides *m inv*

myrtille [miʀtij] *nf* arándano

mystère [mistɛʀ] *nm* misterio; **mystérieux, -euse** *adj* misterioso(-a)

mystifier [mistifje] *vt* mistificar

mythe [mit] *nm* mito

mythologie [mitɔlɔʒi] *nf* mitología

n' [n] *adv voir* **ne**

nacre [nakʀ] *nf* nácar *m*

nage [naʒ] *nf* natación *f*; **traverser/ s'éloigner à la** ~ atravesar/alejarse a nado; **en** ~ bañado(-a) en sudor; **nageoire** *nf* aleta; **nager** *vi* nadar; **nageur, euse** *nm/f* nadador(-a)

naïf, -ïve [naif, naiv] *adj* ingenuo(-a)

nain, e [nɛ̃, nɛn] *adj*, *nm/f* enano(-a)

naissance [nɛsɑ̃s] *nf* nacimiento; **donner** ~ **à** (*enfant*) dar a luz a; (*fig*) originar; **lieu de** ~ lugar de nacimiento

naître [nɛtʀ] *vi* nacer; **il est né en 1960** ha nacido en 1960

naïve [naiv] *adj voir* **naïf**

naïveté [naivte] *nf* ingenuidad *f*

nana [nana] (*fam*) *nf* chica

nappe [nap] *nf* mantel *m*; **napperon** *nm* tapete *m*

naquit *etc* [naki] *vb voir* **naître**

narguer [naʀɡe] vt provoquer

narine [naʀin] nf ventana (de la nariz)

natal, e [natal] adj natal; **natalité** nf natalidad f

natation [natasjɔ̃] nf natación f

natif, -ive [natif, iv] adj nativo(-a)

nation [nasjɔ̃] nf nación f

national, e, -aux [nasjɔnal, o] adj nacional; **nationaux** nmpl nacionales mpl; **nationale** nf: **(route) nationale** (carretera) nacional f; **nationaliser** vt nacionalizar; **nationalisme** nm nacionalismo; **nationalité** nf nacionalidad f

natte [nat] nf (tapis) estera; (cheveux) coleta

naturaliser [natyʀalize] vt naturalizar

nature [natyʀ] nf naturaleza; (tempérament) temperamento; **payer en ~** pagar en especie; **~ morte** naturaleza muerta, bodegón m; **naturel, le** adj natural; **naturellement** adv naturalmente

naufrage [nofʀaʒ] nm naufragio; (fig) ruina

nausée [noze] nf náusea, asco

nautique [notik] adj náutico(-a)

naval, e [naval] adj naval

navet [navɛ] nm nabo; (péj: film) tostón m

navette [navɛt] nf lanzadera; (en car etc) recorrido; **faire la ~ (entre)** ir y venir (entre)

navigateur [navigatœʀ] nm navegante m/f

navigation [navigasjɔ̃] nf navegación f

naviguer [navige] vi navegar

navire [naviʀ] nm buque m

navrer [navʀe] vt afligir; **je suis navré** lo siento en el alma; **je suis navré que** siento muchísimo que

ne [nə] adv no; **je ~ le veux pas** no lo quiero; **je crains qu'il ~ vienne**

temo que venga; **je ~ veux que ton bonheur** sólo quiero tu felicidad; voir **jamais; pas; plus**

né, e [n] pp de **naître**; **~ en 1960** nacido(-a) en 1960; **~e Dupont** de soltera Dupont

néanmoins [neãmwɛ̃] adv no obstante

néant [neã] nm nada; **réduire à ~** reducir a la nada

nécessaire [neseseʀ] adj necesario(-a) ▷ nm: **faire le ~** hacer lo necesario; **nécessité** nf necesidad f; **nécessiter** vt necesitar

nectar [nɛktaʀ] nm néctar m

néerlandais, e [neɛʀlɑ̃dɛ, ɛz] adj neerlandés(-esa) ▷ nm (Ling) neerlandés m ▷ nm/f: **N~, e** neerlandés(-esa)

nef [nɛf] nf nave f

néfaste [nefast] adj nefasto(-a)

négatif, -ive [negatif, iv] adj negativo(-a) ▷ nm (Photo) negativo

négligé, e [negliʒe] adj descuidado(-a)

négligeable [negliʒabl] adj despreciable

négligent, e [negliʒã, ãt] adj (personne) descuidado(-a); (geste, attitude) negligente

négliger [negliʒe] vt descuidar; (avis, précautions) ignorar, no hacer caso: **~ de faire qch** olvidarse de hacer algo

négociant, e [negosjã, jãt] nm/f negociante m/f

négociation [negosjasjɔ̃] nf negociación f

négocier [negosje] vt negociar

nègre [nɛgʀ] (péj) nm (aussi écrivain) negro

neige [nɛʒ] nf nieve f; **battre les œufs en ~** (Culin) batir los huevos a punto de nieve; **neiger** vi nevar

nénuphar [nenyfaʀ] nm nenúfar m

néon [neɔ̃] nm neón m

néo-zélandais, e [neozelãdɛ,

ɛz] (pl **-**, **es**) adj neocolandés(-esa)
▷ nm/f: **N~, e** neocolandés(-esa)

nerf [nɛʀ] nm nervio; **nerfs** nmpl
nervios mpl; **être à bout de ~s** estar
al borde de un ataque de nervios;
nerveux, -euse adj nervioso(-a);
nervosité nf nerviosismo

n'est-ce pas [nɛspɑ] adv: **"c'est
bon, ~?"** "está bueno, ¿verdad?"

Net [nɛt] nm (fam): **le ~** Internet m o
f, la Red; **surfer sur le ~** navegar por
Internet

net, nette [nɛt] adj (évident,
sans équivoque) evidente; (distinct,
propre, sans tache) limpio(-a); (photo,
film) nítido(-a); (Comm) neto(-a)
▷ adv: **s'arrêter ~** pararse en seco
▷ nm: **mettre au ~** poner en limpio;
nettement adv claramente;
nettement mieux/meilleur mucho
mejor; **netteté** nf (v adj) limpieza;
nitidez f

nettoyage [netwajaʒ] nm limpieza;
nettoyage à sec limpieza en seco

nettoyer [netwaje] vt limpiar

neuf¹ [nœf] adj inv, nm inv nueve m
inv; voir aussi **cinq**

neuf², neuve [nœf, nœv] adj
nuevo(-a) ▷ nm: **remettre à ~** dejar
como nuevo; **quoi de ~?** ¿qué hay
de nuevo?

neutre [nøtʀ] adj neutro(-a); (Pol)
neutral ▷ nm neutro

neuve [nœv] adj voir **neuf²**

neuvième [nœvjɛm] adj, nm/f
noveno(-a) ▷ nm (partitif) noveno; voir
aussi **cinquième**

neveu, x [n(ə)vø] nm sobrino

nez [ne] nm nariz f; **avoir du ~** tener
olfato; **~ à ~ avec** cara a cara con; **à
vue de ~** a ojo de buen cubero

ni [ni] conj: **~ l'un ~ l'autre ne sont ...**
ni uno ni otro son ...; **il n'a rien vu ~
entendu** no ha visto ni oído nada

niche [niʃ] nf (du chien) perrera; (dans
un mur) hornacina, nicho; **nicher**

vi anidar

nid [ni] nm nido

nièce [njɛs] nf sobrina

nier [nje] vt negar

Nil [nil] nm: **le ~** el Nilo

n'importe [nɛ̃pɔʀt] adv: **~ qui**
cualquiera; **~ quoi** cualquier cosa; **~
où** a ou en cualquier sitio; **~ lequel/
laquelle de entre nous** cualquiera
de nosotros(-as); **~ quel/quelle**
cualquier/cualquiera; **~ quand** en
cualquier momento; **~ comment** de
cualquier manera

niveau, x [nivo] nm nivel m; **au ~
de** a nivel de; **le ~ de la mer** el nivel
del mar; **niveau de vie** (Écon) nivel
de vida

niveler [niv(ə)le] vt nivelar

noble [nɔbl] adj, nm/f noble m/f;
noblesse nf nobleza

noce [nɔs] nf boda; **faire la ~** (fam)
ir de juerga

nocif, -ive [nɔsif, iv] adj nocivo(-a)

nocturne [nɔktyʀn] adj
nocturno(-a)

Noël [nɔɛl] nm Navidad f

nœud [nø] nm nudo; (ruban) lazo;
(fig: liens) vínculo; **nœud papillon**
pajarita

noir, e [nwaʀ] adj negro(-a);
(obscur, sombre) oscuro(-a);
(roman) policíaco(-a) ▷ nm/f
(personne) negro ▷ nm negro;
(obscurité): **dans le ~** en la oscuridad;
au ~ ilegalmente; **il fait ~** está
oscuro; **noircir** vi ennegrecer ▷ vt
ensombrecer; **noire** nf (Mus) negra

noisette [nwazɛt] nf avellana

noix [nwa] nf nuez f; (Culin): **une ~
de beurre** una nuez de mantequilla;
noix de coco coco; **noix muscade**
nuez moscada

nom [nɔ̃] nm nombre m; **nom de
famille** apellido; **nom de jeune fille**
apellido de soltera

nomade [nɔmad] adj, nm/f nómada

m/f

nombre [nɔ̃bʀ] *nm* número; **venir en ~** venir muchos; **ils sont au ~ de 3** son 3; **nombreux, -euse** *adj (avec nom pl)* numerosos(-as); **un public nombreux** mucho público; **peu nombreux** poco numeroso(-as)

nombril [nɔ̃bʀi(l)] *nm* ombligo

nommer [nɔme] *vt* nombrar; *(baptiser)* llamar; **se nommer** *vpr:* **il se nomme Jean** se llama Jean

non [nɔ̃] *adv* no; **~ (pas) que ...** no porque ...; **~ plus: moi ~ plus** yo tampoco; **~ seulement** no sólo

non alcoolisé, e [nɔ̃alkɔɔlize] *adj* sin alcohol

nonante [nɔnɑ̃t] *adj, nm (Belgique, Suisse)* noventa

nonchalant, e [nɔ̃ʃalɑ̃, ɑ̃t] *adj* indolente

non-fumeur, -euse [nɔ̃fymœʀ, øz] *(pl ~s, -euses)* *nm/f* no fumador(a)

non-sens [nɔ̃sɑ̃s] *nm* disparate *m*

nord [nɔʀ] *nm* norte *m; (région):* **le N~** el Norte ▷ *adj inv* norte; **au ~** *(situation)* al norte; *(direction)* hacia el norte; **au ~ de** al norte de; **nord-est** *nm inv* nordeste; **nord-ouest** *nm inv* noroeste *m*

normal, e, -aux [nɔʀmal, o] *adj* normal; **normale** *nf:* **la normale** la normalidad; **normalement** *adv* normalmente

normand, e [nɔʀmɑ̃, ɑ̃d] *adj* normando(-a) ▷ *nm/f:* **N~, e** normando(-a)

Normandie [nɔʀmɑ̃di] *nf* Normandía

norme [nɔʀm] *nf* norma

Norvège [nɔʀvɛʒ] *nf* Noruega; **norvégien, ne** *adj* noruego(-a) ▷ *nm (Ling)* noruego ▷ *nm/f:* **Norvégien, ne** noruego(-a)

nos [no] *dét voir* **notre**

nostalgie [nɔstalʒi] *nf* nostalgia; **nostalgique** *adj* nostálgico(-a)

notable [nɔtabl] *adj, nm/f* notable *m/f*

notaire [nɔtɛʀ] *nm* notario

notamment [nɔtamɑ̃] *adv* particularmente, especialmente

note [nɔt] *nf* nota; *(facture)* cuenta; **note de service** nota de servicio

noter [nɔte] *vt (écrire)* anotar, apuntar; *(remarquer)* señalar, notar

notice [nɔtis] *nf* nota; *(brochure):* **~ explicative** folleto explicativo

notifier [nɔtifje] *vt:* **~ qch à qn** notificar algo a algn

notion [nosjɔ̃] *nf* noción *f*

notoire [nɔtwaʀ] *adj* notorio(-a)

notre [nɔtʀ] *dét* nuestro(-a)

nôtre, nos [notʀ, nos] *adj* nuestro(-a) ▷ *pron:* **le ~** el ou lo nuestro; **la ~** la nuestra; **les ~s** los/ las nuestros(-as); **soyez des ~s** únase a nosotros

nouer [nwe] *vt* anudar, atar; *(fig: amitié)* trabar; *(: alliance)* formar

noueux, -euse [nwø, øz] *adj* nudoso(-a)

nourrice [nuʀis] *nf* nodriza

nourrir [nuʀiʀ] *vt* alimentar; *(fig: espoir)* mantener; *(: haine)* guardar; **logé, nourri** alojamiento y comida; **nourrissant, e** *adj* alimenticio(-a); **nourriture** *nf* alimento, comida

nous [nu] *pron* nosotros(-as); *(objet direct, indirect)* nos; **c'est ~ qui l'avons fait** lo hicimos nosotros; **~ les Marseillais** nosotros los marselleses; **il ~ le dit** nos lo dice; **il ~ en a parlé** nos habló de eso; **à ~** *(possession)* nuestro(-a), nuestros(-as); **ce livre est à ~** ese libro es nuestro; **avec/ sans ~** con/sin nosotros; **plus riche que ~** más rico que nosotros; **~ mêmes** mismos(-as) mismos(-as)

nouveau, nouvel, -elle, -aux [nuvo, nuvɛl] *adj* nuevo(-a) ▷ *nm/f* nuevo(-a), novato(-a); **de ~, à ~**

de nuevo, otra vez; **Nouvel An** año nuevo; **nouveau venu** recién llegado; **nouvelle venue** recién llegada; **nouveau-né, e** (pl **nouveau-nés, es**) adj, nm/f recién nacido(-a); **nouveauté** nf novedad f

nouvel [nuvɛl] adj m voir **nouveau**

nouvelle [nuvɛl] adj f voir **nouveau**
▷ nf noticia; (Litt) cuento; **Nouvelle-Calédonie** nf Nueva Caledonia; **nouvellement** adv (arrivé etc) recién; **Nouvelle-Zélande** nf Nueva Zelanda, Nueva Zelandia (Am)

novembre [nɔvãbʀ] nm noviembre m; voir aussi **juillet**

noyade [nwajad] nf ahogamiento

noyau, x [nwajo] nm núcleo; (de fruit) hueso

noyer [nwaje] nm nogal m ▷ vt ahogar; (fig: submerger) sumergir; **se noyer** vpr ahogarse

nu, e [ny] adj desnudo(-a) ▷ nm (Art) desnudo; **mettre à ~** desnudar

nuage [nɥaʒ] nm nube f; **nuageux, -euse** adj nuboso(-a), nublado(-a)

nuance [nɥãs] nf matiz m; **il y a une ~ (entre ...)** hay una leve diferencia (entre...); **nuancer** vt matizar

nucléaire [nykleɛʀ] adj nuclear

nudiste [nydist] nm/f nudista m/f

nuée [nɥe] nf: **une ~ de** una nube de

nuire [nɥiʀ] vi perjudicar; **~ à qn/ qch** ser perjudicial para algn/algo; **nuisible** adj perjudicial; **animal nuisible** animal dañino

nuit [nɥi] nf noche f; **il fait ~** es de noche; **cette ~** esta noche; **de ~** por la noche; **nuit blanche** noche en blanco ou en vela

nul, nulle [nyl] adj (aucun) ninguno(-a); (minime, non valable, péj) nulo(-a) ▷ pron nadie; **résultat ~, match ~** (Sport) empate m; **~le part** en ningún sitio; (aller etc) a ningún sitio; **nullement** adv de ningún modo

numérique [nymeʀik] adj numérico(-a); (appareil photo) digital

numéro [nymeʀo] nm número; **numéro de téléphone** número de teléfono; **numéro vert** número verde; **numéroter** vt numerar

nuque [nyk] nf nuca

nu-tête [nytɛt] adj inv cabeza descubierta

nutritif, -ive [nytʀitif, iv] adj nutritivo(-a)

nylon [nilɔ̃] nm nylon m

O

oasis [ɔazis] *nf ou m* oasis *m inv*

obéir [ɔbeir] *vi* obedecer; **~ à** obedecer a; *(loi)* acatar; **obéissance** *nf* obediencia; **obéissant, e** *adj* obediente

obèse [ɔbɛz] *adj* obeso(-a); **obésité** *nf* obesidad *f*

objecter [ɔbʒɛkte] *vt (prétexter)* pretextar; **objecteur** *nm*: **objecteur de conscience** objetor *m* de conciencia

objectif, -ive [ɔbʒɛktif, iv] *adj* objetivo(-a) ⊳ *nm* objetivo

objection [ɔbʒɛksjɔ̃] *nf* objeción *f*; **objectivité** *nf* objetividad *f*

objet [ɔbʒɛ] *nm* objeto; **être ou faire l'~ de** ser objeto de; **(bureau des) ~s trouvés** (oficina de) objetos perdidos; **objet d'art** objeto de arte

obligation [ɔbligasjɔ̃] *nf* obligación *f*; *(gén pl: devoir)* compromisos *mpl*; **obligatoire** *adj* obligatorio(-a);

obligatoirement *adv (nécessairement)* obligatoriamente; *(fatalement)* a la fuerza

obligé, e [ɔbliʒe] *adj* obligado(-a)

obliger [ɔbliʒe] *vt* obligar

oblique [ɔblik] *adj* oblicuo(-a)

oblitérer [ɔblitere] *vt* matar

obnubiler [ɔbnybile] *vt* obsesionar

obscène [ɔpsɛn] *adj* obsceno(-a)

obscur, e [ɔpskyr] *adj* oscuro(-a); **obscurcir** *vt* oscurecer; **obscurité** *nf* oscuridad *f*; **dans l'obscurité** en la oscuridad

obsédé, e [ɔpsede] *nm/f*: **un ~ de** un obseso de; **obsédé sexuel** obseso sexual

obséder [ɔpsede] *vt* obsesionar

obsèques [ɔpsɛk] *nfpl* exequias *fpl*

observateur, -trice [ɔpsɛrvatœr, tris] *adj*, *nm/f* observador(a)

observation [ɔpsɛrvasjɔ̃] *nf* observación *f*; *(d'un règlement etc)* cumplimiento; **faire une ~ à qn** *(reproche)* criticarle a algn; **en ~** *(Méd)* en observación

observatoire [ɔpsɛrvatwar] *nm* observatorio

observer [ɔpsɛrve] *vt* observar; *(remarquer)* notar; **faire ~ qch à qn** hacer ver algo a algn

obsession [ɔpsesjɔ̃] *nf* obsesión *f*

obstacle [ɔpstakl] *nm* obstáculo

obstiné, e [ɔpstine] *adj (caractère)* obstinado(-a); *(effort)* tenaz

obstiner [ɔpstine]: **s'~** *vpr* obstinarse; **s'~ à faire qch** empeñarse en hacer algo; **s'~ sur qch** obcecarse con algo

obstruer [ɔpstrye] *vt* obstruir

obtenir [ɔptənir] *vt* conseguir, obtener; **~ de pouvoir faire qch** conseguir poder hacer algo; **~ de qn qu'il fasse** conseguir que algn haga

obturateur [ɔptyratœr] *nm (Photo)* obturador *m*

obus [ɔby] *nm* obús *msg*

occasion [ɔkazjɔ̃] nf ocasión f, oportunidad f, chance m ou f (Am); (acquisition avantageuse) ganga; (circonstance) ocasión; **à plusieurs ~s** en varias ocasiones; **être l'~ de** ser el momento para; **à l'~ de** con motivo de; **d'~** de segunda mano, de ocasión; **occasionnel, le adj** (fortuit) ocasional; (non régulier) eventual

occasionner [ɔkazjɔne] vt ocasionar, causar

occident [ɔksidɑ̃] nm (Pol): **l'O-** Occidente m

occidental, e [ɔksidɑ̃tal, o] adj occidental

occupation [ɔkypasjɔ̃] nf ocupación f

occupé, e [ɔkype] adj ocupado(-a); (ligne téléphonique) comunicando

occuper [ɔkype] vt ocupar; **s'occuper** vpr ocuparse; **s'~ de** (être responsable de) encargarse de; (clients etc) ocuparse de

occurrence [ɔkyʀɑ̃s] nf: **en l'~** en este caso

océan [ɔseɑ̃] nm océano

octet [ɔktɛ] nm (Inform) byte m, octeto

octobre [ɔktɔbʀ] nm octubre m; voir aussi **juillet**

oculiste [ɔkylist] nm/f oculista m/f

odeur [ɔdœʀ] nf olor m

odieux, -euse [ɔdjø, jøz] adj abominable

odorant, e [ɔdɔʀɑ̃, ɑ̃t] adj oloroso(-a)

odorat [ɔdɔʀa] nm olfato

œil [œj] (pl **yeux**) nm ojo; **à l'~** (fam) por la cara; **à l'~ nu** a simple vista; **avoir l'~** estar ojo avizor; **avoir l'~ sur qn** no quitar ojo a algn; **voir qch d'un bon/mauvais ~** mirar con buenos/ malos ojos; **à mes/ses yeux** para mí/sí; **de ses propres yeux** con sus propios ojos; **fermer les yeux (sur)** (fig) hacer la vista gorda (a); **ne pas**

pouvoir fermer l'~ no pegar ojo; **les yeux fermés** a ciegas

œillères [œjɛʀ] nfpl anteojeras fpl; **avoir des ~** (fig: péj) ser de miras muy estrechas

œillet [œjɛ] nm (Bot) clavel m; (trou, bordure rigide) ojete m

œuf [œf] nm huevo, blanquillo (Mex); **étouffer qch dans l'~** cortar algo de raíz; **œuf à la coque/au plat/dur** huevo cocido/al plato/duro; **œuf de Pâques** huevo de Pascua; **œuf mollet** huevo pasado por agua; **œuf poché** huevo escalfado; **œufs brouillés** huevos mpl revueltos

œuvre [œvʀ] nf trabajo; (art) obra; (organisation charitable) obra benéfica ▷ nm (d'un artiste) obra; (Constr): **le gros ~** el armazón; **être/se mettre à l'~** estar/ponerse manos a la obra; **mettre en ~** poner en práctica

offense [ɔfɑ̃s] nf ofensa, agravio; **offenser** vt ofender

offert, e [ɔfɛʀ, ɛʀt] pp de **offrir**

office [ɔfis] nm (charge) cargo; (bureau, agence) oficina; (messe) oficio; **d'~** automáticamente; **office du tourisme** oficina de turismo

officiel, le [ɔfisjɛl] adj oficial

officier [ɔfisje] nm oficial m/f ▷ vi (Rel) oficiar; **officier de l'état-civil** teniente m (alcalde)

officieux, -euse [ɔfisjø, jøz] adj oficioso(-a)

offrande [ɔfʀɑ̃d] nf regalo

offre [ɔfʀ] vb voir **offrir** ▷ nf oferta; (Admin: soumission) licitación f; **"~s d'emploi"** "ofertas fpl de empleo"; **offre publique d'achat** oferta pública de compra

offrir [ɔfʀiʀ] vt regalar, ofrecer; **s'offrir** vpr (vacances) tomarse; (voiture) regalarse; **~ (à qn) de faire qch** proponer (a algn) hacer algo; **~ à boire à qn** ofrecer de beber a algn

OGM sigle m (= organisme

génétiquement modifié) OMG *m*
(= *organisme modifié génétiquement)*

oie [wa] *nf* ganso, oca

oignon [ɔɲɔ̃] *nm* cebolla; *(de tulipe etc)* bulbo

oiseau, x [wazo] *nm* ave *f*, pájaro; **oiseau de proie** ave de rapiña

oisif, -ive [wazif, iv] *adj* ocioso(-a) ▷ *nm/f (péj)* holgazán(-ana)

oléoduc [ɔleodyk] *nm* oleoducto

olive [ɔliv] *nf* aceituna, oliva; **olivier** *nm* olivo

OLP [ɔɛlpe] *sigle f* (= *Organisation de libération de la Palestine)* OLP *f* (= *Organización para la Liberación de Palestina)*

olympique [ɔlɛ̃pik] *adj* olímpico(-a)

ombragé, e [ɔ̃braʒe] *adj (coin)* con sombra; *(colline)* umbrío(-a)

ombre [ɔ̃bR] *nf* sombra; **il n'y a pas l'~ d'un doute** no hay la menor sombra de duda; **donner/faire de l'~** dar/hacer sombra; **dans l'~** en la sombra; **ombre à paupières** sombra de ojos

omelette [ɔmlɛt] *nf* tortilla

omettre [ɔmɛtR] *vt* omitir

omoplate [ɔmɔplat] *nf* omóplato, omoplato

 MOT-CLÉ

on [ɔ̃] *pron* 1 *(indéterminé)*: **on peut le faire ainsi** se puede hacer así; **on frappe à la porte** llaman a la puerta

2 *(quelqu'un)*: **on les a attaqués** los atacaron; **on vous demande au téléphone** le llaman por teléfono

3 *(nous)* nosotros(-as); **on va y aller demain** vamos a ir (allí) mañana

4 *(les gens)*: **autrefois, on croyait** ...; antes, se creía ...; **on dit que** ... dicen que ..., se dice que ...

5: **on ne peut plus** *adv*: **il est on ne peut plus stupide** no puede ser más estúpido

oncle [ɔ̃kl] *nm* tío

onctueux, -euse [ɔ̃ktɥø, øz] *adj* cremoso(-a)

onde [ɔ̃d] *nf* onda; **sur les ~s** en antena; **ondes courtes** onda *fsg* corta

ondée [ɔ̃de] *nf* chaparrón *m*

on-dit [ɔ̃di] *nm inv* rumor *m*

onduler [ɔ̃dyle] *vi* ondular; *(route)* serpentear

onéreux, -euse [ɔneRø, øz] *adj* oneroso(-a)

ongle [ɔ̃gl] *nm* uña

ont [ɔ̃] *vb voir* **avoir**

ONU [ɔny] *sigle f* (= *Organisation des Nations unies)* ONU *f* (= *Organización de las Naciones Unidas)*

onze [ɔ̃z] *adj* once *m inv*, once *m inv*; *voir aussi* **cinq**; **onzième** *adj*, *nm/f* undécimo(-a); *voir aussi* **cinquième**

OPA [ɔpea] *sigle f* (= *offre publique d'achat)* OPA *f* (= *Oferta Pública de Adquisición)*

opaque [ɔpak] *adj* opaco(-a)

opéra [ɔpeRa] *nm* ópera

opérateur, -trice [ɔpeRatœR, tRis] *nm/f* operador(a)

opération [ɔpeRasjɔ̃] *nf* operación *f*

opératoire [ɔpeRatwaR] *adj* operatorio(-a)

opérer [ɔpeRe] *vt* operar; *(faire, exécuter)* realizar ▷ *vi (agir)* hacer efecto; *(Méd)* operar; **s'opérer** *vpr* realizarse; **se faire ~** operarse

opérette [ɔpeRɛt] *nf* opereta

opiner [ɔpine] *vi*: **~ de la tête** asentir con la cabeza

opinion [ɔpinjɔ̃] *nf* opinión *f*; **opinions** *nfpl* convicciones *fpl*, ideas *fpl*; **l'~ (publique)** la opinión pública

opportun, e [ɔpɔRtœ̃, yn] *adj* oportuno(-a); **opportuniste** *adj*, *nm/f* oportunista *m/f*

opposant, e [ɔpozɑ̃, ɑ̃t] *adj*, *nm/f* opositor(a)

opposé, e [ɔpoze] adj opuesto(-a)
▷ nm: **l'~** (contraire) lo opuesto; **être
~ à** ser opuesto a; **à l'~** (direction)
en dirección contraria; **à l'~ de** al
otro lado de; (contrairement à) al
contrario de

opposer [ɔpoze] vt (personnes
etc) enfrentar; (suj: conflit) dividir;
s'opposer vpr oponerse; **s'~ à**
oponerse a; (tenir tête) enfrentarse a

opposition [ɔpozisjɔ̃] nf oposición
f; **par ~ à** a diferencia de; **être en ~
avec** estar en contra de; **faire ~ à un
chèque** bloquear un cheque

oppressant, e [ɔpresɑ̃, ɑ̃t] adj
agobiante

oppresser [ɔprese] vt (chaleur)
agobiar; **oppression** nf opresión f

opprimer [ɔprime] vt oprimir

opter [ɔpte] vi: **~ pour/entre** optar
por/entre

opticien, ne [ɔptisjɛ̃, jɛn] nm/f
óptico(-a)

optimisme [ɔptimism] nm
optimismo m; **optimiste** adj, nm/f
optimista m/f

option [ɔpsjɔ̃] nf opción f

optique [ɔptik] adj óptico(-a) ▷ nf
óptica; (fig) enfoque m

or [ɔʀ] nm oro ▷ conj ahora bien; **en
~** de oro

orage [ɔʀaʒ] nm tormenta;
orageux, -euse adj tormentoso(-a)

oral, e, -aux [ɔʀal, o] adj oral; **par
voie ~e** ⊳ oral; vía oral

orange [ɔʀɑ̃ʒ] nf naranja ▷ adj inv
naranja inv ▷ nm (couleur) naranja
m; **orangé, e** adj anaranjado(-a),
naranja inv; **orangeade** nf
naranjada; **oranger** nm naranjo

orateur [ɔʀatœʀ] nm orador(a)

orbite [ɔʀbit] nf (Anat, Phys) órbita

orchestre [ɔʀkɛstʀ] nm orquesta; (de
jazz, danse) orquesta, grupo; (Théâtre,
Ciné: places) patio de butacas

orchidée [ɔʀkide] nf orquídea

ordinaire [ɔʀdinɛʀ] adj ordinario(-a)
▷ nm (menus): **l'~** lo corriente ▷ nf
(essence) normal f; **d'~** por lo general,
corrientemente; **à l'~** de costumbre

ordinateur [ɔʀdinatœʀ] nm
ordenador m

ordonnance [ɔʀdɔnɑ̃s] nf (Méd)
receta, prescripción f

ordonné, e [ɔʀdɔne] adj
ordenado(-a)

ordonner [ɔʀdɔne] vt ordenar; (Méd)
recetar, prescribir; **~ à qn de faire**
ordenar ou mandar a algn que haga

ordre [ɔʀdʀ] nm orden m; **ordres**
nmpl (Rel): **être/entrer dans les ~s**
pertenecer/entrar en las órdenes;
mettre en ~ poner en orden; **avoir
de l'~** tener orden, ser ordenado(-a);
rentrer dans l'~ volver a la
normalidad; **être aux ~s de qn/sous
les ~s de qn** estar a las órdenes de
algn; **jusqu'à nouvel ~** hasta nuevo
aviso; **payer à l'~ de** (Comm) pagar a
la orden de; **dans le même ~/un autre
~ d'idées** en el mismo orden/en otro
orden de cosas; **ordre du jour** orden
del día; **ordre public** orden público

ordure [ɔʀdyʀ] nf basura; **ordures
ménagères** basura

oreille [ɔʀɛj] nf oreja; **avoir de l'~**
tener oído

oreiller [ɔʀeje] nm almohada

oreillons [ɔʀɛjɔ̃] nmpl paperas fpl

ores [ɔʀ]: **d'~ et déjà** adv desde ahora,
de aquí en adelante

orfèvrerie [ɔʀfɛvʀəʀi] nf orfebrería

organe [ɔʀgan] nm órgano

organigramme [ɔʀganigʀam] nm
organigrama m

organique [ɔʀganik] adj
orgánico(-a)

organisateur, -trice
[ɔʀganizatœʀ, tʀis] nm/f
organizador(a)

organisation [ɔʀganizasjɔ̃] nf
organización f; **Organisation des**

Nations unies Organización de Naciones Unidas

organiser [ɔʀɡanize] vt organizar; **s'organiser** vpr (personne) organizarse

organisme [ɔʀɡanism] nm organismo

organiste [ɔʀɡanist] nm/f organista m/f

orgasme [ɔʀɡasm] nm orgasmo

orge [ɔʀʒ] nf cebada

orgue [ɔʀɡ] nm (Mus) órgano

orgueil [ɔʀɡœj] nm orgullo, soberbia; **orgueilleux, -euse** adj orgulloso(-a)

oriental, e, -aux [ɔʀjɑ̃tal, o] adj oriental

orientation [ɔʀjɑ̃tasjɔ̃] nf orientación f; **avoir le sens de l'~** tener sentido de la orientación; **orientation professionnelle** orientación profesional

orienté, e [ɔʀjɑ̃te] adj: **bien/mal ~** (appartement) bien/mal orientado(-a); **~ au sud** orientado(-a) al sur

orienter [ɔʀjɑ̃te] vt orientar, colocar; **s'orienter** vpr (s')~ **vers** (recherches) orientar(se) ou dirigir(se) hacia

origan [ɔʀiɡɑ̃] nm orégano

originaire [ɔʀiʒinɛʀ] adj originario(-a)

original, e, -aux [ɔʀiʒinal, o] adj original ⊳ nm/f (fam: excentrique) excéntrico(-a), extravagante m/f ⊳ nm (document) original m

origine [ɔʀiʒin] nf origen m; **originel, le** adj original

orme [ɔʀm] nm olmo

ornement [ɔʀnəmɑ̃] nm adorno

orner [ɔʀne] vt adornar

ornière [ɔʀnjɛʀ] nf carril m

orphelin, e [ɔʀfəlɛ̃, in] adj, nm/f huérfano(-a); **orphelinat** nm orfanato

orteil [ɔʀtɛj] nm dedo del pie

orthographe [ɔʀtɔɡʀaf] nf ortografía

ortie [ɔʀti] nf ortiga

os [ɔs] nm hueso

osciller [ɔsile] vi oscilar; **~ entre** vacilar ou dudar entre

osé, e [oze] adj (tentative) osado(-a); (plaisanterie) atrevido(-a)

oseille [ozej] nf (Bot) acedera

oser [oze] vt, vi osar, atreverse; **~ faire qch** atreverse a hacer algo

osier [ozje] nm mimbre m; **d'~, en ~** de mimbre

osseux, -euse [ɔsø, øz] adj óseo(-a); (main, visage) huesudo(-a)

otage [ɔtaʒ] nm rehén m; **prendre qn comme** ou **en ~** tomar ou coger a algn de ou como rehén

OTAN [ɔtɑ̃] sigle f (= Organisation du traité de l'Atlantique Nord) OTAN f (= Organización del Tratado del Atlántico Norte)

otarie [ɔtaʀi] nf león m marino, otaria

ôter [ote] vt quitar; (soustraire) quitar, restar; **~ qch de** quitar algo de; **~ qch à qn** quitar algo a algn

otite [ɔtit] nf otitis f inv

ou [u] conj o, u; **l'un ~ l'autre** una u otra

MOT-CLÉ

où [u] pron rel 1 (lieu) donde, en que; **la chambre où il était** la habitación en que ou donde estaba; **le village d'où je viens** el pueblo de donde vengo; **les villes par où il est passé** las ciudades por donde pasó

2 (direction) adonde; **la ville où je me rends** la ciudad adonde me dirijo

3 (temps, état) (en) que; **le jour où il est parti** el día (en) que se marchó; **au prix où c'est** al precio que está ⊳ adv 1 (interrogatif) ¿dónde?; **où est-il?** ¿dónde está?; **par où?** ¿por dónde?

2 (direction) (a)dónde; **où va-t-il?** ¿(a)
dónde vas?
3 (relatif) donde; **je sais où il est** sé
donde está; **où que l'on aille**
vayamos donde vayamos,
dondequiera que vayamos

ouate ['wat] nf algodón m, guata
oubli [ubli] nm olvido; **l'~** el olvido
oublier [ublije] vt olvidar
ouest [west] nm oeste m ▷ adj inv
oeste; **à l'~ (de)** al oeste (de)
ouf ['uf] excl ¡uf!
oui ['wi] adv sí
ouï-dire ['widiʀ] nm inv: **par ~** de
oídas
ouïe [wi] nf oído; **ouïes** nfpl (de
poisson) agallas fpl
ouragan [uʀagã] nm huracán m
ourlet [uʀlɛ] nm (Couture) dobladillo
ours [uʀs] nm inv oso; **ours blanc/
brun** oso blanco/pardo; **ours (en
peluche)** oso de peluche
oursin [uʀsɛ̃] nm erizo de mar
ourson [uʀsɔ̃] nm osezno(-a)
ouste [ust] excl ¡fuera!, ¡largo de aquí!
outil [uti] nm herramienta,
instrumento; **outiller** vt equipar de
herramienta ou de maquinaria
outrage [utʀaʒ] nm ultraje m;
outrage à la pudeur (Jur) ultraje
al pudor
outrance [utʀɑ̃s] adv: **à ~** a ultranza
outre [utʀ] nf odre m; **passer ~ à**
hacer caso omiso a; **en ~** además, por
añadidura; **~ mesure** sin medida,
desmesuradamente; **outre-
Atlantique** adv al otro lado del
Atlántico; **outre-mer** adv ultramar
ouvert, e [uvɛʀ, ɛʀt] pp de **ouvrir**
▷ adj abierto(-a); **ouvertement**
adv (agir) abiertamente; **ouverture**
nf apertura; (orifice, Mus) obertura;
ouverture d'esprit apertura de
ideas, amplitud f de ideas
ouvrable [uvʀabl] adj: **jour ~** día m

laborable
ouvrage [uvʀaʒ] nm obra
ouvre-boîte(s) [uvʀəbwat] nm inv
abrelatas m inv
ouvre-bouteille(s) [uvʀəbutɛj]
nm inv abrebotellas m inv
ouvreuse [uvʀøz] nf acomodadora
ouvrier, -ière [uvʀije, ijɛʀ] nm/f
obrero(-a) ▷ adj obrero(-a); **classe
ouvrière** clase f obrera
ouvrir [uvʀiʀ] vt abrir ▷ vi abrir;
s'ouvrir vpr abrirse; **s'~ à qn**
confiarse a algn
ovaire [ovɛʀ] nm ovario
ovale [oval] adj oval, ovalado(-a)
OVNI [ɔvni] sigle m (= objet volant non
identifié) OVNI m (= objeto volante no
identificado)
oxyder [ɔkside]: **s'~** vpr oxidarse
oxygène [ɔksiʒɛn] nm oxígeno
oxygéné, e [ɔksiʒene] adj: **eau ~e**
agua oxigenada
ozone [ozon] nm ozono

p

pacifique [pasifik] *adj* pacífico(-a) ▷ *nm*: **le P~, l'océan P~** el (Océano) Pacífico

pack [pak] *nm* pack m

pacotille [pakɔtij] (*péj*) *nf* pacotilla

PACS [paks] *sigle m* (= *pacte civile de solidarité*) contrato de unión civil

pacte [pakt] *nm* pacto

pagaille [pagaj] *nf* (*désordre*) follón m, desbarajuste m

page [paʒ] *nf* página ▷ *nm* paje m; **être à la ~** (*fig*) estar al día; **page d'accueil** página web; **page Web** (*Inform*) (página) web m

paiement [pɛmɑ̃] *nm* pago

païen, ne [pajɛ̃, pajɛn] *adj, nm/f* pagano(-a)

paillasson [pajasɔ̃] *nm* felpudo m

paille [paj] *nf* paja; (*défaut*) defecto

paillettes [pajɛt] *nfpl* lentejuelas *fpl*

pain [pɛ̃] *nm* pan m; **petit ~** panecillo; **pain complet** pan integral; **pain d'épice(s)** alfajor m; **pain de mie** pan de molde; **pain grillé** pan tostado

pair, e [pɛʀ] *adj* par; **paire** *nf* par m

paisible [pezibl] *adj* apacible; (*ville, lac*) tranquilo(-a)

paix [pɛ] *nf* paz f; (*fig: tranquillité*) paz, sosiego; **faire la ~ avec** hacer las paces con; **avoir la ~** tener paz

Pakistan [pakistɑ̃] *nm* Paquistán m

palais [palɛ] *nm* palacio; (*Anat*) paladar m

pâle [pɑl] *adj* pálido(-a); **bleu/vert ~** azul/verde pálido

Palestine [palɛstin] *nf* Palestina

palette [palɛt] *nf* paleta; (*plateau de chargement*) plataforma

pâleur [pɑlœʀ] *nf* palidez f

palier [palje] *nm* (*d'escalier*) rellano; **par ~s** gradualmente

pâlir [pɑliʀ] *vi* palidecer

pallier [palje] *vt* paliar

palme [palm] *nf* palma; **palmé, e** *adj* palmeado(-a)

palmier [palmje] *nm* palmera

pâlot, e [palo, ɔt] *adj* paliducho(-a)

palourde [paluʀd] *nf* almeja

palper [palpe] *vt* palpar

palpitant, e [palpitɑ̃, ɑ̃t] *adj* palpitante

palpiter [palpite] *vi* palpitar

paludisme [palydism] *nm* paludismo

pamphlet [pɑ̃flɛ] *nm* panfleto

pamplemousse [pɑ̃pləmus] *nm* pomelo

pan [pɑ̃] *nm* (*d'un manteau, rideau*) faldón m; (*côté*) cara ▷ *excl* ¡pum!

panache [panaʃ] *nm* penacho; **avoir du ~** (*fig*) tener caballerosidad

panaché, e [panaʃe] *nm* clara, cerveza con gaseosa

pancarte [pɑ̃kaʀt] *nf* cartel m, pancarta

pancréas [pɑ̃kʀeas] *nm* páncreas m *inv*

pané, e [pane] *adj* empanado(-a)

panier [panje] nm cesta; **panier
à provisions** cesta de la compra;
panier-repas (pl **paniers-repas**) nm
almuerzo

panique [panik] nf pánico; **paniquer**
vt aterrorizar ▷ vi aterrorizarse,
espantarse

panne [pan] nf avería; **être/
tomber en ~** tener una avería,
descomponerse/estar descompuesto
(esp Mex); **tomber en ~ d'essence** ou
sèche quedarse sin gasolina; **panne
d'électricité** ou **de courant** corte
m eléctrico

panneau, x [pano] nm panel m;
panneau d'affichage tablón m de
anuncios; **panneau de signalisation**
señal f de tráfico; **panneau
indicateur** panel indicador

panoplie [panɔpli] nf panoplia

panorama [panɔʀama] nm
panorama m

panse [pɑ̃s] nf panza

pansement [pɑ̃smɑ̃] nm venda,
apósito; **pansement adhésif** tirita,
curita (Am)

pantalon [pɑ̃talɔ̃] nm pantalón m

panthère [pɑ̃tɛʀ] nf pantera

pantin [pɑ̃tɛ̃] nm pelele m

pantoufle [pɑ̃tufl] nf zapatilla

paon [pɑ̃] nm pavo real

papa [papa] nm papá m

pape [pap] nm papa m

paperasse [papʀas] (péj) nf: **des
~s** ou **de la ~** papelotes mpl;
paperasserie [pa-] (péj) nf papeleo

papeterie [papɛtʀi] nf papelería

papi [papi] (fam) nm abuelito

papier [papje] nm papel m;
papiers nmpl (aussi: **~s d'identité**)
documentación f, papeles mpl;
papier à lettres papel de cartas;
papier (d')aluminium papel de
aluminio; **papier d'emballage**
papel de envolver; **papier de verre**
papel de lija; **papier hygiénique**

papel higiénico; **papier peint** papel
pintado

papillon [papijɔ̃] nm mariposa

papillote [papijɔt] nf papillote m

papoter [papɔte] vi parlotear

paquebot [pak(ə)bo] nm paquebote
m

pâquerette [pɑkʀɛt] nf
margarita

Pâques [pɑk] nfpl (fête) Pascua fsg
▷ nm (période) Semana Santa

paquet [pakɛ] nm paquete m;
paquet-cadeau (pl **paquets-
cadeaux**) nm paquete m regalo m

MOT-CLÉ

par [paʀ] prép **1** (agent, cause) por; **par
amour** por amor; **peint par un grand
artiste** pintado por un gran artista
2 (lieu, direction) por; **passer par
Lyon/la côte** pasar por Lyon/la costa;
par la fenêtre (jeter, regarder) por la
ventana; **par le haut/bas** por arriba/
abajo; **par ici** por aquí; **par où?** por
dónde?; **par là** por allí; **par-ci, par-là**
aquí y allá; **être/par terre** estar
en el/tirar al suelo
3 (fréquence, distribution) por; **3 fois par
semaine** 3 veces por ou a la semana; **3
par jour/par personne** 3 al día/por
persona; **par centaines** a cientos, a
centenares; **2 par 2** (marcher, entrer,
prendre etc) de 2 en 2
4 (moyen) por; **par la poste** por correo
5 (manière): **prendre par la main**
coger ou agarrar de la mano; **prendre
par la poignée** coger ou agarrar por el
asa; **finir** etc **par** terminar etc por; **le
film se termine par une scène
d'amour** la película termina con una
escena de amor; **Pau commence par
la lettre 'p'** Pau empieza por p'

parabolique [paʀabɔlik] adj
parabólico(-a)

parachute [paʁaʃyt] nm paracaídas m inv; **parachutiste** nm/f paracaidista m/f

parade [paʁad] nf (Mil) desfile m

paradis [paʁadi] nm paraíso

paradoxe [paʁadɔks] nm paradoja

paraffine [paʁafin] nf parafina

parages [paʁaʒ] nmpl (Naut) aguas fpl; **dans les ~ (de)** en los alrededores (de)

paragraphe [paʁagʁaf] nm párrafo

paraître [paʁɛtʁ] vb + attribut parecer, verse (Am) ▷ vi aparecer; (Presse, édition) publicarse; (sembler) parecer; **il paraît que** parece que; **~ en justice** comparecer ante la justicia

parallèle [paʁalɛl] adj paralelo(-a) ▷ nm paralelo ▷ nf (droite, ligne) paralela

paralyser [paʁalize] vt paralizar

paramédical, e, -aux [paʁamedikal, o] adj: **personnel ~** personal m paramédico

paraphrase [paʁafʁɑz] nf paráfrasis f inv

parapluie [paʁaplɥi] nm paraguas m inv

parasite [paʁazit] nm parásito ▷ adj parásito(-a); **parasites** nmpl (Tél) parásitos mpl

parasol [paʁasɔl] nm quitasol m

paratonnerre [paʁatɔnɛʁ] nm pararrayos m inv

parc [paʁk] nm parque m; **parc de stationnement** aparcamiento

parcelle [paʁsɛl] nf (d'or, de vérité) partícula; (de terrain) parcela

parce que [paʁs(ə)kə] conj porque

parchemin [paʁʃəmɛ̃] nm pergamino

parcmètre [paʁkmɛtʁ] nm parquímetro

parcourir [paʁkuʁiʁ] vt recorrer; (journal, article) echar un vistazo a

parcours [paʁkuʁ] vb voir **parcourir**

▷ nm (trajet, itinéraire) trayecto; (Sport) recorrido

par-dessous [paʁd(ə)su] prép por debajo de ▷ adv por debajo

pardessus [paʁdəsy] nm abrigo

par-dessus [paʁd(ə)sy] prép por encima de; **~ le marché** para colmo

par-devant [paʁd(ə)vɑ̃] prép ante ▷ adv por delante

pardon [paʁdɔ̃] nm perdón m ▷ excl ¡perdón!, ¡disculpe!; **demander ~ à qn (de ...)** pedir perdón a algn (por ...); **pardonner** vt perdonar; **pardonner qch à qn** perdonar algo a algn

pare...: pare-brise nm inv parabrisas m inv; **pare-chocs** nm inv parachoques m inv

pareil, le [paʁɛj] adj igual; (similaire) parecido(-a); **faire ~** hacer lo mismo; **~ à** parecido(-a) a; **sans ~** sin igual

parent, e [paʁɑ̃, ɑ̃t] nm/f pariente(-a); **parents** nmpl (père et mère) padres mpl; (famille, proches) parientes mpl; **parenté** nf (rapport, lien) parentesco

parenthèse [paʁɑ̃tɛz] nf paréntesis m inv

paresse [paʁɛs] nf pereza, holgazanería; **paresseux, -euse** adj perezoso(-a), flojo(-a) (Am)

parfait, e [paʁfɛ, ɛt] pp de **parfaire** ▷ adj perfecto(-a); **parfaitement** adv perfectamente ▷ excl ¡seguro!, ¡desde luego!

parfois [paʁfwa] adv a veces

parfum [paʁfœ̃] nm perfume m; (de tabac, vin) aroma m; (de glace etc) sabor m; **parfumé, e** adj perfumado(-a); **parfumé au café** aromatizado(-a) con café, con sabor a café; **parfumer** vt (crème, gâteau) aromatizar; **parfumerie** nf perfumería

pari [paʁi] nm apuesta; **parier** vt apostar

Paris [paʁi] n París; **parisien, ne**

adj (*personne, vie*) parisino(-a); (*Géo, Admin*) parisiense ▷ *nm/f*: **Parisien, ne** parisiense *m/f*

parjure [paʀʒyʀ] *nm* perjurio

parking [paʀkiŋ] *nm* aparcamiento

parlant, e [paʀlɑ̃, ɑ̃t] *adj* vivo(-a), elocuente; (*Ciné*) sonoro(-a)

parlement [paʀləmɑ̃] *nm* parlamento; **parlementaire** *adj* parlamentario(-a) ▷ *nm/f* (*député*) parlamentario(-a)

parler [paʀle] *nm* habla ▷ *vi* hablar; **~ de qch/qn** hablar de algo/algn; **~ (à qn) de** hablar (a algn) de algo; **~ affaires/politique** hablar de negocios/de política; **~ en dormant** hablar en sueños; **tu parles!** ¡ya ves!

parloir [paʀlwaʀ] *nm* locutorio; (*d'un hôpital*) sala de visitas

parmi [paʀmi] *prép* entre, en medio de

paroi [paʀwa] *nf* pared *f*

paroisse [paʀwas] *nf* parroquia

parole [paʀɔl] *nf* palabra; **paroles** *nfpl* (*d'une chanson*) letra *fsg*; **tenir ~** cumplir con su palabra; **avoir/prendre la ~** tener/tomar la palabra; **sur ~**: **croire qn sur ~** confiar en la palabra de algn; **prisonnier sur ~** preso bajo palabra

parquet [paʀke] *nm* (*plancher*) parqué *m*; **le ~** (*Jur*) el tribunal de justicia

parrain [paʀɛ̃] *nm* padrino; **parrainer** *vt* apadrinar; (*suj: entreprise*) patrocinar

pars [paʀ] *vb voir* **partir**

parsemer [paʀsəme] *vt* cubrir; **~ qch de** sembrar algo de

part [paʀ] *vb voir* **partir** ▷ *nf* parte *f*; (*de gâteau, fromage*) trozo, pedazo; (*titre*) acción *f*; **prendre ~ à** (*débat etc*) tomar parte en; **pour ma ~** por mi parte; **à ~ entière** de pleno derecho; **de la ~ de** de parte de; **de ~ et d'autre** a *ou* en ambos lados; **de ~ en ~** de

parte a parte; **d'une ~ ... d'autre ~** por una parte ... por otra; **nulle/autre/quelque ~** en ninguna/en otra/en alguna parte; **à ~** *adv* aparte ▷ *prép*: **à ~ cela** aparte de eso, excepto eso

partage [paʀtaʒ] *nm* reparto

partager [paʀtaʒe] *vt* repartir; **se partager** *vpr* repartirse; **~ un gâteau en quatre/une ville en deux** dividir un pastel en cuatro/una ciudad en dos; **~ la joie de qn/la responsabilité d'un acte** compartir la alegría de algn/la responsabilidad de un acto

partenaire [paʀtənɛʀ] *nm/f* compañero(-a)

parterre [paʀtɛʀ] *nm* (*de fleurs*) parterre *m*, arriate *m*; (*Théâtre*) patio de butacas

parti [paʀti] *nm* partido; **un beau/riche ~** un buen partido; **tirer ~ de** sacar partido de; **prendre le ~ de faire qch** tomar la decisión de hacer algo; **prendre ~ (pour qn)** tomar partido (por algn); **parti pris** prejuicio

partial, e, -aux [paʀsjal, jo] *adj* parcial

participant, e [paʀtisipɑ̃, ɑ̃t] *nm/f* participante *m/f*; (*à un concours*) concursante *m/f*

participation [paʀtisipasjɔ̃] *nf* participación *f*; **la ~ aux frais** la contribución a los gastos

participer [paʀtisipe]: **~ à** *vt ind* participar en

particularité [paʀtikylaʀite] *nf* particularidad *f*

particulier, -ière [paʀtikylje, jɛʀ] *adj* particular; (*entretien, conversation*) privado(-a); **avec un soin ~** con un cuidado especial; **~ à** propio(-a) de; **en ~** (*précisément*) en concreto; (*en privé*) en privado; (*surtout*) especialmente; **particulièrement** *adv* principalmente

partie [paʀti] *nf* parte *f*; (*de cartes,*

tennis) partida; **en ~** en parte; **faire
~ de qch** formar parte de algo; **en
grande/majeure ~** en gran/la mayor
parte; **partie civile** (*Jur*) parte civil
partiel, le [paʀsjɛl] *adj, nm* parcial *m*
partir [paʀtiʀ] *vi* (*gén*) partir; (*train,
bus etc*) salir; (*s'éloigner*) marcharse; **~
de** (*lieu*) salir de; (*suj: personne, route*)
partir de; **~ pour** (*lieu, pays*) salir
para/hacia; **à ~ de** a partir de
partisan, e [paʀtizã, an] *nm/f*
seguidor(a), partidario(-a) ▷ *adj*
partidario/-a
partition [paʀtisjɔ̃] *nf* (*Mus*)
partitura
partout [paʀtu] *adv* por todas
partes; **~ où il allait** por dondequiera
que iba; **trente/quarante ~** (*Tennis*)
iguales a treinta o cuarenta, empate
m a treinta/a cuarenta
paru, e [paʀy] *pp de* **paraître**
parution [paʀysjɔ̃] *nf* aparición *f*,
publicación *f*
parvenir [paʀvəniʀ]: **~ à** vt ind llegar
a, arribar a (*Am*); **~ à ses fins** alcanzar
sus fines; **~ à faire qch** conseguir
hacer algo; **faire ~ qch à qn** hacer
llegar algo a algn
pas¹ [pɑ] *nm* paso; **~ à ~** paso a paso;
marcher à grands ~ andar dando
zancadas; **au ~** a paso lento; **au ~ de
gymnastique/de course** ir a paso
ligero/a la carrera; **à ~ de loup** con paso
sigiloso; **faire les cent ~** ir y venir, ir de
un lado para otro; **faire les premiers ~**
dar los primeros pasos; **retourner** *ou*
revenir sur ses ~ volver sobre sus
pasos; **sur le ~ de la porte** en el
umbral de la puerta; **le ~ de Calais**
(*détroit*) el paso *ou* estrecho de Calais

🅞 **MOT-CLÉ**

pas² [pɑ] *adv* 1 (*avec ne, non etc*): **ne ...
pas** no; **je ne vais pas à l'école** no voy
a la escuela; **je ne mange pas de pain**
no como pan; **il ne ment pas** no
miente; **ils n'ont pas de
voiture/d'enfants** no tienen coche/
niños; **il m'a dit de ne pas le faire** me
ha dicho que no lo haga; **non pas que
... no** es que ...; **je n'en sais pas plus**
no sé más; **il n'y avait pas plus de
200 personnes** no había más de 200
personas; **je ne reviendrai pas de
sitôt** tardaré en volver
2 (*sans ne etc*): **pas moi** yo no;
(*renforçant l'opposition*): **elle travaille,
(mais) lui pas** *ou* **pas lui** ella trabaja,
(pero) él no; (*dans des réponses
négatives*): **pas de sucre, merci!** ¡sin
azúcar, gracias!; **une pomme pas
mûre** una manzana que no está
madura; **je suis très content - moi
pas** *ou* **pas moi** yo estoy muy
contento - yo no; **pas du tout**
(*réponse*) en absoluto; **ça ne me plaît
pas du tout** no me gusta nada; **ils
sont 4 et nous (pas) 3** son 4 y no 3; **pas
encore** todavía no
3: **pas mal** *adv* no está mal; **ça va? -
pas mal** ¿qué tal? - bien; **pas mal de
(beaucoup de)**: **ils ont pas mal
d'argent** no andan mal de dinero

passage [pɑsaʒ] *nm* paso; (*extrait*)
pasaje *m*; **"laissez/n'obstruez pas
le ~"** "dejen/no impidan el paso"; **de
~** (*touristes*) de paso; **au ~** (*en passant*)
al paso, de paso; **passage à niveau**
paso a nivel
passager, -ère [pɑsaʒe, ɛʀ] *adj*
pasajero(-a) ▷ *nm/f* pasajero(-a); **~
clandestin** polizón *m*
passant, e [pɑsɑ̃, ɑ̃t] *adj*
transitado(-a) ▷ *nm/f* transeúnte *m/f*
passe [pɑs] *nf* pase *m*
passé, e [pɑse] *adj* pasado(-a)
▷ *prép*: **~ 10 heures/7 ans/ce poids**
después de las 10/de 7 años/a partir
de ese peso ▷ *nm* pasado; **~ de mode**

pasado(-a) de moda; **~ simple/composé** perfecto simple/pretérito perfecto

passe-partout [pɑspaʀtu] nm inv llave f maestra

passeport [pɑspɔʀ] nm pasaporte m

passer [pɑse] vi pasar; (air) correr; (liquide, café) filtrarse, colarse; (couleur, papier) decolorarse ▷ vt pasar; (obstacle) pasar, superar; (frontière, rivière etc) cruzar; (examen) hacer; (film, émission, disque) poner; (vêtement) ponerse; (café) filtrar; **se passer** vpr (scène, action) transcurrir; (s'écouler) pasar; (arriver): **que s'est-il passé?** ¿qué ha pasado?; **~ par** pasar por; **~ chez qn** pasar por la casa de algn; **~ qch à qn** pasar algo a algn; **~ devant/derrière qn/qch** pasar delante/detrás de algn/algo; **~ avant qch/qn** estar antes de algo/de algn; **laisser ~** dejar pasar; **~ directeur/président** ascender a director o a presidente; **~ en seconde/troisième** (Auto) meter segunda/tercera; **~ à l'action** pasar a la acción; **~ outre (à qch)** hacer caso omiso (de algo); **~ pour un imbécile** pasar por un imbécil; **~ à table** sentarse a la mesa; **je passe mon tour** paso; **I'aspirateur** pasar la aspiradora; **je vous passe M. X** le pongo ou comunico (Am) con el Sr. X; **~ commande** hacer un pedido; **~ un marché/accord** concertar un negocio/acuerdo; **se ~ de l'eau sur le visage** echarse agua por la cara; **se ~ de qch** (s'en priver) pasarse sin algo

passerelle [pɑsʀɛl] nf pasarela

passe-temps [pɑstɑ̃] nm inv pasatiempo

passif, -ive [pasif, iv] adj pasivo(-a)

passion [pɑsjɔ̃] nf pasión f; **passionnant, e** adj apasionante; **passionné, e** adj apasionado(-a); **passionner** vt apasionar; **se passionner pour qch** apasionarse por algo

passoire [pɑswaʀ] nf colador m

pastèque [pastɛk] nf sandía

pasteur [pastœʀ] nm pastor m

pasteuriser [pastœʀize] vt pasteurizar

pastille [pastij] nf pastilla

patate [patat] nf patata, papa (Am); **patate douce** batata, camote m (Am)

patauger [patoʒe] vi chapotear

pâte [pɑt] nf pasta; **pâtes** fpl (macaroni etc) pastas fpl; **pâte à modeler** plastilina; **pâte brisée** pasta quebrada; **pâte d'amandes** pasta de almendra; **pâte de fruits** fruta escarchada; **pâte feuilletée** masa de hojaldre

pâté [pɑte] nm (Culin) paté m; **pâté de maisons** manzana de casas; **pâté en croûte** paté empanado

pâtée [pɑte] nf cebo

paternel, le [patɛʀnɛl] adj paterno(-a)

pâteux, -euse [pɑtø, øz] adj pastoso(-a)

pathétique [patetik] adj patético(-a)

patience [pasjɑ̃s] nf paciencia; (Cartes) solitario

patient, e [pasjɑ̃, jɑ̃t] adj, nm/f paciente m/f; **patienter** vi esperar

patin [patɛ̃] nm patín m; **patins (à glace)** patines mpl (de cuchilla); **patins à roulettes** patines de ruedas

patinage [patinaʒ] nm patinaje m

patiner [patine] vi patinar; **patineur, -euse** nm/f patinador(a); **patinoire** nf pista de patinaje

pâtir [pɑtiʀ] vi: **~ de** padecer de

pâtisserie [pɑtisʀi] nf pastelería; (à la maison) repostería; **pâtisseries** nfpl (gâteaux) pasteles mpl; **pâtissier, -ière** nm/f pastelero/a

patois [patwa] nm dialecto

patrie [patʀi] nf patria

patrimoine [patʀimwan] nm

patrimonio

patriotique [patʀijɔtik] *adj* patriótico(-a)

patron, ne [patʀɔ̃, ɔn] *nm/f* (*chef*) jefe(-a), patrón(-ona); (*Rel*) patrono(-a); ▷ *nm* (*Couture*) patrón *m*; **patronat** *nm* empresariado; **patronner** *vt* (*personne, entreprise*) patrocinar

patrouille [patʀuj] *nf* patrulla

patte [pat] *nf* pata

pâturage [pɑtyʀaʒ] *nm* pasto

paume [pom] *nf* palma (de la mano)

paumé, e [pome] (*fam*) *adj* marginado(-a)

paupière [popjɛʀ] *nf* párpado

pause [poz] *nf* (*arrêt, halte*) parada; (*en parlant*) pausa; (*Mus*) silencio

pauvre [povʀ] *adj, nm/f* pobre *m/f*; **pauvreté** *nf* pobreza

pavé, e [pave] *adj* pavimentado(-a) ▷ *nm* (*bloc de pierre*) adoquín *m*; (*pavage, pavement*) pavimento

pavillon [pavijɔ̃] *nm* pabellón *m*; (*maisonnette, villa*) chalet *m*

payant, e [pejɑ̃, ɑ̃t] *adj* (*hôte, spectateur*) que paga; **c'est ~** hay que pagar

paye [pɛj] *nf* paga

payement [pɛjmɑ̃] *nm* = **paiement**

payer [peje] *vt* pagar ▷ *vi* (*métier*) dar dinero; (*effort, tactique*) dar fruto; **il me l'a fait ~ 10 euros** me ha costado 10 euros; **~ qch à qn** pagar algo a algn; **se ~ la tête de qn** (*fam*) burlarse de algn, tomar el pelo a algn

pays [pei] *nm* país *msg*

paysage [peizaʒ] *nm* paisaje *m*

paysan, ne [peizɑ̃, an] *nm/f* campesino(-a)

Pays-Bas [peiba] *nmpl*: **les ~** los Países Bajos

PC [pese] *sigle m* (= *Parti communiste*) partido comunista; (= *personal computer*) OP = ordenador personal

PDG [pedeʒe] *sigle m* (= *président*

---

directeur général) *voir* **président**

péage [peaʒ] *nm* peaje *m*

peau, x [po] *nf* piel *f*; **être bien/ mal dans sa ~** encontrarse/no encontrarse bien consigo mismo; **peau de chamois** gamuza

péché [peʃe] *nm* pecado

pêche [pɛʃ] *nf* pesca; (*fruit*) melocotón *m*, durazno (*Am*); **~ à la ligne** pesca con caña

pécher [peʃe] *vi* pecar

pêcher [peʃe] *nm* melocotonero ▷ *vi* ir de pesca ▷ *vt* pescar

pécheur, -eresse [peʃœʀ, peʃʀɛs] *nm/f* pecador(a)

pêcheur [peʃœʀ] *nm* pescador *m*

pédagogie [pedagɔʒi] *nf* pedagogía; **pédagogique** *adj* pedagógico(-a)

pédale [pedal] *nf* pedal *m*

pédalo [pedalo] *nm* barca a pedal

pédant, e [pedɑ̃, ɑ̃t] (*péj*) *adj, nm/f* pedante *m/f*

pédestre [pedɛstʀ] *adj*: **randonnée ~** excursión *f* a pie

pédiatre [pedjatʀ] *nm/f* pediatra *m/f*

pédicure [pedikyʀ] *nm/f* pedicuro(-a)

pègre [pɛgʀ] *nf* hampa

peigne [pɛɲ] *nm* peine *m*; **peigner** *vt* peinar; **se peigner** *vpr* peinarse; **peignoir** *nm*: **peignoir de bain** *ou* **de plage** albornoz

peindre [pɛ̃dʀ] *vt* pintar

peine [pɛn] *nf* pena; (*effort, difficulté*) trabajo; (*Jur*) condena; **faire de la ~ à qn** hacer sufrir a algn; **prendre la ~ de faire** tomarse la molestia de hacer; **ce n'est pas la ~ de faire/que vous fassiez** no vale la pena hacer/ que haga; **à ~** apenas; recién (*Am*); **à ~ était-elle sortie qu'il se mit à pleuvoir** apenas salió se puso a llover; **défense d'afficher sous ~ d'amende** prohibido fijar carteles bajo multa; **peine capitale** *ou* **de mort** pena capital *ou* de muerte; **peiner** *vi* cansarse ▷ vt apenar

peintre [pɛ̃tʀ] nm pintor(a); **~ en bâtiment** pintor (de brocha gorda)

peinture [pɛ̃tyʀ] nf pintura; **"~ fraîche**" "recién pintado"

péjoratif, -ive [peʒɔʀatif, iv] adj peyorativo(-a), despectivo(-a)

pêle-mêle [pɛlmɛl] adv en desorden

peler [pǝle] vt pelar

pèlerin [pɛlʀɛ̃] nm peregrino

pèlerinage [pɛlʀinaʒ] nm peregrinación f; (lieu) centro de peregrinación

pelle [pɛl] nf pala

pellicule [pelikyl] nf (couche fine) película f; (Photo) rollo, carrete m; (Ciné) cinta; **pellicules** nfpl (Méd) caspa fsg

pelote [p(ǝ)lɔt] nf (de fil, laine) ovillo; (d'épingles, d'aiguilles) acerico; (balle, jeu): **~ (basque)** pelota (vasca)

peloton [p(ǝ)lɔtɔ̃] nm pelotón m; **~ d'exécution** pelotón de ejecución

pelotonner [p(ǝ)lɔtɔne]: **se ~** vpr acurrucarse

pelouse [p(ǝ)luz] nf césped m

peluche [p(ǝ)lyʃ] nf: **animal en ~** muñeco de peluche

pelure [p(ǝ)lyʀ] nf piel f

pénal, e, -aux [penal, o] adj penal; **pénalité** nf penalidad f

penchant [pɑ̃ʃɑ̃] nm inclinación f

pencher [pɑ̃ʃe] vi inclinarse ▷ vt inclinar; **se pencher** vpr inclinarse; (se baisser) agacharse; **se ~ sur** inclinarse sobre; (fig) examinar; **se ~ au dehors** asomarse; **~ pour** (fig) inclinarse por

pendant [pɑ̃dɑ̃] prép durante; **~ que** mientras

pendentif [pɑ̃dɑ̃tif] nm colgante m

penderie [pɑ̃dʀi] nf ropero

pendre [pɑ̃dʀ] vt colgar; (personne) ahorcar ▷ vi colgar; **se ~ (à)** (se suicider) ahorcarse (de); **~ à** colgar de; **~ qch à** colgar algo de

pendule [pɑ̃dyl] nf (horloge) reloj m

pendulo ▷ nm péndulo

pénétrer [penetʀe] vi penetrar ▷ vt entrar; (suj: projectile, mystère, secret) penetrar; **~ dans/à l'intérieur de** penetrar en/en el interior de

pénible [penibl] adj penoso(-a); **péniblement** adv penosamente; (tout juste) a duras penas

péniche [peniʃ] nf chalana

pénicilline [penisilin] nf penicilina

péninsule [penɛ̃syl] nf península

pénis [penis] nm pene m

pénitence [penitɑ̃s] nf penitencia; **pénitencier** nm (prison) penitenciaría

pénombre [penɔ̃bʀ] nf penumbra

pensée [pɑ̃se] nf pensamiento

penser [pɑ̃se] vi pensar ▷ vt pensar; (concevoir: problème, machine) pensar, idear; **~ à** pensar en; **~ (à) faire qch** pensar (en) hacer algo; **faire ~ à** hacer pensar en, recordar; **pensif, -ive** adj pensativo(-a)

pension [pɑ̃sjɔ̃] nf pensión f (de jubilación; (prix du logement, hôtel) pensión; (école) internado; **mettre en ~** (enfant) meter interno; **pension complète** pensión completa; **pension de famille** casa de huéspedes; **pensionnaire** nm/f (d'un hôtel) huésped m; (d'école) interno(-a); **pensionnat** nm internado

pente [pɑ̃t] nf pendiente f

Pentecôte [pɑ̃tkot] nf: **la ~** Pentecostés msg

pénurie [penyʀi] nf penuria

pépé [pepe] (fam) nm abuelo

pépin [pepɛ̃] nm (Bot) pepita; (fam: ennui) lío

pépinière [pepinjɛʀ] nf vivero

perçant, e [pɛʀsɑ̃, ɑ̃t] adj (vue, regard, yeux) perspicaz; (cri, voix) agudo(-a)

percepteur [pɛʀsɛptœʀ] nm (Admin) recaudador(a) de impuestos

perception [pɛʀsepsjɔ̃] nf

percepción f; (d'impôts etc)
recaudación f; (bureau) oficina de
recaudación

percer [pɛʀse] vt (métal etc)
perforar; (coffre-fort) abrir; (pneu)
pinchar; (abcès) reventar; (trou etc)
abrir; (mystère, énigme) penetrar;
(suj: bruit: oreilles, tympan) traspasar
▷ vi (artiste) abrirse camino; **perceuse**
nf taladradora, perforadora

percevoir [pɛʀsəvwaʀ] vt percibir

perche [pɛʀʃ] nf (Zool) perca; (pièce de
bois, métal) vara; (Sport) pértiga

percher: se ~ vpr (oiseau)
encaramarse; **perchoir** nm percha

perçois etc [pɛʀswa] vb voir
percevoir

perçu, e [pɛʀsy] pp de **percevoir**

percussion [pɛʀkysjɔ̃] nf percusión f

percuter [pɛʀkyte] vt percutir;
(suj: véhicule) chocar

perdant, e [pɛʀdɑ̃, ɑ̃t] nm/f
perdedor(a)

perdre [pɛʀdʀ] vt perder; (argent)
gastar ▷ vi perder; **se perdre** vpr
perderse

perdrix [pɛʀdʀi] nf perdiz f

perdu, e [pɛʀdy] pp de **perdre** ▷ adj
perdido(-a); **à vos moments ~s** en
sus ratos libres

père [pɛʀ] nm padre m; **~ de famille**
padre de familia; **le ~ Noël** el papa
Noel

perfection [pɛʀfɛksjɔ̃]
nf perfección f; **à la ~** a la
perfección; **perfectionné, e** adj
perfeccionado(-a); **perfectionner** vt
perfeccionar

perforatrice [pɛʀfɔʀatʀis] nf
perforadora, taladradora

perforer [pɛʀfɔʀe] vt perforar

performant, e [pɛʀfɔʀmɑ̃, ɑ̃t] adj
(Écon) competitivo(-a)

perfusion [pɛʀfyzjɔ̃] nf perfusión f;
être sous ~ tener puesto el gotero

péril [peʀil] nm peligro

périmé, e [peʀime] adj (conception,
idéologie) pasado(-a) de moda;
(passeport, billet) caducado(-a)

périmètre [peʀimɛtʀ] nm
perímetro; (zone) superficie f

période [peʀjɔd] nf periodo;
périodique adj periódico(-a) ▷ nm
periódico

périphérique [peʀifeʀik] adj
periférico(-a) ▷ nm (Inform)
periférico(-a); (Auto): **(boulevard) ~**
carretera de circunvalación

périr [peʀiʀ] vi perecer

périssable [peʀisabl] adj
perecedero(-a)

perle [pɛʀl] nf perla; (de verre etc)
cuenta; (de rosée, sang, sueur) gota;
(erreur) gazapo

permanence [pɛʀmanɑ̃s] nf
permanencia; (local) guardia;
assurer une ~ (service public, bureaux)
estar abierto(-a); **être de ~** estar de
guardia; **en ~** permanentemente

permanent, e [pɛʀmanɑ̃, ɑ̃t] adj
permanente; (spectacle) continuo(-a);
permanente nf permanente f

perméable [pɛʀmeabl] adj
permeable

permettre [pɛʀmɛtʀ] vt permitir;
~ à qn de faire qch permitir a algn
hacer algo; **se ~ (de faire) qch**
permitirse (hacer) algo; **permettez!**
¡perdone!

permis, e [pɛʀmi, iz] pp de
permettre ▷ nm permiso; **permis
de chasse/pêche** licencia de caza/
pesca; **permis de conduire** carnet
m de conducir; **permis de séjour/
de travail** permiso de residencia/
de trabajo

permission [pɛʀmisjɔ̃] nf permiso;
en ~ de permiso; (Mil) de permiso; **avoir la ~
de faire qch** tener permiso para
hacer algo

Pérou [peʀu] nm Perú m

perpétuel, le [pɛʀpetɥɛl] adj

perpetuo(-a); **perpétuité: à perpétuité** adj a perpetuidad ▷ adv perpetuamente; **être condamné à perpétuité** estar condenado a cadena perpetua

perplexe [pɛʀpleks] adj perplejo(-a)

perquisitionner [pɛʀkizisjɔne] vi registrar

perron [peʀɔ̃] nm escalinata

perroquet [peʀɔke] nm loro

perruche [peʀyʃ] nf cotorra

perruque [peʀyk] nf peluca

persécuter [pɛʀsekyte] vt perseguir

persévérer [pɛʀsevere] vi perseverar

persil [pɛʀsi] nm perejil m

Persique [pɛʀsik] adj: **le golfe ~** el Golfo pérsico

persistant, e [pɛʀsistɑ̃, ɑ̃t] adj persistente

persister [pɛʀsiste] vi persistir; **~ à faire qch** empeñarse en hacer algo

personnage [pɛʀsɔnaʒ] nm personaje m

personnalité [pɛʀsɔnalite] nf personalidad f

personne [pɛʀsɔn] nf persona ▷ pron nadie; **personnes** nfpl personas fpl; **il n'y a ~** no hay nadie; **10 euros par ~** 10 euros por persona; **en ~** en persona; **personne âgée** persona mayor; **personnel, le** adj personal ▷ nm (domestiques) servidumbre f; (employés) plantilla; **personnellement** adv personalmente

perspective [pɛʀspɛktiv] nf perspectiva

perspicace [pɛʀspikas] adj perspicaz; **perspicacité** nf perspicacia

persuader [pɛʀsɥade] vt: **~ qn de qch/de faire qch** persuadir a algn (de algo/de hacer algo)

persuasif, -ive [pɛʀsɥazif, iv] adj persuasivo(-a)

perte [pɛʀt] nf pérdida; (morale) perdición f; **pertes** nfpl (personnes tuées) bajas fpl; **pertes blanches** flujo msg

pertinent, e [pɛʀtinɑ̃, ɑ̃t] adj pertinente

perturbation [pɛʀtyʀbasjɔ̃] nf perturbación f

perturber [pɛʀtyʀbe] vt perturbar

pervers, e [pɛʀvɛʀ, ɛʀs] adj, nm/f perverso(-a); **effet ~** efecto perverso

pervertir [pɛʀvɛʀtiʀ] vt pervertir

pesant, e [pəzɑ̃, ɑ̃t] adj pesado(-a)

pèse-personne [pɛzpɛʀsɔn] (pl **~(s)**) nm báscula

peser [pəze] vt pesar ▷ vi pesar; (fig) tener peso; **~ sur** (fig) abrumar; **~ cent kilos** pesar cien kilos

pessimiste [pesimist] adj, nm/f pesimista m/f

peste [pɛst] nf (Méd) peste f

pétale [petal] nm pétalo

pétanque [petɑ̃k] nf petanca

● **PÉTANQUE**
●
● **Pétanque**, que tiene sus orígenes
● en el sur de Francia, es una versión
● del juego de **boules** practicada en
● diversos tipos de terreno. De pie y
● con los pies juntos, los jugadores
● lanzan bolas de acero hacia un
● boliche de madera.

pétard [petaʀ] nm petardo, cohete m

péter [pete] (fam) vi (sauter) estallar; (casser) romperse; (fam!) tirarse pedos

pétillant, e [petijɑ̃, ɑ̃t] adj (eau) con gas

pétiller [petije] vi (champagne) burbujear; (yeux) chispear

petit, e [p(ə)ti, it] adj pequeño(-a), chico(-a) (esp Am); (personne, cri) bajo(-a); **les tout-s** los pequeñitos; **~ à ~** poco a poco; **petit(e) ami(e)** novio(-a); **petit déjeuner** desayuno;

petit four pastelillo; **petit pain**
panecillo; **petits pois** guisantes *mpl*,
arvejas *fpl* (Am), chícharos *mpl* (Mex);
les petites annonces anuncios
mpl por palabras; **petite-fille** (*pl*
petites-filles) *nf* nieta; **petit-fils** (*pl*
petits-fils) *nm* nieto

pétition [petisjɔ̃] *nf* petición *f*

petits-enfants [pətizɑ̃fɑ̃] *nmpl*
nietos *mpl*

pétrin [petrɛ̃] *nm* artesa; (*fig*): **être
dans le ~** estar en un apuro

pétrir [petrir] *vt* (*argile, cire*)
moldear; (*pâte*) amasar

pétrole [petrɔl] *nm* petróleo;
pétrolier, -ière *adj* petrolero(-a)
▷ *nm* petrolero

MOT-CLÉ

peu [pø] *adv* 1 poco; **il boit peu** bebe
poco; **il est peu bavard** es poco
hablador; **peu avant/après** poco
antes/después; **depuis peu** desde
hace poco
2 (*modifiant nom*): **peu de** poco(-a),
pocos(-as); (*quantité*): **peu d'espoir**
pocas esperanzas; **il y a peu d'arbres**
hay pocos árboles; **pour peu de
temps** por poco tiempo; **c'est (si)
peu de chose** eso es (muy) poca cosa
3: **peu à peu** poco a poco; **à peu près**
adv más o menos; **à peu près 10
kg/10 euros** unos 10 kg/10 euros,
como 10 kg/10 euros (Am)
▷ *nm* 1: **le peu de gens qui** los pocos
que; **le peu de courage qui nous
restait** el poco valor que nos quedaba
2: **un peu** un poco; **un petit peu** un
poquito; **un peu d'espoir** cierta
esperanza; **essayez un peu !** ¡mire a
ver!; **un peu plus/moins de** un poco
más/menos de; **un peu plus et il
ratait son train** un poco más y pierde
el tren; **pour peu qu'il travaille, il
réussira** a poco que trabaje, aprobará

▷ *pron*: **peu le savent** pocos lo saben;
avant *ou* **sous peu** dentro de poco; **de
peu: il a gagné de peu** ganó por
poco; **il s'en est fallu de peu (qu'il
le blesse)** faltó muy poco (para que lo
hiriese); **éviter qch de peu** evitar
algo por poco

peuple [pœpl] *nm* pueblo; **peupler**
vt poblar

peuplier [pøplije] *nm* álamo

peur [pœr] *nf* miedo; **avoir ~ (de qn/
qch/de faire qch)** tener miedo (de *ou*
a algn/algo/de hacer algo); **avoir ~
que** temer que; **faire ~ à qn** asustar
a algn; **de ~ de/que** por miedo a/a
que; **peureux, -euse** *adj* (*personne*)
miedoso(-a); (*regard*) atemorizado(-a)

peut [pø] *vb voir* **pouvoir**

peut-être [pøtɛtr] *adv* quizá(s), a lo
mejor; **~ bien (qu'il fera/est)** puede
(que haga/sea); **~ que** quizá(s), a lo
mejor

phare [far] *nm* faro; **se mettre en ~s,
mettre ses ~s** poner la luz larga

pharmacie [farmasi] *nf*
farmacia; (*produits, armoire*)
botiquín *m*; **pharmacien, ne** *nm/f*
farmacéutico(-a)

phénomène [fenɔmɛn] *nm*
fenómeno; (*personne*) bicho raro

philosophe [filɔzɔf] *adj, nm/f*
filósofo(-a)

philosophie [filɔzɔfi] *nf* filosofía

phobie [fɔbi] *nf* fobia

phoque [fɔk] *nm* foca

phosphorescent, e [fɔsfɔresɑ̃, ɑ̃t]
adj fosforescente

photo [foto] *nf* (*abr de photographie*)
foto *f* ▷ *adj* (*abr de photographique*):
appareil/pellicule ~ máquina/
carrete *m* de fotos; **prendre (qn) en ~**
hacer una foto (a algn); **faire de la ~**
hacer fotografía; **photo d'identité**
foto de carnet; **photocopie**
nf fotocopia; **photocopier** *vt*

fotocopiar; **photocopieuse** nf fotocopiadora; **photographe** nm/f fotógrafo(-a); **photographie** nf fotografía; **photographier** vt fotografiar

phrase [fʀɑz] nf frase f

physicien, ne [fizisjɛ̃, jɛn] nm/f físico(-a)

physique [fizik] adj físico(-a) ⊳ nm físico ⊳ nf física; **physiquement** adv físicamente

pianiste [pjanist] nm/f pianista m/f

piano [pjano] nm piano; **pianoter** vi teclear; (tapoter) tamborilear

pic [pik] nm pico; (Zool) pájaro carpintero; **à ~** escarpado(-a); (fig): **arriver/tomber à ~** venir/caer de perilla

pichet [pifɛ] nm jarro

picorer [pikɔʀe] vt picotear

pie [pi] nf (Zool) urraca

pièce [pjɛs] nf pieza; (d'un logement) habitación f; (Théâtre) obra; (de monnaie) moneda; (Couture) parche m; **dix euros** = diez euros la unidad; **vendre à la ~** vender por unidades; **travailler/payer à la ~** trabajar/ cobrar a destajo; **maillot une ~** bañador m; **un deux-~s cuisine** apartamento con dos habitaciones y cocina; **pièce à conviction** prueba de convicción; **pièce d'identité: avez-vous une ~ d'identité?** ¿tiene usted algún documento de identidad?; **pièce de rechange** pieza de recambio; **pièces détachées** piezas fpl de repuesto; **pièce jointe** (Inform) archivo adjunto; **pièces justificatives** comprobante msg

pied [pje] nm pie m; (Zool, d'un meuble, d'une échelle) pata; **à ~** a pie; **à ~ sec** a pie enjuto; **au ~ de la lettre** al pie de la letra; **avoir ~** hacer pie; **perdre ~** (fig) perder pie; **être sur ~ dès cinq heures** estar en pie desde las cinco; **mettre sur ~** (entreprise) poner en

pie: pied de vigne cepa; **pied-noir** (pl **pieds-noirs**) nm/f francés nacido en Argelia

piège [pjɛʒ] nm trampa; **prendre au ~** coger en la trampa; **piéger** vt coger en la trampa; **lettre/voiture piégée** carta/coche m bomba m

pierre [pjɛʀ] nf piedra; **pierre tombale** lápida sepulcral; **pierreries** nfpl pedrería

piétiner [pjetine] vi patalear; (fig) estancarse, atascarse ⊳ vt (aussi fig) pisotear

piéton, ne [pjetɔ̃, ɔn] nm/f peatón m/f; **piétonnier, -ière** adj peatonal

pieu, x [pjø] nm estaca

pieuvre [pjœvʀ] nf pulpo

pieux, -euse [pjø, pjøz] adj piadoso(-a)

pigeon [piʒɔ̃] nm palomo

piger [piʒe] (fam) vt, vi pillar

pigiste [piʒist] nm/f (journaliste) periodista m/f que trabaja por líneas

pignon [piɲɔ̃] nm piñón m; (d'un mur) aguilón m

pile [pil] nf pila ⊳ adv (net, brusquement) en seco; **à deux heures ~** a las dos en punto; **jouer à ~ ou face** jugar a cara o cruz

piler [pile] vt machacar

pilier [pilje] nm (colonne, support, Rugby) pilar m

piller [pije] vt saquear

pilote [pilɔt] nm piloto ⊳ adj: **appartement ~** piso-piloto; **pilote d'essai/de chasse/de course/de ligne** piloto de pruebas/de caza/de carreras/civil; **piloter** vt pilotar

pilule [pilyl] nf píldora; **prendre la ~** tomar la píldora

piment [pimɑ̃] nm pimiento, ají m (Am); (fig) sal y pimienta; **pimenté, e** adj salpimentado(-a)

pin [pɛ̃] nm pino

pinard [pinaʀ] (fam) nm vino

pince [pɛ̃s] nf pinza; (outil) pinzas fpl;

pince à épiler pinza de depilar; pince à linge pinza de la ropa

pincé, e [pɛ̃se] adj (air) forzado(-a)

pinceau, x [pɛ̃so] nm pincel m

pincée [pɛ̃se] nf: **une ~ de sel/poivre** una pizca de sal/pimienta

pincer [pɛ̃se] vt pellizcar; (personne) (Mus: cordes) puntear

pinède [pined] nf pinar m

pingouin [pɛ̃gwɛ̃] nm pingüino

ping-pong [piŋpɔ̃g] (pl **~s**) nm ping-pong m

pinson [pɛ̃sɔ̃] nm pinzón m

pintade [pɛ̃tad] nf pintada f

pion, ne [pjɔ̃, ɔn] nm (Échecs) peón m; (Dames) ficha

pionnier [pjɔnje] nm pionero(-a)

pipe [pip] nf pipa

piquant, e [pikɑ̃, ɑ̃t] adj punzante; (saveur) picante ▷ nm (épine) espina; (fig): **le ~** lo picante

pique [pik] nf pica; (parole blessante): **envoyer** ou **lancer des ~s à qn** tirar ou lanzar indirectas a algn ▷ nm (Cartes) picas fpl ▷ nf pl: **~s** espadas fpl

pique-nique [piknik] (pl **~s**) nm picnic m; **pique-niquer** vi ir de picnic

piquer [pike] vt picar; (fam: voler) birlar ▷ vi (oiseau, avion) bajar en picado

piquet [pike] nm estaca; **~ de grève** piquete m de huelga

piqûre [pikyʀ] nf (gén) picadura; (Méd) inyección f; **faire une ~ à qn** poner una inyección a algn

piratage [piʀataʒ] nm (Inform) piratería

pirate [piʀat] nm pirata m/f ▷ adj: **émetteur ~** emisora pirata

pirater [piʀate] vi (Inform) piratear

pire [piʀ] adj (comparatif) peor; (superlatif): **le (la)** ~ el/lo (la) peor ▷ nm: **le ~ (de)** lo peor (de)

pis [pi] nm (de vache) ubre f; (pire): **le ~** lo peor ▷ adj, adv peor

piscine [pisin] nf piscina; piscine couverte/en plein air/olympique piscina cubierta/al aire libre/olímpica

pissenlit [pisɑ̃li] nm cardillo

pistache [pistaʃ] nf pistacho

piste [pist] nf pista, rastro; (sentier) camino; (d'un magnétophone) banda; piste cyclable pista para ciclistas

pistolet [pistɔle] nm pistola; pistolet-mitrailleur (pl **pistolets-mitrailleurs**) nm pistola ametralladora

piston [pistɔ̃] nm (Tech) pistón m; (fig) enchufe m; **pistonner** vt enchufar

piteux, -euse [pitø, øz] adj (résultat) deplorable; (air) lastimoso(-a)

pitié [pitje] nf piedad f; **faire ~** dar pena ou lástima; **il me fait ~** me da lástima; **avoir ~ de qn** compadecerse de algn

pitoyable [pitwajabl] adj lamentable

pittoresque [pitɔʀɛsk] adj pintoresco(-a)

PJ [peʒi] sigle f = **police judiciaire** voir **police**

placard [plakaʀ] nm (armoire) armario (empotrado)

place [plas] nf plaza; (espace libre) sitio; (siège) asiento; (prix: au cinéma etc) entrada; (Univ, emploi) puesto; **en ~** en su sitio; **sur ~** en el sitio; **faire de la ~** hacer sitio; **faire ~ à qch** dar paso a algo; **ça prend de la ~** ocupa sitio; **à votre ~ ...** en su lugar ...; **à la ~ de** en lugar de; **il y a 20 ~s assises/debout** hay 20 plazas de asiento/de pie

placé, e [plase] adj (Hippisme) clasificado(-a); **haut ~** (fig) bien situado(-a); **être bien/mal ~** (objet) estar bien/mal colocado(-a); (spectateur) estar bien/mal situado(-a); (concurrent) tener buena/mala posición; **être bien/mal ~ pour** estar en una buena/mala posición para

placement [plasmã] nm (*emploi*) colocación f; (*Fin*) inversión f

placer [plase] vt (*convive, spectateur*) acomodar; (*chose*) colocar; (*capital*) invertir

plafond [plafɔ̃] nm techo

plage [plaʒ] nf playa

plaider [plede] vi (*avocat*) pleitear; (*plaignant*) litigar ▷ vt (*cause*) defender; ~ **coupable/non coupable** declararse culpable/inocente; **plaidoyer** nm (*Jur, fig*) alegato

plaie [plɛ] nf herida

plaignant, e [plɛɲɑ̃, ɑ̃t] vb voir **plaindre** ▷ adj, nm/f demandante m/f

plaindre [plɛ̃dʀ] vt compadecer; **se plaindre** vpr quejarse

plaine [plɛn] nf llanura

plain-pied [plɛ̃pje]: **de ~** adv al mismo nivel

plainte [plɛ̃t] nf queja; (*gémissement*) lamento; (*Jur*): **porter ~** poner una denuncia

plaire [plɛʀ] vi gustar; **se plaire** vpr (*quelque part*) estar a gusto; ~ **à: cela me plaît** eso me gusta; **s'il vous plaît** por favor

plaisance [plezɑ̃s] nf (*aussi*: **navigation de ~**) navegación f de recreo

plaisant, e [plezɑ̃, ɑ̃t] adj agradable

plaisanter [plezɑ̃te] vi bromear; **plaisanterie** nf broma

plaisir [pleziʀ] nm: **le ~** el placer; **faire ~ à qn** complacer a algn; (*suj: cadeau, nouvelle*) agradar a algn; **j'ai le ~ de ...** tengo el gusto de ...; **pour le** ou **par** ou **pour son ~** por gusto

plaît [plɛ] vb voir **plaire**

plan, e [plɑ̃, an] adj plano(-a) ▷ nm plano; (*projet, Écon*) plan m; **au premier/second ~** en primer/ segundo plano; **sur tous les ~s** (*aspect*) en todos los aspectos; **à l'arrière ~** en segundo plano; **laisser/rester en ~** dejar/quedar sin

suspenso; **plan d'eau** estanque m

planche [plɑ̃ʃ] nf tabla; **planches** nfpl: **les ~s** (*Théâtre*) las tablas; **planche à repasser** tabla de planchar; **planche (à roulettes)** monopatín m; **planche à voile** (*objet*) tabla de windsurfing; (*Sport*) windsurfing m

plancher [plɑ̃ʃe] nm suelo

planer [plane] vi (*oiseau*) cernerse; (*avion*) planear; ~ **sur** cernerse sobre

planète [planɛt] nf planeta m

planeur [planœʀ] nm planeador m

planifier [planifje] vt planificar

planning [planiŋ] nm programación f; **planning familial** planificación f familiar

plant [plɑ̃] nm planta joven

plante [plɑ̃t] nf planta; (*Anat*): ~ **du pied** planta del pie

planter [plɑ̃te] vt plantar; (*pieu*) clavar; (*tente*) montar; (*abandonner*): ~ **là** dejar plantado(-a)

plaque [plak] nf placa; (*d'ardoise, de verre*) hoja; **plaque chauffante** placa calientaplatos; **plaque minéralogique/d'immatriculation** placa mineralógica/de matrícula; **plaque de cuisson** quemador m

plaqué, e [plake] nm (*métal*): ~ **or/ argent** chapado en oro/plata

plaquer [plake] vt (*bijou*) chapar; (*Rugby*) hacer un placaje a; (*fam: laisser tomber*) dejar plantado(-a); (*aplatir*): ~ **qch sur/contre** aplastar algo sobre/ contra

plaquette [plakɛt] nf (*de chocolat, pilules*) tableta

plastique [plastik] adj plástico(-a) ▷ nm plástico; **plastiquer** vt volar con goma dos

plat, e [pla, at] adj llano(-a); (*ventre, poitrine*) plano(-a); (*banal*) anodino(-a) ▷ nm (*Culin: mets*) plato; (*: récipient*) fuente f; **à ~** adv a lo largo ▷ adj (*pneu*) desinflado(-a); **à ~ ventre** boca abajo;

batterie à ~ batería descargada; **talons ~s** zapatos *mpl* planos

platane [platan] *nm* plátano

plateau, x [plato] *nm* bandeja; (*Géo*) meseta; (*Ciné, TV*) plató; **plateau à fromage** tabla de quesos

plate-bande [platbɑ̃d] (*pl* **plates-bandes**) *nf* arriate *m*

plate-forme [platfɔrm] (*pl* **plates-formes**) *nf* plataforma

platine [platin] *nm* platino ▷ *nf* platina ▷ *adj inv*: **cheveux/blond ~** cabello/rubio platino *inv*

plâtre [plɑtr] *nm* yeso; (*Méd, statue*) escayola; **avoir un bras dans le ~** tener un brazo escayolado

plein, e [plɛ̃, plɛn] *adj* lleno(-a); (*journée*) ocupado(-a); (*porte, roue*) macizo(-a); (*joues, formes*) relleno(-a); (*chienne, jument*) preñada ▷ *prép*: **avoir de l'argent ~ les poches** tener los bolsillos llenos de dinero ▷ *nm*: **faire le ~ (d'essence)** llenar el depósito (de gasolina); **à ~es mains** a manos llenas; **à ~ régime** al máximo; **à ~ temps, à temps ~** a tiempo completo; **en ~ air** al aire libre; **en ~ soleil** a pleno sol; **en ~e mer** en altamar; **en ~e rue** en medio de la calle; **en ~ milieu** en medio; **en ~ jour/~e nuit** en pleno día/plena noche; **en ~ sur** de lleno sobre; **en avoir ~ le dos** (*fam*) estar hasta la coronilla; **pleins pouvoirs** plenos poderes *mpl*

pleurer [plœre] *vt, vi* llorar; **~ sur** llorar por

pleurnicher [plœrniʃe] *vi* lloriquear

pleurs [plœr] *nmpl*: **en ~** deshecho(-a) en lágrimas

pleut [plø] *vb voir* **pleuvoir**

pleuvoir [pløvwar] *vb impers*: **il pleut** llueve ▷ *vi* (*fig*) llover; **il pleut des cordes** *ou* **à verse/à torrents** llueve a cántaros/torrencialmente

pli [pli] *nm* pliegue *m*; (*d'une jupe*)

tabla; (*d'un pantalon*) raya; (*aussi*: **faux ~**) arruga; (*Admin*) carta; (*Cartes*) baza

pliant, e [plijɑ̃, plijɑ̃t] *adj* plegable ▷ *nm* silla de tijera

plier [plije] *vt* doblar; (*pour ranger*) recoger; (*genou, bras*) flexionar ▷ *vi* curvarse; (*céder*) ceder; **se plier à** *vpr* doblegarse a

plisser [plise] *vt* arrugar; (*jupe*) hacerle tablas a, plisar

plomb [plɔ̃] *nm* plomo; (*d'une cartouche*) perdigón *m*; (*Élec*) fusible *m*

plomberie [plɔ̃bri] *nf* fontanería, plomería (*Am*); (*installation*) cañería

plombier [plɔ̃bje] *nm* fontanero, plomero (*Am*), gasfíter *m* (*Chi*)

plonge [plɔ̃ʒ] (*fam*) *nf*: **faire la ~** fregar los platos

plongeant, e [plɔ̃ʒɑ̃, ɑ̃t] *adj* (*vue*) desde arriba; (*décolleté*) pronunciado(-a)

plongée [plɔ̃ʒe] *nf* inmersión *f*; (*Sport*: *sans bouteilles*) buceo; **~ (sous-marine)** submarinismo

plongeoir [plɔ̃ʒwar] *nm* trampolín *m*

plongeon [plɔ̃ʒɔ̃] *nm* zambullida

plonger [plɔ̃ʒe] *vi* (*personne*) zambullirse; (*sous-marin*) sumergirse; (*oiseau, avion*) lanzarse en picado; (*Football*) hacer una estirada ▷ *vt* sumergir; **plongeur, -euse** [plɔ̃ʒœr, øz] *nm/f* buceador(a); (*avec bouteilles*) submarinista *m/f*; (*de restaurant*): **travailler comme ~** fregar los platos

plu [ply] *pp de* **plaire; pleuvoir**

pluie [plɥi] *nf* lluvia; **une ~ de** (*fig*) una lluvia de

plume [plym] *nf* pluma

plupart [plypar]: **la ~** *pron* la mayor parte; **la ~ du temps** la mayor parte de las veces; **dans la ~ des cas** en la mayoría de los casos; **pour la ~** en su mayoría

pluriel [plyrjɛl] *nm* plural *m*

○ MOT-CLÉ

plus adv [ply] **1** (forme négative): **ne ...
plus** ya no; **je n'ai plus d'argent** ya no
tengo dinero; **je ne travaille plus** ya
no trabaja

2 [plys] (comparatif) más; **plus
intelligent (que)** más inteligente
(que); **plus d'intelligence/de
possibilités (que)** más inteligencia/
posibilidades (que); (superlatif): **le
plus** el más; **c'est lui qui travaille le
plus** es él quien más trabaja; **le plus
grand** el más grande; **(tout) au plus** a
lo sumo, a lo más

3 (davantage) más; **il travaille plus
(que)** trabaja más (que); **plus il
travaille, plus il est heureux** cuanto
más trabaja, más feliz es; **il était plus
de minuit** era más de medianoche;
plus de 3 heures/4 kilos más de 3
horas/4 kilos; **3 heures/kilos de plus
que** 3 horas/kilos más que; **il a 3 ans
de plus que moi** tiene 3 años más que
yo; **de plus** (en supplément) de más; (en
outre) además; **de plus en plus** cada
vez más; **plus de pain** más pan; **sans
plus** sin más; **3 kilos en plus** 3 kilos de
más; **en plus de cela ...** además de
eso ...; **d'autant plus que** tanto más
cuando, más aún cuando; **plus qu'on
est** y lo que es más; **plus ou moins**
más o menos; **ni plus ni moins** ni más
ni menos

▷ prép: **4 plus 2** 4 más 2

plusieurs [plyzjœʀ] dét, pron
varios(-as); **ils sont ~** son varios
plus-value [plyvaly] (pl **~s**) nf (Écon)
plusvalía
plutôt [plyto] adv más bien; **je ferais
~ ceci** haría más bien esto; **fais ~
comme ça** haz mejor así; **~ que (de)
faire qch** en lugar de hacer algo; **~
grand/rouge** más bien grande/rojo
pluvieux, -euse [plyvjø, jøz] adj

lluvioso(-a)
PME [peɛma] sigle fpl (= petites et
moyennes entreprises) = PYME fsg
(= pequeña y mediana empresa)
PMU [peɛmy] sigle m = pari mutuel
urbain voir **pari**
PNB [peɛnbe] sigle m (= produit
national brut) PNB m (= producto
nacional bruto)
pneu, x [pnø] nm neumático,
llanta (Am)
pneumonie [pnømɔni] nf
neumonía
poche [pɔʃ] nf bolsillo; **de ~** de bolsillo
pochette [pɔʃɛt] nf (de timbres) sobre
m; (d'aiguilles etc) estuche m; (sur veste)
pañuelo; **pochette de disque** funda
de discos
podcast [pɔdkast] nm podcast m
podcaster [pɔdkaste] vi podcastear
poêle [pwal] nm estufa ▷ nf: **~ (à
frire)** sartén f (m en Am)
poème [pɔɛm] nm poema m
poésie [pɔezi] nf poesía
poète [pɔɛt] nm poeta m
poids [pwa] nm peso; (pour peser)
pesa; (Sport) peso fpl; **vendre qch
au ~** vender algo al peso; **prendre/
perdre du ~** coger/perder peso; **poids
lourd** peso pesado; (camion: aussi: **PL**)
camión m de carga pesada
poignant, e [pwaɲɑ̃, ɑ̃t] adj
conmovedor(a)
poignard [pwaɲaʀ] nm puñal m;
poignarder vt apuñalar
poigne [pwaɲ] nf fuerza; (fig) firmeza
poignée [pwaɲe] nf puñado; (de
couvercle, valise) asa; (tiroir) tirador m;
(porte) picaporte m; **poignée de main**
apretón m de manos
poignet [pwaɲɛ] nm muñeca; (d'une
chemise) puño
poil [pwal] nm pelo; (de pinceau,
brosse) cerda; **à ~** (fam: tout nu) en
pelota; **au ~** (parfait) estupendo;
être de bon/mauvais ~ (fam) estar

de buenas/malas; **poilu, e** *adj*
peludo(-a)

poinçonner [pwɛ̃sɔne] *vt* (*billet,
ticket*) picar

poing [pwɛ̃] *nm* puño

point [pwɛ̃] *nm* punto; (*Couture,
Tapisserie*) puntada; **faire le ~** (*Naut*)
determinar la posición; (*fig*)
recapitular; **en tout ~** de todo punto;
sur le ~ de faire qch a punto de hacer
algo; **au ~ que** hasta el punto que;
mettre au ~ poner a punto; (*appareil
de photo*) enfocar; (*affaire*) precisar; **à
~** (*Culin*) en su punto; **à ~ nommé** en
el momento oportuno; **point com**
puntocom *m*; **point d'eau** punto
de agua; **point d'exclamation/
d'interrogation** signo de
exclamación/de interrogación;
point de repère punto de referencia;
point de vente punto de venta;
point de vue (*fig*) punto de vista;
point faible punto débil; **point
mort** punto muerto; **points de
suspension** puntos suspensivos

pointe [pwɛ̃t] *nf* punta; (*fig*): **une ~
d'ail** una pizca de ajo; **être à la ~ de
qch** estar en la vanguardia de algo;
sur la ~ des pieds de puntillas; **en ~**
adv, adj en punta; **de ~** (*industries etc*)
de vanguardia; (*vitesse*) tope; **heures/
jours de ~** horas *fpl*/días *fpl* punta

pointer [pwɛ̃te] *vt* puntear;
(*employés, ouvriers*) fichar; (*canon,
doigt*) apuntar ▷ *vi* (*ouvrier, employé*)
fichar

pointillé [pwɛ̃tije] *nm* línea de
puntos

pointilleux, -euse [pwɛ̃tijø, øz] *adj*
puntilloso(-a)

pointu, e [pwɛ̃ty] *adj*
puntiagudo(-a); (*son, voix, fig*)
agudo(-a)

pointure [pwɛ̃tyʀ] *nf* número

point-virgule [pwɛ̃viʀgyl] (*pl
points-virgules) *nm* punto y coma *m*

poire [pwaʀ] *nf* pera

poireau, x [pwaʀo] *nm* puerro

poirier [pwaʀje] *nm* peral *m*

pois [pwa] *nm* guisante *m*; (*sur une
étoffe*) lunar *m*; **à ~** de lunares

poison [pwazɔ̃] *nm* veneno

poisseux, -euse [pwasø, øz] *adj*
pegajoso(-a)

poisson [pwasɔ̃] *nm* pez *m*; (*Culin*)
pescado; (*Astrol*): **P~s** Piscis *msg*;
poisson d'avril inocentada; **poisson
rouge** pez de colores; **poissonnerie**
nf pescadería; **poissonnier, -ière**
nm/f pescadero(-a)

poitrine [pwatʀin] *nf* pecho

poivre [pwavʀ] *nm* pimienta

poivron [pwavʀɔ̃] *nm* pimiento
morrón

polaire [pɔlɛʀ] *adj* polar

polar [pɔlaʀ] (*fam*) *nm* novela policial
ou policíaca

pôle [pol] *nm* (*Géo, Élec*) polo

poli, e [pɔli] *adj* (*personne*)
educado(-a), elegante

police [pɔlis] *nf*: **la ~** la policía;
(*Assurance*): **~ d'assurance** póliza de
seguros; **police judiciaire** policía
judicial; **police secours** servicio
urgente de policía; **policier, -ière** *adj*
policial, policiaco(-a) ▷ *nm* policía
m/f, agente *m* (*Am*); (*aussi*: **roman
policier**) novela policíaca

polio (myélite) [pɔljɔ(mjelit)] *nf*
poliomielitis *f inv*

polir [pɔliʀ] *vt* pulir

politesse [pɔlitɛs] *nf* cortesía

politicien, ne [pɔlitisjɛ̃, jɛn] *nm/f*
político(-a); (*péj*) politicastro(-a)

politique [pɔlitik] *adj, nm/f*
político(-a) ▷ *nf* política

pollen [pɔlɛn] *nm* polen *m*

polluant, e [pɔlɥɑ̃, ɑ̃t] *adj*
contaminante; **produit ~** producto
contaminante

polluer [pɔlɥe] *vt* contaminar;
pollution *nf* polución *f*

polo [pɔlo] nm polo
Pologne [pɔlɔɲ] nf Polonia;
polonais, e adj polaco(-a) ⊳ nm
(Ling) polaco ⊳ nm/f: **Polonais, e**
polaco(-a)
poltron, ne [pɔltrɔ̃, ɔn] adj cobarde
polycopier [pɔlikɔpje] vt
multicopiar
Polynésie [pɔlinezi] nf Polinesia;
la Polynésie française la Polinesia
francesa
polyvalent, e [pɔlivalɑ̃, ɑ̃t] adj
polivalente
pommade [pɔmad] nf pomada
pomme [pɔm] nf manzana; (pomme
de terre): **un steak ~s frites** un filete
con patatas (fritas); **tomber dans
les ~s** (fam) darle a algn un patatús;
pomme d'Adam nuez f de Adán;
pomme de pin piña; **pomme de
terre** patata, papa (Am)
pommette [pɔmɛt] nf pómulo
pommier [pɔmje] nm manzano
pompe [pɔ̃p] nf (appareil) bomba;
(faste) pompa; **pompe (à essence)**
surtidor m (de gasolina); **pompes
funèbres** fpl fúnebres;
pomper vt bombear
pompeux, -euse [pɔ̃pø, øz] (péj) adj
pomposo(-a)
pompier [pɔ̃pje] nm bombero
pompiste [pɔ̃pist] nm/f
encargado(-a) de una gasolinera
poncer [pɔ̃se] vt alisar con un
abrasivo
ponctuation [pɔ̃ktɥasjɔ̃] nf
puntuación f
ponctuel, le [pɔ̃ktɥɛl] adj puntual
pondéré, e [pɔ̃dere] adj
ponderado(-a)
pondre [pɔ̃dr] vt (œufs) poner;
(fig: fam) parir
poney [pɔnɛ] nm poney m, poni m
pont [pɔ̃] nm puente m; (Naut)
cubierta f; **pont-levis** (pl **ponts-levis**)
nm puente m levadizo

pop [pɔp] adj inv pop inv
populaire [pɔpylɛr] adj popular
popularité [pɔpylarite] nf
popularidad f
population [pɔpylasjɔ̃] nf
población f
populeux, -euse [pɔpylø, øz] adj
populoso(-a)
porc [pɔr] nm (Zool) cerdo, chancho
(Am); (Culin) carne f de cerdo
porcelaine [pɔrsalɛn] nf porcelana
porc-épic [pɔrkepik] (pl **porcs-
épics**) nm puerco espín
porche [pɔrʃ] nm porche m
porcherie [pɔrʃəri] nf porqueriza
pore [pɔr] nm poro
porno [pɔrno] adj (abr de
pornographique) porno inv
port [pɔr] nm porte m; (Naut) puerto;
port d'arme (Jur) tenencia de armas
portable [pɔrtabl] adj (vêtement)
ponedero(-a); (ordinateur etc) portátil
⊳ nm (téléphone) móvil m; (ordinateur)
portátil m
portail [pɔrtaj] nm portal m
portant, e [pɔrtɑ̃, ɑ̃t] adj: **être
bien/mal ~** (personne) tener buena/
mala salud
portatif, -ive [pɔrtatif, iv] adj
portátil
porte [pɔrt] nf puerta; **mettre qn
à la ~** poner a algn en la calle; **faire
du ~ à ~** (Comm) vender de puerta en
puerta, vender a domicilio
porté, e [pɔrte] adj: **être ~ sur qch**
darle a algo
porté...: **porte-avions** nm inv
portaaviones m inv; **porte-bagages**
nm inv portaequipajes m inv;
porte-bonheur nm inv amuleto;
porte-clefs nm inv llavero; **porte-
documents** nm inv cartera de mano,
portafolio(s) m (Am)
portée nf alcance m; (d'une chienne etc)
camada f; (Mus) pentagrama m; **à (la)
~ (de)** al alcance (de); **hors de ~ (de)**

fuera del alcance (de); **à ~ de la main** al alcance de la mano; **à ~ de voix** a poca distancia

porte...: portefeuille nm cartera; (Pol) cartera (ministerial); **portemanteau, x** nm perchero; **porte-monnaie** nm inv monedero; **porte-parole** nm inv portavoz m, vocero(-a) (Am)

porter [pɔʀte] vt llevar; (: responsabilité) cargar con; (suj: jambes) sostener ▷ vi (fig) surtir efecto; **se porter** vpr: **se ~ bien/ mal** encontrarse bien/mal; **~ sur** reposar sobre; **~ secours/assistance à qn** prestar socorro/asistencia a algn; **~ bonheur à qn** traer buena suerte a algn; **~ une somme sur un registre** asentar una cantidad en un registro; **~ atteinte à (l'honneur/la réputation de qn)** atentar contra (el honor/la reputación de algn); **se faire ~ malade** declararse enfermo(-a); **~ son attention/regard/effort sur** fijar su atención/mirada/esfuerzo sobre; **~ à croire** llevar a pensar

porteur, -euse [pɔʀtœʀ, øz] nm (de bagages) mozo de equipaje; (Comm: d'un chèque) portador m

porte-voix [pɔʀtəvwa] nm inv megáfono

portier [pɔʀtje] nm portero

portière [pɔʀtjɛʀ] nf puerta

portion [pɔʀsjɔ̃] nf (part) ración f; (partie) parte f

porto [pɔʀto] nm oporto

portrait [pɔʀtʀɛ] nm retrato; **portrait-robot** (pl **portraits-robots**) nm retrato robot

portuaire [pɔʀtɥɛʀ] adj portuario(-a)

portugais, e [pɔʀtygɛ, ɛz] adj portugués(-esa) ▷ nm (Ling) portugués m ▷ nm/f: **P~, e** portugués(-esa)

Portugal [pɔʀtygal] nm Portugal m

pose [poz] nf (de moquette) instalación f; (de rideau, papier peint) colocación f; (position) postura; **(temps de) ~** (Photo) (tiempo de) exposición f

posé, e [poze] adj comedido(-a)

poser [poze] vt poner; (moquette, carrelage) instalar; (rideaux, papier peint) colocar; (question) hacer; (problème) plantear; **se poser** vpr (oiseau, avion) posarse; (question) plantearse

positif, -ive [pozitif, iv] adj positivo(-a)

position [pozisjɔ̃] nf posición f; (posture) postura; (métier) cargo; **être dans une ~ difficile/délicate** estar en una situación difícil/delicada; **prendre ~** tomar posiciones

posologie [pozɔlɔʒi] nf posología f

posséder [posede] vt poseer; (qualité) estar dotado(-a) de; (métier, langue) dominar, conocer a fondo; **possession** nf posesión f

possibilité [posibilite] nf posibilidad f; **possibilités** nfpl (moyens) medios mpl; (potentiel) posibilidades fpl

possible [posibl] adj posible; (projet) realizable ▷ nm: **faire (tout) son ~** hacer (todo) lo (que sea) posible; **il est ~ que** es posible que; **le plus/moins de livres** el mayor/menor número de libros posible; **le plus/moins d'eau ~** la mayor/menor cantidad de agua posible; **aussitôt** ou **dès que ~** en cuanto sea posible

postal, e, -aux [postal, o] adj postal

poste [post] nf (service) correo; (administration) correos mpl; (bureau) oficina de correos ▷ nm (Mil) puesto; (charge) cargo; (de radio, télévision) aparato; (Tél) extensión f; **postes** nfpl: **agent/employé des ~s** agente m/empleado de correos; **mettre à la ~** echar al correo; **poste (de police)** nm puesto (de policía); **poste**

restante nf lista de correos

poster¹ [pɔste] vt (lettre) echar al correo

poster² [pɔstɛʀ] nm póster m

postérieur, e [pɔsteʀjœʀ] adj posterior ▷ nm (fam) trasero

postuler [pɔstyle] vt solicitar

pot [po] nm (récipient) cacharro; (en métal) bote m; (fam: chance): **avoir du ~** tener potra; **boire** ou **prendre un ~** (fam) tomar una copa; **pot d'échappement** (Auto) silenciador m

potable [pɔtabl] adj potable

potage [pɔtaʒ] nm sopa;

potager, -ère adj hortícola; **(jardin) potager** huerto

pot-au-feu [pɔtofø] nm inv cocido

pot-de-vin [pɔdvɛ̃] (pl **pots-de-vin**) nm gratificación f

pote [pɔt] (fam) nm amigo, compadre m (Am), manito (Mex)

poteau, x [pɔto] nm poste m;

poteau indicateur poste indicador

potelé, e [pɔt(ə)le] adj rollizo(-a)

potentiel, le [pɔtɑ̃sjɛl] adj, nm potencial m

poterie [pɔtʀi] nf (fabrication) alfarería; (objet) objeto de barro, cerámica

potier [pɔtje] nm alfarero

potiron [pɔtiʀɔ̃] nm calabaza f

pou, x [pu] nm piojo

poubelle [pubɛl] nf cubo ou bote m (Am) de la basura

pouce [pus] nm pulgar m

poudre [pudʀ] nf polvo; (fard) polvos mpl; (explosif) pólvora; **en ~: lait en ~** leche f en polvo; **poudreuse** nf nieve f en polvo; **poudrier** nm polvera

pouffer [pufe] vi: **~ (de rire)** partirse de risa

poulailler [pulaje] nm (aussi Théâtre) gallinero

poulain [pulɛ̃] nm potro; (fig) pupilo

poule [pul] nf gallina

poulet [pulɛ] nm pollo; (fam) poli m

poulie [puli] nf polea

pouls [pu] nm pulso; **prendre le ~ de qn** tomar el pulso a algn

poumon [pumɔ̃] nm pulmón m

poupée [pupe] nf muñeca

MOT-CLÉ

pour [puʀ] prép 1 (destination, temps): **elle est partie pour Paris** se ha ido a París; **le train pour Séville** el tren para ou a Sevilla; **j'en ai pour une heure** tengo para una hora; **il faut le faire pour après les vacances** hay que hacerlo para después de vacaciones; **pour toujours** para siempre

2 (au prix de, en échange de) por; **il l'a acheté pour 5 euros** lo compró por 5 euros; **donnez-moi pour 200 euros d'essence** deme 200 euros de gasolina; **je te l'échange pour ta montre** te lo cambio por tu reloj

3 (en vue de, intention, en faveur de): **pour le plaisir** por gusto; **pour ton anniversaire** para tu cumpleaños; **je le fais pour toi** lo hago por ti; **pastilles pour la toux** pastillas fpl para la tos; **pour que** para que; **pour faire** para hacer; **pour quoi faire?** ¿para qué?; **je suis pour la démocratie** estoy por la democracia

4 (à cause de): **fermé pour (cause de) travaux** cerrado por obras; **c'est pour cela que je le fais** por eso lo hago; **être pour beaucoup dans qch** influir mucho en algo; **ce n'est pas pour dire, mais ...** (fam) no es por nada pero ...; **pour avoir fait** por haber hecho

5 (à la place de): **il a parlé pour moi** habló por mí

6 (rapport, comparaison): **mot pour mot** palabra por palabra; **ça fait un an jour pour jour** hoy hace justamente un año; **10 pour cent** diez

por ciento; **pour un Français, il parle bien suédois** para ser francés, habla bien el sueco

7 (*comme*): **la femme qu'il a eue pour mère** la mujer que tuvo por madre

8 (*point de vue*): **pour moi, il a tort** para mí que se equivoca; **pour ce qui est de ...** por lo que se refiere a ...; **pour autant que je sache** que yo sepa

▷ *nm*: **le pour et le contre** los pros y los contras

pourboire [puʀbwaʀ] *nm* propina
pourcentage [puʀsɑ̃taʒ] *nm* porcentaje *m*
pourchasser [puʀʃase] *vt* perseguir
pourparlers [puʀpaʀle] *nmpl* negociaciones *fpl*
pourpre [puʀpʀ] *adj* púrpura
pourquoi [puʀkwa] *adv, conj* por qué
▷ *nm*: **le ~ (de)** el porqué (de)
pourrai *etc* [puʀe] *vb voir* **pouvoir**
pourri, e [puʀi] *adj* podrido(-a)
pourriel [puʀjɛl] *nm* (*Internet*) correo *m* basura *inv*
pourrir [puʀiʀ] *vi* podrirse ▷ *vt* pudrir; (*fig: corrompre: personne*) corromper; **pourriture** *nf* podredumbre *f*
poursuite [puʀsɥit] *nf* persecución *f*
poursuivre [puʀsɥivʀ] *vt* perseguir; (*mauvais odeur*) acosar, perseguir; (*obséder*) obsesionar, perseguir; (*continuer: voyage, études*) proseguir ▷ *vi* proseguir; **se poursuivre** *vpr* seguirse; **~ qn en justice** demandar a ou querellarse contra algn
pourtant [puʀtɑ̃] *adv* sin embargo; **c'est ~ facile** sin embargo es fácil
pourtour [puʀtuʀ] *nm* (*d'un quadrilatère*) perímetro
pourvoir [puʀvwaʀ] *vt* (*Comm*): **~ qn en** proveer a algn de, suministrar a algn ▷ *vi*: **~ à** ocuparse de; (*emploi*) atender a; **~ qn de qch** proporcionar

algo a algn; **~ qch de** equipar algo con; **pourvu, e** *pp de* **pourvoir**
▷ *adj*: **pourvu de** provisto(-a) de;
pourvu que (*à condition que*) con tal que; **pourvu qu'il soit là!** (*espérons que*) ¡ojalá que esté!

pousse [pus] *nf* brote *m*; (*bourgeon*) botón *m*, yema
poussée [puse] *nf* (*pression, attaque*) empuje *m*; (*coup*) empujón *m*; (*Méd*) acceso
pousser [puse] *vt* empujar; (*acculer*): **~ qn à qch/à faire qch** arrastrar ou empujar a algn a algo/a algn a hacer algo; (*cri*) lanzar, exhalar ▷ *vi* crecer; **se pousser** *vpr* echarse a un lado; **faire ~** (*plante*) sembrar, plantar
poussette [pusɛt] *nf* cochecito de niño
poussière [pusjɛʀ] *nf* (*la poussière*) polvo; (*une poussière*) mota; **poussiéreux, -euse** *adj* sucio(-a) de polvo; (*route*) polvoriento(-a)
poussin [pusɛ̃] *nm* pollito
poutre [putʀ] *nf* viga
pouvoir [puvwaʀ] *nm* poder *m*
▷ *vt, vb semi-aux, vb impers* poder
▷ *vi*: **il se peut que** puede ser que;
les ~s publics los poderes públicos;
je me porte on ne peut mieux me encuentro perfectamente; **je ne peux pas le réparer** no puedo arreglarlo; **tu ne peux pas savoir!** ¡no puedes imaginarte!; **je n'en peux plus** no puedo más; **je ne peux pas dire le contraire** no puedo decir lo contrario; **j'ai fait tout ce que j'ai pu** hice todo lo que pude; **qu'est-ce que je pouvais bien faire?** ¿qué iba a ou podía hacer yo?; **il aurait pu le dire!** ¡podría haberlo dicho!; **vous pouvez aller au cinéma** podéis ir al cine; **il a pu avoir un accidente** pudo haber un accidente; **il peut arriver que ...** puede suceder que ...; **il pourrait**

pleuvoir puede que llueva; **pouvoir calorifique** poder calorífico; **pouvoir d'achat** poder adquisitivo

prairie [pʀɛʀi] nf pradera

praline [pʀalin] nf (bonbon) garapiñado

praticable [pʀatikabl] adj (chemin) transitable

pratiquant, e [pʀatikɑ̃, ɑ̃t] adj practicante

pratique [pʀatik] nf práctica ▷ adj práctico(-a); **pratiquement** adv (dans la pratique) de una manera práctica; (à peu près) prácticamente; **pratiquer** vt practicar; (métier) ejercer; (intervention) efectuar, realizar

pré [pʀe] nm prado

préalable [pʀealabl] adj previo(-a) ▷ nm: **au ~** de antemano

préambule [pʀeɑ̃byl] nm preámbulo; **sans ~** sin preámbulos

préau, x [pʀeo] nm (d'une cour d'école) cobertizo

préavis [pʀeavi] nm: **~ (de licenciement)** notificación f (de despido); **communication avec ~** (Tél) llamada con aviso

précaution [pʀekosjɔ̃] nf precaución f; (prudence) atención f; **avec/sans ~** con/sin precaución; **par ~** por precaución

précédemment [pʀesedamɑ̃] adv anteriormente

précédent, e [pʀesedɑ̃, ɑ̃t] adj precedente, anterior ▷ nm precedente m; **sans ~** sin precedentes; **le jour ~** el día antes

précéder [pʀesede] vt preceder; **elle m'a précédé de quelques minutes** llegó unos minutos antes que yo

prêcher [pʀeʃe] vt (Rel): **~ l'Evangile** predicar el Evangelio

précieux, -euse [pʀesjø, jøz] adj precioso(-a); (temps, qualités) valioso(-a), importante; (littérature, style) preciosista

précipice [pʀesipis] nm precipicio

précipitamment [pʀesipitamɑ̃] adv precipitadamente

précipitation [pʀesipitasjɔ̃] nf (hâte) precipitación f; **précipitations** nfpl (Météo): **~s (atmosphériques)** precipitaciones fpl

précipité, e [pʀesipite] adj (respiration) jadeante; (démarche, entreprise) precipitado(-a)

précipiter [pʀesipite] vt (faire tomber) arrojar, tirar; (événements) precipitar; **se précipiter** vpr (événements) precipitarse; **se ~ sur/ vers** lanzarse sobre/hacia

précis, e [pʀesi, iz] adj conciso(-a); (vocabulaire) conciso(-a), preciso(-a); (heure) preciso(-a), exacto(-a); (tir, mesures) exacto(-a) ▷ nm compendio; **précisément** adv (avec précision) de manera precisa; (dans une réponse) exactamente; **préciser** vt precisar; **se ~ préciser** vpr precisarse, concretarse; **précision** nf precisión f; (détail) exactitud f

précoce [pʀekɔs] adj precoz

préconçu, e [pʀekɔ̃sy] (péj) adj preconcebido(-a)

préconiser [pʀekɔnize] vt preconizar

prédécesseur [pʀedesesœʀ] nm predecesor m

prédilection [pʀedilɛksjɔ̃] nf: **avoir une ~ pour qn/qch** tener predilección por algn/algo; **de ~** favorito(-a), preferido(-a)

prédire [pʀediʀ] vt (événement improbable) predecir, vaticinar

prédominer [pʀedɔmine] vi predominar

préface [pʀefas] nf prólogo

préfecture [pʀefɛktyʀ] nf prefectura = gobierno civil; (ville) capital f de departamento; **préfecture de police** dirección f general de policía de París

préférable [preferabl] *adj* preferible
préféré, e [prefere] *adj* preferido(-a)
▷ *nm/f* favorito(-a)
préférence [preferãs] *nf*
preferencia; **de ~** preferentemente
préférer [prefere] *vt*: **~ qch/qn (à)**
preferir algo/a algn (a); **~ faire qch**
preferir hacer algo; **je préférerais du
thé** preferiría té
préfet [prefe] *nm* prefecto, ≈
gobernador *m* civil
préhistorique [preistɔrik] *adj*
prehistórico(-a)
préjudice [preʒydis] *nm* perjuicio;
porter ~ à qch/à qn perjudicar
algo/a algn
préjugé [preʒyʒe] *nm* prejuicio;
avoir un ~ contre qn/qch tener
prejuicios contra algn/algo
prélasser [prelase]: **se ~** *vpr* relajarse
prélèvement [prelɛvmã] *nm*
extracción *f*, toma; **faire un ~ de sang**
hacer una extracción de sangre
prélever [prel(ə)ve] *vt* (*échantillon*)
tomar, sacar; **~ (sur)** (*retirer*) sacar
(de); (*déduire*) descontar (de), deducir
(de)
prématuré, e [prematyre] *adj*
prematuro(-a) ▷ *nm/f* prematuro(-a)
premier, -ière [prəmje, jɛr] *adj*
primero(-a); (*avant un nom masculin*)
primer *m*, tu (*premier étage*) primero
▷ *nf* (*vitesse, classe*) primera; (*Scol*)
sexto año de educación secundaria en el
sistema francés; (*Théâtre, Ciné*) estreno;
le ~ venu el primero que venga, **le ~
de l'an** el primero de año, el día de año
nuevo; **Premier ministre** primer(-a)
ministro(-a); **premièrement** *adv*
primeramente
prémonition [premɔnisjõ] *nf*
premonición *f*
prenant, e [prənã, ãt] *vb voir*
prendre
prénatal, e [prenatal] *adj* prenatal
prendre [prãdr] *vt* coger, agarrar

(*Am*); (*aller chercher*) recoger; (*emporter
avec soi*) llevar; (*poisson*) pescar; (*place*)
ocupar; (*boisson*) beber; (*médicament, notes,
mesures*) tomar; (*bain, douche*) darse;
(*moyen de transport, route*) tomar,
coger; (*essence*) echar; (*passager,
personnel, élève*) coger, tomar (*Am*);
(*photographie*) sacar; (*engagement*)
aceptar; (*attitude*) adoptar; (*de la
valeur*) adquirir, ganar; (*vacances,
repos*) tomar(se); (*coûter: temps*)
requerir, llevar; (*: efforts, argent*)
requerir ▷ *vi* (*pâte, ciment*) espesar;
(*ciment*) fraguar; (*semis, vaccin*)
agarrar; (*feu, incendie*) comenzar;
(*bois, allumette*) prender; **~ la fuite**
emprender la huida; **~ qn en
sympathie/horreur** coger *ou* agarrar
simpatía/odio a algn; **~ qn à témoin**
poner a algn por testigo; **~ à gauche**
coger *ou* tomar a la izquierda; **s'en ~ à**
emprenderla con; **se ~** coger *ou* creerse;
se ~ d'affection pour qn cobrar
afecto a algn; **s'y ~ bien/mal** hacerlo
bien/mal
preneur [prənœr] *nm*: **je suis ~**
estoy dispuesto a comprar; **trouver ~**
encontrar comprador
prénom [prenõ] *nm* nombre *m*
(de pila)
préoccupation [preɔkypasjõ] *nf*
preocupación *f*
préoccuper [preɔkype] *vt* (*personne*)
preocupar, inquietar
préparatifs [preparatif] *nmpl*
preparativos *mpl*
préparation [preparasjõ] *nf*
preparación *f*
préparer [prepare] *vt* preparar;
se préparer *vpr* prepararse; **se ~
à qch/à faire qch** prepararse para
algo/para hacer algo
prépondérant, e [prepõderã, ãt]
adj preponderante
préposé, e [prepoze] *adj*: **~ (à qch)**

encargado(-a) (de algo) ▷ nm/f
encargado(-a)

préposition [prepozisjɔ̃] nf
preposición f

près [pre] adv cerca; **~ de** (lieu) cerca
de; (temps, quantité) alrededor de;
de ~ de cerca; **à 5 m/5 kg ~** 5 m/5 kg
más o menos; **à cela ~ que** salvo que,
excepto que

présage [preza3] nm presagio

presbyte [presbit] adj présbita,
hipermétrope

presbytère [presbiter] nm casa
parroquial

prescription [preskripsjɔ̃] nf (Méd)
prescripción f facultativa, receta

prescrire [preskrir] vt (remède)
recetar

présence [prezɑ̃s] nf presencia; (au
bureau etc) presencia, asistencia

présent, e [prezɑ̃, ɑ̃t] adj, nm
presente m; **présents** nmpl: **les ~s**
(personnes) los presentes; **à ~ que**
ahora que

présentation [prezɑ̃tasjɔ̃] nf
presentación f

présenter [prezɑ̃te] vt presentar;
(billet, pièce d'identité) enseñar;
(remettre: note) entregar; (condoléances,
félicitations, remerciements) dar
▷ vi: **~ mal/bien** tener buena/
mala presencia; **se présenter** vpr
presentarse; (solution, doute) surgir; **se
~ bien/mal** (affaire) presentarse bien/
mal; **se ~ à l'esprit** venir a la cabeza

préservatif [prezervatif] nm
preservativo

préserver [prezerve] vt: **~ qch/qn
de** (protéger) preservar ou proteger
algo/a algn de

président [prezidɑ̃] nm presidente
m; **président directeur général**
director m gerente; **présidentielles**
nfpl (élections) elecciones fpl
presidenciales

présider [prezide] vt presidir; **~ à**

qch presidir algo

presque [presk] adv casi; **~ tous/
rien** casi todos/nada; **il n'a ~ pas
d'argent** casi no tiene dinero, apenas
tiene dinero

presqu'île [preskil] nf península

pressant, e [presɑ̃, ɑ̃t] adj
apremiante; (besoin) acuciante

presse [pres] nf prensa

pressé, e [prese] adj (personne)
apresurado(-a), apurado(-a) (Am);
(lettre, besogne) urgente; **orange ~e**
zumo de naranja

pressentiment [presɑ̃timɑ̃] nm
presentimiento

pressentir [presɑ̃tir] vt presentir

presse-papiers [prespapje] nm inv
pisapapeles m inv

presser [prese] vt (fruit) exprimir;
(éponge) escurrir; (interrupteur, bouton)
pulsar ▷ vi (être urgent) urgir, correr
prisa; **se presser** vpr (se hâter) darse
prisa, apurarse (Am); **le temps presse**
el tiempo apremia; **rien ne presse** no
hay prisa; **~ le pas** ou **l'allure** aligerar
(el paso)

pressing [presiŋ] nm (magasin)
tintorería

pression [presjɔ̃] nf presión f;
(bouton) automático; **faire ~ sur qn/
qch** ejercer presión sobre algn/algo;
sous ~ a presión; (fig) presionado(-a);
pression artérielle tensión f arterial

prestataire [prestater] nm/f
beneficiario(-a); **~ de services**
(Comm) prestador m de servicios

prestation [prestasjɔ̃] nf (allocation)
prestación f, ayuda; (d'une entreprise)
contribución f; (d'un joueur, artiste,
homme politique) actuación f

prestidigitateur, -trice
[prestidiʒitatœr, tris] nm/f
prestidigitador(a)

prestige [presti3] nm prestigio;
prestigieux, -euse adj
prestigioso(-a)

présumer [pʀezyme] vt: **~ que** presumir que

prêt, e [pʀɛ, pʀɛt] adj listo(-a), presto(-a) ▷ nm préstamo; **prêt-à-porter** (pl **prêts-à-porter**) nm prêt-à-porter f

prétendre [pʀetɑ̃dʀ] vt (avoir la ferme intention de) pretender; (affirmer): **~ que** mantener que; **~ à** aspirar a; **prétendu, e** adj supuesto(-a)

prétentieux, -euse [pʀetɑ̃sjø, jøz] adj presuntuoso(-a)

prétention [pʀetɑ̃sjɔ̃] nf pretensión f

prêter [pʀete] vt (livres, argent): **~ qch (à)** prestar algo (a) ▷ vi: **~ à: ~ aux commentaires/à équivoque/à rire** prestarse a comentarios/a equívoco/a risa; **se ~ à qch** prestarse a algo; **~ assistance à** prestar socorro a; **~ attention/serment** prestar atención/juramento; **~ l'oreille** aguzar el oído

prétexte [pʀetɛkst] nm pretexto; **sous aucun ~** bajo ningún pretexto; **prétexter** vt poner el pretexto de

prêtre [pʀɛtʀ] nm sacerdote m

preuve [pʀœv] nf prueba; **faire ~ de** dar pruebas de; **faire ses ~s** dar prueba de sus aptitudes

prévaloir [pʀevalwaʀ] vi prevalecer

prévenant, e [pʀev(ə)nɑ̃, ɑ̃t] adj atento(-a)

prévenir [pʀev(ə)niʀ] vt prevenir; (besoins, etc) anticiparse a; **~ qn (de qch)** (avertir) prevenir a algn (de algo)

préventif, -ive [pʀevɑ̃tif, iv] adj preventivo(-a)

prévention [pʀevɑ̃sjɔ̃] nf prevención f; **prévention routière** seguridad f vial

prévenu, e [pʀev(ə)ny] nm/f preso(-a) ▷ adj: **être ~ contre qn** estar prevenido(-a) contra algn

prévision [pʀevizjɔ̃] nf previsión f; **en ~ de l'orage** en caso

de que haya tormenta; **prévisions météorologiques** previsión meteorológica

prévoir [pʀevwaʀ] vt prever; **prévu pour 4 personnes** con cabida para 4 personas; **prévu pour 10 h** previsto para las 10; **prévoyant, e** vb voir **prévoir** ▷ adj prevenido(-a), precavido(-a)

prévu, e [pʀevy] pp de **prévoir**

prier [pʀije] vi rezar ▷ vt rogar; (Rel) rezar; **se faire ~** hacerse rogar; **je vous en prie** (allez-y) pase por favor; (de rien) de nada; **prière** nf oración f; **"prière de faire/ne pas faire ..."** "se ruega hacer/no hacer ..."

primaire [pʀimɛʀ] adj primario(-a); (péj) primitivo(-a) ▷ nm (Scol: aussi: **enseignement ~**): **le ~** primera etapa de la educación primaria

prime [pʀim] nf (bonification, Assurance, Bourse) prima; (subside) ayuda; (Comm: cadeau) bonificación f ▷ adj: **de ~ abord** de entrada; **primer** vt (récompenser) premiar ▷ vi primar

primeurs [pʀimœʀ] nfpl (fruits, légumes) frutos mpl tempranos

primevère [pʀimvɛʀ] nf primavera

primitif, -ive [pʀimitif, iv] adj primitivo(-a)

primordial, e, -aux [pʀimɔʀdjal, jo] adj primordial

prince [pʀɛ̃s] nm príncipe m; **princesse** nf princesa

principal, e, -aux [pʀɛ̃sipal, o] adj principal ▷ nm (Scol) director m

principe [pʀɛ̃sip] nm principio; **pour le ~** por principio; **de/en/par ~** de/en/por principio

printemps [pʀɛ̃tɑ̃] nm primavera

priorité [pʀijɔʀite] nf prioridad f; **priorité à droite** prioridad a la derecha

pris, e [pʀi, pʀiz] pp de **prendre** ▷ adj (place, journée) ocupado(-a); (billets) sacado(-a); **avoir le nez ~/la gorge**

~e (*Méd*) tener la nariz/la garganta irritada

prise [priz] *nf* (*d'une ville*) toma; (*Pêche, Chasse*) presa; (*Élec*) conexión *f*; (*fiche*) enchufe *m*; **être aux ~s avec qn** enfrentarse con algn; **prise de courant** conexión; **prise de sang** toma de sangre; **prise de terre** toma de tierra; **prise de vue** (*Photo*) toma de vista; **prise en charge** (*en un taxi*) bajada de bandera; **prise multiple** ladrón *m*

priser [prize] *vt* (*tabac*) inhalar; (*estimer*) apreciar

prison [prizɔ̃] *nf* cárcel *f*, prisión *f*; (*Mil*) prisión militar; **faire de/risquer la ~** estar en/correr el riesgo de ir a la cárcel; **prisonnier, -ière** *nm/f* preso(-a); (*soldat, otage*) prisionero(-a)

privé, e [prive] *adj* privado(-a); **~ de** privado(-a) de; **en ~** en privado

priver [prive] *vt* privar; **se priver** *vpr*: **(ne pas) se ~ (de)** (no) privarse (de)

privilège [privilɛʒ] *nm* privilegio

prix [pri] *nm* precio; (*récompense*) premio; **à ~ fort** al precio más alto; **acheter qch à ~ d'or** comprar algo a precio de oro; **hors de ~** carísimo(-a); **à aucun ~** por nada del mundo; **à tout ~** cueste lo que cueste

probable [prɔbabl] *adj* probable; **probablement** *adv* probablemente

problème [prɔblɛm] *nm* problema *m*

procédé [prɔsede] *nm* proceso; (*comportement*) proceder *m*

procéder [prɔsede] *vi* proceder; **~ à** (*Jur*) pasar a

procès [prɔsɛ] *nm* (*Jur*) juicio; **être en ~ avec qn** estar en pleito con algn

processus [prɔsesys] *nm* proceso

procès-verbal [prɔsevɛrbal] (*pl* **~-verbaux**) *nm* (*constat*) atestado; (*aussi*: **P.V.**) multa; (*d'une réunion*) acta

prochain, e [prɔʃɛ̃, ɛn] *adj* próximo(-a) ▷ *nm* prójimo; **la ~e**

fois la próxima vez; **la semaine ~e** la semana que viene; **prochainement** *adv* pronto; (*au cinéma*) próximamente

proche [prɔʃ] *adj* (*ami*) cercano(-a), próximo(-a); **proches** *nmpl* (*parents*) familiares *mpl*; **être ~ (de)** estar cerca (de); (*fig: parent*) estar unido(-a) a

proclamer [prɔklame] *vt* declarar; (*la république, son innocence*) proclamar

procuration [prɔkyrasjɔ̃] *nf* poder *m*

procurer [prɔkyre] *vt* (*fournir*) proporcionar; (*causer*) dar; **se procurer** *vpr* conseguir; **procureur** *nm*: **procureur (de la République)** ≈ fiscal *m*

prodige [prɔdiʒ] *nm* prodigio; **prodiguer** *vt* prodigar

producteur, -trice [prɔdyktœr, tris] *adj*, *nm/f* productor(a)

productif, -ive [prɔdyktif, iv] *adj* productivo(-a)

production [prɔdyksjɔ̃] *nf* producción *f*

productivité [prɔdyktivite] *nf* productividad *f*

produire [prɔdɥir] *vt* producir; (*Admin, Jur: documents, témoins*) presentar

produit, e [prɔdɥi, it] *pp de* **produire** ▷ *nm* producto; (*profit*) rendimiento; **produit d'entretien** producto de limpieza

prof [prɔf] *abr* (= *professeur*) prof. (= *profesor*)

proférer [prɔfere] *vt* proferir

professeur [prɔfesœr] *nm* profesor(a); (*titulaire d'une chaire*) catedrático(-a)

profession [prɔfesjɔ̃] *nf* profesión *f*; **"sans ~"** "sin profesión"; **professionnel, le** *adj* profesional ▷ *nm/f* profesional *m/f*

profil [prɔfil] *nm* perfil *m*; **de ~** de perfil

P

profit [pʀɔfi] nm (avantage)
provecho; (Comm, Fin) beneficio; **au
~ de qn/qch** en beneficio de algn/
algo; **tirer** ou **retirer ~ de qch** sacar
provecho de algo; **profiter de**
vt ind aprovecharse de; (lecture) sacar
provecho de; (occasion) aprovechar

profond, e [pʀɔfɔ̃, ɔ̃d] adj
profundo(-a); (trou, eaux) hondo(-a);
profondément adv profundamente;
profondeur nf profundidad f

programme [pʀɔgʀam] nm
programa m; **programmer** vt
programar; **programmeur, -euse**
nm/f (Inform) programador(a)

progrès [pʀɔgʀɛ] nm progreso,
avance m; **faire des/être en ~** hacer
progresos; **progresser** vi (mal etc)
avanzar; (élève, recherche) progresar;
progressif, -ive adj progresivo(-a)

proie [pʀwa] nf presa

projecteur [pʀɔʒɛktœʀ] nm (de
théâtre, cirque) foco; (de films, photos)
proyector m

projectile [pʀɔʒɛktil] nm proyectil m

projection [pʀɔʒɛksjɔ̃] nf
proyección f

projet [pʀɔʒɛ] nm proyecto; **projet
de loi** proyecto de ley; **projeter** vt
proyectar; (jeter) lanzar; (envisager)
planear

prolétaire [pʀɔletɛʀ] nm/f
proletario(-a)

prolongement [pʀɔlɔ̃ʒmɑ̃] nm
prolongación f

prolonger [pʀɔlɔ̃ʒe] vt prolongar;
(délai) prorrogar; **se prolonger** vpr
prolongarse

promenade [pʀɔm(ə)nad] nf paseo;
faire une ~ dar un paseo

promener [pʀɔm(ə)ne] vt dar un
paseo a; (doigts, main) recorrer; **se
promener** vpr pasearse

promesse [pʀɔmɛs] nf promesa

promettre [pʀɔmɛtʀ] vt, vi

prometer; **~ à qn de faire qch**
prometer a algn hacer algo

promiscuité [pʀɔmiskɥite] nf
promiscuidad f

promontoire [pʀɔmɔ̃twaʀ] nm
promontorio

promoteur, -trice [pʀɔmɔtœʀ,
tʀis] nm/f: **~ (immobilier)** promotor
(inmobiliario)

promotion [pʀɔmosjɔ̃] nf
promoción f; (avancement) ascenso;
article en ~ artículo en oferta

promouvoir [pʀɔmuvwaʀ] vt (à un
grade, poste) ascender a; (recherche etc)
promover

prompt, e [pʀɔ̃(pt), pʀɔ̃(p)t] adj
rápido(-a)

prôner [pʀone] vt (préconiser)
preconizar

pronom [pʀɔnɔ̃] nm pronombre m

prononcer [pʀɔnɔ̃se] vt pronunciar;
(souhait, vœu) formular; **se
prononcer** vpr pronunciarse; **se ~
sur qch** pronunciarse sobre algo;
prononciation nf pronunciación f

pronostic [pʀɔnɔstik] nm
pronóstico

propagande [pʀɔpagɑ̃d] nf
propaganda

propager [pʀɔpaʒe] vt propagar; **se
propager** vpr propagarse

prophète, prophétesse [pʀɔfɛt,
pʀɔfɛtɛs] nm/f profeta/profetisa

prophétie [pʀɔfesi] nf (d'un prophète)
profecía; (d'une cartomancienne)
predicción f

propice [pʀɔpis] adj propicio(-a)

proportion [pʀɔpɔʀsjɔ̃] nf
proporción f; (relation, pourcentage)
relación f; **toute(s) ~(s) gardée(s)**
manteniendo las proporciones

propos [pʀɔpo] nm (paroles)
palabras fpl; (intention) propósito; **à
~ de** a propósito de; **à tout ~** a cada
momento; **à ce ~** a ese respecto; **à ~**
a propósito

proposer [pʀopoze] vt proponer; **se ~ (pour faire qch)** ofrecerse (para hacer algo); **se ~ de faire qch** proponerse hacer algo; **proposition** nf propuesta; (offre) oferta; (Ling) proposición f

propre [pʀopʀ] adj limpio(-a); (net) pulcro(-a); (fig: honnête) intachable; (intensif possessif, sens) propio(-a) ▷ nm: **le ~ de** lo propio de, en **~ à** (particulier) propio(-a) de; **mettre** ou **recopier au ~** pasar a limpio; **propre à rien** nm/f (péj) inútil m/f; **proprement** adv (manger etc) correctamente; **à proprement parler** a decir verdad; **le village proprement dit** el pueblo propiamente dicho; **propreté** nf limpieza

propriétaire [pʀopʀijetɛʀ] nm/f propietario(-a); (pour le locataire) casero(-a)

propriété [pʀopʀijete] nf propiedad f; (villa, terres) casa de campo

propulser [pʀopylse] vt (missile, engin) propulsar; (projeter) lanzar

prose [pʀoz] nf prosa

prospecter [pʀospɛkte] vt prospectar; (Comm) estudiar el mercado de

prospectus [pʀospɛktys] nm prospecto

prospère [pʀospɛʀ] adj próspero(-a); **prospérer** vi prosperar

prosterner [pʀostɛʀne]: **se ~** vpr prosternarse

prostituée nf prostituta

prostitution [pʀostitysjɔ̃] nf prostitución f

protecteur, -trice [pʀotɛktœʀ, tʀis] adj, nm/f protector(a)

protection [pʀotɛksjɔ̃] nf protección f

protéger [pʀoteʒe] vt proteger; **se ~ de/contre qch** protegerse de/contra algo

protéine [pʀotein] nf proteína

protestant, e [pʀotɛstã, ãt] adj, nm/f protestante m/f

protestation [pʀotɛstasjɔ̃] nf protesta

protester [pʀotɛste] vi protestar

prothèse [pʀotɛz] nf prótesis f inv; **prothèse dentaire** prótesis dental

protocole [pʀotokɔl] nm protocolo

proue [pʀu] nf proa

prouesse [pʀuɛs] nf proeza

prouver [pʀuve] vt probar; (montrer) demostrar

provenance [pʀov(ə)nãs] nf procedencia; (d'un mot, d'une coutume) origen m; **en ~ de** procedente de

provenir [pʀov(ə)niʀ] vi: **~ de** proceder de; (résulter de) derivarse de

proverbe [pʀovɛʀb] nm proverbio

province [pʀovɛ̃s] nf provincia

proviseur [pʀovizœʀ] nm director(a) de instituto

provision [pʀovizjɔ̃] nf provisión f; (acompte, avance) anticipo; (Comm) provisión de fondos; **provisions** nfpl (vivres) provisiones fpl

provisoire [pʀovizwaʀ] adj provisional, provisorio(-a); (Am) **provisoirement** adv provisionalmente

provocant, e [pʀovokã, ãt] adj (agressif) provocante; (excitant) provocativo(-a)

provoquer [pʀovoke] vt provocar; (curiosité) despertar

proxénète [pʀoksenɛt] nm proxeneta m

proximité [pʀoksimite] nf (dans l'espace) cercanía; (dans le temps) proximidad f; **à ~ (de)** cerca (de)

prudemment [pʀydamã] adv con prudencia

prudence [pʀydãs] nf prudencia; **avec ~** con prudencia; **par (mesure de) ~** como medida de precaución

prudent, e [pʀydã, ãt] adj prudente; (sage, conseillé) sensato(-a); **soyez ~!**

¡tened cuidado!

prune [pʀyn] *nf* ciruela
pruneau, x [pʀyno] *nm* ciruela pasa
prunier [pʀynje] *nm* ciruelo
PS [pees] *sigle m* (= **Parti socialiste**; *post-scriptum*) PD (= *postdata*)
pseudonyme [psødɔnim] *nm* seudónimo; (*de comédien*) nombre martístico
psychanalyse [psikanaliz] *nf* (p)sicoanálisis *m inv*
psychiatre [psikjatʀ] *nm/f* (p)siquiatra *m/f*; **psychiatrique** *adj* (p)siquiátrico(-a)
psychique [psiʃik] *adj* (p)síquico(-a)
psychologie [psikɔlɔʒi] *nf* (p)sicología; **psychologique** *adj* (p)sicológico(-a); **psychologue** *nm/f* (p)sicólogo(-a)
pu [py] *pp de* **pouvoir**
puanteur [pɥɑ̃tœʀ] *nf* pestilencia
pub [pyb] *nf* (*fam: publicité*) publicidad *f*
public, -ique [pyblik] *adj* público(-a) ▷ *nm* público; **en ~** en público
publicitaire [pyblisitɛʀ] *adj* publicitario(-a)
publicité [pyblisite] *nf* publicidad *f*; **une ~** un anuncio
publier [pyblije] *vt* publicar
publique [pyblik] *adj f voir* **public**
puce [pys] *nf* pulga; (*Inform*) pulgada; **marché aux ~s** mercadillo
pudeur [pydœʀ] *nf* pudor *m*
pudique [pydik] *adj* (*chaste*) pudoroso(-a); (*discret*) recatado(-a)
puer [pɥe] (*péj*) *vi, vt* apestar (a)
puéricultrice [pɥeʀikyltʀis] *nf* puericultora
puéril, e [pɥeʀil] *adj* pueril
puis [pɥi] *vb voir* **pouvoir** ▷ *adv* (*ensuite*) después, luego; (*en outre*): **et ~** y además, y encima
puiser [pɥize] *vt*: **~ (dans)** sacar (de)
puisque [pɥisk] *conj* ya que, como
puissance [pɥisɑ̃s] *nf* potencia;

(*pouvoir*) poder *m*
puissant, e [pɥisɑ̃, ɑ̃t] *adj* poderoso(-a); (*moteur*) potente; (*éclairage, drogue, vent*) fuerte
puits [pɥi] *nm* pozo
pull [pyl], **pull-over** [pylɔvɛʀ] (*pl* **~-overs**) *nm* jersey *m*
pulluler [pylyle] *vi* pulular
pulpe [pylp] *nf* pulpa
pulvériser [pylveʀize] *vt* pulverizar; (*fig: adversaire*) machacar
punaise [pynɛz] *nf* (*Zool*) chinche *f*; (*clou*) chincheta
punch [pœnʃ] *nm* (*boisson*) ponche *m*; (*fig*) vitalidad *f*
punir [pyniʀ] *vt* castigar; **punition** *nf* castigo
pupille [pypij] *nf* (*Anat*) pupila
pupitre [pypitʀ] *nm* (*Scol*) pupitre *m*; (*Rel, Mus*) atril *m*
pur, e [pyʀ] *adj* puro(-a); (*intentions*) bueno(-a); **en ~e perte** en balde
purée [pyʀe] *nf* puré *m*; **purement** *adv* puramente
purgatoire [pyʀgatwaʀ] *nm* purgatorio
purger [pyʀʒe] *vt* purgar; (*vidanger*) limpiar
pur-sang [pyʀsɑ̃] *nm inv* pura sangre *m*
pus [py] *vb voir* **pouvoir** ▷ *nm* pus *m*
putain [pytɛ̃] (*fam!*) *nf* puta; **~!** ¡joder!
puzzle [pœzl] *nm* rompecabezas *m inv*
PV [peve] *sigle m* (= *procès-verbal*) multa
pyjama [piʒama] *nm* pijama *m*, piyama *m* ou *f* (*Am*)
pyramide [piʀamid] *nf* pirámide *f*
Pyrénées [piʀene] *nfpl*: **les ~** los Pirineos

q

QI [kyi] *sigle m* (= *quotient intellectuel*) C.I. *m* (= *coeficiente intelectual*)

quadragénaire [k(w)adraʒenɛr] *nm/f* (*de quarante à cinquante ans*) cuarentón(-ona); **les ~s** los mayores de cuarenta años

quadruple [k(w)adrypl] *adj* cuádruple ▷ *nm*: **le ~ de** el cuádruplo de; **quadruplés, -ées** *nm/fpl* cuatrillizos(-as)

quai [ke] *nm* (*d'un port*) muelle *m*; (*d'une gare*) andén *m*; (*d'un cours d'eau, canal*) orilla; **être à ~** (*navire*) estar atracado; (*train*) estar en el andén

qualification [kalifikasjɔ̃] *nf* (*aptitude*) capacitación *f*

qualifier [kalifje] *vt* calificar; **se qualifier** *vpr* (Sport) calificarse

qualité [kalite] *nf* calidad *f*; **rapport ~-prix** relación *f* calidad-precio

quand [kɑ̃] *conj* cuando; (*chaque fois que*) cada vez que; (*alors que*) cuando, mientras; **~ je serai riche, j'aurai une belle maison** cuando yo sea rico, tendré una casa bonita; (*tout de même*): **tu exagères ~ même** desde luego te pasas

quant [kɑ̃]: **~ à** *prép* en cuanto a; **~ à moi, ...** en cuanto a mí ..., por lo que se refiere a mí ...

quantité [kɑ̃tite] *nf* cantidad *f*; (*grand nombre*): **une** ou **des ~(s) de** una cantidad ou cantidades de

quarantaine [karɑ̃tɛn] *nf* (*isolement*) cuarentena; (*nombre*): **une ~ (de)** unos cuarenta; (*âge*): **avoir la ~** estar en la cuarentena; **mettre en ~** poner en cuarentena

quarante [karɑ̃t] *adj inv, nm inv* cuarenta *m inv*; *voir aussi* **cinq**

quoième [karɑ̃tjɛm] *adj, nm/f* cuadragésimo(-a); *voir aussi* **cinquantième**

quart [kar] *nm* cuarto ▷ *nm* (Naut, *surveillance*) guardia; **le ~ de** la cuarta parte de; **un ~ de l'héritage** un cuarto de la herencia; **un ~ de fromage** un cuarto (de kilo) de queso; **un kilo un ou et ~** un kilo y cuarto; **quarts de finale** (Sport) cuartos *mpl* de final; **quart d'heure** cuarto de hora

quartier [kartje] *nm* cuarto; (*d'une ville*) barrio; (*d'orange*) gajo; **cinéma de ~** cine *m* de barrio; **ne pas faire de ~** no dar cuartel; **quartier général** cuartel general

quartz [kwarts] *nm* cuarzo

quasi [kazi] *adv* casi ▷ *préf*: **~-certitude/totalité** cuasicerteza/cuasitotalidad *f*; **quasiment** *adv* casi

quatorze [katɔrz] *adj inv, nm inv* catorce *m inv*; *voir aussi* **cinq**

quatorzième [katɔrzjɛm] *adj, nm/f* decimocuarto(-a); *voir aussi* **cinquantième**

quatre [katr] *adj inv, nm inv* cuatro *m inv*; **à ~ pattes** a cuatro patas;

être tiré à ~ épingles estar hecho un maniquí; **se mettre en ~ pour qn** desvivirse por algn; **monter/descendre (l'escalier) ~ à ~** subir/bajar (los escalones) de cuatro en cuatro; *voir aussi* **cinq**; **quatre-vingt-dix** *adj inv, nm inv* noventa *m inv*; *voir aussi* **cinq**; **quatre-vingt-dixième** *adj, nm/f* nonagésimo(-a); *voir aussi* **cinquantième**; **quatre-vingtième** *adj, nm/f* octogésimo(-a); *voir aussi* **cinquantième**; **quatre-vingts** *adj inv, nm inv* ochenta *m inv*; *voir aussi* **cinq**; **quatrième** *adj, nm/f* cuarto(-a) ▷ *nf* (*Auto*) cuarta; (*Scol*) tercer año de educación secundaria en el sistema francés; *voir aussi* **cinquième**

quatuor [kwatɥɔʀ] *nm* cuarteto

○ MOT-CLÉ

que [kə] *conj* 1 (*introduisant complétive*) que; **il sait que tu es là** sabe que estás allí; **je veux que tu acceptes** quiero que aceptes; **il a dit que oui** dijo que sí

2 (*reprise d'autres conjonctions*): **quand il rentrera et qu'il aura mangé** cuando vuelva y haya comido; **si vous y allez ou que vous lui téléphonez** si usted va (allí) o le llama por teléfono

3 (*en tête de phrase: hypothèse, souhait etc*): **qu'il le veuille ou non** quiera o no quiera; **qu'il fasse ce qu'il voudra!** ¡que haga lo que quiera!

4 (*après comparatif*): **aussi grand que** tan grande como; **plus grand que** más grande que; *voir aussi* **plus**

5 (*temps*): **elle venait à peine de sortir qu'il se mit à pleuvoir** acababa justo de salir cuando se puso a llover; **il y a 4 ans qu'il est parti** hace 4 años que se marchó

6 (*attribut*): **c'est une erreur que de croire …** es un error creer …

7 (*but*): **tenez-le qu'il ne tombe pas**

sujétalo (para) que no se caiga

8 (*seulement*): **ne … que** sólo, no más que; **il ne boit que de l'eau** sólo bebe agua, no bebe más que agua

▷ *adv* (*exclamation*): **qu'est-ce qu'il est bête!** ¡qué tonto es!; **qu'est-ce qu'il court vite!** ¡cómo corre!; **que de livres!** ¡cuántos libros!

▷ *pron* 1 (*relatif*): **l'homme que je vois** el hombre que veo; (*temps*): **un jour que j'étais …** un día en que yo estaba …; **le livre que tu lis** el libro que lees

2 (*interrogatif*): **que fais-tu?, qu'est-ce que tu fais?** ¿qué haces?; **que préfères-tu, celui-ci ou celui-là?** ¿cuál prefieres, éste o ése?; **que fait-il dans la vie?** ¿a qué se dedica?; **qu'est-ce que c'est?** ¿qué es?; **que faire?** ¿qué se puede hacer?; *voir aussi* **autant** *etc*

Québec [kebɛk] *nm* Quebec *m*

○ MOT-CLÉ

quel, quelle [kɛl] *adj* 1 (*interrogatif: avant un nom*) qué; (*avant un verbe: personne*) quién; (: *chose*) cuál; **sur quel auteur va-t-il parler?** ¿sobre qué autor va a hablar?; **quels acteurs préférez-vous?** ¿(a) qué actores prefiere?; **quel est cet homme?** ¿quién es este hombre?; **quel livre veux-tu?** ¿qué libro quieres?; **quel est son nom?** ¿cuál es su nombre?

2 (*exclamatif*): **quelle surprise/coïncidence!** ¡qué sorpresa/coincidencia!; **quel dommage qu'il soit parti!** ¡qué pena que se haya marchado!

3: **quel que soit** (*personne*) sea quien sea, quienquiera que sea; (*chose*) sea cual sea, cualquiera que sea; **quel que soit le coupable** sea quien sea el culpable; **quel que soit votre avis**

sea cual sea su opinión
▷ **pron interrog**: **de tous ces enfants, quel est le plus intelligent?** de todos esos niños, ¿cuál es el más inteligente?

quelconque [kɛlkɔ̃k] adj cualquier(a); (sans valeur) mediocre; **pour une raison ~** por cualquier razón

⭕ **MOT-CLÉ**

quelque [kɛlk] adj 1 (suivi du singulier) algún(-una); (suivi du pluriel) algunos(-as); **cela fait quelque temps que je ne l'ai (pas) vu** hace algún tiempo que no lo he visto; **il a dit quelques mots de remerciement** dijo algunas palabras de agradecimiento; **les quelques enfants qui ...** los pocos niños que ...; **il habite à quelque distance d'ici** vive a cierta distancia de aquí; **20 kg et quelque(s)** 20 kg y pico

2: **quelque ... que**: **quelque livre qu'il choisisse** cualquier libro que elija

3: **quelque chose** pron algo; **quelque chose d'autre** otra cosa; **y être pour quelque chose** tener algo que ver; **ça m'a fait quelque chose!** ¡sentí una cosa!; **puis-je faire quelque chose pour vous?** ¿puedo hacer algo por usted?; **c'est déjà quelque chose** algo es algo; **quelque part** (position) en alguna parte; (direction) a alguna parte; **en quelque sorte** (pour ainsi dire) en cierto modo

▷ **adv** 1 (environ, à peu près): **une route de quelque 100 km** una carretera de unos 100 km

2: **quelque peu** algo

quelquefois [kɛlkəfwa] adv a veces
quelques-uns, -unes [kɛlkəzœ̃,

yn] pron algunos(-as)
quelqu'un, e [kɛlkœ̃] pron alguien; (entre plusieurs) alguno(-a); **~ d'autre** otro(-a); **être ~** (de valeur) ser alguien
qu'en dira-t-on [kɑ̃diratɔ̃] nm inv: **le ~** el qué dirán
querelle [kaʀɛl] nf pelea; **quereller**: **se quereller** vpr pelearse
qu'est-ce que [kɛskə] voir **que**
qu'est-ce qui [kɛski] voir **que**; **qui**
question [kɛstjɔ̃] nf (gén) pregunta; (problème) cuestión f, problema m; **il a été ~ de** se trató de; **de quoi est-il ~?** ¿de qué se trata?; **il n'en est pas ~** ni hablar, ni mucho menos; **en ~** en cuestión; **hors de ~** fuera de lugar; **(re)mettre en ~** poner en tela de juicio; **questionnaire** nm cuestionario; **questionner** vt preguntar
quête [kɛt] nf (collecte) colecta; (recherche) búsqueda; **faire la ~** (à l'église) pasar la bandeja; (artiste) pasar la gorra
quetsche [kwɛtʃ] nf ciruela damascena
queue [kø] nf cola; (d'un fruit, d'une feuille) rabillo; **faire la ~** hacer cola; **queue de cheval** cola de caballo

⭕ **MOT-CLÉ**

qui [ki] pron 1 (interrogatif) quién; (: pluriel) quiénes; (: objet): **qui (est-ce que) j'emmène?** ¿a quién llevo?; **je ne sais pas qui c'est** no sé quién es; **à qui est ce sac?** ¿de quién es este bolso?; **à qui parlais-tu?** ¿con quién hablabas?

2 (relatif) que; (: après prép) quien, el/la que; (: pluriel) quienes, los/las que; **l'ami de qui je vous ai parlé** el amigo de quien ou del que he hablé; **la personne avec qui je l'ai vu** la persona con quien lo vi

3 (sans antécédent): **amenez qui vous**

voulez traiga a quien quiera; **qui que ce soit** quienquiera que sea

quiconque [kikɔ̃k] *pron* quienquiera que; *(n'importe qui)* cualquiera

quille [kij] *nf* bolo; *(d'un bateau)* quilla

quincaillerie [kɛ̃kajʀi] *nf (magasin)* ferretería

quinquagénaire [kɛ̃kaʒenɛʀ] *nm/f* quincuagenario(-a)

quinte [kɛ̃t] *nf*: **~ (de toux)** golpe *m* de tos

quintuple [kɛ̃typl] *nm*: **le ~ de** el quíntuplo de; **quintuplés, -ées** *nm/fpl* quintillizos(-as)

quinzaine [kɛ̃zɛn] *nf* quincena; **une ~ (de jours)** unos quince días

quinze [kɛ̃z] *adj inv, nm inv* quince *m inv*; **dans ~ jours** dentro de quince días; *voir aussi* **cinq**

quinzième [kɛ̃zjɛm] *adj, nm/f* decimoquinto(-a); *voir aussi* **cinquantième**

quiproquo [kipʀɔko] *nm* malentendido

quittance [kitɑ̃s] *nf (reçu)* recibo

quitte [kit] *adj*: **être ~ envers qn** estar en paz con algn; **je resterai ~ à attendre pendant 3 heures** me quedaré aunque tenga que esperar 3 horas

quitter [kite] *vt* dejar; *(vêtement)* quitarse; **se quitter** *vpr (couples, interlocuteurs)* separarse; **~ la route** *(véhicule)* salir de la carretera; **ne quittez pas** *(au téléphone)* no se retire

qui-vive [kiviv] *nm inv*: **être sur le ~** estar alerta

○ MOT-CLÉ

quoi [kwa] *pron interrog* **1** *(interrogation directe)* qué; **quoi de plus beau que ...?** ¿hay algo más hermoso que ...?; **quoi de neuf?** ¿qué hay de nuevo?; **quoi encore?** ¿y ahora, qué?; **et puis**

quoi encore! ¡y qué más!; **quoi?** *(qu'est-ce que tu dis?)* ¿qué?

2 *(interrogation directe avec prép)* qué; **à quoi penses-tu?** ¿en qué piensas?; **de quoi parlez-vous?** ¿de qué habláis?; **en quoi puis-je vous aider?** ¿en qué puedo ayudarle?; **à quoi bon?** ¿para qué?

3 *(interrogation indirecte)* qué; **dis-moi à quoi ça sert** dime para qué sirve; **je ne sais pas à quoi il pense** no sé en qué piensa

▷ *pron rel* **1** que; **ce à quoi tu penses** lo que piensas; **de quoi écrire** algo para escribir; **il n'a pas de quoi se l'acheter** no tiene con qué comprarlo; **il n'y a pas de quoi être fier** no hay por qué estar orgulloso; **merci – il n'y a pas de quoi** gracias – no hay de qué

2 *(locutions)*: **après quoi** después de lo cual; **sans quoi, faute de quoi** si no; **comme quoi** *(déduction)* así que; **un message comme quoi il est arrivé** un mensaje en el que dice que ha llegado

3: **quoi qu'il arrive** pase lo que pase; **quoi qu'il en soit** sea lo que sea; **quoi qu'elle fasse** haga lo que haga; **si vous avez besoin de quoi que ce soit** si necesita cualquier cosa

▷ *excl* qué

quoique [kwak(ə)] *conj* aunque

quotidien, ne [kɔtidjɛ̃, jɛn] *adj* cotidiano(-a) ▷ *nm (journal)* diario; **quotidiennement** *adv* diariamente

r

R [ɛʀ] *abr* (= *route*) ctra. (= *carretera*); (= *rue*) C (= *calle*)

rabais [ʀabɛ] *nm* rebaja; **rabaisser** *vt* (*prétentions, autorité*) bajar, reducir; (*personne, mérites*) rebajar

rabattre [ʀabatʀ] *vt* (*couvercle, siège*) bajar

rabbin [ʀabɛ̃] *nm* rabino

rabougri, e [ʀabugʀi] *adj* mustio(-a)

raccommoder [ʀakɔmɔde] *vt* (*vêtement, linge*) remendar; **se ~ avec** (*fam*) reconciliarse con

raccompagner [ʀakɔ̃paɲe] *vt* acompañar

raccord [ʀakɔʀ] *nm* (*Tech*) racor m, empalme m; **raccorder** *vt* (*tuyaux, fils électriques*) empalmar

raccourci [ʀakuʀsi] *nm* atajo

raccourcir [ʀakuʀsiʀ] *vt* acortar

raccrocher [ʀakʀɔʃe] *vt* (*tableau, vêtement*) volver a colgar; (*récepteur*) colgar ▷ *vi* (*Tél*) colgar; **se raccrocher**

à *vpr* (*branche*) agarrarse a; (*fig*) aferrarse a

race [ʀas] *nf* raza

rachat [ʀaʃa] *nm* (*v vt*) compra; redención f

racheter [ʀaʃ(ə)te] *vt* volver a comprar; (*part, firme: aussi d'occasion*) comprar; (*mauvaise conduite, oubli, défaut*) compensar; **se racheter** *vpr* (*Rel*) redimirse

racial, e, -aux [ʀasjal, jo] *adj* racial

racine [ʀasin] *nf* raíz f: **~ carrée/ cubique** raíz cuadrada/cúbica

raciste [ʀasist] *adj, nm/f* racista m/f

racket [ʀakɛt] *nm* chantaje m

raclée [ʀakle] (*fam*) *nf* paliza

racler [ʀakle] *vt* raspar

racontars [ʀakɔ̃taʀ] *nmpl* habladurías fpl

raconter [ʀakɔ̃te] *vt*: **~ (à qn)** contar (a algn)

radar [ʀadaʀ] *nm* radar m

rade [ʀad] *nf* rada

radeau, x [ʀado] *nm* balsa

radiateur [ʀadjatœʀ] *nm* radiador m

radiation [ʀadjasjɔ̃] *nf* radiación f

radical, e, -aux [ʀadikal, o] *adj* radical; (*moyen, remède*) infalible

radieux, -ieuse [ʀadjø, jøz] *adj* radiante

radin, e [ʀadɛ̃, in] (*fam*) *adj* tacaño(-a)

radio [ʀadjo] *nf* radio f (*m en Am*); **à la ~** en la radio; **radioactif, -ive** *adj* radioactivo(-a); **radiocassette** *nf* radiocassette m; **radiographie** *nf* radiografía; **radiophonique** *adj*: **programme/jeu radiophonique** programa m/juego radiofónico; **radio-réveil** (*pl* **radios-réveils**) *nm* radio-despertador m

radis [ʀadi] *nm* rábano

radoter [ʀadɔte] *vi* chochear

radoucir [ʀadusiʀ] *vt*: **se ~** *vpr* suavizarse

rafale [ʀafal] *nf* ráfaga

raffermir [ʀafɛʀmiʀ] vt fortalecer; (fig) afianzar

raffiner [ʀafine] vt refinar; **raffinerie** nf refinería

raffoler [ʀafɔle]: **~ de** vt ind volverse loco(-a) por

rafle [ʀɑfl] nf redada, allanamiento (esp Am); **rafler** (fam) vt arrasar

rafraîchir [ʀafʀeʃiʀ] vt refrescar; (atmosphère, appartement) enfriar; (fig) renovar ▷ vi: **mettre une boisson à ~** poner una bebida a enfriar; **se rafraîchir** vpr refrescarse; **rafraîchissant, e** adj refrescante; **rafraîchissement** nm (de la température) enfriamiento; **rafraîchissements** nmpl refrescos mpl

rage [ʀaʒ] nf rabia; **rage ~** (tempête) bramar; **rage de dents** tremendo dolor m de muelas

ragot [ʀaɡo] (fam) nm chisme m

ragoût [ʀaɡu] nm guiso

raide [ʀɛd] adj (cheveux) liso(-a); (ankylosé) entumecido(-a); (peu souple: câble, personne) tenso(-a); (escarpé) empinado(-a); (fam: surprenant) inaudito(-a) ▷ adv: **tomber ~ mort** quedarse en el sitio; **raideur** nf rigidez f; **avec raideur** (marcher, danser) con envaramiento; **raidir** vt contraer; **se raidir** vpr (personne, muscles) contraerse; (se crisper) ponerse tieso(-a)

raie [ʀɛ] nf raya

raifort [ʀɛfɔʀ] nm rábano picante

rail [ʀaj] nm: **par ~** por ferrocarril

railler [ʀaje] vt burlarse de

rainure [ʀenyʀ] nf ranura

raisin [ʀezɛ̃] nm uva; **raisins secs** (uvas) pasas

raison [ʀezɔ̃] nf razón f; **avoir ~** tener razón; **donner ~ à qn** dar la razón a algn; **se faire une ~** conformarse; **perdre/recouvrer la ~** perder/ recobrar el juicio; **~ de plus** razón de más; **à plus forte ~** con mayor motivo; **en ~ de** (à cause de) a causa de; **à ~ de** a razón de; **sans ~** sin razón; **raison sociale** razón social; **raisonnable** adj razonable

raisonnement [ʀɛzɔnmɑ̃] nm raciocinio; (argumentation) razonamiento

raisonner [ʀɛzɔne] vi razonar ▷ vt (personne) hacer entrar en razón a

rajeunir [ʀaʒœniʀ] vt rejuvenecer; (fig) remozar ▷ vi rejuvenecer

rajouter [ʀaʒute] vt: **~ du sel/un œuf** añadir sal/un huevo

rajuster [ʀaʒyste] vt (cravate, coiffure) arreglar; (salaires, prix) reajustar

ralenti [ʀalɑ̃ti] nm: **au ~** a ralentí; (Ciné) a cámara lenta; **tourner au ~** (Auto) rodar a ralentí

ralentir [ʀalɑ̃tiʀ] vt (marche, allure) aminorar; (production, expansion) disminuir ▷ vi (véhicule, coureur) disminuir la velocidad

râler [ʀɑle] vi (fam: protester) gruñir

rallier [ʀalje] vt (rassembler) reunir; **se rallier à** vpr (avis, opinion) adherirse a

rallonge [ʀalɔ̃ʒ] nf (de table) larguero; (Élec) alargador m

rallonger [ʀalɔ̃ʒe] vt alargar

rallye [ʀali] nm rally m

ramassage [ʀamasaʒ] nm: **~ scolaire** transporte m escolar

ramasser [ʀamase] vt recoger; **ramassis** (péj) nm revoltijo

rambarde [ʀɑ̃baʀd] nf barandilla

rame [ʀam] nf (aviron) remo; (de métro) tren m; (de papier) resma

rameau, x [ʀamo] nm rama; **les R~x** Domingo de Ramos

ramener [ʀam(ə)ne] vt volver a traer; (reconduire) llevar; (rendre) devolver; **~ qch sur** (couverture, visière) echar algo hacia; **~ qch à** (Math, réduire) reducir algo a

ramer [Rame] vi remar

ramollir [Ramɔliʀ] vt (amollir) ablandar; **se ramollir** vpr reblandecerse

rampe [Rɑ̃p] nf (d'escalier) barandilla; (dans un garage) rampa; (Théâtre): **la ~** candilejas fpl

ramper [Rɑ̃pe] vi reptar

rancard [Rɑ̃kaR] (fam) nm (rendez-vous) cita

rancart [Rɑ̃kaR] (fam) nm: **mettre au ~** (objet, projet) arrinconar

rance [Rɑ̃s] adj rancio(-a)

rancœur [Rɑ̃kœR] nf rencor m

rançon [Rɑ̃sɔ̃] nf rescate m

rancune [Rɑ̃kyn] nf rencor m; **garder ~ à qn (de qch)** guardar rencor a algn (por algo); **sans ~!** ¡olvidémoslo!; **rancunier, -ière** adj rencoroso(-a)

randonnée [Rɑ̃dɔne] nf excursión f

rang [Rɑ̃] nm (rangée) fila; (grade) grado; (position dans un classement) posición f; **rangs** nmpl (Mil) filas fpl; **se mettre en ~s/sur un ~** ponerse en filas/en una fila; **au premier/dernier ~** en el primer/último puesto

rangé, e [Rɑ̃ʒe] adj ordenado(-a)

rangée [Rɑ̃ʒe] nf fila

ranger [Rɑ̃ʒe] vt ordenar; **se ranger** vpr (se placer/disposer) colocarse; (véhicule, conducteur) hacerse a un lado; (s'assagir) sosegarse; **~ qch/qn parmi** (fig) situar algo/algn entre

ranimer [Ranime] vt reanimar

rapace [Rapas] nm rapaz f

râpe [Rɑp] nf (Culin) rallador m; **râper** vt (Culin) rallar

rapide [Rapid] adj rápido(-a); **rapidement** adv rápidamente

rapiécer [Rapjese] vt remendar

rappel [Rapel] nm (Méd) vacuna de refuerzo; (Théâtre etc) llamada a escena; (de limitation de vitesse) señal recordatoria de limitación de velocidad; **rappeler** vt (retéléphoner à) volver

a llamar; (ambassadeur) retirar; **se rappeler** vpr acordarse de; **rappeler qch à qn** recordar algo a algn; (évoquer, faire penser à) traer algo a la memoria de algn; **se rappeler que ...** acordarse de que ...

rapport [RapɔR] nm (compte rendu) informe m; (lien, analogie) relación f; (proportion) razón f; **rapports** nmpl (entre personnes, groupes, pays) relaciones fpl; **avoir ~ à** tener relación con; **être en ~ avec** estar relacionado(-a) con; **être/ se mettre en ~ avec qn** estar/ ponerse en contacto con algn; **par ~ à** en comparación con; **rapport qualité-prix** relación calidad-precio; **rapports (sexuels)** contactos mpl (sexuales)

rapporter [RapɔRte] vt (remettre à sa place, rendre) devolver; (apporter de nouveau) volver a traer; (revenir avec, ramener) traer; (relater) referir ▷ vi (investissement, propriété) rentar; (activité) dar beneficio; (péj: moucharder) chivarse; **se rapporter** vpr: **se ~ à** relacionarse con

rapprochement [RapRɔʃmɑ̃] nm (réconciliation) acercamiento; (analogie, rapport) cotejo

rapprocher [RapRɔʃe] vt (deux objets) juntar, arrimar; (associer, comparer) cotejar; **se rapprocher** vpr acercarse

raquette [Raket] nf raqueta; (de ping-pong) pala

rare [RaR] adj raro(-a); (main-d'œuvre, denrées) escaso(-a); **se faire ~** escasear; **rarement** adv raramente

ras, e [Ra, Raz] adj (tête, cheveux) rapado(-a); (poil) corto(-a); (herbe, mesure, cuillère) raso(-a) ▷ adv (couper) al rape; **à ~ bords** colmado(-a); **au ~ de (all)** ras de; **en avoir ~ le bol** (fam) estar hasta el moño

raser [Raze] vt (barbe, cheveux)

rasurar; (menton, personne) afeitar; (fam: ennuyer) dar la lata a; (quartier) derribar; (frôler) rozar; **se raser** vpr afeitarse; (fam) aburrirse; **rasoir** nm navaja de afeitar

rassasier [ʀasazje] vt saciar

rassemblement [ʀasɑ̃bləmɑ̃] nm reunión f; (Pol) concentración f

rassembler [ʀasɑ̃ble] vt (réunir) reunir; (regrouper) agrupar; **se rassembler** vpr reunirse

rassurer [ʀasyʀe] vt tranquilizar; **se rassurer** vpr tranquilizarse; **rassure-toi** tranquilízate

rat [ʀa] nm rata

rate [ʀat] nf (Anat) bazo

raté, e [ʀate] adj (tentative, opération) frustrado(-a); (vacances, spectacle) malogrado(-a)

râteau, x [ʀato] nm rastrillo

rater [ʀate] vi (échouer) fracasar ▷ vt (cible, balle, train) perder; (démonstration, plat) estropear; (examen) suspender

ration [ʀasjɔ̃] nf ración f

RATP [ɛʀatepe] sigle f (= Régie autonome des transports parisiens) administración de transportes parisinos

rattacher [ʀataʃe] vt atar de nuevo; **~ qch à** (incorporer) incorporar algo a; **~ qch à** (relier) relacionar algo con

rattraper [ʀatʀape] vt (fugitif, animal échappé) volver a coger; (retenir, empêcher de tomber) coger; (atteindre, rejoindre) alcanzar; (imprudence, erreur) reparar, subsanar; **se rattraper** vpr (compenser une perte de temps) ponerse al día; **se ~ (à)** (se raccrocher) agarrarse a

rature [ʀatyʀ] nf tachadura

rauque [ʀok] adj ronco(-a)

ravages [ʀavaʒ] nmpl estragos mpl

ravi, e [ʀavi] adj encantado(-a); **être ~ de/que ...** estar encantado(-a) de/ de que ...

ravin [ʀavɛ̃] nm hondonada

ravir [ʀaviʀ] vt (enchanter) encantar; **à ~** de maravilla

raviser [ʀavize]: **se ~** vpr cambiar de opinión

ravissant, e [ʀavisɑ̃, ɑ̃t] adj encantador(a)

ravisseur, -euse [ʀavisœʀ, øz] nm/f secuestrador(a)

ravitailler [ʀavitaje] vt abastecer; **se ravitailler** vpr abastecerse

raviver [ʀavive] vt avivar; (flamme, douleur) reavivar

rayé, e [ʀeje] adj a o de rayas

rayer [ʀeje] vt rayar; (d'une liste) tachar

rayon [ʀejɔ̃] nm rayo; (Géom, d'une roue) radio; (de grand magasin) departamento, sección f; **rayons** nmpl (radiothérapie) rayos mpl; **dans un ~ de ...** (périmètre) en un radio de ...; **rayon de soleil** rayo de sol; **rayons X** rayos X

rayonnement [ʀejɔnmɑ̃] nm (solaire) radiación f

rayonner [ʀejɔne] vi irradiar; (fig) ejercer su influencia

rayure [ʀejyʀ] nf (motif) raya; (éraflure) rayo

raz-de-marée [ʀɑdmaʀe] nm inv maremoto

ré [ʀe] nm inv (Mus) re m

réaction [ʀeaksjɔ̃] nf reacción f; **avion/moteur à ~** avión m/motor m de reacción

réadapter [ʀeadapte] vt readaptar; **se ~ (à)** readaptarse (a)

réagir [ʀeaʒiʀ] vi reaccionar; **~ à** reaccionar ante

réalisateur, -trice [ʀealizatœʀ, tʀis] nm/f realizador(a)

réalisation [ʀealizasjɔ̃] nf realización f

réaliser [ʀealize] vt realizar; (rêve, souhait) cumplir; (exploit) llevar a cabo; (comprendre, se rendre compte de) darse cuenta de; **se réaliser** vpr (projet,

prévision) realizarse
réaliste [Realist] adj, nm/f realista
m/f
réalité [Realite] nf realidad f; **en ~**
en realidad
réanimation [Reanimasjɔ̃] nf
reanimación f
rébarbatif, -ive [Rebarbatif, iv] adj
(travail) fastidioso(-a)
rebattu, e [R(ə)baty] adj trillado(-a)
rebelle [Rabɛl] adj, nm/f rebelde m/f
rebeller [R(ə)bele]: **se ~** vpr rebelarse
rebondir [R(ə)bɔ̃dir] vi rebotar; (fig)
reanudarse
rebord [R(ə)bɔR] nm (d'une table etc)
reborde m
rebours [R(ə)buR] adv: **compte à ~**
cuenta f atrás
rebrousser [R(ə)bruse] vt: **~ chemin**
dar marcha atrás
rebuter [R(ə)byte] vt (suj: travail,
matière) repeler
récalcitrant, e [Rekalsitrɑ̃, ɑ̃t] adj
indómito(-a)
récapituler [Rekapityle] vt
recapitular
receler [R(ə)səle] vt (produit d'un vol)
ocultar; (fig) encerrar; **receleur, -euse**
nm/f encubridor(a)
récemment [Resamɑ̃] adv
recientemente, recién (Am)
recensement [R(ə)sɑ̃smɑ̃] nm
censo
recenser [R(ə)sɑ̃se] vt (population)
censar; (inventorier) hacer el recuento
ou el inventario de
récent, e [Resɑ̃, ɑ̃t] adj reciente
récépissé [Resepise] nm recibo
récepteur, -trice [ResɛptœR, tRis]
adj receptor(a); **récepteur (de radio)**
receptor m
réception [Resɛpsjɔ̃] nf recepción f;
réceptionniste nm/f recepcionista
m/f
recette [R(ə)sɛt] nf (Culin, fig) receta;
(Comm) ingreso; **recettes** nfpl

(Comm: rentrées d'argent) entradas fpl
recevoir [R(ə)səvwaR] vt recibir;
(visiteurs, ambassadeur) acoger;
(candidat, plainte) admitir; **être reçu
(à un examen)** aprobar; **être bien/mal
reçu** ser bien/mal recibido
rechange [R(ə)ɑ̃ʒ]: **de ~** adj (pièces,
roue) de repuesto; **vêtements de ~**
vestidos mpl para cambiarse
recharge [R(ə)ʃaRʒ] nf recambio;
rechargeable adj recargable;
recharger vt (fusil, batterie) recargar;
(appareil photo, briquet, stylo) cargar
réchaud [Reʃo] nm hornillo
réchauffer [Reʃofe] vt (plat)
recalentar; (mains, doigts, personne)
calentar; **se réchauffer** vpr
calentarse
rêche [Rɛʃ] adj áspero(-a)
recherche [R(ə)ʃɛRʃ] nf búsqueda;
(raffinement) afectación f; (scientifique
etc) investigación f; **être/se mettre à
la ~ de** estar investigando/ponerse a
la búsqueda de
recherché, e [R(ə)ʃɛRʃe] adj
rebuscado(-a)
rechercher [R(ə)ʃɛRʃe] vt buscar;
(objet égaré, lettre) rebuscar; (cause
d'un phénomène, nouveau procédé)
investigar; (la perfection, le bonheur
etc) perseguir
rechute [R(ə)ʃyt] nf recaída
récidiver [Residive] vi reincidir
récif [Resif] nm arrecife m
récipient [Resipjɑ̃] nm recipiente m
réciproque [ResipRɔk] adj (mutuel)
recíproco(-a) ⊳ nf: **la ~** (l'inverse) la
inversa
récit [Resi] nm relato; **récital** nm
recital m; **réciter** vt recitar
réclamation [Reklamasjɔ̃] nf
reclamación f; **service des ~s** servicio
de reclamaciones
réclame [Reklam] nf: **la ~** la
publicidad; **article en ~** artículo de
oferta; **réclamer** vt (aide, nourriture)

pedir; *(exiger)* reclamar; *(nécessiter)* requerir

réclusion [ʀeklyzjɔ̃] *nf* reclusión *f*
recoin [ʀəkwɛ̃] *nm* rincón *m*
reçois *etc* [ʀəswa] *vb voir* **recevoir**
récolte [ʀekɔlt] *nf* cosecha; **récolter** *vt* cosechar; *(fam: ennuis, coups)* ganarse, cobrar
recommandé, e [ʀ(ə)kɔmɑ̃de] *adj* recomendado(-a) ▷ *nm (Postes):* **en ~** certificado(-a)
recommander [ʀ(ə)kɔmɑ̃de] *vt* recomendar
recommencer [ʀ(ə)kɔmɑ̃se] *vt (reprendre)* seguir con; *(refaire)* repetir; *(erreur)* reincidir ▷ *vi* volver a empezar
récompense [ʀekɔ̃pɑ̃s] *nf* recompensa; **récompenser** *vt* recompensar; **récompenser qn de** *ou* **pour qch** recompensar a algn por algo
réconcilier [ʀekɔ̃silje] *vt* reconciliar; **se réconcilier** *vpr* reconciliarse
reconduire [ʀ(ə)kɔ̃dɥiʀ] *vt* acompañar hasta la salida
réconfort [ʀekɔ̃fɔʀ] *nm* consuelo; **réconforter** *vt* reconfortar
reconnaissance [ʀ(ə)kɔnɛsɑ̃s] *nf* reconocimiento; *(gratitude)* agradecimiento; **reconnaissant, e** *vb voir* **reconnaître** ▷ *adj* agradecido(-a)
reconnaître [ʀ(ə)kɔnɛtʀ] *vt* reconocer; **~ que** reconocer que; **~ qch/qn à** reconocer algo/a algn por; **reconnu, e** *pp de* **reconnaître**
reconstituer [ʀ(ə)kɔ̃stitɥe] *vt* reconstituir; *(fortune, patrimoine)* rehacer
reconstruire [ʀ(ə)kɔ̃stʀɥiʀ] *vt* reconstruir
reconvertir [ʀ(ə)kɔ̃vɛʀtiʀ] *vt* reconvertir; **se ~ dans** reconvertirse en
record [ʀ(ə)kɔʀ] *adj, nm* récord *m*
recoupement [ʀ(ə)kupmɑ̃] *nm:* **par**

~ atando cabos
recouper [ʀ(ə)kupe] *se ~ vpr (témoignages)* coincidir
recourber [ʀ(ə)kuʀbe] *vt (branche, tige de métal)* doblar
recourir [ʀ(ə)kuʀiʀ]: **~ à** *vt ind* recurrir a
recours [ʀ(ə)kuʀ] *nm:* **le ~ à la ruse/ violence** el recurso de la astucia/ violencia; **avoir ~ à** recurrir a; **en dernier ~** como último recurso
recouvrer [ʀ(ə)kuvʀe] *vt (la vue, santé, raison)* recobrar
recouvrir [ʀ(ə)kuvʀiʀ] *vt* recubrir; *(embrasser)* abarcar; **se recouvrir** *vpr (idées, concepts)* superponerse
récréation [ʀekʀeasjɔ̃] *nf* recreo
recroqueviller [ʀ(ə)kʀɔk(ə)vije]: **se ~** *vpr (plantes)* marchitarse; *(personne)* acurrucarse
recrudescence [ʀ(ə)kʀydesɑ̃s] *nf* recrudecimiento
recruter [ʀ(ə)kʀyte] *vt* contratar
rectangle [ʀɛktɑ̃gl] *nm* rectángulo; **rectangulaire** *adj* rectangular
rectificatif, -ive [ʀɛktifikatif, iv] *adj* rectificativo(-a) ▷ *nm* rectificativo
rectifier [ʀɛktifje] *vt (tracé)* enderezar; *(calcul)* rectificar; *(erreur)* corregir
rectiligne [ʀɛktiliɲ] *adj* rectilíneo(-a)
recto [ʀɛkto] *nm* anverso
reçu, e [ʀ(ə)sy] *pp de* **recevoir** ▷ *nm (récépissé)* recibo
recueil [ʀəkœj] *nm* selección *f*; **recueillir** *vt* recoger; *(renseignements, dépositions)* reunir; *(réfugiés)* acoger; **se recueillir** *vpr* recogerse
recul [ʀ(ə)kyl] *nm* retroceso; **avoir un mouvement de ~** hacer un movimiento de retroceso; **prendre du ~** retroceder; **reculé, e** *adj* apartado(-a); **reculer** *vi* retroceder; *(véhicule, conducteur)* dar marcha

atrás; (se dérober, hésiter) echarse
atrás ▷ vt (meuble, véhicule) retirar;
(fig: possibilités, limites) ampliar;
reculer devant (danger, difficulté)
echarse atrás ante; **reculons: à
reculons** adv hacia atrás
récupérer [Rekypere] vt recuperar
récurer [Rekyre] vt fregar
reçut [Rəsy] vb voir **recevoir**
recyclage [Rəsiklaʒ] nm reciclaje
m; **cours de ~** curso de reciclaje
recycler [Rəsikle] vt reciclar; **se
recycler** vpr reciclarse
rédacteur, -trice [Redaktœr, tris]
nm/f redactor(a); **rédacteur en chef**
redactor(a) jefe
rédaction [Redaksjɔ̃] nf redacción f;
(Scol) redacción f
redescendre [R(ə)desɑ̃dr] vi volver
a bajar ▷ vt bajar
rédiger [Rediʒe] vt redactar
redire [R(ə)dir] vt repetir; **avoir/
trouver qch à ~** tener/encontrar algo
que criticar
redoubler [R(ə)duble] vi (tempête,
violence) arreciar; (Scol) repetir; **~ de**
(amabilité, efforts) redoblar
redoutable [R(ə)dutabl] adj temible
redouter [R(ə)dute] vt temer
redressement [R(ə)drɛsmɑ̃] nm (de
l'économie etc) restablecimiento
redresser [R(ə)drese] vt enderezar;
(situation, économie) restablecer;
se redresser vpr (objet penché)
enderezarse; (personne) erguirse
réduction [Redyksjɔ̃] nf reducción f;
(rabais, remise) rebaja
réduire [Redyir] vt reducir; **se
réduire à** vpr reducirse a; **réduit, e**
[Redyi, it] pp de **réduire** ▷ adj
reducido(-a) ▷ nm cuchitril m
rééducation [Reedykasjɔ̃] nf
rehabilitación f
réel, le [Reɛl] adj real; (intensif: avant
le nom) verdadero(-a); **réellement** adv
realmente
réexpédier [Reɛkspedje] vt (à

l'envoyeur) devolver; (au destinataire)
remitir
refaire [R(ə)fɛr] vt hacer de nuevo;
(recommencer, faire tout autrement)
rehacer
réfectoire [Refɛktwar] nm
refectorio, comedor m
référence [Referɑ̃s] nf referencia
référer [Refere] vb: **se ~ à** remitirse a;
en ~ à qn remitir a algn
refermer [R(ə)fɛrme] vt volver a
cerrar; **se refermer** vpr cerrarse
refiler [R(ə)file] (fam) vt: **~ qch à qn**
encajar algo a algn
réfléchi, e [Refleʃi] adj reflexivo(-a);
(action, décision) pensado(-a)
réfléchir [Refleʃir] vt reflejar ▷ vi
reflexionar; **~ à ou sur** reflexionar
acerca de
reflet [R(ə)flɛ] nm reflejo; **refléter**
vt reflejar; **se refléter** vpr reflejarse
réflexe [Reflɛks] nm reflejo
réflexion [Reflɛksjɔ̃] nf reflexión f;
(remarque désobligeante) reproche m;
après ~, ~ faite, à la ~ pensándolo
bien
réforme [Refɔrm] nf reforma;
réformer vt reformar
refouler [R(ə)fule] vt (envahisseurs)
rechazar; (liquide) impeler; (fig: larmes)
contener; (Psych, colère) reprimir
refrain [R(ə)frɛ̃] nm estribillo; (air)
canción f; (leitmotiv) cantinela
réfréner [Refrene] vt refrenar
réfrigérateur [Refriʒeratœr] nm
frigorífico, nevera, heladera (Am)
refroidir [R(ə)frwadir] vt enfriar
▷ vi (plat, moteur) enfriar; **se refroidir**
vpr (personne) enfriarse, coger frío;
(temps) refrescar; **refroidissement**
nm enfriamiento
refuge [R(ə)fyʒ] nm refugio;
réfugié, e adj, nm/f refugiado(-a);
réfugier: se réfugier vpr refugiarse
refus [R(ə)fy] nm rechazo; **ce n'est
pas de ~** (fam) se agradece; **refuser**

vt *(ne pas accorder)* denegar; *(ne pas accepter)* rechazar; *(candidat)* suspender; **se refuser à qch/faire qch** negarse a algo/hacer algo

regagner [ʀ(ə)ɡaɲe] vt regresar a

régal [ʀeɡal] nm *(mets, fig)* placer m; **régaler: se régaler** vpr *(faire un bon repas)* regalarse; *(fig)* disfrutar

regard [ʀ(ə)ɡaʀ] nm mirada; **au ~ de** *(loi, morale)* a la luz de

regardant, e [ʀ(ə)ɡaʀdɑ̃, ɑ̃t] adj: **très/peu ~ sur** *(qualité, propreté)* muy/poco mirado(-a) con

regarder [ʀ(ə)ɡaʀde] vt mirar; *(concerner)* concernir ▷ vi ve, mirar; **~ (vers)** mirar (hacia)

régie [ʀeʒi] nf *(Comm, Industrie)* corporación f pública; *(Ciné, Théâtre)* departamento de producción; *(Radio, TV)* sala de control

régime [ʀeʒim] nm régimen m; *(fig: allure)* paso; *(de bananes, dattes)* racimo; **se mettre au/suivre un ~** ponerse a/estar a régimen

régiment [ʀeʒimɑ̃] nm regimiento

région [ʀeʒjɔ̃] nf región f

régional, e, -aux [ʀeʒjɔnal, o] adj regional

régir [ʀeʒiʀ] vt regir

régisseur [ʀeʒisœʀ] nm administrador(a); *(Théâtre, Ciné)* regidor(a)

registre [ʀaʒistʀ] nm registro; **registre de l'état civil** registro civil

réglage [ʀeɡlaʒ] nm ajuste m, regulación f

réglé, e [ʀeɡle] adj *(affaire)* zanjado(-a); *(vie, personne)* ordenado(-a)

règle [ʀeɡl] nf regla; **règles** nfpl *(Physiol)* reglas fpl; **en ~** *(papiers d'identité)* en regla; **en ~ générale** por regla general

règlement [ʀeɡlamɑ̃] nm *(règles)* reglamento; *(paiement)* pago; *(d'un conflit, d'une affaire)* arreglo,

solución f; **réglementaire** adj reglamentario(-a); **réglementation** nf reglamentación f; **réglementer** vt reglamentar

régler [ʀeɡle] vt *(mécanisme, machine)* ajustar; *(moteur, thermostat)* regular; *(question, problème)* arreglar; *(facture)* pagar

réglisse [ʀeɡlis] nf ou m regaliz m

règne [ʀɛɲ] nm reinado; *(fig)* reino; **régner** vi reinar

regorger [ʀ(ə)ɡɔʀʒe] vi: **~ de** rebosar de

regret [ʀ(ə)ɡʀɛ] nm *(nostalgie)* nostalgia; **à ~** ou **avec ~** con pesar; **être au ~ de devoir/ne pas pouvoir faire ...** lamentar mucho tener que/no poder hacer ...; **regrettable** adj lamentable; **regretter** vt lamentar; **je regrette** lo siento

regrouper [ʀ(ə)ɡʀupe] vt reagrupar; **se regrouper** vpr reagruparse

régulier, -ière [ʀeɡylje, jɛʀ] adj regular; **régulièrement** adv con regularidad

rehausser [ʀəose] vt *(mur, plafond)* levantar; *(fig)* realzar

rein [ʀɛ̃] nm riñón m; **reins** nmpl *(Anat: dos, muscles du dos)* riñones mpl

reine [ʀɛn] nf reina; **reine mère** reina madre

reine-claude [ʀɛnklod] *(pl* **reines-claudes)** nf ciruela claudia

réinscriptible [ʀeɛ̃skʀiptibl] adj *(CD, DVD)* reescribible

réinsertion [ʀeɛ̃sɛʀsjɔ̃] nf reinserción f

réintégrer [ʀeɛ̃teɡʀe] vt reintegrar

rejaillir [ʀ(ə)ʒajiʀ] vi: **~ sur** repercutir sobre

rejet [ʀəʒɛ] nm rechazo; **rejeter** vt rechazar; **rejeter la responsabilité de qch sur qn** echar la responsabilidad de algo sobre algn

rejoindre [ʀ(ə)ʒwɛ̃dʀ] vt *(personnes)* reunirse con; *(lieu)* retornar a;

(*concurrent*) alcanzar; (*suj: route etc*) llegar a; **se rejoindre** *vpr*: **je te rejoins au café** te veo en el café

réjouir [ʀeʒwiʀ] *vt* alegrar; **se réjouir** *vpr* regocijarse, alegrarse; **réjouissances** *nfpl* festejos *mpl*

relâche [ʀəlɑʃ] *nf*: **faire ~** (*Ciné*) no haber función; **sans ~** sin descanso; **relâché, e** *adj* relajado(-a); **relâcher** *vt* (*ressort, étreinte, cordes*) aflojar; (*animal, prisonnier*) soltar; **se relâcher** *vpr* (*cordes*) aflojarse; (*discipline*) relajarse

relais [ʀəlɛ] *nm*: **(course de) ~** (carrera del relevos *mpl*; (*Radio, TV*) repetidor *m*; **prendre le ~ (de qn)** tomar el relevo de algn); **relais routier** restaurante *m* de carretera

relancer [ʀ(ə)lɑ̃se] *vt* (*économie, agriculture*) reactivar

relatif, -ive [ʀ(ə)latif, iv] *adj* relativo(-a); **~ à** relativo(-a) a

relation [ʀ(ə)lasjɔ̃] *nf* relación *f*; **être/entrer en ~(s) avec** estar/ entrar en relación(relaciones) con

relaxer [ʀəlakse] *vt* (*détendre*) relajar; (*Jur*) poner en libertad; **se relaxer** *vpr* relajarse

relayer [ʀ(ə)leje] *vt* relevar; **se relayer** *vpr* relevarse

reléguer [ʀ(ə)lege] *vt* relegar

relevé, e [ʀəl(ə)ve] *adj* (*manches*) arremangado(-a); (*conversation, style*) elevado(-a); (*sauce, plat*) sazonado(-a) ▷ *nm* (*facture*) extracto; (*d'un compteur*) lectura; **relevé de compte** saldo

relève [ʀəlɛv] *nf* relevo; **prendre la ~** tomar el relevo

relever [ʀəl(ə)ve] *vt* levantar; (*niveau de vie, salaire*) aumentar; (*col*) subir; (*fautes, points*) señalar; (*traces, anomalies*) constatar; (*défi*) hacer frente a; (*compteur*) leer; (*copies*) recoger; **se relever** *vpr* levantarse; **~ de** ser de la competencia de; **~ la tête** levantar la cabeza

relief [ʀəljɛf] *nm* relieve *m*; **mettre en ~** poner de relieve

relier [ʀəlje] *vt* (*routes, bâtiments*) unir; (*livre*) encuadernar; **~ qch à** unir algo con

religieux, -euse [ʀ(ə)liʒjø, jøz] *adj* religioso(-a) ▷ *nm* religioso ▷ *nf* religiosa

religion [ʀ(ə)liʒjɔ̃] *nf* religión *f*

relire [ʀ(ə)liʀ] *vt* releer

reluire [ʀ(ə)lɥiʀ] *vi* relucir

remanier [ʀ(ə)manje] *vt* (*roman, pièce*) modificar; (*ministère*) reorganizar

remarquable [ʀ(ə)maʀkabl] *adj* notable

remarque [ʀ(ə)maʀk] *nf* comentario

remarquer [ʀ(ə)maʀke] *vt* notar; **se remarquer** *vpr* notarse; **se faire ~** (*péj*) hacerse notar; **faire ~ (à qn) que** hacer notar (a algn) que; **faire ~ qch (à qn)** hacer notar algo (a algn); **remarquez que...** observe que...

rembourrer [ʀɑ̃buʀe] *vt* rellenar

remboursement [ʀɑ̃buʀsəmɑ̃] *nm* reembolso; **rembourser** *vt* reembolsar

remède [ʀ(ə)mɛd] *nm* remedio

remémorer [ʀ(ə)memɔʀe]: **se ~** *vpr* acordarse de

remerciements [ʀ(ə)mɛʀsimɑ̃] *nmpl* gracias *fpl*; **(avec) tous mes ~** (con) todo mi agradecimiento

remercier [ʀ(ə)mɛʀsje] *vt* (*congédier: employé*) despedir; **~ qn de qch** agradecerle algo a algn; **je vous remercie d'être venu** le agradezco que haya venido

remettre [ʀ(ə)mɛtʀ] *vt* (*vêtement*) volver a ponerse; **~ qch à qn** entregar algo a algn; (*ajourner, reporter*): **~ qch (à)** aplazar algo (hasta ou para); **se remettre** *vpr* (*malade*) reponerse; **~ du sel/un sucre** añadir sal/un azucarillo; **se ~ de** (*maladie, chagrin*) recuperarse de

remise [ʀ(ə)miz] *nf* entrega; (*rabais, réduction*) descuento; (*lieu, local*) trastero, galpón *m* (CSur); **remise en cause** replanteamiento; **remise en jeu** (*Football*) saque *m*

remontant [ʀ(ə)mɔ̃tã] *nm* estimulante

remonte-pente [ʀ(ə)mɔ̃tpãt] (*pl* **~s**) *nm* remonte *m*

remonter [ʀ(ə)mɔ̃te] *vi* volver a subir; (*jupe*) subir ⊳ *vt* volver a subir; (*fleuve*) remontar; (*hausser*) subir; (*montre*) dar cuerda; **~ à** (*dater de*) remontarse a; **~ le moral à** levantar la moral a algn

remontrer [ʀ(ə)mɔ̃tʀe] *vt*: **en ~ à qn** dar lecciones a algn

remords [ʀ(ə)mɔʀ] *nm* remordimiento; **avoir des ~** tener remordimiento

remorque [ʀ(ə)mɔʀk] *nf* remolque *m*; **prendre en ~** llevar en remolque; **remorquer** *vt* remolcar; **remorqueur** *nm* remolcador *m*

remous [ʀəmu] *nm* remolino ⊳ *nmpl* (*fig*) alboroto *msg*

remparts [ʀɑ̃paʀ] *nmpl* murallas *fpl*

remplaçant, e [ʀɑ̃plasã, ãt] *nm/f* sustituto(-a)

remplacement [ʀɑ̃plasmã] *nm* sustitución *f*; **faire des ~s** hacer sustituciones

remplacer [ʀɑ̃plase] *vt* (*pneu, ampoule*) cambiar; (*tenir lieu de*) sustituir (a); **~ qch par qch d'autre/ qn par qn d'autre** cambiar una cosa por otra/a algn por otro(-a)

rempli, e [ʀɑ̃pli] *adj* (*journée*) cargado(-a); **~ de** lleno(-a) de

remplir [ʀɑ̃pliʀ] *vt* llenar; (*questionnaire*) rellenar; (*obligations, conditions, rôle*) cumplir (con); **se remplir** *vpr* llenarse

remporter [ʀɑ̃pɔʀte] *vt* (*victoire, succès*) lograr

remuant, e [ʀəmɥã, ãt] *adj* (*enfant etc*) revoltoso(-a)

remue-ménage [ʀ(ə)mymenaʒ] *nm inv* zafarrancho

remuer [ʀəmɥe] *vt* (*partie du corps*) mover; (*café, salade, sauce*) remover ⊳ *vi* moverse; **se remuer** *vpr* moverse

rémunérer [ʀemyneʀe] *vt* remunerar

renard [ʀ(ə)naʀ] *nm* zorro

renchérir [ʀɑ̃ʃeʀiʀ] *vi* encarecerse; **~ (sur)** ir más allá (de)

rencontre [ʀɑ̃kɔ̃tʀ] *nf* encuentro; **aller à la ~ de qn** ir al encuentro de algn; **rencontrer** *vt* encontrar (a); (*Sport: équipe*) enfrentarse con; **se rencontrer** *vpr* encontrarse

rendement [ʀɑ̃dmã] *nm* rendimiento; **à plein ~** a pleno rendimiento

rendez-vous [ʀɑ̃devu] *nm inv* cita; **donner ~ à qn** dar una cita a algn; **avoir ~ (avec qn)** tener una cita (con algn); **prendre ~ (avec qn)** pedir cita (con algn)

rendre [ʀɑ̃dʀ] *vt* devolver; (*sons*) producir; (*pensée, tournure*) traducir, expresar; **~ qn célèbre/qch possible** hacer a algn célebre/algo posible; **se rendre** *vpr* rendirse; **~ la monnaie** dar las vueltas; **se ~ quelque part** irse a algún sitio; **se ~ compte de qch** darse cuenta de algo

rênes [ʀɛn] *nfpl* riendas

renfermé, e [ʀɑ̃fɛʀme] *adj* (*fig*) reservado(-a) ⊳ *nm*: **sentir le ~** oler a cerrado

renfermer [ʀɑ̃fɛʀme] *vt* contener

renforcer [ʀɑ̃fɔʀse] *vt* reforzar; **renforts** *nmpl* (*mil, gén*) refuerzo *msg*; **à grand renfort de** con gran acompañamiento

renfrogné, e [ʀɑ̃fʀɔɲe] *adj* sombrío(-a)

renier [ʀənje] *vt* renegar de

renifler [R(ə)nifle] vi resoplar ▷ vt aspirar

renne [Rɛn] nm reno

renom [Rənɔ̃] nm renombre m; **renommé, e** adj renombrado(-a), famoso(-a); **renommée** nf fama

renoncer [R(ə)nɔ̃se]: **~ à** vt ind renunciar a

renouer [Rənwe]: **~ avec** vt ind volver a; **~ avec qn** reconciliarse con algn

renouvelable [R(ə)nuv(ə)labl] adj (contrat, bail, énergie) renovable

renouveler [R(ə)nuv(ə)le] vt renovar; (eau d'une piscine, pansement) cambiar; (demande) reiterar; (exploit, méfait) repetir; **se renouveler** vpr repetirse; **renouvellement** nm renovación f; (pansement) cambio; (exploit, incident) repetición f

rénover [Renɔve] vt renovar; (quartier) remozar

renseignement [Rɑ̃sɛɲmɑ̃] nm información f; **(guichet des) ~s** (ventanilla de) información; **les renseignements généraux** dirección f general de seguridad

renseigner [Rɑ̃seɲe] vt: **~ qn (sur)** informar a algn (sobre); **se renseigner** vpr informarse

rentabilité [Rɑ̃tabilite] nf rentabilidad f

rentable [Rɑ̃tabl] adj rentable

rente [Rɑ̃t] nf renta

rentrée [Rɑ̃tRe] nf: **~ (d'argent)** ingreso; **la ~ (des classes)** el comienzo del curso

○ **RENTRÉE (DES CLASSES)**
○
○ **La rentrée (des classes)** en
○ septiembre marca un hito
○ importante en el calendario anual
○ francés. Supone la vuelta al colegio
○ para profesores y alumnos y se
○ reanuda la vida política y social tras
○ el largo descanso estival.

rentrer [Rɑ̃tRe] vi entrar; (entrer de nouveau) volver a entrar; (revenir chez soi) irse a casa; (revenu, argent) ingresar ▷ vt meter; (foins) recoger; (griffes) guardar; (fig: larmes, colère etc) tragarse; **~ dans l'ordre** volver al orden; **~ dans ses frais** cubrir sus gastos

renverse [Rɑ̃vɛRs]: **à la ~** adv (tomber) de espaldas

renverser [Rɑ̃vɛRse] vt (liquide) derramar; (chaise, verre) dejar caer; (piéton) atropellar; (gouvernement etc) derrocar; **se renverser** vpr (pile d'objets, récipient) caerse

renvoi [Rɑ̃vwa] nm reenvío, devolución f; (d'un élève) expulsión f; (d'un employé) despido; (référence) llamada, nota; (éructation) eructo; **renvoyer** vt devolver; (élève) expulsar; (employé) despedir

repaire [R(ə)pɛR] nm guarida

répandre [Repɑ̃dR] vt derramar; (gravillons, sable etc) echar; (lumière, chaleur, odeur) despedir; (nouvelle, usage) propagar; **se répandre** vpr (liquide) derramarse; (épidémie, mode) difundirse; **répandu, e** pp de **répandre** ▷ adj (courant) extendido(-a)

réparation [RepaRasjɔ̃] nf arreglo

réparer [RepaRe] vt arreglar

repartie [Reparti] nf réplica; **avoir de la ~** tener una respuesta fácil

repartir [RepaRtiR] vi (retourner) regresar; **~ à zéro** recomenzar de cero

répartir [RepaRtiR] vt repartir; **se répartir** vpr (travail, rôles) repartirse; **répartition** nf reparto

repas [R(ə)pɑ] nm comida

repassage [R(ə)pasaʒ] nm planchado

repasser [R(ə)pase] vi (passer de nouveau) volver a pasar ▷ vt planchar

repentir [RapɑtiR] nm arrepentimiento; **se repentir** vpr arrepentirse

répercussions [ʀepeʀkysjɔ̃] nfpl
(fig) repercusiones fpl

répercuter [ʀepeʀkyte]: **se** ~ vpr
repercutir; **se** ~ **sur** (fig) repercutir en

repère [ʀ(ə)pɛʀ] nm (erreur,
connaissance) ver; (abri, ennemi)
localizar; **se repérer** vpr orientarse

répertoire [ʀepeʀtwaʀ] nm
repertorio

répéter [ʀepete] vt repetir; (Théâtre)
ensayar ▷ vi (Théâtre etc) ensayar; **se**
répéter vpr repetirse

répétition [ʀepetisjɔ̃] nf repetición
f; (Théâtre) ensayo; **répétition**
générale (Théâtre) ensayo general

répit [ʀepi] nm descanso

replier [ʀ(ə)plije] vt doblar; **se**
replier vpr replegarse

réplique [ʀeplik] nf réplica;
répliquer vt contestar; (avec
impertinence) replicar

répondeur [ʀepɔ̃dœʀ] nm: ~
automatique (Tél) contestador m
automático

répondre [ʀepɔ̃dʀ] vi contestar,
responder; (freins, mécanisme)
responder; (salut, provocation,
description) responder a

réponse [ʀepɔ̃s] nf respuesta; **en** ~ **à**
en respuesta a

reportage [ʀ(ə)pɔʀtaʒ] nm
reportaje m

reporter[1] [ʀ(ə)pɔʀtɛʀ] nm reportero

reporter[2] [ʀapɔʀte] vt (total,
notes): ~ **qch sur** pasar algo a;
(ajourner, renvoyer): ~ **qch (à)** aplazar
algo (hasta); **se** ~ **à** remitirse a

repos [ʀ(ə)po] nm descanso; (après
maladie) reposo; (Mil): ~**!** ¡descansen!;
au ~ en reposo; **de tout** ~ seguro(-a)

reposant, e [ʀ(ə)pozɑ̃, ɑ̃t] adj
descansado(-a)

reposer [ʀ(ə)poze] vt (verre, livre)

volver a poner; (question, problème)
replantear ▷ vi (liquide, pâte) reposar;
~ **sur** (suj: bâtiment) descansar sobre;
(fig: affirmation) basarse en; **se**
reposer vpr descansar; **se** ~ **sur qn**
apoyarse en algn

repoussant, e [ʀ(ə)pusɑ̃, ɑ̃t] adj
repulsivo(-a)

repousser [ʀ(ə)puse] vi volver a
crecer ▷ vt rechazar; (rendez-vous,
entrevue) aplazar

reprendre [ʀ(ə)pʀɑ̃dʀ] vt (prisonnier)
volver a coger; (Mil: ville) volver a
tomar; (objet prêté, donné) recuperar;
(se resservir de) volver a tomar; (travail,
études) reanudar; (explication, histoire)
volver a; (emprunter: argument, idée)
tomar; (article etc) rehacer; (jupe,
pantalon) arreglar; (personne) corregir
▷ vi (cours, classes) reanudarse;
(affaires, industrie) reactivarse; ~
courage/des forces recobrar valor/
fuerzas; ~ **ses habitudes/sa liberté**
recuperar sus costumbres/su
libertad; ~ **la route** volver a ponerse
en marcha; ~ **haleine** ou **son souffle**
recobrar el aliento

représentant, e [ʀ(ə)pʀezɑ̃tɑ̃, ɑ̃t]
nm/f representante m/f

représentation [ʀ(ə)pʀezɑ̃tasjɔ̃] nf
representación f

représenter [ʀ(ə)pʀezɑ̃te] vt
representar; **se représenter** vpr
figurarse

répression [ʀepʀesjɔ̃] nf represión f

réprimer [ʀepʀime] vt reprimir

repris, e [ʀ(ə)pʀi] pp de **reprendre**

reprise [ʀ(ə)pʀiz] nf
(recommencement) reanudación f;
(Théâtre, TV, Ciné) reposición f; (Auto)
reprise m; (Comm) compra; (de location)
traspaso; **à plusieurs** ~**s** repetidas
veces

repriser [ʀ(ə)pʀize] vt zurcir

reproche [ʀ(ə)pʀɔʃ] nm reproche
m; **faire des** ~**s à qn** hacer reproches

a algn; **sans ~(s)** sin reproche; **reprocher** vt: **reprocher qch à (qn)** reprochar algo a (algn)

reproduction [ʀ(ə)pʀɔdyksjɔ̃] nf (aussi Biol) reproducción f; **"~ interdite"** "prohibida su reproducción"

reproduire [ʀ(ə)pʀɔdɥiʀ] vt reproducir; **se reproduire** vpr (Biol, fig) reproducirse

reptile [ʀɛptil] nm reptil m

république [ʀepyblik] nf república f

répugnant, e [ʀepyɲɑ̃, ɑ̃t] adj repugnante

répugner [ʀepyɲe] vt repugnar

réputation [ʀepytasjɔ̃] nf reputación f; **réputé, e** adj famoso(-a)

requérir [ʀəkeʀiʀ] vt requerir

requête [ʀəkɛt] nf (prière) petición f; (Jur) demanda, requerimiento

requin [ʀəkɛ̃] nm tiburón m

requis, e [ʀəki, iz] pp de **requérir**

RER [ɛʀøɛʀ] sigle m (= Réseau express régional) red de trenes rápidos de París y de la periferia; (train) uno de esos trenes

rescapé, e [ʀɛskape] nm/f superviviente m/f

rescousse [ʀɛskus] nf: **aller/venir à la ~ de** ir/venir en socorro de

réseau, X [ʀezo] nm red f

réservation [ʀezɛʀvasjɔ̃] nf reserva f

réserve [ʀezɛʀv] nf reserva; (d'un magasin) depósito; (de pêche, chasse) coto; **sous ~ de** a reserva de; **sans ~** sin reservas

réservé, e [ʀezɛʀve] adj reservado(-a); (chasse, pêche) vedado(-a)

réserver [ʀezɛʀve] vt reservar; (réponse, assentiment etc) reservar; **~ qch pour/à** reservar algo para/a; **~ qch à qn** reservar algo a algn; **se ~ qch** reservarse algo; **se ~ le droit de faire qch** reservarse el derecho de hacer algo

réservoir [ʀezɛʀvwaʀ] nm depósito

résidence [ʀezidɑ̃s] nf (Admin) sede f; (groupe d'immeubles) conjunto residencial; **(en) ~ surveillée** (Jur) (en) arresto domiciliario; **résidence universitaire** residencia universitaria; **résidentiel, le** adj residencial; **résider** vi: **résider à/ dans/en** residir en; **résider dans/en** (fig) radicar en

résidu [ʀezidy] nm residuo

résigner [ʀeziɲe]: **se ~** vpr resignarse; **se ~ à qch/faire qch** resignarse a algo/hacer algo

résilier [ʀezilje] vt rescindir

résistance [ʀezistɑ̃s] nf resistencia; **la R~** (Pol) la Resistencia

résistant, e [ʀezistɑ̃, ɑ̃t] adj resistente

résister [ʀeziste] vi resistir; **~ à** resistir a

résolu, e [ʀezɔly] pp de **résoudre**; **être ~ à qch/faire qch** estar decidido(-a) a algo/hacer algo

résolution [ʀezɔlysjɔ̃] nf resolución f

résolve etc [ʀezɔlv] vb voir **résoudre**

résonner [ʀezɔne] vi resonar

résorber [ʀezɔʀbe]: **se ~** vpr (Méd) reabsorberse; (déficit, chômage) reducirse

résoudre [ʀezudʀ] vt resolver; **se ~ à qch/faire qch** decidirse por algo/a ou por hacer algo

respect [ʀɛspɛ] nm respeto; **respecter** vt respetar; **faire respecter** hacer respetar; **respectueux, -euse** adj respetuoso(-a)

respiration [ʀɛspiʀasjɔ̃] nf respiración f; **respiration artificielle** respiración artificial

respirer [ʀɛspiʀe] vi, vt respirar

resplendir [ʀɛsplɑ̃diʀ] vi resplandecer; **~ (de)** resplandecer (de)

responsabilité [ʀɛspɔ̃sabilite] nf responsabilidad f

responsable [ʀɛspɔ̃sabl] *adj, nm/f*
responsable *m/f*

ressaisir [ʀ(ə)seziʀ]: **se ~** *vpr (se maîtriser)* serenarse

ressasser [ʀ(ə)sase] *vt* rumiar; *(histoires, critiques)* repetir

ressemblance [ʀ(ə)sɑ̃blɑ̃s] *nf* semejanza

ressemblant, e [ʀ(ə)sɑ̃blɑ̃, ɑ̃t] *adj* parecido(-a)

ressembler [ʀ(ə)sɑ̃ble]: **~ à** *vt ind* parecerse a; **se ressembler** *vpr* parecerse

ressentiment [ʀ(ə)sɑ̃timɑ̃] *nm* resentimiento

ressentir [ʀ(ə)sɑ̃tiʀ] *vt* sentir; **se ~ de** resentirse de

resserrer [ʀ(ə)seʀe] *vt* apretar; *(liens d'amitié)* estrechar

resservir [ʀ(ə)seʀviʀ] *vt*: **~ qn (d'un plat)** volver a servir a algn (un plato) ▷ *vi (être réutilisé)* servir de nuevo; **se ~ de** *(plat)* volver a servirse

ressort [ʀɔsɔʀ] *vb voir* **ressortir** ▷ *nm* muelle *m*; **en dernier ~** en última instancia; **être du ~ de** ser de la competencia de

ressortir [ʀɔsɔʀtiʀ] *vi (sortir à nouveau)* salir de nuevo; *(couleur, broderie, détail)* resaltar; **faire ~ qch** hacer resaltar algo

ressortissant, e [ʀ(ə)sɔʀtisɑ̃, ɑ̃t] *nm/f* súbdito(-a)

ressources [ʀ(ə)suʀs] *nfpl* recursos *mpl*

ressusciter [ʀesysite] *vi* resucitar

restant, e [ʀɛstɑ̃, ɑ̃t] *adj* restante ▷ *nm*: **un ~ de** unas sobras de

restaurant [ʀɛstɔʀɑ̃] *nm* restaurante *m*

restauration [ʀɛstɔʀasjɔ̃] *nf* restauración *f*; **restauration rapide** comida rápida

restaurer [ʀɛstɔʀe] *vt* restaurar; **se restaurer** *vpr* comer

reste [ʀɛst] *nm* resto; *(Math)* residuo;

restes *nmpl (Culin)* sobras *fpl*; **pour le ~** por lo demás; **du ~** además

rester [ʀɛste] *vi (dans un lieu)* quedarse ▷ *vb impers*: **il me reste du pain** me queda pan; **il (me) reste 2 œufs** me quedan 2 huevos; **il (me) reste 10 minutes** (me) quedan 10 minutos; **ce qui (me) reste à faire** lo que (me) falta por hacer; **(il) reste à savoir si ...** queda por saber si ...; **il reste que ..., il n'en reste pas moins que ...** sin embargo ..., con todo y con eso ...; **restons-en là** dejémoslo aquí; **y ~** *(fam)*: **il a failli y ~** por poco estira la pata

restituer [ʀɛstitɥe] *vt (Tech: énergie, son)* reproducir; **~ qch (à qn)** *(objet, somme)* restituir algo (a algn)

restreindre [ʀɛstʀɛ̃dʀ] *vt* restringir

restriction [ʀɛstʀiksjɔ̃] *nf* restricción *f*

résultat [ʀezylta] *nm* resultado

résulter [ʀezylte] *vi*: **~ de** resultar de

résumé [ʀezyme] *nm* resumen *m*; **en ~** en resumen

résumer [ʀezyme] *vt* resumir; **se ~ à** *(se réduire à)* resumirse a

résurrection [ʀezyʀɛksjɔ̃] *nf (Rel)* resurrección *f*; *(fig)* reaparición *f*

rétablir [ʀetabliʀ] *vt* restablecer; **se rétablir** *vpr* restablecerse; **rétablissement** *nm* restablecimiento

retaper [ʀ(ə)tape] *vt* arreglar; *(fig: fam)* restablecer

retard [ʀ(ə)taʀ] *nm* retraso; **être en ~ (de 2 heures)** retrasarse (2 horas); **avoir du ~** estar retrasado(-a); **sans ~** sin retraso

retardataire [ʀ(ə)taʀdatɛʀ] *adj* retrasado(-a) ▷ *nm/f* rezagado(-a)

retardement [ʀ(ə)taʀdəmɑ̃]: **à ~** *adj* de efecto retardado; **bombe à ~** bomba de relojería

retarder [ʀ(ə)taʀde] *vt (montre)* atrasar ▷ *vi (horloge, montre)* atrasar;

~ qn (d'une heure) retrasar a algn (una hora)

retenir [ʀət(ə)niʀ] vt retener; (objet qui glisse) agarrar; (colère, larmes) contener; (chanson, date) recordar; (suggestion, proposition) aceptar; (place, chambre) reservar; **~ son souffle** contener su respiración; **se retenir** vpr (euphémisme) aguantarse; (se raccrocher): **se ~ (à)** agarrarse (a); **se ~ (de faire qch)** contenerse (de hacer algo)

retentir [ʀ(ə)tɑ̃tiʀ] vi resonar; **retentissant, e** adj (voix, choc) ruidoso(-a); (succès etc) clamoroso(-a)

retenue [ʀət(ə)ny] nf (somme prélevée) deducción f; (modération) moderación f

réticence [ʀetisɑ̃s] nf reticencia; **réticent, e** adj reticente

rétine [ʀetin] nf retina

retiré, e [ʀ(ə)tiʀe] adj (personne, vie) solitario(-a)

retirer [ʀ(ə)tiʀe] vt retirar; (vêtement, lunettes) quitarse; **~ qch/qn de** sacar algo/a algn de

retomber [ʀ(ə)tɔ̃be] vi caer; (tomber de nouveau) caer de nuevo; **~ sur qn** recaer sobre algn

rétorquer [ʀetɔʀke] vt: **~ (à qn) que** replicar a algn) que

retouche [ʀ(ə)tuʃ] nf retoque m; **faire une ~ ou des ~s à** dar un retoque ou unos retoques a; **retoucher** vt retocar

retour [ʀ(ə)tuʀ] nm vuelta; (d'un lieu, vers un lieu) regreso; **au ~** a la vuelta; **être de ~ (de)** estar de vuelta (de); **par ~ du courrier** a vuelta de correo; **match ~** partido de vuelta

retourner [ʀ(ə)tuʀne] vt (dans l'autre sens) dar la vuelta a, voltear (Am); (caisse) poner boca abajo; (renvoyer, restituer, argument) devolver; (sac, vêtement) volver del revés; (terre, sol, foin, émouvoir) revolver ▷ vi volver;

(aller de nouveau): **~ quelque part** volver de nuevo a algún sitio; **se retourner** vpr volverse, voltearse (Am); **~ à** volver a; **savoir de quoi il retourne** saber de qué se trata; **se ~ contre qn/qch** (fig) volverse contra algn/algo

retrait [ʀ(ə)tʀɛ] nm retiro; **en ~** apartado(-a); **retrait du permis (de conduire)** retirada de carnet (de conducir)

retraite [ʀ(ə)tʀɛt] nf retiro; (d'une armée) retirada; **prendre sa ~** jubilarse; **retraite anticipée** jubilación anticipada; **retraité, e** adj retirado(-a), jubilado(-a) ▷ nm/f jubilado(-a)

retrancher [ʀ(ə)tʀɑ̃ʃe] vt suprimir; **~ qch de** (nombre, somme) sustraer algo de; **se ~ derrière/dans** refugiarse en

rétrécir [ʀetʀesiʀ] vt (vêtement) encoger; **se rétrécir** vpr estrecharse

rétro [ʀetʀo] adj inv: **mode/style ~** moda/estilo retro inv ▷ nm (fam) = **rétroviseur**

rétroprojecteur [ʀetʀopʀɔʒɛktœʀ] nm retroproyector m

rétrospective [ʀetʀɔspɛktiv] nf retrospectiva; **rétrospectivement** adv retrospectivamente

retrousser [ʀ(ə)tʀuse] vt (pantalon etc) arremangar

retrouvailles [ʀ(ə)tʀuvaj] nfpl reencuentro

retrouver [ʀ(ə)tʀuve] vt encontrar; (sommeil, calme, santé) recobrar; (rejoindre) encontrarse con; **se retrouver** vpr encontrarse; (s'orienter) orientarse; **se ~ dans** (calculs, dossiers, désordre) desenvolverse en; **s'y ~** (rentrer dans ses frais) salir ganando

rétroviseur [ʀetʀovizœʀ] nm retrovisor m

réunion [ʀeynjɔ̃] nf reunión f; (séance, congrès) encuentro

réunir [ʀeyniʀ] vt reunir; (rattacher)

unir; **se réunir** *vpr* reunirse

réussi, e [Reysi] *adj* (*robe, photographie*) logrado(-a); (*réception*) exitoso(-a)

réussir [Reysir] *vi* (*tentative, projet*) ser un éxito; (*personne*) tener éxito; (: à un examen) salir bien de ▷ *vt* (*examen, plat*) salir bien; **~ à faire qch** lograr hacer algo; **~ à qn** (*aliment*) sentar bien a algn; **réussite** *nf* éxito; (*Cartes*) solitario

revaloir [R(ə)valwar] *vt*: **je vous revaudrai cela** se lo pagaré con la misma moneda

revanche [R(ə)vɑ̃ʃ] *nf* revancha; **en ~** en cambio

rêve [Rɛv] *nm* sueño; **la voiture/maison de ses ~s** el coche/la casa de sus sueños

réveil [Revɛj] *nm* despertar *m*; (*pendule*) despertador *m*; **au ~, je ...** al despertar, yo ...; **réveiller** *vt* despertar; **se réveiller** *vpr* despertarse; (*fig: se secouer*) espabilarse

réveillon [Revɛjɔ̃] *nm* cena de Nochebuena; (*de la Saint-Sylvestre*) cena de Nochevieja; **réveillonner** *vi* celebrar la cena de Nochebuena ou la cena de Nochevieja

révélateur, -trice [Revelatœr, tris] *adj* revelador(a)

révéler [Revele] *vt* revelar; **~ qn/qch** dar a algn/algo a conocer

revenant, e [R(ə)vənɑ̃, ɑ̃t] *nm/f* fantasma *m*

revendeur, -euse [R(ə)vɑ̃dœr, øz] *nm/f* revendedor(a)

revendication [R(ə)vɑ̃dikasjɔ̃] *nf* reivindicación *f*

revendiquer [R(ə)vɑ̃dike] *vt* reivindicar; (*responsabilité*) asumir

revendre [R(ə)vɑ̃dr] *vt* revender; **à ~** de sobra

revenir [Rəv(ə)nir] *vi* (*venir de nouveau*) venir de nuevo; (*rentrer*)

regresar, volver; **faire ~ de la viande/des légumes** rehogar la carne/las verduras; **~ cher/à 100 euros** (**à qn**) resultar caro/a 100 euros (a algn); **~ à** (*conversation*) volver a; (*équivaloir à*) venir a ser; (*part, honneur*) corresponder a algn; **~ à qn** (*souvenir, nom*) venirle a algn ou a la mente; **~ de** (*fig*) salir de; **~ sur** (*question*) volver sobre; (*promesse*) retractarse de; **n'en pas ~: je n'en reviens pas** no vuelvo de mi asombro; **~ sur ses pas** dar marcha atrás; **cela revient au même/à dire que** eso equivale a lo mismo/a decir que

revenu, e [Rəv(ə)ny] *pp de* **revenir** ▷ *nm* renta; **revenus** *nmpl* ingresos *mpl*

rêver [Reve] *vi* soñar; **~ de** *ou* **à** soñar con

réverbère [Reverber] *nm* farola; **réverbérer** *vt* reverberar

revers [R(ə)ver] *nm* revés *msg*; (*de la main*) dorso; (*d'une pièce, médaille*) reverso

revêtement [R(ə)vɛtmɑ̃] *nm* revestimiento; (*d'une chaussée*) firme *m*; (*d'un tuyau etc*) capa

revêtir [R(ə)vetir] *vt* revestir; (*vêtement*) ponerse

rêveur, -euse [Revœr, øz] *nm/f* soñador(a)

revient [Rəvjɛ̃] *vb voir* **revenir** ▷ *nm*: **prix de ~** (*Comm*) precio de coste

revigorer [R(ə)vigɔre] *vt* vigorizar

revirement [R(ə)virmɑ̃] *nm* cambio brusco

réviser [Revize] *vt* revisar; (*Scol, comptes*) repasar

révision [Revizjɔ̃] *nf* revisión *f*

revivre [R(ə)vivr] *vi* recuperar fuerzas; (*traditions, coutumes*) recuperarse ▷ *vt* revivir

revoir [R(ə)vwar] *vt* volver a ver; (*texte, édition*) revisar ▷ *nm*: **au ~**

adiós *msg*

révoltant, e [ʀevɔltɑ̃, ɑ̃t] *adj*
indignante

révolte [ʀevɔlt] *nf* rebelión *f*

révolter [ʀevɔlte] *vt* indignar; **se
révolter** *vpr*: **se ~ (contre)** rebelarse
(contra)

révolu, e [ʀevɔly] *adj (de jadis)*
pasado(-a); (*Admin: complété: année
etc*): **âgé de 18 ans ~s** con 18 años
cumplidos

révolution [ʀevɔlysjɔ̃] *nf* revolución
f; **révolutionnaire** *adj, nm/f*
revolucionario(-a)

revolver [ʀevɔlvɛʀ] *nm* pistola; (*à
barillet*) revólver *m*

révoquer [ʀevɔke] *vt* revocar;
(*fonctionnaire*) destituir

revue [ʀ(ə)vy] *nf* revista; **passer en
~** estudiar

rez-de-chaussée [ʀed(ə)ʃose] *nm
inv* planta baja

RF [ɛʀɛf] *sigle f* = **République
française**

Rhin [ʀɛ̃] *nm*: **le ~** el Rin

rhinocéros [ʀinɔseʀɔs] *nm* (*Zool*)
rinoceronte *m*

Rhône [ʀon] *nm*: **le ~** el Ródano

rhubarbe [ʀybaʀb] *nf* ruibarbo

rhum [ʀɔm] *nm* ron *m*

rhumatisme [ʀymatism] *nm*
reumatismo, reúma *f*

rhume [ʀym] *nm* catarro; **rhume de
cerveau** catarro de nariz; **le rhume
des foins** la fiebre del heno

ricaner [ʀikane] *vi* reírse
burlonamente

riche [ʀiʃ] *adj* rico(-a); **richesse** *nf*
riqueza

ricochet [ʀikɔʃɛ] *nm* rebote *m*; **faire
~** rebotar; **faire des ~s** hacer cabrillas

ride [ʀid] *nf* arruga

rideau, x [ʀido] *nm* (*de fenêtre*) visillo;
(*Théâtre*) telón *m*

rider [ʀide] *vt* arrugar

ridicule [ʀidikyl] *adj* ridículo(-a);

ridiculiser *vt* ridiculizar; **se
ridiculiser** *vpr* ridiculizarse

rien [ʀjɛ̃] *pron*: **(ne)... ~** nada;
qu'est-ce que vous avez? - ~ ¿qué le
pasa? - nada; **il n'a ~ dit/fait** no dijo/
hizo nada; **il n'a ~ mieux** nada; **de ~!**
¡de nada!; **n'avoir peur de ~** no tener
miedo de nada; **~ d'intéressant** nada
interesante; **~ d'autre** nada más; **~
du tout** nada en absoluto; **~ que** nada
más que; **~ que pour lui faire plaisir**
nada más que por agradarle; **~ que la
vérité** nada más que la verdad; **en un
~ de temps** en nada de tiempo

rieur, -euse [ʀi(j)œʀ, ʀi(j)øz] *adj*
reidor(a)

rigide [ʀiʒid] *adj* rígido(-a)

rigoler [ʀigɔle] *vi (fam)* reírse;
(*s'amuser*) pasarlo bien; **rigolo, -ote**
(*fam*) *adj* gracioso(-a) ▷ *nm/f*
gracioso(-a); (*péj: fumiste*)
cantamañanas *m inv*

rigoureusement [ʀiguʀøzmɑ̃]
adv rigurosamente; **~ interdit**
totalmente prohibido

rigoureux, -euse [ʀiguʀø, øz] *adj*
riguroso(-a)

rigueur [ʀigœʀ] *nf* rigor *m*,
rigurosidad *f*; **à la ~** en último
extremo; **tenir ~ à qn de qch** guardar
rencor a algn por algo

rillettes [ʀijɛt] *nfpl* especie de paté de
cerdo u oca

rime [ʀim] *nf* rima

rinçage [ʀɛ̃saʒ] *nm* aclarado

rincer [ʀɛ̃se] *vt* enjuagar

ringard, e [ʀɛ̃gaʀ, aʀd] *(fam, péj) adj*
anticuado(-a)

riposter [ʀipɔste] *vi* replicar ▷ *vt*: **~
que** responder que; **~ à** responder a

rire [ʀiʀ] *vi* reír; (*se divertir*) reírse;
se ~ de reírse de; **pour ~** en broma
▷ *nm* risa

risible [ʀizibl] *adj* risible

risque [ʀisk] *nm* riesgo; **à ses ~s
et périls** por su cuenta y riesgo;

au ~ de a riesgo de; **risqué, e** adj arriesgado(-a); **risquer** vt arriesgar; (allusion, comparaison, question) aventurar; (Mil, gén) arriesgarse a; **ça ne risque rien** no hay riesgo alguno; **il risque de se tuer** puede matarse; **ce qui risque de se produire** lo que puede producirse; **il ne risque pas de recommencer** no hay peligro de que vuelva a empezar

rissoler [ʀisɔle] vi, vt: **(faire) ~ de la viande/des légumes** dorar la carne/ las verduras

ristourne [ʀisturn] nf rebaja, descuento

rite [ʀit] nm rito

rivage [ʀivaʒ] nm costa

rival, e, -aux [ʀival, o] adj rival ▷ nm/f (adversaire) rival m/f; **rivaliser** vi: **rivaliser avec** rivalizar con; **rivalité** nf rivalidad f

rive [ʀiv] nf orilla; **riverain, e** adj, nm/f (d'une rivière) ribereño(-a); (d'une route) vecino(-a)

rivière [ʀivjɛʀ] nf río

riz [ʀi] nm arroz m; **rizière** nf arrozal m

RMI [ɛʀɛmi] sigle m (= revenu minimum d'insertion) ayuda compensatoria

RN [ɛʀɛn] sigle f (= route nationale) N. (= carretera nacional)

robe [ʀɔb] nf vestido; (de juge, d'avocat) toga; (d'ecclésiastique) hábito; (d'un animal) pelo; **robe de chambre** bata; **robe de mariée** vestido de novia; **robe de soirée** traje de noche

robinet [ʀɔbinɛ] nm grifo, canilla (Am)

robot [ʀɔbo] nm robot m

robuste [ʀɔbyst] adj robusto(-a); **robustesse** nf robustez f

roc [ʀɔk] nm roca

rocade [ʀɔkad] nf (Auto) circunvalación f

rocaille [ʀɔkaj] nf rocalla

roche [ʀɔʃ] nf roca

rocher [ʀɔʃe] nm (un rocher) peñasco;

(matière) roca

rocheux, -euse [ʀɔʃø, øz] adj rocoso(-a)

rodage [ʀɔdaʒ] nm rodaje m; **en ~** (Auto) en rodaje

rôder [ʀɔde] vi rondar; (péj) vagabundear; **rôdeur, -euse** nm/f vagabundo(-a)

rogne [ʀɔɲ] nf (fam): **être en ~** estar rabiando; **mettre en ~** hacer rabiar

rogner [ʀɔɲe] vt recortar; **~ sur** (dépenses etc) recortar

rognons [ʀɔɲɔ̃] nmpl riñones mpl

roi [ʀwa] nm rey m; **le jour** ou **la fête des R~s, les R~s** el día de Reyes, los Reyes

■ **FÊTE DES ROIS**

La fête des Rois se celebra el 6 de enero. Es costumbre agregar las figurillas de los Reyes Magos al belén y comer **la galette des Rois**, un pastel de bizcocho aplanado en el que se esconde un amuleto (**la fève**). Quien encuentra el amuleto se convierte en rey o reina por un día y escoge a su pareja.

rôle [ʀol] nm (Ciné, Théâtre) papel m; (fonction) función f

romain, e [ʀɔmɛ̃, ɛn] adj romano(-a) ▷ nm/f: **R~, e** romano(-a)

roman, e [ʀɔmã, an] adj románico(-a)

romancer [ʀɔmɑ̃se] vt novelar; **romancier, -ière** [ʀɔmɑ̃sje, jɛʀ] nm/f novelista m/f; **romanesque** adj fabuloso(-a)

roman-feuilleton [ʀɔmɑ̃fœjtɔ̃] (pl **romans-feuilletons**) nm folletín m

romanichel, le [ʀɔmaniʃɛl] nm/f gitano(-a)

romantique [ʀɔmɑ̃tik] adj romántico(-a)

romarin [ʀɔmaʀɛ̃] nm romero

rompre [ʀɔ̃pʀ] vt romper ▷ vi

(fiancés) romper; **se rompre** *vpr* romperse; **rompu, e** *pp de* **rompre** ▷ *adj*: **rompu à** avezado(-a) en

ronces [Rɔ̃s] *nfpl* zarzas *fpl*

ronchonner [Rɔ̃ʃɔne] *(fam) vi* refunfuñar

rond, e [Rɔ̃, Rɔ̃d] *adj* redondo(-a); *(fam: ivre)* alegre ▷ *nm* redondo; **je n'ai plus un ~** *(fam: sou)* no me queda ni una perra ▷ *adv*: **en ~** en corro; **ronde** *nf* ronda; *(danse)* corro; *(Mus: note)* redonda; **à 10 km à la ronde** a 10 km a la redonda; **rondelet, te** *adj* regordete(-a); *(fig: somme)* suculento(-a)

rondelle [Rɔ̃dɛl] *nf (Tech)* arandela; *(tranche)* loncha

rond-point [Rɔ̃pwɛ̃] *(pl* **rondspoints)** *nm* rotonda

ronflement [Rɔ̃fləmɑ̃] *nm (d'une personne)* ronquido; *(d'un moteur)* zumbido

ronfler [Rɔ̃fle] *vi (personne)* roncar; *(moteur, poêle)* zumbar

ronger [Rɔ̃ʒe] *vt (suj: souris, chien etc)* roer; (: *vers)* carcomer; (: *insectes)* ficar; (: *rouille)* corroer; **se ~ les ongles** comerse las uñas; **rongeur** *nm* roedor *m*

ronronner [Rɔ̃Rɔne] *vi* ronronear

rosbif [Rɔsbif] *nm* rosbif *m*

rose [Roz] *nf* rosa ▷ *adj* rosa inv

rosé, e [Roze] *adj* rosa inv ▷ *nm*: **(vin) ~** (vino) rosado

roseau, x [Rozo] *nm* caña

rosée [Roze] *adj f voir* **rosé** ▷ *nf* rocío

rosier [Rozje] *nm* rosal *m*

rossignol [Rɔsiɲɔl] *nm (Zool)* ruiseñor *m*

rotation [Rɔtasjɔ̃] *nf* rotación *f*

roter [Rɔte] *(fam) vi* eructar

rôti [Roti] *nm* carne *f* de asar; *(cuit)* asado de carne

rotin [Rɔtɛ̃] *nm* mimbre *m* ou *f*; **fauteuil en ~** sillón *m* de mimbre

rôtir [Rotir] *vt* asar ▷ *vi* asarse;

rôtisserie [Rotisri] *nf (restaurant)* restaurante-parrilla *m*; *(comptoir, magasin)* establecimiento de precocinados; **rôtissoire** *nf* asador *m*

rotule [Rɔtyl] *nf* rótula

rouage [Rwaʒ] *nm* engranaje *m*; *(de montre)* maquinaria; **rouages** *nmpl (fig)* máquina *fsg*

roue [Ru] *nf* rueda; **roue de secours** rueda de repuesto

rouer [Rwe] *vt*: **~ qn de coups** moler a algn a palos

rouge [Ruʒ] *adj* rojo(-a) ▷ *nm (couleur)* rojo; *(fard)* carmín *m*; **(vin) ~** (vino) tinto; **passer au ~** *(automobiliste)* pasar en rojo; **être sur la liste ~** *(Tél)* no constar en la guía; **rouge (à lèvres)** barra de labios; **rouge-gorge** *(pl* **rouges-gorges)** *nm* petirrojo

rougeole [Ruʒɔl] *nf* sarampión *m*

rougeoyer [Ruʒwaje] *vi* ponerse rojo

rouget [Ruʒɛ] *nm* salmonete *m*

rougeur [RuʒœR] *nf* rojez *f*

rougir [Ruʒir] *vi* enrojecer; *(fraise, tomate)* ponerse rojo

rouille [Ruj] *nf* moho; **rouillé, e** *adj* oxidado(-a); **rouiller** *vt* oxidar ▷ *vi* oxidarse

roulant, e [Rulɑ̃, ɑ̃t] *adj* rodante; *(surface, trottoir)* transportador(a)

rouleau, x [Rulo] *nm* rollo; *(à peinture)* rodillo; *(à mise en plis)* rulo; *(vague)* rompiente *m*; **rouleau à pâtisserie** rodillo

roulement [Rulmɑ̃] *nm* rodamiento; **par ~** por turno

rouler [Rule] *vt (Culin, tissu, papier)* enrollar *ou* rodar; *(voiture, train)* circular, estar en marcha; *(automobiliste)* circular; *(bateau)* balancearse; **se ~ dans** *(boue)* revolcarse en

roulette [Rulɛt] *nf* rueda; **la ~** la ruleta

roulis [ʀuli] nm balanceo
roulotte [ʀulɔt] nf carro, carromato
roumain, e [ʀumɛ̃, ɛn] adj
rumano(-a) ▷ nm/f (Ling) rumano
▷ nm/f: **R-, e** rumano(-a)
Roumanie [ʀumani] nf Rumania
rouquin, e [ʀukɛ̃, in] (fam) nm/f
pelirrojo(-a)
rouspéter [ʀuspete] (fam) vi
refunfuñar
rousse [ʀus] adj voir **roux**
roussir [ʀusiʀ] vt (herbe, linge)
quemar ▷ vi (feuilles) amarillear
route [ʀut] nf carretera; (itinéraire,
parcours) ruta; (fig) camino; **par (la)
~** por (la) carretera; **il y a 3 heures de
~** hay 3 horas de camino; **en ~** por el
camino; **en ~!** ¡en marcha!; **mettre en
~** poner en marcha; **se mettre en
~** ponerse en camino; **route nationale**
≈ carretera nacional; **routier, -ière**
adj (réseau, carte) de carreteras ▷ nm
(camionneur) camionero
routine [ʀutin] nf rutina;
routinier, -ière adj rutinario(-a)
rouvrir [ʀuvʀiʀ] vt (porte, valise)
volver a abrir ▷ vi (suj: école, piscine)
volver a abrirse; **se rouvrir** vpr (porte,
blessure) volver a abrirse
roux, rousse [ʀu, ʀus] adj, nm/f
pelirrojo(-a)
royal, e, -aux [ʀwajal, o] adj real;
(festin, cadeau) regio(-a)
royaume [ʀwajom] nm reino; (fig)
dominios mpl
royauté [ʀwajote] nf realeza
ruban [ʀybã] nm cinta; (de velours,
de soie) lazo; **ruban adhésif** cinta
adhesiva
rubéole [ʀybeɔl] nf rubeola
rubis [ʀybi] nm rubí m
rubrique [ʀybʀik] nf (titre, catégorie)
rúbrica; (Presse: article) sección f
ruche [ʀyʃ] nf colmena
rude [ʀyd] adj (barbe, toile, voix)
áspero(-a); (métier, épreuve, climat)

duro(-a); (bourru) rudo(-a); **rudement**
adv: **elle est rudement belle/riche**
(fam: très) es super bonita/rica; **j'ai
rudement faim** (fam) tengo un
montón de hambre
rudimentaire [ʀydimɑ̃tɛʀ] adj
rudimentario(-a)
rudiments [ʀydimɑ̃] nmpl
rudimentos mpl
rue [ʀy] nf calle f
ruée [ʀɥe] nf riada
ruelle [ʀɥɛl] nf callejuela
ruer [ʀɥe] vi cocear; **se ruer** vpr: **se
~ sur** arrojarse sobre; **se ~ vers/
dans/hors de** precipitarse hacia/
en/fuera de
rugby [ʀygbi] nm rugby m
rugir [ʀyʒiʀ] vi rugir
rugueux, -euse [ʀygø, øz] adj
rugoso(-a)
ruine [ʀɥin] nf ruina; **ruiner**
vt arruinar; **ruineux, -euse** adj
ruinoso(-a)
ruisseau, x [ʀɥiso] nm (cours d'eau)
arroyo
ruisseler [ʀɥis(ə)le] vi (eau, pluie,
larmes) correr
rumeur [ʀymœʀ] nf rumor m
ruminer [ʀymine] vi, vt rumiar
rupture [ʀyptyʀ] nf rotura; (d'un
contrat) incumplimiento
rural, e, -aux [ʀyʀal, o] adj rural
ruse [ʀyz] nf astucia; **une ~** un ardid;
rusé, e adj astuto(-a)
russe [ʀys] adj ruso(-a) ▷ nm (Ling)
ruso ▷ nm/f: **R-** ruso(-a)
Russie [ʀysi] nf Rusia
rustine [ʀystin] nf parche m
rustique [ʀystik] adj rústico(-a)
rythme [ʀitm] nm ritmo; **rythmé, e**
adj rítmico(-a)

S

s' [s] *pron voir* **se**

sa [sa] *dét voir* **son**

sable [sabl] *nm* arena

sablé, e [sable] *adj* enarenado(-a) ▷ *nm* galleta; **pâte ~e** masa de galleta

sabler [sable] *vt* enarenar; **~ le champagne** (*fig*) celebrar algo con champán

sabot [sabo] *nm* (*chaussure*) zueco; (*de cheval, bœuf*) casco

saboter [sabote] *vt* sabotear

sac [sak] *nm* saco; **sac à dos** mochila; **sac à main** bolso de mano, cartera (*Am*); **sac à provisions** bolsa de la compra; **sac de couchage** saco de dormir; **sac de voyage** bolsa de viaje

saccadé, e [sakade] *adj* brusco(-a); (*voix*) entrecortado(-a)

saccager [sakaʒe] *vt* (*piller*) saquear; (*dévaster*) devastar

saccharine [sakaʀin] *nf* sacarina

sachet [saʃe] *nm* bolsita; (*de poudre, lavande*) saquito

sacoche [sakɔʃ] *nf* bolso, talego

sacré, e [sakʀe] *adj* sagrado(-a)

sacrement [sakʀəmɑ̃] *nm* sacramento

sacrifice [sakʀifis] *nm* sacrificio; **sacrifier** *vt* sacrificar

sacristie [sakʀisti] *nf* sacristía

sadique [sadik] *adj, nm/f* sádico(-a)

safran [safʀɑ̃] *nm* azafrán *m*

sage [saʒ] *adj* (*avisé, prudent*) sensato(-a); (*enfant*) bueno(-a)

sage-femme [saʒfam] (*pl* **sages-femmes**) *nf* comadrona

sagesse [saʒɛs] *nf* sensatez *f*

Sagittaire [saʒitɛʀ] *nm* (*Astrol*) Sagitario

Sahara [saaʀa] *nm* Sáhara *m*

saignant, e [seɲɑ̃, ɑ̃t] *adj* (*viande*) poco hecho(-a)

saigner [seɲe] *vi* sangrar ▷ *vt* (*animal*) desangrar; **~ du nez** sangrar por la nariz

saillir [sajiʀ] *vi* sobresalir

sain, e [sɛ̃, sɛn] *adj* sano(-a); (*affaire, entreprise*) saneado(-a); **~ et sauf** sano y salvo; **~ d'esprit** sano(-a) de espíritu

saindoux [sɛ̃du] *nm* manteca de cerdo

saint, e [sɛ̃, sɛt] *adj, nm/f* santo(-a); **la Sainte Vierge** la Virgen Santísima; **sainteté** *nf* santidad *f*

sais *etc* [se] *vb voir* **savoir**

saisie [sezi] *nf* (*Jur*) embargo; **saisie (de données)** (*Inform*) recogida de datos

saisir [seziʀ] *vt* (*personne, chose: prendre*) agarrar; (*fig: occasion, prétexte*) aprovechar; (*comprendre*) comprender; (*entendre*) captar; (*suj: sensations, émotions*) sobrecoger; (*Inform*) procesar; (*Culin*) soasar; (*Jur: biens, personne*) embargar; **saisissant, e** *adj* (*spectacle, contraste*) sobrecogedor(a)

saison [sɛzɔ̃] *nf* temporada, época; **haute/basse/morte ~** temporada

alta/media/baja; saisonnier, -ière *adj* (*produits, culture*) estacional

salade [salad] *nf* ensalada; **saladier** *nm* ensaladera

salaire [salɛʀ] *nm* salario; **salaire de base** sueldo base

salarié, e [salaʀje] *adj, nm/f* asalariado(-a)

salaud [salo] (*fam!*) *nm* cabrón *m* (*fam!*), hijo de la chingada (*Mex*) (*fam!*)

sale [sal] *adj* sucio(-a); (*avant le nom*: *fam*) malo(-a)

salé, e [sale] *adj* salado(-a); (*fig*: *histoire, plaisanterie*) picante; (*fam*: *note, facture*) desorbitado(-a)

saler [sale] *vt* (*plat*) echar sal

saleté [salte] *nf* suciedad *f*; (*chose sans valeur*) porquería

salière [saljɛʀ] *nf* salero

salir [saliʀ] *vt* manchar; (*fig*) mancillar; **se salir** *vpr* ensuciarse; **salissant, e** *adj* sucio(-a)

salle [sal] *nf* sala; (*de restaurant*) salón *m*; **salle à manger** comedor *m*; **salle d'attente** sala de espera; **salle d'eau** aseo; **salle de bain(s)** cuarto de baño; **salle de classe** aula; **salle de concert** sala de conciertos; **salle de jeux** sala de juegos; **salle d'embarquement** sala de embarque; **salle de séjour** cuarto de estar; **salle de spectacle** sala de espectáculos; **salle des ventes** salón de ventas; **salle d'exposition** sala de exposiciones; **salle d'opération** sala de operaciones

salon [salɔ̃] *nm* salón *m*, living *m* (*Am*); **salon de thé** salón de té

salope [salɔp] (*fam!*) *nf* marrana; **saloperie** (*fam!*) *nf* (*action vile*) marranada; (*chose sans valeur, de mauvaise qualité*) porquería

salopette [salɔpɛt] *nf* pantalón *m* de peto; (*de travail*) mono, overol *m* (*Am*)

salsifis [salsifi] *nm* salsifí *m*

salubre [salybʀ] *adj* salubre

saluer [salɥe] *vt* saludar

salut [saly] *nm* (*Rel, sauvegarde*) salvación *f*; (*Mil, parole d'accueil*) saludo ▷ *excl* (*fam: bonjour*) ¡hola!; (: *au revoir*) ¡hasta luego!, ¡chao! ou ¡chau! (*esp Am*)

salutations [salytasjɔ̃] *nfpl* saludos *mpl*; **recevez mes ~ distinguées** ou **respectueuses** (*dans une lettre*) reciba mis cordiales ou respetuosos saludos

samedi [samdi] *nm* sábado; *voir aussi* **lundi**

SAMU [samy] *sigle m* (= *service d'assistance médicale d'urgence*) ≈ servicio médico de urgencia

sanction [sɑ̃ksjɔ̃] *nf* sanción *f*; **sanctionner** *vt* sancionar

sandale [sɑ̃dal] *nf* sandalia

sandwich [sɑ̃dwi(t)ʃ] *nm* sandwich *m*, bocadillo, emparedado (*esp Am*)

sang [sɑ̃] *nm* sangre *f*; **être en ~** estar cubierto de sangre; **se faire du mauvais ~** preocuparse; **sang-froid** *nm inv* sangre fría; **faire qch de sang-froid** hacer algo a sangre fría; **sanglant, e** *adj* (*visage, arme*) ensangrentado(-a); (*combat, fig*) sangriento(-a)

sangle [sɑ̃gl] *nf* correa

sanglier [sɑ̃glije] *nm* jabalí *m*

sanglot [sɑ̃glo] *nm* sollozo; **sangloter** *vi* sollozar

sangsue [sɑ̃sy] *nf* sanguijuela

sanguin, e [sɑ̃gɛ̃, in] *adj* sanguíneo(-a)

sanitaire [saniteʀ] *adj* sanitario(-a); **sanitaires** *nmpl* sanitarios *mpl*

sans [sɑ̃] *prép sin*; **~ qu'il s'en aperçoive** sin que se dé cuenta; **sans-abri** *nm/f inv* persona sin hogar; **sans-emploi** *nm/f inv* desempleado(-a); **sans-gêne** *adj inv*

santé [sɑ̃te] *nf* salud *f*; **être en bonne ~** estar bien de salud; **boire à la ~ de qn** beber a la salud de algn

saoudien, ne [saudjɛ̃, jɛn] adj saudí, saudita ▷ nm/f: **S~, ne** saudí m/f, saudita m/f
saoul, e [su, sul] adj =**soûl**
saper [sape] vt socavar
sapeur-pompier [sapœʀpɔ̃pje] (pl **sapeurs-pompiers**) nm bombero
saphir [safiʀ] nm zafiro
sapin [sapɛ̃] nm (Bot) abeto; (bois) pino; **sapin de Noël** pino de Navidad
sarcastique [saʀkastik] adj sarcástico(-a)
Sardaigne [saʀdɛɲ] nf Cerdeña
sardine [saʀdin] nf sardina
SARL [ɛsaɛʀɛl] sigle f (= société à responsabilité limitée) = SL (= sociedad limitada)
sarrasin [saʀazɛ̃] nm (farine) harina de alforfón, harina de trigo sarraceno
satané, e [satane] adj maldito(-a)
satellite [satelit] nm satélite msg
satin [satɛ̃] nm satén m
satire [satiʀ] nf sátira; **satirique** adj satírico(-a)
satisfaction [satisfaksjɔ̃] nf satisfacción f; **ils ont obtenu ~** se ha accedido a sus demandas
satisfaire [satisfɛʀ] vt satisfacer; **se satisfaire de** vpr contentarse con; **satisfaire à** cumplir con; (conditions) responder a; **satisfaisant, e** adj satisfactorio(-a); **satisfait, e** adj satisfecho(-a)
saturer [satyʀe] vt saturar
sauce [sos] nf salsa; **sauce blanche** salsa blanca; **saucière** nf salsera
saucisse [sosis] nf salchicha
saucisson [sosisɔ̃] nm salchichón m
sauf¹ [sof] prép salvo; **~ avis contraire** salvo aviso contrario; **~ erreur/imprévu** salvo error/imprevisto
sauf², sauve [sof, sov] adj (personne) ileso(-a); (fig: honneur) a salvo; **laisser la vie sauve à qn** perdonar la vida a algn

sauge [soʒ] nf salvia
saugrenu, e [sogʀəny] adj (accoutrement) estrafalario(-a); (idée, question) ridículo(-a)
saule [sol] nm sauce m
saumon [somɔ̃] nm salmón m
saupoudrer [supudʀe] vt: **~ qch de** (de sel, sucre) espolvorear algo de
saur [soʀ] adj m: **hareng ~** arenque m ahumado
saut [so] nm salto; **faire un ~ chez qn** dar un salto a casa de algn; **~ en hauteur/longueur/à la perche** salto de altura/longitud/con pértiga; **saut à la corde** salto a la comba; **saut périlleux** salto mortal
sauter [sote] vi saltar; (exploser) estallar; (se détacher) soltarse ▷ vt (obstacle) franquear; (fig: omettre) saltarse; **faire ~** (avec explosifs) volar; (Culin) saltear; **~ au cou de qn** echarse al cuello de algn; **~ aux yeux** saltar a la vista; **~ au plafond** (fig) subirse por las paredes
sauterelle [sotʀɛl] nf (Zool) saltamontes m inv
sautiller [sotije] vi dar saltitos
sauvage [sovaʒ] adj salvaje; (plante) silvestre; (lieu) agreste; (insociable) huraño(-a); (non officiel) no autorizado(-a) ▷ nm/f salvaje m/f
sauve [sov] adj f voir **sauf²**
sauvegarde [sovgaʀd] nf salvaguardia; **sauvegarder** vt salvaguardar; (Inform) grabar; (: copier) hacer una copia de seguridad de
sauve-qui-peut [sovkipø] nm inv desbandada
sauver [sove] vt salvar; **se sauver** vpr (fam: partir) irse; **sauvetage** nm salvamento; **sauveteur** nm salvador m; **sauvette: à la sauvette** adv precipitadamente; **sauveur** nm salvador m
savant, e [savɑ̃, ɑ̃t] adj sabio(-a); (ironique: compétent, calé) erudito(-a)

saveur [savœʀ] nf sabor m

savoir [savwaʀ] vt saber;
(connaître: date, fait etc) conocer ▷ nm
saber m; **se savoir** vpr (chose: être
connu) saberse; **je n'en sais rien** yo no
sé nada de eso; **à ~** a saber; **faire ~ qch
à qn** hacer saber algo a algn; **pas que
je sache** que yo sepa, no

savon [savɔ̃] nm jabón m; **un ~** una
pastilla de jabón; **passer un ~ à qn**
(fam) echarle un rapapolvo a algn;
savonner vt enjabonar; **savonnette**
nf jaboncillo

savourer [savuʀe] vt saborear;
savoureux, -euse adj sabroso(-a)

saxo(phone) [saksɔ(fɔn)] nm
saxo(fón) m

scabreux, -euse [skabʀø, øz] adj
escabroso(-a)

scandale [skɑ̃dal] nm escándalo;
faire du ~ armar un escándalo; **faire ~**
causar escándalo; **scandaleux, -euse**
adj escandaloso(-a)

scandinave [skɑ̃dinav] adj
escandinavo(-a) ▷ nm/f: **S~**
escandinavo(-a)

Scandinavie [skɑ̃dinavi] nf
Escandinavia

scanner[1] [skanɛʀ] nm escáner m

scanner[2] [skane] vt escanear

scarabée [skaʀabe] nm escarabajo

scarlatine [skaʀlatin] nf escarlatina

scarole [skaʀɔl] nf escarola

sceau, x [so] nm sello

sceller [sele] vt sellar

scénario [senaʀjo] nm guión m

scène [sɛn] nf escena; (lieu, décors)
escena, escenario; **entrer en ~** entrar
en escena; **mettre en ~** (Théâtre)
poner en escena; (Ciné) dirigir; **scène
de ménage** riña conyugal

sceptique [sɛptik] adj, nm/f
escéptico(-a)

schéma [ʃema] nm esquema m;
schématique adj esquemático(-a)

sciatique [sjatik] adj: **nerf ~** nervio

ciático

scie [si] nf sierra

sciemment [sjamɑ̃] adv
conscientemente

science [sjɑ̃s] nf ciencia; **sciences
humaines/naturelles** ciencias
humanas/naturales; **science-fiction**
nf ciencia ficción; **scientifique** adj,
nm/f científico(-a)

scier [sje] vt serrar; (partie en trop)
aserrar; **scierie** nf aserradero

scintiller [sɛ̃tije] vi centellear

sciure [sjyʀ] nf: **~ (de bois)** serrín m
(de madera)

sclérose [skleʀoz] nf esclerosis f
inv; **sclérose en plaques** esclerosis
en placas

scolaire [skɔlɛʀ] adj escolar;
scolariser vt escolarizar; **scolarité** nf
escolaridad f

scooter [skutɛʀ] nm escúter m

score [skɔʀ] nm (Sport) tanteo

scorpion [skɔʀpjɔ̃] nm escorpión m

scotch [skɔtʃ] nm (whisky) whisky
m escocés; (®: adhésif) celo, cinta
adhesiva

scout, e [skut] adj de scout ▷ nm/f
scout m/f, explorador(a)

script [skʀipt] nm (écriture) letra
cursiva; (Ciné) guión m

scrupule [skʀypyl] nm escrúpulo

scruter [skʀyte] vt (objet, visage)
escrutar; (horizon, alentours) otear

scrutin [skʀytɛ̃] nm escrutinio

sculpter [skylte] vt esculpir;
sculpteur nm escultor m; **sculpture**
nf escultura; **sculpture sur bois**
escultura en madera

SDF sigle m (= sans domicile fixe)
persona sin hogar; **les SDF** los sin
techo

se [sə] pron se; **se voir comme on est**
verse como uno es; **ils s'aiment** se
quieren; **cela se répare facilement**
eso se arregla fácilmente; **se casser
la jambe/laver les mains** romperse

una pierna/lavarse las manos
séance [seɑ̃s] nf sesión f
seau, x [so] nm cubo, balde m (esp Am)
sec, sèche [sɛk, sɛʃ] adj seco(-a)
▷ nm: **tenir au ~** mantener en sitio
seco ▷ adv (démarrer) bruscamente;
je le bois ~ lo bebo puro; **à ~** (cours
d'eau) agotado(-a); (à court d'argent)
pelado(-a)
sécateur [sekatœʀ] nm podadera
sèche [sɛʃ] adj f voir **sec; sèche-
cheveux** nm inv secador m de pelo;
sèche-linge nm inv secadora f;
sèchement adv (répliquer etc)
secamente
sécher [seʃe] vt secar;
(fam: Scol: classe) pirarse ▷ vi secarse;
(fam: candidat) estar pez; **se sécher**
vpr secarse; **sécheresse** nf (du
climat, sol) sequedad f; (absence de
pluie) sequía f; **séchoir** nm (à linge)
tendedero
second, e [s(ə)gɔ̃, ɔ̃d] adj
segundo(-a) ▷ nm ayudante m;
(étage) segundo; (Naut) segundo de a
bordo; **de ~e main** de segunda mano;
secondaire adj secundario(-a);
seconde nf segundo; **voyager
en seconde** (Transport) viajar en
segunda; **seconder** vt (assister)
ayudar
secouer [s(ə)kwe] vt sacudir;
(fam: faire se démener) pinchar
secourir [s(ə)kuʀiʀ] vt socorrer;
(prodiguer des soins à) auxiliar;
secourisme nm socorrismo;
secouriste nm/f socorrista m/f
secours [s(ə)kuʀ] nm socorro ▷ nmpl
(aide financière, matérielle) ayuda fsg;
au ~! ¡socorro!; **appeler au ~** pedir
socorro; **les premiers ~** los primeros
auxilios
secousse [s(ə)kus] nf sacudida f;
(électrique) descarga
secret, -ète [səkʀɛ, ɛt] adj
secreto(-a) ▷ nm secreto; **en ~** en

secreto; **secret professionnel**
secreto profesional
secrétaire [s(ə)kʀetɛʀ] nm/f
secretario(-a) ▷ nm (meuble) secreter
m; **secrétaire d'État** secretario de
Estado; **secrétaire de rédaction**
secretario de redacción; **secrétariat**
nm (profession) secretariado; (bureau,
fonction) secretaría
secteur [sɛktœʀ] nm sector m;
branché sur le ~ conectado a la red;
le secteur privé/public el sector
privado/público
section [sɛksjɔ̃] nf sección f; (d'une
route, d'un parcours) tramo; **sectionner**
vt seccionar
sécu [seky] (fam) nf (= Sécurité sociale)
voir **sécurité**
sécurité [sekyʀite] nf seguridad f;
être en ~ estar seguro(-a); **mesures
de ~** medidas fpl de seguridad; **la
sécurité routière** la seguridad vial;
la Sécurité sociale la Seguridad
Social
sédentaire [sedɑ̃tɛʀ] adj
sedentario(-a)
séduction [sedyksjɔ̃] nf seducción f
séduire [sedɥiʀ] vt seducir;
séduisant, e adj seductor(a)
ségrégation [segʀegasjɔ̃] nf
segregación f
seigle [sɛgl] nm (Bot) centeno
seigneur [sɛɲœʀ] nm señor m; **le S-**
(Rel) el Señor
sein [sɛ̃] nm (Anat) seno; **au ~ de** en
el seno de
séisme [seism] nm seísmo
seize [sɛz] adj inv, nm inv dieciséis
m inv; voir aussi **cinq**; **seizième** adj,
nm/f decimosexto(-a) ▷ nm (partitif)
dieciseisavo; voir aussi **cinquième**
séjour [seʒuʀ] nm (villégiature)
estancia; (pièce) cuarto de estar;
séjourner vi permanecer
sel [sɛl] nm sal f
sélection [selɛksjɔ̃] nf selección f;

sélectionner vt seleccionar

self-service [selfservis] (pl **-s**) adj autoservicio ▷ nm self-service m, restaurante m autoservicio

selle [sɛl] nf (de cheval) silla de montar; (de bicyclette) sillín m; **selles** nfpl (Méd) deposiciones fpl; **seller** vt ensillar

selon [s(ə)lɔ̃] prép según; **~ que** según que; **~ moi** a mi modo de ver

semaine [s(ə)mɛn] nf semana; **en ~** durante la semana; **la ~ de 35 heures** la semana de 35 horas

semblable [sɑ̃blabl] adj semejante ▷ nm (prochain) semejante m; **~ à** parecido(-a) a

semblant [sɑ̃blɑ̃] nm: **faire ~ (de faire qch)** fingir (hacer algo)

sembler [sɑ̃ble] vi parecer ▷ vb impers: **il semble que** parece que; **il me semble (bien) que** me parece (bien) que

semelle [s(ə)mɛl] nf suela; (intérieure) plantilla

semer [s(ə)me] vt (Agr) sembrar; (fig: éparpiller) esparcir; **~ la confusion** sembrar la confusión

semestre [s(ə)mɛstʀ] nm semestre m

séminaire [seminɛʀ] nm seminario

semi-remorque [səmiʀəmɔʀk] (pl **-s**) nm semirremolque m

semoule [s(ə)mul] nf sémola

sénat [sena] nm: **le S~** el Senado; **sénateur** nm senador(a)

sens¹ [sɑ̃] vb voir **sentir**

sens² [sɑ̃s] nm sentido; **avoir le ~ des affaires** tener el don de los negocios; **en dépit du bon ~** sin sentido común; **en un ~, dans un ~** en cierto sentido; **à mon ~** en mi opinión; **dans le ~ des aiguilles d'une montre** en el sentido de las agujas del reloj; **bon ~** el más mínimo sentido; **bon ~** sensatez f; **sens commun** sentido común; **sens dessus dessous** patas

arriba; **sens figuré/propre** sentido figurado/propio; **sens interdit** dirección f prohibida; **sens unique** dirección f única

sensation [sɑ̃sasjɔ̃] nf sensación f; **faire ~** causar sensación; **à ~** (péj) sensacionalista; **sensationnel, le** adj sensacional

sensé, e [sɑ̃se] adj sensato(-a)

sensibiliser [sɑ̃sibilize] vt: **~ qn (à)** sensibilizar a algn (para)

sensibilité [sɑ̃sibilite] nf sensibilidad f

sensible [sɑ̃sibl] adj sensible; (différence, progrès) apreciable; **sensiblement** adv: **ils ont sensiblement le même poids** tienen casi el mismo peso; **sensiblerie** nf sensiblería

sensuel, le [sɑ̃sɥɛl] adj sensual

sentence [sɑ̃tɑ̃s] nf sentencia

sentier [sɑ̃tje] nm sendero

sentiment [sɑ̃timɑ̃] nm sentimiento; **avoir le ~ de/que** tener la impresión de/que; **recevez mes ~s respectueux/dévoués** (dans une lettre) reciba usted mis más sinceros respetos

sentimental, e, -aux [sɑ̃timɑ̃tal, o] adj sentimental

sentinelle [sɑ̃tinɛl] nf centinela

sentir [sɑ̃tiʀ] vt sentir; (par l'odorat) oler; (avoir une odeur de, aussi fig) oler a; **~ bon/mauvais** oler bien/mal; **se ~ à l'aise** sentirse a gusto ou cómodo; **se ~ mal** encontrarse mal

séparation [separasjɔ̃] nf separación f; (mur, cloison) división f

séparé, e [sepaʀe] adj separado(-a); **séparément** adv separadamente

séparer [sepaʀe] vt separar; **se séparer** vpr separarse; (amis etc) despedirse; (écorce) desprenderse; **se ~ de** (époux) separarse de; (employé, objet personnel) deshacerse de

sept [sɛt] adj inv, nm inv siete m inv;

voir aussi cinq; **septante** adj inv, nm inv (Belgique, Suisse) setenta m inv

septembre [sɛptɑ̃bʀ] nm se(p)tiembre m; **voir aussi** juillet

septicémie [sɛptisemi] nf septicemia

septième [sɛtjɛm] adj, nm/f sé(p)timo(-a) ▷ nm (partitif) sé(p)timo; **voir aussi** cinquième

septique [sɛptik] adj: **fosse ~** foso séptico

séquelles [sekɛl] nfpl secuelas fpl

serein, e [sǝʀɛ̃, ɛn] adj sereno(-a)

sergent [sɛʀʒɑ̃] nm sargento

série [seʀi] nf serie f; **en/de/hors** en/de/hors de serie

sérieusement [seʀjøzmɑ̃] adv con seriedad

sérieux, -ieuse [seʀjø, jøz] adj serio(-a) ▷ nm seriedad f; **garder son ~** mantener su seriedad; **prendre qch/qn au ~** tomarse algo/a algn en serio

serin [s(ǝ)ʀɛ̃] nm canario

seringue [s(ǝ)ʀɛ̃g] nf jeringa

serment [sɛʀmɑ̃] nm juramento

sermon [sɛʀmɔ̃] nm sermón m

séropositif, -ive [seʀopozitif, iv] adj (Méd) seropositivo(-a)

serpent [sɛʀpɑ̃] nm serpiente f; **serpenter** vi serpentear

serpillière [sɛʀpijɛʀ] nf bayeta

serre [sɛʀ] nf (construction) invernadero; **serres** nfpl (d'un rapace) garras fpl

serré, e [seʀe] adj apretado(-a); (lutte, match) reñido(-a); (café) fuerte

serrer [seʀe] vt apretar; (tenir: chose) asir; (rapprocher) apretujar; (frein, robinet) apretar ▷ vi: **la main à qn** estrechar la mano a algn; **qn dans ses bras/contre son cœur** estrechar a algn entre sus brazos/contra su pecho; **se ~ contre qn** estrecharse contra algn; **se ~ les coudes** prestarse ayuda; **~ les rangs** cerrar filas

serrure [seʀyʀ] nf cerradura, chapa (Am); **serrurier** nm cerrajero

sert etc [seʀ] vb **voir** servir

servante [sɛʀvɑ̃t] nf sirvienta, mucama (CSur), recamarera (Mex)

serveur, -euse [sɛʀvœʀ, øz] nm/f camarero(-a)

serviable [sɛʀvjabl] adj servicial

service [sɛʀvis] nm servicio; (aide, faveur) favor m; **services** nmpl (travail, prestations) servicios mpl; (Écon) sector m servicios; **porte de ~** puerta de servicio; **rendre un ~ à qn** hacer un favor a algn; **être/mettre en ~** estar/poner en servicio; **hors ~** fuera de servicio; **service après vente** servicio pos(t)-venta; **service d'ordre** servicio de orden; **service militaire/public** servicio militar/público; **services secrets/sociaux** servicios secretos/sociales

serviette [sɛʀvjɛt] nf (de table) servilleta; (de toilette) toalla; (porte-documents) cartera, portafolio(s) m (Am); **serviette hygiénique** compresa

servir [sɛʀviʀ] vt servir; (client: au magasin) atender ▷ vi servir; **se servir** vpr servirse; **~ à qn** servir a algn; **~ à qch/faire qch** servir para algo/hacer algo; **cela ne sert à rien** eso no sirve para nada; **~ (à qn) de** hacer de (a algn) de; **se ~ de** (plat) servirse de; (voiture, outil) utilizar; (relations, amis) valerse de

serveur [sɛʀvitœʀ] nm servidor m

ses [se] dét **voir** son

seuil [sœj] nm umbral m

seul, e [sœl] adj solo(-a); (avec nuance affective: isolé) solitario(-a); **le ~ livre/homme** el único libro/ hombre ▷ adv: **vivre ~** vivir solo(-a); **à lui (tout)** sólo a él; **d'un ~ coup** adv de pronto; **parler tout ~** hablar solo; **il en reste un(e) ~(e)** queda sólo uno(-a); **seulement** adv: seulement

5, 5 seulement solamente 5; **non seulement ... mais aussi** ou **encore** no solamente ... pero también ou además

sève [sɛv] nf savia

sévère [sevɛʀ] adj severo(-a); (style, tenue) austero(-a)

sexe [sɛks] nm sexo; **sexuel, le** adj sexual

shampooing [ʃɑ̃pwɛ̃] nm (lavage) lavado; (produit) champú m; **se faire un ~** hacerse un lavado con champú

short [ʃɔʀt] nm pantalón m corto, short m

O   **MOT-CLÉ**

si [si] adv 1 (oui) sí; **Paul n'est pas venu? – si** ¿no ha venido Pablo? – ¡sí!; **mais si!** ¡que sí!; **je suis sûr que si** estoy seguro de que sí; **je vous assure que si** le aseguro que sí; **il m'a répondu que si** me contestó que sí
2 (tellement): **si gentil/rapidement** tan amable/rápidamente; **si rapide qu'il soit** por muy rápido que sea
▷ conj si; **si tu veux** si quieres; **je me demande si ...** me pregunto si ...; **si seulement** si sólo; **(tant et) si bien que** tanto que; **si pouvait (seulement) venir!** ¡si (al menos) pudiera venir!; **s'il le fait, c'est que ...** si lo hace, es que ...; **s'il est aimable, eux par contre ...** él es amable, pero en cambio ellos ...; **si j'étais toi ...** yo que tú ...
▷ nm inv (Mus) si m

Sicile [sisil] nf Sicilia

SIDA [sida] sigle m (= syndrome immuno-déficitaire acquis) SIDA m (= Síndrome de Inmunodeficiencia Adquirida)

sidéré, e [sideʀe] adj atónito(-a)

sidérurgie [sideʀyʀʒi] nf siderurgia

siècle [sjɛkl] nm siglo m

siège [sjɛʒ] nm asiento; (dans une assemblée) puesto; (de député) escaño; (d'une entreprise) oficina central; (Mil) sitio; **siège social** sede social; **siéger** vi (député) ocupar un escaño; (assemblée, tribunal) celebrar sesión

sien, ne [sjɛ̃, sjɛn] pron: **le ~, la ~ne** el suyo, la suya; **les ~s, les ~nes** los suyos, las suyas; **faire des ~nes** (fam) hacer de las suyas; **les ~s** (sa famille) los suyos

sieste [sjɛst] nf siesta; **faire la ~** dormir la siesta

sifflement [sifləmɑ̃] nm silbido

siffler [sifle] vi silbar; (train, avec un sifflet) pitar ▷ vt silbar; (orateur, faute, départ) pitar; (fam: verre, bouteille) soplarse

sifflet [siflɛ] nm (instrument) silbato; **coup de ~** pitido

siffloter [siflɔte] vi, vt silbar ligeramente

sigle [sigl] nm sigla

signal, -aux [siɲal, o] nm señal f; **donner le ~ de** dar la señal de; **signal d'alarme/d'alerte** señal de alarma/de alerta; **signalement** nm descripción f

signaler [siɲale] vt señalar; **~ qch à qn/~ à qn que** señalar algo a algn/ (a algn) que

signature [siɲatyʀ] nf firma

signe [siɲ] nm signo; (mouvement, geste) seña; **c'est bon/mauvais ~** es buena/mala señal; **faire un ~ de la tête/main** hacer una seña con la cabeza/la mano; **faire ~ à qn d'entrer** hacer señas a algn para que entre; **en ~ de** en señal de; **signes particuliers** señas individuales; **signer** vt firmar; **se signer** vpr santiguarse

significatif, -ive [siɲifikatif, iv] adj significativo(-a)

signification [siɲifikasjɔ̃] nf significado

signifier [siɲifje] vt significar

silence [silɑ̃s] nm silencio; (Mus) pausa; "~!" ¡silencio!; silencieux, -euse adj silencioso(-a) ▷ nm silenciador m

silhouette [silwɛt] nf silueta

sillage [sijaʒ] nm estela

sillon [sijɔ̃] nm surco; sillonner vt (suj: rides, crevasses) formar surcos en; (parcourir en tous sens) surcar

simagrées [simagʀe] nfpl melindres mpl

similaire [similɛʀ] adj similar; similicuir nm cuero artificial; similitude nf semejanza

simple [sɛ̃pl] adj simple; (peu complexe) sencillo(-a), simple; (repas, vie) sencillo(-a) ▷ nm (Tennis): ~ messieurs/dames individual m masculino/femenino; simple d'esprit nm/f simplón(-ona)

simplicité [sɛ̃plisite] nf sencillez f; en toute ~ con toda sencillez

simplifier [sɛ̃plifje] vt simplificar

simuler [simyle] vt fingir; (suj: substance, revêtement) simular, imitar

simultané, e [simyltane] adj simultáneo(-a)

sincère [sɛ̃sɛʀ] adj sincero(-a); sincèrement adv sinceramente; sincérité nf sinceridad f

singe [sɛ̃ʒ] nm mono; singer vt imitar; singeries nfpl monerías fpl

singulariser [sɛ̃gylaʀize] vt singularizar; se singulariser vpr caracterizarse

singularité [sɛ̃gylaʀite] nf singularidad f

singulier, -ière [sɛ̃gylje, jɛʀ] adj singular ▷ nm (Ling) singular m

sinistre [sinistʀ] adj siniestro(-a) ▷ nm siniestro; sinistré, e adj siniestrado(-a)

sinon [sinɔ̃] conj (autrement, sans quoi) de lo contrario; (si ce n'est) si no

sinueux, -euse [sinɥø, øz] adj

(ruelles) sinuoso(-a)

sinus [sinys] nm seno; sinusite nf sinusitis f inv

sirène [siʀɛn] nf sirena; sirène d'alarme sirena de alarma

sirop [siʀo] nm (de fruit etc) concentrado; (boisson) sirope m, zumo; (pharmaceutique) jarabe m

siroter [siʀɔte] vt beber a sorbos

sismique [sismik] adj sísmico(-a)

site [sit] nm (paysage, environnement) paraje m; (d'une ville etc) emplazamiento; site (pittoresque) paisaje m (pintoresco)

sitôt [sito] adv: ~ parti nada más marcharse (etc); ~ après inmediatamente después; pas de ~ no tan pronto

situation [sitɥasjɔ̃] nf situación f; (emploi, place) puesto; situation de famille estado civil

situé, e [sitɥe] adj situado(-a)

situer [sitɥe] vt situar; (en pensée) localizar; se situer vpr: se ~ à ou dans/près de situarse en/cerca de

six [sis] adj inv, nm inv seis m inv; voir aussi cinq; sixième adj, nm/f sexto(-a) ▷ nm (partitif) sexto ▷ nf (Scol) primer año de educación secundaria en el sistema francés; voir aussi cinquième

skaï [skaj] nm skay m

ski [ski] nm esquí m; ski de fond/de piste/de randonnée esquí de fondo/de pista/de paseo; ski nautique esquí náutico; skier vi esquiar; skieur, -euse nm/f esquiador(a)

slip [slip] nm (d'homme) calzoncillo, slip m, calzones mpl (Am); (de femme) braga, calzones mpl (Am); (de bain: d'homme) bañador m; (: de femme) braga (del bikini)

slogan [slɔgã] nm eslogan m

SMIC [smik] sigle m (= salaire minimum interprofessionnel de croissance) salario mínimo interprofesional

● SMIC

En Francia, se llama **SMIC** a la tarifa salarial mínima establecida por hora para trabajadores de más de dieciocho años. Va ligado al IPC y sube cada vez que el coste de la vida aumenta en 2%.

smoking [smɔkiŋ] nm esmoquin m

SNCF [ɛsɛnseef] sigle f (= Société nationale des chemins de fer français) red nacional de ferrocarriles franceses

snob [snɔb] adj, nm/f esnob m/f; **snobisme** nm esnobismo

sobre [sɔbʀ] adj sobrio(-a)

sobriquet [sɔbʀike] nm mote m

social, e, -aux [sɔsjal, jo] adj social

socialisme [sɔsjalism] nm socialismo; **socialiste** adj, nm/f socialista m/f

société [sɔsjete] nf sociedad f; **société anonyme/à responsabilité limitée** sociedad anónima/de responsabilidad limitada

sociologie [sɔsjɔlɔʒi] nf sociología

socle [sɔkl] nm pedestal m

socquette [sɔkɛt] nf calcetín m corto

sœur [sœʀ] nf hermana f; ~ **Elisabeth** (Rel) sor Elisabeth; **sœur aînée/cadette** hermana mayor/menor

soi [swa] pron sí mismo(-a); **cela va de ~** ni que decir tiene; **soidisant** adj inv supuesto(-a) ▷ adv presuntamente

soie [swa] nf seda; (de porc, sanglier) cerda; **soierie** nf sedería

soif [swaf] nf sed f; **avoir ~** tener sed; **donner ~ (à qn)** dar sed (a algn)

soigné, e [swaɲe] adj (personne) cuidado(-a); (travail) esmerado(-a)

soigner [swaɲe] vt cuidar (a); (maladie) curar; **soigneux, -euse** adj cuidadoso(-a)

soi-même [swamɛm] pron si-

mismo(-a)

soin [swɛ̃] nm cuidado; **soins** nmpl (à un malade, aussi hygiène) cuidados mpl; **avoir** ou **prendre ~ de qch/qn** ocuparse de algo/algn; **laisser à qn le ~ de faire qch** dejar a algn al cargo de hacer algo; **les premiers ~s** primeros auxilios mpl

soir [swaʀ] nm tarde f, noche f; **ce ~** esta tarde; **"à ce ~!"** ¡hasta la tarde!"; **sept heures du ~** las siete de la tarde; **dix heures du ~** las diez de la tarde; **demain ~** mañana por la noche; **soirée** nf (moment de la journée) tarde f; (: tard) noche f; (réception) velada

soit [swa] vb voir **être** ▷ conj es decir ▷ adv (assentiment) sea, de acuerdo; **~ que ..., ~ que ...** ya sea ... ya sea ...

soixantaine [swasɑ̃tɛn] nf (nombre): **la ~** los sesenta; **avoir la ~** rondar los sesenta

soixante [swasɑ̃t] adj inv, nm inv sesenta m inv; voir aussi **cinq**; **soixante-dix** adj inv, nm inv setenta m inv

soixante-dixième [swasɑ̃tdizjɛm] adj, nm/f septuagésimo(-a); voir aussi **cinquième**

soixantième [swasɑ̃tjɛm] adj, nm/f sexagésimo(-a); voir aussi **cinquième**

soja [sɔʒa] nm soja; **germes de ~** brotes mpl de soja

sol [sɔl] nm suelo ▷ nm inv (Mus) sol m

solaire [sɔlɛʀ] adj solar; (huile, filtre) bronceador(a); **cadran ~** reloj m de sol

soldat [sɔlda] nm soldado

solde [sɔld] nf (Mil) sueldo ▷ nm (Comm) saldo; **soldes** ou fpl (Comm) saldos mpl; **en ~** rebajado; **solder** vt (compte: s'acquittant le solde) saldar; (: l'arrêtant) liquidar; (marchandise) rebajar; **article soldé 10 euros** artículo rebajado a 10 euros

sole [sɔl] nf lenguado

soleil [sɔlɛj] nm sol m; **il y a ~** hace sol; **au ~** al sol; **en plein ~** a pleno sol

solennel, le [sɔlanɛl] adj solemne
solfège [sɔlfɛʒ] nm solfeo
solidaire [sɔlidɛʀ] adj solidario(-a);
  (choses) interdependiente; **solidarité**
  nf solidaridad f; **par solidarité (avec)**
  por solidaridad (con)
solide [sɔlid] adj sólido(-a); (personne,
  estomac) fuerte ▷ nm (Phys, Géom)
  sólido
soliste [sɔlist] nm/f solista m/f
solitaire [sɔlitɛʀ] adj solitario(-a)
  ▷ nm (diamant, jeu) solitario
solitude [sɔlityd] nf soledad f
solliciter [sɔlisite] vt solicitar;
  (suj: attractions etc) tentar;
  (: occupations) absorber; **~ qn** tentar
  a algn
sollicitude [sɔlisityd] nf solicitud f
soluble [sɔlybl] adj soluble
solution [sɔlysjɔ̃] nf solución f;
  solution de facilité solución fácil
solvable [sɔlvabl] adj solvente
sombre [sɔ̃bʀ] adj oscuro(-a);
  sombrer vi (bateau) zozobrar
sommaire [sɔmɛʀ] adj somero(-a)
  ▷ nm sumario
somme [sɔm] nf (Math, d'argent)
  suma ▷ nm: **faire un ~** echar un
  sueño; **en ~** en resumidas cuentas
sommeil [sɔmɛj] nm sueño; **avoir ~**
  tener sueño; **sommeiller** vi dormitar;
  (fig) estar en suspenso
sommet [sɔmɛ] nm cima; (de la
  perfection, gloire) cumbre f
sommier [sɔmje] nm somier m
somnambule [sɔmnãbyl] nm/f
  sonámbulo(-a)
somnifère [sɔmnifɛʀ] nm somnífero
somnoler [sɔmnɔle] vi dormitar
somptueux, -euse [sɔ̃ptɥø, øz] adj
  suntuoso(-a)
son¹, sa [sɔ̃, sa] (pl **ses**) dét su
son² [sɔ̃] nm sonido; (de blé) salvado
sondage [sɔ̃daʒ] nm sondeo
sonde [sɔ̃d] nf sonda; (Tech) barrena
sonder [sɔ̃de] vt sondear; (plaie,

malade) sondar; (fig: conscience etc)
indagar (en); **~ le terrain** (fig) tantear
el terreno
songe [sɔ̃ʒ] nm sueño; **songer**:
  songer à vt ind pensar en;
  songeur, -euse adj pensativo
sonnant, e [sɔnã, ãt] adj: **à huit
  heures ~es** a las ocho en punto
sonné, e [sɔne] adj: **il est midi ~** son
  las doce dadas; **il a quarante ans
  bien ~s** tiene cuarenta años bien
  cumplidos
sonner [sɔne] vi (cloche) tañer;
  (réveil, téléphone) sonar ▷ vt (cloche)
  tañer; (domestique, portier, infirmière)
  llamar a; (messe, réveil, tocsin) tocar a;
  (fam: suj: choc, coup) dejar sonado(-a);
  ~ faux (instrument) desafinar; (rire)
  sonar a falso; **~ les heures** dar las
  horas
sonnerie [sɔnʀi] nf timbre m; (de
  portable) tono; **sonnerie d'alarme**
  alarma
sonnette [sɔnɛt] nf (de porte,
  électrique) timbre m; **sonnette
  d'alarme** timbre de alarma
sonore [sɔnɔʀ] adj sonoro(-a);
  sonorisation nf sonorización f;
  sonorité nf sonoridad f
sophistiqué, e [sɔfistike] adj
  sofisticado(-a)
sorbet [sɔʀbɛ] nm sorbete m
sorcier, -ière [sɔʀsje, jɛʀ] nm/f
  brujo(-a)
sordide [sɔʀdid] adj sórdido(-a)
sort [sɔʀ] vb voir **sortir** ▷ nm (fortune,
  destin) suerte f; (condition, situation)
  fortuna f; **jeter un ~** hechizar; **tirer
  au ~** sortear
sorte [sɔʀt] nf clase f, especie f; **en
  quelque ~** en cierto modo; **de (telle)
  ~ que** de (tal) modo que; **faire en ~
  que** procurar que
sortie [sɔʀti] nf salida; **sortie de
  secours** salida de emergencia
sortilège [sɔʀtilɛʒ] nm sortilegio

S

sortir [sɔʀtiʀ] *nm, vi* salir ▷ *vt* llevar; (*mener dehors, promener: personne, chien*) sacar; (*produit etc*) salir al mercado; (*fam: expulser: personne*) echar; **~ de** salir de; (*rails etc, aussi fig*) salirse de; **~ de ~** (*affaire, situation*) salir de; **~ de ses gonds** (*fig*) salirse de sus casillas; **s'en ~** (*malade*) reponerse

sosie [sɔzi] *nm* doble *m/f*

sot, sotte [so, sɔt] *adj, nm/f* necio(-a); **sottise** *nf:* **une sottise** una tontería

sou [su] *nm:* **être près de ses ~s** ser un(a) agarrado(-a); **être sans le ~** estar en blanca

soubresaut [subʀəso] *nm* sobresalto

souche [suʃ] *nf* (*d'un arbre*) cepa; (*d'un registre, carnet*) matriz *f*

souci [susi] *nm* preocupación *f*, inquietud *f*; (*Bot*) caléndula; **se faire du ~** inquietarse; **soucier: se soucier de** *vpr* preocuparse por; **soucieux, -euse** *adj* preocupado(-a)

soucoupe [sukup] *nf* platillo; **soucoupe volante** platillo volante

soudain, e [sudɛ̃, ɛn] *adj* repentino(-a) ▷ *adv* de repente

soude [sud] *nf* sosa

souder [sude] *vt* soldar

soudure [sudyʀ] *nf* soldadura

souffle [sufl] *nm* soplo; (*d'une explosion*) onda expansiva; **être à bout de ~** estar sin aliento; **second ~** (*fig*) fuerzas recobradas

soufflé [sufle] *nm* (*Culin*) suflé *m*

souffler [sufle] *vi* soplar; (*haleter*) resoplar ▷ *vt* soplar; (*suj: explosion*) volar; **~ qch à qn** apuntar algo a algn

souffrance [sufʀɑ̃s] *nf* sufrimiento

souffrant, e [sufʀɑ̃, ɑ̃t] *adj* (*personne*) indispuesto(-a)

souffre-douleur [sufʀədulœʀ] *nm inv* chivo expiatorio

souffrir [sufʀiʀ] *vi* sufrir ▷ *vt* padecer; (*exception, retard*) admitir; **~**

de padecer de

soufre [sufʀ] *nm* azufre *m*

souhait [swɛ] *nm* deseo; **"à vos ~s!"** "¡Jesús!"; **souhaitable** *adj* aconsejable

souhaiter [swete] *vt* desear; **~ le bonjour à qn** dar los buenos días a algn; **~ la bonne année à qn** desearle un feliz año nuevo a algn

soûl, e [su, sul] *adj* borracho(-a) ▷ *nm:* **boire/manger tout son ~** beber/comer hasta hartarse

soulagement [sulaʒmɑ̃] *nm* alivio

soulager [sulaʒe] *vt* aliviar

soûler [sule] *vt* emborrachar; (*boisson, fig*) embriagar; **se soûler** *vpr* emborracharse

soulever [sul(ə)ve] *vt* levantar; (*difficultés*) provocar; (*question, problème, débat*) plantear; **se soulever** *vpr* levantarse; (*peuple, province*) sublevarse; **cela (me) soulève le cœur** eso me revuelve el estómago

soulier [sulje] *nm* zapato

souligner [suliɲe] *vt* subrayar; (*détail, l'importance de qch*) remarcar

soumettre [sumetʀ] *vt* someter; **se soumettre (à)** someterse (a)

soumis, e [sumi, iz] *pp de* **soumettre** ▷ *adj* (*obéissant, air*) sumiso(-a); (*peuples*) sometido(-a); **soumission** *nf* sumisión *f*

soupçon [supsɔ̃] *nm* sospecha; **un ~ de** una pizca de; **soupçonner** *vt* sospechar; **soupçonneux, -euse** *adj* desconfiado(-a)

soupe [sup] *nf* sopa

souper [supe] *vi* cenar ▷ *nm* cena

soupeser [supəze] *vt* sopesar

soupière [supjɛʀ] *nf* sopera

soupir [supiʀ] *nm* suspiro; (*Mus*) silencio de negra

soupirer [supiʀe] *vi* suspirar

souple [supl] *adj* flexible; (*démarche, taille*) desenvuelto(-a); **souplesse** *nf* flexibilidad *f*; (*de la démarche*) desenvoltura; **en souplesse, avec souplesse** con suavidad

source [suʀs] nf fuente f; (point d'eau) manantial m; (fig: cause, point de départ) origen m; **sources** nfpl (fig) fuentes fpl

sourcil [suʀsi] nm ceja; **sourciller** vi: **sans sourciller** sin pestañear

sourd, e [suʀ, suʀd] adj sordo(-a) ▷ nm/f sordo(-a); **sourdine** nf (Mus) sordina; **en sourdine** por lo bajo

sourd-muet, sourde-muette [suʀmɥɛ, suʀdmɥɛt] (pl **sourds-muets, sourdes-muettes**) adj, nm/f sordomudo(-a)

souriant, e [suʀjɑ̃, jɑ̃t] vb voir **sourire** ▷ adj sonriente

sourire [suʀiʀ] nm sonrisa ▷ vi sonreír; **garder le** ~ mantener la sonrisa; ~ **à qn** sonreír a algn

souris [suʀi] nf (Zool, Inform) ratón m

sournois, e [suʀnwa, waz] adj disimulado(-a), solapado(-a)

sous [su] prép debajo de, bajo; ~ **la pluie/le soleil** bajo la lluvia/el sol; ~ **mes yeux** ante mis ojos; ~ **terre** adv bajo tierra; ~ ~ **terre** adv debajo de la tierra; ~ **vide** al vacío ▷ adv en vacío; ~ **Louis XIV** bajo el reinado de Luis XIV; ~ **peu** dentro de poco; **sous-bois** nm inv maleza

souscrire [suskʀiʀ]: ~ **à** vt ind suscribir a

sous...: sous-directeur, -trice (pl **sous-directeurs, -trices**) nm/f subdirector(a); **sous-entendre** vt sobrentender; **sous-entendu, e** (pl **sous-entendus, es**) adj implícito(-a) ▷ nm insinuación f; **sous-estimer** vt subestimar; **sous-jacent, e** (pl **sous-jacents, es**) adj subyacente; (fig: idée) latente; **sous-louer** vt subarrendar; **sous-marin, e** (pl **sous-marins, es**) adj submarino(-a) ▷ nm submarino; **soussigné, e** adj: **je soussigné** ... yo, el que suscribe ...; **sous-sol** (pl

sous-sols) nm sótano; **sous-titre** (pl **sous-titres**) nm subtítulo

soustraction [sustʀaksjɔ̃] nf sustracción f

soustraire [sustʀɛʀ] vt sustraer; ~ **qn à** alejar a algn de

sous...: sous-traitant (pl **sous-traitants**) nm subcontratista m; **sous-traiter** vt (Comm: affaire) ceder en subcontrato ▷ vi subcontratar; **sous-vêtements** nmpl ropa interior

soutane [sutan] nf sotana

soute [sut] nf (aussi: ~ **à bagages**) bodega

soutenir [sut(ə)niʀ] vt sostener; (intérêt, effort) mantener; ~ **que** mantener que; **soutenu, e** pp de **soutenir** ▷ adj (attention, efforts) constante; (style) elevado(-a); (couleur) vivo(-a)

souterrain, e [suteʀɛ̃, ɛn] adj subterráneo(-a) ▷ nm subterráneo

soutien [sutjɛ̃] nm apoyo; **soutien-gorge** (pl **soutiens-gorge**) nm sujetador m, corpiño (Am)

soutirer [sutiʀe] vt: ~ **qch à qn** sonsacar algo a algn

souvenir [suv(ə)niʀ] nm recuerdo; (réminiscence) memoria; **se souvenir** vpr: **se ~ de** recordar, acordarse de; **en ~ de** como recuerdo de; **se ~ que** recordar que, acordarse de que

souvent [suvɑ̃] adv a menudo, con frecuencia, seguido (Am); **peu ~** pocas veces, con poca frecuencia

souverain, e [suv(ə)ʀɛ̃, ɛn] adj soberano(-a) ▷ nm/f soberano(-a)

soyeux, -euse [swajø, øz] adj sedoso(-a)

spacieux, -ieuse [spasjø, jøz] adj espacioso(-a)

spaghettis [spageti] nmpl espaguetis mpl

sparadrap [spaʀadʀa] nm esparadrapo, curita (Am)

spatial, e, -aux [spasjal, jo] *adj*
espacial

speaker, ine [spikœr, krin] *nm/f*
locutor(a)

spécial, e, -aux [spesjal, jo]
adj especial; **spécialement** *adv*
especialmente; **spécialiser: se
spécialiser** *vpr* especializarse;
spécialiste *nm/f* especialista *m/f*;
spécialité *nf* especialidad *f*

spécifier [spesifje] *vt* especificar

spécimen [spesimɛn] *nm*
espécimen *m*; *(revue etc)* ejemplar
m gratuito

spectacle [spɛktakl] *nm*
espectáculo; **spectaculaire** *adj*
espectacular

spectateur, -trice [spɛktatœr,
tris] *nm/f* espectador(a)

spéculer [spekyle] *vi* especular;
~ sur *(Fin, Comm)* especular con;
(réfléchir) especular sobre

spéléologie [speleɔlɔʒi] *nf*
espeleología

sperme [spɛrm] *nm* esperma *m*

sphère [sfɛr] *nf* esfera

spirale [spiral] *nf* espiral *f*

spirituel, le [spirituɛl] *adj*
espiritual; *(fin, amusant)* ingenioso(-a)

splendide [splɑ̃did] *adj*
espléndido(-a)

spontané, e [spɔ̃tane] *adj*
espontáneo(-a); **spontanéité** *nf*
espontaneidad *f*

sport [spɔr] *nm* deporte *m* ▷ *adj inv*
(vêtement, ensemble) de sport; **faire
du ~** hacer deporte; **sport d'hiver**
deporte de invierno; **sportif, -ive** *adj*
deportivo(-a) ▷ *nm/f* deportista *m/f*

spot [spɔt] *nm* *(lampe)* foco; **~
(publicitaire)** anuncio *ou* spot *m*
(publicitario)

square [skwar] *nm* plazoleta

squelette [skəlɛt] *nm* esqueleto;
squelettique *adj* esquelético(-a)

stabiliser [stabilize] *vt* estabilizar

stable [stabl] *adj* estable

stade [stad] *nm* estadio

stage [staʒ] *nm* cursillo; **stagiaire**
nm/f cursillista *m/f*

stagner [stagne] *vi* estancarse

stand [stɑ̃d] *nm* *(d'exposition)* stand
m; *(de foire)* puesto; **stand de tir** *(Mil,
Sport)* galería de tiro; *(à la foire)* puesto
de tiro al blanco

standard [stɑ̃dar] *adj inv* estándar
▷ *nm* estándar *m*; *(téléphonique)*
central *f* telefónica, conmutador *m*
(Am); **standardiste** *nm/f* telefonista
m/f

standing [stɑ̃diŋ] *nm* nivel *m* de
vida; **immeuble de grand ~** inmueble
de lujo

starter [starter] *nm* *(Auto)*
estárter *m*

station [stasjɔ̃] *nf* estación *f*;
(de bus, métro) parada; *(Radio, TV)*
emisora; **station de sports d'hiver**
estación de esquí; **station de taxis**
parada de taxis; **station thermale**
balneario; **stationnement** *nm*
(Auto) aparcamiento; **stationner**
vi aparcar; **station-service** (*pl*
stations-service) *nf* gasolinera,
estación *f* de servicio

statistique [statistik] *nf* estadística
▷ *adj* estadístico(-a)

statue [staty] *nf* estatua

statu quo [statykwo] *nm*: **maintenir
le ~** mantener el statu quo

statut [staty] *nm* estatuto;
statutaire *adj* estatutario(-a)

Sté *abr* = **société**

steak [stɛk] *nm* bistec *m*, bife *m* *(Arg)*

sténo(graphie) [steno(grafi)] *nf*
taquigrafía *f*

stérile [steril] *adj* estéril

stérilet [sterile] *nm* espiral *f*

stériliser [sterilize] *vt* esterilizar

stimulant, e [stimylɑ̃, ɑ̃t] *adj*
estimulante ▷ *nm* *(fig)* aliciente *m*,
incentivo

stimuler [stimyle] vt estimular
stipuler [stipyle] vt estipular
stock [stɔk] nm (Comm) existencias fpl, stock m; (d'or) reservas fpl; **stocker** vt almacenar
stop [stɔp] nm (Auto: panneau) stop m; (auto-stop) auto-stop m ▷ excl ¡alto!; **stopper** vt (navire, machine) detener; (mouvement, attaque) parar; (Couture) zurcir
store [stɔʀ] nm (en tissu) cortinilla; (en bois) persiana; (de magasin) toldo
strabisme [stʀabism] nm estrabismo
strapontin [stʀapɔ̃tɛ̃] nm asiento plegable
stratégie [stʀateʒi] nf estrategia; **stratégique** adj estratégico(-a)
stress [stʀɛs] nm estrés msg; **stressant, e** adj estresante; **stresser** vt estresar
strict, e [stʀikt] adj estricto(-a); (parents) severo(-a); (tenue) de etiqueta; **c'est son droit le plus ~** es su justo derecho; **le ~ nécessaire** ou **minimum** lo esencial
strident, e [stʀidɑ̃, ɑ̃t] adj estridente
strophe [stʀɔf] nf estrofa
structure [stʀyktyʀ] nf estructura; **structures d'accueil** medios mpl de acogida
studieux, -euse [stydjø, jøz] adj estudioso(-a)
studio [stydjo] nm estudio; (logement) apartamento-estudio
stupéfait, e [stypefɛ, ɛt] adj estupefacto(-a)
stupéfiant, e [stypefjɑ̃, jɑ̃t] adj, nm estupefaciente
stupéfier [stypefje] vt dejar estupefacto(-a)
stupeur [stypœʀ] nf estupor m
stupide [stypid] adj estúpido(-a); **stupidité** nf estupidez f
style [stil] nm estilo; **meuble de ~**

muele m de estilo
stylé, e [stile] adj con clase
styliste [stilist] nm/f diseñador(a)
stylo [stilo] nm: **~ (à) plume** estilográfica; **stylo (à) bille** bolígrafo, birome f (CSur)
su, e [sy] pp de **savoir**
suave [sɥav] adj suave
subalterne [sybaltɛʀn] adj, nm/f subalterno(-a)
subconscient [sypkɔ̃sjɑ̃] nm subconsciente m
subir [sybiʀ] vt padecer; (mauvais traitements, revers, modification) sufrir; (influence, charme) experimentar; (traitement, opération, examen) pasar
subit, e [sybi, it] adj repentino(-a); **subitement** adv repentinamente
subjectif, -ive [sybʒɛktif, iv] adj subjetivo(-a)
subjonctif [sybʒɔ̃ktif] nm subjuntivo
subjuguer [sybʒyge] vt encantar
submerger [sybmɛʀʒe] vt sumergir
subordonné, e [sybɔʀdɔne] adj (Ling) subordinado(-a) ▷ nm/f (Admin, Mil) subordinado(-a)
subrepticement [sybʀɛptismɑ̃] adv con disimulo
subside [sybzid] nm subsidio
subsidiaire [sybzidjɛʀ] adj: **question ~** pregunta adicional
subsister [sybziste] vi (monument, erreur) perdurar; (personne, famille) subsistir
substance [sypstɑ̃s] nf su(b)stancia
substituer [sypstitɥe] vt: **~ qch/qn à** sustituir algo/a algn por
substitut [sypstity] nm (Jur) sustituto; (succédané) su(b)stitutivo
subterfuge [sybtɛʀfyʒ] nm subterfugio
subtil, e [syptil] adj sutil
subvenir [sybvəniʀ]: **~ à** vt ind atender a
subvention [sybvɑ̃sjɔ̃] nf

subvención f; **subventionner** vt
subvencionar

suc [syk] nm (Bot) jugo; (d'un fruit)
zumo

succéder [syksede]: **~ à** vt ind
suceder a; **se succéder** vpr sucederse

succès [syksɛ] nm éxito; **sans ~**
sin éxito; **avoir du ~** tener éxito; **à
~** de éxito

successeur [syksesœʀ] nm
sucesor m

successif, -ive [syksesif, iv] adj
sucesivo(-a)

succession [syksesjɔ̃] nf sucesión f

succomber [sykɔ̃be] vi sucumbir; **~
à** sucumbir a

succulent, e [sykylɑ̃, ɑ̃t] adj
suculento(-a)

succursale [sykyʀsal] nf sucursal f

sucer [syse] vt chupar; **sucette** nf
(bonbon) piruleta

sucre [sykʀ] nm azúcar m ou f;
(morceau de sucre) terrón m de
azúcar; **sucre cristallisé** azúcar en
polvo; **sucre d'orge** pirulí m; **sucre
en morceaux/en poudre** azúcar
de cortadillo/en polvo; **sucré, e**
adj azucarado(-a); (péj: ton, voix)
meloso(-a); **sucrer** vt poner azúcar
en ou a; **sucreries** nfpl (bonbons)
golosinas fpl; **sucrier, -ière** [sykrije,
ijɛʀ] nm azucarero

sud [syd] nm sur m ▷ adj inv sur
inv; **au ~** al sur; **au ~ de** al sur de;
sud-africain, e (pl sud-africains, es)
adj sudafricano(-a) ▷ nm/f: **Sud-
Africain, e** sudafricano(-a); **sud-
américain, e** (pl sud-américains, es)
adj sudamericano(-a) ▷ nm/f: **Sud-
Américain, e** sudamericano(-a); **sud-
est** nm inv sudeste m inv; **sud-ouest**
nm inv sudoeste m inv

Suède [sɥɛd] nf Suecia; **suédois, e**
adj sueco(-a) ▷ nm (Ling) sueco
▷ nm/f: **Suédois, e** sueco(-a)

suer [sɥe] vi sudar; **sueur** nf sudor m

suffire [syfiʀ] vi bastar; (intensif): **il
suffit d'une négligence pour que
...** un descuido basta para que ...; **il
suffit qu'on oublie pour que ...** basta
olvidarse para que ...; **cela lui suffit**
eso le basta; **"ça suffit!"** "¡basta ya!"

suffisamment [syfizamɑ̃] adv
suficientemente; **~ de** suficiente

suffisant, e [syfizɑ̃, ɑ̃t] adj
suficiente; (air, ton) de suficiencia

suffixe [syfiks] nm sufijo

suffoquer [syfɔke] vt sofocar;
(nouvelle etc) dejar sin respiración ▷ vi
sofocarse

suffrage [syfʀaʒ] nm voto;
suffrages nmpl (du public etc) votos
mpl; **~ universel/direct/indirect**
sufragio universal/directo/indirecto

suggérer [sygʒeʀe] vt sugerir;
suggestion nf sugerencia

suicide [sɥisid] nm suicidio;
suicider: se suicider vpr suicidarse

suie [sɥi] nf hollín m

suisse [sɥis] adj suizo(-a) ▷ nf: **S-**
Suiza ▷ nm/f: **S-** suizo(-a); **Suissesse**
nf suiza

suite [sɥit] nf continuación f; (de
maisons, rues, succès) sucesión f;
(Math, liaison logique) serie f; (Mus,
appartement) suite f; (escorte) séquito;
(conséquence) resultado; **suites**
nfpl (d'une maladie, chute)
secuelas fpl; **prendre la ~ de** (directeur
etc) tomar el relevo de; **donner ~
à** dar curso a; **~ à votre lettre du
...** en respuesta a su carta del ...;
de ~ (d'affilée) seguido(-a); **par la ~**
luego; **à la ~** adj seguido(-a) ▷ adv
a continuación; **à la ~ de** (derrière)
tras; (en conséquence de) como
consecuencia de

suivant, e [sɥivɑ̃, ɑ̃t] vb voir **suivre**
▷ adj siguiente ▷ prép según; **~ que**
según que; **"au ~!"** "¡el siguiente!"

suivi, e [sɥivi] pp de **suivre** ▷ adj
seguido(-a) ▷ nm seguimiento

suivre [sɥivʀ] vt seguir;

(imagination, fantaisie, goût)
dejarse guiar por; (cours) asistir
a; (comprendre: programme, leçon)
comprender; (malade, affaire) llevar el
seguimiento de; (raisonnement) seguir
el hilo de ▷ vi (écouter attentivement)
atender; (assimiler le programme)
comprender; (venir après) seguir; **se
suivre** vpr sucederse; **faire ~** (lettre)
reexpedir

sujet, te [syʒɛ, ɛt] adj: **être ~ à**
(accidents, vertige etc) ser propenso(-a)
a ▷ nm/f (d'un souverain etc)
súbdito(-a) ▷ nm tema m; **au ~ de** a
propósito de; **sujet de conversation**
tema de conversación; **sujet
d'examen** tema de examen

super [sypɛʀ] adj inv (fam) súper inv
▷ nm súper f

superbe [sypɛʀb] adj espléndido(-a)

superficie [sypɛʀfisi] nf superficie f

superficiel, le [sypɛʀfisjɛl] adj
superficial

superflu, e [sypɛʀfly] adj
superfluo(-a)

supérieur, e [sypeʀjœʀ] adj
superior; (air, sourire) de superioridad
▷ nm superior m ▷ nm/f Superior(a);
Mère ~e madre f superiora; **à l'étage
~** en el piso de arriba; **supériorité** nf
superioridad f

supermarché [sypɛʀmaʀʃe] nm
supermercado

superposer [sypɛʀpoze] vt
superponer; **lits superposés**
literas fpl

superpuissance [sypɛʀpɥisɑ̃s] nf
superpotencia

superstitieux, -euse [sypɛʀstisjø,
jøz] adj supersticioso(-a)

superviser [sypɛʀvize] vt supervisar

supplanter [syplɑ̃te] vt (personne)
suplantar

suppléant, e [sypleɑ̃, ɑ̃t] adj (juge,
fonctionnaire) suplente; (professeur)
sustituto(-a) ▷ nm/f sustituto(-a)

suppléer [syplee] vt suplir; **~ à** suplir

supplément [syplemɑ̃] nm
suplemento; **un ~ de frites**
una porción extra de patatas
fritas; **en ~** (au menu etc) no
incluido; **supplémentaire** adj
suplementario(-a); (train etc)
adicional

supplications [syplikasjɔ̃] nfpl
súplicas fpl

supplice [syplis] nm suplicio

supplier [syplije] vt suplicar

support [sypɔʀ] nm soporte m

supportable [sypɔʀtabl] adj
soportable

supporter¹ [sypɔʀtœʀ] nm
seguidor(a)

supporter² [sypɔʀte] vt soportar;
(choc) resistir a

supposer [sypoze] vt suponer; **en
supposant** ou **à ~ que** suponiendo
que

suppositoire [sypozitwaʀ] nm
supositorio

suppression [sypʀesjɔ̃] nf
supresión f

supprimer [sypʀime] vt suprimir

suprême [sypʀɛm] adj (pouvoir etc)
supremo(-a)

⊙ MOT-CLÉ

sur¹ [syʀ] prép 1 en; (par dessus,
au-dessus) encima de, sobre; **pose-le
sur la table** ponlo en la mesa; **je n'ai
pas d'argent sur moi** no llevo dinero
encima; **avoir de l'influence/un
effet sur ...** tener influencia/un
efecto sobre ...; **avoir accident sur
accident** tener accidente tras
accidente; **sur ce** tras esto
2 (direction) hacia; **en allant sur Paris**
yendo hacia París; **sur votre droite** a
su derecha
3 (à propos de) acerca de, sobre; **un
livre/une conférence sur Balzac** un

libro/una conferencia sobre Balzac **4** (*proportion, mesures*) de entre, de cada; **un sur 10** uno de cada 10; (*Scol: note*) uno sobre 10; **sur 20, 2 sont venus** de 20, han venido 2; **4m sur 2** 4m por 2

sur², e [syʀ] *adj* agrio(-a)

sûr, e [syʀ] *adj* seguro(-a); (*renseignement, ami, voiture*) de confianza; (*goût, réflexe etc*) agudo(-a); **c'est ~ et certain** sin lugar a dudas; **~ de soi** seguro de sí mismo(-a)

surcharge [syʀʃaʀʒ] *nf* sobrecarga; **surcharge de travail** exceso de trabajo; **surcharger** *vt* (*véhicule*) cargar en exceso

surcroît [syʀkʀwa] *nm*: **un ~ de** un aumento de; **de ~** por añadidura

surdité [syʀdite] *nf* sordera

sûrement [syʀmã] *adv* con seguridad; (*certainement*) seguramente

surenchère [syʀãʃɛʀ] *nf* (*aux enchères*) sobrepuja; (*sur prix fixe*) encarecimiento; **surenchérir** *vi* (*Comm*) sobrepujar; (*fig*): **surenchérir sur qn** aventajar a algn

surestimer [syʀestime] *vt* sobreestimar

sûreté [syʀte] *nf* fiabilidad *f*; (*du goût etc*) agudeza; **être/mettre en ~** (*personne*) estar/poner a salvo; (*objet*) estar/poner en lugar seguro; **pour plus de ~** para mayor seguridad

surf [sœʀf] *nm* surf *m*

surface [syʀfas] *nf* superficie *f*; **faire ~** salir a la superficie; **en ~** (*nager, naviguer*) en la superficie; (*fig*) aparentemente

surfait, e [syʀfɛ, ɛt] *adj* sobreestimado(-a)

surgelé, e [syʀʒəle] *adj* congelado(-a)

surgir [syʀʒiʀ] *vi* aparecer; (*de terre*) salir; (*fig*) surgir

sur…: surhumain, e [syʀymɛ̃, ɛn] *adj* sobrehumano(-a); **sur-le-champ** [syʀləʃã] *adv* en el acto; **surlendemain** [syʀlãd(ə)mɛ̃] *nm*: **le surlendemain** a los dos días; **le surlendemain de** dos días después de; **surmenage** [syʀmənaʒ] *nm* (*Méd*) agotamiento; **surmener** *vt* agotar; **se surmener** *vpr* agotarse

surmonter [syʀmɔ̃te] *vt* vencer; (*suj: coupole etc*) coronar

surnaturel, le [syʀnatyʀɛl] *adj* sobrenatural ▷ *nm*: **le ~** lo sobrenatural

surnom [syʀnɔ̃] *nm* (*gén*) sobrenombre *m*

surnombre [syʀnɔ̃bʀ] *nm*: **être en ~** estar de más

surpeuplé, e [syʀpœple] *adj* superpoblado(-a)

surplace [syʀplas] *nm*: **faire du ~** (*rester en équilibre*) mantener el equilibrio; (*dans un embouteillage etc*) ir a paso de caracol

surplomber [syʀplɔ̃be] *vi* sobresalir ▷ *vt* destacar sobre

surplus [syʀply] *nm* (*Comm*) excedente *m*; **~ de bois/tissu** sobrante *m* de leña/de tela

surprenant, e [syʀpʀənã, ãt] *vb* *voir* **surprendre** ▷ *adj* sorprendente

surprendre [syʀpʀãdʀ] *vt* sorprender; (*secret, conversation*) descubrir

surpris, e [syʀpʀi, iz] *pp de* **surprendre** ▷ *adj* de sorpresa; **~ de/ que** sorprendido(-a) por/de que; **surprise** *nf* sorpresa; **faire une surprise à qn** dar una sorpresa a algn; **surprise-partie** (*pl* **surprises-parties**) *nf* guateque *m*

sursaut [syʀso] *nm* sobresalto; **en ~** de un sobresalto; **sursaut d'énergie** resuelvo de energía; **sursauter** *vi* sobresaltarse

sursis [syʀsi] *nm* (*Jur: d'une peine*)

indulto; (: à la condamnation à mort) aplazamiento

surtout [syʀtu] adv sobre todo; ~ **pas!** ¡de ninguna manera!; ~ **que ...** sobre todo porque ...

surveillance [syʀvejɑ̃s] nf vigilancia; **sous ~ médicale** bajo control médico

surveillant, e [syʀvejɑ̃, ɑ̃t] nm/f (Scol, de prison) vigilante m/f

surveiller [syʀveje] vt (enfant etc) cuidar de; (Mil, gén) vigilar; (travaux, cuisson) atender; **se surveiller** vpr controlarse; ~ **son langage/sa ligne** cuidar su vocabulario/la línea

survenir [syʀvəniʀ] vi sobrevenir

survêtement [syʀvɛtmɑ̃] nm chandal m, chándal m

survie [syʀvi] nf supervivencia; **survivant, e** nm/f superviviente m/f; **survivre** vi sobrevivir; **survivre à** sobrevivir a

survoler [syʀvɔle] vt (lieu) sobrevolar

survolté, e [syʀvɔlte] adj (personne) superexcitado(-a); (ambiance) acalorado(-a)

sus [sy(s)] prép: **en ~ de** además de; **en ~** además

susceptible [syseptibl] adj susceptible; ~ **de** susceptible de

susciter [sysite] vt (admiration etc) suscitar; ~ **(à qn)** (ennuis etc) originar (a algn)

suspect, e [syspɛ(kt), ɛkt] adj sospechoso(-a) ▸ nm/f sospechoso(-a); **suspecter** vt sospechar

suspendre [syspɑ̃dʀ] vt suspender; **se suspendre** vpr: **se ~ à** aferrarse a, colgarse de; ~ **qch (à)** colgar algo (de)

suspendu, e [syspɑ̃dy] pp de **suspendre** ▸ adj (accroché): ~ **à** colgado(-a) de; (perché): ~ **au-dessus de** suspendido(-a) sobre

suspens [syspɑ̃] nm: **tenir en ~** mantener en suspense

suspense [syspɛns] nm suspense m

suspension [syspɑ̃sjɔ̃] nf suspensión f; (lustre) lámpara de techo; **en ~** en suspensión

suture [sytyʀ] nf: **point de ~** punto de sutura

svelte [svɛlt] adj esbelto(-a)

SVP [ɛsvepe] abr (= s'il vous plaît) por favor

syllabe [si(l)lab] nf sílaba

symbole [sɛ̃bɔl] nm símbolo; **symbolique** adj simbólico(-a); **symboliser** vt simbolizar

symétrique [simetʀik] adj simétrico(-a)

sympa [sɛ̃pa] (fam) adj inv voir **sympathique**

sympathie [sɛ̃pati] nf simpatía; (condoléances) pésame m; **accueillir avec ~** acoger con gusto; **témoignages de ~** muestras fpl de condolencia; **sympathique** adj simpático(-a); (déjeuner etc) agradable

sympathisant, e [sɛ̃patizɑ̃, ɑ̃t] nm/f simpatizante m/f

sympathiser [sɛ̃patize] vi simpatizar

symphonie [sɛ̃fɔni] nf sinfonía

symptôme [sɛ̃ptom] nm síntoma m

synagogue [sinagɔg] nf sinagoga

syncope [sɛ̃kɔp] nf (Méd) síncope m; **elle est tombée en ~** le dio un síncope

syndic [sɛ̃dik] nm administrador m

syndical, e, -aux [sɛ̃dikal, o] adj sindical; **syndicaliste** nm/f sindicalista m/f

syndicat [sɛ̃dika] nm sindicato; **syndicat d'initiative** oficina de turismo; **syndiqué, e** adj sindicado(-a); **syndiquer: se syndiquer** vpr sindicarse

synonyme [sinɔnim] adj sinónimo(-a) ▸ nm sinónimo

syntaxe [sɛ̃taks] nf sintaxis fsg

synthèse [sɛ̃tɛz] nf síntesis f inv

s

synthétique [sɛ̃tetik] *adj*
sintético(-a)

Syrie [siʀi] *nf* Siria

systématique [sistematik] *adj*
sistemático(-a)

système [sistɛm] *nm* sistema *m*;
utiliser le ~ D (*fam*) utilizar el ingenio;
système nerveux/solaire sistema
nervioso/solar

t

t' [t] *pron voir* **te**

ta [ta] *dét voir* **ton¹**

tabac [taba] *nm* tabaco; **passer qn
à ~** (*fam: battre*) dar una tunda a algn;
faire un ~ (*fam*) tener mucho éxito;
(débit *ou* **bureau de) ~** estanco

tabagisme [tabaʒism] *nm*
tabaquismo

table [tabl] *nf* mesa; (*invités*)
comensales *mpl*; **à ~!** ¡a comer!; **se
mettre à ~** sentarse a la mesa; (*fam*)
cantar de plano; **mettre/desservir
la ~** poner/quitar la mesa; **table de
multiplication** tabla de multiplicar;
table de nuit *ou* **de chevet** mesita de
noche; **table des matières** índice *m*;
table ronde (*débat*) mesa redonda

tableau, x [tablo] *nm* cuadro;
(*panneau*) tablero; (*schéma*) cuadro,
gráfico; **tableau d'affichage** tablón
m ou tablero de anuncios; **tableau de
bord** (*Auto*) cuadro de instrumentos;

tableau noir encerado
tablette [tablɛt] nf (planche) anaquel m, tabla; **tablette de chocolat** tableta de chocolate
tablier [tablije] nm delantal m
tabou, e [tabu] adj, nm tabú m
tabouret [taburɛ] nm taburete m
tac [tak] nm: **répondre qch du ~ au ~** saltar con algo
tache [taʃ] nf mancha, **tache de rousseur** peca
tâche [taʃ] nf tarea, labor f; **travailler à la ~** trabajar a destajo
tacher [taʃe] vt manchar
tâcher [taʃe] vi: **~ de faire** tratar de hacer, procurar hacer
tacheté, e [taʃte] adj: **~ (de)** salpicado(-a) ou moteado(-a) (de)
tact [takt] nm tacto; **avoir du ~** tener tacto
tactique [taktik] adj táctico(-a)
▷ nf táctica
taie [tɛ] nf: **~ (d'oreiller)** funda (de la almohada)
taille [taj] nf tallado; poda; (hauteur) estatura; (grandeur) tamaño; **de ~ importante**, **taille-crayon(s)** nm inv sacapuntas m inv
tailler [taje] vt (pierre, diamant) tallar; (arbre, plante) podar; (vêtement) cortar; (crayon) afilar
tailleur [tajœʀ] nm sastre m; (vêtement pour femmes) traje m de chaqueta; **en ~** a la turca
taillis [taji] nm bosque m bajo
taire [tɛʀ] vt ocultar ▷ vi: **faire ~ qn** hacer callar a algn; **se taire** vpr callarse
talc [talk] nm talco
talent [talɑ̃] nm talento; **avoir du ~** tener talento
talkie-walkie [tɔkiwɔki] (pl **talkies-walkies**) nm walkie-talkie m
talon [talɔ̃] nm (Anat, de chaussette) talón m; (de chaussure) tacón m; **talons plats/aiguilles** tacones

bajos/muy finos
talus [taly] nm (Géo) talud m
tambour [tɑ̃buʀ] nm tambor m; **tambourin** nm tamboril m; **tambouriner** vi: **tambouriner contre** repiquetear en ou contra
Tamise [tamiz] nf: **la ~** el Támesis
tamisé, e [tamize] adj tamizado(-a)
tampon [tɑ̃pɔ̃] nm (de coton, d'ouate, bouchon) tapón m; (pour nettoyer, essuyer) muñequilla, bayeta; (amortisseur: Rail, fig) tope m; (Inform: aussi: **mémoire ~**) tampón m; (cachet, timbre) matasellos m inv; **~ (hygiénique)** tampón (higiénico); **tamponner** vt (essuyer) taponar; (heurter) chocar; **tamponneuse** adj f: **autos tamponneuses** coches mpl de choque
tandem [tɑ̃dɛm] nm tándem m
tandis [tɑ̃di]: **~ que** conj mientras que
tanguer [tɑ̃ge] vi (Naut) cabecear, arfar
tant [tɑ̃] adv tanto; **~ de** (sg) tanto(-a); (pl) tantos(-as); **~ mieux** mejor; **~ bien que mal** mal que bien
tante [tɑ̃t] nf tía
tantôt [tɑ̃to] adv (cet après-midi) esta tarde, por la tarde; **~ ... ~** unas veces ... otras veces
taon [tɑ̃] nm tábano
tapage [tapaʒ] nm alboroto
tapageur, -euse [tapaʒœʀ, øz] adj alborotador(a); (publicité) sensacionalista
tape [tap] nf cachete m; (dans le dos) palmada
tape-à-l'œil [tapalœj] adj inv vistoso(-a), llamativo(-a)
taper [tape] vt (personne) pegar; (dactylographier) escribir a máquina ▷ vi (soleil) apretar; **se taper** vpr (: boire, manger) soplarse, zamparse; (fam: travail) chuparse, cargarse; **~ qn de 10 euros** (fam) dar un sablazo de 10 euros a algn; **~ sur qch** golpear

en algo; **~ à** (*porte bébé*) llamar a; **~ des mains/pieds** palmear/patalear

tapi, e [tapi] *adj*: **~ dans/derrière** (*blotti*) acurrucado(-a) en/detrás de

tapis [tapi] *nm* alfombra; **tapis roulant** cinta transportadora, pasillo rodante

tapisser [tapise] *vt* (*avec du papier peint*) empapelar; **~ qch (de)** (*recouvrir*) revestir algo (con); **tapisserie** *nf* tapiz *m*; (*papier peint*) empapelado; **tapissier, -ière** *nm/f*: **tapissier (-décorateur)** tapicero

tapoter [tapote] *vt* dar golpecitos en, golpetear

taquiner [takine] *vt* pinchar

tard [taʀ] *adv* tarde

tarder [taʀde] *vi* tardar; **~ à faire** tardar en hacer; **sans (plus) ~** sin (más) demora, sin (más) tardar

tardif, -ive [taʀdif, iv] *adj* tardío(-a)

tarif [taʀif] *nm* tarifa

tarir [taʀiʀ] *vi, vt* secarse, agotarse

tarte [taʀt] *nf* tarta

tartine [taʀtin] *nf* rebanada; **tartiner** *vt* untar; **fromage** *etc* **à tartiner** queso *etc* para untar

tartre [taʀtʀ] *nm* sarro

tas [ta] *nm* montón m; **en ~** amontonado(-a); **formé sur le ~** formado en la práctica

tasse [tɑs] *nf* taza

tassé, e [tase] *adj*: **bien ~** (*café etc*) bien cargado(-a)

tasser [tase] *vt* apisonar, pisar; **se tasser** *vpr* (*sol, terrain*) hundirse; (*problème*) arreglarse; **~ qch dans** amontonar algo en

tata [tata] *nf* tita

tâter [tate] *vt* tantear; **se tâter** *vpr* (*hésiter*) reflexionar; **~ de** (*prison etc*) probar; **~ le terrain** tantear el terreno

tatillon, ne [tatijɔ̃, ɔn] *adj* puntilloso(-a)

tâtonnement [tatɔnmɑ̃] *nm*: **par ~s** a tientas

tâtonner [tatɔne] *vi* andar a tientas

tâtons [tatɔ̃] *adv*: **chercher/avancer à ~** buscar/avanzar a tientas

tatouage [tatwaʒ] *nm* tatuaje m

tatouer [tatwe] *vt* tatuar

taudis [todi] *nm* cuchitril m

taule [tol] (*fam*) *nf* chirona

taupe [top] *nf* topo

taureau, x [tɔʀo] *nm* (*Zool*) toro; **le T~** (*Astrol*) Tauro

tauromachie [tɔʀɔmaʃi] *nf* tauromaquia

taux [to] *nm* tasa; (*proportion: d'alcool*) porcentaje m; (: *de participation*) índice m; **taux d'intérêt** tipo de interés

taxe [taks] *nf* tasa, impuesto; (*douanière*) arancel m; **toutes ~s comprises** impuestos incluidos; **taxe à ou sur la valeur ajoutée** impuesto sobre el valor añadido

taxer [takse] *vt* (*personne*) gravar con impuestos; (*produit*) tasar

taxi [taksi] *nm* taxi m

Tchécoslovaquie [tʃekɔslɔvaki] *nf* Checoslovaquia; **tchèque** *adj* checo(-a) ▷ *nm* (*Ling*) checo ▷ *nm/f*: **Tchèque** checo(-a)

te [tə] *pron* te

technicien, ne [tɛknisjɛ̃, jɛn] *nm/f* técnico m/f

technico-commercial, e, -aux [tɛknikokɔmɛʀsjal, jo] *adj* técnico-comercial

technique [tɛknik] *adj* técnico(-a) ▷ *nf* técnica; **techniquement** *adv* técnicamente

technologie [tɛknɔlɔʒi] *nf* tecnología; **technologique** *adj* tecnológico(-a)

teck [tɛk] *nm* teca

tee-shirt [tiʃœrt] (*pl* **~s**) *nm* camiseta

teindre [tɛ̃dʀ] *vt* teñir; **teint, e** *pp de* **teindre** ▷ *adj* teñido(-a) ▷ *nm* (*permanent*) tez *f*; (*momentané*) color m; **grand teint** *adj inv* (*tissu*) de color

sólido
teinté, e [tɛ̃te] adj (verres, lunettes) ahumado(-a); (bois) teñido(-a); **~ de** teñido(-a) de
teinter [tɛ̃te] vt teñir
teinture [tɛ̃tyʀ] nf (substance) tinte; **teinture d'iode** tintura de yodo; **teinturerie** nf tintorería; **teinturier, -ière** [tɛ̃tyʀje, jɛʀ] nm/f tintorero(-a)
tel, telle [tɛl] adj (pareil) tal, semejante; (indéfini) tal; **~ un/des ...** tal como ... /unos ...; **un ~/de ~s ...** un tal/tales ...; **rien de ~** nada como; **~ quel** tal cual; **~ que** tal como

télé [tele] nf tele f; **à la ~** en la tele
télé...: télécabine nf teleférico (monocable); **télécarte** nf tarjeta de teléfono; **téléchargeable** [teleʃaʀʒabl] adj descargable; **télécharger** vt (Inform) descargar; **télécommande** nf telemando; **télécopieur** nm máquina de fax; **télédistribution** nf teledistribución f; **télégramme** nm telegrama m; **télégraphier** vt, vi telegrafiar; **téléguider** vt teledirigir; **télématique** nf telemática; **téléobjectif** nm teleobjetivo; **télépathie** nf telepatía; **téléphérique** nm teleférico
téléphone [telefɔn] nm (appareil) teléfono; **avoir le ~** tener teléfono; **au ~** al teléfono; **téléphoner** vt, vi llamar por teléfono; **téléphoner à** llamar por teléfono a; **téléphonique** adj telefónico(-a)
téléréalité [telerealite] nf telerrealidad f
télescope [teleskɔp] nm telescopio
télescoper [teleskɔpe] vt chocar de frente; **se télescoper** vpr chocarse de frente
télé...: téléscripteur nm teleimpresor m; **télésiège** nm telesilla; **téléski** nm telesquí

m; téléspectateur, -trice nm/f telespectador(a); **télétravail** nm teletrabajo; **téléviseur** nm televisor m; **télévision** nf televisión f; **à la télévision** en la televisión
télex [teleks] nm télex m
telle [tɛl] adj voir **tel; tellement** adv tan; **tellement de** (sg) tanto(-a); (pl) tantos(-as); **il était tellement fatigué qu'il s'est endormi** estaba tan cansado que se durmió; **il s'est endormi tellement il était fatigué** se durmió de lo cansado que estaba; **je n'ai pas tellement envie d'y aller** no tengo muchas ou tantas ganas de ir
téméraire [temeʀɛʀ] adj temerario(-a)
témoignage [temwaɲaʒ] nm testimonio; (d'affection etc) muestra
témoigner [temwaɲe] vt (intérêt, gratitude) manifestar ▷ vi (Jur) testimoniar, atestiguar; **~ de** dar pruebas de
témoin [temwɛ̃] nm testigo; (preuve) prueba ▷ adj testigo inv; (appartement) piloto inv; **être ~ de** ser testigo de; **appartement ~** piso piloto; **témoin oculaire** testigo ocular
tempe [tɑ̃p] nf sien f
tempérament [tɑ̃peʀamɑ̃] nm temperamento; **à ~** (vente) a plazos
température [tɑ̃peʀatyʀ] nf temperatura; **avoir ou faire de la ~** tener fiebre
tempête [tɑ̃pɛt] nf (en mer) temporal m; (à terre) tormenta; **tempête de neige/de sable** tormenta de nieve/ de arena
temple [tɑ̃pl] nm templo
temporaire [tɑ̃pɔʀɛʀ] adj temporal
temps [tɑ̃] nm tiempo; (époque) tiempo, época; **il fait beau/mauvais ~** hace buen/mal tiempo; **avoir le ~/ tout le ~/juste le ~** tener tiempo/ mucho tiempo/el tiempo justo;

en ~ de paix/de guerre en tiempo de paz/de guerra; **de ~ en ~, de ~ à autre** de vez en cuando; **à ~** a tiempo; **à plein/mi~** (*travailler*) jornada completa/media jornada; **à ~ partiel** *adv, adj* a tiempo parcial; **dans le ~** hace tiempo, antaño; **de tout ~ de** toda la vida

tenable [t(ə)nabl] *adj* soportable

tenace [tənas] *adj* tenaz

tenant, e [tənã, ãt] *nm/f* (*Sport*): ~ **du titre** poseedor(a) del título

tendance [tãdãs] *nf* tendencia; **avoir ~ à** tener tendencia a

tendeur [tãdœʀ] *nm* tensor *m*

tendre [tãdʀ] *adj* tierno(-a), blando(-a); (*affectueux*) cariñoso(-a) ▷ *vt* (*élastique, peau*) extender, estirar; (*muscle, arc*) tensar; (*piège*) tender; **se tendre** *vpr* tensarse; **~ à qch/à faire qch** tender a algo/a hacer algo; **~ qch à qn** alcanzar algo a algn; **~ l'oreille** aguzar el oído; **~ le bras/la main** alargar el brazo/extender la mano; **tendrement** *adv* tiernamente; **tendresse** *nf* ternura

tendu, e [tãdy] *pp de* **tendre** ▷ *adj* (*allongé*) estirado(-a); (*raidi*) tensado(-a)

ténèbres [tenɛbʀ] *nfpl* tinieblas *fpl*

teneur [tənœʀ] *nf* proporción *f*; (*d'une lettre*) texto

tenir [t(ə)niʀ] *vt* (*avec la main, un objet*) tener; (*qn: par la main, le cou etc*) coger; (*garder, maintenir: position*) mantener; (*propos, discours*) proferir; (*magasin, hôtel*) regentar; (*promesse*) cumplir; (*un rôle*) desempeñar; (*Mil: ville, région*) ocupar; (*Auto: la route*) agarrarse a ▷ *vi* (*être fixé*) aguantar; **se tenir** *vpr* agarrarse; **~ à** (*personne, chose*) tener cariño a; (*avoir pour cause*) deberse a; **~ à faire** tener interés en hacer; **~ qch pour** considerar algo como; **~ qn pour** tener a algn por; **~ compte de** tener

en cuenta; **~ la solution/le coupable** tener la solución/el culpable; **~ la caisse/les comptes** llevar la contabilidad/las cuentas; **~ le coup, ~ bon** aguantar; **~ au chaud/à l'abri** mantener caliente/protegido(-a); **~ chaud** (*suj: vêtement*) mantener abrigado; **~ parole** mantener su *etc* palabra; **~ sa langue** mantener la boca cerrada; **se ~ debout/droit** tenerse en pie/derecho; **bien/mal se ~** comportarse bien/mal; **s'en ~ à qch** atenerse a algo; **se ~ prêt/sur ses gardes** estar listo/en guardia; **se ~ tranquille** estarse quieto(-a); **ça ne tient qu'à lui** es cosa suya; **ça ne tient pas debout** no tiene ni pies ni cabeza; **qu'à cela ne tienne** por eso que no quede; **je n'y tiens pas** no me apetece; **tiens/tenez!** ¡toma/tome!

tennis [tenis] *nm* tenis *msg*; (*aussi*: **court de ~**) cancha (de tenis) ▷ *nm ou fpl* (*aussi*: **chaussures de ~**) playeras *fpl*; **tennisman** *nm* tenista *m*

tension [tãsjɔ̃] *nf* tensión *f*; **faire ou avoir de la ~** tener tensión

tentation [tãtasjɔ̃] *nf* tentación *f*

tentative [tãtativ] *nf* intento

tente [tãt] *nf* tienda

tenter [tãte] *vt* tentar; **~ qch/de faire qch** intentar algo/hacer algo; **~ sa chance** tentar la suerte

tenture [tãtyʀ] *nf* colgadura

tenu, e [t(ə)ny] *pp de* **tenir** ▷ *adj*: **maison bien ~e** casa bien cuidada; **les comptes de cette entreprise sont mal ~s** llevan mal las cuentas de esta empresa; **être ~ de faire/de ne pas faire/à qch** estar obligado(-a) a hacer/a no hacer/a algo

ter [tɛʀ] *adj*: **16 ~** 16 C

terme [tɛʀm] *nm* término; (*Fin*) vencimiento; **être en bons/mauvais ~s avec qn** estar en buenos/malos términos con algn; **au ~ de** al término de; **à court/moyen/long ~** adj, adv a corto/medio/largo plazo; **avant ~** (Méd) antes de tiempo; **mettre un ~ à** poner término a

terminaison [tɛʀminɛzɔ̃] nf (Ling) terminación f

terminal, e, -aux [tɛʀminal, o] adj terminal ▷ nm (Inform) terminal m; (pétrolier, gare) terminal f; **terminale** nf (Scol) séptimo año de educación secundaria en el sistema francés

terminer [tɛʀmine] vt terminar, acabar; **se terminer** vpr terminar(se), acabar(se)

terne [tɛʀn] adj apagado(-a)

ternir [tɛʀniʀ] vt (couleur, peinture) desteñir; (fig: honneur, réputation) empañar; **se ternir** vpr desteñirse

terrain [tɛʀɛ̃] nm terreno; (Sport, fig: domaine) campo; **terrain d'aviation** campo de aviación; **terrain de camping** camping m; **terrain de jeu** patio de juego; **terrain vague** solar m

terrasse [tɛʀas] nf terraza; (sur le toit) azotea; **terrasser** vt (adversaire) derribar; (suj: maladie etc) fulminar

terre [tɛʀ] nf tierra; **à ~, par ~** en el suelo ou piso (AM); (jeter, tomber) al suelo; **~ à ~** adj inv prosaico(-a); **la T~** la Tierra; **terre cuite** terracota, arcilla cocida; **terre ferme** tierra firme

terreau [tɛʀo] nm mantillo

terre-plein [tɛʀplɛ̃] (pl **~s**) nm (Constr) terraplén m

terrestre [tɛʀɛstʀ] adj terrestre; (Rel) terrenal; (globe) terráqueo(-a)

terreur [tɛʀœʀ] nf terror m

terrible [tɛʀibl] adj terrible; (fam) estupendo(-a), regio(-a)

terrien, ne [tɛʀjɛ̃, jɛn] adj; **propriétaire ~** terrateniente m/f ▷ nm/f (non martien) terrícola m/f

terrier [tɛʀje] nm madriguera; (chien) terrier m

terrifier [tɛʀifje] vt aterrorizar

terrine [tɛʀin] nf tarro; (Culin) conserva de carnes en tarro

territoire [tɛʀitwaʀ] nm territorio

terroriser [tɛʀɔʀize] vt aterrorizar

terrorisme [tɛʀɔʀism] nm terrorismo; **terroriste** adj, nm/f terrorista m/f

tertiaire [tɛʀsjɛʀ] nm (Écon) sector m servicios

tes [te] dét voir **ton¹**

test [tɛst] nm prueba, examen m

testament [tɛstamã] nm testamento

tester [tɛste] vt someter a prueba

testicule [tɛstikyl] nm testículo

tétanos [tetanɔs] nm tétano, tétános msg

têtard [tɛtaʀ] nm renacuajo

tête [tɛt] nf cabeza; (visage) cara; (Football) cabezazo; **de ~** adv (calculer) mentalmente; **être à la ~ de qch** estar al frente de algo; **prendre la ~ de qch** tomar la dirección de algo; **perdre la ~** perder la cabeza; **tenir ~ à qn** hacer frente a algn; **la ~ la première** de cabeza; **la ~ en bas** cabeza abajo; **faire la ~** poner mala cara; **en ~** (Sport) a la cabeza; **de la ~ aux pieds** de la cabeza a los pies; **tête d'affiche** (Théâtre etc) cabecera del reparto; **tête de liste** (Pol) cabeza de lista; **tête de série** (Tennis) cabeza de serie; **tête-à-queue** nm inv: **faire un tête-à-queue** derrapar y quedar en sentido contrario

téter [tete] vt mamar

tétine [tetin] nf (de biberon) tetina

têtu, e [tety] adj terco(-a), testarudo(-a)

texte [tɛkst] nm texto

textile [tɛkstil] adj textil ▷ nm tejido

texture [tɛkstyʀ] nf textura

TGV [teʒeve] sigle m (= train à grande vitesse) ≈ AVE

thaïlandais, e [tajlɑ̃dɛ, ɛz] adj tailandés(-esa) ▷ nm/f: **T~, e**

tailandés(-esa)

Thaïlande [tailɑ̃d] nf Tailandia

thé [te] nm té m

théâtral, e, -aux [teatʀal, o] adj teatral

théâtre [teatʀ] nm teatro; (fig: lieu): **le ~ de** el escenario de

théière [tejɛʀ] nf tetera

thème [tɛm] nm tema; (traduction) traducción f inversa

théologie [teɔlɔʒi] nf teología

théorie [teɔʀi] nf teoría; **théorique** adj teórico(-a)

thérapie [teʀapi] nf terapia

thermal, e, -aux [tɛʀmal, o] adj termal; **station/cure ~e** estación f/ cura termal

thermomètre [tɛʀmɔmɛtʀ] nm termómetro

thermos® [tɛʀmos] nm ou f. **(bouteille) ~** termo

thermostat [tɛʀmɔsta] nm termostato

thèse [tɛz] nf tesis f inv

thon [tɔ̃] nm atún m

thym [tɛ̃] nm tomillo

TIC [tik] sigle fpl (= technologies de l'informatique et de la communication) TIC fpl

tibia [tibja] nm tibia

tic [tik] nm (nerveux) tic m

ticket [tikɛ] nm billete m, boleto (Am); (de cinéma, théâtre) entrada; **ticket de caisse** ticket m ou tique(t) m de compra

tiède [tjɛd] adj tibio(-a), templado(-a); **tiédir** vi templarse

tien, ne [tjɛ̃, tjɛn] adj tuyo(-a)
 ▷ pron: **le(la) ~(ne)** el/la tuyo(-a); **les ~s/les ~nes** los tuyos/las tuyas; **les ~s** (ta famille) los tuyos

tiens [tjɛ̃] vb, excl voir **tenir**

tiercé [tjɛʀse] nm apuesta triple

tiers, tierce [tjɛʀ, tjɛʀs] adj tercero(-a); **le ~ monde** el tercer mundo

tige [tiʒ] nf tallo

tignasse [tiɲas] (péj) nf greñas fpl

Tigre [tigʀ] nm Tigris m; **tigré, e** adj picado(-a); **tigresse** nf tigresa

tilleul [tijœl] nm (arbre) tilo; (boisson) tila

timbre [tɛ̃bʀ] nm timbre m; (aussi: **~-poste**) sello, estampilla (Am)

timbré, e [tɛ̃bʀe] adj (enveloppe) timbrado(-a), sellado(-a); (fam) tocado(-a) de la cabeza

timide [timid] adj tímido(-a); **timidement** adv tímidamente; **timidité** nf timidez f

tintamarre [tɛ̃tamaʀ] nm escandalera

tinter [tɛ̃te] vi tintinar

tique [tik] nf garrapata

tir [tiʀ] nm tiro; (stand) tiro al blanco; **tir à l'arc** tiro con arco; **tir au pigeon** tiro de pichón

tirage [tiʀaʒ] nm (Photo) revelado; (d'un journal, de livre) tirada; (d'un poêle etc) tiro; (de loterie) sorteo; **tirage au sort** sorteo

tire [tiʀ] nf: **voleur à la ~** ratero; **vol à la ~** tirón m

tiré, e [tiʀe] adj (visage) cansado(-a); **~ par les cheveux** difícil de creer

tire-bouchon [tiʀbuʃɔ̃] (pl **~s**) nm sacacorchos m inv

tirelire [tiʀliʀ] nf hucha

tirer [tiʀe] vt (sonnette etc) tirar de, jalar (Am); (remorque) arrastrar, jalar (Am); (trait) trazar; (rideau) correr; (vin) sacar; (carte, numéro, conclusion) sacar; (en faisant feu) tirar, disparar; (: animal) disparar (a); (journal, livre) imprimir; (Photo) revelar; (Football) sacar, tirar ▷ vi (faire feu) disparar; (cheminée, Sport) tirar; **se tirer** vpr (fam) largarse; **s'en ~** salir bien; **~ à l'arc/à la carabine** tirar con arco/con carabina; **~ à sa fin** tocar a su fin; **~ les cartes** echar las cartas

tiret [tiʀɛ] nm guión m

tireur, -euse [tiʀœʀ, øz] nm/f (Mil) tirador(a)

tiroir [tiʀwaʀ] nm cajón m; **tiroir-caisse** (pl **tiroirs-caisses**) nm caja

tisane [tizan] nf tisana

tisser [tise] vt tejer

tissu [tisy] nm tejido; **tissu-éponge** (pl **tissus-éponges**) nm felpa

titre [titʀ] nm (de journal, aussi télévisé) titular m; **à juste ~** con toda razón; **à quel ~?** ¿a título de qué?; **à aucun ~** bajo ninguna razón; **au même ~ (que)** al igual (que); **à ~ d'exemple** como ejemplo; **à ~ d'information** a modo de información; **titre de transport** billete m

tituber [titybe] vi titubear

titulaire [titylɛʀ] adj titular ▷ nm titular m; **être ~ de** ser titular de

toast [tost] nm tostada; (de bienvenue) brindis m inv; **porter un ~ à qn** brindar por algn

toboggan [tɔbɔgã] nm tobogán m

toc [tɔk] nm: **en ~** de imitación

tocsin [tɔksɛ̃] nm rebato, toque m de alarma

tohu-bohu [tɔybɔy] nm inv (tumulte) barullo

toi [twa] pron tú

toile [twal] nf tela; **toile cirée** hule m; **toile d'araignée** telaraña; **toile de fond** telón m de fondo; **toile émeri** tela de esmeril

toilette [twalɛt] nf aseo; (habillement) vestimenta; **toilettes** nfpl servicios mpl; **faire sa ~** asearse; **articles de ~** artículos mpl de aseo

toi-même [twamɛm] pron tú mismo

toit [twa] nm techo; (de bâtiment) tejado; **toit ouvrant** techo solar

toiture [twatyʀ] nf tejado, techumbre f

tôle [tol] nf chapa; **tôle ondulée** chapa ondulada

tolérable [tɔleʀabl] adj tolerable

tolérant, e [tɔleʀɑ̃, ɑ̃t] adj tolerante

tolérer [tɔleʀe] vt tolerar

tollé [tɔ(l)le] nm: **un ~ (d'injures/de protestations)** una sarta (de insultos/protestas)

tomate [tɔmat] nf tomate m

tombe [tɔ̃b] nf tumba

tombeau, x [tɔ̃bo] nm tumba

tombée [tɔ̃be] nf: **à la ~ du jour** ou **de la nuit** al atardecer, al anochecer

tomber [tɔ̃be] vi caer; (accidentellement) caerse; **laisser ~** abandonar; **~ sur** encontrarse con; **~ de fatigue/de sommeil** caerse de cansancio/de sueño; **~ à l'eau** (fig) irse al garete; **ça tombe bien/mal** viene bien/mal

tombola [tɔ̃bɔla] nf tómbola

tome [tɔm] nm tomo

ton¹, ta [tɔ̃, ta] (pl **tes**) dét tu

ton² [tɔ̃] nm tono; **donner le ~** llevar la voz cantante; **de bon ~** de buen tono

tonalité [tɔnalite] nf tonalidad f; (au téléphone) señal f

tondeuse [tɔ̃døz] nf (à gazon) cortadora de césped

tondre [tɔ̃dʀ] vt (pelouse) cortar; (mouton) esquilar; (cheveux) rapar

tonifier [tɔnifje] vt (organisme) entonar; (peau) tonificar

tonique [tɔnik] adj (lotion) tónico(-a) ▷ nm (médicament) estimulante m; (lotion) tónico

tonne [tɔn] nf tonelada

tonneau, x [tɔno] nm tonel m; **faire des ~x** (voiture) dar vueltas de campana

tonnelle [tɔnɛl] nf glorieta

tonner [tɔne] vi tronar

tonnerre [tɔnɛʀ] nm trueno

tonton [tɔ̃tɔ̃] nm tito

tonus [tɔnys] nm: **avoir du ~** estar entonado(-a); **donner du ~** entonar

top [tɔp] nm: **au 3ème ~** a la tercera señal ▷ adj: **~ secret** top secret

topinambour [tɔpinãbuʀ] nm aguaturma, pataca

torche [tɔʀʃ] nf antorcha

torchon [tɔʀʃɔ̃] nm paño de cocina

tordre [tɔʀdʀ] vt torcer; **se tordre** vpr torcerse; **se ~ le pied/ bras** torcerse el pie/brazo; **se ~ de douleur/de rire** retorcerse de dolor/ desternillarse de risa; **tordu, e** pp de **tordre** ⊳ adj idiota

tornade [tɔʀnad] nf tornado

torrent [tɔʀã] nm torrente m

torsade [tɔʀsad] nf retorcido

torse [tɔʀs] nm torso

tort [tɔʀ] nm (préjudice) perjuicio; **torts** nmpl (Jur) daños y perjuicios mpl; **avoir ~** estar equivocado(-a); **être dans son ~** tener la culpa; **causer du ~** perjudicar a; **à ~** sin razón; **à ~ et à travers** a tontas y a locas

torticolis [tɔʀtikɔli] nm tortícolis f inv

tortiller [tɔʀtije] vt retorcer; **se tortiller** vpr retorcerse

tortionnaire [tɔʀsjɔnɛʀ] nm verdugo

tortue [tɔʀty] nf tortuga

tortueux, -euse [tɔʀtɥø, øz] adj tortuoso(-a)

torture [tɔʀtyʀ] nf tortura; **torturer** vt torturar

tôt [to] adv temprano; (au bout de peu de temps) pronto; **~ ou tard** tarde o temprano; **si ~** tan pronto; **au plus ~** cuanto antes

total, e, -aux [tɔtal, o] adj total ⊳ nm total m; **au ~** en total; **totalement** adv totalmente; **totaliser** vt totalizar; **totalitaire** adj totalitario(-a); **totalité** nf totalidad f

toubib [tubib] (fam) nm médico

touchant, e [tuʃã, ãt] adj conmovedor(a)

touche [tuʃ] nf (de piano, de machine à écrire) tecla; (Peinture, fig) toque m;

(Football: aussi: **remise en ~**) saque m de banda; (: **ligne de ~**) línea de banda

toucher [tuʃe] nm tacto ⊳ vt tocar; (mur, pays) lindar con; (atteindre) alcanzar; (émouvoir) conmover; (suj: catastrophe, malheur, crise) afectar; (prix, récompense) recibir; (salaire, chèque) cobrar; **se toucher** vpr tocarse; **au ~** al tacto; **~ à qch** tocar algo; (concerner) atañer a algo; **~ au but** llegar a la meta; **je vais lui en ~ un mot** le diré dos palabras sobre ello; **~ à sa fin** tocar a su fin

touffe [tuf] nf (d'herbe) mata

touffu, e [tufy] adj (haie, forêt) frondoso(-a); (style, texte) denso(-a)

toujours [tuʒuʀ] adv siempre; (encore) todavía; **~ plus** cada vez más; **pour ~** para siempre; **il vit ~ ici** sigue viviendo aquí

toupie [tupi] nf peonza

tour [tuʀ] nf torre f; (appartements) bloque m (de pisos) ⊳ nm (promenade) paseo, vuelta; (Sport, Pol, de vis, de roue) vuelta; (d'être servi ou de jouer etc) turno; (ruse) ardid m; (de prestidigitation etc) número; (de potier, à bois) torno; **faire le ~ de** dar la vuelta a; (questions, possibilités) dar vueltas a; **fermer à double ~** cerrar bajo siete llaves; **c'est au ~ de Philippe** le toca a Philippe; **à ~ de rôle**, **~ à ~** por turnos, en orden; **tour de chant** nm recital m de canto; **tour de contrôle** nf torre de control; **tour de force** nm hazaña; **tour de taille** nm contorno de cintura

tourbe [tuʀb] nf turba

tourbillon [tuʀbijɔ̃] nm (d'eau, de poussière) remolino; (de vent, fig) torbellino; **tourbillonner** vi arremolinarse

tourelle [tuʀɛl] nf torrecilla

tourisme [tuʀism] nm turismo; **office du ~** oficina de turismo; **faire du ~** hacer turismo; **touriste**

nm/f turista *m/f*; **touristique** *adj* turístico(-a)

tourment [tuʁmɑ̃] *nm* tormento; **se tourmenter** *vpr* atormentarse

tournage [tuʁnaʒ] *nm* rodaje *m*

tournant, e [tuʁnɑ̃, ɑ̃t] *adj* giratorio(-a) ▷ *nm* (*de route*) curva; (*fig*) giro

tournée [tuʁne] *nf* (*du facteur*) ronda; (*d'artiste, de politicien*) gira; **payer une ~** pagar una ronda

tourner [tuʁne] *vt* girar, voltear (*Am*); (*difficulté etc*) esquivar; (*scène, film*) rodar ▷ *vi* girar, voltear (*Am*); (*vent*) cambiar de dirección; (*moteur*) estar en marcha; (*compteur*) estar andando; (*lait etc*) agriarse; (*chance*) cambiar; **se tourner** *vpr* volverse; **bien/mal ~** salir bien/mal; **~ autour de** dar vueltas alrededor de; **~ autour du pot** andarse con rodeos; **~ le dos à** la espalda a; **se ~ vers** volverse hacia; (*personne: pour demander: aide, conseil*) dirigirse a

tournesol [tuʁnəsɔl] *nm* girasol *m*

tournevis [tuʁnəvis] *nm* destornillador *m*

tournoi [tuʁnwa] *nm* (*Hist*) torneo

tournure [tuʁnyʁ] *nf* (*Ling*) giro; **prendre ~** tomar forma; **tournure d'esprit** manera de enfocar las cosas

tourte [tuʁt] *nf* (*Culin*): **~ à la viande** pastel *m* de carne

tourterelle [tuʁtəʁɛl] *nf* tórtola

tous [tu] *dét, pron voir* **tout**

Toussaint [tusɛ̃] *nf*: **la ~** el día de Todos los Santos

● amigos y deposita en ellas coronas
● de brezo y crisantemos.

tousser [tuse] *vi* toser

○ **MOT-CLÉ**

tout, e [tu, tut] (*pl* **tous**, *f* **toutes**) *adj* 1 (*avec article*) todo(-a); **tout le dinero**; todo(-a); **tout le lait/l'argent** toda la leche; **todo el dinero**; **toute la nuit** toda la noche; **tout le livre** todo el libro; **toutes les trois/deux semaines** cada tres/dos semanas; **tout le temps** *adv* todo el tiempo; **tout le monde** *pron* todo el mundo; **c'est tout le contraire** es todo lo contrario; **toutes les nuits** todas las noches; **toutes les fois que ...** todas las veces que ...; **tous les deux** los dos, ambos

2 (*sans article*): **à tout âge/à toute heure** a cualquier edad/hora; **pour toute nourriture, il avait ...** por todo alimento, tenía ...; **à toute vitesse** a toda velocidad; **de tous côtés** ou **de toutes parts** de todos (los) lados ou de todas partes; **à tout hasard** por si acaso ▷ *pron* todo(-a); **il a tout fait** lo hizo todo; **je les vois toutes** las veo a todas; **nous y sommes tous allés** fuimos todos; **en tout** en total; **tout ce qu'il sait** todo lo que sabe; **tout ou rien** todo o nada; **c'est tout** eso es todo, nada más ▷ *nm* todo; **le tout est de ...** lo importante es ...; **pas du tout** en absoluto

▷ *adv* 1 (**toute** avant adj f commençant par consonne ou h aspiré*): très, complètement*): **elle était tout émue** estaba muy emocionada; **elle était toute petite** era muy pequeñita; **tout près** muy cerca; **le tout premier** el primero de todos; **tout seul** solo; **le livre tout entier** el libro entero; **tout en haut/bas** arriba/abajo del todo;

tout droit todo recto; **tout rouge** todo rojo; **parler tout bas** hablar muy bajo; **tout simplement** sencillamente; **fais-le tout doucement** hazlo despacio **2**: **tout en** mientras; **tout en travaillant il ...** mientras trabaja, ... **3**: **tout d'abord** en primer lugar; **tout à coup** de repente; **"tout à fait!"** "¡desde luego!"; **tout à l'heure** (*passé*) hace un rato; (*futur*) luego; **à tout à l'heure!** ¡hasta luego!; **tout de même** sin embargo; **tout de suite** enseguida; **tout terrain** *ou* **tous terrains** *adj inv* todo terreno *inv*

toutefois [tutfwa] *adv* sin embargo, no obstante
toutes [tut] *adj, pron, adv voir* **tout**
toux [tu] *nf* tos *f inv*
toxicomane [tɔksikɔman] *adj* toxicómano(-a)
toxique [tɔksik] *adj* tóxico(-a)
trac [trak] *nm* nerviosismo
tracasser [trakase] *vt* (*suj: problème, idée*) preocupar; **se tracasser** *vpr* preocuparse
trace [tras] *nf* huella; (*de pneu, de brûlure etc*) marca; (*quantité minime*) rastro; **avoir une ~ d'accent étranger** tener un ligero acento extranjero; **suivre qn à la ~** seguir la pista ou el rastro de algn; **traces de pas** huellas *fpl* de pasos
tracer [trase] *vt* trazar
tract [trakt] *nm* panfleto
tracteur [traktœr] *nm* tractor *m*
traction [traksjɔ̃] *nf* tracción *f*
tradition [tradisjɔ̃] *nf* tradición *f*; **traditionnel, le** *adj* tradicional
traducteur, -trice [tradyktœr, tris] *nm/f* traductor(a)
traduction [tradyksjɔ̃] *nf* traducción *f*
traduire [traduir] *vt* traducir; **~ qn en justice** hacer comparecer a algn

ante la justicia
trafic [trafik] *nm* tráfico; **trafic d'armes** tráfico de armas;
trafiquant, e *nm/f* traficante *m/f*;
trafiquer *vt* (*péj*) amañar
tragédie [traʒedi] *nf* tragedia;
tragique *adj* trágico(-a)
trahir [trair] *vt* traicionar; (*suj: objet*): **~** descubrir a algn; **se trahir** *vpr* traicionarse; **trahison** *nf* traición *f*
train [trɛ̃] *nm* tren *m*; (*allure*) paso; (*ensemble*) serie *f*; **être en ~ de faire qch** estar haciendo algo; **mettre qch en ~** empezar a hacer algo; **train autos-couchettes** tren coche-cama; **train de pneus** juego de neumáticos; **train de vie** tren de vida; **train électrique** (*jouet*) tren eléctrico
traîne [trɛn] *nf* cola; **être à la ~** (*en arrière*) ir rezagado(-a)
traîneau, x [trɛno] *nm* trineo
traîner [trene] *vt* tirar de ▷ *vi* rezagarse; (*être en désordre*) estar tirado(-a); (*vagabonder*) callejear; (*durer*) alargarse; **se traîner** *vpr* arrastrarse; **~ les pieds** arrastrar los pies; **~ par terre** arrastrar por el suelo
train-train [trɛ̃trɛ̃] *nm inv* rutina
traire [trer] *vt* ordeñar
trait, e [trɛ, ɛt] *nm* rasgo; (*caractéristique*) rasgo; **traits** *nmpl* (*du visage*) rasgos *mpl*; **d'un ~** de un tirón; **de ~** (*animal*) de tiro; **avoir ~ à** referirse a; **trait d'union** guión *m*; (*fig*) lazo
traitant [trɛtɑ̃] *adj m*: **votre médecin ~** su médico de cabecera
traite [trɛt] *nf* (*Agr*) ordeño; **d'une (seule) ~** de un (solo) tirón
traité [trete] *nm* tratado
traitement [trɛtmɑ̃] *nm* tratamiento; **mauvais ~s** malos tratos *mpl*; **traitement de texte** (*Inform*) procesamiento *ou* tratamiento de textos

traiter [tʀete] *vt*, *vi* tratar; **~ qn d'idiot** llamar idiota a algn; **~ de qch** tratar de algo

traiteur [tʀetœʀ] *nm* negocio de comidas por encargo *ou* de catering

traître, -esse [tʀetʀ, tʀetʀɛs] *adj* traicionero(-a) ▷ *nm/f* traidor(a)

trajectoire [tʀaʒɛktwaʀ] *nf* trayectoria

trajet [tʀaʒe] *nm* trayecto

trampoline [tʀɑ̃pɔlin] *nm* trampolín *m*

tramway [tʀamwe] *nm* tranvía *m*

tranchant, e [tʀɑ̃ʃɑ̃, ɑ̃t] *adj* (*lame*) afilado(-a); (*personne*) resuelto(-a) ▷ *nm* (*d'un couteau*) filo; **à double ~** de doble filo

tranche [tʀɑ̃ʃ] *nf* (*de pain*) rebanada; (*de jambon, fromage*) loncha; (*de saucisson*) rodaja; (*de gâteau*) porción *f*; (*d'un couteau, livre etc*) canto; **~ d'âge/de salaires** tramo de edad/de salarios; **tranche de vie** periodo de la vida cotidiana

tranché, e [tʀɑ̃ʃe] *adj* (*couleurs*) contrastado(-a); (*opinions*) tajante

trancher [tʀɑ̃ʃe] *vt* cortar; (*question*) zanjar ▷ *vi*: **~ avec** *ou* **sur** contrastar con

tranquille [tʀɑ̃kil] *adj* tranquilo(-a); **se tenir ~** estarse quieto(-a); **laisse-moi/laisse-ça ~!** ¡déjame/deja eso en paz!; **tranquillisant, e** [tʀɑ̃kiliza, ɑ̃t] *nm* (*Méd*) tranquilizante *m*; **tranquillité** *nf* tranquilidad *f*

transférer [tʀɑ̃sfeʀe] *vt* transferir; (*prisonnier, bureaux*) trasladar; (*titre*) transmitir; **transfert** *nm* transferencia; (*d'un prisonnier, de bureaux*) traslado; (*d'un titre*) transmisión *f*

transformation [tʀɑ̃sfɔʀmasjɔ̃] *nf* transformación *f*; **transformations** *nfpl* (*travaux*) reformas *fpl*

transformer [tʀɑ̃sfɔʀme] *vt* transformar; (*maison, magasin,*

vêtement) reformar

transfusion [tʀɑ̃sfyzjɔ̃] *nf*: **~ sanguine** transfusión *f* sanguínea

transgresser [tʀɑ̃sgʀese] *vt* transgredir

transi, e [tʀɑ̃zi] *adj* helado(-a)

transiger [tʀɑ̃ziʒe] *vi* transigir

transit [tʀɑ̃zit] *nm* tránsito; **transiter** *vt* hacer circular

transition [tʀɑ̃zisjɔ̃] *nf* transición *f*; **transitoire** *adj* transitorio(-a)

transmettre [tʀɑ̃smetʀ] *vt* transmitir; (*secret*) revelar; (*recette*) pasar, dar; **transmission** *nf* transmisión *f*

transparent, e [tʀɑ̃spaʀɑ̃, ɑ̃t] *adj* transparente

transpercer [tʀɑ̃spɛʀse] *vt* traspasar

transpiration [tʀɑ̃spiʀasjɔ̃] *nf* transpiración *f*

transpirer [tʀɑ̃spiʀe] *vi* transpirar; (*information, nouvelle*) trascender

transplanter [tʀɑ̃splɑ̃te] *vt* (*Bot, Méd*) trasplantar

transport [tʀɑ̃spɔʀ] *nm* transporte *m*; **transports en commun** transportes públicos; **transporter** *vt* llevar; (*voyageurs, marchandises*) transportar; **transporteur** *nm* transportista *m*

transvaser [tʀɑ̃svɑze] *vt* transvasar

transversal, e, -aux [tʀɑ̃svɛʀsal, o] *adj* transversal

trapèze [tʀapɛz] *nm* trapecio

trappe [tʀap] *nf* trampa, trampilla

trapu, e [tʀapy] *adj* bajo(-a) y fortachón(-ona)

traquenard [tʀaknaʀ] *nm* cepo

traquer [tʀake] *vt* acorralar; (*harceler*) acosar

traumatiser [tʀomatize] *vt* traumatizar

travail, -aux [tʀavaj, o] *nm* trabajo; (*Méd*) parto; **être sans ~** estar sin trabajo; **travail (au)**

noir trabajo clandestino; **travaux** nmpl (de réparation) trabajos mpl; (de construction, sur route) obras fpl; **travaux des champs** faenas fpl del campo; **travaux dirigés** (Scol) ejercicios mpl dirigidos; **travaux manuels** (Scol) trabajos manuales
travailler [tʀavaje] vi trabajar; (bois) alabearse; (argent) producir ▷ vt trabajar; **cela le travaille** eso le preocupa; **~ à** trabajar en; (contribuer à) contribuir a; **travailleur, -euse** adj, nm/f trabajador(a); **travailleur social** trabajador m social; **travailliste** adj, nm/f laborista
travers [tʀavɛʀ] nm (défaut) imperfección f; **en ~ (de)** atravesado(-a en); **au ~ (de)** a través (de); **de ~** adj de través ▷ adv oblicuamente; (fig) al revés; **à ~** a través; **regarder de ~** (fig) mirar de reojo
traverse [tʀavɛʀs] nf: **chemin de ~** atajo
traversée [tʀavɛʀse] nf travesía
traverser [tʀavɛʀse] vt atravesar; (rue) cruzar; (percer: suj: pluie, froid) traspasar
traversin [tʀavɛʀsɛ̃] nm cabezal m
travesti [tʀavɛsti] nm (artiste de cabaret) travestido(-a); (homosexuel) travesti m
trébucher [tʀebyʃe] vi: **~ (sur)** tropezar (con)
trèfle [tʀɛfl] nm trébol m
treize [tʀɛz] adj inv, nm inv trece m inv; voir aussi **cinq**; **treizième** adj, nm/f decimotercero(-a) ▷ nm (partitif) treceavo; voir aussi **cinquantième**

● **TREIZIÈME MOIS**
●
● **Le treizième mois** es una paga
● extraordinaria de final de año que
● equivale aproximadamente a un
● mes de sueldo. Para muchos

● empleados es una parte normal de
● su salario anual.

tréma [tʀema] nm diéresis f inv
tremblement [tʀɑ̃bləmɑ̃] nm temblor m; **tremblement de terre** terremoto
trembler [tʀɑ̃ble] vi temblar; **~ de** temblar de; **~ pour qn** temer por algn
trémousser [tʀemuse]: **se ~** vpr menearse
trempé, e [tʀɑ̃pe] adj empapado(-a)
tremper [tʀɑ̃pe] vt empapar; (pain, chemise) mojar ▷ vi estar en remojo; **~ dans** (fig, péj) estar metido(-a) ou implicado(-a) en; **faire ~, mettre à ~** poner en remojo; **~ qch dans** remojar algo en
tremplin [tʀɑ̃plɛ̃] nm trampolín m
trentaine [tʀɑ̃tɛn] nf treintena; **avoir la ~** tener unos treinta años; **une ~ (de)** unos(-as) treinta
trente [tʀɑ̃t] adj inv, nm inv treinta m inv; voir aussi **cinq**; **trentième** adj, nm/f trigésimo(-a) ▷ nm (partitif) treintavo; voir aussi **cinquantième**
trépidant, e [tʀepidɑ̃, ɑ̃t] adj trepidante
trépigner [tʀepiɲe] vi: **~ (d'enthousiasme/d'impatience)** patalear (de entusiasmo/de impaciencia)
très [tʀɛ] adv muy
trésor [tʀezɔʀ] nm tesoro; (très précieuse) joya; **Trésor (public)** Tesoro (público); **trésorerie** nf tesorería; **trésorier, -ière** nm/f tesorero(-a)
tressaillir [tʀesajiʀ] vi (de peur) estremecerse; (de joie, d'émotion) vibrar
tressauter [tʀesote] vi sobresaltar
tresse [tʀɛs] nf trenza; **tresser** vt trenzar
tréteau, x [tʀeto] nm caballete m
treuil [tʀœj] nm torno
trêve [tʀɛv] nf tregua

tri [tʀi] *nm* selección *f*; **le ~** (*Postes: action*) la clasificación

triangle [tʀijɑ̃gl] *nm* triángulo; **triangulaire** *adj* triangular

tribord [tʀibɔʀ] *nm*: **à ~** a estribor

tribu [tʀiby] *nf* tribu *f*

tribunal, -aux [tʀibynal, o] *nm* tribunal *m*; (*bâtiment*) juzgado

tribune [tʀibyn] *nf* tribuna *f*

tribut [tʀiby] *nm* tributo; **payer un lourd ~ à** pagar un tributo muy caro a

tributaire [tʀibytɛʀ] *adj*: **être ~ de** ser tributario(-a) de

tricher [tʀiʃe] *vi* (*à un examen*) copiar; (*aux cartes*) hacer trampas; **tricheur, -euse** *nm/f* tramposo(-a)

tricolore [tʀikɔlɔʀ] *adj* tricolor; (*français: drapeau, équipe*) francés(-esa)

tricot [tʀiko] *nm* punto; (*ouvrage*) prenda de punto; **tricoter** *vt* tricotar

tricycle [tʀisikl] *nm* triciclo

trier [tʀije] *vt* (*classer*) clasificar; (*choisir*) seleccionar; (*fruits, grains*) seleccionar, escoger

trimestre [tʀimɛstʀ] *nm* trimestre *m*; **trimestriel, le** *adj* trimestral

trinquer [tʀɛ̃ke] *vi* chocar los vasos; (*porter un toast*) brindar

triomphe [tʀijɔ̃f] *nm* triunfo; **triompher** *vi* triunfar; **triompher de qch/qn** triunfar sobre algo/algn

tripes [tʀip] *nfpl* (*Culin*) callos *mpl*

triple [tʀipl] *adj* triple ▷ *nm*: **le ~ (de)** el triple (de); **en ~ exemplaire** por triplicado; **tripler** *vi*, *vt* triplicar

triplés, -ées [tʀiple] *nm/pl* (*bébés*) trillizos *mpl*

tripoter [tʀipote] *vt* (*objet*) manosear

triste [tʀist] *adj* triste; **un ~ personnage/une ~ affaire** (*péj*) un personaje mediocre/un asunto turbio; **tristesse** *nf* tristeza

trivial, e, -aux [tʀivjal, jo] *adj* trivial

troc [tʀɔk] *nm* trueque *m*

trognon [tʀɔɲɔ̃] *nm* (*de fruit*) corazón

m; (*de légume*) troncho

trois [tʀwa] *adj inv*, *nm inv* tres *m inv*; *voir aussi* **cinq**; **troisième** *adj*, *nm/f* tercero(-a) ▷ *nf* (*Auto*) tercera; *voir aussi* **cinquième**

trombe [tʀɔ̃b] *nf* tromba; **en ~** en tromba

trombone [tʀɔ̃bɔn] *nm* (*Mus*) trombón *m*; (*de bureau*) clip *m*

trompe [tʀɔ̃p] *nf* trompa

tromper [tʀɔ̃pe] *vt* engañar; (*espoir, attente*) frustrar; (*vigilance, poursuivants*) burlar; **se tromper** *vpr* equivocarse; **se ~ de voiture/jour** equivocarse de coche/día; **se ~ de 3 cm/2 euros** equivocarse en 3 cm/2 euros

trompette [tʀɔ̃pɛt] *nf* trompeta; **nez en ~** nariz *f* respingona

trompeur, -euse [tʀɔ̃pœʀ, øz] *adj* engañoso(-a)

tronc [tʀɔ̃] *nm* (*Bot, Anat*) tronco

tronçon [tʀɔ̃sɔ̃] *nm* tramo; **tronçonner** *vt* (*arbre*) cortar en trozos

trône [tʀon] *nm* trono

trop [tʀo] *adv* demasiado; (*devant adverbe*) muy, demasiado; **~ souvent/longtemps** demasiado a menudo/tiempo; **~ de sucre/personnes** demasiado azúcar/demasiadas personas; **ils sont ~** son demasiados; **de ~, en ~:** **des livres en ~** libros *mpl* de sobra; **du lait en ~** leche *f* de sobra; **3 livres/5 euros de ~** 3 libras/5 euros de más

tropical, e, -aux [tʀɔpikal, o] *adj* tropical

tropique [tʀɔpik] *nm* trópico

trop-plein [tʀɔplɛ̃] (*pl* **~s**) *nm* (*lo*) sobrante *m*, exceso

troquer [tʀɔke] *vt*: **~ qch contre qch** trocar algo por algo; (*fig*) cambiar algo por algo

trot [tʀo] *nm* trote *m*; **trotter** *vi* trotar

trottinette [tʀɔtinɛt] *nf* patinete *m*
trottoir [tʀɔtwaʀ] *nm* acera, vereda (*Am*), andén (*Am*); **faire le ~** (*péj*) hacer la calle; **trottoir roulant** cinta móvil
trou [tʀu] *nm* agujero; (*moment de libre*) hueco; **trou d'air** bache *m*; **trou de la serrure** ojo de la cerradura; **trou de mémoire** fallo de la memoria
troublant, e [tʀublɑ̃, ɑ̃t] *adj* (*ressemblance*) sorprendente
trouble [tʀubl] *adj* turbio(-a) ▷ *adv*: **voir ~** ver borroso ▷ *nm* (*désarroi*) desconcierto; (*émoi sensuel*) trastorno; (*embarras*) confusión *f*; **troubles** *nmpl* (*Pol*) disturbios *mpl*; (*Méd*) trastornos *mpl*; **trouble-fête** *nm/f inv* aguafiestas *m/f inv*
troubler [tʀuble] *vt* turbar; (*liquide*) enturbiar; (*ordre*) alterar; **se troubler** *vpr* turbarse
trouer [tʀue] *vt* agujerear
trouille [tʀuj] (*fam*) *nf*: **avoir la ~** tener mieditis
troupe [tʀup] *nf* (*Mil*) tropa; **troupe (de théâtre)** compañía (de teatro)
troupeau, x [tʀupo] *nm* (*de moutons*) rebaño; (*de vaches*) manada
trousse [tʀus] *nf* (*étui*) estuche *m*; (*d'écolier*) cartera; (*de docteur*) maletín *m*; **trousse à outils** bolsa de herramientas; **trousse de toilette** neceser *m*
trousseau, x [tʀuso] *nm* ajuar *m*; **trousseau de clefs** manojo de llaves
trouvaille [tʀuvaj] *nf* hallazgo
trouver [tʀuve] *vt* encontrar, hallar; **se trouver** *vpr* encontrarse, hallarse; **aller/venir ~ qn** ir/venir a ver a algn; **~ le loyer cher/le prix excessif** parecerle a algn el alquiler caro/el precio excesivo; **je trouve que** me parece que; **il se trouve que** resulta que; **se ~ bien/mal** sentirse un encontrarse bien/mal
truand [tʀyɑ̃] *nm* truhán *m*, timador *m*; **truander** (*fam*) *vt* timar

truc [tʀyk] *nm* truco; (*fam: machin, chose*) cosa, chisme *m*
truffe [tʀyf] *nf* (*Bot*) trufa
truffer [tʀyfe] *vt* (*Culin*) trufar; **truffé de** (*fig: erreurs*) repleto de
truie [tʀɥi] *nf* cerda, marrana
truite [tʀɥit] *nf* trucha
truquer [tʀyke] *vt* trucar; (*élections*) amañar
TSVP [teɛsvepe] *abr* (= *tournez s'il vous plaît*) sigue
TTC [tetese] *abr* (= *toutes taxes comprises*) todo incluido
tu¹ [ty] *pron* tú
tu², e [ty] *pp de* **taire**
tuba [tyba] *nm* tuba
tube [tyb] *nm* tubo; (*chanson, disque*) éxito
tuberculose [tybɛʀkyloz] *nf* tuberculosis *f*
tuer [tɥe] *vt* matar; **se tuer** *vpr* matarse; **tuerie** *nf* matanza
tue-tête [tytɛt]: **à ~** *adv* a voz en grito, a grito pelado
tueur [tɥœʀ] *nm* asesino; **tueur à gages** asesino a sueldo
tuile [tɥil] *nf* teja; (*fam*) contratiempo, problema *m*
tulipe [tylip] *nf* tulipán *m*
tuméfié, e [tymefje] *adj* tumefacto(-a)
tumeur [tymœʀ] *nf* tumor *m*
tumulte [tymylt] *nm* tumulto; **tumultueux, -euse** *adj* tumultuoso(-a)
tunique [tynik] *nf* túnica
Tunisie [tynizi] *nf* Túnez *m*; **tunisien, ne** *adj* tunecino(-a) ▷ *nm/f*: **Tunisien, ne** tunecino(-a)
tunnel [tynɛl] *nm* túnel *m*
turbulent, e [tyʀbylɑ̃, ɑ̃t] *adj* revoltoso(-a)
turc, turque [tyʀk] *adj* turco(-a) ▷ *nm* (*Ling*) turco ▷ *nm/f*: **T~, Turque** turco(-a); **à la turque** *adj* (*w.c.*) sin asiento

turf [tyʀf] *nm* deporte *m* hípico;
  turfiste *nm/f* aficionado(-a) a las
  carreras de caballos
Turquie [tyʀki] *nf* Turquía
turquoise [tyʀkwaz] *adj inv*
  turquesa *inv* ▷ *nf* turquesa
tutelle [tytɛl] *nf* tutela
tuteur, -trice [tytœʀ, tʀis] *nm/f*
  (*Jur*) tutor(a) ▷ *nm* (*de plante*) tutor *m*,
  rodrigón *m*
tutoyer [tytwaje] *vt*: **~ qn** tutear
  a algn
tuyau, x [tɥijo] *nm* tubo;
  (*fam: conseil*) consejo; **tuyau
  d'arrosage** manguera de riego;
  tuyau d'échappement tubo de
  escape; **tuyauterie** *nf* cañería,
  tubería
TVA [tevea] *sigle f* (= *taxe à la valeur
  ajoutée*) ≈ IVA
tympan [tɛ̃pɑ̃] *nm* tímpano
type [tip] *nm* tipo; (*fam: homme*) tío
  ▷ *adj* tipo
typé, e [tipe] *adj* típico(-a)
typique [tipik] *adj* típico(-a)
tyran [tiʀɑ̃] *nm* tirano; **tyrannique**
  adj tiránico(-a)
tzigane [dzigan] *adj* cíngaro(-a),
  zíngaro(-a)

UE *sigle f* (= *Union européenne*) UE *f*
ulcère [ylsɛʀ] *nm* úlcera
ultérieur, e [ylteʀjœʀ] *adj* ulterior,
  posterior; **reporté à une date
  ~e** aplazado hasta nuevo aviso;
  ultérieurement *adv* posteriormente
ultime [yltim] *adj* último(-a)

 MOT-CLÉ

un, une [œ̃, yn] *art indéf* un(a); **un
  garçon/vieillard** un chico/viejo; **une
  fille** una niña
  ▷ *pron* uno(-a); **l'un des meilleurs**
  uno de los mejores; **l'un ..., l'autre ...**
  uno ..., el otro ...; **les uns ..., les
  autres ...** (los) unos ..., (los) otros ...;
  l'un et l'autre uno y otro; **l'un ou
  l'autre** uno u otro; **pas un seul** ni
  uno; **un par un** uno a uno
  ▷ *num* uno(-a); **une pomme
  seulement** una manzana solamente

▷ *nf*: **la une** (*Presse*) la primera página; (*chaîne de télévision*) la primera (cadena)

unanime [ynanim] *adj* unánime; **unanimité** *nf* unanimidad f; **à l'unanimité** por unanimidad

uni, e [yni] *adj* (*tissu*) uniforme; (*surface, couleur*) liso(-a); (*groupe, pays*) unido(-a)

unifier [ynifje] *vt* unificar

uniforme [ynifɔʀm] *adj* (*aussi fig*) uniforme ▷ *nm* uniforme *m*; **uniformiser** *vt* uniformizar, uniformar

union [ynjɔ̃] *nf* unión f

unique [ynik] *adj* único(-a); **fils/fille ~** hijo único/hija única; **uniquement** *adv* únicamente

unir [yniʀ] *vt* unir; (*couleurs*) mezclar; **s'unir** *vpr* unirse; **~ qch à** unir algo a

unitaire [yniteʀ] *adj* unitario(-a)

unité [ynite] *nf* unidad f

univers [yniveʀ] *nm* universo; **universel, le** *adj* universal

universitaire [yniveʀsiteʀ] *adj*, *nm/f* universitario(-a)

université [yniveʀsite] *nf* universidad f

urbain, e [yʀbɛ̃, ɛn] *adj* urbano(-a); **urbanisme** *nm* urbanismo

urgence [yʀʒɑ̃s] *nf* urgencia; **d'~** *adv* urgentemente

urgent, e [yʀʒɑ̃, ɑ̃t] *adj* urgente

urine [yʀin] *nf* orina; **urinoir** *nm* urinario

urne [yʀn] *nf* urna

urticaire [yʀtikɛʀ] *nf* urticaria

us [ys] *nmpl*: **~ et coutumes** usos *mpl* y costumbres

usage [yzaʒ] *nm* (*aussi Ling*) uso; **l'~** (*la coutume*) la costumbre; **à l'~** con el uso; **à l'~ de** para uso de; **en ~** en uso; **hors d'~** fuera de uso, en desuso; **à ~ interne/externe** (*Méd*) de uso interno/externo; **usagé, e**

adj usado(-a); **usager, -ère** *nm/f* usuario(-a)

usé, e [yze] *adj* usado(-a); (*banal, rebattu*) manido(-a)

user [yze] *vt* usar; (*consommer*) gastar; (*fig: santé, personne*) desgastar; **s'user** *vpr* (*moyen, droit, procédé*) servirse de

usine [yzin] *nf* fábrica

usité, e [yzite] *adj* empleado(-a)

ustensile [ystãsil] *nm* utensilio; **ustensile de cuisine** utensilio de cocina

usuel, le [yzɥɛl] *adj* usual

usure [yzyʀ] *nf* desgaste *m*; **avoir qn à l'~** acabar convenciendo a algn

utérus [yteʀys] *nm* útero

utile [ytil] *adj* útil

utilisation [ytilizasjɔ̃] *nf* utilización f

utiliser [ytilize] *vt* utilizar; (*Culin: restes*) aprovechar

utilitaire [ytilitɛʀ] *adj* (*objet, véhicule*) utilitario(-a)

utilité [ytilite] *nf* utilidad f; **reconnu d'~ publique** (*Admin*) reconocido de utilidad pública

utopie [ytɔpi] *nf* utopía

V

va [va] *vb voir* **aller**

vacance [vakɑ̃s] *nf* (*Admin*) vacante *f*; **vacances** *nfpl* vacaciones *fpl*; **prendre des/ses ~s (en juin)** coger las vacaciones (en junio); **aller en ~s** ir de vacaciones; **vacancier, -ière** *nm/f* veraneante *m/f*

vacant, e [vakɑ̃, ɑ̃t] *adj* vacante

vacarme [vakaʀm] *nm* alboroto *m*

vaccin [vaksɛ̃] *nm* vacuna; **vaccination** *nf* vacunación *f*; **vacciner** *vt* vacunar; **être vacciné** (*fig: fam*) estar vacunado(-a)

vache [vaʃ] *nf* vaca; (*cuir*) piel *f* ▷ *adj* (*fam*) duro(-a); **vachement** (*fam*) *adv* super; **vacherie** (*fam*) *nf* faena

vaciller [vasije] *vi* vacilar

va-et-vient [vaevjɛ̃] *nm inv* vaivén *m*

vagabond, e [vagabɔ̃, ɔ̃d] *adj* vagabundo(-a); (*pensées*) errabundo(-a) ▷ *nm* vagabundo; **vagabonder** *vi* vagabundear

vagin [vaʒɛ̃] *nm* vagina

vague [vag] *nf* ola ▷ *adj* (*silhouette, souvenir*) vago(-a); (*angoisse*) indefinido(-a); **vague de fond** *nf* mar de fondo; **vague de froid** *nf* ola de frío

vaillant, e [vajɑ̃, ɑ̃t] *adj* valiente; (*vigoureux*) saludable

vain, e [vɛ̃, vɛn] *adj* vano(-a); **en ~** en vano

vaincre [vɛ̃kʀ] *vt* vencer, derrotar; **vaincu, e** *pp de* **vaincre** ▷ *nm/f* vencido(-a), derrotado(-a); **vainqueur** *adj m, nm* ganador *m*

vaisseau, x [veso] *nm* (*Anat*) vaso; (*Naut*) navío; **vaisseau spatial** nave *f* espacial

vaisselier [vesəlje] *nm* aparador *m*

vaisselle [vesɛl] *nf* vajilla; (*lavage*) fregado

valable [valabl] *adj* válido(-a); (*motif, solution*) admisible

valet [valɛ] *nm* criado; (*Cartes*) sota

valeur [valœʀ] *nf* valor *m*; **valeurs** *nfpl* (*morales*) valores *mpl* morales; **mettre en ~** destacar; **avoir/prendre de la ~** tener/adquirir valor; **sans ~** sin valor

valide [valid] *adj* (*personne*) sano(-a); (*passeport, billet*) válido(-a); **valider** *vt* validar

valise [valiz] *nf* maleta, valija (*Am*)

vallée [vale] *nf* valle *m*

vallon [valɔ̃] *nm* pequeño valle *m*

valoir [valwaʀ] *vi* valer ▷ *vt* merecer; (*un effort, détour*) merecer; (*causer, procurer: suj: chose*) ~ **qch à qn** valer algo a algn; **se valoir** *vpr* ser equivalente (de); **à ~ sur** a cuenta de; **cela ne me dit rien qui vaille** eso me da mala espina; **ce climat** *etc* **ne me vaut rien** este clima *etc* no me sienta nada bien; **~ la peine** merecer la pena; **~ mieux: il vaut mieux se taire/que je fasse comme ceci** más vale callarse/

que lo haga así; **ça ne vaut rien** eso
no vale nada
valse [vals] nf vals m
vandalisme [vãdalism] nm
vandalismo
vanille [vanij] nf vainilla
vanité [vanite] nf vanidad f;
vaniteux, -euse adj vanidoso(-a)
vanne [van] nf compuerta; (fam)
pulla
vannerie [vanri] nf cestería
vantard, e [vãtar, ard] adj
jactancioso(-a)
vanter [vãte] vt alabar; **se vanter**
vpr jactarse; **se ~ de qch** jactarse ou
presumir de algo
vapeur [vapœr] nf vapor m; **cuit
à la ~** (Culin) cocinado al vapor;
vaporeux, -euse adj vaporoso(-a);
vaporisateur nm vaporizador m;
vaporiser vt vaporizar
variable [varjabl] adj variable;
(résultats) diverso(-a)
varice [varis] nf variz f
varicelle [varisεl] nf varicela
varié, e [varje] adj variado(-a);
(goûts, résultats) diverso(-a)
varier [varje] vi variar, cambiar;
(différer) variar ▷ vt cambiar;
variété nf variedad f; **variétés**
nfpl: **spectacle/émission de
variétés** espectáculo/programa de
variedades
variole [varjɔl] nf viruela
vas [va] vb voir **aller**; **~-y!** ¡venga!
vase [vaz] nm vaso ▷ nf fango;
vaseux, -euse adj fangoso(-a);
(fam: confus) confuso(-a); (: fatigué)
hecho(-a) polvo
vasistas [vazistas] nm tragaluz m
vaste [vast] adj amplio(-a)
vautour [votur] nm buitre m
vautrer [votre]: **se ~** vpr revolcarse;

se ~ **dans/sur** revolcarse en
va-vite [vavit]: **à la ~** adv de prisa y
corriendo

○ **VDQS**

○ **VDQS** (vin délimité de qualité
○ supérieure) es la segunda categoría
○ más alta de los vinos franceses, tras
○ **AOC**, e indica que se trata de un
○ vino de gran calidad procedente de
○ viñedos con denominación de
○ origen. A ésta le sigue el **vin de
pays**. **Vin de table** o **vin ordinaire**
○ es vino de mesa de origen
○ indeterminado y a menudo con
○ mezcla.

veau, x [vo] nm ternero; (Culin)
ternera; (peau) becerro
vécu, e [veky] pp de **vivre** ▷ adj
vivido(-a)
vedette [vədεt] nf estrella; (canot)
lancha motora
végétal, e, -aux [veʒetal, o] adj, nm
vegetal m; **végétalien, ne** adj, nm/f
vegetariano(-a) estricto(-a)
végétarien, ne [veʒetarjɛ̃, jɛn] adj,
nm/f vegetariano(-a)
végétation [veʒetasjɔ̃] nf
vegetación f
véhicule [veikyl] nm vehículo
veille [vɛj] nf vigilancia; (Psych)
vigilia; (jour): **la ~ de** el día anterior a;
la ~ au soir la noche anterior
veillée [veje] nf velada
veiller [veje] vi velar; (être vigilant)
vigilar ▷ vt velar; **~ à faire/à ce que**
ocuparse de hacer/de que; **~ sur**
cuidar de; **veilleur nm; veilleur de
nuit** sereno; **veilleuse** nf (lampe)
lamparilla de noche; (Auto, flamme)
piloto; **en veilleuse** a media luz
veinard, e [venar, ard] (fam) nm/f
suertudo(-a)
veine [vεn] nf vena; (du bois, marbre

etc) veta; **avoir de la ~** (*fam*) tener chiripa

véliplanchiste [veliplɑ̃ʃist] *nm/f* windsurfista *m/f*

vélo [velo] *nm* bici *f*; **vélomoteur** *nm* velomotor *m*

velours [v(ə)lur] *nm* terciopelo; **velours côtelé** pana; **velouté, e** *adj* (*peau*) aterciopelado(-a); (*au goût*) cremoso(-a) ▷ *nm* (Culin): **velouté d'asperges/de tomates** crema de espárragos/sopa de tomate

velu, e [vəly] *adj* velloso(-a)

vendange [vɑ̃dɑ̃ʒ] *nf* vendimia; **vendanger** *vi, vt* vendimiar

vendeur, -euse [vɑ̃dœr, øz] *nm/f* vendedor(a) ▷ *nm* (Jur) vendedor *m*; **vendeur de journaux** vendedor *ou* voceador *m* (Am) de periódicos, canillita *m* (CSur)

vendre [vɑ̃dr] *vt* vender; **~ qch à qn** vender algo a algn; **"à ~"** "en venta"

vendredi [vɑ̃dradi] *nm* viernes *m inv*; **Vendredi saint** Viernes Santo; *voir aussi* **lundi**

vénéneux, -euse [venenø, øz] *adj* venenoso(-a)

vénérien, ne [venerjɛ̃, jɛn] *adj* venéreo(-a)

vengeance [vɑ̃ʒɑ̃s] *nf* venganza

venger [vɑ̃ʒe] *vt* vengar; **se venger** *vpr* vengarse; **se ~ de/sur qch/qn** vengarse de/en algo/algn

venimeux, -euse [vənimø, øz] *adj* venenoso(-a)

venin [vənɛ̃] *nm* veneno

venir [v(ə)nir] *vi* venir, llegar; **~ de** (*lieu*) venir de; (*cause*) proceder de; **~ de faire: je viens d'y aller/de le voir** acabo de ir/de verle; **où veux-tu en ~?** ¿hasta dónde quieres llegar?; **je te vois ~** te veo venir; **il me vient une idée** se me ocurre una idea; **faire ~** llamar

vent [vɑ̃] *nm* viento; **il y a du ~** hace viento; **c'est du ~** (*fig*) son palabras

al aire; **(être) dans le ~** (*fam*) (estar) a la moda; **contre ~s et marées** contra viento y marea

vente [vɑ̃t] *nf* venta; **mettre en ~** poner en venta; **vente aux enchères** subasta

venteux, -euse [vɑ̃tø, øz] *adj* ventoso(-a)

ventilateur [vɑ̃tilatœr] *nm* ventilador *m*

ventiler [vɑ̃tile] *vt* ventilar; (*total, statistiques*) repartir

ventouse [vɑ̃tuz] *nf* ventosa

ventre [vɑ̃tr] *nm* vientre *m*; **j'ai mal au ~** me duele la barriga

venu, e [v(ə)ny] *pp de* **venir** ▷ *adj*: **être mal ~ de faire** ser poco oportuno hacer

ver [vɛr] *nm* gusano; (*intestinal*) lombriz *f*; (*du bois*) polilla; **ver à soie** gusano de seda; **ver de terre** lombriz *f*; **ver luisant** luciérnaga; **ver solitaire** tenia

verbe [vɛrb] *nm* verbo

verdâtre [vɛrdatr] *adj* verdusco(-a)

verdict [vɛrdik(t)] *nm* veredicto

verdir [vɛrdir] *vi* verdear, verdecer; **verdure** *nf* verde *m*, verdor *m*

véreux, -euse [verø, øz] *adj* agusanado(-a); (*malhonnête*) corrompido(-a)

verge [vɛrʒ] *nf* (Anat) verga

verger [vɛrʒe] *nm* huerto

verglacé, e [vɛrglase] *adj* helado(-a)

verglas [vɛrgla] *nm* hielo

véridique [veridik] *adj* verídico(-a)

vérification [verifikasjɔ̃] *nf* revisión *f*

vérifier [verifje] *vt* revisar; (*hypothèse*) comprobar; **se vérifier** *vpr* verificarse

véritable [veritabl] *adj* verdadero(-a); (*ami, amour*) auténtico(-a); **un ~ désastre/ miracle** un auténtico desastre/

milagro
vérité [veʀite] nf verdad f
vermeil, le [vɛʀmɛj] adj bermejo(-a)
vermine [vɛʀmin] nf parásitos mpl;
(fig) chusma
vermoulu, e [vɛʀmuly] adj
carcomido(-a)
verni, e [vɛʀni] adj barnizado(-a)
vernir [vɛʀniʀ] vt barnizar; (poteries,
ongles) esmaltar; **vernis** nm barniz m;
(fig) capa; **vernis à ongles** esmalte m
de uñas; **vernissage** nm barnizado;
(d'une exposition) inauguración f
vérole [veʀɔl] nf (aussi: **petite ~**)
viruela
verre [vɛʀ] nm vidrio, cristal m;
(récipient, contenu) vaso, copa; (de
lunettes) cristal m; **boire ou prendre
un ~** beber ou tomar una copa; **verres
de contact** lentes mpl de contacto,
lentillas fpl; **verrière** nf cristalera
verrou [veʀu] nm cerrojo; (Géo, Mil)
bloqueo; **mettre qn/être sous les
~s** meter a algn/estar en chirona;
verrouillage nm cierre m; **verrouiller**
vt (porte) cerrar con cerrojo
verrue [veʀy] nf verruga
vers [vɛʀ] nm verso ▷ prép hacia;
(dans les environs de) hacia, cerca de;
(temporel) alrededor de, sobre
versant [vɛʀsɑ̃] nm ladera
versatile [vɛʀsatil] adj versátil
verse [vɛʀs] adv: **il pleut à ~** llueve
a cántaros
Verseau [vɛʀso] nm (Astrol) Acuario
versement [vɛʀsəmɑ̃] nm pago; **en
3 ~s** en 3 plazos
verser [vɛʀse] vt verter, derramar;
(dans une tasse etc) echar; (argent: à qn)
pagar; (: sur un compte) ingresar
version [vɛʀsjɔ̃] nf versión f
verso [vɛʀso] nm dorso; **voir au ~**
ver al dorso
vert, e [vɛʀ, vɛʀt] adj verde;
(personne: vigoureux) lozano(-a);
(langage, propos) fuerte ▷ nm verde m

vertèbre [vɛʀtɛbʀ] nf vértebra
vertement [vɛʀtəmɑ̃] adv
severamente
vertical, e, -aux [vɛʀtikal, o] adj
vertical; **verticale** nf vertical f; **à la
verticale** en vertical; **verticalement**
adv verticalmente
vertige [vɛʀtiʒ] nm vértigo;
vertigineux,-euse adj
vertiginoso(-a)
vertu [vɛʀty] nf virtud f; **en ~ de**
en virtud de; **vertueux,-euse** adj
virtuoso(-a)
verve [vɛʀv] nf inspiración f; **être en
~** estar en vena
verveine [vɛʀvɛn] nf verbena
vésicule [vezikyl] nf vesícula;
vésicule biliaire vesícula biliar
vessie [vesi] nf vejiga
veste [vɛst] nf chaqueta, americana,
saco (Am); **veste croisée/droite**
chaqueta cruzada/recta ou sin cruzar
vestiaire [vɛstjɛʀ] nm (au théâtre etc)
guardarropa; (de stade etc) vestuario
vestibule [vɛstibyl] nm vestíbulo
vestige [vɛstiʒ] nm vestigio
vestimentaire [vɛstimɑ̃tɛʀ] adj
(détail) de la vestimenta; (élégance)
en el vestir
veston [vɛstɔ̃] nm americana
vêtement [vɛtmɑ̃] nm vestido;
vêtements nmpl ropa
vétérinaire [veteʀinɛʀ] adj, nm/f
veterinario(-a)
vêtir [vetiʀ] vt vestir
vêtu, e [vety] pp de **vêtir** ▷ adj: **~ de**
vestido(-a) de
vétuste [vetyst] adj vetusto(-a)
veuf, veuve [vœf, vœv] adj, nm/f
viudo(-a)
vexant, e [vɛksɑ̃, ɑ̃t] adj molesto(-a)
vexations [vɛksasjɔ̃] nfpl
humillaciones fpl
vexer [vɛkse] vt ofender, humillar; **se
vexer** vpr ofenderse
viable [vjabl] adj viable

viande [vjãd] nf carne f

vibrer [vibʀe] vi vibrar

vice [vis] nm vicio; **~ de fabrication/ construction** defecto de fabricación/ construcción

vicié, e [visje] adj viciado(-a)

vicieux, -euse [visjø, jøz] adj vicioso(-a)

vicinal, e, -aux [visinal, o] adj vecinal; **chemin ~** camino vecinal

victime [viktim] nf víctima

victoire [viktwaʀ] nf victoria, triunfo

victuailles [viktɥaj] nfpl vitualla f

vidange [vidãʒ] nf (Auto) cambio de aceite m; (de lavabo) desagüe m; **vidanger** vt vaciar

vide [vid] adj vacío(-a) ▷ nm vacío; **emballé sous ~** envasado al vacío; **avoir peur du ~** tener miedo del vacío; **parler dans le ~** hablar en el aire; **faire le ~** hacer el vacío; **videur** nm matón m

vidéo [video] nf vídeo

vide-ordures [vidɔʀdyʀ] nm inv vertedero de basuras

vider [vide] vt vaciar; (bouteille, verre) beber; (volaille, poisson) limpiar; (fam) echar; **~ les lieux** desalojar el local; **videur** nm matón m

vie [vi] nf vida; (animation) vitalidad f; **être en ~** estar vivo(-a); **sans ~** sin vida; **à ~** para toda la vida, vitalicio(-a); **mener la ~ dure à qn** hacerle la vida imposible a algn

vieil [vjɛj] adj m voir **vieux**; **vieillard** nm anciano; **vieille** adj f voir **vieux**; **vieille fille** solterona; **vieilleries** nfpl antiguallas fpl; **vieillesse** nf vejez f; **vieillir** vi envejecer; (vin) hacerse añejo(-a) ▷ vt avejentar; (attribuer un âge plus avancé) envejecer

vierge [vjɛʀʒ] adj virgen; (page) en blanco ▷ nf virgen f; (Astrol): **la V~** Virgo; **~ de** sin

Viêt-Nam, Vietnam [vjɛtnam] nm Vietnam m; **vietnamien, ne** adj

vietnamita ▷ nm (Ling) vietnamita m ▷ nm/f: **Vietnamien, ne** vietnamita m/f

vieux, vieil, vieille [vjø, vjɛj] adj viejo(-a); (ancien) antiguo(-a) ▷ nmpl: **les ~** los viejos; **mon ~/ma vieille** (fam) hombre/mujer; **prendre un coup de ~** envejecer de repente; **se faire ~** hacerse viejo(-a); **vieux garçon** solterón; **vieux jeu** adj inv chapado(-a) a la antigua

vif, vive [vif, viv] adj vivo(-a); (alerte) espabilado(-a); (air) tonificante; (vent, froid) cortante; (émotion) fuerte; (déception, intérêt) profundo(-a); **de vive voix** de viva voz; **avoir les nerfs à ~** tener los nervios de punta

vigne [viɲ] nf (plante) vid f; (plantation) viña; **vigneron** nm viñador m

vignette [viɲɛt] nf viñeta; (Auto) pegatina; (sur médicament) resguardo de precio

vignoble [viɲɔbl] nm viñedo

vigoureux, -euse [viguʀø, øz] adj vigoroso(-a)

vigueur [vigœʀ] nf vigor m; (Jur): **être/entrer en ~** estar/entrar en vigor; **en ~** vigente

vilain, e [vilɛ̃, ɛn] adj (laid) feo(-a); (affaire, blessure) malo(-a); (enfant) malo(-a)

villa [villa] nf villa, chalet m

village [vilaʒ] nm pueblo; (aussi: **petit ~**) aldea; **villageois, e** adj, nm/f lugareño(-a); (d'un petit village) aldeano(-a)

ville [vil] nf ciudad f, villa; municipio

vin [vɛ̃] nm vino; **vin de pays/de table** vino del país/de mesa

vinaigre [vinɛgʀ] nm vinagre m; **vinaigrette** nf vinagreta

vindicatif, -ive [vɛ̃dikatif, iv] adj vindicativo(-a)

vingt [vɛ̃] adj inv, nm inv veinte m inv; voir aussi **cinq**; **vingtaine**

nf: **une vingtaine (de)** unos veinte;
vingtième *adj, nm/f* vigésimo(-a)
▷ *nm (partitif)* veinteavo; *voir aussi*
cinquantième

vinicole [vinikɔl] *adj* vinícola

vinyle [vinil] *nm* vinilo

viol [vjɔl] *nm* violación *f*

violacé, e [vjɔlase] *adj* violáceo(-a)

violemment [vjɔlamã] *adv*
violentamente

violence [vjɔlãs] *nf* violencia

violent, e [vjɔlã, ãt] *adj* violento(-a)

violer [vjɔle] *vt* violar

violet, te [vjɔlɛ, ɛt] *adj, nm* violeta
m; **violette** *nf* violeta

violon [vjɔlɔ̃] *nm* violín *m*;
violoncelle *nm* violoncelo,
violonchelo; **violoniste** *nm/f*
violinista *m/f*

vipère [vipɛʀ] *nf* víbora

virage [viʀaʒ] *nm (d'un véhicule)* giro;
(d'une route, piste) curva

virée [viʀe] *nf* vuelta

virement [viʀmã] *nm (Comm)*
transferencia

virer [viʀe] *vt*: ~ **qch (sur)** *(Comm:
somme)* hacer una transferencia;
(fam) echar ▷ *vi* virar; ~ **de bord**
(Naut) virar de bordo

virevolter [viʀvɔlte] *vi* dar vueltas

virgule [viʀgyl] *nf* coma

viril, e [viʀil] *adj* viril, varonil

virtuel, le [viʀtɥɛl] *adj* virtual

virtuose [viʀtɥoz] *adj, nm/f*
virtuoso(-a)

virus [viʀys] *nm* virus *m inv*

vis [vis] *nf* [vis] tornillo

visa [viza] *nm* visa, visado

visage [vizaʒ] *nm* cara, rostro

vis-à-vis [vizavi] *adv* enfrente de,
frente a ▷ *nm inv (personne)* persona
de enfrente; ~ **de** con respecto a

visée [vize] *nf (avec une arme)*
puntería; **visées** *nfpl (intentions)*
objetivos *mpl*

viser [vize] *vi* apuntar ▷ *vt* apuntar;

(carrière etc) aspirar a; *(concerner)*
atañer a; ~ **à qch/faire qch** pretender
algo/hacer algo

visibilité [vizibilite] *nf* visibilidad *f*

visible [vizibl] *adj* visible

visière [vizjɛʀ] *nf* visera

vision [vizjɔ̃] *nf* visión *f*; **visionneuse**
nf visionador *m*

visite [vizit] *nf* visita; **rendre ~ à**
qn visitar a algn; **heures de ~** horas
fpl de visita

visiter [vizite] *vt* visitar;
visiteur, -euse *nm/f* visitante *m/f*

vison [vizɔ̃] *nm* visón *m*

visser [vise] *vt* atornillar;
(serrer: couvercle) enroscar

visuel, le [vizɥɛl] *adj* visual

vital, e, -aux [vital, o] *adj* vital

vitamine [vitamin] *nf* vitamina

vite [vit] *adv* de prisa; *(sans délai)*
pronto; **faire ~** darse prisa

vitesse [vites] *nf* rapidez *f*; *(d'un
véhicule, corps, fluide)* velocidad *f*;
(Auto): **les ~s** las marchas; **prendre
de la ~** coger velocidad; **à toute ~** a
toda marcha

viticulteur [vitikyltœʀ] *nm*
viticultor *m*

vitrail, -aux [vitʀaj, o] *nm* vidriera

vitre [vitʀ] *nf* vidrio, cristal *m*; *(d'une
portière, voiture)* cristal; **vitré, e** *adj*
con cristales; **porte vitrée** puerta
vidriera

vitrine [vitʀin] *nf* escaparate *m*,
vidriera *(Am)*; *(petite armoire)* vitrina

vivable [vivabl] *adj* soportable

vivace [vivas] *adj (arbre, plante)*
resistente; *(haine)* tenaz

vivacité [vivasite] *nf* vivacidad *f*

vivant, e [vivã, ãt] *vb voir* **vivre**
▷ *adj* viviente; *(animé)* vivo(-a)

vive [viv] *adj f voir* **vif** ▷ *excl*: ~ **le
roi/la république!** ¡viva el rey/la
república!; **vivement** *adv* vivamente
▷ *excl*: **vivement qu'il s'en aille!**
¡que se vaya pronto!; **vivement**

les vacances! ¡que lleguen ya las vacaciones!

vivier [vivje] *nm* vivero

vivifiant, e [vivifjɑ̃, jɑ̃t] *adj* vivificante

vivoter [vivɔte] *vi* ir tirando

vivre [vivʀ] *vi* vivir ▷ *vt* vivir; **vivres** *nmpl* (*provisions*) víveres *mpl*; **la victime vit encore** la víctima sigue viva; **se laisser ~** dejarse estar; **il est facile/difficile à ~** tiene buen/mal carácter; **faire ~ qn** mantener a algn; **~ bien/mal** vivir bien/mal

vlan [vlɑ̃] *excl* ¡pum!

VO [veo] *sigle f* (= *version originale*) V.O. (= *versión original*)

vocabulaire [vɔkabylɛʀ] *nm* vocabulario

vocation [vɔkasjɔ̃] *nf* vocación *f*

vœu, x [vø] *nm* deseo; (*à Dieu*) voto; **faire ~ de** hacer voto de; **avec tous nos ~ x** muchas felicidades; **vœux de bonheur** deseos *mpl* de felicidad

vogue [vɔg] *nf* moda; **en ~** en boga

voici [vwasi] *prép* aquí está; **et ~ que ...** y entonces ...

voie [vwa] *nf* vía; (*Auto*) carril *m*; **par ~ orale/rectale** por vía oral/rectal; **être en bonne ~** estar en el buen camino; **mettre qn sur la ~** encaminar a algn; **route à 2/3 ~s** carretera de dos/tres carriles; **voie ferrée/navigable** vía férrea/navegable; **voie publique** vía pública

voilà [vwala] *prép* he ahí, ahí está; **les ~** ahí o aquí están; **~ deux ans que ...** hace dos años que ...; **et ~!** ¡eso es todo!, ¡ya está!; **~ tout** eso es todo

voile [vwal] *nm* velo ▷ *nf* vela; **la ~** (*Sport*) la vela; **voiler** vt (*fig*) velar, ocultar; (*fausser: roue*) alabear; **se voiler** *vpr* (*lune*) ocultarse; apagarse; (*Tech*) combarse; **voilier** *nm* velero; **voilure** *nf* velamen *m*

voir [vwaʀ] *vi* ver ▷ *vt* ver; (*constater*): **~ que/comme** ver que/

como; **se voir** *vpr*: **se ~ critiquer** verse criticado(-a); **cela se voit** es evidente; **~ loin/venir** ver lejos/venir; **faire ~ qch à qn** enseñar algo a algn; **ne pas pouvoir ~ qn** no poder ver a algn; **voyons!** ¡vamos!; **c'est à ~!** ¡habrá que verlo!; **c'est ce qu'on va ~** eso habrá que verlo; **avoir quelque chose à ~ avec** tener algo que ver con

voire [vwaʀ] *adv* incluso

voisin, e [vwazɛ̃, in] *adj* vecino(-a), próximo(-a); (*ressemblant*) parecido(-a), vecino(-a) ▷ *nm/f* vecino(-a); **voisinage** *nm* vecindad *f*

voiture [vwatyʀ] *nf* coche *m*, auto (*esp Am*), carro (*Am*); **voiture de sport** coche deportivo

voix [vwa] *nf voz f*; (*Pol*) voto; **~ passive/active** (*Ling*) voz pasiva/activa; **à haute ~** en voz alta; **à ~ basse** en voz baja

vol [vɔl] *nm* vuelo; (*mode d'appropriation*) robo; (*larcin*) hurto; **à ~ d'oiseau** a vuelo de pájaro; **au ~: attraper qch au ~** coger algo al vuelo; **vol à la tire** tirón *m* (de bolsa); **vol à main armée** robo ou atraco a mano armada; **vol libre** (*Sport*) vuelo libre

volage [vɔlaʒ] *adj* voluble

volaille [vɔlaj] *nf* (*oiseaux*) aves *fpl* de corral; (*viande, oiseau*) ave *f*

volant, e [vɔlɑ̃, ɑ̃t] *adj* volante, volador(a) ▷ *nm* volante *m*

volcan [vɔlkɑ̃] *nm* volcán *m*

volée [vɔle] *nf* (*Tennis*) voleo; **rattraper qch à la ~** coger algo al vuelo; **à toute ~** (*sonner les cloches*) al vuelo; (*lancer un projectile*) al voleo; **volée de coups** paliza; **volée de flèches** lluvia de flechas

voler [vɔle] *vi* volar; (*voleur*) robar, hurtar ▷ *vt* (*objet*) robar; **~ en éclats** volar en mil pedazos; **~ qch à qn** robar algo a algn

volet [vɔle] *nm* postigo

voleur, -euse [vɔlœʀ, øz] adj, nm/f ladrón(-ona)

volontaire [vɔlɔ̃tɛʀ] adj voluntario(-a) ▷ nm/f voluntario(-a)

volonté [vɔlɔ̃te] nf voluntad f; **à ~** a voluntad; **bonne/mauvaise ~** buena/mala voluntad

volontiers [vɔlɔ̃tje] adv con gusto

volt [vɔlt] nm voltio

volte-face [vɔltəfas] nf inv media vuelta

voltige [vɔltiʒ] nf (au cirque) acrobacia (en el aire); (équitation) acrobacia ecuestre; **voltiger** vi revolotear

volubile [vɔlybil] adj locuaz

volume [vɔlym] nm volumen m; **volumineux, -euse** adj voluminoso(-a)

volupté [vɔlypte] nf voluptuosidad f

vomi [vɔmi] nm vómito; **vomir** vi vomitar ▷ vt vomitar; **vomissements** nmpl: **être pris de vomissements** comenzar a devolver ou vomitar de pronto

vorace [vɔʀas] adj voraz

vos [vo] dét voir **votre**

vote [vɔt] nm voto; **vote par correspondance/procuration** voto por correspondencia/poder; **voter** vi, vt votar

votre [vɔtʀ] (pl **vos**) dét vuestro(-a), su

vôtre [votʀ] dét: **le/la ~** el/la vuestro(-a), el/la suyo(-a); **les ~s** los vuestros(-as); **à la ~!** ¡salud!

vouer [vwe] vt: **~ une haine/amitié éternelle à qn** profesar odio/amistad eterna a algn

○ MOT-CLÉ

vouloir [vulwaʀ] vt 1 querer; **voulez-vous du thé?** ¿quiere té?; **que me veut-il?** ¿qué quiere de mí?; **sans le vouloir** sin querer; **je voudrais**

qch/faire quería ou quisiera algo/hacer; **le hasard a voulu que ... que** el azar quiso que ...; **la tradition veut que ...** la tradición es que ...; **vouloir faire/que qn fasse qch** querer hacer/que algn haga algo; **que veux-tu que je te dise?** ¿qué quieres que te diga?

2 (consentir): **tu veux venir? – oui, je veux bien** ¿quieres venir? – sí, me parece bien; **oui, si on veut** sí, en cierto modo; **si vous voulez** si quiere; **veuillez attendre** tenga la amabilidad de esperar; **veuillez agréer ...** le saluda atentamente ...; **comme vous voudrez** como quiera

3: **en vouloir à: en vouloir à qn** estar resentido con algn; **je lui en veux d'avoir fait ça** me sienta muy mal que haya hecho eso; **s'en vouloir d'avoir fait qch** estar arrepentido de haber hecho algo; **je ne lui veux pas de mal** no le deseo nada malo

4: **vouloir de qch/qn: l'entreprise ne veut plus de lui** la empresa ya no le quiere; **elle ne veut pas de son aide** ella no quiere su ayuda

5: **vouloir dire (que)** (signifier) querer decir (que)

▷ nm: **le bon vouloir de qn** la buena voluntad de algn

voulu, e [vuly] pp de **vouloir** ▷ adj (requis) requerido(-a); (délibéré) deliberado(-a)

vous [vu] pron (sujet: pl: familier) vosotros(-as), ustedes (Am); (: forme de politesse) ustedes; (: singulier) usted; (objet direct: pl) os, les (Am); (: forme de politesse) les/las ou los; (: singulier) le/la ou lo; (objet indirect: pl) os, les (Am); (: forme de politesse) les; (: singulier) le; (réfléchi, réciproque: direct, indirect) os; (: forme de politesse) se; **je ~ le jure** os lo juro; (politesse) se lo juro; **je ~ prie de ...** os pido que ...; (politesse: pluriel) les pido que ...; (: singulier) le pido que ...;

~ pouvez ~ asseoir podéis sentaros; *(politesse: pluriel)* puede usted sentarse; *(: singulier)* puede usted sentarse; **à ~** vuestro(-a), vuestros(-as) *(formule de politesse)* suyo(-a), suyos(-as); **ce livre est à ~** ese libro es vuestro; *(politesse)* ese libro es suyo; **avec/sans ~** con/sin vosotros; *(politesse: pluriel)* con/sin ustedes; *(: singulier)* con/sin usted; **je vais chez ~** voy a vuestra casa; *(politesse)* voy a su casa; **~-même** *(sujet)* usted mismo(-a); *(après prép)* sí mismo(-a); *(emphatique)*: **~-même, ~ …** usted, …; **~-mêmes** *(sujet)* vosotros(-as); *(Am)* ustedes mismos(-as); *(forme de politesse)* ustedes mismos(-as); *(après prép)* sí mismos(-as); *(emphatique)*: **~-mêmes, ~ …** vosotros, …, ustedes, … *(Am)*; *(forme de politesse)* ustedes, …

vouvoyer [vuvwaje] *vt*: **~ qn** tratar de usted a algn

voyage [vwajaʒ] *nm* viaje *m*; **être/partir en ~** estar/ir ou salir de viaje; **faire bon ~** hacer un buen viaje; **voyage d'affaires** viaje de negocios; **voyage de noces** viaje de novios; **voyage organisé** viaje organizado

voyager [vwajaʒe] *vi* viajar; **voyageur, -euse** *adj, nm/f* viajero(-a)

voyant, e [vwajɑ̃, ɑ̃t] *adj* llamativo(-a) ▷ *nm/f* vidente *m/f* ▷ *nm* indicador *m* luminoso

voyelle [vwajɛl] *nf* vocal *f*

voyou [vwaju] *adj, nm* granuja *m*

vrac [vʀak]: **en ~** *adj, adv* en desorden; *(Comm)* a granel

vrai, e [vʀɛ] *adj* verdadero(-a), cierto(-a); **son ~ nom** su auténtico nombre; **un ~ comédien/sportif** un auténtico comediante/deportista; **à dire ~, à ~ dire** a decir verdad; **vraiment** *adv* verdaderamente; **"vraiment?"** ¿de verdad?, ¿es cierto?; **vraisemblable** *adj (plausible)* verosímil; **vraisemblablement** *adv*

probablemente; **vraisemblance** *nf* verosimilitud *f*

vrombir [vʀɔ̃biʀ] *vi* zumbar

VRP [veɛʀpe] *sigle m (= voyageur, représentant, placier)* representante

VTT [vetete] *sigle m (= vélo tout terrain)* bicicleta todo terreno

vu¹ [vy] *prép* visto; **~ que** visto que

vu², e [vy] *pp de* **voir** ▷ *adj*: **bien/mal ~** bien/mal visto(-a)

vue [vy] *nf* vista; **vues** *nfpl (idées)* opiniones *fpl*; *(dessein)* proyectos *mpl*; **perdre la ~** perder la vista; **perdre de ~** perder de vista; **hors de ~** fuera de la vista; **à première ~** a primera vista; **connaître qn de ~** conocer a algn de vista; **à ~ d'œil** a ojos vistas; **avoir ~ sur** tener vistas a; **en ~ de faire qch** con intención de hacer algo; **vue d'ensemble** vista de conjunto

vulgaire [vylgɛʀ] *adj* vulgar; **de ~s chaises de cuisine** simples sillas de cocina; **nom ~** *(Bot, Zool)* nombre *m* común; **vulgariser** *vt (connaissances)* divulgar

vulnérable [vylneʀabl] *adj* vulnerable

W X

wagon [vagɔ̃] *nm* vagón *m*;
  wagon-lit (*pl* **wagons-lits**) *nm*
  coche-cama *m*; **wagon-restaurant**
  (*pl* **wagons-restaurants**) *nm* coche-
  restaurante *m*
wallon, ne [walɔ̃, ɔn] *adj*
  valón(-ona) ▷ *nm* (*Ling*) valón *m*
  ▷ *nm/f*: **W~, ne** valón(-ona)
watt [wat] *nm* vatio
w-c [vese] *nmpl* W-C *mpl*
Web [wɛb] *nm inv*: **le ~** la Red, la Web
webcam [wɛbkam] *nf* webcam *f*
webmaster [wɛbmastɛʀ],
  webmestre [wɛbmɛstʀə] *nm*
  webmaster *m/f*, administrador(a)
  de web
week-end [wikɛnd] (*pl* **~s**) *nm* fin *m*
  de semana
western [wɛstɛʀn] *nm* película del
  oeste, western *m*
whisky [wiski] (*pl* **whiskies**) *nm*
  whisky *m*
wifi [wifi] *nm* Wi-Fi *m*

xénophobe [gzenɔfɔb] *nm/f*
  xenófobo(-a)
xérès [gzeʀɛs] *nm* jerez *m*
xylophone [gzilɔfɔn] *nm* xilófono *m*

Y Z

y [i] *adv* allí; *(plus près)* ahí; *(ici)* aquí ▷ *pron (la préposition espagnole dépend du verbe employé)* a ou de ou en él, ella, ello; **nous ~ sommes enfin** ya estamos aquí; **à l'hôtel? j'~ reste 3 semaines** ¿en el hotel? me voy a quedar 3 semanas; **j'~ pense** *(je n'ai pas oublié)* lo tengo en mente; *(décision à prendre)* me lo estoy pensando; **j'~ suis!** ¡ya caigo!; **je n'~ suis pour rien** no he tenido nada que ver (en esto); **s'~ entendre (en qch)** entender de (algo); *voir aussi* **aller, avoir**

yacht [jɔt] *nm* yate *m*

yaourt [jauʀt] *nm* yogur *m*

yeux [jø] *nmpl de* **œil**

yoga [jɔga] *nm* yoga *m*

yoghourt [jɔgurt] *nm* = **yaourt**

yougoslave [jugɔslav] *adj* yugoslavo(-a) ▷ *nm/f*: **Y~** yugoslavo(-a)

Yougoslavie [jugɔslavi] *nf* Yugoslavia

zapper [zape] *vi* hacer zapping

zapping [zapiŋ] *nm*: **faire du ~** hacer zapping, zapear

zèbre [zɛbʀ(ə)] *nm* cebra; **zébré, e** *adj* rayado(-a)

zèle [zɛl] *nm* celo; **faire du ~** *(péj)* pasarse en el celo; **zélé, e** *adj (fonctionnaire)* diligente; *(défenseur)* celoso(-a)

zéro [zeʀo] *adj* cero ▷ *nm (Scol)* cero; **au-dessus/au-dessous de ~** sobre/bajo cero; **réduire à ~** reducir a cero; **partir de ~** partir de cero; **trois (buts) à ~** tres (goles) a cero

zeste [zɛst] *nm* cáscara

zézayer [zezeje] *vi* cecear

zigzag [zigzag] *nm* zigzag *m*; **zigzaguer** *vi* zigzaguear

zinc [zɛ̃g] *nm (Chim)* cinc *m*

zizi [zizi] *(fam) nm* pito

zodiaque [zɔdjak] *nm* zodíaco

zona [zona] *nm* zona

zone [zon] *nf* zona; **zone industrielle**

polígono industrial
zoo [zo(o)] *nm* zoo
zoologie [zɔɔlɔʒi] *nf* zoología;
zoologique *adj* zoológico(-a)
zut [zyt] *excl* ¡mecachis!

Phrases utiles

Guía del viajero

THÈMES | TEMAS

THÈMES | TEMAS

FAIRE CONNAISSANCE	CONOCER A GENTE
Bonjour !	¡Buenos días!
Salut !	¡Hola!
Bonsoir !	¡Buenas noches!
Bonne nuit !	¡Buenas noches!
Au revoir !	¡Adiós!
Comment vous appelez-vous ?	¿Cómo se llama usted?
Je m'appelle ...	Me llamo ...
Je vous présente ma femme.	Le presento a mi mujer.
Je vous présente mon mari.	Le presento a mi marido.
Je vous présente mon compagnon.	Le presento a mi pareja.
Enchanté.	Encantado de conocerle.
D'où êtes-vous ?	¿De dónde es usted?
Je suis de ...	Soy de ...
Comment allez-vous ?	¿Cómo está usted?
Bien, merci.	Bien, gracias.
Et vous ?	¿Y usted?
Parlez-vous français ?	¿Habla usted francés?
Désolé, je ne comprends pas.	Perdone, pero no entiendo.
Merci beaucoup !	¡Muchas gracias!

Demander son chemin · Cómo se puede ir hasta ...?

Où est le bureau de poste le plus proche ?	¿Dónde está la oficina de correos más cercana?
Comment est-ce qu'on y va ?	¿Cómo se va hasta allí?
Comment est-ce qu'on va à la gare ?	¿Cómo se va hasta la estación?
Est-ce que c'est loin ?	¿Está muy lejos?
C'est à combien d'ici ?	¿Cómo queda de lejos?
C'est la bonne direction pour aller à la gare ?	¿Por aquí se va a la estación?
Je suis perdu.	Me he perdido.
Pouvez-vous me le montrer sur la carte ?	¿Me lo puede señalar en el mapa?
Vous devez faire demi-tour.	Tiene que dar la vuelta.
Allez tout droit.	Siga todo recto.
Tournez à gauche.	Tuerza a la izquierda.
Tournez à droite.	Tuerza a la derecha.
Prenez la deuxième rue à gauche.	Tome la segunda calle a la izquierda.

Location de voitures · Alquiler de coches

Je voudrais louer une voiture.	Quisiera alquilar un coche.
C'est combien pour ... ?	¿Cuánto cuesta por ...?
une journée	*un día*
une semaine	*una semana*
Je voudrais un siège auto pour un enfant de 2 ans.	Quisiera una silla infantil para un niño de 2 años.
Que dois-je faire en cas d'accident/de panne ?	¿Qué debo hacer en caso de accidente/de avería?

Pannes | Averías

Je suis en panne.	Tengo una avería.
Où est le garage le plus proche ?	¿Hay un taller por aquí cerca?
La boîte de vitesses est cassée.	La caja de cambios está rota.
Le pare-brise est cassé.	El parabrisas está roto.
Les freins ne fonctionnent pas.	Los frenos no funcionan.
Les phares ne fonctionnent pas.	Las luces no funcionan.
La batterie est à plat.	Se ha quedado sin batería.
Le moteur ne démarre pas.	El motor no arranca.
Le moteur chauffe.	El motor se recalienta.
J'ai crevé.	Se me ha pinchado una rueda.
Pouvez-vous le réparer ?	¿Puede repararlo?
Quand est-ce que la voiture sera prête ?	¿Cuándo estará listo el coche?

Stationnement | Aparcamiento

Je peux me garer ici ?	¿Puedo aparcar aquí?
Où est l'horodateur ?	¿Dónde está el parquímetro?
L'horodateur ne fonctionne pas.	El parquímetro no funciona.

Station-service | Gasolinera

Où est la station-service la plus proche ?	¿Hay una gasolinera por aquí cerca?
Le plein, s'il vous plaît.	Lleno, por favor.
30 euros de gazole, s'il vous plaît.	30 euros de diesel, por favor.

30 euros de sans plomb 95, s'il vous plaît.	30 euros de 95 (sin plomo), por favor.
Pompe numéro 4, s'il vous plaît.	El número 4, por favor.
Pouvez-vous vérifier *la pression des pneus ?* *le niveau d'huile ?*	Por favor, compruebe *la presión de los neumáticos.* *la presión del aceite.*

Accidents · Accidentes

Appelez la police, s'il vous plaît.	Por favor, llame a la policía.
Appelez une ambulance, s'il vous plaît.	Por favor, llame a una ambulancia.
Voici les références de mon assurance.	Estos son los datos de mi seguro.
Donnez-moi les références de votre assurance, s'il vous plaît.	Por favor, deme los datos de su seguro.
Pouvez-vous me servir de témoin ?	¿Puede ser usted mi testigo?
Vous conduisiez trop vite.	Usted conducía muy rápido.
Vous n'aviez pas la priorité.	Usted no tenía prioridad.

En voiture · En coche

Quel est le meilleur chemin pour aller à l'aéroport ?	¿Cuál es la mejor forma de ir al eropuerto?
Où paie-t-on le péage ?	¿Dónde se paga el peaje?
Avez-vous une carte de la région ?	¿Tiene un mapa de carreteras de esta zona?

SE DÉPLACER | TRASLADOS

À vélo | En bicicleta

Où est la piste cyclable pour aller à … ?	¿Dónde está el carril-bici para ir a …?
Est-ce que je peux laisser mon vélo ici ?	¿Puedo dejar aquí mi bicicleta?
On m'a volé mon vélo.	Me han robado la bicicleta.
Où se trouve le réparateur de vélos le plus proche ?	¿Hay un taller de bicicletas por aquí cerca?
Les freins ne marchent pas.	El freno no funciona.
Les vitesses ne marchent pas.	Las marchas no funcionan.
La chaîne est cassée.	La cadena se ha roto.
J'ai crevé.	He tenido un pinchazo.
J'ai besoin d'un kit de réparation.	Necesito una caja de parches.

En train | En tren

Un aller simple pour … s'il vous plaît.	Un billete de ida para … por favor.
Deux allers-retours pour … s'il vous plaît.	Dos billetes de ida y vuelta para … por favor.
Je voudrais voyager en première classe.	Me gustaría viajar en primera clase.
Il y a un tarif réduit pour les étudiants ?	¿Hay descuento para estudiantes?
Il y a un tarif réduit pour les seniors ?	¿Hay descuento para pensionistas?
Je voudrais faire une réservation pour le train qui va à … s'il vous plaît.	Una reserva para el tren que va a … por favor.
Je voudrais réserver une couchette pour …	Quisiera reservar una litera para …
À quelle heure part le prochain train pour … ?	¿Cuándo sale el próximo tren para …?

Est-ce qu'il faut payer un supplément ?	¿Tengo que pagar suplemento?
Est-ce qu'il y a un changement ?	¿Hay que hacer transbordo?
Où est-ce qu'il faut changer ?	¿Dónde tengo que hacer transbordo?
C'est bien le train pour ... ?	¿Es éste el tren que va a ...?
Excusez-moi, c'est ma place.	Perdone, éste es mi asiento.
J'ai réservé.	Tengo una reserva.
La place est libre ?	¿Está libre este asiento?
Pourriez-vous me prévenir lorsqu'on arrivera à ... ?	¿Por favor, avíseme cuando lleguemos a ...?
Où est la voiture-bar ?	¿Dónde está el coche restaurante?
Où est la voiture numéro 43 ?	¿Cuál es el vagón número 43?

En ferry   En barco

Est-ce qu'il y a un ferry pour ... ?	¿Sale algún barco para ...?
Quand part le prochain ferry pour ... ?	¿Cuándo sale el próximo barco para ...?
Combien coûte la traversée pour une voiture avec 2 personnes ?	¿Cuánto cuesta el billete para el coche y para 2 personas?
Combien de temps dure la traversée ?	¿Cuánto dura la travesía?
Où est le restaurant ?	¿Dónde está el restaurante?
Où est le bar ?	¿Dónde está el bar?
Où est le magasin hors taxe ?	¿Dónde está el duty-free?
Où est la cabine numéro 28 ?	¿Dónde está el camarote número 28?
Avez-vous quelque chose pour le mal de mer ?	¿Tienen algo para el mareo?

SE DÉPLACER | TRASLADOS

En avion | En avión

Où sont les bagages du vol provenant de... ?	¿Dónde está el equipaja del vuelo de ...?
Où est la station de taxis ?	¿Dónde está la parada de taxis?
Où est l'arrêt de bus ?	¿Dónde está la parada del bús?
Mes bagages ne sont pas arrivés.	Mi equipaje no ha llegado.
Est-ce que vous pouvez appeler ... ?	¿Puede avisar por el altavoz a ...?
Où dois-je enregistrer pour le vol pour ... ?	¿Dónde hay que facturar para el vuelo a ...?
À quelle porte faut-il embarquer pour le vol pour ... ?	¿Cuál es la puerta de embarque del vuelo para ...?
Quelle est l'heure limite d'enregistrement ?	¿Hasta qué hora como máximo se puede facturar?
À quelle heure commence l'embarquement ?	¿Cuándo empieza el embarque?
Hublot/couloir, s'il vous plaît.	Ventanilla/pasillo, por favor.
J'ai perdu ma carte d'embarquement.	He perdido la tarjeta de embarque.
J'ai perdu mon billet.	He perdido el billete.

Transports en commun | Transporte público

Comment est-ce qu'on va au centre?	¿Cómo se va al centro?
Où est la gare routière ?	¿Dónde está la estación de autobuses?
Où est l'arrêt de bus le plus proche ?	¿Hay una parada de autobús por aquí cerca?
Où est la station de métro la plus proche ?	¿Hay una estación de metro por aquí cerca?
Un ticket, s'il vous plaît.	Un billete, por favor.

Il y a un tarif réduit … ?	¿Hay descuentos …?
pour les seniors	para pensionistas
pour les enfants	para niños
avec cette carte	con este carnet
Comment fonctionne le distributeur de tickets ?	¿Cómo funciona la máquina de billetes?
Pourriez-vous me prévenir quand je dois descendre ?	¿Puede decirme cuándo tengo que bajar?
Quel est le prochain arrêt ?	¿Cuál es la próxima parada?

En taxi	En taxi
Où puis-je trouver un taxi ?	¿Dónde se puede coger un taxi?
Pouvez-vous m'appeler un taxi, s'il vous plaît ?	¿Puede avisar a un taxi, por favor?
À l'aéroport, s'il vous plaît.	Al aeropuerto, por favor.
À la gare, s'il vous plaît.	A la estación, por favor.
À cette adresse, s'il vous plaît.	A esta dirección, por favor.
Je suis pressé.	Tengo prisa.
C'est combien ?	¿Cuánto cuesta?
Il me faut un reçu.	Necesito un recibo.
Gardez la monnaie.	Quédese con el cambio.
Arrêtez-moi ici, s'il vous plaît.	Pare aquí, por favor.

Camping | Camping

Est-ce qu'il y a un camping ici ?	¿Hay un camping por aquí?
Nous voudrions un emplacement pour …	Quisiéramos una plaza para …
une tente.	*una tienda de campaña.*
une caravane.	*una caravana.*
Nous voudrions rester 3 nuits.	Queremos quedarnos 3 noches.
C'est combien la nuit ?	¿Cuánto es por noche?
Où sont les toilettes ?	¿Dónde están los lavabos?
Où sont les douches ?	¿Dónde están las duchas?
Est-ce qu'on peut camper/ stationner ici pour la nuit ?	¿Podemos acampar/aparcar aquí por la noche?

Location de vacances | Apartamentos de vacaciones

Où faut-il aller chercher la clé de l'appartement ?	¿Dónde nos dan la llave del apartamento?
Est-ce que l'électricité est en supplément ?	¿Hay que pagar la luz aparte?
Comment fonctionne le chauffage ?	¿Cómo funciona la calefacción?
Qui dois-je contacter en cas de problème ?	¿Con quién debo hablar si hubiera algún problema?
Il nous faut un double de la clé.	Necesitamos otra copia de la llave.
Il nous faut des draps supplémentaires.	Necesitamos más sábanas.
Il n'y a plus de gaz.	Se ha acabado el gas.
Il n'y a pas d'électricité.	No hay luz.
Est-ce que nous devons nettoyer la maison avant de partir ?	¿Hay que limpiar la casa antes de marcharnos?

Hôtel	Hotel
Avez-vous une chambre ?	¿Tienen una habitación?
simple	*individual*
double	*doble*
pour 4 personnes	*4 personas*
avec baignoire	*con baño*
Je voudrais rester une nuit.	Quisiera quedarme una noche.
Je voudrais rester 5 nuits.	Quisiera quedarme 5 noches.
J'ai réservé une chambre au nom de ...	Tengo reservada una habitación a nombre de ...
Je voudrais une autre chambre.	Quisiera otra habitación.
On sert le petit déjeuner à quelle heure ?	¿A qué hora sirven el desayuno?
Pouvez-vous me servir le petit déjeuner dans ma chambre ?	¿Podrían traerme el desayuno a la habitación?
Où est le restaurant ?	¿Dónde está el restaurante?
Où est la piscine ?	¿Dónde está la piscina?
Je voudrais qu'on me réveille demain matin à sept heures.	¿Me podrían despertar por la mañana a las 7, por favor?
Pourriez-vous faire nettoyer ceci ?	¿Puede limpiarme esto?
S'il vous plaît, apportez-moi une autre couverture.	Por favor, tráigame una manta más.
La climatisation ne marche pas.	El aire acondicionado no funciona.
Chambre numéro 312	Número de habitación 312
Est-ce que j'ai reçu des messages ?	¿Hay algún mensaje para mí?

ACHATS | DE COMPRAS

Je voudrais du dentifrice.	Quiero pasta de dientes.
Avez-vous des piles ?	¿Tienen pilas?
Avez-vous ceci … ?	¿Tienen esto …?
dans une autre taille	*en otra talla*
dans une autre couleur	*en otro color*
Je fais du …	Mi talla es la …
Je fais du 37.	Calzo un 37.
Je le prends.	Me lo quedo.
Avez-vous autre chose ?	¿Tienen alguna otra cosa?
C'est trop cher.	Es demasiado caro.
Je regarde juste.	Sólo estoy mirando.
Acceptez-vous les cartes de crédit ?	¿Aceptan tarjetas de crédito?

Alimentation — Alimentación

Où est … le plus proche ?	¿Hay … por aquí cerca?
le supermarché	*un supermercado*
la boulangerie	*una panadería*
le marché	*un mercado*
Quels sont les jours de marché ?	¿Cuándo hay mercado?
un kilo de pommes de terre	un kilo de patatas
une livre de pommes	medio kilo de manzanas
deux cents grammes d'olives	doscientos gramos de aceitunas
6 tranches de jambon	6 lonchas de jamón
un litre de lait	un litro de leche
une bouteille de vin rouge	una botella de vino tinto
un paquet de chips	una bolsa de patatas fritas

Poste — Correos

Où est la poste la plus proche ?	¿Hay una sucursal de correos por aquí cerca?
La poste ouvre à quelle heure ?	¿Cuándo abre Correos?
Où peut-on acheter des timbres ?	¿Dónde se pueden comprar sellos?

Je voudrais 8 timbres pour cartes postales pour la France.	Quiero 8 sellos para postales a Francia.
Je voudrais poster ...	Quiero enviar ...
cette lettre.	*esta carta.*
ce colis.	*este paquete.*
par avion	por avión
en courrier urgent	por correo urgente
en recommandé	certificado
Est-ce que j'ai du courrier ?	¿Tengo carta?
Où est la boîte aux lettres la plus proche ?	¿Hay un buzón por aquí cerca?

Photographie et vidéo | Fotografía y vídeo

Une pellicule couleur/ noir et blanc s'il vous plaît.	Un carrete en color/ blanco y negro por favor.
Je voudrais une carte mémoire.	Necesito una tarjeta de memoria.
Je voudrais des piles pour cet appareil photo.	Quiero pilas para esta cámara.
Mon appareil photo se bloque.	La cámara se atasca.
Pourriez-vous développer cette pellicule, s'il vous plaît ?	Quiero revelar este carrete, por favor.
Je voudrais les photos	Las fotos las quiero
en mat.	*en mate.*
en brillant.	*en brillo.*
en format 10 sur 15.	*en formato de 10 por 15.*
Quand est-ce que les photos seront prêtes ?	¿Cuándo puedo pasar a recoger las fotos?
Combien coûtent les photos ?	¿Cuánto cuestan las fotos?
Pourriez-vous nous prendre en photo, s'il vous plaît ?	¿Puede sacarnos una foto, por favor?

Visites touristiques	Visitas turísticas
Où se trouve l'office de tourisme ?	¿Dónde está la oficina de turismo?
Avez-vous des dépliants sur … ?	¿Tienen folletos de …?
Quels sont les endroits à visiter ici ?	¿Qué se puede visitar aquí?
Est-ce qu'il y a des visites guidées de la ville ?	¿Se organizan visitas por la ciudad?
Quels sont les horaires d'ouverture du musée ?	¿Cuándo está abierto el museo?
Combien coûte l'entrée ?	¿Cuánto cuesta la entrada?
Il y a un tarif réduit pour les enfants ?	¿Hay descuento para niños?
Il y a un tarif réduit pour les chômeurs ?	¿Hay descuento para desempleados?
Est-ce qu'il y a une visite guidée en français ?	¿Hay alguna visita guiada en francés?
Je voudrais un catalogue.	Quisiera un catálogo.
Je peux prendre des photos ici ?	¿Puedo sacar fotos?
Je peux filmer ici ?	¿Puedo filmar aquí?

Loisirs	Ocio
Qu'est-ce qu'il y a à faire ici ?	¿Qué se puede hacer por aquí?
Où est-ce qu'on peut danser ?	¿Dónde se puede bailar?
Où est-ce qu'on peut écouter de la musique live ?	¿Dónde se puede escuchar música en directo?
Où est-ce qu'il y a un bon bar ?	¿Dónde hay un buen bar?
Où est-ce qu'il y a une bonne discothèque ?	¿Dónde hay una buena discoteca?

Qu'est-ce qu'il y a ce soir au cinéma ?	¿Qué hay esta noche en el cine?
Qu'est-ce qu'il y a ce soir à la salle de concert ?	¿Qué hay esta noche en el auditorio?
Où est-ce que je peux acheter des places de théâtre ?	¿Dónde puedo comprar entradas para el teatro?
Où est-ce que je peux acheter des places d'opéra ?	¿Dónde puedo comprar entradas para la ópera?
Combien coûte l'entrée ?	¿Cuánto cuesta la entrada?
Je voudrais un billet pour ...	Quisiera una entrada para ...
Je voudrais 4 billets pour ...	Quisiera 4 entradas para ...
Il y a un tarif réduit pour les seniors ?	¿Hay descuento para pensionistas?
Il y a un tarif réduit pour les étudiants ?	¿Hay descuento para estudiantes?

À la plage | En la playa

Est-ce qu'on peut se baigner ici ?	¿Se puede uno bañar aquí?
Où se trouve la plage la plus proche ?	¿Hay una playa por aquí cerca?
Est-ce qu'il y a des courants ?	¿Hay corrientes?
Est-ce qu'on peut nager ici sans danger ?	¿Se puede nadar aquí sin peligro?
L'eau est-elle profonde?	¿Qué profundidad tiene el agua?
Est-ce qu'il y a un maître nageur ?	¿Hay socorrista?
Où peut-on faire du ski nautique ?	¿Dónde se puede practicar esquí acuático por aquí?
Où peut-on faire de la plongée ?	¿Dónde se puede bucear por aquí?

Je voudrais louer une chaise longue.	Quisiera alquilar una tumbona.
Je voudrais louer un parasol.	Quisiera alquilar una sombrilla.
Je voudrais louer un scooter des mers.	Quisiera alquilar una moto acuática.

Sport | Deporte

Où peut-on jouer au tennis?	¿Dónde se puede jugar al tenis?
Où peut-on aller nager ?	¿Dónde se puede ir a nadar?
Où peut-on faire de l'équitation?	¿Dónde se puede montar a caballo?
Où peut-on aller pêcher?	¿Dónde se puede ir a pescar?
Combien est-ce que ça coûte de l'heure ?	¿Cuánto cuesta la hora?
Où peut-on réserver un court ?	¿Dónde puedo reservar una pista?
Où peut-on louer des raquettes de tennis ?	¿Dónde puedo alquilar raquetas de tenis?
Où peut-on louer un pédalo ?	¿Dónde puedo alquilar un patín a pedales?
Est-ce qu'il faut un permis de pêche ?	¿Se necesita un permiso de pesca?
Quelles compétitions sportives peut-on voir par ici ?	¿Qué actividades deportivas se pueden ver por aquí?
Je voudrais voir un match de foot.	Quisiera ver un partido de fútbol.
Je voudrais voir une course hippique.	Quisiera ver carreras de caballos.

Ski | Esquí

Où peut-on louer un équipement de ski ?	¿Dónde puedo alquilar un equipo de esquí?

Je voudrais louer des skis de piste.	Quisiera alquilar unos esquís (de descenso).
Je voudrais louer des skis de fond.	Quisiera alquilar unos esquís de fondo.
Je voudrais louer des chaussures de ski.	Quisiera alquilar unas botas de esquí.
Pourriez-vous resserrer mes fixations, s'il vous plaît ?	¿Podría ajustarme la fijación, por favor?
Où est-ce qu'on peut acheter un forfait ?	¿Dónde puedo comprar el forfait?
Je voudrais un forfait pour une journée.	Quisiera un forfait para un día.
Je voudrais un forfait pour une semaine.	Quisiera un forfait para una semana.
Combien coûte le forfait ?	¿Cuánto cuesta el forfait?
À quelle heure part le premier télésiège ?	¿Cuándo sale el primer telesilla?
Avez-vous une carte des pistes ?	¿Tiene un mapa de las pistas?
Où sont les pistes pour débutants ?	¿Dónde están las pistas para principiantes?
Quelle est la difficulté de cette piste ?	¿Cuál es la dificultad de esta pista?
Y a-t-il une école de ski ?	¿Hay una escuela de esquí?
Où est le poste de secours le plus proche ?	¿Hay una unidad de rescate en montaña cerca de aquí?
Quelles sont les prévisions météo ?	¿Cuál es el pronóstico del tiempo?
Comment est la neige ?	¿Cuál es el estado de la nieve?
Est-ce qu'il y a un risque d'avalanches ?	¿Hay peligro de aludes?

Une table pour 4 personnes, s'il vous plaît.	Una mesa para 4 personas, por favor.
La carte, s'il vous plaît.	Por favor, la carta.
La carte des vins, s'il vous plaît.	Por favor, la carta de vinos.
Qu'est-ce que vous me conseillez ?	¿Qué me recomienda?
Servez-vous des plats végétariens ?	¿Tienen platos vegetarianos?
Servez-vous des portions pour enfants ?	¿Tienen raciones para niños?
Est-ce que cela contient des cacahuètes ?	¿Esto contiene cacahuetes?
Est-ce que cela contient de l'alcool ?	¿Esto contiene alcohol?
Vous pourriez m'apporter encore du pain, s'il vous plaît ?	¿Puede traer más pan, por favor?
Je vais prendre le poisson.	Para mí, el pescado.
L'addition, s'il vous plaît.	La cuenta, por favor.
Sur une seule addition, s'il vous plaît.	Cóbrelo todo junto, por favor.
Sur des additions séparées, s'il vous plaît.	Haga cuentas separadas, por favor.
Gardez la monnaie.	Quédese con el cambio.
Ce n'est pas ce que j'ai commandé.	Esto no es lo que yo he pedido.
Il y a une erreur dans l'addition.	La cuenta está mal.
C'est froid.	La comida está fría.
C'est trop salé.	La comida está demasiado salada.
Je ne suis pas satisfait.	No estoy contento con esto.

Où est-ce que je peux téléphoner ?	¿Dónde puedo hacer una llamada por aquí cerca?
Où est la cabine à cartes la plus proche ?	¿Dónde hay un teléfono de tarjeta cerca de aquí?
Je voudrais une carte téléphonique de vingt-cinq euros.	Quisiera una tarjeta de teléfono de veinticinco euros.
Je voudrais de la monnaie pour téléphoner, s'il vous plaît.	Necesito monedas para llamar por teléfono, por favor.
Je voudrais téléphoner en PCV.	Quisiera hacer una llamada a cobro revertido.
Allô.	Hola.
C'est ...	Soy ...
Qui est à l'appareil ?	¿Con quién hablo, por favor?
Puis-je parler à Monsieur ... s'il vous plaît ?	¿Puedo hablar con el señor ... por favor?
Puis-je parler à Madame ... s'il vous plaît ?	¿Puedo hablar con la señora ... por favor?
Poste numéro ... s'il vous plaît.	Por favor, póngame con el número ...
Je rappellerai plus tard.	Volveré a llamar más tarde.
Pouvez-vous me répondre par SMS ?	¿Puede mandarme su respuesta en un SMS?
Où est-ce que je peux recharger mon portable ?	¿Dónde puedo cargar la batería del móvil?
Il me faut une pile neuve.	Necesito una batería nueva.
Où est-ce que je peux acheter une carte de rechargement ?	¿Dónde venden tarjetas de recarga?
Je n'ai pas de réseau.	No hay cobertura.
Je ne te capte plus.	Se corta.

Passeport/Douane | Pasaporte/Aduana

Voici mon passeport.	Aquí tiene mi pasaporte.
Voici ma carte d'identité.	Aquí tiene mi carnet de identidad.
Voici mon permis de conduire.	Aquí tiene mi carnet de conducir.
Voici ma carte verte.	Aquí tiene mi carta verde.
Voici les papiers de mon véhicule.	Aquí tiene la documentación del vehículo.
Les enfants sont sur ce passeport.	Los niños están incluidos en este pasaporte.
Est-ce que je dois déclarer ceci ?	¿Tengo que declararlo?
C'est un cadeau.	Esto es un regalo.
C'est pour mon usage personnel.	Es para mi uso personal.
Je suis en transit pour ...	Estoy de paso para ir a ...

À la banque | En el banco

Où puis-je changer de l'argent ?	¿Dónde puedo cambiar dinero?
Est-ce qu'il y a une banque par ici ?	¿Hay un banco por aquí?
Est-ce qu'il y a un bureau de change par ici ?	¿Hay una oficina de cambio por aquí?
Quels sont les horaires d'ouverture de la banque ?	¿Cuándo está abierto el banco?
Quels sont les horaires d'ouverture du bureau de change ?	¿Cuándo está abierta la oficina de cambio?
Je voudrais 200 euros.	Quiero 200 euros.

Je voudrais changer 100 euros en dollars.	Quisiera cambiar 100 euros en dólares.
Je voudrais encaisser ces chèques de voyage.	Quisiera canjear estos cheques de viaje.
Combien prenez-vous de commission ?	¿Cuánto cobran de comisión?
Je peux me servir de ma carte pour retirer de l'argent ?	¿Puedo sacar dinero en efectivo con mi tarjeta de crédito?
Il y a un distributeur par ici ?	¿Hay un cajero por aquí?
Le distributeur m'a pris ma carte.	El cajero automático se ha quedado con mi tarjeta.
Pouvez-vous me donner de la monnaie, s'il vous plaît.	Deme cambio en monedas, por favor.

Réparations | Arreglos

Où puis-je faire réparer ceci ?	¿Dónde pueden arreglarme esto?
Pouvez-vous réparer ces chaussures ?	¿Puede arreglar estos zapatos?
Pouvez-vous réparer cette montre ?	¿Puede reparar este reloj?
Est-ce que cela vaut la peine de le réparer ?	¿Vale la pena repararlo?
Combien coûte la réparation ?	¿Cuánto cuesta la reparación?
Quand sera-t-il prêt ?	¿Cuándo estará listo?
Pouvez-vous le faire tout de suite ?	¿Puede hacerlo ahora mismo?

Urgences | Servicios de urgencia

Urgences	Servicios de urgencia
Au secours !	¡Socorro!
Au feu !	¡Fuego!
Pouvez-vous appeler le médecin d'urgence, s'il vous plaît ?	Por favor, llame a un médico de urgencia.
Pouvez-vous appeler les pompiers, s'il vous plaît ?	Por favor, llame a los bomberos.
Pouvez-vous appeler la police, s'il vous plaît?	Por favor, llame a la policía.
Je dois téléphoner d'urgence.	Tengo que hacer una llamada urgente.
J'ai besoin d'un interprète.	Necesito un intérprete.
Où est le commissariat ?	¿Dónde está la comisaría?
Où est l'hôpital ?	¿Hay un hospital cerca de aquí?
Je voudrais signaler un vol.	Quisiera denunciar un robo.
On m'a volé mon portefeuille.	Me han robado la cartera.
Il y a eu un accident.	Ha habido un accidente.
Il y a 3 blessés.	Hay 3 heridos.
Je suis à …	Estoy en …
On m'a volé.	Me han robado.
On m'a attaqué.	Me han atracado.
On m'a violée.	Me han violada.
Je voudrais appeler mon ambassade.	Quisiera hablar con mi embajada.

Pharmacie │ Farmacia

Où est la pharmacie la plus proche ?	¿Dónde hay una farmacia por aquí?
Quelle est la pharmacie de garde ?	¿Cuál es la farmacia de guardia?
Je voudrais quelque chose contre la diarrhée.	Quisiera algo para la diarrea.
Je voudrais quelque chose contre la fièvre.	Quisiera algo para la fiebre.
Je voudrais quelque chose contre le mal des transports.	Quisiera algo para el mareo.
Je voudrais quelque chose contre les maux de tête.	Quisiera algo para el dolor de cabeza.
Je voudrais des pansements.	Quiero tiritas.
Je voudrais du paracétamol.	Quiero paracetamol.
Je suis allergique à l'aspirine.	Soy alérgico a la aspirina.
Je suis allergique à la pénicilline.	Soy alérgico a la penicilina.
C'est sans danger pour les enfants ?	¿Pueden tomarlo los niños?
Comment dois-je le prendre ?	¿Cómo tengo que tomarlo?

Chez le médecin │ En la consulta médica

J'ai besoin de voir un médecin.	Necesito que me atienda un médico.
Où sont les urgences ?	¿Dónde está Urgencias?
J'ai mal ici.	Me duele aquí.
J'ai chaud.	Tengo calor.
J'ai froid.	Tengo frío.
Je me sens mal.	Tengo ganas de vomitar.
J'ai la tête qui tourne.	Tengo mareos.
Je suis enceinte.	Yo estoy embarazada.
Je suis diabétique.	Soy diabético.

SANTÉ | SALUD

Je suis séropositif.	Soy seropositivo.
Je prends ces médicaments.	Estoy tomando este medicamento.
Je suis O positif.	Mi grupo sanguíneo es o positivo.

À l'hôpital | En el hospital

Dans quelle salle se trouve ... ?	¿En qué unidad está ...?
Quelles sont les heures de visite ?	¿Cuándo son las horas de visita?
Je voudrais parler à un médecin.	Quisiera hablar con un médico.
Quand vais-je pouvoir sortir ?	¿Cuándo me van a dar de alta?

Chez le dentiste | En el dentista

J'ai besoin de voir un dentiste.	Tengo que ir al dentista.
J'ai mal à cette dent.	Me duele esta muela.
J'ai perdu un de mes plombages.	Se me ha caído un empaste.
J'ai un abcès.	Tengo un absceso.
Je veux une piqûre contre la douleur.	Quisiera una inyección para el dolor.
Je ne veux pas de piqûre contre la douleur.	No quisiera una inyección para calmar el dolor.
Pouvez-vous réparer mon dentier ?	¿Me puede arreglar la dentadura?
J'ai besoin d'un reçu pour mon assurance.	Necesito un recibo para mi seguro.

Voyages d'affaires — Viajes de negocios

Je voudrais organiser une réunion avec ...	Quisiera tener una reunión con ...
J'ai rendez-vous avec ...	Tengo una cita con ...
Voici ma carte de visite.	Aquí tiene mi tarjeta.
Je travaille pour ...	Trabajo para ...
Où se trouve votre bureau ?	¿Cómo se llega a su despacho?
J'ai besoin d'un interprète.	Necesito un intérprete.
Je peux me servir de votre ordinateur ?	¿Puedo usar su ordenador?
Quelle est votre adresse électronique ?	¿Cuál es su e-mail?
Y a-t-il un accès à internet ici ?	¿Hay conexión a Internet en la sala?
Y a-t-il un fax que je puisse utiliser ?	¿Hay un fax que se pueda usar?
Y a-t-il une connexion à internet wifi dans cette pièce ?	¿La sala tiene conexión wi-fi?

Voyageurs handicapés — Discapacitados

Est-ce qu'on peut visiter ... en fauteuil roulant ?	¿La visita a ... es posible también para personas que vayan en silla de ruedas?
Où est l'entrée pour les fauteuils roulants ?	¿Por dónde se puede entrar con la silla de ruedas?
Votre hôtel est-il accessible aux fauteuils roulants ?	¿Tiene su hotel acceso para discapacitados?
Il me faut une chambre au rez-de-chaussée.	Necesito una habitación en la planta baja.
Y a-t-il un ascenseur pour fauteuils roulants ?	¿Tienen ascensor para discapacitados?

Où sont les toilettes pour handicapés ?	¿Dónde está el lavabo para discapacitados?
Pouvez-vous m'aider à monter, s'il vous plaît ?	¿Podría ayudarme a subir, por favor?
Où peut-on faire réparer un fauteuil roulant par ici ?	¿Hay un taller donde arreglen sillas de ruedas cerca de aquí?
Le pneu est crevé.	Se ha reventado un neumático.
La batterie est à plat.	Se ha quedado sin batería.

Voyager avec des enfants | Viajar con niños

Est-ce que les enfants sont admis ?	¿Pueden entrar niños?
Il y a un tarif réduit pour les enfants ?	¿Hay descuentos para niños?
Vous servez des portions pour enfants ?	¿Sirven raciones para niños?
Avez-vous une chaise haute ?	¿Tienen una sillita?
Avez-vous un lit de bébé ?	¿Tienen una cuna?
Avez-vous un siège pour enfant ?	¿Tienen un asiento para niños?
Où est-ce que je peux changer mon bébé ?	¿Dónde puedo cambiar al niño?
Où est-ce que je peux allaiter mon bébé ?	¿Dónde puedo darle el pecho al niño?
Vous pouvez me réchauffer ceci, s'il vous plaît ?	¿Puede calentar esto, por favor?
Qu'est-ce qu'il y a à faire pour les enfants ?	¿Qué pueden hacer aquí los niños?
Où est l'aire de jeux la plus proche ?	¿Hay un parque infantil por aquí cerca?
Est-ce qu'il y a un service de garderie ?	¿Hay guardería?

aïoli composición hecha de ajos machacados y aceite de oliva, para acompañar carnes asadas y pescados cocidos

anchoïade crema de anchoa

amuse-bouches comida para picar

assiette du pêcheur variado de marisco y pescado

bar lubina

bavarois dulce frío, con crema inglesa y gelatina

bisque sopa suave de crustáceos

blanquette carne de ternera, cordero etc ... con salsa blanca

brandade de morue bacalao a la provenzal – guiso de bacalao desmigado, mezclado con aceite, leche y patatas

brochette pincho de carne asada

bulots caracoles de mar cocidos

cervelle de Canut queso fresco con hierbas, aceite, sal y pimienta, plato típico de Lyón

charlotte pastel de bizcochitos, nata y frutas, generalmente fresas

clafoutis pastel de crema y frutas generalmente cerezas

coq au vin capón cocido en vino tinto

coques berberechos

crémant bebida de la familia del champán

crème pâtissière crema utilizada en repostería

daube cazuela de carne con vino, hierbas y verduras

daurade dorada

filet mignon solomillo de ternera

fine de claire ostras de calidad superior

foie gras paté de hígado de ganso

fond d'artichaut corazones de alcachofa

fougasse tipo de empanada de varios rellenos (atún, aceitunas, anchoas, etc ...)

gésier molleja

gratin dauphinois patatas cortadas muy finas gratinadas con queso

hachis parmentier picadillo de carne con puré de patata

homard thermidor bogavante con salsa de mostaza

île flottante merengue flotando en crema inglesa

loup de mer róbalo

noisette d'agneau chuleta de cordero deshuesada

onglet solomillo de ternera

pan-bagnat bocadillo de pan tierno de ingredientes muy variados

parfait tipo de helado

pipérade revuelto de tomates y pimientos

pissaladière pizza del sur de Francia con anchoas y aceitunas negras

pistou salsa del sur de Francia con albahaca, aceite de oliva, ajo, parecida al pesto

pommes mousseline puré de patata muy cremoso

quenelles estilo de canelón relleno de carne o pescado con salsa bechamel

rascasse rascaza

ratatouille pisto

ris de veau mollejas de ternera

romaine lechuga romana

rouille mayonesa picante ajo

salade lyonnaise ensalada con huevos "poché" y bacón

salade niçoise ensalada con tomates, anchoas, aceitunas negras, etc

suprême de volaille pechuga de pollo con salsa de crema

tapenade paté de aceitunas negras, anchoas, alcaparras y ajo

tournedos Rossini solomillo con foie-gras

adobo (en) mariné

ajillo (al) à l'ail

arroz negro riz à l'encre de seiche

asadillo poivrons grillés

bandeja de quesos plateau de fromages

brasa (a la) grillé au feu de bois

buñuelos beignets fourrés avec du fromage, du jambon, des moules ou des fruits

caldereta ragoût de haricots

cazuela de fideos paella où des pâtes remplacent le riz

chilindrón sauce aux tomates avec de la viande de porc

chistorra chorizo de Navarre

chorizo saucisson pimenté

chuletón steak

churro beignet sucré en forme de doigt qui accompagne le chocolat chaud

crema catalana crème catalane

cuajada caillé au miel ou à la cannelle

dulces pâtisseries

empanadilla feuilleté à la viande

empanado pané

ensalada de la casa salade maison

fritura de pescado friture de poissons

gazpacho soupe froide aux tomates et au concombre

horno (al) au four

ibéricos fromages et charcuteries espagnols

jamón serrano jambon cru

leche frita carrés de flan frit

mariscada plat de fruits de mer

medallón médaillon

mollejas ris de veau

moros y cristianos riz aux haricots noirs

paella plat de riz, de poulet et de fruits de mer au safran ; la paella Valenciana contient du lapin, du poulet et quelquefois des anguilles

parrilla (a la) grillé

patatas bravas salade de pommes de terre sautées aux piments et tomates

pepitoria de pavo/pollo fricassée de dinde/poulet

pimientos morrones poivrons rouges marinés

pote potée

puchero ragoût de viande ou de fruits de mer

revuelto œufs brouillés

romesco sauce tomate aux poivrons et aux piments

salsa verde sauce à l'ail et au persil

sofrito sauce tomate aux oignons caramélisés

tapas assortiment de petites entrées variées. La version plus grande s'appelle "una ración" ; la brochette s'appelle "un pincho"

tortilla española omelette aux pommes de terre

zarzuela de mariscos salade chaude de fruits de mer au safran

ESPAÑOL - FRANCÉS | ESPAGNOL - FRANÇAIS

par semaine

5 *(manera)*: **a la francesa** à la française; **a caballo** à cheval; **a oscuras** à tâtons

6 *(medio, instrumento)*: **a lápiz** au crayon; **a mano** à la main; **le echaron a patadas** ils l'ont flanqué dehors à coups de pied aux fesses

7 *(razón)*: **a dos euros el kilo** à deux euros le kilo; **a más de 50 km/h** à plus de 50 km/h

8 *(complemento directo: no se traduce)*: **vi a Juan/a tu padre** j'ai vu Juan/ton père

9 *(dativo)*: **se lo di a Pedro** je l'ai donné à Pedro

10 *(verbo + a + infin)*: **empezó a trabajar** il a commencé à travailler; *(no se traduce)*: **voy a verle** je vais le voir; **vengo a decírtelo** je viens te le dire

11 *(simultaneidad)*: **al verle, le reconocí inmediatamente** quand je l'ai vu, je l'ai tout de suite reconnu

12 *(n + a + infin)*: **el camino a recorrer** le chemin à parcourir

13 *(imperativo)*: **¡a callar!** taisez-vous!; **¡a comer!** on mange!

abad, esa *nm/f* abbé/abbesse; **abadía** *nf* abbaye *f*

abajo *adv* **1** *(posición)* en bas; **allí abajo** là-bas; **el piso de abajo** l'appartement du dessous; **la parte de abajo** le bas; **más abajo** plus bas; *(en texto)* ci-dessous; **desde abajo** d'en bas; **abajo del todo** tout en bas; **Pedro está abajo** Pedro est en bas; **el abajo firmante** le soussigné; **de 50 euros para abajo** au-dessous de 50 euros

2 *(dirección)*: **ir calle abajo** descendre la rue; **río abajo** en descendant le

a *(a + el = al)* *prep* **1** *(dirección)* à; **fueron a Madrid/Grecia** ils sont allés à Madrid/en Grèce; **caerse al río** tomber dans la rivière; **subirse a la mesa** monter sur la table; **bajarse a la calle** descendre dans la rue; **me voy a casa** je rentre à la maison *o* chez moi

2 *(distancia)*: **está a 15 km de aquí** c'est à 15 km d'ici

3 *(posición)*: **estar a la mesa** être à table; **al lado de** à côté de

4 *(tiempo)*: **a las 10/a medianoche** à 10 heures/à minuit; **a la mañana siguiente** le lendemain matin; **a los pocos días** peu de jours après; **estamos a 9 de julio** nous sommes le 9 juillet; **a los 24 años** à (l'âge de) 24 ans; **una vez a la semana** une fois

courant, en aval
▷ *prep*: **abajo de** (*Am*) sous; **abajo de la mesa** sous la table
▷ *excl*: **¡abajo!** descends!; **¡abajo el gobierno!** à bas le gouvernement!

abalanzarse *vpr*: **~ sobre/contra** se jeter sur/contre
abandonado, -a *adj* abandonné(e)
abandonar *vt* abandonner; (*salir de, tb Inform*) quitter; **abandonarse** *vpr* (*descuidarse*) se laisser aller; **~se a** (*desesperación, dolor*) s'abandonner à; **abandono** *nm* abandon m
abanicar *vt* éventer; **abanico** *nm* éventail m
abaratarse *vpr* (*artículo*) coûter moins cher; (*precio*) baisser
abarcar *vt* (*temas, período*) comprendre; (*rodear con los brazos*) embrasser
abarrotado, -a *adj*: **~ (de)** plein(e) à craquer (de)
abarrotar *vt* bourrer
abarrotero, -a (*Am*) *nm/f* (*tendero*) épicier(-ière)
abarrotes (*Am*) *nmpl* (*ultramarinos*) épicerie *fsg*
abastecer *vt*: **~ (de)** fournir, approvisionner (en); **abastecerse** *vpr*: **~se (de)** s'approvisionner (en); **abastecimiento** *nm* approvisionnement m
abasto *nm*: **abastos** *nmpl* provisions *fpl*; **no dar ~ a** o **para hacer** ne pas arriver à faire
abatido, -a *adj* (*deprimido*) abattu(e)
abatir *vt* abattre; (*asiento*) rabattre; **abatirse** *vpr* se laisser abattre
abdicar *vi*: **~ (en algn)** abdiquer (en faveur de qn)
abdomen *nm* abdomen m
abdominal *adj* abdominal(e); **abdominales** *nmpl* (*tb*: **ejercicios ~es**) abdominaux *mpl*
abecedario *nm* abécédaire m

abedul *nm* bouleau m
abeja *nf* abeille f
abejorro *nm* bourdon m
abertura *nf* ouverture f; (*en falda, camisa*) échancrure f
abeto *nm* sapin m
abierto, -a *pp de* **abrir** ▷ *adj* ouvert(e); **a campo ~** en rase campagne
abigarrado, -a *adj* bigarré(e)
abismal *adj* (*diferencia*) colossal(e)
abismar *vt*: **abismarse** *vpr*: **~se en** plonger dans; (*lectura*) se plonger dans
abismo *nm* abîme m
abjurar *vi*: **~ de** abjurer
ablandar *vt* ramollir; (*persona*) adoucir; (*carne*) attendrir; **ablandarse** *vpr* se ramollir; s'adoucir
abnegación *nf* abnégation f
abnegado, -a *adj* (*persona*) qui fait preuve d'abnégation
abochornar *vt* faire rougir (de honte); **abochornarse** *vpr* rougir (de honte)
abofetear *vt* gifler
abogado, -a *nm/f* avocat(e); **abogado defensor** avocat de la défense
abogar *vi*: **~ por** plaider pour
abolengo *nm*: **de ~** (*familia, persona*) de vieille souche
abolición *nf* abolition f
abolir *vt* abolir
abolladura *nf* bosse f
abollar *vt* (*metal*) bosseler; (*coche*) cabosser; **abollarse** *vpr* se bosseler; se cabosser
abominable *adj* abominable
abonado, -a *adj* (*deuda etc*) acquitté(e) ▷ *nm/f* abonné(e)
abonar *vt* (*deuda etc*) acquitter; (*terreno*) fumer; **abonarse** *vpr*: **~se a** s'abonner à; **~ a algn a** abonner qn à; **abono** *nm* (*fertilizante*) engrais *msg*; (*suscripción*) abonnement m
abordar *vt* aborder

aborigen nm/f aborigène m/f
aborrecer vt abhorrer
abortar vi (espontáneamente) faire une fausse couche; (de manera provocada) avorter ▷ vt (huelga, golpe de estado) faire avorter; **aborto** nm (espontáneo) fausse couche f; (provocado) avortement m
abotonar vt boutonner; **abotonarse** vpr se boutonner
abrasar vt brûler ▷ vi être très chaud; **abrasarse** vpr: **~se de calor** étouffer
abrazar vt embrasser; **abrazarse** vpr s'embrasser
abrazo nm accolade f; **dar un ~ a algn** serrer qn dans ses bras; **"un ~"** (en carta) "amitiés"
abrebotellas nm inv ouvre-bouteille m
abrecartas nm inv coupe-papier m inv
abrelatas nm inv ouvre-boîte m
abreviar vt abréger ▷ vi (apresurarse) s'empresser; **abreviatura** nf abréviation f
abridor nm (de botellas) ouvre-bouteille m; (de latas) ouvre-boîte m
abrigar vt abriter; (suj: ropa) couvrir; (fig: sospechas, dudas) nourrir ▷ vi (ropa) tenir chaud; **abrigarse** vpr se couvrir
abrigo nm (prenda) manteau m; (lugar) abri m; **al ~ de** à l'abri de
abril nm avril m; ver tb **julio**
abrillantar vt faire reluire
abrir vt, vi ouvrir; **abrirse** vpr s'ouvrir; **~se paso** se frayer un chemin
abrochar vt (con botones) boutonner; (con hebilla) boucler; **abrocharse** vpr (zapatos) se lacer; (abrigo) se boutonner; **~se el cinturón** attacher sa ceinture
abrumar vt (agobiar) accabler; (apabullar) écraser
abrupto, -a adj abrupt(e)
absceso nm abcès m sg

absolución nf (Rel) absolution f; (Jur) non-lieu m
absoluto, -a adj absolu(e); **en ~** (para nada) en aucun cas; (en respuesta) pas du tout
absolver vt (Rel, Jur) absoudre
absorbente adj absorbant(e)
absorber vt absorber; **absorberse** vpr: **~se en algo** s'absorber dans qch
absorto, -a pp de **absorber** ▷ adj: **~ en algo** absorbé(e) par o dans
abstemio, -a adj abstinent(e)
abstención nf abstention f
abstenerse vpr s'abstenir; **~ de algo** se priver de qch; **~ de hacer** s'abstenir de faire
abstinencia nf abstinence f
abstracción nf abstraction f
abstracto, -a adj abstrait(e)
abstraer vt (problemas, cuestión) isoler; **abstraerse** vpr: **~se (de)** s'abstraire (de)
abstraído, -a adj abstrait(e)
absuelto pp de **absolver**
absurdo, -a adj absurde
abuchear vt huer
abuela nf grand-mère f
abuelo nm grand-père m; **abuelos** nmpl grands-parents mpl
abultado, -a adj (mejillas) bouffi(e); (facciones) saillant(es); (paquete) volumineux(-euse)
abultar vi prendre de la place
abundancia nf abondance f; **abundante** adj abondant(e); **abundar** vi abonder
aburrido, -a adj (hastiado) saturé(e); (que aburre) ennuyeux(-euse); **aburrimiento** nm ennui m
aburrir vt ennuyer; **aburrirse** vpr s'ennuyer
abusar vi: **~ de** abuser de
abusivo, -a adj abusif(-ive); **abuso** nm abus m sg
a/c abr (= al cuidado de) abs (= aux bons soins de); (= a cuenta) a/o

acá *adv* (*esp Am: lugar*) ici; **de junio ~** depuis juin

acabado, -a *adj* (*mueble, obra*) achevé(e), fini(e); (*persona*) usé(e) ▷ *nm* finition *f*

acabar *vt* achever, finir; (*comida, bebida*) terminer, finir ▷ *vi* finir; **acabarse** *vpr* finir, se terminer; (*gasolina, pan, agua*) être épuisé(e); **~ con** en finir avec; (*destruir*) liquider; **~ en** se terminer en; **~ de hacer** venir de faire; **~ haciendo** o **por hacer** finir par faire; **¡se acabó!** terminé!; (*¡basta!*) ça suffit!

acabóse *nm*: **esto es el ~** c'est le bouquet

academia *nf* académie *f*; (*de enseñanza*) école *f* privée; **academia de idiomas** école de langues

académico, -a *adj* académique ▷ *nm/f* académicien(ne)

acallar *vt* faire taire

acalorado, -a *adj* échauffé(e)

acalorarse *vpr* (*fig*) s'échauffer

acampada *nf*: **ir de ~** partir camper

acampar *vi* camper

acantilado *nm* falaise *f*

acaparar *vt* (*alimentos, gasolina*) accumuler; (*atención*) accaparer

acariciar *vt* caresser

acarrear *vt* transporter; (*fig*) entraîner

acaso *adv* peut-être; **por si ~** au cas où; **si ~** à la rigueur; **¿~?** (*Am: fam*) alors ...?; **¿~ es mi culpa?** alors, c'est ma faute?

acatamiento *nm* respect *m*

acatar *vt* respecter

acatarrarse *vpr* s'enrhumer

acaudalado, -a *adj* nanti(e)

acaudillar *vt* (*motín, revolución*) diriger; (*tropas*) commander

acceder *vi*: **~ a** accéder à; (*Inform*) avoir accès à

accesible *adj* accessible

acceso *nm* (*tb Med, Inform*) accès *msg*;

tener ~ à avoir accès à

accesorio, -a *adj* accessoire; **accesorios** *nmpl* (*prendas de vestir, Auto*) accessoires *mpl*; (*de cocina*) ustensiles *mpl*

accidentado, -a *adj* (*terreno*) accidenté(e); (*viaje, día*) agité(e) ▷ *nm/f* accidenté(e)

accidental *adj* accidentel(le)

accidentarse *vpr* avoir un accident

accidente *nm* accident *m*; **tener** o **sufrir un ~** avoir un accident; **accidente laboral** o **de trabajo/de tráfico** accident du travail/de la circulation

acción *nf* action *f*; **accionar** *vt* actionner; (*Inform*) commander

accionista *nm/f* actionnaire *m/f*

acebo *nm* houx *msg*

acechar *vt* guetter; **acecho** *nm*: **estar al acecho (de)** être à l'affût (de)

aceitar *vt* huiler

aceite *nm* huile *f*; **aceitera** *nf* huilier *m*

aceitoso, -a *adj* (*comida*) gras(se); (*consistencia, líquido*) huileux(-euse)

aceituna *nf* olive *f*; **aceituna rellena** olive fourrée

acelerador *nm* accélérateur *m*

acelerar *vt, vi* accélérer; **~ el paso/la marcha** presser le pas/l'allure

acelga *nf* blette *f*

acento *nm* accent *m*

acentuar *vt* accentuer; **acentuarse** *vpr* s'accentuer

acepción *nf* acception *f*

aceptable *adj* acceptable

aceptación *nf* acceptation *f*; **tener gran ~** être très populaire

aceptar *vt* accepter; **~ hacer algo** accepter de faire qch

acequia *nf* canal *m* d'irrigation

acera *nf* trottoir *m*

acerca: **~ de** *prep* de, sur, à propos de

acercar *vt* approcher; **acercarse** *vpr*

approcher; **~se a** s'approcher de
acerico nm pelote f à épingles
acero nm acier m; **acero inoxidable**
acier inoxydable
acérrimo, -a adj acharné(e)
acertado, -a adj (respuesta, medida)
pertinent(e); (color, decoración)
heureux(-euse)
acertar vt (blanco) atteindre;
(solución, adivinanza) trouver ▷ vi
réussir; **~ a hacer algo** réussir à faire
qch; **~ con** (camino, calle) trouver
acertijo nm devinette f
achacar vt: **~ algo a** imputer qch à
achacoso, -a adj souffreteux(-euse)
achantar (fam) vt (acobardar)
démonter; **achantarse** (fam) vpr se
dégonfler
achaque vb ver **achacar** ▷ nm ennui
m de santé
achicar vt rétrécir; (Náut) écoper
achicharrar vt (comida) brûler;
achicharrarse vpr (comida) attacher;
(planta) griller; (persona) se consumer
achicoria nf chicorée f
achispado, -a adj éméché(e)
aciago, -a adj funeste
acicalarse vpr se faire beau/belle
acicate nm stimulant m
acidez nf acidité f
ácido, -a adj acide ▷ nm (Tib
fam: droga) acide m
acierto vb ver **acertar** ▷ nm (al
adivinar) découverte f; (éxito, logro)
réussite f, idée f judicieuse; (habilidad)
adresse f
aclamación nf acclamation f
aclamar vt (aplaudir) acclamer;
(proclamar) proclamer
aclaración nf éclaircissement m
aclarar vt éclaircir; (ropa) rincer
▷ vi (tiempo) s'éclaircir; **aclararse**
vpr (persona) s'expliquer; (asunto)
s'éclaircir; **~se la garganta** s'éclaircir
la gorge
aclaratorio, -a adj explicatif(-ive)
aclimatación nf acclimatation f

f; **aclimatar** vt acclimater;
aclimatarse vpr s'acclimater
acné nm o f acné f
acobardar vt: **acobardarse** vpr se
laisser intimider
acogedor, -a adj accueillant(e)
acoger vt accueillir
acogida nf accueil m
acometer vt (empresa, tarea)
entreprendre ▷ vi: **~ (contra)**
s'attaquer (à); **acometida** nf attaque
f; (de gas, agua) branchement m
acomodado, -a adj huppé(e)
acomodador, a nm/f placeur/
ouvreuse
acomodar vt (paquetes, maletas)
disposer; (personas) placer;
acomodarse vpr s'installer
acompañar vt accompagner;
¿quieres que te acompañe? veux-tu
que je t'accompagne?; **~ a algn a la
puerta** raccompagner qn à la porte;
le acompaño en el sentimiento
veuillez accepter mes condoléances
acondicionar vt: **~ (para)** aménager
(pour)
acongojar a angoisser
aconsejar vt conseiller; **~ a algn
hacer** o **que haga/que no haga
algo** conseiller à qn de faire/de ne
pas faire qch
acontecer vi arriver;
acontecimiento nm événement m
acopio nm: **hacer ~** faire provision de
acoplar vt: **~ (a)** accoupler (à)
acordar vt décider; (precio,
condiciones) convenir de; **acordarse**
vpr: **~se de (hacer)** se souvenir de
(faire); **~ hacer algo** (resolver) décider
de faire qch; **acorde** adj (Mús)
accordé(e) ▷ nm (Mús) accord m;
acorde (con) conforme (à)
acordeón nm accordéon m
acorralar vt acculer
acortar vt raccourcir; **acortarse** vpr
raccourcir

acosar vt traquer; (fig) harceler

acoso nm harcèlement m; **acoso sexual** harcèlement m sexuel

acostar vt (en cama) coucher; (en suelo) allonger; **acostarse** vpr (para descansar) s'allonger; (para dormir) se coucher

acostumbrar vt: **~ a algn a hacer algo** habituer qn à faire qch; **acostumbrarse** vpr: **~se a** prendre l'habitude de; (ciudad) se faire à; **(a) hacer algo** prendre l'habitude de faire qch

ácrata adj, nm/f anarchiste m/f

acre adj âcre ▷ nm acre m

acrecentar vt accroître

acreditar vt accréditer; **acreditarse** vpr (buen médico) se faire une réputation de

acreedor, -a adj: **~ a** (respeto) digne de ▷ nm/f créancier(-ière)

acribillar vt: **~ a balazos** cribler de balles

acróbata nm/f acrobate m/f

acta nf (de reunión) procès-verbal m; **acta notarial** acte m notarié

actitud nf attitude f

activar vt (mecanismo) actionner; (economía, comercio) relancer

actividad nf activité f

activo, -a adj: **~ a** (respeto) actif(-ive) ▷ nm (Com) actif m

acto nm acte m; (ceremonia) cérémonie f; **en el ~** sur-le-champ; **~ seguido** immédiatement

actor nm acteur m

actriz nf actrice f

actuación nf (acción) action f; (comportamiento) comportement m; (Teatro) jeu m

actual adj actuel(le); **actualidad** nf actualité f; **en la actualidad** actuellement

actualizar vt actualiser, mettre à jour

actualmente adv à l'heure actuelle,

actuellement

actuar vi (comportarse) agir; (actor) jouer; **~ de** tenir le rôle de

acuarela nf aquarelle f

acuario nm aquarium m; **A~** (Astrol) Verseau m; **ser A~** être (du) Verseau

acuartelar vt (retener en cuartel) consigner

acuático, -a adj aquatique

acuchillar vt poignarder

acuciante adj pressant(e)

acuciar vt presser

acudir vi aller; **~ a** (amistades etc) avoir recours à; **~ a una cita** aller à un rendez-vous

acuerdo vb ver **acordar** ▷ nm accord m; (decisión) décision f; **¡de ~!** d'accord!; **de ~ con** en accord avec; **de común ~** d'un commun accord; **estar de ~** être d'accord; **llegar a un ~** parvenir à un accord

acumular vt accumuler

acuñar vt (moneda) frapper; (palabra, frase) consacrer

acupuntura nf acupuncture f

acurrucarse vpr se blottir

acusación nf accusation f

acusado, -a nm/f (Jur) accusé(e); **acusar** vt accuser; (revelar) manifester; (suj: aparato) indiquer; **acusarse** vpr: **acusarse de algo** s'accuser de qch; (Rel) confesser qch; **acusar recibo de** accuser réception de

acuse nm: **~ de recibo** accusé m de réception

acústico, -a adj acoustique ▷ nf acoustique f

adaptación nf adaptation f

adaptador nm adaptateur m

adaptar vt: **~ (a)** adapter (à)

adecuado, -a adj adéquat(e)

adecuar vt: **~ a** adapter à

a. de J.C. abr (= antes de Jesucristo) av. J.-C. (= avant Jésus-Christ)

adelantado, -a adj avancé(e);

(reloj) en avance; **pagar por ~** payer d'avance

adelantamiento nm (Auto) dépassement m

adelantar vt, vi avancer; (Auto) doubler, dépasser; **adelantarse** vpr (tomar la delantera) prendre les devants; (anticiparse) être en avance

adelante adv avant ▷ excl (incitando a seguir) en avant!; (autorizando a entrar) entrez!; **en ~** désormais; **de hoy en ~** à l'avenir; **más ~** (después) plus tard; (más allá) plus loin

adelanto nm progrès msg; (de dinero, hora) avance f

adelgazar vt (persona) faire maigrir ▷ vi maigrir

ademán nm geste m; **ademanes** nmpl gestes mpl

además adv de plus; **~ de** en plus de

adentrarse vpr: **~ en** pénétrer dans

adentro adv dedans; **mar ~** au large; **tierra ~** à l'intérieur des terres; **para sus ~s** dans son for intérieur; **~ de** (Am: dentro de) dans

adepto, -a nm/f adepte m/f

aderezar vt assaisonner

adeudar vt (dinero) devoir; **adeudarse** vpr (persona) s'endetter

adherir vt: **~ algo a algo** faire adhérer une chose à une autre; **adherirse** vpr (a propuesta) adhérer

adhesión nf adhésion f

adhesivo, -a adj adhésif(-ive)

adicción nf (a drogas etc) dépendance f

adición nf addition f; (cosa añadida) ajout m

adicto, -a adj (a ideología) acquis(e); (persona) dépendant(e) ▷ nm/f (Med) drogué(e); (partidario) fanatique m/f

adiestrar vt entraîner

adinerado, -a adj fortuné(e)

adiós excl (despedida) au revoir!; (al pasar) salut!

aditivo nm additif m

adivinanza nf devinette f; **adivinar** vt (pensamientos) deviner; (el futuro) lire

adivino, -a nm/f devin(eresse)

adj abr = **adjunto**

adjetivo nm adjectif m

adjudicar vt adjuger; **adjudicarse** vpr: **~se algo** s'adjuger qch

adjuntar vt joindre

adjunto, -a adj (documento) joint(e); (médico, director etc) adjoint(e) ▷ nm/f (profesor) assistant(e) ▷ adv ci-joint

administración nf administration f; **A~ pública** fonction f publique

administrador, -a nm/f administrateur(-trice), gérant(e)

administrar vt administrer, gérer; (medicamento, sacramento) administrer

administrativo, -a adj administratif(-ive) ▷ nm/f (de oficina) préposé(e)

admirable adj admirable

admiración nf (estimación) admiration f; (asombro) étonnement m; (Ling) exclamation f

admirar vt (estimar) admirer; (asombrar) étonner; **admirarse** vpr: **~se** s'étonner de

admisible adj acceptable

admisión nf admission f; (de razones etc) acceptation f

admitir vt (razonamiento etc) admettre; (regalos) accepter

adobar vt (Culin) préparer

adobe nm torchis msg

adoctrinar vt endoctriner

adolecer vi: **~ de** souffrir de

adolescente adj, nm/f adolescent(e)

adonde (espAm) conj où

adónde adv où

adopción nf adoption f

adoptar vt adopter

adoptivo, -a adj adoptif(-ive); (lengua, país) d'adoption

adoquín nm pavé m

adorar vt adorer

adormecer vt endormir;
  adormecerse vpr somnoler;
  (miembro) s'endormir
adornar vt orner; (habitación, mesa)
  décorer
adorno nm ornement m
adosado, -a adj: **chalet ~** maison
  f jumelle
adquiera etc vb ver **adquirir**
adquirir vt acquérir
adquisición nf acquisition f
adrede adv exprès, à dessein
aduana nf douane f
aduanero, -a adj, nm/f
  douanier(-ière)
aducir vt alléguer
adueñarse vpr: **~ de** s'approprier
adular vt aduler
adulterar vt (alimentos, vino) frelater
adulterio nm adultère m
adúltero, -a adj, nm/f adultère m/f
adulto, -a adj, nm/f adulte m/f
adusto, -a adj (expresión, carácter)
  sévère; (paisaje, región) austère
advenedizo, -a adj, nm/f intrus(e)
advenimiento nm avènement m
adverbio nm adverbe m
adversario, -a nm/f adversaire m/f
adversidad nf adversité f
adverso, -a adj adverse
advertencia nf avertissement m
advertir vt (observar) observer; **~ a
  algn de algo** avertir qn de qch; **~ a
  algn que ...** avertir qn que ...
advierta etc vb ver **advertir**
adyacente adj adjacent(e)
aéreo, -a adj aérien(ne); **por vía
  aérea** par avion
aerobic nm inv aérobic f
aerodeslizador, aerodeslizante
  nm aéroglisseur m
aerodinámico, -a adj
  aérodynamique
aeromozo, -a (Am) nm/f (Aviat)
  steward/hôtesse de l'air
aeronave nf aéronef m

aeroplano nm aéroplane m
aeropuerto nm aéroport m
aerosol nm aérosol m
afabilidad nf affabilité f; **afable**
  adj affable
afán nm (ahínco) ardeur f; (deseo) soif f;
  con ~ avec ardeur
afanar (fam) vt (robar) rafler;
  afanarse vpr (atarearse) s'affairer; **~se
  por hacer** s'évertuer à faire
afear vt enlaidir
afección nf infection f
afectación nf affectation f
afectado, -a adj affecté(e); **afectar**
  vt affecter
afectísimo, -a adj: **suyo ~**
  respectueusement vôtre
afectivo, -a adj (problema)
  affectif(-ive); (persona)
  affectueux(-euse)
afecto, -a nm (cariño) affection f;
  tenerle ~ a algn avoir de l'affection
  pour qn
afectuoso, -a adj affectueux(-euse);
  "un saludo ~" (en carta)
  "affectueusement"
afeitar vt raser; **afeitarse** vpr se
  raser; **~se la barba/el bigote** se raser
  la barbe/la moustache
afeminado, -a adj efféminé(e)
Afganistán nm Afghanistan m
afianzamiento nm consolidation
  f; (salud) amélioration f; **afianzar** vt
  (objeto, conocimientos) consolider;
  (salud) assurer; **afianzarse** vpr se
  cramponner
afiche (Am) nm (cartel) affiche f
afición nf goût m, penchant m; **la ~** les
  supporters mpl
aficionado, -a adj, nm/f amateur m;
  ser ~ a algo être amateur de qch
aficionar vt: **~ a algn a algo** donner
  à qn le goût de qch; **aficionarse**
  vpr: **~se a algo** prendre goût à qch
afilado, -a adj (cuchillo) aiguisé(e);
  (lápiz) bien taillé(e)

afilar vt (cuchillo) aiguiser; (lápiz) tailler

afiliarse vpr: **~ (a)** s'affilier (à)

afín adj (carácter) semblable; (ideas, opiniones) voisin(e)

afinar vt (Mús) accorder; (puntería, Tec) ajuster ▷ vi (Mús) être accordé(e)

afincarse vpr: **~ en** s'établir à

afinidad nf affinité f

afirmación nf affirmation f; **afirmar** vt affirmer; (objeto) consolider ▷ vi acquiescer

afirmativo, -a adj affirmatif(-ive)

aflicción nf affliction f

afligir vt affliger; **afligirse** vpr s'affliger

aflojar vt desserrer; (cuerda) détendre ▷ vi (tormenta, viento) se calmer; **aflojarse** vpr (pieza) prendre du jeu

aflorar vi affleurer

afluente nm affluent m

afluir vi: **~ a** (gente, sangre) affluer à

afmo., -a. abr = **afectísimo, a**

afónico, -a adj: **estar ~** être aphone

aforo nm (de teatro) capacité f

afortunado, -a adj (persona) chanceux(-euse)

afrancesado, -a (pey) adj partisan des Français (lors de la guerre d'Indépendance, et aux XVIII et XIX siècles)

afrenta nf affront m

África nf Afrique f; **África del Sur** Afrique du Sud

africano, -a adj africain(e) ▷ nm/f Africain(e)

afrontar vt affronter

afuera adv (esp Am) dehors; **afueras** nfpl banlieue fsg

agachar vt incliner; **agacharse** vpr s'incliner

agalla nf (Zool) ouïe f; **tener ~s** (fam) ne pas avoir froid aux yeux

agarradera (Am) nf (asa) anse f

agarrado, -a adj radin(e)

agarrar vt saisir; (esp Am: recoger) prendre; (fam: enfermedad) attraper

▷ vi (planta) prendre; **agarrarse** vpr (comida) coller; **~se (a)** s'accrocher (à)

agarrotar vt (reo) faire subir le supplice du garrot à; **agarrotarse** vpr (Med) avoir des crampes

agasajar vt accueillir chaleureusement

agazapar vt saisir; **agazaparse** vpr (persona, animal) se tapir

agencia nf agence f; **agencia de viajes** agence de voyages

agenciarse vpr se procurer; **agenciárselas para hacer algo** se débrouiller pour faire qch

agenda nf agenda m

agente nm agent m; **agente (de policía)** agent (de police)

ágil adj agile; **agilidad** nf agilité f

agilizar vt activer

agitación nf agitation f

agitado, -a adj (día, viaje, vida) agité(e)

agitar vt agiter; (fig) troubler, inquiéter; **agitarse** vpr s'agiter; (inquietarse) se troubler, s'inquiéter

aglomeración nf: **~ de gente** rassemblement m; **~ de tráfico** embouteillage m

agnóstico, -a adj, nm/f agnostique m/f

agobiar vt (suj: trabajo) accabler; (: calor) accabler, étouffer

agolparse vpr (personas) se presser, se bousculer

agonía nf agonie f

agonizante adj agonisant(e)

agonizar vi agoniser, être à l'agonie

agosto nm août m; ver tb **julio**

agotado, -a adj épuisé(e)

agotador, -a adj épuisant(e)

agotamiento nm épuisement m

agotar vt épuiser; **agotarse** vpr s'épuiser; (libro) être épuisé(e)

agraciado, -a adj qui a du charme ▷ nm/f (en sorteo, lotería) gagnant(e)

agradable adj agréable

agradar vi plaire; **esto no me agrada** cela ne me plaît pas; **le agrada estar en su compañía** votre compagnie lui est agréable

agradecer vt remercier; **te agradezco que hayas venido** je te remercie d'être venu

agradecido, -a adj ¡**muy ~!** merci beaucoup!, merci bien!; **agradecimiento** nm remerciement m

agradezca etc vb ver **agradecer**

agrado nm agrément m, plaisir m; (amabilidad) amabilité f; **ser de tu** etc **~** être à ton etc goût

agrandar vt agrandir

agrario, -a adj agraire

agravante adj: **con el o la ~ de que ...** le problème étant que ...

agravar vt aggraver; **agravarse** vpr s'aggraver

agraviar vt offenser; **agravio** nm offense f

agredir vt agresser

agregado nm agrégat m; (profesor) maître m de conférences (à l'université), professeur certifié(e) (dans l'enseignement secondaire)

agregar vt: **~ (a)** ajouter (à); (unir) associer (à)

agresión nf agression f

agresivo, -a adj agressif(-ive)

agriar vt aigrir; (leche) faire tourner; **agriarse** vpr s'aigrir; (leche) tourner

agrícola adj agricole

agricultor, a nm/f agriculteur(-trice)

agricultura nf agriculture f

agridulce adj aigre-doux(-douce)

agrietarse vpr se crevasser; (piel) se gercer

agrimensor, a nm/f arpenteur m

agrio, -a adj aigre; (carácter) aigri(e), revêche; **agrios** nmpl agrumes mpl

agrupación nf groupement m, regroupement m

agrupar vt (personas) grouper; (libros, datos) regrouper; **agruparse** vpr se regrouper

agua nf eau f; (lluvia) pluie f, eau de pluie; **hacer ~** (embarcación) faire eau; **se me hace la boca ~** ça me met l'eau à la bouche; **~s abajo** en aval; **~s arriba** en amont; **agua caliente/ corriente** eau chaude/courante; **agua de colonia** eau de Cologne; **agua mineral (con/sin gas)** eau minérale (gazeuse/non gazeuse)

aguacate nm avocat m; (árbol) avocatier m

aguacero nm averse f

aguado, -a adj (leche, vino) baptisé(e)

aguafiestas nm/f inv trouble-fête m/f inv, rabat-joie m/f inv

aguanieve nf neige f fondue

aguantar vt supporter, endurer ▷ vi (ropa) résister; **aguantarse** vpr (persona) se dominer; **aguante** nm (paciencia) patience f; (resistencia) résistance f

aguar vt (leche, vino) baptiser, couper

aguardar vt attendre ▷ vi: **~ (a que)** attendre (que)

aguardiente nm eau-de-vie f

aguarrás nm essence f de térébenthine

agudeza nf (oído, olfato) finesse f; (vista) acuité f; (de sonido) aigu m; (fig: ingenio) vivacité f, finesse

agudizar vt aiguiser; (crisis) intensifier; **agudizarse** vpr s'aiguiser; (crisis) s'intensifier

agudo, -a adj (afilado) tranchant(e), coupant(e); (vista) perçant(e); (oído, olfato) fin(e); (sonido, dolor) aigu(ë)

agüero nm: **ser de buen/mal ~** être de bon/mauvais augure

aguijón nm (de insecto) dard m; (fig: estímulo) aiguillon m

águila nf aigle m; **ser un ~** (fig) être un as

aguileño, -a adj (nariz) aquilin(e)

aguinaldo nm étrennes fpl

aguja nf aiguille f; (para hacer punto) aiguille à tricoter; (para hacer ganchillo) crochet m

agujerear vt (perforar: ropa, cristal, madera) trouer

agujero nm trou m

agujetas nfpl courbatures fpl

aguzar vt (herramientas) aiguiser, affiler; (ingenio, entendimiento) aiguillonner, stimuler; **~ el oído/la vista** aiguiser l'ouïe/la vue

ahí adv (lugar) là; **de ~ que** donc, d'où il s'ensuit que; **~ está el problema** tout le problème est là; **~ llega** le voilà; **por ~** par là; (lugar indeterminado) par-là; **200 o por ~** environ 200

ahijado, -a nm/f filleul(e)

ahogar vt étouffer; (en el agua) noyer; **ahogarse** vpr (en el agua) se noyer; (por asfixia) s'asphyxier

ahondar vt creuser ▷ vi: **~ en** (problema) approfondir, creuser

ahora adv maintenant; (hace poco) tout à l'heure; **~ bien** o **que** cependant, remarquez (que); **~ mismo** à l'instant (même); **~ voy** j'arrive; **¡hasta ~!** à tout de suite!, à bientôt!; **por ~** pour le moment

ahorcar vt pendre; **ahorcarse** vpr se pendre

ahorita (esp Am: fam) adv tout de suite

ahorrar vt économiser, épargner; **~ a algn algo** épargner qch à qn; **ahorro** nm économie f, épargne f; **ahorros** nmpl économies fpl

ahuecar vt (madera, tronco) évider; (voz) enfler

ahumar vt fumer

ahuyentar vt (ladrón, fiera) mettre en fuite; (fig) chasser

airado, -a adj furieux(-euse); **airar** vt (persona) irriter, fâcher; **airarse** vpr (irritarse) s'irriter, se fâcher

aire nm air m; **aires** nmpl: **darse ~s** se donner des airs; **al ~ libre** en plein air;

cambiar de ~s changer d'air; **estar en el ~** (Radio) être sur les ondes; (fig) être en suspens; **tener un ~ con** o **darse un ~ a** ressembler à; **tomar el ~** prendre l'air; **aire acondicionado** air conditionné

airearse vpr prendre l'air

airoso, -a adj: **salir ~ de algo** bien s'en tirer

aislado, -a adj isolé(e)

aislar vt isoler

ajardinado, -a adj aménagé(e)

ajedrez nm échecs mpl

ajeno, -a adj d'autrui; **estar ~ a algo** être étranger à qch

ajetreado, -a adj (día) mouvementé(e)

ajetreo nm agitation f

ají (Am) nm piment m rouge; (salsa) sauce f au piment

ajo nm ail m

ajuar nm (de casa) mobilier m; (de novia) trousseau m

ajustado, -a adj (ropa) ajusté(e); (resultado) serré(e)

ajustar vt ajuster; (reloj, cuenta) régler ▷ vi (ventana, puerta) cadrer; **ajustarse** vpr: **~se a** se conformer à; **~ algo a algo** ajuster qch à qch; (fig) adapter qch à qch; **~ cuentas con algn** régler ses comptes avec qn

ajuste nm (Fin) fixation f (des prix); (acuerdo) accord m

al (= a + el) ver **a**

ala nf aile f; (de sombrero) bord m

alabanza nf éloge m, louange f

alabar vt (persona) louer, faire l'éloge de; (obra etc) louer, vanter

alacena nf garde-manger m inv

alacrán nm scorpion m

alambrada nf, **alambrado** nm grillage m

alambre nm fil m de fer; **~ de púas** fil de fer barbelé

alameda nf peupleraie f; (lugar de paseo) promenade f (bordée d'arbres)

álamo nm peuplier m

alarde nm: **hacer ~ de** se vanter de, faire étalage de

alargador nm (Elec) rallonge f

alargar vt rallonger; (estancia, vacaciones) prolonger; (brazo) allonger, tendre; **alargarse** vpr (días) rallonger

alarido nm hurlement m

alarma nf (señal de peligro) alarme f, alerte f; **alarma de incendios** avertisseur m d'incendie

alarmante adj alarmant(e)

alarmar vt alarmer; **alarmarse** vpr s'alarmer

alba nf aube f

albacea nm/f exécuteur m testamentaire

albahaca nf basilic m

Albania nf Albanie f

albañil nm maçon m

albarán nm bordereau m

albaricoque nm abricot m

albedrío nm: **libre ~ libre** arbitre m

alberca nf réservoir m d'eau; (Am) piscine f

albergar vt héberger; (esperanza) nourrir

albergue vb ver **albergar** ▷ nm abri m; **albergue juvenil** o **de juventud** auberge f de jeunesse

albóndigas nfpl boulettes fpl de viande

albornoz nm (para el baño) sortie f de bain

alborotar vt agiter; (amotinar) ameuter ▷ vi faire du tapage; **alborotarse** vpr s'agiter; **alboroto** nm tapage m

alborozar vt réjouir; **alborozarse** vpr se réjouir

alborozo nm réjouissance f

álbum (pl **~s** o **~es**) nm album m

alcachofa nf artichaut m; **alcachofa de ducha/de regadera** pomme f de douche/d'arrosoir

alcalde, -esa nm/f maire m

alcaldía nf mairie f

alcance vb ver **alcanzar** ▷ nm portée f; **al ~ de la mano** à portée de main; **estar a mi** etc/**fuera de mi** etc **~** être/ ne pas être à ma etc portée

alcantarilla nf (subterránea) égout m; (en la calle) caniveau m

alcanzar vt atteindre; (persona) rattraper; (autobús) attraper; (Am: entregar) passer ▷ vi être suffisant(e); (para todos) suffire

alcaparra nf câpre f

alcayata nf (clavo) piton m

alcázar nm citadelle f; (Náut) dunette f

alcoba nf alcôve f

alcohol nm alcool m; (tb: **~ metílico**) alcool à brûler

alcohólico, -a adj, nm/f alcoolique m/f

alcoholímetro nm alcoomètre m

alcoholismo nm alcoolisme m

alcornoque nm chêne-liège m; (fam) andouille f

alcurnia nf noble lignée f

aldaba nf heurtoir m

aldea nf hameau m

aldeano, -a adj, nm/f villageois(e)

aleación nf alliage m

aleatorio, -a adj aléatoire

aleccionar vt instruire

alegación nf allégation f; **alegar** vt alléguer ▷ vi (Am) discuter

alegato nm plaidoyer m; (Am) discussion f

alegoría nf allégorie f

alegrar vt réjouir; (casa) égayer; (fiesta) animer; **alegrarse** vpr (fam) se griser; **~se de** être heureux(-euse) de

alegre adj gai(e), joyeux(-euse); (fam: con vino) éméché(e); **alegría** nf joie f, gaîté f

alejamiento nm éloignement m

alejar vt éloigner; **alejarse** vpr s'éloigner

alemán, -ana adj allemand(e)

▷ nm/f Allemand(e) ▷ nm (Ling) allemand m

Alemania nf Allemagne f; **Alemania Occidental/Oriental** (Hist) Allemagne de l'Ouest/de l'Est

alentador, a adj encourageant(e)

alentar vt encourager

alergia nf allergie f

alero nm auvent m

alerta adj inv vigilant(e) ▷ nf alerte f ▷ adv: **estar o mantenerse ~** être sur ses gardes

aleta nf (pez) nageoire f; (foca) aileron m; (nariz) aile f; (Deporte) palme f; (Auto) garde-boue m inv

aletargar vt endormir; **aletargarse** vpr s'assoupir

aletear vi (ave) battre des ailes; (pez) battre des nageoires

alevín nm alevin m

alfabeto nm alphabet m

alfalfa nf luzerne f

alfarería nf poterie f; (tienda) magasin m de poterie

alfarero, -a nm/f potier m

alféizar nm embrasure f

alférez nm (Mil) sergent m

alfil nm (Ajedrez) fou m

alfiler nm épingle f; (broche) broche f; **alfiler de gancho** (Am: imperdible grande) (grande) épingle de nourrice

alfiletero nm porte-aiguilles m

alfombra nf tapis msg; **alfombrar** vt recouvrir d'un tapis; **alfombrilla** nf carpette f

alforja nf sacoche f

algarabía (fam) nf brouhaha m

algas nfpl algues fpl

álgebra nf algèbre f

álgido, -a adj crucial(e)

algo pron quelque chose; (una cantidad pequeña) un peu ▷ adv un peu, assez; **~ así (como)** quelque chose comme; **~ es ~** c'est toujours quelque chose; **¿~ más?** c'est tout?; (en tienda) et avec ceci?; **por ~ será** il y a bien une raison

algodón nm coton m; **algodón de azúcar** barbe f à papa; **algodón hidrófilo** coton hydrophile

algodonero, -a adj cotonnier(-ière)

alguacil nm (de juzgado) huissier m; (de ayuntamiento) employé m municipal; (Taur) officiel m à cheval

alguien pron quelqu'un

alguno, -a adj (delante de nm: **algún**) quelque, un/une; (después de n): **no tiene talento** = il n'a aucun talent ▷ pron quelqu'un; **~ de ellos** l'un d'eux; **algún que otro libro** quelques livres; **algún día iré** j'irai un jour; **~s piensan** certains pensent

alhaja nf joyau m

alhelí nm giroflée f

aliado, -a adj, nm/f allié(e)

alianza nf alliance f

aliarse vpr: **~ (con/a)** s'allier (à)

alias adv alias

alicates nmpl pince fsg; **alicates de uñas** coupe-ongles m inv

aliciente nm stimulant m; (atractivo) attrait m, charme m

alienación nf aliénation f

aliento vb ver **alentar** ▷ nm haleine f; **sin ~** hors d'haleine

aligerar vt alléger; **~ el paso** presser le pas

alijo nm saisie f

alimaña nf animal m nuisible

alimentación nf alimentation f; **tienda de ~** magasin m d'alimentation; **alimentar** vt nourrir, alimenter; (suj: alimento) nourrir

alimenticio, -a adj (sustancia) alimentaire; (nutritivo) nourrissant(e)

alimento nm aliment m; **alimentos** nmpl (Jur) aliments mpl

alineación nf alignement m; (Deporte) formation f

alinear vt aligner; (Deporte) faire jouer; **alinearse** vpr s'aligner; (Deporte) rentrer

aliñar vt assaisonner; **aliño** nm

assaisonnement *m*

alisar vt lisser; *(madera)* polir

alistarse vpr s'inscrire; *(Mil)* s'enrôler; *(Am: prepararse)* se préparer

aliviar vt *(carga)* alléger; *(persona)* soulager

alivio nm soulagement *m*

aljibe nm citerne *f*

allá adv là-bas; *(por ahí)* par là; **~ abajo/arriba** tout en bas/en haut; **hacia ~** par là-bas; **más ~** plus loin; **más ~ de** au-delà de; **~ por** vers; **¡~ tú!** tant pis pour toi!

allanamiento nm: **~ de morada** violation *f* de domicile

allanar vt aplanir; *(muro)* raser

allegado, -a adj partisan(e) ⊳ nm/f proche parent(e)

allí adv *(lugar)* là; **~ mismo** là précisément; **por ~** par là

alma nf *(tb Tec)* âme *f*; *(de negocio)* nœud *m*; *(de fiesta)* clou *m*; *(de reunión)* objet *m* principal; **con toda el ~** du fond du cœur

almacén nm magasin *m*; *(al por mayor)* magasin de gros; *(Am)* épicerie *f*; **(grandes) almacenes** grands magasins mpl; **almacenaje** nm emmagasinage *m*, stockage *m*; **almacenaje secundario** *(Inform)* mémoire *f* auxiliaire

almacenar vt emmagasiner, stocker; **almacenero, -a** *(Am)* nm/f épicier(-ière)

almanaque nm almanach *m*

almeja nf *(Zool)* clovisse *f*; *(Culin)* palourde *f*

almendra nf amande *f*; **almendro** nm amandier *m*

almíbar nm sirop *m*; **en ~** au sirop

almidón nm amidon *m*

almirante nm amiral *m*

almirez nm mortier *m*

almizcle nm musc *m*

almohada nf oreiller *m*; *(funda)* taie *f* d'oreiller; **almohadilla** nf *(para*

sentarse)* coussinet *m*; *(para planchar)* pattemouille *f*; *(para sellar)* tampon *m* encreur; *(en los arreos)* tapis msg de selle; *(Am)* pelote *f* à épingles

almohadón nm coussin *m*; *(funda de almohada)* taie *f* d'oreiller

almorranas nfpl hémorroïdes fpl

almorzar vt: **~ una tortilla** déjeuner d'une omelette ⊳ vi déjeuner

almuerzo vb ver **almorzar** ⊳ nm déjeuner *m*

alocado, -a adj écervelé(e); *(acción)* irréfléchi(e)

alojamiento nm logement *m*

alojar vt loger; **alojarse vpr: ~se en** *(persona)* loger à; *(bala, proyectil)* se loger dans

alondra nf alouette *f*

alpargata nf espadrille *f*

Alpes nmpl: **los ~** les Alpes fpl

alpinismo nm alpinisme *m*; **alpinista** nm/f alpiniste m/f

alpiste nm alpiste *m*

alquilar vt louer; **"se alquila casa"** "maison à louer"

alquiler nm location *f*; *(precio)* loyer *m*; **de ~** à louer; **alquiler de coches/automóviles** location de voitures

alquimia nf alchimie *f*

alquitrán nm goudron *m*

alrededor adv autour; **alrededores** nmpl environs mpl; **~ de** autour de; *(aproximadamente)* environ; **a su ~** autour de lui; **mirar a su ~** regarder autour de soi

alta nf: **dar a algn de ~** *(en empleo)* autoriser qn à reprendre son travail *(después de un congé de maladie)*; **darse de ~** *(Med)* se déclarer guéri(e); *(en club, asociación)* devenir membre

altanería nf arrogance *f*; *(de aves)* haut vol *m*

altanero, -a adj hautain(e)

altar nm autel *m*

altavoz nm haut-parleur *m*

alteración nf altération *f*; *(alboroto)*

altercation f; (agitación) agitation f;
alteración del orden público trouble
m de l'ordre public
alterar vt modifier; (persona)
perturber; (alimentos, medicinas)
altérer; **alterarse** vpr (persona) se
troubler
altercado nm altercation f
alternar vi fréquenter des gens;
alternarse vpr se relayer
alternativa nf: **no tener otra ~** ne
pas avoir le choix
alternativo, -a adj alternatif(-ive);
(hojas, ángulo) alterne
alterno, -a adj (días) tous les deux;
(Elec) alternatif(-ive)
alteza nf altesse f
altibajos nmpl (del terreno) inégalités
fpl; (fig) des hauts et des bas mpl
altiplanicie nf plateau m
altiplano nm = **altiplanicie**
altisonante adj ronflant(e)
altitud nf altitude f
altivez nf hauteur f, morgue f
altivo, -a adj hautain(e), altier(-ière)
alto, -a adj haut(e); (persona)
grand(e); (sonido) aigu(ë); (precio, ideal,
clase) élevé(e) ▷ nm haut m; (Am) tas
msg ▷ adv haut; (río) en crue ▷ excl
halte!; **la pared tiene 2 metros de
~** le mur fait 2 mètres de haut; **alta
fidelidad/frecuencia** haute fidélité/
fréquence; **en alta mar** en haute
mer; **alta tensión** haute tension; **a
altas horas de la noche** à une heure
avancée de la nuit; **en lo ~ de** en haut
de, tout en haut de; **hacer un ~** faire
une halte; **por todo lo ~** sur un grand
pied; **declarar/respetar el ~ el fuego**
déclarer/observer le cessez-le-feu
altoparlante (Am) nm haut-
parleur m
altruismo nm altruisme m
altura nf hauteur f; (de persona) taille
f; (altitud) altitude f; **alturas** nfpl
hauteurs fpl; **la pared tiene 1.80 de ~**

le mur fait 1 mètre 80 de hauteur o de
haut; **a estas ~s** à l'heure qu'il est
alubias nfpl haricots mpl
alucinación nf hallucination f;
alucinar vi halluciner
alud nm avalanche f
aludir vi: **~ a** faire allusion à; **darse
por aludido** se sentir visé
alumbrado nm éclairage m;
alumbramiento nm accouchement
m
alumbrar vt éclairer; (Med)
accoucher de
aluminio nm aluminium m
alumno, -a nm/f élève m/f
alunizar vi alunir
alusión nf allusion f; **hacer ~ a** faire
allusion à
aluvión nm (de agua) inondation f; (de
gente, noticias) déluge m
alverja (Am) nf pois msg de senteur
alza nf hausse f; **estar en ~** (precio)
être en hausse; (estimación) être bien
coté(e)
alzamiento nm (rebelión)
soulèvement m; (de muro) élévation f
alzar vt (tb castigo) lever; (precio, muro,
monumento) élever; (cuello de abrigo)
relever; (poner derecho) redresser;
alzarse vpr s'élever; (rebelarse) se
soulever; **~ la voz** élever la voix
ama nf maîtresse f (de maison),
propriétaire f; **ama de casa**
ménagère f; **ama de llaves**
gouvernante f
amabilidad nf amabilité f; **amable**
adj aimable; **es Vd muy amable** c'est
très aimable à vous
amaestrado, -a adj dressé(e)
amaestrar vt dresser
amago nm menace f; (Med)
symptôme m
amainar vi tomber
amalgama nf amalgame m;

amalgamar vt amalgamer
amamantar vt allaiter, donner
le sein à
amanecer vi: **amanece** le jour se
lève ▷ nm lever m du jour; **el niño**
amaneció con fiebre l'enfant s'est
réveillé avec de la fièvre
amanerado, -a adj maniéré(e);
(lenguaje) affecté(e)
amansar vt apprivoiser; **amansarse**
vpr (persona) s'amadouer
amante adj: ~ **de** amoureux(-euse) de
▷ nm/f amant/maîtresse
amapola nf coquelicot m
amar vt aimer
amargado, -a adj (-ère) amer(-ère),
aigri(e)
amargar vt (comida) rendre
amer(-ère); (fig: estropear) gâcher
▷ vi (naranja) se gâter; **amargarse**
vpr s'aigrir
amargo, -a adj amer(-ère);
amargura nf (tristeza) chagrin m
amarillento, -a adj jaunâtre(-tez)
jaune
amarillo, -a adj (color) jaune ▷ nm
jaune m
amarra nf amarre f; **amarras** nfpl
piston msg; **soltar ~s** larguer les
amarres
amarrar vt (Náut) amarrer; (atar)
ficeler, ligoter
amasar vt (masa) pétrir; (yeso,
mortero) gâcher; **amasijo** nm (fig)
ramassis msg
amateur nm/f amateur m
amazona nf amazone f, cavalière f
Amazonas nm: **el (Río)** ~ l'Amazone f
ámbar nm ambre m (jaune)
ambages nmpl: **sin ~** sans ambages
ambición nf ambition f; **ambicionar**
vt ambitionner; **ambicionar hacer**
ambitionner de faire
ambicioso, -a adj ambitieux(-ieuse)
ambidextro, -a adj ambidextre
ambientación nf (Cine, Teatro, TV)

cadre m
ambiente nm (atmósfera, tb fig)
atmosphère f; (entorno) air m ambiant,
milieu m
ambigüedad nf ambiguïté f
ambiguo, -a adj ambigu(ë)
ámbito nm domaine m; (fig) cercle m
ambos, -as adj pl les deux ▷ pron pl
tous/toutes les deux
ambulancia nf ambulance f
ambulante adj ambulant(e)
ambulatorio nm dispensaire m
amedrentar vt effrayer;
amedrentarse vpr s'effrayer
amén excl amen!; ~ **de** outre
amenaza nf menace f
amenazar vt menacer; ~ **con**
(hacer) menacer de (faire); ~ **de**
muerte menacer de mort
amenidad nf aménité f
ameno, -a adj amène
América nf Amérique f; **América**
Central/Latina Amérique centrale/
latine; **América del Norte/del Sur**
Amérique du Nord/du Sud
americana nf veste f
americano, -a adj américain(e)
▷ nm/f Américain(e)
ametralladora nf mitrailleuse f
amianto nm amiante m
amigable adj amical(e)
amígdala nf amygdale f; **amigdalitis**
nf amygdalite f
amigo, -a adj ami(e) ▷ nm/f (gen)
ami(e); (amante) petit(e) ami(e); **ser ~**
de algo être un ami de qch; **ser muy**
~s être très amis
amilanar vt effrayer; **amilanarse**
vpr s'effrayer
aminorar vt (velocidad etc) ralentir
amistad nf amitié f; **amistades** nfpl
(amigos) amis mpl
amistoso, -a adj amical(e)
amnesia nf amnésie f
amnistía nf amnistie f
amo nm (dueño) maître m (de maison),

propriétaire m; (jefe) patron m;
hacerse le ~ (de algo) prendre la
direction (de qch)
amodorrarse vpr s'assoupir
amoldar, amoldarse vpr: **~se (a)**
(prenda, zapatos) prendre la forme (de);
~se a s'adapter à
amonestación nf admonestation f;
amonestaciones nfpl (Rel) bans mpl
amonestar vt admonester; (Rel)
publier les bans de
amontonar vt entasser, amonceler;
(riquezas etc) accumuler, amasser;
amontonarse vpr (gente) se masser;
(hojas, nieve etc) s'entasser; (trabajo)
s'accumuler
amor nm amour m; **de mil ~es** très
volontiers; **hacer el ~** faire l'amour;
(cortejar) faire la cour; **tener ~es con
algn** avoir une liaison avec qn; **¡por
(el) ~ de Dios!** pour l'amour de Dieu!;
amor propio amour-propre m
amoratado, -a adj (por frío)
violacé(e); (por golpes) couvert(e) de
bleus; **ojo ~** œil m au beurre noir
amordazar vt bâillonner
amorfo, -a adj amorphe
amoroso, -a adj amoureux(-euse);
(carta) d'amour
amortiguador nm (dispositivo)
amortisseur m; (parachoques) pare-
chocs m inv; **amortiguadores** nmpl
(Auto) suspension fsg
amortiguar vt amortir; (dolor)
atténuer; (color) neutraliser; (luz)
baisser
amortización nf amortissement m
amotinar vt ameuter; **amotinarse**
vpr se mutiner
amparar vt secourir; (suj: ley)
protéger; **ampararse** vpr se mettre
à l'abri; **~se en** (ley, costumbre) se
prévaloir de; **amparo** nm protection
f; **al amparo de** grâce à
amperio nm ampère m
ampliación nf agrandissement

m; (de capital) augmentation f; (de
estudios) approfondissement m; (cosa
añadida) extension f; **ampliar** vt
agrandir; (estudios) approfondir
amplificación nf amplification f;
amplificador nm amplificateur m
amplificar vt amplifier
amplio, -a adj (habitación) vaste;
(ropa, consecuencias) ample; (calle)
large; **amplitud** nf étendue f; **de
gran amplitud** de grande envergure;
amplitud de miras largeur f d'esprit
ampolla nf ampoule f
ampuloso, -a adj ampoulé(e)
amputar vt amputer
amueblar vt meubler
amuleto nm amulette f
anacronismo nm anachronisme m
anales nmpl annales fpl
analfabetismo nm analphabétisme
m
analfabeto, -a adj, nm/f
analphabète m/f
analgésico nm analgésique m
análisis nm inv analyse f
analista nmf analyste m/f
analizar vt analyser
analogía nf analogie f
analógico, -a adj analogique
análogo, -a adj analogue
anaquel nm rayon m
anaranjado, -a adj orangé(e)
anarquía nf anarchie f; **anarquismo**
nm anarchisme m; **anarquista** nmf
anarchiste m/f
anatomía nf anatomie f
anca nf (de animal) croupe f
ancho, -a adj large ▷ nm largeur f;
a lo ~ sur toute la largeur; **me está o
queda ~ el vestido** je nage dans cette
robe; **estar a sus anchas** être à l'aise;
ir muy ~s prendre de grands airs
anchoa nf anchois msg
anchura nf largeur f
anciano, -a adj vieux/vieille ▷ nm/f
personne f âgée

ancla *nf* ancre *f*; **anclar** *vi* mouiller l'ancre

Andalucía *nf* Andalousie *f*

andaluz, a *adj* andalou(se) ▷ *nm/f* Andalou(se)

andamiaje *nm* échafaudage *m*

andamio *nm* échafaudage *m*

PALABRA CLAVE

andar *vt* parcourir
▷ *vi* **1** (*persona, animal*) marcher; (*coche*) rouler
2 (*funcionar: máquina, reloj*) marcher
3 (*estar*) être; **¿qué tal andas?** comment vas-tu?; **andar mal de dinero/de tiempo** être à court d'argent/de temps; **andar haciendo algo** être en train de faire qch; **anda (metido) en asuntos sucios** il est impliqué dans des affaires louches; **anda por los cuarenta** il a environ quarante ans; **no sé por dónde anda** je ne sais pas où il est
4 (*revolver*): **no andes ahí/en mi cajón** ne touche pas à ça/à mon tiroir
5 (*obrar*): **andar con cuidado** o **con pies de plomo** faire bien attention, regarder où l'on met les pieds
andarse *vpr*: **andarse con rodeos** o **por las ramas** tourner autour du pot; **andarse con historias** raconter des histoires; **andarse con rodeos** o **por las ramas** tourner autour du pot; **andarse con historias** raconter des histoires
▷ *nm*: **andares** démarche *f*

andén *nm* quai *m*; (*Am*) trottoir *m*

Andes *nmpl*: **los ~** les Andes *fpl*

Andorra *nf* Andorre *f*

andrajo *nm* loque *f*, haillon *m*

andrajoso, -a *adj* déguenillé(e), loqueteux(-euse)

anduve *etc vb ver* **andar**

anduviera *etc vb ver* **andar**

anécdota *nf* anecdote *f*

anegar *vt* (*lugar*) inonder; **anegarse** *vpr* être inondé(e)

anejo, -a *adj* annexe ▷ *nm* = **anexo**
annexe *f*

anemia *nf* anémie *f*

anestesia *nf* anesthésie *f*; **anestesia general/local** anesthésie générale/locale

anexar *vt* annexer; **~ algo a algo** (*Pol*) annexer qch à qch; **anexión** *nf* annexion *f*; **anexionamiento** *nm* = **anexión**

anexo, -a *adj* annexe ▷ *nm* annexe *f*

anfibio, -a *adj* amphibie ▷ *nm* amphibien *m*

anfiteatro *nm* amphithéâtre *m*

anfitrión, -ona *nm/f* amphitryon *m*, hôte(sse); **el equipo ~** (*Deporte*) l'équipe qui reçoit

ángel *nm* ange *m*; **ángel de la guarda** ange gardien; **angelical** *adj* angélique

angélico, -a *adj* = **angelical**

angina *nf*: **tener ~s** avoir une angine; **angina de pecho** angine *f* de poitrine

anglicano, -a *adj* anglican(e) ▷ *nm/f* anglican(e)

anglosajón, -ona *adj* anglo-saxon(ne) ▷ *nm/f* Anglo-Saxon(ne)

angosto, -a *adj* étroit(e), resserré(e)

anguila *nf* anguille *f*

angulas *nfpl* civelles *fpl*

ángulo *nm* angle *m*; (*rincón*) coin *m*

angustia *nf* angoisse *f*; (*agobio*) anxiété *f*; **angustiar** *vt* angoisser; **angustiarse** *vpr* s'angoisser

anhelar *vt* être avide de; **~ hacer** mourir d'envie de faire; **anhelo** *nm* désir *m* ardent

anhídrido *nm*: **~ carbónico** dioxyde *m* de carbone

anidar *vi* nicher

anillo *nm* bague *f*; **anillo de boda** alliance *f*; **anillo de compromiso** bague de fiançailles

animación *nf* animation *f*

animado, -a *adj* (vivaz) plein(e) de vie o d'entrain; (fiesta, conversación) animé(e); (alegre) joyeux(-euse)

animador, a *nm/f* (TV, Deporte) animateur(-trice); (persona alegre) boute-en-train *m inv*

animadversión *nf* animadversion *f*

animal *adj* animal(e) ⊳ *nm* animal *m*; **ser un ~** (fig) être un animal

animar *vt* animer; (dar ánimo a) encourager; (habitación, estilo) égayer; (fuego) ranimer; **animarse** *vpr* s'égayer; **~ a algn a hacer/para que haga** encourager qn à faire; **~se a hacer** se décider à faire

ánimo *nm* courage *m* ⊳ *excl* courage!; **tener ~(s) (para)** être d'humeur (à); **con/sin ~ de hacer** avoir l'intention/ sans intention de faire

animoso, -a *adj* courageux(-euse)

aniquilar *vt* anéantir; (salud) ruiner

anís *nm* anis *msg*

aniversario *nm* anniversaire *m*

anoche *adv* hier soir, la nuit dernière; **antes de ~** avant-hier soir

anochecer *vi* commencer à faire nuit ⊳ *nm* crépuscule *m*; **al ~** à la tombée de la nuit

anodino, -a *adj* (película, novela) insipide; (persona) insignifiant(e)

anomalía *nf* anomalie *f*

anonadado, -a *adj* abattu(e)

anonimato *nm* anonymat *m*

anónimo, -a *adj* anonyme ⊳ *nm* lettre *f* anonyme

anorexia *nf* anorexie *f*

anormal *adj* anormal(e) ⊳ *nm/f* débile *m/f* mental(e)

anotar *vt* annoter

anquilosarse *vpr* s'ankyloser; (fig) vieillir

ansia *nf* (deseo) avidité *f*; (ansiedad) angoisse *f*; **ansiar** *vt* être avide de; **ansiar hacer** brûler de faire

ansiedad *nf* angoisse *f*

ansioso, -a *adj* (codicioso) avide;

(preocupado) anxieux(-euse); **~ de** *o* **por (hacer)** avide de (faire)

antagónico, -a *adj* antagonique; **antagonista** *nm/f* adversaire *m/f*

antaño *adv* jadis, autrefois

Antártico *nm*: **el ~** l'Antarctique *m*

ante *prep* devant; (enemigo, peligro, en comparación con) face à; (datos, cifras) en présence de ⊳ *nm* daim *m*; **~ todo** avant tout

anteanoche *adv* avant-hier soir

anteayer *adv* avant-hier

antebrazo *nm* avant-bras *m*

antecedente *adj* antérieur(e) ⊳ *nm* antécédent *m*; **antecedentes** *nmpl* antécédents *mpl*; **estar en ~s** être au courant; **poner a algn en ~s** mettre *o* tenir qn au courant; **antecedentes penales** casier *msg* judiciaire

anteceder *vt*: **~ a** précéder

antecesor, a *nm/f* prédécesseur *m*

antedicho, -a *adj* susdit(e)

antelación *nf*: **con ~** à l'avance

antemano: **de ~** *adv* d'avance

antena *nf* antenne *f*; **antena parabólica** antenne parabolique

anteojo *nm* lunette *f*; **anteojos** *nmpl* (esp Am) lunettes *fpl*

antepasados *nmpl* ancêtres *mpl*

anteponer *vt*: **~ algo a algo** faire passer une chose avant une autre

anteproyecto *nm* avant-projet *m*

anterior *adj*: **~ (a)** (en orden) qui précède; (en el tiempo) antérieur(e) (à); **anterioridad** *nf*: **con anterioridad a** préalablement à, avant

antes *adv* avant; (primero) d'abord; (hace tiempo) autrefois ⊳ *prep*: **~ de** (antiguamente) avant ⊳ *conj*: **~ de ir/ de que te vayas** avant d'aller/que tu ne partes; **~ bien** plutôt; **~ de nada** avant tout; **dos días ~** deux jours plus tôt; **la tarde ~** la veille au soir; **no quiso venir ~** il n'a pas voulu venir plus tôt; **tomo el avión ~ que el barco** je préfère l'avion au bateau; **~**

que yo avant moi
antiaéreo, -a *adj* antiaérien(ne)
antibalas *adj inv*: **chaleco ~ gilet m** pare-balles
antibiótico *nm* antibiotique *m*
anticiclón *nm* anticyclone *m*
anticipación *nf*: **con 10 minutos de ~** avec 10 minutes d'avance; **hacer algo con ~** faire qch à l'avance
anticipado, -a *adj* anticipé(e); **por ~** d'avance, par anticipation
anticipar *vt* anticiper; **anticiparse** *vpr* (*estación*) être en avance; **~se (a)** (*adelantarse*) devancer; (*prever*) prévenir
anticipo *nm* avance *f*
anticonceptivo, -a *adj* contraceptif(-ive) ▷ *nm* contraceptif *m*
anticongelante *nm* (*Auto*) antigel *m*
anticuado, -a *adj* (*ropa, estilo*) démodé(e); (*máquina, término*) vieillot(te), vieux/vieille
anticuario *nm* antiquaire *m/f*
anticuerpo *nm* anticorps *msg*
antídoto *nm* antidote *m*
antiestético, -a *adj* inesthétique
antifaz *nm* masque *m*
antiglobalizador, a *adj, nm/f* altermondialiste *m/f*
antigualla *nf* (*pey: objeto*) antiquité *f*
antiguamente *adv* autrefois, jadis
antigüedad *nf* antiquité *f*; (*en empleo*) ancienneté *f*; **antigüedades** *nfpl* antiquités *fpl*
antiguo, -a *adj* ancien(ne), vieux/vieille ▷ *nm*: **los ~s** les Anciens *mpl*; **a la antigua** à l'ancienne
Antillas *nfpl*: **las ~** les Antilles *fpl*
antílope *nm* antilope *f*
antinatural *adj* anormal(e); (*perverso*) contre nature; (*afectado*) forcé(e)
antipatía *nf* antipathie *f*; (*a cosa*) répugnance *f*
antipático, -a *adj* antipathique;

(*gesto etc*) déplaisant(e)
antirrobo *adj inv* antivol
antisemita *adj, nm/f* antisémite *m/f*
antiséptico, -a *adj* antiseptique ▷ *nm* antiseptique *m*
antivirus *nm inv* (*Comput*) antivirus *m*
antojadizo, -a *adj* capricieux(-ieuse)
antojarse *vpr*: **se me antoja comprarlo** j'ai envie de me l'acheter; **se me antoja que** j'imagine que
antojo *nm* caprice *m*, lubie *f*; (*Anat, de embarazada, lunar*) envie *f*; **hacer algo a su ~** faire qch à sa guise
antología *nf* anthologie *f*
antorcha *nf* torche *f*
antro *nm* (*fig*) antre *m*
antropófago, -a *adj, nm/f* anthropophage *m/f*
antropología *nf* anthropologie *f*
anual *adj* annuel(le)
anuario *nm* annuaire *m*
anudar *vt* nouer; **anudarse** *vpr* s'emmêler
anulación *nf* annulation *f*; (*ley*) abrogation *f*; (*persona*) annihilation *f*
anular *vt* annuler; (*ley*) abroger ▷ *nm* (*tb*: **dedo ~**)
anunciación *nf* (*Rel*): **la A~** l'Annonciation *f*
anunciante *nm/f* (*Com*) annonceur *m* (publicitaire)
anunciar *vt* annoncer; (*Com*) faire de la publicité por
anuncio *nm* annonce *f*; (*Com*) publicité *f*; (*cartel*) panneau *m* publicitaire; (*señal*) pancarte *f*; **anuncios por palabras** petites annonces *fpl*
anzuelo *nm* hameçon *m*; (*fig*) appât *m*
añadidura *nf* ajout *m*; (*vestido*) rallonge *f*; **por ~** par surcroît
añadir *vt* ajouter; (*prenda*) rallonger
añejo, -a *adj* (*vino*) vieux/vieille; (*pey: tocino, jamón*) rance
añicos *nmpl* morceaux *mpl*; **hacer ~** (*cosa*) mettre en morceaux; **hacerse**

~ briser en mille morceaux; (cristal) voler en éclats

añil nm indigo m

año nm an m; (duración) année f; **los ~s 80** les années 80; **¡Feliz A~ Nuevo!** Bonne et heureuse année!; **tener 15 ~s** avoir 15 ans; **año académico** o **escolar/bisiesto/sabático** année scolaire o universitaire/bissextile/ sabbatique; **año económico** fiscal exercice m financier; **año-luz** année-lumière f

añoranza nf nostalgie f

apabullar vt sidérer

apacentar vt faire paître

apacible adj paisible; (clima) doux/ douce; (lluvia) fin(e)

apaciguar vt apaiser, calmer; **apaciguarse** vpr s'apaiser, se calmer

apadrinar vt (Rel) être le parrain de

apagado, -a adj éteint(e); (color) terne; (sonido) étouffé(e); **estar ~** être éteint

apagar vt éteindre; (sed) étancher; **apagarse** vpr s'éteindre

apagón nm panne f

apalabrar adj (persona) engager; (piso) convenir (verbalement) de

apalear vt rosser

apañar (fam) vt (arreglar) rafistoler; (vestido) raccommoder; **apañar** vpr: **~se** o **apañárselas (para hacer)** se débrouiller (pour faire)

aparador nm buffet m

aparearse vpr s'apparier

aparecer vi apparaître; (publicarse) paraître; (ser encontrado) être

trouvé(e); **aparecerse** vpr apparaître

aparejado, -a adj: **llevar** o **traer ~** entraîner

aparejador, a nm/f (Arq) aide-architecte

aparejo nm (de pesca) matériel m (de pêche); (Náut) gréement m

aparentar vt (edad) faire ▷ vi se faire remarquer; **~ hacer** faire semblant de faire

aparente adj apparent(e)

aparezca etc vb ver **aparecer**

aparición nf apparition f; (de libro) parution f

apariencia nf apparence f; **apariencias** nfpl (aspecto) apparences fpl; **en ~** en apparence; **tener (la) ~ de** avoir l'apparence de; **guardar las ~s** sauver les apparences

apartado, -a adj éloigné(e) ▷ nm paragraphe m, alinéa m; **apartado (de correos)** boîte f postale

apartamento nm studio m

apartar vt écarter; (quitar) retirer; (comida, dinero) mettre de côté; **apartarse** vpr s'écarter

aparte adv (en otro sitio) de côté; (en sitio retirado) à l'écart; (además) en outre ▷ prep: **~ de** à part ▷ nm aparté m à part; **~ de que** sans compter que, en plus du fait que

aparthotel nm apparthôtel m

apasionado, -a adj passionné(e); **~ de/por** passionné(e) de/par

apasionar vt: **le apasiona el fútbol** c'est un passionné de football; **apasionarse** vpr se passionner; **~se por** se passionner pour; (persona) être passionnément amoureux(-euse) de; (deporte, política) être mordu(e) de

apatía nf indolence f

apático, -a adj apathique

Apdo. abr (= Apartado de Correos) B.P. (= boîte f postale)

apeadero nm (Ferro) halte f

apearse vpr: **~ (de)** descendre (de)

apechugar vi: ~ **con algo** se coltiner qch

apedrear vt lapider

apegarse vpr: ~ **a** (a persona) s'attacher à; (a cargo) prendre à cœur; **apego** nm: **apego a/por** (objeto) attachement m

apelación nf appel m

apelar vi: ~ **a** faire appel à; (justicia) avoir recours à

apellidarse vpr: **se apellida Pérez** il s'appelle Pérez

apellido nm nom m de famille

apelmazarse vpr (masa) se tasser; (arroz) se coller; (prenda) rétrécir

apenar vt peiner, faire de la peine à; (Am: avergonzar) faire honte à; **apenarse** vpr avoir de la peine; (Am) avoir honte

apenas adv à peine, presque pas ▷ conj dès que; ~ **si podía levantarse** c'est à peine s'il pouvait se lever

apéndice nm appendice m; **apendicitis** nf appendicite f

aperitivo nm apéritif m

aperos nmpl (utensilios) matériel msg; (Agr) matériel agricole

apertura nf ouverture f; (de curso) rentrée f (des classes); (de parlamento) rentrée parlementaire

apesadumbrar vt attrister

apestar vt empester ▷ vi: ~ **(a)** empester; **estar apestado de** être infesté de

apetecer vt: ¿**te apetece una tortilla?** as-tu envie d'une omelette?; **apetecible** adj appétissant(e); (olor) agréable; (objeto) séduisant(e)

apetito nm appétit m

apetitoso, -a adj alléchant(e)

apiadarse vpr: ~ **de** s'apitoyer sur

ápice nm (fig) summum m

apilar vt empiler

apiñarse vpr se presser

apio nm céleri m

apisonadora nf rouleau m compresseur

aplacar vt apaiser; (sed) étancher; (entusiasmo) refroidir; **aplacarse** vpr s'apaiser; (entusiasmo) se refroidir

aplanar vt aplanir

aplastante adj écrasant(e)

aplastar vt écraser

aplatanarse vpr (fam) vpr se ramollir

aplaudir vt, vi applaudir

aplauso nm applaudissement m

aplazamiento nm ajournement m

aplazar vt (reunión) ajourner

aplicación nf application f; **aplicaciones** nfpl applications fpl

aplicado, -a adj appliqué(e), studieux(-euse)

aplicar vt mettre en pratique; (ley, norma) appliquer; **aplicarse** vpr s'appliquer; ~ **(a)** appliquer (à)

aplique vb ver **aplicar** ▷ nm applique f

aplomo nm aplomb m

apocado, -a adj timoré(e)

apoderado nm (Jur, Com) mandataire m, fondé m de pouvoir

apoderarse vpr: ~ **de** s'emparer de, s'approprier

apodo nm surnom m

apogeo nm apogée m

apolillarse vpr (ropa) être mangé(e) par les mites; (madera) être vermoulu(e)

apoltronarse vpr se prélasser

apoplejía nf apoplexie f

aporrear vt cogner sur

aportar vt (datos) fournir; (dinero) apporter; **aportarse** vpr (Am) arriver

aposento nm appartement m

aposta adv à dessein, exprès

apostar vt (dinero) parier; (tropas) poster ▷ vi parier; **apostarse** vpr se poster; ¿**qué te apuestas a que ...?** on parie combien que ...?

apóstol nm apôtre m

apóstrofo nm apostrophe f

apoyar vt appuyer; **apoyarse**

vpr: **~se en** s'appuyer o reposer sur; **apoyo** *nm* appui *m;* (*fundamento*) fondement *m*

apreciable *adj* appréciable

apreciar *vt* apprécier

aprecio *nm* estime *f;* **tener ~ a/sentir ~ por** avoir/ressentir de l'estime pour

aprehender *vt* (*armas, drogas*) saisir; (*persona*) appréhender

apremiante *adj* pressant(e)

apremiar *vt, vi* presser; **~ a algn a hacer/para que haga** presser qn de faire

aprender *vt, vi* apprendre; **~ de memoria/de carretilla** apprendre par cœur

aprendiz, a *nm/f* apprenti(e); (*recadero*) galopin *m;* **aprendizaje** *nm* apprentissage *m*

aprensión *nm* appréhension *f*

aprensivo, -a *adj* appréhensif(-ive), méfiant(e)

apresar *vt* (*delincuente*) incarcérer; (*contrabando*) saisir; (*soldado*) mettre aux arrêts

apresurado, -a *adj* (*decisión*) hâtif(-ive); (*persona*) pressé(e)

apresurar: **apresurarse** *vpr* se presser; **~se (a hacer)** se hâter (de faire)

apretado, -a *adj* serré(e); (*estrecho de espacio*) à l'étroit; (*programa*) chargé(e); **íbamos muy ~s en el autobús** nous étions à l'étroit dans l'autobus; **vivir ~** vivre à l'étroit

apretar *vt* serrer; (*labios*) pincer; (*gatillo, botón*) appuyer sur ▷ *vi* (*color etc*) redoubler; (*zapatos, ropa*) serrer, être trop juste; **~ el paso** presser le pas

apretón *nm:* **~ de manos** poignée *f* de main; **apretones** *nmpl* cohue *fsg*

aprieto *vb ver* **apretar** ▷ *nm* gêne *f,* embarras *msg;* **verse en un ~** être dans l'embarras; **estar en ~s** traverser des moments difficiles

aprisa *adv* vite

aprisionar *vt* (*poner en prisión*) emprisonner; (*sujetar*) serrer

aprobación *nf* approbation *f*

aprobar *vt* (*decisión*) approuver; (*examen, materia*) être reçu(e) à ▷ *vi* (*en examen*) réussir; **~ por mayoría/por unanimidad** approuver à la majorité/à l'unanimité

apropiación *nf* appropriation *f*

apropiado, -a *adj* approprié(e)

apropiarse *vpr:* **~ de** s'approprier, s'emparer de

aprovechado, -a *adj* (*estudiante*) appliqué(e); (*día, viaje*) bien employé(e) ▷ *nm/f* (*pey: persona*) profiteur(-euse); **aprovechamiento** *nm* exploitation *f,* utilisation *f*

aprovechar *vt* profiter de; (*tela, comida, ventaja*) tirer profit de ▷ *vi* progresser; **aprovecharse** *vpr:* **~se de** (*pey*) profiter de; **¡que aproveche!** bon appétit!; **~ la ocasión para hacer** profiter de l'occasion pour faire

aproximación *nf* rapprochement *m;* **con ~** par approximation

aproximadamente *adv* environ

aproximado, -a *adj* approximatif(-ive)

aproximarse *vpr* (s')approcher

apruebe *etc vb ver* **aprobar**

aptitud *nf*

apto, -a *adj:* **~ (para)** apte (à), capable (de); (*apropiado*) qui convient (à)

apuesta *nf* pari *m*

apuntador *nm* (*Teatro*) souffleur *m*

apuntalar *vt* étayer

apuntar *vt* (*con arma*) viser; (*con dedo*) montrer o désigner du doigt; (*datos*) noter; (*Teatro*) souffler; **apuntarse** *vpr* (*tanto, victoria*) remporter; (*en lista, registro*) s'inscrire

apunte *nm* croquis *msg;* **apuntes** *nmpl* (*Escol*) notes *fpl*

apuñalar *vt* poignarder

apurado, -a *adj* (*necesitado*) dans la

gêne; (*situación*) difficile, délicat(e);
(*Am: con prisa*) pressé(e); **estar ~**
(*avergonzado*) être embarrassé(e)

apurar vt (*bebida, cigarrillo*) finir;
(*recursos*) épuiser; (*persona: agobiar*)
mettre à bout; (: *causar vergüenza a*)
mettre dans l'embarras; **apurarse**
vpr s'inquiéter; (*esp Am: darse prisa*)
se dépêcher

apuro nm (*aprieto, vergüenza*) gêne f,
embarras msg; (*Am: prisa*) hâte f; **estar
en ~s** (*dificultades*) avoir des ennuis;
(*falta de dinero*) être dans la gêne

aquejado, -a adj: **~ de** (*Med*)
atteint(e) de

aquel, aquella(*mpl* **~los**, *fpl*
aquellas) adj ce/cette; (*pl*) ces

aquél, aquélla(*mpl* **~los**, *fpl*
aquéllas) pron celui-là/celle-là; (*pl*)
ceux-là/celles-là

aquello pron cela; **~ que hay allí** ce
qu'il y a là-bas

aquí adv ici; **~ abajo/arriba** en bas/
là-haut; **~ mismo** ici même; **de ~ en
adelante** désormais; **de ~ a siete
días** d'ici sept jours; **hasta ~** jusqu'ici;
por ~ par ici

aquietar vt apaiser

ara: **aras** nfpl (*beneficio*): **en ~s de**
au nom de

árabe adj arabe ▷ nm/f Arabe m/f
▷ nm (*Ling*) arabe m

Arabia nf Arabie f; **~ Saudí** o **Saudita**
Arabie saoudite

arado nm charrue f

Aragón nm Aragon m

aragonés, -esa adj aragonais(e)
▷ nm/f Aragonais(e) ▷ nm (*Ling*)
aragonais msg

arancel nm (*tb*: **~ de aduanas**) tarif
m douanier

arandela nf rondelle f; (*de vela*)
bobèche f

araña nf araignée f; (*lámpara*) lustre m

arañar vt (*herir*) griffer; (*raspar*)
érafler; **arañarse** vpr s'égratigner

arañazo nm égratignure f

arar vt labourer

arbitraje nm arbitrage m

arbitrar vt arbitrer ▷ vi arbitrer

arbitrariedad nf arbitraire m

arbitrario, -a adj arbitraire

arbitrio nm: **quedar al ~ de algn**
dépendre de la volonté de qn

árbitro, -a nm/f arbitre m

árbol nm (*Bot, Tec*) arbre m; (*Náut*) mât
m; **árbol de Navidad** arbre de Noël
m

arbolado, -a adj boisé(e) ▷ nm
bois msg

arboleda nf bois msg, bosquet m

arbusto nm arbuste m

arca nf coffre m

arcada nf arcade f; **arcadas** nfpl
(*Med*) nausées fpl

arcaico, -a adj archaïque

arce nm érable m

arcén nm (*de autopista*) accotement m;
(*de carretera*) bas-côté m

archipiélago nm archipel m

archivador nm classeur m

archivar vt archiver; **archivo** nm
archives fpl

arcilla nf argile f

arco nm arc m; (*Mús*) archet m;
(*Am: Deporte*) but m; **arco iris** arc-
en-ciel m

arder vi brûler; **estar que arde** (*fam*)
bouillir de rage

ardid nm ruse f

ardiente adj ardent(e)

ardilla nf écureuil m

ardor nm ardeur f; **con ~** (*fig*) avec
ardeur; **ardor de estómago** brûlures
fpl d'estomac

arduo, -a adj ardu(e)

área nf (*zona*) surface f; (*medida*) are m;
(*Deporte*) zone f

arena nf sable m; **arenas movedizas**
sables mouvants

arenal nm étendue f de sable

arengar vt haranguer

arenisca nf grès m

arenoso, -a *adj* sablonneux(-euse)

arenque *nm* hareng *m*

argamasa *nf* mortier *m*

Argel *n* Alger *m*; **Argelia** *nf* Algérie *f*

argelino, -a *adj* algérien(ne) ▷ *nm/f* Algérien(ne)

Argentina *nf* Argentine *f*

argentino, -a *adj* argentin(e) ▷ *nm/f* Argentin(e)

argolla *nf* anneau *m*; (*Am: anillo de matrimonio*) alliance *f*

argot (*pl* **-s**) *nm* argot *m*

argucia *nf* argutie *f*

argüir *vt* arguer ▷ *vi* argumenter; **~ que** (*alegar*) arguer que; (*deducir*) déduire que

argumentación *nf* argumentation *f*

argumentar *vt* argumenter; (*deducir*) déduire; **~ que** (*alegar*) avancer que

argumento *nm* argument *m*; (*Cine, TV*) scénario *m*

aria *nf* aria *f*

aridez *nf* aridité *f*

árido, -a *adj* aride; **áridos** *nmpl* (*Agr*) grains *mpl*

Aries *nm* (*Astrol*) Bélier *m*; **ser ~** être (du) Bélier

arisco, -a *adj* (*persona*) bourru(e)

aristocracia *nf* aristocratie *f*

aristócrata *nm/f* aristocrate *m/f*

aritmética *nf* arithmétique *f*

arma *nf* arme *f*; **armas** *nfpl* (*Mil*) armes *fpl*; **arma blanca** (*cuchillo*) arme blanche; (*espada*) épée *f*; **arma de doble filo** (*fig*) arme à double tranchant; **arma de fuego** arme à feu

armada *nf* marine *f* de guerre; (*flota*) flotte *f*

armadillo *nm* tatou *m*

armado, -a *adj* armé(e)

armador *nm* (*Náut: dueño*) armateur *m*

armadura *nf* (*Mil*) armure *f*; (*Tec, Fís*) armature *f*; (*tejado*) charpente *f*; (*de gafas*) monture *f*

armamento *nm* armement *m*

armar *vt* armer; (*Mec, Tec*) monter; (*ruido, escándalo*) faire, provoquer; **armarse** *vpr*: **-se (con/de)** s'armer (de); **~la** faire un esclandre; **~se un lío** s'arracher les cheveux

armario *nm* armoire *f*; **armario de cocina** garde-manger *m inv*; **armario empotrado** placard *m*

armatoste *nm* (*fam*) monument *m*

armazón *nf, nm* armature *f*; (*Arq*) échafaudage *m*; (*Auto*) châssis *msg*

armería *nf* (*tienda*) armurerie *f*

armiño *nm* hermine *f*; **de ~** d'hermine

armisticio *nm* armistice *m*

armonía *nf* harmonie *f*

armónica *nf* harmonica *m*

armonioso, -a *adj* harmonieux(-euse)

armonizar *vt* harmoniser ▷ *vi*: **~ con** (*fig*) être en harmonie avec

arneses *nmpl* (*para caballerías*) harnais *mpl*

aro *nm* cercle *m*, anneau *m*; (*juguete*) cerceau *m*; (*Am: pendiente*) anneau

aroma *nm* arôme *m*, parfum *m*

aromático, -a *adj* aromatique

arpa *nf* harpe *f*

arpía *nf* (*fig*) harpie *f*, mégère *f*

arpillera *nf* serpillière *f*

arpón *nm* harpon *m*

arquear *vt* fléchir; **arquearse** *vpr* fléchir

arqueología *nf* archéologie *f*

arqueólogo, -a *nm/f* archéologue *m/f*

arquetipo *nm* archétype *m*

arquitecto, -a *nm/f* architecte *m/f*; **arquitectura** *nf* architecture *f*

arrabal *nm* faubourg *m*; (*barrio bajo*) bas quartiers *mpl*; **arrabales** *nmpl* (*afueras*) faubourgs *mpl*

arraigado, -a *adj* enraciné(e)

arraigar *vi* prendre racine; (*ideas, costumbres*) s'enraciner, prendre racine; (*persona*) s'installer, s'établir; **arraigarse** *vpr* (*costumbre*) s'enraciner, prendre racine; (persona) s'installer, s'établir

arrancar vt arracher; (árbol) déraciner; (carteles, colgaduras) retirer; (esparadrapo) enlever; (Auto) mettre en marche; (Inform) démarrer ▷ vi (Auto, máquina) démarrer; ~ **de raíz** déraciner

arranque vb ver **arrancar** ▷ nm (Auto) démarrage m; (fig: arrebato) élan m

arrasar vi (fig) faire un triomphe o tabac (fam)

arrastrado, -a adj misérable; (Am: servil) servile

arrastrar vt traîner; (suj: agua, viento, tb fig) entraîner ▷ vi traîner; **arrastrarse** vpr se traîner; **llevar algo arrastrando** traîner qch depuis longtemps

arrastre nm remorquage m

arre excl hue!

arrear vt exciter; (fam) flanquer

arrebatado, -a adj emporté(e), impétueux(-euse); (cara) congestionné(e); (color) vif/vive

arrebatar vt arracher; **arrebatarse** vpr s'emporter

arrebato nm emportement m; ~ **de cólera/entusiasmo** élan m o mouvement m de colère/ d'enthousiasme

arrecife nm récif m; (tb: ~ **de coral**) récif de corail

arredrarse vpr: ~ (**por** o **ante algo**) s'effrayer (de qch)

arreglado, -a adj (persona) soigné(e); (vestido) impeccable; (habitación) ordonné(e), en ordre

arreglar vt ranger, mettre en ordre; (persona) préparer; (algo roto) réparer, arranger; (problema) régler; (entrevista) fixer; **arreglarse** vpr s'arranger, se régler; (acicalarse) se pomponner; **arreglárselas** (fam) se débrouiller, s'en sortir; **~se el pelo/las uñas**

s'arranger les cheveux/se faire les ongles

arreglo nm rangement m, ordre m; (acuerdo) arrangement m, accord m; (Mús) arrangement; (de algo roto) réparation f; (de persona) toilette f, soin m; **con ~ a** conformément à

arrellanarse vpr: ~ **en** (sillón) se carrer o se prélasser dans

arremangar vt relever, retrousser; **arremangarse** vpr retrousser ses manches

arremeter vi: ~ **contra** se jeter à l'assaut de, fondre sur

arrendamiento nm location f; (contrato) bail m; (precio) loyer m; **arrendar** vt louer

arrendatario, -a nm/f locataire m/f

arreos nmpl harnais msg

arrepentirse nm repentir m

arrepentirse vpr: ~ (**de**) se repentir (de); ~ **de haber hecho algo** se repentir d'avoir fait qch

arrestar vt arrêter; (Mil) mettre aux arrêts; **arresto** nm arrestation f; (Mil) arrêts mpl; **arrestos** nmpl (audacia) audace fsg; **arresto domiciliario** assignation f à domicile

arriar vt amener

PALABRA CLAVE

arriba adv 1 (posición) en haut; **allí arriba** là-haut; **el piso de arriba** l'appartement du dessus; **la parte de arriba** le haut; **desde arriba** d'en haut; **arriba del todo** tout en haut; **Juan está arriba** Juan est en haut; **lo arriba mencionado** ce qui est mentionné ci-dessus

2 (dirección): **ir calle arriba** remonter la rue; **río arriba** en amont

3: **mirar a algn de arriba abajo** regarder qn de haut en bas

▷ prep: **arriba de** (Am) sur, au-dessus de; **arriba de 30 euros** plus de 30

a

euros
▷ *excl:* **¡arriba!** *(¡levanta!)* debout!;
(ánimo) courage!; **¡manos arriba!**
haut les mains!; **¡arriba España!** vive
l'Espagne!

arribar *vi* arriver

arribista *nm/f* arriviste *m/f*

arriendo *vb ver* **arrendar** ▷ *nm* =
arrendamiento

arriero *nm* muletier *m*

arriesgado, -a *adj (peligroso)*
risqué(e), hasardeux(-euse);
(audaz: persona) audacieux(-euse)

arriesgar *vt*, **arriesgarse** ▷ *vpr*
risquer; **~se a hacer algo** se risquer
à faire qch

arrimar *vt (acercar):* **~** approcher
de; *(dejar de lado)* abandonner, laisser
tomber; **arrimarse** *vpr:* **~se a**
(acercarse) s'approcher de; *(apoyarse)*
s'appuyer sur

arrinconar *vt (algo viejo)* mettre dans
un coin, mettre au rebut; *(enemigo)*
acculer

arroba *nf (Inform)* arobase *f*

arrodillarse *vpr* s'agenouiller

arrogancia *nf* arrogance *f*;
arrogante *adj* arrogant(e)

arrojar *vt (piedras)* jeter; *(pelota)*
lancer; *(basura)* jeter, déverser; *(humo)*
cracher; *(persona)* chasser, mettre
dehors; *(Com)* totaliser; **arrojarse**
vpr se jeter

arrojo *nm* hardiesse *f*

arrollador, -a *adj (éxito)*
retentissant(e); *(fuerza)* irrésistible;
(mayoría) écrasant(e)

arrollar *vt (suj: vehículo)* renverser;
(Deporte) écraser

arropar *vt* couvrir; **arroparse** *vpr*
se couvrir

arroyo *nm* ruisseau *m*; *(de la calle)*
caniveau *m*

arroz *nm* riz *m*; **arroz blanco** *(Culin)*
riz blanc; **arroz con leche** riz au lait

arruga *nf* ride *f*; *(en ropa)* pli *m*

arrugar *vt (piel)* rider; *(ropa, papel)*
froisser; *(ceño, frente)* froncer;
arrugarse *vpr* se rider; *(ropa)* se
froisser

arruinar *vt* ruiner; **arruinarse** *vpr*
se ruiner

arrullar *vt* bercer

arsenal *nm (Mil)* arsenal *m*; *(Náut)*
chantier *m* naval

arsénico *nm* arsenic *m*

arte *nm (gen m en sg y siempre f en pl)*
art *m*; *(maña)* don *m*; **por amor al ~**
pour l'amour de l'art; **por ~ de magia**
comme par enchantement; **Bellas
A~s** Beaux-Arts *mpl*

artefacto *nm* engin *m*, machine *f*

arteria *nf* artère *f*

artesanía *nf* artisanat *m*; **de ~**
artisanal(e)

artesano, -a *nm/f* artisan(e)

ártico, -a *adj* arctique ▷ *nm:* **el
Ártico** l'Arctique *m*

articulación *nf* articulation *f*

articulado, -a *adj* articulé(e)

articular *vt* articuler

artículo *nm* article *m*; **artículos**
nmpl (Com) articles *mpl*; **artículos
de escritorio/tocador** articles de
bureau/toilette

artífice *nm/f (fig)* auteur *m*

artificial *adj* artificiel(le); *(fig)*
artificiel(le), forcé(e)

artificio *nm* appareil *m*, engin *m*;
(truco) artifice *m*

artillería *nf* artillerie *f*

artilugio *nm* engin *m*

artimaña *nf (ardid)* stratagème *m*

artista *nm/f* artiste *m/f*; **artista de
cine** artiste de cinéma; **artista de
teatro** comédien(ne)

artístico, -a *adj* artistique

artritis *nf* arthrite *f*

arveja *(Am: guisante)* *nf* pois *msg*

arzobispo *nm* archevêque *m*

as *nm* as *m*; **ser un ~ (de)** *(fig)* être

un as (de)
asa nf anse f
asado nm (carne) rôti m; (CSur: barbacoa) barbecue m
asaduras nfpl (Culin) abats mpl
asalariado, -a adj, nm/f salarié(e)
asaltador, a, asaltante nm/f assaillant(e)
asaltar vt (banco etc) attaquer; (persona, fig) assaillir; (Mil) prendre d'assaut; **asalto** nm (a banco) hold-up m inv; (a persona) agression f; (Mil) assaut m; (Boxeo) round m
asamblea nf (corporación) assemblée f, rassemblement m; (reunión) assemblée
asar vt rôtir (au four), griller (au feu de bois, au grill); **asarse** vpr (fig) cuire
asbesto nm asbeste m
ascendencia nf ascendance f; **de ~ francesa** d'origine française; **tener ~ sobre algn** avoir de l'ascendant sur qn
ascender vi monter; (en puesto de trabajo) monter en grade ▷ vt faire monter; **~ a** s'élever à; **ascendiente** nm ascendant m; **ascendientes** nmpl ascendants mpl
ascensión nf ascension f; **la A~** (Rel) l'Ascension
ascenso nm promotion f
ascensor nm ascenseur m
ascético, -a adj ascétique
asco nm: **¡qué ~!** (que) c'est dégoûtant!; **el ajo me da ~** j'ai horreur de l'ail; **estar hecho un ~** être dégoûtant(e); **ser un ~** (clase, libro) être nul(le); (película) être un navet
ascua nf braise f; **estar en o sobre ~s** être sur des charbons ardents
aseado, -a adj (persona) impeccable, bien mis(e); (casa) impeccable
asear vt (casa) nettoyer; **asearse** vpr (persona) s'arranger, faire sa toilette
asediar vt assiéger; (fig) assaillir; **asedio** nm siège m
asegurado, -a adj, nm/f assuré(e)

asegurar vt assurer; (cuerda, clavo) fixer; (maleta) bien fermer; (afirmar) assurer, certifier; (garantizar) garantir; **asegurarse** vpr: **~se (contra)** (Com) s'assurer (contre), prendre une assurance (contre)
asemejarse vpr: **~ a** ressembler à
asentado, -a adj sensé(e); **estar ~ en** être situé(e) dans o sur; (persona) être établi(e) à
asentar vt (instalar) installer; (asegurar) assurer; **asentarse** vpr (persona) s'établir; (líquido, polvo) se déposer
asentir vi acquiescer; **~ con la cabeza** acquiescer d'un signe de tête
aseo nm hygiène f, toilette f; **aseos** nmpl (servicios) toilettes fpl
aséptico, -a adj aseptique
asequible adj (precio) abordable; (persona) accessible, abordable; **~ a** (comprensible) accessible à, à la portée de
aserrar vt scier
asesinar vt assassiner; **asesinato** nm assassinat m
asesino nm assassin m
asesor, a nm/f conseiller(-ère), consultant/e
asesorar vt (Jur, Com) conseiller; **asesorarse** vpr: **~se con** o **de** prendre conseil de; **asesoría** nf (cargo) conseil m; (oficina) cabinet m d'expert-conseil
asestar vt (golpe) assener; (tiro) envoyer
asfalto nm bitume m
asfixia nf asphyxie f
asfixiar vt (suj: persona) asphyxier; (: calor) étouffer; **asfixiarse** vpr être asphyxié(e), être étouffé(e); **~se de calor** étouffer de chaleur
asgo etc vb ver **asir**
así adv (de esta manera) ainsi; (aunque) même si; **~ de grande** grand(e) comme ça; **~ llamado** soi-disant, prétendu; **y ~ sucesivamente** et ainsi

de suite; **~ y todo** malgré tout; **¿no es
~?** n'est-ce pas (vrai)?; **diez euros o ~**
à peu près dix euros; **~ como** (también)
ainsi que, de même que; **~ pues** ainsi
donc; **~ que** (en cuanto) dès que; (por
consiguiente) donc
Asia nf Asie f
asiático, -a adj asiatique ▷ nm/f
Asiatique m/f
asidero nm anse f
asiduidad nf assiduité f
asiduo, -a adj assidu(e) ▷ nm/f
habitué(e)
asiento vb ver **asentar; asentir**
▷ nm siège m; (de silla etc) assise f; (de
cine, tren) place f; (Com) inscription
f; **asiento delantero/trasero** siège
avant/arrière
asignación nf attribution f; (paga)
traitement m
asignar vt assigner; (cantidad) allouer,
attribuer
asignatura nf matière f, discipline f
asilado, -a nm/f (Pol) réfugié(e)
politique; (en asilo de ancianos)
pensionnaire m/f
asilo nm asile m; **pedir/dar ~ a algn**
demander/donner asile à qn; **asilo
político** asile politique
asimilación nf assimilation f
asimilar vt assimiler; **asimilarse**
vpr: **~se a** s'assimiler à
asimismo adv tout autant,
pareillement
asir vt saisir; **asirse** vpr: **~se a** o **de se**
saisir de, s'accrocher à
asistencia nf assistance f; (tb:
~ médica) soins mpl médicaux;
asistencia social/técnica assistance
sociale/technique
asistenta nf femme f de ménage;
asistente nm/f assistant(e); **los
asistentes** les assistants; **asistente
social** employé(e) des services
sociaux; (mujer) assistante sociale
asistido, -a adj (Auto: dirección)

assisté(e); **~ por ordenador** assisté
par ordinateur
asistir vt (Med) assister, soigner;
(ayudar) assister, secourir ▷ vi: **~ (a)**
assister (à)
asma nf asthme m
asno nm âne m
asociación nf association f;
asociación de ideas association
d'idées
asociado, -a adj, nm/f associé(e)
asociar vt associer; **asociarse**
vpr: **~se (a)** s'associer (à)
asomar vt sortir, mettre dehors
▷ vi (sol) poindre, se montrer; (barco)
apparaître; **asomarse** vpr: **~se a** o
por se montrer à, se mettre à
asombrar vt (causar asombro)
étonner; (causar admiración)
stupéfier; **asombrarse** vpr: **~se
(de)** (sorprenderse) s'étonner (de);
asombro nm (sorpresa) étonnement
m, stupéfaction f
asombroso, -a adj étonnant(e),
stupéfiant(e)
asomo nm signe m, ombre f; **ni por
~** pas le moins du monde, en aucune
manière
aspa nf croix fsg de Saint André; (de
molino) aile f
aspaviento nm gestes mpl
outranciers; **hacer ~s** faire des
simagrées
aspecto nm aspect m, air m; (de salud)
mine f; (fig) aspect; **tener buen/mal ~**
(persona) avoir bonne/mauvaise mine
aspereza nf rugosité f; (de terreno,
carácter) aspérité f
áspero, -a adj rugueux(-euse);
(sabor) âpre
aspersión nf aspersion f; **riego por ~**
arrosage par aspersion
aspiración nf aspiration f
aspirador nm = **aspiradora**
aspiradora nf aspirateur m

aspirante nm/f candidat(e)
aspirar vt aspirer ▷ vi: **~ a (hacer)** aspirer à (faire)
aspirina nf aspirine f
asquear vt écœurer; **asquearse** vpr: **~se (de)** être dégoûté(e) (de)
asqueroso, -a adj, nm/f dégoûtant(e)
asta nf hampe f; **astas** nfpl (Zool) bois mpl; **a media ~** en berne
asterisco nm astérisque m
astigmatismo nm astigmatisme m
astilla nf éclat m; (de leña) écharde f; (de hueso) esquille f; (de fuego) petit bois m
astilleros nmpl chantier m naval; (de la Armada) arsenal m
astringente adj astringent(e) ▷ nm astringent m
astro nm astre m
astrología nf astrologie f
astronauta nm/f astronaute m/f
astronave nf astronef m
astronomía nf astronomie f
astrónomo, -a nm/f astronome m/f
astucia nf astuce f
astuto, -a adj astucieux(-euse); (taimado) rusé(e)
asumir vt assumer
asunción nf prise f de possession; **la A~** l'Assomption f
asunto nm (tema) sujet m; (negocio) affaire f
asustar vt faire peur à; (ahuyentar) mettre en fuite; **asustarse** vpr: **~se (de o por)** avoir peur (de)
atacar vt attaquer; (teoría) s'attaquer à
atadura nf attache f, lien m; (impedimento) entrave f, lien
atajar vt (interrumpir) couper court à, interrompre; (cortar el paso a) barrer la route à; (enfermedad) enrayer; (riada, sublevación) endiguer; (incendio) maîtriser ▷ vi prendre un raccourci
atajo nm raccourci m; (Deporte)

plaquage m
atañer vi: **~ a (persona)** concerner; (gobierno) incomber à
ataque vb ver **atacar** ▷ nm (Mil) attaque f, raid m; (Med) attaque; (de ira, nervios, risa) crise f; **ataque cardíaco** crise cardiaque
atar vt attacher, ligoter; **atarse** vpr (zapatos) attacher; (corbata) nouer; **~ cabos** déduire par recoupements
atardecer vi: **atardece a las 8** la nuit tombe à 8 h ▷ nm tombée f du jour; **al ~** à la tombée du jour
atareado, -a adj affairé(e)
atascar vt boucher; **atascarse** vpr se boucher; (coche) s'embourber; (motor) se gripper; (fig: al hablar) bafouiller; **atasco** nm obstruction f; (Auto) bouchon m
ataúd nm cercueil m, bière f
ataviar vt parer; **ataviarse** vpr se parer
atavío nm toilette f
atemorizar vt faire peur à; **atemorizarse** vpr: **~se (de o por)** s'effrayer (de)
Atenas nf Athènes
atención nf attention f ▷ excl attention!; **atenciones** nfpl (amabilidad) attentions fpl, égards mpl; **llamar la ~ a algn** (despertar curiosidad) attirer l'attention de qn; (reprender) rappeler qn à l'ordre; **prestar ~** prêter attention
atender vt (consejos) tenir compte de; (enfermo, niño) s'occuper de, soigner; (petición) accéder à ▷ vi: **~ a** se soucier de; **~ al teléfono** répondre au téléphone; **~ a la puerta** aller ouvrir la porte
atenerse vpr: **~ a** s'en tenir à; **~ a las consecuencias** penser aux conséquences
atentado nm attentat m; (delito) atteinte f, attentat; **~ contra la vida de algn** attentat à la vie de qn;

atentado contra el pudor attentat à la pudeur; **atentado suicida** attentat suicide; **atentado terrorista** attentat terroriste

atentamente adv attentivement; **le saluda ~** (en carta) recevez mes salutations distinguées

atentar vi: **~ a o contra** (seguridad) attenter à; (moral, derechos) porter atteinte à; **~ contra** (Pol) attenter à la vie de, commettre un attentat contre

atento, -a adj attentif(-ive); (cortés) attentionné(e); **~ a** attentif(-ive) à

atenuar vt atténuer; **atenuarse** vpr s'atténuer

ateo, -a adj, nm/f athée m/f

aterido, -a adj: **~ de frío** transi(e)

aterrador, a adj épouvantable, effroyable

aterrar vt effrayer; **aterrarse** vpr: **~se de** o por être terrifié(e) par

aterrizaje nm (Aviat) atterrissage m; **aterrizaje forzoso** atterrissage forcé

aterrizar vi atterrir

aterrorizar vt terroriser; **aterrorizarse** vpr: **~se de** o por être terrorisé(e) (par)

atesorar vt amasser; (fig) accumuler

atestado, -a adj, nm (Jur) procès-verbal m

atestar vt envahir; (Jur) attester

atestiguar vt (Jur) témoigner; (fig: dar prueba de) témoigner de

atiborrar vt remplir; **atiborrarse** vpr: **~se de** se gaver de

ático nm attique m

atinado, -a adj approprié(e); (sensato) sensé(e)

atinar vi viser juste; (fig) deviner juste; **~ con** o **en** (solución) trouver

atisbar vt épier; (vislumbrar) percevoir

atizar vt (fuego, fig) attiser; (fam: golpe) flanquer

atlántico, -a adj atlantique ▷ nm: **el (Océano) A~** l'(océan m) Atlantique m

atlas nm atlas m

atleta nm/f athlète m/f

atlético, -a adj (competición) d'athlétisme; (persona) athlétique; **atletismo** nm athlétisme m

atmósfera nf atmosphère f

atolladero nm (fig) impasse f

atómico, -a adj atomique

atomizador nm atomiseur m

átomo nm atome m

atónito, -a adj pantois(e)

atontado, -a adj étourdi(e) ▷ nm/f abruti(e)

atontar vt abrutir; **atontarse** vpr s'abêtir

atormentar vt tourmenter, torturer; **atormentarse** vpr se tourmenter

atornillar vt visser

atosigar vt empoisonner; **atosigarse** vpr être obsédé(e)

atracador, a nm/f malfaiteur m

atracar vt (Náut) amarrer; (atacar) attaquer à main armée ▷ vi amarrer; **atracarse** vpr: **~se (de)** se bourrer (de)

atracción nf attirance f; **atracciones** nfpl (diversiones) attractions fpl; **sentir ~ por** éprouver de l'attirance pour; **centro/punto de ~** centre m/point m d'attraction

atraco nm agression f; (en banco) hold-up m inv

atracón nm: **darse** o **pegarse un ~ (de)** (fam) s'empiffrer (de), se bourrer (de)

atractivo, -a adj attirant(e) ▷ nm attrait m

atraer vt attirer; **atraerse** vpr s'attirer

atragantarse vpr: **~ (con)** s'étrangler (avec); **se me ha atragantado el chico ése** je ne peux pas le voir, celui-là; **se me ha atragantado el inglés** l'anglais et moi, ça fait deux

atrancar vt (puerta) barricader; (desagüe) boucher; **atrancarse** vpr (desagüe) se boucher; (mecanismo) se gripper

atrapar vt attraper

atrás adv (posición) derrière, en
arrière; (dirección) derrière; **~ de** prep
(Am: detrás de) derrière; **años/meses
~** des années/mois auparavant;
días ~ cela fait des jours et des
jours; **asiento/parte de ~** siège m/partie m
arrière; **marcha ~** marche f arrière; **ir
hacia ~** (movimiento) aller en arrière;
(dirección) aller derrière; **estar ~** être
o se trouver derrière o en arrière;
está más ~ c'est plus loin derrière;
(desdecirse) se dédire

atrasado, -a adj (pago) arriéré(e);
(país) sous-développé(e); (trabajo) en
retard; **el reloj está o va ~** la pendule
retarde; **poner fecha atrasada a**
antidater

atrasar vi, vt retarder; **atrasarse**
vpr (persona) s'attarder; (tren) avoir
du retard; (reloj) retarder; **atraso**
nm retard m; **atrasos** nmpl (Com)
arriérés mpl

atravesar vt traverser; (poner al
través) barrer; **atravesarse** vpr se
mettre en travers de

atraviese etc vb ver **atravesar**

atrayente adj alléchant(e)

atreverse vpr **~ a (hacer)** oser (faire)

atrevido, -a adj (audaz)
audacieux(-euse); (descarado)
insolent(e); (moda, escote) osé(e);
atrevimiento nm (audacia) audace f;
(descaro) insolence f

atribuciones nfpl (Pol, Admin)
attributions fpl

atribuirse vpr s'attribuer

atribular vt affliger; **atribularse** vpr
être affligé(e)

atributo nm attribut m, apanage m

atril nm pupitre m; (Mús) lutrin m

atrocidad nf atrocité f; **atrocidades**
nfpl (disparates) énormités fpl

atropellar vt écraser; **atropellarse**
vpr s'embrouiller; **atropello** nm

(Auto) collision f; (contra propiedad,
derechos) violation f

atroz adj atroce; (frío) terrible;
(hambre) de loup; (sueño) irrésistible;
(película, comida) épouvantable

A.T.S. sigla m/f (= Ayudante Técnico
Sanitario) infirmier(-ère)

atto., -a. abr (= atento, a) dévoué(e)

atuendo nm tenue f

atún nm thon m

aturdir vt assommer; (suj: ruido)
assourdir; (: vino) étourdir; (: droga)
abrutir; (: noticia) laisser sans voix;
aturdirse vpr être assourdi(e);
(por órdenes contradictorias) être
décontenancé(e)

atusarse vpr se pomponner

audacia nf audace f; **audaz** adj
audacieux(-euse)

audible adj audible

audición nf audition f

audiencia nf audience f

audífono nm audiophone m

audiovisual adj audio-visuel(le)

auditor nm (Jur) assesseur m; (Com)
commissaire m aux comptes

auditorio nm auditoire m; (sala)
auditorium m

auge nm apogée m; (Com, Econ)
essor m

augurar vt (suj: hecho) laisser
présager; (: persona) prédire

augurio nm présage m

aula nf (en colegio) salle f de classe,
classe f; (en universidad) salle de cours

aullar vi grogner; (fig: viento) hurler

aullido nm hurlement m

aumentar vt augmenter; (vigilancia)
redoubler de; (Foto) agrandir ▷ vi
augmenter; (vigilancia) redoubler
de; **aumento** nm augmentation
f; (vigilancia) redoublement m; **en
aumento** (precios) en hausse

aun adv même; **~ así** même ainsi; **~
cuando** même si

aún adv (todavía) encore, toujours; **~

no pas encore, toujours pas; **~ más** encore plus; **¿no ha venido ~?** il n'est pas encore arrivé?, il n'est toujours pas arrivé?

aunque conj bien que, même si

aúpa adj: **de ~** (fam: catarro) carabiné(e); (: chica) bien roulé(e); (: espectáculo) sensass

auricular nm (Telec) écouteur m; **auriculares** nmpl écouteurs mpl

aurora nf aurore f

auscultar vt ausculter

ausencia nf absence f

ausentarse vpr: **~ (de)** s'absenter (de)

ausente adj absent(e)

auspicio nm: **buen/mal ~** bons/ mauvais auspices mpl; **auspicios** nmpl: **bajo los ~s de** sous les auspices de

austeridad nf (de vida) austérité f; (de mirada) sévérité f

austero, -a adj austère; (lenguaje) dépouillé(e)

austral adj austral(e) ▷ nm (Am: 1985-1991) austral m

Australia nf Australie f

australiano, -a adj australien(ne) ▷ nm/f Australien(ne)

Austria nf Autriche f

austriaco, -a o **austríaco, -a** adj autrichien(ne) ▷ nm/f Autrichien(ne)

auténtico, -a adj authentique; (cuero) véritable; **es un ~ campeón** c'est un vrai champion

auto nm (coche) auto f; (Jur) arrêté m; **autos** nmpl (Jur) pièces fpl d'un dossier

autoadhesivo, -a adj autocollant(e)

autobiografía nf autobiographie f

autobús nm autobus m; **autobús de línea** car m

autocar nm autocar m

autóctono, -a adj autochtone

autodefensa nf autodéfense f

autodeterminación nf autodétermination f

autodidacta adj, nm/f autodidacte m/f

autoescuela nf auto-école f

autógrafo nm autographe m

autómata nm (persona) automate m

automático, -a adj automatique ▷ nm bouton-pression m

automotor, -triz adj automoteur(-trice) ▷ nm automotrice f

automóvil nm automobile f; **automovilismo** nm automobilisme m; **automovilista** nm/f (conductor) automobiliste m/f

automovilístico, -a adj (industria) automobile

autonomía nf autonomie f; (territorio) région f autonome

autonómico, -a (Esp) adj (elecciones) des communautés autonomes; (política) d'autonomie des régions

autónomo, -a adj (Pol, Inform) autonome

autopista nf autoroute f; **autopista de peaje** autoroute à péage

autopsia nf autopsie f

autor, a nm/f auteur m

autoridad nf autorité f; **autoridades** nfpl (Pol) autorités fpl; **la ~ política/judicial** les autorités politiques/judiciaires; **tener ~ sobre algn** avoir autorité sur qn

autoritario, -a adj autoritaire

autorización nf autorisation f

autorizado, -a adj autorisé(e)

autorizar vt autoriser; **~ a hacer** autoriser à faire

autoservicio nm (tienda) libre-service m; (restaurante) self-service m

autostop nm auto-stop m; **hacer ~** faire de l'auto-stop; **autostopista** nm/f auto-stoppeur(-euse)

autovía nf route f à quatre voies

auxiliar vt secourir, venir en

aide à ▷ adj auxiliaire; (profesor) suppléant(e) ▷ nm/f auxiliaire m/f; **auxilio** nm aide f, secours msg; **primeros auxilios** premiers secours mpl

Av. abr (= Avenida) av. (= avenue)

aval nm aval m

avalancha nf avalanche f

avance vb ver **avanzar** ▷ nm (de tropas) avance f, progression f; (de la ciencia) progrès msg; (pago) avance; (TV: de noticias) flash m (d'information); (del tiempo) prévisions fpl météorologiques

avanzar vt avancer ▷ vi avancer, progresser; (proyecto) avancer; (alumno) avancer, faire des progrès

avaricia nf avarice f

avaricioso, -a adj avaricieux(-euse)

avaro, -a adj, nm/f avare m/f

Avda. abr (= Avenida) av. (= avenue)

AVE sigla m (= Alta Velocidad Española) ≈ TGV m (= train à grande vitesse)

ave nf oiseau m; **ave de rapiña** oiseau de proie

avecinarse vpr approcher

avellana nf noisette f; **avellano** nm noisetier m, coudrier m

avemaría nm Ave (Maria) m

avena nf avoine f

avenida nf avenue f; (de río) crue f

avenir vt: **avenirse** vpr (personas) s'entendre; **~se a hacer** consentir à faire

aventajado, -a adj remarquable

aventajar vt: **~ a algn (en algo)** surpasser qn (en qch)

aventura nf aventure f

aventurado, -a adj aventureux(-euse)

aventurero, -a adj, nm/f aventurier(-ère)

avergonzar vt faire honte à; **avergonzarse** vpr: **~se de (hacer)** avoir honte de (faire)

avería nf (Tec) panne f, avarie f; (Auto) panne

panne

averiguación nf enquête f; (descubrimiento) découverte f

averiguar vt enquêter sur; (descubrir) découvrir

aversión nf aversion f

avestruz nm autruche f

aviación nf aviation f

aviador, a nm/f aviateur(-trice)

avidez nf: **~ de o por** empressement m à; (pey) avidité f de

ávido, -a adj: **~ de o por** avide de

avinagrado, -a adj aigri(e), revêche; (voz) aigre

avión nm avion m

avioneta nf avion m léger

avisar vt (ambulancia, fontanero) appeler; (médico) prévenir; **~ (de)** (advertir) avertir (de); (informar) avertir (de), faire part (de); **aviso** nm avis msg; **hasta nuevo aviso** jusqu'à nouvel ordre; **sin previo aviso** sans préavis

avispa nf guêpe f

avispado, -a adj éveillé(e)

avispero nm guêpier m

avituallar vt ravitailler

avivar vt aviver; (paso) presser; **avivarse** vpr se raviver; (discusión) s'animer

axila nf aisselle f

axioma nm axiome m

ay excl aïe!; (aflicción) hélas!; **¡~ de mí!** pauvre de moi!

aya nf (institutriz) gouvernante f; (niñera) nurse f

ayer adv antes de **~** avant-hier

ayote (Méx: calabaza) nm courge f

ayuda nf aide f ▷ nm

ayudante, a nm/f adjoint(e); (Escol) assistant(e); (Mil) adjudant m

ayudar vt aider; **~ a algn a hacer algo** aider qn à faire qch

ayunar vi jeûner; **ayunas** nfpl: **estar en ayunas** être à jeun; **ayuno** nm jeûne m

ayuntamiento nm (concejo) municipalité f, mairie f; (edificio) mairie, hôtel m de ville

azabache nm jais msg

azada nf houe f

azafata nf hôtesse f de l'air; (de congreso) hôtesse d'acrueil

azafrán nm safran m

azahar nm fleur f d'oranger

azar nm (casualidad) hasard m; **al/por ~** au/par hasard

azoramiento nm trouble m

azorar vt faire honte; **azorarse** vpr se troubler

Azores nfpl: **las (Islas) ~** les Açores fpl

azotar vt fouetter; **azote** nm coup m de fouet; (a niño) fessée f; (fig) fléau m

azotea nf terrasse f; **andar** o **estar mal de la ~** travailler du chapeau

azteca adj aztèque ⊳ nm/f Aztèque m/f

azúcar nm o f sucre m; **azúcar glaseado** sucre glace

azucarado, -a adj sucré(e)

azucarero, -a adj (industria) sucrier(-ère); (comercio) du sucre ⊳ nm sucrier m

azucena nf lys m

azufre nm soufre m

azul adj bleu(e) ⊳ nm bleu m; **azul celeste/marino** bleu ciel/marine

azulejo nm carreau m (au mur)

azuzar vt exciter

B.A. abr = **Buenos Aires**

baba nf bave f; **caérsele la ~ a algn** (fig) baver d'admiration

babero nm bavoir m

babor nm: **a** o **por ~** à bâbord

baboso, -a (Am: fam) adj, nm/f idiot(e), imbécile m/f

baca nf (Auto) galerie f

bacalao nm morue f

bache nm nid m de poule; (fig) crise f passagère

bachillerato nm baccalauréat m

bacteria nf bactérie f

báculo nm (bastón) canne f

bádminton nm badminton m

bagaje nm (de ejército) barda m

Bahama nfpl: **las (Islas) ~s** les (îles) Bahamas fpl

bahía nf baie f

bailar vt danser; (peonza, trompo) faire tourner ⊳ vi danser; (peonza, trompo) tourner

bailarín, -ina nm/f danseur(-euse);
baile nm danse f; (fiesta) bal m; **baile
de disfraces** bal masqué; **baile
flamenco** flamenco m

baja nf baisse f; (Mil) perte f; (empleado)
congédier qn; **darse de ~** (de trabajo)
démissionner; (por enfermedad) se faire
porter malade; (de club) se retirer

bajada nf baisse f; (declive, camino)
pente f

bajar vi descendre; (temperatura,
precios, calidad) baisser ▷ vt baisser;
(escalera, maletas) descendre; (Inform)
télécharger; **bajarse** vpr: **~se de**
descendre de; **los coches han bajado
de precio** le prix des voitures a baissé

bajeza nf bassesse f

bajío (Am) nm banc m de sable

bajo, -a adj (persona, animal) petit(e);
(ojos) baissé(e); (sonido) faible ▷ adv
bas ▷ prep sous; (en edificio) rez-de-
chaussée m inv; **hablar en voz baja**
parler à voix basse; **~ la lluvia** sous
la pluie

bajón nm chute f; (de salud)
aggravation f; **dar** o **pegar un ~**
(fam) chuter

bakalao nm (fam) techno f

bala nf (proyectil) balle f; **como una ~**
comme l'éclair

balance nm (Com) bilan m; **hacer ~ de**
faire le point de

balancear vt (suj: viento, olas)
balancer; **balancearse** vpr se
balancer; **balanceo** nm balancement
m

balanza nf balance f; **balanza
comercial** balance commerciale;
balanza de pagos balance des
paiements

balar vi bêler

balaustrada nf balustrade f; (en
escalera) rampe f

balazo nm (disparo) coup m de feu;
(herida) blessure f par balle

balbucear vi, vt balbutier; **balbuceo**

nm balbutiement m

balbucir = **balbucear**

balcón nm balcon m

balde nm (esp Am) seau m; **de ~** gratis;
en ~ en vain

baldío, -a adj en friche; (esfuerzo,
ruego) vain(e)

baldosa nf (para suelos) carreau m;
(azulejo) petit carreau en faïence

baldosín nm (de pared) petit carreau
en faïence

Baleares nfpl: **las (Islas) ~** les (îles)
Baléares fpl

balido nm bêlement m

baliza nf (Aviat, Náut) balise f

ballena nf baleine f

ballet (pl **~s**) nm ballet m

balneario, -a adj: **estación
balnearia** station f balnéaire ▷ nm
station f thermale/balnéaire

balón nm ballon m

baloncesto nm basket-ball m

balonmano nm hand-ball m

balonvolea nm volley-ball m

balsa nf (Náut) radeau m; (charca)
mare f

bálsamo nm baume m

baluarte nm (de muralla) rempart m

bambolearse vpr osciller; (persona)
tituber

bambú nm bambou m

banana (Am) nf banane f; **banano**
(Am) nm bananier m

banca nf (Am: asiento) banc m; (Com)
banque f

bancario, -a adj bancaire

bancarrota nf faillite f; (fraudulenta)
banqueroute f; **hacer** o **declararse en
~** faire faillite

banco nm banc m; (de carpintero) établi
m; (Com) banque f; **banco de arena**
banc de sable; **banco de crédito**
établissement m de crédit; **banco de
datos** (Inform) banque de données

banda nf bande f; (Mús) fanfare f; (para
el pelo) ruban m; **fuera de ~** (Deporte)

en touche; **banda ancha**(Inform) haut débit m; **banda de sonido** bande sonore; **banda sonora**(Cine) bande son

bandada nf (de pájaros) volée f; (de peces) banc m

bandazo nm **dar ~s** (coche) faire des embardées

bandeja nf plateau m

bandera nf drapeau m; **izar (la) ~** hisser les couleurs; **arriar la ~** amener les couleurs; **jurar ~** prêter serment au drapeau

banderilla nf (Taur) banderille f

banderín nm (para la pared) fanion m

bandido nm bandit m

bando nm arrêt m; (facción) faction f

bandolera nf (bolso) cartouchière f; **llevar en ~** porter en bandoulière

bandolero nm brigand m

banquero nm banquier m

banqueta nf banquette f; (Am) trottoir m

banquete nm banquet m; **banquete de bodas** repas msg de noces

banquillo nm (Jur) banc m des accusés

bañador nm maillot m de bain

bañar vt baigner; **bañarse** vpr se baigner; (en la bañera) prendre un bain; **bañado en** baigné(e) de; **~ en o de** (de pintura) enduire de; (chocolate) enrober de

bañera nf baignoire f

bañero nm maître-nageur m

bañista nm/f baigneur(-euse)

baño nm bain m; (en río, mar, piscina) baignade f; (cuarto) salle f de bain; (bañera) baignoire f; (capa) couche f; **baño (de) María** bain-marie f

bar nm bar m; **ir de ~es** faire la tournée des bars

barahúnda nf tapage m

baraja nf jeu m de cartes; **barajar** vt battre; (fig) envisager; (datos) brasser

baranda, barandilla nf (en escalera)

rampe f; (en balcón) balustrade f

baratija nf babiole f

baratillo nm friperie f

barato, -a adj bon marché inv ▷ adv bon marché

baraúnda nf = **barahúnda**

barba nf barbe f; (mentón) menton m; **salir algo a 30 euros por ~** (fam) revenir à 30 euros par tête de pipe; **con ~ de tres días** avec une barbe de trois jours

barbacoa nf barbecue m

barbaridad nf atrocité f; (imprudencia, temeridad) témérité f; **come una ~** (fam) il mange énormément; **¡qué ~!** (fam) quelle horreur!

barbarie nf barbarie f

bárbaro, -a adj barbare; (fam: estupendo) sensass; (éxito) monstre ▷ adv f; (pey: salvaje) barbare m/f ▷ adv: **lo pasamos** (fam) ça a été génial; **¡qué ~!** c'est formidable!

barbero nm barbier m, coiffeur m

barbilla nf collier m (de barbe)

barbo nm barbeau m

barbotar, barbotear vt, vi bredouiller

barbudo, -a adj barbu(e)

barca nf barque f; **barca pesquera** barque de pêche; **barcaza** nf péniche f

Barcelona n Barcelone

barcelonés, -esa adj barcelonais(e)

barco nm bateau m; (buque) bâtiment m; **barco de carga** cargo m; **barco de guerra** bateau de guerre; **barco de vela** bateau à voiles

baremo nm barème m

barítono nm baryton m

barman nm/v barman m

barniz nm vernis msg; **barniz de uñas** vernis à ongles; **barnizar** vt vernir

barómetro nm baromètre m

barquero nm barreur m

barquillo nm (dulce) cornet m

barra nf barre f; (de un bar, café)
comptoir m; (de pan) pain m long;
barra de labios bâton m de rouge à
lèvres; **barra libre** (en bar) boissons
fpl à volonté

barraca nf baraque f; (en feria) stand m

barranco nm précipice m; (rambla)
fossé m

barrenar vt forer

barreno nm mine f

barrer vt balayer; (niebla, nubes)
dissiper

barrera nf barrière f; (obstáculo)
obstacle m; **barrera del sonido** mur
m du son

barriada nf quartier m

barricada nf barricade f

barrida nf, **barrido** ▷ nm balayage
m

barriga nf panse f, ventre m; **rascarse**
o **tocarse la ~** (fam) se tourner les
pouces; **echar ~** prendre du ventre

barrigón, -ona, barrigudo, -a adj
bedonnant(e)

barril nm baril m; **cerveza de ~** bière
f pression

barrio nm quartier m; (en las afueras)
faubourg m; **barrio chino** quartier
des prostituées

barro nm boue f; (arcilla) terre f (glaise)

barroco, -a adj baroque ▷ nm
baroque m

barrote nm (de ventana etc) barreau m

barruntar vt (conjeturar) deviner;
(presentir) pressentir

bartola adv: **tirarse** o **tumbarse a la
~** prendre ses aises

bártulos nmpl attirail m

barullo nm tohu-bohu m inv;
(desorden) pagaille f

basar vt: **~ algo en** (fig) fonder qch sur;
basarse vpr: **~se en** se fonder sur

báscula nf bascule f

base nf base f ▷ adj (color, salario)
de base; **a ~ de** (mediante) grâce
à; **base de datos** (Inform) base de

données; **base de operaciones** base
d'opérations; **base imponible** (Fin)
assiette f de l'impôt

básico, -a adj (elemento, norma,
condición) de base

basílica nf basilique f

PALABRA CLAVE

bastante adj **1** (suficiente) assez de;
bastante dinero assez d'argent;
bastantes libros assez de livres
2 (valor intensivo): **bastante gente** pas
mal de gens
▷ adv **1** (suficiente) assez; **¿hay
bastante?** il y en a assez?; **(lo)
bastante inteligente (como) para
hacer algo** assez intelligent pour
faire qch
2 (valor intensivo) assez; **bastante rico**
assez riche; **voy a tardar bastante** je
serai assez long

bastar vi suffire; **¡basta!** ça suffit!; **me
basta con 5 5** me suffisent; **me basta
con ir** il me suffit d'aller; **basta (ya)
de ...** arrêtez de ...

bastardilla nf (Tip) italique m

bastardo, -a adj, nm/f bâtard(e)

bastidor nm (de costura) métier m à
broder; **entre ~es** en coulisse

basto, -a adj rustre; (tela)
grossier(-ière); **bastos** nmpl (Naipes)
l'une des quatre couleurs du jeu de cartes
espagnol

bastón nm (cayado) canne f; (tb: **~ de
esquí**) bâton m de ski

bastoncillo nm (de algodón)
bâtonnet m

basura nf ordures fpl; (tb: **cubo de la
~**) boîte f à ordures

basurero nm (persona) éboueur m;
(lugar) décharge f

bata nf robe f de chambre; (Med, Tec,
Escol) blouse f

batalla nf bataille f; **de ~** de tous

les jours; **batalla campal** bataille
rangée
batallar vi batailler
batallón nm bataillon m
batata nf (Am: Bot, Culin) patate
f douce
batería nf batterie f ▷ nm/f (persona)
batteur m; **aparcar/estacionar en ~**
se garer/stationner en épi; **batería
de cocina** batterie de cuisine
batido, -a adj (camino) battu(e); (mar)
agité(e) ▷ nm (de chocolate, frutas)
milk-shake m
batidora nf mixeur m
batir vt battre ▷ vi: **~ (contra)** battre
(contre); **~ palmas** battre des mains
batuta nf (Mús) baguette f; **llevar la ~**
mener la danse
baúl nm malle f
bautismo nm (Rel) baptême m
bautizar vt baptiser; **bautizo** nm
baptême m
bayeta nf (para limpiar) chiffon m à
poussière
bayoneta nf baïonnette f
baza nf (Naipes) pli m; (fig) atout m;
meter ~ mettre son grain de sel
bazar nm (comercio) bazar m
bazofia nf: **es una ~** c'est infect
beato, -a adj, nm/f (pey) bigot(e)
bebé (pl **~s**) nm bébé m
bebedor, a adj, nm/f buveur(-euse)
beber vt, vi boire
bebida nf boisson f
bebido, -a adj ivre
beca nf bourse f
becario, -a nm/f boursier(-ière)
bedel nm (Escol, Univ) appariteur m
béisbol nm base-ball m
Belén n Bethléem; **belén** nm crèche f
belga adj belge ▷ nm/f Belge m/f
Bélgica n Belgique f
bélico, -a adj (armamento,
preparativos) de guerre; (conflicto)
armé(e); (actitud) belliqueux(-euse)
beligerante nf belligérant(e)

belleza nf beauté f
bello, -a adj beau/belle; **Bellas Artes**
beaux-arts nfpl
bellota nf gland m
bemol nm bémol m
bencina (Chi) nf (gasolina) essence f
bendecir vt: **~ la mesa** bénir la table
bendición nf bénédiction f; **ser una ~**
être une bénédiction
bendito, -a pp de **bendecir** ▷ adj
bénit(e) ▷ nm/f brave homme/
femme; (ingenuo) benêt m; **¡~ sea
Dios!** Dieu soit loué!
beneficencia nf (tb: **~ pública**)
assistance f publique
beneficiar vt profiter à
beneficiario, -a nm/f bénéficiaire
m/f
beneficio nm (bien) bienfait m;
(ganancia) bénéfice m; **a/en ~ de** au
bénéfice de; **sacar ~ de** tirer profit de
beneficioso, -a adj salutaire; (Econ)
rentable
benéfico, -a adj (organización, festival)
de bienfaisance
benevolencia nf bienveillance f
benévolo, -a adj bienveillant(e)
benigno, -a adj bienveillant(e);
(clima) clément(e); (resfriado, Med)
bénin/bénigne
berberecho nm coque f
berenjena nf aubergine f
Berlín n Berlin
Bermudas nfpl: **las (Islas) ~** les (îles)
Bermudes fpl
bermudas nfpl o nmpl bermuda msg
berrear vi mugir; (niño) brailler
berrido nm mugissement m; (niño)
braillement m
berrinche (fam) nm petite colère f;
(disgusto) rogne f
berro nm cresson m
berza nf chou m
besamel nf béchamel f
besar vt embrasser; **besarse** vpr
s'embrasser; **beso** nm baiser m

bestia nf bête f; (fig) brute f; **mala ~** peau de vache; **bestia de carga** bête de somme

bestial adj (inhumano) bestial(e); (fam: calor) accablant(e); (error) aberrant(e); **bestialidad** nf bestialité f; (fam) énormité f

besugo nm daurade f; (fam) bourrique f

betún nm cirage m

biberón nm biberon m

Biblia nf Bible f

bibliografía nf bibliographie f

biblioteca nf bibliothèque f; **biblioteca de consulta** bibliothèque de consultation

bibliotecario, -a nm/f bibliothécaire m/f

bicarbonato nm bicarbonate m

bicho nm bestiole f; (fam) bête f

bici (fam) nf vélo m

bicicleta nf bicyclette f

bidé nm bidet m

bidón nm bidon m

PALABRA CLAVE

bien nm 1 bien m; **te lo digo por tu bien** je te le dis pour ton bien; **el bien y el mal** (moral) le bien et le mal
2 **bienes** (posesiones) nmpl biens mpl; **bienes de consumo** biens de consommation; **bienes inmuebles/muebles** biens immeubles/meubles; **bienes raíces** biens-fonds mpl
▷ adv 1 (de manera satisfactoria, correcta) bien: **trabaja/come bien** il travaille/mange bien; **huele bien** cela sent bon; **sabe bien** cela a bon goût; **contestó bien** il a bien répondu; **lo pasamos muy bien** nous nous sommes muy amusés; **hiciste bien en llamarme** tu as bien fait de m'appeler; **no me siento bien** je ne me sens pas bien
2 **estar bien: estoy muy bien aquí**

je suis très bien ici; **¿estás bien?** ça va (bien)?; **ese libro está muy bien** ce livre est très bien, c'est un très bon livre; **está bien que vengan** c'est bien qu'ils viennent; **¡está bien! lo haré** c'est bon! je le ferai
3 (de buena gana): **yo bien que iría pero ...** moi, j'irais bien, mais ...
4 (ya): **bien se ve que ...** on voit bien que ...
5 **no quiso o bien no pudo venir** il n'a pas voulu venir, ou plutôt il n'a pas pu
▷ excl (aprobación) bien!: **¡muy bien!** très bien!
▷ adj inv (matiz despectivo): **niño bien** fils msg de bonne famille; **gente bien** gens mpl bien
▷ conj 1 **bien ... bien, bien en coche bien en tren** soit en voiture soit en train
2 **no bien** (esp Am): **no bien llegue te llamaré** dès que j'arrive, je t'appelle
3 **si bien** si; ver tb **más**

bienal adj biennal(e)

bienestar nm bien-être m

bienhechor, a adj, nm/f bienfaiteur(-trice)

bienvenida nf bienvenue f; **dar la ~ a algn** souhaiter la bienvenue à qn

bienvenido, -a adj: **~ (a)** bienvenu(e) (à) ▷ excl bienvenue!

bife (Am) nm bifteck m

bifurcación nf bifurcation f

bifurcarse vpr bifurquer

bigamia nf bigamie f

bigote nm (tb: **~s**) moustache f

bigotudo, -a adj moustachu(e)

bikini nm bikini m

bilateral adj bilatéral(e)

bilbaíno, -a adj de Bilbao ▷ nm/f natif(-ive) o habitant(e) de Bilbao

bilingüe adj bilingue

billar nm billard m; **billar americano** billard américain

billete nm billet m; (en autobús, metro) ticket m; **medio ~** billet demi-tarif; **billete de ida** aller m simple; **billete de ida y vuelta** aller-retour m; **billete electrónico** billet électronique
billetera nf, **billetero** nm portefeuille m
billón nm billion m
bimensual adj bimensuel(le)
bimotor adj, nm bimoteur m
bingo nm bingo m
biodegradable adj biodégradable
biodiversidad nf biodiversité f
biografía nf biographie f
biología nf biologie f
biológico, -a adj biologique; (cultivo, producto) bio(logique)
biólogo, -a nm/f biologiste m/f
biombo nm paravent m
biopsia nf biopsie f
biquini nm = **bikini**
Birmania nf Birmanie f
birria nf: **ser una ~** être un(e) rien du tout; (película) être un navet; (libro) être un torchon
bis adv bis; **viven en el 27 ~** ils habitent au 27 bis; **artículo 47 ~** article 47 bis
bisabuelo, -a nm/f arrière-grand-père/arrière-grand-mère
bisagra nf charnière f
bisiesto adj ver **año**
bisnieto, -a nm/f arrière-petit-fils/arrière-petite-fille
bisonte nm (Zool) bison m
bisté, bistec(pl **~s**) nm bifteck m
bisturí(pl **-es**) nm bistouri m
bisutería nf bijoux mpl en toc
bit nm (Inform) bit m
bizco, -a adj qui louche ▷ nm/f personne f qui louche
bizcocho nm biscuit m
bizquear vi loucher
blanca nf: **estar sin ~** être fauché(e)
blanco, -a adj blanc/blanche ▷ nm/f (individuo) Blanc/Blanche ▷ nm blanc

m; (Mil) cible f; **cheque en ~** chèque en blanc; **noche en ~** nuit f blanche; **dar en el ~** faire mouche; **quedarse en ~** (mentalmente) avoir un trou; **ser el ~ de las burlas** être l'objet des railleries; **blanco del ojo** blanc m de l'œil
blancura nf blancheur f
blandir vt brandir
blando, -a adj mou/molle; (padre, profesor) indulgent(e); (carne, fruta) tendre; **blandura** nf mollesse f; (de padre, profesor) indulgence f
blanquear vt blanchir
blanquecino, -a adj blanchâtre; (luz) blafard(e)
blasfemar vi: **~ (contra)** blasphémer (contre); **blasfemia** nf blasphème m
blasón nm blason m
bledo nm: **(no) me importa un ~** ça ne me fait ni chaud ni froid
blindado, -a adj blindé(e); **coche** (Esp) o **carro** (Am) **~** véhicule m blindé
blindaje nm blindage m
bloc(pl **~s**) nm bloc-notes msg; (cuaderno) bloc m
blog(pl **~s**) nm blog m
bloque nm bloc m; (de noticias) rubrique f; **en ~** en bloc
bloquear vt bloquer; (Mil) faire le blocus de; **bloqueo** nm blocage m; (Mil) blocus msg; **bloqueo mental** blocage
blusa nf blouse f; (de mujer) chemisier m
boa nf boa m
boato nm faste m
bobada nf sottise f; **decir ~s** dire des bêtises
bobina nf bobine f
bobo, -a adj (tonto) sot/sotte ▷ nm/f sot/sotte; **hacer el ~** faire le pitre
boca nf bouche f; (de animal carnívoro, horno) gueule f; (de vasija) bec m; **~ abajo** sur le ventre; **~ arriba** sur le dos; **hacerle a algn el ~ a ~** faire du

bouche à bouche à qn; **se me hace la ~ agua** j'en ai l'eau à la bouche; **quedarse con la ~ abierta** en rester bouche bée; **boca de dragón** (Bot) gueule-de-loup f; **boca de incendios** bouche d'incendie; **boca de metro** bouche de métro

bocacalle nf: **una ~ de la avenida** une rue qui donne dans l'avenue

bocadillo nm sandwich m

bocado nm bouchée f; (mordisco) coup m de dent

bocajarro: a ~ adv à brûle-pourpoint

bocanada nf bouffée f; (de líquido) gorgée f

bocata (fam) nm casse-croûte m inv

bocatería nf sandwicherie f

boceto nm esquisse f; (plano) ébauche f

bochorno nm (vergüenza) honte f; (calor): **hace ~** il fait lourd

bochornoso, -a adj (día) lourd(e); (situación) orageux-euse)

bocina nf (Auto) klaxon m; **tocar la ~** klaxonner

boda nf (tb: **-s**) noce f, mariage m; (fiesta) noce; **bodas de oro** noces f d'or; **bodas de plata** noces d'argent

bodega nf (de vino) cave f; (establecimiento) marchand m de vin; (de barco) cale f

bodegón nm taverne f; (Arte) nature morte f

bofe nm (tb: **-s**: de res) mou m

bofetada nf gifle f; **bofetón** m = **bofetada**

boga nf: **en ~** en vogue

bogar vi ramer

Bogotá n Bogota

bohemio, -a adj, nm/f bohémien(ne)

boicot (pl **-s**) nm boycott m; **hacer el ~ a** boycotter; **boicotear** vt boycotter; **boicoteo** nm boycottage m

boina nf béret m

bola nf boule f; (canica) bille f; (pelota) balle f, ballon m; (fam) bobard m; (Am: rumor) rumeur f; **bolas** nfpl (Am: Caza) boleros fpl; **bola de billar** boule de billard; **bola de nieve** boule de neige; **bola del mundo** globe m terrestre

bolchevique adj bolchevique ▷ nm/f bolchevik m/f

boleadoras (Am) nfpl bolas fpl

bolera nf bowling m

boleta (Am) nf (billete) laissez-passer m inv; (permiso) bon m; (cédula para votar) bulletin m de vote

boletería (Am) nf (taquilla) guichet m

boletín nm bulletin m; **boletín informativo o de noticias** informations fpl

boleto nm billet m; **boleto electrónico** (Am) billet électronique

boli (fam) nm stylo m

bolígrafo nm stylo bille m, stylo m à bille

bolívar nm bolivar m

Bolivia nf Bolivie f

boliviano, -a adj bolivien(ne) ▷ nm/f Bolivien(ne)

bollería nf viennoiserie f

bollo nm petit pain m; (de bizcocho) brioche f; (abolladura) bosse f

bolo nm quille f ▷ adj (CAm, Cu, Méx) ivre, soûl(e); **(juego de) ~s** (jeu m de) quilles m

bolsa nf sac m, poche f; (tela) sacoche f; (Am: bolsillo) poche; **bolsa de agua caliente** bouillotte f; **bolsa de la compra** panier m de la ménagère; **bolsa de papel/plástico** sac en papier/plastique

bolsillo nm poche f; **de ~** de poche

bolsista nm/f (Fin) agent m de change

bolso nm sac m; (de mujer) sac à main

bomba nf (Mil) bombe f; (Tec) pompe f ▷ adj (fam): **noticia ~** nouvelle f sensationnelle ▷ adv (fam): **pasarlo ~** s'amuser comme un fou o des petits fous; **bomba atómica** bombe atomique; **bomba de agua/de gasolina/de incendios** pompe à eau/à essence/à incendie; **bomba de efecto retardado/de neutrones** bombe à retardement/à neutrons

bombardear vt bombarder; **~ a preguntas** bombarder de questions; **bombardeo** nm bombardement m

bombardero nm bombardier m

bombear vt (agua) pomper; (Deporte) lober

bombero nm pompier m

bombilla nf ampoule f

bombín nm pompe f à vélo

bombo nm (Mús) grosse caisse f; **dar ~ a** (a persona) ne pas tarir d'éloges sur; (asunto) faire du tam-tam autour de

bombón nm (Culin) crotte f de chocolat, chocolat m

bombona nf bouteille f

bonachón, -ona adj bon enfant inv ▷ nm/f bonne pâte f

bonanza nf (Náut) bonace f

bondad nf bonté f; **tenga la ~ de** veuillez avoir l'amabilité de

bondadoso, -a adj bon/bonne

bonificación nf bonification f

bonito, -a adj joli(e) ▷ nm (atún) thon m

bono nm bon m

bonobús nm (Esp) carte de transport (en autobus urbain)

boquerón nm anchois msg

boquete nm brèche f

boquiabierto, -a adj: **quedarse ~ en** rester bouche bée; **nos dejó ~** nous sommes restés bouche bée

boquilla nf (para cigarro) fume-cigarette m; (Mús) bec

borbotón nm: **salir a borbotones** jaillir à gros bouillons

borda nf (Náut) bord m

bordado nm broderie f

bordar vt broder

borde nm bord m; **al ~ de** (fig) au bord de; **ser ~** (Esp: fam) ne pas se

prendre pour n'importe qui; **bordear** vt longer

bordillo nm (en acera) bord m; (en carretera) accotement m

borla nf gland m; (para polvos) houppette f

borracho, -a adj (persona) soûl(e), saoul(e); (: por costumbre) ivrogne; **bizcocho ~** baba m au rhum ▷ nm/f (habitualmente) ivrogne m/f

borrador nm (de escrito, carta) brouillon m; (goma) gomme f

borrar vt gommer; (de lista) barrer; **borrarse** vpr (de club, asociación) quitter

borrasca nf tempête f

borrico nm/f âne/ânesse; (fig) bourrique f

borrón nm tache f d'encre

borroso, -a adj flou(e); (escritura) indécis(e)

bosque nm bois msg, forêt f

bosquejo nm ébauche f, esquisse f

bostezar vi bâiller; **bostezo** nm bâillement m

bota nf botte f; (de vino) gourde f; **botas de agua** o **goma** bottes fpl en caoutchouc

botánica nf botanique f

botánico, -a adj botanique ▷ nm/f botaniste m/f

botar vt (balón) faire rebondir; (Náut) lancer, mettre à la mer; (fam) mettre à la porte; (esp Am: fam) jeter, balancer ▷ vi (persona) bondir; (balón) rebondir

bote nm (bond m; (tarro) pot m; (lata) boîte f de conserve; (embarcación) canot m; **de ~ en ~** plein à craquer; **dar un ~** laisser un pourboire; **bote de la basura** (Am) poubelle f; **bote salvavidas** canot de sauvetage

botella nf bouteille f; **botella de oxígeno** bouteille d'oxygène

botellín nm petite bouteille f

botica nf pharmacie f

boticario, -a nm/f pharmacien(ne)

botijo nm cruche f

botín nm (calzado) bottine f; (Mil, de atraco, robo) butin m

botiquín nm armoire f à pharmacie; (portátil) trousse f à pharmacie; (enfermería) infirmerie f

botón nm bouton m; **botón de arranque** (Auto) démarreur m; **botón de oro** bouton m d'or

botones nm inv groom m

bóveda nf (Arq) voûte f; **bóveda celeste** voûte céleste

boxeador, a nm/f boxeur m

boxear vi boxer

boxeo nm boxe f

boya nf (Náut) bouée f; (en red) flotteur m

boyante adj (negocio) prospère

bozal nm (de perro) muselière f

bracear vi agiter les bras; (nadar) nager la brasse

bracero, -a nm/f journalier(-ière)

bragas nfpl culotte f

braguета nf braguette f

braille nm braille m

bramar vi (toro, viento, mar) mugir; (venado) bramer; (elefante) barrir; **bramido** nm (de toro, venado) mugissement m; (del venado) bramement m; (del elefante) barrissement m; (de persona) hurlement m

brasa nf braise f; **a la ~** (carne, pescado) braisé(e)

brasero nm (para los pies) brasero m

Brasil nm Brésil m

brasileño, -a adj brésilien(ne) ⊳ nm/f Brésilien(ne)

braveza nf férocité f; (valor) bravoure f

bravío, -a adj féroce

bravo, -a adj (soldado) vaillant(e); (animal: feroz) féroce; (: salvaje) sauvage; (toro) de combat; (mar) déchaîné(e); (terreno) accidenté(e); (Am: fam) en colère ⊳ excl bravo!; **bravura** nf (de persona) bravoure f; (de

---

animal) férocité f

braza nf: **nadar a (la) ~** nager la brasse

brazada nf brasse f; (de hierba, leña) brassée f

brazalete nm bracelet m; (banda) brassard m

brazo nm bras msg; **ir del ~ se** donner le bras; **tener/llevar en ~s a algn** tenir/prendre qn dans ses bras

brea nf brai m

brebaje nm breuvage m

brecha nf brèche f; (en la cabeza) blessure f; **hacer o abrir ~ en** faire impression sur

breva nf figue fraîche

breve adj (pausa, encuentro, discurso) bref/brève; **en ~** d'ici peu; (en pocas palabras) en bref; **brevedad** nf brièveté f

brezal, brezo nm bruyère f

bribón, -ona nm/f fripouille f; (pillo) coquin(e)

bricolaje nm bricolage m

brida nf bride f; **a toda ~** à bride abattue

bridge nm (Naipes) bridge m

brigada nf brigade f ⊳ nm (Mil) brigadier m

brillante adj brillant(e) ⊳ nm (joya) brillant m

brillar vi briller

brillo nm éclat m; **dar o sacar ~ a** faire reluire

brincar vi (persona, animal) bondir

brinco nm (salto) bond m; **dar o pegar un ~** faire un bond

brindar vi: **~ a o por** porter un toast à ⊳ vt (oportunidad, amistad) offrir; **brindarse** vpr: **~se a hacer algo** s'offrir pour faire qch

brindis nm inv (al beber, frase) toast m; (Taur) hommage m

brío nm (tb: **~s**) énergie f, brio m; **con ~** avec brio

brisa nf brise f

británico, -a adj britannique ▷ nm/f
Britannique m/f
brizna nf brin m; (paja) fêtu m
broca nf (Tec) foret m
brocal nm margelle f
brocha nf (de pintar) brosse f; (de
afeitar) blaireau m
broche nm (en vestido) agrafe f; (joya)
broche f
broma nf plaisanterie f; **de o en ~**
pour rire; **gastar una ~ a algn** faire
une blague à qn; **broma pesada**
plaisanterie f de mauvais goût;
bromear vi plaisanter
bromista adj, nm/f farceur(-euse)
bronca nf dispute f; **buscar ~**
chercher querelle
bronce nm bronze m
bronceado, -a adj bronzé(e) ▷ nm
bronzage m
bronceador, a adj solaire ▷ nm
produit m solaire
broncearse vpr se faire bronzer
bronco, -a adj (modales) bourru(e);
(voz) rauque
bronquio nm bronche f
bronquitis nf inv bronchite f
brotar vi (Bot) pousser; (aguas,
lágrimas) jaillir
brote nm (Bot) pousse f; (Med) accès
m sg; (de insurrección, huelga) vague f
bruces: de ~ adv sur le ventre, à plat
ventre; **darse de ~ con algn** tomber
nez à nez avec qn
brujería nf sorcellerie f
brujo, -a nm/f sorcier(ière) ▷ nf (pey)
sorcière f
brújula nf boussole f
bruma nf brume f
brumoso, -a adj brumeux(-euse)
bruñir vt polir
brusco, -a adj brusque
Bruselas nf Bruxelles
brutal adj brutal(e); (fam: tremendo)
énorme
brutalidad nf brutalité f

bruto, -a adj (persona) brutal(e);
(estúpido) imbécile; (metal, piedra, peso)
brut(e) ▷ nm brute f; **en ~** brut(e)
Bs.As. abr = **Buenos Aires**
bucal adj buccal(e); **por vía ~** par
voie orale
bucear vi plonger; **~ en** (documentos,
pasado) fouiller dans; **buceo** nm
plongée f, plongeon m
bucle nm boucle f
buen adj ver **bueno**
buenamente adv tout bonnement;
(de buena gana) volontiers
buenaventura nf chance f;
(adivinación) bonne aventure f

○ **PALABRA CLAVE**

bueno, -a adj (antes de nmsg: **buen**)
1 (excelente etc) bon(ne); **es un libro
bueno** o **es un buen libro** c'est un bon
livre; **tiene buena voz** il a une belle
voix; **hace bueno/buen tiempo** il fait
beau/beau temps; **ya está bueno** (de
salud) il va bien maintenant
2 (bondadoso): **es buena persona** c'est
quelqu'un de bien; **el bueno de Paco**
ce bon Paco; **fue muy bueno
conmigo** il a été très gentil avec moi
3 (apropiado): **creo que vamos por buen
camino** je crois que nous sommes sur
la bonne voie
4 (grande): **un buen trozo** un bon
bout; **le di un buen rapapolvo** je lui
ai passé un savon
5 (irónico): **¡buen conductor estás
hecho!** comme tu conduis bien!;
¡estaría bueno que ...! il ne
manquerait plus que...!
6 (sabroso): **está bueno este
bizcocho** ce gâteau est très bon
7 (atractivo: fam): **Carmen está muy
buena** Carmen est vachement
mignonne
8 (saludos): **¡buenos días!** bonjour!;

¡buenas tardes! bonjour!; (*más tarde*) bonsoir!; **¡buenas noches!** bonne nuit!; **¡buenas!** salut!
g (*otras locuciones*): **un buen día** un beau jour; **estar de buenas** être de bonne humeur; **por las buenas o por las malas** de gré ou de force; **de buenas a primeras** tout d'un coup ▷ *excl* bon!; **bueno, ¿y qué?** bon, et alors?

Buenos Aires n Buenos Aires
buey nm bœuf m
búfalo nm buffle m
bufanda nf cache-nez m inv
bufar vi (*caballo*) souffler; (*gato*) cracher
bufete nm étude f, cabinet m
buffer nm (*Inform*) mémoire f tampon
buhardilla nf mansarde f
búho nm hibou m inv
buhonero nm colporteur m
buitre nm vautour m
bujía nf (*vela, Elec, Auto*) bougie f
bula nf bulle f
bulbo nm (*Bot*) bulbe m
bulevar nm boulevard m
Bulgaria nf Bulgarie f
búlgaro, -a adj bulgare ▷ nm/f Bulgare m/f
bulla nf raffut m; (*follón*) pagaille f
bullicio nm brouhaha m; (*movimiento*) bousculade f
bullir vi (*líquido*) bouillonner; **~ (de)** (*muchedumbre, público*) bouillir (de)
bulto nm paquet m; (*en superficie, Med*) grosseur f; (*silueta*) masse f; **hacer ~** prendre de la place
buñuelo nm beignet m
BUP (*Esp*) sigla m (*Escol*) (= *Bachillerato Unificado y Polivalente*) troisième, seconde, première
buque nm navire m; **buque de guerra** navire de guerre
burbuja nf bulle f; **burbujear** vi pétiller

burdel nm bordel m
burdo, -a adj grossier(-ière)
burgués, -esa adj bourgeois(e) ▷ nm/f bourgeois(e); **burguesía** nf bourgeoisie f
burla nf moquerie f; (*broma*) blague f; **hacer ~ a algn de algo** se moquer de qn/de qch; **hacer ~ a algn** faire la nique à qn
burladero nm (*Taur*) palissade f
burlar vt (*persona*) tromper; (*vigilancia*) déjouer; **burlarse** vpr: **~se (de)** se moquer (de)
burlón, -ona adj moqueur(-euse)
burocracia nf bureaucratie f
burócrata nm/f bureaucrate m
burrada (*fam*) nf: **decir/hacer/soltar ~s** dire/faire/lâcher des âneries; **una ~ (mucho)** une flopée
burro, -a nm/f âne/ânesse; (*fig: ignorante*) âne m; (*: bruto*) abruti m ▷ adj crétin(e); **burro de carga** (*fig*) bourreau m de travail
bursátil adj boursier(-ière)
bus nm bus msg
busca nf: **en ~ de** à la recherche de ▷ nm (*Telec*) bip-(bip) m
buscar vt chercher ▷ vi chercher; **se busca secretaria** on demande une secrétaire
busque etc vb ver **buscar**
búsqueda nf recherche f
busto nm (*Anat, Arte*) buste m
butaca nf fauteuil m; **butaca de patio** fauteuil d'orchestre
butano nm butane m; **bombona de ~** bouteille f de butane
buzo nm/f (*persona*) plongeur(-euse); homme m grenouille
buzón nm boîte f aux lettres

C

C. abr (= centígrado) C (= Celsius)

C/ abr = **calle**

c. abr (= capítulo) chap. (= chapitre)

c.a. abr = corriente alterna

cabal adj (honrado) bien

cábala nf cabale f; **cábalas** nfpl (suposiciones): **hacer ~s** faire des suppositions

cabalgar vt monter ▷ vi chevaucher

cabalgata nf défilé m; **la ~ de los Reyes Magos** le défilé des Rois mages

caballa nf maquereau m

caballeresco, -a adj chevaleresque

caballería nf monture f; (Mil) cavalerie f

caballeriza nf écurie f

caballero nm gentleman m; (de la orden de caballería) chevalier m; (en trato directo) monsieur m; **de ~** d'homme, pour homme

caballerosidad nf courtoisie f

caballete nm (de pintor) chevalet m; (de pizarra) support m; (de mesa) tréteau m

caballito nm: **caballitos** nmpl chevaux mpl de bois

caballo nm cheval m; (Ajedrez, Naipes) cavalier m; **a ~** à cheval; **caballo de carreras** cheval de course; **caballo de vapor** cheval-vapeur m

cabaña nf cabane f

cabaré, cabaret (pl **~s**) nm cabaret m

cabecear vi (caballo) encenser; (dormitar) piquer du nez

cabecera nf (de mesa, tribunal) bout m; (de cama) tête f; (en libro) frontispice m; (periódico) manchette f, gros titre m; **médico de ~** médecin m traitant

cabecilla nm chef m de file, meneur(-euse)

cabellera nf chevelure f

cabello nm cheveu m; **cabello de ángel** cheveux mpl d'ange

caber vi tenir, rentrer; **caben 3 más** on peut encore en mettre 3; **no cabe duda** cela ne fait pas de doute

cabestrillo nm: **en ~** en écharpe

cabeza nf tête f; **~ abajo/arriba** tête en bas/en haut; **a la ~ de** (de pelotón) en tête de; (de empresa) à la tête de; **tirarse de ~** plonger; **tocamos a 3 por ~** ça fait 3 par tête; **se me va la ~** je perds la tête; **cabeza atómica/nuclear** tête atomique/ogive f nucléaire; **cabeza de ajo** tête d'ail; **cabeza de familia** chef de famille; **cabeza de ganado** tête de bétail; **cabeza de partido** chef-lieu m d'arrondissement; **cabezada** nf coup m de tête; **dar cabezadas** piquer du nez; **echar una cabezada** faire un somme

cabezón, -ona adj qui a une grosse tête; (vino) capiteux(-euse); (terco) entêté(e)

cabida nf capacité f; (depósito)

contenance f

cabildo nm (Pol) conseil m municipal

cabina nf cabine f; **cabina de mandos** cabine de pilotage; **cabina telefónica** cabine téléphonique

cabizbajo, -a adj tête basse inv

cable nm câble m; (de electrodoméstico) fil m

cabo nm bout m; (Mil) caporal m; (de policía) brigadier m; (Geo) cap m; **al ~ de 3 días** au bout de 3 jours; **al fin y al ~** en fin de compte; **llevar a ~** mener à bien

cabra nf chèvre f; **cabra montés** chèvre sauvage

cabré etc vb ver **caber**

cabrear (fam) vt énerver; **cabrearse** (fam) vpr s'emporter

cabrío, -a adj: **macho ~** bouc m; ver **ganado**

cabriola nf cabriole f

cabritilla nf: **de ~** en chevreau

cabrito nm chevreau m

cabrón (fam!) nm salaud m (fam!)

caca (fam) nf caca m

cacahuete (Esp) nm cacahuète f

cacao nm cacao m, chocolat m; (Bot) cacaoyer m; (tb: **crema de ~**) beurre m de cacao

cacarear vt s'enorgueillir de ▷ vi caqueter

cacería nf partie f de chasse

cacerola nf casserole f, marmite f

cachalote nm cachalot m

cacharro nm ustensile m; (trasto) machin m, truc m

cachear vt fouiller

cachemir nm, **cachemira** nf cachemire m; **de ~** en cachemire

cachete nm claque f

cachiporra nf massue f

cachivache nm truc m, machin m

cacho, -a nm morceau m; (Am) corne f

cachondeo (fam) nm rigolade f

cachondo, -a (fam) adj marrant(e), rigolo(te)

cachorro, -a nm/f chiot m; (de león) lionceau m; (de lobo) louveteau m

cacique nm (Pol) personnage m influent; **caciquismo** nm caciquisme m

caco nm filou m

cacto nm, **cactus** nm inv cactus m inv

cada adj inv chaque; (antes de número) tous les; **~ día** tous les jours; **~ dos días** tous les deux jours; **~ cual/uno** chacun; **~ vez más/menos** de plus en plus/de moins en moins; **~ vez que** chaque fois que

cadalso nm échafaud m

cadáver nm cadavre m

cadena nf chaîne f; **cadenas** nfpl (Auto) chaînes fpl; **cadena de montaje** chaîne de montage; **cadena montañosa** chaîne de montagnes; **cadena perpetua** (Jur) emprisonnement m à perpétuité

cadera nf hanche f

cadete nm cadet m

caducar vi expirer

caduco, -a adj dépassé(e); **de hoja caduca** à feuilles caduques

caer vi tomber; **caerse** vpr tomber; **dejar ~** laisser tomber; **¡no caigo!** je ne vois pas; **¡ya caigo!** j'y suis!; **me cae bien/mal** (persona) je le trouve sympathique/antipathique; **su cumpleaños cae en viernes** son anniversaire tombe un vendredi; **se me cayó el libro** j'ai fait tomber le livre

café (pl **~s**) nm café m; **café con leche** café crème, café au lait; **café solo** o **negro** café (noir)

cafetera nf cafetière f

cafetería nf cafétéria f

cagar (fam!) vi chier (fam!); **cagarse** vpr se dégonfler

caída nf chute f; (declive) pente f; (de tela) tombée f; (de precios, moneda) baisse f

caído, -a adj tombant(e)

caiga etc vb ver **caer**

caimán nm caïman m

caja nf boîte f, caisse f; **caja de ahorros** caisse f d'épargne; **caja de cambios** boîte de vitesses; **caja de caudales** coffre m fort; **caja de fusibles** boîte à fusibles; **caja fuerte** coffre fort

cajero, -a nm/f caissier(-ière) ▷ nm; **cajero automático** distributeur m automatique

cajetilla nf paquet m

cajón nm caisse f; (de mueble) tiroir m

cal nf chaux f sg; **cal viva** chaux vive

cala nf crique f

calabacín nm, **calabacita** ▷ nf (Am) courgette f

calabaza nf courge f, citrouille f

calabozo nm taule f; (celda) cachot m

calada nf bouffée f

calado, -a adj ajouré(e); (de barco) tirant m d'eau; (de las aguas) profondeur f; **estoy ~ (hasta los huesos)** je suis trempé(e) (jusqu'aux os)

calamar nm calmar m

calambre nm crampe f; **dar ~** envoyer une décharge

calamidad nf calamité f

calar vt transpercer; (Auto) caler; **calarse** vpr (motor) caler; (mojarse) se tremper; (gafas) chausser; (sombrero) enfoncer

calavera nf tête f de mort

calcar vt décalquer

calcetín nm chaussette f

calcinar vt calciner

calcio nm calcium m

calcomanía nf décalcomanie f

calculador, a adj calculateur(-trice)

calculadora nf calculatrice f

calcular vt calculer; **calculo que ...** je pense que ...; **cálculo** nm calcul m; **según mis cálculos** d'après mes calculs

caldear vt chauffer; (ánimos) réchauffer

caldera nf chaudière f

calderilla nf ferraille f

caldero nm chaudron m

caldo nm bouillon m; (vino) cru m

calefacción nf chauffage m; **calefacción central** chauffage central

calendario nm calendrier m

calentador nm calorifère m

calentamiento nm échauffement m

calentar vt faire chauffer; (habitación) réchauffer; (pegar) flanquer une calotte à ▷ vi chauffer; **calentarse** vpr se chauffer, se réchauffer; (motor) chauffer; (discusión, ánimos) s'échauffer

calentura nf fièvre f; (de boca) bouton m de fièvre

calibrar vt (consecuencias) évaluer; (importancia) jauger; **calibre** nm calibre m; (fig) calibre, envergure f

calidad nf qualité f; **de ~** de qualité; **en ~ de** en qualité de

cálido, -a adj chaud(e); (palabras, aplausos) chaleureux(-euse)

caliente vb ver **calentar** ▷ adj chaud(e); **estar/ponerse ~** (fam) être excité(e)/s'exciter

calificación nf qualification f; (en examen) note f

calificar vt noter; **~ como/de** traiter de

calima, calina nf (neblina) brume f de chaleur; (color) chaleur f caniculaire

cáliz nm calice m

caliza nf pierre f à chaux

callado, -a adj: **estar ~** être silencieux(-euse); **ser ~** être peu bavard(e)

callar vt (verdad) taire; (persona, oposición) faire taire ▷ vi se taire; **callarse** vpr se taire; **¡cállate!** tais-toi!

calle nf rue f; (Deporte) couloir m; **la ~** (en conjunto) la rue; **calle peatonal**

rue piétonne

calleja nf = **callejuela; callejear** vi flâner

callejero, -a adj ambulant(e); (verbena) en plein air; (riña) de rue ▷ nm plan m; **callejón** nm passage m, couloir m; **callejón sin salida** impasse f, voie f sans issue; (fig) impasse; **callejuela** nf ruelle f, venelle f

callista nm/f pédicure m/f

callo nm (en pies) cor m; (en manos) durillon m; **callos** nmpl (Culin) tripes fpl

calma nf calme m; **hacer algo con ~** faire qch calmement

calmante nm calmant m, tranquillisant m

calmar vt calmer ▷ vi (tempestad, viento) se calmer; **calmarse** vpr se calmer

calor nm chaleur f; **entrar en ~** se réchauffer; **tener ~** avoir chaud

caloría nf calorie f

calumnia nf calomnie f

caluroso, -a adj chaud(e)

calvario nm calvaire m

calvicie nf calvitie f

calvo, -a adj, nm/f chauve m/f

calzada nf chaussée f

calzado, -a adj chaussé(e) ▷ nm chaussure f

calzador nm chausse-pied m

calzar vt chausser; (Tec) caler; **calzarse** vpr: **~ se los zapatos** se chausser; **¿qué (número) calza?** quelle est votre pointure?

calzón nm (Am: de hombre) slip m; (: de mujer) culotte f

calzoncillos nmpl slip msg; **cama** nf lit; **cama individual/de matrimonio** lit simple/double

camafeo nm camée m

camaleón nm caméléon m

cámara nf chambre f; (Cine, TV) caméra f; (fotográfica) appareil-photo

m; (de vídeo) caméscope m ▷ nm/f (Cine, TV) caméraman m; **música de ~** musique f de chambre; **cámara de aire** chambre à air; **cámara de comercio** chambre de commerce; **cámara de gas** chambre à gaz; **cámara frigorífica** chambre froide

camarada nm/f camarade m/f; (de trabajo) collègue m/f

camarera nf (en hotel) femme f de chambre; (Am) hôtesse f de l'air; ver tb **camarero**

camarero, -a nm/f (en restaurante) serveur(-euse); (en bar) garçon m de café/serveuse; **¡camarera, por favor!** mademoiselle, s'il vous plaît!

camarilla nf clique f; (Pol) groupe m de pression, lobby m

camarón nm crevette f grise

camarote nm cabine f

cambiante adj variable; (humor) changeant(e)

cambiar vt, vi changer; (fig) échanger; **cambiarse** vpr (de casa) changer; (de ropa) se changer; **~ algo por algo** changer qch pour o contre qch; **~ de coche/de idea/de trabajo** changer de voiture/d'idée/de travail; **~(se) de sitio** changer de place

cambio nm changement m; (de dinero, impresiones) échange m; (Com: tipo de cambio) change m; (dinero menudo) monnaie f; **a ~ de** en échange de; **en ~** (por otro lado) en revanche, par contre; (en lugar de eso) à la place; **cambio climático** changement climatique; **cambio de divisas** change de devises; **cambio de marchas** o **de velocidades** changement de vitesses

camelar (fam) vt baratiner

camello nm chameau m; (fam) dealer m

camerino nm loge f

camilla nf civière f, brancard m; (mesa) guéridon m

caminante nm/f marcheur(-euse)

caminar vi marcher, cheminer ▷ vt faire à pied

caminata nf trotte f (fam)

camino nm chemin m; **a medio ~** à mi-chemin; **en el ~** en chemin, chemin faisant; **~ de** vers; **ir por buen/mal ~** (fig) être sur la bonne/ mauvaise voie; **camino particular** voie f privée

● **CAMINO DE SANTIAGO**
●
● Le chemin de saint Jacques est un
● pèlerinage célèbre depuis le
● Moyen-Âge. Il a pour point de
● départ les Pyrénées et se termine à
● Saint-Jacques-de-Compostelle, au
● nord-ouest de l'Espagne, où serait
● enterré l'apôtre saint Jacques. De
● nos jours, ce pèlerinage attire
● toujours un grand nombre de
● croyants et de touristes.

camión nm camion m, poids m sg lourd; **estar como un ~** (fam: mujer) être bien roulée; **camión cisterna** camion citerne; **camión de la basura** camion des éboueurs; **camión de mudanzas** camion de déménagement

camionero nm camionneur m, routier m

camioneta nf camionnette f

camisa nf chemise f; **camisa de fuerza** camisole f de force

camiseta nf tee-shirt m; (ropa interior) maillot m de corps; (de deportista) maillot

camisón nm chemise f de nuit

camorra nf: **armar ~** faire un scandale; **buscar ~** chercher querelle

campamento nm colonie f de vacances; (Mil) camp m

campana nf cloche f; (CSur) campagne f; **campana de cristal** cloche de verre; **campanario** nm

clocher m

campanilla nf clochette f; (Bot) campanule f

campaña nf campagne f; **campaña electoral/publicitaria** campagne électorale/publicitaire

campechano, -a adj sans façon; **es muy ~** il est très nature

campeón, -ona nm/f champion(ne); **campeonato** nm championnat m

campesino, -a adj champêtre; (gente) de la campagne ▷ nm/f paysan(ne)

campestre adj champêtre

camping (pl **-s**) nm camping m; **ir de o hacer ~** aller en camping, faire du camping

campo nm campagne f; (Agr, Elec, Fís) champ m; (Inform) champ, zone f; (Mil, de fútbol, rugby) terrain m; **a ~ traviesa** o **través** à travers champs; **campo de batalla** champ de bataille; **campo de concentración** camp m de concentration; **campo de deportes/ de golf** terrain de sports/de golf; **campo visual** champ visuel

camposanto nm cimetière m

camuflaje nm camouflage m

cana nf cheveu m blanc; ver tb **cano**

Canadá nm Canada m; **canadiense** adj canadien(ne) ▷ nm/f Canadien(ne)

canal nm canal m; (de televisión) chaîne f; (de tejado) chéneau m, gouttière f; **Canal de Panamá** canal de Panama; **canalizar** vt canaliser

canalla nf canaille f

canalón nm tuyau m de descente; (del tejado) chéneau m; **canalones** nmpl (Culin) cannelloni mpl

canapé (pl **-s**) nm canapé m

Canarias nfpl: **las (Islas) ~** les (îles) Canaries fpl

canario, -a adj des (îles) Canaries ▷ nm/f natif(-ive) o habitant(e) des (îles) Canaries ▷ nm (Zool) canari m, serin m; **amarillo ~** jaune canari inv, jaune serin inv

canasta nf corbeille f; (en baloncesto) panier m; (Naipes) canasta f; **canastilla** nf trousse f à couture; (de niño) layette f

canasto nm corbeille f

cancela nf portillon m

cancelación f (ver vt) annulation f; résiliation f; suppression f; acquittement m

cancelar vt (visita, vuelo) annuler; (contrato) résilier; (permiso) supprimer; (deuda) s'acquitter de

cáncer nm cancer m; **C~** (Astrol) Cancer; **ser C~** être (du) Cancer

cancha nf terrain m; (de tenis) court m ▷ excl (CSur) Cancer

canciller nm chancelier m; (Am) ministre m des Affaires étrangères

canción nf chanson f; **canción de cuna** berceuse f

candado nm cadenas msg

candente adj chauffé(e) au rouge; (tema, problema) brûlant(e)

candidato, -a nm/f candidat(e); (para puesto) candidat(e), postulant(e)

candidez nf candeur f; (falta de malicia) innocence f

cándido, -a adj candide, innocent(e)

candil nm lampe f à huile

candor nm candeur f

canela nf cannelle f

cangrejo nm crabe m; (de río) écrevisse f

canguro nm kangourou m; **hacer de ~** garder des enfants

caníbal adj, nm/f cannibale m/f

canica nf bille f

canijo, -a adj chétif(-ive)

canino, -a adj canin(e) ▷ nm canine f

canjear vt: **~ (por)** échanger (pour)

cano, -a adj (pelo, cabeza) blanc/ blanche

canoa nf canoë m

canon nm canon m; (Com) taxe f,

impôt m

canónigo nm chanoine m

canonizar vt canoniser

canoso, -a adj grisonnant(e), aux cheveux blancs; (pelo) grisonnant(e)

cansado, -a adj fatigué(e); (viaje, trabajo) fatigant(e)

cansancio nm fatigue f

cansar vt fatiguer; (aburrir) ennuyer; (hartar) lasser; **cansarse** vpr: **~se (de hacer)** se lasser (de faire)

cantábrico, -a adj cantabrique; **Mar C~** golfe m de Gascogne

cántabro, -a adj de la province de Santander ▷ nm/f natif(-ive) o habitant(e) de la province de Santander

cantante adj chantant ▷ nm/f chanteur(-euse)

cantar vt chanter ▷ vi chanter ▷ nm chanson f; **estaba cantado** c'était à prévoir

cántara nf bidon m

cántaro nm cruche f

cante nm: **~ jondo** chant m flamenco

cantera nf (lugar) carrière f

cantidad nf quantité f; **gran ~ de** une grande quantité de, bon nombre de

cantimplora nf gourde f

cantina nf cantine f; (de estación) buffet m; (esp Am: taberna) café m

canto nm chant m; (de mesa, moneda) bord m; (de libro) tranche f; (de cuchillo) dos msg; **faltó el ~ de un duro** il s'en est fallu d'un cheveu; **de ~** de côté, sur le côté; **canto rodado** galet m

canturrear vi chantonner

canuto nm petit tube m; (fam: droga) joint m

caña nf (Bot) tige f; (: especie) roseau m; (de cerveza) demi m; (Am) alcool m de canne à sucre; **dar** o **meter ~** (fam: a un coche) appuyer sur le champignon; (: a algn) secouer; **caña de azúcar** nf canne f à sucre; **caña de pescar** canne f à sucre/à pêche

cañada nf vallon m

cáñamo nm chanvre m

cañería nf tuyauterie f
caño nm (de fuente) jet m
cañón nm canon m; (Geo) canyon m
caoba nf acajou m
caos nm chaos m
C.A.P. sigla f (= Certificado de Aptitud Pedagógica) certificat d'aptitude à l'enseignement
cap. abr (= capítulo) chap. (= chapitre)
capa nf (prenda) cape f; (Culin, Geo) couche f; (de polvo) pellicule f; **capa de ozono** couche d'ozone
capacidad nf contenance f, capacité f; **este teatro tiene una ~ de mil espectadores** ce théâtre peut contenir mille spectateurs; **tener ~ para los idiomas/las matemáticas** être doué(e) pour les langues/les mathématiques; **tener ~ de adaptación/de trabajo** avoir une capacité d'adaptation/de travail
capacitar vt: **~ a algn para** préparer qn à
capar vt castrer
caparazón nm (de ave) carcasse f; (de tortuga) carapace f
capataz nm contremaître m
capaz adj capable; **ser ~ de (hacer)** être capable de (faire); **es ~ que venga mañana** (Am) il viendra probablement demain
capcioso, -a adj: **pregunta capciosa** question f captieuse
capellán nm aumônier m; (sacerdote) chapelain m
caperuza nf capuche f; (de bolígrafo) capuchon m
capicúa adj inv palindrome m
capilla nf chapelle f
capital adj capital(e) ⊳ nm capital m ⊳ nf capitale f; **capital autorizado o social** capital social
capitalismo nm capitalisme m; **capitalista** adj, nm/f capitaliste m/f
capitán nm capitaine m
capitanear vt commander; (equipo)

être le capitaine de; (pandilla, expedición) être à la tête de
capitulación nf capitulation f
capitular vi capituler
capítulo nm chapitre m
capó nm capot m
capón nm (golpe) tape f sur la tête
capota nf (de coche) capote f
capote nm (de militar) capote f; (de torero) cape f
capricho nm caprice m
caprichoso, -a adj capricieux(-euse)
Capricornio nm (Astrol) Capricorne m; **ser ~** être (du) Capricorne
cápsula nf capsule f; **cápsula espacial** capsule spatiale
captar vt (indirecta, sentido) saisir; (Radio) capter; (atención, apoyo) attirer
captura nf capture f; **capturar** vt capturer
capucha nf. **capuchón** nm capuche f
capullo nm (Zool) cocon m; (Bot) bouton m; **capullo de rosa** bouton de rose
caqui adj inv kaki inv ⊳ nm (fruta) kaki m
cara nf visage m, face f; (expresión) mine f; (de disco, papel) face; (fam: descaro) culot m, toupet m ⊳ adv: **(de) ~** à vis à vis de, face à; **de ~ hacer** face à; **decir algo ~ a ~** dire qch en face; **mirar ~ a ~** regarder bien en face; **dar la ~** ne pas se dérober; **echar algo en ~ a algn** reprocher qch à qn; **¿~ o cruz?** pile ou face?; **poner/ tener ~ de** prendre/avoir un air de; **¡qué ~ más dura!** quel culot!, en voilà du toupet!; **tener buena/mala ~** avoir bonne/mauvaise mine; (herida, asunto, guiso) avoir bon/mauvais aspect; **tener mucha ~** avoir un culot monstre; **de una ~** (disquete) d'une seule face
carabina nf carabine f; (persona) chaperon m

Caracas n Caracas

caracol nm escargot m; (concha) coquille f d'escargot; (esp Am) coquillage m

carácter (pl **caracteres**) nm caractère m; **tener buen/mal ~** avoir bon/mauvais caractère

característica nf caractéristique f

característico, -a adj caractéristique

caracterizar vt caractériser; (Teatro) bien interpréter; **caracterizarse** vpr (Teatro) se mettre en costume; **~se por** se caractériser par

caradura nm/f: **es un ~** c'est un malotru

carajillo nm café m mêlé de cognac

carajo (fam!) nm: **¡~!** merde! (fam!)

caramba excl dis donc!, mince alors!

carámbano nm glaçon m

caramelo nm bonbon m; (azúcar fundido) caramel m

caravana nf caravane f; (de vehículos, gente) file f; (Auto) bouchon m

carbón nm charbon m; **papel ~** carbone m; **carboncillo** nm fusain m; **carbonilla** nf poussière f de charbon

carbonizar vt carboniser; **quedar carbonizado** être réduit en cendres

carbono nm carbone m

carburador nm carburateur m

carburante nm carburant m

carcajada nf éclat m de rire; **reír(se) a ~s** éclater de rire

cárcel nf prison f, maison f d'arrêt

carcelero, -a nm/f gardien(ne) de prison

carcoma nf termite m

carcomer vt manger, ronger; (salud, confianza) miner; **carcomerse** vpr: **~se de** être rongé(e) par

cardar vt carder

cardenal nm cardinal m; (Med) bleu m

cardiaco, -a, cardíaco, -a adj cardiaque

cardinal adj (Gramática) cardinal(e);

puntos ~es points mpl cardinaux

cardo nm (comestible) cardon m; (espinoso) chardon m

carecer vi: **~ de** manquer de

carencia nf manque m; (escasez) carence f

carente adj: **~ de** dépourvu(e) de

carestía nf (Com) cherté f; (escasez) pénurie f; **época de ~** période f de pénurie

careta nf masque m; **careta antigás** masque à gaz

carga nf charge f; (de barco, camión) chargement m, cargaison f; (de bolígrafo, pluma) cartouche f, recharge f; **de ~** (animal) de charge; **buque de ~** cargo m; **carga explosiva** charge explosive

cargado, -a adj chargé(e); (café, té) serré(e), fort(e); (ambiente) raréfié(e), vicié(e)

cargamento nm chargement m, cargaison f

cargar vt charger; (Com) débiter ▷ vi charger; **cargarse** vpr (fam: estropear) bousiller; (: matar) liquider; (: ley, proyecto) supprimer; (: suspender) recaler, coller; (Elec) se charger; **~ (contra)** charger (contre); **~ con** porter; (responsabilidad) assumer; **los indecisos me cargan** les gens indécis me portent sur les nerfs; **~ a o en la espalda** prendre sur son dos; **~se de** (de dinero) se munir de; (de paquetes) se charger de; (de obligaciones) assumer

cargo nm (Com etc) débit m; (puesto) charge f; **cargos** nmpl (Jur) accusations fpl; **estar a(l) ~ de** être à (la) charge de; **hacerse ~ de** (de deudas, poder) assumer; (darse cuenta de) se rendre compte de

carguero nm cargo m; (avión) avion-cargo m

Caribe nm: **el ~** les Caraïbes fpl

caribeño, -a adj des Caraïbes

caricatura nf caricature f

caricia nf caresse f
caridad nf charité f; **obras de ~** œuvres fpl de charité; **vivir de la ~** vivre de la charité
caries nf inv carie f
cariño nm affection f; **sí, ~** oui, chéri; **sentir ~ por/tener ~ a** ressentir/avoir de l'affection pour
cariñoso, -a adj affectueux(-euse); **"saludos ~s"** "affectueusement"
carisma nm charisme m
caritativo, -a adj charitable
cariz nm (de los acontecimientos) tournure f
carmesí adj cramoisi(e) ▷ nm cramoisi m
carmín nm carmin m; **carmín (de labios)** rouge m (à lèvres)
carnal adj charnel(le); **primo ~** cousin m germain
carnaval nm carnaval m

○ **CARNAVAL**
○
○ Les réjouissances du **Carnaval** se
○ déroulent pendant les trois jours
○ qui précèdent le début du carême
○ ("Cuaresma"). En déclin sous le
○ régime franquiste, le carnaval
○ connaît aujourd'hui un regain de
○ popularité dans toute l'Espagne. Le
○ carnaval de Cadix et celui de
○ Tenerife sont particulièrement
○ renommés pour leur animation :
○ défilés, feux d'artifice et
○ déguisements souvent somptueux.

carne nf chair f; (Culin) viande f; **carnes** nfpl (fam) graisse fsg; **en ~ viva** à vif; **carne de cerdo/de cordero** viande de porc/d'agneau; **carne de gallina** chair de poule; **carne de membrillo** gelée f de coing; **carne de ternera/de vaca** viande de veau/de bœuf; **carne picada** viande hachée

carné nm = **carnet**
carnero nm veau m
carnet (pl ~s) nm: **~ de conducir** permis msg de conduire; **carnet de identidad** carte f d'identité; **carnet de socio** carte de membre
carnicería nf boucherie f
carnicero, -a adj carnassier(-ière); (pájaro, ave) de proie ▷ nm/f boucher(-ère)
carnívoro, -a adj carnivore
carnoso, -a adj charnu(e)
caro, -a adj cher/chère ▷ adv cher
carpa nf carpe f; (de circo) chapiteau m; (Am) tente f
carpeta nf dossier m, chemise f; **~ (de anillas)** classeur m
carpintería nf menuiserie f; **carpintero** nm menuisier m
carraspear vi (toser) se racler la gorge, s'éclaircir la gorge
carrera nf course f; (Univ) études fpl; (profesión) carrière f; **tienes una ~ en las medias** tes bas sont filés; **aquí se recogen ~s a las medias** ici on reprise les bas; **darse o echar o pegar una ~** filer à toute allure o à toutes jambes; **de ~s** de course; **en una ~** d'une traite; **carrera de armamentos/de obstáculos** course aux armements/d'obstacles
carreta nf charrette f
carrete nm pellicule f; (Tec) bobine f
carretera nf route f; **carretera de circunvalación** boulevard m périphérique; **carretera nacional/secundaria** route nationale/secondaire
carretilla nf brouette f
carril nm chemin m; (de autopista) file f, voie f; (Ferro) voie; **carril-bici** piste f cyclable
carrillo nm joue f
carrito nm chariot m, caddie m
carro nm chariot m; (con dos ruedas) charrette f; (Am) voiture f; **¡para**

C

el ~! arrête là!, c'est bon, ça suffit!; **carro blindado/de combate** char m d'assaut/de combat

carrocería nf carrosserie f

carroña nf charogne f

carroza nf carrosse m; (en desfile) char m

carta nf lettre f; (Naipes) carte f; (Jur) charte f; **a la ~ à la carte; dar ~ blanca a algn** donner carte blanche à qn; **echar una ~ (al correo)** mettre une lettre (à la poste); **carta certificada** lettre recommandée; **carta de ajuste** (TV) mire f; **carta marítima** carte marine

cartabón nm équerre f

cartel nm affiche f; (Com) cartel m, trust m; **en ~ à l'affiche; cartelera** nf rubrique f; **lleva mucho/poco tiempo en cartelera** il est à l'affiche depuis longtemps/peu

cartera nf (tb: **~ de bolsillo**) portefeuille m; (de cobrador) serviette f; (de colegial) cartable m; (Am) sac à main m; **ocupa la ~ de Agricultura** il occupe le portefeuille de l'Agriculture; ver tb **cartero**

carterista nm/f pickpocket m, voleur(-euse) à la tire

cartero, -a nm/f facteur(-trice)

cartilla nf livret m scolaire; **cartilla de ahorros** livret m de caisse d'épargne

cartón nm carton m; (de tabaco) cartouche f; **cartón piedra** papier m mâché

cartucho nm cartouche f; (cucurucho) cornet m

cartulina nf bristol m

casa nf maison f; **sentirse como en su ~** se sentir comme chez soi; **casa de campo** maison de campagne; **casa de fieras** ménagerie f; **casa de huéspedes** pension f de famille; **casa de socorro** dispensaire m

casado, -a adj, nm/f marié(e)

casamiento nm mariage m

casar vt marier ▷ vi: **~ (con)** aller bien (avec); **casarse** vpr: **~se (con)** se marier (avec); **~se por lo civil/ por la Iglesia** se marier civilement/ religieusement

cascabel nm grelot m

cascada nf cascade f

cascanueces nm inv casse-noisettes msg

cascar vt casser; (fam: golpear) tabasser ▷ vi (fam) papoter; **cascarse** vpr se casser; (voz) s'érailler

cáscara nf coquille f; (de fruta) pelure f; (de patata) épluchure f; (de limón, naranja) écorce f

casco nm casque m; (Náut) coque f; (Zool) sabot m; (pedazo roto) tesson m; (: auriculares) écouteurs mpl; **el ~ antiguo** la vieille ville; **el ~ urbano** le centre ville

caserío nm hameau m; (casa) manoir m

casero, -a adj (cocina) maison; (remedio) de bonne femme; (trabajos) domestique ▷ nm/f propriétaire m/f; **"comida casera"** "cuisine maison"; **pan ~** pain m de ménage; **ser muy ~** être très casanier(-ière)

caseta nf baraque f; (de perro) niche f; (para bañista) cabine f; (de feria) stand m

casete nm magnétophone m ▷ nf o m cassette f

casi adv presque; **~ nunca/nada** presque jamais/rien; **~ te caes** tu as manqué (de) o failli tomber

casilla nf casier m; (Ajedrez, en crucigrama) case f

casillero nm casier m

casino nm casino m

caso nm casom msg; **en ~ de ...** en cas de ...; **en ~ (de) que venga** au cas où il viendrait; **el ~ es que** le fait est que; **en ese ~** dans ce cas; **en todo ~** en tout cas; **¡eres un ~!** tu es un cas!; **(no) hacer ~ a** o **de algo/algn** (ne pas) faire cas de qch/qn: **hacer** o **venir al ~** venir à propos

caspa nf (en pelo) pellicule f

cassette = **casete**

casta nf race f; (clase social) caste f

castaña nf châtaigne f, marron m; (fam: tb: **-zo**) gnon m, marron; (: Aut) gnon

castañetear vi: **le castañetean los dientes** il claque des dents

castaño, -a adj marron; (pelo) brun(e) ▷ nm châtaignier m, marronnier m; **castaño de Indias** marronnier des Indes

castañuelas nfpl castagnettes fpl

castellano, -a adj castillan(e) ▷ nm/f (persona) Castillan(e) ▷ nm (Ling) castillan m

castidad nf chasteté f

castigar vt punir, châtier; (Deporte) pénaliser; **castigo** nm punition f; (Deporte) pénalisation f

Castilla nf Castille f

castillo nm château m

castizo, -a adj (Ling) pur(e); (auténtico) de pure souche

casto, -a adj chaste

castor nm castor m

castrar vt châtrer

castrense adj militaire

casual adj fortuit(e); **casualidad** nf hasard m; **dar la casualidad (de) que** se trouver que; **se da la casualidad que ...** il se trouve que ...; **por casualidad** par hasard; **¡qué casualidad!** quel hasard!

cataclismo nm cataclysme m

catalán, -ana adj catalan(e) ▷ nm/f Catalan(e) ▷ nm (Ling) catalan m

catalizador nm catalyseur m

catalogar vt cataloguer; **~ a algn de** cataloguer qn comme

catálogo nm catalogue m

Cataluña nf Catalogne f

catar vt goûter

catarata nf cataracte f

catarro nm rhume m

catástrofe nf catastrophe f

catastrófico, -a adj catastrophique

catear (fam) vt recaler, coller

cátedra nf chaire f

catedral nf cathédrale f

catedrático, -a nm/f professeur m

categoría nf catégorie f; **de ~** de classe; **de segunda ~** de seconde catégorie

categórico, -a adj catégorique

cateto, -a nm/f (pey) rustre m, péquenaud(e) (fam) ▷ nm (Geom) côté m

catolicismo nm catholicisme m

católico, -a adj, nm/f catholique m/f

catorce adj inv, nm inv quatorze m inv; ver tb **seis**

cauce nm (de río) lit m

caucho nm caoutchouc m; (Am) pneu m; **de ~** en caoutchouc

caución nf caution f

caudal nm débit m; (fortuna) fortune f, capital m

caudaloso, -a adj à fort débit

caudillo nm chef m

causa nf cause f; **a/por ~ de** à/pour cause de

causar vt causer

cautela nf précaution f, prudence f

cauteloso, -a adj prudent(e)

cautivar vt captiver

cautiverio nm, **cautividad** nf captivité f

cautivo, -a adj, nm/f captif(-ive)

cauto, -a adj prudent(e), avisé(e)

cava nm cava m, équivalent du "champagne" français ▷ nf cave f

cavar vt, vi creuser

caverna nf caverne f

cavidad nf cavité f

cavilar vi: **~ (sobre)** méditer (sur)

cayado nm (de pastor) houlette f; (de obispo) houlette, crosse f

cayendo etc vb ver **caer**

caza nf chasse f ▷ nm (Aviat) chasseur

m; **dar ~ a** faire la chasse à; **ir de ~**
aller à la chasse; **caza mayor/menor**
gros/menu gibier m

cazador, a adj, nm/f chasseur(-euse)

cazadora nf blouson m

cazar vt (buscar) chasser; (perseguir)
pourchasser; (coger) attraper

cazo nm (cacerola) poêlon m; (cucharón)
louche f

cazuela nf (vasija) marmite f; (guisado)
ragoût m

c/c. abr (Com) (= cuenta corriente) CC
(= compte courant)

CD sigla m (= compact disc) CD m

CD-ROM sigla m CD-ROM m

CE sigla f (= Comunidad Europea) CE f
(= Communauté européenne)

cebada nf orge f

cebar vt (animal) gaver, engraisser;
(persona) gaver; (anzuelo) amorcer;
cebarse vpr se gaver; **~se en/con**
s'acharner sur/à

cebo nm appât m, amorce f; (fig)
appât, leurre m

cebolla nf oignon m

cebolleta nf oignon m nouveau; (en
vinagre) petit oignon blanc

cebra nf zèbre m; **paso de ~** passage
pour piétons

cecear vi zézayer; **ceceo** nm
zézaiement m

ceder vt céder ▷ vi céder; (disminuir)
diminuer; **"ceda el paso"** "cédez le
passage"

cedro nm cèdre m

cédula nf cédule f; **cédula de
identidad** (Am) carte f d'identité

cegar vt aveugler; (tubería, ventana)
boucher; **cegarse** vpr (fig) s'aveugler

ceguera nf cécité f

ceja nf sourcil m

cejar vi: **(no) ~ en su empeño/
propósito** (ne pas) renoncer à son
engagement/dessein

celador, a nm/f (de hospital)
gardien(ne); (de cárcel) gardien(ne)

de prison

celda nf cellule f

celebración nf célébration f

celebrar vt célébrer ▷ vi (Rel) officier;
celebrarse vpr se célébrer; **celebro
que sigas bien** je suis ravi(e) que tu
ailles bien

célebre adj célèbre

celebridad nf célébrité f

celeste adj (tb: **azul ~**) bleu ciel inv;
(cuerpo, bóveda) céleste

celestial adj céleste

celibato nm célibat m

célibe adj, nm/f célibataire m/f

celo nm zèle m; (tb: **papel ~®**) papier
m collant, scotch® m; **celos** nmpl (de
niño, amante) jalousie fsg; **tener ~s de
algn** être jaloux(-ouse) de qn; **estar
en ~** être en chaleur

celofán nm cellophane f

celoso, -a adj jaloux(-ouse)

célula nf cellule f

celulitis nf cellulite f

celulosa nf cellulose f

cementerio nm cimetière m

cemento nm (argamasa) mortier m;
(para construcción) ciment m; (Am: cola)
colle f

cena nf dîner m, souper m

cenagal nm bourbier m

cenar vt: **~ algo** manger qch pour le
dîner ▷ vi souper, dîner

cenicero nm cendrier m

cenit nm zénith m; (de carrera) sommet
m, faîte m

ceniza nf cendre f; **cenizas** nfpl (de
persona) cendres fpl

censo nm recensement m; **censo
electoral** recensement électoral

censura nf censure f

censurar vt censurer

centella nf étincelle f; (rayo) foudre f;
como una ~ comme la foudre

centellear vi étinceler; (estrella)
scintiller

centenar nm centaine f

centenario, -a *adj, nm* centenaire *m*

centeno *nm* seigle *m*

centésimo, -a *adj, nm/f* centième *m*

centígrado *adj* centigrade

centímetro *nm* centimètre *m*; **centímetro cuadrado/cúbico** centimètre carré/cube

céntimo *nm* centime *m*

centinela *nm* sentinelle *f*

centollo *nm* araignée *f* de mer

central *adj* central(e) ⊳ *nf* centrale *f*; **central eléctrica/nuclear** centrale électrique/nucléaire

centralita *nf* standard *m*

centralizar *vt* centraliser

centrar *vt* centrer; (*interés, atención*) attirer; **centrarse** *vpr* s'adapter

céntrico, -a *adj* central(e)

centrifugar *vt* essorer

centrista *adj* centriste

centro *nm* centre *m*; **centro comercial** centre commercial; **centro de gravedad** centre de gravité; **centro de salud** centre de santé; **centro docente** centre d'enseignement; **centro social** foyer *m* socio-éducatif; **centro turístico** centre touristique

centroamericano, -a *adj* d'Amérique centrale ⊳ *nm/f* natif(-ive) *o* habitant(e) d'Amérique centrale

ceñido, -a *adj* cintré(e)

ceñir *vt* serrer; **ceñirse** *vpr* (*vestido*) coller; **~se a algo/a hacer algo** s'en tenir à qch/à faire qch

ceño *nm* froncement *m*; **fruncir el ~** froncer les sourcils

CEOE *sigla f* (= *Confederación Española de Organizaciones Empresariales*) ≈ CNPF *m* (= *Conseil national du patronat français*)

cepillar *vt* brosser; (*madera*) raboter

cepillo *nm* brosse *f*; (*para madera*) rabot *m*; **cepillo de dientes** brosse à dents

cera *nf* cire *f*; (*del oído*) cérumen *m*

cerámica *nf* céramique *f*; **de ~** en céramique

cerca *nf* haie *f* ⊳ *adv* (*en el espacio*) près; (*en el tiempo*) bientôt ⊳ *prep*: **~ de** (*cantidad*) près de, environ; (*distancia*) près de; **de ~** de près

cercanía *nf* proximité *f*; **cercanías** *nfpl* (*de ciudad*) alentours *mpl*: **tren de ~s** train *m* de banlieue

cercano, -a *adj* proche; (*pueblo etc*) voisin(e); **~ a** proche de

cercar *vt* clôturer; (*manifestantes*) encercler; (*Mil*) assiéger

cerciorar; **cerciorarse** *vpr*: **~se (de)** s'assurer (de)

cerco *nm* cercle *m*; (*Am*) clôture *f*; (*Mil*) siège *m*

Cerdeña *nf* Sardaigne *f*

cerdo, -a *nm/f* cochon/truie; (*fam: persona sucia*) cochon(ne)

cereal *nm* céréale *f*; **cereales** *nmpl* (*Culin*) céréales *fpl*

cerebral *adj* cérébral(e)

cerebro *nm* cerveau *m*

ceremonia *nf* cérémonie *f*; **ceremonial** *adj* (*traje*) de cérémonie; (*danza*) cérémoniel(le) ⊳ *nm* cérémonial *m*

ceremonioso, -a *adj* cérémonieux(-euse)

cereza *nf* cerise *f*

cerilla *nf*, **cerillo** (*Am*) ⊳ *nm* allumette *f*

cernerse *vpr*: **~ sobre** (*tempestad*) menacer; (*desgracia*) planer sur

cero *nm* zéro *m*; **8 grados bajo ~** 8 degrés au dessous de zéro; **15 a ~** 15 à zéro

cerrado, -a *adj* fermé(e); (*curva*) en épingle à cheveux; (*poco sabido*) renfermé(e); (*bruto*) borné(e); (*acento*) marqué(e), prononcé(e)

cerradura *nf* serrure *f*

cerrajero, -a *nm/f* serrurier *m*

cerrar *vt* fermer; (*paso, entrada*) barrer;

(debate, plazo) clore, clôturer; *(cuenta)* clore, fermer ▷ *vi* fermer; **cerrarse** *vpr* se fermer; ~ **con llave** fermer à clef; ~ **un trato** conclure un marché

cerro *nm* tertre *m*

cerrojo *nm* verrou *m*

certamen *nm* concours *msg*

certero, -a *adj* adroit(e)

certeza, certidumbre *nf* certitude *f*; **tener la ~ de que** avoir la certitude que

certificado, -a *adj* recommandé(e) ▷ *nm* certificat *m*; **certificado médico** certificat médical

certificar *vt* certifier; *(Correos)* envoyer en recommandé

cervatillo *nm* faon *m*

cervecería *nf* brasserie *f*

cerveza *nf* bière *f*

cesante *adj* en disponibilité; *(Am)* au chômage

cesar *vi* cesser; *(empleado)* se démettre de ses fonctions ▷ *vt* *(funcionario, ministro)* démettre de ses fonctions; **sin ~** sans cesse

cesárea *nf* césarienne *f*

cese *nm* fin *f*; *(despido)* révocation *f*

césped *nm* gazon *m*, pelouse *f*

cesta *nf* panier *m*

cesto *nm* panier *m*, corbeille *f*

cetro *nm* sceptre *m*

chabacano, -a *adj* vulgaire

chabola *nf* cabane *f*; **chabolas** *nfpl* *(zona)* bidonville *m*

chacal *nm* chacal *m*

chacha *(fam)* *nf* bonne *f*

cháchara *nf*: **estar de ~** parler à bâtons rompus

chacra *(And, CSur)* *nf* ferme *f*

chafar *vt* *(pelo)* aplatir; *(hierba)* coucher; *(ropa)* chiffonner; *(fig: planes)* bouleverser

chal *nm* châle *m*

chalado, -a *(fam)* *adj* taré(e); **estar ~ por algn** en pincer pour qn

chalé *(pl* ~**s)** *nm* villa *f*; *(en la montaña)*

chalet *m*

chaleco *nm* gilet *m*; **chaleco salvavidas** gilet de sauvetage

chalet *(pl* ~**s)** *nm* = **chalé**

champán, champaña *nm* champagne *m*

champú *(pl* ~**es,** ~**s)** *nm* shampooing *m*

chamuscar *vt* roussir

chance *(Am)* *nm o f* occasion *f*

chancho, -a *(Am)* *nm/f* porc *m*

chanchullo *(fam)* *nm* magouille *f*

chandal *nm* survêtement *m*

chantaje *nm* chantage *m*

chapa *nf* *(de metal, insignia)* plaque *f*; *(de madera)* planche *f*; *(de botella)* capsule *f*; *(Am)* serrure *f*; **de 3** ~**s** *(madera)* en 3 épaisseurs; **chapa (de matrícula)** *(CSur)* plaque d'immatriculation

chaparrón *nm* averse *f*

chapotear *vi* patauger

chapucero, -a *nm/f* *(pey)*: **ser (un)** ~ bâcler son travail

chapurr(e)ar *vt* *(idioma)* baragouiner

chapuza *nf* bricole *f*; *(pey)* travail *m* bâclé

chapuzón *nm*: **darse un** ~ faire trempette

chaqueta *nf* *(de lana)* gilet *m*; *(de traje)* veston *f*

chaquetón *nm* veste *f*

charca *nf* mare *f*

charco *nm* flaque *f*

charcutería *nf* charcuterie *f*

charla *nf* bavardage *m*; *(conferencia)* petit discours *msg*

charlar *vi* bavarder

charlatán, -ana *adj* bavard(e) ▷ *nm/f* bavard(e); *(estafador)* charlatan *m*

charol *nm* cuir *m* verni; *(Am)* plateau *m*; **de** ~ verni(e)

chárter *adj inv*: **vuelo** ~ charter *m*; vol *m* charter

chascarrillo *nm* histoire *f* drôle

chasco nm (*desengaño*) déception f;
me llevé un ~ ça m'a fait l'effet d'une
douche froide
chasis nm inv châssis msg
chasquear vt faire claquer;
chasquido nm claquement m; (*de
madera*) craquement m
chat nm forum m de discussion
chatarra nf ferraille f
chato, -a adj (*persona*) au nez épaté;
(*nariz*) épaté(e)
chaval, a nm/f gars msg, fille f
checo(e)slovaco, -a adj
tchécoslovaque ▷ nm/f
Tchécoslovaque m/f
Checo(e)slovaquia nf
Tchécoslovaquie f
chepa nf bosse f
cheque nm chèque m; **cheque de
viaje** chèque de voyage
chequeo nm (*Med*) bilan m de santé;
(*Auto*) vérification f
chequera (*Am*) nf chéquier m
chica ver **chico**
chicano, -a adj, nm/f Chicano m
chícharo (*Méx*) nm (*guisante*) petit
pois msg
chichón nm bosse f (à la tête)
chicle nm chewing-gum m
chico, -a adj (*esp Am*) petit(e) ▷ nm/f
garçon/fille
chiflado, -a (*fam*) adj givré(e)
chiflar vi siffler; **le chiflan los
helados** il raffole des glaces; **nos
chifla montar en moto** on adore
faire de la moto
Chile nm Chili m
chile nm piment m fort
chileno, -a adj chilien(ne) ▷ nm/f
Chilien(ne)
chillar vi (*persona*) pousser des cris
aigus; (*animal*) glapir
chillido nm (*de persona*) cri m aigu; (*de
animal*) glapissement m
chillón, -ona adj (*niño*)
brailleur(-euse); (*voz, color*) criard(e)

chimenea nf cheminée f
chimpancé (*pl ~s*) nm chimpanzé m
China nf: **la ~** la Chine
china nf (*CSur: india*) indienne f;
(*: criada*) domestique f
chinche nm/f punaise f; **morirse
como ~s** tomber comme des
mouches
chincheta nf punaise f
chino, -a adj chinois(e) ▷ nm/f
Chinois(e) ▷ nm (*Ling*) chinois msg;
(*And, CSur: indio*) indien m; (*: criado*)
domestique m; (*Méx*) boucle f
chipirón nm petit calmar m
Chipre nf Chypre f; **chipriota** adj
chypriote ▷ nm/f Chypriote m/f
chiquillo, -a (*fam*) nm/f môme m/f
chirimoya (*Bot*) anone f
chiringuito nm kiosque m
chiripa nf: **por o de ~** sur un coup
de pot
chirriar vi (*goznes*) grincer
chirrido nm grincement m
chis excl chut
chisme nm ragot m; (*fam*) truc m
chismoso, -a adj cancanier(-ère)
▷ nm/f commère f
chispa nf étincelle f; **una ~** (*fam*) un
tout petit peu
chispear vi étinceler; (*lloviznar*)
pleuvoter
chisporrotear vi crépiter
chiste nm histoire f drôle
chistoso, -a adj (*situación*) comique;
(*persona*) spirituel(le)
chivo, -a nm/f chevreau(-vrette);
chivo expiatorio tête f de turc
chocante adj (*sorprendente*)
choquant(e); (*gracioso*) drôle
chocar vi (*coches etc*) cogner; (*Mil, fig*)
s'affronter; (*sorprender*) choquer; **~ con**
rentrer dans; (*fig*) s'accrocher avec;
¡chócala! (*fam*) tope là!
chochear vi devenir gâteux(-euse)
chocho, -a adj gâteux(-euse); **estar ~
por algn/algo** raffoler de qn/qch

chocolate adj (Am) chocolat inv ▷ nm chocolat m

chocolatina nf chocolat m

chofer, chófer nm chauffeur m

chollo (fam) nm bon plan m

choque vb ver **chocar** ▷ nm choc m; (impacto) impact m; (fig: disputa) heurt m

chorizo nm chorizo m; (fam) voyou m

chorrear vt dégouliner ▷ vi dégouliner, (gotear) goutter; **estar chorreando** être trempé(e)

chorro nm (de líquido) jet m; (fig) flot m; **salir a ~s** couler à flots

choza nf hutte f

chubasco nm bourrasque f

chubasquero nm ciré m

chuchería nf babiole f; (para comer) amuse-gueule m

chuleta nf côte f; (Escol etc: fam) pompe f

chulo, -a adj (fam: bonito) classe; (Méx) beau/belle; (pey) effronté(e) ▷ nm effronté(e); (matón) frimeur m; (tb: ~ de putas) maquereau m; (And) vautour m

chupar vt (líquido) aspirer; (caramelo) sucer; (absorber) absorber; **chuparse** vpr (dedo) sucer; (mano) se lécher

chupete nm sucette f

chupito nm (fam) petit verre m; **un ~ de whisky por favor** un baby s'il vous plaît

churro nm ≈ beignet m

▪ CHURROS

▪
▪ Les **churros**, ces longs beignets à
▪ base de farine et d'eau, sont très
▪ appréciés dans toute l'Espagne. On
▪ les déguste généralement au
▪ petit-déjeuner ou au goûter, en
▪ buvant du chocolat chaud épais. À
▪ Madrid, il en existe une variété dite
▪ grosse appelée "porra".

chusma (pey) nf foule f

chutar vi (Deporte) shooter

Cía abr (= compañía) Cie (= compagnie)

cianuro nm (Quím) cyanure m

cibercafé nm cybercafé m

cibernauta nmf cybernaute mf

cicatriz nf cicatrice f; **cicatrizar** vt, vi cicatriser; **cicatrizarse** vpr se cicatriser

ciclismo nm cyclisme m

ciclista adj, nm/f cycliste m/f; **vuelta ~** course f cycliste

ciclo nm cycle m

ciclomotor nm cyclomoteur m

ciclón nm cyclone m

cicloturismo nm cyclotourisme m

ciego, -a vb ver **cegar** ▷ adj aveugle ▷ nm/f aveugle m/f; **a ciegas** à l'aveuglette

cielo nm ciel m; (Arq: tb: ~ **raso**) faux-plafond m; **¡~s!** Mon Dieu!, juste ciel!

ciempiés nm inv mille-pattes m inv

cien adj inv, num inv cent m

ciénaga nf marécage m

ciencia nf science f; **ciencia-ficción** nf science-fiction f

cieno nm vase f

científico, -a adj, nm/f scientifique m/f

ciento adj, num inv cent m; **el diez por ~** dix pour cent

cierre vb ver **cerrar** ▷ nm fermeture f; (pulsera) fermoir m; **cierre de cremallera** fermeture éclair; **cierre relámpago** (And, CSur) fermeture éclair

cierto, -a adj certain(e); **~ hombre/ día** un certain homme/jour; **ciertas personas** certaines personnes; **sí, es ~** oui, c'est certain; **por ~** à propos

ciervo nm cerf m

cifra nf chiffre m; **cifra global** chiffre global

cifrar vt coder; (esperanzas, felicidad) placer; **cifrarse** vpr: **~se en** s'élever à

cigala nf langoustine f

cigarra nf cigale f
cigarrillo nm cigarette f
cigarro nm cigarette f; (puro) cigare m
cigüeña nf cigogne f
cilíndrico, -a adj cylindrique
cilindro nm cylindre m
cima nf sommet m, cime f; (de árbol) cime; (apogeo) sommet
cimbrearse vpr se déhancher; (ramas, tallos) ployer
cimentar vt (edificio) jeter les fondations de; (consolidar) cimenter; **cimentarse** vpr: ~**se en** se fonder sur
cimientos nmpl fondations fpl
cinc nm zinc m
cincel nm ciseau m; **cincelar** vt ciseler
cinco adj inv, nm inv cinq m inv; ver tb **seis**
cincuenta adj inv, nm inv cinquante m inv; ver tb **sesenta**
cine nm cinéma m
cineasta nm/f cinéaste m/f
cinematográfico, -a adj cinématographique
cínico, -a adj cynique m/f; (desvergonzado) effronté(e)
cinismo nm (ver adj) cynisme m; effronterie f
cinta nf ruban m, bande f; **cinta adhesiva/aislante** ruban adhésif/isolant; **cinta de vídeo** cassette f vidéo; **cinta métrica** mètre m à ruban
cintura nf taille f
cinturón nm ceinture f; **cinturón de seguridad** ceinture de sécurité; **cinturón industrial** zone f industrielle
ciprés nm cyprès m
circo nm cirque m
circuito nm circuit m; **TV por ~ cerrado** télévision f en circuit fermé
circulación nf circulation f
circular adj, nf circulaire f ▷ vi circuler
círculo nm cercle m; **círculo vicioso**

cercle vicieux
circundar vt entourer
circunferencia nf circonférence f
circunscribir; circunscribirse vpr se circonscrire; **~se a (hacer)** se limiter o s'en tenir à (faire)
circunscripción nf circonscription f
circunspecto, -a adj circonspect(e)
circunstancia nf circonstance f
circunvalación nf ver **carretera**
cirio nm cierge m
ciruela nf prune f; **ciruela claudia** reine f claude; **ciruela pasa** pruneau m
cirugía nf chirurgie f; **cirugía estética/plástica** chirurgie esthétique/plastique
cirujano, -a nm/f chirurgien(ne)
cisne nm cygne m
cisterna nf chasse f d'eau; (depósito) citerne f
cita nf rendez-vous m; (referencia) citation f
citación nf citation f
citar vt donner rendez-vous à; (Jur) citer; **citarse** vpr: **~se (con)** prendre rendez-vous (avec)
cítrico, -a adj citrique ▷ nm: **~s** agrumes mpl
ciudad nf ville f; **ciudad universitaria** cité f universitaire; **la Ciudad Condal** Barcelone; **Ciudad del Cabo** le Cap; **ciudad perdida** (Méx) bidonville m; **ciudadanía** nf citoyenneté f
ciudadano, -a adj, nm/f citadin(e)
cívico, -a adj civique; (persona) civil(e)
civil adj civil(e) ▷ nm civil m
civilización nf civilisation f
civilizar vt civiliser
civismo nm civisme m
cizaña nf: **meter/sembrar ~** mettre/semer la zizanie
cl. abr (= centilitro(s)) cl (= centilitre(s))
clamar vt clamer ▷ vi crier
clamor nm clameur f

clandestino, -a adj clandestin(e)
clara nf (de huevo) blanc m
claraboya nf lucarne f
clarear vi (el día) se lever; (el cielo) s'éclaircir
clarete nm rosé m
claridad nf clarté f
clarificar vt éclaircir
clarinete nm clarinette f
clarividencia nf clairvoyance f
claro, -a adj clair(e) ▷ nm éclaircie f ▷ adv clairement ▷ excl bien sûr!; **estar ~** être clair(e); **~ que sí/no** bien sûr que oui/non
clase nf genre m, classe f; (lección) cours msg; **dar ~(s)** (profesor) faire cours, donner des cours; **tener ~** avoir de la classe; **clase alta/media/obrera/social** classe dominante/moyenne/ouvrière/sociale; **clases particulares** cours particuliers
clásico, -a adj classique
clasificación nf classement m; (de cartas, líneas) tri m
clasificar vt classer; (cartas) trier; **clasificarse** vpr se qualifier
claudicar vi céder
claustro nm cloître m; (Univ, Escol) conseil m; (: junta) assemblée f, réunion f
cláusula nf clause f; **~ de exclusión** clause d'exclusion
clausura nf clôture f; **de ~** (Rel) claustral; (: monja) cloîtré(e); **clausurar** vt clore; (local) fermer
clavar vt enfoncer; (clavo) clouer; (alfiler) épingler; (mirada) fixer; (fam: cobrar caro) arnaquer; **clavarse** vpr s'enfoncer
clave nf clef f ▷ adj inv clé; **en ~** (mensaje) codé(e)
clavel nm œillet m
clavícula nf clavicule f
clavija nf cheville f; (Elec) fiche f
clavo nm clou m; (Bot, Culin) clou de girofle; **dar en el ~** mettre dans le

mille, faire mouche
claxon (pl **~s**) nm klaxon m
clemencia nf clémence f
cleptómano, -a nm/f cleptomane m/f
clérigo nm ecclésiastique m
clero nm clergé m
clic nm clic m; **hacer ~ en** cliquer sur; **clicar** vi cliquer
cliché nm cliché m
cliente, -a nm/f client(e)
clientela nf clientèle f
clima nm climat m
climatizado, -a adj climatisé(e)
clímax nm inv apogée m, point m culminant; (sexual) orgasme m
clínica nf clinique f
clínico, -a adj clinique
clip (pl **~s**) nm trombone m
clítoris nm inv clitoris m inv
cloaca nf égout m
cloro nm chlore m
club (pl **~s o ~es**) nm club m
cm. abr (= centímetro(s)) cm m (= centimètre(s))
C.N.T. sigla f (Esp: = Confederación Nacional de Trabajo) syndicat; (Am: = Confederación Nacional de Trabajadores) syndicat
coacción nf contrainte f
coaccionar vt contraindre
coagular vt coaguler; **coagularse** vpr se coaguler; **coágulo** nm caillot m
coalición nf coalition f
coartada nf alibi m
coartar vt limiter
coba nf: **dar ~ a algn** passer de la pommade à qn
cobarde adj lâche ▷ nm/f lâche m/f, peureux(-euse); **cobardía** nf lâcheté f
cobaya nm o f cobaye m
cobertizo nm hangar m, remise f; (de animal) abri m
cobertura nf couverture f; **~ de dividendo** rapport m dividendes-résultat
cobija (Am) nf couverture f

cobijar vt héberger, loger; **cobijarse** vpr: **~se (de)** se protéger (de); **~ (de)** protéger (de); **cobijo** nm abri m

cobra nf cobra m

cobrador, a nm/f receveur(-euse)

cobrar vt (cheque) toucher, encaisser; (sueldo) toucher; (precio) faire payer; (deuda, alquiler, gas) encaisser ▷ vi toucher son salaire; **cóbrese** payez-vous; **a ~** à encaisser; **cantidades por ~** sommes fpl dues

cobre nm cuivre m; **cobres** nmpl (Mús) cuivres mpl; **sin un ~** (Am: fam) sans un sou

cobro nm (de cheque) encaissement m; (pago) paiement m; **presentar al ~** encaisser

cocaína nf cocaïne f

cocción nf cuisson f

cocear vi ruer

cocer vt (faire) cuire ▷ vi cuire; (agua) bouillir; **cocerse** vpr cuire

coche nm voiture f; (para niños) poussette f; **coche de bomberos** voiture de pompiers; **coche de carreras** voiture de course

coche-cama (pl **coches-cama**) nm wagon m lit

cochera nf garage m; (de autobuses) dépôt m

cochino, -a adj dégoûtant(e) ▷ nm/f cochon/truie; (persona) cochon(ne)

cocido, -a adj (patatas) bouilli(e); (huevos) dur(e) ▷ nm pot-au-feu m inv

cocina nf cuisine f; (aparato) cuisinière f; **~ eléctrica/de gas** cuisinière électrique/à gaz; **~ francesa** cuisine française; **cocinar** vt, vi cuisiner

cocinero, -a nm/f cuisinier(-ière)

coco nm noix fsg de coco

cocodrilo nm crocodile m; **cocotero** nm cocotier m

cóctel nm cocktail m; **cóctel molotov** cocktail Molotov

codazo nm: **dar un ~ a algn** donner un coup de coude à qn

codicia nf convoitise f; **codiciar** vt convoiter

codicioso, -a adj avide; (expresión) de convoitise

código nm code m; **código civil/ postal** code civil/postal; **código de (la) circulación** code de la route

codillo nm (Tec) coude m

codo nm coude m

codorniz nf caille f

coerción nf coercition f

coetáneo, -a nm/f contemporain(e)

coexistir vi: **~ (con)** coexister (avec)

cofradía nf confrérie f

cofre nm coffre m; (de joyas) coffret m

coger vt prendre; (objeto caído) ramasser; (pelota) attraper; (frutas) cueillir; (sentido, indirecta) comprendre, saisir; (tomar prestado) emprunter; (Am: fam!) baiser (fam!); **cogerse** vpr se prendre; **~ cariño a algn** prendre qn en affection; **~ celos de algn** être jaloux(-ouse) de qn; **~ manía a algn** prendre qn en grippe; **~se a** s'accrocher à, s'agripper à; **iban cogidos de la mano** ils se tenaient par la main

cogollo nm cœur m

cogote nm nuque f

cohecho nm subornation f

coherente adj cohérent(e)

cohesión nf cohésion f

cohete nm fusée f, pétard m; (tb: **~ espacial**) fusée

cohibido, -a adj: **estar/sentirse ~** être/se sentir gêné(e); (tímido) être/se sentir intimidé(e)

cohibir vt intimider; (reprimir) réprimer; **cohibirse** vpr se retenir

coincidencia nf coïncidence f

coincidir vi (en lugar) se rencontrer; **coincidimos en ideas** nous partageons les mêmes idées; **~ con** coïncider avec

coito nm coït m

cojear vi boiter; (*mueble*) être bancal(e)

cojera nf claudication f

cojín nm coussin m; **cojinete** nm palier m

cojo, -a vb ver **coger** ▷ adj boiteux(-euse); (*mueble*) bancal(e) ▷ nm/f (*persona*) boiteux(-euse)

cojón (fam!) nm couille f (fam!); **¡cojones!** putain! (fam!)

cojonudo, -a (*Esp: fam!*) adj super

col nf chou m; **coles de Bruselas** choux mpl de Bruxelles

cola nf queue f; (*para pegar*) colle f; **hacer ~** faire la queue

colaborador, a nm/f collaborateur(-trice)

colaborar vi: **~ con** collaborer avec

colada nf: **hacer la ~** faire la lessive

colador nm (*de té*) passoire f; (*para verduras*) écumoire f

colapso nm collapsus m; (*de circulación*) embouteillage m; (*en producción*) effondrement m

colar vt filtrer ▷ vi (*mentira*) prendre, passer; **colarse** vpr (*en cola*) se glisser, se faufiler; (*viento, lluvia*) s'engouffrer; **~se en** (*concierto, cine*) se faufiler dans

colcha nf couvre-lit m

colchón nm matelas m; **colchón inflable/neumático** matelas gonflable/pneumatique

colchoneta nf tapis msg

colección nf collection f; **coleccionar** vt collectionner; **coleccionista** nm/f collectionneur(-euse)

colecta nf collecte f

colectivo, -a adj collectif(-ive) ▷ nm collectif m; (*Am*) autobus msg; (: *taxi*) taxi m

colega nm/f collègue m/f; (*Pol*) homologue m; (*amigo*) copain/copine

colegial, a adj, nm/f collégien(ne)

colegio nm collège m; (*de abogados, médicos*) ordre m; **ir al ~** aller à l'école ou au collège; **colegio electoral** collège

électoral; **colegio mayor** résidence f universitaire

colegir vt déduire

cólera nf colère f ▷ nm choléra m

colérico, -a adj colérique; (*persona*) coléreux(-euse)

colesterol nm cholestérol m

coleta nf queue f, couette f

colgante adj pendant(e), suspendu(e) ▷ nm pendentif m

colgar vt accrocher; (*teléfono*) raccrocher; (*ropa*) étendre; (*ahorcar*) pendre ▷ vi raccrocher; **~ de** pendre à, être suspendu(e) à

cólico nm colique f

coliflor nf chou-fleur m

colilla nf mégot m

colina nf colline f

colirio nm collyre m

colisión nf collision f

collar nm collier m

colmar vt remplir à ras bord

colmena nf ruche f

colmillo nm canine f; (*de elefante*) défense f; (*de perro*) croc m

colmo nm: **ser el ~ de la locura/frescura/insolencia** être le comble de la folie/du toupet/de l'insolence; **para ~ de (desgracias)** pour comble (de malheurs)

colocación nf (*de piedra*) pose f; (*de persona*) placement m; (*empleo*) emploi m, travail m; (*disposición*) emplacement m

colocar vt (*piedra*) poser; (*cuadro*) accrocher; (*poner en empleo*) placer; **colocarse** vpr se placer; (*conseguir trabajo*) trouver du travail; **~se (de)** trouver du travail (comme)

Colombia nf Colombie f

colombiano, -a adj colombien(ne) ▷ nm/f Colombien(ne)

colonia nf colonie f; (tb: **agua de ~**) eau f de cologne; (*Méx*) quartier m; **colonia proletaria** (*Méx*) bidonville m

colonización nf colonisation f

colonizador, a adj, nm/f colonisateur(-trice)
colonizar vt coloniser
coloquial adj familier(-ière), parlé(e)
coloquio nm colloque m
color nm couleur f; **de ~** de couleur; **de ~ amarillo/azul/naranja** de couleur jaune/bleue/orange
colorado, -a adj rouge; (Am: chiste) grivois(e)
colorante nm colorant m
colorar, colorear vt colorer
colorete nm fard m
columna nf colonne f; **columna vertebral** colonne vertébrale
columpiar vt balancer; **columpiarse** vpr se balancer; **columpio** nm balançoire f
coma nf virgule f ▷ nm (Med) coma m
comadrona nf sage-femme f
comandancia nf (mando) commandement m; (edificio) commandement m, commanderie f
comandante nm commandant m
comarca nf contrée f
comba nf corde f; **saltar a la ~** sauter à la corde; **no pierde ~** il n'en perd pas une
combar vt courber; **combarse** vpr se courber
combate nm combat m; **combatiente** nm combattant m
combatir vt, vi combattre
combinación nf combinaison f
combinar vt combiner; (esfuerzos) unir
combustible adj, nm combustible m
combustión nf combustion f
comedia nf comédie f
comediante nm/f comédien(ne)
comedido, -a adj modéré(e)
comedor nm salle f à manger f; (de colegio, hotel) réfectoire m
comensal nm/f invité(e), convive m/f
comentar vt commenter
comentario nm commentaire

m; **comentarios** nmpl (chismes) commentaires mpl; **dar lugar a ~s** donner lieu à des commentaires, prêter à commentaires
comentarista nm/f commentateur(-trice)
comenzar vt, vi commencer; **~ a/por hacer** commencer à/par faire
comer vt manger; (Damas, Ajedrez) souffler ▷ vi manger; (almorzar) manger, déjeuner; **comerse** vpr manger; **el coco a algn** (fam) bourrer le crâne à qn
comercial adj commercial(e)
comercializar vt commercialiser
comerciar vi: **~ en** faire le commerce de
comercio nm commerce m; **comercio autorizado** commerce autorisé; **comercio exterior/interior** commerce extérieur/intérieur; **comercio justo** commerce équitable
comestible adj comestible ▷ nm: **~s** aliments mpl
cometa nf comète f ▷ nm cerf-volant m
cometer vt commettre
cometido nm rôle m; (deber) devoir m
comezón nf démangeaison f
cómic nm bande f dessinée
comicios nmpl comices mpl
cómico, -a adj comique ▷ nm/f (de TV, cabaret) comique m/f; (de teatro) comédien(ne)
comida nf nourriture f; (almuerzo) repas msg; (esp Am) dîner m
comidilla nf: **ser la ~ del barrio** être sur toutes les lèvres
comienzo vb ver **comenzar** ▷ nm commencement m
comillas nfpl guillemets mpl
comilona (fam) nf gueuleton m
comino nm cumin m; **(no) me importa un ~** je m'en balance

comisaría nf (tb: **~ de Policía**) commissariat m
comisario nm commissaire m
comisión nf commission f; **comisión mixta/permanente** commission paritaire/permanente; **comisiones bancarias** commissions bancaires; **Comisiones Obreras** (Esp) syndicat ouvrier
comité (pl **~s**) nm comité m
comitiva nf suite f, cortège m
como adv comme; (en calidad de) en ▷ conj (condición) si; (causa) comme; **lo hace ~ yo** il le fait comme moi; **tan grande ~** aussi grand que; **~ si estuviese ciego** comme s'il était aveugle
cómo adv comment ▷ excl comment!; ¿**~ (ha dicho)?** comment?, vous avez dit?; **¡~ no!** bien sûr!; (espAm: ¡claro!) pardi!; **¡~ corre!** comme il cavale!
cómoda nf commode f
comodidad nf confort m; (conveniencia) avantage m; **comodidades** nfpl aises fpl
comodín nm (Naipes) joker m; (Inform) caractère m de remplacement
cómodo, -a adj confortable; (máquina, herramienta) pratique; **estar/ponerse/sentirse ~** être/se mettre/se sentir à l'aise
compact disc nm C.D. m
compacto, -a adj compact(e)
compadecer vt plaindre; **compadecerse** vpr: **~se de** se plaindre de
compadre nm parrain m; (en oración directa) (mon) vieux
compañero, -a nm/f collègue m/f; (en juego) partenaire m/f; (en estudios) camarade m
compañía nf compagnie f; **en ~ de** en compagnie de; **hacer ~ a algn** tenir compagnie à qn; **compañía afiliada** filiale f; **compañía concesionaria/inversionista** compagnie

concessionnaire/actionnaire; **compañía (no) cotizable** compagnie (non) cotée en Bourse
comparación nf comparaison f; **en ~ con** par comparaison à
comparar vt: **~ a/con** comparer à/avec
comparecer vi comparaître
comparsa nm/f (Teatro, Cine) figurant(e) ▷ nf (de carnaval etc) mascarade f
compartimento, compartimiento nm compartiment m
compartir vt partager
compás nm (Mús) rythme m; (para dibujo) compas msg; **al ~** au même rythme
compasión nf compassion f; **sin ~** sans pitié
compasivo, -a adj compatissant(e)
compatibilidad nf compatibilité f
compatible adj: **~ (con)** compatible (avec)
compatriota nm/f compatriote m/f
compendiar vt résumer; **compendio** nm abrégé m
compenetrarse vpr (personas) s'entendre sur tout
compensación nf compensation f, dédommagement m
compensar vt (persona) compenser; (contrarrestar: pérdidas) compenser, contrebalancer ▷ vi (esfuerzos, trabajo) récompenser
competencia nf compétition f, concurrence f; (Jur, habilidad) compétence f; **competencias** nfpl (Pol) compétences fpl; **la ~** (Com) la compétition o concurrence; **hacer la ~ a** faire concurrence à; **ser de la ~ de algn** être de la compétence de qn
competente adj compétent(e)
competición nf compétition f
competir vi concourir; **~ en** (fig) rivaliser en; **~ por** rivaliser pour;

(Deporte) être en compétition pour, concourir pour

compilar vt compiler

complacencia nf complaisance f

complacer vt faire plaisir à; **complacerse** vpr: **~se en (hacer)** se complaire à (faire)

complaciente adj complaisant(e); **ser ~ con** o **para con** montrer de la complaisance envers

complejo, -a adj complexe ▷ nm *(Psico)* complexe m; **complejo deportivo** cité f des sports; **complejo industrial** complexe industriel

complemento nm complément m

completar vt compléter

completo, -a adj complet(-ète); *(éxito, fracaso)* total(e); **al ~** au complet; **por ~** au complet

complicado, -a adj compliqué(e); **estar ~ en** être impliqué(e) dans

complicar vt compliquer; **complicarse** vpr se compliquer; **~ a algn** impliquer qn dans

cómplice nm/f complice m/f

complot (pl ~s) nm complot m

componer vt composer; *(algo roto)* réparer; **~se de** se composer de; **componérselas para hacer algo** s'arranger pour faire qch

comportamiento nm comportement m

comportar vt comporter; **comportarse** vpr se comporter

composición nf composition f

compositor, a nm/f *(Mús)* compositeur(-trice)

compostura nf tenue f, maintien m

compra nf achat m; **hacer/ir a la ~** faire/aller faire les courses; **ir de ~s** faire les magasins; **compra a plazos** achat à crédit

comprador, a nm/f acheteur(-euse)

comprar vt acheter; **comprarse** vpr s'acheter

comprender vt comprendre

comprensión nf compréhension f

comprensivo, -a adj compréhensif(-ive)

compresa nf (tb: **~ higiénica**) serviette f hygiénique

comprimido, -a adj comprimé(e) ▷ nm *(Med)* comprimé m, cachet m

comprimir vt comprimer

comprobante nm *(Com)* reçu m, récépissé m

comprobar vt vérifier

comprometer vt compromettre; **comprometerse** vpr se compromettre; **~ a algn a hacer** mettre qn dans l'obligation de faire; **~se a hacer** s'engager à faire

compromiso nm *(acuerdo)* compromis msg; *(situación difícil)* embarras msg

compuesto, -a pp de **componer** ▷ adj composé(e) ▷ nm composé m; **~ de** composé(e) de

computador nm, **computadora** nf ordinateur m; **~ central** ordinateur central

cómputo nm calcul m

comulgar vi *(Rel)* communier; **~ con** *(con ideas, valores)* partager

común adj commun(e); **en ~** en commun

comunicación nf communication f; **comunicaciones** nfpl *(transportes, Telec)* communications fpl

comunicado nm communiqué m; **comunicado de prensa** communiqué de presse

comunicar vt communiquer ▷ vi *(teléfono)* être occupé; **comunicarse** vpr communiquer; **~ con** communiquer avec; **está comunicando** *(Telec)* c'est occupé

comunidad nf communauté f; **comunidad autónoma** *(Pol)* communauté f autonome; **comunidad de vecinos** copropriétaires mpl, association f

de copropriétaires; **Comunidad
(Económica) Europea** Communauté
(économique) européenne
comunión nf communion f
comunismo nm communisme m;
comunista adj, nm/f communiste
m/f

 PALABRA CLAVE

con prep **1** (medio, compañía, modo)
avec; **comer con cuchara** manger
avec une cuillère; **café con leche** café
au lait; **con habilidad** avec habileté
2 (actitud, situación): **piensa con los
ojos cerrados** il pense les yeux
fermés; **estoy con un catarro** j'ai un
rhume
3 (a pesar de): **con todo, merece
nuestros respetos** malgré tout, il
mérite notre respect
4 (relación, trato): **es muy bueno
(para) con los niños** il sait s'y prendre
avec les enfants
5 (+ infin): **con llegar tan tarde se
quedó sin comer** comme il est arrivé
très tard, il n'a pas pu manger; **con
estudiar un poco apruebas** en
étudiant un peu tu y arriveras
6 (queja): **¡con las ganas que tenía de
hacerlo!** moi qui avais tellement
envie de le faire!
▷ conj **1**: **con que: será suficiente
con que le escribas** il suffit que tu lui
écrives
2: **con tal (de) que** du moment que

conato nm tentative f; (de incendio)
début m
concebir vt, vi concevoir
conceder vt accorder; (premio)
décerner
concejal, -a nm/f conseiller m
municipal
concentración nf concentration f
concentrar vt concentrer; (personas)

rassembler; **concentrarse** vpr se
concentrer; **~se (en)** se concentrer
(sur)
concepción nf conception f
concepto nm (idea) concept m; **tener
buen/mal ~ de algn** avoir bonne/
mauvaise opinion de qn
concernir vi concerner; **en lo que
concierne a** en ce qui concerne
concertar vt (precio) se mettre
d'accord sur; (entrevista) fixer; (tratado,
paz) conclure; (esfuerzos) associer;
(Mús) accorder ▷ vi (Mús) être en
harmonie
concesión nf (Com: adjudicación)
concession f; **hacer concesiones**
faire des concessions; **sin
concesiones** sans concessions
concesionario, -a nm/f (Com)
concessionnaire m/f
concha nf (de molusco) coquille f; (de
tortuga) carapace f
conciencia nf conscience
f; **hacer algo a ~** faire qch
consciencieusement; **tener/tomar ~
de** avoir/prendre conscience de
concienciar vt faire prendre
conscience à; **concienciarse** vpr
prendre conscience
concienzudo, -a adj
consciencieux(-euse)
concierto nm (Mús: acto) concert m;
(: obra) concerto m; (convenio) accord m
conciliar vt concilier; **~ el sueño**
trouver le sommeil
concilio nm concile m
conciso, -a adj concis(e)
concluir vt conclure ▷ vi (se)
terminer
conclusión nf conclusion f
concluyente adj concluant(e)
concordia nf concorde f
concretar vt concrétiser;
concretarse vpr: **~se a (hacer)** s'en
tenir à (faire)
concreto, -a adj concret(-ète);

(*determinado*) précis(e) ▷ *nm*
(*Am: hormigón*) béton *m*; **en ~**
en somme; (*específicamente*) en
particulier; **un día ~** un jour précis

concurrencia *nf* assistance *f*

concurrido, -a *adj* fréquenté(e)

concurrir *vt* (*sucesos*) coïncider;
(*facturas*) concourir; (*ríos*) confluer;
(*avenidas*) converger

concursante *nm/f* concurrent(e)

concurso *nm* concours *m*

conde *nm* comte *m*

condecoración *nf* décoration *f*

condecorar *vt* décorer

condena *nf* condamnation *f*

condenar *vt* condamner;
condenarse *vpr* (*Jur*) se reconnaître
coupable; (*Rel*) se damner; **~ (a)**
condamner (à)

condensar *vt* condenser;
condensarse *vpr* se condenser

condesa *nf* comtesse *f*

condición *nf* condition *f*; (*modo
de ser*) caractère *m*; (*estado*) état
m; **condiciones** *nfpl* capacités
fpl, aptitudes *fpl*; **a ~ de que ...** à
condition que ...; **condicional** *adj*
conditionnel(le); *ver* **libertad**

condicionar *vt* conditionner; **estar
condicionado a** dépendre de

condimento *nm* condiment *m*

condolerse *vpr* compatir

condón *nm* préservatif *m*

conducir *vt* conduire; (*suj: camino,
escalera, negocio*) conduire, mener
▷ *vi* conduire; **conducirse** *vpr* se
conduire; **esto no conduce a nada/
ninguna parte** cela ne mène à rien/
nulle part

conducta *nf* conduite *f*

conducto *nm* conduit *m*; **por ~
oficial** par voie officielle

conductor, a *adj* (*Fís, Elec*)
conducteur(-trice) ▷ *nm* conducteur
m ▷ *nm/f* conducteur(-trice)

conduje *etc* *vb ver* **conducir**

conduzca *etc* *vb ver* **conducir**

conectar *vt* relier; (*tubos*) raccorder;
(*enchufar*) connecter, brancher ▷ *vi*: **~
(con)** (*TV, Radio*) donner l'antenne (à)

conejillo *nm*: **~ de Indias** cochon *m*
d'Inde; (*fig*) cobaye *m*

conejo *nm* lapin *m*

conexión *nf* connexion *f*

confección *nf* confection *f*

confeccionar *vt* confectionner

confederación *nf* confédération *f*

conferencia *nf* conférence *f*; (*Telec*)
communication *f* interurbaine;
conferencia a cobro revertido
(*Telec*) appel *m* en PCV; **conferencia
de prensa** conférence de presse

conferir *vt* conférer

confesar *vt* confesser, avouer
▷ *vi* (*Rel*) confesser; (*Jur*) avouer;
confesarse *vpr* se confesser

confesión *nf* confession *f*, aveu *m*;
(*Rel*) confession

confesionario *nm* (*Rel*)
confessionnal *m*

confeti *nm* confetti *m*

confiado, -a *adj* confiant(e)

confianza *nf* confiance *f*;
(*familiaridad*) familiarité *f*; **de ~**
(*persona*) de confiance; (*alimento*) de
qualité; **tener ~ con algn** être intime
avec qn; **tomarse ~s con algn** (*pey*) se
permettre des familiarités avec qn

confiar *vt* confier; **confiarse** *vpr* être
confiant(e); **~ en** avoir confiance en; **~
en hacer/que** compter faire/que

confidencia *nf* confidence *f*

confidencial *adj* confidentiel(le);
"~" (*en sobre*) "confidentiel"

confidente *nm/f* (*amigo*)
confident(e); (*policial*)
informateur(-trice), indicateur(-trice)

configurar *vt* façonner

confinar *vt* (*desterrar*) confiner

confirmar *vt* confirmer;
confirmarse *vpr* se confirmer; (*Rel*)
faire sa confirmation; **la excepción**

confirma la regla l'exception confirme la règle

confiscar vt confisquer

confitería nf (tienda) confiserie f; (CSur: café) café m

confitura nf confiture f

conflictivo, -a adj conflictuel(le); (época) de conflit

conflicto nm conflit m; (fig: problema) problème m

confluir vi (ríos, personas) confluer; (carreteras) se rejoindre

conformar vt (carácter, paisaje) façonner; **conformarse** vpr: **~se con** se contenter de; (resignarse) se résigner à; **~se con hacer** se contenter de faire

conforme adj conforme; (de acuerdo) d'accord; (satisfecho) content(e), satisfait(e) ▷ conj tel que, comme; (a medida que) à mesure que ▷ excl d'accord ▷ prep: **~ a** conformément à; **~ con** content(e) o satisfait(e) de

conformidad nf conformité f; (aprobación) accord m, approbation f; **conformista** adj, nm/f conformiste m/f

confortable adj confortable

confortar vt réconforter

confrontar vt confronter; **confrontarse** vpr s'affronter; **~se con** affronter

confundir vt confondre; (persona: embrollar) embrouiller; (: desconcertar) confondre; **confundirse** vpr (equivocarse) se tromper; (hacerse borroso) se confondre; (mezclarse) se confondre; **~ algo/algn con** confondre qch/ qn avec

confusión nf confusion f

confuso, -a adj confus(e)

congelado, -a adj (carne, pescado) congelé(e); **congelados** nmpl (Culin) surgelés mpl; **congelador** nm

congélateur m

congelar vt congeler; (Com, Fin) geler; **congelarse** vpr se congeler; (sangre, grasa) se figer

congeniar vi: **~ (con)** s'entendre (avec)

congestión nf (de tráfico) encombrement m; (Med) congestion f

congestionar vt congestionner; **congestionarse** vpr se congestionner

congoja nf chagrin m

congraciarse vpr: **~ con** s'attirer les bonnes grâces de

congratular vt féliciter; **congratularse** vpr: **~se de** o **por** se féliciter de

congregación nf congrégation f

congregar vt réunir, rassembler; **congregarse** vpr se réunir, se rassembler

congreso nm congrès m

conjetura nf conjecture f; **sólo podemos hacer ~s** nous sommes réduits aux conjectures

conjugar vt conjuguer

conjunción nf (Ling) conjonction f

conjunto, -a adj commun(e) ▷ nm ensemble m; (de circunstancias) concours msg; (de música pop) groupe m; **de ~** (visión, estudio) d'ensemble; **en ~** dans l'ensemble

conjurar vt, vi conjurer; **conjurarse** vpr se conjurer

conmemoración nf commémoration f

conmemorar vt commémorer

conmigo pron avec moi

conmoción nf commotion f; (en sociedad, costumbres) bouleversement m; **~ cerebral** (Med) commotion cérébrale

conmovedor, a adj émouvant(e)

conmover vt émouvoir; (suj: terremoto, estrépito) ébranler; **conmoverse** vpr s'émouvoir

conmutador nm (Am: Telec) central m téléphonique

cono nm (Geom) cône m; **Cono Sur** (Geo) Chili, Argentine, Uruguay

conocedor, a adj, nm/f connaisseur(-euse)

conocer vt connaître; (reconocer) reconnaître; **conocerse** vpr se connaître; **se conoce que ...** il semble o paraît que ...

conocido, -a adj connu(e) ▷ nm/f (persona) connaissance f

conocimiento nm connaissance f; **conocimientos** nmpl (saber) connaissances fpl; **poner en ~ de algn** savoir à qn; **tener ~ de** avoir connaissance de

conozca etc vb ver **conocer**

conque conj ainsi donc, alors

conquista nf conquête f

conquistador, a adj, nm/f conquérant(e) ▷ nm (de América) conquistador m; (seductor) séducteur m

conquistar vt conquérir; (puesto) obtenir; (simpatía, fama) conquérir; (enamorar) conquérir, faire la conquête de

consagrar vt consacrer

consciente adj conscient(e); **estar ~** être conscient(e); **ser ~ de** être conscient(e) de

consecuencia nf conséquence f; **a ~ de** par suite de; **en ~** en conséquence

consecuente adj: **~ (con)** conséquent(e) (avec)

consecutivo, -a adj consécutif(-ive)

conseguir vt obtenir; (sus fines) parvenir à; **~ hacer** arriver à faire

consejero, -a nm/f (persona) conseiller(-ère); (Pol) ministre dans une communauté autonome

consejo nm conseil m; **consejo de administración** (Com) conseil d'administration; **consejo de guerra/de ministros** conseil de guerre/des ministres

consenso nm consensus m

consentimiento nm consentement m

consentir vt consentir; (mimar) gâter ▷ vi: **~ en hacer** consentir à faire; **~ a algn hacer algo/que algn haga algo** permettre à qn de faire qch/que qn fasse qch

conserje nm concierge m

conserva nf conserve f; **conservas** nfpl conserves fpl; **en ~** en conserve

conservación nf (de paisaje, naturaleza) conservation f; (de especie) protection f

conservador, a adj, nm/f conservateur(-trice)

conservante nm conservateur m

conservar vt (gen) conserver; (costumbre, figura) garder; **conservarse** vpr: **~se bien** (comida etc) bien se conserver; **~se joven** être bien conservé

conservatorio nm (Mús) conservatoire m

considerable adj (importante) important(e); (grande) considérable

consideración nf considération f

considerado, -a adj (atento) attentionné(e); (respetado) respecté(e)

considerar vt considérer

consigna nf consigne f

consigo vb ver **conseguir** ▷ pron (m) avec lui; (f) avec elle; (usted) avec vous; **~ mismo** avec soi-même

consiguiendo etc vb ver **conseguir**

consiguiente adj: **el ~ susto/ nerviosismo** la peur/nervosité qui en résulte; **por ~** par conséquent

consistente adj consistant(e); (material, pared, teoría) solide; **~ en** qui consiste en

consistir vi: **~ en** consister en

consolación nf ver **premio**

consolar vt consoler; **consolarse** vpr: **~se (con)** se consoler (avec)

consolidar vt consolider

consomé (pl **-s**) nm (Culin) consommé m

consonante nf consonne f

consorcio nm (Com) consortium m

conspiración nf conspiration f

conspirador, a nm/f conspirateur(-trice)

conspirar vi conspirer

constancia nf constance f; **dejar ~ de algo** faire état de qch

constante adj constant(e) ▷ nf (Mat, fig) constante f

constar vi: **~ (en)** figurer (dans); **~ de** se composer de; **me consta que ...** je suis conscient que ...; **(que) conste que lo hice por ti** n'oublie pas que c'est pour toi que je l'ai fait

constatar vt constater

consternación nf consternation f

constipado, -a adj: **estar ~** être enrhumé(e) ▷ nm rhume m

constitución nf constitution f; (de tribunal, equipo etc) composition f; **constitucional** adj constitutionnel(le)

constituir vt constituer

constituyente adj constituant(e)

constreñir vt (limitar) restreindre

construcción nf construction f

constructor, a nm/f constructeur(-trice) ▷ nf entrepreneur m

construir vt construire

construyendo etc vb ver **construir**

consuelo vb ver **consolar** ▷ nm consolation f

cónsul nm consul m; **consulado** nm consulat m

consulta nf consultation f; (Med: consultorio) cabinet m; **horas de ~** heures fpl de consultation

consultar vt consulter; **~ algo con algn** consulter qn au sujet de qch

consultorio nm (Med) cabinet m

consumar vt consommer

consumición nf consommation f; **~ mínima** prix m minimum de la consommation

consumidor, a nm/f consommateur(-trice)

consumir vt consommer; **consumirse** vpr se consumer; (caldo) réduire; **~se de celos/de envidia/de rabia)** se consumer (de jalousie/d'envie/de rage)

consumismo nm (Com) surconsommation f

consumo nm consommation f; **bienes/sociedad de ~** biens mpl/ société mpl de consommation

contabilidad nf comptabilité f; **contable** nm/f comptable m/f

contactar vi: **~ con algn** contacter qn

contacto nm contact m; **estar/ ponerse en ~ con algn** être/se mettre en contact avec qn

contado, -a adj: **en casos ~s** dans de rares cas ▷ nm: **al ~** au comptant; **pagar al ~** payer comptant

contador, a nm/f (Am: contable) comptable m/f ▷ nm (aparato) compteur m

contagiar vt (enfermedad) passer; (persona) contaminer

contagio nm contagion f

contagioso, -a adj contagieux(-euse)

contaminación nf (de alimentos) contamination f; (del agua, ambiente) pollution f

contaminar vt (aire, agua) polluer

contante adj: **dinero ~** argent m comptant; **dinero ~ y sonante** espèces fpl sonnantes et trébuchantes

contar vt (dinero etc) compter; (historia etc) conter ▷ vi compter; **~ con** (persona) compter avec; (disposer de: plazo etc) disposer de; (: habitantes) compter

contemplación nf contemplation f;

contemplaciones nfpl (miramientos) égards mpl

contemplar vt contempler

contemporáneo, -a adj, nm/f contemporain(e)

contendiente adj, nm/f (persona, país) rival(e); (Deporte) adversaire m/f

contenedor nm conteneur m

contener vt contenir; (risa, caballo etc) retenir; **contenerse** vpr se retenir

contenido, -a adj contenu(e) ▷ nm contenu m

contentar vt faire plaisir à; **contentarse** vpr: **~se (con)** se contenter (de); **~se con hacer** se contenter de faire

contento, -a adj: **~ (con/de)** content(e)

contestación nf réponse f

contestador nm: **~ automático** répondeur m

contestar vt répondre; (Jur) plaider ▷ vi répondre; **~ a una pregunta/a un saludo** répondre à une question/à un salut

contexto nm contexte m

contienda nf dispute f

contigo pron avec toi

contiguo, -a adj: **~ (a)** contigu(ë) (à)

continente nm continent m

contingencia nf (posibilidad) éventualité f; **contingente** adj contingent(e) ▷ nm (Mil, Com) contingent m

continuación nf (de trabajo, estancia, obras) poursuite f; (de novela, película, calle) suite f; **a ~** juste après

continuar vt continuer, poursuivre ▷ vi (permanecer) rester; (mantenerse, prolongarse) continuer; (telenovela etc) reprendre; **~ haciendo** continuer de o à faire; **~ siendo** être toujours

continuo, -a adj continu(e); (llamadas, quejas) continuel(le)

contorno nm (silueta) contours mpl;

(en dibujo) contour m; **contornos** nmpl (alrededores) environs mpl

contorsión nf contorsion f

contra prep contre ▷ adj (Nic) contra ▷ adv: **en ~ (de)** contre ▷ nm/f contra m/f ▷ nf: **la C~ (nicaragüense)** les Contras mpl ▷ nm ver **pro**

contraataque nm contre-attaque f

contrabajo nm contrebasse f

contrabandista nm/f contrebandier(-ière)

contrabando nm contrebande f; **llevar/pasar algo de ~** passer qch en contrebande

contracción nf contraction f

contracorriente: a ~ adv à contre-courant

contradecir vt contredire; **contradecirse** vpr se contredire; **esto se contradice con ...** ceci est en contradiction avec ...

contradicción nf contradiction f; **en ~ con** en contradiction avec

contradictorio, -a adj contradictoire

contraer vt contracter; **contraerse** vpr se contracter; **~ matrimonio con** épouser

contraluz nm (Foto) contre-jour m; **a ~** à contrejour

contrapelo: a ~ adv à rebrousse-poil

contrapesar vt contrebalancer; **contrapeso** nm contrepoids msg

contraportada nf page f de garde

contraproducente adj qui n'a pas l'effet escompté

contrariar vt contrarier

contrariedad nf contretemps msg; (disgusto) contrariété f

contrario, -a adj: **~ (a)** opposé(e) (à); (equipo etc) adverse ▷ nm/f adversaire m/f; **al ~** au contraire; **por el ~** tout au contraire; **ser ~ a** être opposé(e) à; (a intereses, opinión) être contraire à; **llevar la contraria** contredire; **de lo ~** sinon

contrarrestar vt compenser
contraseña nf mot m de passe
contrastar vi: **~ (con)** trancher
(avec) ▷ vt
contraste nm contraste m
contratar vt engager, recruter;
(servicios) faire appel à
contratiempo nm contretemps msg
contratista nm/f
entrepreneur(-euse)
contrato nm contrat m
contravenir vt contrevenir
contraventana nf volet m
contribución nf contribution f
contribuir vi: **~ (a)** contribuer (à); **~
con** participer à raison de
contribuyente nm/f contribuable
m/f
contrincante nm concurrent(e)
control nm contrôle m; (dominio: de
nervios, impulsos) maîtrise f; (tb: **~
de policía**) contrôle; **llevar el ~**
(de situación) maîtriser; (en asunto)
diriger; **perder el ~** perdre le
contrôle; **control de (la) natalidad**
contrôle des naissances; **control de
pasaportes** contrôle des passeports
controlador, -a nm/f: **~ aéreo**
contrôleur m aérien
controlar vt contrôler; (nervios,
impulsos) maîtriser; **controlarse** vpr
se maîtriser
controversia nf controverse f
contundente adj (prueba)
indiscutable; (fig: argumento etc)
radical(e)
contusión nf contusion f
convalecencia nf convalescence f
convaleciente adj, nm/f
convalescent(e)
convalidar vt valider
convencer vt convaincre;
convencerse vpr: **~se (de)** se
persuader (de); **~ a algn de (que
haga) algo** convaincre qn de
(faire) qch; **~ a algn para que haga**

convaincre qn de faire; **esto no
me convence (nada)** cela ne me
convainc pas (du tout)
convencimiento nm certitude f
convención nf convention f
conveniencia nf (oportunidad)
opportunité f; (provecho) intérêt m;
(utilidad) avantage m; **conveniencias**
nfpl (tb: **~s sociales**) convenances fpl
conveniente adj opportun(e); (útil)
pratique
convenio nm accord m
convenir vt convenir de ▷ vi
no te conviene salir tu ne
devrais pas sortir
convento nm couvent m
convenza etc vb ver **convencer**
converger, convergir vi converger
conversación nf conversation f
conversar vi discuter
conversión nf transformation f
convertir vt transformer; (Rel): **~ a**
convertir à
convicción nf conviction f;
convicciones nfpl (ideas) convictions
fpl
convicto, -a adj condamné(e)
convidado, -a nm/f convive m/f
convidar vt: **~ (a)** convier (à); **~ a algn
a hacer** inviter qn à faire
convincente adj convaincant(e)
convite nm (banquete) banquet m;
(invitación) invitation f
convivencia nf cohabitation f
convivir vi cohabiter
convocar vt convoquer; **~ (a)**
(personas) convoquer (à); (huelga)
appeler à
convocatoria nf convocation f;
(huelga) appel m
convulsión nf (Med) convulsion f
conyugal adj conjugal(e); **vida ~** vie f
conjugale; **cónyuge** nm/f conjoint(e)
coñac (pl **~s**) nm cognac m
coño (fam!) nm con m (fam!) ▷ excl
merde! (fam!)

cooperación nf coopération f
cooperar vi coopérer
cooperativa nf coopérative f
coordinador, a nm/f
   coordinateur(-trice) ▷ nf bureau m de
   coordination
coordinar vt coordonner
copa nf (recipiente) verre m à pied;
   (de champán, Deporte) coupe f; (de
   árbol) cime f; **copas** nfpl (Naipes)
   l'une des quatre couleurs du jeu de cartes
   espagnol; **tomar una ~** prendre un
   verre o un pot
copia nf copie f; (llave) double m;
   copia de respaldo o **de seguridad**
   (Inform) sauvegarde f; **copiar** vt
   copier; (Inform) faire une copie de
copioso, -a adj abondant(e); (comida)
   copieux(-euse)
copla nf (canción) couplet m
copo nm: **~ de nieve** flocon m de
   neige; **~s de avena** flocons mpl
   d'avoine
coqueta nf (mujer) coquette f;
   (mueble) coiffeuse f; **coquetear** vi
   flirter
coraje nm courage m; (esp Am) colère f
coral adj (Mús) de chœur ▷ nf (Mús)
   chorale f ▷ nm (Zool) corail m; **de ~**
   en corail
coraza nf cuirasse f; (Zool) carapace f
corazón nm cœur m; (Bot) noyau m
corazonada nf pressentiment m
corbata nf cravate f
Córcega n Corse f
corchete nm agrafe f
corcho nm liège m; (Pesca, tapón)
   bouchon m; **de ~** en liège
cordel nm corde f
cordero nm agneau m
cordial adj cordial(e); **cordialidad** nf
   cordialité f
cordillera nf cordillère f
Córdoba n Cordoue f
córdoba nm (Nic) monnaie du
   Nicaragua

cordón nm (cuerda) ficelle f; (de
   zapatos) lacet m; (Elec, policial) cordon
   m; (CSur) bord m du trottoir; **cordón
   umbilical** cordon ombilical
cordura nf sagesse f; (Med) santé f
   mentale
córner (pl **~s**) nm (Deporte) corner m
corneta nf (Mús) cornet m; (Mil)
   clairon m
cornisa nf corniche f
coro nm chœur m
corona nf couronne f; **coronación**
   nf couronnement m; **coronar** vt
   couronner
coronel nm colonel m
coronilla nf sommet m du crâne;
   estar hasta la ~ (de) en avoir
   jusque-là (de)
corporación nf corporation f
corporal adj (ejercicio) physique;
   (castigo, higiene) corporel(le)
corpulento, -a adj (persona)
   corpulent(e); (árbol, tronco) énorme
corral nm (de animales) basse-cour f
correa nf courroie f; (cinturón)
   ceinture f; (de perro) laisse f; **correa
   del ventilador** (Auto) courroie du
   ventilateur
corrección nf correction f;
   correccional nm pénitencier m
correcto, -a adj correct(e)
corredor, a nm/f coureur(-euse)
   ▷ nm (pasillo) corridor m; (balcón
   corrido) galerie f; (Com) courtier m
corregir vt corriger; **corregirse** vpr
   se corriger; **se le ha corregido la
   miopía** on lui a corrigé sa myopie
correo nm courrier m; (oficina)
   poste f; **Correos** nmpl (servicio) la
   Poste, les PTT fpl; (edificio) la Poste; **a
   vuelta de ~** par retour de courrier;
   echar al ~ mettre à la poste; **correo
   aéreo** courrier par avion; **correo
   electrónico** courrier électronique
correr vt (mueble etc) déplacer; (riesgo)
   courir; (cortinas: cerrar) fermer; (: abrir)

ouvrir; (*cerrojo*) tourner ▷ vi (*persona, rumor*) courir; (*coche, agua, viento*) aller vite; **corrorse** vpr (*persona, terreno*) se déplacer; (*colores*) couler; **echar a ~** se mettre à courir

correspondencia nf correspondance f

corresponder vi (*dinero, tarea*) revenir; (*en amor*) aimer en retour; **corresponderse** vpr (*amarse*) bien s'entendre; **~ a** (*invitación*) répondre à; (*convenir, ajustarse, pertenecer*) correspondre à; **al gobierno le corresponde ...** le gouvernement a pour tâche de ...; **~se con** correspondre à

correspondiente adj (*respectivo*) correspondant(e); **~ (a)** (*adecuado*) qui correspond (à)

corresponsal nm/f correspondant(e)

corrida nf corrida f; (Chi) file f

corrido, -a adj, nm (Méx) ballade f; **de ~** couramment

corriente adj (*suceso, costumbre*) habituel(le); (*común*) commun(e) ▷ nf courant m; (tb: **~ de aire**) courant d'air ▷ nm: **el 16 del ~** le 16 courant; **estar al ~ de** être au courant de; **seguir la ~ a algn** ne pas contrarier qn; **poner/tener al ~** mettre/tenir au courant

corrija etc vb ver **corregir**

corrillo nm petit groupe m

corro nm cercle m; **jugar al ~** faire la ronde

corroborar vt corroborer

corroer vt corroder; (*suj: envidia*) ronger; **corroerse** vpr se désagréger

corromper vt pourrir; (*fig: costumbres, moral*) corrompre; (*: juez etc*) corrompre, soudoyer; **corromperse** vpr pourrir; (*costumbres*) se corrompre; (*persona, justicia*) se laisser soudoyer

corrosivo, -a adj corrosif(-ive)

corrupción nf putréfaction f; (fig) corruption f

corsé nm corset m

cortacésped nm tondeuse f (à gazon)

cortado, -a adj (*leche*) tourné(e); (*piel, labios*) craquelé(e) ▷ nm café m avec un nuage de lait; **estar ~** être coincé(e); **quedarse ~** rester sans voix

cortafuegos nm inv pare-feu m

cortar vt couper ▷ vi couper; (*viento*) être glacial(e); (Am: Telec) raccrocher; **cortarse** vpr se couper; (*turbarse*) se troubler; (Telec) s'interrompre; (*leche*) tourner; **~se el pelo** se (faire) couper les cheveux; **se le cortan los labios** ses lèvres se gercent

cortaúñas nm inv coupe-ongles m inv

corte nm coupure f; (*de pelo, vestido*) coupe f ▷ nf (*real*) cour f; **las C~s** le parlement espagnol

cortejar vt courtiser

cortejo nm cortège m; **cortejo fúnebre** cortège funèbre

cortés adj courtois(e), poli(e)

cortesía nf courtoisie f, politesse f

corteza nf (*de árbol*) écorce f; (*de pan, queso*) croûte f; (*de fruta*) peau f; **corteza terrestre** écorce o croûte terrestre

cortina nf rideau m

corto, -a adj court(e); (*tímido*) timide, timoré(e); (*tonto*) bouché(e) ▷ nm (Cine) court-métrage m; **~ de vista** myope; **quedarse ~** ne pas être à la hauteur; **cortocircuito** nm court-circuit m

cortometraje nm court-métrage m

cosa nf chose f; (*asunto*) affaire f; **es ~ de una hora** c'est l'affaire d'une heure; **eso es ~ mía** c'est mon affaire; **lo que son las ~s** c'est drôle, la vie; **las ~s como son** les choses étant ce qu'elles sont

coscorrón nm coup m sur la tête; **darse un ~** se cogner la tête

cosecha nf récolte f; (de vino) cru m
cosechar vt récolter ▷ vi faire la récolte
coser vt coudre; **~ algo a algo** coudre qch à qch
cosmético, -a adj, nm cosmétique m ▷ nf cosmétique f
cosquillas nfpl: **hacer ~** chatouiller; **tener ~** être chatouilleux(-euse)
costa nf (Geo) côte f; **a ~ de** aux dépens de; (trabajo) à force de; (su vida) au péril de; **a toda ~** coûte que coûte, à tout prix; **Costa Brava/del Sol** Costa Brava/del Sol; **Costa Azul/Cantábrica/de Marfil** Côte d'Azur/cantabrique/d'Ivoire
costado nm côté m; **de ~** (dormir etc) sur le côté
costar vt, vi coûter; **me cuesta hablarle** j'ai du mal à lui parler
costarricense, costarriqueño, -a adj costaricien(ne), de Costa Rica ▷ nm/f Costaricien(ne)
costear vt payer
costero, -a adj côtier(-ière)
costilla nf (Anat) côte f; (Culin) côtelette f
costo nm coût m, prix msg
costoso, -a adj coûteux(-euse); (difícil) difficile
costra nf (de suciedad) couche f; (Med, de cal etc) croûte f
costumbre nf coutume f, habitude f; (tradición) coutume f
costura nf couture f
costurera nf couturière f
costurero nm boîte f à couture
cotejar vt: **~ (con)** comparer (à o avec)
cotidiano, -a adj quotidien(ne)
cotilla nm/f commère f
cotillear vi faire des commérages
cotización nf (Com) cours m; (de club, del trabajador) cotisation f
cotizar vt (Com) coter; (pagar) cotiser; **cotizarse** vpr (fig) être bien coté; **~se**

a (Com) être coté à
coto nm (tb: **~ de caza**) réserve f; **poner ~ a** mettre fin à
cotorra nf (loro) perruche f; (fam: persona) pie f
COU (Esp) sigla m (= Curso de Orientación Universitaria) Terminale
coyote nm coyote m
coyuntura nf articulation f, jointure f; (fig) conjoncture f, occasion f
coz nf ruade f
cráneo nm crâne m
cráter nm cratère m
creación nf création f
creador, a adj, nm/f créateur(-trice)
crear vt créer
creativo, -a adj créatif(-ive)
crecer vi grandir; (pelo) pousser; (ciudad) s'agrandir; (río) pousser
creces: con ~ adv (pagar) au centuple
crecido, -a adj: **estar ~** avoir grandi; (planta) avoir poussé
creciente adj croissant(e); **cuarto ~** premier quartier m
crecimiento nm croissance f; (de planta) poussée f; (de ciudad) agrandissement m
credenciales nfpl lettres fpl de créance
crédito nm crédit m; **a ~** à crédit; **dar ~ a** accorder crédit à, croire
credo nm credo m
crédulo, -a adj crédule
creencia nf croyance f
creer vt, vi croire; **creerse** vpr (considerarse) se croire; (aceptar) croire; **~ en** croire en; **¡ya lo creo!** je crois o pense bien; **creo que no/sí** je crois que non/oui; **no se lo cree** il n'y croit pas
creíble adj croyable
creído, -a adj présomptueux(-euse)
crema nf crème f; (para zapatos) cirage m; **crema de afeitar** crème à raser; **crema de cacao** beurre m de cacao; **crema pastelera** crème pâtissière

cremallera nf fermeture f éclair®
crematorio nm (tb: **horno ~**) four m
crématoire
crepitar vi crépiter
crepúsculo nm crépuscule m
cresta nf crête f
creyendo etc vb ver **creer**
creyente nm/f croyant(e)
creyó etc vb ver **creer**
crezca etc vb ver **crecer**
cría vb ver **criar** ▷ nf (de animales)
élevage m; (cachorro) petit m; ver
tb **crío**
criada nf bonne f; ver tb **criado**
criadero nm élevage m
criado, -a nm/f domestique m/f
crianza nf allaitement m; (formación)
éducation f
criar vt allaiter, nourrir; (educar)
éduquer, élever; (animales) élever ▷ vi
avoir des petits
criatura nf créature f; (niño) gosse m
criba nf crible m; **cribar** vt cribler,
tamiser
crimen nm crime m
criminal adj criminel(le) ▷ nm/f
criminel(le)
crin nf (tb: **~es**) crinière f
crío, -a (fam) nm/f bébé m; (más mayor)
marmot m
crisis nf inv crise f; **crisis nerviosa**
dépression f nerveuse
crispar vt crisper; **crisparse** vpr se
crisper; **ese ruido me crispa los
nervios** ce bruit me porte sur les nerfs
cristal nm verre m; (de ventana) vitre f;
cristales nmpl (trozos rotos) bouts mpl
de verre; **de ~** en verre
cristalino, -a adj cristallin(e);
cristalizar vi cristalliser; (fig) se
cristalliser; **cristalizarse** vpr se
cristalliser
cristiandad nf chrétienté f
cristianismo nm christianisme m
cristiano, -a adj, nm/f chrétien(ne)
Cristo nm le Christ; (crucifijo)

crucifix m
criterio nm critère m; (opinión) avis
m; (discernimiento) discernement m,
jugement m
crítica nf critique f
criticar vt (censurar) critiquer; (novela,
película) faire la critique de ▷ vi
critiquer
crítico, -a adj, nm/f critique m/f
Croacia n Croatie f
croar vi coasser
cromo nm chrome m; (para niños)
vignette f
crónica nf chronique f
crónico, -a adj chronique
cronómetro nm chronomètre m
croqueta nf croquette f
cruce vb ver **cruzar** ▷ nm croisement
m; (miradas) rencontre f; (de carreteras)
carrefour m; **cruce de peatones**
passage m clouté
crucificar vt crucifier
crucifijo nm crucifix msg
crucigrama nm mots mpl croisés
crudo, -a adj cru(e); (invierno etc)
rigoureux(-euse) ▷ nm pétrole m brut
cruel adj cruel(le); **crueldad** nf
cruauté f
crujido nm craquement m
crujiente adj (galleta) croquant(e);
(pan) croustillant(e)
crujir vi craquer; (dientes) grincer;
(nieve, arena) crisser
cruz nf croix f sg; (de moneda) pile f;
cruz gamada croix gammée; **Cruz
Roja** Croix-Rouge f
cruzado, -a adj croisé(e); (en calle,
carretera) de travers ▷ nm croisé m
cruzar vt croiser; (calle, desierto)
traverser; **cruzarse** vpr se croiser;
~se con algn croiser qn; **~se de
brazos** se croiser les bras
cuaderno nm bloc m notes; (de
escuela) cahier m
cuadra nf écurie f; (Am: Arq) pâté m
de maisons

cuadrado, -a adj carré(e) ▷ nm (Mat) carré m; **metro/kilómetro ~** mètre m/kilomètre m carré

cuadrar vt (Pe) garer; **cuadrarse** vpr (soldado) se mettre au garde-à-vous; **~ (con)** (informaciones) correspondre (à); (cuentas) s'accorder (avec)

cuadrilátero nm (Deporte) ring m; (Geom) quadrilatère m

cuadrilla nf (de obreros etc) équipe f; (de ladrones, amigos) bande f

cuadro nm tableau m; (cuadrado) carré m; (Deporte, Med) équipe f; **a/de ~s** à carreaux

cuádruple adj quadruple

cuajar vt (leche) cailler; (sangre) coaguler; (huevo) faire durcir ▷ vi (Culin, nieve) prendre; (fig: planes) aboutir; (: acuerdo) marcher; (: idea) se réaliser; **cuajarse** vpr (leche) se cailler; **~ algo de** remplir qch de

cuajo nm: **de ~** (arrancar etc) à la racine

cual adv comme, tel que, tel un ▷ pron: **el/la ~** lequel/laquelle, qui; **los/las ~es** lesquels/lesquelles, qui; **lo ~** ce qui, ce que; **cada ~** chacun; **con o por lo ~** c'est pourquoi; **del ~** duquel, dont; **tal ~** tel quel

cuál pron (interrogativo) lequel, laquelle, lesquels, lesquelles

cualesquiera pl de **cualquier(a)**

cualidad nf qualité f

cualquier(a) (pl **cualesquiera**) adj (indefinido) n'importe quel(le); (tras sustantivo) quelconque ▷ pron: quiconque, n'importe qui; (a la hora de escoger) n'importe lequel/laquelle; **cualquier día de estos** un de ces jours; **no es un hombre cualquiera** ce n'est pas n'importe qui; **eso cualquiera lo sabe hacer** ça, n'importe qui peut le faire; **es un cualquiera** c'est un pas-grand-chose

cuando adv quand ▷ conj quand, lorsque; (puesto que) puisque, du moment que; (si) si ▷ prep: **yo, ~ niño ...** moi, quand j'étais petit ...; **aun ~** même si, même quand; **~ más/menos** tout au plus/au moins; **de ~ en ~** de temps en temps, de temps à autre

cuándo adv quand, lorsque; **¿desde ~?, ¿de ~ acá?** depuis quand?

cuantioso, -a adj considérable

PALABRA CLAVE

cuanto, -a adj 1 (todo): **tiene todo cuanto desea** il a tout ce qu'il veut; **le daremos cuantos ejemplares necesite** nous vous donnerons autant d'exemplaires qu'il vous en faut

2: **unos cuantos: había unos cuantos periodistas** il y avait quelques journalistes

3 (+ más): **cuanto más vino bebas peor te sentirás** plus tu boiras de vin plus tu te sentiras mal
▷ pron 1: **tome cuanto/cuantos quiera** prends-en autant que tu voudras

2: **unos cuantos** quelques-uns
▷ adv: **en cuanto: este profesor es excelente** comme professeur, il est excellent; **en cuanto a mí** quant à moi; ver tb **antes**
▷ conj 1: **cuanto más lo pienso menos me gusta** plus j'y pense moins ça ne me plaît

2: **en cuanto: en cuanto llegue/ llegué** dès qu'il arrive/arriva

cuánto, -a adj (exclamativo) que de, quel(le); (interrogativo) combien de ▷ pron, adv combien; **¿~ cuesta?** combien ça coûte?; **¿a ~s estamos?** le combien sommes-nous?; **Señor no sé ~s** Monsieur Untel

cuarenta adj inv, nm inv quarante m inv; ver tb **sesenta**

cuarentena nf quarantaine f

cuaresma nf carême m

cuarta nf empan m; (Mús) quarte f;
ver tb **cuarto**

cuartel nm caserne f; **cuartel general** quartier m général

cuarteto nm quatuor m

cuarto, -a adj quatrième ⊳ nm (Mat) quart m; (habitación) chambre f, pièce f; (Zool) quartier m; **cuarto de baño/de estar** salle f de bains/de séjour; **cuartos de final** (Deporte) quarts mpl de finale; **cuarto de hora** quart d'heure; **cuarto de kilo** demi-livre f; ver tb **sexto**

cuarzo nm quartz m

cuatro adj inv, nm inv quatre m inv; ver tb **seis**

cuatrocientos, -as adj quatre cents; ver tb **seiscientos**

Cuba nf Cuba m

cuba nf cuve f, tonneau m; (tina) cuve

cubano, -a adj cubain(e) ⊳ nm/f Cubain(e)

cúbico, -a adj cubique

cubierta nf couverture f; (neumático) pneu m; (Náut) pont m

cubierto, -a pp de **cubrir** ⊳ adj couvert(e) ⊳ nm couvert m; **~ de** couvert(e) de, recouvert(e) de; **a o bajo ~** à l'abri

cubilete nm gobelet m, cornet m

cubito nm: **~ de hielo** glaçon m

cubo nm (Mat, Geom) cube m; (recipiente) seau m; (Tec) tambour m; **cubo de la basura** poubelle f

cubrecama nm couvre-lit m, dessus msg de lit

cubrir vt couvrir; (esconder) cacher; (polvo, nieve) recouvrir, couvrir; **cubrirse** vpr se couvrir; **el agua casi me cubría** je n'avais presque pas pied; **~ de** couvrir de; **~se de** se couvrir de, se recouvrir de

cucaracha nf cafard m

cuchara nf cuiller f o cuillère f;

cucharada nf cuillerée f

cucharilla nf petite cuiller f o cuillère f

cucharón nm louche f

cuchichear vi chuchoter

cuchilla nf lame f

cuchillo nm couteau m

cuchitril (pey) nm taudis msg, bouge m

cuclillas nfpl: **en ~** accroupi(e)

cuco, -a adj (astuto) malin(-igne) ⊳ nm coucou m

cucurucho nm cornet m

cuello nm cou m; (de ropa) col m; (de botella) goulot m

cuenca nf (tb: **~ del ojo**) orbite f; (Geo: valle) vallée f

cuenco nm bol m

cuenta vb ver **contar** ⊳ nf compte m; (en restaurante) addition f; (de collar) grain m; **a fin de ~s** au bout du compte; **caer en la ~** y être; **darse ~ de algo** se rendre compte de qch; **echar ~s** faire le point; **perder la ~** ne pas se rappeler; **tener en ~** tenir compte de; **trabajar por su ~** travailler à son compte; **cuenta atrás** compte à rebours; **cuenta corriente** compte courant; **cuenta de ahorros** compte épargne; **cuentakilómetros** nm inv compteur m kilométrique; (velocímetro) compteur de vitesse

cuento vb ver **contar** ⊳ nm conte m; (patraña) histoire f; **eso no viene a ~** ceci n'a rien à voir; **cuento chino** histoire à dormir debout; (fam) bobard m; **cuento de hadas** conte de fées

cuerda nf corde f; (de reloj) ressort m; **dar ~ a un reloj** remonter une montre; **cuerdas vocales** cordes vocales; ver tb **cuerdo**

cuerdo, -a adj sensé(e); (prudente) sage, prudent(e)

cuerno nm corne f

cuero nm cuir m; **en ~s** tout(e) nu(e);

cuero cabelludo cuir chevelu

cuerpo nm corps msg; **a ~** sans manteau

cuervo nm corbeau m

cuesta vb ver **costar** ▷ nf pente f; (en camino etc) côté f; **ir ~ arriba/abajo** monter/descendre; **a ~s** sur le dos

cuestión nf question f; **en ~ de** en matière de; **es ~ de** c'est une question de

cueva nf grotte f, caverne f

cuidado, -a adj soigné(e) ▷ nm précaution f; (de los niños etc) soin m ▷ excl attention!; **estar al ~ de** s'occuper de; **tener ~** faire attention

cuidadoso, -a adj soigneux(-euse); (prudente) prudent(e)

cuidar vt soigner; (niños, casa) s'occuper de ▷ vi: **~ de** prendre soin de; **cuidarse** vpr prendre soin de soi; **~se de hacer** prendre soin de faire

culata nf crosse f

culebra nf couleuvre f

culebrón nm (fam) série f télévisée

culinario, -a adj culinaire

culminación nf point m culminant

culminar vi soigner; (niños, casa)

culo nm (fam!) cul m (fam!)

culpa nf faute f; (Jur) culpabilité f; **echar la ~ a algn** accuser qn; **por ~ de** à cause de; **tengo la ~** c'est de ma faute; **culpabilidad** nf culpabilité f; **culpable** adj, nm/f coupable m/f

culpar vt accuser

cultivar vt cultiver

cultivo nm culture f; (cosecha) récolte f

culto, -a adj cultivé(e); (lenguaje) choisi(e); (palabra) savant(e) ▷ nm culte m; **rendir ~ a** (Rel, fig) rendre un culte à

cultura nf culture f; **la ~** la culture

culturismo nm culturisme m

cumbre nf sommet m

cumpleaños nm inv anniversaire m; **¡feliz ~!** joyeux anniversaire!

cumplido, -a adj (cortés) poli(e); (plazo) échu(e) ▷ nm compliment m;

visita de ~ visite f de politesse

cumplimentar vt complimenter, adresser ses compliments à

cumplimiento nm accomplissement m; (de norma) respect m

cumplir vt accomplir; (ley) respecter; (promesa) tenir; (años) avoir; **cumplirse** vpr (plazo) expirer; (plan, pronósticos) se réaliser, s'accomplir; **~ con** (deber) faire, remplir; (persona) ne pas manquer à; **hoy cumple dieciocho años** aujourd'hui il a dix-huit ans

cúmulo nm tas msg

cuna nf berceau m

cundir vi (rumor, pánico) se répandre, se propager; (trabajo) avancer, progresser

cuneta nf fossé m

cuña nf (Tec) coin m

cuñado, -a nm/f beau-frère/ belle-sœur

cuota nf quota m; (parte proporcional) quote-part f; (de club etc) cotisation f

cupo vb ver **caber** ▷ nm quote-part f

cupón nm billet m; (de resguardo) bon m

cúpula nf coupole f

cura nf guérison f; (tratamiento) soin m ▷ nm curé m

curación nf guérison f; (tratamiento) traitement m

curandero, -a nm/f guérisseur(-euse)

curar vt (enfermo, enfermedad: herida) guérir; (: con apósitos) panser; (Culin) faire sécher; (cuero) tanner; **curarse** vpr (persona) se rétablir; (herida) se guérir

curiosear vt fouiner dans ▷ vi fouiner

curiosidad nf curiosité f; **sentir** o **tener ~ por** o **de (hacer)** être curieux(-euse) de (faire)

curioso, -a adj curieux(-euse) ▷ nm/f

(pey) curieux(-euse)

currante nm/f (fam) bosseur(-euse)

currar, currelar vi (fam) bosser, trimer

currículo, currículum nm (tb: ~ **vitae**) curriculum m (vitae); **curro** nm (fam) job m

cursi adj de mauvais goût; (afectado) maniéré(e)

cursillo nm cours msg; (de reciclaje etc) stage m

cursiva nf italiques mpl

curso nm cours msg; (Escol, Univ) année f; **en ~** (año, proceso) en cours; **en el ~ de** au cours de

cursor nm (Inform) curseur m

curtido, -a adj (cara, cuero) tanné(e)

curtir vt (pieles) tanner, corroyer; (suj: sol, viento) tanner

curva nf virage m, tournant m; (Mat) courbe f

cúspide nf sommet m; (fig) faîte m, comble m

custodia nf surveillance f; (de hijos) garde f; **custodiar** vt surveiller

cutis nm inv peau f

cutre (fam) adj minable

cuyo, -a pron (complemento de sujeto) dont le, dont la; (: plural) dont les; (complemento de objeto) dont; (tras preposición) de qui, duquel, de laquelle; (: plural) desquels, desquelles

C.V. abr (= caballos de vapor) CV (= cheval vapeur)

d

D. abr = Don (con apellido) Monsieur m; (sólo con nombre) Don m

Da. abr = Doña (con apellido) Madame f; (sólo con nombre) Doña f; ≈ Madame

dádiva nf (regalo) présent m

dado, -a pp de **dar** ▷ adj: **en un momento ~** à un moment donné ▷ nm (para juego) dé m; **dados** nmpl (juego) dés mpl; **~ que** étant donné que

daltónico, -a adj, nm/f daltonien(ne)

dama nf dame f; **damas** nfpl (juego) dames fpl; **dama de honor** (de novia) demoiselle f d'honneur

danés, -esa adj danois(e) ▷ nm/f Danois(e)

danza nf danse f

danzar vt danser ▷ vi danser

dañar vt (mueble, cuadro, motor) abîmer; (cosecha) endommager; (salud, reputación) nuire à; **dañarse** vpr (cosecha) se gâter

dañino, -a adj (sustancia) nocif(-ive);

(*animal*) nuisible

daño nm (a mueble, máquina)
dommage m; (a persona, animal) mal
m; **~s y perjuicios** (Jur) dommages mpl
et intérêts mpl; **hacer ~ a** (alimento) ne
pas réussir; **hacer ~ a algn** (producir
dolor) faire mal à qn; (fig: ofender)
blesser qn; **eso me hace ~** ça ne me
réussit pas; **hacerse ~** se faire mal

  PALABRA CLAVE

dar vt 1 donner; **dar algo a algn**
donner qch à qn; **dar de beber a algn**
donner à boire à qn
2 (causar: alegría) donner; (: problemas)
causer; (: susto) faire
3 (+ n = perífrasis de verbo): **me da
pena/asco** cela me désole/
dégoûte; **da gusto escucharle** c'est
bien agréable de l'écouter; ver tb
más
4 (dar a + infin): **dar a conocer** faire
connaître
▷ vi 1: **dar a** (ventana, habitación)
donner sur; (botón etc) appuyer sur
2: **dar con: dimos con él dos horas
más tarde** nous l'avons rencontré
deux heures plus tard; **al final di con
la solución** finalement j'ai trouvé la
solution
3: **dar en** (blanco) atteindre; **dar en el
suelo** tomber par terre; **el sol me da
en la cara** j'ai le soleil dans la figure
4: **dar de sí** (zapatos, ropa) s'élargir
darse vpr 1 se donner; **darse un baño**
prendre un bain
2 (ocurrir): **se han dado muchos
casos** il y a eu de nombreux cas
3: **darse a: darse a la bebida**
s'adonner à la boisson
4: **darse por: darse por vencido** se
déclarer vaincu; **darse por
satisfecho** s'estimer satisfait
5: **se me dan bien/mal las ciencias**
je suis bon/mauvais en sciences

6: **dárselas de: se da de experto**
il joue les experts

datar vi: **~ de** dater de
dátil nm datte f
dato nm (detalle) fait m; **datos** nmpl
(información, Inform) données fpl; **~s
personales** identité fsg

dcha. abr (= derecha) dr. (= droite)

  PALABRA CLAVE

de (de + el = **del**) prep
1 (gen: complemento de) de, d'; **la casa
de Isabel/de mis padres/de los
Alvarez** la maison d'Isabelle/de mes
parents/des Alvarez; **una copa de
vino** un verre de vin; **clases de inglés**
cours mpl d'anglais
2 (posesión: con ser): **es de ellos** c'est à
eux
3 (origen, distancia) de; **soy de Gijón** je
suis de Gijón; **salir del cine/de la
casa** sortir du cinéma/de la maison;
de lado/de atrás/delante de
côté/derrière/devant
4 (materia) en; **un abrigo de lana** un
manteau en laine; **temblar de
miedo/de frío** trembler de peur/de
froid; **de un trago** d'un coup
5 (condicional + infin): **de no ser así** si
ce n'était pas comme ça; **de ser
posible** si c'est possible; **de no
terminarlo hoy** si ce n'est pas fini
aujourd'hui
6: **de no** (Am: si no) sinon; **¡hazlo, de
no ...!** fais-le sinon ...!

dé vb ver dar
deambular vi (persona) déambuler;
(animal) vagabonder
debajo adv dessous; **~ de** sous; **por ~
de** en dessous de
debate nm débat m; **debatir**
vt débattre (de) ▷ vi débattre;
debatirse vpr (forcejear) se débattre

deber nm (obligación) devoir m ▷ vt
devoir; **deberes** nmpl (Escol) devoirs
mpl; **deberse** vpr: **~se a** être dû/
due à; **debo hacerlo** je dois le faire;
debe (de) ser canadiense il doit être
canadien

debido, -a adj (cuidado, respeto) dû/
due; **~ a** en raison de; **a su ~ tiempo**
en temps voulu; **como es ~** comme
il convient

débil adj faible; **debilidad** nf faiblesse
f; **tener debilidad por algn/algo**
avoir un faible pour qn/qch

debilitar vt (persona, resistencia)
affaiblir; (cimientos) ébranler;
debilitarse vpr s'affaiblir

debutar vi (en actuación) débuter

década nf décennie f

decadencia nf (de edificio)
délabrement m; (de persona)
déchéance f; (de sociedad) décadence f

decaer vi (espectáculo) perdre de son
attrait; (negocio) dépérir; (éxito, afición,
interés) retomber; (salud) décliner

decaído, -a adj: **estar ~** (desanimado)
être abattu(e)

decano, -a nm doyen(ne)

decapitar vt décapiter

decena nf: **una ~** une dizaine

decencia nf décence f

decente adj décent(e); (honesto)
convenable

decepción nf déception f

decepcionar vt décevoir

decidir vt décider (de) ▷ vi décider;
decidirse vpr: **~se (a hacer algo)** se
décider (à faire qch)

décima nf (Mat) dixième m; (Med)
décimas nfpl (Med) dixièmes mpl (de degré)

decimal adj décimal(e)

decímetro nm décimètre m

décimo, -a adj, nm dixième m; ver
tb **sexto**

decir vt dire; **decirse** vpr: **se dice
que ...** on dit que ...; **~ para sí** se dire;
querer ~ vouloir dire; **es ~** c'est-à-

dire; **¡diga!, ¡dígame!** (Telec) allô!; **por
no ~** pour ne pas dire; **¿cómo se dice
"cursi" en francés?** comment dit-on
"cursi" en français?

decisión nf décision f; **tomar una ~**
prendre une décision

decisivo, -a adj décisif(-ive)

declaración nf déclaration f; (Jur)
déposition f; **prestar ~** (Jur) faire une
déposition; **declaración de la renta**
déclaration de revenus; **declaración
fiscal** déclaration d'impôts

declarar vt déclarer ▷ vi (para
la prensa, en público) faire une
déclaration; (Jur) faire une déposition;
declararse vpr (a una chica) déclarer
son amour; (guerra, incendio) se
déclarer

declinar vt décliner ▷ vi (poder)
décliner; (fiebre) baisser

declive nm pente f; (fig) déclin m

decoración nf décoration f

decorado nm décor m

decorar vt décorer

decorativo, -a adj décoratif(-ive)

decoro nm (en comportamiento etc)
correction f

decoroso, -a adj correct(e); (digno)
respectable

decrecer vi diminuer; (nivel de agua)
baisser

decrépito, -a adj décrépit(e);
(sociedad) en décrépitude

decretar vt décréter; **decreto** nm
décret m

dedal nm (para costura) dé m

dedicación nf (a trabajo etc)
engagement m; (de persona)
dévouement m; **dedicar** vt
dédicacer; (tiempo, dinero, esfuerzo)
consacrer; **dedicarse** vpr: **dedicarse
a** se consacrer à; **dedicatoria** nf
dédicace f

dedo nm doigt m; **~ (del pie)** orteil m;
a ~ (entrar, nombrar) avec du piston;
hacer ~ (fam) faire du stop; **dedo**

anular annulaire m; **dedo corazón** majeur m; **dedo gordo** pouce m; (*en pie*) gros orteil; **dedo índice** index msg; **dedo meñique** auriculaire m

deducción nf déduction f

deducir vt déduire

defecto nm défaut m

defectuoso, -a adj défectueux(-euse)

defender vt défendre; **defenderse** vpr: **~se de algo** se défendre de qch; **~se contra algo/algn** se défendre contre qch/qn

defensa, a adj qui défend ▷ nm/f (tb: **abogado**) avocat(e) de la défense; (*protector*) défenseur m

defensa nf défense f; (*de tesis, ideas*) soutien m ▷ nm (*Deporte*) défense f

defensivo, -a adj (*movimiento, actitud*) de défense

deficiente adj (*trabajo*) insuffisant(e); (*salud*) déficient(e) ▷ nm/f: **ser un ~ mental/físico** être handicapé mental/physique

déficit (pl **-s**) nm déficit m

definición nf définition f

definir vt définir

definitivo, -a adj définitif(-ive); **en definitiva** définitivement; (*en conclusión, resumen*) en définitive

deformación nf déformation f

deformar vt déformer; **deformarse** vpr se déformer; **deforme** adj difforme

defraudar vt (*a personas*) tromper; (*a Hacienda*) frauder

defunción nf décès m

degeneración nf dégradation f

degenerar vi dégénérer

degollar vt égorger

degradar vt dégrader; **degradarse** vpr se dégrader

degustación nf dégustation f

dejadez nf laisser-aller m

dejar vt laisser; (*persona, empleo, pueblo*) quitter ▷ vi: **~ de** arrêter de; **~**

a algn (hacer algo) laisser qn (faire qch); **no dejes de visitarles** continue à leur rendre visite; **¡déjame en paz!** laisse-moi tranquille!; **~ atrás a algn** dépasser qn; **~ entrar/salir** laisser entrer/sortir; **~ pasar** laisser passer

deje, dejo nm accent m

del = de + el

delantal nm tablier m

delante adv devant ▷ prep: **~ de** devant; **por ~ (de)** par devant

delantera nf (*de vestido*) devant m; (*de coche*) avant m; (*Deporte*) avance f; **llevar la ~ (a algn)** mener (devant qn)

delantero, -a adj (*asiento, balcón*) avant; (*vagón*) de tête ▷ nm (*Deporte*) avant m

delatar vt dénoncer

delator, a nm/f dénonciateur(-trice)

delegación nf délégation f; (*Méx: comisaría*) commissariat m; (: *ayuntamiento*) mairie f

delegado, -a nm/f délégué(e)

delegar vt: **~ algo en algn** déléguer qch à qn

deletrear vt épeler

delfín nm dauphin m

delgadez nf maigreur f; (*fineza*) minceur f

delgado, -a adj maigre; (*fino*) mince

deliberación nf délibération f

deliberar vi: **~ (sobre)** délibérer (sur)

delicadeza nf délicatesse f

delicado, -a adj délicat(e)

delicia nf délice m

delicioso, -a adj délicieux(-euse)

delimitar vt délimiter

delincuencia nf délinquance f; **delincuencia juvenil** délinquance juvénile; **delincuente** nm/f délinquant(e)

delineante nm/f dessinateur(-trice)

delirar vi délirer

delirio nm délire m; **delirios de grandeza** folie f des grandeurs

delito nm délit m

delta nm delta m

demacrado, -a adj émacié(e)

demanda nf demande f; **en ~ de** pour demander

demandante nm/f (Jur) demandeur(-deresse)

demandar vt demander; (Jur) poursuivre

demarcación nf démarcation f; (zona) zone f; (jurisdicción) circonscription f

demás adj: **los ~ niños** les autres enfants mpl ▷ pron: **los/las ~** les autres; **lo ~** le reste; **por lo ~** à part cela

demasiado, -a adj: **~ vino** trop de vin ▷ adv trop; **~s libros** trop de livres; **¡es ~!** c'est trop!

demencia nf démence f; **demente** adj, nm/f dément(e)

democracia nf démocratie f

demócrata adj, nm/f démocrate m/f

democrático, -a adj démocratique

demolición nf démolition f

demonio nm démon m; **¡~s!** mince!

demora nf retard m; **demorar** vt retarder ▷ vi: **demorar en** (Am) mettre du temps à; **demorarse** vpr s'attarder

demos vb ver **dar**

demostración nf démonstration f; (de sinceridad) preuve f

demostrar vt (sinceridad) prouver; (afecto, fuerza) montrer; (funcionamiento, aplicación) démontrer

demudado, -a adj: **tener el rostro ~** avoir le visage pâle

den vb ver **dar**

denegar vt refuser

denigrar vt dénigrer

○ **DENOMINACIÓN DE ORIGEN**

● La "Denominación de Origen" ou
● "D.O." est l'équivalent espagnol de
● l'appellation d'origine contrôlée. Ce

● label est attribué à des produits
● agricoles (vins, fromages,
● charcuterie) dont il garantit la
● qualité et la conformité aux
● caractéristiques d'une région
● donnée.

denotar vt dénoter

densidad nf densité f

denso, -a adj dense; (humo, niebla) épais(se)

dentadura nf denture f; **dentadura postiza** dentier m

dentera nf frisson m

dentífrico, -a adj: **crema** o **pasta dentífrica** pâte f dentifrice ▷ nm dentifrice m

dentista nm/f dentiste m/f

dentro adv dedans ▷ prep: **~ de** dans; **mirar por ~** regarder à l'intérieur; **~ de tres meses** dans trois mois

denuncia nf plainte f; **denunciar** vt (en comisaría) déposer une plainte contre; (en prensa etc) dénoncer

departamento nm département m; (Am) appartement m

dependencia nf dépendance f

depender vi: **~ de** dépendre de: **todo depende** tout dépend; **no depende de mí** cela ne dépend pas de moi; **depende de lo que haga él** cela dépend de ce qu'il fait

dependienta nf vendeuse f

dependiente nm vendeur m

depilar vt épiler; **depilarse** vpr s'épiler; **depilatorio, -a** adj, nm dépilatoire m

deplorable adj déplorable

deplorar vt déplorer

deponer vt (rey, gobernante) déposer; (actitud) laisser libre cours à; **~ las armas** déposer les armes

deportar vt déporter

deporte nm sport m; **deportista** adj, nm/f sportif(-ive)

deportivo, -a adj sportif(-ive) ▷ nm

voiture f de sport

depositar vt déposer; **depositarse** vpr se déposer

depositario, -a nm/f: **~ de** dépositaire m/f de

depósito nm dépôt m; (de agua, gasolina etc) réserve f; **depósito de cadáveres** morgue f

depreciar vt déprécier; **depreciarse** vpr se déprécier

depredador, a adj prédateur(-trice) ▷ nm prédateur m

depresión nf dépression f; **depresión nerviosa** dépression nerveuse

deprimido, -a adj déprimé(e)

deprimir vt, **deprimirse** vpr déprimer

deprisa adv vite

depuración nf épuration f; **depurar** vt épurer

derecha nf main f droite; (Pol) droite f; **a la ~** à droite

derecho, -a adj droit(e) ▷ nm droit m; (lado) côté m droit ▷ adv droit; **derechos** nmpl droits mpl; **a mano derecha** à droite; **Facultad de D~** Faculté f de Droit; **estudiante de D~** étudiant(e) en Droit; **¡no hay ~!** il n'y a pas de justice!; **tener ~ a algo** avoir droit à qch; **tener ~ a hacer algo** avoir le droit de faire qch; **derecho a voto** droit de vote; **derechos civiles** droits civiques; **derechos humanos/de autor** droits de l'homme/d'auteur

deriva nf: **ir/estar a la ~** aller/être à la dérive

derivado, -a adj dérivé m ▷ nm dérivé m

derivar vt (conclusión) arriver à; (conversación) dévier ▷ vi dévier; **derivarse** vpr: **~se de** dériver de

derramamiento nm: **~ de sangre** épanchement m de sang

derramar vt (verter) verser; (esparcir) renverser; **derramarse** vpr se répandre; **~ lágrimas** verser o

répandre des larmes

derrame nm écoulement m; (Med) épanchement m; **derrame cerebral** hémorragie f cérébrale

derretido, -a adj fondu(e)

derretir vt fondre; **derretirse** vpr fondre; **~se de calor** être en nage

derribar vt faire tomber; (construcción) abattre; (gobierno, político) renverser

derrocar vt (gobierno) renverser

derrochar vt dilapider; (energía, salud) déborder de; **derroche** nm gaspillage m; (de salud, alegría) débordement m

derrota nf déroute f; (Deporte, Pol) défaite f; **derrotar** vt vaincre; (enemigo) mettre en déroute; (Deporte, Pol) battre; **derrotero** nm cap m; **tomar otros derroteros** prendre une autre voie

derruir vt démolir

derrumbar vt démolir; **derrumbarse** vpr s'écrouler; (esperanzas) s'effondrer

derruyendo etc vb ver **derruir**

des vb ver **dar**

desabotonar vt déboutonner; **desabotonarse** vpr se déboutonner

desabrido, -a adj (persona) désagréable

desabrochar vt défaire; **desabrocharse** vpr (cinturón) défaire

desacato nm (Jur) outrage m

desacertado, -a adj erroné(e); (inoportuno) mal à propos

desacierto nm erreur f

desaconsejado, -a adj: **estar ~** être déconseillé(e)

desaconsejar vt: **~ algo a algn** déconseiller qch à qn

desacreditar vt discréditer

desacuerdo nm désaccord m; (disconformidad) contradiction f

desafiar vt affronter; **~ a algn a hacer** mettre qn au défi de faire

desafilado, -a adj émoussé(e)
desafinado, -a adj: **estar ~** être désaccordé(e)
desafinar vi détonner; **desafinarse** vpr se désaccorder
desafío nm défi m
desaforado, -a adj (grito) terrible; (ambición) démesuré(e)
desafortunadamente adv malheureusement
desafortunado, -a adj malheureux(-euse); (inoportuno) inopportun(e)
desagradable adj désagréable; **es ~ tener que hacerlo** il est désagréable d'avoir à le faire
desagradecido, -a adj ingrat(e)
desagrado nm mécontentement m; **con ~** de mauvaise grâce
desagraviar vt se racheter
desagüe nm écoulement m; (de lavadora) vidange f; **tubo de ~** tuyau m d'écoulement
desaguisado nm dommage m
desahogado, -a adj aisé(e); (espacioso) spacieux(-euse)
desahogar vt laisser libre cours à; **desahogarse** vpr se soulager
desahogo nm soulagement m; (comodidad) commodité f; **vivir con ~** vivre dans l'aisance
desahuciar vt (enfermo) condamner; (inquilino) expulser; **desahucio** nm expulsion f
desaire nm mépris m; **hacer un ~ a algn** faire un affront à qn
desajustar vt desserrer; **desajustarse** vpr se desserrer
desajuste nm (de situación) dérèglement m; (desacuerdo) désaccord m; **desajuste económico/de horarios** décalage m économique/horaire
desalentador, a adj décourageant(e)
desalentar vt décourager

desaliento vb ver **desalentar** ▷ nm découragement m
desaliño nm négligence f
desalmado, -a adj méchant(e), cruel(le)
desalojar vt (salir de) quitter; (expulsar) déloger
desamparado, -a adj (persona) désemparé(e); (lugar: expuesto) exposé(e); (: desierto) désert(e)
desamparar vt abandonner
desandar vt: **~ lo andado** o **el camino** revenir sur ses pas
desangrar vt saigner; **desangrarse** vpr se vider de son sang; (morir) rendre l'âme
desanimado, -a adj déprimé(e)
desanimar vt décourager; (deprimir) déprimer; **desanimarse** vpr se décourager
desapacible adj orageux(-euse)
desaparecer vi disparaître ▷ vt (Am: Pol) faire disparaître
desaparecido, -a adj disparu(e) ▷ nm/f (Am: Pol) disparu(e); **desaparecidos** nmpl disparus mpl; **desaparición** nf disparition f
desapasionado, -a adj impartial(e)
desapego nm indifférence f; (a dinero) désintéressement m
desapercibido, -a adj: **pasar ~** passer inaperçu(e)
desaprensivo, -a adj sans scrupules
desaprobar vt désapprouver
desaprovechar vt (oportunidad, tiempo) perdre; (comida, tela) ne pas apprécier
desarmar vt désarmer; (mueble, máquina) démonter; **desarme** nm désarmement m
desarraigo nm déracinement m
desarreglo nm désordre m; **desarreglos** nmpl (Med) troubles mpl
desarrollar vt développer; (planta, semilla) faire pousser; (plan etc) mettre au point; **desarrollarse**

vpr se développer; *(hechos, reunión)* se dérouler; **desarrollo** *nm* développement *m*; *(de acontecimientos)* déroulement *m*; **país en vías de desarrollo** pays *msg* en voie de développement

desarticular *vt (mecanismo, bomba)* désamorcer; *(grupo terrorista)* démanteler

desasir *vt (soltar)* lâcher; **desasirse** *vpr*: **~se (de)** se défaire (de)

desasosegar *vt* inquiéter; **desasosegarse** *vpr* s'inquiéter

desasosiego *vb ver* **desasosegar** ▷ *nm* inquiétude *f*; *(Pol)* agitation *f*

desastrado, -a *adj (desaliñado)* négligé(e); *(descuidado)* négligent(e)

desastre *nm* désastre *m*; *(fam: persona)* catastrophe *f*

desastroso, -a *adj* désastreux(-euse)

desatado, -a *adj* furieux(-euse)

desatar *vt (nudo)* défaire; *(cordones, cuerda)* dénouer; *(perro, prisionero)* détacher; **desatarse** *vpr* se défaire; *(perro, prisionero)* se détacher; *(tormenta)* se déchaîner

desatascar *vt (cañería)* déboucher

desatender *vt (consejos, súplicas)* ignorer; *(trabajo, hijo)* négliger

desatento, -a *adj* impoli(e)

desatinado, -a *adj* immodéré(e); **desatino** *nm* folie *f*; **decir desatinos** raconter des bêtises

desatornillar *vt (tornillo)* dévisser; *(estructura)* démonter; **desatornillarse** *vpr (ver vt)* se dévisser; se démonter

desatrancar *vt (puerta)* débarrer; *(cañería)* déboucher

desautorizar *vt (oficial)* désavouer; *(informe, declaraciones)* désapprouver; *(huelga, manifestación)* interdire

desavenencia *nf* désaccord *m*; *(discordia)* conflit *m*

desayunar *vt*: **~ algo** prendre qch

au petit déjeuner ▷ *vi* prendre le petit déjeuner; **desayuno** *nm* petit déjeuner *m*

desazón *nf* malaise *m*

desazonarse *vpr* se faire du souci

desbandarse *vpr* se débander

desbarajuste *nm* pagaille *f*

desbaratar *vt* déranger; *(plan)* bouleverser

desbloquear *vt (Com, negociaciones)* débloquer; *(tráfico)* rétablir

desbocado, -a *adj (caballo)* emballé(e); *(cuello)* détendu(e)

desbordar *vt* déborder; *(fig: paciencia, tolerancia)* pousser à bout; **desbordarse** *vpr*: **~se (de)** déborder (de)

descabalgar *vi*: **~ (de)** descendre (de)

descabellado, -a *adj* fantaisiste

descafeinado, -a *adj* décaféiné(e) ▷ *nm* décaféiné *m*

descalabro *nm* revers *msg*; *(daño)* coup *m*

descalificar *vt (Deporte)* disqualifier; *(desacreditar)* discréditer

descalzar *vt* déchausser; **descalzarse** *vpr* se déchausser

descalzo, -a *adj (persona)* pieds nus; **estar/ir (con los pies) ~(s)** être/aller pieds nus

descambiar *vt (Com)* échanger

descaminado, -a *adj*: **estar o ir ~** se leurrer

descampado *nm* terrain *m* vague

descansado, -a *adj* reposant(e); *(oficio, actividad)* facile; **estar/sentirse ~** être/se sentir reposé(e)

descansar *vt* reposer ▷ *vi (reposar)* se reposer; *(no trabajar)* faire une pause; *(dormir)* se coucher

descansillo *nm* palier *m*

descanso *nm* repos *msg*; *(en el trabajo)* pause *f*; *(alivio)* soulagement *m*; *(Teatro, Cine)* entracte *m*; *(Deporte)* mi-temps *fsg*

descapotable *nm (tb: **coche ~**)*

décapotable f
descarado, -a adj éhonté(e); (insolente) effronté(e)
descarga nf déchargement m; (Mil) décharge f
descargable adj téléchargeable
descargar vt décharger; (golpe) envoyer; (Inform) télécharger ▷ vi décharger; (tormenta) éclater; (nube) crever; ~ **en** (río) se jeter dans;
descargarse vpr se décharger;
descargo nm (de obligación) libération f; (Com) crédit m; (de conciencia) soulagement m; (Jur) décharge f
descaro nm effronterie f; (insolencia) impudence f
descarriar vt (fig) dévergonder;
descarriarse vpr se dévergonder
descarrilamiento nm déraillement m
descarrilar vi dérailler
descartar vt rejeter
descascarillado, -a adj écaillé(e)
descendencia nf (hijos) descendance f
descender vt descendre ▷ vi descendre; (temperatura, nivel) baisser; ~ **de** descendre de; ~ **de categoría** se déclasser
descendiente nm/f descendant(e)
descenso nm descente f; (de temperatura, fiebre) baisse f
descifrar vt déchiffrer
descolgar vt décrocher;
descolgarse vpr se laisser glisser; (lámpara, cortina) se décrocher
descolorido, -a adj (tela, cuadro) passé(e); (persona) pâlot(te)
descomponer vt décomposer;
(desordenar) déranger; (estropear) casser; (facciones) altérer;
descomponerse vpr se décomposer; (encolerizarse) se mettre en colère; (Méx) se casser
descomposición nf décomposition

f; **descomposición de vientre** diarrhée f
descompuesto, -a pp de **descomponer** ▷ adj (alimento) pourri(e); (vino) frelaté(e); (persona, rostro) décomposé(e); (con diarrea) dérangé(e)
descomunal adj énorme
desconcertado, -a adj déconcerté(e)
desconcertar vt déconcerter;
desconcertarse vpr se déconcerter
desconcierto vb ver **desconcertar** ▷ nm désorientation f; (confusión) discorde f
desconectar vt déconnecter; (desenchufar) débrancher
desconfianza nf méfiance f
desconfiar vi: ~ **de algn/algo** se méfier de qn/qch; ~ **de que algn/algo haga algo** (dudar) craindre que qn/qch (ne) fasse qch
descongelar vt décongeler; (Pol, Com) dégeler; **descongelarse** vpr se décongeler; se dégeler
descongestionar vt décongestionner
desconocer vt (dato) ignorer; (persona) ne pas connaître
desconocido, -a adj, nm/f inconnu(e); **está ~** (persona) il est transformé; (lugar) c'est transformé
desconsiderado, -a adj irrespectueux(-euse)
desconsolar vt affliger;
desconsolarse vpr s'affliger
desconsuelo vb ver **desconsolar** ▷ nm affliction f, chagrin m
descontado, -a adj: **por ~** c'est certain; **dar por ~ (que)** escompter (que)
descontar vt (deducir) déduire; (rebajar) faire une remise de
descontento, -a adj mécontent(e) ▷ nm mécontentement m

descorazonar vt décourager; **descorazonarse** vpr perdre courage

descorchar vt déboucher

descorrer vt (cortina, cerrojo) tirer

descortés, -a adj discourtois(e); (grosero) grossier(-ière)

descoser vt découdre; **descoserse** vpr se découdre

descosido, -a adj décousu(e) ▷ nm (en prenda) trou m

descrédito nm discrédit m

descremado, -a adj écrémé(e)

describir vt décrire; **descripción** nf description f

descuartizar vt (Culin: cerdo) équarrir; (: pollo) dépecer

descubierto, -a pp de **descubrir** ▷ adj découvert(e); (coche) décapoté(e) ▷ nm (Com: en el presupuesto) déficit m; (: bancario) découvert m; **al ~** en plein air; **poner al ~** révéler

descubrimiento nm découverte f

descubrir vt découvrir; **descubrirse** vpr se découvrir; (fig) éclater

descuento vb ver **descontar** ▷ nm remise f

descuidado, -a adj négligé(e); (desordenado) négligent(e); **estar ~** être pris(e) au dépourvu; **coger o pillar a algn ~** prendre qn au dépourvu

descuidar vt négliger ▷ vi ne plus y penser; **descuidarse** vpr (despistarse) ne pas faire attention; **¡descuida!** n'y pense plus!; **descuido** nm négligence f; **al menor descuido** à la moindre négligence; **con descuido** sans faire attention; **en un descuido** dans un moment d'inattention; **por descuido** par inadvertance

PALABRA CLAVE

desde prep 1 (lugar, posición) depuis; **desde Burgos hasta mi casa hay 30 km** de Burgos à chez moi il y a 30 km; **hablaba desde el balcón** il parlait du balcon

2 (tiempo) depuis; **desde ahora** à partir de maintenant; **desde niño** depuis qu'il est tout petit; **nos conocemos desde 1987/desde hace 20 años** nous nous connaissons depuis 1987/depuis 20 ans; **no le veo desde 1992/desde hace 5 años** je ne le vois plus depuis 1992/depuis 5 ans

3 (gama): **desde los más lujosos hasta los más económicos** des plus luxueux aux plus avantageux

4: **desde luego (que no/sí)** bien sûr (que non/si)

▷ conj: **desde que, desde que recuerdo** aussi loin que je m'en souvienne; **desde que llegó no ha salido** depuis qu'il est rentré il n'est pas sorti

desdecirse vpr: **~ de** se dédire de

desdén nm dédain m

desdeñar vt dédaigner

desdicha nf malheur m

desdichado, -a adj (sin suerte) infortuné(e); (infeliz) malheureux(-euse) ▷ nm/f miséreux(-euse)

desdoblar vt (extender) déplier

desear vt désirer

desecar vt assécher; **desecarse** vpr se dessécher

desechar vt jeter; (oferta) rejeter

desecho nm déchet m; **desechos** nmpl ordures fpl; **de ~** (materiales) de rebut; (ropa) laissé

desembalar vt déballer

desembarazar vt débarrasser; **desembarazarse** vpr: **~se de** se débarrasser de

desembarcar vt débarquer

desembocadura nf (de río) embouchure f

desembocar vi: **~ en** (río) se jeter

dans; (fig) déboucher sur
desembragar vt, vi débrayer
desembrollar vt débrouiller
desemejanza nf dissemblance f
desempaquetar vt déballer
desempatar vi: **volvieron a jugar
para ~** ils ont joué à nouveau pour se
départager; **desempate** nm (Fútbol)
belle f; (Tenis) tie-break m
desempeñar vt (cargo, función)
occuper; (papel) jouer; (deber)
accomplir; (lo empeñado) dégager; **~
un papel** (fig) jouer un rôle
desempeño nm (de cargo)
accomplissement m
desempleado, -a adj au chômage;
desempleo nm chômage m
desempolvar vt dépoussiérer;
(recuerdos) rassembler
desencadenar vt (ira, conflicto)
déchaîner; (guerra) déclencher;
desencadenarse vpr (conflicto,
tormenta) se déchaîner; (guerra) se
déclencher
desencajar vt (mandíbula) décrocher;
(hueso, pieza) déboîter; **desencajarse**
vpr se déboîter
desencanto nm désenchantement
m
desenchufar vt débrancher
desenfadado, -a adj
décontracté(e); **desenfado** nm
décontraction f
desenfocado, -a adj (Foto) flou(e)
desenfrenado, -a adj (pasión) sans
bornes; (lenguaje, conducta) débridé(e);
desenfreno nm (libertinaje)
libertinage m; (falta de control)
déchaînement m
desengañar vt désillusionner;
desengañarse vpr: **~se (de)** perdre
ses illusions (sur); **¡desengáñate!**
détrompe-toi!
desenganchar vt décrocher;
desengancharse vpr (fam: de
drogas) décrocher; **desengaño** nm

désillusion f; **llevarse un desengaño
(con algn)** être déçu(e) (par qn)
desenlace nm dénouement m
desenmarañar vt (fig) débrouiller
desenmascarar vt (fig) démasquer
desenredar vt débrouiller
desenroscar vt dévisser
desenterrar vt déterrer
desentonar vi détonner
desentrañar vt (misterio) percer;
(sentido) éclaircir
desentumecer vt (pierna) dégourdir;
(Deporte) échauffer; **desentumecerse**
vpr se dégourdir
desenvoltura nf désinvolture f
desenvolver vt défaire;
desenvolverse vpr: se dérouler; **~se
bien/mal** bien/mal se débrouiller;
~se en la vida se débrouiller dans
la vie
deseo nm désir m; **~ de (hacer)** désir
de (faire)
deseoso, -a adj: **estar ~ de (hacer)**
être désireux(-euse) de (faire)
desequilibrado, -a adj, nm/f
déséquilibré(e)
desertar vi (soldado) déserter
desértico, -a adj désertique
desesperación nf désespoir m;
(irritación) exaspération f
desesperar vt désespérer; (exasperar)
exaspérer ▷ vi: **~ (de)** désespérer (de);
desesperarse vpr perdre espoir
desestabilizar vt déstabiliser
desestimar vt (menospreciar)
mésestimer; (rechazar) rejeter
desfachatez nf aplomb m; **tener la ~
de hacer** avoir l'aplomb de faire
desfalco nm détournement m de
fonds
desfallecer vi défaillir
desfasado, -a adj déphasé(e);
(costumbres) vieux jeu inv; **desfase**
(en mecanismo) déphasage m; (entre
ideas, circunstancias) décalage m
desfavorable adj défavorable

desfigurar vt défigurer
desfiladero nm défilé m
desfilar vi défiler; **desfile** nm défilé m; **desfile de modelos** défilé de mode
desfogarse vr (fig) se défouler
desgajar vt arracher; **desgajarse** vpr (rama) s'arracher
desgana nf (falta de apetito) manque m d'appétit; (falta de entusiasmo) manque d'entrain
desganado, -a adj: **estar ~** (sin apetito) ne pas avoir d'appétit; (sin entusiasmo) manquer d'entrain
desgarrador, a adj déchirant(e)
desgarrar vt déchirer; (carne) déchiqueter; **desgarrarse** vpr (prenda) se déchirer; (carne) partir en lambeaux
desgastar vt user; **desgastarse** vpr s'user; **desgaste** nm usure f; **desgaste físico** déchéance f physique
desglosar vt disjoindre
desgracia nf malheur m; **por ~** malheureusement
desgraciado, -a adj malheureux(-euse); (miserable) infortuné(e); (Am: fam) infâme ▷ nm/f (miserable) infortuné(e); (infeliz) malheureux(-euse)
desgravación nf (Com): **~ fiscal** dégrèvement m fiscal
desgravar vt dégrever ▷ vi (Fin) détaxer
deshabitado, -a adj (edificio) inhabité(e); (zona) déserté(e)
deshacer vt défaire; (Tec) démonter; (contrato) annuler; (disolverse) se dissoudre; (derretirse) fondre; **~se** se défaire de; **~se en cumplidos/atenciones/lágrimas** se répandre en compliments/être plein d'attentions/fondre en larmes
desharrapado, -a adj en haillons
deshecho, -a pp de **deshacer** ▷ adj défait(e); (roto) cassé(e); **estoy ~** (cansado) je suis mort(e) de fatigue;

(deprimido) je suis abattu(e)
desheredar vt déshériter
deshidratar vt déshydrater; **deshidratarse** vpr se déshydrater
deshielo nm dégel m
deshonesto, -a adj malhonnête
deshonor nm, **deshonra** nf déshonneur m
deshora: **a ~(s)** adv (llegar) au mauvais moment; (hablar) quand il ne faut pas; (acostarse, comer) à des heures impossibles
deshuesar vt (carne) désosser; (fruta) dénoyauter
desierto, -a adj déserté(e) ▷ nm désert m; **declarar ~ un premio** ne pas décerner un prix (à cause du niveau insuffisant des candidats)
designar vt désigner; **~ (para)** (nombrar) désigner (pour)
designio nm dessein m
desigual adj inégal(e); (tamaño, escritura) irrégulier(-ière)
desilusión nf désillusion f; **desilusionar** vt désillusionner; (decepcionar) décevoir; **desilusionarse** vpr perdre ses illusions
desinfectar vt désinfecter
desinflar vt dégonfler; **desinflarse** vpr se dégonfler
desintegración nf désintégration f
desinterés nm (altruismo) désintéressement m; **~ por** (familia, actividad) désintérêt m pour
desintoxicarse vpr se désintoxiquer
desistir vi renoncer; **~ de (hacer)** renoncer à (faire)
desleal adj déloyal(e); **deslealtad** nf déloyauté f
desleír vt diluer
deslenguado, -a adj (grosero) fort(e) en gueule
desligar vt (separar) séparer
desliz nm (fig) impair m; **deslizar** vt glisser; **deslizarse** vpr glisser; (aguas

mansas, lágrimas) couler
deslucido, -a adj terne
deslumbrar vt éblouir
desmadrarse (fam) vpr se défouler
desmán nm abus msg
desmandarse vpr (descontrolarse)
  se rebeller
desmantelar vt démanteler; (casa,
  fábrica) vider
desmayarse vpr perdre
  connaissance; **desmayo** nm (Med)
  évanouissement m; (desaliento)
  découragement m
desmedido, -a adj démesuré(e)
desmejorar vi (Med) s'affaiblir
desmembrar vt démembrer;
  desmembrarse vpr (imperio) se
  morceler
desmemoriado, -a adj distrait(e)
desmentir vt démentir
desmenuzar vt (pan) émietter; (roca)
  effriter; (carne) couper en morceaux;
  (asunto, teoría) examiner en détail
desmerecer vi (marca) baisser;
  (belleza) se flétrir; **~ de** (cosa) ne pas
  être à la hauteur de; (persona) ne pas
  être digne de
desmesurado, -a adj (ambición,
  egoísmo) démesuré(e); (habitación,
  gafas) énorme
desmontable adj (que se quita)
  démontable; (que se puede plegar)
  pliable
desmontar vt démonter ▷ vi (de
  caballería) mettre pied à terre
desmoralizar vt démoraliser;
  desmoralizarse vpr se démoraliser
desmoronar vt saper;
  desmoronarse vpr s'écrouler;
  (convicción, ilusión) s'ébranler
desnatado, -a adj écrémé(e)
desnivel nm (de terreno) dénivellation
  f
desnudar vt dénuder; **desnudarse**
  vpr se dénuder
desnudo, -a adj nu(e); (árbol)

dépouillé(e) ▷ nm (Arte) nu m
desnutrición nf malnutrition f
desnutrido, -a adj mal nourri(e)
desobedecer vt, vi désobéir
desobediente adj désobéissant(e)
desocupado, -a adj (persona: ocioso)
  désœuvré(e); (asiento, servicios) libre
desocupar vt (vivienda) libérer;
  (local) vider
desodorante nm déodorant m
desolación nf désolation f
desorbitado, -a adj (deseos)
  démesuré(e); (precio) exorbitant(e)
desorden nm désordre m;
  desórdenes nmpl (Pol) troubles mpl
desordenado, -a adj (habitación,
  objetos) en désordre; (persona)
  désordonné(e)
desorganización nf
  désorganisation f
desorganizar vt bouleverser
desorientado, -a adj (extraviado)
  égaré(e); (confundido) confus(e)
desorientar vt (extraviar)
  égarer; (desconcertar) désorienter;
  desorientarse vpr s'égarer
despabilado, -a adj (despierto)
  réveillé(e); (fig) éveillé(e)
despabilar vt réveiller ▷ vi se
  réveiller; (fig) s'éveiller; **despabilarse**
  vpr se réveiller; **¡despabílate!** (date
  prisa) réveille-toi!
despachar vt (negocio) expédier;
  (correspondencia) s'occuper de; (en
  tienda: cliente) servir; (entradas)
  distribuer; (empleado) se débarrasser
  de; (visitas) décliner; (Arg: maletas)
  enregistrer ▷ vi (en tienda) servir
despacho nm bureau m; (envío)
  dépêche f; (Com: venta) envoi m;
  (comunicación oficial) dépêche; **~
  de billetes** o **boletos** (Am) bureau
  de tabac
despacio adv lentement;
  (cuidadosamente, Am: en voz baja)
  doucement

desparpajo nm (desenvoltura) aisance f; (pey) insolence f

desparramar vt répandre

despavorido, -a adj terrosié(e)

despecho nm dépit m; **a ~ de** en dépit de

despectivo, -a adj (tono, modo) condescendant(e)

despedazar vt réduire en miettes

despedida nf (adiós) congé m; **regalo/cena de ~** cadeau m/dîner m d'adieu; **hacer su ~ de soltero/soltera** enterrer sa vie de garçon/jeune fille

despedir vt (decir adiós a) dire au revoir à; (empleado) renvoyer; (olor, calor) dégager; **despedirse** vpr quitter son emploi; **~se de algn** dire au revoir à qn; **ir a ~ a algn** prendre congé de qn

despegar vt, vi décoller; **despegarse** vpr se décoller; **despego** nm = **desapego**

despegue vb ver **despegar** ▷ nm décollage m

despejado, -a adj dégagé(e); (persona) réveillé(e)

despejar vt dégager; (desalojar) vider; (misterio) éclaircir; (mente) rafraîchir ▷ vi s'éclaircir; **despejarse** vpr s'éclaircir; (persona) émerger

despellejar vt (animal) écorcher

despensa nf armoire à provisions

despeñadero nm précipice m

despeñarse vpr basculer

desperdiciar vt gaspiller; (oportunidad) manquer

desperdicio nm gaspillage m; **desperdicios** nmpl (basura) ordures fpl; (residuos) déchets mpl; **el libro no tiene ~** le livre est excellent du début à la fin

desperdigarse vpr se disperser; (semillas etc) s'éparpiller

desperezarse vpr s'étirer

desperfecto nm (deterioro)

dommage m; (defecto) imperfection f

despertador nm réveil m

despertar vt éveiller; (sospechas, admiración) éveiller; (apetito) aiguiser ▷ vi se réveiller ▷ nm (de persona) réveil m; (día, era) aube f; **despertarse** vpr se réveiller

despiadado, -a adj impitoyable

despido vb ver **despedir** ▷ nm (de trabajador) licenciement m

despierto, -a vb ver **despertar** ▷ adj réveillé(e); (fig) éveillé(e)

despilfarro nm gaspillage m

despistado, -a adj (distraído) distrait(e)

despistar vt (perseguidor) semer; (desorientar) dérouter; **despistarse** vpr (distraerse) être distrait(e)

despiste nm distraction f

desplazamiento nm déplacement m; (Inform) défilement m; **~ hacia arriba/abajo** (Inform) déplacement vers le haut/bas; **gastos de ~** frais mpl de déplacement

desplazar vt déplacer; (fig) supplanter; (Inform) faire défiler; **desplazarse** vpr se déplacer

desplegar vt déployer; (tela, papel) déplier; **desplegarse** vpr (Mil) se déployer; **despliegue** vb ver **desplegar** ▷ nm déploiement m

desplomarse vpr s'écrouler

desplumar vt (ave) déplumer; (fam) plumer

despoblado, -a adj (sin habitantes) vide; (con pocos habitantes) dépeuplé(e) ▷ nm terrain m vague

despojar vt (casa) dépouiller; **~ de** (persona: de sus bienes) dépouiller de; (: de título, derechos) retirer; **despojarse** vpr: **~se de** (ropa) enlever

despojo nm (de banquete) reliefs mpl

desposado, -a adj tout juste marié(e)

desposar vt (suj: sacerdote) marier; **desposarse** vpr se marier

desposeer vt: **~ (de)** déposséder (de)

déspota nm/f despote m

despreciar vt mépriser; (oferta, regalo) dédaigner; **desprecio** nm dédain m; **un desprecio** un affront

desprender vt ôter; (olor, calor) dégager; **desprenderse** vpr se détacher; (olor, perfume) se dégager; **~ (de)** (separar) ôter (de); **~se de algo** se défaire de qch; **de ahí se desprende que** il en découle que

desprendimiento nm générosité f; **desprendimiento de retina** décollement m de la rétine; **desprendimiento de tierras** éboulement m de terrain

despreocupado, -a adj: **estar ~** (sin preocupación) ne pas s'inquiéter; **ser ~** être insouciant(e)

despreocuparse vpr: **~ (de)** (dejar de inquietarse) ne plus s'occuper (de); (desentenderse) se désintéresser (de)

desprestigiar vt discréditer; **desprestigiarse** vpr se discréditer

desprevenido, -a adj dépourvu(e); **coger** (Esp) o **agarrar** (Am) **a algn ~** prendre qn au dépourvu

desproporcionado, -a adj disproportionné(e)

desprovisto, -a adj: **~ de** dépourvu(e) de

después adv après; (entonces) alors ▷ prep: **~ de** après ▷ conj: **~ (de) que** après que; **un año ~** un an après; **~ de comer** après manger; **~ de todo** après tout

desquiciar vt (puerta) sortir de ses gonds; (persona) rendre fou/folle

desquite nm: **tomarse el ~ (de)** prendre sa revanche (sur)

destacar vt (Arte) mettre en relief; (fig) souligner; (Mil) détacher ▷ vi (sobresalir: montaña, figura) ressortir; (: obra, persona) se démarquer; **destacarse** vpr se démarquer

destajo nm: **trabajar a ~** (por pieza)

travailler à la pièce; (mucho) travailler d'arrache-pied

destapar vt découvrir; (botella) déboucher; (cacerola) ôter le couvercle de; **destaparse** vpr (botella) se déboucher; (en la cama) se découvrir

destartalado, -a adj (casa) délabré(e); (coche) démantibulé(e)

destello nm (de diamante, metal) scintillement m; (de estrella) scintillation f; (de faro) lueur f

destemplado, -a adj (Mús) désaccordé(e); (voz) discordant(e); (Meteorología) mauvais(e); **estar/sentirse ~** (Med) être/se sentir indisposé(e)

desteñir vt (sol, lejía) passer ▷ vi (tejido) déteindre; (persona) se déteindre; **esta tela no destiñe** cette toile ne déteint pas

desternillarse vpr: **~ de risa** se tordre de rire

desterrar vt exiler

destiempo: a ~ adv mal à propos

destierro vb ver **desterrar** ▷ nm (expulsión) interdiction f de séjour; (exilio) exil m

destilar vt, vi distiller; **destilería** nf distillerie f

destinar vt (funcionario, militar) affecter; (habitación, tarea) assigner; **~ a o para** (fondos) destiner à

destinatario, -a nm/f destinataire m/f

destino nm (suerte) destin m; (de viajero) destination f; (de funcionario, militar) poste m; **con ~ a** à destination de

destituir vt: **~ (de)** destituer (de)

destornillador nm tournevis msg

destornillar vt =**desatornillar**

destreza nf dextérité m; (maña) adresse f

destrozar vt (romper) casser; (planes, campaña, persona) anéantir; (nervios) mettre à vif

destrozo nm destruction f;
destrozos nmpl (daños) dégâts mpl
destrucción nf destruction f
destructivo, -a adj
destructeur(-trice)
destruir vt détruire;
(persona: moralmente) briser; (negocio,
comarca) ruiner; (político, competidor,
ilusiones) anéantir
desuso nm non utilisation f; **caer en
~** tomber en désuétude; **estar en ~**
être inusité(e)
desvalido, -a adj déshérité(e)
desvalijar vt dévaliser; (coche)
cambrioler
desván nm grenier m
desvanecerse vpr (Med) s'évanouir;
(fig) se dissiper; (borrarse) s'effacer
desvanecimiento nm (de contornos,
colores) effacement m; (Med)
évanouissement m
desvariar vi délirer; **desvarío** nm
délire m
desvelar vt (suj: café, preocupación)
tenir éveillé(e); **desvelarse** vpr rester
éveillé(e)
desvelos nmpl (preocupación)
soucis mpl
desvencijado, -a adj (silla)
branlant(e); (máquina) détraqué(e)
desventaja nf inconvénient m; **estar
en o llevar ~** être désavantagé(e)
desventura nf malheur m
desvergonzado, -a adj, nm/f
dévergondé(e); (descarado) effronté(e)
desvergüenza nf dévergondage m;
(descaro) toupet m
desvestir vt déshabiller;
desvestirse vpr se déshabiller
desviación nf (de río) détournement
m; (Auto) déviation f; (de la conducta)
écart m; **desviación de la columna**
(Med) scoliose f
desviar vt dévier; (río, mirada)
détourner; **desviarse** vpr (apartarse
del camino) s'égarer; (rumbo) faire

un détour
desvío vb ver **desviar** ▷ nm (Auto)
détour m
desvirtuar vt (actuación, labor)
nuire à; **desvirtuarse** vpr perdre sa
signification première
desvivirse vpr: **~ por algo/algn** se
mettre en quatre pour qch/qn; **~ por
hacer** se tuer à faire
detalle nm détail m; (delicadeza)
attention f; **¡qué ~!** comme c'est
gentil!; **al ~** (Com) au détail
detallista adj méticuleux(-euse)
▷ nm/f (Com) détaillant(e)
detective nm/f détective m;
detective privado détective privé
detener vt arrêter; **detenerse** vpr
s'arrêter; (demorarse) s'attarder
detenido, -a adj arrêté(e);
(minucioso) minutieux(-euse); (preso)
détenu(e) ▷ nm/f détenu(e)
detenimiento nm: **con ~** avec soin
detergente nm détergent m
deteriorar vt détériorer;
deteriorarse vpr se détériorer
determinación nf détermination f;
(decisión) décision f
determinado, -a adj déterminé(e)
determinar vt déterminer;
determinarse vpr: **~se a hacer** se
déterminer à faire
detestar vt détester
detrás adv derrière; (en sucesión) après
▷ prep: **~ de** derrière; **~ mío/nuestro**
(esp CSur) derrière moi/nous
detrimento nm: **en ~ de** au
détriment de
deuda nf dette f; **estar en ~ con algn**
(fig) avoir une dette envers qn; **deuda
exterior/pública** dette extérieure/
publique
devaluación nf dévaluation f
devaluar vt dévaluer
devastar vt dévaster
devoción nf dévotion f; **sentir ~
por algn/algo** avoir de la dévotion

pour qn/qch
devolución nf restitution f; (de carta) retour m; (de dinero) remboursement m

devolver vt rendre; (a su sitio) remettre; (fam: vomitar) rendre ▷ vi (fam) rendre; **devolverse** vpr (Am) revenir

devorar vt dévorer

devoto, -a adj (Rel) dévot(e) ▷ nm/f dévot(e); (adepto) adepte m/f

devuelto pp de **devolver**

devuelva etc vb ver **devolver**

di vb ver **dar**; **decir**

día nm (24 horas) journée f; (lo que no es noche) jour m; **¿qué - es?** quel jour est-on?; **estar/poner al - (cuentas)** être/mettre à jour; (persona) être/ mettre au courant; **el - de mañana** demain; **al - siguiente** le jour suivant; **vivir al -** vivre au jour le jour; **es de -** il fait jour; **en pleno -** en plein jour; **¡buenos -s!** bonjour!; **- domingo/lunes** etc (Am) dimanche/ lundi etc; **Día de Reyes** Epiphanie f; **día festivo** o **feriado** (Am) o **de fiesta** (Am) jour férié; **día laborable** jour de travail; **día lectivo/libre** jour de classe/de congé

diabetes nf diabète m

diabético, -a nm/f diabétique m/f

diablo nm diable m; **¿cómo/qué -s …?** comment/que diable …?; **diablura** f diablerie f

diadema nf diadème m

diafragma nm diaphragme m

diagnosis nf inv diagnostic m

diagnóstico nm diagnostic m

diagonal adj oblique ▷ nf diagonale f

diagrama nm diagramme m; **- de flujo** (Inform) organigramme m

dial nm (de radio) bande f de fréquence

dialecto nm dialecte m

dialogar vi dialoguer; **- con** (Pol) s'entretenir avec

diálogo nm dialogue m

diamante nm diamant m; **diamantes** nmpl (Naipes) carreau msg

diámetro nm diamètre m

diana nf (Mil) réveil m; (de blanco) mouche f

diapositiva nf (Foto) diapositive f

diario, -a adj quotidien(ne) ▷ nm quotidien m; (para memorias) journal m; (Com) livre m journal; **a -** tous les jours; **de** o **para -** de tous les jours

diarrea nf diarrhée f

dibujar vt, vi dessiner; **dibujo** nm dessin m; **dibujos animados** dessins mpl animés; **dibujo lineal/técnico** dessin industriel

diccionario nm dictionnaire m

dicho, -a pp de **decir** ▷ adj: **en -s países** dans ces pays ▷ nm proverbe m

dichoso, -a adj heureux(-euse)

diciembre nm décembre m; ver tb **julio**

dictado nm dictée f

dictador nm dictateur m; **dictadura** nf dictature f

dictamen nm expertise f

dictar vt dicter; (decreto) prendre; (ley) édicter; (Am: clase) faire

didáctico, -a adj didactique; (educativo) éducatif(-ive)

diecinueve adj inv, nm inv dix-neuf m inv; ver tb **seis**

dieciocho adj inv, nm inv dix-huit m inv; ver tb **seis**

dieciséis adj inv, nm inv seize m inv; ver tb **seis**

diecisiete adj inv, nm inv dix-sept m inv; ver tb **seis**

diente nm dent f; **hablar entre -s** parler entre ses dents; **diente de ajo** gousse f d'ail; **diente de león** pissenlit m

diera etc vb ver **dar**

diesel adj: **motor -** (moteur m) diesel m

diestro, -a adj droit(e); (hábil)

adroit(e) ▷ nm (Taur) matador m

dieta nf régime m; **dietas** nfpl (de viaje, hotel) frais mpl; **estar a ~** être au régime

dietética nf diététique f

dietético adj diététique

diez adj inv, nm inv dix m inv; ver tb **seis**

diezmar vt décimer

difamar vt diffamer

diferencia nf différence f; **diferencias** nfpl (desacuerdos) différend msg; **a ~ de** à la différence de; **diferenciar** vt: **diferenciar (de)** distinguer (de) ▷ vi: **diferenciar entre A y B** distinguer A de B; **diferenciarse** vpr: **diferenciarse (de)** se distinguer (de)

diferente adj différent(e) ▷ adv différemment

diferido nm: **en ~** (TV) en différé

difícil adj difficile; **ser ~ de hacer/ entender/explicar** être difficile à faire/comprendre/expliquer

dificultad nf difficulté f; **dificultades** nfpl (problemas) difficultés fpl; **poner ~es (a algn)** faire des difficultés (à qn)

dificultar vt (explicación, labor) rendre difficile; (visibilidad) brouiller

difteria nf diphtérie f

difundir vt (calor, noticia) diffuser; (doctrina, rumores) répandre; **difundirse** vpr se diffuser; (doctrina) se répandre

difunto, -a adj, nm/f défunt(e)

difusión nf diffusion f

diga etc vb ver **decir**

digerir vt digérer

digestión nf digestion f

digestivo, -a adj digestif(-ive)

digital adj digital(e)

dignarse vpr: **~ (a) hacer** daigner faire

dignatario, -a nm/f dignitaire m/f

dignidad nf dignité f

digno, -a adj (sueldo, nivel de vida) décent(e); (comportamiento, actitud) digne; **~ de** digne de

dije vb ver **decir**

dilapidar vt dilapider

dilatar vt dilater; (prolongar, aplazar) prolonger; **dilatarse** vpr se dilater

dilema nm dilemme m

diligencia nf diligence f; (trámite) acte m de procédure; **diligencias** nfpl (Jur) formalités fpl; **diligente** adj diligent(e)

diluir vt diluer

diluvio nm déluge m

dimensión nf dimension f; (de catástrofe) proportions fpl; **dimensiones** nfpl (tamaño) dimensions fpl

diminuto, -a adj tout(e) petit(e)

dimitir vi: **~ (de)** démissionner (de)

dimos vb ver **dar**

Dinamarca nf Danemark m

dinámico, -a adj dynamique

dinamita nf dynamite f

dinamo, dínamo nf, nm en Am dynamo f

dineral nm fortune f

dinero nm argent m; **dinero contante (y sonante)** espèces fpl; **dinero efectivo** o **en metálico** liquide m; **dinero suelto** menue monnaie f

dinosaurio nm dinosaure m

dio vb ver **dar**

diócesis nf inv diocèse m

Dios nm Dieu m; **¡d~ mío!** mon Dieu!; **¡por ~!** grand Dieu!; **si ~ quiere** si Dieu le veut

dios nm dieu m

diosa nf déesse f

diploma nm diplôme m

diplomacia nf diplomatie f

diplomado, -a adj, nm/f diplômé(e)

diplomático, -a adj diplomatique ▷ nm/f diplomate m/f

diptongo nm diphtongue f

diputación nf ≈ conseil m général

diputado, -a nm/f député m

dique nm digue f

diré etc vb ver **decir**

dirección nf direction f; (señas) adresse f; (Cine, Teatro) mise f en scène; **dirección prohibida/única** sens m interdit/unique

directa nf (Auto) quatrième f, cinquième f

directiva nf comité m directeur

directo, -a adj direct(e); **transmitir en ~** (TV) diffuser en direct

director, a adj, nm/f directeur(-trice); (Cine, TV) metteur m en scène; **director general** o **gerente** directeur général

dirigente adj, nm/f dirigeant(e)

dirigir vt diriger; (carta, pregunta) adresser; (obra de teatro, film) mettre en scène; (esfuerzos) concentrer; **dirigirse** vpr: **~se a** s'adresser à; **~ a** o **hacia** diriger vers; **no ~ la palabra a algn** ne pas adresser la parole à qn

dirija etc vb ver **dirigir**

discernir vt discerner

disciplina nf discipline f

discípulo, -a nm/f disciple m

disco nm disque m; (Auto) feu m; (Inform) disque m; **disco compacto** disque compact; **disco de densidad doble/sencilla** disquette double densité/simple densité; **disco duro** o **rígido/flexible** o **floppy** disque dur/disquette

disconforme adj non conforme; **estar ~ (con)** ne pas être conforme (à)

discordia nf désaccord m

discoteca nf discothèque f

discreción nf discrétion f; (prudencia) prudence f; **comer/beber a ~** manger/boire à volonté; **discrecional** adj (uso, poder) discrétionnaire; (servicio) optionnel(le)

discrepancia nf différence f; (desacuerdo) différend m

discreto, -a adj discret(-ète); (sensato) judicieux(-euse)

discriminación nf discrimination f

disculpa nf excuse f; **pedir ~s a/ por** demander pardon à/pour;

disculpar vt pardonner; **disculparse** vpr: **disculparse (de/por)** s'excuser (de/por)

discurrir vt échafauder ▷ vi réfléchir; (el tiempo) s'écouler; **~ (por)** (gente, río) passer (par)

discurso nm discours msg

discusión nf discussion f

discutir vt discuter ▷ vi discuter; (disputar): **~ (con)** se disputer (avec)

disecar vt (animal) empailler; (planta) sécher

diseminar vt éparpiller; (fig) répandre

diseñar vt créer

diseño nm (Tec) conception f; (boceto) ébauche f

disfraz nm déguisement m; **disfrazar** vt déguiser; **disfrazarse** vpr se déguiser; **disfrazarse de** se déguiser en

disfrutar vt jouir de ▷ vi prendre beaucoup de plaisir

disgregar vt (manifestantes) disperser; (familia, imperio) diviser; **disgregarse** vpr (muchedumbre) se disperser

disgustar vt déplaire à; **disgustarse** vpr être contrarié(e); (dos personas) s'accrocher

disgusto nm désagrément m; (pesadumbre) contrariété f; (desgracia) malheur m; (riña) accrochage m

disidente adj, nm/f dissident(e)

disimular vt dissimuler ▷ vi faire comme si de rien n'était

disipar vt dissiper; **disiparse** vpr se dissiper

dislocar vt (articulación) déboîter; **dislocarse** vpr se déboîter

disminución nf diminution f

disminuido, -a nm/f: **~ mental/ físico** handicapé(e) mental/physique

disminuir vt (gastos, cantidad,

dolor) diminuer; (*temperatura, velocidad, población*) réduire ▷ *vi* (*días, población, número*) diminuer; (*precios, temperatura, memoria*) baisser; (*velocidad*) décroître

disociarse *vpr*: **~ (de)** se dissocier (de)

disolver *vt* dissoudre; (*manifestación*) disperser; (*contrato*) dénoncer; **disolverse** *vpr* se dissoudre; (*manifestantes*) se disperser

dispar *adj* (*criterios*) distinct(e)

disparar *vt, vi* tirer; **dispararse** *vpr* (*precios*) monter en flèche

disparate *nm* bêtise *f*; (*error*) absurdité *f*; **decir ~s** dire des bêtises

disparo *nm* tir *m*

dispensar *vt* dispenser; (*bienvenida*) souhaiter

dispersar *vt* éparpiller; (*manifestación, fig*) disperser; **dispersarse** *vpr* se disperser; (*luz*) se répandre

disponer *vt* disposer; (*mandar*) ordonner ▷ *vi*: **~ de** disposer de; **disponerse** *vpr*: **~se a** *o* **para hacer** se disposer à faire; **la ley dispone que ...** la loi stipule que ...; **no puede ~ de esos bienes** il ne peut disposer librement de ces biens

disponible *adj* disponible; **no estar ~** ne pas être disponible

disposición *nf* disposition *f*; **~ para** (*aptitud*) dispositions *f* pour; **a (la) ~ de** à (la) disposition de; **a su ~** à votre disposition

dispositivo *nm* dispositif *m*

dispuesto, -a *pp de* **disponer** ▷ *adj* (*preparado*) préparé(e); **estar ~/ poco ~ a hacer** être disposé(e)/peu disposé(e) à faire

disputar *vt* (*Deporte, premio, derecho*) disputer ▷ *vi* discuter; **disputarse** *vpr* se disputer; **~ por** disputer

disquetera *nf* (*Inform*) lecteur *m* de disquette

distancia *nf* distance *f*; (*en el tiempo*)

écart *m*; **a ~** à distance

distanciar *vt* distancer; **distanciarse** *vpr* (*enemistarse*) se distancier; **~se (de)** (*alejarse*) s'éloigner (de)

distante *adj* distant(e)

distar *vi*: **dista 5 kms de aquí** c'est à 5 km d'ici

diste, disteis *vb ver* **dar**

distensión *nf* détente *f*

distinción *nf* distinction *f*; **sin ~ de** sans distinction de

distinguido, -a *adj* distingué(e)

distinguir *vt* distinguer; **distinguirse** *vpr* se distinguer; **~ X de Y** distinguer X de Y

distintivo, -a *adj* distinctif(-ive) ▷ *nm* (*insignia*) insigne *m*

distinto, -a *adj*: **~ (a** *o* **de)** distinct(e) (de); **distintos** (*varios*) plusieurs *mpl*

distracción *nf* distraction *f*

distraer *vt* distraire; **distraerse** *vpr* (*entretenerse*) se distraire; (*perder la concentración*) être distrait(e)

distraído, -a *adj* distrait(e); (*entretenido*) amusé(e)

distribuidor, a *nm/f* (*persona*) distributeur(-trice) ▷ *nf* (*Com*) concessionnaire *f*; (*Cine*) distributeur *m*

distribuir *vt* (*riqueza, beneficio*) répartir; (*cartas, trabajo*) distribuer

distrito *nm* district *m*; **distrito electoral** circonscription *f* électorale; **distrito postal** secteur *m* postal

disturbio *nm* troubles *mpl*; **disturbio de orden público** trouble *m* de l'ordre public

disuadir *vt*: **~ (de)** dissuader (de)

disuelto *pp de* **disolver**

disyuntiva *nf* alternative *f*

DIU *sigla m* (= *dispositivo intrauterino*) stérilet *m*

diurno, -a *adj* de jour

divagar *vi* divaguer

diván *nm* divan *m*

divergencia nf divergence f
diversidad nf diversité f
diversificar vt diversifier;
  diversificarse vpr se diversifier
diversión nf distraction f
diverso, -a adj (variado) varié(e)
  ▷ nm: **-s** (Com) articles mpl divers;
  ~s libros plusieurs livres; **~s colores**
  couleurs fpl variées
divertido, -a adj amusant(e);
  (fiesta) réussi(e); (película, libro)
  divertissant(e) .
divertir vt amuser; **divertirse** vpr
  s'amuser
dividendo nm (Com): **-s** dividendes
  mpl
dividir vt partager; (separar) séparer;
  (partido, opinión pública) diviser;
  (Mat): **~ (por o entre)** diviser
  (par)
divierta etc vb ver **divertir**
divino, -a adj (Rel, fam) divin(e)
divirtiendo etc vb ver **divertir**
divisa nf devise f; **divisas** nfpl (Com)
  devises fpl
divisar vt deviner
división nf division f; (de herencia)
  partage m
divorciar vt prononcer le divorce de;
  divorciarse vpr: **-se (de)** divorcer
  (de); **divorcio** nm divorce m
divulgar vt divulguer; (popularizar)
  vulgariser
DNI (Esp) sigla m (= Documento
  Nacional de Identidad) ver **documento**

  ● présenter à la police en cas de
  ● contrôle.

Dña. abr (= Doña) Mme (= Madame)
do nm (Mús) do m
dobladillo nm ourlet m
doblar vt plier; (cantidad, Cine)
  doubler; **doblarse** vpr se plier; **~ la**
  esquina tourner au coin de la rue; **~**
  a la derecha/izquierda tourner à
  droite/gauche
doble adj double ▷ nm: **el ~** le double
  ▷ nm/f (Teatro, Cine) double m; **dobles**
  nmpl (Deporte) partido de **~s** double
  msg; **con ~ sentido** à double sens
doblegar vt obliger; (ceder) se plier
  (ceder); **doblegarse** vpr
doblez nm (pliegue) pli m
doce adj inv, nm inv douze m inv; ver tb
  seis; **docena** nf douzaine f
docente adj: **centro/personal**
  ~ centre m/personnel m
  d'enseignement; **cuerpo ~** corps msg
  enseignant
dócil adj docile
doctor, a nm/f (médico) médecin m;
  (Univ) docteur m
doctorado nm doctorat m
doctrina nf doctrine f
documentación nf documentation
  f; **documental** adj, nm documentaire
  m
documento nm (certificado)
  justificatif m; (histórico) document
  m; (fig: testimonio) témoignage m;
  documento nacional de identidad
  carte f d'identité
dólar nm dollar m
doler vi faire mal; (fig) peiner; **dolerse**
  vpr se plaindre; **me duele el brazo**
  mon bras me fait mal
dolor nm douleur f; **dolor de cabeza**
  mal m de tête; **dolor de estómago**
  maux mpl d'estomac; **dolor de**
  muelas mal de dents
domar vt dompter; **domesticar** vt

domestiquer

doméstico, -a adj, nm/f domestique m/f; **economía doméstica** économie f domestique

domiciliación nf: **~ de pagos** virement m automatique

domicilio nm domicile m; **servicio a ~** service m à domicile; **sin ~ fijo** sans domicile fixe; **domicilio particular** domicile particulier; **domicilio social** (Com) siège m social

dominante adj dominant(e); (persona) dominateur(-trice)

dominar vt dominer; (epidemia) enrayer ▷ vi dominer; **dominarse** vpr se dominer

domingo nm dimanche m; **D~ de Ramos/de Resurrección** dimanche des Rameaux/de Pâques; ver tb **sábado**

dominicano, -a adj dominicain(e) ▷ nm/f Dominicain(e)

dominio nm domination f; (de las pasiones, de idioma) maîtrise f; **dominios** nmpl (tierras) domaine msg

dominó nm domino m; (juego) dominos mpl

don nm don m; (tratamiento: con apellido) Monsieur m; (: sólo con nombre) Don m = Monsieur m; **D~ Juan Gómez** Monsieur Juan Gómez; **tener ~ de gentes** savoir s'y prendre avec les gens; **un ~ de la naturaleza** un don de la nature; **tener un ~ para el dibujo/la música** être doué(e) pour le dessin/la musique

DON/DOÑA

Le titre **don/doña**, souvent abrégé en **D./Dña**, s'utilise en marque de respect lorsqu'on s'adresse à une personne plus âgée que soi ou à un supérieur hiérarchique. Il se place devant le prénom, par exemple Don Diego, Doña Inés. Cet usage, de

plus en plus rare en Espagne, est maintenant surtout réservé à la correspondance et aux documents officiels. Dans ce cas, le titre précède les prénoms et noms de famille Sr. D. Pedro, Rodríguez Hernández, Sra. Dña. Inés Rodríguez Hernández.

donar vt faire un don de; (sangre) donner

donativo nm don m

doncella nf (criada) bonne f

donde adv où; **se fue ~ sus tíos** il est allé chez ses vieux; **por ~** par où

dónde adv où; **¿a ~ vas?** où vas-tu?; **¿de ~ vienes?** d'où viens-tu?; **¿por ~?** par où?

dondequiera adv n'importe où ▷ conj: **~ que** où que

doña nf (tratamiento: con apellido) Madame f; (: sólo con nombre) Doña f. = Madame

dorado, -a adj doré(e) ▷ nm dorure f

dormir vt endormir ▷ vi dormir; **dormirse** vpr s'endormir; **~ la siesta** faire la sieste; **se me ha dormido el brazo/la pierna** j'ai eu des fourmis dans le bras/la jambe

dormitar vi somnoler

dormitorio nm chambre f; (en una residencia) dortoir m

dorsal adj dorsal(e) ▷ nm (Deporte) dossard m

dorso nm dos m

DOS sigla m (= sistema operativo de disco) DOS msg

dos adj inv, nm inv deux inv; **los ~** les deux; **de ~ en ~** deux par deux; ver tb **seis**

doscientos, -as adj deux cents; ver tb **seiscientos**

dosis nf inv dose f

dotado, -a adj doué(e); **~ de** doté(e) de

dotar vt équiper; **~ de** o **con**

(proveer: de inteligencia, simpatía) douer
de; (: de dinero) allouer; (: de personal,
maquinaria) doter de; **dote** nf dot f;
dotes nfpl (aptitudes) dons mpl
doy vb ver **dar**
dragar vt draguer
drama nm drame m
dramático, -a adj dramatique
dramaturgo, -a nm/f dramaturge
m/f
drástico, -a adj drastique
drenaje nm drainage m
droga nf drogue f
drogadicto, -a nm/f drogué(e)
drogarse vr se droguer
droguería nf droguerie f
ducha nf douche f
ducharse vpr se doucher
duda nf doute m; **sin ~** sans aucun
doute; **no cabe ~** il n'y a pas de doute;
para salir de ~s pour en avoir le cœur
net; dudar vt, vi douter; **dudar (de)**
douter (de); **dudó si comprarlo o no**
il a hésité à l'acheter
dudoso, -a adj douteux(-euse)
duelo vb ver **doler** ▷ nm duel m
duende nm lutin m
dueño, -a nm/f (propietario)
propriétaire m/f; (empresario)
patron(ne)
duerma etc vb ver **dormir**
dulce adj doux/douce ▷ nm
gourmandise f; (pastel) douceur f
dulzura nf douceur f
duna nf dune f
duplicar vt (llave, documento) faire
un double de; (cantidad) doubler;
duplicarse vpr se multiplier par deux
duque nm duc m; **duquesa** nf
duchesse f
duración nf durée f; (de máquina)
durée de vie
duradero, -a adj (material)
résistant(e); (fe, paz) durable
durante adv pendant; **habló ~ una
hora** il a parlé pendant une heure

durar vi durer; (persona: en cargo)
rester
durazno (Am) nm pêche f; (árbol)
pêcher m
durex® (Am) nm scotch® m
dureza nf dureté f; (de clima) rigueur f
duro, -a adj dur(e) ▷ adv dur ▷ nm
pièce de cinq pesetas; **a duras penas**
à grand-peine; **es ~ de pelar** il faut
se le farcir
DVD sigla m (= disco de vídeo digital)
DVD m

e

E *abr* (= este) E (= est)

e *conj* (*delante de i- e hi-, pero no hie-*) et; *ver tb* **y**

ebanista *nm/f* ébéniste *m/f*

ébano *nm* ébène *m*

ebrio, -a *adj* ivre

ebullición *nf* ébullition *f*

eccema *nm* eczéma *m*

echar *vt* (*lanzar*) jeter; (*verter*) verser; (*gasolina, carta, freno*) mettre; (*expulsar*) mettre dehors; (*empleado*) renvoyer; (*hojas*) pousser; (*despedir: humo*) rejeter; (: *agua*) cracher; (*película*) passer ▷ *vi*: **~ a andar/volar/correr** se mettre à marcher/voler/courir; **echarse** *vpr* s'allonger; **~ a cara o cruz algo** jouer qch à pile ou face; **~ abajo** (*gobierno*) renverser; (*edificio*) abattre; **~ una carrera/una siesta** faire une course/une sieste; **~ un trago** avaler une gorgée; **~ de menos** regretter; **~se atrás** se pencher en arrière; (*fig*) se dédire; **~se a llorar/reír/temblar** se mettre à pleurer/rire/trembler

eclesiástico, -a *adj* ecclésiastique

eclipse *nm* éclipse *f*

eco *nm* écho *m*

ecología *nf* écologie *f*

ecológico, -a *adj* écologique

ecologista *adj, nm/f* écologiste *m/f*

economato *nm* économat *m*

economía *nf* économie *f*; (*de empresa*) situation *f* économique

económico, -a *adj* économique

economista *nm/f* économiste *m/f*

ecu *nm* écu *m*

ecuación *nf* équation *f*

ecuador *nm* équateur *m*; **(el) E~** (l')Équateur

ecuánime *adj* (*carácter*) juste; (*juicio*) impartial(e)

ecuatoriano, -a *adj* équatorien(ne) ▷ *nm/f* Équatorien(ne)

ecuestre *adj* équestre

eczema *nm* = **eccema**

edad *nf* âge *m*; **¿qué ~ tienes?** quel âge as-tu?; **tiene ocho años de ~** il a huit ans; **ser de mediana ~** être d'âge mûr; **ser de ~ avanzada** être âgé(e); **ser mayor/menor de ~** être majeur/mineur; **la E~ Media** le Moyen Âge; **tercera ~** troisième âge; **la ~ del pavo** l'âge ingrat

edición *nf* édition *f*

edificar *vt* édifier

edificio *nm* édifice *m*, bâtiment *m*

editar *vt* éditer; (*preparar textos*) mettre en page

editor, a *nm/f* éditeur(-trice); (*redactor*) rédacteur(-trice) ▷ *adj*: **casa ~a** maison d'édition; **editorial** *adj* éditorial(e) ▷ *nm* éditorial *m* ▷ (*tb*: **casa editorial**) maison f d'édition

edredón *nm* couette *f*

educación *nf* éducation *f*; **ser de buena/mala ~** être bien/mal élevé(e)

educar *vt* éduquer

EE.UU. sigla mpl (= Estados Unidos) EU mpl (= États-Unis)

efectista adj spectaculaire

efectivamente adv effectivement

efectivo, -a adj effectif(-ive)
▷ nm: **en ~** (Com) en espèces; **hacer ~ un cheque** encaisser un chèque

efecto nm effet m; **efectos** nmpl (tb: **~s personales**) effets mpl; (Com) actif m; **hacer o surtir ~** (medida) avoir de l'effet; (medicamento) faire de l'effet; **al o a tal ~** à cet effet; **en ~** en effet; **efectos especiales** effets spéciaux; **efectos secundarios** (Med) effets secondaires; (Com) retombées fpl; **efectos sonoros** effets de son

efectuar vt effectuer

eficacia nf efficacité f

eficaz adj efficace

eficiente adj efficace

efusivo, -a adj expansif(-ive)

EGB sigla f (Esp) (= Educación General Básica) enseignement primaire et premier cycle de l'enseignement secondaire

egipcio, -a adj égyptien(ne) ▷ nm/f Égyptien(ne)

Egipto nm Egypte f

egoísmo nm égoïsme m

egoísta adj, nm/f égoïste m/f

Eire nm Eire f

ej. abr (= ejemplo) ex. (= exemple)

eje nm axe m

ejecución nf exécution f

ejecutar vt exécuter

ejecutivo, -a adj exécutif(-ive)
▷ nm/f exécutif m ▷ nf comité m exécutif

ejemplar adj exemplaire ▷ nm (Zool etc) spécimen m; (de libro, periódico) exemplaire m

ejemplo nm exemple m; **por ~** par exemple; **dar ~** donner l'exemple

ejercer vt exercer ▷ vi: **~ de** exercer le métier de

ejercicio nm exercice m; **hacer ~** prendre de l'exercice; **ejercicio**

comercial exercice

ejército nm armée f; **Ejército de Tierra/del Aire** armée de terre/de l'air

ejote (Am) nm haricot m vert

 PALABRA CLAVE

el (f **la**, pl **los** o **las**) art def 1 le, la, les; **el libro/la mesa/los estudiantes/las flores** le livre/la table/les étudiants/les fleurs; **el amor/la juventud** l'amour/la jeunesse; **me gusta el fútbol** j'aime le football
2: **romperse el brazo** se casser le bras; **levantó la mano** il leva la main; **se puso el sombrero** il mit son chapeau
3 (en descripción): **tener la boca grande/los ojos azules** avoir une grande bouche/les yeux bleus
4 (con días): **me iré el viernes** je m'en irai vendredi; **los domingos suelo ir a nadar** le dimanche je vais nager
5 (en exclamación): **¡el susto que me diste!** tu m'as fait une de ces peurs!
▷ pron demos: **mi libro y el de usted** mon livre et le vôtre; **las de Pepe son mejores** celles de Pepe sont mieux; **no la(s) blanca(s) sino la(s) gris(es)** pas la(les) blanche(s), la(les) grise(s)
▷ pron rel 1: **el/la/los/las + que** (sujeto) celui/celle/ceux/celles qui; (: objeto) celui/celle/ceux/celles que; **el/la que quiera que se vaya** que celui/celle qui le veut s'en aille; **el que sea** n'importe qui; **llévese el que más le guste** emportez celui que vous préférez; **el que compré ayer** celui que j'ai acheté hier; **la que está debajo** celle qui est dessous
2: **el/la/los/las + que** (con preposición) lequel/laquelle/lesquels/lesquelles; **la persona con la que hablé** la personne avec laquelle j'ai parlé

▷ *conj:* **el que sea tan vago me molesta** ça m'ennuie qu'il soit si paresseux

él *pron pers (sujeto)* il; *(con preposición)* lui; **para** ~ pour lui; **es** ~ c'est lui
elaborar *vt* élaborer
elasticidad *nf* élasticité f
elástico, -a *adj, nm* élastique m
elección *nf* élection f; *(selección)* choix m; *(alternativa)* alternative f; **elecciones** *nfpl* élections *fpl*; **elecciones generales** élections
electorado *nm* électorat m
electricidad *nf* électricité f
electricista *nm/f* électricien(ne)
eléctrico, -a *adj* électrique
electro... *pref* électro...;
    electrocardiograma *nm* électrocardiogramme m;
    electrocutar *vt* électrocuter;
    electrocutarse *vpr* s'électrocuter;
    electrodo *nm* électrode f
electrodoméstico *nm* électroménager m
electromagnético, -a *adj* électromagnétique
electrónica *nf* électronique f
electrónico, -a *adj* électronique
elefante *nm* éléphant m
elegancia *nf* élégance f
elegante *adj (de buen gusto)* élégant(e); *(fino)* raffiné(e); **estar o ir** ~ être élégant(e)
elegir *vt* choisir; *(por votación)* élire
elemental *adj* élémentaire
elemento *nm* élément m;
    elementos *nmpl (de una ciencia)* rudiments *mpl*; **estar en su** ~ être dans son élément
elepé *(pl* **~s)** *nm* 33 tours m inv
elevación *nf* élévation f
elevar *vt* élever; **elevarse** *vpr* s'élever; **~se a** s'élever à
eligiendo *etc vb ver* **elegir**
elija *etc vb ver* **elegir**

eliminar *vt* éliminer
eliminatoria *nf* épreuve f éliminatoire; *(Deporte)* éliminatoires *mpl*
élite *nf* élite f
ella *pron* elle
ellas *pron ver* **ellos**
ello *pron* cela
ellos, -as *pron* ils/elles; *(después de prep)* eux/elles
elocuencia *nf* éloquence f
elogiar *vt* louer; **elogio** *nm* éloge m; **hacer elogios a** o **de** faire l'éloge de
elote *(Am) nm* épi m de maïs
eludir *vt (deber)* faillir à; *(responsabilidad)* rejeter; *(justicia)* se soustraire à; *(respuesta)* éluder
e-mail *nm* e-mail m; **enviar algo por** ~ envoyer qch par e-mail
emanar *vi:* ~ **de** émaner de; *(situación)* découler de
emancipar *vt* affranchir; **emanciparse** *vpr* s'émanciper; *(siervo)* s'affranchir
embadurnar *vt:* ~ **(de)** badigeonner (de); **embadurnarse** *vpr:* ~**se (de)** se badigeonner (de)
embajada *nf* ambassade f
embajador, a *nm/f* ambassadeur(-drice)
embaladura *(Am) nf,* **embalaje** ▷ *nm* emballage m
embalar *vt* emballer; **embalarse** *vpr* s'emballer
embalsamar *vt* embaumer
embalse *nm* réservoir m
embarazada *adj f* enceinte ▷ *nf* femme f enceinte
embarazo *nm (de mujer)* grossesse f
embarazoso, -a *adj* embarrassant(e)
embarcación *nf* embarcation f
embarcadero *nm* embarcadère m
embarcar *vt* embarquer; **embarcarse** *vpr* s'embarquer; ~**(se) en** *(Am: tren, avión)* monter dans

embargar vt (Jur) saisir
embargo nm (Jur) saisie f; (Com, Pol) embargo m
embargue etc vb ver **embargar**
embarque vb ver **embarcar** ▷ nm embarquement m; **tarjeta/sala de ~** carte f/salle f d'embarquement
embaucar vt enjôler
embeber vt boire; **embeberse** vpr: **~se en** (en libro, etc) se plonger dans
embellecer vt embellir; **embellecerse** vpr embellir
embestida nf charge f; **embestir** vt charger ▷ vi charger; (olas) rugir
emblema nm emblème m
embobado, -a adj bouche bée
embolia nf embolie f
émbolo nm piston m
embolsarse vpr empocher
emborrachar vt soûler; **emborracharse** vpr se soûler
emboscada nf embuscade f
embotar vt (sentidos) émousser; (facultades) diminuer
embotellamiento nm embouteillage m
embotellar vt mettre en bouteille; **embotellarse** vpr être embouteillé(e)
embrague nm embrayage m
embriagar vt soûler; (fig) griser; **embriagarse** vpr se soûler
embrión nm embryon m
embrollar vt embrouiller; **embrollarse** vpr s'embrouiller
embrollo nm enchevêtrement m; (fig: lío) beaux draps mpl
embrujado, -a adj ensorcelé(e)
embrutecer vt abrutir; **embrutecerse** vpr s'abrutir
embudo nm entonnoir m
embuste nm mensonge m
embustero, -a adj, nm/f menteur(-euse)
embutido nm (Culin) charcuterie f

emergencia nf urgence f; (surgimiento) émergence f
emerger vi émerger
emigración nf (de personas) émigration f; (de pájaros) migration f
emigrante adj qui émigre ▷ nm/f émigrant(e)
emigrar vi (personas) émigrer; (pájaros) migrer
eminencia nf: **ser una ~ (en algo)** être un génie (en qch); **eminente** adj éminent(e)
emisario nm émissaire m
emisión nf émission f
emisor, a nm émetteur m ▷ nf station f d'émission
emitir vt émettre
emoción nf (excitación) excitation f; (sentimiento) émotion f
emocionante adj excitant(e); (conmovedor) émouvant(e)
emocionar vt exciter; (conmover, impresionar) émouvoir; **emocionarse** vpr s'émouvoir
emotivo, -a adj (escena) émouvant(e); (persona) émotif(-ive)
empadronarse vpr se faire recenser
empalagoso, -a adj (alimento) écœurant(e); (fig: persona) mielleux(-euse); (: estilo) à l'eau de rose
empalmar vt (cable) rallonger; (carretera) rejoindre ▷ vi (dos caminos) se rejoindre; **~ con** (tren) assurer la correspondance avec; **empalme** nm (Tec) jointure f; (de carreteras) croisement m; (de trenes) correspondance f
empanada nf sorte de chausson salé fourré de tomates, viande etc
empantanarse vpr être inondé(e); (fig) être dans une impasse
empañar vt embuer; **empañarse** vpr s'embuer
empapar vt mouiller; (suj: toalla, esponja etc) absorber; **empaparse**

vpr: **~se (de)** *(persona)* être trempé(e) (par); *(esponja, comida)* absorber

empapelar *vt* tapisser

empaquetar *vt* empaqueter

empastar *vt* plomber

empaste *nm* plombage *m*

empatar *vi* faire match nul; **~on a 1** il y a eu 1 partout; **empate** *nm* match *m* nul

empecé *etc,* **empecemos** *etc vb ver* **empezar**

empedernido, -a *adj* invétéré(e)

empedrado, -a *adj* pavé(e) ▷ *nm (pavimento)* empierrement *m*

empeine *nm (de pie)* cou-de-pied *m; (de zapato)* empeigne *m*

empellón *nm* coup *m;* **dar empellones a algn** rouer qn de coups

empeñado, -a *adj (persona)* endetté(e); *(objeto)* mis(e) en gage; **~en** *(obstinado)* déterminé(e) à

empeñar *vt* mettre en gage; **empeñarse** *vpr* s'endetter; **~se en hacer** s'acharner à faire

empeño *nm* acharnement *m; (cosa prendada)* gage *m;* **casa de ~s** établissement *m* de prêts sur gage, mont-de-piété *m;* **poner ~ en hacer algo** mettre de l'acharnement à faire qch; **tener ~ en hacer algo** être déterminé(e) à faire qch

empeorar *vt, vi* empirer

empequeñecer *vt* rapetisser; *(fig)* banaliser

emperador *nm* empereur *m*

emperatriz *nf* impératrice *f*

empezar *vt* commencer ▷ *vi* commencer; **~a hacer** commencer à faire; **~por (hacer)** commencer par (faire)

empiece *etc vb ver* **empezar**

empiezo *etc vb ver* **empezar**

empinar *vt* redresser; **empinarse** *vpr (persona)* se mettre sur la pointe des pieds; *(animal)* se mettre sur ses pattes de derrière

empírico, -a *adj* empirique

emplazamiento *nm* emplacement *m; (Jur)* citation *f*

emplazar *vt* construire; *(Jur)* citer à comparaître; *(citar)* citer

empleado, -a *adj, nm/f* employé(e); **le está bien** ~ c'est bien fait pour lui

emplear *vt* employer; **emplearse** *vpr:* **~se de o como** trouver un emploi de, se faire embaucher comme

empleo *nm* emploi *m*

empobrecer *vt* appauvrir; **empobrecerse** *vpr* s'appauvrir

empollar *vt, vi (Zool)* couver; *(Escol: fam)* bûcher

empollón, -ona *(fam) nm/f (Escol)* bûcheur(-euse)

emporio *nm* centre *m* commercial; *(Am)* grand magasin *m*

empotrado, -a *adj ver* **armario**

emprender *vt* entreprendre

empresa *nf* entreprise *f*

empresario *-a nm/f (Com)* chef *m* d'entreprise

empréstito *nm* emprunt *m*

empujar *vt* pousser; **~ a algn a hacer** pousser qn à faire; **empuje** *nm* poussée *f; (fig)* brio *m*

empujón *nm* coup *m;* **abrirse paso a empujones** se frayer un chemin à coups de coude

empuñar *vt* empoigner

emular *vt* imiter

○ **PALABRA CLAVE**

en *prep* **1** *(posición)* dans; *(: sobre)*: **en la mesa** sur la table; *(: dentro)*: **está en el cajón** c'est dans le tiroir; **en el periódico** dans le journal; **en el suelo** par terre; **en Argentina/Francia/España** en Argentine/France/ Espagne; **en La Paz/París/Londres** à La Paz/Paris/Londres; **en la oficina/ el colegio** au bureau/à l'école; **en el quinto piso** au cinquième étage

2 (*dirección*) dans; **entró en el aula** il est entré dans la salle de classe
3 (*tiempo*) en; **en 1605/invierno** en 1605/hiver; **en el mes de enero** au mois de janvier; **en aquella ocasión/época** à cette occasion/époque; **en tres semanas** dans trois semaines; **en la mañana** (*Am*) le matin
4 (*manera*): **en avión/autobús** en avion/autobus; **viajar en tren** voyager en train; **escrito en inglés** écrit en anglais
5 (*forma*): **en espiral** en spirale; **en punta** pointu
6 (*tema, ocupación*): **experto en la materia** expert en la matière; **trabaja en la construcción** il travaille dans la construction
7 (*precio*) pour; **lo vendió en 20 dólares** il l'a vendu pour 20 dollars
8 (*diferencia*) de; **reducir/aumentar en una tercera parte/en un 20 por ciento** diminuer/augmenter d'un tiers/de 20 pour cent
9 (*después de vb que indica gastar etc*) en; **se le va la mitad del sueldo en comida** il dépense la moitié de son salaire en nourriture
10 (*adj + en + infin*): **lento en reaccionar** lent à réagir; **¡en marcha!** en route!

enaguas (*Am*) *nfpl* combinaison *f*
enajenación *nf* aliénation *f*; (*tb: ~ mental*) aliénation (mentale)
enajenar *vt* aliéner; (*fig*) déranger
enamorado, -a *adj, nm/f* amoureux(-euse); **estar ~ (de)** être amoureux(-euse) (de)
enamorar *vt* rendre amoureux(-euse); **enamorarse** *vpr*: **~se (de)** tomber amoureux(-euse) (de)
enano, -a *adj* nain(e) ▷ *nm/f* nain(e)
enardecer *vt* (*incitar*) inciter; (*entusiasmar*) enflammer;

enardecerse *vpr* (*excitarse*) s'enhardir; (*exaltarse*) s'enflammer
encabezamiento *nm* en-tête *m*; (*de periódico*) titre *m*
encabezar *vt* (*movimiento*) prendre la tête de; (*lista*) être en tête de; (*carta, libro*) commencer
encadenar *vt* enchaîner; (*bicicleta*) attacher
encajar *vt* encastrer, emboîter; (*fam: golpe*) envoyer; (: *broma, mala noticia*) encaisser ▷ *vi* s'encastrer, s'emboîter; **encajarse** *vpr* (*mecanismo*) se coincer; (*un sombrero*) mettre; **~ con** (*fig*) cadrer avec
encaje *nm* encastrement *m*
encalar *vt* blanchir à la chaux
encallar *vi* (*Náut*) échouer
encaminar *vt* **~ (a)** diriger (vers); **encaminarse** *vpr*: **~se a** *o* **hacia** se diriger vers
encantado, -a *adj* enchanté(e); **¡~!** enchanté(e)!; **estar ~ con algn/algo** être charmé(e) par qn/qch
encantador, a *adj, nm/f* charmeur(-euse)
encantar *vt* enchanter; **me encantan los animales** j'adore les animaux; **le encanta esquiar** il adore skier; **encanto** *nm* (*atractivo*) charme *m*; **como por encanto** comme par enchantement
encarcelar *vt* emprisonner
encarecer *vt* augmenter le prix de ▷ *vi* augmenter; **encarecerse** *vpr* augmenter
encarecimiento *nm* renchérissement *m*
encargado, -a *adj* chargé(e) ▷ *nm/f* (*gerente*) gérant(e); (*responsable*) responsable *m/f*
encargar *vt* charger; **encargarse** *vpr*: **~se de** se charger de; **~ a algn que haga algo** charger qn de faire qch
encargo *nm* requête *f*; (*Com*) commande *f*

encariñarse *vpr*: ~ **con** se prendre d'affection pour

encarnizado, -a *adj* (*lucha*) sanglant(e)

encasillar *vt* (*Teatro*) attribuer une place à; (*pey*) caser

encauzar *vt* diriger; (*fig*) orienter

encendedor (*espAm*) *nm* briquet *m*

encender *vt* allumer; **encenderse** *vpr* s'allumer

encendido, -a *adj* allumé(e) ▷ *nm* allumage *m*

encerado, -a *nm* (*Escol*) tableau *m*

encerar *vt* (*suelo*) cirer

encerrar *vt* (*persona, animal*) enfermer; (*libros, documentos*) serrer; (*fig*) renfermer; **encerrarse** *vpr* s'enfermer

encharcar *vt* détremper; **encharcarse** *vpr* être inondé(e)

enchufado, -a (*fam*) *nm/f* pistonné(e)

enchufar *vt* (*Elec*) brancher; (*Tec*) assembler; (*fam*: *persona*) pistonner; **enchufe** *nm* (*Elec*: *clavija*) prise *f* mâle; (: *toma*) prise femelle; (*Tec*) jointure *f*; (*fam*: *recomendación*) piston *m*; (: *puesto*) poste obtenu par piston

encía *nf* gencive *f*

enciclopedia *nf* encyclopédie *f*

encienda *vb ver* **encender**

encierro *vb ver* **encerrar** ▷ *nm* retraite *f*; (*Taur*) lâchage des taureaux dans les rues avant une corrida

encima *adv* (*en la parte de arriba*) en haut; (*además*) en plus; ~ **de** (*sobre*) sur; (*además de*) en plus de; **por ~ de** plus haut que; **leer/mirar algo por ~** lire/regarder qch distraitement; **¿llevas dinero ~?** as-tu de l'argent sur toi?; **se me vino ~** il est venu me voir à l'improviste; **~ mío/nuestro** *etc* (*esp CSur: fam*) au-dessus de moi/nous *etc*

encina *nf* chêne *m* vert

encinta *adj f* enceinte

enclenque *adj* malingre

encoger *vt* (*ropa*) rétrécir; (*piernas*) étendre; (*músculos*) bander ▷ *vi* rétrécir; **encogerse** *vpr* rétrécir; (*fig*) être intimidé(e); **~se de hombros** hausser les épaules

encolar *vt* recoller

encolerizar *vt* mettre en colère; **encolerizarse** *vpr* se mettre en colère

encomendar *vt* remettre; **encomendarse** *vpr*: **~se a** s'en remettre à

encomiar *vt* faire l'éloge de

encomienda *vb ver* **encomendar** ▷ *nf* (*Am*) colis *m*; **~ postal** colis postal

encontrado, -a *adj* opposé(e)

encontrar *vt* trouver; **encontrarse** *vpr* (*reunirse*) se retrouver; (*estar*) se trouver; (*sentirse*) se sentir; **~se con algn/algo** tomber sur qn/qch; **~se bien** (*de salud*) aller bien

encrespar *vt* faire moutonner; **encresparse** *vpr* moutonner

encrucijada *nf* croisement *m*

encuadernación *nf* reliure *f*

encuadernar *vt* relier

encuadrar *vt* encadrer; (*Foto*) cadrer

encubrir *vt* cacher; (*culpable*) couvrir

encuentro *vb ver* **encontrar** ▷ *nm* rencontre *f*; **ir/salir al ~ de algn** aller/sortir à la rencontre de qn

encuesta *nf* sondage *m*; (*investigación*) enquête *f*; **encuesta de opinión** sondage d'opinion; **encuesta judicial** enquête judiciaire

endeble *adj* (*argumento*) mauvais(e); (*persona*) faible

endémico, -a *adj* endémique

endemoniado, -a *adj* démoniaque; (*fig: travieso*) vicieux(-euse)

enderezar *vt* redresser; **enderezarse** *vpr* se redresser

endeudarse *vpr* s'endetter

endiablado, -a *adj* (*hum: genio, carácter*) espiègle; (: *problema*) diabolique; (: *tiempo*) de chien

endiñar (*fam*) *vt* refiler

endosar *vt* endosser; **~ algo a algn**

(fam) refiler qch à qn

endulzar vt *(café)* sucrer; *(salsa, fig)* adoucir; **endulzarse** vpr *(ver vt)* sucrer; adoucir, s'adoucir

endurecer vt durcir; *(fig: persona)* endurcir; **endurecerse** vpr *(ver vt)* se durcir; s'endurcir

enema nm lavement m

enemigo, -a adj, nm/f ennemi(e)

enemistad nf aversion f

enemistar vt séparer; **enemistarse** vpr: **~se (con)** se fâcher (avec)

energía nf énergie f; **energía atómica/nuclear/solar** énergie atomique/nucléaire/solaire

enérgico, -a adj énergique

energúmeno, -a nm/f énergumène m/f

enero nm janvier m; ver tb **julio**

enfadado, -a adj en colère

enfadar vt fâcher; **enfadarse** vpr se fâcher

enfado nm colère f

énfasis nm emphase f; **con ~** avec emphase; **poner ~ en** mettre l'accent sur

enfático, -a adj emphatique

enfermar vi tomber malade; **enfermarse** vpr *(esp Am)* tomber malade

enfermedad nf maladie f

enfermería nf infirmerie f

enfermero, -a nm/f infirmier(-ère); **enfermera jefa** infirmière en chef

enfermizo, -a adj maladif(-ive)

enfermo, -a adj malade ▸ nm/f malade m/f; *(en hospital)* patient(e); **caer** o **ponerse ~** tomber malade

enflaquecer vt faire maigrir ▸ vi maigrir

enfocar vt *(luz, foco)* diriger; *(persona, objeto)* diriger le projecteur sur; *(Foto)* faire la mise au point sur; *(fig: problema)* envisager

enfoque vb ver **enfocar** ▸ nm *(Foto)* objectif m; *(fig)* point m de vue

enfrentar vt *(peligro)* affronter; *(contendientes)* confronter; **enfrentarse** vpr s'affronter; *(dos equipos)* se rencontrer; **~se a** o **con** *(problema)* se trouver face à; *(enemigo)* faire face à

enfrente adv en face; **~ de** devant; **la casa de ~** la maison d'en face; **~ mío/ nuestro** *(esp CSur: fam)* devant moi/nous etc

enfriamiento nm rafraîchissement m; *(Med)* refroidissement m

enfriar vt *(algo caliente, amistad)* refroidir; *(habitación)* rafraîchir; **enfriarse** vpr se refroidir; *(habitación)* se rafraîchir; *(Med)* prendre froid

enfurecer vt rendre furieux(-euse); **enfurecerse** vpr devenir furieux(-euse); *(mar)* se déchaîner

engalanar vt *(persona)* habiller; *(ciudad, calle)* décorer; **engalanarse** vpr bien s'habiller

enganchar vt *(persona, dos vagones)* accrocher; *(teléfono, electricidad)* mettre; *(fam: persona)* mettre le grappin sur; *(pez)* ferrer; **engancharse** vpr *(Mil)* s'engager; **~se (en)** *(ropa)* s'accrocher (à); **se le enganchó la falda en el clavo** elle a accroché sa jupe au clou

enganche nm *(Tec)* crochet m; *(Ferro)* accrochage m; *(Méx: Com)* dépôt m

engañar vt tromper; *(estafar)* escroquer; **engañarse** vpr se tromper

engaño nm *(mentira)* mensonge m; *(trampa)* piège m; *(estafa)* escroquerie f; **estar en** o **padecer un ~** être trompé(e)

engañoso, -a adj trompeur(-euse)

engarzar vt *(joya)* sertir; *(cuentas)* enfiler

engatusar *(fam)* vt enjôler

engendrar vt procréer; *(fig)* engendrer; *(pey)* nm monstre m; *(novela, cuadro etc)*

monstruosidad f
englobar vt englober
engordar vt faire grossir ▷ vi grossir
engorroso, -a adj empoisonnant(e)
engranaje nm engrenage m
engrandecer vt (ennoblecer) ennoblir
engrasar vt graisser
engreído, -a adj suffisant(e)
engrosar vt (manuscrito) grossir;
   (muro) épaissir; (capital, filas)
   augmenter ▷ vi grossir
enhebrar vt enfiler
enhorabuena nf: **dar la ~ a algn**
   féliciter qn; **¡~!** félicitations!
enigma nm énigme f
enjabonar vt savonner;
   enjabonarse vpr se savonner; **~se
   la barba/las manos** se savonner la
   barbe/les mains
enjambre nm essaim m; (fig) meute f
enjaular vt mettre en taule;
   (fam: persona) mettre en tôle
enjuagar vt rincer; **enjuagarse** vpr
   se rincer
enjuague vb ver **enjuagar**
enjugar vt éponger; (lágrimas)
   essuyer; **enjugarse** vpr: **~se el sudor**
   s'éponger; **~se las lágrimas** essuyer
   ses larmes
enjuiciar vt (Jur) instruire; (opinar
   sobre) juger
enjuto, -a adj décharné(e)
enlace vb ver **enlazar** ▷ nm (relación)
   lien m; (tb: ~ **matrimonial**) union
   f; (de trenes) liaison f; **enlace
   policial** contact m; **enlace sindical**
   délégué(e) syndical(e)
enlatado, -a adj (comida) en conserve
enlazar vt attacher; (conceptos,
   organizaciones) faire le lien entre; (Am)
   prendre au lasso ▷ vi: **~ con** faire le
   lien avec
enlodar vt tacher de boue
enloquecer vt rendre fou/folle ▷ vi
   devenir fou/folle; **me enloquece el
   chocolate** (fig) je raffole du chocolat

enlutado, -a adj en deuil
enmarañar vt emmêler; (fig)
   embrouiller; **enmarañarse** vpr
   s'embrouiller
enmarcar vt encadrer
enmascarar vt masquer;
   enmascararse vpr se mettre un
   masque
enmendar vt (escrito) modifier;
   (constitución, ley) amender;
   (comportamiento) améliorer;
   enmendarse vpr (persona)
   s'améliorer; enmendar la vida
enmendar ▷ nf amendement m
enmohecerse vpr (metal) s'oxyder;
   (muro, plantas, alimentos) moisir
enmudecer vi rester muet(te)
ennegrecer vt noircir;
   ennegrecerse vpr (se) noircir
ennoblecer vt faire honneur à
enojar vt mettre en colère; (disgustar)
   contrarier; **enojarse** vpr (ver vt) se
   mettre en colère; être contrarié(e)
enojoso, -a adj ennuyeux(-euse)
enorgullecer vt enorgueillir;
   enorgullecerse vpr s'enorgueillir
enorme adj énorme; **enormidad** nf
   énormité f
enrarecido, -a adj raréfié(e)
enredadera nf plante f grimpante
enredar vt emmêler; (fig: asunto)
   embrouiller ▷ vi (molestar) faire des
   bêtises; (trastear) tripoter; **enredarse**
   vpr s'emmêler; (fig) s'embrouiller; **~ a
   algn en** (fig: implicar) mêler qn à; **~se
   en** se prendre dans; (fig) se mêler à
enredo nm nœud m; (fig: lío) pétrin m
enrejado nm grille f
enrevesado, -a adj épineux(-euse)
enriquecer vt enrichir ▷ vi
   s'enrichir; **enriquecerse** vpr
   s'enrichir
enrojecer vt, vi rougir; **enrojecerse**
   vpr rougir
enrolar vt enrôler; **enrolarse** vpr
   s'enrôler

enrollar vt enrouler; **enrollarse** vpr (fam: al hablar) s'éterniser

enroscar vt (tornillo, tuerca) visser; **enroscarse** vpr (serpiente) se lover; (planta) se vriller

ensalada nf salade f; **ensaladilla** nf (tb: **ensaladilla rusa**) salade f russe

ensalzar vt encenser

ensamblaje nm assemblage m; (Tec) joint m

ensanchar vt élargir; **ensancharse** vpr s'élargir; (fig: persona) se rengorger; **ensanche** nm élargissement m; (zona) terrain m à lotir

ensangrentar vt ensanglanter

ensañarse vpr: ~ **con** tourmenter

ensartar vt enfiler

ensayar vt essayer; (Teatro) répéter ▷ vi répéter

ensayo nm essai m; (Teatro, Mús) répétition f; (Escol) dissertation f; ~ **general** répétition générale

enseguida adv = **en seguida**

ensenada nf crique f

enseñanza nf enseignement m; **enseñanza primaria/media/ superior** enseignement primaire/secondaire/supérieur

enseñar vt enseigner; (mostrar) montrer; (señalar) signaler; ~ **a algn a hacer** montrer à qn comment faire

enseres nmpl effets mpl; (útiles) matériel msg

ensillar vt seller

ensimismarse vpr s'absorber; ~ **en** s'absorber dans

ensombrecer vt assombrir; **ensombrecerse** vpr (fig: rostro) s'assombrir

ensortijado, -a adj (pelo) frisé(e)

ensuciar vt salir; **ensuciarse** vpr se salir

ensueño nm rêve m; (fantasía) illusion f; **de** ~ de rêve

entablar vt (Ajedrez, Damas) disposer; (conversación, lucha) engager; (pleito, negociaciones) entamer

entablillar vt mettre une attelle à

entallar vt (traje) ajuster

ente nm entité f; (ser) être m

entender vt, vi comprendre; **entenderse** vpr (a sí mismo) se comprendre; (2 personas) s'entendre; ~ **de** y entendre en; ~ **algo de** avoir quelques notions de; ~ **por** entendre par; **dar a ~ que ...** donner à entendre que ...; **~se bien/mal (con algn)** s'entendre bien/mal (avec qn)

entendido, -a adj (experto) compétent(e); (informado) informé(e) ▷ nm/f connaisseur(-euse) ▷ excl entendu!; **entendimiento** nm entente f; (inteligencia) entendement m

enterado, -a adj informé(e); **estar ~ de** être au courant de

enteramente adv entièrement

enterarse vpr: ~ **(de)** apprendre

entereza nf droiture f; (fortaleza) courage m; (integridad) intégrité f; (firmeza) fermeté f

enternecer vt attendrir; **enternecerse** vpr s'attendrir

entero, -a adj (íntegro) au complet; (no roto, fig) entier(-ère); (Com) point m; (Am) versement m; (Arg) bleu m de travail; **por ~** entièrement

enterrador nm fossoyeur m

enterrar vt enterrer

entibiar vt tiédir; **entibiarse** vpr tiédir

entidad nf (empresa) entreprise f; (organismo, Filos) entité f; (sociedad) société f

entienda etc vb ver **entender**

entierro vb ver **enterrar** ▷ nm enterrement m

entonación nf intonation f

entonar vt entonner; (colores) harmoniser; (Med) fortifier ▷ vi (al cantar) donner le ton; **entonarse** vpr

(Med) se fortifier; **~ con** (colores) se
marier bien avec
entonces adv alors; **desde ~** depuis;
en aquel ~ en ce temps-là; **(pues)
~ (et)** alors
entornar vt (puerta, ventana)
entrebâiller; (los ojos) garder mi-clos
entorno nm environnement m
entorpecer vt gêner; (mente, persona)
abrutir
entrada nf entrée f; (ingreso, Com)
recette f; **entradas fpl** (Com)
recettes fpl; **~s y salidas** (Com)
recettes et dépenses; **~ de aire** (Tec)
entrée d'air; **de ~** d'entrée
entrado, -a adj: **~ en años** d'un
âge avancé; **(una vez) ~ el verano**
l'été venu
entramparse vpr s'endetter
entrante adj prochain(e) ▷ nm
encaissement m; (Culin) entrée f
entrañable adj (amigo) cher(-ère);
(trato) cordial(e)
entrañas nfpl entrailles fpl; **sin ~** (fig)
sans merci
entrar vt mettre; (Inform) entrer
▷ vi entrer; (caber: anillo, zapato)
aller; (: tornillo, personas) rentrer;
(en profesión etc) entrer; **me entró
sueño/frío** j'ai eu sommeil/froid; **~
en acción** entrer en action; (entrar
en funcionamiento) commencer à
fonctionner; **no me entra** je ne saisis
pas; **~ a** (Am) entrer dans
entre prep (dos cosas) entre; (más de
dos cosas) parmi; **lo haremos ~ todos**
nous le ferons tous ensemble; **~ más
estudia, más aprende** (esp Am: fam)
plus il étudie, plus il apprend
entreabrir vt entrouvrir
entrecejo nm: **fruncir el ~** froncer
les sourcils
entrecortado, -a adj entrecoupé(e)
entrega nf (de mercancías) livraison f;
(de premios) remise f; (de novela, serial)
épisode m

entregar vt livrer; (dar) remettre;
entregarse vpr se livrer; **~se a** (al
trabajo) se consacrer à; (al vicio) se
livrer à
entrelazar vt entrelacer
entremeses nmpl entrées fpl
entremeterse vpr = **entrometerse**
entremetido, -a adj = **entrometido**
entremezclar vt mélanger;
entremezclarse vpr se mélanger
entrenador, a nm/f
entraîneur(-euse)
entrenar vt entraîner ▷ vi (Deporte)
s'entraîner; **entrenarse** vpr
s'entraîner
entrepierna nf entrejambes msg
entresacar vt (árboles) déboiser;
(pelo) désépaissir
entresuelo nm entresol m
entretanto adv entre-temps
entretener vt amuser; (retrasar)
retenir; (distraer) distraire; (fig)
entretenir; **entretenerse** vpr
s'amuser; (retrasarse) s'attarder;
(distraerse) se distraire
entretenido, -a adj amusant(e);
entretenimiento nm distraction f
entrever vt entrevoir
entrevista nf entrevue f; (para
periódico, TV) interview f; **entrevistar**
vt interviewer; **entrevistarse**
vpr: **entrevistarse (con)** avoir une
entrevue (avec)
entristecer vt attrister;
entristecerse vpr s'attrister
entrometerse vpr: **~ (en)** se mêler de
entrometido, -a adj, nm/f
indiscret(-ète)
entumecer vt engourdir;
entumecerse vpr s'engourdir
entumecido, -a adj engourdi(e)
enturbiar vt (agua) troubler; (alegría)
gâter; **enturbiarse** vpr (ver vt) se
troubler; retomber
entusiasmar vt enthousiasmer;
entusiasmarse vpr: **~se (con o por)**

s'enthousiasmer (pour)

entusiasmo nm: **~ (por)** enthousiasme m (pour); **con ~** avec enthousiasme

entusiasta adj, nm/f enthousiaste m/f; **~ de** enthousiaste de

enumerar vt énumérer

enunciación nf énonciation f

enunciado nm énoncé m

envainar vt rengainer

envalentonar (pey) vt stimuler; **envalentonarse** vpr se vanter

envanecer vt monter à la tête; **envanecerse** vpr: **~se de hacer/ de haber hecho** se vanter de faire/d'avoir fait

envasar vt conditionner

envase nm (recipiente) récipient m; (botella) bouteille f; (lata) boîte f de conserve; (bolsa) poche f; (acción) conditionnement m

envejecer vt, vi vieillir

envenenar vt empoisonner

envergadura nf envergure f

envés nm envers m

enviar vt envoyer; **~ a algn a hacer** envoyer qn faire

enviciarse vpr: **~ (con)** s'intoxiquer (avec)

envidia nf envie f; (celos) jalousie f; **envidiar** vt envier; (tener celos de) jalouser

envío nm envoi m

enviudar vi devenir veuf/veuve

envoltorio nm paquet m

envolver vt envelopper; (enemigo) encercler; **envolverse** vpr: **~se en** s'envelopper dans; **~ a algn en** (implicar) impliquer qn dans

envuelto etc, **envuelva** etc vb ver **envolver**

enyesar vt plâtrer

enzarzarse vpr: **~ en** se mêler à

épica nf poésie f épique

épico, -a adj épique

epidemia nf épidémie f

epilepsia nf épilepsie f

epílogo nm épilogue m

episodio nm épisode m

epístola nf lettre f

época nf époque f; **hacer ~** faire époque

equilibrar vt équilibrer; **equilibrio** nm équilibre m; **mantener/perder el equilibrio** garder/perdre l'équilibre; **equilibrista** nm/f équilibriste m/f

equipaje nm bagages mpl; **hacer el ~** faire ses bagages; **equipaje de mano** bagages à main

equipar vt: **~ (con o de)** équiper (de)

equiparar vt: **~ algo/a algn a o con** (igualar) mettre qch/qn sur un pied d'égalité avec; (comparar) comparer qch/qn à; **equipararse** vpr: **~se con** se comparer à

equipo nm (grupo, Deporte) équipe f; (instrumentos) matériel m, équipement m; **trabajo en ~** travail m d'équipe

equis nf (letra) X, x m inv

equitación nf équitation f

equitativo, -a adj équitable

equivalente adj équivalent(e) ▷ nm équivalent m

equivaler vi: **~ a (hacer)** équivaloir à (faire)

equivocación nf erreur f

equivocado, -a adj (decisión, camino) mauvais(e)

equivocarse vpr se tromper; **~ de camino/número** se tromper de chemin/numéro

equívoco, -a adj équivoque ▷ nm (ambigüedad) ambiguïté f; (malentendido) quiproquo m

era vb ver **ser** ▷ nf ère f

erais vb ver **ser**

éramos vb ver **ser**

eran vb ver **ser**

erario nm biens mpl

eras vb ver **ser**

erección nf érection f

eres vb ver **ser**

erguir vt (alzar) lever; (poner derecho) redresser; **erguirse** vpr se redresser

erigir vt ériger; **erigirse** vpr: **~se en** s'ériger en

erizarse vpr se hérisser

erizo nm hérisson m, (tb: **~ de mar**) oursin m

ermita nf ermitage m

ermitaño, -a nm/f ermite m/f

erosión nf érosion f

erosionar vt éroder

erótico, -a adj érotique; **erotismo** nm érotisme m

erradicar vt éradiquer

errar vi errer; (equivocarse) se tromper ▷ vt: **~ el camino** s'égarer; **~ el tiro** manquer son coup

errata nf errata m inv

erróneo, -a adj erroné(e)

error nm erreur f; **estar en un ~** être dans l'erreur; **error de imprenta** erreur d'impression; **error judicial** erreur judiciaire

eructar vi roter

erudito, -a adj, nm/f érudit(e); **los ~s en esta materia** les experts en la matière

erupción nf éruption f

es vb ver **ser**

esa adj demos ver **ese**

ésa pron ver **ése**

esbelto, -a adj svelte

esbozo nm ébauche f

escabeche nm escabèche f; **en ~** à l'escabèche

escabroso, -a adj (accidentado) accidenté(e); (fig: complicado) épineux(-euse); (: atrevido) scabreux(-euse)

escabullirse vpr s'esquiver; (de entre los dedos) filer

escafandra nf (tb: **~ autónoma**) scaphandre m (autonome); **escafandra espacial** scaphandre spatial

escala nf échelle f; (tb: **~ de cuerda**) échelle de corde; (Aviat, Náut) escale f; **en gran/pequeña ~** à grande/petite échelle; **hacer ~ en** faire escale à; **escala móvil** échelle mobile

escalafón nm (en empresa) échelle f des salaires; (en organismo público) échelons mpl de solde

escalar vt escalader; (fig) monter ▷ vi faire de l'escalade; (fig) monter en grade

escalera nf escalier m; (tb: **~ de mano**) marchepied m; (Naipes) suite f; **escalera de caracol/de incendios** escalier en colimaçon/de secours; **escalera de tijera** escabeau m; **escalera mecánica** escalier roulant

escalfar vt pocher

escalinata nf perron m; **escalofriante** adj d'horreur

escalofrío nm frisson m; **escalofríos** nmpl (fig): **dar o producir ~s a algn** donner des frissons à qn

escalón nm marche f; (de escalera de mano, fig) échelon m

escalope nm escalope f

escama nf écaille f; (de jabón) paillette f

escamar vt (producir recelo) rendre soupçonneux(-euse)

escamotear vt (sueldo) subtiliser

escampar vi se dégager

escandalizar vt scandaliser; **escandalizarse** vpr se scandaliser

escándalo nm scandale m

escandaloso, -a adj scandaleux(-euse); (niño) turbulent(e)

escandinavo, -a adj scandinave ▷ nm/f Scandinave m/f

escaño nm siège m

escapar vi: **~ (de)** (de encierro) s'échapper (de); (de peligro) échapper à; (Deporte) faire une échappée; **escaparse** vpr: **~se (de)** s'échapper (de); (agua, gas) fuir; **se le escapó el secreto** il a vendu la mèche; **se le**

escapó la risa un rire lui a échappé

escaparate nm vitrine f

escape nm (de agua, gas) fuite f; (tb: **tubo de ~**) pot m d'échappement

escarabajo nm scarabée m

escaramuza nf escarmouche f

escarbar vt ratisser ▷ vi fouiller; **~ en** (en asunto) démêler

escarceos nmpl (fig) écarts mpl; **~ amorosos** ébats mpl amoureux

escarcha nf rosée f

escarchado, -a adj glacé(e)

escarlata adj écarlate; **escarlatina** nf scarlatine f

escarmentar vt punir ▷ vi comprendre la leçon

escarmiento vb ver **escarmentar** ▷ nm (castigo) punition f; (aviso) leçon f

escarnio nm raillerie f; (insulto) quolibet m

escarola nf scarole f

escarpado, -a adj escarpé(e)

escasear vi être rare

escasez nf (falta) manque m; (pobreza) misère f

escaso, -a adj faible; (posibilidades) compté(e); (recursos) insuffisant(e); **estar ~ de algo** être à court de qch

escatimar vt (sueldo, tela) lésiner sur; (elogios, esfuerzos) ménager

escayola nf plâtre m

escena nf scène f; **poner en ~** mettre en scène

escenario nm scène f; **escenografía** nf scénographie f

escepticismo nm scepticisme m

escéptico, -a adj, nm/f sceptique m/f

escisión nf (de partido) scission f

esclarecer vt éclaircir

esclavitud nf esclavage m

esclavizar vt asservir

esclavo, -a adj, nm/f esclave m/f

esclusa nf écluse f

escoba nf balai m

escobilla nf (esp Am) brosse f

escocer vi brûler; **escocerse** vpr

s'irriter; **me escuece mucho la herida** ma blessure me brûle

escocés, -esa adj écossais(e) ▷ nm/f Écossais(e)

Escocia nf Écosse f

escoger vt choisir

escogido, -a adj choisi(e)

escolar adj, nm/f scolaire m/f

escollo nm écueil m

escolta nf escorte f; **escoltar** vt escorter

escombros nmpl décombres mpl

esconder vt cacher; **esconderse** vpr se cacher

escondidas nfpl (Am) cache-cache m inv; **a ~** en cachette; **escondite** nm cachette f; (juego) cache-cache m inv; **escondrijo** nm cachette f

escopeta nf fusil m; **escopeta de aire comprimido** fusil à air comprimé

escoria nf (fig) lie f

Escorpio nm (Astrol) Scorpion m; **ser ~** être (du) Scorpion

escorpión nm scorpion m

escotado, -a adj décolleté(e)

escote nm décolleté m; **pagar a ~** payer son écot

escotilla nf (Náut) écoutille f

escozor nm cuisson f

escribible adj (CD/DVD) gravable

escribir vt, vi écrire; **escribirse** vpr s'écrire; **~ a máquina** taper à la machine; **¿cómo se escribe?** comment ça s'écrit?

escrito, -a pp de **escribir** ▷ adj écrit(e) ▷ nm (documento) écrit m; (manifiesto) manifeste m; **por ~** par écrit

escritor, a nm/f écrivain m/f

escritorio nm (mueble) secrétaire m; (oficina) bureau m

escritura nf écriture f; (Jur) écrit m

escrúpulo nm: **me da ~ (hacer)** j'ai des scrupules (à faire); **escrúpulos** nmpl (dudas) scrupules mpl

escrupuloso, -a *adj* scrupuleux(-euse); (*aprensivo*) maniaque

escrutar *vt* scruter; (*votos*) dépouiller le scrutin

escrutinio *nm* examen *m* attentif; (*de votos*) scrutin *m*

escuadra *nf* équerre *f*; (Mil) escouade *f*; (Náut) escadre *f*; **escuadrilla** *nf* escadrille *f*

escuadrón *nm* escadron *m*

escuálido, -a *adj* efflanqué(e)

escuchar *vt* écouter ▷ *vi* écouter

escudo *nm* bouclier *m*; (*insignia*) écusson *m*

escudriñar *vt* scruter

escuela *nf* école *f*; **~ de arquitectura/Bellas Artes/idiomas** école d'architecture/des Beaux Arts/ de langues; **escuela normal** école normale

escueto, -a *adj* (*estilo*) dépouillé(e); (*explicación*) concis(e)

escuincle (*Méx: fam*) *nm* gosse *m*

esculpir *vt* sculpter

escultor, a *nm/f* sculpteur *m*; **escultura** *nf* sculpture *f*

escupidera *nf* crachoir *m*; (*orinal*) pot *m* de chambre

escupir *vt*, *vi* cracher

escurreplatos *nm inv* égouttoir *m*

escurridizo, -a *adj* glissant(e)

escurridor *nm* essoreuse *f*

escurrir *vt* (*ropa*) essorer; (*platos*) égoutter; (*líquidos*) verser la dernière goutte de ▷ *vi* (*ropa, botella*) goutter; (*líquidos*) couler; **escurrirse** *vpr* (*líquido*) s'écouler; (*ropa, platos*) s'égoutter; (*resbalarse*) glisser; (*escaparse*) s'esquiver

ese, esa, esos, esas *adj* (*demostrativo: sg*) ce/cette; (: *pl*) ces

ése, ésa, ésos, ésas *pron* (*sg*) celui-là/celle-là; (*pl*) ceux-là/celles-là; **~ ... éste ...** celui-ci ... celui-là ...

esencia *nf* essence *f*; (*de doctrina*) essentiel *m*; **esencial** *adj* essentiel(le)

esfera *nf* sphère *f*; (*de reloj*) cadran *m*

esférico, -a *adj* sphérique

esforzarse *vpr* s'efforcer; **~ por hacer** s'efforcer de faire

esfuerzo *vb ver* **esforzarse** ▷ *nm* effort *m*; **hacer un ~ (para hacer)** faire un effort (pour faire); **con/sin ~** avec/sans effort

esfumarse *vpr* (*persona*) s'évanouir dans la nature; (*esperanzas*) partir en fumée

esgrima *nf* escrime *f*

esgrimir *vt* (*arma*) manier; (*argumento*) déployer

esguince *nm* entorse *f*

eslabón *nm* maillon *m*

eslavo, -a *adj* slave ▷ *nm/f* Slave *m/f* ▷ *nm* (Ling) langue *f* slave

slip *nm* slip *m*

eslovaco, -a *adj* slovaque ▷ *nm/f* Slovaque *m/f* ▷ *nm* (Ling) slovaque *m*

Eslovaquia *nf* Slovaquie *f*

esmaltar *vt* émailler; **esmalte** *nm* émail *m*; **esmalte de uñas** vernis *m* à ongles

esmerado, -a *adj* soigné(e)

esmeralda *nf* émeraude *f*

esmerarse *vpr*: **~ (en)** se donner du mal (pour)

esmero *nm* soin *m*; **con ~** avec soin

esnob *adj inv*, *nm/f* snob *m/f*; **esnobismo** *nm* snobisme *m*

eso *pron* ce, cela: **~ de su coche** cette histoire avec sa voiture; **~ de ir al cine** cette histoire d'aller au cinéma; **a ~ de las cinco** vers cinq heures; **por ~** c'est pour ça; **~ es** c'est cela; **~ mismo** cela-même; **y ~ que llovía** pourtant il pleuvait!

esos *adj demos ver* **ese**

ésos *pron ver* **ése**

espabilar *vt* = **despabilar**

espacial *adj* spatial(e)

espaciar *vt* espacer

espacio nm espace m; **el ~** l'espace; **espacio aéreo/exterior** espace aérien/extérieur

espacioso, -a adj spacieux(-euse)

espada nf épée f; **espadas** nfpl (Naipes) l'une des quatre couleurs du jeu de cartes espagnol

espaguetis nmpl spaghettis mpl

espalda nf dos msg; **a ~s de algn** dans le dos de qn; **estar de ~s** être de dos; **por la ~** (atacar) par derrière; (disparar) dans le dos; **tenderse de ~s** s'allonger sur le dos; **volver la ~ a algn** tourner le dos à qn

espantajo nm, **espantapájaros** nm inv épouvantail m

espantar vt (persona) effrayer; (animal) faire fuir; **espantarse** vpr s'effrayer; (ahuyentar) déguerpir; (fig) se dissiper

espanto nm frayeur f; (terror) panique f

espantoso, -a adj effrayant(e); (fam: desmesurado) terrible; (: feísimo) repoussant(e)

España nf Espagne f

español, a adj espagnol(e) ▷ nm/f Espagnol(e) ▷ nm (Ling) espagnol m

esparadrapo nm sparadrap m

esparcimiento nm (fig) divertissement m

esparcir vt (objetos) éparpiller; (semillas) semer; (líquido, noticia) répandre; **esparcirse** vpr s'éparpiller; (noticia) se répandre

espárrago nm asperge f

esparto nm alfa m

espasmo nm spasme m

espátula nf spatule f

especia nf condiment m

especial adj spécial(e); **especialidad** nf spécialité f; (Escol) spécialisation f

especialista nm/f spécialiste m/f

especialmente adv spécialement

especie nf espèce f; **una ~ de** une espèce de; **pagar en ~** payer en espèces

especificar vt spécifier

específico, -a adj spécifique

espécimen (pl **especímenes**) nm spécimen m; (muestra) échantillon m

espectáculo nm spectacle m

espectador, a nm/f spectateur(-trice); (de incidente) badaud m; **los ~es** (Teatro) les spectateurs

espectro nm spectre m

especular vi (meditar): **~ sobre** spéculer sur; **~ (en)** (Com) spéculer (en)

espejismo nm mirage m

espejo nm miroir m; **mirarse al ~** se regarder dans la glace; **espejo retrovisor** rétroviseur m

espeluznante adj à faire dresser les cheveux sur la tête

espera nf attente f; **a la** o **en ~ de** dans l'attente de

esperanza nf espoir m; **hay pocas ~s de que venga** il y a peu de chances pour qu'il vienne; **esperanza de vida** espérance f de vie

esperar vt (desear, confiar) espérer ▷ vi attendre; **~ un bebé** attendre un enfant; **es de ~ que** il faut espérer que

esperma nm sperme m

espesar vt épaissir; **espesarse** vpr s'épaissir

espeso, -a adj épais(se); **espesor** nm épaisseur f; (densidad) densité f

espía nm/f espion(ne); **espiar** vt espionner ▷ vi: **espiar para** être un espion à la solde de

espiga nf épi m

espigón nm (Bot) piquant m; (Náut) digue f

espina nf (Bot) épine f; (de pez) arête f; **espina dorsal** épine dorsale

espinaca nf (Bot) épinard m; **~s** (Culin) épinards mpl

espinazo nm épine f dorsale

espinilla nf (Anat) tibia m; (Med) point m noir

espino,-a adj épineux(euse)

espionaje nm espionnage m

espiral adj en spirale ▷ nf spirale f; (anticonceptivo) stérilet m

espirar vt, vi expirer

espíritu nm esprit m; **espíritu de cuerpo/de equipo** esprit de corps/d'équipe; **espíritu de lucha** naturel m bagarreur; **Espíritu Santo** Saint-Esprit m; **espiritual** adj spirituel(le)

espita nf robinet m

espléndido,-a adj (magnífico) splendide; (generoso) généreux(euse)

esplendor nm splendeur f

espolear vt (fig: persona) tanner

espoleta nf goupille f

espolón nm (de ave) ergot m; (malecón) jetée f

espolvorear vt saupoudrer

esponja nf éponge f; **esponja de baño** éponge de toilette

esponjoso,-a adj spongieux(-euse); (bizcocho) imbibé(e)

espontaneidad nf spontanéité f

espontáneo,-a adj spontané(e)

esposar vt passer les menottes à

esposo,-a nm/f époux(-ouse); **esposas** nfpl (para detenidos) menottes fpl

espray nm aérosol m

espuela nf éperon m

espuma nf mousse f; (sobre olas) écume f; **espuma de afeitar** mousse à raser

espumadera nf écumoire f

espumoso,-a adj moussant(e)

esqueleto nm squelette m

esquema nm schéma m; (guión) plan m

esquí (pl **-s**) nm ski m; **esquí acuático** ski nautique; **esquiar** vi skier

esquilar vt tondre

esquimal adj esquimau(de) ▷ nm/f Esquimau(de)

esquina nf coin m; **doblar la ~** tourner au coin de la rue

esquinazo nm: **dar ~ a algn** planter là qn

esquirol nm briseur m de grève

esquivar vt esquiver

esquivo,-a adj (huraño) asocial(e); (desdeñoso) dédaigneux(-euse)

esta adj ver **este²**

está vb ver **estar**

ésta pron ver **éste**

estabilidad nf stabilité f; **estable** adj stable

establecer vt établir; **establecerse** vpr s'établir; **establecimiento** nm établissement m

establo nm étable f

estaca nf (palo) piquet m; (con punta) pieu m

estación nf gare f; (del año) saison f; **estación de autobuses** gare routière; **estación de radio** station d'émission; **estación de servicio** station-service f; **estación meteorológica** station météorologique

estacionamiento nm stationnement m

estacionar vt (Aut) garer; **estacionarse** vpr (Aut) se garer; (Med) se stabiliser

estacionario,-a adj (estado) stationnaire; (mercado) calme

estadio nm stade m

estadista nm (Pol) homme m d'État

estadística nf statistique f

estado nm état m; **el E~** l'État; **estar en ~ (de buena esperanza)** attendre un heureux événement; **estado civil** état civil; **estado de ánimo** état d'âme; **estado de cuenta(s)** relevé m de compte; **estado de emergencia** o **excepción** état d'urgence; **estado de sitio** état de siège; **estado mayor** (Mil) état-major m; **Estados Unidos**

Etats-Unis
estadounidense *adj* américain(e)
▷ *nm/f* Américain(e)
estafa *nf* escroquerie *f*; **estafar** *vt*
escroquer; **les estafaron 8 millones**
ils les ont escroqués de 8 millions
estafeta *nf* bureau *m* de poste
estáis *vb ver* **estar**
estallar *vi* (*bomba*) exploser; **estallido**
nm explosion *f*; (*fig: de guerra*)
déclenchement *m*
estampa *nf* estampe *f*; (*porte*) allure *f*
estampado, -a *adj* imprimé(e) ▷ *nm*
(*dibujo*) imprimé *m*
estampar *vt* imprimer
estampida (*espAm*) *nf* débandade *f*
estampido *nm* détonation *f*
están *vb ver* **estar**
estancado, -a *adj* stagnant(e)
estancar *vt* stagner; **estancarse**
vpr stagner; (*fig: progreso*) piétiner;
(*persona*): **~se en** s'enliser dans
estancia *nf* séjour *m*; (*sala*) salle *f*;
(*Am*) ferme *f* d'élevage; **estanciero**
(*Am*) (*Agr*) éleveur *m*
estanco, -a bureau *m* de tabac

○ **ESTANCO**
○
○ L'**estanco** est l'équivalent espagnol
○ du bureau de tabac: on y achète
○ cigarettes, tabac, timbres et
○ timbres fiscaux. On trouve
○ également des cigarettes et du
○ tabac dans les bars et les "quioscos",
○ mais ils y sont généralement
○ vendus plus chers.

estándar *adj* normal(e); (*medio*)
standard ▷ *nm* standard *m*;
estandarizar *vt* standardiser;
estandarizarse *vpr* se standardiser
estandarte *nm* étendard *m*
estanque *vb ver* **estancar** ▷ *nm*
bassin *m*
estanquero, -a *nm/f* buraliste *m/f*

estante *nm* (*de mueble*) rayonnage *m*;
(*adosado*) étagère *f*; (*Am: soporte*) étai
m; **estantería** *nf* rayonnage *m*
estaño *nm* étain *m*

 PALABRA CLAVE

estar *vi* 1 (*posición*) être; **está en la
Plaza Mayor** il est sur la Plaza Mayor;
¿está Juan? (est-ce que) Juan est là?;
estamos a 30 km de Junín nous
sommes à 30 km de Junín
2 (+ *adj o adv: estado*) être; **estar
enfermo** être malade; **estar lejos**
être loin; **está muy elegante** il est
très élégant; **¿cómo estás?** comment
vas-tu?; *ver tb* **bien**
3 (+ *gerundio*) être en train de; **estoy
leyendo** je suis en train de lire
4 (*uso pasivo*): **está condenado a
muerte** il est condamné à mort; **está
envasado en ...** c'est enveloppé
dans ...
5 (*tiempo*): **estamos en octubre/1994**
nous sommes en octobre/1994
6 (*estar listo*): **¿está la comida?** le
repas est prêt?; **¿estará para
mañana?** ce sera prêt pour demain?;
ya está ça y est
7 (*sentar*) aller; **el traje le está bien** le
costume lui va bien
8 : **estar a** (*con fechas*): **¿a cuántos
estamos?** nous sommes le combien?;
estamos a 5 de mayo nous sommes
le 5 mai; (*con precios*): **las manzanas
están a 1,50 euros** les pommes sont à
1,50 euros; (*con grados*): **estamos a 25°**
il fait 25°
9 : **estar de** (*ocupación*): **estar de
vacaciones/viaje** être en vacances/
voyage; (*trabajo*): **está de camarero** il
travaille comme garçon de café
10 : **estar en** (*consistir*) résider dans
11 : **estar para** (*a punto de*): **está para
salir** il est prêt à sortir; (*con humor
de*): **no estoy para bromas** je ne suis

pas d'humeur à plaisanter
12: estar por (a favor de) être pour; **estoy por dejarlo** je suis pour le laisser tomber; (sin hacer): **está por limpiar** ça reste à nettoyer
13: estar que: ¡está que trina! il en est fumasse!
14: estar sin: estar sin dinero ne pas avoir d'argent; **la casa está sin terminar** la maison n'est pas finie
15 (locuciones): **¡ya estuvo!** (Am: fam) ça suffit!; **¿estamos?** (¿de acuerdo?) d'accord?; **¡ya está bien!** bon, ça va!
estarse vpr: **se estuvo en la cama toda la tarde** il est resté au lit tout l'après-midi

estas adj demos ver **este**
éstas pron ver **éste**
estatal adj (política) gouvernemental(e); (enseñanza) public(-ique)
estático, -a adj statique
estatua nf statue f
estatura nf stature f
estatuto nm statut m
este¹ adj, nm est m
este², **esta**, **estos**, **estas** adj (demostrativo: sg) ce/cette; (: pl) ces ▷ excl (Am: fam) euh!
esté vb ver **estar**
éste, **ésta**, **éstos**, **éstas** pron (sg) celui-ci/celle-ci; (pl) ceux-ci/celles-ci; **ése ... ~ ...** celui-là ... celui-ci ...
estelar adj (Astron) stellaire; (actuación) de star; (reparto) prestigieux(-euse)
estén vb ver **estar**
estepa nf steppe f
estera nf sparterie f
estéreo adj inv, nm stéréo f; **estereotipo** (pey) nm stéréotype m
estéril adj stérile
esterilizar vt stériliser
esterlina adj: **libra ~** livre f sterling
estés vb ver **estar**

estética nf esthétique f
estético, -a adj esthétique
estibador nm docker m
estiércol nm fumier m
estilarse vpr être en vogue
estilo nm style m; (Natación) nage f; **por el ~** de ce genre
estima nf estime f
estimación nf (valoración) estimation f; (estima) estime f
estimar vt estimer; **~ algo en** (valorar) estimer qch à
estimulante adj stimulant(e) ▷ nm stimulant m
estimular vt stimuler
estímulo nm stimulation f
estipulación nf stipulation f; **estipular** vt stipuler
estirado, -a adj tendu(e); (engreído) infatué(e)
estirar vt étirer; (brazo, pierna) tendre; (fig: dinero) faire durer ▷ vi tirer; **estirarse** vpr s'étirer; **~ las piernas** (fig) se dégourdir les jambes
estirón nm étirement m; **dar o pegar un ~** pousser comme une asperge
estirpe nf souche f
estival adj estival(e)
esto pron cela, ça, c' ▷ excl (fam) euh!; **~ de la boda** cette affaire de la noce; **por ~** c'est pour ça
Estocolmo n Stockolm
estofado, -a adj cuit(e) à l'étouffée ▷ nm estouffade f
estofar vt cuire à l'étouffée
estómago nm estomac m
estorbar vt gêner ▷ vi gêner; **estorbo** nm gêne f
estornudar vi éternuer
estos adj ver **este²**
éstos pron ver **éste**
estoy vb ver **estar**
estrado nm estrade f
estrafalario, -a adj extravagant(e)

estrago nm: **hacer** o **causar ~s en** faire des ravages parmi

estragón nm estragon m

estrambótico, -a adj extravagant(e)

estrangular vt étrangler

Estrasburgo n Strasbourg

estratagema nf stratagème m

estrategia nf stratégie f

estratégico, -a adj stratégique

estrato nm strate f; **estrato social** couche f sociale

estrechamente adv (íntimamente) étroitement; (pobremente) à l'étroit

estrechar vt rétrécir; (persona) serrer; (lazos de amistad) resserrer; **estrecharse** vpr se rétrécir; (dos personas) se rapprocher; **~ la mano** serrer la main

estrechez nf étroitesse f; **estrecheces** nfpl (apuros) difficultés fpl financières

estrecho, -a adj étroit(e); (amistad) intime ▷ nm détroit m; **~ de miras** borné(e); **estar/ir muy ~s** être très serrés

estrella nf étoile f; (Cine etc) star f; **ver las ~s** (fam) voir trente-six chandelles; **estrella de mar** étoile de mer; **estrella fugaz** étoile filante

estrellado, -a adj en forme d'étoile; (cielo) étoilé(e)

estrellar vt briser en mille morceaux; (huevos) faire cuire sur le plat; **estrellarse** vpr se briser en mille morceaux; (coche) s'écraser; (fracasar) échouer

estremecer vt bouleverser; (suj: miedo, frío) faire frissonner; **estremecerse** vpr frissonner; (edificio) trembler; **~se de** frissonner de; **estremecimiento** nm frisson m

estrenar vt (vestido) étrenner; (casa) pendre la crémaillère; (película, obra de teatro) donner la première de; **estrenarse** vpr: **~se como**

(persona) faire ses débuts de; **estreno** nm inauguration f; (Cine, Teatro) première f

estreñido, -a adj constipé(e)

estreñimiento nm constipation f

estrépito nm fracas msg

estrepitoso, -a adj (caída) spectaculaire; (gritos) perçant(e); (fracaso, victoria) fracassant(e); **aplausos ~s** tonnerre d'applaudissements

estrés nm stress m

estría nf (en tronco) strie f; (columna) striure f; **~s** (en la piel) vergetures fpl

estribación nf (Geo, frec pl) contrefort m

estribar vi: **~ en** reposer sur

estribillo nm refrain m

estribo nm (de jinete) étrier m; (de tren) marchepied m; (de puente, cordillera) contrefort m; **perder los ~s** (fig) monter sur ses grands chevaux

estribor nm (Náut) tribord m

estricto, -a adj strict(e)

estridente adj (color) criard(e); (voz) strident(e)

estropajo nm lavette f

estropear vt (material) abîmer; (máquina, coche) casser; (planes) détruire; (cosecha) gâter; (persona) ravager; **estropearse** vpr tomber en panne; (envejecer) vieillir

estructura nf structure f

estruendo nm vacarme m

estrujar vt (limón) presser; (bayeta, papel) tordre; (persona) serrer; **estrujarse** vpr (personas) se serrer

estuario nm estuaire m

estuche nm trousse f

estudiante nm/f étudiant(e); **estudiantil** adj estudiantin(e)

estudiar vt étudier; (carrera) faire des études de ▷ vi étudier

estudio nm étude f; (piso) atelier m; (Radio, TV etc: local) studio m; **estudios** nmpl études fpl

estudioso, -a adj studieux(-euse)
▷ nm/f: **- de** spécialiste m/f de
estufa nf radiateur m
estupefaciente nf stupéfiant(e)
▷ nm stupéfiant m
estupefacto, -a adj: **quedarse -**
être stupéfait(e); **me dejó -** il m'a
laissé stupéfait, **me miró -** il m'a
regardé avec stupéfaction
estupendo, -a adj formidable;
¡-! super!
estupidez nf stupidité f
estúpido, -a adj stupide
estupor nm stupeur f
estuve etc vb ver **estar**
esvástica nf croix f gammée
ETA sigla f (Pol) (= Euskadi Ta
Askatasuna) ETA m
etapa nf étape f; **por -s** par étapes
etarra adj, nm/f membre m/f de l'ETA
etc. abr (= etcétera) etc. (= et c(a)etera)
etcétera adv et cetera
eternidad nf éternité f
eterno, -a adj éternel(le);
(fam: larguísimo) à n'en plus finir
ética nf éthique f; **ética profesional**
éthique professionnelle
ético, -a adj éthique
Etiopía nf Éthiopie f
etiqueta nf étiquette f; **traje de -**
tenue f de soirée
étnico, -a adj ethnique
Eucaristía nf Eucharistie f
eufemismo nm euphémisme m
euforia nf euphorie f
euro nm (moneda) euro m
eurodiputado, -a nm/f député(e)
européen(ne)
Europa nf Europe f
europeo, -a adj européen(ne) ▷ nm/f
Européen(ne)
Euskadi nm pays m basque
euskera nm basque m m
eutanasia nf euthanasie f
evacuación nf évacuation f
evadir vt éviter; (impuesto) frauder;

evadirse vpr s'évader
evaluar vt (valorar) évaluer; (calificar)
noter
evangelio nm Évangile m
evaporar vt faire évaporer;
evaporarse vpr s'évaporer;
(fam: persona) se volatiliser
evasión nf évasion f; **de -** (novela,
película) d'évasion; **evasión de
capitales** évasion des capitaux
evasiva nf réponse f évasive
evasivo, -a adj évasif(-ive)
evento nm événement m
eventual adj (circunstancias)
éventuel(le); (trabajo) temporaire
evidencia nf évidence f; **poner en
- a (a algn)** tourner en ridicule; (algo)
mettre en évidence; **evidenciar** vt
rendre évident(e); **evidenciarse** vpr
être manifeste
evidente adj évident(e)
evitar vt éviter; **- hacer** éviter de faire
evocar vt évoquer
evolución nf évolution f;
evolucionar vi évoluer
ex prep sv; **el - ministro** l'ex-ministre
exacerbar vt exacerber; (persona)
exaspérer
exactamente adv exactement
exactitud nf exactitude f; (fidelidad)
fidélité f
exacto, -a adj exact(e); **¡-!**
exactement!
exageración nf exagération f;
exagerar vt, vi exagérer
exaltado, -a adj, nm/f exalté(e)
exaltar vt exalter; **exaltarse** vpr
s'exalter
examen nm examen m; **examen
de conducir** épreuve f de conduite;
examen de ingreso examen d'entrée;
examen final examen final
examinar vt (Escol) faire
passer un examen à; **examinarse**
vpr: **-se (de)** passer un examen (de)
exasperar vt exaspérer;

exasperarse vpr s'irriter

Exc. abr = **Excelencia**

excavador, a nm/f (persona) mineur m ▷ nf (Tec) excavateur m, excavatrice f

excavar vt, vi excaver

excedencia nf: **estar en ~** être en congé sabbatique; **pedir** o **solicitar la ~** demander o solliciter un congé sabbatique

excedente adj (producto, dinero) excédentaire; (funcionario) en disponibilité ▷ nm excédent m; **excedente de cupo** exempté m de service militaire

exceder vt dépasser; **~se** se dépasser; **~se en gastos** faire trop de dépenses; **~se en sus funciones** outrepasser ses pouvoirs

excelencia nf excellence f; **E~** (tratamiento) Excellence; **por ~** par excellence; **excelente** adj excellent(e)

excentricidad nf excentricité f

excéntrico, -a adj, nm/f excentrique m/f

excepción nf: **ser/hacer una ~** faire une exception; **a** o **con ~ de** à l'exception de; **sin ~** sans exception; **excepcional** adj exceptionnel(le)

excepto adv excepté

exceptuar vt excepter

excesivo, -a adj excessif(-ive)

exceso nm excès msg; (Com) excédent m; **excesos** nmpl (desórdenes) excès mpl; **con** o **en ~** à l'excès; **exceso de equipaje/peso** excédent de bagages/poids; **exceso de velocidad** excès de vitesse

excitación nf excitation f

excitar vt exciter; **excitarse** vpr s'exciter

exclamación nf exclamation f; **exclamar** vt, vi s'exclamer

excluir vt (descartar) exclure; (no incluir) exclure; **~ (de)** exclure (de); **exclusión** nf exclusion f; **con exclusión de** à l'exclusion de

exclusiva nf exclusivité f; **modelo en ~** modèle m exclusif

exclusivo, -a adj exclusif(-ive); **derecho ~** droit m exclusif

Excmo. abr (= Excelentísimo) titre de courtoisie

excomulgar vt excommunier

excomunión nf excommunication f

excursión nf (por el campo) randonnée f; (viaje) excursion f; **ir de ~** faire une excursion; **excursionista** nm/f (por campo) randonneur(-euse)

excusa nf excuse f

excusar vt excuser; **excusarse** vpr s'excuser; **~ (de hacer)** (eximir) excuser (de faire)

exhalar vt exhaler

exhaustivo, -a adj exhaustif(-ive)

exhausto, -a adj épuisé(e)

exhibición nf exhibition f

exhibir vt exhiber; **exhibirse** vpr s'exhiber

exhortar vt: **~ a** exhorter à

exigencia nf exigence f; **~s del trabajo/de la situación** exigences du travail/de la situation; **exigente** adj exigeant(e)

exigir vt (reclamar) exiger; (necesitar) demander ▷ vi être exigeant(e)

exiliado, -a adj, nm/f exilé(e)

exilio nm exil m

eximir vt: **~ a algn** (de) exempter qn (de)

existencia nf existence f; **existencias** nfpl (artículos) stock m; **en ~** (Com) en stock

existir vi exister

éxito nm succès m; **tener ~** avoir du succès

exonerar vt: **~ de** (de cargo) destituer de; (de obligación) dispenser de

exorbitante adj exorbitant(e)

exorcizar vt exorciser

exótico, -a adj exotique

expandirse vpr se dilater; se répandre

expansión nf expansion f; (diversión) distraction f; **expansión económica** expansion économique

expansivo, -a adj (onda) de propagation; (carácter) expansif(-ive)

expatriarse vpr s'expatrier

expectativa nf expectative f; (perspectiva) perspective f

expedición nf expédition f

expediente nm (Jur: procedimiento) procédure f; (: papeles) démarches fpl; (Escol: tb: **~ académico**) dossier m scolaire; **abrir/formar ~ a algn** ouvrir un dossier au nom de qn/instruire un dossier de qn

expedir vt (carta, mercancías) expédier; (documento) délivrer

expendedor, a nm/f vendeur(-euse) ▷ nm (tb: **~ automático**) guichet m automatique; **expendedor de cigarrillos** distributeur m de cigarettes

expensas nfpl (Jur) frais mpl; **a ~ de** aux frais de

experiencia nf expérience f

experimentado, -a adj expérimenté(e)

experimentar vt (en laboratorio) expérimenter; (deterioro, aumento) connaître; (sensación) ressentir; **experimento** nm expérience f

experto, -a adj, nm/f expert(e)

expiar vt expier

expirar vi expirer

explanada nf esplanade f

explayarse vpr s'étendre; **~ con algn** se confier à qn

explicación nf explication f; **explicar** vt expliquer; **explicarse** vpr s'expliquer; **explicarse algo** s'expliquer qch

explícito, -a adj explicite

explique etc vb ver **explicar**

explorador, a nm/f

explorateur(-trice); (Mil) éclaireur(-euse)

explorar vt explorer

explosión nf explosion f

explosivo, -a adj explosif(-ive) ▷ nm explosif m

explotación nf exploitation f

explotar vt exploiter ▷ vi exploser

exponer vt exposer; **exponerse** vpr: **~se a (hacer) algo** s'exposer à (faire) qch

exportación nf exportation f; **exportar** vt exporter

exposición nf exposition f; **Exposición Universal** exposition universelle

exprés adj inv (café) express

expresamente adv (decir) expressément; (ir) exprès

expresar vt exprimer; **expresarse** vpr s'exprimer; **expresión** nf expression f

expresivo, -a adj (vivo) expressif(-ive); (cariñoso) expansif(-ive)

expreso, -a adj (explícito) exprès(-esse); (claro) explicite; (tren) express ▷ nm (Ferro) express m sg

exprimidor nm presse-citrons m sg

exprimir vt presser

expropiar vt exproprier

expuesto, -a pp de **exponer** ▷ adj exposé(e)

expulsar vt expulser; (humo) cracher; **expulsión** nf expulsion f; (de humo) émission f

exquisito, -a adj exquis(e)

éxtasis nm extase f

extender vt étendre; (mantequilla, pintura) étaler; (certificado, documento) délivrer; (cheque, recibo) établir; **extenderse** vpr s'étendre

extendido, -a adj étendu(e); (costumbre, creencia) répandu(e)

extensión nf étendue f; (Telec) poste m; **por ~** par extension

extenso, -a adj étendu(e)

extenuar vt exténuer

exterior adj extérieur(e) ⊳ nm extérieur m; (países extranjeros) étranger m; **al ~** à l'extérieur; **en el ~** en extérieur

exterminar vt exterminer; **exterminio** nm extermination f

externo, -a adj externe; (culto) extérieur(e) ⊳ nm/f externe m/f; **de uso ~** (Med) à usage externe

extinguir vt (fuego) éteindre; (raza) provoquer l'extinction de; **extinguirse** vpr s'éteindre

extinto, -a adj disparu(e)

extintor nm (tb: **~ de incendios**) extincteur m

extirpar vt (mal) déraciner; (Med) extirper

extorsión nf extorsion f; (molestia) gêne f

extra adj inv (tiempo, paga) supplémentaire; (chocolate) extra; (calidad) super ⊳ nm/f (Cine) figurant(e) ⊳ nm (bono) bonus m inv; (de menú, cuenta) supplément m

extracción nf extraction f

extracto nm résumé m; (de café, hierbas) extrait m

extradición nf extradition f

extraer vt extraire

extraescolar adj: **actividad ~** activité f extrascolaire

extralimitarse vpr: **~ (en)** dépasser les limites (de)

extranjero, -a adj, nm/f étranger(-ère) ⊳ nm étranger m; **en el ~** à l'étranger

extrañar vt étonner; (Am: echar de menos) regretter; (algo nuevo) ne pas reconnaître; **extrañarse** vpr: **~se (de)** s'étonner (de); **te extraño mucho** tu me manques beaucoup

extrañeza nf (rareza) singularité f; (asombro) étonnement m

extraño, -a adj étranger(-ère); (raro)

bizarre ⊳ nm/f étranger(-ère); **... lo que por ~ que parezca** ... ce qui, aussi bizarre que cela puisse paraître

extraordinario, -a adj extraordinaire; (edición) spécial(e) ⊳ nm (de periódico) numéro m spécial; **horas extraordinarias** heures fpl supplémentaires

extrarradio nm banlieue f

extravagancia nf extravagance f; **extravagante** adj extravagant(e)

extraviar vt (objeto) égarer; **extraviarse** vpr s'égarer; **extravío** nm objet m perdu

extremar vt pousser à l'extrême

extremaunción nf extrême-onction f

extremeño, -a adj d'Estrémadure

extremidad nf extrémité f; **extremidades** nfpl (Anat) extrémités fpl

extremo, -a adj extrême ⊳ nm (punta) extrémité f; (fig) extrême m; **en último ~** en dernière extrémité; **Extremo Oriente** Extrême-Orient m

extrovertido, -a adj, nm/f extraverti(e)

exuberancia nf exubérance f; **exuberante** adj exubérant(e)

eyacular vi éjaculer

f

fa nm fa m

fábrica nf usine f; **de ~** (Arq) en brique; **marca/precio de ~** marque f/prix f de fabrique

fabricación nf fabrication f; **de ~ casera** fait(e) maison; **fabricación en serie** fabrication en série

fabricante nm/f fabricant(e)

fabricar vt fabriquer

fábula nf (tb chisme, mentira) fable f

fabuloso, -a adj fabuleux(-euse)

facción nf (Pol) faction f; **facciones** nfpl (del rostro) traits mpl

faceta nf facette f

facha (fam) adj, nm/f (pey) facho m/f ▷ nf (aspecto) aspect m; **estar hecho una ~** ressembler à un épouvantail

fachada nf façade f

fácil adj facile; **es ~ que venga** il est probable qu'il vienne

facilidad nf facilité f; **facilidades** nfpl (condiciones favorables) facilités

fpl; **facilidad de palabra** facilité d'élocution

facilitar vt faciliter; (proporcionar) fournir

fácilmente adv facilement

facsímil nm fac-similé m

factible adj faisable

factor nm facteur m

factoría nf (fábrica) fabrique f

factura nf facture f

facturación nf (Com) facturation f; **facturación de equipajes** enregistrement m des bagages; **facturar** vt (Com) facturer; (equipaje) enregistrer

facultad nf faculté f

faena nf tâche f; **~s domésticas** tâches fpl domestiques; **hacerle una ~ a algn** (fam) ficher la frousse à qn

faisán nm faisan m

faja nf (para la cintura) ceinture f; (de mujer) gaine f; (de tierra, libro etc) bande f

fajo nm liasse f

falacia nf fausseté f

falda nf jupe f; (Geo) versant m; **falda pantalón** jupe-culotte f

falla nf (Geo) faille f

fallar vt (Jur) prononcer ▷ vi échouer; (cuerda, rama) céder; (motor) tomber en panne; (frenos) lâcher; **le falló la memoria** il a eu un trou de mémoire; **le ~on las piernas** les jambes lui ont manqué; **sin ~** sans faute

○ **FALLAS**

○ Les **Fallas** ou fêtes de la
○ Saint-Joseph, en l'honneur du saint
○ patron de la ville, ont lieu chaque
○ année à Valence, la semaine du 19
○ mars. Le terme **fallas** désigne les
○ grandes figures en papier mâché et
○ en bois, à l'effigie d'hommes
○ politiques et de personnalités
○ connues, qui sont réalisées

- pendant l'année par les différentes
- équipes en compétition. Ces
- figures sont ensuite examinées par
- un jury et brûlées dans des feux de
- joie. Seules les meilleures
- échappent aux flammes.

fallecer vi décéder; **fallecimiento**
nm décès m

fallido, -a adj avorté(e)

fallo nm (Jur) jugement m; (defecto,
Inform) défaut m; (error) erreur f; **fallo
cardíaco** crise f cardiaque

falsedad nf fausseté f; (mentira)
mensonge m

falsificar vt falsifier

falso, -a adj faux/fausse; **declarar en
~** faire une fausse déclaration

falta nf (carencia) manque m; (defecto,
en comportamiento) défaut m; (ausencia)
absence f; (en examen, ejercicio,
Deporte) faute f; **echar en ~** (persona,
clima) regretter; **hace ~ hacerlo** il
faut le faire; **me hace ~ un lápiz** j'ai
besoin d'un crayon; **a/por ~ de** faute
de; **falta de educación** manque
d'éducation; **falta de ortografía**
faute d'orthographe

faltar vi manquer; (escasear) se faire
rare; **faltan 2 horas para llegar**
il reste encore 2 heures avant que
l'on arrive; **¡no faltaba** o **~ía más!**
(naturalmente) mais comment donc!;
(¡ni hablar!) pas question!

falto, -a adj: **está ~ de** il/elle
manque de

fama nf (celebridad) célébrité f;
(reputación) réputation f; **tener ~ de**
avoir la réputation de

famélico, -a adj famélique

familia nf famille f

familiar adj familial(e); (conocido,
informal) familier(-ère) ▷ nm/f
parent(e); **familiaridad** nf familiarité
f; **familiaridades** nfpl (pey)
familiarités fpl

familiarizarse vpr: **~ con** se
familiariser avec

famoso, -a adj célèbre

fanático, -a adj, nm/f fanatique
m/f; **ser un ~ de** être un fanatique de;
fanatismo nm fanatisme m

fanfarrón, -ona adj, nm/f
fanfaron(ne)

fango nm fange f

fangoso, -a adj fangeux(-euse);
(consistencia) visqueux(-euse)

fantasía nf fantaisie f; **fantasías**
nfpl (ilusiones) illusions fpl; **joyas de ~**
bijoux mpl fantaisie

fantasma nm fantôme m

fantástico, -a adj fantastique

farmacéutico, -a adj
pharmaceutique ▷ nm/f
pharmacien(ne)

farmacia nf pharmacie f; **farmacia
de guardia** pharmacie de garde

fármaco nm médicament m

faro nm (Náut, Auto) phare m; (para
antiniebla/delanteros/traseros)
feux mpl antibrouillard/avant/arrière

farol nm lanterne f; **echarse** o **tirarse
un ~** (fam) frimer

farola nf réverbère m

farsa nf farce f; **¡es una ~!** (fig) quelle
farce!

farsante nm/f farceur(-euse)

fascículo nm fascicule m

fascinar vt fasciner

fascismo nm fascisme m; **fascista**
adj, nm/f fasciste m/f

fase nf phase f

fastidiar vt (molestar) ennuyer;
(estropear) gâcher; **fastidiarse** vpr
prendre sur soi

fastidio nm ennui m; **¡qué ~!** c'est
trop bête!

fastidioso, -a adj fastidieux(-euse)

fastuoso, -a adj fastueux(-euse)

fatal adj fatal(e); (fam: malo) dur(e)
▷ adv très mal; **fatalidad** nf fatalité f

fatiga nf fatigue f

fatigar vt fatiguer; **fatigarse** vpr se fatiguer

fatigoso, -a adj (tarea) pénible; (respiración) difficile

favor nm faveur f; **haga el ~ de ...** faites-moi le plaisir de ...; **por ~** s'il vous plaît; **a ~ de** en faveur de; **favorable** adj favorable; **ser favorable a algo** être favorable à qch

favorecer vt favoriser; (suj: vestido, peinado) avantager

favorito, -a adj, nm/f favori(te)

fax nm fax m

fe nf foi f; **de buena/mala ~** de bonne/mauvaise foi; **dar ~ de** faire foi de; **tener ~ en algo/algn** avoir foi en qch/qn; **fe de bautismo/de vida** certificat m de baptême/de vie

fealdad nf laideur f

febrero nm février m; ver tb **julio**

febril adj fiévreux(-euse); (fig) fébrile

fecha nf date f; **en ~ próxima** prochainement; **hasta la ~** jusqu'à aujourd'hui; **fecha de caducidad** (de alimentos) date limite de consommation; **fecha de nacimiento** date de naissance; **fecha límite o tope** date limite; **fechar** vt dater

fecundar vt féconder

fecundo, -a adj (mujer, fig) fécond(e); (tierra) fertile

federación nf fédération f

federal adj fédéral(e)

felicidad nf bonheur m; (dicha) félicité f; **~es** tous mes vœux

felicitación nf (enhorabuena) vœux mpl; (tarjeta) carte f de vœux

felicitar vt: **~ (por)** féliciter (pour); **me felicitó por mi cumpleaños** il me souhaita un bon anniversaire

feligrés, -esa nm/f fidèle m/f

feliz adj heureux(-euse)

felpudo nm paillasson m

femenino, -a adj féminin(e); (Zool, Bio) femelle ▷ nm (Ling) féminin m

feminista adj, nm/f féministe m/f

fenomenal adj (fam: enorme) phénoménal(e); (: estupendo) sensationnel(le) ▷ adv vachement bien

fenómeno nm phénomène m ▷ adv: **lo pasamos ~** on s'est vachement bien amusé ▷ excl super!

feo, -á adj laid(e), **esto se está poniendo ~** ça va mal tourner

féretro nm cercueil m

feria nf foire f; (Am: mercado de pueblo) marché m; (Méx: cambio) monnaie f; **ferias** nfpl (fiestas) fêtes fpl

fermentar vi fermenter

ferocidad nf férocité f

feroz adj féroce

férreo, -a adj ferreux(-euse); (fig) de fer

ferretería nf ferronnerie f

ferrocarril nm chemin m de fer

ferroviario, -a adj ferroviaire

fértil adj (tierra, fig) fertile; (persona) fécond(e)

ferviente adj fervent(e)

fervor nm ferveur f

fervoroso, -a adj = **ferviente**

festejar vt fêter; **festejo** nm fête f; **festejos** nmpl (fiestas) festivités fpl

festín nm festin m

festival nm festival m

festividad nf festivité f

festivo, -a adj festif(-ive); (alegre) joyeux(-euse); **día ~** jour m de fête

fétido, -a adj fétide

feto nm fœtus msg

fiable adj (persona) digne de confiance; (máquina) fiable; (criterio, versión) valable

fiador, a nm/f garant(e)

fiambre adj (Culin) froid(e) ▷ nm (Culin) charcuterie f

fianza nf caution f; **libertad bajo ~** (Jur) liberté f sous caution

fiar vt vendre à crédit ▷ vi vendre à crédit; **fiarse** vpr: **~se de algn/algo**

avoir confiance en qn/qch; **es de ~** on peut se fier à lui

fibra nf fibre f; **fibra de vidrio** fibre de verre; **fibra óptica** (Inform) fibre optique

ficción nf fiction f; **literatura/obra de ~** littérature f/œuvre f de fiction

ficha nf fiche f; (en juegos, casino) jeton m; **fichar** vt ficher; (Deporte) recruter; (fig) classer; (trabajador) pointer; **estar fichado** être fiché; **fichero** nm fichier m

ficticio, -a adj (imaginario) fictif(-ive); (falso) simulé(e)

fidelidad nf fidélité f; **alta ~** haute fidélité

fideos nmpl vermicelles mpl

fiebre nf fièvre f; **tener ~** avoir de la fièvre; **fiebre amarilla** fièvre jaune; **fiebre del heno** rhume m des foins; **fiebre palúdica** paludisme m

fiel adj fidèle; **los ~** (Rel) les fidèles mpl

fieltro nm feutre m

fiera nf bête f féroce

fiero, -a adj féroce

fiesta nf fête f; (vacaciones: tb: **~s**) fêtes fpl; **hoy/mañana es ~** aujourd'hui/ demain c'est fête; **fiesta de guardar** (Rel) Fête d'obligation

○ **FIESTAS**

○ Les **Fiestas** correspondent à des
○ fêtes légales ou à des jours fériés
○ institués par chaque région
○ autonome. Elles coïncident
○ souvent avec des fêtes religieuses.
○ De nombreuses **fiestas** sont
○ également organisées dans toute
○ l'Espagne en l'honneur de la Sainte
○ Vierge ou du saint patron de la ville
○ ou du village. Les festivités, qui
○ durent généralement plusieurs
○ jours, peuvent comporter des
○ processions, des défilés de

○ carnaval, des courses de taureaux
○ et des bals.

figura nf figure f

figurar vt, vi figurer; **figurarse** vpr se figurer; **¡figúrate!** figure-toi!

fijador nm fixateur m

fijar vt fixer; (sellos) coller; (cartel) afficher; **fijarse** vpr: **~se (en)** observer; **~ algo a** attacher qch à; **¡fíjate!** figure-toi!

fijo, -a adj fixe; (sujeto): **~ (a)** fixé(e) (à) ▷ adv: **mirar ~** regarder fixement; **de ~** assurément

fila nf file f; (Deporte, Teatro) rang m; **filas** nfpl (Mil) service m militaire; **ponerse en ~** se mettre en file; **fila india** file indienne

filántropo, -a nm/f philanthrope m/f

filatelia nf philatélie f

filete nm filet m

filial adj filial(e) ▷ nf filiale f

Filipinas nfpl: **las (Islas) ~** les (îles) Philippines fpl

filipino, -a adj philippin(e) ▷ nm/f Philippin(e)

filmar vt filmer

filo nm fil m; **sacar ~ a** aiguiser; **arma de doble ~** (fig) arme f à double tranchant

filón nm filon m

filosofía nf philosophie f

filósofo, -a nm/f philosophe m/f

filtrar vt filtrer ▷ vi s'infiltrer; **filtrarse** vpr (líquido) s'infiltrer; (luz, noticia) filtrer; **filtro** nm filtre m; (papel) buvard m; **filtro de aceite** (Auto) filtre à huile

fin nm fin f; **al ~** à la fin; **al ~ y al cabo** finalement; **a ~ de (que)** afin que; **a ~es de** à la fin; **por/en ~** enfin; **fin de archivo** (Inform) fin de fichier; **fin de semana** fin de semaine

final adj final(e) ▷ nm (de partido, tarde) fin f; (de calle, novela) bout m ▷ nf (Deporte) finale f; **al ~** à la fin;

finalidad nf finalité f; **finalista** nm/f finaliste m/f; **finalizar** vt terminer ▷ vi toucher à sa fin

financiar vt financer

financiero, -a adj financier(-ère) ▷ nm/f financier m

finca nf (rústica) ferme f; (urbana) propriété f

fingir vt feindre ▷ vi mentir; **fingirse** vpr: **~se dormido** faire semblant de dormir; **~se un sabio** se donner des airs de savant

finlandés, -esa adj finlandais(e) ▷ nm/f Finlandais(e) ▷ nm (Ling) finnois m

Finlandia nf Finlande f

fino, -a adj fin(e); (de buenas maneras) délicat(e)

firma nf signature f; (Com) firme f

firmamento nm firmament m; **firmar** vt, vi signer

firme adj solide; (fig) ferme ▷ nm chaussée f; **mantenerse ~** (fig) tenir ferme; **firmemente** adv fermement; **firmeza** nf fermeté f; (solidez) solidité f; (perseverancia) persévérance f

fiscal adj fiscal(e) ▷ nm (Jur) avocat m général

fisco nm fisc m

fisgar vt fouiner dans ▷ vi fouiner

fisgonear vt fureter dans ▷ vi fureter

física nf fouine f; ver tb **físico**

físico, -a adj physique ▷ nm physique m ▷ nm/f physicien(ne)

fisura nf fissure f; (Med) fracture f

flác(c)ido, -a adj flasque

flaco, -a adj (delgado) maigre; **punto ~** point m faible

flagrante (fam) adj flagrant(e); **en ~ delito** en flagrant délit

flamante (fam) adj (vistoso) voyant(e); (nuevo) flambant neuf/neuve

flamenco, -a adj (de Flandes) flamand(e); (baile, música) flamenco ▷ nm flamenco m

flan nm flan m au caramel

flaqueza nf faiblesse f

flash (pl **~es**) nm (Foto) flash m

flauta nf flûte f

flecha nf flèche f

flechazo nm (enamoramiento) coup m de foudre

fleco nm frange f

flema nm flegme m

flequillo nm frange f

flexible adj (material) souple; (fig) flexible

flexión nf flexion f

flexo nm lampe f de bureau

flojera nf défaillance f; (Am) paresse f; **me da ~ (hacer)** j'ai la flemme de (faire)

flojo, -a adj (cuerda, nudo) lâche; (persona, Com: sin fuerzas) faible; (perezoso: esp Am) paresseux(-euse); (viento, vino, trabajo) léger(-ère)

flor nf fleur f; **en ~** en fleur; **en la ~ de la vida** dans la fleur de l'âge; **florecer** vi fleurir; **floreciente** adj florissant(e); **florero** nm pot m de fleurs

floristería nf fleuriste m

flota nf flotte f

flotador nm flotteur m; (para nadar) bouée f

flotar vi flotter; **flote** nm: **a flote** à flot

fluctuar vi fluctuer

fluidez nf fluidité f; **con ~** avec fluidité

fluido, -a adj, nm fluide m

fluir vi couler

flujo nm flux m; **~ y reflujo** flux et reflux

fluvial adj fluvial(e)

fobia nf phobie f

foca nf phoque m

foco nm foyer m

fofo, -a adj (esponjoso) mou/molle; (carnes) flasque

fogata nf feu m de bois

fogón nm (de cocina) plaque f

fogoso, -a adj fougueux(-euse)

folio nm feuille f de papier

folklore nm folklore m

follaje nm feuillage m

folletín nm feuilleton m; (fig) mélodrame m

folleto nm (de propaganda) prospectus msg

follón (fam) nm bordel m; **armar un ~** faire du bordel

fomentar vt promouvoir; (odio, envidia) fomenter; **fomento** nm promotion f

fonda nf auberge f

fondo nm fond m; **fondos** nmpl (Com, de museo, biblioteca) fonds msg; **a/de ~** à/de fond; **en el ~** au fond; **fondo común** fonds msg commun; **fondo del mar** fond de la mer

fontanería nf plomberie f

fontanero nm plombier m

footing nm footing m; **hacer ~** faire du footing

forastero, -a nm/f étranger(-ère)

forcejear vi lutter

forense nm/f (tb: **médico ~**) médecin m légiste

forjar vt forger; (imperio, fortuna) bâtir

forma nf forme f; (manera) façon f, manière f; **en (plena) ~** en (pleine) forme; **guardar las ~s** se tenir convenablement; **de todas ~s** de toute façon

formación nf formation f; **formación profesional** formation professionnelle

formal adj (defecto) de forme; (requisito, promesa) formel(le); (persona: de fiar) sérieux(-euse); **formalidad** nf sérieux m; (trámite) formalité f; **formalizar** vt officialiser; **formalizarse** vpr se ranger

formar vt former; (hacer) faire; **formarse** vpr se former; **~ parte de** faire partie de

formatear vt (Inform) formater

formativo, -a adj formateur(-trice)

formato nm format m

formidable adj formidable

fórmula nf formule f; (fig: método) solution f; **fórmula de cortesía** formule de courtoisie; **fórmula uno** (Auto) formule un

formular vt formuler; (idea) émettre

formulario nm formulaire m

fornido, -a adj corpulent(e)

forrar vt (abrigo) doubler; (libro, sofá) recouvrir; **forrarse** vpr (fam) amasser une petite fortune; **forro** nm (de abrigo) doublure f; (de libro) couverture f; (de sofá) tissu m

fortalecer vt fortifier; (músculos) endurcir

fortaleza nf (Mil) forteresse f; (fuerza) force f

fortuito, -a adj fortuit(e)

fortuna nf fortune f; **por ~** par hasard

forzar vt forcer; (proceso) accélérer; **~ a algn a hacer algo** forcer qn à faire qch

forzoso, -a adj forcé(e)

fosa nf fosse f; **fosas nasales** fosses fpl nasales

fósforo nm phosphore m; (Am: cerilla) allumette f

fósil adj, nm fossile m

foso nm (hoyo, Auto) fosse f; (Teatro) fosse d'orchestre; (de castillo) douves fpl

foto nf photo f; **sacar o hacer una ~** faire une photo; **foto de carné** photo d'identité

fotocopia nf photocopie f; **fotocopiadora** nf photocopieuse f; **fotocopiar** vt photocopier

fotografía nf photographie f

fotógrafo, -a nm/f photographe m/f

fracasar vi échouer

fracaso nm échec m; (desastre) catastrophe f

fracción nf fraction f; (Pol) scission f; **fraccionamiento** (Am) nm lotissement m

fractura nf fracture f; (grieta) cassure f

fragancia nf parfum m

frágil adj fragile

fragmento nm fragment m; (Mús) morceau m choisi

fragua nf forge f; **fraguar** vt forger ⊳ vi prendre

fraile nm moine m

frambuesa nf framboise f

francamente adv franchement

francés, -esa adj français(e) ⊳ nm/f Français(e) ⊳ nm (Ling) français m

Francia nf France f

franco, -a adj franc(he) ⊳ nm franc m; **de ~** (CSur) en permission

francotirador, a nm/f franc-tireur m

franela nf flanelle f

franja nf (en vestido, bandera) frange f; (de tierra, luz) bande f

franquear vt (paso, entrada) débarrasser; (carta etc) affranchir; (obstáculo) franchir

franqueo nm affranchissement m

franqueza nf franchise f; **con ~** avec franchise

frasco nm flacon m

frase nf phrase f; (locución) expression f; **frase hecha** expression f figée; (despectivo) cliché m

fraterno, -a adj fraternel(le)

fraude nm fraude f

fraudulento, -a adj frauduleux(-euse)

frazada (Am) nf couvre-lit m

frecuencia nf fréquence f; **con ~** fréquemment

frecuentar vt fréquenter

frecuente adj fréquent(e); (habitual) habituel(le)

fregadero nm lave-vaisselle m

fregado, -a (fam) adj (Am: molesto) embêtant(e) ⊳ nm dispute f

fregar vt laver; (Am: fam) énerver

fregona nf serpillière f; (pey: sirvienta) boniche f

freír vt frire

frenar vt, vi freiner

frenazo nm coup m de frein

frenético, -a adj frénétique; (persona) hors de soi

freno nm frein m; (de cabalgadura) mors m; **freno de mano** frein à main

frente nm front m ⊳ nf front ⊳ adv (esp CSur: fam): **~ mío/nuestro** etc en face de moi/nous etc; **~ a** en face de; (en comparación con) par rapport à; **chocar de ~** se heurter de front; **hacer ~ a** faire face à; **ir/ponerse al ~ de** être/se mettre à la tête de

fresa nf (Esp) fraise f

fresco, -a adj frais/fraîche; (ropa) léger(-ère); (descarado) insolent(e) ⊳ nm (aire) frais m; (Arte) fresque f; (Am) boisson fraîche ⊳ nm/f (fam: descarado) insolent(e); (: desvergonzado) effronté(e); **hace ~** il fait frais; **estar/quedarse tan ~** demeurer imperturbable; **tomar el ~** prendre le frais; **frescura** nf fraîcheur f; (descaro) insolence f

frialdad nf froideur f; (indiferencia) froideur glaciale

fricción nf friction f

frigidez nf frigidité f

frigorífico, -a adj frigorifique ⊳ nm réfrigérateur m; **camión ~** camion m frigorifique

frijol (Am) nm haricot m sec; (verde) haricot vert

frío, -a adj froid(e); (fig: poco entusiasta) pas très chaud(e); (relaciones) tendu(e) ⊳ nm froid m; **tener ~** avoir froid; **hace ~** il fait froid

frito, -a pp de **freír** ⊳ adj (Culin) frit(e) ⊳ nm: **~s** (Culin) friture f; **me tiene o trae ~ ese hombre** (fam) ce type est barbant

frívolo, -a adj frivole

frontal adj frontal(e); (choque) de front

frontera nf frontière f; **sin ~s** sans limite

fronterizo, -a adj (pueblo, paso) frontalier(-ère)

frontón nm (cancha) fronton m; (juego) pelote f basque

frotar vt, vi frotter; **frotarse** vpr: **~se las manos** se frotter les mains

fructífero, -a adj fructueux(-euse)

fruncir vt froncer

frustrar vt frustrer

fruta nf fruit m; **frutería** nf boutique f de fruits et légumes

frutero, -a adj fruitier(-ère) ▷ nm/f marchand(e) de fruits et légumes ▷ nm compotier m

frutilla (And, CSur) nf fraise f

fruto nm fruit m; **frutos secos** fruits mpl secs

fue vb ver **ser**; **ir**

fuego nm feu m; **prender ~ a** mettre le feu à; **¿tienes ~?** t'as du feu?; **fuegos artificiales** o **de artificio** feux mpl d'artifice

fuente nf fontaine f; (bandeja) plateau m; (fig) source f; **fuente de soda** (Am) buvette f

fuera vb ver **ser**; **ir** ▷ adv dehors; (de viaje) en voyage ▷ prep: **~ de** hors de; (fig) sauf; **¡~!** dehors!; **por ~** au dehors

fuera-borda nm inv hors-bord m

fuerte adj fort(e); (resistente) solide ▷ adv (sujetar) solidement; (golpear) violemment; (llover) à verse; (gritar) fort

fuerza vb ver **forzar** ▷ nf force f; (Mil: tb: **~s**) forces fpl; **a ~ de** à force de; **cobrar ~s** prendre des forces; **tener ~** avoir de la force; **tener ~s para hacer** avoir la force de faire; **a o por la ~** de force; **por ~** forcément; **fuerzas aéreas/armadas** forces aériennes/armées; **fuerza de voluntad** volonté f

fuga nf fugue f; (de gas, agua) fuite f

fugarse vpr s'enfuir; (amantes) faire une fugue

fugaz adj fugitif(-ive)

fugitivo, -a adj en fuite ▷ nm/f fugitif(-ive)

fui etc vb ver **ser**; **ir**

fulano, -a nm/f un(e) tel(le)

fulminante adj explosif(-ive); (Med, fig) foudroyant(e); (fam: éxito) fulgurant(e)

fumador, a nm/f fumeur(-euse)

fumar vt, vi fumer; **fumarse** vpr fumer; (fam: herencia) manger; (: clases, trabajo) manquer; **~ en pipa** fumer la pipe

función nf fonction f; (Teatro etc) représentation f; **entrar en funciones** entrer en fonction; **~ de tarde/de noche** matinée f/soirée f; **en ~ de** en fonction de; **presidente/director en funciones** président/directeur par intérim

funcional adj fonctionnel(le)

funcionar vi fonctionner; **"no funciona"** "en panne"

funcionario, -a nm/f fonctionnaire m/f

funda nf étui m; (de almohada) taie f

fundación nf fondation f

fundamental adj fondamental(e)

fundamentar vt (fig): **~ (en)** fonder (sur); **fundamento** nm fondement m

fundar vt fonder; (fig: basar): **~ en** fonder sur; **fundarse** vpr: **~se en** se fonder sur

fundición nf (fábrica) fonderie f

fundir vt fondre; (Com, fig) fusionner; (Elec, nieve, mantequilla) fondre; (fig) fusionner

fúnebre adj funèbre

funeral nm funérailles fpl

funeraria nf pompes fpl funèbres

funesto, -a adj funeste

furgón nm (camión) camion m; (Ferro) wagon m; **furgoneta** nf fourgonnette f

furia nf furie f

furibundo, -a adj furibond(e)

furioso, -a adj furieux(-euse); **furor**

nm fureur *f*

furtivo, -a *adj* furtif(-ive); *(cazador)* braconnier *m*

fusible *nm* fusible *m*

fusil *nm* fusil *m*; **fusilar** *vt* fusiller

fusión *nf* fusion *f*

fútbol *nm* football *m*; **futbolista** *nm/f* footballeur(-euse)

futuro, -a *adj* futur(e) ▷ *nm* avenir *m*; **futura madre** future maman *f*

gabardina *nf* imperméable *m*; *(tela)* gabardine *f*

gabinete *nm* cabinet *m*; *(de abogados)* étude *f*

gaceta *nf* gazette *f*

gachas *nfpl* polenta *f*

gafas *nfpl* lunettes *fpl*; **gafas de sol** lunettes de soleil

gafe *adj*: **ser ~** porter la poisse

gaita *nf* cornemuse *f*

gajes *nmpl*: **~ del oficio** aléas *mpl* du métier

gajo *nm* *(de naranja)* quartier *m*

gala *nf* gala *m*; **galas** *nfpl* *(atuendo)* atours *mpl*; **de ~** de gala; **vestir de ~** mettre sa tenue de gala; **hacer ~ de** se targuer de

galante *adj* galant(e); **galantería** *nf* galanterie *f*; *(cumplido)* courtoisie *f*

galápago *nm* tortue *f* marine

galaxia *nf* galaxie *f*

galera *nf* *(nave)* galère *f*

galería nf galerie f; **galería comercial** galerie commerciale

Gales nm: **(el País de) ~** le pays de Galles

galés, -esa adj gallois(e) ▷ nm/f Gallois(e) ▷ nm gallois msg

galgo, -a nm/f lévrier/levrette

Galicia nf Galice f, Galice f

galimatías nm inv galimatias msg

gallardía nf (en aspecto) grâce f; (al actuar) vaillance f

gallego, -a adj galicien(ne) ▷ nm/f Galicien(ne) ▷ nm (Ling) galicien m

galleta nf galette f

gallina nf poule f ▷ nm (fam) poule mouillée; **carne de ~** chair f de poule

gallinero nm poulailler m

gallo nm coq m; (pescado) raie f

galón nm galon m

galopar vi galoper

gamba nf crevette f

gamberro, -a nm/f vandale m/f, voyou m

gamuza nf (bayeta) peau f de chamois f; (Tec) chamois m

gana nf (deseo) envie f; (apetito) faim f; **de buena/mala ~** volontiers/à contrecœur; **me dan ~s de hacer** ça me donne envie de faire; **tener ~s de (hacer)** avoir envie de (faire); **no me da la (real) ~** je n'en ai pas (vraiment) envie

ganadería nf bétail m; (cría) élevage m; (comercio) commerce m du bétail

ganado nm bétail m; **ganado bovino** o **vacuno** bovins mpl

ganador, -a adj, nm/f gagnant(e)

ganancia nf gain m; **ganancias** nfpl (ingresos) revenus mpl; (beneficios) gains mpl

ganar vt gagner; (fama, experiencia) acquérir; (premio) remporter ▷ vi (Deporte) gagner; **ganarse** vpr: **~se la vida** gagner sa vie; **se gana en simpatía** il est plus sympathique

ganchillo nm crochet m; **hacer ~** faire du crochet

gancho nm crochet m

gandul, a adj, nm/f feignant(e)

ganga nf (Com) affaire f

gangrena nf gangrène f

gángster (pl **~s**) nm gangster m

ganso, -a nm/f jars/oie; (fam) tarte f

ganzúa nf crochet m

garabatear vt griffonner ▷ vi avoir une écriture de chat

garabato nm gribouillage m; **garabatos** nmpl (escritura) pattes fpl de mouche

garaje nm garage m

garante adj, nm/f garant(e)

garantía nf garantie f

garantizar vt garantir

garbanzo nm pois msg chiche

garbo nm allure f

garfio nm (Tec) crochet m

garganta nf gorge f; **gargantilla** nf collier m

gárgara nf gargarisme m; **hacer ~s** faire des gargarismes

garita nf guérite f

garra nf griffe f; (de ave) serre f; **caer en las ~s de algn** tomber entre les griffes de qn

garrafa nf carafe f

garrapata nf puce f

garrote nm (palo) gourdin m; (porra) massue f; (ejecución) garrot m

garza nf héron m

gas nm gaz m; **gases** nmpl (Med) gaz mpl; **a todo ~** plein gaz; **gases lacrimógenos** gaz mpl lacrymogènes

gasa nf gaze f; (de pañal) couche f

gaseosa nf limonade f

gaseoso, -a adj gazeux(-euse)

gasoil, gasóleo nm gas-oil m

gasolina nf essence f; **gasolinera** nf station-service f

gastado, -a adj (ropa) usé(e); (mechero) fini(e); (bolígrafo) qui n'a plus d'encre

gastar vt dépenser; (malgastar) perdre; (desgastar) user; **gastarse** vpr s'user; **~ bromas** faire des blagues; **¿qué número gastas?** quelle est ta pointure?

gasto nm dépense f; **gastos** nmpl (desembolsos) dépenses fpl

gastritis nf gastrite f

gastronomía nf gastronomie f

gata nf ver **gato**

gatear vi marcher à quatre pattes

gatillo nm gâchette f

gato, -a nm/f chat(te) ▷ nm (Tec) cric m; **andar a gatas** marcher à quatre pattes; **dar a algn ~ por liebre** rouler qn

gaviota nf mouette f

gay adj, nm homo m

gazpacho nm gaspacho m (soupe froide espagnole)

gel nm (de ducha) gel m; (de baño) bain m moussant

gelatina nf gélatine f

gema nf gène m

gemelo, -a adj, nm/f jumeau(-elle); **gemelos** nmpl (de camisa) boutons mpl de manchette; (anteojos) jumelles fpl; **gemelos de campo/de teatro** jumelles de campagne/de spectacle

gemido nm gémissement m

Géminis nm (Astrol) Gémeaux mpl; **ser ~** être (des) Gémeaux

gemir vi gémir; (animal) geindre

gen nm gène m

generación nf génération f

general adj général(e) ▷ nm général m; **en o por lo ~** en général; **Generalitat** nf gouvernement catalan; **generalizar** vt, vi généraliser; **generalizarse** vpr se généraliser; **generalmente** adv généralement

generar vt (energía) générer

género nm genre m; (Com) article m; **géneros** nmpl (productos) articles mpl; **géneros de punto** tricots mpl; **género humano** genre humain

generosidad nf générosité f

generoso, -a adj généreux(-euse)

genial adj (artista, obra) de génie; (fam: idea) génial(e)

genio nm tempérament m; (mal carácter) mauvais caractère m; **tener mal ~** être soupe au lait inv, être emporté(e)

genital adj génital(e) ▷ nm: **~es** organes mpl génitaux

gente nf gens mpl; (fam: familia) petite famille f; **gente de la calle** gens comme vous et moi; **gente menuda** les tout petits

gentileza nf: **tener la ~ de hacer** avoir la gentillesse de faire; **por ~ de** avec l'aimable autorisation de

gentío nm foule f

genuino, -a adj authentique

geografía nf géographie f

geología nf géologie f

geometría nf géométrie f

geranio nm géranium m

gerencia nf direction f; **gerente** nm/f (supervisor) gérant(e); (jefe) directeur(-trice)

geriatría nf gériatrie f

germen nm germe m

germinar vi germer

gesticular vi gesticuler; (hacer muecas) faire des grimaces

gestión nf gestion f; (trámite) démarche f; **gestionar** vt s'occuper de

gesto nm geste m; (mueca) grimace f

Gibraltar nm Gibraltar m

gibraltareño, -a adj de Gibraltar ▷ nm/f natif(-ive) o habitant(e) de Gibraltar

gigante adj géant(e) ▷ nm/f géant(e); (fig) génie m

gigantesco, -a adj gigantesque

gilipollas (fam!) adj inv, nm/f inv con(ne) (fam!)

gimnasia nf gymnastique f; **gimnasio** nm gymnase m; **gimnasta** nm/f gymnaste m/f

gimotear vi pleurnicher

ginebra nf genièvre m
ginecólogo, -a nm/f gynécologue m/f
gira nf excursion f; (de grupo) tournée f
girar vt (hacer girar) faire tourner; (dar la vuelta) tourner; (giro postal, letra de cambio) virer ▷ vi tourner; **~ (a/hacia)** (torcer) virer (à); **~ en torno a** (conversación) s'orienter vers
girasol nm tournesol m
giratorio, -a adj tournant(e)
giro nm tour m; (Com) virement m; (tb: **~ postal**) mandat (postal) m; **dar un ~** tourner; **giro bancario** virement bancaire
gis (Méx) nm craie f
gitano, -a adj gitan(e) ▷ nm/f Gitan(e)
glacial adj (zona) glaciaire; (frío, fig) glacial(e)
glaciar nm glacier m
glándula nf glande f
global adj global(e)
globalización nf mondialisation f
globo nm globe m; (para volar, juguete) ballon m; **globo terráqueo** o **terrestre** globe terrestre
glóbulo nm **~ blanco/rojo** globule m blanc/rouge
gloria nf gloire f; (Rel) paradis m; **estar en la ~** être aux anges; **es una ~** (fam) quel délice
glorieta nf (de jardín) tonnelle f; (Auto, plaza) rond-point m
glorificar vt glorifier
glorioso, -a adj glorieux(-euse)
glosario nm glossaire m
glotón, -ona adj, nm/f glouton(ne)
glucosa nf glucose m
gobernador, -a nm/f gouverneur m; **Gobernador civil** représentant du gouvernement au niveau local; **Gobernador militar** gouverneur militaire
gobernante adj gouvernant(e) ▷ nm gouvernant m

gobernar vt gouverner; (nave) piloter ▷ vi gouverner; (Náut) piloter
gobierno vb ver **gobernar** ▷ nm gouvernement m; (Náut) pilotage m
goce vb ver **gozar**
gol nm but m; **meter un ~** marquer un but
golf nm golf m
golfa (fam) nf pute f
golfo¹ nm golfe m
golfo² nm voyou m; (gamberro) casse-pieds m inv; (hum: pillo) radin m
golondrina nf hirondelle f
golosina nf gourmandise f
goloso, -a adj gourmand(e)
golpe nm coup m; **no dar ~** ne pas en ficher une rame; **de un ~** en un clin d'œil; **golpear** vt frapper, heurter ▷ vi cogner; (lluvia) tomber dru; (puerta) battre
goma nf gomme f; (gomita, Costura) élastique m; **goma de pegar** colle f
gordo, -a adj gros(se); (libro, árbol, tela) épais(se); (fam: problema) de taille; (accidente) catastrophique ▷ nm/f gros homme/grosse femme ▷ nm (tb: **premio ~**) gros lot m; (de la carne) gras msg; **ese tipo me cae ~** ce type ne me revient pas

○ EL GORDO

○ **El Gordo** désigne le gros lot
○ attribué au tirage de la loterie
○ nationale espagnole "Lotería
○ Nacional", en particulier à Noël. Le
○ tirage au sort exceptionnel "Sorteo
○ Extraordinario de Navidad" du 22
○ décembre atteint une valeur de
○ plusieurs millions d'euros. Étant
○ donné le coût élevé des billets, les
○ Espagnols jouent souvent en
○ groupe et se partagent ensuite les
○ gains.

gordura nf obésité f

gorila nm gorille m; (CSur: fam: jefe militar) chef m

gorjear vi triller

gorra nf casquette f, béret m; (de niño) bonnet m; **de ~** (sin pagar) à l'œil

gorrión nm moineau m

gorro nm bonnet m

gorrón, -ona nm/f parasite m/f

gota nf goutte f; **gotear** vi goutter; (lloviznar) pleuvoter; **gotera** nf gouttière f; (mancha) tache f d'humidité

gozar vi jouir; **~ de** jouir de

gozne nm gond m

gozo nm (alegría) plaisir m; (placer) jouissance f

gr. abr (= gramo(s)) g (= gramme(s))

grabación nf enregistrement m

grabado, -a adj (Mús) enregistré(e) ▷ nm gravure f

grabadora nf magnétophone m; **grabadora de CD/DVD** graveur m de CD/DVD

grabar vt (en piedra, Arte) graver; (discos, en video, Inform) enregistrer

gracia nf grâce f; (humor) humour m; **¡muchas ~s!** merci beaucoup!; **~s a** grâce à; **tener ~** (chiste etc) être amusant(e); (irónico) être très amusant(e); **no me hace ~ (hacer)** ça ne m'amuse pas (de faire); **dar las ~s a algn por algo** remercier qn de o pour qch

gracioso, -a adj amusant(e)

grada nf marche f; **gradas** nfpl (de estadio) gradins mpl

gradería nf gradins mpl; **gradería cubierta** stade m couvert

grado nm degré m; (Escol) classe f; (Univ) titre m; (Mil) grade m; **de buen ~** de bon gré; **grado centígrado/ Fahrenheit** degré centigrade/ Fahrenheit

graduación nf (del alcohol) degré m; (Mil) grade m

graduado, -a adj gradué(e) ▷ nm/f

(Univ) diplômé(e) ▷ nm: **~ escolar** = brevet m des collèges; **graduado social** = B.T.S. m d'assistance sociale

gradual adj progressif(-ive)

graduar vt graduer; (volumen) mesurer; (Mil): **~ a algn de** conférer à qn le grade de; **graduarse** vpr (Univ) être diplômé(e); (Mil): **~se (de)** obtenir son grade (de); **~se la vista** se faire vérifier la vue

gráfica nf courbe f

gráfico, -a adj graphique; (revista) d'art ▷ nm graphique m; **gráficos** nmpl graphiques mpl; **gráfico de barras** (Com) graphique à barres

gragea nf (Med) pilule f

grajo nm corbeau m

Gral. abr (Mil) (= General) g[al] (= Général)

gramática nf grammaire f; ver tb **gramático**

gramatical adj grammatical(e)

gramático, -a nm/f grammairien(ne)

gramo nm gramme m

gran adj ver **grande**

grana nf grenade f; **granada de mano** grenade à main

granate adj grenat adj inv ▷ nm grenat m

Gran Bretaña nf Grande-Bretagne f

grande adj grand(e) ▷ nm grand m; **gran miedo** grand peur; **los zapatos le están o quedan ~s** ces chaussures sont trop grandes pour lui; **grandeza** nf grandeur f

grandioso, -a adj grandiose

granel nm: **a ~** (Com) en vrac

granero nm grenier m

granito nm granit m

granizado nm jus m de fruit glacé

granizar vi grêler; **granizo** nm grêlon m

granja nf ferme f; **granja avícola** ferme avicole

granjear vt (amistad, simpatía)

gagner; **granjearse** vpr gagner

granjero, -a nm/f fermier(-ère)

grano nm grain m; (Med) bouton m

granuja nm (bribón) fripouille f; (golfillo) filou m

grapa nf agrafe f

grapadora nf agrafeuse f

grasa nf graisse f; (sebo) gras m

grasiento, -a adj gras(se); (sucio) graisseux(-euse)

graso, -a adj gras(se)

gratificación nf gratification f; **gratificar** vt (recompensar) gratifier

gratis adj inv, adv gratis inv

gratitud nf gratitude f

grato, -a adj agréable

gratuito, -a adj gratuit(e)

gravamen nm (carga) poids msg; (impuesto) servitude f, hypothèques f

gravar vt (Jur: propiedad) grever; ~ **(con impuesto)** (producto) imposer

grave adj grave; **gravedad** nf gravité f

gravilla nf gravillon m

gravitar vi graviter

graznar vi (cuervo) croasser; (pato) cancaner

Grecia nf Grèce f

gremio nm corporation f

greña nf (tb: ~**s**) tignasse f

gresca nf altercation f

griego, -a adj grec(que) ▷ nm/f Grec(que)

grieta nf (en pared, madera) fente f; (en terreno, Med) crevasse f

grifo nm robinet m; (And) station-service f

grilletes nmpl fers mpl

grillo nm grillon m

gripe nf grippe f; **gripe aviar** grippe f aviaire

gris adj gris(e) ▷ nm gris msg

gritar vt, vi crier; **grito** nm cri m; **a gritos** en criant; **dar gritos** pousser des cris

grosella nf groseille f; **grosella**

negra cassis msg

grosería nf grossièreté f

grosero, -a adj grossier(-ère)

grosor nm grosseur f

grotesco, -a adj grotesque

grúa nf grue f

grueso, -a adj épais(se); (persona) corpulent(e) ▷ nm grosseur f; **el ~ de** le gros de

grulla nf grue f

grumo nm grumeau m

gruñido nm grognement m

grupa nf (Zool) croupe f

grupo nm groupe m; **grupo de presión** groupe de pression; **grupo sanguíneo** groupe sanguin

gruta nf grotte f

guadaña nf serpe f

guagua nf (Ant, Canarias) autobus msg; (And, CSur) bébé m

guante nm gant m; **guantes de goma** gants de caoutchouc

guantera nf (Auto) boîte f à gants

guapo, -a adj beau/belle ▷ nm (And: fam) beau gosse m; **estar ~** être beau

guarda nm/f gardien(ne); **guarda forestal** garde m forestier; **guarda jurado** vigile m; **guardabosques** nm/f inv garde m forestier; **guardacostas** nm inv garde m côte; **guardaespaldas** nm/f inv garde m/f du corps; **guardameta** nm gardien m de but; **guardar** vt garder; (poner: en su sitio) mettre; (: en sitio seguro) ranger; **guardarse** vpr garder; (ocultar) garder (pour soi); **guardar cama/silencio** garder le lit/le silence; **guardarse de** (evitar) se garder de; **guardarse de hacer** (abstenerse) se garder de faire; **se la tengo guardada** il me le paiera; **guardarropa** nm (en establecimiento público) vestiaire m

guardería nf garderie f

guardia nf garde f ▷ nm/f (de tráfico, municipal etc) agent m; (policía) policier/femme policier; **estar de ~** être de garde; **estar/ponerse en ~** être sur ses gardes/se mettre en garde; **montar ~** monter la garde; **la Guardia Civil** la Garde Civile espagnole; **un guardia civil** = un gendarme; **Guardia Nacional** (*Nic, Pan*) = gendarmerie f nationale

guardián, -ana nm/f gardien(ne)

guarecer vt héberger; **guarecerse** vpr: **~ (de)** s'abriter (de)

guarida nf abri m

guarnecer vt garnir; (*Tec*) revêtir; **guarnición** nf (*de vestimenta*) ornement m; (*de piedra preciosa*) chaton m; (*Culin*) garniture f; (*Mil*) garnison f

guarro, -a (*fam*) sale ▷ nm/f cochon/truie; (*fam: persona*) cochon(ne)

guasa nf blague f; **con** o **de ~** pour rire

guasón, -ona adj, nm/f blagueur(-euse)

Guatemala nf Guatemala m

gubernativo, -a adj du gouvernement

guerra nf guerre f; **Primera/ Segunda G~ Mundial** Première/ Deuxième Guerre mondiale; **dar ~** donner du fil à retordre; **guerra atómica/bacteriológica/nuclear/ psicológica** guerre atomique/ bactériologique/nucléaire/ psychologique; **guerra civil/fría** guerre civile/froide; **guerrear** vi guerroyer

guerrero, -a adj de guerre; (*carácter*) guerrier(-ère) ▷ nm/f guerrier(-ère)

guerrilla nf guérilla f

guerrillero, -a nm/f guérillero m

guía vb ver **guiar** ▷ nm/f (*persona*) guide m/f ▷ nf (*libro*) guide m; **guía de ferrocarriles** horaire m des trains; **guía telefónica** annuaire m

guiar vt guider; (*Auto*) diriger; **guiarse** vpr: **~ se por** suivre

guijarro nm caillou m

guillotina nf guillotine f; (*para papel*) coupe-papier m inv

guinda nf griotte f

guindilla nf piment m

guiñapo nm (*harapo*) haillon m; (*persona*) chiffe f molle

guiñar vt cligner de

guión nm (*Ling*) tiret m; (*esquema*) plan m; (*Cine*) scénario m; **guionista** nm/f scénariste m/f

guirnalda nf guirlande f

guisado nm ragoût m

guisante nm petit pois msg

guisar vt, vi faire cuire; (*fig*) tramer; **guiso** nm plat m

guitarra nf guitare f

gula nf gloutonnerie f

gusano nm vers msg; (*de mariposa, pey*) larve f

gustar vt goûter ▷ vi plaire; **~ de hacer** prendre plaisir à faire; **me gustan las uvas** j'aime le raisin; **le gusta nadar** il aime nager; **me gusta ese chico/esa chica** j'aime bien ce garçon/cette fille

gusto nm goût m; (*afición*) intérêt m; **a su** etc **~** à votre etc aise; **dar ~ a algn** faire plaisir à qn; **de buen/mal ~** de bon/mauvais goût; **estar/sentirse a ~** être/se sentir à l'aise; **¡mucho** o **tanto ~ (en conocerle)!** enchanté(e) o ravi(e) de faire votre connaissance!; **coger** o **tomar ~ a algo** prendre goût à qch

gustoso, -a adj savoureux(-euse); **aceptar ~** accepter avec joie

h

frère/deux frères; **¿cuánto hay de aquí a Sucre?** il y a combien d'ici à Sucre?

2 *(tener lugar)*: **¿hay partido mañana?** il y a un match demain?

3: **¡no hay de o por (Am) qué!** il n'y a pas de quoi!

4: **¿qué hay?** *(¿qué pasa?)* qu'est-ce qu'il y a?; *(¿qué tal?)* ça va?; **¡qué hubo!, ¡qué húbole! (esp Méx, Chi: fam)** salut!

5 *(haber que + infin)*: **hay que apuntarlo para acordarse** il faut le marquer pour s'en souvenir; **¡habrá que decírselo!** il faudra le lui dire!

6: **¡hay que ver!** il faut voir!

7: **he aquí las pruebas** voici les preuves

8: **¡hubiera visto ...! (Méx: si hubiera visto)** si vous aviez vu ...!

haberse *vpr*: **voy a habérmelas con él** je vais m'expliquer avec lui

▷ *nm* **1** *(Com)* crédit *m*; **¿cuánto tengo en el haber?** j'ai combien sur mon compte?; **tiene varias novelas en su haber** il a plusieurs romans à son actif

2: **haberes** *nmpl* avoirs *mpl*

ha *vb ver* **haber**
haba *nf* fève *f*
Habana *nf*: **la ~** la Havane
habano *nm* havane *m*
habéis *vb ver* **haber**

PALABRA CLAVE

haber *vb aux* **1** *(tiempos compuestos)* avoir; *(con verbos pronominales y de movimiento)* être; **he/había comido** j'ai/j'avais mangé; **antes/después de haberlo visto** avant/après l'avoir vu

2 haber de *(+ infin)*: **he de hacerlo** je dois le faire; **ha de llegar mañana** il doit arriver demain; **no ha de tardar (Am)** il arrivera bientôt; **has de estar loco (Am)** tu dois être tombé sur la tête

▷ *vb impers* **1** *(existencia)* avoir; **hay un hermano/dos hermanos** il y a un

habichuela *nf* haricot *m*
hábil *adj* habile; **día ~** jour *m* ouvrable; **habilidad** *nf* habileté *f*
habilitar *vt*: **~ (para)** *(casa, local)* aménager (pour); **~ a algn para hacer** habiliter qn à faire
hábilmente *adv* habilement
habitación *nf* pièce *f*; *(dormitorio)* chambre *f*; **habitación doble** o **de matrimonio** chambre double; **habitación sencilla** o **individual** chambre simple
habitante *nm/f* habitant(e)
habitar *vt*, *vi* habiter
hábito *nm (costumbre)* habitude *f*; *(traje)* habit *m*
habitual *adj* habituel(le)
habituar *vt*: **~ a algn a (hacer)** habituer qn à (faire); **habituarse**

vpr: **~se a (hacer)** s'habituer à (faire)

habla *nf (capacidad de hablar)* parole *f*; *(forma de hablar)* langage *m*; *(dialecto)* parler *m*; **perder el ~** perdre l'usage de la parole; **de ~ francesa/española** de langue française/espagnole; **estar/ ponerse al ~** être en train de parler/se mettre à parler; **estar al ~** *(Telec)* être à l'appareil; **¡González al ~!** *(Telec)* González à l'appareil!

hablador, a *adj, nm/f* bavard(e)

habladuría *nf* commérage *m*; **habladurías** *nfpl (chismes)* commérages *mpl*

hablante *nm/f (Ling)* locuteur(-trice); **los ~s de catalán** les personnes parlant catalan

hablar *vt, vi* parler; **hablarse** *vpr* se parler; **~ con** parler avec; **¡ni ~!** pas question!; **~ de** parler de; **"se habla francés"** "on parle français"; **no se hablan** ils ne se parlent plus; **no me hablo con mi hermana** je ne parle plus à ma sœur

habré *etc vb ver* **haber**

hacendoso, -a *adj* travailleur(-euse)

PALABRA CLAVE

hacer *vt* **1** *(producir, ejecutar)* faire; **hacer una película/un ruido** faire un film/un bruit; **hacer la compra** faire les courses; **hacer la comida** faire à manger; **hacer la cama** faire le lit

2 *(obrar)* faire; **¿qué haces?** qu'est-ce que tu fais?; **eso no se hace** ça ne se fait pas; **¡bien hecho!** bravo!

3 *(dedicarse a)* faire de; **hacer español/ económicas** faire de l'espagnol/de l'économie; **hacer yoga/gimnasia/ deporte** faire du yoga/de la gym/du sport

4 *(causar)*: **hacer ilusión** faire plaisir; **hacer gracia** faire rire

5 *(conseguir)*: **hacer amigos** se faire des amis; **hacer una fortuna** faire

une fortune

6 *(dar aspecto de)*: **ese peinado te hace más joven** cette coiffure te rajeunit

7 *(cálculo)*: **esto hace 100** et voilà 100

8 *(como sustituto de vb)* faire; **él bebió y yo hice lo mismo** il a bu et j'ai fait la même chose

9 (+ *inf*, + *que*): **le les au** fait venir; **hacer trabajar a los demás** faire travailler les autres; **aquello me hizo comprender** cela m'a fait comprendre; **hacer reparar algo** faire réparer qch; **esto nos hará ganar tiempo** ça nous fera gagner du temps

▷ *vi* **1**: **no le hace** *(Am: no importa)* ça ne fait rien

2: **haz como que no lo sabes** fais comme si tu ne savais rien

3: **hacer de** *(objeto)* servir de; **la tabla hace de mesa** la planche sert de table; **hacer de madre** jouer le rôle de mère; *(pey)* jouer les mères poules; *(Teatro)*: **hacer de Otelo** jouer Othello

▷ *vb impers* **1**: **hace calor/frío** il fait chaud/froid; *ver tb* **bueno, sol, tiempo**

2 *(tiempo)*: **hace 3 años** il y a 3 ans; **hace un mes que voy/no voy** cela fait un mois que j'y vais/je n'y vais plus

hacerse *vpr* **1** *(volverse)* se faire; **hacerse viejo** se faire vieux; **se hicieron amigos** ils sont devenus amis

2 *(resultar)*: **se me hizo muy duro el viaje** j'ai trouvé le voyage très pénible

3 *(acostumbrarse)*: **hacerse a** se faire à

4 *(obtener)*: **hacerse de** *o* **con algo** obtenir qch

5 *(fingir)*: **hacerse el sordo** *o* **el sueco** faire la sourde oreille

6: **hacerse idea de algo** se faire une idée de qch

7: **se me hace que** (Am: me parece que) il me semble que

hacha nf hache f

hachís nm haschich m

hacia prep vers; (actitud) envers; **~ adelante/atrás/dentro/fuera** devant/derrière/dedans/dehors; **~ abajo/arriba** en bas/haut; **mira ~ acá** regarde par ici; **~ mediodía/ finales de mayo** vers midi/la fin mai

hacienda nf (propiedad) propriété f; (finca) ferme f; (Am) hacienda f; **(Ministerio de) H~** (ministère m des) Finances m; **hacienda pública** trésor m public

hada nf fée f

haga etc vb ver **hacer**

Haití nm Haïti f

halagar vt flatter; (agradar) réjouir

halago nm flatterie f

halagüeño, -a adj réjouissant(e); (lisonjero) flatteur(-euse)

halcón nm faucon m

hallar vt trouver; **hallarse** vpr se trouver; **hallazgo** nm trouvaille f

halterofilia nf haltérophilie f

hamaca nf hamac m; (asiento) chaise f longue

hambre nf faim f; **tener ~** avoir faim

hambriento, -a adj, nm/f affamé(e)

hamburguesa nf hamburger m

hamburguesería nf sandwicherie f

han vb ver **haber**

harapiento, -a adj en haillons

harapos nmpl haillons mpl

haré etc vb ver **hacer**

harina nf farine f; **harina de maíz/de trigo** farine de maïs/de blé

hartar vt (de comida) gaver; (fastidiar) fatiguer; **hartarse** vpr (cansarse) se lasser; (de comida): **~se (de)** se gaver (de); **~se de leer/reír** se lasser de lire/rire; **hartazgo** nm: **darse un hartazgo (de)** avoir son content de

harto, -a adj: **~** rassasié(e) de;

(cansado) fatigué(e) (de); **estar ~ de hacer/algn** en avoir marre de faire/ qn; **¡estoy ~ de decírtelo!** je te l'ai assez dit!

has vb ver **haber**

hasta adv même, voire ▷ prep jusqu'à ▷ conj: **~ que** jusqu'à ce que; (CAm, Col, Méx: no … hasta): **viene ~ las cuatro** il ne vient pas avant quatre heures; **~ luego** o **ahora** (fam), **~ siempre** (Arg) salut!; **~ mañana/el sábado** à demain/samedi; **¿~ qué punto?** à quel point?; **~ tal punto que …** à tel point que …; **~ ayer empezó** (Am) cela n'a commencé qu'hier

hastiar vt fatiguer; **hastiarse** vpr: **~se de (hacer)** se lasser de (faire); **hastío** nm ennui m

hatillo nm affaires fpl

hay vb ver **haber**

Haya nf: **la ~** La Haye

haya vb ver **haber** ▷ nf hêtre m

haz vb ver **hacer** ▷ nm botte f; (de luz) faisceau m

hazaña nf exploit m

hazmerreír nm inv: **ser/convertirse en el ~ de** être/devenir la risée de

he vb ver **haber**

hebilla nf boucle f

hebra nf fil m

hebreo, -a adj hébreu (sólo m), hébraïque ▷ nm/f Hébreu m ▷ nm (Ling) hébreu m

hechizar vt ensorceler

hechizo nm sorcellerie f; (encantamiento) enchantement m

hecho, -a pp de **hacer** ▷ adj fait(e); (hombre, mujer) mûr(e); (vino) arrivé(e) à maturation; (ropa) de prêt-à-porter ▷ nm fait m; (factor) facteur m ▷ excl c'est fait!; **¡bien ~!** bravo!, bien joué!; **muy/poco ~** (Culin) très/peu cuit(e); **bien/mal ~** bien/mal fait(e); **de ~** de fait; **el ~ es que …** le fait est que …

hechura nf (confección) confection f; (corte, forma) coupe f

hectárea nf hectare m

heder vi puer

hediondo, -a adj puant(e); (fig) dégoûtant(e)

hedor nm puanteur f

helada nf gelée f

heladera (CSur) nf réfrigérateur m

helado, -a adj congelé(e); (muy frío) gelé(e) ▷ nm glace f; **quedarse ~** être abasourdi(e)

helar vt congeler; (Bot) geler; (dejar atónito) abasourdir ▷ vi geler; **helarse** vpr geler; **~se de frío** mourir de froid

helecho nm fougère f

hélice nf hélice f

helicóptero nm hélicoptère m

hembra nf femelle f; (mujer) femme f

hemorragia nf hémorragie f; **hemorragia nasal** saignement m de nez

hemorroides nfpl hémorroïdes fpl

hemos vb ver **haber**

hendidura nf fente f; (Geo) faille f

heno nm foin m

herbicida nm herbicide m

heredad nf domaine m

heredar vt hériter

heredero, -a nm/f héritier(-ère)

hereje nm/f hérésiarque m/f

herencia nf héritage m; (Bio) hérédité f

herida nf blessure f; ver tb **herido**

herido, -a adj, nm/f blessé(e)

herir vt blesser

hermana nf sœur f; **hermana política** belle-sœur

hermanastro, -a nm/f demi-frère/ demi-sœur

hermandad nf congrégation f

hermano nm frère m; **hermano político** beau-frère

hermético, -a adj hermétique

hermoso, -a adj beau/belle; (espacioso) spacieux(-euse); **hermosura** nf beauté f

hernia nf hernie f; **hernia discal**

hernie discale

héroe nm héros msg

heroína nf (mujer, droga) héroïne f

heroísmo nm héroïsme m

herradura nf fer m à cheval

herrero nm forgeron m

herrumbre nf rouille f

hervidero nm (fig: de personas) foule f; (: de animales) troupeau m; (: de pasiones) déchaînement m

hervir vt (faire) bouillir ▷ vi bouillir; (fig): **~ de** bouillir de; **hervor** nm: **dar un hervor a** faire bouillir

heterosexual adj, nm/f heterosexuel(le) m/f

hice etc vb ver **hacer**

hidratante adj: **crema ~** crème f hydratante

hidratar vt hydrater

hidrato nm: **~s de carbono** hydrates mpl de carbone

hidráulica nf hydraulique f

hidráulico, -a adj hydraulique

hidroeléctrico, -a adj hydroélectrique

hidrofobia nf hydrophobie f

hidrógeno nm hydrogène m

hiedra nf lierre m

hiel nf bile f

hielo vb ver **helar** ▷ nm glace f; **hielos** nmpl (escarcha) gelées fpl

hiena nf hyène f

hierba nf herbe f; **mala ~** mauvaise herbe; **hierbabuena** nf menthe f

hierro nm fer m; (trozo, pieza) bout m de fer; **de ~** en fer; (fig: persona) fort(e) comme un bœuf; (: voluntad, salud) de fer

hígado nm foie m

higiene nf hygiène f

higiénico, -a adj hygiénique

higo nm figue f; **higo seco** figue sèche; **higuera** nf figuier m

hija nf fille f; **hija política** belle-fille

hijastro, -a nm/f beau-fils/belle-fille; **~s** beaux-enfants *mpl*

hijo *nm* (*retoño*) fils *msg*; **hijos** *nmpl* (*hijos e hijas*) enfants *mpl*; **hijo adoptivo** fils adoptif; **hijo de mamá/ papá** fils à maman/papa; **hijo de puta** (*fam!*) fils de pute (*fam!*); **hijo político** gendre *m*

hilar *vt* filer

hilera *nf* rangée *f*

hilo *nm* fil *m*; (*de metal*) filon *m*; (*de agua, luz, voz*) filet *m*; **perder/seguir el ~** (*de relato, pensamientos*) perdre/ suivre le fil

hilvanar *vt* (*Costura*) ourler

himno *nm* hymne *m*; **himno nacional** hymne national

hincapié *nm*: **hacer ~ en** mettre l'accent sur

hincar *vt* planter; **hincarse** *vpr* s'enfoncer; **~le el diente a** (*comida*) mordre à belles dents dans; (*fig: asunto*) s'attaquer à; **~se de rodillas** s'agenouiller

hincha *nm/f* (*fam: Deporte*) fan *m/f*

hinchado, -a *adj* (*Med*) enflammé(e); (*inflado*) enflé(e)

hinchar *vt* gonfler; (*fig*) exagérer; **hincharse** *vpr* (*Med*) s'enflammer; **~se de (hacer)** en avoir marre de (faire); **hinchazón** *nf* inflammation *f*

hinojo *nm* fenouil *m*

hipermercado *nm* hypermarché *m*

hipervínculo *nm* hyperlien *m*

hípico, -a *adj* (*concurso*) hippique; (*carrera*) de chevaux

hipnotismo *nm* hypnotisme *m*; **hipnotizar** *vt* hypnotiser

hipo *nm* hoquet *m*; **me ha entrado ~** j'ai le hoquet; **tener ~** avoir le hoquet

hipocresía *nf* hypocrisie *f*; **hipócrita** *adj, nm/f* hypocrite *m/f*

hipódromo *nm* hippodrome *m*

hipopótamo *nm* hippopotame *m*

hipoteca *nf* hypothèque *f*; **pagar la ~** rembourser l'hypothèque

hipótesis *nf inv* hypothèse *f*

hiriente *adj* blessant(e)

hispánico, -a *adj* hispanique

hispano, -a *adj* espagnol(e); (*en EEUU*) hispano-américain(e) ▷ *nm/f* Espagnol(e); (*en EEUU*) Hispano-Américain(e); **Hispanoamérica** *nf* Amérique *f* latine

hispanoamericano, -a *adj* hispano-américain(e) ▷ *nm/f* Hispano-Américain(e)

histeria *nf* hystérie *f*

historia *nf* histoire *f*; **historias** *nfpl* (*chismes*) histoires *fpl* drôles; **déjate de ~s** ne me raconte pas d'histoires; **pasar a la ~** passer à la postérité

historiador, a *nm/f* historien(ne)

historial *nm* (*profesional*) curriculum vitae *m inv*; (*Med*) antécédents *mpl*

histórico, -a *adj* historique; (*estudios*) d'histoire

historieta *nf* bande *f* dessinée

hito *nm* (*fig*) fait *m* historique

hizo *vb* ver **hacer**

Hno(s). *abr* (= *Hermano(s)*) Fre(s) (= *frère(s)*)

hocico *nm* museau *m*

hockey *nm* hockey *m*; **hockey sobre hielo/patines** hockey sur glace/ patins

hogar *nm* foyer *m*

hogareño, -a *adj* (*ambiente*) familial(e); (*escena*) de famille; (*persona*) casanier(-ère)

hoguera *nf* feu *m* de bois

hoja *nf* feuille *f*; (*de cuchillo*) lame *f*; **hoja de afeitar** lame de rasoir; **hoja de pedido** bon *m* de commande; **hoja de servicios** états *mpl* de service; **hoja electrónica** feuille de calcul (électronique); **hoja informativa** circulaire *f*

hojalata *nf* fer *m* blanc

hojaldre *nm* pâte *f* feuilletée

hojear *vt* feuilleter

hola *excl* salut!

Holanda *nf* Hollande *f*

holandés, -esa adj hollandais(e)
▷ nm/f Hollandais(e) ▷ nm (Ling)
hollandais msg

holgado, -a adj (prenda) ample;
(situación) aisé(e); **iban muy ~s en
el coche** Ils étaient au large dans
la voiture

holgar vi: **huelga decir que** inutile
de dire que

holgazán, -ana adj, nm/f
paresseux(-euse)

holgura nf ampleur f; (Tec) jeu m;
vivir con ~ vivre dans l'aisance

hollín nm suie f

hombre nm homme m; (raza
humana): **el ~** l'homme ▷ excl dis
donc!; **buen ~** bon gars msg; **pobre
~** pauvre homme; **¡sí, ~!** mais si!;
hombre de mundo homme du
monde; **hombre de negocios**
homme d'affaires; **hombre-rana** (pl
hombres-rana) homme-grenouille m

hombrera nf épaulette f

hombro nm épaule f; **al ~** sur l'épaule;
encogerse de ~s hausser les épaules;
llevar/traer a ~s porter sur les
épaules

hombruno, -a adj hommasse

homenaje nm hommage m

homicida adj (arma) du crime;
(carácter) meurtrier(-ère) ▷ nm/f
meurtrier(-ère); **homicidio** nm
homicide m

homologar vt homologuer

homólogo, -a nm/f: **su** etc **~** son etc
homologue

homosexual adj, nm/f
homosexuel(le)

hondo, -a adj profond(e); **en lo ~
de** au fin fond de; **hondonada** nf
creux msg

Honduras nf Honduras m

hondureño, -a adj du Honduras
▷ nm/f natif(-ive) o habitant(e) du
Honduras

honestidad nf honnêteté f

honesto, -a adj honnête

hongo nm champignon m; **hongos**
nmpl (Med) champignons mpl,
mycose f

honor nm honneur m; **en ~ a la
verdad** ... la vérité est que ...; **en ~ de
algn** en l'honneur de qn; **honorable**
adj honorable

honorario, -a adj honoraire
▷ nm: **~s** honoraires mpl

honra nf honneur m; **honras
fúnebres** honneurs funèbres;
honradez nf honnêteté f; (de mujer)
vertu f

honrado, -a adj honnête

honrar vt honorer

honroso, -a adj (que da honra) tout
à l'honneur de qn; (decoroso) pour
sauver l'honneur

hora nf heure f; **¿qué ~ es?** quelle
heure est-il?; **¿a qué ~?** à quelle
heure?; **media ~** une demi-heure; **a
la ~ de comer/del recreo** à l'heure du
repas/de la récréation; **a primera/
última ~** à la première/dernière
heure; **~ tras ~** heure après heure; **a
altas ~s (de la noche)** à des heures
tardives; **entre ~s** (comer) entre les
repas; **a todas ~s** à toute heure;
en mala ~ par malchance; **me han
dado ~ para mañana** ils m'ont fixé
rendez-vous pour demain; **dar la ~**
donner l'heure; **pedir ~** demander
un rendez-vous; **poner el reloj en ~**
mettre sa montre à l'heure; **horas
de oficina/de trabajo/de visita**
heures de bureau/de travail/de
visite; **horas extraordinarias** heures
supplémentaires

horadar vt forer

horario, -a adj, nm horaire m;
horario comercial heures fpl
ouvrables

horca nf potence f

horcajadas: a ~ adv à califourchon

horchata nf ≈ sirop m d'orgeat

horizontal adj horizontal(e)
horizonte nm horizon m
horma nf forme f
hormiga nf fourmi f
hormigón nm béton m; **~ armado** béton armé
hormigueo nm fourmis fpl; (fig) agitation f
hormona nf hormone f
hornada nf fournée f
hornillo nm réchaud m; **hornillo de gas** réchaud à gaz
horno nm four m; (Culin) four, fourneau m; **alto(s) ~(s)** haut(s) fourneau(x); **horno crematorio** four crématoire; **horno microondas** four à micro-ondes
horóscopo nm horoscope m
horquilla nf peigne m; (Agr) fourche f
horrendo, -a adj affreux(-euse)
horrible adj horrible
horripilante adj horripilant(e)
horror nm horreur f; **horrores** nmpl (atrocidades) horreurs fpl; **¡qué ~!** (fam!) quelle horreur!; **me da ~** cela me fait horreur; **tener ~ a (hacer)** avoir horreur de (faire); **horrorizar** vt horrifier; **horrorizarse** vpr: **se horrorizó de pensarlo** il a été horrifié à cette idée
horroroso, -a adj affreux(-euse); (hambre, sueño) terrible
hortaliza nf légume m
hortelano, -a nm/f maraîcher(-ère)
hortera (fam) adj, nm/f plouc m/f
hosco, -a adj (persona) antipathique
hospedar vt loger; **hospedarse** vpr se loger
hospital nm hôpital m
hospitalario, -a adj hospitalier(-ère); **hospitalidad** nf hospitalité f
hostal nm pension f
hostelería nf hôtellerie f
hostia nf (Rel) hostie f; (fam!) beigne f (fam!) ▷ excl: **¡~(s)!** (fam!) putain!

(fam!)
hostigar vt (Mil, fig) harceler; (caballería) cravacher
hostil adj hostile; **hostilidad** nf hostilité f
hotel nm hôtel m

○ **HOTEL**
○
○ Il existe en Espagne différents types
○ d'hébergement dont le prix est
○ fonction des services offerts aux
○ voyageurs. Les voici, par ordre
○ décroissant de prix: l'**hotel** (du 5
○ étoiles au 1 étoile), l'**hostal**, la
○ **pensión**, la **casa de huéspedes** et
○ la **fonda**. L'État gère également un
○ réseau d'hôtels de luxe, appelés
○ "paradores", généralement situés
○ dans des lieux à caractère
○ historique ou installés dans des
○ monuments historiques.

hotelero, -a adj, nm/f hôtelier(-ère)
hoy adv aujourd'hui; **de ~ en adelante** dorénavant
hoyo nm fosse f; **hoyuelo** nm fossette f
hoz nf faux fsg
hube etc vb ver **haber**
hucha nf tirelire f
hueco, -a adj creux(-euse) ▷ nm creux msg; (espacio) place f; **hacerle (un) ~ a algn** faire une place à qn; **hueco de la escalera/del ascensor** cage f d'escalier/d'ascenseur
huela etc vb ver **oler**
huelga vb ver **holgar** ▷ nf grève f; **declararse/estar en ~** se mettre/être en grève; **huelga de brazos caídos** grève sur le tas; **huelga de celo** grève du zèle; **huelga de hambre** grève de la faim; **huelga general** grève générale
huelguista nm/f gréviste m/f
huella nf trace f; **huella dactilar**

trace de doigt; **huella digital** empreinte f digitale

huérfano, -a adj: **~ (de)** orphelin(e) (de) ▷ nm/f orphelin(e); **quedar(se) ~** devenir orphelin(e)

huerta nf verger m; (en Murcia, Valencia) huerta f

huerto nm (de verduras) jardin m potager; (de árboles frutales) verger m

hueso nm os msg; (de fruta) noyau m; (Méx: fam) sinécure f

huésped, a nm/f hôte m/f; (en hotel) client(e)

huesudo, -a adj osseux(-euse)

huevas nfpl œufs mpl de poisson

huevera nf (para servir) coquetier m; (para transportar) boîte f à œufs

huevo nm œuf m; **huevo duro/ escalfado/frito** œuf dur/poché/ au plat; **huevo estrellado** œuf sur le plat; **huevos revueltos** œufs mpl brouillés; **huevo pasado por agua** o (Am) **tibio** o (And, CSur) **a la copa** œuf à la coque

huida nf fuite f

huidizo, -a adj (tímido) farouche; (mirada, frente) fuyant(e)

huir vt, vi fuir; **~ de** fuir

hule nm toile f cirée

humanidad nf humanité f

humanitario, -a adj humanitaire

humano, -a adj humain(e) ▷ nm humain m; **ser ~** être humain

humareda nf nuage m de fumée

humedad nf humidité f; **a prueba de ~** résiste à l'humidité; **humedecer** vt humidifier; **humedecerse** vpr s'humidifier

húmedo, -a adj humide

humildad nf humilité f; **humilde** adj humble

humillación nf humiliation f

humillar vt humilier; **humillarse** vpr: **~se (ante)** s'humilier (devant)

humo nm fumée f; **humos** nmpl (fig: altivez) air m hautain; **echar ~**

fumer; **bajar los ~s a algn** rabattre son caquet à qn

humor nm humeur f; **de buen/ mal ~** de bonne/mauvaise humeur; **humorista** nm/f humoriste m/f

humorístico, -a adj humoristique

hundimiento nm (de barco) naufrage m; (de edificio) écroulement m; (de tierra) éboulement m

hundir vt (barco, negocio) couler; (edificio) raser; (fig: persona) abattre; **hundirse** vpr (barco, negocio) couler; (edificio) s'écrouler

húngaro, -a adj hongrois(e) ▷ nm/f Hongrois(e)

Hungría nf Hongrie f

huracán nm ouragan m

huraño, -a adj désagréable; (poco sociable) peu sociable

hurgar vt remuer ▷ vi: **~ (en)** fouiner (dans); **hurgarse** vpr: **~se (las narices)** se curer (le nez)

hurón nm furet m

hurtadillas: a ~ adv à la dérobée

hurtar vt dérober; **hurto** nm vol m

husmear vt humer ▷ vi fouiner; **~ en** (fam) se mêler de

huyendo etc vb ver **huir**

iba etc vb ver **ir**

ibérico, -a adj ibérique

iberoamericano, -a adj latino-américain(e) ▷ nm/f Latino-américain(e)

Ibiza nf Ibiza f

iceberg (pl **~s**) nm iceberg m

icono nm icône f

iconoclasta adj, nm/f iconoclaste m/f

ictericia nf jaunisse f

ida nf aller m; **~ y vuelta** aller et retour

idea nf idée f; (propósito) intention f; **no tengo la menor ~** je n'en ai pas la moindre idée; **cambiar de ~** changer d'idée; **¡ni ~!** aucune idée!

ideal adj idéal(e) ▷ nm idéal m; **idealista** adj, nm/f idéaliste m/f; **idealizar** vt idéaliser

idear vt concevoir

ídem pron idem

idéntico, -a adj: **~ (a)** identique (à)

identidad nf identité f

identificación nf identification f

identificar vt identifier; **identificarse** vpr: **~se (con)** s'identifier (à)

ideología nf idéologie f

idilio nm idylle f

idioma nm langue f

idiota adj, nm/f idiot(e); **idiotez** nf idiotie f

ídolo nm idole f

idóneo, -a adj idéal(e)

iglesia nf église f

ignorancia nf ignorance f; **ignorante** adj, nm/f ignorant(e)

ignorar vt ignorer

 PALABRA CLAVE

igual adj 1 (idéntico) pareil(le); **Pedro es igual que tú** Pedro est comme toi; **X es igual a Y** (Mat) X est égal à Y; **son iguales** ils sont pareils; **van iguales** (en carrera, competición) ils sont à égalité; **él, igual que tú, está convencido de que ...** comme toi, il est convaincu de que ...; **¡es igual!** (no importa) ça ne fait rien!; **me da igual** ça m'est égal

2 (liso: terreno, superficie) égal(e) ▷ nm/f (persona) égal(e); **sin igual** sans égal

▷ adv 1 (de la misma manera) de la même façon, pareil (fam); **visten igual** ils s'habillent de la même façon

2 (fam: a lo mejor) peut-être que; **igual no lo saben todavía** peut-être qu'ils ne le savent pas encore

3 (esp CSur: fam: a pesar de todo) quand même; **era inocente pero me expulsaron igual** j'étais innocent mais ils m'ont renvoyé quand même

igualar vt égaliser; **igualarse** vpr (diferencias) s'aplanir; **~se (con)** (compararse) se comparer (avec)

igualdad nf égalité f; **en ~ de condiciones** dans les mêmes conditions

igualmente adv: **¡felices vacaciones! ~ ~** bonnes vacances! - à toi aussi

ilegal adj illégal(e)

ilegible adj illisible

ilegítimo, -a adj illégitime

ileso, -a adj: **resultar** o **salir ~ (de)** sortir indemne (de), sortir sain(e) et sauf/sauve (de)

ilícito, -a adj illicite

ilimitado, -a adj illimité(e)

ilógico, -a adj illogique

iluminación nf illumination f, éclairage m; (de local, habitación) éclairage

iluminar vt illuminer, éclairer; (adornar con luces) illuminer; (colorear: ilustración) enluminer

ilusión nf illusion f; (alegría) joie f; (esperanza) espoir m; **hacerle ~ a algn** faire plaisir à qn; **hacerse ilusiones** se faire des illusions

ilusionado, -a adj: **estar ~ (con)** se réjouir (de)

ilusionar vt réjouir; **ilusionarse** vpr: **~se (con)** se réjouir (de)

ilusionista nm/f illusionniste m/f

iluso, -a adj naïf(-ive) ▷ nm/f rêveur(-euse)

ilusorio, -a adj illusoire

ilustración nf illustration f; (cultura) instruction f, culture f; **la I~** le Siècle des lumières

ilustrado, -a adj illustré(e); (persona) cultivé(e), instruit(e)

ilustrar vt illustrer

ilustre adj illustre, célèbre

imagen nf image f

imaginación nf imagination f; **imaginaciones** nfpl (suposiciones) idées fpl

imaginar vt imaginer; (idear) imaginer, concevoir; **imaginarse**

imaginar vpr s'imaginer; **~ que ...** (suponer) imaginer que ...

imaginario, -a adj imaginaire

imaginativo, -a adj imaginatif(-ive)

imán nm aimant m

imbécil adj, nm/f imbécile m/f

imitación nf imitation f; (parodia) imitation, pastiche m; **de ~** en imitation

imitar vt imiter; (parodiar) imiter, pasticher

impaciencia nf impatience f; **impaciente** adj impatient(e); **estar impaciente** se tracasser; (deseoso) être impatient; **estar impaciente (por hacer)** être impatient (de faire), avoir hâte (de faire)

impacto nm impact m; (esp Am: fig) impression f; **impacto ecológico** empreinte f écologique

impar adj impair(e)

imparcial adj impartial(e)

impartir vt (clases) donner; (orden) intimer

impasible adj impassible

impecable adj impeccable

impedimento nm empêchement m, obstacle m

impedir vt (imposibilitar) empêcher; (estorbar) gêner; **~ a algn hacer** o **que haga algo** empêcher qn de faire qch

impenetrable adj impénétrable

imperar vi régner

imperativo, -a adj impératif(-ive); **imperativos** nmpl (exigencias) impératifs mpl

imperceptible adj imperceptible

imperdible nm épingle f à nourrice

imperdonable adj impardonnable

imperfección nf (en prenda, joya, vasija) défaut m; (de persona) imperfection f

imperfecto, -a adj défectueux(-euse); (tarea, Ling) imparfait(e)

imperial adj impérial(e);

imperialismo nm impérialisme m
imperio nm empire m
imperioso, -a adj impérieux(-euse)
impermeable adj, nm imperméable m
impersonal adj impersonnel(le)
impertinencia nf impertinence f;
 impertinente adj impertinent(e)
imperturbable adj imperturbable
ímpetu nm (violencia) violence f;
 (energía) énergie f
impetuoso, -a adj
 impétueux(-euse); (paso, ritmo)
 soutenu(e)
impío, -a adj (sin fe) impie; (irreverente)
 irrévérencieux(-euse)
implacable adj implacable
implantar vt implanter;
 implantarse vpr s'implanter
implicar vt impliquer; **~ a algn en
 algo** impliquer qn dans qch
implícito, -a adj (tácito) tacite;
 (sobreentendido) implicite; **llevar ~**
 comporter implicitement
implorar vt implorer
imponente adj imposant(e); (fam)
 sensationnel(le)
imponer vt imposer; (respeto)
 inspirer; **imponerse** s'imposer; (moda,
 costumbre) s'imposer; (razón, equipo)
 l'emporter; **~se (a)** s'imposer (à);
 ~se (hacer) s'imposer (de faire);
 imponible adj (Com) imposable
impopular adj impopulaire
importación nf importation f
importancia nf importance f;
 darse ~ faire l'important(e); **sin ~**
 sans importance; **importante** adj
 important(e)
importar vt importer; (ascender
 a: cantidad) se monter à, coûter ▷ vi
 importer; **me importa un bledo**
 o **rábano** je m'en fiche pas mal; **¿le
 importa que fume?** ça vous ennuie
 si je fume?; **¿y a ti qué te importa?**
 qu'est-ce que ça peut (bien) te faire?;

no importa ce n'est pas grave, ça
 ne fait rien
importe nm (coste) coût m; (total)
 montant m
importunar vt importuner
imposibilidad nf impossibilité f;
 imposibilitar vt rendre impossible;
 (impedir) empêcher
imposible adj: **hacer lo ~ por** faire
 l'impossible pour
imposición nf (de moda) introduction
 f; (sanción, condena) application f;
 (mandato) ordre m; (Com: impuesto)
 imposition f; (: depósito) dépôt m
impostor, a nm/f imposteur m
impotencia nf impuissance f;
 impotente adj impuissant(e) ▷ nm
 impuissant m
impracticable adj (camino)
 impraticable
impreciso, -a adj imprécis(e)
impregnar vt imprégner;
 impregnarse vpr s'imprégner
imprenta nf (aparato) presse f; **letra
 de ~** caractère m d'imprimerie
imprescindible adj indispensable
impresión nf impression f
impresionable adj impressionnable
impresionante adj
 impressionnant(e)
impresionar vt impressionner;
 (conmover) bouleverser, toucher;
 impresionarse vpr être
 impressionné(e); **se impresiona con
 facilidad** il ne faut pas grand-chose
 pour l'impressionner
impreso, -a pp de **imprimir** ▷ adj
 imprimé(e) ▷ nm (solicitud) imprimé
 m, formulaire m; **impresos** nmpl
 (material impreso) imprimés mpl;
 impresora nf (Inform) imprimante f
imprevisto, -a adj imprévu(e) ▷ nm
 imprévu m
imprimir vt imprimer
improbable adj improbable
improcedente adj inopportun(e)

improductivo, -a adj improductif(-ive)

improperio nm insulte f, injure f

impropio, -a adj impropre; **~ de o para** peu approprié(e) à

improvisado, -a adj improvisé(e)

improvisar vt, vi improviser

improviso adv: **de ~** à l'improviste

imprudencia nf imprudence f; (indiscreción) indiscrétion f; **imprudente** adj imprudent(e); (indiscreto) indiscret(-ète)

impúdico, -a adj impudique, indécent(e)

impuesto, -a pp de **imponer** ▷ nm impôt m; **libre de ~s** exonéré(e) d'impôt; **impuesto directo/ indirecto** impôt direct/indirect; **impuesto sobre el valor añadido o agregado** (Am) taxe à la valeur ajoutée; **impuesto sobre la renta/ sobre la renta de las personas físicas** impôt sur le revenu/sur le revenu des personnes physiques

impugnar vt contester; (refutar) réfuter

impulsar vt propulser; (economía) stimuler; **él me impulsó a hacerlo o a que lo hiciera** il m'a poussé à le faire

impulsivo, -a adj impulsif(-ive)

impulso nm impulsion f; (fuerza) élan m; **dar ~** à donner une impulsion à

impune adj impuni(e)

impureza nf impureté f; **impurezas** nfpl (de agua, aire) impuretés fpl

impuro, -a adj impur(e)

imputar vt imputer

inacabable adj interminable

inaccesible adj inaccessible

inacción nf inaction f

inaceptable adj inacceptable

inactividad nf inactivité f

inactivo, -a adj inactif(-ive)

inadecuado, -a adj inadéquat(e)

inadmisible adj inadmissible

inadvertido, -a adj: **pasar ~** passer

inaperçu(e)

inagotable adj inépuisable, intarissable

inaguantable adj insupportable

inalterable adj inaltérable; (persona) entier(-ère)

inanición nf inanition f

inanimado, -a adj inanimé(e)

inapreciable adj (poco importante) insignifiant(e); (de gran valor) inestimable

inaudito, -a adj inouï(e)

inauguración nf inauguration f; **inaugurar** vt inaugurer

inca adj inca inv ▷ nm/f Inca m/f

incalculable adj incalculable

incandescente adj incandescent(e)

incansable adj infatigable

incapacidad nf incapacité f; **incapacidad física** incapacité physique

incapacitar vt: **~ (para)** (inhabilitar) rendre inapte (à); (descalificar) déclarer inapte (à)

incapaz adj incapable

incautación nf saisie f

incautarse vpr: **~ de** s'emparer de

incauto, -a adj (imprudente) imprudent(e)

incendiar vt incendier; **incendiarse** vpr prendre feu, brûler

incendio nm incendie m

incentivo nm stimulation f, aiguillon m

incertidumbre nf incertitude f

incesante adj incessant(e)

incesto nm inceste m

incidencia nf (repercusión) incidence f

incidente nm incident m

incidir vi: **~ en** affecter; **~ en un error** tomber dans l'erreur

incienso nm encens msg

incineración nf incinération f

incinerar vt incinérer

incipiente adj naissant(e)

incisión nf incision f

incisivo, -a adj (fig) incisif(-ive) ▷ nm incisive f

incitar vt inciter

inclemencia nf sévérité f; **inclemencias** nfpl (del tiempo) rigueurs fpl

inclinación nf inclinaison f; (fig) inclination f, penchant m; **tener ~ por algn/algo** avoir un penchant pour qn/qch

inclinar vt incliner; (cabeza, cuerpo) incliner, pencher; **inclinarse** vpr pencher; (persona) se pencher; **me inclino a pensar que ...** j'incline à penser que ...

incluir vt (abarcar) comprendre; (meter) inclure

inclusive adv (incluido) inclus, y compris; (incluso) même

incluso, -a adv, prep même

incógnito: de ~ adv incognito

incoherente adj incohérent(e)

incomodar vt incommoder; **incomodarse** vpr se fâcher

incomodidad nf ennui m; (de vivienda, asiento) manque m de confort

incómodo, -a adj (vivienda) inconfortable; (asiento) peu confortable; (molesto) incommodant(e); **sentirse ~** se sentir mal à l'aise

incomparable adj incomparable

incompatible adj: **~ (con)** incompatible (avec)

incompetencia nf incompétence f; **incompetente** adj incompétent(e)

incompleto, -a adj incomplet(-ète)

incomprensible adj incompréhensible

incomunicado, -a adj (aislado: persona) isolé(e); (: pueblo) coupé(e) de tout; (preso) mis(e) au régime cellulaire

inconcebible adj inconcevable

incondicional adj inconditionnel(le)

inconexo, -a adj décousu(e)

inconfundible adj caractéristique

incongruente adj incongru(e); **~ (con)** (actitud) en désaccord (avec)

inconsciencia nf inconscience f; **inconsciente** adj inconscient(e); **inconsciente de** inconscient(e) de

inconsecuente adj: **~ (con)** inconséquent(e) (avec)

inconsiderado, -a adj inconsidéré(e)

inconsistente adj inconsistant(e)

inconstancia nf inconstance f; **inconstante** adj inconstant(e)

incontable adj innombrable, incalculable

incontestable adj incontestable

incontinencia nf incontinence f

inconveniencia nf inconvenance f; **inconveniente** adj déplacé(e) ▷ nm inconvénient m; **el inconveniente es que ...** l'inconvénient, c'est que ...

incordiar (fam) vt emmerder (fam!)

incorporación nf incorporation f

incorporar vt incorporer; (enderezar) lever; **incorporarse** vpr se lever; **~se a** (puesto) se présenter à

incorrección nf incorrection f

incorrecto, -a adj incorrect(e)

incorregible adj incorrigible

incredulidad nf incrédulité f

incrédulo, -a adj incrédule

increíble adj incroyable

incremento nm augmentation f

increpar vt admonester

incubar vt couver

inculcar vt inculquer

inculpar vt inculper

inculto, -a adj inculte ▷ nm/f ignorant(e)

incumplimiento nm (de promesa) manquement m; **incumplimiento de contrato** rupture de contrat

incurrir vi: **~ en** (error) tomber dans; (crimen) en arriver à

indagación nf recherche f

indagar vt rechercher

indecente adj indécent(e)
indecible adj indicible
indeciso, -a adj indécis(e)
indefenso, -a adj (animal, persona) sans défense
indefinido, -a adj (indeterminado) indéfini(e); (ilimitado) indéterminé(e)
Indeleble adj indélébile
indemne adj: **salir - de** sortir indemne de
indemnizar vt: **~ (de)** indemniser (de)
independencia nf indépendance f
independiente adj indépendant(e)
indeterminado, -a adj indéterminé(e)
India nf: **la ~** l'Inde f
indicación nf indication f; (señal: de persona) signe m; **indicaciones** nfpl (instrucciones) indications fpl
indicador nm indicateur m; (Auto) panneau m de signalisation
indicar vt indiquer
índice nm index m; **índice de materias** table f des matières
indicio nm indice m
indiferencia nf indifférence f; **indiferente (a)** indifférente (a); **me es indiferente hacerlo hoy o mañana** cela m'est égal de le faire aujourd'hui ou demain; **a Alfonso le era indiferente Carmen** Carmen laissait Alfonso indifférent
indígena adj, nm/f indigène m/f
indigencia nf indigence f
indigestión nf indigestion f
indigesto, -a adj indigeste; (persona) insupportable
indignación nf indignation f
indignar vt indigner; **indignarse** vpr: **~se (por)** s'indigner (de)
indigno, -a adj: **~ (de)** indigne (de)
indio, -a adj indien(ne); (de India) Indien(ne); **hacer el ~** faire l'imbécile
indirecta nf allusion f

indirecto, -a adj indirect(e)
indiscreción nf indiscrétion f
indiscreto, -a adj indiscret(-ète)
indiscriminado, -a adj (golpes) distribué(e) au hasard; **de un modo ~** sans discrimination
indiscutible adj indiscutable
indispensable adj indispensable
indisponer vt indisposer; **indisponerse** vpr (Med) se sentir indisposé(e); **~se con** o **contra algn** se brouiller avec qn
indisposición nf indisposition f
indistinto, -a adj indistinct(e)
individual adj individuel(le); (habitación, cama) simple ▷ nm (Deporte) simple m
individuo nm individu m
índole nf (naturaleza) nature f; (clase) caractère m
indómito, -a adj indomptable
inducir vt induire; **~ a algn a hacer** inciter qn à faire
indudable adj indubitable
indulgencia nf indulgence f
indultar vt gracier; **indulto** nm grâce f
industria nf industrie f; **industrial** adj industriel(le)
inédito, -a adj inédit(e)
inefable adj ineffable
ineficaz adj (medida, medicamento) inefficace; (persona) peu efficace
inepto, -a adj inepte ▷ nm/f incapable m/f
inequívoco, -a adj clair(e)
inercia nf inertie f
inerme adj (sin armas) désarmé(e); (indefenso) sans défense
inerte adj inerte
inesperado, -a adj inattendu(e)
inestable adj instable
inevitable adj inévitable
inexactitud nf inexactitude f
inexacto, -a adj inexact(e)
inexperto, -a adj inexpérimenté(e)

infalible *adj* infaillible

infame *adj* infâme

infancia *nf* enfance *f*

infantería *nf* infanterie *f*

infantil *adj (programa, juego)* pour les enfants; *(población)* enfantin(e); *(pey)* puéril(e)

infarto *nm (tb:* **~ de miocardio)** infarctus *msg*

infatigable *adj* infatigable

infección *nf* infection *f*

infeccioso, -a *adj (Med)* infectieux(-euse)

infectar *vt* infecter; **infectarse** *vpr* s'infecter

infeliz *adj, nm/f* malheureux(-euse)

inferior *adj, nm/f* inférieur(e); **~ (a)** inférieur(e) (à)

inferir *vt* inférer

infestar *vt* infester

infidelidad *nf* infidélité *f*; **infidelidad conyugal** infidélité conjugale

infiel *adj, nm/f* infidèle *m/f*

infierno *nm (Rel)* enfer *m*

infiltrarse *vpr* s'infiltrer

ínfimo, -a *adj* infime

infinidad *nf*: **una ~ de** une infinité de

infinito, -a *adj* infini(e) ▷ *nm* infini *m*

inflación *nf (Econ)* inflation *f*

inflacionario, -a *adj* inflationniste

inflamar *vt* enflammer; **inflamarse** *vpr* s'enflammer; *(hincharse)* s'enfler

inflar *vt* gonfler; *(fig)* exagérer; **inflarse** *vpr* s'enfler; **~se de** *(chocolate etc)* se bourrer de

inflexible *adj (material)* indéformable; *(persona)* inflexible

infligir *vt* infliger

influencia *nf* influence *f*; **influenciar** *vt* influencer

influir *vi* influer ▷ *vt* agir; **~ en** o **sobre** influer sur, influencer

influjo *nm* influence *f*

influyendo *etc vb ver* **influir**

influyente *adj* influent(e)

información *nf (sobre un asunto, Inform)* information *f*; *(noticias, informe)* informations *fpl*; **~ (oficina, Telec)** Renseignements *mpl*; *(mostrador)* Information

informal *adj (persona)* peu sérieux(-euse); *(estilo, lenguaje)* informel(le)

informar *vt* informer ▷ *vi (dar cuenta de)*: **~ de/sobre** informer de/sur; **informarse** *vpr*: **~se (de)** s'informer (de); **(les) informó que ...** il (les) a informé(s) que ...

informática *nf* informatique *f*

informe *adj* informe ▷ *nm* rapport *m*

infortunio *nm* infortune *f*

infracción *nf* infraction *f*

infranqueable *adj* infranchissable

infringir *vt* transgresser

infructuoso, -a *adj* infructueux(-euse)

infundado, -a *adj* peu fondé(e)

infundir *vt*: **~ ánimo** o **valor** insuffler du courage; **~ respeto** inspirer le respect; **~ miedo** inspirer de la crainte

infusión *nf* infusion *f*

ingeniar *vt* inventer; **ingeniarse** *vpr*: **~se** o **ingeniárselas para hacer** se débrouiller pour faire

ingeniería *nf* ingénierie *f*

ingeniero, -a *nm/f* ingénieur *m*; *(esp Méx: título de cortesía: tb:* **I~)** Monsieur/ Madame; **ingeniero de caminos** ingénieur des travaux publics; **ingeniero de sonido** ingénieur du son

ingenio *nm* génie *m*

ingenioso, -a *adj (hábil)* ingénieux(-euse); *(divertido)* spirituel(le)

ingenuidad *nf* ingénuité *f*

ingenuo, -a *adj* ingénu(e)

ingerir *vt* ingérer

Inglaterra *nf* Angleterre *f*

ingle *nf* aine *f*

inglés, -esa *adj* anglais(e) ▷ *nm/f*

Anglais(e) ▷ *nm* (*Ling*) anglais *msg*
ingratitud *nf* ingratitude *f*
ingrato, -a *adj* ingrat(e)
ingrediente *nm* ingrédient *m*
ingresar *vt* (*dinero*) déposer; (*enfermo*)
faire entrer ▷ *vi* **~ (en)** (*en facultad,
escuela*) être admis(e) (à); (*en club etc*)
s'inscrire (à); (*en ejército*) entrer (dans);
(*en hospital*) entrer (à)
ingreso *nm* admission *f*; **ingresos**
nmpl (*dinero*) revenus *mpl*; (: *Com*)
recettes *fpl*
inhabitable *adj* inhabitable
inhalar *vt* inhaler
inherente *adj*: **~ a** inhérent(e) à
inhibir *vt* (*Med*) inhiber; **inhibirse**
vpr: **~se (de hacer)** s'abstenir (de
faire)
inhóspito, -a *adj* inhospitalier(-ère)
inhumano, -a *adj* inhumain(e)
inicial *adj* initial(e); (*letra*)
premier(-ère) ▷ *nf* initiale *f*
iniciar *vt* commencer; **~ (en)** (*persona*)
initier (à)
iniciativa *nf* initiative *f*; **la ~ privada**
l'initiative privée; **tomar la ~** prendre
l'initiative
inicio *nm* début *m*
internauta *nmf* internaute *mf*
ininterrumpido, -a *adj*
ininterrompu(e)
injerencia *nf* ingérence *f*
injertar *vt* greffer
injuria *nf* injure *f*; **injuriar** *vt* injurier
injurioso, -a *adj* injurieux(-euse)
injusticia *nf* injustice *f*
injusto, -a *adj* injuste
inmadurez *nf* immaturité *f*
inmediaciones *nfpl* environs *mpl*
inmediato, -a *adj* immédiat(e);
(*contiguo*) contigu(ë); **~ a** contigu(ë) à;
de ~ (*espAm*) tout de suite
inmejorable *adj* excellent(e)
inmenso, -a *adj* immense
inmerecido, -a *adj* (*críticas*)
injustifié(e)

inmigración *nf* immigration *f*
inmigrante *adj, nm/f* immigrant(e)
inmiscuirse *vpr*: **~ (en)** s'immiscer
(dans)
inmobiliaria *nf* (*tb*: **agencia ~**)
agence *f* immobilière
inmobiliario, -a *adj*
immobilier(-ère)
inmoral *adj* immoral(e)
inmortal *adj* immortel(le);
inmortalizar *vt* immortaliser
inmóvil *adj* immobile
inmueble *adj*: **bienes ~s** biens *mpl*
immeubles ▷ *nm* immeuble *m*
inmundicia *nf* saleté *f*
inmundo, -a *adj* (*lugar*) immonde
inmune *adj*: **~ (a)** immunisé(e)
(contre)
inmunidad *nf* immunité *f*
inmutarse *vpr* se troubler
innato, -a *adj* inné(e)
innecesario, -a *adj* pas nécessaire
innoble *adj* ignoble
innovación *nf* innovation *f*
inocencia *nf* innocence *f*
inocentada *nf* (*broma*) ≈ poisson
m d'avril
inocente *adj, nm/f* innocent(e)

> **DÍA DE LOS SANTOS INOCENTES**
>
> Le 28 décembre, jour des saints
> Innocents, l'Église commémore le
> massacre des enfants de Judée
> ordonné par Hérode. Cette journée
> est l'occasion pour les Espagnols de
> se faire des plaisanteries et de se
> jouer des tours appelés
> **inocentadas**, un peu comme lors
> du premier avril en France.

inocuo, -a *adj* inoffensif(-ive)
inodoro, -a *adj* inodore ▷ *nm*
cabinet *m*
inofensivo, -a *adj* inoffensif(-ive)
inolvidable *adj* inoubliable

inopinado, -a adj inopiné(e)
inoportuno, -a adj inopportun(e)
inoxidable adj inoxydable; **acero ~** acier m inoxydable
inquebrantable adj (fe) inébranlable; (promesa) solennel(le) f
inquietar vt inquiéter; **inquietarse** vpr s'inquiéter
inquieto, -a adj inquiet(-ète); (niño) turbulent(e); **inquietud** nf inquiétude f; (agitación) dissipation f
inquilino, -a nm/f locataire m/f
inquirir vt s'enquérir de
insalubre adj insalubre
inscribir vt inscrire; **inscribirse** vpr (Escol etc) s'inscrire
inscripción nf inscription f
insecticida nm insecticide m
insecto nm insecte m
inseguridad nf insécurité f; (inestabilidad) instabilité f; (de carácter) manque m de confiance; (indecisión) indécision f; **inseguridad ciudadana** insécurité urbaine
inseguro, -a adj incertain(e); (persona) pas sûr(e) de soi; (lugar) peu sûr(e); (terreno) instable; (escalera) branlant(e); **sentirse ~** ne pas se sentir en sécurité
insensato, -a adj insensé(e)
insensibilidad nf insensibilité f
insensible adj insensible
insertar vt insérer
inservible adj inutilisable
insidioso, -a adj insidieux(-euse)
insignia nf (emblema) insigne m; (estandarte) enseigne f; **buque ~** vaisseau m amiral
insignificante adj insignifiant(e)
insinuar vt insinuer
insípido, -a adj insipide
insistencia nf insistance f; **con ~** avec insistance
insistir vi: **~ (en)** insister (sur)
insolación nf insolation f
insolencia nf insolence f; **insolente**
adj insolent(e)
insólito, -a adj insolite
insoluble adj (problema) insoluble; **~ (en)** (sustancia) insoluble (dans)
insolvencia nf (Com) insolvabilité f
insomnio nm insomnie f
insondable adj insondable
insonorizar vt insonoriser
insoportable adj insupportable
insospechado, -a adj insoupçonné(e)
inspección nf inspection f; **inspeccionar** vt inspecter
inspector, a nm/f inspecteur(-trice)
inspiración nf inspiration f
inspirar vt inspirer; **inspirarse** vpr: **~ se en** s'inspirer de
instalación nf installation f; **instalaciones** nfpl (de centro deportivo, hotel) installations fpl; **instalación eléctrica** installation électrique
instalar vt installer; **instalarse** vpr s'installer
instancia nf instance f; **en última ~** en dernier ressort
instantánea nf instantané m
instantáneo, -a adj instantané(e); **café ~** café m instantané
instante nm instant m; **a cada ~** à tout instant; **al ~** à l'instant
instar vt: **~ a algn a hacer** o **para que haga** prier instamment qn de faire
instaurar vt instaurer
instigar vt: **~ a algn a (hacer)** inciter qn à (faire)
instinto nm instinct m; **por ~** d'instinct
institución nf institution f; **instituciones** nfpl (de un país) institutions fpl
instituir vt instituer; **instituto** nm (Escol) lycée m; (de investigación, cultural etc) institut m; **Instituto de Bachillerato** (Esp) lycée
institutriz nf préceptrice f

instrucción nf instruction f;
instrucciones nfpl (normas de uso,
órdenes) instructions fpl; instrucción
del sumario (Jur) instruction

instructivo, -a adj instructif(-ive)

instruir vt (Jur) instruire

instrumento nm instrument m

insubordinarse vpr: ~ (contra) se
rebeller (contre)

insuficiencia nf insuffisance f;
insuficiente adj insuffisant(e) ⊳ nm
(Escol) note f inférieure à la moyenne

insufrible adj =insoportable

insular adj insulaire

insultar vt insulter; insulto nm
insulte f

insuperable adj (excelente)
incomparable; (invencible)
insurmontable

insurgente adj, nm/f insurgé(e)

insurrección nf insurrection f

intachable adj irréprochable

intacto, -a adj intact(e)

integral adj intégral(e); (idiota)
parfait(e); pan ~ pain m complet

integrar vt composer; integrarse
vpr s'intégrer

integridad nf intégrité f

íntegro, -a adj intègre

intelectual adj, nm/f intellectuel(le)

inteligencia nf intelligence f;
inteligente adj intelligent(e)

inteligible adj intelligible

intemperie nf intempérie f; a la ~
sans abri

intempestivo, -a adj
intempestif(-ive)

intención nf intention f; con
segundas intenciones avec des
intentions cachées; buena/mala
~ bonne/mauvaise intention;
de buena/mala ~ bien/mal
intentionné(e)

intencionado, -a adj
intentionnel(le); bien/mal ~ bien/
mal intentionné(e)

intensidad nf intensité f; llover con
~ pleuvoir dru

intenso, -a adj intense

intentar vt: ~ (hacer) essayer o
tenter de (faire); intento nm essai
m, tentative f

intercalar vt intercaler

intercambio nm échange m

interceder vi: ~ (por) intercéder (en
faveur de)

interceptar vt intercepter

intercesión nf intercession f

interés nm intérêt m; intereses nmpl
(dividendos, aspiraciones) intérêts mpl;
sentir/tener ~ en éprouver/avoir de
l'intérêt pour; tipo de ~ (Com) taux
msg d'intérêt; intereses creados
coalition f d'intérêts; interés propio
intérêt personnel

interesado, -a adj, nm/f
intéressé(e); ~ en/por intéressé(e)
par

interesante adj intéressant(e)

interesar vt intéresser ⊳ vi être
intéressant(e); interesarse vpr: ~se
en o por s'intéresser à; no me
interesan los toros les courses de
taureaux ne m'intéressent pas

interferencia nf (Radio, TV, Telec)
interférence f; ~ (en) (injerencia)
ingérence f (dans)

interferir vt (Telec) brouiller ⊳ vi
(persona): ~ (en) s'immiscer (dans)

interfono nm interphone m

interino, -a adj intérimaire ⊳ nm/f
intérimaire m/f; (Med) remplaçant(e)

interior adj intérieur(e) ⊳ nm
intérieur m; Ministerio del I~
ministère m de l'Intérieur; ropa ~
linge m de corps

interjección nf interjection f

interlocutor, a nm/f
interlocuteur(-trice)

intermediario, -a adj, nm/f
intermédiaire m/f

intermedio, -a adj intermédiaire

▷ *nm* (Teatro, Cine) intervalle *m*
interminable *adj* interminable
intermitente *adj* intermittent(e)
▷ *nm* (Auto) clignotant *m*
internacional *adj* international(e)
internado *nm* internat *m*
internar *vt* interner; **internarse** *vpr*
(penetrar): **~se en** pénétrer dans
internauta *nm/f* internaute *m/f*
Internet *nm* Internet *m*
interno, -a *adj* interne; (Pol etc)
intérieur(e) ▷ *nm/f* (alumno) interne
m/f
interponer *vt* interposer;
(Jur: apelación) interjeter;
interponerse *vpr* s'interposer; **~
(entre)** interposer (entre)
interpretación *nf* interprétation *f*
interpretar *vt* interpréter; **~ mal**
mal interpréter; **intérprete** *nm/f*
interprète *m/f*
interrogación *nf* interrogation *f*; (tb:
signo de ~) point *m* d'interrogation
interrogar *vt* interroger
interrumpir *vt* interrompre
interrupción *nf* interruption *f*
interruptor *nm* (Elec) interrupteur *m*
intersección *nf* intersection *f*
interurbano, -a *adj* interurbain(e)
intervalo *nm* intervalle *m*; **a ~s** à
intervalles
intervención *nf* intervention *f*
intervenir *vt* (Med) pratiquer
une intervention sur; (suj: policía)
saisir; (teléfono) placer sous écoute
téléphonique; (cuenta bancaria)
bloquer ▷ *vi* intervenir
interventor, a *nm/f* (en elecciones)
inspecteur(-trice); (Com) audit *m/f*
interviú *nf* interview *f*
intestino *nm* intestin *m*
intimar *vt*: **~ a algn a que ...** intimer à
qn de ... ▷ *vi* se lier d'amitié
intimidad *nf* intimité *f*; (amistad)
amitié *f*; **en la ~** dans l'intimité
íntimo, -a *adj* intime

intolerable *adj* intolérable
intoxicación *nf* intoxication
f; **intoxicación alimenticia**
intoxication alimentaire
intranquilizarse *vpr* s'inquiéter
intranquilo, -a *adj* inquiet(-ète)
intransigente *adj* intransigeant(e)
intransitable *adj* impraticable
intrépido, -a *adj* intrépide
intriga *nf* intrigue *f*; **intrigar** *vt, vi*
intriguer
intrincado, -a *adj* (camino)
embrouillé(e); (bosque)
impénétrable; (problema, asunto)
inextricable
intrínseco, -a *adj* intrinsèque
introducción *nf* introduction *f*
introducir *vt* introduire;
introducirse *vpr* s'introduire
intromisión *nf* intromission *f*
introvertido, -a *adj, nm/f*
introverti(e)
intruso, -a *nm/f* intrus(e)
intuición *nf* intuition *f*
inundación *nf* inondation *f*;
inundar *vt* inonder; **inundarse** *vpr*
s'inonder
inusitado, -a *adj* (espectáculo)
insolite; (hora, calor) inhabituel(le)
inútil *adj* (herramienta) inutilisable;
(esfuerzo) inutile; (persona: minusválido)
handicapé(e); (: pey) bon(ne) à rien,
inepte; **inutilidad** *nf* inutilité *f*;
(ineptitud) ineptie *f*
inutilizar *vt* rendre inutilisable
invadir *vt* envahir
inválido, -a *adj, nm/f* invalide ▷ *nm/f*
handicapé(e)
invariable *adj* invariable
invasión *nf* invasion *f*
invasor, a *adj* envahissant(e) ▷ *nm/f*
envahisseur *m*
invención *nf* invention *f*
inventar *vt* inventer
inventario *nm* inventaire *m*
inventiva *nf* inventivité *f*

invento nm invention f
inventor, a nm/f inventeur(-trice)
invernadero nm serre f
inverosímil adj invraisemblable
inversión nf (Com) investissement m
inverso, -a adj inverse; **en orden ~** dans l'ordre inverse; **a la inversa** à l'inverse
inversor, a nm/f investisseur m
invertir vt (Com) investir; (poner del revés) intervertir; (tiempo) consacrer
investigación nf recherche f; **investigación del mercado** étude f de marché
investigar vt (indagar) chercher; (estudiar) faire des recherches en
invierno nm hiver m
invisible adj invisible
invitación nf invitation f
invitado, -a nm/f invité(e)
invitar vt inviter; **~ a algn a hacer algo** inviter qn à faire qch
invocar vt invoquer
involucrar vt: **~ a algn en** impliquer qn dans; **involucrarse** vpr: **~se en** s'impliquer dans
involuntario, -a adj involontaire
inyección nf piqûre f, injection f; **ponerse una ~** se faire une piqûre
inyectar vt (Med) injecter
iPod® sm iPod

○ **PALABRA CLAVE**

ir vi 1 aller; **ir andando** marcher; **fui en tren** j'y suis allé en train; **¡(ahora) voy!** j'y vais!
2: **ir (a) por: ir (a) por el médico** aller chercher le docteur
3 (progresar) aller; **el trabajo va muy bien** le travail marche très bien; **¿cómo te va?** tu t'y fais?; **me va muy bien** ça va très bien; **le fue fatal** ça n'a pas du tout été
4 (funcionar): **el coche no va muy bien** la voiture ne marche pas très bien
5 (sentar): **me va estupendamente** (ropa, color) cela me va à merveille; (medicamento) c'est exactement ce qu'il me fallait
6 (aspecto): **ir con zapatos negros** porter des chaussures noires; **iba muy bien vestido** il était très bien habillé
7 (combinar): **ir con algo** aller avec qch
8 (excl): **¡que va!** (no) mais non!; **vamos, no llores** allons, ne pleure pas; **vamos a ver** voyons voir; **¡vaya coche!** (admiración) quelle super voiture!; (desprecio) quelle voiture minable!; **que le vaya bien** (esp Am: despedida) salut!; **¡vete a saber!** allez savoir!
9: **no vaya a ser: tienes que correr, no vaya a ser que pierdas el tren** il faut que tu te dépêches, sinon tu vas rater ton train
▷ vb aux 1: **ir a, voy/iba a hacerlo hoy** je vais/j'allais le faire aujourd'hui
2 (+ gerundio): **anocheciendo** il commençait à faire nuit; **todo se me iba aclarando** tout devenait clair pour moi
3 (+ pp = pasivo): **van vendidos 300 ejemplares** 300 exemplaires ont déjà été vendus
irse vpr 1: **¿por dónde se va al parque?** comment va-t-on au parc?
2: **irse (de)** (marcharse) s'en aller (de); **ya se habrán ido** ils doivent être déjà partis; **¡vámonos!** allons-y!, on y va!

ira nf colère f
Irak nm = Iraq
Irán nm Iran m; **iraní** adj iranien(ne) ▷ nm/f Iranien(ne)
Iraq nm Iraq m; **iraquí** adj irakien(ne), iraquien(ne) ▷ nm/f Irakien(ne), Iraquien(ne)
iris nm inv (Anat) iris m sg

Irlanda *nf* Irlande *f*; **~ del Norte**
Irlande du Nord
irlandés, -esa *adj* irlandais(e)
▷ *nm/f* Irlandais(e)
ironía *nf* ironie *f*
irónico, -a *adj* ironique
IRPF (*Esp*) *sigla m* (= *Impuesto sobre
la Renta de las Personas Físicas*) ≈ IRPP
m (= *impôt sur le revenu des personnes
physiques*)
irracional *adj* irrationnel(le)
irreal *adj* irréel(le)
irrecuperable *adj* irrécupérable
irreflexión *nf* irréflexion *f*
irregular *adj* irrégulier(-ère)
irremediable *adj* irrémédiable
irreparable *adj* irréparable
irresoluto, -a *adj* irrésolu(e)
irrespetuoso, -a *adj*
irrespectueux(-euse)
irresponsable *adj* irresponsable
irreversible *adj* irréversible
irrigar *vt* irriguer
irrisorio, -a *adj* dérisoire
irritación *nf* irritation *f*
irritar *vt* irriter; **irritarse** *vpr*
s'irriter
irrupción *nf* irruption *f*
isla *nf* île *f*
Islam *nm* Islam *m*
islandés, -esa *adj* islandais(e)
▷ *nm/f* Islandais(e)
Islandia *nf* Islande *f*
isleño, -a *adj, nm/f* insulaire *m/f*
Israel *nm* Israël *m*; **israelí** *adj*
israélien(ne) ▷ *nm/f* Israélite *m/f*
istmo *nm* isthme *m*
Italia *nf* Italie *f*
italiano, -a *adj* italien(ne) ▷ *nm/f*
Italien(ne)
itinerario *nm* itinéraire *m*
IVA (*Esp*) *sigla m* (*Com*) (= *Impuesto
sobre el Valor Añadido*) TVA *f* (= *taxe à la
valeur ajoutée*)
izar *vt* hisser
izdo. *abr* (= *izquierdo*) g (= *gauche*)

izquierda *nf* gauche *f*; (*lado izquierdo*)
côté *m* gauche; **a la ~** à gauche
izquierdista *adj* (*Pol*) de gauche
▷ *nm/f* gauchiste *m/f*
izquierdo, -a *adj* gauche

jabalí nm sanglier m
jabalina nf javelot m
jabón nm savon m; **jabón en polvo** savon en poudre; **jabonar** vt savonner; **jabonarse** vpr se savonner
jaca nf bidet m
jacinto nm jacinthe f
jactarse vpr: ~ (**de**) se vanter (de)
jadear vi haleter; **jadeo** nm halètement m
jaguar nm jaguar m
jalea nf gelée f
jaleo nm (barullo) tapage m; (riña) grabuge m; **armar un ~** faire (toute) une histoire
jalón nm (Am: estirón) coup m
jamás adv jamais
jamón nm jambon m; **jamón serrano/deYork** jambon cru/cuit
Japón nm Japon m
japonés, -esa adj japonais(e) ▷ nm/f Japonais(e)

jaque nm (Ajedrez) échec m; **jaque mate** échec et mat
jaqueca nf migraine f
jarabe nm sirop m
jarcia nf (Náut) cordage m
jardín nm jardin m; ~ **de (la) infancia** o **de infantes** (Am) jardin d'enfants; **jardinería** nf jardinage m
jardinero, -a nm/f jardinier(-ère)
jarra nf jarre f
jarro nm broc m
jaula nf cage f
jauría nf meute f
jazmín nm jasmin m
jefa nf ver **jefe**
jefatura nf (liderato) commandement m; (sede) direction f; **jefatura de policía** préfecture f de police
jefe, -a nm/f chef m; **ser el ~** (fig) être le chef; **comandante en ~** commandant m en chef; **jefe de estación** chef de gare; **jefe de estado** chef d'état; **jefe de estudios** surveillant m général; **jefe de gobierno** chef de gouvernement
jeque nm cheik m
jerarquía nf hiérarchie f
jerárquico, -a adj hiérarchique
jerez nm xérès msg, jerez msg
jerga nf jargon m
jeringa nf seringue f; (esp Am: fam) ennui m
jeringuilla nf seringue f
jeroglífico nm hiéroglyphe m; (pasatiempo) rébus m
jersey (pl ~**s** o **jerséis**) nm pull-over m
Jerusalén n Jérusalem
Jesucristo nm Jésus-Christ m
jesuita adj, nm jésuite m
Jesús nm Jésus m; **¡j~!** mon Dieu!; (al estornudar) à tes o vos souhaits!
jinete nm cavalier m
jipijapa (Am) nm panama m
jirafa nf girafe f
jirón nm lambeau m; (Pe: calle) rue f
jocoso, -a adj cocasse

joder (fam!) excl merde! (fam!)

jofaina nf cuvette f

jornada nf journée f; **(trabajar a) ~ intensiva/partida** (faire la) journée continue/discontinue

jornal nm journée f; **jornalero** nm journalier m

joroba nf bosse f

jorobado, -a adj, nm/f bossu(e)

jota nf (letra) j m inv; (danza) jota f; **no entiendo ni ~** je n'y pige rien; **no sabe ni ~** il n'en sait rien; **no veo ni ~** je n'y vois rien

joven adj jeune ▷ nm jeune homme m; (Méx: señor) monsieur m ▷ nf jeune fille f; **¡oiga, ~!** eh, jeune homme!

jovial adj jovial(e)

joya nf bijou m; (persona) perle f; **joyas de fantasía** bijoux mpl fantaisie; **joyería** nf bijouterie f; **joyero** nm bijoutier m; (caja) coffret m à bijoux

juanete nm (del pie) oignon m

jubilación nf retraite f

jubilado, -a adj, nm/f retraité(e)

jubilar vt mettre à la retraite; (fam: algo viejo) mettre au rancart; **jubilarse** vpr prendre sa retraite

júbilo nm joie f

judía nf haricot m; **judía verde** haricot vert; **judía blanca** flageolet m; ver tb **judío**

judicial adj judiciaire

judío, -a adj, nm/f juif(-ive)

judo nm judo m

juego vb ver **jugar** ▷ nm jeu m; **fuera de ~** hors-jeu; **hacer ~ con** aller avec, faire pendant à; **juego de palabras** jeu de mots; **Juegos Olímpicos** Jeux olympiques

juerga nf fête f

jueves nm inv jeudi m; ver tb **sábado**

juez nm/f (ft b: jueza) juge m; **juez de instrucción** juge d'instruction; **juez de línea** juge de touche; **juez de salida** starter m

jugada nf (en juego) coup m; (fig)

mauvais tour m

jugador, a nm/f joueur(-euse)

jugar vt, vi jouer; **jugarse** vpr (partido) se jouer; (lotería) être tiré(e); (vida, puesto, futuro) jouer; **~ a** jouer à

jugo nm jus msg; **jugo de naranja/de piña** jus d'orange/d'ananas

jugoso, -a adj juteux(-euse); (fig) savoureux(-euse)

juguete nm jouet m; **juguetear** vi jouer; **juguetería** nf magasin m de jouets

juguetón, -ona adj joueur(-euse)

juicio nm jugement m; (sensatez) esprit m; (opinión) avis msg; (Jur) procès msg; **a mi** etc **~** à mon etc avis; **estar fuera de ~** avoir perdu l'esprit; **perder el ~** perdre la tête

juicioso, -a adj sage

julio nm juillet m; **el uno de ~** le premier juillet; **el dos/once de ~** le deux/onze juillet; **a primeros/ finales de ~** début/fin juillet

junco nm jonc m

jungla nf jungle f

junio nm juin m; ver tb **julio**

junta nf comité m; (organismo) assemblée f, conseil m; (Tec: punto de unión) joint m; **junta de culata** (Auto) joint de culasse; **junta directiva** équipe f de direction

juntar vt (grupo, dinero) rassembler; (rodillas, pies) joindre; **juntarse** vpr (ríos, carreteras) se rejoindre; (personas) se rassembler; (: citarse) se voir; (: acercarse) se rapprocher; (: vivir juntos) vivre à la colle; **~se a** o **con algn** rejoindre qn

junto, -a adj ensemble ▷ adv: **todo ~** tout ensemble; **~ a** (cerca de) à côté de; **~ con** ci-joint; **~s** ensemble; (próximos) rapprochés; (en contacto) joints

jurado nm jury m; (individuo: Jur) juré m; (: de concurso) membre m du jury

juramento nm serment m; (maldición) juron m; **prestar ~** prêter serment;

tomar ~ a faire prêter serment de
jurar vt, vi jurer; **~ en falso** se
parjurer; **jurársela(s) a algn** garder
un chien de sa chienne à qn
jurídico, -a adj juridique
jurisdicción nf juridiction f
jurisprudencia nf jurisprudence f
jurista nm/f juriste m/f
justamente adv justement
justicia nf justice f; **en ~** en toute
justice; **hacer ~** rendre la justice
justiciero, -a adj justicier(-ère)
justificación nf justification f;
justificar vt justifier; **justificarse**
vpr se justifier
justo, -a adj juste; (preciso) précis(e)
▷ adv précisément; **venir muy ~**
(dinero, comida) être (tout) juste
suffisant
juvenil adj juvénile; (equipo) junior;
(moda, club) de jeunes; (aspecto) jeune
juventud nf jeunesse f; (jóvenes)
jeunes mpl
juzgado nm tribunal m
juzgar vt juger; (opinar) penser; **a ~
por ...** à en juger par ...; **lo juzgo mi
deber** j'estime que c'est mon devoir

K

karate, kárate nm karaté m
Kg., kg. abr (= kilogramo(s)) kg, K
(= kilogramme(s))
kilo nm kilo m
kilogramo nm kilogramme m;
kilometraje nm kilométrage
m; **kilómetro** nm kilomètre m;
kilómetro cuadrado kilomètre carré;
kilovatio nm kilowatt m
kiosco nm = quiosco
km abr (= kilómetro(s)) km
(= kilomètre(s))
kv abr (= kilovatio(s)) kW (= kilowatt)

trabajo) laborieux(-euse)

labrado, -a *adj (campo)* labouré(e); *(madera)* travaillé(e); *(metal, cristal)* ciselé(e)

labrador, a *nm/f* cultivateur(-trice)

labrar *vt (tierra)* labourer; *(madera, cuero)* travailler; *(metal, cristal)* ciseler; *(porvenir, ruina)* courir à

labriego, -a *nm/f* paysan(ne)

laca *nf* laque f

lacayo *nm* laquais *msg*

lacio, -a *adj* raide

lacónico, -a *adj* laconique

lacra *nf (fig)* fléau m; **lacra social** fléau de la société

lacrar *vt* cacheter; **lacre** *nm* cire f (à cacheter)

lactancia *nf* allaitement m

lácteo, -a *adj:* **productos ~s** produits *mpl* laitiers

ladear *vt* pencher; **ladearse** *vpr* se pencher

ladera *nf* versant m

lado *nm* côté m; *(de cuerpo, Mil)* flanc m; **al ~ (de)** à côté (de); **poner de ~** mettre o placer de côté; **por un ~ ..., por otro ~ ...** d'un côté ..., d'un autre côté ...

ladrar *vi* aboyer; **ladrido** *nm* aboiement m

ladrillo *nm* brique f

ladrón, -ona *nm/f* voleur(-euse) ⊳ *nm (Elec)* prise f multiple

lagartija *nf* lézard m

lagarto *nm* lézard m; *(Am: caimán)* caïman m

lago *nm* lac m

lágrima *nf* larme f

laguna *nf* lagune f

laico, -a *adj, nm/f* laïque *m/f*

lamentable *adj (desastroso)* déplorable; *(lastimoso)* lamentable

lamentar *vt (desgracia, pérdida)* pleurer; **lamentarse** *vpr:* **~se (de)** se lamenter (sur); **lamento tener que decirle ...** je regrette d'avoir à vous

---

I. *abr (= litro(s))* l (= litre(s)); *(Jur)* = **ley**

la *art def* la ⊳ *pron (a ella)* la, l'; *(usted)* vous; *(cosa)* la ⊳ *nm (Mús)* la m *inv;* **~ del sombrero rojo** celle qui porte le chapeau rouge

laberinto *nm* labyrinthe m

labia *nf (locuacidad)* volubilité f; *(pey)* bagout m

labio *nm* lèvre f

labor *nf* travail m, labeur m; *(Agr)* labour m; *(obra)* travail; *(Costura, de punto)* ouvrage m; **labor de equipo** travail d'équipe; **labor de ganchillo** ouvrage au crochet; **labores domésticas** o **del hogar** tâches *fpl* domestiques; **laborable** *adj (Agr)* labourable; **día laborable** jour m ouvrable

laboral *adj* du travail

laboratorio *nm* laboratoire m

laborioso, -a *adj (persona)* travailleur(-euse); *(negociaciones,*

dire ...; **lo lamento mucho** je regrette beaucoup; **lamento** nm plainte f
lamer vt lécher
lámina nf (de metal, papel) feuille f; (ilustración, de madera) planche f
lámpara nf lampe f; (mancha) tache f; **lámpara de alcohol/de gas** lampe à alcool/à gaz; **lámpara de pie** lampe de chevet
lana nf laine f
lancha nf canot m, vedette f; **lancha de socorro** canot de sauvetage; **lancha motora** canot à moteur
langosta nf (insecto) sauterelle f; (crustáceo) langouste f; **langostino** nm langoustine f
languidecer vi languir; **languidez** nf langueur f
lánguido, -a adj languissant(e)
lanza nf lance f
lanzamiento nm lancer m; (de cohete, Com) lancement m; **lanzamiento de pesos** lancer du poids
lanzar vt lancer; **lanzarse** vpr: **~se a** se jeter à; (al vacío) se jeter dans; (fig) se lancer à; **~se contra algn/algo** se lancer contre qn/qch
lapa nf bernicle f, bernique f
lapicero nm crayon m; (Am: bolígrafo) stylo m
lápida nf pierre f tombale; **lápida conmemorativa** plaque f commémorative
lapidario, -a adj, nm lapidaire m
lápiz nm crayon m (à papier); **lápiz de color** crayon de couleur; **lápiz de labios/de ojos** rouge m à lèvres/crayon pour les yeux
lapón, -ona adj lapon(e) ▷ nm/f Lapon(e)
lapso nm (tb: **~ de tiempo**) laps msg de temps; (error) lapsus msg
lapsus nm inv lapsus msg
largar vt (Náut: cable) larguer; (fam: dinero, bofetada) allonger; (: discurso) infliger; (Am) lancer ▷ vi

(fam: hablar) causer; **largarse** vpr (fam) se casser; **largo, -a** adj long/longue ▷ nm longueur f; **dos horas largas** deux bonnes heures; **tiene 9 metros de ~** il fait 9 mètres de long; **~ y tendido** (hablar) en long et en large; **a lo ~ de** (espacio) le long de; (tiempo) pendant; **a la larga** à la fin
largometraje nm long métrage m
laringe nf larynx msg; **laringitis** nf laryngite f
larva nf larve f
las art def, pron les; **~ que cantan** celles qui chantent
lascivo, -a adj lascif(-ive)
láser nm laser m
lástima nf pitié f; **dar ~** faire pitié; **es una ~ que** quel dommage que; **¡qué ~!** quel dommage!; **estar hecho una ~** faire pitié à voir
lastimar vt (herir) blesser; **lastimarse** vpr se blesser
lastimero, -a adj navrant(e)
lastre nm (Tec, Náut) leste m; (fig) poids msg mort
lata nf (metal) fer m blanc; (envase) boîte f de conserve; (fam) plaie f; **en ~** en conserve; **dar la ~** enquiquiner
latente adj latent(e)
lateral adj latéral(e) ▷ nm (de iglesia, camino) côté m; (Deporte) aile f
latido nm (del corazón) battement m
latifundio nm latifundio m, latifundium m; **latifundista** nm/f propriétaire m/f d'un latifundio
latigazo nm coup m de fouet
látigo nm fouet m
latín nm (Ling) latin m
latino, -a adj latin(e)
Latinoamérica nf Amérique f latine
latinoamericano, -a adj latino-américain(e) ▷ nm/f Latino-américain(e)
latir vi battre
latitud nf latitude f; **latitudes** nfpl

(región) latitudes fpl
latón nm laiton m
latoso, -a adj enquiquinant(e)
laúd nm (Mús) luth m
laurel nm laurier m
lava nf lave f
lavabo nm lavabo m; (servicio)
toilettes fpl
lavado nm nettoyage m; (de cuerpo)
toilette f; **lavado de cerebro** lavage
m de cerveau
lavadora nf machine f à laver
lavanda nf lavande f
lavandería nf blanchisserie f;
lavandería automática laverie f
automatique
lavaplatos nm inv lave-vaisselle
m inv
lavar vt laver; **lavarse** vpr se laver; **~
y marcar** (pelo) faire un shampooing
et une mise en plis; **~ en seco**
nettoyer m à sec; **~se las manos** se
laver les mains
lavavajillas nm inv = **lavaplatos**
laxante nm laxatif m
lazada nf nœud m
lazarillo nm: **perro ~** chien m
d'aveugle
lazo nm nœud m; (para animales) lasso
m; (trampa) piège m; (vínculo) lien m
le pron (directo) le; (: usted) vous;
(indirecto) lui; (: usted) vous
leal adj loyal(e); **lealtad** nf loyauté f
lección nf leçon f
leche nf lait m; **tener o estar de
mala ~** (fam) être de mauvais poil;
**leche condensada/descremada o
desnatada** lait condensé/écrémé;
leche en polvo lait en poudre;
lechera nf (recipiente) pot m à lait; ver
tb **lechero**
lechero, -a adj, nm/f laitier(-ère)
lecho nm lit m, couche f; **lecho de río**
lit de la rivière
lechón nm cochon m de lait
lechoso, -a adj laiteux(-euse)

lechuga nf laitue f
lechuza nf chouette f
lector, a nm/f lecteur(-trice)
lectura nf lecture f
leer vt lire
legado nm (Jur, fig) legs msg; (enviado)
légat m
legajo nm dossier m
legal adj légal(e); **legalidad** nf
légalité f; (normas) législation f;
legalizar vt légaliser
legaña nf chassie f
legar vt (Jur, fig) léguer
legendario, -a adj légendaire
legión nf (Mil, fig) légion f
legionario nm légionnaire m
legislación nf législation f; **legislar**
vi légiférer
legislatura nf législature f
legitimar vt légitimer
legítimo, -a adj (genuino) véritable;
(legal) légitime
lego, -a adj (Rel) séculaire; (ignorante)
profane
legua nf lieue f
legumbres nfpl légumes mpl
leído, -a adj instruit(e)
lejanía nf éloignement m
lejano, -a adj éloigné(e); **Lejano
Oriente** Extrême-Orient m
lejía nf lessive f
lejos adv loin; **a lo ~** au loin; **de o
desde ~** de loin; **~ de** loin de
lelo, -a adj bêbête
lema nm devise f; (Pol) slogan m
lencería nf (ropa interior) lingerie
f
lengua nf langue f; **morderse la ~**
(fig) se mordre les doigts; **lenguas
clásicas** langues mortes
lenguado nm sole f
lenguaje nm langage m; **en ~ llano**
simplement; **lenguaje comercial**
langage commercial; **lenguaje de
programación** (Inform) langage
de programmation; **lenguaje**

ensamblador o de bajo nivel (*Inform*) assembleur m; **lenguaje máquina** (*Inform*) langage machine; **lenguaje periodístico** langage journalistique

lengüeta nf (*de zapatos, Mús*) languette f

lente nf lentille f; **lentes** nmpl (*gafas*) lorgnon m; **lentes de contacto** lentilles de contact

lenteja nf lentille f; **lentejuela** nf paillette f

lentilla nf lentille f

lentitud nf lenteur f; **con ~** avec lenteur

lento, -a adj lent(e)

leña nf (*para el fuego*) bois m sg

leñador, a nm/f bûcheron(ne)

leño nm tronc m

Leo nm (*Astrol*) Lion m; **ser ~** être (du) Lion

león nm lion m; **león marino** otarie f

leopardo nm léopard m

leotardos nmpl collants mpl

lepra nf lèpre f

leproso, -a nm/f lépreux(-euse)

lerdo, -a adj lent(e)

les pron (*directo*) les; (: *ustedes*) vous; (*indirecto*) leur; (: *ustedes*) vous

lesbiana nf lesbienne f

lesión nf lésion f

lesionado, -a adj blessé(e)

letal adj létal(e)

letanía nf (*Rel*) litanie f

letargo nm léthargie f

letra nf lettre f; (*escritura*) écriture f; (*Com*) traite f; (*Mús: de canción*) paroles fpl; **Letras** nfpl (*Univ, Escol*) Lettres fpl; **letra de cambio** (*Com*) lettre de change; **letra de imprenta** o **de molde** caractère m d'imprimerie

letrado, -a adj instruit(e) ▷ nm/f avocat(e); **letrero** nm panneau m; (*anuncio*) écriteau m

letrina nf latrines fpl

leucemia nf leucémie f

levadizo, -a adj: **puente ~** pont m basculant; (*Hist*) pont-levis m

levadura nf levure f; **levadura de cerveza** levure de bière

levantamiento nm soulèvement m; (*de castigo, orden*) levée f; **levantamiento de pesos** haltérophilie f

levantar vt lever; (*velo, telón*) relever; (*paquete, niño*) soulever; (*construir*) élever; **levantarse** vpr se lever; **~ el ánimo** ranimer les esprits

levante nm (*Geo*) levant m; **el L~** le Levant

levar vt: **~ anclas** lever l'ancre

leve adj léger(-ère); **levedad** nf légèreté f; (*de herida*) caractère m bénin

levita nf redingote f

léxico, -a adj lexical(e) ▷ nm lexique m

ley nf loi f; (*de sociedad*) règlement m; **de ~** (*oro, plata*) au titre

leyenda nf légende f

leyendo etc ver **leer**

liar vt (*atar*) lier; (*enredar*) embrouiller; (*cigarillo*) rouler; (*envolver*) enrouler; **liarse** vpr (*fam*) s'embrouiller; **~se a palos** se taper dessus

Líbano nm: **el ~** le Liban

libelo nm libelle m

libélula nf libellule f

liberación nf libération f

liberal adj, nm/f (*Pol, Econ*) libéral(e); **liberalidad** nf libéralité f

liberar vt libérer

libertad nf liberté f; **libertades** nfpl libertés fpl; **libertad bajo fianza/bajo palabra** liberté sous caution/sur parole; **libertad condicional** liberté conditionnelle; **libertad de comercio** libre-échange m; **libertad de culto/de expresión/de prensa** liberté du culte/d'expression/de presse

libertar vt (preso) délivrer
libertino, -a adj, nm/f libertin(e)
libra nf livre f; **L~** (Astrol) Balance f; **ser L~** être (de la) Balance; **libra esterlina** livre sterling
librar vt (de castigo, obligación) soustraire; (de peligro) sauver; (batalla) livrer; (cheque) virer; (Jur) exempter ▷ vi avoir un jour de congé; **librarse** vpr: **~se de algn/algo** échapper à qn/qch
libre adj libre; **~ de impuestos** exonéré(e) d'impôts; **tiro ~** coup m franc; **los 100 metros ~s** le 100 mètres nage libre; **al aire ~** à l'air libre
librería nf librairie f
librero, -a nm/f libraire m/f ▷ nm (Méx) librairie f
libreta nf cahier m; **libreta de ahorros** livret m de caisse d'épargne
libro nm livre m; **libro de bolsillo** livre de poche; **libro de caja/de caja auxiliar** (Com) livre de caisse/de petite caisse; **libro de texto** manuel m
licencia nf (Admin, Jur) licence f, autorisation f; **licencia de armas/de caza** permis msg de port d'arme/de chasse; **licencia fiscal** patente f
licenciado, -a adj (soldado) libéré(e); (Univ) titulaire d'une maîtrise ▷ nm/f titulaire m/f d'une maîtrise; **L~** (abogado) Maître; **licenciar** vt (soldado) libérer; **licenciarse** vpr terminer son service militaire; (Univ) passer sa maîtrise
licencioso, -a adj licencieux(-euse)
licitar vt faire une enchère sur
lícito, -a adj (legal) licite; (justo) juste; (permisible) permis(e)
licor nm liqueur f
licuadora nf mixeur m
licuar vt passer au mixeur
lid nf lutte f; **lides** nfpl matière f
líder nmf leader m
liderazgo nm leadership m

lidia nf (Taur) combat m; (: una lidia) corrida f; **toros de ~** taureaux mpl de combat; **lidiar** vt combattre ▷ vi: **lidiar con** (dificultades, enemigos) batailler avec
liebre nf lièvre m; (Chi: microbús) minibus msg
lienzo nm toile f
liga nf (de medias) porte-jarretelles m inv; (Deporte) compétition f; (Pol) ligue f
ligadura nf ligature f
ligamento nm ligament m
ligar vt lier; (Med) ligaturer ▷ vi (fam: persona) draguer; **ligarse** vpr (fig) se lier
ligereza nf légèreté f
ligero, -a adj léger(-ère) ▷ adv (andar) d'un pas léger; (moverse) avec légèreté; **a la ligera** à la légère
liguero nm porte-jarretelles m inv
lija nf (pez) roussette f; (tb: **papel de ~**) papier m de verre
lila nf (Bot) lilas msg
lima nf (herramienta, Bot) lime f; **lima de uñas** lime à ongles; **limar** vt limer
limitación nf limitation f; **limitaciones** nfpl (carencias) limites fpl; **limitación de velocidad** limitation de vitesse
limitar vt limiter; (terreno, tiempo) délimiter ▷ vi: **~ con** (Geo) faire frontière avec; **limitarse** vpr: **~se a (hacer)** se limiter à (faire)
límite nm limite f; **límites** nmpl (de finca, país) limites fpl; **fecha ~** date f limite; **límite de velocidad** limitation f de vitesse
limítrofe adj limitrophe
limón nm citron m ▷ adj: **amarillo ~** jaune citron inv; **limonada** nf limonade f
limosna nf aumône f
limpiaparabrisas nm inv essuie-glace m

limpiar vt nettoyer

limpieza nf propreté f; (acto, Policía) nettoyage m; (habilidad) adresse f; **operación de ~** (Mil) opération f de nettoyage; **limpieza en seco** nettoyage à sec; **limpieza étnica** purification f ethnique

limpio, -a adj propre; (conducta, negocio) net(te) ▷ adv: **jugar ~** (fig) jouer franc jeu; **pasar a ~** mettre au propre

linaje nm lignée f

lince nm lynx msg

linchar vt lyncher

lindar vi: **~ con** border; **linde** nm o f (de bosque, terreno) limite f

lindero nm = **linde**

lindo, -a adj joli(e) ▷ adv (Am) bien; **canta muy ~** (Am) il chante très bien; **de lo ~** (fam: muy bien) vachement

línea nf ligne f; **en ~** (Inform) en ligne; **línea aérea** ligne f aérienne; **línea de meta** (Deporte) ligne de touche; (: de carrera) ligne d'arrivée; **línea discontinua** (Auto) ligne discontinue; **línea recta** ligne droite

lingote nm lingot m

lingüística nf linguistique f

lino nm lin m

linóleo nm linoléum m

linterna nf lampe f de poche

lío nm paquet m; (desorden) fatras msg; (fam: follón) bordel m; **hacerse un ~** s'emmêler les pédales

liquen nm lichen m

liquidación nf (de empresa) dépôt m de bilan; (de salario) prime f; (de existencias, cuenta, deuda) liquidation f

liquidar vt liquider

líquido, -a adj liquide; (ganancia) net(te) ▷ nm liquide m

lira nf (Mús) lyre f; (moneda) lire f

lírico, -a adj lyrique

lirio nm iris m

lirón nm loir m

Lisboa n Lisbonne

lisiado, -a adj, nm/f estropié(e)

lisiar vt estropier

liso, -a adj (superficie, cabello) lisse; (tela, color) uni(e)

lisonja nf flatterie f

lista nf liste f; (franja) rayure f; **pasar ~** faire la liste; **tela a ~s** tissu m rayé; **lista de correos** poste f restante; **lista de espera** liste d'attente; **lista de precios** tarif m

listo, -a adj intelligent(e); (preparado) prêt(e)

listón nm planche f

litera nf (en barco, tren) couchette f; (en dormitorio) lit m superposé

literal adj littéral(e)

literario, -a adj littéraire

literatura nf littérature f

litigar vi (Jur) plaider

litigio nm (Jur, fig) litige m

litografía nf lithographie f

litoral adj littoral(e) ▷ nm littoral m

litro nm litre m

lívido, -a adj livide

llaga nf plaie f

llama nf flamme f; (Zool) lama m

llamada nf (telefónica) appel m; **llamada a cobro revertido** appel en PCV; **llamada al orden** o **de atención** rappel m à l'ordre

llamado (Am) nm appel m

llamamiento nm appel m

llamar vt appeler

llamarada nf flambée f

llamativo, -a adj voyant(e); (color) criard(e)

llano, -a adj (superficie) plat(e); (persona, estilo) simple ▷ nm plaine f; **Los L~s** (Ven) les Plaines

llanta nf jante f; (Am: cámara) chambre f à air

llanto nm pleurs mpl, larmes fpl

llanura nf plaine f

llave nf clé f, clef f; (Mec) clé; (de la luz)

interrupteur m; **cerrar con ~** o **echar la ~** fermer à clé; **llave de contacto** (Auto) clé de contact; **llave de judo** prise f de judo; **llave de paso** robinet d'arrêt; **llave inglesa** clé anglaise; **llave maestra** passe-partout m inv; **llavero** nm porte-clefs msg

llegada nf arrivée f

llegar vi arriver; (ruido) parvenir; (bastar) suffire; **llegarse** vpr: **~se a** aller à; **~ a** arriver à; **~ a saber** finir par savoir; **~ a (ser) famoso/jefe** devenir célèbre/le patron

llenar vt remplir; (satisfacer) combler ▷ vi rassasier; **llenarse** vpr: **~se (de)** se remplir (de); (al comer) se rassasier (de)

lleno, -a adj plein(e), rempli(e); (persona: de comida) rassasié(e) ▷ nm (Teatro) salle f comble; **~ de polvo/de gente/de errores** rempli(e) de poussière/de gens/d'erreurs

llevar vt porter; (en coche) emmener; (transportar) transporter; (dinero) avoir sur soi; **llevarse** vpr (estar de moda) se porter beaucoup; **me llevó una hora hacerlo** j'ai mis une heure à le faire; **llevamos dos días aquí** nous sommes ici depuis deux jours; **llevo un año estudiando** cela fait un an que j'étudie; **~ hecho/vendido/estudiado** avoir fait/vendu/étudié; **~ los libros** (Com) tenir les registres; **~ un susto/disgusto/sorpresa** être effrayé(e)/mécontent(e)/surpris(e); **~se bien/mal (con algn)** bien/ne pas s'entendre (avec qn)

llorar vt, vi pleurer; **~ de risa** pleurer de rire

lloriquear vi pleurnicher

lloro nm pleur m

llorón, -ona adj, nm/f pleurnichard(e)

lloroso, -a adj (ojos) gonflé(e) par les larmes; (persona) qui a pleuré

llover vi pleuvoir

llovizna nf bruine f; **lloviznar** vi pleuvoter

llueve etc vb ver **llover**

lluvia nf pluie f; **lluvia radioactiva** pluie radioactive

lluvioso, -a adj pluvieux(-euse)

○ PALABRA CLAVE

lo art def **1: lo bueno/caro** ce qui est bon/cher; **lo mejor/peor** le mieux/pire; **lo mío** ce qui est à moi; **olvidaste lo esencial** tu as oublié l'essentiel

2: lo + de (pron gén): **¿sabes lo del presidente?** tu es au courant pour le président?

3: lo que (pron rel): **lo que yo pienso** ce que je pense; **lo que más me gusta** ce que j'aime le plus; **lo que pasa es que ...** ce qu'il y a, c'est que ...; **lo que quieras** ce que tu veux o voudras; **lo que sea** quoi que ce soit; **(a) lo que** (Am: en cuanto) dès que

4: lo cual: lo que es lógico ce qui est logique

▷ pron pers **1** (a él) le, l'; **lo han despedido** ils l'ont renvoyé; **no lo conozco** je ne le connais pas

2 (a usted) vous; **lo escucho señor** je vous écoute, monsieur

3 (cosa, animal) le, l'; **te lo doy** je te le donne

4 (concepto) le, l'; **no lo sabía** je ne le savais pas; **voy a pensarlo** je vais y réfléchir

loable adj louable

loar vt louer

lobo nm loup m; **lobo de mar** (fig) loup de mer

lóbrego, -a adj sombre

lóbulo nm lobe m

local adj local(e) ▷ nm local m;

(bar) bar m; **localidad** nf localité f;
(Teatro) place f; **localizar** vt localiser;
localizarse vpr (dolor) être localisé(e)
loción nf lotion f
loco, -a adj, nm/f (Med) fou/folle;
estar ~ con algo/por algn être fou/
folle de qch/de qn; **me vuelve ~** (me
gusta mucho) j'en suis fou/folle; (me
marea) il me rend fou/folle
locomotora nf locomotive f
locuaz adj loquace
locución (Ling) locution f
locura nf folie f; **con ~** follement
locutor, a nm/f (Radio, TV)
speaker(ine)
locutorio nm cabine f
téléphonique
lodo nm boue f
lógica nf logique f
lógico, -a adj logique; **es ~ que ...** il
est logique que ...
logística nf logistique f
logotipo nm logo m
logrado, -a adj réussi(e)
lograr vt réussir; (victoria) remporter;
~ hacer algo réussir à faire qch;
~ que algn venga réussir à faire
venir qn
logro nm réussite f
loma nf colline f
lombriz nf (Zool) ver m de terre;
(Med) ver
lomo nm (de animal) dos msg, échine
f; (Culin: de cerdo) épaule f; (: de vaca)
entrecôte f; (de libro) dos
lona nf toile f cirée
loncha nf tranche f
lonche (Am) nm petit-déjeuner m;
lonchería (Am) nf cafétéria f
Londres n Londres
longaniza nf sorte de merguez
longitud nf longueur f; (Geo)
longitude f; **tener 3 metros de ~** faire
3 mètres de long; **longitud de onda**
(Fís) longueur d'onde
lonja nf (edificio) halle f; (de jamón,

embutido) tranche f; **lonja de pescado**
halle f au poisson
loro nm perroquet m
los art def les ▷ pron les; (ustedes) vous;
mis libros y ~ de usted mes livres
et les vôtres
losa nf dalle f; **losa sepulcral** pierre
f tombale
lote nm (de libros, Com, Inform) lot m;
(de comida) portion f
lotería nf loterie f

⬤ **LOTERÍA**

D'importantes sommes d'argent
sont dépensées chaque année en
Espagne à ce jeu de hasard. L'État a
institué deux loteries, dont il
perçoit directement les gains: la
Lotería Primitiva et la **Lotería
Nacional**. Une des loteries les
plus célèbres est organisée
par l'influente et prospère
association d'aide aux aveugles,
"la ONCE".

loza nf (material) faïence f; (vajilla)
vaisselle f
lozano, -a adj vigoureux(-euse)
lubricante adj lubrifiant(e) ▷ nm
lubrifiant m
lubricar vt lubrifier
luces nfpl de **luz**
lucha nf lutte f; **~ contra/por** lutte
contre/pour; **lucha de clases** lutte
des classes; **lucha libre** lutte libre;
luchar vi lutter; **luchar contra/por**
(problema) lutter contre/pour
lucidez nf lucidité f
lúcido, -a adj lucide; **estar ~** être
lucide
luciérnaga nf ver m luisant
lucir vt (vestido, coche) étrenner;
(conocimientos) étaler; (habilidades)
exhiber ▷ vi briller; (Am: parecer)
sembler ▷ **lucirse** vpr (presumir)

se montrer; **¡te has lucido!** (*irónico*) bien joué!; **la casa luce limpia** (*Am*) la maison a l'air très propre

lucro (*pey*) *nm* lucre *m*

lúdico, -a *adj* ludique

luego *adv* (*después*) après; (*más tarde*) puis; (*Am: fam: en seguida*) tout de suite ▷ *conj* (*consecuencia*) donc; **desde ~** évidemment; **¡hasta ~!** à plus tard!, salut!; **~ ~** (*esp Méx*) dare-dare

lugar *nm* lieu *m*, endroit *m*; (*en lista*) place *f*; **en ~ de** au lieu de; **dar ~ a** donner lieu à; **fuera de ~** (*comentario, comportamiento*) déplacé(e); **tener ~** avoir lieu; **lugar común** lieu commun

lugareño, -a *nm/f* villageois(e)

lugarteniente *nm* remplaçant *m*

lúgubre *adj* lugubre

lujo *nm* luxe *m*; **de ~** de luxe

lujoso, -a *adj* luxueux(-euse)

lujuria *nf* luxure *f*

lumbre *nf* feu *m* (de bois)

lumbrera *nf* (*genio*) lumière *f*

luminoso, -a *adj* lumineux(-euse)

luna *nf* lune *f*; (*vidrio*) glace *f*; **estar en la ~** être dans la lune; **luna de miel** lune de miel; **luna llena/nueva** pleine/nouvelle lune

lunar *adj* lunaire ▷ *nm* grain *m* de beauté; (*diseño*) pois *msg*; **tela de ~es** tissu à pois

lunes *nm inv* lundi *m*; *ver tb* **sábado**

lupa *nf* loupe *f*

lustrar *vt* lustrer; (*Am: zapatos*) cirer; **lustre** *nm* lustre *m*; **dar lustre a algo** faire briller qch

lustroso, -a *adj* brillant(e)

luto *nm* deuil *m*; **ir o vestirse de ~** porter des habits de deuil

Luxemburgo *nm* Luxembourg *m*

luz (*pl* **luces**) *nf* lumière *f*; **dar a ~ un niño** mettre un enfant au monde; **dar la ~** donner de la lumière; **encender**

Esp o **prender** *esp Am*/**apagar la ~** allumer/éteindre la lumière; **a todas luces** de toute évidence; **se hizo la ~ sobre ...** la lumière se fit sur ...; **sacar a la ~** tirer au clair; **tener pocas luces** ne pas être une lumière

m

m. abr (= metro(s)) m (= mètre(s));
  (= minuto(s)) min. (= minute(s));
  (= masculino) m (= masculin)
macarrones nmpl (Culin) macarons
  mpl
macedonia nf: **~ de frutas**
  macédoine f de fruits
macerar vt macérer
maceta nf pot m de fleurs
machacar vt (ajos) réduire en purée
  ▷ vi insister
machete nm machette f
machismo nm machisme m
machista adj, nm/f machiste m/f
macho adj (Bot, Zool) mâle; (fam)
  macho ▷ nm mâle m
macizo, -a adj massif(-ive) ▷ nm
  (Geo, de flores) massif m
madeja nf (de lana) écheveau m
madera nf bois msg; **una ~** un
  morceau de bois; **tiene ~ de profesor**
  il a l'étoffe d'un professeur
madero nm madrier m

madrastra nf belle-mère f
madre adj (lengua) maternel(le);
  (acequia) maîtresse ▷ nf mère f
Madrid n Madrid
madriguera nf terrier m
madrileño, -a adj madrilène ▷ nm/f
  Madrilène m/f
madrina nf marraine f; **~ de boda**
  demoiselle f d'honneur
madrugada nf aube f
madrugador, a adj lève-tôt inv
madrugar vi se lever tôt
madurar vt, vi mûrir; **madurez** nf
  maturité f
maduro, -a adj mûr(e); (hombre,
  mujer) d'âge mûr
maestra nf ver **maestro**
maestría nf maestria f
maestro, -a adj, nm/f (de
  escuela) maître(sse) (d'école),
  instituteur(-trice); (en la vida) maître
  m ▷ nm maître m; (Mús) maestro m; **~
  albañil** maître maçon m
magdalena nf madeleine f
magia nf magie f
mágico, -a adj magique
magisterio nm (enseñanza) études fpl
  d'instituteur(-trice); (profesión) métier
  m d'instituteur(-trice)
magistrado nm (Jur) magistrat m;
  primer M~ (Am) président m
magnánimo, -a adj magnanime
magnate nm magnat m
magnético, -a adj magnétique;
  magnetizar vt magnétiser
magnetofón nm magnétophone m
magnetofónico, -a adj: **cinta
  magnetofónica** bande f magnétique
magnetófono nm = **magnetofón**
magnífico, -a adj magnifique;
  (carácter) exceptionnel(le)
magnitud nf (física) grandeur f; (de
  problema etc) ampleur f
mago, -a nm/f mage m; **los Reyes
  M~s** les Rois mpl Mages
magro, -a adj, nm maigre m

maguey nm (Bot) agave m
magullar vt contusionner; (lastimar) abîmer
mahometano, -a adj mahométan(e) ▷ nm/f Mahométan(e)
mahonesa nf = **mayonesa**
maíz nm maïs msg
majadero, -a adj imbécile
majestad nf: **Su M~** Sa Majesté
majestuoso, -a adj majestueux(-euse)
majo, -a adj beau/belle; (persona, apelativo) mignon(ne)
mal adv mal; (oler, saber) mauvais ▷ adj = **malo** ▷ nm: **el ~** le mal; **me entendió** = il m'a mal compris; **haces ~ en callarte** tu as tort de te taire; **¡menos ~!** heureusement!
malabarismo nm jonglerie f; **malabarista** nm/f jongleur(-euse)
malaria nf malaria f
malcriado, -a adj mal élevé(e)
maldad nf méchanceté f
maldecir vt: **~ de** maudire
maldición nf malédiction f
maldito, -a adj maudit(e); **¡~ sea!** (fam) maudit(e) soit ...!
maleante nm/f malfaiteur m, criminel(le)
maledicencia nf médisance f
maleducado, -a adj mal élevé(e)
malentendido nm malentendu m
malestar nm malaise m
maleta nf valise f; **hacer la ~** faire sa valise; **maletera** (Am) nf, **maletero** nm (Auto) coffre m; **maletín** nm (de uso profesional) serviette f; (de viaje) mallette f
maleza nf (arbustos) fourré m
malgastar vt gaspiller; (oportunidades) laisser passer
malhechor, a nm/f malfaiteur m
malhumorado, -a adj de mauvaise humeur
malicia nf méchanceté f; (de niño)

malice f
malicioso, -a adj malicieux(-euse); (con mala intención) méchant(e); (de malpensado) mauvais(e)
maligno, -a adj (Med) malin/ maligne; (ser) méchant(e)
malla nf (esp Am) maillot m de bain; (tb: **~s**) collants mpl
Mallorca nf Majorque f
malo, -a adj (antes de nmsg: **mal**) mauvais(e); **estar ~** (persona) être malade; (comida) être mauvais(e); **lo ~ es que ...** le problème, c'est que ...; **por las malas** de force
malograrse vpr (plan) tomber à l'eau; (cosecha) être gâché(e); (carrera profesional) se briser; (Pe: fam) s'abîmer; **el malogrado actor** l'acteur mort prématurément
malparado, -a adj: **salir ~** s'en tirer mal
malpensado, -a adj malveillant(e)
malsano, -a adj malsain(e)
maltratar vt maltraiter
maltrecho, -a adj en mauvais état
malvado, -a adj méchant(e)
malversar vt détourner
Malvinas nfpl: **las (Islas) ~** les (îles) Malouines fpl
malvivir vi vivre à l'étroit
mama nf mamelle f
mamá nf (fam) maman f; (CAm, Carib, Méx: cortesía) mère f
mamar vt, vi téter; **dar de ~** allaiter
mamarracho nm (persona despreciable) rien-du-tout m/f inv
mamífero, -a adj, nm mammifère m
mampara nf (entre habitaciones) cloison f; (biombo) écran m
mampostería nf maçonnerie f
manada nf (de leones, lobos) horde f; (de búfalos, elefantes) troupeau m
manantial nm source f
manar vt laisser couler ▷ vi jaillir
mancha nf tache f; **manchar** vt, vi tacher; **mancharse** vpr se tacher

manchego, -a adj de la Manche

manco, -a adj manchot(e)

mancomunar vt mettre en commun; (Jur) rendre solidaires; **mancomunidad** nf (de bienes) copropriété f; (de personas, Jur) association f; (de municipios) syndicat m

mandamiento nm (Rel) commandement m; **mandamiento judicial** mandat m d'arrêt

mandar vt ordonner; (Mil) commander; (enviar) envoyer ▷ vi commander; **~ hacer un traje** se faire faire un costume

mandarina nf mandarine f

mandato nm (orden) ordre m; (Pol) mandat m; (Inform) commande f; **mandato judicial** mandat d'arrêt

mandíbula nf mandibule f

mandil nm tablier m

mando nm (Mil) commandement m; (de organización, país) direction f; (Tec) commande f; **al ~ (de)** sous la responsabilité de; **mando a distancia** télécommande f

manejable adj maniable; (libro) peu encombrant(e)

manejar vt manier; (máquina) manœuvrer; (pey: a personas) manœuvrer; (casa, negocio) mener; (dinero, números) brasser; (idioma) maîtriser; (Am: Auto) conduire; **manejarse** vpr se débrouiller; **manejo** nm maniement m; (de máquinas) manœuvre f; (Am: de negocio) conduite f; **manejos** nmpl (pey) manœuvres fpl

manera nf manière f, façon f; **maneras** nfpl (modales) manières fpl; **¡de ninguna ~!** en aucun cas!; **de otra ~** autrement; **de todas ~s** de toute manière; **no hay ~ de persuadirle** il n'y a pas moyen de le persuader

manga nf manche f; **manga de riego** tuyau d'irrigation

mangar (fam) vt piquer

mango nm manche m; (Bot) mangue f

mangonear (pey) vt commander ▷ vi se mêler de tout

manguera nf lance f d'arrosage

manía nf manie f; **tener ~ a algn/algo** avoir de l'antipathie pour qn/qch

maníaco, -a adj, nm/f maniaque m/f

maniatar vt ligoter

maniático, -a adj, nm/f maniaque m/f

manicomio nm asile m (de fous)

manifestación nf manifestation f

manifestar vt manifester; (declarar) déclarer; **manifestarse** vpr (Pol) manifester

manifiesto, -a pp de **manifestar** ▷ adj manifeste ▷ nm (Arte, Pol) manifeste m

manilla nf (de un reloj: libro) peu encombrant(e)

manillar nm guidon m

maniobra nf manœuvre f; **maniobras** nfpl (Mil, pey) manœuvres fpl; **maniobrar** vi manœuvrer; (Mil) faire des manœuvres

manipulación nf manipulation f; **manipular** vt manipuler

maniquí nm/f mannequin m/f ▷ nm (de escaparate) mannequin m

manirroto, -a adj, nm/f dépensier(-ère)

manivela nf manivelle f

manjar nm mets msg

mano nf main f; (de pintura) couche f ▷ nm (Méx: fam) copain m; **a ~** à la main; **estar/tener algo a ~** avoir qch à portée de la main; **a ~ derecha/izquierda** à (main) droite/gauche; **de segunda ~** d'occasion; **darse la(s) ~(s)** se donner la main; **echar una ~** donner un coup de main; **mano de obra** main-d'œuvre f; **manos libres** adj inv (teléfono, dispositivo) mains-libres inv ▷ nm inv kit m mains-libres

manojo nm (de hierbas) brassée f; (de

llaves) trousseau *m*

manopla *nf* moufle *f*

manoseado, -a *adj (tema)* rebattu(e); *(papel)* manipulé(e); **manosear** *vt (libro)* manipuler; *(flores)* écraser; *(tema, asunto)* rebattre; *(fam: una persona)* tripoter

manotazo *nm* gifle *f*

mansalva: a ~ *adv* sans risque

mansedumbre *nf (de persona)* douceur *f*; *(de animal)* docilité *f*

mansión *nf* demeure *f*

manso, -a *adj (persona)* doux/douce; *(animal)* apprivoisé(e)

manta *nf* couvre-lit *m*; *(Am)* poncho *m*

manteca *nf (de cerdo)* saindoux *m*; *(de cacao, Am)* beurre *m*

mantel *nm* nappe *f*

mantendré *etc vb ver* **mantener**

mantener *vt* maintenir; *(familia)* subvenir aux besoins de; *(Tec)* assurer la maintenance de; *(actividad)* conserver; *(edificio)* soutenir; **mantenerse** *vpr (edificio)* être soutenu(e); *(no ceder)* se maintenir; **~ el equilibrio** garder l'équilibre; **~se (de** *o* **con)** vivre (de); **~se en pie** rester debout; **~se firme** rester ferme; **mantenimiento** *nm (Tec)* maintenance *f*; *(de orden, relaciones)* maintien *m*; *(sustento)* subsistance *f*

mantequilla *nf* beurre *m*

manto *nm* cape *f*

mantuve *etc vb ver* **mantener**

manual *adj* manuel(le) ▷ *nm* manuel *m*

manufactura *nf* manufacture *f*

manufacturado, -a *adj* manufacturé(e)

manuscrito, -a *nm* manuscrit *m*

manutención *nf (de persona)* subsistance *f*; *(de alimentos, dinero)* conservation *f*

manzana *nf* pomme *f*; *(de edificios)* pâté *m*

manzanilla *nf* camomille *f*

manzano *nm* pommier *m*

maña *nf* adresse *f*; **mañas** *nfpl (artimañas)* ruses *fpl*

mañana *adv* demain ▷ *nm*: **(el) ~ (le)** lendemain ▷ *nf* matin *m*; **de** *o* **por la ~** le matin; **¡hasta ~!** à demain!; **~ por la ~** demain matin

mañoso, -a *adj* adroit(e)

mapa *nm* carte *f*

maqueta *nf* maquette *f*

maquillaje *nm* maquillage *m*

maquillar *vt* maquiller; **maquillarse** *vpr* se maquiller

máquina *nf* machine *f*; *(de tren)* locomotive *f*; *(CAm, Cu)* voiture *f*; **escrito a ~** tapé à la machine; **máquina de coser/de escribir/de vapor** machine à coudre/à écrire/à vapeur

maquinación *nf* machination *f*

maquinal *adj* machinal(e)

maquinaria *nf* machinerie *f*

maquinilla *nf (tb:* **~ de afeitar)** rasoir *m*

maquinista *nm* mécanicien *m*

mar *nm o m* mer *f*; **~ adentro** au large; **en alta ~** en haute mer; **es la ~ de guapa** elle est très jolie; **el M~ Negro/Báltico** la Mer Noire/Baltique

maraña *nf* enchevêtrement *m*

maratón *nm* marathon *m*

maravilla *nf* merveille *f*; **maravillar** *vt* émerveiller; **maravillarse** *vpr*: **maravillarse (de)** s'émerveiller (de)

maravilloso, -a *adj* merveilleux(-euse)

marca *nf* marque *f*; *(Deporte)* record *m*; **de ~ (Com)** de marque; **marca de fábrica** marque

marcador *nm (Deporte)* tableau *m*

marcapasos *nm inv* stimulateur *m* cardiaque

marcar *vt* marquer; *(número de teléfono)* composer ▷ *vi (Deporte)* marquer; *(Telec)* composer le numéro

marcha nf marche f; (Auto) vitesse f; (fam: animación) fête f; **dar ~ atrás** (Auto, fig) faire marche arrière; **estar en ~** être en marche; (negocio) marcher; **poner en ~** faire démarrer
marchar vi marcher; (ir) partir; **marcharse** vpr s'en aller
marchitarse vpr se faner
marcial adj martial(e)
marco nm cadre m; (moneda) Mark m
marea nf marée f; **marea negra** marée noire
marear vt (Med) donner mal au cœur à; (fam) harceler; **marearse** vpr avoir le mal de mer; (desmayarse) s'évanouir; (estar aturdido) être abruti(e)
maremoto nm raz-de-marée m inv
mareo nm mal au cœur m; (en barco) mal de mer; (en avión) mal de l'air; (en coche) des transports; (desmayo) évanouissement m; (aturdimiento) abrutissement m
marfil nm ivoire m
margarina nf margarine f
margarita nf marguerite f
margen nm o f (de río, camino) bord m; (de página) marge f ⊳ nm marge f; **dar ~ para** donner l'occasion de; **dejar a algn al ~** laisser qn en plan; **mantenerse al ~** rester en marge
marginar vt (socialmente) marginaliser
marica nm (fam!: homosexual) pédé m (fam!); (: cobarde) poule f mouillée
maricón nm (fam!: homosexual) pédé m (fam!); (: insulto) connard m (fam!)
marido nm mari m
marihuana nf marijuana f
marina nf (Mil) marine f; **~ mercante** marine marchande
marinero, -a adj marin(e) ⊳ nm marin m
marino, -a adj marin(e) ⊳ nm marin m
marioneta nf marionnette f
mariposa nf papillon m

mariquita nf coccinelle f
marisco nm fruit m de mer
marítimo, -a adj maritime
mármol nm marbre m
marqués, -esa nm/f marquis(e)
marrón adj marron
marroquí adj marocain(e) ⊳ nm/f Marocain(e) ⊳ nm (cuero) maroquin m
Marruecos nm Maroc m
martes nm inv mardi m; ver tb **sábado**

⚫ **MARTES Y TRECE**

En Espagne, selon une superstition,
le mardi, et en particulier le mardi
13, est un jour qui porte malheur.

martillo nm marteau m
mártir nm/f martyr(e); **martirio** nm martyre m
marxismo nm marxisme m; **marxista** adj, nm/f marxiste m/f
marzo nm mars msg; ver tb **julio**
mas conj mais

 PALABRA CLAVE

más adv 1 (compar) plus; **más grande/ inteligente** plus grand/intelligent; **trabaja más (que yo)** il travaille plus (que moi); **más de mil** plus de mille; **más de lo que yo creía** plus que je ne croyais
2 (+ sustantivo) plus de; **más libros** plus de livres; **más tiempo** plus longtemps
3 (tras sustantivo) en plus, de plus; **3 personas más (que ayer)** 3 personnes de plus (qu'hier)
4 (superl): **el más ... le** plus ...; **el más inteligente (de)** le plus intelligent (de); **el coche más grande** la voiture la plus grande; **el que más corre** le plus rapide
5 (adicional): **deme una más** donnez m'en encore une; **un poco más**

encore un peu; **¿qué más?** quoi d'autre?, quoi encore?; **¿quién más?** qui d'autre?; **¿quieres más?** en veux-tu plus o davantage?
6 (negativo): **no tengo más dinero** je n'ai plus d'argent; **no viene más por aquí** il ne vient plus par ici; **no sé más** je n'en sais pas plus o davantage; **nunca más** plus jamais; **no hace más que hablar** il ne fait par parler; **no lo sabe nadie más que él** il n'y a que lui qui le sache
7 (+ adj: valor intensivo): **¡qué perro más sucio!** comme ce chien est sale!; **¡es más tonto!** qu'est-ce qu'il est bête!
8 (locuciones): **más o menos** plus ou moins; **los más** la plupart; **es más, acabamos pegándonos** on a même fini par se battre; **más aún** mieux encore; **más bien** plutôt; ver tb **cada**
9: de más: **veo que aquí estoy de más** je vois que je suis de trop ici; **tenemos uno de más** nous en avons un de trop
10 (Am): **no más** seulement; **así no más** comme ça; **ayer no más** pas plus tard qu'hier
11: por más: por más que lo intento j'ai beau essayer; **por más que quisiera ...** j'ai beau vouloir ...
12 (Mat): **2 más 2 son 4** 2 plus 2 font 4 ▷ nm (Mat: signo) signe m plus; **este trabajo tiene sus más y sus menos** ce travail a de bons et de mauvais côtés

masa nf masse f; **las masas** nmpl (Pol) les masses fpl; **en ~** en masse
masacre nf massacre m
masaje nm massage m
máscara nf masque m; **máscara antigás/de oxígeno** masque à gaz/à oxygène; **mascarilla** nf (Med, en cosmética) masque m
masculino, -a adj masculin(e);

(Bio) masculin(e), mâle ▷ nm (Ling) masculin m
masificación nf encombrement m
masivo, -a adj massif(-ive)
masón nm franc-maçon m
masoquista adj, nm/f masochiste m/f
máster nm (Escol) mastère m
masticar vt, vi mastiquer
mástil nm mât m; (de guitarra) manche m
mastín nm mâtin m
masturbación nf masturbation f
masturbarse vpr se masturber
mata nf (esp Am) arbuste m; (de espinas) brassée f; (de perejil) bouquet m
matadero nm abattoir m
matador nm (Taur) matador m
matamoscas nm inv tue-mouches m inv
matanza nf (de gente) massacre m; (de cerdo: acción) abattage m du cochon
matar vt tuer; (hambre, sed) apaiser; **matarse** vpr se tuer
matasellos nm inv cachet m de la poste
mate adj mat(e); (And, CSur: hierba, infusión) maté m, thé m des Jésuites; (: vasija) récipient m pour le maté; **mate de coca/de menta** thé à la coca/à la menthe
matemáticas nfpl mathématiques fpl, maths fpl; ver tb **matemático**
matemático, -a adj mathématique ▷ nm/f mathématicien(ne)
materia nf matière f; **en ~ de** en matière de; **materia prima** matière première; **material** adj matériel(le) ▷ nm matière f, matériau m; (dotación) matériel m; (cuero) peau f; **materialista** adj matérialiste; **materialmente** adv: **es materialmente imposible** c'est matériellement impossible
maternal adj maternel(le)

maternidad nf maternité f
materno, -a adj maternel(le)
matinal adj matinal(e)
matiz nm nuance f; **matizar** vt, vi préciser
matón nm dur m
matorral nm buisson m
matraca nf matraque f
matrícula nf (Escol) inscription f; (Auto) immatriculation f; (: placa) plaque f d'immatriculation; **matrícula de honor** = mention f très bien; **matricular** vt (coche) immatriculer; (alumno) inscrire; **matricularse** vpr s'inscrire
matrimonial adj (contrato) de mariage; (vida) conjugal(e)
matrimonio nm (pareja) couple m; (boda) mariage m
matriz nf (Anat) utérus m sg; (Tec, Mat) matrice f
maullar vi miauler
máxime adv particulièrement
máximo, -a adj maximal(e), maximum; (longitud, altitud) maximal(e) ⊳ nm maximum m; **al ~** au maximum
mayo nm mai m; ver tb **julio**
mayonesa nf mayonnaise f
mayor adj (adulto) adulte; (de edad avanzada) âgé(e); (Mús, fig) majeur(e); (compar: de tamaño) plus grand(e); (: de edad) plus âgé(e); (superl: ver compar) très grand(e); très âgé(e); **mayores** nmpl adultes mpl; **al por ~** en gros; **mayor de edad** majeur(e)
mayordomo nm majordome m
mayoría nf majorité f
mayorista nm/f grossiste m/f
mayúscula nf (tb: **letra ~**) majuscule f
mayúsculo, -a adj (susto) terrible; (error) magistral(e)
mazapán nm pâte f d'amande
mazo nm maillet m
me pron me; (en imperativo) moi;

¡dá-lo! donne-le-moi!
mear (fam) vt, vi pisser
mecánica nf mécanique f
mecánico, -a adj mécanique ⊳ nm/f mécanicien(ne)
mecanismo nm mécanisme m
mecanografía nf dactylographie f
mecanógrafo, -a nm/f dactylo(graphe) m/f
mecate (Am) nm corde f
mecedor (Am) nm, **mecedora** ⊳ nf fauteuil m à bascule
mecer vt balancer; **mecerse** vpr se balancer
mecha nf mèche f; **mechas** nfpl (en el pelo) mèches fpl
mechero nm briquet m
mechón nm (de pelo) mèche f
medalla nf médaille f
media nf moyen(ne); (prenda de vestir) bas m sg; (Am) chaussette f
mediano, -a adj moyen(ne); **el ~** celui du milieu
medianoche nf minuit m
mediante adv grâce à
mediar vi servir d'intermédiaire; (problema: interponerse) s'interposer; **~ por algn** intercéder en faveur de qn
medias nfpl (ropa interior) collant m
medicación nf (acción) prise f de médicaments; (medicamentos) médicaments mpl
medicamento nm médicament m
medicina nf (ciencia) médecine f; (medicamento) médicament m
medición nf mesure f
médico, -a adj médical(e) ⊳ nm/f médecin m/f
medida nf mesure f; **medidas** nfpl (de persona) mesures fpl; **en cierta ~** dans une certaine mesure; **en gran ~** en grande partie; **un traje a la ~** un costume sur mesure; **~ de cuello** encolure f; **a ~ de mi** etc **capacidad/necesidad** dans la mesure de mes etc possibilités/besoins; **a ~ que ...** à

mesure que …

medio, -a adj moyen(ne) ▷ adv à moitié ▷ nm milieu m; (método) moyen m; **medios** nmpl moyens mpl; **a medias** à moitié; **~ litro** un demi-litre; **media hora/docena/manzana** une demi-heure/douzaine/pomme; **las tres y media** trois heures et demie; **~ dormido/enojado** à moitié endormi/fâché; **en ~, entre medias** au milieu; **por ~ de** au moyen de; **medio ambiente** environnement m; **medios de comunicación/transporte** moyens de communication/transport

medioambiental adj (efectos) sur l'environnement; (política) écologique

mediocre (pey) adj médiocre

mediodía nm midi m; **a ~** à midi

medir vt mesurer; **¿cuánto mides? - mido 1.50 m** tu mesures combien? - je mesure 1 m 50

meditar vt méditer ▷ vi: **~ (sobre)** méditer (sur)

mediterráneo, -a adj méditerranéen(ne) ▷ nm: **el (mar) M~** la (Mer) Méditerranée

médula nf moelle f; **médula espinal** moelle épinière

medusa (Esp) nf méduse f

megafonía nf sono f; (técnica) sonorisation f

megáfono nm porte-voix m inv

megalómano, -a nm/f mégalomane m/f

mejicano, -a (Esp) adj mexicain(e) ▷ nm/f Mexicain(e)

Méjico (Esp) nm Mexique m

mejilla nf joue f

mejillón nm moule f

mejor adj meilleur(e) ▷ adv mieux; **será ~ que vayas** il vaut mieux que tu t'en ailles; **a lo ~** peut-être; **~ dicho** plutôt; **¡(tanto) ~!** tant mieux!; **~ vámonos** (esp Am: fam) allons-y; **tu, ~ te callas** (esp Am: fam) toi, tu ferais

mieux de te taire

mejora nf amélioration f; **mejorar** vt améliorer ▷ vi s'améliorer; (enfermo) se rétablir

mejoría nf (de enfermo) rétablissement m; (del tiempo) amélioration f

melancólico, -a adj mélancolique

melena nf (de persona) chevelure f; (de león) crinière f

melillizo, -a adj, nm/f jumeau(-elle); **mellizos** nmpl (Am) jumelles fpl; (de ropa) boutons mpl de manchette

melocotón (Esp) nm pêche f

melodía nf mélodie f

melodrama nm mélodrame m

melón nm melon m

membrete nm en-tête m

membrillo nm (fruto) coing m; (tb: **carne de ~**) confiture f de coings

memorable adj mémorable

memoria nf mémoire f; **memorias** nfpl (de autor) mémoires fpl; **aprender/saber/recitar algo de ~** apprendre/savoir/réciter qch par cœur; **memorizar** vt mémoriser

menaje nm (de cocina) ustensiles mpl de cuisine; (del hogar) ustensiles de ménage

mencionar vt mentionner

mendigar vt, vi mendier

mendigo, -a nm/f mendiant(e)

mendrugo nm quignon m

menear vt remuer; (cadera) balancer; **menearse** vpr remuer

menester nm: **~ hacer algo** il faut faire qch; **menesteres** nmpl devoirs mpl

menestra nf: **~ de verduras** macédoine f de légumes (parfois avec des morceaux de viande)

menguante adj décroissant(e); **menguar** vt diminuer ▷ vi décroître; (número) réduire; (días) diminuer

meningitis nf méningite f

menopausia nf ménopause f

menor adj (más pequeño: compar)
plus petit(e); (número: superl)
moindre; (más joven) plus jeune; (Mús)
mineur(e) ▷ nm/f (tb: ~ **de edad**)
mineur(e); **no tengo la ~ idea** je
n'en ai pas la moindre idée; **al por ~**
au détail

Menorca nf Minorque f

 PALABRA CLAVE

menos adv 1(compar) moins; **me
gusta menos (que el otro)** je l'aime
moins (que l'autre); **menos de 50**
moins de 50; **menos de lo que
esperaba** moins que je ne m'attendais
2 (+ sustantivo) moins de; **menos
gente** moins de gens; **menos coches**
moins de voitures
3 (tras sustantivo) de moins; **3 libros
menos (que ayer)** 3 livres de moins
(qu'hier)
4 (superl): **es la menos lista (de su
clase)** c'est la moins intelligente (de
sa classe); **el libro menos vendido** le
livre le moins vendu; **de las ellas
es la que menos me agrada** c'est
celle qui me plaît le moins parmi elles;
es el que menos culpa tiene c'est
celui qui est le moins coupable; **lo
menos que ...** le moins que ...
5 (locuciones): **no quiero verle y
menos visitarle** je ne veux pas le voir,
encore moins lui rendre visite; **menos
aun cuando ...** d'autant moins que ...;
¡menos mal (que ...)! heureusement
(que ...)!; **al o por lo menos** (tout) au
moins; **si al menos ...** si seulement ...
6 (Mat): **5 menos 2** 5 moins 2
▷ prep (excepto) sauf; **todos menos él**
tous sauf lui
▷ conj: **a menos que: a menos que
venga mañana** à moins qu'il ne
vienne demain

menospreciar vt sous-estimer

mensaje nm message m
mensajero, -a nm/f messager(-ère)
menstruación nf menstruation f
mensual adj mensuel(elle);
mensualidad nf mensualité f
menta nf menthe f
mental adj mental(e); **mentalidad**
nf mentalité f
mentalizar vt faire prendre
conscience à; **mentalizarse** vpr: **~se
(de/de que)** se faire à l'idée (de/que)
mentar vt mentionner
mente nf esprit m; **tener en ~ (hacer)**
avoir dans l'idée (de faire)
mentir vi mentir
mentira nf mensonge m; **parece
~ que ...** on ne dirait vraiment pas
que ...; (como reproche) cela paraît
incroyable que ...
mentiroso, -a adj, nm/f
menteur(-euse)
menú nm menu m
menudo, -a adj (muy pequeño)
menu(e); **¡~ negocio!** drôle
d'affaire!; **¡~ chaparrón/lío!** quelle
engueulade/histoire!; **¡~ sitio/actor!**
(pey) drôle d'endroit/d'acteur!; **a ~**
souvent
meñique nm (tb: **dedo ~**) auriculaire
m
meollo nm: **el ~ del asunto** le fond
du problème
mercado nm marché m; **Mercado
Común** marché commun
mercancía nf marchandise f
mercantil adj commercial(e)
mercenario, -a adj, nm mercenaire
m
mercería nf mercerie f; **artículos/
sección de ~** mercerie
mercurio nm mercure m
merecer vt mériter; **merece la pena**
ça vaut la peine
merecido, -a adj mérité(e); **recibir
su ~** en prendre pour son grade
merendar vt prendre pour son

goûter ▷ vi prendre son goûter
merengue nm meringue f
meridiano nm méridien m
merienda nf **meriendar** ▷ nf
goûter m; (en el campo) pique-nique m
mérito nm mérite m
merluza nf colin m
merma nf perte f; **mermar** vt
diminuer ▷ vi (comida) réduire;
(fortuna) diminuer
mermelada nf confiture f
mero, -a adj simple; (CAm,
Méx: fam: verdadero) vrai(e); (: principal)
principal(e); (: exacto) précis(e)
merodear vi: ~ **por (un lugar)** rôder
dans (un endroit)
mes nm mois msg
mesa nf table f; **poner/quitar la ~**
mettre/débarrasser la table; **mesa
electoral** bureau m de vote; **mesa
redonda** table ronde
mesero, -a (esp Méx) nm/f garçon/
serveuse
meseta nf plateau m
mesilla nf (tb: ~ **de noche**) table f
de nuit
mesón nm restaurant m
mestizo, -a adj, nm/f métis(-isse)
mesura nf (moderación) mesure f
meta nf but m
metabolismo nm métabolisme m
metáfora nf métaphore f
metal nm métal m; (Mús) cuivres mpl
metálico, -a adj métallique ▷ nm: **en
~ en espèces**
metalurgia nf métallurgie f
meteoro nm météore m
meteorología nf météorologie f
meter vt mettre; (involucrar) mêler;
(Costura) raccourcir; (miedo) faire;
(paliza) flanquer; **meterse** vpr: **~se
en** (un lugar) entrer dans; (negocios,
política) se lancer dans; (entrometerse)
se mêler de; **~ algo en o a** (esp Am)
mettre qch dans; **~se a escritor** se
lancer dans la littérature; **~se con**

algn s'en prendre à qn; (en broma)
taquiner qn
meticuloso, -a adj
méticuleux(-euse)
metódico, -a adj méthodique
método nm méthode f; **con ~** avec
méthode
metodología nf méthodologie f
metralleta nf mitraillette f
metro nm mètre m; (tren: tb:
~politano) métro m
mexicano, -a (Am) adj mexicain(e)
▷ nm/f Mexicain(e)
México (Am) nm Mexique m; **Ciudad
de ~** Mexico
mezcla nf mélange m; **mezclar** vt
mélanger; (cosas, ideas dispares) mêler;
mezclarse vpr se mélanger; **mezclarse
a algn en** (pey) mêler qn à; **mezclarse
en algo** (pey) se mêler de qch
mezquino, -a adj mesquin(e)
mezquita nf mosquée f
mg. abr (= miligramo(s)) mg
(= milligramme(s))
mi adj mon/ma ▷ nm (Mús) mi m; **~
hijo** mon fils; **~s hijos** mes enfants
mí pron moi
michelín nm bourrelet m
micro nm micro m;
(Am: microordenador) micro-
ordinateur m; (: microbús) minibus msg
microbio nm microbe m
micrófono nm microphone m
microondas nm inv (tb: **horno ~**)
four m à micro-ondes
microscopio nm microscope m
miedo nm peur f; **tener ~** avoir peur;
tener ~ de que avoir peur que
miedoso, -a adj peureux(-euse)
miel nf miel m
miembro nm membre m; **miembro
viril** membre viril
mientras conj pendant que ▷ adv en
attendant; **~ viva/pueda** tant que je
vivrai/pourrai; **~ que** tandis que; **~
tanto** entre-temps

miércoles nm inv mercredi m; ver tb **sábado**

mierda (fam!) nf merde f (fam!)

miga nf mie f; (una miga) miette f; **hacer buenas ~s** (fam) faire bon ménage

migración nf migration f

mil adj, nm mille m; **dos ~ libras** deux mille livres

milagro nm miracle m; **de ~** par miracle

milagroso, -a adj miraculeux(-euse)

milésimo, -a adj, nm/f millième m

mili nf: **la ~** (fam) le service (militaire)

milicia nf milice f

milímetro nm millimètre m

militante adj, nm/f militant(e)

militar vt militaire m, militaire m ▷ vi: **~ en** (Pol) militer dans

millar nm millier m

millón nm million m

millonario, -a adj, nm/f millionnaire m/f

mimar vt gâter

mimbre nm o f osier m

mímica nf mimique f

mimo nm (gesto cariñoso) mamours mpl; (en trato con niños: pey) indulgence f; (Teatro) mime m

mina nf mine f; **minar** vt miner

mineral adj minéral(e) ▷ nm minéral m

minero, -a adj minier(-ière) ▷ nm/f mineur m

miniatura nf miniature f; **en ~** en miniature

minifalda nf mini-jupe f

mínimo, -a adj (temperatura, salario) minimal(e); (detalle, esfuerzo) minime ▷ nm minimum m

ministerio nm ministère m

ministro, -a nm/f ministre m

minoría nf minorité f

minucioso, -a adj minutieux(-euse)

minúscula nf minuscule f

minúsculo, -a adj minuscule f

minusválido, -a adj, nm/f handicapé(e)

minuta nf (de abogado etc) minute f

minutero nm aiguille f des minutes

minuto nm minute f

mío, -a adj mien(-enne) ▷ pron le mien/la mienne; **un amigo ~** un de mes amis

miope adj myope

mira nf (de arma) viseur m; **con la ~ de (hacer)** dans le but de (faire); **con ~s a (hacer)** en vue de (faire)

mirada nf regard m; (momentánea) coup m d'œil; **echar una ~ a** jeter un coup d'œil à

mirado, -a adj réservé(e); **estar bien/mal ~** être bien/mal vu(e)

mirador nm mirador m

mirar vt regarder; (considerar) penser à ▷ vi regarder; (suj: ventana etc) donner sur; **mirarse** vpr se regarder; **~ (hacia/por)** regarder (vers/par); **~ (en/por)** veiller (à); **bien/mal a algn** apprécier/ne pas apprécier qn; **~ por algn/algo** veiller sur qn/qch

mirilla nf judas msg

mirlo nm merle m

misa nf messe f

miserable adj, nm/f misérable m/f

miseria nf misère f; **una ~ (muy poco)** une misère

misericordia nf miséricorde f

misil nm missile m

misión nf mission f; **misiones** nfpl (Rel) missions fpl

misionero, -a adj, nm/f missionnaire m/f

mismo, -a adj: **el ~ libro/apellido** le même livre/nom de famille; (con pron personal) **mí** etc ~ moi etc même ▷ adv: **aquí/hoy ~** (dando énfasis) ici/aujourd'hui même; (por ejemplo) par exemple ici/aujourd'hui; **ayer ~** pas plus tard qu'hier ▷ conj: **lo ~ que** de même que; **el ~ color** la même couleur; **ahora ~** à l'instant; **yo lo vi** je l'ai vu de mes propres yeux; **quiero lo ~** je veux la même chose; **es** o **da**

lo ~ peu importe; **~ que** (*Méx: esp en prensa*) qui

misterio *nm* mystère *m*; **hacer algo con (mucho) ~** faire qch en (grand) secret

misterioso, -a *adj* mystérieux(-euse)

mitad *nf* moitié *f*; (*centro*) milieu *m*; **a ~ de precio** à moitié prix; **en o a ~ del camino** à mi-chemin; **cortar por la ~** partager en deux

mitigar *vt* atténuer

mitin *nm* (*esp Pol*) meeting *m*

mito *nm* mythe *m*

mixto, -a *adj* mixte; (*ensalada*) composé(e)

mobiliario *nm* mobilier *m*

mochila *nf* sac *m* à dos

moción *nf* motion *f*

moco *nm* morve *f*

moda *nf* mode *f*; **estar de ~** être à la mode; **pasado de ~** démodé(e)

modales *nmpl* manières *fpl*

modalidad *nf* modalité *f*

modelar *vt* modeler

modelo *adj inv* modèle ▷ *nm/f* modèle *m*; (*en moda, publicidad*) mannequin *m* ▷ *nm* (*a imitar*) modèle

moderado, -a *adj* modéré(e)

moderar *vt* modérer; **moderarse** *vpr*: **~se (en)** se modérer (dans)

modernizar *vt* moderniser

moderno, -a *adj* moderne

modestia *nf* modestie *f*

modesto, -a *adj* modeste

módico, -a *adj* modique

modificar *vt* modifier

modisto, -a *nm/f* couturier(-ère) *f*

modo *nm* (*manera*) manière *f*; **modos** *nmpl* (*modales*): **buenos/malos ~s** bonnes/mauvaises manières; **"~ de empleo"** "mode d'emploi"; **de ningún ~** en aucune façon; **de todos ~s** de toute manière

modorra *nf* léthargie *f*

mofa *nf*: **hacer ~ de algn** se moquer de qn

mofarse *vpr*: **~ de** se moquer de

moho *nm* (*en pan etc*) moisi *m*

mojar *vt* mouiller

mojón *nm* borne *f*

molde *nm* moule *m*

mole *nf* masse *f* ▷ *nm* (*Méx*) (sorte *f* de viande en) daube *f*

moler *vt* moudre

molestar *vt* (*suj: olor, ruido*) gêner; (: *visitas, niño*) déranger; (: *zapato, herida*) faire mal à; (: *comentario, actitud*) vexer ▷ *vi* (*visitas, niño*) déranger; **molestarse** *vpr* se déranger; (*ofenderse*) se vexer; **~se (en)** prendre la peine (de)

molestia *nf* gêne *f*; (*Med*) douleur *f*; **tomarse la ~ de** prendre la peine de; **no es ninguna ~** cela ne me dérange pas du tout, je vous en prie; **"perdonen las ~s"** "veuillez nous excuser pour le désagrément"

molesto, -a *adj* gênant(es), désagréable; **estar ~** (*Med*) se sentir mal; (*enfadado*) être fâché(e); **estar ~ con algn** ne pas être à l'aise avec qn

molido, -a *adj*: **estar ~** être crevé(e)

molinillo *nm*: **~ de café** moulin *m* à café

molino *nm* moulin *m*

momentáneo, -a *adj* momentané(e)

momento *nm* moment *m*; **es el/no es el ~ de (hacer)** c'est/ce n'est pas le moment de (faire); **de ~** pour le moment

momia *nf* momie *f*

monarca *nm* monarque *m*; **monarquía** *nf* monarchie *f*

monárquico, -a *adj* monarchique ▷ *nm/f* monarchiste *m/f*

monasterio *nm* monastère *m*

● **LA MONCLOA**
●
● Le palais de la Moncloa à Madrid
● est la résidence officielle du chef du

gouvernement espagnol. Par
extension, la Moncloa désigne
souvent le chef du gouvernement
et ses collaborateurs.

mondar vt éplucher; **mondarse**
vpr: **~se de risa** (fam) se tordre de
rire

moneda nf (unidad monetaria)
monnaie f; (pieza) pièce f de monnaie,
monedero nm porte-monnaie m inv

monetario, -a adj monétaire

monitor, a nm/f moniteur(-trice)
▷ nm (TV, Inform) moniteur m

monja nf religieuse f

monje nm moine m

mono, -a adj beau/belle ▷ nm/f
singe/guenon ▷ nm (prenda: entera)
bleu m de travail

monólogo nm monologue m

monopolio nm monopole m;
monopolizar vt monopoliser

monotonía nf monotonie f

monótono, -a adj monotone

monstruo nm monstre m

monstruoso, -a adj
monstrueux(-euse)

montaje nm montage m

montaña nf montagne f; **montaña
rusa** montagne russe

montar vt, vi monter; **~ a caballo**
monter à cheval; **botas de ~** bottes fpl
d'équitation; **~ en cólera** se mettre
en colère

monte nm mont m; (área sin cultivar)
bois m sg; **monte de piedad** mont
de piété

montón nm tas m sg; (de gente, dinero)
flopée f

monumento nm monument m

moño nm chignon m

moqueta nf moquette f

mora nf (Bot) mûre f

morada nf demeure f

morado, -a adj violet(-ette) ▷ nm
violet m

moral adj moral(e) ▷ nf morale f;
(ánimo) moral m ▷ nf (Bot) mûrier m

moraleja nf morale f

moralidad nf moralité f

morboso, -a adj morbide

morcilla nf (Culin) ≈ boudin m noir

mordaz adj (crítica) sévère

mordaza nf bâillon m

morder vt; **mordisco** nm petite
morsure f

moreno, -a adj brun(e); (de pelo)
mat(e); **estar ~** être bronzé(e);
ponerse ~ se bronzer

morfina nf morphine f

moribundo, -a adj, nm/f
moribond(e)

morir vi mourir; **morirse** vpr
mourir; **fue muerto a tiros/en un
accidente** il a été tué par balles/
dans un accident; **~se de envidia/
de ganas/de vergüenza** mourir de
jalousie/d'envie/de honte

moro, -a adj maure/mauresque
▷ nm/f Maure/Mauresque

moroso, -a adj retardataire ▷ nm
(Com) mauvais payeur m

morral nm musette f

morro nm museau m; (Auto, Aviat)
devant m; **beber a ~** boire au goulot;
estar de ~s (con algn) faire la gueule
(à qn); **tener mucho ~** (fam) avoir
du toupet

mortadela nf mortadelle f

mortaja nf linceul m

mortal adj, nm/f mortel(-elle);
mortalidad nf mortalité f

mortero nm mortier m

mortífero, -a adj meurtrier(-ère)

mortificar vt mortifier

mosca nf mouche f

Moscú n Moscou

mosquear (fam) vt (hacer sospechar)
faire soupçonner; (fastidiar) agacer;
mosquearse (fam) vpr se vexer

mosquitero nm moustiquaire f

mosquito nm moustique m

mostaza nf moutarde f
mostrador nm comptoir m
mostrar vt montrer; (el camino) montrer, indiquer; (explicar) expliquer; **mostrarse** vpr: **~se amable** se montrer aimable
mota nf poussière f; (en tela: dibujo) nœud m
mote nm surnom m
motín nm mutinerie f
motivar vt motiver, encourager, stimuler; **motivo** nm motif m
moto, motocicleta nf moto f
motociclista nm/f motocycliste m/f
motor, a adj véhicule: (máquina) ▷ nm moteur m; **~ a o de reacción/de explosión** moteur à réaction/à explosion
motora nf canot m
movedizo, -a adj: **arenas movedizas** sables mpl mouvants
mover vt bouger; (máquina) mettre en marche; **moverse** vpr se déplacer; (tierra) glisser; **~ a algn a hacer** (inducir) pousser qn à faire; **~ la cabeza** (para negar) hocher la tête de droite à gauche
móvil adj mobile; (pieza de máquina) roulant(e) ▷ nm (de crimen) mobile m; (teléfono) portable m; **movilidad** nf mobilité f; **movilizar** vt mobiliser
movimiento nm mouvement m
moza nf jeune fille f
mozo nm jeune homme m; (en hotel) groom m; (camarero) garçon m; (Mil) conscrit m
muchacha nf fille f; (criada) domestique f
muchacho nm garçon m
muchedumbre nf foule f

PALABRA CLAVE

mucho, -a adj 1 (cantidad, número) beaucoup de; **mucha gente** beaucoup de monde; **mucho dinero**

beaucoup d'argent; **hace mucho calor** il fait très chaud; **muchas amigas** beaucoup d'amies
2 (sg: fam: grande): **ésta es mucha casa para él** cette maison est bien trop grande pour lui
3 (sg: demasiados): **hay mucho gamberro aquí** il y a beaucoup de voyous par ici
▷ pron: **tengo mucho que hacer** j'ai beaucoup (de choses) à faire; **muchos dicen que ...** beaucoup de gens disent que ...; ver tb **tener**
▷ adv 1: **te quiero mucho** je t'aime beaucoup; **lo siento mucho** je regrette beaucoup, je suis vraiment désolé; **mucho antes/mejor** bien avant/meilleur; **come mucho** il mange beaucoup; **¿te vas a quedar mucho?** tu vas rester longtemps?
2 (respuesta) très; **¿estás cansado?** – **¡mucho!** tu es fatigué? – très!
3 (locuciones): **leo como mucho un libro al mes** je lis au maximum un livre par mois; **el mejor con mucho** de loin le meilleur; **¡ni mucho menos!** loin de là!; **él no es ni mucho menos trabajador** il est loin d'être travailleur
4: **por mucho que: por mucho que le quieras** tu as beau l'aimer

muda nf (de ropa) linge m de rechange
mudanza nf déménagement m; **camión/casa de ~s** camion m/ entreprise m de déménagement
mudar vt changer; (Zool) muer; **mudarse** vpr: **~se (de ropa)** se changer; **~ de** (opinión, color) changer de; **~se (de casa)** déménager; **la voz le está mudando** il est en train de muer
mudo, -a adj muet(te); (callado) silencieux(-euse)
mueble nm meuble m
mueca nf grimace f

muela vb ver **moler** ▷ nf (diente de atrás) molaire f; **muela del juicio** dent f de sagesse

muelle nm ressort m; (Náut) quai m

muera etc vb ver **morir**

muerte nf mort f; **dar ~ a** donner la mort à

muerto, -a pp de **morir** ▷ adj mort(e) ▷ nm/f mort(e)

muestra vb ver **mostrar** ▷ nf (Com, Costura) échantillon m; (de sangre) prélèvement m; (en estadística) échantillonnage m; (señal) preuve f

muestreo nm (estadístico) échantillonnage m

mueva etc vb ver **mover**

mugir vi mugir

mugre nf (suciedad) crasse f; (: grasienta) cambouis msg

mugriento, -a adj crasseux(-euse)

mujer nf femme f; **mujeriego** adj, nm coureur m

mula nf mule f

muleta nf (para andar) béquille f; (Taur) muleta f

mullido, -a adj moelleux(-euse)

multa nf amende f; **multar** vt condamner à une amende

multicines nmpl cinéma m multisalle

multinacional adj multinational(e) ▷ nf multinationale f

múltiple adj multiple

multiplicar vt multiplier; **multiplicarse** vpr se multiplier; (para hacer algo) se démener, se mettre en quatre

multitud nf foule f; **~ de** multitude de

mundano, -a adj mondain(e)

mundial adj mondial(e)

mundo nm monde m; **todo el ~** tout le monde; **tiene ~** il sait comment se comporter en société

munición nf munition f

municipal adj municipal(e) ▷ nm/f (tb: **policía ~**) agent m de police

municipio nm municipalité f

muñeca nf (Anat) poignet m; (juguete, mujer) poupée f; (And, CSur: fam) prise f de courant

muñeco nm (juguete) baigneur m; (marioneta, fig) pantin m

mural nm peinture f murale

muralla nf muraille f

murciélago nm chauve-souris fsg

murmullo nm murmure m

murmuración nf médisance f; **murmurar** vt, vi murmurer; **murmurar (de)** (criticar) dire du mal (de)

muro nm mur m

muscular adj musculaire

músculo nm muscle m

museo nm musée m

musgo nm mousse f

música nf musique f; ver tb **músico**

musical adj musical(e)

músico, -a nm/f musicien(ne)

muslo nm cuisse f

mustio, -a adj (planta) flétri(e)

musulmán, -ana adj, nm/f musulman(e)

mutación nf mutation f

mutilar vt mutiler

mutismo nm mutisme m

mutuo, -a adj mutuel(-elle)

muy adv très; **M~ Señor mío/Señora mía** cher Monsieur/chère Madame; **~ de noche** tard dans la nuit

m

n

N *abr* (= *norte*) N (= *nord*)
N. *sigla f* (= *carretera nacional*) RN f (= *route nationale*)
n. *abr* (= *nacido, a*) né(e)
nabo *nm* navet m
nácar *nm* nacre f
nacer *vi* naître; (*vegetal, barba, vello*) pousser; (*río*) prendre sa source; (*columna, calle*) commencer
nacido, -a *adj*: **~ en** né(e) en; **naciente** *adj* naissant(e); **el sol naciente** le soleil levant; **nacimiento** *nm* naissance f; (*de Navidad*) crèche f; (*de río*) source f
nación *nf* nation f; **nacional** *adj* national(e)
nacionalidad *nf* nationalité f; **nacionalismo** *nm* nationalisme m; **nacionalista** *adj, nm/f* nationaliste m/f; **nacionalizar** *vt* nationaliser; **nacionalizarse** *vpr* se faire naturaliser

nada *pron, adv* rien; **no decir ~** ne rien dire; **de ~** de rien; **por ~** pour rien
nadador, a *nm/f* nageur(-euse)
nadar *vi* nager
nadie *pron* personne; **~ habló** personne n'a parlé; **no había ~** il n'y avait personne
nado *adv*: **a ~** à la nage
nafta (*CSur*) *nf* (*gasolina*) essence f
naipe *nm* carte f
nalgas *nfpl* fesses fpl
naranja *adj inv* orange ▷ *nm* (*color*) orange m ▷ *nf* (*fruta*) orange f; **media ~** (*fam*) moitié f; **naranjada** *nf* orangeade f; **naranjo** *nm* oranger m
narciso *nm* narcisse m
narcótico, -a *adj, nm* narcotique m; **narcotizar** *vt* administrer des narcotiques à
nardo *nm* nard m
narigón, -ona, narigudo, -a *adj*: **un tipo ~** un type au grand nez
nariz *nf* nez m; **narices** *nfpl* narines fpl; **delante de las narices de algn** au nez de qn; **nariz chata/respingona** nez épaté/en trompette
narración *nf* narration f
narrador, a *nm/f* narrateur(-trice)
narrar *vt* raconter; **narrativa** *nf* genre m narratif
nata *nf* crème f
natación *nf* natation f
natal *adj* natal(e); **natalidad** *nf* natalité f; **control de natalidad** contrôle m des naissances
natillas *nfpl* crème f renversée
nativo, -a *adj* (*costumbres*) local(e), du pays; (*lengua*) maternel(le); (*país*) natal(e) ▷ *nm/f* natif(-ive)
nato, -a *adj*: **un actor/pintor/músico ~** un acteur/peintre/ musicien né
natural *adj* naturel(le); (*luz*) du jour; (*flor, fruta*) vrai(e); **~ de** natif(-ive) de
naturaleza *nf* nature f

naturalidad nf naturel m
naturalmente adv naturellement;
¡~! naturellement!
naufragar vi faire naufrage;
naufragio nm naufrage m
náufrago, -a nm/f naufragé(e)
náuseas nfpl nausées fpl; **me da ~** ça
me donne la nausée
náutico, -a adj nautique
navaja nf couteau m (de poche); ~ **(de
afeitar)** rasoir m à main
naval adj naval(e)
Navarra nf Navarre f
nave nf (barco) navire m; (Arq) nef f;
nave espacialvaisseau m spatial;
nave industrialatelier m
navegación nf navigation f; (viaje)
voyage m en mer; **navegación
aérea/costera/fluvial**navigation
aérienne/côtière/fluviale;
navegante nm/f navigateur(-trice);
hacer vi naviguer
navidad nf (tb: ~**es**) fêtes fpl de Noël;
(tb: **día de ~**) la Noël; **Noël** Noël m
navideño, -a adj de Noël
navío nm navire m
nazca etc vb ver **nacer**
nazi adj nazi(e) ⊳ nm/f Nazi(e)
NE abr (= nor(d)este) N.-E. (= nord-est)
neblina nf brume f
nebulosa nf nébuleuse f
necesario, -a adj: ~ **(para)**
nécessaire (pour); **(no) es ~ que** il
(n')est (pas) nécessaire que
neceser nm nécessaire m
necesidad nf besoin m; (cosa
necesaria) nécessité f; (miseria)
pauvreté f; **en caso de ~** en cas de
besoin; **hacer sus ~es** faire ses
besoins
necesitado, -a adj
nécessiteux(-euse); **estar ~ de** avoir
grand besoin de
necesitar vt: ~ **(hacer)** avoir besoin
de (faire) ⊳ vi: ~ **de** avoir besoin de
necio, -a adj, nm/f idiot(e)

néctar nm nectar m
nectarina nf nectarine f
nefasto, -a adj néfaste
negación nf négation f
negar vt (hechos) nier; (permiso, acceso)
refuser; **negarse** vpr: ~**se a hacer
algo** se refuser à faire qch
negativa nf négative f; (rechazo)
refus msg
negativo, -a adj négatif(-ive) ⊳ nm
(Foto) négatif m
negligencia nf négligence f;
negligente adj négligent(e)
negociado nm bureau m
negociante nm/f (Com)
négociant(e); (pey) trafiquant(e)
negociar vt négocier ⊳ vi: ~ **en** o
con (Com) faire le commerce de o du
commerce avec
negocio nm (Com); (tienda)
commerce m; **los ~s**les affaires fpl;
hacer ~ faire des affaires; **¡eso es
un ~!** ça rapporte!; ~ **sucio** affaire f
louche; **¡mal ~!** (fam) ça va mal!
negra nf (Mús) noire f
negro, -a adj négro(e) ⊳ nm (color)
noir m ⊳ nf: **la negra** la poisse ⊳ nm/f
(persona) noir(e); (Am: fam) chéri(e)
nene, -a nm/f petit(e)
nenúfar nm nénuphar m
neón nm: **luz** o **lámpara de ~** néon m
neoyorquino, -a adj new-yorkais(e)
nervio nm nerf m; (Bot, Arq) nervure f;
nerviosismo nm état m d'agitation,
nervosité f
nervioso, -a adj nerveux(-euse)
neto, -a adj net/nette
neumático nm pneu m; **neumático
de recambio**roue f de secours
neurona nf neurone m
neutral adj neutre; **neutralizar** vt
neutraliser
neutro, -a adj neutre; (Bio) asexué(e)
neutrón nm neutron m
nevada nf chute f de neige
nevar vi neiger

nevera (Esp) nf réfrigérateur m

nexo nm lien m

ni conj ni; (tb: **~ siquiera**) même pas; **~ aunque** même si; **~ blanco ~ negro** ni blanc ni noir

Nicaragua nf Nicaragua m;
nicaragüense adj nicaraguayen(ne) ⊳ nm/f Nicaraguayen(ne)

nicho nm niche f

nicotina nf nicotine f

nido nm nid m

niebla nf brouillard m

niego etc, **niegue** etc vb ver **negar**

nieto, -a nm/f petit-fils/petite-fille; **los nietos** nmpl les petits-enfants

nieve vb ver **nevar** ⊳ nf neige f; (Am: helado) glace f

NIF nm abr (= Número de Identificación Fiscal) matricule fiscal utilisé dans l'administration

Nilo nm: **el (Río) ~** le Nil

nimiedad nf bagatelle f

nimio, -a adj insignifiant(e), sans importance

ninfa nf nymphe f

ningún adj ver **ninguno**

ninguno, -a adj aucun(e) ⊳ pron personne; **de ninguna manera** en aucune manière

niña nf (petite) fille f; (del ojo) pupille f

niñera nf nourrice f; **niñería** (pey) nf enfantillage m

niñez nf enfance f

niño, -a adj jeune; (pey) puéril(e) ⊳ nm enfant m; (chico) (petit) garçon m; (bebé) petit enfant m

nipón, -ona adj nippon(e one)

níquel nm nickel m; **niquelar** vt nickeler

níspero nm néflier m

nitidez nf (de imagen) netteté f; (de atmósfera) pureté f

nítido, -a adj (imagen) net(te); (cielo) dégagé(e); (atmósfera) pur(e)

nitrato nm nitrate m

nitrógeno nm azote m

nivel nm niveau m; **nivel del aceite** niveau d'huile; **nivel de vida** niveau de vie; **nivelar** vt niveler; (ingresos, categorías) égaliser

NN. UU. abr (= Naciones Unidas) NU (= Nations unies)

NO abr (= noroeste) N.-O. (= nord-ouest)

 PALABRA CLAVE

no adv 1: **¡no!** (en respuesta) non!; **ahora no** pas maintenant; **no mucho** pas tellement, pas beaucoup; **¡cómo no!** bien sûr!

2 (con verbo) **no … pas**; **no viene** il ne vient pas; **no es el mío** ce n'est pas le mien

3 (no + sustantivo): **pacto de no agresión** pacte m de non-agression; **los países no alineados** les pays non-alignés

4: **no sea que haga frío** au cas où il ferait froid

5: **no bien hubo terminado se marchó** à peine eut-il terminé qu'il s'en alla

6: **¡a que no lo sabes!** je parie que tu ne le sais pas!

noble adj, nm/f noble m/f; **nobleza** nf noblesse f; **la nobleza** la noblesse

noche nf nuit f; (la tarde) soir m; **de ~, por la ~** le soir; (de madrugada) la nuit; **se hace de ~** la nuit tombe; **es de ~** il fait nuit

◗ **NOCHE DE SAN JUAN**

La fête de la **Noche de San Juan** a lieu le 24 juin. Cette fête, qui coïncide avec le solstice d'été, a remplacé d'anciennes fêtes païennes. Durant les festivités, où selon la tradition le feu joue un rôle important, on danse autour de feux de joie dans les villes et les villages.

Nochebuena nf nuit f de Noël

- **NOCHEBUENA**

- Dans les pays de langue espagnole,
- comme en France, on fête Noël la
- nuit du 24 décembre; c'est
- **Nochebuena**. Les familles se
- réunissent autour d'un grand repas
- et les plus pieux assistent à la
- messe de minuit. Bien que la
- tradition veuille que les cadeaux
- soient apportés par les Rois mages
- le 6 janvier, il est de plus en plus
- fréquent de s'offrir des cadeaux la
- veille de Noël.

Nochevieja nf nuit f de la Saint
Sylvestre

- **NOCHEVIEJA**

- En Espagne, "las campanadas", les
- douze coups de l'horloge de la
- "Puerta del Sol" à Madrid, qui sont
- retransmis en direct pour marquer
- le début de chaque nouvelle année,
- représentent le temps fort du
- réveillon de la Saint-Sylvestre
- **Nochevieja**. Lorsque minuit
- sonne, la tradition continue sous le
- nom de "las uvas de la suerte" ou
- "las doce uvas", veut que l'on mange
- douze grains de raisin, un pour
- chaque coup.

noción nf notion f

nocivo, -a adj nocif(-ive)

noctámbulo, -a adj, nm/f
noctambule m/f

nocturno, -a adj nocturne; (club)
de nuit; (clases) du soir ▷ nm (Mús)
nocturne m

nodriza nf nourrice f; **buque/nave ~**
bateau m/navire m de ravitaillement

nogal nm noyer m

nómada adj, nm/f nomade m/f

nombramiento nm nomination f

nombrar vt nommer

nombre nm nom m; (tb: **~ completo**)
nom (et prénoms); **~ y apellidos** nom
et prénoms; **nombre común** nom
commun; **nombre de pila** prénom
m; **nombre de soltera** nom de jeune
fille; **nombre de usuario** (Inform)
identifiant m; **nombre propio** nom
propre

nómina nf (de personal) liste f; (hoja de
sueldo) feuille f de paie

nominal adj nominal(e)

nominar vt nommer

nominativo, -a adj (Ling)
nominatif(-ive); **un cheque ~ a X** un
chèque à l'ordre de X

nordeste adj nord-est ▷ nm nord-
est m

nórdico, -a adj (zona) nord;
(escandinavo) nordique

noreste adj, nm = **nordeste**

noria nf (Agr) noria f; (de feria) grande
roue f

normal adj normal(e); **normalidad**
nf normalité f; **restablecer la
normalidad** rétablir l'ordre;
normalizar vt normaliser; (gastos)
régulariser; **normalizarse** vpr se
normaliser

normando, -a adj normand(e)
▷ nm/f Normand(e)

normativa nf réglementation f

noroeste adj nord-ouest ▷ nm
nord-ouest m

norte adj nord ▷ nm nord m

norteamericano, -a adj
américain(e) ▷ nm/f Américain(e)

Noruega nf Norvège f

noruego, -a adj norvégien(ne)
▷ nm/f Norvégien(ne)

nos pron nous; **~ levantamos a las 7**
nous nous levons à 7 heures

nosotros, -as pron nous

nostalgia nf nostalgie f

nota nf note f; **notas** nfpl (apuntes) notes fpl; (Escol) résultats mpl

notar vt (darse cuenta de) remarquer; (frío, calor) sentir; **notarse** vpr (efectos, cambio) se faire sentir; (mancha) se voir; **se nota que ...** on voit que ...

notarial adj notarial(e); **acta ~** acte m notarié

notario nm notaire m

noticia nf nouvelle f; **las ~s** (TV) les informations; **tener ~s de algn** avoir des nouvelles de qn

noticiero nm journal m

notificación nf notification f; **notificar** vt notifier

notoriedad nf notoriété f

notorio, -a adj notoire

novato, -a adj, nm/f nouveau(-velle)

novecientos, -as adj neuf cents; ver tb **seiscientos**

novedad nf nouveauté f; (noticia) nouvelle f

novel adj débutant(e)

novela nf roman m

noveno, -a adj, nm/f neuvième m/f; ver tb **sexto**

noventa adj inv, nm inv quatre-vingt-dix m inv; ver tb **sesenta**

novia nf ver **novio**

noviazgo nm fiançailles fpl

novicio, -a adj (Rel) novice ▷ nm/f (Rel) novice m/f

noviembre nm novembre m; ver tb **julio**

novillada nf course de jeunes taureaux

novillero nm torero combattant de jeunes taureaux

novillo nm jeune taureau m; **hacer ~s** (fam) faire l'école buissonnière

novio, -a nm/f (amigo íntimo) petit(e) ami(e); (prometido) fiancé(e); (en boda) marié(e); **los ~s** les fiancés mpl; (en boda) les mariés mpl

nubarrón nm gros nuage m

nube nf nuage m; (de mosquitos) nuée f;

(Med: ocular) taie f

nublado, -a adj nuageux(-euse); (día) gris(e)

nubosidad nf nuages mpl; **había mucha ~** il y avait beaucoup de nuages

nuca nf nuque f

nuclear adj nucléaire

núcleo nm noyau m; **núcleo de población** agglomération f; **núcleo urbano** centre m urbain

nudillo nm jointure f

nudista adj, nm/f nudiste m/f

nudo nm nœud m; **nudo de carreteras** nœud routier; **nudo de comunicaciones** nœud de communications

nudoso, -a adj noueux(-euse)

nuera nf belle-fille f

nuestro, -a adj à nous ▷ pron notre; **~ padre** notre père; **un amigo ~** un de nos amis; **es el ~** c'est le nôtre

nueva nf nouvelle f

nuevamente adv à nouveau; **Nueva York** n New York

Nueva Zelanda nf Nouvelle-Zélande f; **Nueva Zelandia** (Am) nf = **Nueva Zelanda**

nueve adj inv, nm inv neuf m inv; ver tb **seis**

nuevo, -a adj nouveau(-velle); (no usado) neuf/neuve; **de ~** de nouveau

nuez (pl **nueces**) nf noix f sg; **nuez (de Adán)** pomme f d'Adam; **nuez moscada** noix muscade

nulidad nf nullité f; **es una ~** (pey) il est nul

nulo, -a adj nul(le); **soy ~ para la música** je suis nul(le) en musique

núm. abr (= número) n° (= numéro)

numeración nf (de calle, páginas) numérotation f; (sistema) chiffres mpl

numeral nm numéral m

numerar vt numéroter

número nm nombre m; (de zapato) pointure f; (Teatro, de publicación, *de lotería*) numéro *m*; **estar en ~s rojos** être à découvert; **número atrasado** vieux numéro; **número de matrícula/de teléfono** numéro d'immatriculation/de téléphone; **número decimal/impar/par** nombre décimal/impair/pair; **número romano** chiffre romain

numeroso, -a *adj* nombreux(-euse); *ver tb* **familia**

nunca *adv* jamais

nupcias *nfpl*: **en segundas ~** en secondes noces

nutria *nf* loutre *f*

nutrición *nf* nutrition *f*

nutrido, -a *adj* nourri(e); (*grupo, representación*) dense; **bien/mal ~** bien/mal nourri(e)

nutrir *vt* nourrir; **nutrirse** *vpr*: **~se de** se nourrir de

nutritivo, -a *adj* nutritif(-ive)

nylon *nm* nylon *m*

~

ñ

ñato, -a (*CSur*) *adj* (*de nariz chata*) camus(e)

ñoñería *nf* (*de persona sosa*) fadeur *f*; (*de persona melindrosa*) pudibonderie *f*; (*una ñoñería*) niaiserie *f*

ñoño, -a *adj* (*soso*) fadasse (*fam*); (*melindroso*) pudibond(e)

O

O *abr* (= *oeste*) O (= *ouest*)

o *conj* ou

o/ *nm* (= *orden*) commande *f*

oasis *nm inv* oasis *msg o fsg*

obedecer *vt* obéir à ⊳ *vi* obéir; **~ a** (*Med, fig*) succomber à; **obediencia** *nf* obéissance *f*; **obediente** *adj* obéissant(e)

obertura *nf* (*Mús*) ouverture *f*

obesidad *nf* obésité *f*

obeso, -a *adj* obèse

obispo *nm* évêque *m*

objeción *nf* objection *f*

objetar *vt*: **~ que** objecter que ⊳ *vi* être objecteur de conscience

objetivo, -a *adj* objectif(-ive) ⊳ *nm* objectif *m*

objeto *nm* objet *m*; (*finalidad*) objet, but *m*; **ser ~ de algo** être l'objet de qch

objetor *nm* (*tb*: **~ de conciencia**) objecteur *m* de conscience

oblicuo, -a *adj* oblique

obligación *nf* obligation *f*; **obligaciones** *nfpl* obligations *fpl*; **cumplir con mi** *etc* **~** remplir mon *etc* devoir

obligar *vt* obliger

obligatorio, -a *adj* obligatoire

oboe *nm* hautbois *msg*

obra *nf* œuvre *f*; (*tb*: **~ dramática** *o* **de teatro**) pièce *f*; **obras** *nfpl* travaux *mpl*; **ser ~ de algn** être l'œuvre de qn; **por ~ de** à cause de; **obra maestra** chef-d'œuvre *m*; **obras públicas** travaux publics; **obrar** *vi* agir

obrero, -a *adj* ouvrier(-ère) ⊳ *nm/f* ouvrier(-ère); (*del campo*) ouvrier(-ère) (agricole); **clase obrera** classe *f* ouvrière

obscenidad *nf* obscénité *f*

obsceno, -a *adj* obscène

obscu... = oscu...

obsequiar *vt*: **~ a algn con algo** faire cadeau de qch à qn; **obsequio** *nm* (*regalo*) présent *m*

observación *nf* observation *f*

observador, a *adj* observateur(-trice) ⊳ *nm/f* observateur *m*

observar *vt* observer

obsesión *nf* obsession *f*

obsesivo, -a *adj* obsessionnel(le)

obsoleto, -a *adj* (*máquina*) obsolète; (*ideas*) désuet(te)

obstáculo *nm* obstacle *m*

obstante *adv*: **no ~** cependant

obstinado, -a *adj* obstiné(e)

obstinarse *vpr* s'obstiner; **~ en** s'obstiner à

obstrucción *nf* obstruction *f*; **obstruir** *vt* obstruer; (*plan, labor, proceso*) faire obstacle à

obtener *vt* obtenir

obturador *nm* obturateur *m*

obvio, -a *adj* évident(e)

ocasión *nf* occasion *f*; **¡~!** (*Com*) offre spéciale; **de ~** (*libro*) d'occasion; **ocasionar** *vt* occasionner

ocaso nm (puesta de sol) coucher m du soleil

occidente nm occident m; **el O~** l'Occident m

O.C.D.E. sigla f (= Organización para la Cooperación y el Desarrollo Económico) OCDE f (= Organisation de coopération et de développement économique)

océano nm océan m

ochenta adj inv, nm inv quatre-vingts m inv; ver tb **sesenta**

ocho adj inv, nm inv huit m inv; ver tb **seis**

ochocientos, -as adj huit cents; ver tb **seiscientos**

ocio nm (tiempo) loisir m

ocioso, -a: adj **estar ~** être oisif(-ive)

octavilla nm (esp Pol) tract m

octavo, -a adj, nm/f huitième m/f; ver tb **sexto**

octubre nm octobre m; ver tb **julio**

ocular adj (inspección) des yeux; **testigo ~** témoin m oculaire

oculista nm/f oculiste m/f

ocultar vt cacher

oculto, -a adj (puerta, persona) dissimulé(e); (razón) caché(e)

ocupación nf occupation f

ocupado, -a adj occupé(e); **ocupar** vt occuper; **ocuparse** vpr: **ocuparse de** s'occuper de

ocurrencia nf (idea) idée f; (: graciosa) trait m d'esprit; **¡qué ~!** quelle drôle d'idée!

ocurrir vi (suceso) se produire, se passer; **ocurrirse** vpr: **se me ha ocurrido que ...** il m'est venu à l'esprit que ...; **¿qué te ocurre?** qu'est-ce que tu as?; **¡qué cosas se te ocurren!** tu as de ces idées!

odiar vt (a algn) haïr; **odio** nm haine f

odioso, -a adj (persona) odieux(-euse); (tiempo) exécrable; (trabajo, tema) insupportable

odontólogo, -a nm/f odontologiste m/f

O.E.A. sigla f (= Organización de Estados Americanos) OEA f (= Organisation des États américains)

oeste nm ouest m; **película del ~** western m; ver tb **norte**

ofender vt offenser; **ofenderse** vpr s'offenser; **ofensa** nf offense f

ofensiva nf offensive f

ofensivo, -a adj (palabra etc) offensant(e); (Mil) offensif(-ive)

oferta nf offre f; (Com: de bajo precio) promotion f; **la ~ y la demanda** l'offre et la demande; **artículos de o en ~** articles mpl en promotion

oficial adj officiel(le) ▷ nm/f (Mil) officier m; (en un trabajo) ouvrier(-ère) qualifié(e)

oficina nf bureau m; **oficina de información** bureau d'information; **oficina de turismo** office m du tourisme; **oficinista** nm/f employé(e) de bureau

oficio nm travail m

oficioso, -a adj officieux(-euse)

ofrecer vt offrir; **ofrecerse** vpr: **~se a** o **para hacer algo** s'offrir pour faire qch; **¿qué se le ofrece?, ¿se le ofrece algo?** puis-je vous aider?; **~se de** s'offrir comme

ofrecimiento nm offre f

oftalmólogo, -a nm/f ophtalmologue m/f

ofuscar vt aveugler; **ofuscarse** vpr se troubler

oída nf: **de ~s** par ouï-dire

oído nm (Anat) oreille f; (sentido) ouïe f

oiga etc vb ver **oír**

oír vt entendre; (atender a, esp Am) écouter; **¡oye!, ¡oiga!** écoute!, écoutez!

O.I.T. sigla f (= Organización Internacional del Trabajo) OIT f (= Organisation internationale du travail)

ojal nm boutonnière f

ojalá excl si seulement!, espérons! ▷ conj (tb: **~ que**) si seulement,

espérons que; **~ (que) venga hoy**
espérons qu'il viendra aujourd'hui

ojeada nf coup m d'œil

ojera nf cerne m; **tener ~s** avoir les yeux cernés

ojeriza nf: **tener ~ a** prendre en grippe

ojeroso, -a adj (cara, aspecto) fatigué(e); (ojos) cerné(e)

ojo nm œil m; (de puente) arche f; (de cerradura) trou m; (de aguja) chas m sg ▷ excl attention!; **tener ~ para** avoir l'œil pour

okupa nm/f (fam) squatteur(-euse) mf

ola nf vague f

olé excl olé!

oleada nf vague f

oleaje nm vagues fpl

óleo nm: **un ~** une peinture à l'huile; **al ~** à l'huile; **oleoducto** nm oléoduc m

oler vt sentir ▷ vi (despedir olor) sentir; **huele a tabaco** ça sent le tabac

olfatear vt renifler; (con el hocico) flairer; **olfato** nm odorat m

oligarquía nf oligarchie f

olimpíada nf olympiade f; **olimpíadas** nfpl jeux mpl olympiques

oliva nf olive f; **aceite de ~** huile f d'olive; **olivo** nm olivier m

olla nf marmite f; (comida) ragoût m; **~ a presión** cocotte-minute f

olmo nm orme m

olor nm odeur f

oloroso, -a adj odorant(e)

olvidar vt oublier; **olvidarse** vpr: **~se (de)** oublier (de); **~ hacer algo** oublier de faire qch; **se me olvidó (hacerlo)** j'ai oublié (de le faire)

olvido nm oubli m

ombligo nm nombril m

omiso, -a adj: **hacer caso ~ de** passer outre à

omitir vt omettre

omnipotente adj omnipotent(e)

omoplato nm omoplate f

OMS sigla f (= Organización Mundial de la Salud) OMS f (= Organisation mondiale de la santé)

ONCE sigla f (= Organización Nacional de Ciegos Españoles) entreprise et organisme d'aide aux aveugles

once adj inv, nm inv onze m inv ▷ nf (Am: refrigerio, merienda): **la ~, las ~s** le goûter, le thé; ver tb **seis**

onda nf (Fís) onde f; **onda corta/ larga/media** onde courte/grande/ moyenne; **ondear** vi onduler

ondular vt, vi onduler; **ondularse** vpr onduler

ONG sigla f (= Organización no gubernamental) ONG f

ONU sigla f (= Organización de las Naciones Unidas) ONU f (= Organisation des Nations unies)

opaco, -a adj opaque

opción nf (elección) choix m; (una opción) option f; (derecho): **~ a** choix entre

opcional adj facultatif(-ive)

O.P.E.P. sigla f (= Organización de Países Exportadores del Petróleo) OPEP f (= Organisation des pays exportateurs de pétrole)

ópera nf opéra m

operación nf opération f

operar vt opérer ▷ vi opérer; (Com) faire des transactions; **operarse** vpr s'opérer; **~se (de)** être opéré(e) (de)

opereta nf opérette f

opinar vt penser ▷ vi: **~ (de o sobre)** donner son avis (sur); **opinión** nf opinion f, avis m sg; **cambiar de opinión** changer d'avis

opio nm opium m

oponente nm/f adversaire m/f

oponer vt opposer; **oponerse** vpr: **~se (a)** s'opposer (à); **¡me opongo!** je m'y oppose!

oportunidad nf (ocasión) occasion f; (posibilidad) opportunité f; **oportunidades** nfpl (Com) promotions fpl

oportuno, -a adj opportun(e); (persona) judicieux(-euse); **en el momento ~** au moment opportun

oposición nf opposition f; **oposiciones** nfpl (Esp) concours msg; **la ~** (Pol) l'opposition

opresivo, -a adj (régimen) oppressif(-ive); (medidas) de répression

opresor, a nm/f oppresseur m

oprimir vt (botón) presser; (suj: cinturón, ropa) serrer; (obrero, campesino) opprimer

optar vi: **~ por** opter pour; **~ a** aspirer à

optativo, -a adj (asignatura) facultatif(-ive)

óptica nf (tienda) opticien m; (Fís, Tec) optique f

óptico, -a adj optique ▷ nm/f opticien(ne)

optimismo nm optimisme m; **optimista** adj, nm/f optimiste m/f

óptimo, -a adj optimal(e)

opuesto, -a pp de **oponer** ▷ adj opposé(e)

opulencia nf opulence f

opulento, -a adj opulent(e)

oración nf (Rel) prière f; (Ling) énoncé m

orador, a nm/f orateur(-trice)

oral adj oral(e)

orangután nm orang-outang m

orar vi prier

oratoria nf éloquence f, bagou m

órbita nf orbite f

orden nm ordre m ▷ nf (mandato, Rel) ordre m; **por ~** par ordre; **de primer ~** de premier ordre; **orden del día** ordre du jour

ordenado, -a adj ordonné(e)

ordenador nm (Inform) ordinateur m

ordenanza nf (militar, municipal) ordonnance f

ordenar vt (mandar) ordonner; (papeles, juguetes) ranger; (habitación,

ideas) mettre de l'ordre (dans); **ordenarse** vpr (Rel) être ordonné(e)

ordeñar vt traire

ordinario, -a adj ordinaire; (pey) grossier(-ère)

orégano nm origan m

oreja nf oreille f

orfanato nm orphelinat m

orfandad nf fait d'être orphelin

orfebrería nf orfèvrerie f

orgánico, -a adj organique; (todo) organisé(e)

organigrama nm organigramme m

organismo nm organisme m

organización nf organisation f; **organizar** vt organiser; (crear) fonder; **organizarse** vpr s'organiser; (escándalo) se produire

órgano nm organe m; (Mús) orgue m

orgasmo nm orgasme m

orgía nf orgie f

orgullo nm orgueil m

orgulloso, -a adj orgueilleux(-euse)

orientación nf orientation f

orientar vt orienter; (esfuerzos) diriger; **orientarse** vpr s'orienter; **~se (en, sobre)** s'orienter (vers, d'après)

oriente nm orient m; **O~ Medio/ Próximo** Moyen-/Proche-Orient; **Lejano O~** Extrême-Orient

origen nm origine f; **de ~ español** d'origine espagnole; **de ~ humilde** d'origine modeste

original adj original(e); (relativo al origen) originel(le); **originalidad** nf originalité f

originar vt causer, provoquer; **originarse** vpr: **~se (en)** trouver son origine (dans)

originario, -a adj originaire; **~ de** originaire de

orilla nf bord m

orina nf urine f; **orinal** nm pot m de chambre; **orinar** vi uriner; **orinarse** vpr faire pipi; **orines** nmpl urines fpl

oriundo, -a adj: **~ de** originaire de
ornitología nf ornithologie f
oro nm or m; ver tb **oros**
oropel nm oripeau m
oros nmpl (Naipes) l'une des quatre couleurs d'un jeu de cartes espagnol
orquesta nf orchestre m
orquídea nf orchidée f
ortiga nf ortie f
ortodoxo, -a adj orthodoxe
ortografía nf orthographe f
ortopedia nf orthopédie f
ortopédico, -a adj orthopédique
oruga nf chenille f
orzuelo nm orgelet m
os pron vous
osa nf ourse f
osadía nf audace f
osar vi oser
oscilación nf oscillation f
oscilar vi osciller; (precio, temperatura) fluctuer
oscurecer vt obscurcir ▷ vi commencer à faire nuit; **oscurecerse** vpr s'obscurcir
oscuridad nf obscurité f
oscuro, -a adj obscur(e); (color etc) foncé(e); (día, cielo) sombre; **a oscuras** dans l'obscurité
óseo, -a adj osseux(-euse)
oso nm ours msg; **oso de peluche** ours en peluche; **oso hormiguero** tamanoir m
ostentación nf ostentation f
ostentar vt arborer; (cargo, título, récord) posséder
ostra nf huître f
OTAN sigla f (= Organización del Tratado del Atlántico Norte) OTAN f (= Organisation du traité de l'Atlantique Nord)
otear vt scruter
otitis nf otite f
otoñal adj automnal(e)
otoño nm automne m
otorgar vt octroyer, concéder;

(perdón) accorder
otorrinolaringólogo, -a nm/f oto-rhino-(laryngologiste) m/f

PALABRA CLAVE

otro, -a adj 1 (distinto: sg) un(e) autre; (: pl) d'autres; **otra persona** une autre personne; **con otros amigos** avec d'autres amis
2 (adicional): **tráigame otro café (más), por favor** apportez-moi un autre café, s'il vous plaît; **otros 10 días más** encore 10 jours; **otros 3** 3 autres; **otra vez** encore une fois
3 (un nuevo): **es otro Mozart** c'est un nouveau Mozart
4: **otro tanto: comer otro tanto** manger autant; **recibió una decena de telegramas y otras tantas llamadas** il a reçu une dizaine de télégrammes et autant de coups de téléphone
▷ pron 1: **el otro/la otra** l'autre; **otros/otras** d'autres; **los otros/las otras** les autres; **no cojas esa gabardina, que es de otro** ne prends pas cet imperméable, il est à quelqu'un d'autre; **que lo haga otro** que quelqu'un d'autre le fasse
2 (recíproco): **se odian (la) una a (la) otra** elles se détestent l'une l'autre; **unos y otros** les uns et les autres

ovación nf ovation f
ovalado, -a adj ovale
óvalo nm ovale m
ovario nm ovaire m
oveja nf brebis fsg
overol (Am) nm salopette f
ovillo nm pelote f; **hacerse un ~** se pelotonner
OVNI sigla m (= objeto volante (o volador) no identificado) OVNI m (= objet volant non identifié)
ovulación nf ovulation f; **óvulo** nm

ovule m
oxidar vt oxyder, rouiller; **oxidarse**
vpr s'oxyder, se rouiller
óxido nm oxyde m; (sobre metal)
rouille f
oxigenado, -a adj (agua) oxygéné(e)
oxígeno nm oxygène m
oyendo etc vb ver **oír**
oyente nm/f auditeur(-trice)

P

P abr (Rel) (= Padre) P (= Père); = **Papa**;
(= pregunta) Q. (= question)
pabellón nm pavillon m
pacer vi paître
paciencia nf patience f
paciente adj, nm/f patient(e)
pacificar vt pacifier
pacífico, -a adj pacifique; **el
(Océano) P~** le (o l'océan) Pacifique
pacifismo nm pacifisme m; **pacifista**
nm/f pacifiste m/f
pacotilla nf: **de ~** de pacotille
pactar vt, vi pactiser
pacto nm pacte m
padecer vt (dolor, enfermedad) souffrir
de; (injusticia) pâtir de; (consecuencias,
sequía) subir ▷ vi: **~ de** souffrir de;
padecimiento nm souffrance f
padrastro nm beau-père m
padre nm père m ▷ adj (fam): **una
juerga ~** une bringue à tout casser;
padres nmpl (padre y madre) parents

mpl; **padre político** beau-père *m*
padrino *nm* parrain *m*; **padrinos**
nmpl le parrain et la marraine; **~ de
boda** témoin *m* de mariage
padrón *nm* recensement *m*
paella *nf* paella *f*
paga *nf* paie *f*, paye *f*

○ **PAGA EXTRAORDINARIA**
○
○ En Espagne, la plupart des contrats
○ de travail à durée indéterminée ou
○ de longue durée stipulent un
○ treizième et quatorzième mois de
○ salaire. En juin et en décembre, la
○ majorité des salariés reçoivent
○ donc un mois double, appelé **paga
○ extraordinaria** ou **paga extra**.

pagano, -a *adj, nm/f* païen(ne)
pagar *vt, vi* payer
pagaré *nm* billet m à ordre
página *nf* page *f*; **página de inicio**
page d'accueil; **página web** page
Web
pago *nm* paiement *m*; **~(s)** (*esp And,
CSur*) région *fsg*; **pago a cuenta**
acompte *m*
pág(s). *abr* (= *página(s)*) pp (= *page(s)*)
pague *etc vb ver* **pagar**
país *nm* pays *msg*; **los P~es Bajos** les
Pays Bas; **el P~ Vasco** le Pays Basque
paisaje *nm* paysage *m*
paisano, -a *nm/f* compatriote *m/f*;
(*esp CSur*) paysan(ne) ♭ *adj* (*esp CSur*)
paysan(ne); **vestir de ~** être en civil
paja *nf* paille *f*; (*fig*) remplissage *m*
pajarita *nf* nœud *m* papillon
pájaro *nm* oiseau *m*
pajita *nf* paille *f*
pala *nf* pelle *f*; (*de pingpong, frontón*)
raquette *f*
palabra *nf* mot *m*; (*promesa, facultad,
en asamblea*) parole *f*; **faltar a su ~**
manquer à sa parole; **no encuentro
~s para expresar ...** je ne trouve pas

les mots pour exprimer ...
palabrota *nf* gros mot *m*
palacio *nm* palais *msg*; **palacio de
justicia** palais de justice
paladar *nm* (*tb fig*) palais *msg*;
paladear *vt* savourer
palanca *nf* levier *m*; **palanca
de cambio/mando** levier de
changement de vitesse/de
commande
palangana *nf* cuvette *f*
palco *nm* (*Teatro*) loge *f*
Palestina *nf* Palestine *f*
palestino, -a *adj* palestinien(ne)
 ♭ *nm/f* Palestinien(ne)
paleta *nf* (*de albañil*) truelle *f*; (*Arte*)
palette *f*; (*Am*) esquimau *m*; *ver tb*
paleto
paleto, -a *adj, nm/f* péquenaud(e)
paliar *vt* pallier; **paliativo** *nm*
palliatif *m*
palidecer *vi* pâlir; **palidez** *nf* pâleur *f*
pálido, -a *adj* pâle
palillo *nm* cure-dents *msg*; **palillos**
nmpl (*para comer*: tb: **~s chinos**)
baguettes *fpl*
paliza *nf* raclée *f*; **dar una ~ a algn**
flanquer une raclée à qn
palma *nf* (*de mano*) paume *f*; (*árbol*)
palmier *m*; **batir** o **dar ~s** battre des
mains; **palmada** *nf* tape *f*; **palmadas**
nfpl (*aplauso*) applaudissements *mpl*;
(*en música*) battements *mpl* de mains
palmar (*fam*) *vi* (*tb*: **~la**) clamser
palmear *vi* applaudir
palmera *nf* palmier *m*
palmo *nm* empan *m*; (*fig*) pied *m*; **~ a ~**
(*recorrer*) d'un bout à l'autre; (*registrar*)
de fond en comble
palo *nm* (*de madera*) bâton *m*; (*poste*)
piquet *m*; (*mango*) manche *m*; (*golpe*)
coup *m*; (*de golf*) club *m*; (*Náut*) mât *m*;
(*Naipes*) couleur *f*
paloma *nf* pigeon *m*; **la ~ de la paz** la
colombe de la paix
palomitas *nfpl* (*tb*: **~ de maíz**)

pop-corn *msg*
palpar *vt* palper
palpitación *nf* palpitation *f*
palpitante *adj* palpitant(e); (*fig*) brûlant(e)
palpitar *vi* palpiter
palta (*And, CSur*) *nf* avocat *m*
paludismo *nm* paludisme *m*
pamela *nf* capeline *f*
pampa (*Am*) *nf* pampa *f*
pan *nm* pain *m*; **un ~** un pain; **barra de ~** baguette *f*, flûte *f*; **pan de molde** pain de mie; **pan integral** pain complet; **pan rallado** chapelure *f*
pana *nf* velours *msg* côtelé
panadería *nf* boulangerie *f*
Panamá *nm* Panama *m*
panameño, -a *adj* panaméen(ne)
▷ *nm/f* Panaméen(ne)
pancarta *nf* pancarte *f*
panda *nm* panda *m*
pandereta *nf* tambourin *m*
pandilla *nf* bande *f*
panel *nm* panneau *m*
panfleto *nm* pamphlet *m*
pánico *nm* panique *f*
panorama *nm* panorama *m*
pantalla *nf* écran *m*; (*de lámpara*) abat-jour *m*
pantalón *nm*, **pantalones** ▷ *nmpl* pantalon *msg*
pantano *nm* (*ciénaga*) marécage *m*; (*embalse*) barrage *m*
panteón *nm*: **~ familiar** caveau *m* de famille
pantera *nf* panthère *f*
pantis *nmpl* collant *msg*
pantomima *nf* pantomime *f*
pantorrilla *nf* mollet *m*
panty(s) *nm(pl)* collant *msg*
panza *nf* panse *f*
pañal *nm* lange *m*
paño *nm* (*tela*) étoffe *f*; (*trapo*) torchon *m*; **en ~s menores** en petite tenue
pañuelo *nm* (*para la nariz*) mouchoir *m*; (*para la cabeza*) foulard *m*

Papa *nm* Pape *m*
papa (*Am*) *nf* pomme de terre *f*
papá (*fam*) *nm* papa *m*; **papás** *nmpl* (*padre y madre*) parents *mpl*
papada *nf* double menton *m*
papagayo *nm* perroquet *m*
paparrucha *nf* (*tontería*) bourde *f*; (*rumor falso*) bobard *m*
papaya *nf* papaye *f*
papel *nm* papier *m*; (*Teatro, fig*) rôle *m*; **papel carbón** papier carbone; **papel de aluminio** papier aluminium; **papel de calco/de lija** papier calque/de verre; **papel de envolver** papier d'emballage; **papel de estaño** o **plata** papier aluminium; **papel higiénico** o (*Méx*) **sanitario/secante** papier hygiénique/buvard; **papel moneda** papier-monnaie *m*
papeleo *nm* paperasserie *f*
papelera *nf* corbeille *f* à papiers; (*en la calle*) poubelle *f*; **papelera de reciclaje** (*Inform*) corbeille *f*
papelería *nf* papeterie *f*
papeleta *nf* (*de rifa*) billet *m*; (*Pol*) bulletin *m*; (*Escol: calificación*) relevé *m* de notes
paperas *nfpl* oreillons *mpl*
papilla *nf* bouillie *f*
paquete *nm* paquet *m*; (*esp Am: fam*) ennui *m*; **paquetes postales** colis *mpl* postaux
par *adj* pair(e) ▷ *nm* (*de guantes, calcetines*) paire *f*; (*de veces, días*) deux; (*pocos*) deux ou trois; **abrir de ~ en ~** ouvrir tout grand; **sin ~** unique
para *prep* pour; **decir ~ sí** se dire; **¿~ qué?** pourquoi faire?; **¿~ qué lo quieres?** que veux-tu en faire?; **~ entonces** à ce moment-là; **estará listo ~ mañana** ça sera prêt demain; **ir ~ casa** aller chez soi; **tengo bastante ~ vivir** j'ai de quoi vivre; **~ el caso que me haces** vu l'intérêt que tu me portes
parábola *nf* parabole *f*

P

parabólica nf (tb: **antena ~**) antenne f parabolique

parabrisas nm inv pare-brise m inv

paracaídas nm inv parachute m; **paracaidista** nm/f parachutiste m/f

parachoques nm inv pare-chocs m inv

parada nf arrêt m; **parada de autobús/de taxis** arrêt d'autobus/station f de taxis

paradero nm endroit m; (And, CSur) halte f

parado, -a adj arrêté(e); (sin empleo) au chômage; (Am) debout ▷ nm/f chômeur(-euse)

paradoja nf paradoxe m

parador nm (tb: **~ de turismo**) parador m (hôtel de première catégorie géré par l'état)

○ **PARADOR NACIONAL**

○ Le réseau des **paradores** a été mis
○ en place par le gouvernement dans
○ les années 50, au début de l'essor
○ du tourisme en Espagne. Il s'agit
○ d'hôtels de première catégorie,
○ dans des sites uniques ou des lieux
○ à caractère historique, souvent
○ établis dans d'anciens châteaux et
○ monastères. Il existe actuellement
○ 93 paradores, tous classés
○ trois-étoiles ou plus, offrant des
○ prestations de qualité ainsi qu'un
○ large éventail de spécialités locales.

paráfrasis nf inv paraphrase f

paraguas nm inv parapluie m

Paraguay nm Paraguay m

paraguayo, -a adj paraguayen(ne) ▷ nm/f Paraguayen(ne)

paraíso nm paradis msg

paraje nm parage m

paralelo, -a adj, nm parallèle m

parálisis nf inv paralysie f

paralítico, -a adj, nm/f paralytique

m/f

paralizar vt paralyser; **paralizarse** vpr être paralysé(e)

paramilitar adj paramilitaire

páramo nm plateau m nu

parangón nm: **sin ~** sans égal(e)

paranoico, -a adj paranoïaque ▷ nm/f paranoïaque m/f; (fig) maniaque, obsédé(e)

parar vt arrêter ▷ vi s'arrêter; **pararse** vpr s'arrêter; (Am) se lever; **sin ~** sans arrêt; **ha parado de llover** il ne pleut plus; **fue a ~ a la comisaría** il a atterri au commissariat

pararrayos nm inv paratonnerre m

parásito, -a adj, nm parasite m

parcela nf parcelle f

parche nm (de rueda) rustine f; (de ropa) pièce f

parcial adj (pago, eclipse) partiel(le); (juicio) partial(e); **parcialidad** nf partialité f

pardillo, -a adj, nm/f péquenaud(e) (fam) ▷ nm (Zool) bouvreuil m

parecer nm opinion f ▷ vi sembler; (asemejarse a) ressembler à; **parecerse** vpr se ressembler; **~se a** ressembler à; **al ~** à ce qu'il paraît; **me parece bien/importante que ...** je trouve que c'est bien/qu'il est important que ...

parecido, -a adj semblable ▷ nm ressemblance f; **un hombre bien ~** un bel homme

pared nf mur m

pareja nf paire f; (hombre y mujer) couple m; (persona) partenaire m/f; **una ~ de guardias** deux gendarmes

parentela nf parenté f

parentesco nm parenté f

paréntesis nm inv parenthèse f

parezca etc vb ver **parecer**

pariente, -a nm/f parent(e)

parir vt (hijo) accoucher de; (animal) mettre bas ▷ vi (mujer) accoucher; (animal) mettre bas

París n Paris
parisiense, parisino, -a adj parisien(ne) ▷ nm/f Parisien(ne)
parking nm parking m
parlamentario, -a adj, nm/f parlementaire m/f
parlamento nm parlement m; **Parlamento Europeo** Parlement européen
parlanchín, -ina adj, nm/f bavard(e)
paro nm (huelga) arrêt m; (desempleo, subsidio) chômage m; **estar en ~** être au chômage; **paro cardíaco** arrêt cardiaque
parodia nf parodie f; **parodiar** vt parodier
parpadear vi clignoter
párpado nm paupière f
parque nm parc m; **parque de atracciones** parc d'attractions; **parque de bomberos** caserne f de pompiers; **parque temático** parc à thème
parquímetro nm parcmètre m, parcmètre m
parra nf treille f
párrafo nm paragraphe m
parrilla nf grill m; **carne a la ~** viande f grillée; **parrillada** nf grillade f
párroco nm curé m
parroquia nf paroisse f
parsimonia nf parcimonie f
parte nm rapport m ▷ nf partie f; (lado) côté m; (lugar, de reparto) part f; **en alguna ~ de Europa** quelque part en Europe; **por todas ~s** partout; **en (gran) ~** en (grande) partie; **la mayor ~ de los españoles** la plupart des Espagnols; **de ~ de algn** de la part de qn; **¿de ~ de quién?** (Telec) de la part de qui?; **por ~ de mi** en ce qui me concerne, quant à moi; **por una ~ ... por otra ~** d'une part ... d'autre part; **dar ~ a algn** communiquer à qn; **formar ~ de** faire partie de; **tomar ~ (en)** prendre part

(à); **parte meteorológico** bulletin m météorologique
partición nf partage m
participación nf participation f; (de lotería) tranche f
participante nm/f participant(e)
participar vt communiquer ▷ vi: **~ (en)** participer (à)
partícipe nm/f: **hacer ~ a algn de aigo** faire part à qn de qch
particular adj particulier(-ière) ▷ nm (punto, asunto) sujet m, chapitre m; (individuo) particulier m; **clases ~es** cours mpl particuliers; **en ~** en particulier
partida nf départ m; (Com: de mercancía) lot m; (: de cuenta, factura) entrée f; (: de presupuesto) chapitre m; (juego) partie f; **partida de defunción/de matrimonio** extrait m d'acte de décès/de mariage; **partida de nacimiento** extrait m de naissance
partidario, -a adj: **ser ~ de** être partisan(e) de ▷ nm/f (seguidor) partisan(e)
partido nm parti m; (Deporte) match m; **sacar ~ de** tirer parti de; **tomar ~** prendre parti; **partido judicial** arrondissement m
partir vt (dividir) partager; (romper) casser; (rebanada, trozo) couper ▷ vi partir; **partirse** vpr se casser; **a ~ de** à partir de, à compter de; **~ de** partir de
partitura nf partition f
parto nm (de una mujer) accouchement m; (de un animal) mise bas f; **estar de ~** être en couches
parvulario nm école f maternelle
pasa nf raisin m sec
pasada nf (con trapo, escoba) coup m; **de ~** (leer, decir) au passage; **mala ~** mauvais tour m
pasadizo nm passage m
pasado, -a adj passé(e); (muy hecho) trop cuit(e) ▷ nm passé m; **~ mañana** après-demain; **el mes ~** le mois

dernier; **~ de moda** démodé(e)

pasador nm verrou m; (de pelo) barrette f; (de corbata) épingle f

pasaje nm passage m; (de barco, avión) billet m; (los pasajeros) passagers mpl

pasajero, -a adj, nm/f passager(-ère)

pasamanos nm inv passe-montagne m

pasamontañas nm inv passe-montagne m

pasaporte nm passeport m

pasar vt passer; (barrera, meta) franchir; (frío, calor, hambre) avoir; (: con énfasis) souffrir de ▷ vi passer; (ocurrir) se passer; (entrar) entrer; **pasarse** vpr se passer; (excederse) exagérer; **~ a (hacer)** en venir à (faire); **~ de** disposer de; **~ de (hacer) algo** (fam) se ficher de (faire) qch; **¡pase!** entrez!; **~ por un sitio/una calle** passer par un endroit/une rue; **~ por alto** faire fi de, passer sous silence; **~ sin algo** se passer de qch; **~lo bien** s'amuser; **¿qué te pasa?** que t'arrive-t-il?; **lo que te pase** quoi qu'il en soit, advienne que pourra; **se hace ~ por médico** il se fait passer pour médecin; **pásate por casa/ la oficina** passe chez moi/par mon bureau; **~se al enemigo** passer à l'ennemi; **lo he pasé bien/mal** cela s'est bien/mal passé; **se me pasó** j'ai complètement oublié

pasarela nf passerelle f; (de modas) podium m

pasatiempo nm passe-temps msg; **pasatiempos** nmpl (en revista) jeux mpl

Pascua, pascua nf (tb: **~ de Resurrección**) Pâques fpl; **Pascuas** nfpl Noël msg; **¡felices ~s!** joyeux Noël!; **de ~s a Ramos** tous les trente-six du mois

pase nm passe m, passavant m; (Cine) projection f

pasear vt, vi promener; **pasearse** vpr se promener; **paseo** nm promenade f; (distancia corta) pas msg; **dar un**

paseo faire une promenade; **paseo marítimo** front m de mer

pasillo nm couloir m

pasión nf passion f

pasivo, -a adj passif(-ive) ▷ nm (Com) passif m

pasmar vt ébahir; **pasmo** nm stupéfaction f

paso, -a adj, nm passage m; (pisada, de baile) pas msg; (modo de andar) pas, allure f; (Telec) unité f; **a ese ~** à cette allure; **salir al ~ de** répliquer à; **salir al ~** passer à la contre-offensive; **de ~, ... au passage**, ...; **estar de ~** être de passage; **prohibido el ~** passage interdit; **ceda el ~** céder le passage, priorité; **paso a nivel** passage à niveau; **paso de peatones/de cebra** passage pour piétons/clouté; **paso elevado** passage-de-mouton m; **paso subterráneo** passage souterrain

pasota (fam) adj, nm/f je-m'en-foutiste m/f

pasta nf pâte f; (tb: **~ de té**) petit four m; (fam: dinero) fric m; (encuadernación) reliure f; **pasta dentífrica** o **de dientes** dentifrice m

pastar vi paître

pastel nm gâteau m; (de carne) friand m; (Arte) pastel m; **pastelería** nf pâtisserie f

pasteurizado, -a adj pasteurisé(e)

pastilla nf (de jabón) savonnette f; (de chocolate) tablette f; (Med) comprimé m, cachet m

pastillero, a nm/f (fam) accro m/f aux petites pilules

pasto nm pâture f

pastor, a nm/f berger(-ère) ▷ nm (Rel) pasteur m; **pastor alemán** berger allemand

pata nf patte f; (pie) pied m; **~s arriba** (caer) les quatre fers en l'air; (revuelto) sens dessus dessous; **meter la ~** mettre les pieds dans le plat; **tener mala ~** ne pas avoir de chance; **pata**

de cabra (Tec) pince f à levier; **pata de gallo** pied-de-poule; **patada** nf coup m de pied

patalear vi trépigner

patata nf pomme f de terre; **~s fritas** frites fpl; (en rebanadas) chips fpl

paté nm pâté m

patear vt piétiner ▷ vi trépigner

patentar vt breveter

patente adj manifeste ▷ nf patente f, brevet m; (CSur) immatriculation f

paternal adj paternel(le)

paterno, -a adj paternel(le)

patético, -a adj pathétique

patilla nf (de gafas) branche f; **patillas** nfpl (de la barba) favoris mpl

patín nm patin m; **patinaje** nm patinage m; **patinar** vi patiner; (fam: equivocarse) se gourer

patio nm cour f; (Cine, Teatro) **patio de butacas** orchestre m; **patio de recreo** cour de récréation

pato nm canard m; **pagar el ~** (fam) payer les pots cassés

patológico, -a adj pathologique

patoso, -a adj lourdaud(e)

patraña nf mensonge m

patria nf patrie f

patrimonio nm patrimoine m

patriota nm/f patriote m/f; **patriotismo** nm patriotisme m

patrocinar vt (sufragar) sponsoriser, parrainer; (apoyar) appuyer, parrainer; **patrocinio** nm parrainage m

patrón, -ona nm patron(ne); (de pensión) hôte/hôtesse ▷ nm patron m

patronal adj: **la clase ~** la classe patronale ▷ nf patronat m

patrulla nf patrouille f

pausa nf pause f

pausado, -a adj posé(e)

pauta nf modèle m

pavimento nm pavement m

pavo nm dindon m; **pavo real** paon m

pavor nm frayeur f

payaso, -a nm/f clown m

payo, -a nm/f gadjo m/f

paz (pl **paces**) nf paix f; (tranquilidad) calme m; **hacer las paces** faire la paix

P.D. abr (= posdata) P.S. (= post-scriptum)

peaje nm péage m

peatón nm piéton m

peca nf tache f de rousseur

pecado nm péché m

pecador, a adj, nm/f pécheur(-eresse)

pecar vi pécher; **~ de generoso** pécher par excès de générosité

pecho nm poitrine f; (fig) cœur m; **dar el ~ a** donner le sein à; **tomar algo a ~** prendre qch à cœur

pechuga nf (de ave) blanc m

peculiar adj caractéristique; (particular) particulier(-ère); **peculiaridad** nf particularité f

pedal nm pédale f; **pedalear** vi pédaler

pedante adj, nm/f pédant(e); **pedantería** nf pédanterie f

pedazo nm morceau m; **hacer algo ~s** réduire qch en mille morceaux; **hacer ~s a algn** mettre qn en bouillie; **caerse algo a ~s** tomber en ruine; **ser un ~ de pan** (fig) avoir un cœur d'or

pediatra nm/f pédiatre m/f

pedido nm commande f

pedir vt commander; (Com) commander ▷ vi mendier; **~ disculpas** demander des excuses; **~ prestado** emprunter; **¿cuánto piden por el coche?** combien demande-t-on pour cette voiture?

pedo (fam!) adj inv, nm (ventosidad) pet m

pega nf (obstáculo) problème m; (fam: pregunta) collef; **de ~** à la gomme, de pacotille; **nadie me** etc **puso ~s** personne n'a trouvé à redire

pegadizo, -a adj (canción) entraînant(e)

pegajoso, -a adj collant(e)

pegamento nm colle f

pegar vt coller; (enfermedad, costumbre) passer; (golpear) frapper ▷ vi (adherirse) se coller; (armonizar) aller bien; (el sol) taper; **pegarse** vpr se coller; (costumbre, enfermedad) s'attraper; (dos personas) se frapper; **~ un grito** pousser un cri; **~ un salto** faire un saut; **~ en** toucher; **~se un tiro** se tirer une balle dans la tête

pegatina nf adhésif m

pegote (fam) nm emplâtre m; **tirarse un ~** (fam) s'envoyer des fleurs

peinado nm coupe f

peinar vt peigner; **peinarse** vpr se peigner

peine nm peigne m; **peineta** nf grand peigne m

p.ej. abr (= por ejemplo) p. ex. (= par exemple)

Pekín nm Pékin

pelado, -a adj pelé(e); (cabeza) tondu(e); (fam) fauché(e)

pelaje nm pelage m

pelar vt (fruta, animal) peler; (patatas, marisco) éplucher; (cortar el pelo) couper; **pelarse** vpr (la piel) peler

peldaño nm marche f

pelea nf (lucha) lutte f; (discusión) discussion f

peleado, -a adj: **estar ~ (con algn)** être brouillé(e) (avec qn)

pelear vi se battre; (discutir) se disputer; **pelearse** vpr se battre; se disputer; (enemistarse) se brouiller

peletería nf pelleterie f

pelícano nm pélican m

película nf film m; (capa fina, Foto) pellicule f; **de ~** (fam) sensass; **película de dibujos (animados)** dessin m animé; **película del oeste** western m; **película muda** film muet

peligro nm danger m; **correr ~ de** courir le risque de

peligroso, -a adj dangereux(-euse)

pelirrojo, -a adj roux/rousse, rouquin(e) ▷ nm/f rouquin(e)

pellejo nm peau f

pellizcar vt pincer

pellizco nm pincement m; (pizca) pincée f

pelma, pelmazo, -a (fam) nm/f casse-pieds m/fsg

pelo nm cheveux mpl; (un pelo) cheveu m; (: en el cuerpo) poil m; **a ~** (sin abrigo) peu couvert(e); **venir al ~** tomber à pic; **por los ~s** de justesse; **con ~s y señales** en long et en large; **no tener ~s en la lengua** ne pas mâcher ses mots; **tomar el ~ a algn** se payer la tête de qn

pelota nf pelote f; (tb: **~ vasca**) pelote; **en ~(s)** (fam) à poil; **hacer la ~ (a algn)** lécher les bottes (à qn)

pelotón nm peloton m

peluca nf perruque f

peluche nm: **muñeco de ~** peluche f

peludo, -a adj (cabeza) chevelu(e); (persona, perro) poilu(e)

peluquería nf salon m de coiffure

peluquero, -a nm/f coiffeur(-euse)

pelusa nf (Bot) duvet m; (de tela) peluche f; (de polvo) mouton m

pelvis nf bassin m

pena nf peine f; (Am) honte f; **penas** nfpl pénalités fpl; **merecer/valer la ~** valoir la peine; **a duras ~s** à grand-peine; **me da ~** cela me fait de la peine; **¡qué ~!** quel dommage!; **pena de muerte** peine de mort

penal adj pénal; **antecedentes ~es** casier msg judiciaire

penalidades nfpl souffrances fpl

penalti, penalty nm penalty m

pendiente adj (asunto) en suspens; (asignatura) à repasser; (terreno) en pente ▷ nm boucle f d'oreille ▷ nf pente f; **estar ~ de algo/algn** (vigilar) garder un œil sur qch/qn; **estar ~ de los labios/de las palabras de algn** être pendu(e) aux lèvres de qn/boire les paroles de qn

pene nm pénis msg

penetración nf pénétration f
penetrante adj pénétrant(e)
penetrar vt, vi pénétrer
penicilina nf pénicilline f
península nf péninsule f; **peninsular**
adj péninsulaire
penique nm penny m
penitencia nf pénitence f
penoso, -a adj pénible
pensador, -a nm/f penseur(-euse)
pensamiento nm pensée f
pensar vt, vi penser; **~ (hacer)** penser
(faire); **~ en** penser à; **he pensado
que** j'ai pensé que; **~ mal de algn**
avoir une mauvaise opinion de qn
pensativo, -a adj pensif(-ive)
pensión nf pension f; **media ~ (en**
hotel) demi-pension f; **~ completa**
pension complète; **pensionista** nm/f
(jubilado) pensionné(e)
penúltimo, -a adj, nm/f avant-
dernier(-ière)
penumbra nf pénombre f
penuria nf pénurie f
peña nf rocher m; (grupo) amicale f
peñasco nm rocher m
peñón nm piton m; **el P~** Gibraltar
peón nm manœuvre m, ouvrier m; (esp
Am) ouvrier agricole; (Ajedrez) pion m
peor adj (compar) moins bon, pire;
(superl) pire ▷ adv (compar) moins
bien, pire; (superl) moins bien; **de mal
en ~** de mal en pis
pepinillo nm cornichon m
pepino nm concombre m; **(no)
me importa un ~** je m'en fiche
complètement
pepita nf pépin m; (de mineral) pépite f
pequeñez nf petitesse f
pequeño, -a adj petit(e)
pera adj inv (fam) ≈ BCBG inv ▷ nf
poire f
percance nm contretemps msg
percatarse vpr: **~ de** se rendre
compte de
percepción nf perception f

percha nf cintre m; (en la pared)
portemanteau m
percibir vt percevoir
percusión nf percussion f
perdedor, a adj, nm/f perdant(e)
perder vt perdre; (tren) rater ▷ vi
perdre; **perderse** vpr se perdre;
echar a ~ (comida) gâcher, gâter
perdición nf perdition f
pérdida nf perte f; **pérdidas** nfpl
(Com) pertes fpl; **una ~ de tiempo** une
perte de temps
perdido, -a adj perdu(e); **tonto ~**
(fam) bête à manger du foin, bête
comme ses pieds
perdiz nf perdrix f
perdón nm pardon m; **¡~!** pardon!;
perdonar vt pardonner; (la vida)
gracier; (eximir) dispenser, exempter
▷ vi pardonner; **¡perdone (usted)!**
pardon!
perdurar vi perdurer; (continuar)
durer
perecedero, -a adj périssable
perecer vi périr
peregrino, -a adj (idea)
curieux(-euse), bizarre ▷ nm/f
pèlerin(e)
perejil nm persil m
perenne adj: **hoja ~** feuille
persistante
pereza nf paresse f
perezoso, -a adj paresseux(-euse)
perfección nf perfection f;
perfeccionar vt perfectionner
perfectamente adv parfaitement;
¡~! parfaitement!, certainement!
perfecto, -a adj parfait(e)
perfil nm profil m; **perfiles** nmpl (de
figura) contours mpl; **de ~** de profil;
perfilar vt profiler
perforación nf perforation f
perforar vt perforer
perfume nm parfum m
pericia nf adresse f
periferia nf périphérie f

periférico, -a adj périphérique
▷ nm (Am: Auto) (boulevard m)
périphérique m
perímetro nm périmètre m
periódico, -a adj périodique ▷ nm
journal m
periodismo nm journalisme m;
periodista nm/f journaliste m/f
periodo, período nm période f;
(menstruación) règles fpl
perito, -a adj expert(e); (técnico)
technicien(ne)
perjudicar vt nuire à, porter
préjudice à; **perjudicial** adj néfaste,
préjudiciable; **perjuicio** nm
préjudice m
perla nf perle f; **me viene de ~s** ça
tombe à pic
permanecer vi séjourner, rester;
(seguir) rester
permanencia nf (estancia) séjour m
permanente adj permanent(e) ▷ nf
permanente f
permiso nm permission f; (licencia)
licence f, permis msg; **con ~** avec
votre permission; **estar de ~** être en
permission; **permiso de conducir**
permis de conduire
permitir vt permettre
pernicioso, -a adj pernicieux(-euse)
pero conj mais ▷ nm objection m; **¡~
bueno!** mais (enfin) bon!
perpendicular adj perpendiculaire
perpetrar vt perpétrer
perpetuar vt perpétuer
perpetuo, -a adj perpétuel(le)
perplejo, -a adj perplexe
perra nf chienne f
perrera nf chenil m
perrito nm: **~ caliente** hot-dog m
perro nm chien m
persa adj persan(e) ▷ nm/f Persan(e)
persecución nf poursuite f; (Rel, Pol)
persécution f
perseguir vt poursuivre; (atosigar,
Rel, Pol) persécuter

perseverante adj persévérant(e)
perseverar vi persévérer; **~ en**
persévérer dans
persiana nf persienne f
persignarse vpr se signer
persistente adj persistant(e)
persistir vi: **~ (en)** persister (dans)
persona nf personne f; **persona
jurídica** personne morale
personaje nm personnage m
personal adj personnel(le);
(aseo) intime ▷ nm personnel m;
personalidad nf personnalité f
personarse vpr: **~ (en)** se présenter
(à)
personificar vt personnifier
perspectiva nf perspective
f; **perspectivas** nfpl (de futuro)
perspectives fpl
perspicacia nf perspicacité f
perspicaz adj perspicace
persuadir vt persuader; **persuadirse**
vpr se persuader; **persuasión** nf
persuasion f
persuasivo, -a adj persuasif(-ive)
pertenecer vi: **~ a** appartenir
à; **perteneciente** adj: **ser
perteneciente a** appartenir à;
pertenencia nf possession f;
(a organización, club) affiliation
f; **pertenencias** nfpl (posesiones)
biens mpl
pertenezca etc vb ver **pertenecer**
pértiga nf perche f; **salto de ~** saut
m à la perche
pertinente adj pertinent(e);
(momento etc) approprié(e)
perturbado, -a adj troublé(e)
▷ nm/f (tb: **~ mental**) malade m/f
mental(e)
perturbar vt perturber, troubler;
(Med) troubler
Perú nm Pérou m
peruano, -a adj péruvien(ne) ▷ nm/f
Péruvien(ne)
perversión nf perversion f

perverso, -a adj pervers(e)

pervertido, -a adj, nm/f pervers(e)

pervertir vt pervertir; **pervertirse** vpr se pervertir

pesa nf poids msg; (Deporte) haltère m; **hacer ~s** faire des haltères

pesadez nf lourdeur f; (fastidio) ennui m

pesadilla nf cauchemar m

pesado, -a adj lourd(e); (difícil, duro) pénible; (aburrido) ennuyeux(-euse) ▷ nm/f enquiquineur(-euse)

pésame nm condoléances fpl; **dar el ~** présenter ses condoléances

pesar vt peser ▷ vi peser; (fig: opinión) compter ▷ nm (remordimiento) remords msg; (pena) chagrin m; **a ~ de** en dépit de; **a ~ de que** bien que; **(no) me pesa haberlo hecho** je (ne) regrette (pas) de l'avoir fait

pesca nf pêche f; **ir de ~** aller à la pêche

pescadería nf poissonnerie f

pescadilla nf merlan m

pescado nm poisson m

pescador, a nm/f pêcheur(-euse)

pescar vt pêcher; (fam) choper; (novio) se dénicher; (delincuente) cueillir ▷ vi pêcher

pescuezo nm cou m

peseta nf peseta f

pesimista adj, nm/f pessimiste m/f

pésimo, -a adj lamentable

peso nm poids msg; (balanza) balance f; (Am: moneda) peso m; **vender a ~** vendre au poids; **peso bruto** poids brut; **peso neto** poids net; **peso pesado/pluma** (Boxeo) poids lourd/plume

pesquero, -a adj (industria) de la pêche; (barco) de pêche

pesquisa nf recherche f

pestaña nf cil m; (borde) bord m; **pestañear** vi cligner des yeux

peste nf peste f; (mal olor) puanteur f

pesticida nm pesticide m

pestillo nm verrou m; (picaporte) poignée f

petaca nf (para cigarros) porte-cigarettes m inv; (para tabaco) tabatière f; (para beber) flasque f

pétalo nm pétale m

petardo nm pétard m

petición nf demande f; (Jur) requête f

petrificar vt pétrifier

petróleo nm pétrole m

petrolero, -a adj pétrolier(-ère) ▷ nm pétrolier m

peyorativo, -a adj péjoratif(-ive)

pez nm poisson m; **pez espada** poisson-épée m; **pez gordo** (fig) grosse légume f

pezón nm mamelon m

pezuña nf (de animal) sabot m

piadoso, -a adj pieux(-euse)

pianista nm/f pianiste m/f

piano nm piano m

piar vi piailler

pibe, -a (Am) nm/f gosse m/f

picadillo nm hachis msg

picado, -a adj haché(e); (hielo) pilé(e); (mar) agité(e); (diente) gâté(e); (tabaco) découpé(e); (enfadado) piqué(e) ▷ nm: **en ~** en piqué

picador nm (Taur) picador m; (minero) piqueur m

picadura nf piqûre f; (tabaco picado) tabac m gris

picante adj épicé(e); (comentario, chiste) piquant(e)

picaporte nm poignée f

picar vt piquer; (ave) picoter; (Culin) hacher ▷ vi piquer; (el sol) brûler; (pez) mordre; **picarse** vpr (vino) se piquer; (muela) se gâter; (ofenderse) prendre la mouche; **me pica el brazo** mon bras me démange

picardía nf sournoiserie f; (astucia) astuce f; (travesura) espièglerie f

pícaro, -a adj astucieux(-euse); (travieso) espiègle ▷ nm canaille f; (Lit) picaro m

pichón, -ona nm/f pigeon m

pico nm bec m; (de mesa, ventana) coin m; (Geo, herramienta) pic m

picotear vt, vi (fam) grignoter ▷ vi (ave) picorer

picudo, -a adj au bec pointu; (zapato, tejado) pointu(e)

pidiendo etc vb ver **pedir**

pie nm pied m; (de página) bas msg; **ir a ~** aller à pied; **al ~ de** au pied de; **estar de ~** être debout; **ponerse de ~** se mettre debout; **al ~ de la letra** au pied de la lettre; **en ~ de igualdad** sur un pied d'égalité; **dar ~ a** donner prise à; **hacer ~** (en el agua) avoir pied

piedad nf pitié f

piedra nf pierre f; **piedra preciosa** pierre précieuse

piel nf peau f; (de animal, abrigo) fourrure f

pienso vb ver **pensar** ▷ nm (Agr) tourteau m

pierda etc vb ver **perder**

pierna nf jambe f; (de cordero) gigot m

pieza nf pièce f; **pieza de recambio o de repuesto** pièce de rechange

pigmeo, -a adj pygmée

pijama nm pyjama m

pila nf pile f; (fregadero) évier m; (lavabo) lavabo m

píldora nf pilule f; **la ~ (anticonceptiva)** la pilule (contraceptive)

pileta (esp CSur) nf évier m; (piscina) piscine f

pillaje nm pillage m

pillar vt coincer; (fam: coger, sorprender) pincer; (: conseguir) se dégotter; (: atropellar) faucher; (: alcanzar) attraper; **me pilla cerca/lejos** c'est près/loin de chez moi; **~ una borrachera** (fam) prendre une cuite; **~ un resfriado** (fam) choper un rhume

pillo, -a adj malin(-igne), coquin(e) ▷ nm/f fripouille f

piloto nm/f pilote m ▷ nm (Arg) imperméable m; **piloto automático** pilote automatique

pimentón nm piment m doux

pimienta nf poivre m

pimiento nm poivron m

pinacoteca nf galerie f de peintures

pinar nm pinède f

pincel nm pinceau m

pinchar vt piquer; (neumático) crever; (teléfono) mettre sur (table d')écoute; **pincharse** vpr se piquer

pinchazo nm piqûre f; (de llanta) crevaison f; **pinchazo telefónico** écoute téléphonique

pincho nm pointe f; (de planta) épine f; (Culin) amuse-gueule m inv; **pincho moruno** (chiche-)kebab m

pingüino nm pingouin m

pino nm pin m

pinta nf (mota) tache f; (aspecto) mine f

pintar vt peindre; (con lápices de colores) colorier; (fig) dépeindre ▷ vi peindre; (importar) compter; **pintarse** vpr se maquiller; (uñas) se faire

pintor, a nm/f peintre m/f

pintoresco, -a adj pittoresque

pintura nf peinture f; (pintura a la acuarela) aquarelle f; **pintura al óleo** peinture à l'huile

pinza nf pince f; (para colgar ropa) pince à linge; **pinzas** nfpl pinces fpl; (para depilar) pince à épiler

piña nf (fruto del pino) pomme f de pin; (fruta) ananas msg

piñón nm pignon m

piojo nm pou m

pionero, -a adj, nm/f pionnier(-ère)

pipa nf pipe f; (Bot) pépin m; **pipas** nfpl (de girasol) graines fpl (de tournesol); **pasarlo ~** (fam) bien s'amuser

pique vb ver **picar** ▷ nm brouille f; (rivalidad) compétition f; **irse a ~** couler à pic; (familia, negocio) aller à la dérive

piquete nm piquet m

piragua nf pirogue f; (Deporte) canoë m; **piragüismo** nm canoë-kayak m

pirámide nf pyramide f

pirata adj: **edición/disco ~** édition f/ disque f pirate f; **~ informático** nm pirate m; **pirata informática** pirate informatique

piratear vi (Inform) pirater

piratería nf (Inform) piratage m

Pirineo(s) nm(pl) Pyrénées fpl

pirómano, -a nm/f pyromane m/f

piropo nm compliment m

pis (fam) nm pipi m, pisse f; **hacer ~** pisser

pisada nf pas msg

pisar vt fouler, marcher sur; (apretar con el pie, fig) écraser; (idea, puesto) piquer ▷ vi marcher; **me has pisado** tu m'as marché dessus

piscina nf piscine f

Piscis nm (Astrol) Poissons mpl; **ser ~** être Poissons

piso nm (planta) étage m; (apartamento) appartement m; (suelo) sol m; **primer ~** premier étage; (Am: de edificio) rez-de-chaussée m inv

pista nf piste f; **pista de aterrizaje** piste d'atterrissage; **pista de baile** piste de danse; **pista de carreras** champ m de courses; **pista de hielo** patinoire f; **pista de tenis** court m de tennis

pistola nf pistolet m

pistolero nm gangster m

pistón nm piston m

pitar vt siffler; (Auto) klaxonner ▷ vi siffler; (Auto) klaxonner; (fam) gazer; (Am) fumer

pitillo nm (fam) sèche f

pito nm sifflement m; (silbato) sifflet m; (de coche) klaxon m

pitón nm python m

pitorreo nm moquerie f; **estar de ~** se payer la tête des gens

pizarra nf ardoise f; (encerado) tableau m (noir)

pizca nf pincée f; (de pan) miette f; (fig)

petit morceau m; **ni ~** pas une miette

pizza nf pizza f

placa nf plaque f; **placa de matrícula** plaque d'immatriculation

placentero, -a adj agréable

placer nm plaisir m

plácido, -a adj placide; (día, mar) calme

plaga nf fléau m; **plagar** vt infester

plagio nm plagiat m; (Am) kidnapping m

plan nm plan m, projet m; (idea) idée f; **en ~ económico** (fam) pour pas cher; **vamos en ~ de turismo** on y va en touristes; **si te pones en ese ~ ...** si tu le vois comme ça ...

plana nf page f; **a toda ~** sur toute une page; **la primera ~** la une; **plana mayor** (Mil) état-major m

plancha nf (para planchar) fer m (à repasser); (de metal, madera, Tip) planche f; **pescado a la ~** poisson m grillé; **planchado, -a** adj repassé(e) ▷ nm repassage m; **planchar** vt, vi repasser

planeador nm planeur m

planear vt planifier ▷ vi planer

planeta nm planète f

planicie nf plaine f

planificación nf planification f; **planificación familiar** planning familial

plano, -a adj plat(e) ▷ nm plan m; **primer ~** (Cine) premier plan; **caer de ~** tomber de tout son long

planta nf plante f; (Tec) usine f; (piso) étage m; **planta baja** rez-de-chaussée m inv

plantación nf plantation f

plantar vt planter; (novio, trabajo) laisser tomber; **plantarse** vpr se planter

plantear vt exposer; (problema) poser; (proponer) proposer; **plantearse** vpr envisager

plantilla nf (de zapato) semelle f;

(personal) personnel m; **estar en ~** faire partie du personnel

plasmar vt (representar) reproduire; **plasmarse** vpr: **~se en** se concrétiser

plástico, -a adj plastique ▷ nm plastique m

plastilina® nf pâte f à modeler

plata nf (metal, dinero) argent m; (cosas de plata) argenterie f

plataforma nf plate-forme f; (tribuna) estrade f; **plataforma de lanzamiento** rampe f de lancement; **plataforma petrolera/de perforación** plate-forme pétrolière/ de forage

plátano nm banane f; (árbol) bananier m

platea nf orchestre m

plateado, -a adj argenté(e); (Tec) plaqué(e) argent

platillo nm soucoupe f; **platillo volante** soucoupe volante

platino nm platine m; **platinos** nmpl (Auto) vis fpl platinées

plato nm assiette f; **plato combinado** menu m express

playa nf plage f; **~ de estacionamiento** (Am) place f de stationnement

playera nf (Am) T-shirt m; **playeras** nfpl chaussures fpl en toile

plaza nf place f; (mercado) place du marché; **plaza de toros** arène f

plazo nm délai m; (pago parcial) terme m; **a corto/largo ~** à court/ long terme; **comprar a ~s** acheter à tempérament

pleamar nf pleine mer f

plebe (pey) nf plèbe f

plebiscito nm plébiscite m

plegable adj pliable

plegar vt plier; **plegarse** vpr se plier

pleito nm procès msg; (fig) conflit m

pleno, -a adj plein(e) ▷ nm plenum m; **en ~ día/verano** en plein jour/été; **en plena cara** en plein visage

pliego vb ver **plegar** ▷ nm (hoja) feuille f (de papier); **pliego de cargos** charges fpl produites contre l'accusé; **pliego de condiciones** cahier m des charges; **pliego de descargo** témoignages mpl à la décharge de l'accusé

pliegue vb ver **plegar** ▷ nm pli m

plomero (Am) nm plombier m

plomo nm (Metal) plomb m; **plomos** nmpl (Elec) plombs mpl; **(gasolina) sin ~** (essence) sans plomb

pluma nf plume f; **pluma (estilográfica)** stylo-plume m; **pluma fuente** (Am) stylo-plume m

plumón nm (Am) stylo-feutre m

plural adj pluriel(le) ▷ nm pluriel m; **pluralidad** nf pluralité f

pluriempleo nm cumul m d'emplois

plusvalía nf (Com) plus-value f

población nf population f; (pueblo, ciudad) peuplement m

poblado, -a adj peuplé(e) ▷ nm hameau m; **densamente ~** densément peuplé(e)

poblar vt peupler; **poblarse** vpr: **~se de** se peupler de

pobre adj, nm/f pauvre m/f; **los ~s** les pauvres mpl; **pobreza** nf pauvreté f

pocilga nf porcherie f

⊙ **PALABRA CLAVE**

poco, -a adj 1 (sg) peu de; **poco tiempo** peu de temps; **de poco interés** peu intéressant; **poca cosa** peu de chose

2 (pl) peu de; **pocas personas lo saben** peu de gens le savent; **unos pocos libros** quelques livres ▷ adv (comer, trabajar) peu; **poco amable/inteligente** peu aimable/ intelligent; **cuesta poco** cela ne coûte pas cher; **a poco que se interese ...** pour peu qu'il montre de l'intérêt ...

▷ pron 1: **unos/as pocos/as** quelques-uns/unes

2 (casi): **por poco me caigo** j'ai failli tomber

3 (locuciones de tiempo): **a poco de haberse casado** peu après s'être marié; **poco después** peu après

4: **poco a poco** peu à peu

▷ nm: **un poco** un peu; **un poco triste** un peu triste; **un poco de dinero** un peu d'argent

podar vt élaguer

podcast podcast m

podcastear vi podcaster

🔘 **PALABRA CLAVE**

poder vb aux (capacidad, posibilidad, permiso) pouvoir; **no puedo hacerlo** je ne peux pas le faire; **puede llegar mañana** il peut arriver demain; **pudiste haberte hecho daño** tu aurais pu te faire mal; **no se puede fumar en este hospital** on n'a pas le droit de fumer dans cet hôpital; **podías habérmelo dicho** tu aurais pu me le dire

▷ vi 1 pouvoir; **¿se puede?** on peut entrer?; **¡no puedo más!** je n'en peux plus!; **¡es tonto a más no poder!** il est on ne peut plus bête!

2: **¿puedes con eso?** tu peux y arriver?; **no puedo con este crío** je n'arrive pas à venir à bout de cet enfant

3: **A le puede a B** (fam) A est plus fort que B

▷ vb impers: **¡puede (ser)!** cela se peut!; **¡no puede ser!** ce n'est pas possible!; **puede que llueva** il pourrait pleuvoir

▷ nm pouvoir m; **ocupar el poder** détenir le pouvoir; **detentar el poder** s'emparer du pouvoir; **estar en el poder** être au pouvoir; **en mi/tu** etc

poder (posesión) en ma/ta etc possession; **en poder de** entre les mains de; **por poderes** (Jur) par procuration; **poder adquisitivo** pouvoir d'achat; **poder ejecutivo/legislativo/judicial** (Pol) pouvoir exécutif/législatif/judiciaire

poderoso, -a adj puissant(e)

podio, podium nm podium m

podrido, -a adj pourri(e); (fig) corrompu(e)

podrir vt = **pudrir**

poema nm poème m

poesía nf poésie f

poeta nm/f poète m

póker nm poker m

polaco, -a adj polonais(e) ▷ nm/f Polonais(e)

polar adj polaire; **polaridad** nf polarité f

polarizar vt polariser; **polarizarse** vpr se polariser

polea nf poulie f

polémica nf polémique f

polémico, -a adj controversé(e)

polen nm pollen m

policía nm/f policier(-ière), agent m/f (de police) ▷ nf police f

policíaco, -a, policial adj policier(-ière)

polideportivo nm complexe m omnisports

poligamia nf polygamie f

polilla nf mite f

polio nf polio f

política nf politique f; **política agraria** politique agricole; **política económica** politique économique

político, -a adj politique ▷ nm/f homme/femme politique; **padre/hermano ~** beau-père/-frère m; **madre política** belle-mère f

póliza nf police f; (sello) timbre m fiscal; **póliza de seguro(s)** police d'assurance

polizón nm passager(-ère) clandestin(e)

pollera (Am) nf jupe f

pollería nf marchand m de volailles

pollo nm poulet m

polo nm pôle m; (helado) glace f; (Deporte, suéter) polo m; **Polo Norte/ Sur** Pôle Nord/Sud

Polonia nf Pologne f

poltrona (esp Am) nf fauteuil m

polvo nm poussière f; **polvos** nmpl (en cosmética) poudre fsg; **en ~** en poudre; **estar hecho ~** (fam) être fichu; (: persona) être crevé

pólvora nf poudre f

polvoriento, -a adj poussiéreux(-euse)

pomada nf pommade f

pomelo nm pomélo m

pomo nm poignée f

pompa nf bulle f; (ostentación) pompe f

pomposo, -a (pey) adj prétentieux(-euse); (lenguaje, estilo) pompeux(-euse)

pómulo nm pommette f

pon vb ver **poner**

ponche nm punch m

poncho (Am) nm poncho m

ponderar vt soupeser; (elogiar) porter aux nues

pondré etc vb ver **poner**

PALABRA CLAVE

poner vt 1 (colocar) mettre, poser; (ropa, mesa) mettre
2 (imponer: tarea) donner; (multa) condamner
3 (obra de teatro, película) passer; **¿qué ponen en el Excelsior?** qu'est-ce qui passe à l'Excelsior?; (instalar: gas etc) (faire) mettre
4 (radio, TV) mettre; **ponlo más alto** mets-le plus fort
5 (suponer): **pongamos que ...** mettons que ...

6 (contribuir): **el gobierno ha puesto un millón** le gouvernement a mis un million
7 (+ adj) rendre; **me estás poniendo nerviosa** tu commences à m'énerver
8 (dar nombre): **al hijo le pusieron Diego** ils ont appelé leur fils Diego
9 (huevos) pondre
▷ vi (gallina) pondre
ponerse vpr 1 (colocarse): **se puso a mi lado** il s'est mis à côté de moi; **ponte en esa silla** mets-toi sur cette chaise
2 (vestido, cosméticos) mettre; **¿por qué no te pones el vestido nuevo?** pourquoi ne mets-tu pas ta nouvelle robe?
3 (sol) se coucher
4 (+ adj) devenir; **se puso muy serio** il a pris un air très sérieux

poniente nm couchant m

pontífice nm pontife m

popa nf poupe f

popular adj populaire; **popularidad** nf popularité f

popularizar vt populariser; **popularizarse** vpr se populariser

PALABRA CLAVE

por prep 1 (objetivo, en favor de) pour; **luchar por la patria** combattre pour la patrie; **hazlo por mí** fais-le pour moi
2 (+ infin) pour; **por no llegar tarde** pour ne pas arriver tard; **por citar unos ejemplos** pour citer quelques exemples
3 (causa, agente) par; **por escasez de fondos** par manque de fonds; **le castigaron por desobedecer** il a été puni pour avoir désobéi; **por eso** c'est pourquoi; **escrito por él** écrit par lui
4 (tiempo): **por la mañana/Navidad** le matin/vers Noël

5 (*duración*): **se queda por una semana** il reste une semaine; **se fue por 3 días** il est parti pour 3 jours
6 (*lugar*): **pasar por Madrid** passer par Madrid; **ir a Guayaquil por Quito** aller à Guayaquil via Quito; **caminar por la calle/por las Ramblas** déambuler dans la rue/sur les Rambles; **por fuera/dentro** par dehors/dedans; **vive por aquí** il habite par ici; *ver tb* **todo**
7 (*cambio, precio*): **te doy uno nuevo por el que tienes** je t'en donne un neuf contre le tien; **lo vendo por 50 euros** je le vends pour 50 euros
8 (*valor distributivo*): **diez euros por hora/cabeza** dix euros de l'heure/par tête; **100km por hora** 100 km à l'heure; **veinte por ciento** vingt pour cent
9 (*modo, medio*) par; **por avión/correo** par avion/la poste; **caso por caso** cas par cas; **por tamaños** par ordre de taille
10: **25 por 4 son 100** 4 fois 25 font 100
11: **ir/venir por algo/algn** aller/venir chercher qch/qn; **estar/quedar por hacer** être/rester à faire
12 (*evidencia*): **por lo que dicen** d'après ce qu'ils disent
13: **por si (acaso)** au cas où
14: **¿por qué?** pourquoi?; **¿por qué no?** pourquoi pas?

porcelana *nf* porcelaine *f*
porcentaje *nm* pourcentage *m*
porción *nf* portion *f*
pordiosero, -a *nm/f* mendiant(e)
pormenor *nm* détail *m*
pornografía *nf* pornographie *f*
poro *nm* pore *m*
poroso, -a *adj* poreux(-euse)
porque *conj* parce que
porqué *nm* pourquoi *m*
porquería *nf* cochonnerie *f*, saleté *f*; (*algo sin valor*) cochonnerie;

porquerías *nfpl* (*comida*) cochonneries *fpl*
porra *nf* matraque *f*; **¡vete a la ~!** va te faire voir!
porrazo *nm* coup *m*
porrón *nm* gourde *f*
portada *nf* couverture *f*
portador, -a *nm/f* porteur(-euse); (*Com*) porteur *m*
portaequipajes *nm inv* (*maletero*) coffre *m*; (*baca*) porte-bagages *m inv*
portal *nm* (*entrada*) vestibule *m*; (*puerta*) porte *f*
portamaletas *nm inv* = **portaequipajes**
portarse *vpr* se comporter; **~ bien/mal** bien/mal se comporter
portátil *adj* portatif(-ive); (*ordenador*) portable
portavoz *nm/f* porte-parole *m inv*
portazo *nm*: **dar un ~** claquer la porte
porte *nm* (*Com*) port *m*
portento *nm* prodige *m*
porteño, -a *adj* de Buenos Aires
portería *nf* loge *f* (de concierge); (*Deporte*) but *m*
portero, -a *nm/f* concierge *m/f*; (*de club*) portier *m*; (*Deporte*) gardien(ne) de but; **portero automático** interphone *m*
pórtico *nm* portique *m*
portorriqueño, -a *adj* portoricain(e)
Portugal *nm* Portugal *m*
portugués, -esa *adj* portugais(e)
▷ *nm/f* Portugais(e) ▷ *nm* (*Ling*) portugais *msg*
porvenir *nm* avenir *m*
pos: en ~ de *prep* après, en quête de
posada *nf* auberge *f*; **dar ~ a** héberger
posar *vt, vi* poser; **posarse** *vpr* se poser; (*polvo*) se déposer
posavasos *nm inv* sous-verre *m*
posdata *nf* post-scriptum *m inv*
pose *nf* pose *f*
poseedor, a *nm/f* possesseur *m*

P

poseer vt posséder; (*conocimientos, belleza*) avoir; (*récord, título*) détenir

posesión nf possession f

posesivo, -a adj possessif(-ive)

posgrado nm = **postgrado**

posibilidad nf possibilité f

posible adj possible; **es ~ que** il est possible que

posición nf position f

positivo, -a adj positif(-ive) ▷ nf (*Foto*) cliché m

poso nm (*de café*) marc m; (*de vino*) lie f

posponer vt subordonner; (*aplazar*) ajourner

posta nf: **a ~** exprès

postal adj postal(e) ▷ nf carte f postale

poste nm poteau m

póster nm poster m

postergar vt reléguer; (*esp Am: aplazar*) retarder

posteridad nf postérité f

posterior adj de derrière; (*parte*) postérieur(e); (*en el tiempo*) ultérieur(e); **posterioridad** nf: **con posterioridad** par la suite

postgrado nm troisième cycle m

postizo, -a adj faux/fausse, postiche ▷ nm postiche m

postor, a nm/f offrant m

postre nm dessert m

postrero, -a adj dernier(-ière)

postulado nm postulat m

póstumo, -a adj posthume

postura nf position f, posture f; (*ante hecho, idea*) position

potable adj potable

potaje nm potage m

pote nm pot m

potencia nf puissance f; **en ~** en puissance

potencial adj potentiel(le) ▷ nm potentiel m; **potenciar** vt promouvoir

potente adj puissant(e)

potro nm poulain m; (*Deporte*) cheval m d'arçon

pozo nm puits m sg; (*de río*) endroit le plus profond

p.p. abr (= *por poderes*) p.p. (= *par procuration*)

práctica nf pratique f; **prácticas** nfpl (*Escol*) travaux mpl pratiques; (*Mil*) entraînement m; **en la ~** dans la pratique

practicante adj (*Rel*) pratiquant(e) ▷ nm/f (*Med*) aide-soignant(e)

practicar vt, vi pratiquer

práctico, -a adj pratique

practique etc vb ver **practicar**

pradera nf prairie f

prado nm pré m; (*Am*) gazon m

Praga n Prague

pragmático, -a adj pragmatique

preámbulo nm préambule m

precario, -a adj précaire

precaución nf précaution f

precaverse vpr: **~ de** o **contra algo** se prémunir contre qch

precavido, -a adj prévoyant(e)

precedente adj précédent(e) ▷ nm précédent m

preceder vt précéder

precepto nm précepte m

preciado, -a adj précieux(-euse)

preciarse vpr se vanter; **~ de** se vanter de

precinto nm (*Com: tb: ~ de garantía*) cachet m

precio nm prix m sg; **a ~ de saldo** en réclame; **precio al detalle** prix de détail; **precio al por menor** prix de détail; **precio de ocasión** prix avantageux; **precio de venta al público** prix de vente conseillé

preciosidad nf (*cosa bonita*) merveille f; **es una ~** c'est une merveille

precioso, -a adj (*hermoso*) beau/belle; (*de mucho valor*) précieux(-euse)

precipicio nm précipice m

precipitación nf précipitation f

precipitado, -a adj précipité(e)

precipitar vt précipiter;
precipitarse vpr se précipiter
precisamente adv précisément
precisar vt (necesitar) avoir besoin de;
(determinar, especificar) préciser
precisión nf précision f; **de ~** de
précision
preciso, -a adj précis(e); (necesario)
nécessaire
preconcebido, -a adj préconçu(e)
precoz adj précoce
precursor, a nm/f précurseur m
predecir vt prédire
predestinado, -a adj prédestiné(e)
predicar vt, vi prêcher
predicción nf prédiction f
predilecto, -a adj préféré(e)
predisponer vt prédisposer;
predisposición nf prédisposition f
predominante adj prédominant(e)
predominar vi prédominer;
predominio nm prédominance f
preescolar adj préscolaire
prefabricado, -a adj préfabriqué(e)
prefacio nm préface f
preferencia nf (predilección)
préférence f; (Auto, ventaja) priorité f
preferible adj préférable
preferir vt préférer; **~ hacer/que**
préférer faire/que
prefiera etc vb ver **preferir**
prefijo nm (Telec) indicatif m
pregonar nm crier
pregunta nf question f; **hacer una ~**
poser une question
preguntar vt, vi demander;
preguntarse vpr se demander; **~ por
algn** demander qn
prehistórico, -a adj préhistorique
prejuicio nm préjugé m
preliminar adj préliminaire m
preludio nm prélude m
premeditación nf préméditation f
premiar vt récompenser; (en un
concurso) décerner un prix à
premio nm récompense f; (de concurso

etc) prix m sg
premonición nf prémonition f
prenatal adj prénatal(e)
prenda nf (ropa) vêtement m;
(garantía) gage m
prendedor nm broche f
prender vt (sujetar) attacher;
(delincuente) arrêter; (esp Am: encender)
allumer ▷ vi (Ideu, miedo) s'enracinor;
(planta, fuego) prendre; **prenderse**
vpr prendre feu; (esp Am: encenderse)
s'allumer; **~ fuego a algo** mettre le
feu à qch
prendido, -a (Am) adj (luz etc)
allumé(e)
prensa nf presse f; **prensar** vt (papel,
uva) presser
preñado, -a adj (mujer) enceinte; **~
de** chargé(e) de
preocupación nf souci m
preocupado, -a adj soucieux(-euse)
preocupar vt préoccuper;
preocuparse vpr (inquietarse) se
soucier; **~se de algo** (hacerse cargo)
s'occuper de qch
preparación nf préparation f
preparado, -a adj (dispuesto) prêt(e);
(platos, estudiante etc) préparé(e) ▷ nm
(Med) préparation f
preparar vt préparer; **prepararse**
vpr se préparer; **~se para hacer algo**
se préparer à faire qch; **preparativos**
nmpl préparatifs mpl
preparatoria (Am) nf terminale f
prerrogativa nf prérogative f
presa nf (de animal) proie f; (de agua)
barrage m
presagio nm présage m
prescindir vi: **~ de** (privarse de) se
passer de; (descartar) faire abstraction
de
prescribir vt prescrire; **prescripción**
nf prescription f
presencia nf présence f; **presencial**
adj: **testigo presencial** témoin m
oculaire; **presenciar** vt (accidente,

discusión) être témoin de; (*ceremonia etc*) assister à

presentación nf présentation f

presentador, a nm/f présentateur(-trice)

presentar vt présenter; (*Jur: pruebas, documentos*) produire; **presentarse** vpr se présenter

presente adj présent(e) ▷ nm présent m; **tener ~** se souvenir de

presentimiento nm pressentiment m

presentir vt pressentir; **~ que** pressentir que

preservativo nm préservatif m

presidencia nf présidence f

presidente nm/f président(e)

presidiario nm forçat m

presidio nm prison f

presidir vt (*reunión*) présider

presión nf pression f; **cerrar a ~** fermer avec des pressions; **presión atmosférica** pression atmosphérique; **presionar** vt (*coaccionar*) faire pression sur ▷ vi: **presionar para** o **por** faire pression pour

preso, -a adj: **~ de terror/pánico** pris(e) de terreur/panique ▷ nm/f (*en la cárcel*) prisonnier(-ère)

prestación nf (*Admin*) prestation f; **prestaciones** nfpl (*Tec, Auto*) performances fpl

prestado, -a adj emprunté(e); **pedir ~** emprunter

préstamo nm prêt m; **préstamo hipotecario** prêt hypothécaire

prestar vt prêter

presteza nf promptitude f

prestigio nm prestige m

presumido, -a adj, nm/f prétentieux(-euse); (*preocupado de su aspecto*) coquet(te)

presumir vt présumer ▷ vi (*tener aires*) s'afficher; **~ de listo** se croire fin; **presunción** nf présomption f

presunto, -a adj présumé(e); (*heredero*) présomptif(-ive)

presuntuoso, -a adj présomptueux(-euse)

presuponer vt présupposer

presupuesto pp de **presuponer** ▷ nm (*Fin*) budget m; (*de costo, obra*) devis m

pretencioso, -a adj prétentieux(-euse)

pretender vt prétendre; **~ que** prétendre que; **pretendiente, -a** nm/f prétendant(e); **pretensión** nf prétention f; **pretensiones** nfpl (*pey*) prétentions fpl

pretexto nm (*excusa*) prétexte m

prevalecer vi prévaloir

prevención nf prévention f

prevenido, -a adj: **(estar) ~** (*preparado*) (être) prévenu(e); **(ser) ~** (*cuidadoso*) (être) averti(e)

prevenir vt prévenir; **prevenirse** vpr se préparer; **~ (en) contra de/a favor de** prévenir contre/en faveur de; **~se contra** se prémunir contre

preventivo, -a adj préventif(-ive)

prever vt prévoir

previo, -a adj (*anterior*) préalable; **~ pago de los derechos** moyennant l'acquittement préalable des droits

previsión nf prévision f; **en ~ de** en prévision de

prima nf prime f; ver tb **primo**

primacía nf primauté f

primario, -a adj primaire

primavera nf printemps m

primera nf première f; **a la ~** du premier coup

primero, -a adj (*delante de nmsg:* **primer**) premier(-ère) ▷ adv (*en primer lugar*) d'abord; (*más bien*) plutôt ▷ nm: **ser/llegar el ~** être/arriver le premier

primicia nf primeur f

primitivo, -a adj primitif(-ive)

primo, -a adj (*Mat*) premier(-ère)

▷ nm/f cousin(e); (fam) idiot(e);
materias primas matières fpl
premières; **primo hermano** cousin
m germain
primogénito, -a adj aîné(e)
primordial adj primordial(e)
princesa nf princesse f
principal adj principal(e)
príncipe nm prince m
principiante nm/f débutant(e)
principio nm (comienzo) début m;
(fundamento, moral, tb Quím) principe
m; **en ~** en principe
pringoso, -a adj gras(se)
pringue nm (grasa) graisse f
prioridad nf priorité f
prisa nf hâte f; (rapidez) rapidité f;
correr ~ être urgent(e); **darse ~** se
presser; **tener ~** être pressé(e)
prisión nf prison f
prisionero, -a nm/f prisonnier(-ière)
prismáticos nmpl jumelles fpl
privación nf privation f
privado, -a adj privé(e)
privar vt (despojar) priver; **privarse**
vpr: **~se de** (abstenerse) se priver de
privilegiado, -a adj, nm/f
privilégié(e)
privilegio nm privilège m
pro nm profit m ▷ prep: **asociación
~ ciegos** association f au profit
des aveugles ▷ pref: **~ soviético/
americano** pro-soviétique/
américain; **en ~ de** en faveur de; **los
~s y los contras** le pour et le contre
proa nf (Náut) proue f
probabilidad nf probabilité f;
probabilidades nfpl (perspectivas)
chances fpl; **probable** adj probable
probador nm cabine f d'essayage
probar vt essayer; (demostrar)
prouver; (comida) goûter ▷ vi essayer;
probarse vpr: **~se un traje** essayer
un costume
probeta nf éprouvette f; **bebé~** bébé
m éprouvette

problema nm problème m
proceder vi (actuar) procéder;
(ser correcto) convenir ▷ nm
(comportamiento) procédé m; **~
a** procéder à; **~ de** provenir de;
procedimiento nm (Jur, Admin)
procédure f; (proceso) processus m sg;
(método) procédé m
procesado, -a nm/f (Jur) prévenu(e)
procesador nm: **~ de textos** (Inform)
machine f de traitement de texte
procesar vt (Jur) accuser
procesión nf procession f
proceso nm (desarrollo, procedimiento)
processus m sg; (Jur) procès m
proclamar vt proclamer
procreación nf procréation f
procrear vt, vi procréer
procurador, a nm/f (Jur) avoué m;
(Pol) député m
procurar vt (intentar) essayer de;
(proporcionar) procurer; **procurarse**
vpr se procurer
prodigio nm prodige m
prodigioso, -a adj prodigieux(-euse)
producción nf production f; **~ en
serie** production en série
producir vt produire; **producirse** vpr
se produire
productividad nf productivité f
productivo, -a adj productif(-ive)
producto nm produit m
productor, a adj, nm/f
producteur(-trice)
proeza nf prouesse f
profanar vt profaner
profano, -a adj, nm/f profane m/f
profecía nf prophétie f
proferir vt proférer
profesión nf profession
f; **profesional** adj, nm/f
professionnel(le)
profesor, a nm/f professeur m
profeta nm prophète m; **profetizar**
vt, vi prophétiser
prófugo, -a nm/f fugitif(-ive) ▷ nm

(Mil) insoumis msg

profundidad nf profondeur f; **profundidades** nfpl (de océano etc) profondeurs fpl; **profundizar** vi: **profundizar en** (fig) approfondir

profundo, -a adj profond(e)

programa nm programme m; **programa de estudios** programme; **programación** nf programmation f

programador, a nm/f programmeur(-euse) ▷ nm programmeur m; **programar** vt programmer

progresar vi progresser; **progresista** adj, nm/f progressiste m/f

progresivo, -a adj progressif(-ive); **progreso** nm (avance) progrès msg; **el progreso** le progrès

prohibición nf interdiction f; (Admin, Jur) prohibition f

prohibir vt interdire; (Admin, Jur) prohiber; **"prohibido fumar"** "défense de fumer"; **"prohibida la entrada"** "entrée interdite"

prójimo, -a nm prochain m, f

proletariado nm prolétariat m

proletario, -a adj, nm/f prolétaire m/f

proliferación nf prolifération f

proliferar vi proliférer

prolífico, -a adj prolifique

prólogo nm prologue m

prolongación nf prolongation f

prolongado, -a adj (largo) prolongé(e); (alargado) allongé(e)

prolongar vt prolonger; **prolongarse** vpr se prolonger

promedio nm moyenne f

promesa nf promesse f

prometer vt: ~ **hacer algo** promettre de faire qch ▷ vi promettre; **prometerse** vpr (dos personas) se fiancer

prometido, -a adj promis(e) ▷ nm/f promis(e), fiancé(e)

prominente adj proéminent(e);

(artista) en vue; (político) important(e)

promiscuo, -a (pey) adj (persona) de mœurs légères

promoción nf promotion f

promotor, a nm/f promoteur(-trice)

promover vt promouvoir; (escándalo, juicio) provoquer

promulgar vt promulguer

pronombre nm pronom m

pronosticar vt pronostiquer; **pronóstico** nm pronostic m; **pronóstico del tiempo** prévisions fpl météorologiques

pronto, -a adj (rápido) rapide ▷ adv rapidement; (dentro de poco) bientôt; (temprano) tôt ▷ nm (impulso) élan m; (: de ira) accès msg; **de ~** tout à coup; **por lo ~** pour l'instant

pronunciación nf (Ling) prononciation f

pronunciar vt prononcer; **pronunciarse** vpr (Mil) se soulever; (declararse) se prononcer

propaganda nf propagande f

propagar vt propager; **propagarse** vpr se propager

propenso, -a adj: ~ **a** enclin(e) à; **ser ~ a hacer algo** être enclin(e) à faire qch

propicio, -a adj propice

propiedad nf propriété f; **propiedad particular** propriété privée

propietario, -a nm/f propriétaire m

propina nf pourboire m

propio, -a adj propre; (mismo) en personne; **el ~ ministro** le ministre en personne; **¿tienes casa propia?** as-tu une maison à toi?

proponer vt proposer; **proponerse** vpr: **~se hacer** se proposer de faire

proporción nf proportion f; **proporciones** nfpl (dimensiones, tb fig) proportions fpl

proporcionado, -a adj proportionné(e); **proporcionar** vt offrir; (Com) fournir

proposición nf proposition f

propósito nm intention f ▷ adv: **a ~** à propos; **a ~ de** à propos de

propuesta nf proposition f

propulsar vt (impulsar) propulser; **propulsión** nf propulsion f

prórroga nf (de plazo) prorogation f; (Deporte) prolongations fpl; (Mil) sursis msg; **prorrogar** vt (plazo) proroger; (decisión) différer

prorrumpir vi: **~ en lágrimas/ carcajadas** éclater en sanglots/ de rire; **el público prorrumpió en aplausos** les applaudissements ont fusé dans le public

prosa nf (Lit) prose f

proscrito, -a adj, nm/f proscrit(e)

proseguir vt poursuivre ▷ vi poursuivre; (discusiones etc) se poursuivre

prospección nf prospection f

prospecto nm (Med) notice f

prosperar vi prospérer; **prosperidad** nf prospérité f

próspero, -a adj prospère; **~ año nuevo** bonne année!

próstibulo nm bordel m

prostitución nf prostitution f

prostituir vt prostituer; **prostituirse** vpr se prostituer

prostituta nf prostituée f

protagonista nm/f protagoniste m/f

protagonizar vt (película, suceso) être le/la protagoniste de

protección nf protection f

protector, a adj (barrera, gafas, crema) de protection ▷ nm/f protecteur(-trice)

proteger vt protéger; **protegerse** vpr: **~se (de)** se protéger (de)

proteína nf protéine f

protesta nf protestation f

protestante adj protestant(e)

protestar vt (cheque) protester ▷ vi protester

protocolo nm protocole m

prototipo nm prototype m

prov. abr = **provincia**

provecho nm profit m; **¡buen ~!** bon appétit!; **en ~ de** au profit de; **sacar ~ de** tirer profit de

proveer vt (suministrar) fournir

provenir vi provenir

proverbio nm proverbe m

providencia nf providence f

provincia nf province f; (Admin) ≈ département m

provinciano, -a (pey) adj provincial(e)

provisión nf (abastecimiento) provision f; **provisiones** nfpl (víveres) provisions fpl

provisional adj provisoire

provocación nf provocation f

provocar vt provoquer; (Am): **¿te provoca un café?** ça te dit, un café?

provocativo, -a adj provocant(e)

próximamente adv prochainement

proximidad nf proximité f; **proximidades** nfpl (cercanías) proximité f sg

próximo, -a adj (cercano) proche; (parada, año) prochain(e)

proyectar vt projeter

proyectil nm projectile m

proyecto nm projet m

proyector nm projecteur m

prudencia nf prudence f; **prudente** adj prudent(e)

prueba vb ver **probar** ▷ nf (gen) épreuve f; (testimonio) témoignage m; (Jur) preuve f; (de ropa) essayage m; **a ~** à l'épreuve; **a ~ de** à l'épreuve de; **a ~ de agua/fuego** étanche/à l'épreuve du feu; **poner/someter a ~** mettre/ soumettre à l'épreuve

prurito nm démangeaison f

psico... pref psycho...; **psicoanálisis** nm psychanalyse f; **psicología** nf psychologie f; **psicológico, -a** adj psychologique; **psicólogo, -a** nm/f

psychologue m/f: **psicópata** nm/f
psychopathe m/f: **psicosis** nf inv
psychose f
psiquiatra nm/f psychiatre m/f
psiquiátrico, -a adj psychiatrique
psíquico, -a adj psychique
PSOE sigla m = Partido Socialista Obrero
Español
pta(s). abr = **peseta(s)**
pts. abr = **pesetas**
púa nf (de planta) piquant m; (para
guitarra) médiator m; **alambre de ~s**
fil m de fer barbelé
pubertad nf puberté f
publicación nf publication f
publicar vt publier
publicidad nf publicité f
publicitario, -a adj publicitaire
público, -a adj public(-ique) ▷ nm
public m; **en ~** en public
puchero nm (Culin: olla) marmite
f; (: guiso) pot-au-feu m; **hacer ~s**
bouder
púdico, -a adj pudique
pudiendo etc vb ver **poder**
pudor nm pudeur f
pudrir vt pourrir; **pudrirse** vpr
pourrir
pueblo vb ver **poblar** ▷ nm peuple m;
(población pequeña) village m; **pueblo
joven** (Pe) quartier m de bidonvilles
pueda etc vb ver **poder**
pueril adj puéril(e)
puerro nm poireau m
puerta nf porte f; (de coche) portière
f; (de jardín) portail m, porte f;
(portería: Deporte) but m; **a ~ cerrada**
à huis clos; **puerta giratoria**
tourniquet m, porte à tambour

puerto nm port m; (de montaña) col m
puertorriqueño, -a adj
portoricain(e) ▷ nm/f Portoricain(e)
pues conj (en tal caso) donc; (puesto
que) car ▷ adv (así que) donc; **¡~ claro!**
bien sûr!; **~ ... no sé** eh bien ... je ne
sais pas; **puesta** nf: **puesta al día/a
punto** mise f à jour/au point; **puesta
del sol** coucher m du soleil; **puesta
en marcha** mise en marche
puesto, -a pp de **poner** ▷ adj: **ir
bien/muy ~** être bien habillé/tiré
à quatre épingles ▷ nm poste m;
(Mil: en clasificación) rang m; (tb: **~ de
trabajo**) poste; (Com: en mercado) étal
m, éventaire m; (: de flores, periódicos)
kiosque m ▷ conj: **~ que** puisque
pugna nf lutte f; **pugnar** vi: **pugnar
por** lutter pour
pujar vi (en subasta) surenchérir
pulcro, -a adj propre
pulga nf puce f
pulgada nf (medida) pouce m
pulgar nm pouce m
pulir vt polir
pulla nf (broma) pique f
pulmón nm poumon m; **pulmonía** nf
pneumonie f
pulpa nf pulpe f
pulpería nf (Am) épicerie f
púlpito nm (Rel) chaire f
pulpo nm poulpe m
pulsación nf pulsation f
pulsar vt (tecla) frapper; (botón)
appuyer sur
pulsera nf bracelet m
pulso nm (Med) pouls msg; **a ~** (tb fig) à
la force du poignet
pulverizador nm pulvérisateur m
pulverizar vt pulvériser
puna nf (And, CSur) nf (Med) puna f
punitivo, -a adj punitif(-ive)
punta nf pointe f; (de lengua, dedo)
bout m; **horas ~** heures fpl de pointe;
sacar ~ a (lápiz) tailler
puntada nf (Costura) point m

puntal nm étai m

puntapié (pl **~s**) nm coup m de pied

puntear vt (dibujar) pointiller

puntería nf (de arma) visée f; (destreza) précision f

puntero, -a adj (industria, país) de pointe ▷ nm (vara) baguette f

puntiagudo, -a adj pointu(e)

puntilla nf (Costura) dentelle f fine; **(andar) de ~s** (marcher) sur la pointe des pieds

punto nm point m; **a ~** (listo) au point; **estar a ~ de** être sur le point de; **dos ~s** (Tip) deux points; **de ~** tricoté(e); **en ~** (horas) pile; **estar en su ~** (Culin) être à point; **hacer ~** tricoter; **punto acápite** (Am) point, à la ligne; **punto de vista** point de vue; **punto muerto** point mort; **punto y coma** point-virgule m

puntocom nf inv, adj inv point com m

puntuación nf (signos) ponctuation f; (puntos) points mpl

puntual adj ponctuel(le); **puntualidad** nf ponctualité f; **puntualizar** vt préciser

puntuar vt (Ling, Tip) ponctuer ▷ vi (Deporte) compter

punzada nf (puntura) piqûre f

punzante adj (dolor) aigu(ë), lancinant(e); (herramienta) pointu(e); **punzar** vt (pinchar) piquer

puñado nm poignée f

puñal nm poignard m; **puñalada** nf coup m de poignard

puñetazo nm coup m de poing

puño nm (Anat) poing m; (de ropa) poignet m; (de herramienta) manche m

pupila nf (Anat) pupille f

pupitre nm pupitre m

puré nm (Culin) purée f; **puré de patatas/de verduras** purée de pommes de terre/de légumes

pureza nf pureté f

purga nf purge f; **purgante** adj purgatif(-ive) ▷ nm purgatif m;

purgar vt purger

purgatorio nm purgatoire m

purificar vt purifier

puritano, -a adj, nm/f puritain(e)

puro, -a adj pur(e); (esp Méx) même ▷ nm (tabaco) cigare m ▷ adv (esp Méx) uniquement; **de ~ cansado** à force de fatigue; **por pura casualidad/curiosidad** par pur hasard/pure curiosité

púrpura nf pourpre f

purpúreo, -a adj pourpré(e)

pus nm pus msg

puse etc vb ver **poner**

pústula nf pustule f

puta (fam!) nf putain f, pute f (fam!)

putrefacción nf putréfaction f

PVP (Esp) sigla m = Precio de Venta al Público

PALABRA CLAVE

que *pron rel* **1** (*sujeto*) qui; **el hombre que vino ayer** l'homme qui est venu hier

2 (*objeto*) que; **el sombrero que te compraste** le chapeau que tu t'es acheté; **la chica que invité** la fille que j'ai invitée

3 (*circunstancial, con prep*): **el día que yo llegué** le jour où je suis arrivé; **el piano con que toca** le piano sur lequel il joue; **el libro del que te hablé** le livre dont je t'ai parlé; **la cama en que dormí** le lit dans lequel j'ai dormi; *ver tb* **el**

▷ *conj* **1** (*con oración subordinada*) que; **dijo que vendría** il a dit qu'il viendrait; **espero que lo encuentres** j'espère que tu le retrouveras; *ver tb* **el**

2 (*con verbo de mandato*): **dile que me llame** dis-lui de m'appeler

3 (*en oración independiente*): **¡que entre!** qu'il/elle entre!; **¡que se mejore tu padre!** j'espère que ton père ira mieux!; **que lo haga él** qu'il le fasse, lui; **que yo sepa** que je sache

4 (*enfático*): **¿me quieres? – ¡que sí!** tu m'aimes? – oh oui!

5 (*consecutivo*) que; **es tan grande que no lo puedo levantar** c'est si gros que je ne peux pas le soulever

6 (*en comparaciones*) que; **es más alto que tú** il est plus grand que toi; **ese libro es igual que el otro** ce livre est pareil que l'autre; *ver tb* **más, menos, mismo**

7 (*porque*): **no puedo, que tengo que quedarme en casa** je ne peux pas, je dois rester à la maison

8 (*valor condicional*): **que no puedes, no lo haces** si tu ne peux pas, ne le fais pas

9 (*valor final*): **sal a que te vea** sors pour que je te voie

10: **todo el día toca que toca** il joue toute la sainte journée

qué *adj* quel(le) ▷ *pron* que, quoi; **¿~ edad tienes?** quel âge as-tu?; **¡~ divertido/asco!** comme c'est drôle/ dégoûtant!; **¡~ día más espléndido!** quelle journée splendide!; **¿~?** quoi?; **¿~ quieres?** qu'est-ce que tu veux?; **¿de ~ me hablas?** de quoi me parles-tu?; **¿~ tal?** (comment) ça va?; **¿~ más?** autre chose?; **no sé ~ quiere hacer** je ne sais pas ce qu'il veut faire; **¡y ~!** et alors!

quebradizo, -a *adj* cassant(e); (*persona, salud*) fragile

quebrado, -a *adj* (*roto*) cassé(e); (*línea*) brisé(e) ▷ *nm* (*Mat*) fraction *f*

quebrantar *vt* (*moral*) casser; (*ley, secreto, promesa*) violer; (*salud*) affaiblir; **quebrantarse** *vpr* (*persona, fuerzas*) s'affaiblir

quebranto nm (en salud) affaiblissement m; (en fortuna) perte f

quebrar vt casser ▷ vi faire faillite; **quebrarse** vpr se casser; (línea, cordillera) se briser; (Med: herniarse) se faire une hernie

quedar vi rester; (encontrarse) se donner rendez-vous; **quedarse** vpr rester; **~ en** convenir de; **~ en nada** ne pas aboutir; **~ por hacer** rester à faire; **no te queda bien ese vestido** cette robe ne te va pas bien; **quedamos allí** on se retrouve là; **quedamos a las seis** (en pasado) on a dit 6 heures; (en presente) on se voit à 6 heures; **quedan muchos kilos** c'est très loin; **quedan dos horas** il reste deux heures; **~se ciego/mudo** devenir aveugle/muet; **~se (con) algo** garder qch

quedo, -a adj (voz) bas/basse; (pasos) feutré(e) ▷ adv (hablar) doucement; (andar) à pas feutrés

quehacer nm tâche f; **~es (domésticos)** tâches fpl (domestiques)

queja nf plainte f

quejarse vpr se plaindre; **~ de que ...** se plaindre que ...; **quejido** nm gémissement m, plainte f

quemado, -a adj brûlé(e) ▷ nm: **oler a ~** sentir le brûlé; **estar ~** (fam: irritado) être en pétard; (: político, actor) être fini

quemadura nf brûlure f

quemar vt brûler; (fig: malgastar) gâcher; (: deteriorar: imagen, persona) détruire ▷ vi brûler; **quemarse** vpr (consumirse) brûler; (del sol) attraper un(des) coup(s) de soleil

quemarropa: a ~ (disparar) à bout portant; (preguntar) à brûle-pourpoint

quepo etc vb ver **caber**

querella nf (Jur) plainte f; (disputa) querelle f

querellarse vpr porter plainte

PALABRA CLAVE

querer vt **1** (desear) vouloir; **quiero más dinero** je veux plus d'argent; **quisiera** o **querría un té** je voudrais un thé; **sin querer** sans le vouloir

2 (+ vb dependiente): **quiero ayudar/que vayas** je veux aider/que tu t'en ailles; **¿qué quieres decir?** que veux-tu dire?

3 (para pedir algo): **¿quiere abrir la ventana?** vous voulez bien ouvrir la fenêtre?

4 (amar) aimer; (amigo, perro) aimer bien; **te quiero** je t'aime; **quiere mucho a sus hijos** elle aime beaucoup ses enfants

5 (requerir): **esta planta quiere más luz** cette plante a besoin de plus de lumière

querido, -a adj (mujer, hijo) chéri(e); (tierra, amigo, en carta) cher/chère ▷ nm/f amant(e); **¡sí, ~!** oui, chéri!

queso nm fromage m; **queso cremoso** fromage crémeux

quicio nm gond m; **sacar a algn de ~** mettre qn hors de soi

quiebra nf effondrement m; (Com) faillite f

quiebro vb ver **quebrar**

quien pron (relativo: sujeto) qui; (: complemento) qui, que; **la persona a ~ quiero** la personne que j'aime; **~ dice eso es tonto** (indefinido) celui qui dit cela est un idiot; **hay ~ piensa que** il y a des gens qui pensent que; **no hay ~ lo haga** il n'y a personne qui le fasse

quién pron (interrogativo) qui; **¿~ es?** qui est-ce?

quienquiera (pl **quienesquiera**) pron quiconque

quiera etc vb ver **querer**

quieto, -a *adj (manos, cuerpo)* immobile; **quietud** *nf (inmovilidad)* immobilité *f*

quilate *nm* carat *m*

quilla *nf* quille *f*

quimera *nf* chimère *f*

química *nf* chimie *f*

químico, -a *adj* chimique ▷ *nm/f* chimiste *m/f*

quince *adj inv, nm inv* quinze *m inv*; *ver tb* **seis**

quinceañero, -a *adj, nm/f* adolescent(e); **quincena** *nf* quinzaine *f*; **quincenal** *adj (pago, reunión)* bimensuel(le)

quiniela *nf (impreso)* grille *f* de feuille *f* de paris; **quinielas** ≈ Loto *msg* sportif; **quiniela hípica** ≈ tiercé *m*

quinientos, -as *adj* cinq cents; *ver tb* **seiscientos**

quinina *nf* quinine *f*

quinto, -a *adj* cinquième; *ver tb* **sexto**

quiosco *nm* kiosque *m*

quirófano *nm* salle *f* d'opération

quirúrgico, -a *adj* chirurgical

quise *etc vb ver* **querer**

quisquilloso, -a *adj (susceptible)* chatouilleux(-euse); *(meticuloso)* pointilleux(-euse)

quiste *nm* kyste *m*

quitaesmalte *nm* dissolvant *m*

quitamanchas *nm inv* détachant *m*

quitanieves *nm inv* chasse-neige *m inv*

quitar *vt* enlever; *(ropa)* enlever, ôter; *(dolor)* éliminer ▷ *vi*: **¡quita de ahí!** hors d'ici!; **quitarse** *vpr (mancha)* partir; *(ropa)* ôter; *(vida)* se donner la mort; **quítate de ahí** enlève ça de là; **se quitó el sombrero** il ôta son chapeau; **~se de** renoncer à

quite *nm (Taur)* action de détourner l'attention du taureau

Quito *n* Quito

quizá(s) *adv* peut-être

---

r

---

rábano *nm* radis *msg*; **me importa un ~** je m'en moque comme de l'an quarante

rabia *nf (de viento)* rafale *f*; **buena/ mala ~** bonne/mauvaise passe *f*

rabia *nf* rage *f*; **rabiar** *vi (Med)* avoir la rage; **rabiar por hacer algo** mourir d'envie de faire qch

rabieta *nf* crise *f* de colère

rabino *nm* rabbin *m*

rabioso, a *adj (perro)* enragé(e); *(dolor, ganas)* fou/folle

rabo *nm* queue *f*

racha *nf (de viento)* rafale *f*; **buena/ mala ~** bonne/mauvaise passe *f*

racial *adj* racial(e)

racimo *nm* grappe *f*

raciocinio *nm* raisonnement *m*

ración *nf* ration *f*; *(en bar)* portion *f*

racional *adj* rationnel(le); **animal ~** être *m* doué de raison; **racionalizar** *vt* rationaliser

racionar *vt* rationner

racismo *nm* racisme *m*; **racista** *adj*,

nm/f raciste *m/f*
radar *nm* radar *m*
radiactivo, -a *adj* = **radioactivo**
radiador *nm* radiateur *m*
radiante *adj* radieux(-euse)
radical *adj* radical(e)
radicar *vi*: **~ en** (*consistir*) résider en; (*estar situado*) être basé à; **radicarse** *vpr* s'établir
radio *nf* (*Am*: *a veces nm*) radio *f* ▷ *nm* rayon *m*; **por ~** à la radio
radioactividad *nf* radioactivité *f*
radioactivo, -a *adj* radioactif(-ive)
radiocasete *nm* radio-cassette *m*; **radiodifusión** *nf* radiodiffusion *f*; **radioemisora** *nf* station *f* (de radio); **radiografía** *nf* radiographie *f*; **radioterapia** *nf* radiothérapie *f*; **radioyente** *nf* auditeur(-trice)
ráfaga *nf* rafale *f*; (*de luz*) jet *m*
raído, -a *adj* (*ropa*) râpé(e)
raigambre *nf* racines *fpl*
raíz (*pl* **raíces**) *nf* racine *f*; **~ cuadrada** racine carrée; **a ~ de** (*como consecuencia de*) à la suite de
raja *nf* (*de melón, limón*) tranche *f*; (*en muro, madera*) fissure *f*; **rajar** *vt* (*tela*) couper; (*madera*) fendre; (*fam: herir*) entailler; **rajarse** *vpr* se fendre; (*fam*) se dégonfler
rajatabla: **a ~** *adv* à la lettre
rallador *nm* râpe *f*
rallar *vt* râper
rama *nf* branche *f*; **andarse o irse por las ~s** (*fig, fam*) tourner autour du pot; **ramaje** *nm* ramage *m*; **ramal** *nm* (*Ferro*) embranchement *m*; (*Auto*) bretelle *f*
rambla *nf* rambla *f*
ramificación *nf* ramification *f*
ramificarse *vpr* se ramifier
ramillete *nm* bouquet *m*
ramo *nm* bouquet *m*; (*de industria*) branche *f*
rampa *nf* rampe *f*; **rampa de acceso** rampe d'accès

ramplón, -ona *adj* vulgaire
rana *nf* grenouille *f*
ranchero *nm* (*Am*) fermier *m*
rancho *nm* (*comida*) popote *f*; (*Am*) ranch *m*; (*c: pequeño*) petite ferme *f*; (*choza*) cabane *f*
rancio, -a *adj* rance; (*vino, fig*) vieux/vieille
rango *nm* rang *m*
ranura *nf* rainure *f*; (*de teléfono*) fente *f*
rapar *vt* raser
rapaz *adj* (*ave*) de proie ▷ *nf* rapace *m* ▷ *nm* gamin *m*
rape *nm* (*pez*) baudroie *f*; **al ~** ras *inv*
rapé *nm* chique *f*
rapidez *nf* rapidité *f*
rápido, -a *adj* rapide ▷ *adv* rapidement ▷ *nm* (*Ferro*) rapide *m*; **rápidos** *nmpl* (*de río*) rapides *mpl*
rapiña *nf* rapine *f*; **ave de ~** oiseau *m* de proie
raptar *vt* enlever; **rapto** *nm* rapt *m*, enlèvement *m*
raqueta *nf* raquette *f*
raquítico, -a *adj* rachitique; **raquitismo** *nm* rachitisme *m*
rareza *nf* rareté *f*; (*fig*) manie *f*
raro, -a *adj* rare; (*extraño*) curieux(-euse)
ras *nm*: **a ~ de tierra/del suelo** à ras de terre/au ras du sol
rascacielos *nm inv* gratte-ciel *m inv*
rascar *vt* gratter; (*raspar*) racler; **rascarse** *vpr* se gratter
rasgar *vt* déchirer
rasgo *nm* trait *m*; **rasgos** *nmpl* (*de rostro*) traits *mpl*; **a grandes ~s** à grands traits
rasguñar *vt* égratigner; **rasguñarse** *vpr* s'égratigner; **rasguño** *nm* égratignure *f*
raso, -a *adj* ras(e) ▷ *nm* satin *m*; **cielo ~** ciel *m* dégagé
raspadura *nf* (*marca*) rayure *f*; **raspaduras** *nfpl* (*restos*) restes *mpl*
raspar *vt* gratter; (*arañar*) rayer;

(limar) râper

rastra nf **a ~s** en traînant; (fig) à contrecœur

rastreador, a nm (de huellas, pistas) pisteur m; **rastreador de minas** dragueur m de mines

rastrear vt (pista) suivre

rastrero, -a adj (Bot) grimpant(e); (Zool, fig) rampant(e)

rastro nm trace f; (mercado) marché m aux puces

rastrojo nm chaume m

rasurarse (Am) vpr se raser

rata nf rat m

ratear vt voler

ratero, -a nm/f voleur(-euse); (Am: de casas) cambrioleur(-euse)

ratificar vt ratifier; **ratificarse** vpr: **~se en algo** réaffirmer qch

rato nm moment m; **a ~s** par moments; **al poco ~** peu après; **hay para ~** il y en a pour un bon bout de temps; **pasar el ~** passer le temps; **pasar un buen/mal ~** passer un bon/ mauvais moment

ratón nm souris fsg; **ratonera** nf souricière f

raudal nm torrent m; **a ~es** à flots

raya nf raie f; (en tela) rayure f; (Tip) tiret m; **pasarse de la ~** dépasser les bornes; **tener a ~** tenir en respect; **rayar** vt rayer ▷ vi: **rayar en o con** confiner à o avec; (parecerse a) friser; **raya en la cincuentena** il frise la cinquantaine

rayo nm rayon m; (en una tormenta) foudre f; **ser un ~** (fig) être très vif/ vive; **rayos X** rayons X

raza nf race f; **raza humana** race humaine

razón nf raison f; (Mat) relation f; **~ de 10 cada día** à raison de 10 par jour; **"~: aquí"** "s'adresser ici"; **en ~ de** en raison de; **dar la ~ a algn** donner raison à qn; **tener/no tener ~** avoir/ne pas avoir raison; **~ directa/**

inversa relation directe/indirecte; **~ de ser** raison d'être; **razonable** adj raisonnable; **razonamiento** nm raisonnement m; **razonar** vt raisonner; (Com: cuenta) détailler ▷ vi raisonner

reacción nf réaction f; **avión a ~** avion m à réaction; **reaccionar** vi réagir

reaccionario, -a adj, nm/f réactionnaire m/f

reacio, -a adj réticent(e)

reactivar vt (economía, negociaciones) relancer; **reactivarse** vpr reprendre

reactor nm réacteur m

readaptación nf: **~ profesional** réadaptation f professionnelle

reajuste nm réajustement m; **reajuste ministerial** remaniement m ministériel

real adj (verdadero) réel(le); (del rey, fig) royal(e)

realce vb ver **realzar** ▷ nm relief m; **poner de ~** mettre en relief; **dar ~ a algo** (fig) mettre qch en relief

realidad nf réalité f

realista adj réaliste ▷ nm/f réaliste m/f

realización nf réalisation f

realizador, -a nm/f (TV, Cine) réalisateur(-trice)

realizar vt réaliser; **realizarse** vpr se réaliser

realmente adv réellement; (con adjetivo) vraiment; **es ~ apasionante** c'est vraiment passion

realquilar vt (subarrendar) sous-louer

realzar vt (Tec) surélever; (belleza) rehausser, mettre en valeur; (importancia) augmenter

reanimar vt ranimer; **reanimarse** vpr se ranimer

reanudar vt renouer; (historia, viaje) reprendre

reaparición nf réapparition f

rearme nm réarmement m

rebaja nf solde m; **rebajar** vt rabaisser

rebanada nf tranche f

rebañar vt racler

rebaño nm troupeau m

rebasar vt dépasser

rebatir vt réfuter

rebeca nf cardigan m

rebelarse vpr se rebeller

rebelde adj rebelle ▷ nm/f (Pol) rebelle m/f; (Jur) accusé(e) défaillant(e); **rebeldía** nf rébellion f; (Jur) contumace f

rebelión nf rébellion f

reblandecer vt ramollir

rebobinar vt rembobiner

rebosante adj: **~ de** (fig) débordant(e) de

rebosar vt, vi déborder

rebotar vi rebondir; **rebote** nm rebondissement m; **de rebote** (fig) par ricochet

rebozado, -a adj enrobé(e) de pâte à frire

rebozar vt enrober de pâte à frire

rebuscado, -a adj recherché(e)

rebuscar vt rechercher ▷ vi: **~ (en** o **por)** chercher (dans)

rebuznar vi braire

recado nm course f; (mensaje) message m

recaer vi rechuter; **~ en** (responsabilidad) retomber sur

recalcar vt (fig) souligner

recalcitrante adj récalcitrant(e)

recámara nf (habitación) dressing-room m; (de arma) magasin m; (Am) chambre f

recambio nm (de pieza) pièce f détachée; (de pluma) recharge f

recapacitar vi réfléchir

recargado, -a adj surchargé(e)

recargar vt recharger; (pago) alourdir; **recargo** nm majoration f de prix; (aumento) augmentation f

recatado, -a adj réservé(e)

recato nm réserve f

recaudación nf recette f; (acción) perception f

recaudador, a nm/f (tb: **~ de impuestos**) percepteur(-trice)

recelar vt: **~ que** (sospechar) soupçonner que; (temer) craindre que ▷ vi se méfier; **recelarse** vpr se méfier; **recelo** nm (desconfianza) méfiance f; (temor) crainte f

receloso, -a adj (suspicaz) méfiant(e); (temeroso) craintif(-ive)

recepción nf réception f; **recepcionista** nm/f réceptionniste m/f

receptáculo nm réceptacle m

receptivo, -a adj réceptif(-ive)

receptor, a nm/f réceptionnaire m/f ▷ nm (Telec, radio) récepteur m

recesión nf récession f

receta nf (Culin) recette f; (Med) ordonnance f

rechazar vt (ataque, oferta) repousser; (idea, acusación) rejeter

rechazo nm rejet m; (sentimiento) refoulement m

rechinar vi grincer
rechistar vi: **sin ~** sans rechigner
rechoncho, -a (fam) adj trapu(e)
rechupete: de ~ adj à s'en lécher les babines o doigts
recibidor nm vestibule m
recibimiento nm accueil m
recibir vt, vi recevoir; **recibirse** vpr (Am: Escol): **~se de** obtenir le diplôme de; **recibo** nm reçu m
reciclaje nm recyclage m
reciclar vt recycler
recién adv récemment; (Am: sólo) seulement; **~ casado** jeune marié; **el ~ llegado/nacido** le nouveau venu/-né; **~ a las seis me enteré** (Am) je ne l'ai appris qu'à six heures
reciente adj récent(e); (pan, herida) frais/fraîche; **recientemente** adv récemment
recinto nm enceinte f
recio, -a adj résistant(e); (voz) fort(e) ▷ adv fortement
recipiente nm (objeto) récipient m
reciprocidad nf réciprocité f
recíproco, -a adj réciproque
recital nm récital m
recitar vt réciter
reclamación nf réclamation f
reclamar vt, vi réclamer; **reclamo** nm (en caza) appeau m; (incentivo) appât m; **reclamo publicitario** réclame f
reclinar vt incliner; **reclinarse** vpr s'incliner
recluir vt enfermer; **recluirse** vpr vivre en reclus; **~ en su casa** s'enfermer chez soi
reclusión nf réclusion f; (voluntario) retraite f
recluta nm/f recrue f ▷ nf recrutement m
reclutar vt recruter
recobrar vt recupérer; **recobrarse** vpr: **~se (de)** se remettre (de); **~ el sentido** reprendre connaissance
recodo nm coude m

recogedor nm pelle f
recoger vt (firmas, dinero) recueillir; (fruta) cueillir; (del suelo) ramasser; (ordenar) ranger; (juntar) rassembler; (pasar a buscar) prendre; (dar asilo) recueillir; (polvo) prendre; **recogerse** vpr se retirer; (pelo) se ramasser
recogida nf (Agr) cueillette f; (de basura) ramassage m; (de cartas) levée f
recogido, -a adj (lugar) retiré(e); (pequeño) petit(e)
recolección nf (Agr) récolte f; (de datos, dinero) collecte f
recomendación nf recommandation f
recomendar vt recommander
recompensa nf récompense f; **recompensar** vt récompenser
recomponer vt réparer
reconciliación nf réconciliation f
reconciliar vt réconcilier; **reconciliarse** vpr se réconcilier
recóndito, -a adj (lugar) retiré(e)
reconfortar vt réconforter
reconocer vt reconnaître
reconocido, -a adj reconnu(e); **reconocimiento** nm reconnaissance f
reconquista nf reconquête f
reconstituyente nm reconstituant m
reconstruir vt reconstruire; (suceso) reconstituer
reconversión nf reconversion f
recopilación nf (resumen) résumé m; (colección) recueil m, compilation f; **recopilar** vt compiler
récord (pl **records** o **~s**) adj inv record ▷ nm record m
recordar vt se rappeler ▷ vi (acordarse de) se rappeler; **~ algo a algn** rappeler qch à qn
recorrer vt parcourir; **recorrido** nm parcours msg; **tren de largo recorrido** train m de grandes lignes
recortado, -a adj découpé(e); (barba)

taillé(e)
recortar vt découper; (presupuesto, gasto) réduire; **recorte** nm (de telas, chapus: arto) coupe f; (: fragmento) découpure f; (de prensa) coupure f; (de presupuestos, gastos) compression f
recostado, -a adj penché(e); **estar ~** être allongé(e)
recostar vt appuyer; **recostarse** vpr s'appuyer
recoveco nm (de camino, río) coude m; (en casa) coin m
recreación nf récréation f
recrear vt recréer; **recrearse** vpr: **~se con/en** prendre plaisir à
recreativo, -a adj récréatif(-ive); **sala recreativa** salle f de jeux; **recreo** nm récréation f
recriminar vt reprocher à vi récriminer
recrudecer vi redoubler d'intensité; **recrudecerse** vpr redoubler d'intensité
recrudecimiento nm recrudescence f
recta nf ligne f droite
rectángulo, -a adj, nm rectangle m
rectificar vt rectifier ▷ vi se rectifier
rectitud nf rectitude f
recto, -a adj droit(e) ▷ nm (Anat) rectum m
rector, a adj, nm/f recteur(-trice)
recuadro nm case f; (Tip) entrefilet m
recubrir vt: **~ (con)** recouvrir (de)
recuento nm décompte m; **hacer el ~ de** faire le décompte de
recuerdo vb ver **recordar** ▷ nm souvenir m; **¡~s a tu madre!** amitiés à ta mère!
recuperable adj récupérable
recuperación nf récupération f; (de enfermo) rétablissement m; (Escol) rattrapage m
recuperar vt récupérer; **recuperarse** vpr se récupérer; **~ fuerzas** reprendre ses forces

recurrir vi (Jur) faire appel; **~ a algo/a algn** recourir à qch/à qn; **recurso** nm recours msg
recusar vt récuser
red nf (tejido, trampa) filet m; (organización) réseau m; **la R~** (Internet) le Net
redacción nf rédaction f
redactar vt rédiger
redactor, a nm/f rédacteur(-trice)
redada nf (tb: **~ policial**) descente f
redicho, -a adj maniéré(e)
redil nm bercail m
redimir vt racheter
rédito nm (Econ) intérêt m
redoblar vt redoubler ▷ vi battre le tambour
redomado, -a adj (astuto) rusé(e); **sinvergüenza ~** fieffée canaille
redonda nf (Mús) ronde f; **a la ~** à la ronde
redondear vt (negocio, velada) conclure; (cifra, objeto) arrondir
redondel nm cercle m
redondo, -a adj rond(e); (completo) bon(ne); **en números ~s** en chiffres ronds
reducción nf réduction f
reducido, -a adj réduit(e)
reducir vt réduire; **reducirse** vpr se réduire; **~se a** (fig) se réduire à
redundancia nf redondance f
reembolsar vt rembourser; **reembolso** nm remboursement m
reemplazar vt remplacer; **reemplazo** nm remplacement m; **de reemplazo** (Mil) du contingent
reencuentro nm rencontre f
reescribible adj réinscriptible
referencia nf référence f; **referencias** nfpl (de trabajo) références fpl; **con ~ a** en ce qui concerne
referéndum (pl **~s**) nm référendum m
referente adj: **~ a** relatif(-ive) à
referir vt rapporter; **referirse**

vpr: **~se** se référer à
refilón: de ~ *adv* en passant
refinado, -a *adj* raffiné(e)
refinamiento *nm* raffinement *m*
refinar *vt (petróleo, azúcar)* raffiner; *(modales)* affiner; **refinería** *nf* raffinerie *f*
reflejar *vt* refléter
reflejo, -a *adj* réflexe ▷ *nm* reflet *m*; *(Anat)* réflexe *m*; **reflejos** *nmpl (en el pelo)* reflets *mpl*
reflexión *nf* réflexion *f*; **reflexionar** *vi* réfléchir; **reflexionar sobre** réfléchir sur
reflexivo, -a *adj (carácter)* réflexif(-ive); *(Ling)* réfléchi(e)
reflujo *nm* reflux *m*
reforma *nf* réforme *f*; **reformas** *nfpl (obras)* transformations *fpl*
reformar *vt* réformer; *(Arq)* transformer; **reformarse** *vpr* se réformer
reformatorio *nm (tb: ~ de menores)* maison *f* de redressement o correction
reforzar *vt* renforcer
refractario, -a *adj* réfractaire
refrán *nm* proverbe *m*
refregar *vt* frotter
refrenar *vt (deseos)* refréner
refrendar *vt* ratifier
refrescante *adj* rafraîchissant(e)
refrescar *vt* rafraîchir ▷ *vi* se rafraîchir; **refrescarse** *vpr* se rafraîchir
refresco *nm* rafraîchissement *m*
refriega *vb ver* **refregar** ▷ *nf* bagarre *f*
refrigeración *nf* réfrigération *f*
refrigerador *(esp Am)* *nm*, **refrigeradora** *(Am)* ▷ *nf* réfrigérateur *m*
refrigerar *vt* réfrigérer
refuerce *vb ver* **reforzar**
refuerzo *nm* renfort *m*; **refuerzos** *nmpl (Mil)* renforts *mpl*
refugiado, -a *nm/f* réfugié(e)

refugiarse *vpr* se réfugier
refugio *nm* refuge *m*
refunfuñar *vi* ronchonner
refutar *vt* réfuter
regadera *nf* arrosoir *m*; *(Méx: ducha)* douche *f*
regadío *nm* irrigation *f*; **tierras de ~** terres irriguées
regalado, -a *adj (gratis)* gratis; *(vida)* de château
regalar *vt* offrir; *(mimar)* cajoler
regaliz *nm* réglisse *m* o *f*
regalo *nm* cadeau *m*; *(gusto)* régal *m*; *(comodidad)* aisance *f*
regañadientes: a ~ *adv* en rechignant
regañar *vt* gronder ▷ *vi* se fâcher; *(dos personas)* se disputer
regar *vt* arroser; *(fig)* semer
regatear *vt* marchander ▷ *vi (Com)* marchander; **regateo** *nm (Com)* marchandage *m*
regazo *nm* giron *m*
regeneración *nf* régénération *f*
regenerar *vt* régénérer
regentar *vt (empresa, negocio)* régenter; *(local, bar)* tenir; **regente, -a** *nm/f (Com)* gérant(e); *(Pol)* régent(e); *(Méx: alcalde)* maire *m*
régimen *(pl* **regímenes***)* *nm* régime *m*
regimiento *nm* régiment *m*
regio, -a *adj* royal(e); *(Am: fam)* formidable
región *nf* région *f*
regir *vt (Econ, Jur, Ling)* régir ▷ *vi (ley)* être en vigueur
registrar *vt* fouiller; *(anotar)* enregistrer; **registrarse** *vpr (inscribirse)* s'inscrire; *(ocurrir)* avoir lieu
registro *nm* registre *m*; *(inspección)* fouille *f*; *(de datos)* enregistrement *m*; **registro civil** état *m* civil
regla *nf* règle *f*; **en ~** en règle
reglamentar *vt* réglementer
reglamentario, -a *adj*

réglementaire; **reglamento** nm
règlement m

regocijarse vpr: **~ de o por** se réjouir
de; **regocijo** nm réjouissance f

regodearse vpr: **~ con o en algo** se
délecter de qch; (pey) se réjouir de qch;
regodeo nm délectation f

regresar vi retourner; **regresarse**
vpr (Am) retourner

regresivo, -a adj régressif(-ive);
regreso nm retour m

reguero nm traînée f

regulador, -a adj régulateur(-trice)
▷ nm régulateur m

regular adj régulier(-ière);
(mediano) moyen(ne); (fam: no bueno)
médiocre ▷ vt régler; (normas,
salarios) contrôler; **por lo ~** en
général; **regularidad** nf régularité f;
regularizar vt régulariser

regusto nm arrière-goût m

rehabilitación nf (de drogadicto)
rééducation f; (Arq, de memoria)
réhabilitation f

rehabilitar vt (drogadicto) rééduquer;
(Arq, memoria) réhabiliter

rehacer vt refaire; **rehacerse** vpr
se rétablir

rehén nm otage m

rehuir vt fuir

rehusar vt, vi refuser

reina nf reine f; **~ de (la) belleza/de
las fiestas** reine de beauté/de la fête;
prueba ~ épreuve f phare; **reinado**
nm règne m

reinante adj régnant(e)

reinar vi régner

reincidir vi (Jur) récidiver; **~ (en)**
(recaer) retomber (dans)

reincorporarse vpr: **~ a** réintégrer;
(Mil) être réincorporé dans

reino nm royaume m; **reino animal/
vegetal** règne m animal/végétal; **el
Reino Unido** le Royaume-Uni

reintegrar vt réintégrer;
reintegrarse vpr: **~se a** réintégrer

reír vi rire; **reírse** vpr rire; **~se de**
rire de

reiterar vt réitérer

reivindicación nf revendication f

reivindicar vt revendiquer

reja nf grille f

rejilla nf grillage m; (en muebles)
cannage m; (en hornillo, de ventilación)
grille f; (para equipaje) filet m

rejuvenecer vt, vi rajeunir

relación nf relation f; (narración)
récit m; **con ~ a, en ~ con** par rapport
à; **relaciones públicas** relations
publiques; **relacionar** vt mettre en
rapport; **relacionarse** vpr fréquenter

relajación nf relaxation f

relajado, -a adj (costumbres, moral)
relâché(e); (persona) détendu(e)

relajar vt (mente, cuerpo)
décontracter; (disciplina, moral)
relâcher; **relajarse** vpr (distraerse)
se détendre

relamerse vpr se pourlécher

relamido, -a (pey) adj (pulcro)
bichonné(e); (afectado) collet
monté inv

relámpago adj inv: **visita/huelga ~**
visite f/grève f éclair ▷ nm éclair m

relatar vt relater

relativo, -a adj relatif(-ive); **en lo ~ a**
en ce qui concerne

relato nm récit m

relegar vt reléguer

relevante adj remarquable

relevar vt relever; **relevarse** vpr se
relayer; **~ a algn de su cargo** relever
qn de ses fonctions

relevo nm relève f; **carrera de ~s**
course f de relais

relieve nm relief m; **bajo ~** bas-relief
m; **poner de ~** mettre en relief

religión nf religion f

religioso, -a adj, nm/f
religieux(-euse)

relinchar vi hennir; **relincho** nm
hennissement m

reliquia nf relique f

rellano nm (Arq) palier m

rellenar vt remplir; (Culin) farcir

relleno, -a adj plein(e) ▷ nm (Culin) farce f; (de cojín) rembourrage m

reloj nm montre f; **reloj (de pulsera)** montre; **reloj despertador** réveille-matin m inv; **reloj digital** montre à affichage numérique

relojero, -a nm/f horloger(-ère)

reluciente adj reluisant(e)

relucir vi reluire; **sacar algo a ~** remettre qch sur le tapis

relumbrar vi reluire

remachar vt river; (fig) insister sur; **remache** nm rivet m

remanente nm (Com) surplus msg; (de producto) surplus m

remangarse vpr retrousser ses manches

remanso nm (de río) bras msg mort

remar vi ramer

rematar vt achever; (trabajo) parfaire; (Com) liquider ▷ vi (en fútbol) tirer; **~ de cabeza** faire une tête

remate nm fin f; (extremo) couronnement m; (Deporte) tir m; (Arq) sommet m; (Com) liquidation f; **de ~** (tonto) complètement; **para ~** pour couronner le tout

remediar vt remédier à; (evitar) éviter

remedio nm remède m; (Jur) secours msg; **poner ~ a** remédier à; **no tener más ~** ne pas avoir le choix; **¡qué ~!** c'est comme ça!, qu'y faire!; **sin ~** sans rémission

remendar vt raccommoder; (con parche) rapiécer

remesa nf envoi m

remiendo vb ver **remendar** ▷ nm raccommodage m; (con parche) rapiéçage m

remilgado, -a adj (melindroso) minauder(-ière); (afectado) maniéré(e)

remilgo nm (melindre) minauderie f;

(afectación) manière f

reminiscencia nf réminiscence f

remite nm expéditeur m; **remitente** nm/f expéditeur(-trice)

remitir vt envoyer ▷ vi (tempestad) se calmer; (fiebre) baisser; **remitirse** vpr: **~se a** s'en remettre à

remo nm rame f

remojar vt laisser tremper

remojo nm: **dejar la ropa en ~** laisser tremper le linge

remolacha nf betterave f

remolcador nm remorqueur m

remolcar vt remorquer

remolino nm remous msg

remolque vb ver **remolcar** ▷ nm remorque f; (cuerda) câble m de remorquage; **llevar a ~** prendre en remorque

remontar vt remonter; **remontarse** vpr s'élever; **~se a** (Com) s'élever à; **~ el vuelo** monter en flèche

remorder vt causer du remords à; **me remuerde la conciencia** j'ai des remords; **remordimiento** nm remords msg

remoto, -a adj éloigné(e)

remover vt remuer

remozar vt (Arq) rafraîchir

remuneración nf rémunération f

remunerar vt rémunérer

renacer vi renaître; **renacimiento** nm renaissance f; **el Renacimiento** la Renaissance

renacuajo nm têtard m

renal adj rénal(e)

rencilla nf querelle f

rencor nm (resentimiento) rancœur f

rencoroso, -a adj rancunier(-ière)

rendición nf reddition f

rendido, -a adj épuisé(e); **su ~ admirador** votre admirateur passionné

rendija nf fente f

rendimiento nm rendement m

rendir vt rapporter; (agotar) épuiser

▷ vi (Com) rapporter; **rendirse** vpr (cansarse) se rendre; **~ homenaje/culto a** rendre hommage/un culte à; **~ cuentas a algn** rendre des comptes à qn

renegar vi renier; (quejarse) grommeler; (con imprecaciones) blasphémer

RENFE, Renfe sigla f (Ferro) (= Red Nacional de los Ferrocarriles Españoles) société nationale des chemins de fer espagnols

renglón nm ligne f; (Com) chapitre m; **a ~ seguido** à la suite

renombrado, -a adj renommé(e)

renombre nm renom m; **de ~** de renom

renovable adj (energía) renouvelable

renovación nf (de contrato, sistema) renouvellement m; (Arq) rénovation f

renovar vt renouveler; (Arq) rénover

renta nf revenu m; (esp Am: alquiler) loyer m; **renta disponible** revenu (individuel) disponible; **renta nacional (bruta)** revenu national (brut); **rentable** adj rentable; **rentar** vt rapporter

renuncia nf renonciation f

renunciar vi renoncer

reñido, -a adj (batalla, debate, votación) serré(e); **estar ~ con algn** être brouillé(e) avec qn

reñir vt gronder ▷ vi (pareja, amigos) se disputer; (físicamente) se battre

reo nm/f (Jur) accusé(e); **~ de muerto** condamné à mort

reojo: de ~ adv (mirar) à la dérobée

reparación nf réparation f

reparar vt réparer ▷ vi: **~ en** (darse cuenta de) s'apercevoir de; (poner atención en) remarquer

reparo nm (duda) doute m; (inconveniente) obstacle m; (reproche) formuler des objections; **poner ~s a algo** contester qch

repartición nf répartition f

▷ vi (Com) rapporter; **rendirse** vpr

repartidor, a nm/f livreur(-euse)

repartir vt distribuer; (Com) livrer; **reparto** nm (de dinero, poder) répartition f; (Cine, Correos) distribution f

repasar vt réviser; **repaso** nm révision f

repatriar vt rapatrier

repelente adj repoussant(e)

repensar vt reconsidérer

repente nm: **de ~** soudain; **repente de ira** accès de colère

repentino, -a adj (súbito) subit(e)

repercusión nf répercussion f

repercutir vi répercuter; **~ en** (fig) répercuter sur

repertorio nm répertoire m

repetición nf répétition f

repetir vt répéter; (Escol) redoubler; (plato, Teatro) reprendre ▷ vi (Escol) redoubler; (sabor) revenir; (en comida) en reprendre; **repetirse** vpr se répéter

repicar vi (campanas) sonner, carillonner

repique vb ver **repicar** ▷ nm (de campanas) volée f; **repiqueteo** nm (de campanas) volée f

repisa nf étagère f; (Arq) console f; (de chimenea) dessus m; (de ventana) rebord m

repitiendo etc vb ver **repetir**

replantear vt reconsidérer

replegarse vpr se replier

repleto, -a adj plein(e)

réplica nf réplique f

replicar vt, vi répliquer; **¡no repliques!** et pas de discussion!

repliegue vb ver **replegarse** ▷ nm (Mil) repli m

repoblación nf repeuplement m; **repoblación forestal** reboisement m

repoblar vt repeupler

repollo nm chou m

reponer vt (volver a poner) réinstaller; (Teatro) reprendre; **reponerse** vpr se

remettre; **~ que** répondre que
reportaje nm reportage m
reportero, -a nm/f reporter m
reposacabezas nm inv appui-tête m
reposado, -a adj reposé(e);
(tranquilo) calme
reposar vi reposer
reposición nf (de dinero)
réinvestissement m; (maquinaria)
remplacement m; (Cine, Teatro)
reprise f
reposo nm repos msg
repostar vt se ravitailler en ▷ vi se
ravitailler; (Auto) se ravitailler en
carburant
repostería nf pâtisserie f
repostero, -a nm/f pâtissier(-ière)
reprender vt (persona) réprimander;
(comportamiento) blâmer
represa nf barrage m
represalia nf représailles fpl
representación nf représentation
f; **en ~ de** en représentation de;
representante nm/f (Pol, Com)
représentant(e); **representante
diplomático** (Pol) représentant
diplomatique
representar vt représenter;
(significar) signifier; **representarse**
vpr se représenter
representativo, -a adj
représentatif(-ive)
represión nf répression f
reprimenda nf réprimande f
reprimir vt réprimer
reprobar vt réprouver
reprochar vt reprocher; **reproche**
nm reproche m
reproducción nf reproduction f
reproducir vt reproduire;
reproducirse vpr se reproduire
reproductor, a adj
reproducteur(-trice) ▷ nm lecteur m;
reproductor (de) MP3 lecteur MP3
reptil nm reptile m
república nf république f

republicano, -a adj, nm/f
républicain(e)
repudiar vt répudier
repuesto pp de **reponer** ▷ nm (pieza
de recambio) pièce f de rechange;
(abastecimiento) ravitaillement m;
rueda de ~ roue f de secours
repugnancia nf répugnance f;
repugnante adj répugnant(e)
repugnar vt, vi répugner
repulsa nf condamnation f
repulsión nf répulsion f
repulsivo, -a adj répulsif(-ive)
reputación nf réputation f
requemado, -a adj brûlé(e)
requerimiento nm requête f; (Jur)
mise f en demeure
requerir vt requérir
requesón nm fromage m blanc
requete... pref très
réquiem nm requiem m
requisito nm condition f requise
res nf bête f
resaca nf (en el mar) ressac m; (de
alcohol) gueule f de bois
resaltar vt détacher ▷ vi se détacher
resarcir vt (reparar) dédommager;
resarcirse vpr se rattraper
resbaladizo, -a adj glissant(e)
resbalar vi glisser; (gotas) couler;
resbalarse vpr glisser; **resbalón** nm
glissade f; (fig) faux-pas msg
rescatar vt sauver; (pagando rescate)
payer la rançon de; (objeto) récupérer
rescate nm sauvetage m; (dinero)
rançon f; (de objeto) récupération f;
pagar un ~ payer une rançon
rescindir vt résilier
rescisión nf résiliation f
rescoldo nm braises fpl
resecar vt dessécher; (Med)
disséquer; **resecarse** vpr se
dessécher
reseco, -a adj desséché(e)
resentido, -a adj (envidioso)
jaloux(-ouse); (dolido) aigri(e)

resentimiento nm ressentiment m
resentirse vpr : **~ de o con** se ressentir de ; **su salud se resiente** sa santé s'en ressent
reseña nf (descripción) description f ; (informe, Lit) compte m rendu
reseñar vt décrire ; (Lit) faire le compte rendu de
reserva nf réserve f ; (de entradas) réservation f, location f ; **a ~ de que ...** (Am) sous réserve que ... ; **con ~** (con cautela) sous toutes réserves ; (con condiciones) sous réserve ; **gran ~** (vino) grand cru m
reservado, -a adj réservé(e) ▷ nm cabinet m particulier
reservar vt réserver ; (Teatro) réserver, louer ; **reservarse** vpr se réserver
resfriado nm rhume m
resfriarse vpr s'enrhumer
resfrío (esp Am) nm rhume m
resguardar vt protéger ; **resguardarse** vpr : **~se de** se protéger de ; **resguardo** nm abri m ; (justificante, recibo) reçu m
residencia nf résidence f ; **residencia de ancianos** maison f de retraite ; **residencial** adj résidentiel(le) ; (And, Chi) hôtel m modeste
residente adj, nm/f résident(e)
residir vi résider ; **~ en** (habitar en : ciudad) résider à ; (: país) résider en o à
residuo nm (sobrante) résidu m ; (desperdicios) résidus mpl
resignación nf résignation f
resignarse vpr : **~ a** se résigner à
resina nf résine f
resistencia nf résistance f ; **no ofrece ~** il n'offre pas de résistance ; **resistente** adj résistant(e)
resistir vt résister à ; (peso, calor, persona) supporter ▷ vi résister ; **resistirse** vpr résister ; **~se a** (decir, salir) refuser de ; (cambio, ataque) résister à

resolución nf résolution f ; (arrojo) détermination f
resolver vt résoudre ; **resolverse** vpr se résoudre
resonancia nf résonance f ; (fig) retentissement m
resonar vi résonner
resoplar vi haleter ; **resoplido** nm halètement m
resorte nm (Tec, fig) ressort m
respaldar vt appuyer ; **respaldarse** vpr (en asiento) s'adosser ; **~se en** (fig) s'appuyer sur ; **respaldo** nm (de sillón) dossier m ; (fig) appui m
respectivamente adv respectivement
respectivo, -a adj respectif(-ive) ; **en lo ~ a** en ce qui concerne
respecto nm : **al ~** à ce sujet ; **con ~ a** en ce qui concerne ; **~ de** par rapport à
respetable adj respectable
respetar vt respecter ; **respeto** nm respect m ; **respetos** nmpl respects mpl
respetuoso, -a adj respectueux(-euse)
respingo nm : **dar o pegar un ~** sursauter
respiración nf respiration f ; **respiración asistida** respiration assistée
respirar vt, vi respirer
respiratorio, -a adj respiratoire ; **respiro** nm répit m
resplandecer vi resplendir ; (belleza) resplendir, rayonner ; **resplandeciente** adj resplendissant(e) ; **resplandor** nm éclat m
responder vt répondre ▷ vi répondre ; **~ de o por** répondre de o pour
respondón, -ona adj effronté(e) ; **¡no seas~!** ne réponds pas !
responsabilidad nf responsabilité f
responsabilizar vt

responsabiliser, rendre responsable; **responsabilizarse** vpr: **~se de** (atentado) revendiquer; (crisis, accidente) assumer la responsabilité de

responsable adj, nm/f responsable m/f

respuesta nf réponse f

resquebrajar vt fendiller, fissurer; **resquebrajarse** vpr s'écailler

resquicio nm fente f; (fig) possibilité f, rayon m

resta nf soustraction f

restablecer vt rétablir; **restablecerse** vpr se rétablir

restallar vi claquer

restante adj restant(e); **lo ~** le reste, ce qui reste

restar vt (Mat) soustraire; (fig) ôter ▷ vi rester

restauración nf restauration f

restaurante nm restaurant m

restaurar vt restaurer

restitución nf restitution f

restituir vt restituer

resto nm reste m; **restos** nmpl (Culin, de civilización etc) restes mpl; **echar el ~** jouer le tout pour le tout

restregar vt frotter

restricción nf restriction f

restrictivo, -a adj restrictif(-ive)

restringir vt restreindre

resucitar vt, vi ressusciter

resuello nm (aliento) souffle m

resuelto, -a pp de **resolver** ▷ adj résolu(e)

resultado nm résultat m; **resultante** adj résultant(e)

resultar vi (ser) être; (llegar a ser) finir par être; (salir bien) réussir; (ser consecuencia) résulter; **~ de** résulter de; **resulta que ...** il se trouve que ...; **el conductor resultó muerto** le chauffeur est mort; **no resultó** cela n'a pas réussi; **me resulta difícil hacerlo** il m'est difficile de le faire

resumen nm résumé m; **en ~** en résumé

resumir vt résumer

resurgir vi ressurgir

resurrección nf résurrection f

retablo nm retable m

retaguardia nf arrière-garde f

retahíla nf chapelet m

retal nm coupon m

retar vt défier

retardar vt (demorar) retarder; (hacer más lento) ralentir

retazo nm coupon m

retención nf retenue f; (Med) rétention f; **retención de tráfico** embouteillage m, bouchon m; **retención fiscal** prélèvement m fiscal

retener vt retenir; (suj: policía) garder à vue; (impuestos, sueldo) prélever

retina nf rétine f

retintín nm: **decir algo con ~** dire qch d'un ton malicieux

retirada nf (Mil) retraite f; (de dinero) retrait m; **batirse en ~** battre en retraite

retirado, -a adj (lugar) retiré(e); (vida) calme; (jubilado) retraité(e) ▷ nm/f retraité(e)

retirar vt retirer; (jubilar) mettre à la retraite; **retirarse** vpr se retirer; **retiro** nm retraite f; (Deporte) abandon m

reto nm défi m

retocar vt retoucher

retoño nm rejeton m

retoque vb ver **retocar** ▷ nm retouche f

retorcer vt (tela) essorer; (brazo) tordre; **retorcerse** vpr se tortiller; (persona) se contorsionner

retorcido, -a adj (tronco) tordu(e); (columna) tors(e); (personalidad) retors(e); (mente) mal tourné(e)

retórica nf rhétorique f

retórico, -a adj rhétorique

retornar vt (cartas) renvoyer; (dinero)

rendre ▷ vi: **~ (a)** retourner (à);
retorno nm retour m

retortijón nm (tb: **~ de tripas**)
crampe f (d'estomac)

retozar vi folâtrer

retozón, -ona adj folâtre

retracción nf rétraction f

retractarse vpr se rétracter; **me
retracto** je me rétracte

retraer vt (antena) rentrer; (órgano)
rétracter; **retraerse** vpr: **~se (de)** se
retirer (de)

retraído, -a adj renfermé(e)

retraimiento nm (timidez) réserve f

retransmisión nf retransmission f

retransmitir vt retransmettre

retrasado, -a adj en retard; (Med: tb:
~ mental) attardé(e); **estar ~** (reloj)
être en retard, retarder

retrasar vt, vi retarder; **retrasarse**
vpr (persona, tren) être en retard;
retarder; (quedarse atrás) s'attarder

retraso nm retard m; **retrasos** nmpl
(Com) arriérés mpl; **llegar con ~** arriver
en retard; **retraso mental** déficience
f mentale

retratar vt (Arte) faire le portrait de;
(Foto) photographier; (fig) décrire;
retratarse vpr se faire faire son
portrait; (fig) se révéler; **retrato** nm
portrait m; **ser el vivo retrato de** être
tout le portrait de; **retrato-robot** (pl
retratos-robot) nm portrait-robot m

retreta nf (Mil) retraite f

retrete nm toilettes fpl

retribución nf rétribution f

retribuir vt rétribuer

retro... pref rétro...

retroactivo, -a adj rétroactif(-ive)

retroceder vi reculer; **la policía
hizo ~ a la multitud** la police a fait
reculer la foule

retroceso nm recul m

retrógrado, -a adj rétrograde

retrospectivo, -a adj
rétrospectif(-ive)

retrovisor nm rétroviseur m

retumbar vi retentir

reuma, reúma nm rhumatisme m

reumatismo nm rhumatisme m

reunificar vt réunifier

reunión nf réunion f

reunir vt réunir; (recoger) rassembler,
réunir; (personas) rassembler;
reunirse vpr se réunir

revalidar vt (título) confirmer

revancha nf revanche f

revelación nf révélation f

revelado nm développement m

revelar vt révéler; (Foto) développer

reventa nf revente f

reventar vt (globo) faire éclater; (presa)
céder ▷ vi éclater

reventón nm crevaison f

reverencia nf révérence f;
reverenciar vt révérer

reverendo, -a adj révérend(e)

reverente adj révérencieux(-euse)

reversible adj réversible

reverso nm revers msg

revertir vi revenir

revés nm envers msg; (fig, Tenis) revers
msg; **al ~** à l'envers; **volver algo al o
del ~** retourner qch

revestir vt revêtir; **~se con o de**
s'armer de

revisar vt réviser; **revisión** nf
révision f; **revisión salarial** révision
des salaires

revisor, a nm/f contrôleur(-euse)

revista vb ver **revestir** ▷ nf revue
f, magazine m; **pasar ~ a** passer
en revue; **revista literaria** revue
littéraire; **revistas del corazón**
presse f du cœur

revivir vt, vi revivre

revocación nf révocation f

revocar vt révoquer

revolcarse vpr se vautrer

revolotear vi voltiger

revoltijo nm embrouillamini m

revoltoso, -a adj turbulent(e)

revolución nf révolution f; (Tec) tour m; **revolucionar** vt révolutionner

revolucionario, -a adj, nm/f révolutionnaire m/f

revolver vt remuer; (casa) mettre sens dessus dessous; (mezclar) remuer, agiter; (Pol) soulever ▷ vi: **~ en** fouiller dans; **~se contra** se retourner contre

revólver nm revolver m

revuelo nm vol m; (fig) trouble m

revuelta nf révolte f; (pelea) bagarre f

revuelto, -a pp de **revolver** ▷ adj (desordenado) sens dessus dessous

rey nm roi m; **el deporte ~** le sport roi

◇ **REYES MAGOS**

Selon la tradition espagnole, les Rois mages apportent des cadeaux aux enfants pendant la nuit qui précède l'Épiphanie. Le lendemain soir, le 6 janvier, les Rois mages arrivent dans la ville par mer ou par terre, et participent à une procession connue sous le nom de **cabalgatas**, à la plus grande joie des enfants.

reyerta nf rixe f

rezagado, -a adj: **quedar ~** être en retard

rezagar vt retarder; **rezagarse** vpr traîner

rezar vi prier; **~ con** (fam) aller avec; **rezo** nm prière f

rezongar vi ronchonner

rezumar vt laisser couler ▷ vi suinter

ría nf ria f

riada nf crue f, inondation f

ribera nf rive f, berge f; (área) rivage m, littoral m

ribete nm (de vestido) liseré m; **ribetes** nmpl (atisbos) côtés mpl; **muestra ~s de filósofo** il a un côté philosophe

ricino nm: **aceite de ~** huile f de ricin

rico, -a adj riche; (comida)

délicieux(-euse); (niño) gentil(le) ▷ nm/f riche m/f; **~ en** riche en

rictus nm rictus msg

ridiculez nf ridicule m; (nimiedad) insignifiance f

ridiculizar vt ridiculiser

ridículo, -a adj ridicule; **hacer el ~** se couvrir de ridicule; **poner a algn en ~** tourner qn en ridicule

riego nm arrosage m; **riego sanguíneo** irrigation f

riel nm (Ferro) rail m; (de cortina) tringle f

rienda nf rêne f; **dar ~ suelta a** donner libre cours à

riesgo nm risque m; **correr el ~ de** courir le risque de

rifa nf tombola f; **rifar** vt tirer au sort; **rifarse** vpr se disputer

rifle nm rifle m

rigidez nf rigidité f

rígido, -a adj rigide

rigor nm rigueur f; **de ~** de rigueur

riguroso, -a adj rigoureux(-euse)

rima nf rime f; **rimas** nfpl (composición) rimes fpl

rimbombante adj (fig) ronflant(e)

rímel nm rimmel m

rímmel nm = **rímel**

rincón nm coin m

rinoceronte nm rhinocéros msg

riña nf (disputa) dispute f; (pelea) bagarre f

riñón nm (Anat) rein m; (Culin) rognon m

río vb ver **reír** ▷ nm (que desemboca en otro río) rivière f; (que desemboca en el mar) fleuve m; (fig) flot m; **~ abajo/arriba** en aval/amont

Río de la Plata n ▷ Río de la Plata

rioja nf rioja m

rioplatense adj de Rio de la Plata

riqueza nf richesse f

risa nf rire m; **¡qué ~!** que c'est drôle!

risco nm rocher m escarpé

risotada nf éclat m de rire

ristra *nf* chapelet *m*

risueño, -a *adj* souriant(e)

ritmo *nm* rythme *m*; **a ~ lento** au ralenti; **trabajar a ~ lento** travailler au ralenti; **ritmo de vida** rythme de vie

rito *nm* rite *m*

ritual *adj* rituel(le) ⊳ *nm* rituel *m*

rival *adj, nm/f* rival(e); **rivalidad** *nf* rivalité *f*; **rivalizar** *vi* rivaliser

rizado, -a *adj* (pelo) frisé(e) ⊳ *nm* frisure *f*

rizar *vt* friser; **rizarse** *vpr* (el pelo) se friser; (agua, mar) moutonner; **rizo** *nm* boucle *f*

RNE *abr* = **Radio Nacional de España**

robar *vt* voler

roble *nm* chêne *m*

robo *nm* vol *m*

robot (pl **-s**) *adj, nm* robot *m*; **robot de cocina** robot

robustecer *vt* fortifier

robusto, -a *adj* robuste

roca *nf* roche *f*

roce *vb ver* **rozar** ⊳ *nm* frottement *m*; (caricia) frôlement *m*; (Tec) friction *f*; (señal) éraflure *f*; (: en la piel) égratignure *f*; **tener un ~ con** s'accrocher avec, avoir une prise de bec avec

rociar *vt* arroser

rocín *nm* rosse *f*

rocío *nm* rosée *f*

rock *adj, nm* (Mús) rock *m*

rocoso, -a *adj* rocailleux(-euse)

rodado, -a *adj*: **tráfico ~** circulation froutière

rodaja *nf* tranche *f*

rodaje *nm* (Cine) tournage *m*; **en ~** (Auto) en rodage

rodar *vt* (vehículo) roder; (película) tourner ⊳ *vi* rouler; (Cine) tourner

rodear *vt* entourer; **rodearse** *vpr*: **~se de amigos** s'entourer d'amis

rodeo *nm* détour *m*; (Am: Deporte) rodéo *m*; **hablar sin ~s** parler sans détours

rodilla *nf* genou *m*; **de ~s** à genoux

rodillo *nm* rouleau *m*

roedor, -a *adj* rongeur(-euse) ⊳ *nm* rongeur *m*

roer *vt* ronger

rogar *vt, vi* prier; **se ruega no fumar** prière de ne pas fumer

rojizo, -a *adj* rougeâtre

rojo, -a *adj* rouge ⊳ *nm* rouge *m*; **al ~ (vivo)** (metal) rouge; (fig) chauffé(e) à blanc

rol *nm* rôle *m*

rollizo, -a *adj* rondelet(te)

rollo, -a *adj, nm* rouleau *m*; (fam: película) navet *m*; (libro) ouvrage *m* de bas étage; **¡qué ~!** quelle barbe!, quelle scie!

Roma *n* Rome

romance *nm* (Ling) roman *m*; (relación) idylle *f*

romanticismo *nm* romantisme *m*

romántico, -a *adj* romantique

rombo *nm* losange *m*

romería *nf* (Rel) fête *f* patronale ≈ pardon *m*; (excursión) pèlerinage *m*

▸ **ROMERÍA**

À l'origine un pèlerinage vers un lieu saint ou une église, en l'honneur de la Sainte Vierge ou du saint local, la **romería** donne également lieu de nos jours à une fête populaire. Les participants, parfois venus de loin, apportent à boire et à manger, et les festivités durent toute une journée.

romero, -a *nm/f* pèlerin *m* ⊳ *nm* (Bot) romarin *m*

romo, -a *adj* émoussé(e)

rompecabezas *nm inv* casse-tête *m inv*

rompeolas *nm inv* brise-lames *m inv*

romper *vt* casser; (papel, tela)

déchirer; (*contrato*) rompre ▷ *vi* (*olas*) briser; (*diente*) casser; **romperse** *vpr* se casser; **~ el día** commencer à faire jour; **~ a** se mettre à; **~ a llorar** éclater en sanglots; **~ con algn** rompre avec qn

ron *nm* rhum *m*

roncar *vi* ronfler

ronco, -a *adj* rauque

ronda *nf* (*de bebidas, negociaciones*) tournée *f*; (*patrulla*) ronde *f*; **hacer la ~** (*Mil*) faire sa ronde; **rondar** *vt* (*vigilar*) surveiller ▷ *vi* faire une ronde; (*fig*) rôder; **la cifra ronda el millón** le chiffre frise le million

ronquido *nm* ronflement *m*

ronronear *vi* ronronner; **ronroneo** *nm* ronronnement *m*

roña *nf* (*Veterinaria*) gale *f*; (*mugre*) crasse *f*; (*óxido*) rouille *f*

roñoso, -a *adj* (*mugriento*) crasseux(-euse); (*tacaño*) radin(e)

ropa *nf* vêtements *mpl*; **ropa blanca/ de casa** linge *m* blanc/de maison; **ropa de cama** literie *f*; **ropa interior o íntima** linge de corps; **ropaje** *nm* vêtements *mpl*

ropero *nm* (*de ropa de cama*) armoire *f* (à linge); (*guardarropa*) garde-robe *f*

rosa *adj inv* rose ▷ *nf* (*Bot*) rose *f* ▷ *nm* (*color*) rose *m*; **rosa de los vientos** rose *f* des vents

rosado, -a *adj* rose ▷ *nm* rosé *m*

rosal *nm* rosier *m*

rosario *nm* chapelet *m*; (*oraciones*) rosaire *m*

rosca *nf* pas *msg*; (*pan*) couronne *f*

rosetón *nm* (*Arq*) rosace *f*

rosquilla *nf* beignet à pâte dure en forme d'anneau

rostro *nm* visage *m*; **tener mucho ~** (*fam*) avoir un sacré culot *o* toupet

rotación *nf* rotation *f*; **rotación de cultivos** rotation des cultures

rotativo, -a *adj* rotatif(-ive)

roto, -a *pp de* **romper** ▷ *adj* cassé(e);

(*tela, papel*) déchiré(e); (*Chi: de clase obrera*) ouvrier(-ière) ▷ *nm/f* (*Chi*) ouvrier(-ière) ▷ *nm* (*en vestido*) accroc *m*

rotonda *nf* rotonde *f*

rótula *nf* rotule *f*

rotulador *nm* crayon *m* feutre

rotular *vt* (*carta, documento*) légender; **rótulo** *nm* (*título*) enseigne *f*; (*letrero*) écriteau *m*

rotundamente *adv* catégoriquement

rotundo, -a *adj* catégorique

rotura *nf* rupture *f*; (*Med*) fracture *f*

roturar *vt* défricher

rozadura *nf* (*huella*) éraflure *f*; (*herida*) écorchure *f*

rozar *vt* frôler; (*tocar ligeramente, fig*) effleurer; **rozarse** *vpr* se frôler; **~se (con)** (*tratar*) se frotter (à)

Rte. *abr* = **remite, remitente** exp. (= *expéditeur*)

RTVE *abr f* = **Radiotelevisión Española**

rubí *nm* rubis *msg*

rubio, -a *adj, nm/f* blond(e); **tabaco ~** tabac *m* blond

rubor *nm* (*sonrojo*) rougeur *f*; (*vergüenza*) honte *f*

ruborizarse *vpr* rougir

rúbrica *nf* (*de firma*) paraphe *m*, parafe *m*; **rubricar** *vt* (*firmar*) parapher *o* parafer; (*concluir*) couronner

rudimentario, -a *adj* rudimentaire

rudimentos *nmpl* rudiments *mpl*

rudo, -a *adj* (*material*) rude; (*modales, persona*) grossier(-ière)

rueda *nf* roue *f*; (*corro*) ronde *f*; **rueda de prensa** conférence *f* de presse; **rueda de recambio o de repuesto** roue de secours; **rueda delantera/ trasera** roue avant/arrière

ruedo *vb ver* **rodar** (*Taur*) arène *f*; (*corro*) ronde *f*

ruego *vb ver* **rogar** ▷ *nm* prière *f*

rufián *nm* ruffian *m*

rugby *nm* rugby *m*

rugido nm rugissement m

rugir vi rugir

rugoso, -a adj rugueux(-euse)

ruido nm bruit m; (alboroto) bruit, grabuge m

ruidoso, -a adj bruyant(e); (fig) tapageur(-euse)

ruin adj (vil) vil(e); (fig) tapageur(-euse)

ruina nf ruine f; **ruinas** nfpl ruines fpl

ruindad nf mesquinerie f; (acto) bassesse f

ruinoso, -a adj ruineux(-euse)

ruiseñor nm rossignol m

ruleta nf roulette f

rulo nm rouleau m

Rumania, Rumanía nf Roumanie f

rumba nf rumba f

rumbo nm (ruta) cap m; (ángulo de dirección) rumb m, rhumb m; (fig) direction f; **poner ~ a** mettre le cap sur; **sin ~ fijo** au hasard

rumboso, -a (fam) adj généreux(-euse)

rumiante nm ruminant m

rumiar vt, vi ruminer

rumor nm (ruido sordo) rumeur f; (chisme) bruit m

rumorearse vpr: **se rumorea que** le bruit court que

runrún nm rumeur f; (fig) rengaine f

rupestre adj: **pintura ~** peinture f rupestre

ruptura nf rupture f

rural adj rural(e)

Rusia nf Russie f

ruso, -a adj russe ▷ nm/f Russe m/f

rústica nf: **libro en ~** livre m broché

rústico, -a adj (del campo) rustique; (ordinario) rustre

ruta nf route f

rutina nf routine f

rutinario, -a adj routinier(-ière)

S

S abr (= sur) S (= sud)

S. abr (= san) S (= Saint)

s. abr = **siglo; siguiente**

S.A. abr (Com) (= Sociedad Anónima) SA f (= société anonyme); (= Su Alteza) SA (= Son Altesse)

sábado nm samedi m

sábana nf drap m

sabandija nf (Zool) bestiole f

sabañón nm engelure f

PALABRA CLAVE

saber vt savoir; **a saber** à savoir; **no lo supe hasta ayer** je ne l'ai appris qu'hier; **¿sabes conducir/nadar?** sais-tu conduire/nager?; **¿sabes francés?** sais-tu parler français?; **saber de memoria** savoir o connaître par cœur; **lo sé** je (le) sais; **hacer saber** faire savoir; **que yo sepa** que je sache; **¡vete a saber!** va savoir!;

¿sabes? tu vois?
▷ *vi*: **saber a** avoir le goût de; **sabe a fresa** ça a un goût de fraise; **saber mal/bien** (*comida, bebida*) avoir bon/mauvais goût; **le sabe mal que otro saque a bailar a su mujer** ça ne lui plaît pas que d'autres gens invitent sa femme à danser
saberse *vpr*: **se sabe que ...** on sait que ...; **no se sabe todavía** on ne sait toujours pas

sabiduría *nf* savoir *m*; (*buen juicio*) sagesse *f*
sabiendas: a ~ *adv* en connaissance de cause
sabio, -a *adj* savant(e); (*prudente*) sage ▷ *nm/f* savant(e)
sabor *nm* goût *m*, saveur *f*; **saborear** *vt* savourer
sabotaje *nm* sabotage *m*
saboteador, a *nm/f* saboteur(-euse)
sabotear *vt* saboter
sabré *etc vb ver* **saber**
sabroso, -a *adj* savoureux(-euse); (*salado*) salé(e)
sacacorchos *nm inv* tire-bouchon *m*
sacapuntas *nm inv* taille-crayon *m*
sacar *vt* sortir; (*dinero, entradas*) retirer; (*beneficios*) tirer; (*premio*) remporter; (*datos*) extraire; (*conclusión*) arriver à; (*esp Am: ropa*) enlever; **~ adelante** (*hijos*) élever; (*negocio*) faire démarrer; **~ una foto** faire une photo; **~ la lengua** tirer la langue; **~ buenas/malas notas** avoir de bonnes/mauvaises notes
sacarina *nf* saccharine *f*
sacerdote *nm* prêtre *m*
saciar *vt* assouvir; **saciarse** *vpr* se rassasier
saco *nm* sac *m*; (*Am: chaqueta*) veste *f*; **saco de dormir** sac de couchage
sacramento *nm* sacrement *m*

sacrificar *vt* sacrifier; **sacrificarse** *vpr*: **~se por** se sacrifier pour; **sacrificio** *nm* sacrifice *m*
sacrilegio *nm* sacrilège *m*
sacristía *nf* sacristie *f*
sacudida *nf* secousse *f*; **sacudida eléctrica** décharge électrique
sacudir *vt* secouer
sádico, -a *adj, nm/f* sadique *m/f*; **sadismo** *nm* sadisme *m*
saeta *nf* flèche *f*
sagacidad *nf* sagacité *f*; **sagaz** *adj* sagace
Sagitario *nm* (*Astrol*) Sagittaire *m*; **ser ~** être (du) Sagittaire
sagrado, -a *adj* sacré(e)
Sáhara *nm*: **el ~** le Sahara
sal *vb ver* **salir** ▷ *nf* sel *m*; (*encanto*) grâce *f*; **sales de baño** sels de bain
sala *nf* salle *f*; (*sala de estar*) salle de séjour; (*Jur*) tribunal *m*; **sala de espera** salle d'attente; **sala de fiestas** salle des fêtes
salado, -a *adj* salé(e); (*fig*) piquant(e); **agua salada** eau *f* salée
salar *vt* saler
salarial *adj* (*aumento*) de salaire; (*revisión*) salarial(e)
salario *nm* salaire *m*
salchicha *nf* saucisse *f*; **salchichón** *nm* saucisson *m*
saldar *vt* solder; (*deuda, diferencias*) régler; **saldo** *nm* solde *m*; (*de deuda*) règlement *m*
saldré *etc vb ver* **salir**
salero *nm* (*Culin*) salière *f*
salga *etc vb ver* **salir**
salida *nf* sortie *f*; (*de tren, Aviat, Deporte*) départ *m*; (*puerta*) sortie, issue *f*; (*fig*) issue; (: *de estudios*) débouché *m*; **calle sin ~** voie *f* sans issue; **a la ~ del teatro** à la sortie du théâtre; **salida de emergencia/de incendios** sortie de secours
saliente *nm* saillie *f*

○ PALABRA CLAVE

salir vi **1** (ir afuera) sortir; (tren, avión) partir; **salir de** sortir de; **Juan ha salido** Juan est sorti; **salió de la cocina** il est sorti de la cuisine **2** (aparecer: sol) se lever; (flor, pelo, dientes) pousser; (disco, libro) sortir; **anoche salió el reportaje en la tele** le reportage est passé hier soir à la télé; **su foto salió en todos los periódicos** sa photo est parue dans tous les journaux **3** (resultar): **salir bien/mal** réussir/ rater; **el niño nos ha salido muy estudioso** notre fils se révèle très studieux; **la comida te ha salido exquisita** ton repas est très réussi; **sale muy caro** c'est très cher **4** (mancha) partir; (tapón) s'enlever **5**: **le salió un trabajo** il a trouvé du travail **6**: **salir adelante** s'en sortir; **no sé como haré para salir adelante** je ne sais pas comment faire pour m'en sortir

salirse vpr (líquido) se renverser; (animal) sortir; (de la carretera) quitter; (persona: de asociación) quitter

saliva nf salive f
salmo nm psaume m
salmón nm saumon m
salmuera nf saumure f
salón nm salon m; **salón de belleza** institut m de beauté
salpicadero nm (Auto) tableau m de bord
salpicar vt éclabousser; (esparcir) parsemer
salsa nf (Culin, Mús) sauce f
saltamontes nm inv sauterelle f
saltar vt sauter ▷ vi sauter; (al agua) plonger; (quebrarse: cristal) se briser; (explotar: persona) exploser; **saltarse** vpr sauter; **~se un semáforo** brûler

un feu
salto nm saut m; (al agua) plongeon m; **salto de agua** chute f d'eau; **salto de altura/de longitud** saut en hauteur/en longueur; **salto mortal** saut périlleux
saltón, -ona adj (ojos) globuleux(-euse); (dientes) en avant
salud nf santé f; **¡(a su) ~!** (à votre) santé!; **saludable** adj sain(e)
saludar vt saluer; **salude de mi parte a X** saluez X de ma part; **saludo** nm salut m; **saludos** nmpl (en carta) salutations fpl
salva nf (Mil) salve f; **una ~ de aplausos** une salve d'applaudissements
salvación nf sauvetage m; (Rel) salut m
salvado nm (Agr) son m
salvador nm sauveur m; **El S~** (Geo) El Salvador; **San S~** San Salvador
salvaguardar vt sauvegarder
salvajada nf sauvagerie f
salvaje adj, nm/f sauvage m/f
salvamento nm sauvetage m
salvar vt sauver; (obstáculo, distancias) franchir; (exceptuar) excepter; **salvarse** vpr: **~se (de)** se sauver (de)
salvavidas adj inv: **bote/chaleco/ cinturón ~** canot m/gilet m/bouée f de sauvetage
salvo, -a adj: **a ~** en lieu sûr ▷ adv sauf; **~ que** sauf que; **salvoconducto** nm sauf-conduit m
san nm saint m; **~ Juan** Saint Jean
sanar vt, vi guérir
sanatorio nm sanatorium m
sanción nf sanction f; (aprobación) approbation f; **sancionar** vt sanctionner; (aprobar) approuver
sandalia nf sandale f
sandía nf pastèque f
sandwich (pl **~s** o **~es**) nm sandwich m
saneamiento nm assainissement m

sanear vt assainir

sangrar vt saigner ▷ vi saigner;
sangre nf sang m
sangría nf (Med) saignée f; (Culin)
sangria f
sangriento, -a adj sanglant(e)
sanguijuela nf sangsue f
sanguinario, -a adj sanguinaire
sanguíneo, -a adj sanguin(e)
sanidad nf (Admin) santé f; (de ciudad,
clima) salubrité f; **sanidad pública**
santé publique

sanitario, -a adj sanitaire ▷ nm: **~s**
sanitaires mpl
sano, -a adj sain(e); (sin daños)
intact(e); **~ y salvo** sain et sauf
Santiago n: **~ (de Chile)** Santiago
(du Chili)
santiamén nm: **en un ~** en un clin
d'œil
santidad nf sainteté f
santiguarse vpr se signer
santo, -a adj saint(e) ▷ nm/f (Rel)
Saint(e) ▷ nm fête f; **~ y seña** mot
m de passe
santuario nm sanctuaire m
saña nf (crueldad) sauvagerie f; (furor)
fureur f
sapo nm crapaud m
saque vb ver **sacar** ▷ nm (Tenis)
service m; (Fútbol) remise f en jeu;
saque de esquina corner m
saquear vt piller; **saqueo** nm
pillage m
sarampión nm rougeole f
sarcasmo nm sarcasme m
sarcástico, -a adj sarcastique
sardina nf sardine f
sargento nm (Mil) sergent m
sarmiento nm sarment m
sarna nf (Med, Zool) gale f
sarpullido nm (Med) éruption f
(prurigineuse)
sarro nm tartre m
sartén nf o (Am) m (Culin) poêle f
(à frire)
sastre nm tailleur m
Satanás nm Satan m
satélite nm satellite m
sátira nf satire f
satisfacción nf satisfaction f
satisfacer vt satisfaire; **satisfacerse**
vpr se satisfaire
satisfecho, -a pp de **satisfacer** ▷ adj
satisfait(e)
saturar vt saturer; **saturarse** vpr
être saturé(e)
sauce nm saule m; **sauce llorón** saule
pleureur

sauna nf sauna m
savia nf sève f
saxofón nm saxophone m
sazonar vt mûrir; (Culin) relever

○ PALABRA CLAVE

se pron 1 (reflexivo) se, s'; (: de Vd, Vds) vous; **se divierte** il s'amuse; **lavarse** se laver
2 (con complemento directo: sg) lui; (pl) leur; (Vd, Vds) vous; **se lo dije** (a él) je le lui ai dit; (a ellos) je le leur ai dit; (a usted(es)) je vous l'ai dit; **se compró un sombrero** il s'est acheté un chapeau; **se rompió la pierna** il s'est cassé la jambe
3 (uso recíproco) se; (: Vds) vous; **se miraron (el uno al otro)** ils se sont regardés (l'un l'autre); **cuando (ustedes) se conocieron** quand vous vous êtes connus
4 (en oraciones pasivas): **se han vendido muchos libros** beaucoup de livres ont été vendus
5 (impersonal): **se dice que ...** on dit que ...; **allí se come muy bien** on y mange très bien; **se ruega no fumar** prière de ne pas fumer

sé vb ver **saber**; **ser**
sea etc vb ver **ser**
sebo nm sébum m
secador nm (tb: ~ de pelo) sèche-cheveux m inv
secadora nf sèche-linge m inv
secar vt sécher; **secarse** vpr sécher; (persona) se sécher
sección nf section f
seco, -a adj sec/sèche; **Juan, a secas** Juan tout court; **parar/frenar en ~** s'arrêter/freiner brusquement
secretaría nf secrétariat m
secretario, -a nm/f secrétaire m/f
secreto, -a adj secret(-ète) ▷ nm secret m

secta nf secte f
sectario, -a adj sectaire
sector nm secteur m; **sector terciario** secteur tertiaire
secuela nf séquelle f
secuencia nf séquence f
secuestrar vt séquestrer; (avión) détourner; (publicación) retirer de la circulation; (bienes: Jur) séquestrer, mettre sous séquestre; **secuestro** nm (de persona) séquestration f; (de avión) détournement m
secular adj séculaire
secundar vt seconder
secundario, -a adj secondaire; (Inform) d'arrière-plan
sed nf soif f; **tener ~** avoir soif
seda nf soie f
sedal nm ligne f
sedante nm sédatif m
sede nf siège m; **Santa S~** Saint Siège
sedentario, -a adj sédentaire
sediento, -a adj assoiffé(e)
sedimento nm sédiment m
sedoso, -a adj soyeux(-euse)
seducción nf séduction f
seducir vt séduire
seductor, -a adj séducteur(-trice); (personalidad, idea) séduisant(e) ▷ nm/f séducteur(-trice)
segar vt (mies) moissonner; (hierba) faucher; (líquido) briser
seglar adj séculier(-ière)
segregación nf ségrégation f; **segregación racial** ségrégation raciale
segregar vt ségréguer; (líquido) sécréter
seguida nf: **en ~** tout de suite
seguido, -a adj (semana) continu(e) ▷ adv (derecho) tout droit; (Am: a menudo) souvent; **5 días ~s** 5 jours de suite
seguimiento nm suivi m
seguir vt suivre ▷ vi (venir después) suivre; (continuar) poursuivre;

s

seguirse vpr: **~se (de)** résulter (de); **sigo sin comprender** je ne comprends toujours pas; **sigue lloviendo** il continue de pleuvoir; **¡siga!** (Am) allez-y!

según prep d'après ▷ adv (tal como) tel(le) que; (depende de)) selon; (a medida que) à mesure que; **~ esté el tiempo** selon le temps qu'il fera; **está ~ lo dejaste** c'est resté tel que tu l'avais laissé

segundo, -a adj deuxième, second(e) ▷ nm seconde f ▷ nm/f deuxième m/f, second(e); **segunda (clase)** (Ferro) seconde (classe) f; **segunda (marcha)** (Auto) seconde; **con segundas (intenciones)** avec une arrière-pensée; **de segunda mano** d'occasion; ver tb **sexto**

seguramente adv sûrement

seguridad nf sécurité f; (certeza) certitude f; (confianza) confiance f; **seguridad social** sécurité sociale

seguro, -a adj sûr(e) ▷ adv sûr ▷ nm sécurité f; (Com) assurance f; (CAm, Méx) épingle f à nourrice; **seguro a todo riesgo/contra terceros** assurance tous risques/au tiers

seis adj inv, nm, nm inv six m inv; **el ~ de abril** le six avril

seiscientos, -as adj six cents; **~ veinticinco** six cent vingt-cinq

seísmo nm séisme m

selección nf sélection f; **seleccionar** vt sélectionner

selectividad nf (Univ) sélection f

selecto, -a adj sélect(e)

sellar vt sceller; (pasaporte) tamponner

sello nm (de correos) timbre m; (para estampar) tampon m; (precinto) sceau m

selva nf (bosque) forêt f; (jungla) jungle f

semáforo nm (Auto) feu m rouge o de circulation

semana nf semaine f; **Semana Santa** semaine sainte

● **SEMANA SANTA**
●
● Les célébrations de la semaine
● sainte en Espagne sont souvent
● grandioses. "Viernes Santo" (le
● Vendredi saint), "Sábado Santo" (le
● Samedi saint) et "Domingo de
● Resurrección" (le dimanche de
● Pâques) sont des fêtes religieuses
● auxquelles s'ajoutent d'autres jours
● fériés dans chaque région. Dans
● tout le pays, les membres des
● "cofradías" (confréries), vêtus de
● cagoules, avancent en processions
● dans les rues, précédant leurs
● "pasos", des chars richement
● décorés sur lesquels se dressent des
● statues religieuses. Les processions
● de la semaine sainte à Séville sont
● particulièrement renommées.

semanal adj hebdomadaire

semblante nm (traits mpl du) visage mpl

sembrar vt semer

semejante adj, nm semblable m; **semejanza** nf ressemblance f

semen nm sperme m, semence f

semestral adj semestriel(le)

semestre nm semestre m

semi... pref semi...

semicírculo nm demi-cercle m

semidesnatado, -a adj demi-écrémé(e)

semifinal nf demi-finale f

semilla nf graine f, semence f

seminario nm (Rel) séminaire m; (Escol) séance f de T.P.

sémola nf semoule f

Sena nm: **el ~** la Seine

senado nm sénat m

senador, a nm/f sénateur(-trice)

sencillez nf simplicité f

sencillo, -a adj simple

senda *nf* sentier *m*

sendero *nm* sentier *m*; **Sendero Luminoso** (Pe: Pol) Sentier lumineux

senil *adj* sénile

seno *nm* sein *m*; (Mat) sinus *m*; ~ **materno** sein maternel

sensación *nf* sensation *f*; **sensacional** *adj* sensationnel(le)

sensato, -a *adj* sensé(e)

sensible *adj* sensible

sensorial *adj* sensoriel(le)

sensual *adj* sensuel(le)

sentada *nf* (protesta) sit-in *m*

sentado, -a *adj*: **estar** ~ être assis(e); **dar por** ~ considérer comme réglé(e)

sentar *vt* asseoir; (noticia, hecho, palabras) établir ▷ *vi* (vestido, color) aller; **sentarse** *vpr* s'asseoir; ~ **bien** (ropa) aller bien; (comida) faire du bien (vacaciones) réussir; **me ha sentado mal** (comida) je ne l'ai pas digéré; (comentario) cela m'a blessé

sentencia *nf* sentence *f*; **sentenciar** *vt* (Jur) condamner

sentido, -a *adj* (pérdida) regretté(e) ▷ *nm* sens *msg*; **mi más ~ pésame** mes plus sincères condoléances; **con** ~ **doble** à double sens; **tener** ~ avoir de sens; **sentido común** bon sens; **sentido del humor** sens de l'humour; **sentido único** (Auto) sens unique

sentimental *adj* sentimental(e); **vida** ~ vie sentimentale

sentimiento *nm* sentiment *m*

sentir *nm* opinion *f* ▷ *vt* sentir; (lamentar) regretter; (esp Am) entendre ▷ *vi* sentir; **sentirse** *vpr* se sentir; **lo siento (mucho)** je suis désolé(e); ~**se bien/mal** se sentir bien/mal

seña *nf* signe *m*; (Mil) mot *m* de passe; **señas** *nfpl* (dirección) adresse *f*; **señas personales** (descripción) caractéristiques *fpl* physiques

señal *nf* signal *m*; (síntoma) signe *m*; (marca, Inform) marque *f*; (Com) arrhes *fpl*; **en** ~ **de** en signe de; **señalar** *vt*

signaler; (poner marcas) marquer; (con el dedo) montrer du doigt; (hora) donner; (fijar) déterminer

señor, a *adj* (fam) classe ▷ *nm* monsieur *m*; (hombre) homme *m*; (trato) monsieur *m*; **Muy ~ mío** cher Monsieur

señora *nf* madame *f*; (dama) dame *f*; (mujer) femme *f*; **Nuestra S~** (Rel) Notre-Dame

señorita *nf* (tratamiento) mademoiselle *f*; (mujer joven) demoiselle *f*, jeune fille *f*

señorito *nm* (pey) fils *msg* à papa

señuelo *nm* leurre *m*

sepa *etc vb ver* **saber**

separación *nf* séparation *f*; (división) partage *m*; (distancia) distance *f*

separar *vt* séparer; (dividir) diviser; **separarse** *vpr* se séparer; (partes) se détacher; ~**se de** (persona: de un lugar) s'éloigner de; (: de asociación) quitter

sepia *nf* (Culin) seiche *f*

septiembre *nm* septembre *m*; *ver tb* **julio**

séptimo, -a *adj, nm/f* septième *m/f*; *ver tb* **sexto**

sepulcro *nm* sépulcre *m*

sepultar *vt* inhumer; (suj: aguas, escombros) ensevelir; **sepultura** *nf* (entierro) inhumation *f*; (tumba) sépulture *f*

sequedad *nf* sécheresse *f*

sequía *nf* sécheresse *f*

séquito *nm* (de rey) cour *f*

SER *sigla f* (Radio) (= Sociedad Española de Radiodifusión) société privée de radiodiffusion

PALABRA CLAVE

ser *vi* 1 (descripción, identidad) être; **es médico/muy alto** il est docteur/très grand; **soy Pepe** (Telec) c'est Pepe (à l'appareil)

2 (suceder): **¿qué ha sido eso?**

qu'est-ce que c'était?; **la fiesta es en casa** la fête a lieu chez nous

3 (*ser + de: posesión*): **es de Joaquín** c'est à Joaquín; (*origen*): **ella es de Cuzco** elle est de Cuzco; (*sustancia*): **es de piedra** c'est en pierre; **¿qué va a ser de nosotros?** qu'allons nous devenir?

4 (*horas, fechas, números*): **es la una** il est une heure; **son las seis y media** il est six heures et demi; **es el 1 de junio** c'est le 1er juin; **somos/son seis** nous sommes/ils sont six; **2 y 2 son 4** 2 et 2 font 4

5 (*valer*): **¿cuánto es?** c'est combien?

6 (*+ para*): **es para pintar** c'est pour peindre

7 (*en oraciones pasivas*): **ya ha sido descubierto** ça a déjà été découvert; **fue construido** ça a été construit

8 (*ser + de + vb*): **es de esperar que ...** il faut s'attendre à ce que ...

9 (*+ que*): **es que no puedo** c'est que je ne peux pas; **¿cómo es que no lo sabes?** comment se fait-il que tu ne le saches pas?

10 (*locuciones: con subjun*): **o sea** c'est-à-dire; **sea él, sea su hermana** soit lui, soit sa sœur

11 (*con infinitivo*): **a no ser ...** si ce n'est ...; **a no ser que salga mañana** à moins qu'il ne sorte demain; **de no ser así** si ce n'était pas le cas

12: **"érase una vez ..."** "il était une fois ..."

▷ *nm* (*ente*) être *m*; **ser humano/vivo** être humain/vivant

serenarse *vpr* s'apaiser

sereno, -a *adj* serein(e); (*tiempo*) calme ▷ *nm* veilleur *m* de nuit

serie *nf* série *f*; (TV: *por capítulos*) feuilleton *m*; **fuera de ~** (*Com*) hors série; (*fig*) hors norme; **fabricación en ~** fabrication f en série

seriedad *nf* sérieux *msg*; (*de crisis*)

gravité *f*

serio, -a *adj* sérieux(-ieuse); **en ~** sérieusement

sermón *nm* sermon *m*

seropositivo, -a *adj* séropositif(-ive)

serpiente *nf* serpent *m*; **serpiente de cascabel** serpent à sonnettes

serranía *nf* zone f montagneuse

serrar *vt* scier

serrín *nm* sciure *f* (de bois)

serrucho *nm* scie f égoïne

servicio *nm* service *m*; **servicios** *nmpl* (*wáter*) toilettes *fpl*; (*Econ*: *sector*) services *mpl*; **servicio incluido** service compris; **servicio militar** service militaire

servil (*pey*) *adj* servile

servilleta *nf* serviette *f*

servir *vt*, *vi* servir; **servirse** *vpr* se servir; **~ (para)** servir (à); **~se de algo** se servir de qch; **sírvase pasar** veuillez entrer

sesenta *adj inv, nm inv* soixante *m inv*

sesgo *nm* tournure *f*; **al ~** (*Costura*) en biais

sesión *nf* séance *f*

seso *nm* cerveau *m*

seta *nf* champignon *m*; **seta venenosa** champignon vénéneux

setecientos, -as *adj* sept cents; *ver tb* **seiscientos**

setenta *adj inv, nm inv* soixante-dix *m inv*; *ver tb* **sesenta**

seudónimo *nm* pseudonyme *m*

severidad *nf* sévérité *f*

severo, -a *adj* sévère

Sevilla *n* Séville

sevillano, -a *adj* sévillan(e) ▷ *nm/f* Sévillan(e)

sexo *nm* sexe *m*

sexto, -a *adj, nm/f* sixième *m/f*

sexual *adj* sexuel(le)

si *conj* si ▷ *nm* (*Mús*) si *m inv*; **me pregunto ~ ...** je me demande si ...

sí *adv* oui; (*tras frase negativa*) si; **él no quiere pero yo ~** il ne veut pas mais moi oui; **ella ~ vendrá** elle, elle viendra; **claro que ~** bien sûr que oui/si; **creo que ~** je crois que oui/si; **porque ~** *(porque lo digo yo)* parce que; **¡~ que lo es!** bien sûr que si!; **¡eso ~ que no!** alors là, non! ▷ *nm (consentimiento)* oui; *(sg: sm)* lui; *(: f)* elle; *(: de cosa)* lui/elle, *(pl)* eux; **por ~ solo/solos** à lui seul/eux seuls; **volver en ~** revenir à soi; **~ mismo/misma** lui/elle-même; **se ríe de ~ misma** elle rit d'elle-même; **hablaban entre ~** ils parlaient entre eux; **de por ~** en soi-même *etc*

siamés, -esa *adj, nm/f* siamois(e)

SIDA, sida *sigla m (= síndrome de inmuno-deficiencia adquirida)* SIDA m, sida m *(= syndrome immunodéficitaire acquis)*

sida *nm* sida m

siderúrgico, -a *adj* sidérurgique

sidra *nf* cidre m

siembra *vb ver* **sembrar** ▷ *nf (Agr)* semence f

siempre *adv* toujours ▷ *conj:* **~ que ...** *(cada vez que)* chaque fois que ...; *(a condición de que)* seulement si; **como ~** comme toujours; **para ~** pour toujours; **~ me voy mañana** *(Am)* de toute façon, je pars demain

sien *nf* tempe f

siento *vb ver* **sentar; sentir**

sierra *vb ver* **serrar** ▷ *nf (Tec)* scie f; *(Geo)* chaîne f de montagnes; **Sierra Leona** Sierra f Leone

siervo, -a *nm/f* serf/serve

siesta *nf* sieste f; **dormir la o echarse una ~** faire une (petite) sieste

siete *adj inv, nm inv* sept m *inv* ▷ *excl (Am: fam):* **¡la gran ~!** punaise!; **se armó un follón de la gran ~** ça a fait un raffut de tous les diables; **hijo de la gran ~** *(fam!)* fils *msg* de pute; *ver tb* **seis**

sífilis *nf* syphilis *fsg*

sifón *nm* siphon m

siga *etc vb ver* **seguir**

sigla *nf* sigle m

siglo *nm* siècle m

significación *nf* signification f

significado *nm* signification f

significar *vt* signifier

significativo, -a *adj* significatif(-ive)

signo *nm* signe m; **signo de admiración** point m d'exclamation; **signo de interrogación** point d'interrogation

siguiendo *etc vb ver* **seguir**

siguiente *adj* suivant(e); **¡el ~!** au suivant!

sílaba *nf* syllabe f

silbar *vt, vi* siffler; **silbato** *nm* sifflet m; **silbido, silbo** *nm* sifflement m

silenciador *nm* silencieux *msg*

silenciar *vt (Am: persona)* faire taire; **silencio** *nm* silence m

silencioso, -a *adj* silencieux(-ieuse)

silla *nf* chaise f; *(tb:* **~ de montar)** selle f; **silla de ruedas** chaise roulante

sillón *nm* fauteuil m

silueta *nf* silhouette f

silvestre *adj (Bot)* sauvage

simbólico, -a *adj* symbolique

simbolizar *vt* symboliser

símbolo *nm* symbole m

simetría *nf* symétrie f

simiente *nf* graine f

similar *adj* similaire

simio *nm* singe m

simpatía *nf* sympathie f

simpático, -a *adj (persona)* sympathique

simpatizante *nm/f* sympathisant(e)

simpatizar *vi:* **~ con** sympathiser avec

simple *adj* simple ▷ *nm/f (pey)* simplet(te); **simplificar** *vt* simplifier

simposio *nm* symposium m

simular *vt* simuler

simultáneo, -a *adj* simultané(e)

sin *prep* sans ▷ *conj*: **~ que** (+subjun)
sans que +subjun; **la ropa está ~ lavar**
le linge n'est pas lavé; **~ embargo**
cependant

sinagoga *nf* synagogue *f*

sinceridad *nf* sincérité *f*

sincero, -a *adj* sincère

sincronizar *vt* synchroniser

sindical *adj* syndical(e); **central ~**
centrale *f* syndicale; **sindicalista** *adj,
nm/f* syndicaliste *m/f*

sindicato *nm* syndicat *m*

síndrome *nm* syndrome *m*;
síndrome de abstinencia
symptômes *mpl* de la privation

sinfín *nm*: **un ~ de** une infinité de

sinfonía *nf* symphonie *f*

singular *adj* singulier(-ière);
singularidad *nf* singularité *f*;
singularizar *vt* singulariser;
singularizarse *vpr* se singulariser

siniestro, -a *adj* sinistre ▷ *nm*
sinistre *m*; (en carretera) accident *m*

sinnúmero *nm* = **sinfín**

sino *nm* destin *m* ▷ *conj* sinon

sinónimo, -a *adj, nm* synonyme *m*

síntesis *nf inv* synthèse *f*

sintético, -a *adj* (material)
synthétique; (producto) de synthèse

sintetizar *vt* synthétiser

sintiendo *etc vb ver* **sentir**

síntoma *nm* symptôme *m*

sintonía *nf* (Radio) réglage *m*;
(melodía) indicatif *m* (musical)

sintonizar *vt* (Radio) régler ▷ *vi*: **~
con** régler sur

sinvergüenza *adj, nm/f* canaille *f*;
(descarado) effronté(e)

siquiera *conj* même si ▷ *adv* au
moins; **ni ~** pas même; **~ bebe algo**
bois au moins qch

sirena *nf* sirène *f*

Siria *nf* Syrie *f*

sirviendo *etc vb ver* **servir**

sirviente, -a *nm/f* domestique *m/f*

sisear *vi* dire "chut"

sistema *nm* système *m*

● **SISTEMA EDUCATIVO**

La réforme du système scolaire
espagnol (sistema educativo) date
du début des années 90. Les cycles
EGB, BUP et COU ont été remplacés
respectivement par la "Primaria",
cycle obligatoire de 6 ans, la
"Secundaria", cycle obligatoire de 4
ans et le "Bachillerato", cycle
facultatif de 2 ans dans le
secondaire, indispensable à la
poursuite d'études supérieures.

sistemático, -a *adj* systématique

sitiar *vt* assiéger

sitio *nm* endroit *m*, site *m*; (espacio)
place *f*; (Mil) siège *m*

situación *nf* situation *f*

situado, -a *adj* situé(e)

situar *vt* situer; (socioeconómicamente)
placer; **situarse** *vpr* se situer;
(socioeconómicamente) réussir (dans
la vie)

slip (*pl* **~s**) *nm* slip *m*

SME *sigla m* (= Sistema Monetario
Europeo) SME *m* (= Système monétaire
européen)

smoking (*pl* **~s**) *nm* smoking *m*

SMS *sigla m* minimessage *m*

snob *nm* = **esnob**

SO *abr* (= suroeste) S.-O. (= sud-ouest)

sobaco *nm* aisselle *f*

sobar *vt* tripoter

soberanía *nf* souveraineté *f*

soberano, -a *adj* souverain(e)
▷ *nm/f* souverain(e)

soberbia *nf* superbe *f*, orgueil *m*

soberbio, -a *adj* (persona)
orgueilleux(-euse); (palacio, ejemplar)
superbe

sobornar *vt* acheter, soudoyer;
soborno *nm* (un soborno) pot-de-vin
m; (el soborno) corruption *f*

sobra nf excès msg; **sobras** nfpl
(restos) restes mpl; **de ~** en trop; **tengo
de ~** j'en ai plus qu'assez; **sobrante**
adj restant(e) ▷ nm restant m

sobrar vi (quedar) rester

sobre prep sur; (por encima de) au-
dessus de; (aproximadamente) environ
▷ nm enveloppe f; **~ todo** surtout

sobredosis nf inv surdose f

sobreentender vt sous-entendre;
sobreentenderse vpr: **se
sobreentiende (que)** il est sous-
entendu (que)

sobrehumano, -a adj surhumain(e)

sobrellevar vt supporter

sobremesa nf: **de ~** (ordenador) de
bureau; (programación) de l'après-
midi; **en la ~** après manger

sobrenatural adj surnaturel(le)

sobrentender vt = **sobreentender**

sobrepasar vt dépasser

sobreponerse vpr: **~ a algo**
surmonter qch

sobresaliente adj extraordinaire
▷ nm (Escol) ≈ mention f "très bien"

sobresalir vi (punta) saillir; (cabeza)
dépasser; (fig) se distinguer

sobresaltar vt faire sursauter;
sobresaltarse vpr sursauter

sobrevenir vi survenir

sobreviviente nf inv survivant(e)

sobrevolar vt survoler

sobriedad nf sobriété f

sobrino, -a nm/f neveu/nièce

sobrio, -a adj sobre

socarrón, -ona adj narquois(e)

socavar vt saper

socavón nm (en calle) trou m

sociable adj sociable

social adj social(e)

socialdemócrata adj, nm/f social-
démocrate m/f

socialista adj, nm/f socialiste m/f

sociedad nf société f; **sociedad
anónima** société anonyme

socio, -a nm/f membre m/f; (Com)

associé(e)

sociología nf sociologie f

sociólogo, -a nm/f sociologue m/f

socorrer vt secourir; **socorrista** nm/f
secouriste m/f; **socorro** nm secours
msg; (Mil) secours mpl; **¡socorro!** au
secours!

soda nf soda m

sofá nm canapé m; **sofá-cama** nm
canapé lit m

sofocar vt suffoquer, étouffer;
(incendio, rebelión) étouffer; **sofocarse**
vpr étouffer; (fig) suffoquer; **sofoco**
nm suffocation f

soga nf cordage m

sois vb ver **ser**

soja nf soja m

sol nm soleil m; **hace ~** il fait soleil;
tomar el ~ prendre le soleil

solamente adv seulement

solapa nf (de chaqueta) revers msg; (de
libro) rabat m

solar adj solaire ▷ nm terrain m vague

solaz nm distraction f

solazarse vpr se distraire

soldado nm soldat m; **soldado raso**
simple soldat

soldador, -a nm/f soudeur(-euse)
▷ nm machine f à souder

soldar vt souder

soleado, -a adj ensoleillé(e)

soledad nf solitude f

solemne adj solennel(le);
solemnidad nf solennité f

soler vi: **~ hacer algo** avoir l'habitude
de faire qch; **suele salir a las ocho**
d'ordinaire, il sort à 8 heures;
solíamos ir todos los años nous y
allions tous les ans

solicitar vt solliciter

solicitud nf sollicitation f

solidaridad nf solidarité f

solidario, -a adj solidaire

solidez nf solidité f

sólido, -a adj solide

soliloquio nm soliloque m

solista | 552

solista nm/f soliste m/f
solitario, -a adj, nm/f solitaire m/f
▷ nm (Naipes) solitaire m
sollozar vi sangloter; **sollozo** nm sanglot m
solo, -a adj (único) seul(e) (et unique); (sin compañía) seul(e); **hay una sola dificultad** il y a une seule difficulté; **a solas** tout(e) seul(e); (dos personas) seul à seul
sólo adv seulement
solomillo nm aloyau m
soltar vt lâcher; (preso) relâcher; (pelo) détacher; (nudo) détacher; (estornudo, carcajada) laisser échapper; **soltarse** vpr se détacher; (adquirir destreza) se débrouiller
soltero, -a adj, nm/f célibataire m/f
solterón, -ona nm/f vieux garçon/ vieille fille
soltura nf (al hablar, escribir) facilité f; (agilidad) adresse f
soluble adj soluble
solución nf solution f; **solucionar** vt résoudre
solventar vt (deudas) régler; (conflicto) résoudre
solvente adj (Com) solvable
sombra nf ombre f; **tener buena/ mala ~** (suerte) avoir de la/pas de chance
sombrero nm chapeau m
sombrilla nf ombrelle f
sombrío, -a adj sombre
somero, -a adj sommaire
someter vt soumettre; (alumnos, familia) faire obéir; **someterse** vpr se soumettre; **~ algo/a algn** a soumettre qch/qn à; **~se a** (mayoría, opinión) se soumettre à; (tratamiento) subir
somnífero nm somnifère m
somnolencia nf somnolence f
somos vb ver **ser**
son vb ver **ser** ▷ nm son m; **en ~ de paz** en signe de paix

sonajero nm hochet m
sonámbulo, -a nm/f somnambule m/f
sonar vi sonner; (música, voz) retentir; (Ling) être prononcé(e); (resultar conocido) dire qch; **sonarse** vpr: **~se (la nariz)** renifler; **me suena ese nombre/esa cara** ce nom/ce visage me dit quelque chose
sonda nf sonde f
sondear vt (Med) examiner à la sonde; **sondeo** nm sondage m; (Med) examen m à la sonde
sonido nm son m
sonoro, -a adj sonore
sonreír vi sourire; **sonreírse** vpr sourire; **sonriente** adj souriant(e); **sonrisa** nf sourire m
sonrojarse vpr rougir
soñar vt vi rêver; **~ con algn/algo** rêver de qn/qch
soñoliento, -a adj somnolent(e)
sopa nf soupe f
sopesar vt peser
soplar vt souffler ▷ vi souffler; **soplo** nm souffle m
sopor nm somnolence f
soporífero, -a adj soporifique
soportar vt supporter; **soporte** nm support m
soprano nm/f soprano m/f
sorber vt (sopa) avaler; (refresco) siroter; (absorber) absorber
sorbo nm gorgée f
sordera nf surdité f
sórdido, -a adj sordide
sordo, -a adj, nm/f sourd(e)
sordomudo, -a adj, nm/f sourd-muet/sourde-muette
soroche nm (Am) mal m des montagnes
sorprendente adj surprenant(e)
sorprender vt surprendre; **sorprenderse** vpr: **~se (de)** être surpris(e) de; **sorpresa** nf surprise f
sortear vt tirer (au sort); (dificultad)

déjouer; **sorteo** nm tirage m (au sort)
sortija nf bague f
sosegado, -a adj paisible
sosegar vt apaiser; **sosegarse** vpr
s'apaiser; **sosiego** vb ver **sosegar**
▷ nm calme m
soslayo: de ~ adv (mirar) de côté;
(pasar) sans s'arrêter
soso, -a adj insipide
sospecha nf soupçon m; **sospechar**
vt: **sospechar (que)** soupçonner
(que) ▷ vi: **sospechar de algn**
soupçonner qn
sospechoso, -a adj, nm/f suspect(e)
sostén nm soutien m
sostener vt soutenir; (alimentar) faire
vivre; **sostenerse** vpr (en pie) rester;
(económicamente) survivre; (seguir) se
maintenir
sotana nf soutane f
sótano nm sous-sol m
soviético, -a adj soviétique ▷ nm/f
Soviétique m/f
soy vb ver **ser**
Sr. abr (= Señor) M. (= Monsieur)
Sra. abr (= Señora) Mme (= Madame)
S.R.C. abr (= se ruega contestación)
RSVP (= répondez s'il vous plaît)
Sres. abr (= Señores) MM (= Messieurs)
Srta. abr (= Señorita) Mlle
(= Mademoiselle)
Sta. abr (= Santa) Ste (= Sainte)
status nm inv statut m
Sto. abr (= Santo) St (= Saint)
su adj (de él, ella, una cosa) son/sa;
(de ellos, ellas) leur; (de usted, ustedes)
votre; **~s** (de él, ella, una cosa) ses; (de
ellos, ellas) leurs; (de usted, ustedes) vos
suave adj doux/douce; **suavidad**
nf douceur f; **suavizar** vt adoucir;
suavizarse vpr s'adoucir
subalimentado, -a adj sous-
alimenté(e)
subasta nf vente f aux enchères;
(de obras, servicios) appel m d'offre;
subastar vt vendre aux enchères

subcampeón, -ona nm/f second(e)
subconsciente adj subconscient(e)
▷ nm subconscient m
subdesarrollado, -a adj sous-
développé(e)
subdesarrollo nm sous-
développement m
subdirector, a nm/f sous-
directeur(-trice)
súbdito, -a nm/f sujet m
subestimar vt sous-estimer
subida nf montée f
subir vt (mueble, niño) soulever;
(cabeza) lever; (volumen) augmenter;
(calle) remonter; (montaña, escalera)
monter, gravir; (precio) augmenter;
(producto) augmenter le prix de ▷ vi
monter; (precio, temperatura, calidad)
augmenter; **subirse** vpr: **~se a**
monter dans
súbito, -a adj subit(e), soudain(e)
subjetivo, -a adj subjectif(-ive)
sublevación nf soulèvement m
sublevar vt soulever; **sublevarse** vpr
se soulever
sublime adj sublime
submarinismo nm plongée f
sous-marine
submarino, -a adj sous-marin(e)
▷ nm sous-marin m
subnormal adj anormal(e) ▷ nm/f
handicapé(e) mental(e)
subordinado, -a adj, nm/f
subordonné(e)
subrayar vt souligner
subsanar vt pallier
subscribir vt = **suscribir**
subsidio nm (de enfermedad, paro, etc)
allocation f
subsistencia nf subsistance f
subsistir vi subsister
subterráneo, -a adj souterrain(e)
▷ nm souterrain m
subtítulo nm sous-titre m
suburbano, -a adj de banlieue ▷ nm
train m de banlieue

suburbio nm banlieue f
subvención nf subvention f
subvencionar vt subventionner
subversión nf subversion f
subversivo, -a adj subversif(-ive)
subyugar vt opprimer
sucedáneo nm ersatz m
suceder vi se passer; **~ a** succéder à; **lo que sucede es que ...** ce que se passe, c'est que ...; **sucesión** nf succession f
sucesivamente adv: **y así ~** et ainsi de suite
sucesivo, -a adj successif(-ive); **en lo ~** à l'avenir
suceso nm événement m
suciedad nf saleté f
sucinto, -a adj succinct(e)
sucio, -a adj sale; (negocio) malhonnête
suculento, -a adj succulent(e)
sucumbir vi succomber
sucursal nf succursale f
Sudáfrica nf Afrique f du Sud
Sudamérica nf Amérique f du Sud
sudamericano, -a adj sud-américain(e) ▷ nm/f Sud-Américain(e)
sudar vi suer
sudeste adj sud-est inv ▷ nm sud-est m
sudoeste adj sud-ouest inv ▷ nm sud-ouest m
sudor nm sueur f
Suecia nf Suède f
sueco, -a adj suédois(e) ▷ nm/f Suédois(e)
suegro, -a nm/f beau-père/belle-mère
suela nf semelle f
sueldo vb ver **soldar** ▷ nm salaire m
suelo vb ver **soler** ▷ nm sol m; **caerse al ~** tomber par terre
suelto, -a vb ver **soltar** ▷ adj (hojas) volant(e); (pelo, pieza) détaché(e); (preso) libéré(e); (por

separado: ejemplar) séparé(e) ▷ nm monnaie f; **dinero ~** (petite) monnaie
sueño vb ver **soñar** ▷ nm sommeil m; (lo soñado, fig) rêve m; **descabezar o echarse un ~** faire un somme; **tener ~** avoir sommeil
suero nm (Med) sérum m; (de leche) petit-lait m
suerte nf (fortuna) chance f; (azar) hasard m; (destino) destin m; **lo echaron a ~s** ils ont tiré au sort; **tener ~** avoir de la chance; **tener mala ~** ne pas avoir de chance
suéter (pl **~s**) nm pull m
suficiente adj suffisant(e)
sufrimiento nm souffrance f
sufrir vt souffrir de; (malos tratos, cambios) subir; (fam: soportar) sentir ▷ vi souffrir
sugerencia nf suggestion f
sugerir vt suggérer
sugestión nf suggestion f; **sugestionar** vt influencer; **sugestionarse** vpr se faire des idées
sugestivo, -a adj suggestif(-ive); (idea) séduisant(e)
suicida adj suicidaire ▷ nm/f (que se mata) suicidé(e)
suicidarse vpr se suicider; **suicidio** nm suicide m
Suiza nf Suisse f
suizo, -a adj suisse ▷ nm/f Suisse m/f
sujeción nf assujettissement m
sujetador nm soutien-gorge m
sujetar vt attacher; **sujetarse** vpr s'attacher; (someterse) se soumettre
sujeto, -a adj attaché(e) ▷ nm sujet m; **~ a cambios** susceptible d'être modifié
suma nf somme f; (operación) addition f; **en ~** en somme
sumamente adv: **~ agradecido/ necesario** extrêmement reconnaissant/absolument nécessaire
sumar vt additionner ▷ vi faire

une addition; **sumarse** vpr: **~se (a)** s'additionner (à)

sumario, -a adj sommaire ▷ nm (Jur) mise f en accusation

sumergir vt submerger; **sumergirse** vpr plonger

suministrar vt fournir; **suministro** nm approvisionnement m; **suministros** nmpl (provisiones) provisions fpl

sumir vt submerger; (fig) plonger; **sumirse** vpr: **~se en** se plonger dans

sumisión nf soumission f

sumiso, -a adj soumis(e)

sumo, -a adj (cuidado) extrême; (grado) supérieur(e)

supe etc vb ver **saber**

supeditar vt: **~ algo a algo** faire passer qch avant qch; **supeditarse** vpr: **~se a** se plier à

super (fam) adv hyper ▷ adj inv super-; **~ caro** hyper cher; **~ oferta** offre f exceptionnelle

super... pref super; (fam: +adjetivo) hyper; (: +adverbio) super-

superar vt surpasser; (crisis, prueba) surmonter; **superarse** vpr se surpasser

superávit (pl **~s**) nm (Econ) excédent m

superficial adj superficiel(le)

superficie nf surface f; (área) superficie f

superfluo, -a adj superflu(e)

superior adj, nm/f supérieur(e); **superioridad** nf supériorité f

supermercado nm supermarché m

superponer vt superposer

supersónico, -a adj supersonique

superstición nf superstition f

supersticioso, -a adj superstitieux(-ieuse)

supervisar vt superviser

supervivencia nf survie f

superviviente adj, nm/f

survivant(e)

suplantar vt supplanter

suplemento nm supplément m

suplente adj remplaçant(e) ▷ nm/f remplaçant(e); (actor) doublure f

supletorio, -a adj supplémentaire ▷ nm (tb: **teléfono ~**) second poste m

súplica nf supplication f; (Jur) plaœt m

suplicar vt supplier

suplicio nm supplice m

suplir vt suppléer; (objeto) remplacer

supo etc vb ver **saber**

suponer vt supposer; **suposición** nf supposition f

supremacía nf suprématie f

supremo, -a adj suprême

supresión nf suppression f

suprimir vt supprimer

supuesto, -a pp de **suponer** ▷ adj supposé(e) ▷ nm supposition f; **ipor ~!** évidemment!

sur adj sud ▷ nm Sud m

surcar vt sillonner; **surco** nm sillon m

surgir vi surgir

surtido, -a adj (galletas) assorti(e) ▷ nm assortiment m

surtir vt fournir; (efecto) produire

susceptible adj susceptible; **~ de** susceptible de

suscitar vt susciter

suscribir vt (firmar) souscrire; (respaldar) approuver; **suscribirse** vpr: **~se (a)** souscrire (à); (a periódico etc) s'abonner (à); **suscripción** nf souscription f; (a periódico etc) abonnement m

susodicho, -a adj susdit(e), sumentionné(e)

suspender vt suspendre; (Escol) recaler ▷ vi (Escol) échouer, être recalé(e); **suspensión** nf suspension f; (de empleo, garantías) suppression f

suspenso, -a adj (Escol: asignatura) pas passé(e); (: alumno) recalé(e) ▷ nm (Escol) échec m; **quedar** o **estar en ~**

rester en suspens

suspicacia nf suspicion f; **suspicaz** adj suspicieux(-ieuse)

suspirar vi soupirer; **suspiro** nm soupir m

sustancia nf substance f

sustentar vt (familia) faire vivre; (idea, moral) soutenir; **sustento** nm (alimento) subsistance f

sustituir vt substituer; (temporalmente) remplacer; **~ A por B** substituer B à A, remplacer A par B

susto nm peur f

sustraer vt subtiliser; (Mat) soustraire

susurrar vi susurrer; **susurro** nm susurrement m

sutil adj subtil(e); **sutileza** nf subtilité f

suyo, -a adj (después del verbo ser: de él, ella) le sien/la sienne, à lui/à elle; (: de ellos, ellas) le(-la) leur, à eux/à elles; (: de usted, ustedes) le(-la) vôtre, à vous ▷ pron: **el ~/la suya** (de él, ella) le sien/la sienne; (de ellos, ellas) le/la leur; (de usted, ustedes) le/la vôtre

t

Tabacalera nf ≈ SEITA f
tabaco nm tabac m
taberna nf taverne f
tabique nm cloison f
tabla nf (de madera) planche f; (de falda) pli m; (Arte) panneau m; **tablas** nfpl (Teatro) planches fpl; **tablado** nm plancher m, estrade f; (Teatro) scène f
tablao nm (tb: **~ flamenco**) bar où l'on donne des représentations de flamenco
tablero nm planche f; (de ajedrez, damas) damier m; **tablero de anuncios** panneau m d'affichage; **tablero de mandos** (Auto, Aviat) tableau de bord
tableta nf (Med) comprimé m; (de chocolate) tablette f
tablón nm (de suelo) planche f; (de techo) poutre f; **tablón de anuncios** panneau m d'affichage
tabú nm tabou m
tabular vt (Tip) mettre en colonnes

taburete nm tabouret m

tacaño, -a adj radin(e)

tacha nf défaut m; (Tec) clou m (à grosse tête), broquette f; **tachar** vt rayer; **le tachan de irresponsable** ils l'accusent d'être irresponsable

tácito, -a adj tacite

taciturno, -a adj taciturne, morose

taco nm (tarugo) cheville f, taquet m; (libro de entradas) carnet m; (Am: tacón) talon m; (tb: **~ de billar**) queue f; (: palabrota) grossièreté f, gros mot m; (CAm, Méx) crêpe de maïs fourrée

tacón nm talon m; **de ~ alto** à talons hauts; **taconeo** nm bruit m des talons sur le sol

táctica nf tactique f

táctico, -a adj tactique

tacto nm toucher m; (fig) tact m

taimado, -a adj rusé(e), sournois(e)

tajada nf tranche f

tajante adj catégorique; (persona) abrupt(e)

tajo nm (corte) coupure f; (Geo) gorge f

tal adj tel/telle; (semejante) un(e) tel/telle, pareil(le) ▷ pron (persona) un(e) tel/telle; (cosa) une telle chose ▷ adv: **~ como** (igual) tel/telle que ▷ conj: **con ~ (de) que** pourvu que, du moment que; **~ día a ~ hora** tel jour à telle heure; **jamás vi ~ desvergüenza** je n'ai jamais vu une telle effronterie o une effronterie pareille; **~es cosas** de telles choses; **el ~ cura** le curé en question; **un ~ García** un certain García; **~es como** tels/telles que; **son ~ para cual** les deux font la paire; **hablábamos de que si ~ que si cual** nous parlions de choses et d'autres; **fuimos al cine y ~** nous avons été au ciné et tout ça; **~ cual** (como es) tel/telle quel/quelle; **~ como lo dejé** tel que je l'ai laissé; **¿qué ~?** ça va?; **¿qué ~ has comido?** tu as bien mangé?; **con ~ de llamar la atención** du moment qu'il peut attirer l'attention

taladrar vt percer; **taladro** nm perceuse f; (hoyo) trou m (fait à la perceuse)

talante nm humeur f

talar vt abattre

talco nm (tb: **polvos de ~**) talc m

talego nm sac m

talento nm talent m; (capacidad, don) don m

Talgo sigla m (Ferro) (= tren articulado ligero Goicoechea-Oriol) tráin rapide

talismán nm talisman m

talla nf taille f; (fig) envergure f; (figura) sculpture f

tallado, -a adj taillé(e), sculpté(e) ▷ nm sculpture f

tallar vt tailler, sculpter; (medir) toiser

tallarines nmpl nouilles fpl

talle nm taille f

taller nm atelier m

tallo nm (de planta) tige f; (de hierba) brin m

talón nm talon m; (Com) chèque m

talonario nm carnet m; (de cheques) carnet de chèques

tamaño, -a adj tel/telle ▷ nm taille f; **de ~ natural** grandeur f nature; **de ~ grande/pequeño** de grande/petite taille

tamarindo nm tamarinier m

tambalearse vpr chanceler; (vehículo) bringuebaler

también adv aussi; (además) de plus

tambor nm tambour m; (Anat) tympan m; **tambor del freno/de lavadora** tambour de frein/de machine à laver

tamiz nm tamis msg; **tamizar** vt tamiser

tampoco adv non plus; **yo ~ lo compré** je ne l'ai pas acheté non plus

tampón nm tampon m

tan adv si; **~ ... como** aussi ... que; **¡qué cosa ~ rara!** comme c'est bizarre!; **no es una idea ~ buena** ce n'est pas une si bonne idée

tanda nf série f; (de personas) équipe f
tangente nf tangente f
Tánger n Tanger
tangible adj tangible
tanque nm (Mil) char m d'assaut;
(depósito: Auto) citerne f; (: Náut)
tanker m; (: de agua) réservoir m
tantear vt jauger; (probar) essayer
▷ vi (Deporte) compter les points;
tanteo nm (cálculo) calcul m
approximatif; (prueba) essai m;
(Deporte) score m
tanto, -a adj (cantidad) tant de,
tellement de; (en comparaciones)
autant de ▷ adv tant, autant; (tiempo)
si longtemps ▷ nm (suma) quantité
f; (proporción) tant m; (punto) point m;
(gol) but m ▷ pron: **cada uno paga
~** chacun paie tant ▷ suf: **veinti~s**
vingt et quelques; **tiene ~s amigos**
il a tellement o tant d'amis; **~ dinero
como tú** autant d'argent que toi; **~
gusto** (al ser presentado) enchanté(e);
~ que tellement que; **~ como él**
autant que lui; **~ como eso** pas
tant que ça; **~ es así que ...** c'est si
vrai que ...; **~ más cuanto que ...**
d'autant plus que ...; **~ mejor/peor**
tant mieux/pis; **~ quejarse para
nada** tant de plaintes pour rien; **~
tú como yo** toi autant que moi; **me
he vuelto ronco de o con ~ hablar**
je me suis enroué à force de parler;
no quiero ~ je n'en veux pas autant;
gasta ~ que ... il dépense tellement
que ...; **viene ~** il vient si souvent;
ni ~ así (fam) pas une miette; **ni ~ ni
tan claro** n'exagérons rien; **¡no es
para ~!** ce n'est pas si grave!; **¡y ~!** je
ne vous o te le fais pas dire!; **en ~ que**
pendant que; **entre ~** entre-temps;
por ~, por lo ~ donc, par conséquent;
~ alzado forfait m; **~ por ciento** tant
pour cent; **estar al ~** être au courant;
estar al ~ de los acontecimientos
être au courant des événements; **un ~**

perezoso un rien paresseux; **uno de
~s** un parmi d'autres; **he visto ~** j'en
ai tellement vu; **a ~s de agosto** tel
jour o telle date en août; **cuarenta y
~s** quarante et quelques; **se quedó en
el bar hasta las tantas** il est resté au
café jusqu'à une heure impossible
tapa nf couvercle m; (de libro)
couverture f; (comida) amuse-gueule
m inv, tapa f
tapadera nf couvercle m
tapar vt couvrir; (hueco, ventana)
fermer, boucher; (ocultar) dissimuler;
(vista) boucher; (Am: dientes) plomber;
taparse vpr se couvrir
tapete nm tapis msg
tapia nf mur m de pisé; **tapiar** vt
murer
tapicería nf (para muebles) tissu
m d'ameublement; (para coches)
garniture f
tapiz nm tapisserie f; **tapizar** vt
(muebles) recouvrir
tapón nm bouchon m; (Tec) bonde f;
(Med: de cera) bouchon de cire; **~ de
rosca** o **de tuerca** bouchon à vis
taquigrafía nf sténographie f
taquígrafo, -a nm/f sténo m/f
taquilla nf guichet m; (suma recogida)
recette f
taquillero, -a adj: **función
taquillera** spectacle m qui fait recette
▷ nm/f guichetier(-ère)
tara nf tare f
tarántula nf tarentule f
tararear vt fredonner
tardar vi (tomar tiempo) mettre
longtemps, tarder; (llegar tarde) être
en retard; **¿tarda mucho el tren?**
le train arrive bientôt?; **a más ~** au
plus tard; **~ en hacer algo** mettre
longtemps o tarder à faire qch; **no
tardes en venir** ne tarde pas en
chemin
tarde adv tard ▷ nf (de día) après-midi
m o f inv; (de noche) soir m; **de ~ en ~** de

temps en temps; **¡buenas ~s!** (de día) bonjour!; (de noche) bonsoir!; **a o por la ~** l'après-midi o le soir
tardío, -a adj tardif(-ive)
tarea nf travail m, tâche f
tarifa nf tarif m
tarima nf plate-forme f
tarjeta nf carte f; (Deporte) carton m; **tarjeta de crédito/de embarque/de transporte** carte de crédit/d'embarquement/de transport; **tarjeta de débito** carte Bleue®; **tarjeta de identificación fiscal** carte d'immatriculation fiscale; **tarjeta de memoria** carte d'extension mémoire; **tarjeta de teléfono** carte téléphonique; **tarjeta postal/de Navidad** carte postale/de Noël; **tarjeta prepago** carte prépayée; **tarjeta SIM** carte SIM; **tarjeta verde** (Méx) permis m de travail
tarro nm pot m
tarta nf tarte f
tartamudear vi bégayer
tartamudo, -a adj, nm/f bègue
tártaro, -a adj tartare ▷ nm/f Tartare m/f
tasa nf (valoración) évaluation f; (precio) taxe f; (índice) taux m sg; (medida) mesure f, règle f; **tasa de cambio/de interés** taux de change/d'intérêt; **tasación** nf taxation f
tasador, a nm/f taxateur m
tasar vt (fijar el precio) taxer; (valorar) évaluer
tasca nf (fam) bistro(t) m
tatarabuelo, -a nm/f trisaïeul(e)
tatuaje nm tatouage m
tatuar vt tatouer
taurino, -a adj taurin(e)
Tauro nm (Astrol) Taureau m; **ser ~** être (du) Taureau
tauromaquia nf tauromachie f
taxi nm taxi m
taxista nm/f chauffeur m de taxi
taza nf tasse f; (fam: de retrete) cuvette

f; **~ de/para café** tasse de/à café; **tazón** nm bol m
te pron te; (delante de vocal) t'; (con imperativo) toi; **¿~ duele mucho el brazo?** ton bras te fait très mal?, tu as très mal au bras?; **~ equivocas** tu te trompes; **¡cálma~!** calme-toi!
té nm thé m
teatral adj théâtral(e)
teatro nm théâtre m; **teatro de la ópera** opéra m
tebeo nm bande f dessinée, BD f
techo nm plafond m; (tejado) toit m
tecla nf (Inform, Mús, Tip) touche f; **teclado** nm clavier m; **teclear** vi (Mús: fam) pianoter; (Inform, Tip) taper
técnica nf technique f
técnico, -a adj technique ▷ nm/f technicien(ne)
tecnología nf technologie f
tecnológico, -a adj technologique
tedio nm ennui m
tedioso, -a adj ennuyeux(-euse)
teja nf tuile f; **tejado** nm toit m
tejemaneje nm (intriga) manigances fpl
tejer vt tisser; (fig) ourdir; **tejido** nm tissu m
tel. abr (= teléfono) tél. (= téléphone)
tela nf toile f; **tela de araña** toile d'araignée; **telar** nm (máquina) métier m à tisser; **telares** nmpl (fábrica) usine f textile
telaraña nf toile f d'araignée
tele (fam) nf télé f
tele... pref télé...; **telecomunicación** nf télécommunication f; **telecontrol** nm télécommande f; **telediario** nm journal m télévisé; **teledifusión** nf télédiffusion f
teledirigido, -a adj téléguidé(e)
teléf. abr (= teléfono) tél. (= téléphone)
teléférico nm téléphérique m
telefonear vt, vi téléphoner
telefónico, -a adj téléphonique
telefonillo nm interphone m

telefonista nm/f standardiste m/f
teléfono nm téléphone m; **está hablando por ~** il est au téléphone; **teléfono con cámara** portable m appareil photo; **teléfono móvil** téléphone portable
telegrafía nf télégraphie f
telégrafo nm télégraphe m
telegrama nm télégramme m; **teleimpresor** nm téléimprimeur m
telenovela nf feuilleton m télévisé
telepatía nf télépathie f
telerrealidad nf téléréalité f
telescópico, -a adj télescopique; **telescopio** nm télescope m; **telesilla** nm télésiège m
telespectador, a nm/f téléspectateur(-trice); **telesquí** nm téléski m; **teletipo** nm téléimprimeur m
televidente nm/f téléspectateur(-trice)
televisar vt téléviser
televisión nf télévision f; **televisión en blanco y negro/en color** télévision en noir et blanc/en couleurs
televisor nm téléviseur m
télex nm télex m
telón nm rideau m; **telón de acero** rideau de fer; **telón de fondo** toile f de fond
tema nm thème m, sujet m; (Mús) thème
temática nf thématique f
temático, -a adj thématique
temblar vi trembler
temblón, -ona adj tremblotant(e); **temblor** nm tremblement m; **temblor de tierra** tremblement de terre
tembloroso, -a adj tremblant(e)
temer vt craindre, avoir peur de ▷ vi avoir peur; **temo que Juan llegue tarde** je crains que Juan n'arrive tard; **~ por** avoir peur pour

temerario, -a adj téméraire; **temeridad** nf témérité f; (una temeridad) acte m irréfléchi
temeroso, -a adj craintif(-ive), peureux(-euse)
temible adj redoutable
temor nm crainte f, peur f
témpano nm (tb: **~ de hielo**) banquise f
temperamento nm tempérament m
temperatura nf température f
tempestad nf tempête f
tempestuoso, -a adj orageux(-euse)
templado, -a adj tempéré(e); (en el comer, beber) modéré(e); (agua) tiède; (nervios) solide, bien trempé(e); **templanza** nf tempérance f
templar vt tempérer, modérer; (agua, brisa) tiédir; (Mús) accorder; (acero) tremper; **temple** nm (serenidad, Tec) trempe f; (Mús) accord m; (pintura) détrempe f
templo nm temple m; (iglesia) église f
temporada nf période f; **de ~** saisonnier(-ière)
temporal adj temporaire; (Rel) temporel(le) ▷ nm tempête f
temprano, -a adj (Bot) précoce; (persona) matinal(e)
temprano adj précoce ▷ adv tôt; (demasiado pronto) trop tôt
ten vb ver **tener**
tenacidad nf ténacité f
tenacillas nfpl pincettes fpl
tenaz adj résistant(e)
tenaza(s) nf(pl) pince(s) f(pl)
tendedero nm séchoir m à linge; (cuerda) corde f à linge
tendencia nf tendance f
tendencioso, -a adj tendancieux(-euse)
tender vt étendre; (vía férrea, cable) poser; (cuerda, trampa) tendre ▷ vi: **~ a** tendre à; **tenderse** vpr s'étendre,

s'allonger; **~ la cama** (Am) faire le lit; **~ la mesa** (Am) mettre la table; **~ la mano** tendre la main

tenderete nm (puesto) étalage m

tendero, -a nm/f commerçant(e)

tendido, -a adj étendu(e), allongé(e); (colgado) accroché(e), pendu(e) ▷ nm (Taur) gradins mpl; **a galope ~** au triple galop

tendón nm tendon m

tendré etc vb ver **tener**

tenebroso, -a adj sombre

tenedor, a nm/f détenteur(-trice) ▷ nm fourchette f; **tenedor de libros** comptable m/f

tenencia nf (de propiedad) possession f

PALABRA CLAVE

tener vt **1** avoir; (sostener) tenir; **¿tienes un boli?** tu as un stylo?; **¿dónde tienes el libro?** où as-tu mis le livre?; **va a tener un niño** elle va avoir un enfant; **¡ten!, ¡aquí tienes!** tiens!, voilà!; **¡tenga!, ¡aquí tiene!** tenez!, voilà!

2 (edad) avoir; (medidas) faire; **tiene 7 años** il a 7 ans; **tiene 15 cm de largo** cela fait 15 cm de long; ver tb **calor, hambre** etc

3 (sentimiento, dolor) avoir; **tener admiración/cariño** avoir de l'admiration/de l'affection; **tener miedo** avoir peur; **¿qué tienes, estás enfermo?** qu'est-ce que tu as, tu es malade?

4 (considerar): **lo tengo por brillante** je le considère comme quelqu'un de brillant; **tener en mucho/poco a algn** avoir beaucoup/peu d'estime pour qn

5: **tengo/tenemos que acabar este trabajo hoy** il faut que je finisse/nous finissions ce travail aujourd'hui

6 (+ pp = pretérito): **tengo terminada** ya la mitad del trabajo j'ai déjà fait la moitié du travail

7 (+ adj, + gerundio): **nos tiene muy contentos/hartos** nous sommes très satisfaits de lui/en avons assez de lui; **me ha tenido tres horas esperando** il m'a fait attendre pendant trois heures

8: **las tiene todas consigo** il a tout pour lui

tenerse vpr **1**: **tenerse en pie** se tenir debout

2: **tenerse por** se croire; **se tiene por muy listo** il se croit très intelligent

tenga etc vb ver **tener**

tenia nf ténia m

teniente nm lieutenant m

tenis nm tennis msg; **tenis de mesa** tennis de table, ping-pong m; **tenista** nm/f joueur(-euse) de tennis

tenor nm (Mús) ténor m; **a ~ de** d'après

tensar vt tendre; (arco) bander

tensión nf tension f; **de alta ~** (Elec) haute tension; **tener la ~ alta** avoir de la tension; **tensión arterial** tension artérielle

tenso, -a adj tendu(e)

tentación nf tentation f

tentáculo nm tentacule m

tentador, a adj tentant(e); (gesto) tentateur(-trice) ▷ nm/f tentateur(-trice)

tentar vt tenter; (palpar, Med) tâter; (incitar) inciter; **tentativa** nf tentative f; **tentativa de asesinato** tentative d'assassinat

tentempié (fam) nm casse-croûte m inv

tenue adj (hilo) mince; (neblina) léger(-ère)

teñir vt teindre; (fig) teinter; **~se el pelo** se (faire) teindre les cheveux

teología nf théologie f

teorema nm théorème m

teoría nf théorie f; **en ~** en principe;

teóricamente adv théoriquement
teórico, -a adj théorique ▷ nm/f
théoricien(ne); **teorizar** vi théoriser
tequila nf tequila f
terapéutico, -a adj thérapeutique
terapia nf thérapie f
tercer adj ver **tercero**
tercermundista adj tiers-mondiste
tercero, -a adj (delante de nmsg:
tercer) troisième ▷ nm (Jur) tiers;
ver tb **sexto**
terceto nm (Mús) trio m
terciar vt (bolsa etc) mettre en
bandoulière ▷ vi intervenir;
terciarse vpr se présenter; **si se
tercia** à l'occasion
terciario, -a adj tertiaire
tercio nm tiers msg
terciopelo nm velours msg
terco, -a adj têtu(e)
tergal® nm tergal® m
tergiversar vt déformer
termal adj thermal(e)
termas nfpl thermes mpl
terminación nf extrémité f;
(finalización) achèvement m
terminal adj terminal(e); (enfermo)
en phase terminale ▷ nm (Elec) borne
f; (Inform) terminal m ▷ nf (Aviat)
aérogare f; (Ferro) terminus msg
terminante adj catégorique;
(decisión) final(e)
terminantemente adv
catégoriquement
terminar vt finir, terminer ▷ vi finir;
terminarse vpr finir; **~ por hacer
algo** finir par faire qch
término nm terme m, fin f; (parada)
terminus msg; (límite: de espacio) bout
m; **términos** nmpl (Com) termes
mpl; **~ medio** moyenne f; **en ~s de** en
termes de
terminología nf terminologie f
termo® nm thermos® m o f
termodinámico, -a adj
thermodynamique

termómetro nm thermomètre m
termonuclear adj thermonucléaire
termos® nm thermos® m o f
termostato nm thermostat m
ternero nm, -a nm/f veau/génisse
ternura nf tendresse f
terquedad nf entêtement m
terrado nm terrasse f
terraplén nm terre-plein m; (cuesta)
renflement m
terrateniente nm propriétaire
m terrien
terraza nf terrasse f
terremoto nm tremblement m
de terre
terrenal adj terrestre
terreno nm terrain m
terrestre adj terrestre; (ruta)
intérieur(e)
terrible adj terrible
territorio nm territoire m
terrón nm (de azúcar) morceau m; (de
tierra) motte f
terror nm terreur f
terrorífico, -a adj terrifiant(e)
terrorismo nm terrorisme m;
terrorista adj, nm/f terroriste m/f;
terrorista suicida kamikaze m/f
terso, -a adj lisse; **tersura** nf
douceur f
tertulia nf cercle m
tesis nf inv thèse f
tesón nm (firmeza) acharnement m;
(tenacidad) persévérance f
tesorero, -a nm, -a nm/f trésorier(-ière)
tesoro nm trésor m
test nm test m
testaferro nm prête-nom m
testamentario, -a adj
testamentaire ▷ nm/f (Jur)
exécuteur(-trice) testamentaire
testamento nm testament m;
Nuevo/Antiguo T~ Nouveau/Ancien
Testament
testar vi tester, faire son testament
testarudo, -a adj entêté(e)

testículo nm testicule m

testificar vt, vi témoigner

testigo nm/f témoin m; **testigo de cargo/de descargo** témoin à charge/à décharge; **testigo ocular** témoin oculaire

testimoniar vt témoigner de; **testimonio** nm témoignage m

teta nf (fam) téton m, nichon m; **niño de ~** nourrisson m

tétanos nmsg tétanos msg

tetera nf théière f

tétrico, -a adj sombre

textil adj textile; **textiles** nmpl textiles mpl

texto nm texte m; **textual** adj textuel(le)

textura nf (de tejido) tissage m; (estructura) texture f

tez nf (cutis) peau f; (color) teint m

ti pron toi

tía nf tante f; (fam) bonne femme f, nana f

tibieza nf tiédeur f

tibio, -a adj tiède

tiburón nm requin m

tic nm tic m

tictac nm tic-tac m inv

tiempo nm temps msg; **a ~** à temps; **a un o al mismo ~** en même temps; **al poco ~** peu après; **hace buen/mal ~** il fait beau/mauvais temps; **hace ~** il y a quelque temps; **hacer ~** passer le temps; **motor de 2 ~s** moteur m deux temps

tienda vb ver **tender** ▷ nf magasin m; **tienda de campaña** tente f

tiene etc vb ver **tener**

tienta nf: **andar a ~s** avancer à tâtons

tiento vb ver **tentar** ▷ nm tact m; (precaución) prudence f

tierno, -a adj tendre

tierra nf terre f; (país) pays msg; **~ adentro** à l'intérieur des terres; **tierra firme** terre ferme

tieso, -a adj (rígido) raide; (erguido)

droit(e); (fam: orgulloso) fier(-ère); **dejar ~ a algn** (fam: matar) refroidir qn; (: sorprender) laisser qn pantois(e)

tiesto nm pot m de fleurs

tifoidea nf typhoïde f

tifón nm typhon m

tifus nm typhus m

tigre nm tigre m; (Am) jaguar m

tijera nf (tb: ~s) ciseaux mpl; (: para plantas) sécateu m

tijeretear vt découper

tildar vt: **~ de** traiter de

tilde f (Tip) tilde m

tilín nm drelin m

timar vt (dinero) escroquer

timbal nm (Mús) timbale f

timbrar vt timbrer

timbre nm (Mús, sello) timbre m; (de estampar) cachet m; (de puerta) sonnette f; (tono) sonnerie f

timidez nf timidité f

tímido, -a adj timide

timo nm escroquerie f

timón nm (Náut) gouvernail m; (Am: Auto) volant m; **timonel** nm (Náut) timonier m

tímpano nm (Anat) tympan m; (Mús) tympanon m

tina nf cuve f; (Am) baignoire f; **tinaja** nf jarre f

tinglado nm (fig) ruse f

tinieblas nfpl ténèbres fpl; **estar en ~** (fig) être dans le brouillard

tino nm adresse f; (juicio) doigté m

tinta nf encre f; (Tec) teinture f; (Arte) couleur f; **sudar ~** (fig) suer sang et eau; **(re)cargar las ~s** en rajouter

tinte nm teinture f; (tintorería) teinturerie f

tintero nm encrier m

tintinear vi (cascabel) tintinnabuler; (campana) tinter

tinto nm rouge m; (Col) café m noir

tintorería nf teinturerie f

tintura nf teinture f

tío nm oncle m; (fam: viejo) père m;

(: *individuo*) type *m*, mec *m*

tiovivo *nm* manège *m*, chevaux *mpl* de bois

típico, -a *adj* typique; (*traje*) régional

tipo *nm* type *m*; (*Anat*) physique *m*; (: *de mujer*) silhouette *f*; (*Tip*) caractère *m*; **tipo bancario/de cambio/de descuento/de interés** taux *msg* bancaire/de change/d'escompte/ d'intérêt

tipografía *nf* typographie *f*; (*lugar*) imprimerie *f*

tipográfico, -a *adj* typographique

tique *nm*, **tíquet** (*pl* **~s**) *nm* ticket *m*; (*en tienda*) ticket de caisse

tira *nf* (*cinta*) bande *f* ▷ *nm*: **~ y afloja** tiraillements *mpl*

tirabuzón *nm* (*rizo*) boucle *f*

tirachinas *nm inv* lance-pierre *m*

tirada *nf* lancer *m*, jet *m*; (*distancia*) trotte *f*; (*Tip*) tirage *m*; **de una ~** d'une traite

tirado, -a *adj* (*fam: barato*) bon marché; (: *fácil*) facile

tirador *nm* tireur(-euse) *f* ▷ *nm* (*mango*) poignée *f*

tiralíneas *nm inv* tire-ligne *m*

tiranía *nf* tyrannie *f*

tirano, -a *nm/f* tyran *m*

tirante *adj* tendu(e); **tirantes** *nmpl* bretelles *fpl*; **tirantez** *nf* tension *f*

tirar *vt* jeter, lancer; (*volcar*) renverser; (*derribar*) abattre, démolir; (*desechar*) jeter; (*dinero*) dilapider; (*imprimir*, *tirador*) tirer; (*golpe*) décocher ▷ *vi* tirer; (*fig*) attirer; (*fam: andar*) aller; (*tender*) tendre; **tirarse** *vpr* (*abalanzarse*) se lancer; (*tumbarse*) se jeter; **~ abajo** descendre; **tira a su padre** il tient de son père; **ir tirando** aller comme ci comme ça; **se tiró toda la mañana hablando** il a passé toute la matinée à parler

tirita *nf* pansement *m* (adhésif)

tiritar *vi* grelotter

tiro *nm* tir *m*; (*Tenis*, *Golf*) drive *m*;

(*alcance*) portée *f*; (*de chimenea*) tirage *m*; **caballo de ~** cheval *m* de trait; **andar de ~s largos** être tiré(e) à quatre épingles; **al ~** (*Chi*) tout de suite

tirón *nm* coup *m*; (*muscular*) crampe *f*; **de un ~** d'un trait

tiroteo *nm* (*disparos*) fusillade *f*

tísico, -a *adj*, *nm/f* phtisique *m/f*

tisis *nf* phtisie *f*

títere *nm* marionnette *f*

titiritero, -a *nm/f* marionnettiste *m/f*

titubeante *adj* (*indeciso*) hésitant(e)

titubear *vi* (*dudar*) hésiter; (*moverse*) vaciller; **titubeo** *nm* hésitation *f*

titulado, -a *pp de* **titular** ▷ *nm/f* diplômé(e)

titular *adj* titulaire ▷ *nm/f* (*de cargo*) titulaire *m/f* ▷ *nm* titre *m* ▷ *vt* intituler; **titularse** *vpr* s'intituler; (*Univ*) obtenir son diplôme; **título** *nm* titre *m*; (*Com*) valeur *f*; (*Escol*) diplôme *m*; **a título de** à titre de

tiza *nf* craie *f*

tiznar *vt* souiller

tizo, tizón *nm* tison *m*

toalla *nf* serviette *f*; **arrojar la ~** baisser les bras

tobillo *nm* cheville *f*

tobogán *nm* (*rampa*) toboggan *m*

tocadiscos *nm inv* tourne-disques *m inv*

tocado, -a *adj* (*fruta*) abîmé(e) ▷ *nm* coiffure *f*

tocador *nm* (*mueble*) coiffeuse *f*

tocante: **~ a** *prep* touchant à

tocar *vt* toucher; (*timbre*) tirer; (*Mús*) jouer de; (*topar con*) heurter; (*referirse a*) aborder ▷ *vi* (*a la puerta*) frapper; (*ser de turno*) être le tour de; (*atañer*) concerner; **tocarse** *vpr* se toucher; (*cubrirse la cabeza*) se coiffer; **por lo que a mí me toca** en ce qui me concerne

tocayo, -a *nm/f* homonyme *m/f*

tocino nm lard m

todavía adv encore; (en frases afirmativas o con énfasis) toujours; **~ más** encore plus; **~ no** pas encore

○ **PALABRA CLAVE**

todo, -a adj **1** (sg) tout(e); **toda la noche** toute la nuit; **todo el libro** tout le livre; **toda una botella** toute une bouteille; **todo lo contrario** tout le contraire; **está toda sucia** elle est toute sale; **a todo esto** (mientras tanto) pendant ce temps-là; (a propósito) à propos
2 (pl) tous/toutes; **todos vosotros** vous tous; **todos los libros** tous les livres; **todas las noches** toutes les nuits; **todos los que quieran salir** tous ceux qui veulent sortir
▷ pron **1** tout; **todas/as** tous/toutes; **lo sabemos todo** nous savons tout; **todos querían** ir ils voulaient tous s'en aller; **nos marchamos todos** nous partons tous; **arriba del todo** tout en haut; **no me agrada del todo** ça ne me satisfait pas entièrement
2: **con todo: con todo, él me sigue gustando** malgré tout, il me plaît toujours
▷ adv tout; **vaya todo seguido** allez tout droit
▷ nm: **como un todo** comme un tout

todopoderoso, -a adj tout(e)-puissant(e)

todoterreno nm inv véhicule m tout-terrain

toga nf robe f

Tokio n Tokyo

toldo nm (para el sol) parasol m; (tienda) marquise f

tolerancia nf tolérance f

tolerar vt tolérer

toma nf prise f; **toma de tierra** (Aviat) atterrissage m

tomar vt prendre ▷ vi prendre; **tomarse** vpr prendre; **~ el sol** prendre le soleil; **tome la calle de la derecha** prenez la rue de droite; **~ a bien/a mal** prendre bien/mal; **~ en serio** prendre au sérieux; **~ el pelo a algn** taquiner qn; **~la con algn** s'en prendre à qn; **~se por** se prendre pour

tomate nm tomate f

tomavistas nm inv caméra f

tomillo nm thym m

tomo nm tome m

ton abr (= tonelada) t (= tonne)

tonada nf air m

tonalidad nf tonalité f

tonel nm tonneau m

tonelada nf tonne f; **tonelaje** nm tonnage m

tónica nf (bebida) tonic m; (tendencia) tendance f

tónico, -a adj tonique ▷ nm (Med) remontant m

tonificar vt tonifier

tono nm ton m; **fuera de ~** hors de propos; **darse ~** se donner de grands airs; **tono de llamada** sonnerie f

tontería nf sottise f, bêtise f

tonto, -a adj bête, idiot(e) ▷ nm/f idiot(e), sot/sotte; (payaso) idiot(e)

topar vi: **~ con** tomber sur; **toparse** vpr: **~se con** tomber sur; **~ contra** o **en** buter contre

tope adj limite ▷ nm limite f; (obstáculo) difficulté f; (de puerta) butoir m; (Ferro) tampon m

tópico, -a adj rebattu(e); (Med) externe ▷ nm (pey) cliché m

topo nm taupe f

topografía nf topographie f

topógrafo, -a nm/f topographe m/f

toque vb ver tocar ▷ nm (de mano, pincel) coup m; (matiz) touché f; **dar un ~ a** passer un coup de fil à; (advertir) donner un avertissement à; **toque de diana** sonnerie de clairon; **toque de queda** couvre-feu m; **toquetear**

vt tripoter

toquilla nf châle m

tórax nm thorax msg

torbellino nm tourbillon m; (fig) tornade f

torcedura nf torsion f

torcer vt tordre; (inclinar) pencher ▷ vi (cambiar de dirección) tourner; **torcerse** vpr se tordre; (inclinarse) pencher; (desviarse) dévier; (fracasar) se gâter; **~ la esquina** tourner au coin de la rue

torcido, -a adj tordu(e); (cuadro) penché(e)

tordo, -a nm étourneau m

torear vt (toro) combattre; (evitar) esquiver ▷ vi toréer; **toreo** nm tauromachie f

torero, -a nm/f torero m

tormenta nf tempête f, orage m; (fig) orage; **una ~ en un vaso de agua** une tempête dans un verre d'eau

tormento nm torture f; (fig) tourment m

tornado nm tornade f

tornar vt (devolver) rendre; (transformar) transformer ▷ vi revenir; **tornarse** vpr (ponerse) devenir

tornasolado, -a adj (tela) chatoyant(e); (mar, superficie) irisé(e)

torneo nm tournoi m

tornillo nm vis f sg

torniquete nm tourniquet m

torno nm (Tec: grúa) treuil m; (: de carpintero, alfarero) tour m; **en ~ a** autour de

toro nm taureau m; (fam) malabar m; **los toros** nmpl (fiesta) la corrida

toronja nf pamplemousse m

torpe adj maladroit(e); (necio) abruti(e); (lento) lent(e)

torpedo nm torpille f

torpeza nf maladresse f; (lentitud) lenteur f

torre nf tour f; **torre de perforación** foreuse f

torrefacto, -a adj: **café ~** café m torréfié

torrente nm torrent m

tórrido, -a adj torride

torrija nf pain m perdu

torsión nf torsion f

torso nm torse m

torta nf tarte f; (Méx) omelette f; (fam) baffe f

tortícolis nf o nm inv torticolis msg

tortilla nf omelette f; (Am) crêpe f de maïs; **tortilla española/francesa** tortilla f/omelette

tórtola nf tourterelle f

tortuga nf tortue f

tortuoso, -a adj tortueux(-euse)

tortura nf torture f; **torturar** vt torturer; **torturarse** vpr se torturer

tos nf toux f sg; **tos ferina** coqueluche f

tosco, -a adj (material) brut(e); (artesanía) grossier(-ière); (sin refinar) rustre, grossier(-ière)

toser vi tousser

tostada nf pain m grillé, toast m

tostado, -a adj grillé(e); (por el sol) bronzé(e)

tostador nm grille-pain m inv

tostar vt (pan) faire griller; (café) torréfier; (al sol) dorer; **tostarse** vpr (al sol) se dorer

total adj total(e) ▷ adv au total ▷ nm total m; **en ~** au total; **~ que** bref, somme toute

totalidad nf totalité f

totalitario, -a adj totalitaire

totalmente adv entièrement; (antes de adjetivo) complètement

tóxico, -a adj toxique ▷ nm produit m toxique

toxicómano, -a nm/f toxicomane m/f

toxina nf toxine f

tozudo, -a adj têtu(e)

traba nf entrave f; (de rueda) rayon m

trabajador, a adj, nm/f

travailleur(-euse); **trabajador autónomo** o **por cuenta propia** travailleur indépendant, free-lance m/f

trabajar vt travailler; (intentar conseguir) s'occuper de ▷ vi travailler; **~ de** travailler comme; **trabajo** nm travail m; (fig) difficultés fpl; **tomarse el trabajo de** se donner la peine de; **trabajo por turnos/a destajo** travail par roulement/à la pièce; **trabajo a tiempo parcial** travail à temps partiel; **trabajos forzados** travaux forcés

trabajoso, -a adj laborieux(-ieuse)

trabalenguas nm inv phrase f difficile à prononcer

trabar vt joindre; (puerta) coincer; (amistad, conversación) nouer; **trabarse** vpr bafouiller; **se le traba la lengua** il bafouille

tracción nf traction f; **~ delantera/trasera** traction avant/arrière

tractor nm tracteur m

tradición nf tradition f; **tradicional** adj traditionnel(le)

traducción nf traduction f

traducir vt traduire

traductor, a nm/f traducteur(-trice)

traer vt apporter; (llevar: ropa) porter; (incluir) impliquer; (ocasionar) apporter, causer; **traerse** vpr: **~se algo** tramer qch

traficar vi: **~ con** faire du trafic de

tráfico nm (Auto) trafic m, circulation f; (: pey) trafic

tragaluz nm vasistas msg

tragaperras nf inv machine f à sous

tragar vt avaler; (devorar) dévorer; (suj: mar, tierra) engloutir; **tragarse** vpr avaler; (devorar) dévorer; (desprecio, insulto) ravaler; (discurso, rollo) se farcir

tragedia nf tragédie f

trágico, -a adj tragique

trago nm gorgée f; (fam: bebida) verre m; (desgracia) moment m difficile

traición nf trahison f; **alta ~** haute trahison; **a ~** en traître; **traicionar** vt trahir

traicionero, -a adj, nm/f traître/traîtresse

traidor, a adj, nm/f traître/traîtresse

traiga etc vb ver **traer**

traje vb ver **traer** ▷ nm (de hombre, de época) costume m; **traje de baño** maillot m de bain; **traje de chaqueta** tailleur m; **traje de luces** habit m de lumière

trajera etc vb ver **traer**

trajín nm agitation f; (fam) va-et-vient m inv; **trajinar** vi s'affairer

trama nf (de tejido) trame f; (de obra) intrigue f; (intriga) machination f; **tramar** vt tramer, ourdir

tramitar vt (suj: departamento, comisaría) s'occuper de; (: individuo) faire des démarches pour obtenir

trámite nm démarche f; **trámites** nmpl (burocracia) formalités fpl; (Jur) mesures fpl

tramo nm (de escalera) volée f; (de vía) tronçon m

tramoya nf (Teatro) machinerie f; **tramoyista** nm/f machiniste m

trampa nf piège m; (en el suelo) trappe f; (fam: deuda) dette f

trampolín nm tremplin m

tramposo, -a adj, nm/f tricheur(-euse)

tranca nf (palo) trique f; (de puerta, ventana) barre f; **trancar** vt barrer

trance nm (crítico) moment m critique; (estado hipnótico) transe f

tranquilidad nf tranquillité f

tranquilizar vt tranquilliser

tranquilo, -a adj calme; (apacible) tranquille

Trans. abr = **transferencia**

trans... pref ver tb **tras...**

transacción nf transaction f

transbordador nm transbordeur m, bac m

transbordar vt transborder ▷ vi
changer de train; **transbordo**
nm transbordement m; **hacer
transbordo** changer

transcurrir vi (tiempo) passer; (hecho,
reunión) se dérouler

transcurso nm (de tiempo) cours msg;
(de hecho) déroulement m

transeúnte nm/f passant(e)

transferencia nf transfert m; (Com)
virement m

transferir vt transférer; (dinero) virer

transformador nm transformateur
m

transformar vt transformer; **~ en**
transformer en

tránsfuga nm/f transfuge m

transfusión nf (tb: **~ de sangre**)
transfusion f (sanguine)

transgénico adj transgénique

transgredir vt transgresser

transición nf transition f

transigir vi transiger

transistor nm transistor m

transitar vi: **~ (por)** circuler (sur);
tránsito nm passage m; (Auto)
transit m

transitorio, -a adj transitoire

transmisión nf transmission f;
(Radio, TV) diffusion f; **transmisión
en directo** diffusion en direct;
transmisión exterior émission
tournée en extérieur

transmitir vt transmettre;
(aburrimiento, esperanza)
communiquer; (Radio, TV) diffuser

transparencia nf transparence f;
(foto) transparent m

transparentar vt (figura)
révéler ▷ vi être transparent(e);
transparentarse vpr être
transparent(e); **transparente** adj
transparent(e)

transpirar vi (sudar) transpirer

transportar vt transporter;
transporte nm transport m

transversal adj transversal(e)

tranvía nm tramway m

trapecio nm trapèze m; **trapecista**
nm/f trapéziste m/f

trapero, -a nm/f chiffonnier(-ière)

trapicheos (fam) nmpl stratagèmes
mpl, machinations fpl

trapo nm chiffon m; (de cocina)
torchon m

tráquea nf trachée f

traqueteo nm cahot m

tras prep (detrás) derrière; (después)
après; **~ de** en plus de

tras... pref trans...; ver tb **trans...**

trasatlántico, -a adj, nm
transatlantique m

trascendencia nf importance f

trascendental adj capital(e)

trascender vi (noticias) filtrer,
transpirer; **~ de** dépasser

trasero, -a adj arrière ▷ nm (Anat)
postérieur m

trasfondo nm fond m

trashumante adj transhumant(e)

trasladar vt déplacer; (empleado,
prisionero) transférer; (fecha)
reporter; **trasladarse** vpr (mudarse)
déménager; (desplazarse) se déplacer;
traslado nm déplacement m;
(mudanza) déménagement m; (de
empleado, prisionero) transfert m

traslucir vt laisser entrevoir;
traslucirse vpr (cristal) être
translucide; (figura, color) se voir au
travers; (fig) apparaître, se révéler

trasluz nm lumière f tamisée; **al ~** à
la lumière

trasnochar vi se coucher tard; (no
dormir) passer une nuit blanche

traspapelar vt égarer

traspasar vt transpercer; (propiedad,
derechos) céder; (empleado, jugador)
transférer; (límites) dépasser; (ley)
transgresser; **traspaso** nm (de
negocio, jugador) cession f, vente f

traspié nm (fig) faux pas, gaffe f

trasplantar vt transplanter

trasplante nm transplant m

traste nm (Mús) touche f; **dar al ~ con algo** en finir avec qch

trastero nm débarras msg

trastienda nf arrière-boutique f

trasto nm (pey: cosa) saleté f; (: persona) propre m à rien

trastornado, -a adj (loco) détraqué(e)

trastornar vt déranger; (persona) troubler; (: enamorar) envoûter; (: enloquecer) rendre fou/folle; **trastornarse** vpr (plan) échouer; (persona) devenir fou/folle; **trastorno** nm dérangement m; (confusión) désordre m

tratado nm traité m

tratamiento nm traitement m

tratar vt traiter; (dirigirse a) adresser; (tener contacto) fréquenter ▷ vi: ~ **de** (hablar sobre) traiter de; (intentar) essayer de; **tratarse** vpr: **~se de** s'agir de; **~ con** traiter avec; **~ en** (Com) être négociant en; **¿de qué se trata?** de quoi s'agit-il?; **trato** nm traitement m; (relaciones) rapport m; (manera de ser) manières fpl; (Com, Jur) marché m; (título) titre m

trauma nm trauma m

través nm: **al ~** en travers; **a ~ de** à travers, en travers de; (radio, teléfono, organismo) par, par l'intermédiaire de

travesaño nm (Arq) traverse f; (Deporte) barre f transversale

travesía nf (calle) passage m; (Náut) traversée f

travesura nf diablerie f

traviesa nf (Ferro) traverse f

travieso, -a adj (niño) espiègle, polisson(ne)

trayecto nm trajet m, chemin m; (tramo) section f; **trayectoria** nf trajectoire f

traza nf (aspecto) allure f; **trazado** nm (Arq) plan m; (fig) grandes lignes fpl

trazar vt tracer; (plan) tirer; **trazo** nm (línea) trait m; (bosquejo) ébauche f

trébol nm trèfle m

trece adj inv, nm inv treize m inv; ver tb **seis**

trecho nm (distancia) distance f; (de tiempo) moment m; **de ~ en ~** de temps en temps

tregua nf trêve f

treinta adj inv, nm inv trente m inv; ver tb **sesenta**

tremendo, -a adj (terrible) impressionnant(e); (imponente) terrible, impressionnant(e); (fam) terrible

trémulo, -a adj tremblant(e)

tren nm train m; **tren de aterrizaje** train d'atterrissage

trenza nf tresse f; **trenzar** vt tresser; **trenzarse** (Am: fam) vpr se mêler à une querelle

trepador, -a adj (planta) grimpant(e) ▷ nm/f arriviste m/f ▷ nf (planta) plante f grimpante

trepar vi grimper

trepidante adj trépidant(e); (ruido) accablant(e)

tres adj inv, nm inv trois m inv; ver tb **seis**

trescientos, -as adj trois cents; ver tb **seiscientos**

tresillo nm salon m (comprenant un canapé et deux fauteuils); (Mús) triolet m

treta nf machination f

triángulo nm triangle m

tribal adj tribal(e)

tribu nf tribu f

tribuna nf tribune f

tribunal nm (Jur) tribunal m

tributar vt payer; **tributo** nm tribut m, impôt m

tricotar vt, vi tricoter

trigal nm champ m de blé

trigo nm blé m

trigueño, -a adj (pelo) châtain-clair inv; (piel) basané(e)

trillado, -a adj (Agr) battu(e); (fig) rebattu(e); **trilladora** nf batteuse f

trillar vt battre

trimestral adj trimestriel(le)

trimestre nm trimestre m

trinar vi (ave) gazouiller

trinchar vt découper

trinchera nf (Mil) tranchée f

trineo nm traîneau m

trinidad nf: **la T~** la Trinité

trino nm gazouillement m

tripa nf (Anat) intestin m; **tripas** nfpl (Anat) intestins mpl; (Culin, fig) tripes fpl

triple adj, nm triple m

triplicado, -a adj: **por ~** en trois exemplaires

tripulación nf équipage m

tripulante nm/f membre m de l'équipage

tripular vt former l'équipage de; **nave espacial tripulada** vaisseau m spatial habité

tris nm: **estar en un ~ de hacer algo** être sur le point de faire qch

triste adj triste; **tristeza** nf tristesse f

triturar vt triturer, broyer; (mascar) mâcher

triunfar vi triompher, gagner; **triunfo** nm triomphe m

trivial adj banal(e), sans importance; **trivializar** vt minimiser, banaliser

triza nf morceau m, lambeau m; **hacer algo ~s** réduire qch en miettes

trocar vt (Com) troquer; **trocarse** vpr se changer; **~ (en)** changer (en); **~se (en)** se changer (en)

trocear vt couper en morceaux

trocha (Am) nf sentier m

troche: a ~ y moche adv à tort et à travers

trofeo nm trophée m

tromba nf trombe f

trombón nm trombone m

trombosis nf inv thrombose f

trompa nf (Mús) cor m; (de elefante,

insecto, fam) trompe f; **cogerse una ~** (fam) prendre une cuite

trompada nf, **trompazo** ⊳ nm coup m; (puñetazo) coup de poing; **darse un ~** se donner un coup

trompeta nf trompette f ⊳ nm/f trompettiste m/f

trompicón: a trompicones adv par à-coups

trompo nm toupie f

tronar vt (CAm, Méx: fam) tuer ⊳ vi (Meteorología) tonner

tronchar vt (árbol) abattre; (vida, esperanza) briser, détruire; **troncharse** vpr se fendre, tomber

tronco nm tronc m

trono nm trône m

tropa nf troupe f

tropel nm (desorden) cohue f

tropezar vi trébucher; **~ con** (fig) tomber sur; **tropezón** nm faux pas msg

tropical adj tropical(e)

trópico nm tropique m

tropiezo vb ver **tropezar** ⊳ nm (error) erreur f, bévue f; (obstáculo) difficulté f

trotamundos nm/f inv globe-trotter m

trotar vi trotter; **trote** nm trot m; (fam) activité f; **de mucho trote** solide, résistant(e)

trozo nm morceau m

trucha nf truite f

truco nm truc m

trueno vb ver **tronar** ⊳ nm tonnerre m; (estampido) détonation f

trueque vb ver **trocar** ⊳ nm échange m; (Com) troc m

trufa nf truffe f

truhán, -ana nm/f truand(e)

truncar vt tronquer; (vida) abréger; (desarrollo) retarder; (esperanzas) briser

tu adj ton/ta; **~s hijos** tes enfants

tú pron tu

tubérculo nm tubercule m

tuberculosis nf tuberculose f

tubería nf tuyau m; (sistema) tuyauterie f

tubo nm tube m; **tubo de ensayo** éprouvette f, tube à essai; **tubo de escape** pot m d'échappement

tuerca nf écrou m

tuerto, -a adj, nm/f borgne m/f

tuerza etc vb ver **torcer**

tuétano nm moelle f

tufo (pey) nm relent m

tul nm tulle m

tulipán nm tulipe f

tullido, -a adj estropié(e)

tumba nf tombe f

tumbar vt (extender en el suelo) allonger; (: en examen) recaler, coller; (: en competición) battre; **tumbarse** vpr s'allonger; (extenderse) s'étendre

tumbo nm chute f; (de vehículo) cahot m

tumbona nf chaise longue f

tumor nm tumeur f

tumulto nm tumulte m

tuna nf petit orchestre m d'étudiants; ver tb **tuno**

○ **TUNA**
○
○ Une **tuna** est un groupe musical
○ constitué d'étudiants ou d'anciens
○ étudiants qui portent les costumes
○ de l'« Edad de Oro », l'âge d'or
○ espagnol. Ces groupes se
○ promènent dans les rues en jouant
○ de la guitare, du luth et du
○ tambourin. Ils chantent des
○ sérénades aux étudiantes dans les
○ résidences universitaires et font
○ des apparitions improvisées dans
○ les mariages et les soirées, où pour
○ un peu d'argent, ils chantent des
○ airs traditionnels espagnols.

tunante adj coquin(e) ▷ nm/f coquin(e), garnement m; **¡-!** garnement!, vilain(e)!

tunda nf raclée f

túnel nm tunnel m

Túnez n Tunis

tuno nm membre m d'un orchestre d'étudiants

tupido, -a adj (niebla, bosque) épais(se); (tela) serré(e)

turba nf (muchedumbre) foule f

turbar vt (paz, sueño) troubler; (preocupar) Inquiéter, troubler; (: azorar) gêner; **turbarse** vpr être gêné(e)

turbina nf turbine f

turbio, -a adj, adv trouble

turbulencia nf agitation f; (fig) turbulence f, agitation

turbulento, -a adj agité(e); (fig) agité(e), turbulent(e)

turco, -a adj turc/turque ▷ nm/f Turc/Turque

turismo nm tourisme m; (coche) voiture f (particulière); **turista** nm/f touriste m/f

turístico, -a adj touristique

turnar vi alterner; **turnarse** vpr se relever; **turno** nm tour m

turquesa adj, nf turquoise f

Turquía nf Turquie f

turrón nm touron m (sorte de nougat)

○ **TURRÓN**
○
○ Le **Turrón** est une sorte de nougat,
○ d'origine orientale, fait avec du
○ miel, des blancs d'œufs et des
○ noisettes. On le consomme
○ pendant la période de Noël. Il peut
○ être dur et contenir des amandes
○ entières (Alicante), ou tendre, à
○ base d'amandes pilées (Jijona).

tutear vt tutoyer; **tutearse** vpr se tutoyer

tutela nf tutelle f; **tutelar** adj tutélaire ▷ vt avoir la tutelle de

tutor, a nm/f tuteur(-trice); (Escol)

professeur m particulier
tuve etc vb ver **tener**
tuyo, -a adj ton/ta ▷ pron: **el ~/la tuya** le tien/la tienne; **es ~** c'est à toi; **los ~s** (fam) les tiens
TV sigla f = televisión
TVE sigla f = Televisión Española

u conj ou
ubicar (esp Am) vt situer; (encontrar) trouver; **ubicarse** vpr se trouver
ubre nf mamelle f
Ud(s) abr (= usted(es)) ver **usted**
UE sigla f (= Unión Europea) UE f
ufano, -a adj (arrogante) suffisant(e); (satisfecho) satisfait(e)
UGT sigla f (= Unión General de Trabajadores) syndicat
ujier nm (Jur) huissier m
úlcera nf ulcère m
ulcerar vt ulcérer; **ulcerarse** vpr s'irriter
últimamente adv dernièrement
ultimar vt finaliser; (preparativos) mettre la dernière main à; (Am: asesinar) abattre
ultimátum (pl **~s**) nm ultimatum m
último, -a adj dernier(-ière); **a la última** (en moda) à la dernière mode; (en conocimientos) au goût du jour; **el**

~ le dernier; **en las últimas** (enfermo) à l'article de la mort; (sin dinero, provisiones) démuni(e); **por ~** enfin, en dernier lieu

ultra adj, nm/f (Pol) ultra m/f

ultrajar vt outrager; **ultraje** nm outrage m

ultramar nm: **de ~** d'outre-mer

ultranza: a ~ adv à outrance

ultrasónico, -a adj hypersonique

ultratumba nf outre-tombe f

ultravioleta adj inv ultraviolet(te), ultra-violet(te)

umbral nm seuil m

⭕ **PALABRA CLAVE**

un, una art indef 1 (sg) un(e); **una naranja** une orange; **un arma blanca** une arme blanche

2 (pl) des; **hay unos regalos para ti** il y a des cadeaux pour toi; **hay unas cervezas en la nevera** il y a des bières dans le frigo

3 (enfático): **¡hace un frío!** il fait de ces froids!

unánime adj unanime; **unanimidad** nf unanimité f

undécimo, -a adj, nm/f onzième m/f; ver tb **sexto**

ungir vt oindre

ungüento nm onguent m

únicamente adv uniquement

único, -a adj unique

unidad nf unité f

unido, -a adj uni(e)

unificar vt unifier

uniformar vt uniformiser

uniforme adj uniforme; (color) uni(e) ▷ nm uniforme m; **uniformidad** nf uniformité f

unilateral adj unilatéral(e)

unión nf union f; (Tec) jointure f; **la U~ Soviética** l'Union Soviétique

unir vt (piezas) assembler; (cuerdas)

nouer; (tierras, habitaciones) relier; (esfuerzos, familia) unir; (empresas) fusionner; **unirse** vi s'unir; (empresas) fusionner; **~se a** se joindre à

unísono nm: **al ~** à l'unisson

universal adj universel(le)

universidad nf université f

universitario, -a adj universitaire ▷ nm/f étudiant(e)

universo nm univers msg

⭕ **PALABRA CLAVE**

uno, -a adj un(e); **unos pocos** quelques uns; **unos cien** une centaine; **el día uno** le premier ▷ pron 1 (sg): **quiero uno solo** je m'en veux qu'un; **uno de ellos** l'un d'eux; **uno mismo** soi-même; **de uno en uno** un à un

2 (alguien) quelqu'un; **conozco a uno que se te parece** je connais quelqu'un qui te ressemble; **unos querían quedarse** quelques-uns voulaient rester

3: (los) unos ... (los) otros ... certains o les uns ... les autres o d'autres; **se miraron el uno al otro** il se sont regardés l'un l'autre; **se pegan unos a otros** ils se battent entre eux

4 (enfático): **¡se montó una ...!** il y a eu une de ces pagailles!

▷ nf (hora): **es la una** il est une heure

▷ nm (número) un m

untar vt (con aceite, pomada) enduire; (en salsa, café) tremper; (fig, fam) graisser la patte à

uña nf (Anat) ongle m; (de felino) griffe f

uranio nm uranium m

urbanidad nf courtoisie f

urbanismo nm urbanisme m

urbanización nf lotissement m

urbanizar vt urbaniser

urbano, -a adj urbain(e)

urbe nf grande ville f
urdimbre nf (de tejido) chaîne f
urdir vt ourdir
urgencia nf urgence f; **urgencias** nfpl (Med) urgences fpl; **urgente** adj urgent(e)
urgir vi être urgent(e); **me urge** j'en ai besoin rapidement
urinario, -a nm urinoir m
urna nf urne f; (de cristal) vitrine f
urraca nf pie f
Uruguay nm Uruguay m
uruguayo, -a adj uruguayen(ne) ▷ nm/f Uruguayen(ne)
usado, -a adj usagé(e); (ropa etc) usé(e), usagé(e)
usar vt utiliser; (ropa) porter; (derecho etc) user de; **usarse** vpr s'utiliser; **uso** nm usage m; (aplicación: de objeto, herramienta) utilisation f
usted pron (sg: abr Ud (esp Am) o Vd: formal) vous; **~es** (pl: abr Uds (esp Am) o Vds: formal) vous
usual adj habituel(-le)
usuario, -a nm/f usager m; (Inform) utilisateur(-trice)
usura (pey) nf usure f
usurero, -a nm/f usurier(-ère)
usurpar vt usurper
utensilio nm instrument m; (de cocina) ustensile m
útero nm utérus msg
útil adj utile; **útiles** nmpl outils mpl; **utilidad** nf utilité f; (provecho) avantage m; (Com) bénéfice m; **utilizar** vt utiliser
utopía nf utopie f
utópico, -a adj utopique
uva nf raisin m

V

v. abr (Elec) (= voltio) V (= volt)
va vb ver **ir**
vaca nf vache f; (carne) bœuf m
vacaciones nfpl vacances fpl
vacante adj vacant(e) ▷ nf poste m vacant
vaciar vt vider; (Arte) mouler; **vaciarse** vpr se vider
vacilante adj vacillant(e); (dudoso) hésitant(e)
vacilar vi hésiter; (mueble, lámpara) chanceler; (luz, persona) vaciller; (fam: bromear) plaisanter
vacío, -a adj vide; (puesto) libre ▷ nm vide m
vacuna nf vaccin m; **vacunar** vt vacciner; **vacunarse** vpr se faire vacciner
vacuno, -a adj bovin(e)
vacuo, -a adj vide
vadear vt passer à gué; **vado** nm gué m

vagabundo, -a adj vagabond(e); (perro) errant(e) ▷ nm/f vagabond(e)

vagamente adv vaguement

vagancia nf paresse f

vagar vi errer, vagabonder

vagina nf vagin m

vago, -a adj vague; (perezoso) fainéant(e) ▷ nm/f fainéant(e)

vagón nm wagon m

vaguedad nf vague m, manque m de précision; **vaguedades** nfpl: **decir ~es** rester dans le vague

vaho nm vapeur f; (aliento) buée f

vaina nf (de espada) fourreau m; (de guisantes, judías) cosse f

vainilla nf vanille f

vainita (Am) nf haricot m vert

vais vb ver **ir**

vaivén nm va-et-vient m inv; **vaivenes** nmpl (fig: de la vida) vicissitudes fpl

vajilla nf vaisselle f

val etc, **valdré** etc vb ver **valer**

vale nm bon m; (recibo) reçu m; (pagaré) billet m à ordre

valedero, -a adj valable

valenciano, -a adj valencien(ne) ▷ nm/f Valencien(ne)

valentía nf bravoure f

valer vt valoir ▷ vi servir; (ser válido) être valable; (estar permitido) être permis(e); (tener mérito) avoir du mérite; **valerse** vpr: **~se de** (hacer valer) faire valoir; (servirse de) se servir de; **~ la pena** valoir la peine; **~ (para)** servir (à); **¡vale!** d'accord!; **más vale (hacer/que)** mieux vaut (faire/que)

valga etc vb ver **valer**

valía nf valeur f

validez nf validité f

válido, -a adj valable

valiente adj (soldado) brave, courageux(-euse); (niño, decisión) courageux(-euse) ▷ nm/f brave m/f

valioso, -a adj de valeur

valla nf clôture f; (Deporte) haie f;

f; **valla publicitaria** panneau m publicitaire; **vallar** vt clôturer

valle nm vallée f; **~ de lágrimas** vallée de larmes

valor nm valeur f; (valentía) courage m; **valores** nmpl (Econ, Com) valeurs fpl, titres mpl; (morales) valeurs; **valorar** vt évaluer, estimer

vals nm valse f

válvula nf valve f

vamos vb ver **ir**

vampiro nm vampire m

van vb ver **ir**

vanagloriarse vpr: **~ (de)** se glorifier (de); **vandalismo** nm vandalisme m

vándalo, -a nm/f (pey) vandale m/f

vanguardia nf avant-garde f

vanidad nf vanité f

vanidoso, -a adj vaniteux(-euse)

vano, -a adj vain(e) ▷ nm (Arq) embrasure f; **en ~** en vain

vapor nm vapeur f; (tb: **barco de ~**) (bateau m à) vapeur m; **al ~** (Culin) à la vapeur; **vapor de agua** vapeur d'eau

vaporoso, -a adj vaporeux(-euse)

vapulear vt fustiger; (reprender) houspiller

vaquero nm (Cine) cow-boy m; (Agr) vacher m; **vaqueros** nmpl (pantalones) jeans mpl

vaquilla nf génisse f

vara nf perche f; (de mando) bâton m

variable adj, nf variable f

variación nf changement m

variar vt (cambiar) changer; (poner variedad) varier ▷ vi varier

varices nfpl varices fpl

variedad nf variété f; **variedades** nfpl (espectáculo) variétés fpl

varilla nf baguette f; (de paraguas, abanico) baleine f

vario, -a adj divers(e); **~s** plusieurs

varita nf: **~ mágica** baguette f magique

varón nm homme m; **hijo ~** enfant m mâle; **varonil** adj viril(e)

V

Varsovia n Varsovie
vas vb ver **ir**
vasco, -a adj basque ▷ nm/f Basque m/f ▷ nm (Ling) basque m
vascongadas nfpl: **las V~** les provinces fpl basques
vaselina nf vaseline f
vasija nf pot m, récipient m
vaso nm verre m; (Anat) vaisseau m
vástago nm (Bot) rejeton m; (Tec) tige f; (de familia) descendant m
vasto, -a adj vaste
Vaticano nm Vatican m
vatio nm watt m
vaya vb ver **ir** ▷ excl (fastidio) mince!, zut!; (sorpresa) eh bien!, tiens!; **¿qué tal? - ¡~!** ça va? - on fait aller!; **¡~ tontería!** quelle idiotie!; **¡~ mansión!** quelle maison!
Vd(s) abr (= usted(es)) ver **usted**
ve vb ver **ir**; **ver**
vecindad nf voisinage m
vecindario nm voisinage m, quartier m
vecino, -a adj voisin(e) ▷ nm/f voisin(e); (residente: de pueblo) habitant(e)
veda nf (de pesca, caza) défense f, interdiction f
vedar vt interdire, défendre; (caza, pesca) interdire
vegetación nf végétation f
vegetal adj végétal(e) ▷ nm végétal m
vehemencia nf impétuosité f; (apasionamiento) véhémence f; **vehemente** adj impétueux(-euse); (apasionado) véhément(e)
vehículo nm véhicule m
veinte adj inv, nm inv vingt m inv; ver tb **seis**
vejación nf brimade f
vejez nf vieillesse f
vejiga nf vessie f
vela nf bougie f; (Náut) voile f; **en ~** éveillé(e); (velando) à veiller

velar vt veiller; (Foto, cubrir) voiler ▷ vi veiller; **velarse** vpr (Foto) se voiler; **~ por** veiller à
velatorio nm veillée f
veleidad nf inconstance f
velero nm (Náut) voilier m; (Aviat) planeur m
veleta nm/f (pey) girouette f ▷ nf (para el viento) girouette f
veliz (Méx) nm valise f
vello nm duvet m
velo nm voile m
velocidad nf vitesse f; (rapidez) rapidité f
velocímetro nm compteur m de vitesse
veloz adj rapide
ven vb ver **venir**
vena nf veine f
venado nm grand gibier m
vencedor, a adj victorieux(-euse) ▷ nm/f vainqueur m
vencer vt vaincre; (obstáculos) surmonter ▷ vi vaincre; (plazo) expirer
vencido, -a adj vaincu(e); (Com: letra) arrivé(e) à échéance ▷ adv: **pagar ~** payer après échéance; **vencimiento** nm échéance f
venda nf pansement m; **vendar** vt bander
vendaval nm vent m violent
vendedor, a nm/f vendeur(-euse)
vender vt vendre; **~ al contado/al por mayor/al por menor/a plazos** vendre au comptant/en gros/au détail/à crédit; **"se vende"** "à vendre"
vendimia nf vendange f
vendré etc vb ver **venir**
veneno nm poison m
venenoso, -a adj (seta) vénéneux(-euse); (producto) toxique
venerable adj vénérable; **venerar** vt vénérer
venéreo, -a adj vénérien(ne)
venezolano, -a adj vénézuélien(ne)

▷ *nm/f* Vénézuélien(ne)
Venezuela *nf* Venezuela *m*
venga *etc vb ver* **venir**
venganza *nf* vengeance *f*; **vengar** *vt*
venger; **vengarse** *vpr* se venger
vengativo, -a *adj* vindicatif(-ive)
venia *nf* permission *f*
venial *adj* véniel(le)
venida *nf* venue *f*
venidero, -a *adj* futur(e), à venir
venir *vi* venir; (*en periódico, texto*)
être; (*llegar, ocurrir*) arriver; **venirse**
vpr: **~se abajo** s'écrouler; (*persona*)
s'effondrer; **~ de** venir de; **~ bien/mal**
convenir/ne pas convenir; **el año que
viene** l'année prochaine
venta *nf* vente *f*; **estar a la/en** ~ être
à la/en vente; **venta al contado**
vente au comptant; **venta al detalle**
vente au détail; **venta a plazos** vente
à crédit; **venta al por mayor** vente
en gros; **venta al por menor** vente
au détail
ventaja *nf* avantage *m*
ventajoso, -a *adj* avantageux(-euse)
ventana *nf* fenêtre *f*; **ventanilla** *nf*
guichet *m*
ventilación *nf* ventilation *f*, aération
f; **ventilar** *vt* ventiler, aérer; (*ropa*)
aérer; (*fig*) divulguer; (: *resolver*)
éclaircir; **ventilarse** *vpr* s'aérer
ventisca *nf*, **ventisquero** *nm*
bourrasque *f* de neige
ventrílocuo, -a *adj*, *nm/f*
ventriloque *m/f*
ventura *nf* félicité *f*; (*suerte, destino*)
fortune *f*; **a la (buena)** ~ à l'aventure
ver *vt* (*televisión, partido*) regarder;
(*espAm: mirar*) regarder ▷ *vi* voir;
verse *vpr* se voir; (*hallarse*) se trouver;
(*Am: fam*) avoir l'air; **(voy) a ~ que hay**
je vais voir ce qu'il y a; **a ~** voyons voir;
no tener que ~ con n'avoir rien à voir
avec; **¡viera(n) qué casa!** (*Méx: fam*)
tu verrais la maison!; **¡hubiera(n)
visto qué casa!** (*Méx: fam*) si tu avais

vu la maison!; **(ya) se ve que ...** on
voit bien que ...; **te ves divina** (*Am*)
tu es divine
vera *nf*: **a la ~ de** (*del camino*) au bord
de; (*de algn*) auprès de
veracidad *nf* véracité *f*
veranear *vi* passer ses vacances
d'été; **veraneo** *nm*: **ir de veraneo**
partir en vacances d'été
veraniego, -a *adj* estival(e)
verano *nm* été *m*
veras *nfpl*: **de ~** vraiment
veraz *adj* véridique
verbal *adj* verbal(e)
verbena *nf* kermesse *f*
verbo *nm* verbe *m*
verdad *nf* vérité *f*; **¿~?** n'est-ce pas?;
de ~ vraiment; **¡es ~!** c'est vrai!; **la ~ es
que ...** en fait ...
verdadero, -a *adj* véridique; (*antes
del nombre*) vrai(e), véritable
verde *adj* (*tb Pol*) vert(e); (*chiste*)
cochon(ne) ▷ *nm* vert *m*; (*hierba*)
verdure *f*; **viejo ~** vieux cochon *m*;
verdear, verdecer *vi* verdir; **verdor**
nm (*color*) couleur *f* verte, vert *m*
verdugo *nm* bourreau *m*
verdura(s) *nf(pl)* légumes *mpl*
vereda *nf* sentier *m*; (*Am*) trottoir *m*
veredicto *nm* verdict *m*
vergonzoso, -a *adj* (*persona*) timide;
(*acto, comportamiento*) honteux(-euse)
vergüenza *nf* honte *f*; **me da ~
decírselo** j'ai honte de le lui dire; **¡qué
~!** quelle honte!
verídico, -a *adj* véridique
verificar *vt* vérifier
verja *nf* grille *f*
vermut (*pl* **~s**) *nm* vermouth *m*; (*esp
And, CSur: Cine*) matinée *f*
verosímil *adj* vraisemblable
verruga *nf* (*Med*) verrue *f*
versado, -a *adj*: **~ en** versé(e) en
versátil *adj* (*material*) polyvalent(e);
(*persona*) versatile
versión *nf* version *f*; **en ~ original** en

version originale
verso nm vers m sg
vértebra nf vertèbre f
verter vt verser; (derramar) répandre
vertical adj vertical(e); (postura, piano) droit(e)
vértice nm sommet m
vertiente nf versant m
vertiginoso, -a adj vertigineux(-euse)
vértigo nm vertige m
vesícula nf vésicule f
vestíbulo nm vestibule m; (de teatro) foyer m
vestido nm (de mujer) robe f
vestigio nm vestige m
vestimenta nf habillement m
vestir vt s'habiller; (llevar puesto) porter ▷ vi s'habiller; (ser elegante) habiller; **vestirse** vpr s'habiller; **ropa de ~** vêtements mpl habillés
vestuario nm garde-robe f; (Teatro, Cine) costumes mpl; (local: Teatro) loge f; **vestuarios** nmpl (Deportes) vestiaires mpl
veta nf (de mineral) veine f, filon m; (en piedra, madera) veine
vetar vt mettre son veto à
veterano, -a adj ancien(ne) ▷ nm/f vétéran m
veterinaria nf médecine f vétérinaire
veterinario, -a nm/f vétérinaire m/f
veto nm veto m
vez nf fois f sg; (turno) tour m; **a la ~** en même temps; **a su ~** à son tour; **una ~** une fois; **en ~ de** au lieu de; **a veces/algunas veces** parfois; **otra ~** encore (une fois); **una y otra ~** à maintes reprises; **de ~ en cuando** de temps en temps; **hacer las veces de** tenir lieu de, faire office de; **tal ~** peut-être
vía nf voie f; **por ~ judicial** par voie de droit; **por ~ oficial** par la voie officielle; **en ~s de** en voie de; **Madrid-Berlín ~ París** Madrid-Berlin

via Paris; **vías aéreas** voies f pl aériennes; **Vía Láctea** Voie lactée; **vía pública** voie publique
viable adj viable
viaducto nm viaduc m
viajar vi voyager; **viaje** nm voyage m; **estar de viaje** être en voyage; **viaje de ida y vuelta** voyage aller-retour; **viaje de novios** voyage de noces
viajero, -a adj, nm/f voyageur(-euse)
vial adj (Auto: seguridad) routier(-ière); (marca) au sol
víbora nf vipère f
vibración nf vibration f
vibrar vi vibrer
vicario nm vicaire m
vicepresidente nm/f vice-président(e)
viceversa adv: **y ~** et vice versa
viciado, -a adj (corrompido) dépravé(e); (postura) gauchi(e); (aire, atmósfera) vicié(e); **viciar** vt (persona, costumbres) pervertir; (Jur, aire) vicier; (objeto, postura) déformer; (mecanismo, dicción) fausser; (deformarse) se déformer; **viciarse con** (persona) devenir mordu(e) de
vicio nm vice m; (mala costumbre) mauvaise habitude f, défaut m
vicioso, -a adj, nm/f vicieux(-euse)
vicisitud nf vicissitude f
víctima nf victime f
victoria nf victoire f
victorioso, -a adj victorieux(-ieuse)
vid nf vigne f
vida nf vie f; **de por ~** de (toute) ma etc vie; **en la/mi** etc **~** (nunca) de la/ma etc vie; **estar con ~** être en vie; **ganarse la ~** gagner sa vie; **de ~ o muerte** de vie ou de mort
vídeo nm vidéo f; (aparato) magnétoscope m
videocámara nf caméra f vidéo
videocas(s)et(t)e nm vidéocassette f
videoclub nm club m vidéo

videojuego nm jeu m vidéo
videoteléfono nm visiophone m
vidrio nm verre m; **vidrios** nmpl (objetos) objets mpl en verre; **pagar los ~s rotos** payer les pots cassés
viejo, -a adj vieux/vieille; (tiempos) ancien(ne) ▷ nm/f vieux/vieille; **hacerse** o **ponerse ~** se faire vieux/vieille
Viena n Vienne
viene etc vb ver **venir**
vienés, -esa adj viennois(e) ▷ nm/f Viennois(e)
viento nm vent m
vientre nm ventre m
viernes nm inv vendredi m; **Viernes Santo** vendredi saint; ver tb **sábado**
Vietnam nm Vietnam m; **vietnamita** adj vietnamien(ne) ▷ nm/f Vietnamien(ne)
viga nf poutre f
vigencia nf (de ley, contrato) validité f; **estar/entrar en ~** être/entrer en vigueur; **vigente** adj (ley etc) en vigueur
vigésimo, -a adj, nm/f vingtième m/f
vigía nm/f guetteur/euse
vigilancia nf surveillance f
vigilante adj vigilant(e) ▷ nm gardien m
vigilar vt surveiller
vigilia nf veille f; (Rel) vigile f
vigor nm vigueur f; **en ~** en vigueur; **entrar en ~** entrer en vigueur
vigoroso, -a adj vigoureux(-euse)
vil adj vil(e); **vileza** nf vilenie f
villa nf villa f; (población) ville f; **villa miseria** (CSur) bidonville m
villancico nm chant m de Noël
vilo: en ~ adv (sostener, levantar) en l'air; **estar en ~** (fig) être sur des charbons ardents
vinagre nm vinaigre m
vinagreta nf vinaigrette f
vincular vt rapprocher; (por contrato, obligación) lier; **vincularse** vpr: **~se**

(a) se rapprocher (de); **vínculo** nm lien m
vinicultura nf viticulture f
vino vb ver **venir** ▷ nm vin m; **vino blanco** vin blanc; **vino tinto** vin rouge
viña nf vigne f
viñedo nm vignoble m
violación nf (de una persona) viol m; (de derecho, ley) violation f
violar vt violer
violencia nf violence f; **violentar** vt forcer; (persona) violenter
violento, -a adj violent(e); (embarazoso) embarrassant(e); (incómodo) mal à l'aise im
violeta adj violet(te) ▷ nf (Bot) violette f ▷ nm (color) violet m
violín nm violon m
viraje nm virage m
virgen adj vierge; **la (Santísima) V~** la (Sainte) Vierge
Virgo nm (Astrol) la Vierge; **ser ~** être (de la) Vierge
viril adj viril(e); **virilidad** nf virilité f
virtud nf vertu f; **en ~ de** en vertu de
virtuoso, -a adj vertueux(-euse) ▷ nm/f (Mús) virtuose m/f
viruela nf variole f
virulento, -a adj virulent(e)
virus nm inv virus msg
visa (Am) nf, **visado** nm visa m
víscera nf viscère m; **vísceras** nfpl viscères mpl
visceral adj viscéral(e)
viscoso, -a adj visqueux(-euse)
visera nf visière f; (gorra) casquette f à visière
visibilidad nf visibilité f; **visible** adj visible
visillo nm rideau m
visión nf vision f
visita nf visite f; **hacer una ~** rendre o faire une visite
visitar vt (familia etc) rendre visite à; (ciudad, museo) visiter

vislumbrar vt apercevoir, distinguer
viso nm (de metal) éclat m; (de tela) lustre m; (aspecto) luisant m
visón nm vison m
visor nm (Foto) viseur m
víspera nf veille f; **la ~** o **en ~s de** (à) la veille de
vista nf vue f; **a primera** o **simple ~** à première vue, au premier abord; **hacer la ~ gorda** fermer les yeux; **está** o **salta a la ~ que** il saute aux yeux que; **conocer a algn de ~** connaître qn de vue; **en ~ de ...** vu ...; **en ~ de que** vu que; **¡hasta la ~!** à bientôt!; **con ~s a** (al mar) avec vue sur; (al futuro, a mejorar) dans le but de; **vistazo** nm coup m d'œil; **dar** o **echar un vistazo a** donner o jeter un coup d'œil à
visto, -a vb ver **vestir** ▷ pp de **ver** ▷ adj: **estar muy ~** être très en vue ▷ nm: **~ bueno** autorisation f; **está ~ que** il est clair que; **está bien/mal ~** c'est bien/mal vu; **~ que** vu que; **por lo ~** apparemment
vistoso, -a adj voyant(e)
visual adj visuel(le)
vital adj vital(e); (persona) plein(e) de vitalité
vitalicio, -a adj viager(-ère); (cargo) à vie
vitalidad nf vitalité f
vitamina nf vitamine f
viticultor, a nm/f viticulteur(-trice); **viticultura** nf viticulture f
vitorear vt acclamer
vitrina nf vitrine f; **viudez** nf veuvage m
viudo, -a adj, nm/f veuf/veuve
viva excl vivat!; **¡~ el rey!** vive le roi!
vivacidad nf vivacité f
vivaracho, -a adj vivant(e)
vivaz adj vivace
víveres nmpl vivres mpl
vivero nm (Horticultura) pépinière f; (criadero) vivier m

vivienda nf logement m, habitation f
viviente adj vivant(e)
vivir vt, vi vivre
vivo, -a adj vif/vive; (ser, recuerdo, planta) vivant(e); **en ~** (TV, Mús) en direct
vocablo nm mot m
vocabulario nm vocabulaire m
vocación nf vocation f; **vocacional** (Méx) nf (Escol) collège m technique
vocal adj vocal(e) ▷ nm/f membre m ▷ nf (Ling) voyelle f; **vocalizar** vt prononcer ▷ vi vocaliser
vocear vt vociférer; **vocerío** nm clameur f
vocero, -a (Am) nm/f porte-parole m inv
voces pl de **voz**
vociferar vi vociférer
vodka nm vodka f
vol abr (= volumen) vol. (= volume)
volandas: en ~ adv en volant
volante nm volant m; (Med: de aviso) convocation f
volar vt faire exploser ▷ vi voler
volátil adj volatile
volcán nm volcan m
volcánico, -a adj volcanique
volcar vt (recipiente) vider; (contenido) verser; (vehículo) renverser; (barco) faire chavirer ▷ vi (vehículo) capoter; (barco) chavirer; **volcarse** vpr (recipiente) se renverser; (esforzarse): **~se para hacer algo/con algn** se donner beaucoup de mal pour faire qch/avec qn
voleibol nm volley-ball m
volqué etc, **volquemos** etc vb ver **volcar**
voltaje nm voltage m
voltear vt faire tourner; (persona: en el aire) faire sauter en l'air; (Am) tourner; (: volcar) verser; **voltearse** vpr (Am) se retourner; **~ a hacer algo** (Am) recommencer à faire qch
voltereta nf (rodada) culbute f

voltio nm volt m

voluble adj volubile

volumen nm volume m; (Com) volume, chiffre m

voluminoso, -a adj volumineux(-euse)

voluntad nf volonté f

voluntario, -a adj, nm/f volontaire m/f

voluntarioso, -a adj volontaire

voluptuoso, -a adj voluptueux(-euse)

volver vt tourner; (de atrás adelante) ramener; (transformar en: persona) rendre ▷ vi (regresar) revenir; (ir de nuevo) retourner; **volverse** vpr (girar) se retourner; (convertirse en) devenir; **~ la espalda** tourner le dos; **~ a hacer algo** recommencer (à faire) qch; **~ en sí** revenir à soi; **~ se loco/insociable** devenir fou/asocial

vomitar vt vomir ▷ vi vomir; **vómito** nm vomissement m; (lo vomitado) vomi m

voraz adj vorace; (hambre) dévorant(e)

vos (Am) pron vous; (esp CSur) tu

vosotros, -as pron vous; **entre ~** parmi vous

votación nf vote m; **por ~** par vote

votar vt, vi voter; **voto** nm vote m; (Rel) vœu m; **hacer votos por** faire des vœux pour

voy vb ver **ir**

voz nf voix fsg; (grito) cri m; (rumor) bruit m; **dar voces** pousser des cris; **llamar a algn/hablar a voces** appeler qn en criant/crier; **a media ~** à mi-voix; **de viva ~** de vive voix; **en ~ alta/baja** à voix haute/basse; **voz de mando** ton m de commandement

vuelco vb ver **volcar** ▷ nm culbute f, chute f; (de coche) tonneau m, capotage m

vuelo vb ver **volar** ▷ nm vol m; (de falda, vestido) ampleur f; **cazar** o **coger al ~** attraper au vol; **vuelo chárter** vol charter; **vuelo libre** vol libre; **vuelo regular** vol régulier

vuelque etc vb ver **volcar**

vuelta nf tour m; (regreso) retour m; (en carreras, circuito) virage m; (de camino, río) méandre m; (de papel) verso m; (de pantalón, tela, fig) revers msg; (dinero) monnaie f; **a la ~** (Esp) au retour; **a la ~ (de la esquina)** au coin (de la rue); **a ~ de correo** par retour du courrier; **dar(se) la ~** (coche) faire demi-tour; (persona) se retourner; **dar la ~ a algo** retourner qch; (de atrás adelante) ramener qch; **dar ~s** tourner; **dar ~s a algo** (comida) remuer qch; (manivela) tourner qch; **dar ~s a una idea** tourner et retourner une idée dans sa tête; **dar una ~** faire un tour; **vuelta ciclista** tour f (cycliste)

vuelto pp de **volver** ▷ nm (Am) monnaie f

vuelva etc vb ver **volver**

vuestro, -a adj votre ▷ pron: **el ~/la vuestra** le/la vôtre; **los ~s, las vuestras** les vôtres; **un amigo ~** un de vos amis; **¿son ~s?** c'est à vous?

vulgar adj (pey) vulgaire; (no refinado) grossier(-ière); (gustos, uso) commun(e); **vulgaridad** nf vulgarité f; (de gustos, rasgos) banalité f; (grosería) grossièreté f; **vulgarizar** vt vulgariser

vulgo nm: **el ~** (pey) le commun des mortels

vulnerable adj vulnérable; (punto, zona) sensible

vulnerar vt (ley, acuerdo) transgresser; (derechos, reputación) bafouer; (intimidad) violer

W   X

wáter *nm* waters *mpl*
web *nm* (página) page *f* Web; (red)
  Web *m*
whisky *nm* whisky *m*
Wi-Fi, wifi *nm* wifi *m*
windsurf *nm* windsurf *m*, planche
  f à voile

xenofobia *nf* xénophobie *f*
xilófono *nm* xylophone *m*

yerga etc, **yergue** etc vb ver **erguir**
yermo, -a adj (no cultivado) inculte
yerno nm gendre m
yerre etc vb ver **errar**
yeso nm (Arq) plâtre m
yo pron (personal) je; **soy ~** c'est moi
yodo nm iode m
yoga nm yoga m
yogur(t) nm yaourt m, yogourt m
yudo nm judu m
yugo nm joug m
Yugoslavia nf Yougoslavie f
yugular adj, nf jugulaire f
yunque nm enclume f
yunta nf attelage m
yuxtaponer vt juxtaposer;
  yuxtaposición nf juxtaposition f

y conj et
ya adv déjà; (con presente: ahora)
maintenant; (: en seguida) tout de
suite; (con futuro: pronto) bientôt
▷ excl OK! ▷ conj déjà; **~ que** puisque;
~ no vamos nous ne partons plus; **~
lo sé** je sais; **~ veremos** on verra bien;
que ~, ~ mais oui, c'est ça; **¡~ voy!**
j'arrive!, j'y vais!; **~ mismo** (esp CSur)
tout de suite; **desde ~** (CSur) tout de
suite; (: claro) évidemment; **~ vale (de
hacer), ~ está bien** ça suffit
yacer vi gésir; **aquí yace** ci-gît
yacimiento nm gisement m
yanqui adj yankee ▷ nm/f Yankee m/f
yate nm yacht m
yazca etc vb ver **yacer**
yedra nf lierre m
yegua nf jument f
yema nf (del huevo) jaune m; (Bot)
bourgeon m; **yema del dedo** bout
m du doigt

Z

zafarse *vpr*: ~ **de** se libérer de
zafio, -a *adj* rustre
zafiro *nm* saphir *m*
zaga *nf*: **a la ~** à la traîne
zaguán *nm* vestibule *m*
zaherir *vt* mortifier
zalamería *nf* cajolerie *f*
zalamero, -a *adj* cajoleur(-euse)
zamarra *nf* veste *f* en cuir
zambullirse *vpr* plonger
zampar (*fam*) *vt* engouffrer
zanahoria *nf* carotte *f*
zancada *nf* enjambée *f*
zancadilla *nf* croc-en-jambe *m*;
echar *o* **poner la ~ a algn** barrer la
route à qn
zanco *nm* échasse *f*
zancudo, -a *adj*: **ave ~** oiseau
m aux longues pattes ▷ *nm* (*Am*)
moustique *m*
zángano *nm* (*Zool*) faux bourdon *m*
zanja *nf* fossé *m*; **zanjar** *vt* trancher
zapata *nf* patin *m*

zapatear *vi* (*bailar*) danser le
zapatéado
zapatería *nf* (*tienda*) magasin *m* de
chaussures; (*oficio*) cordonnerie *f*
zapatero, -a *nm/f* cordonnier(-ière)
zapatilla *nf* (*para casa, ballet*)
chausson *m*; (*para la calle*) chaussure
f légère; **zapatilla de deporte**
chaussure *f* de sport
zapato *nm* chaussure *f*
zapping *nm* zapping *m*; **hacer ~**
zapper
zarandear *vt* secouer
zarpa *nf* griffe *f*
zarpar *vi* lever l'ancre
zarza *nf* ronce *f*; **zarzal** *nm* fourré *m*
zarzamora *nf* (*fruto*) mûre *f*; (*planta*)
mûrier *m*
zarzuela *nf* zarzuela *f*
zigzag *nm* zigzag *m*; **zigzaguear** *vi*
zigzaguer
zinc *nm* zinc *m*
zócalo *nm* soubassement *m*
zodíaco *nm* zodiaque *m*
zona *nf* zone *f*
zoo *nm* zoo *m*
zoología *nf* zoologie *f*
zoológico, -a *adj* zoologique ▷ *nm*
(*tb*: **parque ~**) zoo *m*
zoólogo, -a *nm/f* zoologue *m*
zoom *nm* zoom *m*
zopilote (*Am*) *nm* vautour *m*
zoquete (*fam*) *adj*, *nm/f* abruti(e)
zorro, -a *adj* rusé(e) ▷ *nm/f* renard(e)
zozobra *nf* angoisse *f*; **zozobrar** *vi*
(*barco*) couler; (*fig*: *plan*) échouer
zueco *nm* sabot *m*
zumbar *vi* (*abeja*) bourdonner;
(*motor*) vrombir; **zumbido** *nm* (*de
abejas*) bourdonnement *m*; (*de motor*)
vrombissement *m*
zumo *nm* jus *msg*
zurcir *vt* (*Costura*) raccommoder
zurdo, -a *adj* (*persona*) gaucher(-ère);
(*mano*) gauche
zurrar *vt* (*fam*: *pegar*) tabasser